회사에서 바로 통하는

AutoCAD

오토캐드 2017

심미현 지음

한빛미디어

지은이 심미현 (mmarss@naver.com)

현재 기업체 AutoCAD 교육 강사로 활동하고 있습니다. (주)한국맥도날드 인테리어팀 설계 디자이너로 있었습니다. (주)코스빌건설, (주)세항기계설비, (주)LG우드텍, (주)세계로시스템, ID인테리어 등 여러 업체에서 AutoCAD를 강의했고, 삼일디자인학원 등에서 수년간 AutoCAD 설계를 강의했습니다. 맥도날드 매장 및 본사 인테리어 설계, 에넥스, 한샘인테리어가구 설계, 농협, 청담중학교 도서관, (주)코스빌펜션, (주)애니홈 전원주택, 풍림아이원 조경도 설계 외 다수 기업의 설계 업무를 진행했습니다. 저서로는 《회사에서 바로 통하는 오토캐드 2009》(한빛미디어, 2009), 《회사에서 바로 통하는 오토캐드 2015》(한빛미디어, 2015)가 있습니다.

회사에서 바로 통하는
오토캐드 2017

초판 발행 2016년 07월 31일
4쇄 발행 2018년 06월 28일

지은이 심미현 / **펴낸이** 김태헌
펴낸곳 한빛미디어(주) / **주소** 서울시 마포구 양화로 7길 83 한빛미디어(주) 실용출판부
전화 02-336-7129 / **팩스** 02-336-7124
등록 1999년 6월 24일 제10-1779호 / **ISBN** 978-89-6848-300-4 13000

총괄 임규근 / **책임편집** 전정아 / **기획** 장용희 / **편집** 강민철 / **전산편집** 심지유
디자인 표지 여동일 내지 김미현
영업 김형진, 김진불, 조유미 / **마케팅** 박상용, 송경석, 조승모, 변지영 / **제작** 박성우, 김정우

이 책에 대한 의견이나 오탈자 및 잘못된 내용에 대한 수정 정보는 한빛미디어(주)의 홈페이지나 아래 이메일로 알려주십시오. 잘못된 책은 구입하신 서점에서 교환해 드립니다. 책값은 뒤표지에 표시되어 있습니다.

한빛미디어 홈페이지 www.hanbit.co.kr / 이메일 ask@hanbit.co.kr

Published by HANBIT Media, Inc. Printed in Korea
Copyright © 2016 심미현 & HANBIT Media, Inc.
이 책의 저작권은 심미현과 한빛미디어(주)에 있습니다.
저작권법에 의해 보호를 받는 저작물이므로 무단 복제 및 무단 전재를 금합니다.

지금 하지 않으면 할 수 없는 일이 있습니다.
책으로 펴내고 싶은 아이디어나 원고를 메일(writer@hanbit.co.kr)로 보내주세요.
한빛미디어(주)는 여러분의 소중한 경험과 지식을 기다리고 있습니다.

머 리 말

《회사에서 바로 통하는 오토캐드》 10년의 길

AutoCAD를 처음 접한 지 벌써 20년 남짓되고 《회사에서 바로 통하는 오토캐드 2007》을 출간한 지 거의 10년이 되었습니다. 처음 책을 집필하면서 하얗게 지새웠던 수많은 날들이 새록새록 떠오릅니다. 힘든 줄도 모르고 좋은 책을 만들어보자는 열정이 가득했습니다. 이번 《회사에서 바로 통하는 오토캐드 2017》을 집필하면서 10년 전 그때를 떠올렸습니다.

컴퓨터로 설계 디자인을 한다는 것만으로도 무척 멋있고 대단하게 보이던 시절도 있었습니다. 당시 AutoCAD와 비교하자면 오늘날 AutoCAD는 섬세한 기능과 시각적인 요소가 가득합니다. 하지만 그때나 지금이나 초급자도 실무에서 적용할 수 있는 실력을 기르는 쉬운 방법을 찾는 고민은 변함이 없습니다. 즉, 방식은 쉽고 단순하지만 핵심 사항은 제대로 이해하도록 설명하는 것이 이 책의 기본 집필 방향입니다.

설계의 기초 지식과 실무 핵심 기능을 한 번에 설명하는 책

이 책은 설계에 대한 기초 지식이 없는 입문자도 실무에서 AutoCAD를 사용할 수 있도록 꼭 필요한 명령어 위주로 구성했습니다. 혼자서 쉽게 따라 그릴 수 있는 다양한 학습 예제와 필요할 때 즉석에서 바로 활용할 수 있는 실무 예제를 담고자 노력했습니다.

처음에 보기엔 AutoCAD가 어렵고 딱딱하게 느껴지겠지만 이 책을 학습하면서 한층 간단하고 매력적인 툴로 인식된다면 더 바랄 나위가 없겠습니다. 공부에 왕도가 없다고 합니다. 다시 한 번 더 강조하지만 아무리 어려운 부분이 있어도 반복해서 기능을 따라 하다 보면 자연스레 사용법을 익힐 수 있습니다. 아무쪼록 이 책으로 여러분의 실력과 실무에서의 자신감을 한 단계 높이길 바랍니다.

수고해주신 한빛미디어 전정아 팀장님과 강민철 님께 감사드립니다. 그리고 시아버님께서 건강이 조금 좋지 않으신데, 먼 나라에서 당신의 아들, 며느리와 손주 윤준, 지민, 유진이가 사랑과 응원을 보냅니다.

2016년 6월
캐나다에서
심미현

회사에서 바로 통하는 이유

회사에서 바로 통하는 절대 한 수!
단계별 학습으로 CAD 달인이 된다!

CAD 활용 능력

왕초보라도 괜찮아!
기초부터 착실하게
CAD의 기본을 배웁니다.

STEP 01
CAD를 다루는 데 필요한
기본 기능 익히기

기본기 다지기
초급 사용자, 입문자
CAD 입문자라면 제도의 개념과 AutoCAD의 화면 구성, 작업 구조 등을 익혀야 합니다. 또한 2D 도면 제작을 위한 기본 명령을 익혀 간단한 도면은 직접 제작할 수 있어야 합니다.

CAD 좀 다룰 줄 아는 직장인!
CAD의 기본 그리기 명령과 편집 명령을 사용하여 도면 작성 방법을 배웁니다.
다양한 도면을 직접 그릴 수 있습니다.

STEP 02
CAD를 좀 더 깊이 있게
다루는 데 필요한
핵심 명령 익히기

CAD 활용하기
중급 사용자
좀 더 빠르고 정확한 도면 작성을 위한 편집 명령을 익혀야 합니다. 또한 도면 내용을 정확히 전달하기 위해 도면을 깔끔하게 정리, 관리하는 방법까지 알고 있어야 합니다.

CAD의 달인!
기본 명령은 물론 3D나 메쉬까지 적용하여 CAD를 자유자재로 활용하는 CAD 달인이 될 수 있습니다.

STEP 03
CAD로 업무 효율성을
극대화할 수 있는
고급 기능 익히기

CAD 파워 유저로 거듭나기
고급 사용자
AutoCAD 2017의 3D 기능을 익혀 3D 모델링을 완성하고 축척에 맞게 출력할 수 있어야 합니다.
또한 다양한 실무 도면을 통해 실무 능력을 향상해야 합니다.

	학습 내용
PART 01, 02 도면 제작의 개념 이해와 2D 도면 제작을 위한 기본 명령 익히기	• 제도 이해하기 • 도면 설계를 위한 AutoCAD의 특징 이해하기 • 2D 도면 제작을 위한 기본 명령 익히기 • 좌표계의 이해와 선 그리기 • 섬세한 작업을 위한 객체 선택, 보기 명령 실습하기
PART 03, 04, 05, 06 좀 더 빠르고 정확한 도면 작성을 위한 2D 편집 명령을 익히고 도면 정리, 관리하기	• 도면 객체의 이동, 복사, 크기 조절 • 고수들이 사용하는 복사, 자르기 명령 • 기존 도면의 활용과 도면 일부분 변경 명령 • 객체의 반복적인 방향성 조절 명령 • 모서리 변경 명령 • 그리기 명령과 정확한 배열 복사 명령 • 폴리선(다중선) 명령 • 다양한 선 그리기 명령과 유용한 편집 명령 • 기타 그리기 명령 • 문자 입력 및 편집, 표 그리기 명령 • 도면 객체의 특성을 지정하는 해치 명령 • 도면 구성 요소의 분리와 관리를 위한 도면층 명령 • 선 수정 및 스타일 명령 • 치수 표기의 이해와 다양한 치수 입력 명령 • 객체 반복 명령 • 화면 정리와 도면 정보 계산 명령
PART 07, 08, 09 AutoCAD 2017의 3D 기능을 익히고 실무 도면 출력하기	• 3D 좌표와 보기 명령 • 3D 화면 확인 명령 • 3D 도면 그리기 명령 • 3D 모델링을 위한 명령 • 축척에 맞는 출력 명령

이 책의 구성

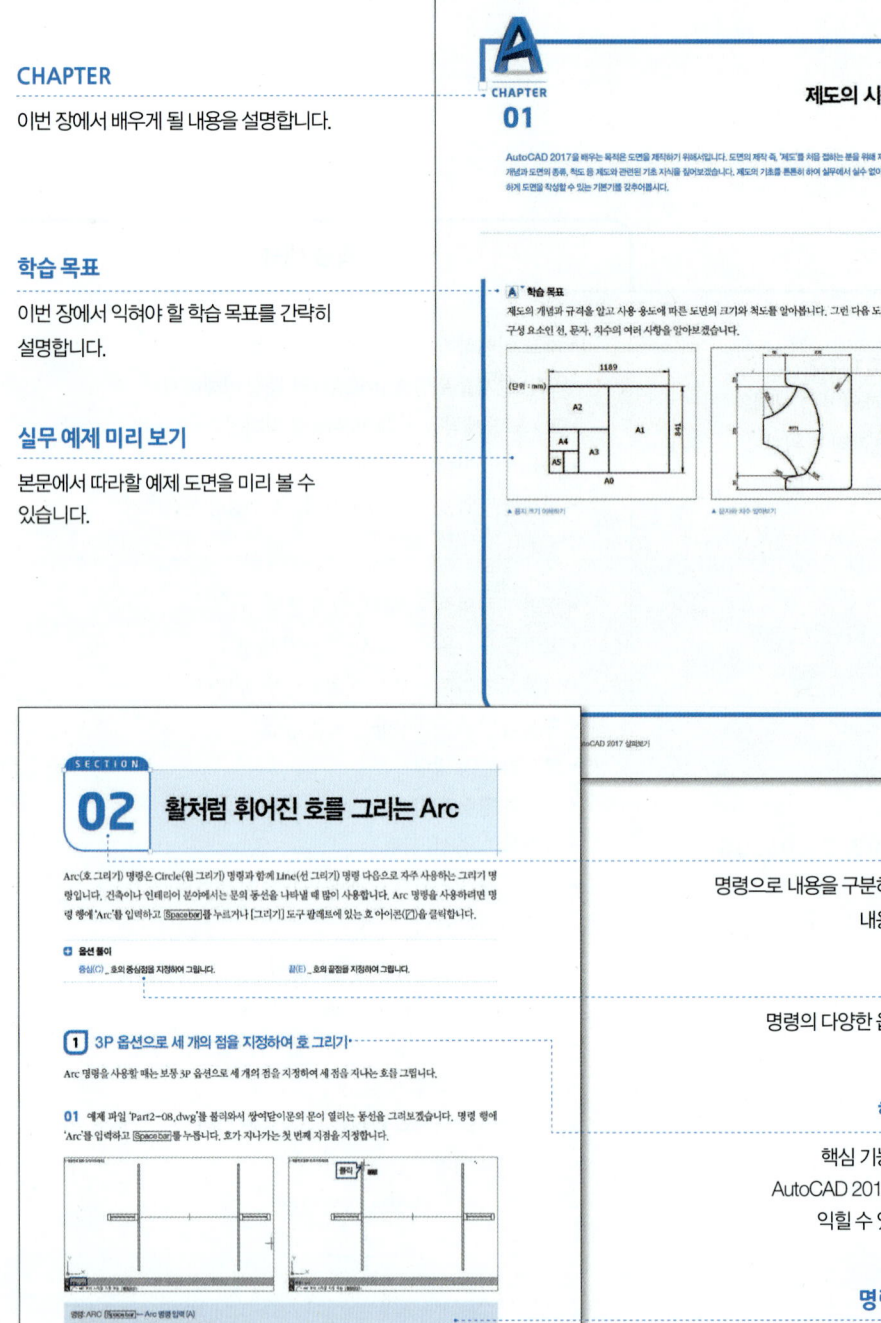

CHAPTER
이번 장에서 배우게 될 내용을 설명합니다.

학습 목표
이번 장에서 익혀야 할 학습 목표를 간략히 설명합니다.

실무 예제 미리 보기
본문에서 따라할 예제 도면을 미리 볼 수 있습니다.

SECTION
명령으로 내용을 구분하여 앞으로 배울 내용을 알려줍니다.

옵션 풀이
명령의 다양한 옵션을 알기 쉽게 풀이합니다.

핵심 기능 실습
핵심 기능을 따라 하면서 AutoCAD 2017의 기본 기능을 익힐 수 있게 도와줍니다.

명령어 사용 방법
명령어를 사용하는 방법과 명령 행의 서브 메뉴를 설명합니다.

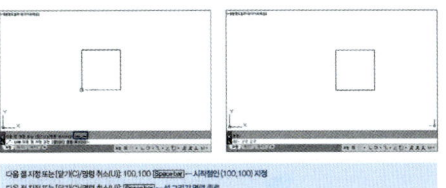

바로 통하는 TIP

예제 실습 중 헷갈리기 쉬운 부분을 그때그때 정리해줍니다.

실무활용노트 AUTOCAD

AutoCAD를 다루는 데 필요한 정보, 알고 넘어가면 좋을 참고 사항, 실무 노하우를 상세히 소개합니다.

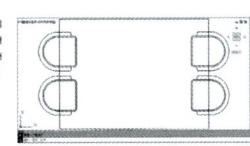

회사통 실무활용

회사에서 바로 쓸 수 있는 다양한 실습을 구성했습니다. 차근차근 따라 하다 보면 AutoCAD 실무 노하우를 익힐 수 있습니다.

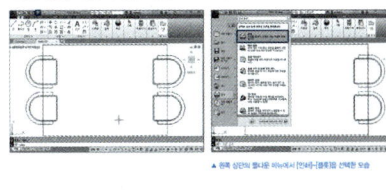

예제 파일 다운로드 방법

회사에서 바로 통하는
실습 예제 다운로드하기

이 책에 사용된 모든 실습 예제는 한빛미디어 홈페이지(www.hanbit.co.kr/media/)에서 다운로드할 수 있습니다. 실습을 진행할 때마다 사용되므로 컴퓨터에 복사해두고 활용하면 됩니다.

1 한빛미디어 홈페이지(www.hanbit.co.kr/media/)로 접속합니다. 메인 화면 하단 오른쪽에 있는 [자료실] 버튼을 클릭합니다.

2 검색 창에 도서명을 입력하고, 목록에 나타난 도서명을 클릭합니다.

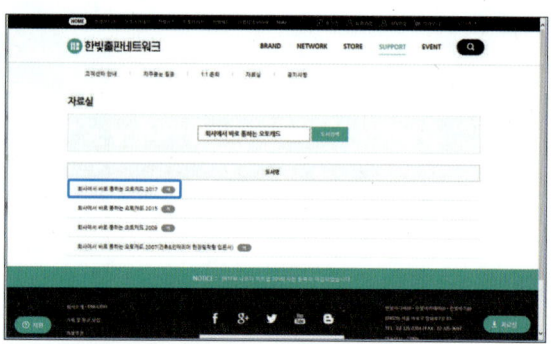

3 자료 다운로드 화면에서 예제 파일을 다운로드하여 압축을 풉니다.

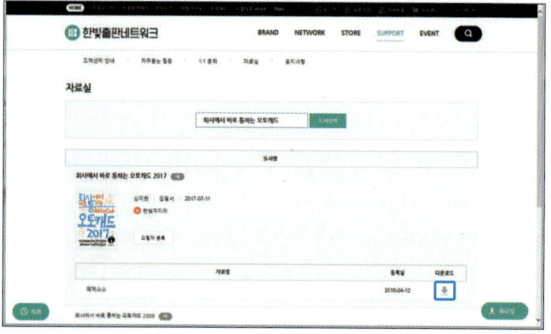

예제 파일 구성 소개

예제 파일의
구성 알아보기

실습 예제 폴더에는 실습에 필요한 예제 파일이
들어 있습니다. 실습을 완료한 후에는 항상 '다른
이름으로 저장'하여 새로운 도면 파일로 저장하거나
'닫기'를 클릭하여 실습한 파일을 삭제하세요.
그러면 언제든 다시 실습할 수 있습니다.

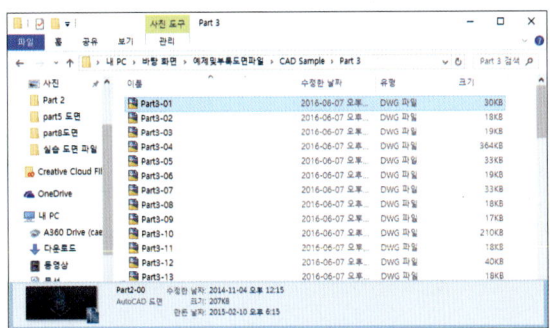

- **CAD Sample**   실습에 필요한 예제입니다. 파트별로 구분되어 있어 해당 장과 섹션을 확인한 후 예제 파일을 불러와 사용합니다.
- **실습 도면 파일**   기능을 공부하고 실습 도면을 그려볼 수 있는 도면 파일로서, 도면 작업에 참고할 완성 도면입니다.
- **과정도 및 Block**   건축 도면 작업 과정의 흐름을 알 수 있도록 단계별 예제와 건축 소품을 Block으로 제공합니다.

이것만은 꼭 알아두기!

AutoCAD 인터페이스는 컴퓨터 해상도에 따라 메뉴 바와 도구 막대, 패널의 모습이 달라집니다. 따라서 실습을 진행할 때 자신의 컴퓨터 화면과 다르다고 당황하지 마세요. 메뉴의 기능은 똑같습니다.

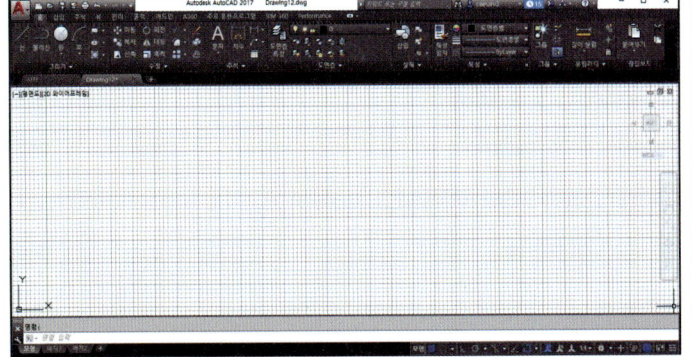

▲ 해상도가 클 경우

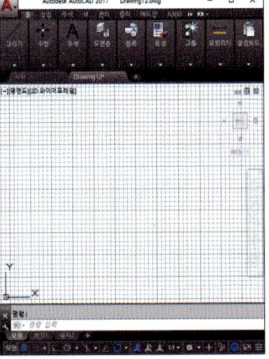

▲ 해상도가 작을 경우

CONTENTS

PART 01 | 제도의 이해와 AutoCAD 2017 살펴보기

CHAPTER 01　제도의 시작　　　　　　　　　　　　　　　　026

SECTION 01　제도의 개념과 규격　　　　　　　　　　　　027
　1. 제도의 개념　　　　　　　　　　　　　　　　　　　027
　2. 제도의 규격　　　　　　　　　　　　　　　　　　　028

SECTION 02　도면의 크기와 척도　　　　　　　　　　　　029
　1. 도면의 크기　　　　　　　　　　　　　　　　　　　029
　2. 도면의 척도　　　　　　　　　　　　　　　　　　　030

SECTION 03　선의 종류와 용도, 문자와 치수　　　　　　　032
　1. 선의 종류와 용도　　　　　　　　　　　　　　　　032
　2. 문자 쓰기　　　　　　　　　　　　　　　　　　　　033
　3. 치수 기입하기　　　　　　　　　　　　　　　　　　035

CHAPTER 02　도면 작업을 위한 AutoCAD 2017　　　　　036

SECTION 01　AutoCAD란 무엇인가?　　　　　　　　　　　037
　1. AutoCAD의 사용 목적　　　　　　　　　　　　　　037
　2. AutoCAD의 활용 범위　　　　　　　　　　　　　　037
　3. AutoCAD와 다른 프로그램의 호환성　　　　　　　　038

SECTION 02　AutoCAD 2017 권장 사양 및 설치 방법　　　040
　1. AutoCAD 2017을 설치하기 위한 컴퓨터 권장 사양　　040
　2. AutoCAD 2017 사용에 필요한 장비　　　　　　　　040
　3. AutoCAD 2017 설치하기　　　　　　　　　　　　　043
　4. AutoCAD 2017 실행하기　　　　　　　　　　　　　047

SECTION 03　AutoCAD 2017 사용자 인터페이스 살펴보기　049
　1. 작업 화면 인터페이스　　　　　　　　　　　　　　049

SECTION 04	AutoCAD 2017로 명령하기	053
	1. 명령 입력하기	053
	2. 명령 실행하기	054
	3. 기능키 사용하기	056
	회사통 실무활용 01 작업 영역의 색상 변경하기	057
SECTION 05	더욱 편리해진 AutoCAD 2017 특징 살펴보기	059
	1. AutoCAD 2017의 특징	059

PART 02 | 도면 작업을 위한 기본기 익히기

CHAPTER 01 | 2D 도면 작업을 위한 기본 명령 — 064

SECTION 01	새 도면 만들기, 불러오기, 저장하기	065
	1. 새 도면 만들기	065
	2. 도면 불러오기	068
	3. 도면 저장하기	069

CHAPTER 02 | 2D 도면 작업의 기본 – 좌표계, Line, Erase — 072

SECTION 01	좌표계 이해하기	073
	1. 절대좌표	074
	2. 상대좌표	075
	3. 극좌표	076
SECTION 02	좌표계로 선 그리기	077
	1. 절대좌표로 사각형 그리기	077
	2. 상대좌표로 사각형 그리기	080
	3. 극좌표로 사각형 그리기	082

CONTENTS

    4. 마우스를 움직여 사각형 그리기   084
    회사통 실무활용 02 Line 명령으로 사각 의자와 복잡한 선 그리기   087

SECTION 03   명령을 취소하는 Undo, 명령을 되돌리는 Redo   093
    1. Undo 명령으로 명령 취소하기   093
    2. Redo 명령으로 취소한 명령 되돌리기   095

SECTION 04   객체를 지우는 Erase   096
    1. Erase 명령으로 객체 일부분 지우기   096
    2. Erase 명령으로 객체 전체를 한 번에 지우기   097

SECTION 05   도면 작업의 범위를 지정하는 Limits   099
    1. Limits 명령으로 도면을 그릴 영역 지정하기   099
    2. Limits On/Off 설정하기   101
    회사통 실무활용 03 Plot 명령 적용하여 출력하기   102

CHAPTER 03   원과 호를 그리는 편집 명령   104

SECTION 01   원을 그리는 Circle   105
    1. 반지름과 지름을 입력하여 원 그리기   105
    2. 3P 옵션으로 세 점을 지나는 원 그리기   107
    3. 2P 옵션으로 두 점을 지름으로 하는 원 그리기   109
    4. Ttr 옵션으로 접선과 반지름을 이용한 원 그리기   110

SECTION 02   활처럼 휘어진 호를 그리는 Arc   112
    1. 3P 옵션으로 세 개의 점을 지정하여 호 그리기   112
    2. 시작점, 끝점, 반지름을 이용하는 S, E, R 옵션으로 호 그리기   115

CHAPTER 04   편리한 객체 선택 기능 – 객체 스냅   120

SECTION 01   객체 선택하기   121
    1. 도면 상황에 맞는 다양한 옵션   121
    2. 미리 보기 효과 변경하기   122
    3. 그립의 크기와 색상 변경하기   123

4. Pick Box로 객체를 하나씩 선택하기	123
5. Window 옵션으로 한 번에 여러 객체 선택하기	125
6. Crossing 옵션으로 한 번에 여러 객체 선택하기	126
7. Remove 옵션으로 잘못 선택한 객체의 선택 해제하기	128

SECTION 02 원하는 점을 정밀하게 지정하는 객체 스냅 — 130

1. 객체 스냅이란?	130
2. 객체 스냅의 다양한 옵션과 자주 사용하는 옵션 사용법	130
3. 끝점을 지정하는 Endpoint	131
4. 중간점을 지정하는 Midpoint	133
5. 중심점을 지정하는 Center	134
6. 기하학적 중심을 지정하는 Geometric Center	136
7. 이전에 작업한 점을 지정하는 Node	136
8. 직각이 되는 사분점을 지정하는 Quadrant	138
9. 교차점을 지정하는 Intersection	139
10. 연장선을 지정하는 Extension	140
11. 삽입점을 지정하는 Insertion	141
12. 직교점을 지정하는 Perpendicular	141
13. 접점을 지정하는 Tangent	142
14. 가장 가까운 지점을 지정하는 Nearest	143
15. 가상 교차점을 지정하는 Apparent Intersection	144
16. 평행선을 그리는 Parallel	144
회사통 실무활용 04 객체 스냅 모드를 설정하여 가구 도면 그리기	147
회사통 실무활용 05 템플릿 파일 100배 활용하기	151

CHAPTER 05 작업이 편해지는 다양한 화면 조절 명령 — 156

SECTION 01 작업 화면을 알맞게 조절하는 Zoom — 157

1. 자주 사용하는 첫 번째 Zoom 옵션 – 범위(Extents)	157
2. 자주 사용하는 두 번째 Zoom 옵션 – 윈도우(Window)	158
3. 자주 사용하는 세 번째 Zoom 옵션 – 이전(Previous)	160
4. 그 밖의 Zoom 옵션	161

CONTENTS

SECTION 02	화면에서 보이지 않는 도면을 당겨오는 Pan	169
	1. Pan 명령으로 화면 이동하기	169
	2. 마우스 휠로 Pan 명령 실행하기	170

PART 03 | 섬세한 도면 작업을 위한 다양한 2D 편집 명령

CHAPTER 01 객체의 이동·복사·크기 조절   174

SECTION 01	원하는 좌표로 객체를 옮기는 Move	175
	1. 객체 스냅 이용하여 이동하기	175
	2. 좌표 입력하여 이동하기	179
	회사통 실무활용 06 Previous 옵션으로 객체 다시 선택하기	181
SECTION 02	똑같은 모양을 그려주는 Copy	184
	1. 같은 기준점을 이용해 연속 복사하기	184
	2. 좌표 입력하여 복사하기	187
SECTION 03	적절한 크기로 조절하는 Scale	191
	1. Scale 명령으로 객체 축소하기	191
	2. Scale 명령으로 객체 확대하기	193
	3. Scale 명령의 참조 옵션으로 소수점 단위까지 정확하게 배율 맞추기	195
	회사통 실무활용 07 Move, Copy, Scale 명령으로 병원 입면도 그리기	199

CHAPTER 02 도면 수정에 유용한 Offset과 Trim   204

SECTION 01	일정한 간격을 띄워 복사하는 Offset	205
	1. Offset 명령으로 간격 띄워 복사하기	205
SECTION 02	필요 없는 부분을 자르는 Trim	210
	1. Trim 명령으로 계단선 정리하기	210
	2. 경계선을 지정하지 않고 Trim 명령으로 창문틀 정리하기	212

   3. Fence 옵션으로 여러 개의 선을 한 번에 잘라내기   **215**

  회사통 실무활용 08 Offset, Trim 명령으로 아파트 평면도 외벽선 그리기   **218**

CHAPTER 03   객체를 연장하는 Extend, 늘이고 줄이는 Stretch   **232**

SECTION 01   객체를 경계선까지 연결하는 Extend   **233**
   1. Extend 명령으로 계단선 연장하기   **234**
   2. Fence 옵션으로 여러 개의 선을 연장하기   **238**

SECTION 02   객체를 늘이고 줄이는 Stretch   **240**
   1. Crossing 선택 방법으로 객체 늘이고 줄이기   **240**
  회사통 실무활용 09 그립으로 Stretch 명령 구현하기   **242**
  회사통 실무활용 10 Extend 명령으로 가구 측면도 그리기   **244**
  회사통 실무활용 11 Stretch 명령으로 주방 크기 변경하기   **248**

CHAPTER 04   객체를 회전하는 Rotate, 반사하는 Mirror   **250**

SECTION 01   방향을 맞춰 회전하는 Rotate   **251**
   1. Rotate 명령으로 반시계・시계 방향으로 회전하기   **251**
   2. 객체를 회전하면서 복사하기   **255**

SECTION 02   거울처럼 반사하는 Mirror   **257**
   1. Mirror 명령으로 원본 객체 복사하기   **257**
  회사통 실무활용 12 Rotate, Mirror 명령으로 상가 평면도 완성하기   **260**

CHAPTER 05   각진 객체를 정리하는 Fillet과 Chamfer   **268**

SECTION 01   모서리를 둥글게 만드는 Fillet   **269**
   1. Fillet 명령으로 각진 모서리 둥글게 만들기   **270**
   2. Fillet 명령으로 폴리선의 모깎기   **275**
  회사통 실무활용 13 Fillet 명령으로 건축 벽체선 정리하기   **277**

CONTENTS

SECTION 02 모서리를 반듯하게 만드는 Chamfer — **281**

1. Chamfer 명령으로 사각형 모서리에 모따기 — **282**
2. Polyline 옵션으로 모따기 — **285**

회사통 실무활용 14 Fillet 명령으로 주택 정면도 제작하기 — **288**

CHAPTER 06 다양한 그리기 명령과 빠르고 정확한 배열 복사 — **296**

SECTION 01 직사각형을 그리는 Rectangle — **297**

1. 상대좌표로 직사각형을 한 번에 그리기 — **297**
2. Chamfer 옵션으로 모서리가 깎인 직사각형 그리기 — **299**
3. Fillet 옵션으로 모서리가 둥근 직사각형 그리기 — **301**

SECTION 02 다각형, 타원형, 다중점 그리기 – Polygon, Ellipse, Point — **305**

1. Polygon 명령으로 다각형 그리기 — **305**
2. Ellipse 명령으로 타원 그리기 — **309**
3. Point 명령으로 점 찍기 — **311**

SECTION 03 일정한 간격으로 정렬하는 Array — **316**

1. Rectangular Array 옵션으로 직사각형 배열하기 — **316**
2. Polar Array 옵션으로 원형 배열하기 — **320**

CHAPTER 07 여러 개의 선을 하나로 그리는 Pline — **322**

SECTION 01 모든 선을 하나로 묶는 Pline — **323**

1. Pline 명령으로 여러 가지 객체 그리기 — **323**

SECTION 02 객체를 분해・연결・묶기 – Explode, Pedit, Group — **330**

1. Explode 명령으로 폴리선 분해하기 — **330**
2. Pedit 명령으로 선 객체 다시 연결하기 — **332**
3. Group 명령으로 객체를 그룹으로 묶기 — **334**

회사통 실무활용 15 건축 벽체선을 하나의 객체로 묶고 분해하기 — **336**

CHAPTER 08　다양한 선 그리기와 유용한 편집 명령　　340

SECTION 01　다양한 선 그리기 명령　　341
1. Spline 명령으로 자유 곡선 그리기　　341
2. Ray 명령으로 광선 그리기　　343
3. Xline 명령으로 건축선 그리기　　345
4. Mline 명령으로 여러 줄 그리기　　347
5. Helix 명령으로 나선 그리기　　349

SECTION 02　유용한 편집 명령 – Align, Lengthen, Break　　351
1. Align 명령으로 객체 정렬하기　　351
2. Lengthen 명령으로 객체 늘이기　　354
3. Break 명령으로 객체 분리하기　　356
회사통 실무활용 16 Lengthen 명령으로 도면의 중심선 연장하기　　358

PART 04　도면을 멋지게 꾸며주는 다양한 명령

CHAPTER 01　문자 입력 및 편집과 표 그리기　　362

SECTION 01　문자 입력하기　　363
1. Dtext 명령으로 단일행 문자 입력하기　　363
2. Mtext 명령으로 여러 줄 문자 입력하기　　366
회사통 실무활용 17 문자의 높이, 글꼴, 색상 지정하기　　372

SECTION 02　오류 문자를 수정하는 DDedit　　376
1. DDedit 명령으로 문자 수정하기　　376
회사통 실무활용 18 Spell 명령으로 영문 철자 수정하기　　378

SECTION 03　표를 한 번에 그려주는 Table　　380
1. Table 명령으로 표 그리기　　380

CONTENTS

CHAPTER 02 객체의 특성을 한눈에 보여주는 Hatch와 Gradient — 382

SECTION 01 같은 모양을 연속해서 그리는 Hatch — 383
1. Pick Point를 사용하여 해치 그리기 — 383
2. 객체 선택 옵션으로 해치 그리기 — 394
회사통 실무활용 19 같은 패턴으로 해치를 그리는 Matchprop 명령 적용하기 — 402

SECTION 02 색감의 변화를 표현하는 Gradient — 404
1. Gradient 명령으로 물든 듯한 색상 입히기 — 404

CHAPTER 03 복잡한 도면 객체를 나눠서 관리하는 도면층 — 410

SECTION 01 도면 구성 요소를 구분하는 도면층 — 411
1. 도면층 이해하기 — 411
2. 도면층 활용 방법 — 412
3. [도면층 특성 관리자] 대화상자로 도면 객체에 속성 부여하기 — 413
4. 도면층 관리하기 – 켜기/끄기, 잠금/잠금 해제, 동결/동결 해제 — 422
회사통 실무활용 20 도면층 필터로 원하는 도면층 빠르게 찾기 — 424

CHAPTER 04 선의 용도를 결정하는 Linetype — 426

SECTION 01 선의 모양, 굵기, 색상 변경하기 — 427
1. 선 모양 변경하기 — 427
회사통 실무활용 21 한 번에 여러 가지 선 꺼내기 — 430
2. 선 굵기(선가중치) 변경하기 — 432
3. 선 색상 변경하기 — 434
회사통 실무활용 22 [특성] 도구 팔레트로 객체 특성 한 번에 변경하기 — 435

CHAPTER 05 선 간격과 문자 스타일 조정하기 — 438

SECTION 01 보이지 않는 선을 조절하는 Ltscale — 439
1. Ltscale 명령으로 건축 벽체의 중심선 표현하기 — 439

SECTION 02 문자 유형과 글꼴을 지정하는 Style과 Font — 441
1. Style 명령으로 새로운 문자 스타일 만들기 — 441
2. Style 명령으로 문자 글꼴 변경하기 — 442

회사통 실무활용 23 깨진 문자 제대로 보이게 설정하기 — 444
회사통 실무활용 24 인테리어 도면의 벽체와 문 제대로 표현하기 — 445

PART 05 | 정확한 치수 표기를 위한 Dimension

CHAPTER 01 치수를 입력하는 Dimension — 450

SECTION 01 치수의 구성 요소와 주의 사항 — 451
1. 치수의 구성 요소 — 451
2. [치수] 도구 팔레트를 이용해 치수 기입하기 — 452

SECTION 02 상황에 맞는 치수 입력하기 — 454
1. DimLinear 명령으로 기본 스타일 치수 입력하기 — 454
2. DimAligned 명령으로 사선 치수 입력하기 — 457
3. DimAngular 명령으로 각도 입력하기 — 458
4. DimArc 명령으로 호 길이 입력하기 — 459
5. DimRadius 명령으로 반지름 입력하기 — 461
6. DimDiameter 명령으로 지름 입력하기 — 462

SECTION 03 한 지점을 기준으로 연속 치수 입력하기 — 463
1. DimBaseline 명령으로 연속 치수 입력하기 — 463
2. DimContinue 명령으로 연속 치수 입력하기 — 466
3. Mleader 명령으로 다중 지시선 입력하기 — 469

SECTION 04 그 밖의 다양한 치수 입력 방법 — 472
1. DimOrdinate 명령으로 세로 좌표 입력하기 — 472
2. DimJogged 명령으로 꺾기 치수 입력하기 — 477
3. QDim 명령으로 여러 치수를 한 번에 입력하기 — 479

CONTENTS

CHAPTER 02 치수 스타일 지정하기 — 482

SECTION 01 도면을 빛내는 치수 스타일 — 483
1. [치수 스타일 관리자] 대화상자로 편리하게 치수 스타일 지정하기 — 483
회사통 실무활용 25 치수와 관련된 시스템 변수 알아보기 — 493
회사통 실무활용 26 치수 윤곽 지정하고 치수 기입하기 — 498

PART 06 효율적인 도면 작업을 위한 기능 알아보기

CHAPTER 01 객체를 반복해서 사용하는 Block과 WBlock — 508

SECTION 01 반복 사용하는 요소를 관리하는 Block과 WBlock — 509
1. 블록이란? — 509
2. Block 명령으로 블록 만들고 저장하기 — 510
3. WBlock 명령으로 블록 만들고 저장하기 — 513

SECTION 02 저장된 블록을 가져오는 Insert — 516
1. Insert 명령으로 블록 삽입하기 — 516

SECTION 03 외부 요소를 가져오는 Xref와 ImageAttach — 519
1. Xref 명령으로 도면 객체 불러오기 — 519
2. ImageAttach 명령으로 외부 이미지 불러오기 — 521

CHAPTER 02 도면을 정리하고 세부 정보를 알려주는 명령 — 528

SECTION 01 작업 화면을 정리하는 Regen과 Viewres — 529
1. Regen 명령으로 각진 원이나 곡선 다듬기 — 529
2. Viewres 명령으로 곡선과 원을 매끄럽게 표현하기 — 530

SECTION 02 도면 객체의 정보를 알려주는 List와 Dist — 532
1. List 명령으로 객체 정보 알아보기 — 532

2. Dist 명령으로 객체 사이의 거리 알아보기 — 533

SECTION 03 실무 작업에서 요긴한 Area, Calculator, Purge — 535
1. Area 명령으로 건축 도면 면적 계산하기 — 535
회사통 실무활용 27 Pline 명령으로 건축 도면 면적 쉽게 계산하기 — 537
2. Calculator 명령으로 빠르게 계산하기 — 539
3. Purge 명령으로 쓸모없는 용량 줄이기 — 540

PART 07 | AutoCAD 2017로 3D 도면 작업하기

CHAPTER 01 좌표와 관측점 — 544

SECTION 01 3D 좌표계의 개념 이해하기 — 545
1. 3D란? — 545
2. 2D 좌표와 3D 좌표의 차이 — 546

SECTION 02 동서남북 사방을 관측하는 Vpoint — 547
1. Vpoint 명령으로 관측점 변경하기 — 547
2. View Cube를 사용하여 Vpoint 명령 실행하기 — 551
3. Orbit 명령으로 관측점 변경하기 — 553
4. Viewports 명령으로 여러 관측점을 한 화면에서 보기 — 554

CHAPTER 02 2D 객체에 두께를 주고 3D 화면으로 확인하기 — 558

SECTION 01 두께와 고도를 지정하는 Change — 559
1. Change 명령으로 가구 입체도 만들기 — 559

SECTION 02 은선을 숨기는 Hide, 음영을 나타내는 Shade — 567
1. Hide 명령으로 은선 숨기기 — 567
2. Shade 명령으로 음영 처리하기 — 568

CHAPTER 03　3D 도면 작업을 위한 UCS　570

SECTION 01　WCS 좌표와 UCS 좌표　571
1. WCS 좌표란?　571
2. UCS 좌표란?　572
3. WCS 좌표와 UCS 좌표 적용하기　572

PART 08 | 3D 모델링을 위한 Surface와 Solid

CHAPTER 01　3D 모델링을 위한 Surface　590

SECTION 01　특성에 맞는 Surface 표현하기　591
1. Rulesurf 명령으로 면 만들기　591
2. Tabsurf 명령으로 면 만들기　595
3. Revsurf 명령으로 회전 메쉬 만들기　599
4. Edgesurf 명령으로 모서리를 면으로 바꾸기　602
회사통 실무활용 28 Surface 명령으로 피크닉 의자 그리기　606

CHAPTER 02　3D 모델링을 완성하는 Solid　614

SECTION 01　벽체를 원하는 모양으로 올리는 Extrude　615
1. Pline 명령으로 그린 객체에 Extrude 명령 적용하기　615

SECTION 02　객체를 합치는 Union과 객체를 분리하는 Subtract　620
1. Solid 객체를 Union 명령으로 합치기　620
2. Solid 객체를 Subtract 명령으로 분리하기　621
회사통 실무활용 29 Solid 명령으로 입체 벽체 표현하기　623

PART 09 | 도면 작업의 마무리 Plot 출력

CHAPTER 01 축척에 맞게 출력하는 Plot **632**

SECTION 01 축척에 맞게 도면을 출력하는 Plot **633**
1. Plot 명령의 구성과 기능 **633**
2. 인테리어 평면도를 Plot 명령으로 출력하기 **636**
회사통 실무활용 30 3D 도면의 여러 관측점을 한 번에 출력하기 **644**
회사통 실무활용 31 Mview 명령으로 화면 분할하여 출력하기 **648**

책 속의 책 CAD 실력 향상을 위한 기계 실무 도면 작성하기 **652**
책 속의 책 실무 건축 도면 작성하기 **655**
책 속의 책 3D 입체도 제작 과정 알아보기 **662**
INDEX 찾아보기 **670**

PART

01

AutoCAD는 도면 제작을 위한 대표적인 프로그램입니다. 이번 파트에서는 제도의 기초 개념과 도면의 종류, 그리고 AutoCAD 2017의 설치 방법과 새로운 기능, 특징 등을 알아봅니다. 본격적인 도면 제작에 들어가기 전에 체계적이고 튼튼하게 기초 실력을 다져봅시다.

제도의 이해와 AutoCAD 2017 살펴보기

CHAPTER 01

제도의 시작

AutoCAD 2017을 배우는 목적은 도면을 제작하기 위해서입니다. 도면의 제작, 즉 '제도'를 처음 접하는 분을 위해 제도의 개념과 도면의 종류, 척도 등 제도와 관련된 기초 지식을 짚어보겠습니다. 제도의 기초를 튼튼히 하여 실무에서 실수 없이 정확하게 도면을 작성할 수 있는 기본기를 갖추어봅시다.

A 학습 목표

제도의 개념과 규격을 알고 사용 용도에 따른 도면의 크기와 척도를 알아봅니다. 그런 다음 도면의 구성 요소인 선, 문자, 치수를 알아보겠습니다.

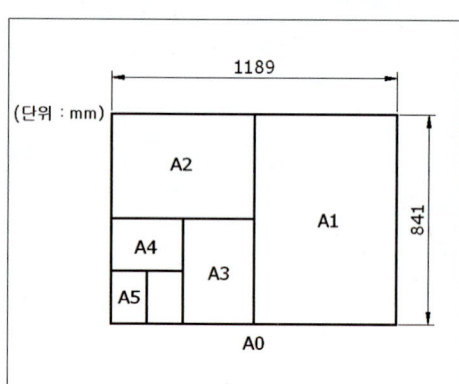

▲ 용지 크기 이해하기   ▲ 문자와 치수 알아보기

SECTION 01 제도의 개념과 규격

건축물을 새로 짓거나 인테리어 공사를 할 때 또는 기계 제작이나 전기 작업을 할 때 작업자에게 구두로 모든 내용을 전달하는 데는 한계가 있습니다. 정확하고 체계화된, 누가 봐도 이해하기 쉬운 도면이 있다면 작업 내용을 설명하기가 훨씬 수월할 것입니다. 도면을 제작할 때는 정해진 규칙을 따라야 하므로 제도의 개념과 규격부터 알아보겠습니다.

1 제도의 개념

새 건축물이나 인테리어 공사를 시작하려면 우선 제작 계획을 세워야 합니다. 이 계획을 '설계(Design)'라고 합니다. 설계 내용대로 제작하기 위해서는 '도면'으로 설계자의 의도를 정확하게 전달해야 합니다. 도면에서는 구조물의 형태를 문자, 점, 선, 기호, 숫자 등으로 정해진 규칙에 따라 표현하는데, 이 과정을 '제도(Drawing)'라고 합니다. 설계자가 의도한 결과물을 시공자가 만들려면 반드시 정확한 제도로 도면을 그려야 합니다..

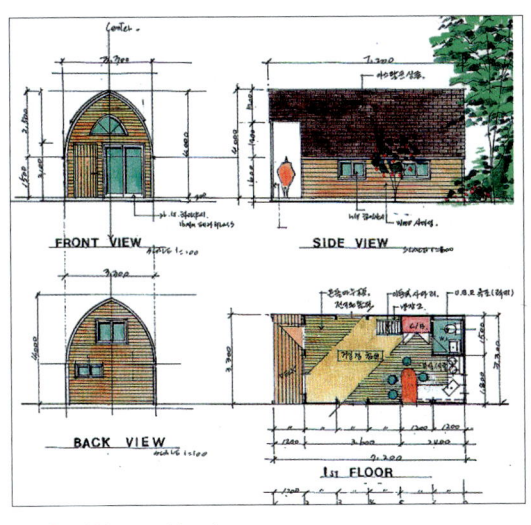 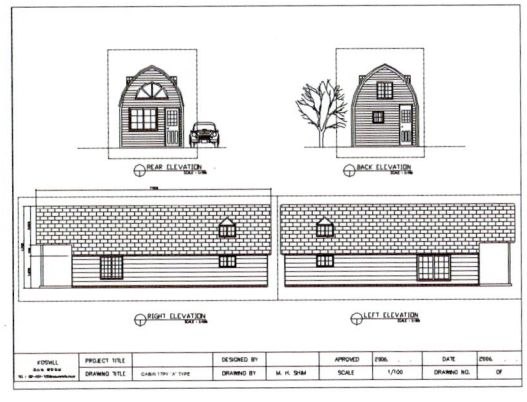

▲ 건축물의 핸드 드로잉과 도면

2 제도의 규격

도면에는 설계자의 의도를 누구나 똑같이 이해하도록 서로 간의 명확한 규칙과 약속이 존재합니다. 이러한 규칙을 '제도 규격' 또는 '제도 통칙'이라고 합니다. 산업 규모가 커지고 제품의 대량 생산이 일반화된 현대 사회에 발맞추기 위해 나라마다 제도 규격을 만들어 사용하고 있으며, 점차 국제적으로 제도 규격이 통일되는 추세입니다.

국가별 명칭	표준규격기호
국제표준화기구(International Organization for Standardization)	ISO
한국산업표준(Korean Industrial Standards)	KS
영국표준(British Standards)	BS
독일공업규격(Deutsches Institut für Normung)	DIN
미국국립표준(American National Standard Industrial)	ANSI
스위스 규격(Schweizerische Normen-Vereinigung)	SNV
프랑스 규격(Norme Française)	NF
일본공업규격(Japanese Industrial Standards)	JIS

▲ 각국의 표준 규격

우리나라 모든 제품의 기준은 한국산업표준(KS)에서 규정하고 있습니다. 부문별 분류 기호는 아래 표와 같습니다.

분류기호	부문	분류기호	부문
KS A	기본	KS K	섬유
KS B	기계	KS L	요업
KS C	전기전자	KS M	화학
KS D	금속	KS P	의료
KS E	광산	KS R	수송기계
KS F	건설	KS V	조선
KS G	일용품	KS W	항공우주
KS H	식료	KS X	정보

▲ 한국산업표준(KS)의 분류

SECTION 02 도면의 크기와 척도

건물, 제품의 형상이나 크기, 구조, 재료 등을 정해진 규칙에 따라 선이나 문자, 기호로 제도 용지에 나타낸 것을 '도면'이라고 합니다. 도면의 종류를 알아보고, 제도 용지에 따른 도면의 크기와 척도를 알아봅니다.

1 도면의 크기

도면의 크기는 제도 용지의 크기로 나타냅니다. KS 제도 통칙(KS A 0005)에 규정된 도면의 크기는 'KS A 5201'로 규정된 종이의 재단 치수를 따르며, A열 사이즈인 A0, A1, A2, A3, A4를 사용하고 있습니다. 도면의 크기는 내용을 명확하게 나타낼 수 있을 정도로 충분해야 합니다. 작은 용지를 택하여 무리하게 표현하거나 지나치게 큰 용지를 택하여 여백이 많이 남지 않도록 적당한 크기의 용지를 선택합니다.

번호	A열	번호	B열
A0	841 × 1189	B0	1030 × 1456
A1	594 × 841	B1	728 × 1030
A2	420 × 594	B2	515 × 728
A3	297 × 420	B3	364 × 515
A4	210 × 297	B4	257 × 364
A5	148 × 210	B5	182 × 257
A6	105 × 148	B6	128 × 182
A7	74 × 105	B7	91 × 128
A8	52 × 74	B8	64 × 91
A9	37 × 52	B9	45 × 64
A10	26 × 37	B10	32 × 45

▲ KS A 5201(종이의 재단 치수) (단위 : mm)

실무활용노트 AUTOCAD | 상식으로 알면 좋은 용지의 크기

A0 용지의 넓이는 999,949mm²로서, 약 1m²입니다. A0 용지의 긴 변을 반으로 접으면 A1 용지가 되고, A1 용지를 다시 반으로 접으면 A2, A2 용지를 반으로 접으면 A3, A3 용지를 다시 반으로 접으면 일반적으로 많이 사용하는 A4 용지가 됩니다. 이런 관계를 기억해두면 A4 용지 규격은 210×297mm이므로 모든 용지 크기를 따로 외우지 않아도 A4를 기준으로 두 배를 곱하거나 절반으로 나누어 각각의 용지 규격을 쉽게 계산할 수 있습니다.

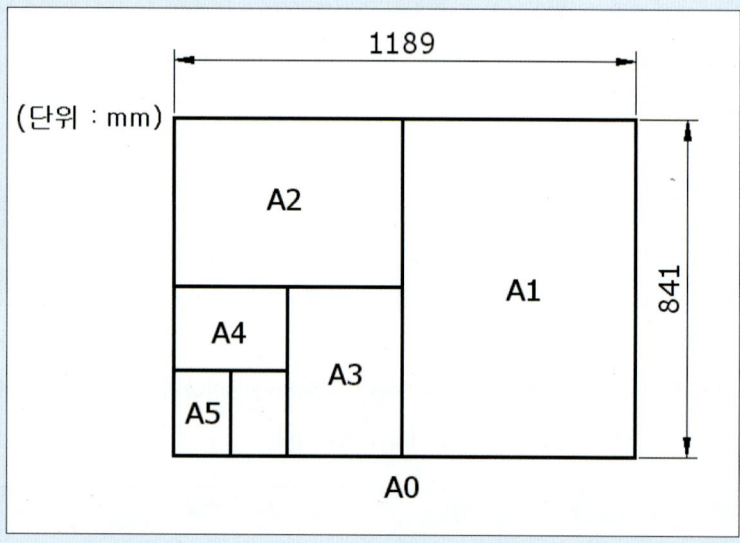

▲ A0~A5 용지의 크기

2 도면의 척도

도면의 척도란 도면에 그린 물체의 크기와 실물의 크기 비율을 말합니다. 척도의 종류에는 축척, 현척, 배척 세 종류가 있습니다.

A 축척(Contraction Scale)

도면에 그린 치수를 실물 치수로 나눈 값, 즉 축소 비율을 말합니다. 실물의 크기보다 작게 나타내는 척도이며, 건축 도면처럼 구조물이 큰 경우에 사용됩니다.
예) 1:2, 1:5, 1:10, 1:20, 1:100, 1:200, 1:500, 1:1000

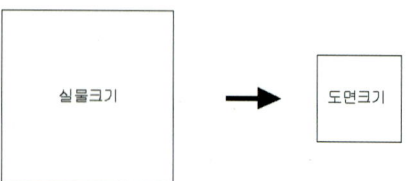

🅰 현척(Full Scale)

실물의 크기와 같게 나타내는 척도입니다. 실물의 크기와 도면에 그려진 크기가 비슷할 때 사용합니다.

예) 1:1

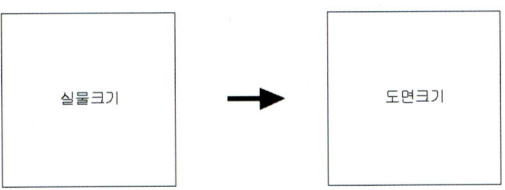

🅰 배척(Enlarged Scale)

실물의 크기보다 크게 나타내는 척도입니다. 복잡한 기구 등을 자세히 표현할 때 사용합니다.

예) 2:1, 5:1, 10:1, 20:1, 50:1, 100:1

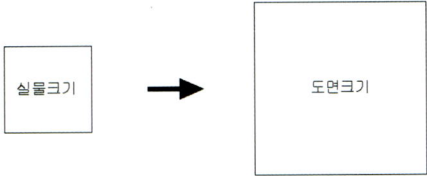

🅰 비례가 아님(NS, Not to Scale)

도면의 형태가 치수에 비례하지 않는 경우에는 '비례가 아님' 혹은 'Not to Scale'로 표기합니다. 또한 비례에 맞지 않게 표기하는 이유를 간단히 언급해주면 좋습니다.

실무활용노트 AUTO CAD | 척도의 표시 방법

척도는 'A:B'처럼 비율로 나타냅니다. 여기서 'A'는 도면에 그려진 크기이고, 'B'는 실제 물체의 크기를 말합니다. 예를 들어, 도면에 '1:2'라고 표시되어 있으면 도면에 그려진 물체의 크기는 '1'이고, 실제 물체의 크기는 '2'입니다. 실제 물체의 1/2 크기로 도면에 그려져 있다는 의미입니다.

　　　　　A　　　：　　　B
　　　(도면에서의 크기)　　(물체의 실제 크기)

즉, 축척에서는 'A'를 '1'로, 현척에서는 'A'와 'B' 모두를 '1'로, 배척에서는 'B'를 '1'로 나타냅니다.

SECTION 03 선의 종류와 용도, 문자와 치수

도면의 구성 요소인 선과 문자, 치수와 관련된 여러 가지 사항을 알아봅니다. 도면의 핵심 요소인 여러 종류의 선에는 어떤 의미가 있는지, 어떤 경우에 사용하는지를 구체적으로 파악하여 제도하는 것이 중요합니다. 또한 제도할 때 빈번하게 사용하는 문자의 쓰임새와 치수의 바른 사용법도 정확한 규칙에 따라 파악해둡니다.

1 선의 종류와 용도

도면은 결국 선의 조합으로 완성됩니다. 그만큼 도면에 그려지는 선은 중요한 역할을 하며 그 모양과 진하기, 굵기 등이 용도에 따라 모두 다른 의미를 나타냅니다.

구분			용도에 따른 이름	용도
모양에 따른 종류	굵기에 따른 종류			
실선 연속된 선	굵은 실선	———	외형선	구조물의 보이는 부분의 모양을 나타냄
	가는 실선	———	치수선	치수를 기입함
			치수 보조선	치수를 나타내기 위해 구조물에서 끌어냄
			지시선	특기 사항, 기호 등을 표시하기 위해 끌어냄
		▨	해칭	도면의 일부분을 다른 부분과 구분, 단면도의 절단면을 표시함
		～	파단선	부분 생략이나 부분 단면의 경계를 표시함
파선, 숨은 선 일정한 길이의 짧은 선이 간격을 두고 반복되는 선	굵은 파선	------------	은선	구조물에서 보이지 않는 부분의 모양을 표시함 (실제로 존재하는 선이지만 숨겨져 있을 때 사용함)
	가는 파선	------------		
1점 쇄선 짧은 선과 긴 선이 규칙적으로 한 번씩 반복되는 선	가는 1점 쇄선	—·—·—·—	중심선	도면의 중심을 표시함
2점 쇄선 긴 선 사이에 일정한 길이의 짧은 선이 두 개씩 들어 있는 선	가는 2점 쇄선	—··—··—	가상선	움직인 물체의 위치를 가상으로 나타냄

실무활용노트 AUTO CAD | 선 그리는 방법

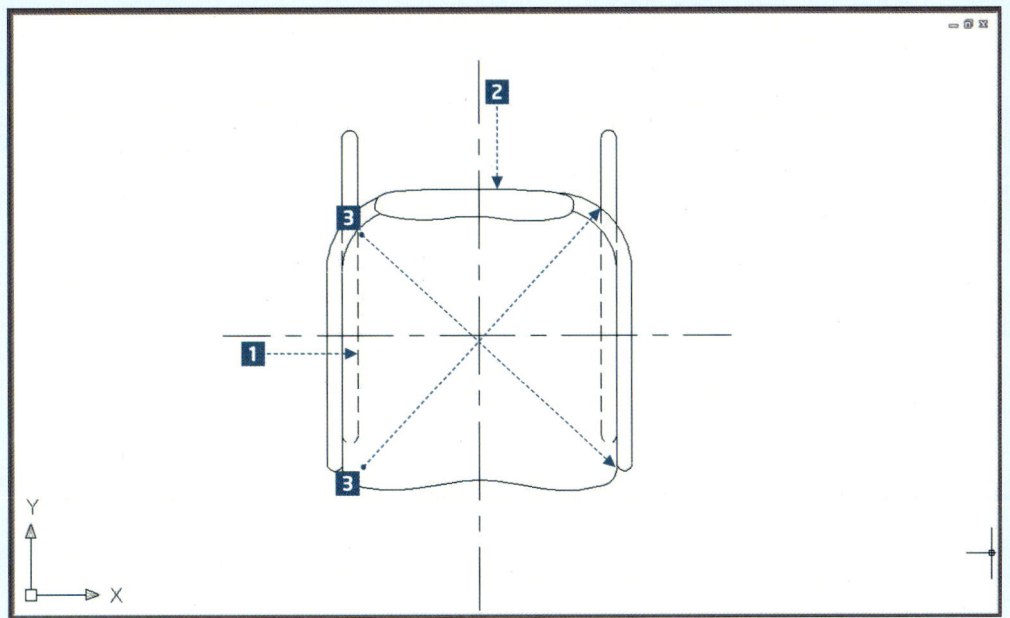

도면에서 수평선, 수직선, 사선을 그릴 때는 위에 표시된 화살표 방향으로 그립니다.

1 수평선은 왼쪽에서 오른쪽으로 한 번에 그려줍니다.
2 수직선은 위에서 아래로 한 번에 그려줍니다.
3 사선은 오른쪽이 위로 향한 선은 아래에서 위쪽으로 그려주고, 왼쪽이 위로 향한 선은 위쪽에서 아래로 그려줍니다.

- 선을 그리는 순서 : 기준선 → 원호, 원 → 수평선 → 사선 → 파선
- 선의 우선순위 : 외형선 > 숨은 선 > 절단선 > 중심선 > 무게 중심선 > 치수 보조선

(예를 들어, 외형선과 중심선이 서로 겹칠 때는 우선순위가 더 높은 외형선만 그리고 중심선은 그리지 않습니다.)

2 문자 쓰기

도면 작성에서 문자는 설계자의 의사를 정확하게 전달할 수 있는 대화 방법입니다. 그림의 크기나 축척 정도에 따라 문자의 크기를 맞춰야 하며, 문자의 크기는 문자의 높이로 나타냅니다. 도면에 사용되는 문자는 한글과 영어, 숫자, 한자 등입니다. 도면에서 문자를 사용하는 방법은 다음과 같습니다.

A 문자 사용 방법

① 글자는 바르고 분명하게 쓰되, 왼쪽부터 가로쓰기를 원칙으로 합니다.
② 글꼴은 고딕체로 쓰며, 수직 또는 오른쪽으로 15° 기울여 씁니다.
③ 문자의 크기는 문자의 높이로 나타냅니다. 한 도면에서는 가급적 크기가 같은 문자를 씁니다.
④ 문자의 너비는 기입할 곳에 따라 알맞게 맞추어 씁니다.
⑤ 한글의 크기는 호칭(Nominal, 대표하는 치수) 2.24mm, 3.15mm, 4.5mm, 6.3mm, 9mm의 다섯 종류입니다. KS A 0107에 따라 12.5mm와 18mm도 사용할 수 있습니다.
⑥ 아라비아 숫자의 크기는 호칭 2.24mm, 3.15mm, 4.5mm, 6.3mm, 9mm의 다섯 종류입니다. KS A 0107에 의거한 다른 치수도 사용할 수 있습니다.

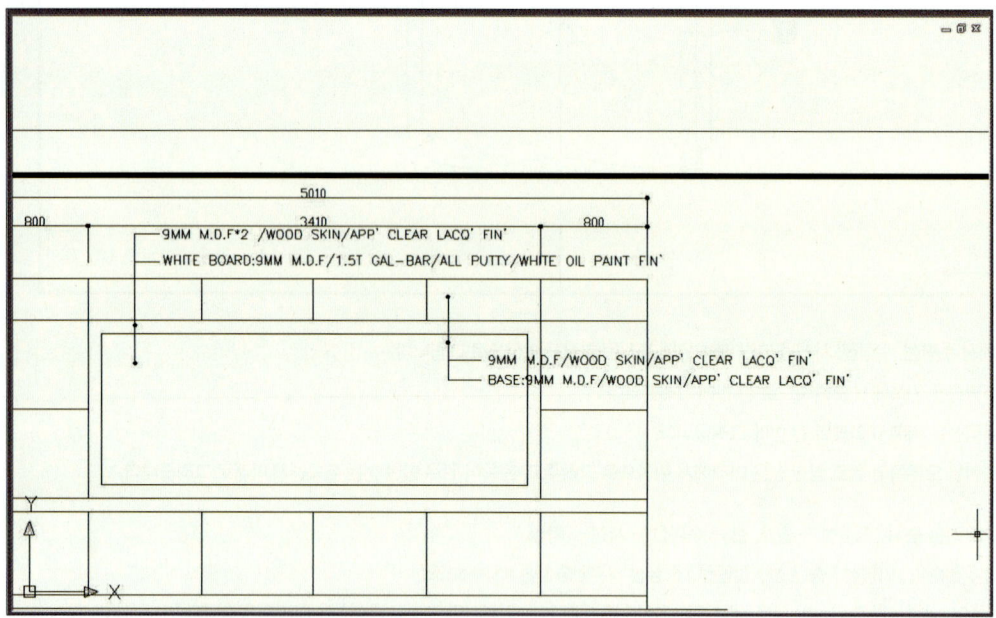

실무활용노트 AUTO CAD | 용도에 따른 문자의 높이

용도	높이(mm)
일반 치수 문자	3.15~6.3
도면 번호 문자	9~12.5
도면 이름 문자	9~18

3 치수 기입하기

도면을 오랜 시간 공들여 그려도 치수를 잘못 기입하면 설계자와 작업자 사이에 의사 전달이 제대로 되지 않아서 정확한 결과물을 만들 수 없습니다. 그러므로 명확한 치수 기입은 작업 능률을 높이고 정확하게 시공하기 위해서 반드시 필요합니다. 도면에 기입하는 치수는 선이나 원의 크기, 길이, 각도, 지시선 등이 있습니다. 너무 세세한 부분까지 기입하면 오히려 내용이 많아져서 혼동할 우려가 있으므로 건축물의 기능, 시공의 용이성 등을 고려하여 필요한 치수만 기입합니다. 작업자가 따로 계산할 필요가 없도록 작업의 주요 부분을 기입해야 하며 중복 기입은 피합니다. 치수 기입에 대한 자세한 내용은 PART 05를 참고하세요.

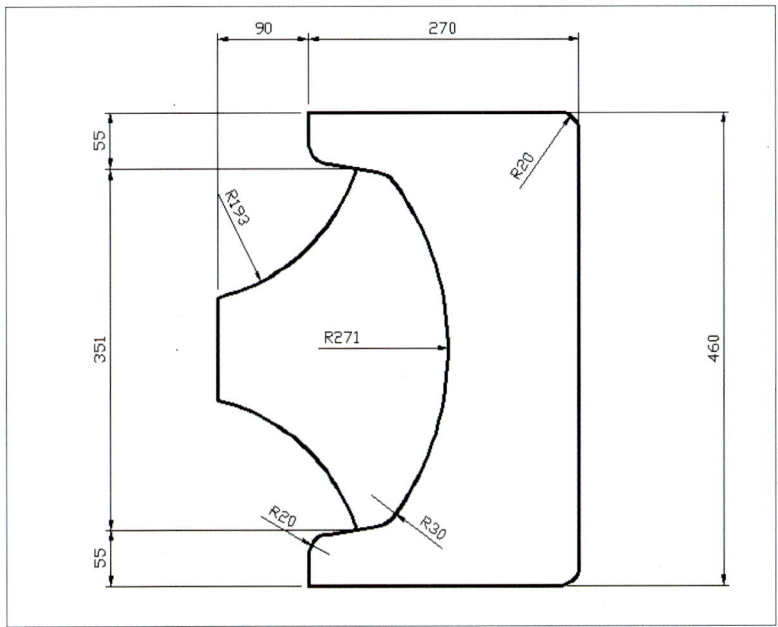

▲ 치수 기입 예

① 우리나라에서 기본적으로 사용하는 길이의 단위는 밀리미터(mm)이며, 치수 숫자만 기입하고 그 단위는 기입하지 않습니다.
② 치수는 '치수 보조선 → 치수선 → 지시선 → 화살표 → 가로 숫자 → 세로 숫자'의 순서로 기입합니다.
③ 치수는 일반적으로 치수선의 중앙 위쪽에 적고, 수직 방향으로 난 치수선의 치수를 기입할 때는 치수를 왼쪽으로 회전하여 도면을 오른쪽에서 볼 때 치수를 바르게 읽을 수 있도록 기입합니다.
④ 대칭되는 치수선처럼 값이 같은 부분의 치수는 중복하여 기입합니다.
⑤ 외형선과 치수선의 간격은 8~10mm가 적당합니다.

CHAPTER 02

도면 작업을 위한 AutoCAD 2017

급변하는 산업화 시대에서 CAD는 건축, 토목, 기계, 금형, 전기, 전자, 제품 디자인, 애니메이션 등 광범위한 분야에서 중요한 역할을 담당합니다. 분야별로 전문적인 CAD 프로그램이 많지만 그중에서도 모든 분야에서 공통으로 사용하는 범용 패키지가 바로 Autodesk사의 AutoCAD입니다. 이번 장에서는 AutoCAD 2017이 어떤 프로그램이며, 어떤 환경에서 어떻게 사용하는지를 알아보겠습니다.

A 학습 목표

AutoCAD를 사용하는 응용 분야를 알아보고 도면 설계를 위한 AutoCAD 2017의 기본 활용에 대해 알아봅니다.

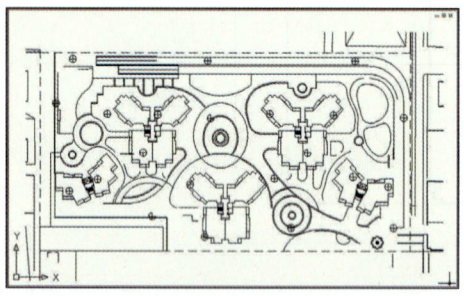
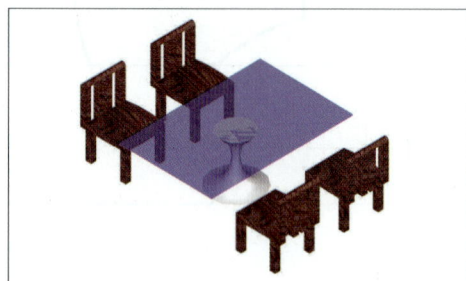

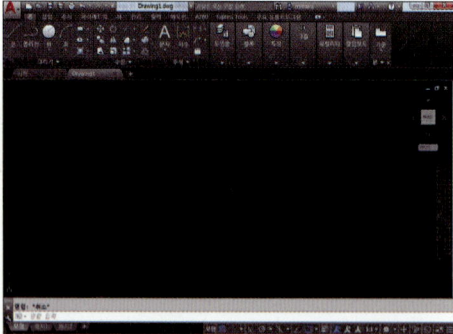

▲ AutoCAD 2017 메인 화면

SECTION 01 AutoCAD란 무엇인가?

CAD란 Computer Aided Design & Drafting의 약어로 '전산 보조 설계'라는 뜻입니다. 즉, 연필과 자를 잡고 종이에 일일이 그리던 도면을 컴퓨터 모니터에 마우스와 키보드를 이용해서 입력하여 그리는 프로그램입니다.

1 AutoCAD의 사용 목적

AutoCAD는 건축과 기계 등 각종 설계 분야에서 사용합니다. 도면 작성 방식이 정확하고 표준화되어 있으며 수정이 쉽고 시간이 단축되어 비용이 절감되며 출력시 확대 및 축소가 자유로우며 수치가 자동 연산되어 오차 발생률이 낮은 장점이 있습니다. 손으로 하던 기존의 번거로운 작업과는 비교가 되지 않을 정도로 효율성이 뛰어나기 때문에 대부분의 설계 사무소에서 사용하고 있습니다.

2 AutoCAD의 활용 범위

공학 분야인 건축공학과 토목공학부터 현재 무서운 속도로 발전하고 있는 게임 개발 산업에 이르기까지 매우 광범위하게 AutoCAD가 사용되고 있습니다. 무엇보다도 대중적인 컴퓨터 기본 운영 체제인 Windows를 기반으로 하여 개인 사용자가 쉽게 접근할 수 있도록 한 것이 AutoCAD의 대중화에 가장 크게 기여했습니다. 또한 Autodesk 자사 제품인 3ds Max, AutoCAD Civil 3D, Revit Architecture, Adobe사의 Photoshop, Illustrator 등의 여러 그래픽 프로그램과 완벽한 호환성을 자랑하며 AutoLISP, ADS, ARX 등의 사용자 명령 프로그래밍이 가능한 개방형 구조인 점 또한 무시할 수 없을 것입니다.

실무활용노트 AUTOCAD — AutoCAD의 응용 분야

- 건축/토목 설계 (Architecture / Civil Engineering Design)
- 자동차, 항공기, 선박 등의 기계 설계 (Mechanical Design)
- 군사, 과학 분야의 모의실험 (Simulation)
- 영화, 광고 등의 촬영 세트 제작
- 산업/실내/제품 디자인 (Industrial / Interior / Product Design)
- 전기/전자 설계 (Electric / Electronic Design)
- 지도, 지적도 제작 (Cartography)
- 조경 설계 (Landscape Design)
- 애니메이션 (Animation)

 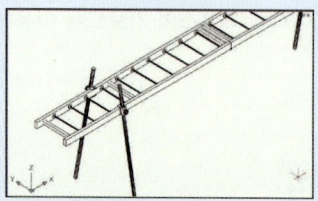 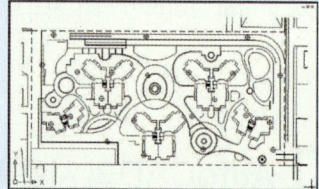

▲ 비행기 프로펠러 도면   ▲ 사다리 제품 도면   ▲ 아파트 조경 도면

3 AutoCAD와 다른 프로그램의 호환성

AutoCAD는 다른 그래픽 프로그램과의 호환성이 뛰어나 활용도가 더욱 높습니다. Illustrator나 Photoshop, 3ds Max 등은 건축 설계와 뗄 수 없는 관계이며 특히 Photoshop과 3ds Max를 사용하면 설계 도면을 더욱 보기 좋게 꾸밀 수 있습니다. 이것은 AutoCAD가 전문적이면서도 대중적인 그래픽 툴임을 확인할 수 있는 대목입니다.

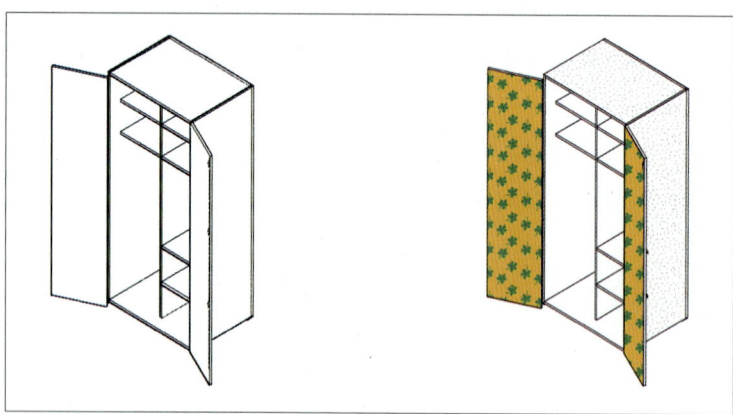

▲ AutoCAD로 그린 가구 도면을 Adobe Illustrator와 호환하여 무늬를 입힌 그림

▲ AutoCAD로 그린 벽체 도면을 Adobe Photoshop과 호환하여 색상을 입힌 그림

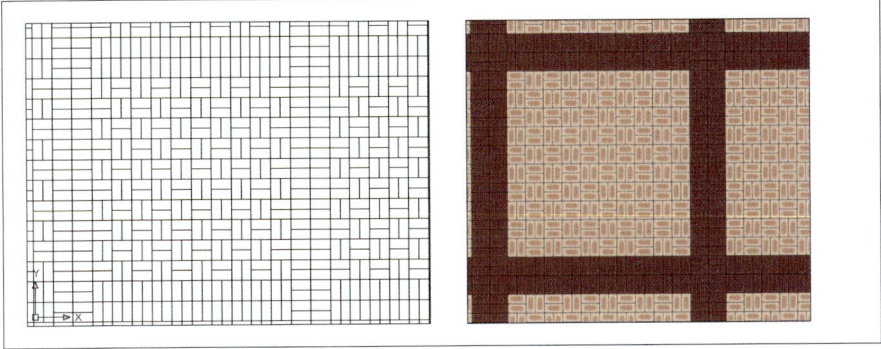

▲ AutoCAD로 그린 보도 블록 도면을 Adobe Photoshop과 호환하여 표현한 그림

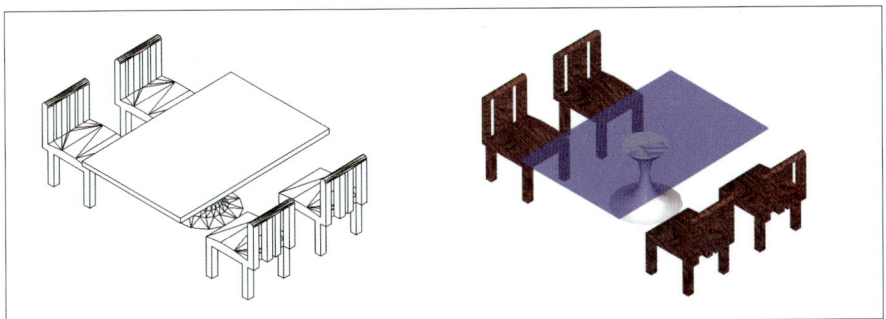

▲ AutoCAD로 그린 4인용 테이블 도면을 3ds Max와 호환하여 재질감을 부여한 그림

SECTION 02
AutoCAD 2017 권장 사양 및 설치 방법

AutoCAD 2017에서 도면 작업을 할 때 원활한 속도와 이미지 표현에 무리가 없는 시스템 권장 사양을 알아보겠습니다. 실무 도면을 제작하는 사용자라면 반드시 권장 사양 이상의 컴퓨터 장비를 갖춘 후에 AutoCAD 2017 프로그램을 설치하기 바랍니다.

1 AutoCAD 2017을 설치하기 위한 컴퓨터 권장 사양

CPU : 1 GHz / faster 32-bit(x86) / 64-bit(x64) 프로세서
운영체제 : Microsoft Windows® 10(데스크톱 OS), Microsoft Windows 8.1(KB2919355 업데이트), Microsoft Windows 7 SP1
RAM : 8GB RAM 이상
HDD : 설치 가능한 하드 디스크 공간 6GB
VGA : 1,600×1,050 트루컬러 비디오 디스플레이 어댑터 128MB VRAM 이상, Pixel Shader 3.0 이상 Direct3D®-capable 워크스테이션급 그래픽 카드

2 AutoCAD 2017 사용에 필요한 장비

A 입력 장치

① 키보드(Keyboard) : AutoCAD에서 명령 행에 직접 명령어를 입력할 때 사용합니다. 도면 제작이 익숙한 사용자들은 키보드를 이용하는 방법을 가장 선호합니다.

▲ 키보드

② 마우스(Mouse) : 좀 더 쉽고 빠르게 도면을 작성하기 위해 아이콘이나 메뉴, 객체를 선택할 때 사용합니다. 휠 마우스의 경우에는 '휠(Wheel)'을 이용하여 화면을 확대·축소·이동할 수 있습니다. 왼쪽 버튼은 '객체'와 '메뉴', '아이콘' 등을 선택할 때 사용하고, 오른쪽 버튼은 명령을 실행·종료하거나 세부적인 옵션을 보여주는 역할을 합니다. 바로 이전에 사용한 명령을 기억했다가 표시해주기 때문에 반복되는 명령을 실행할 때 편리합니다.

▲ 마우스

실무활용노트 AUTO CAD — 마우스 오른쪽 버튼의 역할

이미 언급한 바와 같이 마우스 오른쪽 버튼은 경우에 따라 여러 가지 역할을 수행합니다. 상황에 따른 마우스 오른쪽 버튼의 역할을 알아봅니다.

1 기본 모드
새 도면이나 기존 도면을 열고 아무런 명령을 입력하지 않은 상태에서 마우스 오른쪽 버튼을 클릭하면 기본 모드가 나타납니다.

2 편집 모드
명령을 실행한 후 마우스 오른쪽 버튼을 클릭하면 직전에 사용한 명령을 다시 사용하는 반복 명령을 가장 윗줄에 표시합니다.

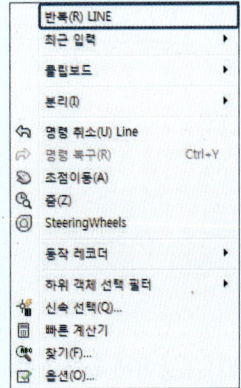

▲ 직전에 Line 명령을 실행한 경우

3 명령 모드
명령을 입력한 후 마우스 오른쪽 버튼을 클릭하면 명령이 즉시 실행됩니다. 사용한 명령을 실행할 수 있도록 해주는 Enter 의 기능입니다.

4 객체 스냅 모드
Shift 와 마우스 오른쪽 버튼을 동시에 누르면 객체 스냅(Osnap) 모드가 됩니다. 객체 스냅 모드는 PART 02에서 자세히 알아봅니다.

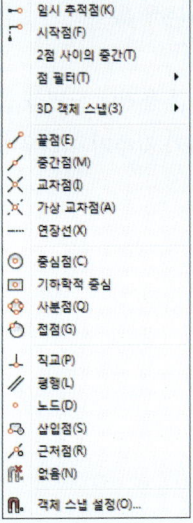

③ 태블릿(Tablet) : 펜 스타일러스(Stylus)나 퍽(Puck, 보통 4개의 버튼으로 구성)을 이용하여 그림이나 도표, 설계 도면의 좌표 위치를 컴퓨터에 입력하는 장치입니다. 펜이나 퍽은 마우스처럼 입력하는 역할을 하는데, 특히 퍽은 십자선(Crosshair)을 이용하여 미세한 부분까지 정확하게 나타낼 수 있어 공학 분야에서 많이 사용합니다.

▲ 태블릿

④ 스캐너(Scanner) : 종이로 출력한 도면이나 그림을 컴퓨터 파일로 만들 때 사용합니다. 회사 로고 등의 그림 파일을 AutoCAD 파일로 만들 때 주로 사용합니다.

▲ 스캐너

A 출력 장치

① 프린터(Printer) : 작업한 내용을 종이에 옮겨 출력하여 눈으로 확인할 수 있게 하는 인쇄기입니다. AutoCAD에서는 A3, A4 사이즈를 가장 많이 사용하여 출력합니다.

▲ 프린터

바로 통하는 TIP 모니터에서는 미처 발견하지 못한 오류가 용지로 출력된 도면에서는 쉽게 눈에 띄는 경향이 있으므로 도면을 완성하기 전에 한 번쯤은 도면을 용지에 출력하여 확인하는 것이 바람직합니다.

② 플로터(Plotter) : 프린터보다 큰 용지에 도면을 출력할 수 있습니다. 고가인 만큼 개인 사용자가 갖추기 어려우며 전문 설계 사무실에서 주로 사용합니다.

▲ 플로터

3 AutoCAD 2017 설치하기

AutoCAD 2017 Trial(평가판) 버전의 설치 방법을 알아보겠습니다. 오토데스크코리아(http://www.autodesk.co.kr)에서 한글 버전을 다운로드합니다.

01 오토데스크코리아(http://www.autodesk.co.kr) 웹사이트에 접속합니다. 화면 오른쪽 상단의 [메뉴]를 클릭하면 풀다운 메뉴가 나타납니다.

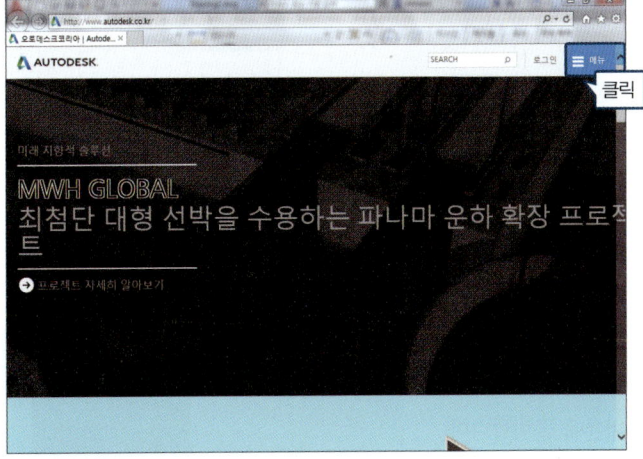

02 풀다운 메뉴에서 [다운로드]를 클릭하고 [무료 제품 체험판]을 클릭합니다.

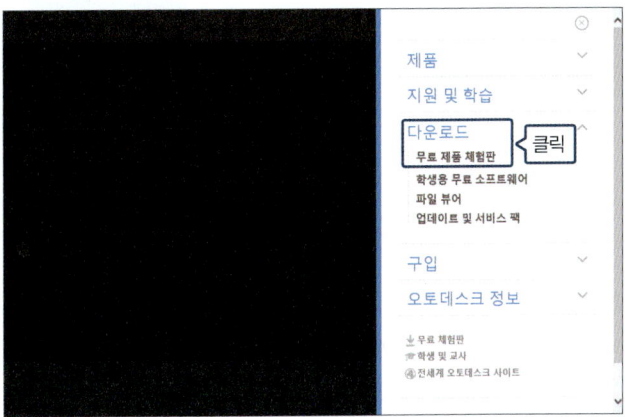

03 [무료 체험판] 페이지에서 [AutoCAD]를 클릭합니다.

04 [지금 다운로드] 버튼을 클릭합니다. 약관을 읽어보고 하단의 확인란 두 곳 모두 체크합니다. 하단의 [계속] 버튼을 클릭합니다.

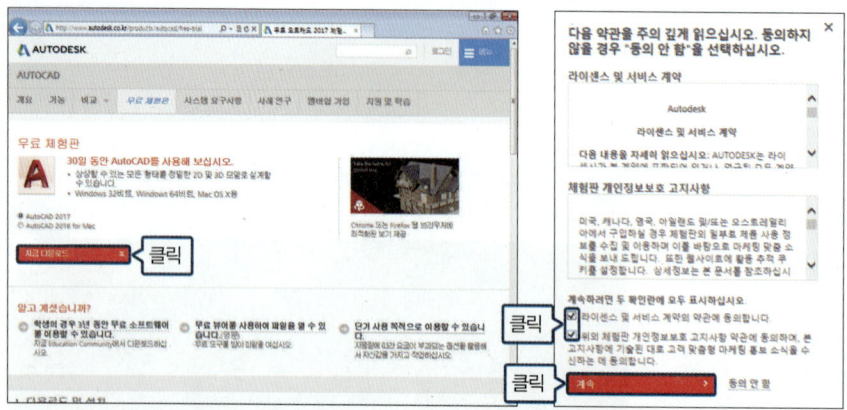

05 설치 패키지 다운로드가 시작된다는 대화창이 나타납니다. 화면 하단의 [저장] 버튼을 클릭합니다.

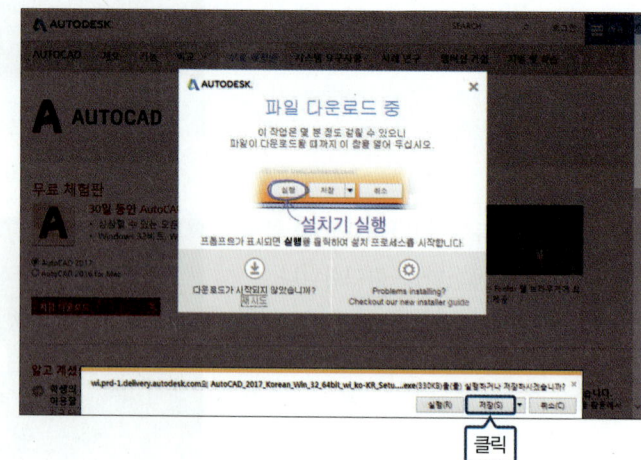

06 저장 위치를 지정한 후 [저장] 버튼을 클릭합니다. 실행 파일의 다운로드가 완료되었다는 메시지가 나타납니다. 화면 하단의 [실행] 버튼을 클릭합니다.

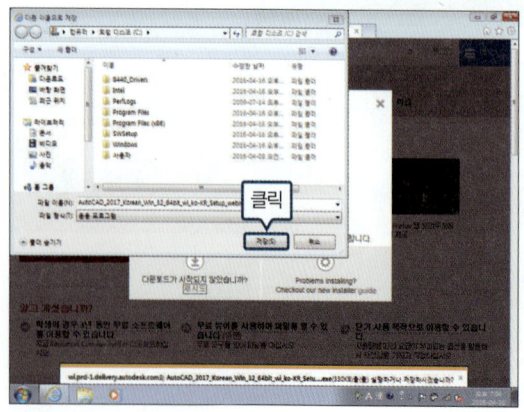 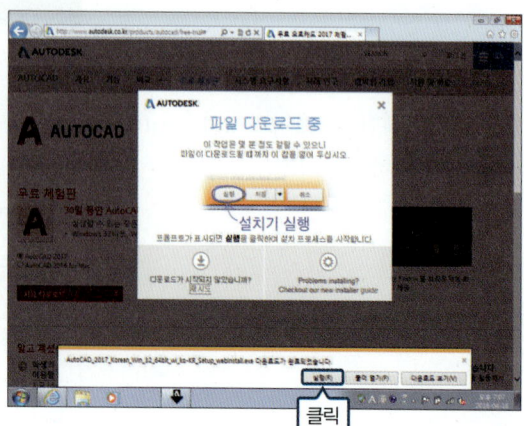

07 '설치 초기화'라는 메시지가 나타나면 초기화가 완료될 때까지 기다립니다.

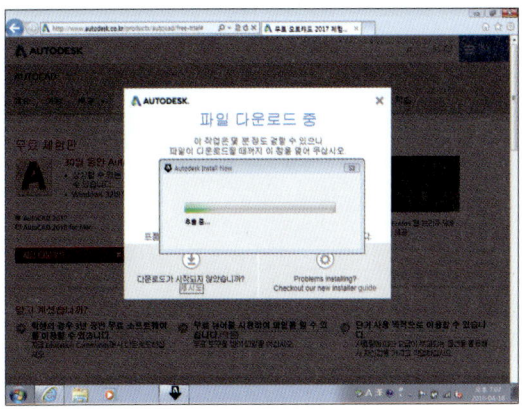 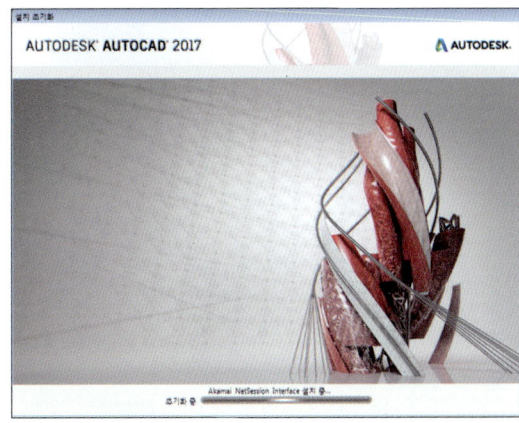

08 화면 오른쪽 하단에 있는 [설치: 이 컴퓨터에 설치] 버튼을 클릭합니다.

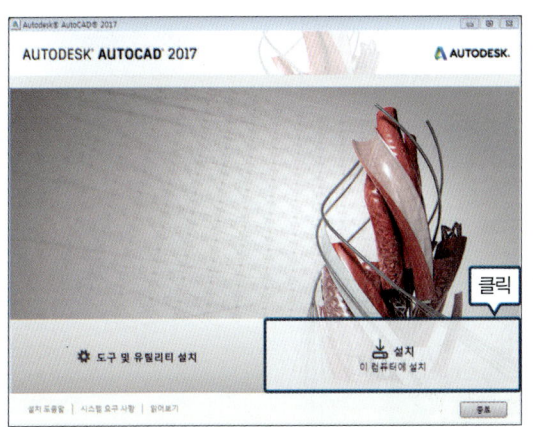 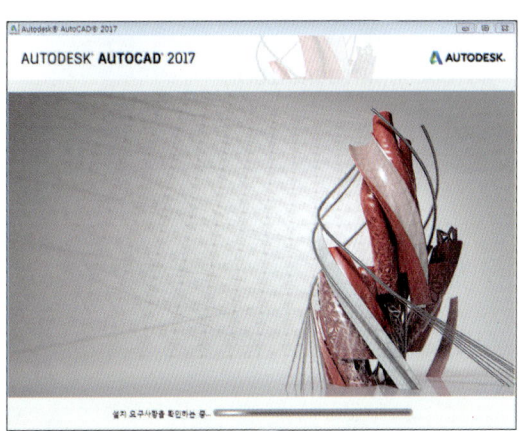

09 설치 구성의 세 가지 항목을 모두 체크한 상태로 두고 설치 경로를 지정한 후 화면 하단의 [설치] 버튼을 클릭합니다.

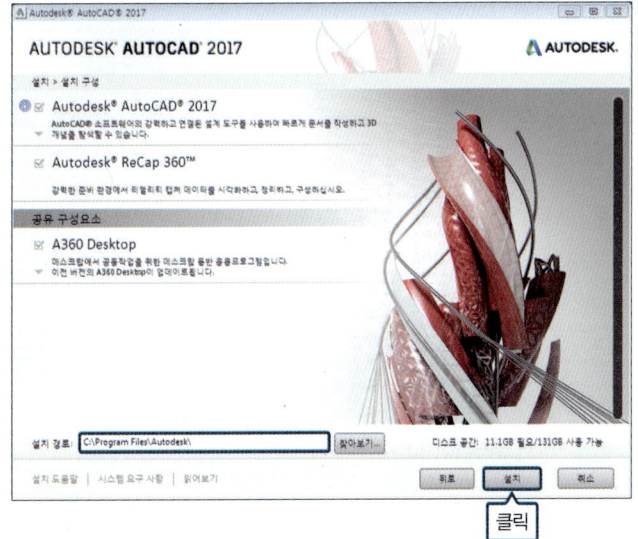

10 설치 진행 화면이 나타납니다.

 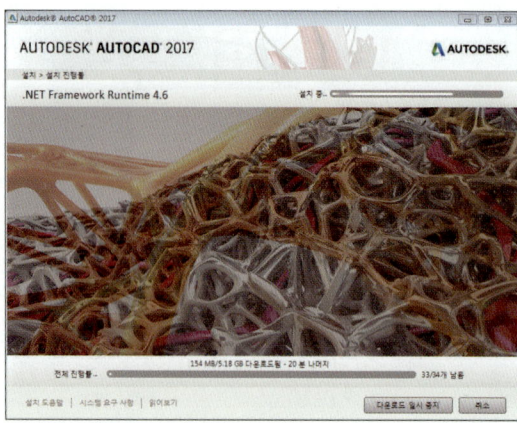

11 설치가 완료되었습니다. 오른쪽 하단의 [마침] 버튼을 클릭합니다.

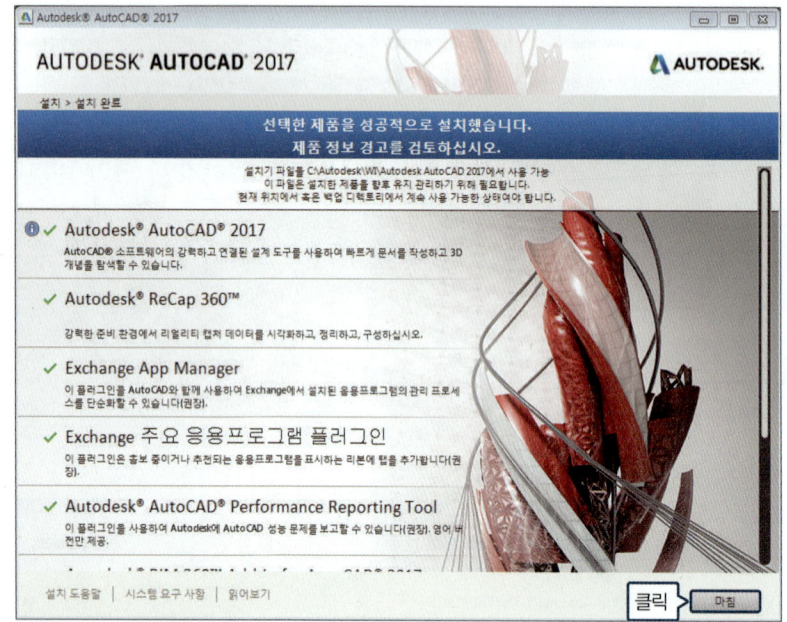

12 프로그램을 실행하기 위해 시스템을 다시 시작합니다.
[예] 버튼을 클릭합니다.

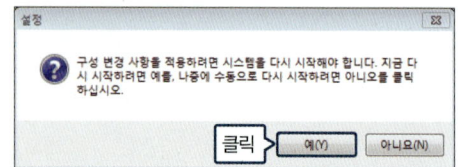

4 AutoCAD 2017 실행하기

프로그램 설치를 완료했다면 AutoCAD 2017을 실행해보겠습니다. 여러 가지 실행 방법 중에서 단축 아이콘을 클릭하는 방법과 [시작] 메뉴에서 프로그램을 찾는 방법을 알아보겠습니다.

A 단축 아이콘을 선택해서 실행하기

프로그램 설치를 완료하면 바탕화면에 AutoCAD 2017 단축 아이콘이 생깁니다. 이 단축 아이콘을 더블클릭(마우스 왼쪽 버튼을 빠르게 두 번 누름)하거나 마우스 오른쪽 버튼을 클릭한 후 나타나는 팝업 메뉴에서 [열기]를 클릭하면 AutoCAD 2017이 실행됩니다.

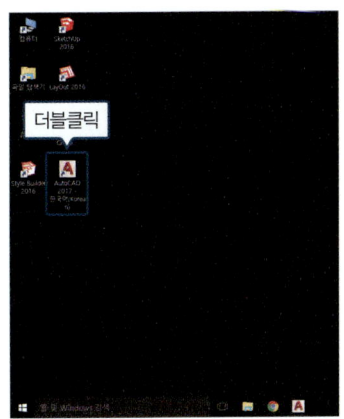
▲ AutoCAD 2017 단축 아이콘을 더블클릭하여 실행

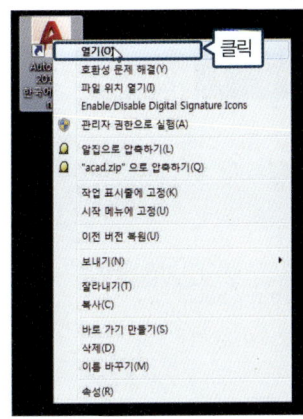
▲ 마우스 오른쪽 버튼을 이용하여 팝업 메뉴에서 [열기]를 클릭하여 실행

A [시작] 메뉴에서 프로그램 찾아 실행하기

작업 표시줄에 있는 [시작]-[모든 프로그램]-[Autodesk]-[AutoCAD 2017]-[AutoCAD 2017]을 선택하여 실행합니다.

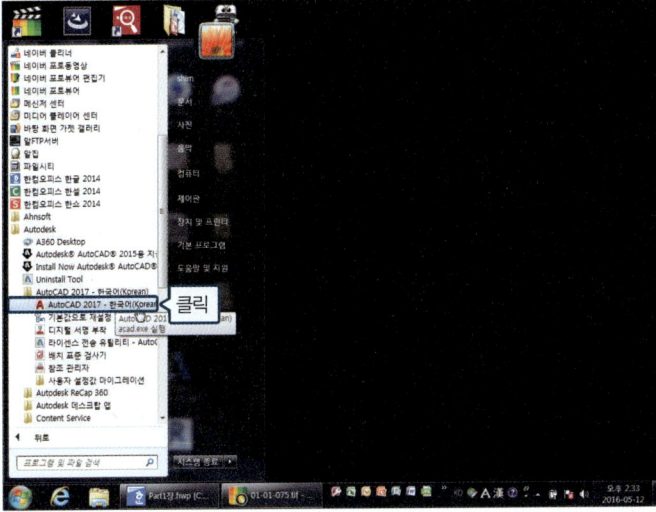

A ▼ AutoCAD 2017 평가판 실행 후 초기 화면 보기

01 AutoCAD 2017 평가판을 실행하면 [첫 번째 실행 초기화] 화면이 나타납니다. 로그인 화면이 나타나면 [등록] 버튼을 클릭하여 등록하고 로그인합니다. [데이터 수집 및 사용] 화면에서 하단의 [확인] 버튼을 클릭합니다.

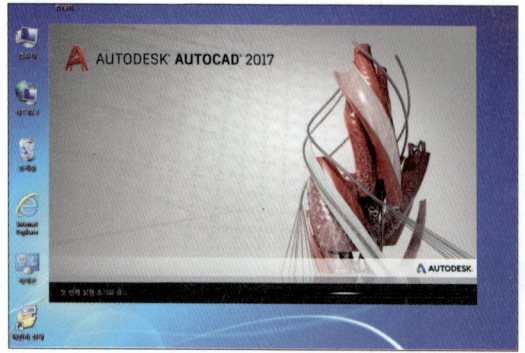
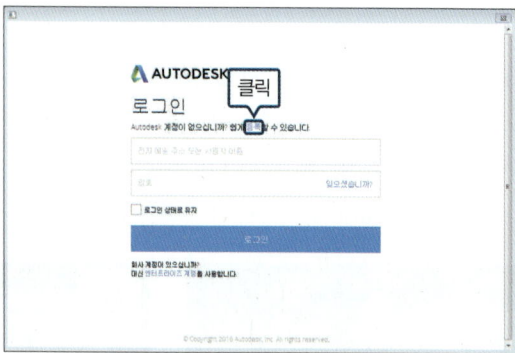

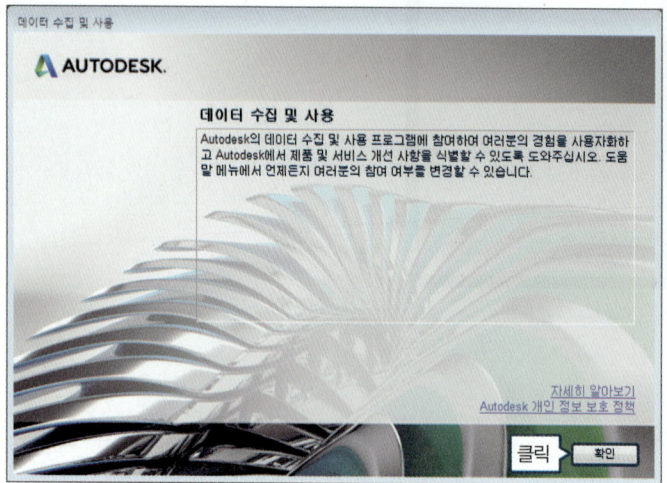

02 AutoCAD 2017을 실행한 후의 첫 화면이 나타납니다. 왼쪽의 [그리기 시작] 버튼을 클릭합니다.

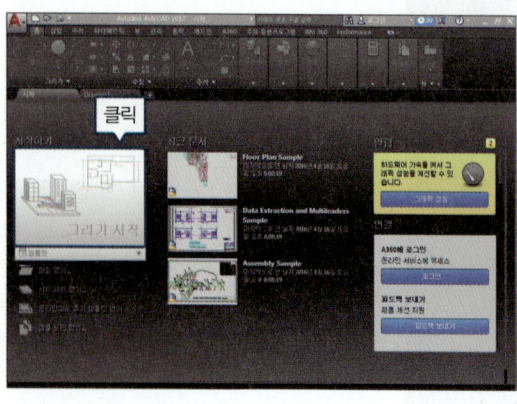

▲ AutoCAD 2017 기본 설정 메인 화면

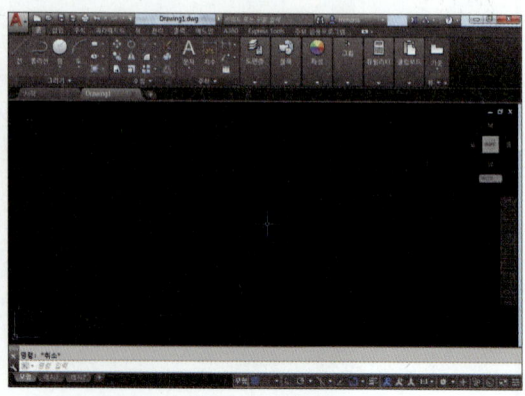

SECTION 03
AutoCAD 2017 사용자 인터페이스 살펴보기

AutoCAD 2017의 초기 화면을 살펴보겠습니다. 초기 화면의 구성 요소는 사용자가 편리하게 작업할 수 있도록 구성되어 있습니다. AutoCAD 2017의 작업 화면에서는 작업자가 사용하지 않는 도구 팔레트나 도구 막대 등의 메뉴를 없애거나 추가할 수 있습니다.

1 작업 화면 인터페이스

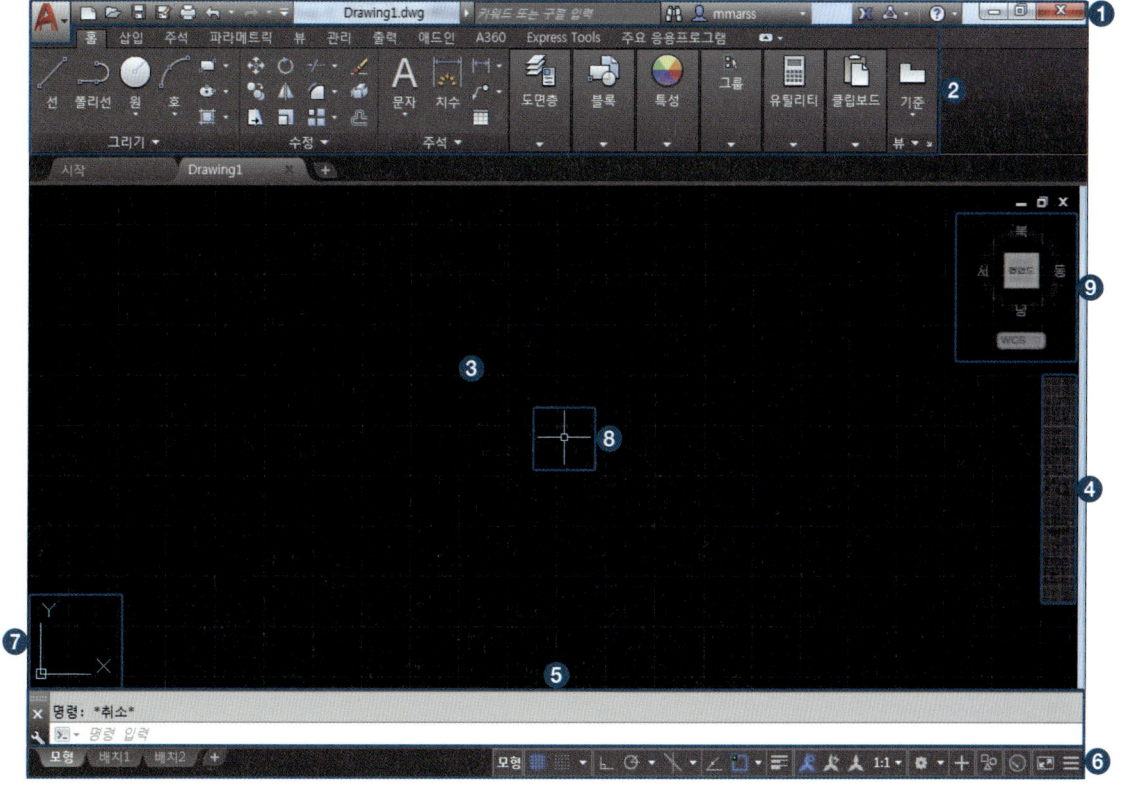

❶ 제목 표시줄
화면 최상단의 회색 줄입니다. 신속 도구 막대, 파일 경로, 파일 이름, 로그인 여부 등을 표시합니다.

❷ 도구 팔레트

각종 명령과 관련한 메뉴를 아이콘으로 나타낸 영역입니다. 각 메뉴마다 상이한 도구 팔레트가 나옵니다. 명령어를 일일이 외우지 않더라도 직관적으로 사용할 수 있어 편리합니다.

▲ [홈] 도구 팔레트

❸ 작업 영역

작업 영역은 도면을 그리는 도화지와 같은 공간입니다. 작업 영역의 배경색은 검은색이 기본 설정이지만 Option 명령을 통해 원하는 색상으로 변경할 수 있습니다. 작업 영역에 도구 팔레트나 명령 행 영역을 필요 이상으로 꺼내면 작업 영역이 줄어들기 때문에 필요한 작업 영역만 꺼내는 것이 좋습니다. 작업 영역에 실제로 표현되지는 않지만 Microsoft Excel 프로그램의 스프레드시트처럼 각 위치마다 정해진 눈금(좌표)이 있습니다. Auto-CAD는 사실상 도면에 좌푯값을 입력하여 정확한 수치를 토대로 작업하는 프로그램이므로 수학적인 개념을 일부 포함하는 것으로 이해하면 됩니다.

❹ 탐색 막대

전체 탐색 휠이나 초점 이동 등의 기능이 있는 도구 막대의 일종입니다. 특별히 사용하지 않을 경우 꺼둡니다.

❺ 명령 행

명령 행은 사용자가 명령어와 명령 단축키를 직접 입력하는 영역입니다. AutoCAD를 처음 학습할 때는 어려운 영문 명령어나 명령 단축키를 일일이 외우기 힘들겠지만, 프로그램을 능숙하게 다루는 단계가 되면 작업 속도를 높일 수 있습니다. 빈번하게 사용하는 명령어만큼은 암기하여 명령 행에 직접 입력하여 실행하는 것이 바람직합니다. 명령 행으로 명령을 실행할 때는 도구 팔레트와는 달리 Enter 나 Space bar 를 별도로 눌러야 합니다.

작업할 때는 편리하게 사용할 수 있도록 명령 행을 상태 표시줄에 붙여서 사용합니다. 명령 행을 마우스로 드래그하여 붙여주면 됩니다.

❻ 상태 표시줄

상태 표시줄은 어떤 기능을 사용하고 있는지를 한눈에 살펴볼 수 있게 현재 상태를 나타내는 영역입니다. 명령 행 하단의 가장 아랫부분에 있으며 모눈, 스냅, 직교, 극좌표, 객체 스냅, 객체 스냅 추적, DUCS, Dyn, 선가중치, Quick Properties(Ctrl+Shift+P), 모형, 레이아웃과 그 밖에 2017 버전에서 새로 추가된 기능의 설정과 해제 상태를 확인할 수 있습니다. 버튼이 회색이면 현재 해제(Off)되어 있다는 표시이며, 버튼이 파란색이면 현재 설정(On)되어 있다는 표시입니다. 모형, 배치 전환 탭은 아이콘 형식으로 상태 메뉴에 편입시켜서 표시합니다. 2017 버전에서 새로 추가된 기능은 새로운 기능 부분에서 설명하겠습니다.

① **모눈**(Grid, F7) : 모눈 격자를 설정된 간격대로 표시합니다.
② **스냅**(Snap, F9) : 마우스 포인터를 설정된 간격대로 띄워서 지정합니다.
③ **직교**(Ortho, F8) : 정수평, 정수직 방향을 지정합니다.
④ **극좌표**(Polar, F10) : 그리려는 객체를 정수평, 정수직 방향으로만 이끌어줍니다.
⑤ **객체 스냅 추적**(Otrack, F11) : 객체 스냅을 추적하는 기능입니다. 극좌표와 달리 설정한 각도대로 자유자재로 이끌어줍니다.
⑥ **객체 스냅**(Osnap, F3) : 객체의 정확한 지점을 지정합니다.
⑦ **선가중치**(Lwt) : 화면에서 그린 객체의 두께를 표시합니다. AutoCAD에서는 선 두께를 선가중치라고 표현합니다.
⑧ **모형, 배치**(Model, Layout) : 도면의 객체를 모델링하는 탭과 전체적인 배치를 지정하는 탭을 선택할 수 있습니다.
• **DUCS**(F6) : 동적 UCS입니다.
• **Dyn**(F12) : 마우스가 움직이는 위치에 명령의 동적 입력이 가능합니다.

실무활용노트 AUTO CAD | Dyn(동적 입력) 기능

상태 표시줄의 Dyn(동적 입력)을 설정하면 해당하는 명령 프롬프트가 마우스 포인터를 따라 움직입니다. 명령 행에 명령어를 입력하거나 메뉴를 클릭하지 않아도 작업 위치에서 편리하게 치수나 명령을 입력할 수 있습니다. 사용자에 따라 이 기능이 번거로울 경우 F12를 눌러 동적 입력을 해제해서 사용합니다.

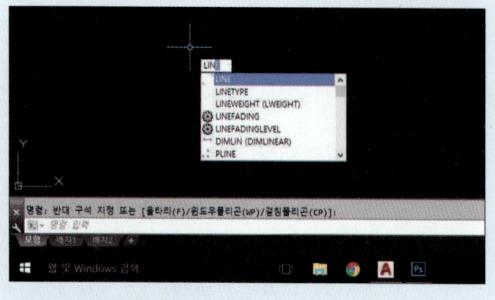 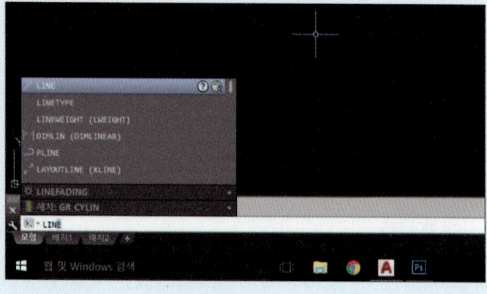

▲ 상태 표시줄의 Dyn을 설정한 상태에서 Line 명령을 입력한 화면   ▲ 상태 표시줄의 Dyn을 해제한 상태에서 Line 명령을 입력한 화면

❼ UCS 아이콘

앞에서 잠깐 언급한 것처럼 AutoCAD는 수학적 개념이 포함된 프로그램입니다. 따라서 모든 도면의 객체에는 해당하는 좌푯값이 있습니다. 평면도나 입면도 등의 2D 도면은 X축, Y축 좌푯값이 있으며 투시도 등의 3D 도면은 Z축 좌푯값이 추가됩니다. UCS 아이콘은 2D 도면에서는 축의 방향을 표시하고 3D 도면에서는 공간의 개념이므로 축의 방향과 더불어 현재 작업하고 있는 평면의 공간상 위치를 나타냅니다. AutoCAD에서는 절대좌표와 상대좌표, 극좌표의 형식으로 작업이 가능합니다. 이 세 가지 좌표에 대한 설명은 PART 02에서 자세히 설명하겠습니다.

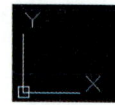

❽ 마우스 십자선

작업을 할 때는 언제나 작업 지점에 마우스 십자선이 마우스를 따라다닙니다. 경우에 따라 그립으로 나타납니다.

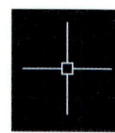

❾ View Cube

3D 도면과 2D 도면의 보는 관점을 지정할 때 편리하게 사용할 수 있습니다.

SECTION 04 AutoCAD 2017로 명령하기

AutoCAD 2017은 이전 버전과 마찬가지로 사용자가 여러 가지 방법으로 명령을 실행하도록 구성되어 있습니다. 각자 본인에게 맞는 방법을 찾아내어 그 기능을 충분히 인지하고 사용하는 것이 좋습니다.

1 명령 입력하기

AutoCAD 2017에서 명령을 실행하는 대표적인 두 가지 방식을 알아보겠습니다.

A 명령 행에 명령어를 직접 입력하는 방법

AutoCAD 작업의 고수가 되려면 자주 사용하는 명령어를 암기하는 것이 많은 도움이 됩니다. 명령 행 영역에서 가장 아랫줄에 있는 '명령:'에 원하는 명령어 전체를 입력하거나 명령 단축키를 입력하고 Enter (또는 Spacebar)를 누르면 됩니다. 명령 행에 '명령: 반대 구석 지정 또는 [울타리(F)/윈도우폴리곤(WP)/걸침폴리곤(CP)]:'이라는 메시지가 나오거나 또는 다른 명령이 사용되고 있다면 새로 사용할 명령어나 명령 단축키를 아무리 입력해도 사용할 수 없습니다. 예외적인 경우를 제외하고 한 번에 두 가지 이상의 명령이 중복 실행되지 않기 때문인데, 이럴 때는 Esc 를 눌러 현재 사용하고 있는 메시지를 해제하여 명령을 취소합니다.

▲ 명령 행에 표시된 '명령: 반대 구석 지정 또는 [울타리(F)/윈도우폴리곤(WP)/걸침폴리곤(CP)]' 메시지에 명령어를 입력하는 화면

바로 통하는 TIP 명령을 반복 실행할 때에는 일일이 명령어를 다시 입력할 필요 없이 처음에 명령어를 한 번 입력한 후에 Enter (또는 Spacebar)만 누르면 됩니다.

A 도구 팔레트의 명령 아이콘을 클릭하는 방법

명령 행을 사용하려면 명령어나 명령 단축키를 모두 암기해야 하는 어려움이 있습니다. 그 대신에 직관적으로 그림을 보고 사용할 수 있는 도구 팔레트를 이용하는 방법도 좋습니다.

▲ [그리기] 도구 팔레트를 선택한 화면

실무활용노트 AUTOCAD 명령 행을 그때그때 눈으로 확인하면 도면 작업이 훨씬 쉬워요!

명령 행에 입력하는 명령어의 종류가 많고 기능도 모두 제각각이므로 명령어를 입력하면 나오는 서브 메뉴도 각각 다르게 나타납니다. 자주 쓰는 명령어나 명령 단축키는 암기해야겠지만 명령 실행 과정을 모두 외우기에는 내용이 너무 많습니다. 그러므로 도면 작업을 할 때에는 항상 명령 행에서 지시하는 내용이 무엇인지를 확인하면서 작업 과정을 진행하여야 합니다. 모든 해답은 명령 행에 있다는 것을 명심하세요!

2 명령 실행하기

이번에는 입력한 명령을 실행하는 세 가지 방법을 살펴봅니다.

A ▸ Enter

명령을 실행하는 가장 대표적인 방법은 명령 행에 명령어를 입력한 후 Enter 를 누르는 것입니다. 초보 사용자가 명령어를 입력한 후 Enter 를 누르지 않고 연속해서 서브 메뉴를 같은 줄에 입력할 때가 많습니다. 그럴 경우 애써 입력한 명령어가 무의미해질 수 있으니 주의합니다.

A ▸ Space bar

명령 행에 명령어를 입력한 후 Space bar를 누르면 명령이 실행됩니다. 다른 프로그램과 다르게 AutoCAD에서는 아주 편리하게 사용되는 입력 기능입니다. AutoCAD의 명령 구조는 표준값으로 설정된 메인 메뉴와 많은 서브 메뉴로 구성되어 있습니다. 명령어를 입력한 후 연속해서 메인 메뉴를 사용할 것인지, 서브 메뉴를 사용할 것인지를 선택해야 하는 경우가 많아 명령 단축키를 입력하는 알파벳 자판과 가장 가까운 위치에 있는 Space bar가 아주 편리하게 사용됩니다. 이 책에서는 특별한 경우를 제외하고는 Space bar를 입력 기능으로 설명합니다.

> **바로 통하는 TIP** 문자를 입력하는 Text 명령에서는 Space bar를 누르면 한 칸 공백으로 나타납니다. 이럴 경우에는 Enter를 사용해 명령을 실행해야 합니다.

실무활용노트 AUTO CAD | AutoCAD 명령어의 메인 메뉴와 서브 메뉴 사용 방법

AutoCAD의 명령 구조는 명령어를 입력하면 표준값(Default)으로 설정된 메인 메뉴와 한 가지 이상의 서브 메뉴가 나타납니다. 메인 메뉴와 서브 메뉴를 선택해서 다음 과정을 진행해야 합니다.

예) 원을 그리기 위해 명령 행에 'Circle'을 입력한 경우

❶ 명령: CIRCLE Space bar ←Circle 명령 입력 (C)
원에 대한 중심점 지정 또는 [3점(3P)/2점(2P)/Ttr – 접선 접선 반지름(T)]:
원의 반지름❷ 지정 또는 [지름(D)]:   ❸

❶ '명령: CIRCLE Space bar (C)' : (C)는 단축키입니다.
❷ '원에 대한 중심점 지정' : 메인 메뉴입니다. 기본으로 설정된 메뉴이므로 따로 선택할 필요가 없습니다.
❸ '[3점(3P)/2점(2P)/Ttr – 접선 접선 반지름(T)]' : 서브 메뉴입니다.

Circle 명령의 서브 메뉴는 [3점(3P)/2점(2P)/ Ttr – 접선 접선 반지름(T)]처럼 [ ] 안에 표시됩니다. 서브 메뉴가 두 종류 이상일 경우 '/'로 구분하며, 각 메뉴의 대문자로 표시된 문자만 입력하면 됩니다. 즉, 명령 행에 'Circle'을 입력한 후 대소문자 구분 없이 '3P' 또는 '2P' 또는 'T'만 입력하면 서브 메뉴를 선택할 수 있습니다.

A ▸ 마우스 오른쪽 버튼

명령 행에 명령어를 입력한 후 마우스 오른쪽 버튼을 클릭하는 방법입니다. 신속하게 명령어를 입력하려면 왼손은 항상 키보드 위에 있어야 하고 오른손은 항상 마우스 위에 있어야 합니다. 명령어를 입력하지 않았을 때 마우스 오른쪽 버튼을 누르면 팝업 메뉴가 나타납니다.

3 기능키 사용하기

키보드 상단에 있는 기능키(Function Key)에 대하여 알아봅니다. 기능키는 각각 중요한 의미를 가집니다. 특히 작업 기록을 확인할 수 있는 F2, 원하는 점을 정확하게 지정하는 F3, 정확하게 수직/수평을 그리는 F8을 자주 사용합니다. 기능키 일부는 상태 표시줄에서도 제어할 수 있습니다.

① F1 : 도움말을 제공하며 목차와 색인으로 구성되어 있습니다.
② F2 : 도면을 처음 열었을 때부터 진행한 모든 작업 내역이 기록되어 있습니다. 복잡한 수치 등을 확인할 때 유용합니다.
③ F3 : 원하는 지점을 정확하게 잡아주는 기능인 객체 스냅(Osnap)을 켜거나 끕니다.
④ F4 : 3D 객체 스냅의 사용 여부를 결정합니다.
⑤ F5 : 등각 평면을 지정할 때 사용합니다.
⑥ F6 : 동적(Dynamic) UCS를 켜거나 끕니다.
⑦ F7 : 모눈(Grid) 격자를 켜거나 끕니다.
⑧ F8 : 직교(Ortho)를 켜거나 끕니다. 정수직이나 정수평으로 선을 그릴 때는 직교를 켜고(On) 자유롭게 사선으로 그릴 때는 직교를 끄고(Off) 사용합니다.
⑨ F9 : 스냅(Snap)을 켜거나 끕니다. F7을 눌러 모눈 격자를 켠(On) 경우 그 격자를 따라 마우스 포인터가 이동합니다.
⑩ F10 : 극좌표를 켜거나 끕니다.
⑪ F11 : 객체 스냅 추적(Otrack)을 켜거나 끕니다.
⑫ F12 : Dyn(동적 입력)을 켜거나 끕니다.

작업 영역의 색상 변경하기

작업 영역은 기본적으로 검은색으로 설정되어 있으나 [옵션] 대화상자에서 원하는 색상으로 변경할 수 있습니다.

1 새 도면 파일을 엽니다. 임의의 작업 영역에서 마우스 오른쪽 버튼을 클릭하여 팝업 메뉴가 나타나면 가장 아래의 [옵션]을 클릭합니다.

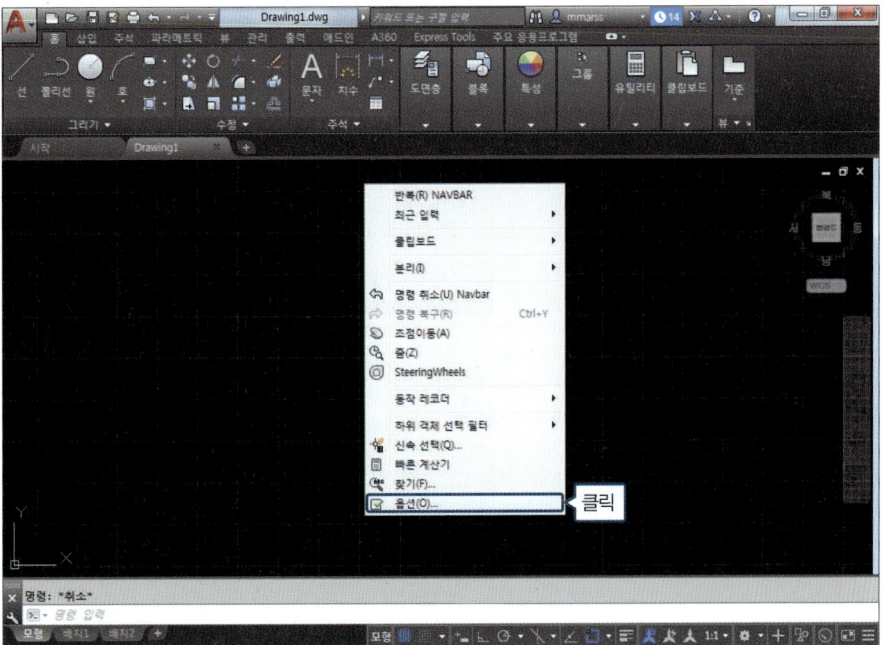

2 [옵션] 대화상자가 나타나면 [화면 표시] 탭을 클릭합니다. '윈도우 요소' 영역에서 [색상] 버튼을 클릭합니다.

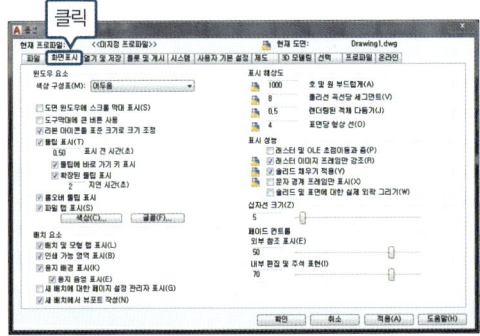
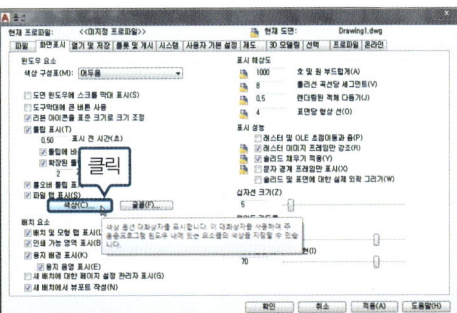

3 [도면 윈도우 색상] 대화상자가 나타나면, 오른쪽 '색상' 영역에서 변경하려는 색상인 '흰색'을 선택하고 [적용 및 닫기] 버튼을 누릅니다. [옵션] 대화상자에서 [확인] 버튼을 클릭하면 작업 영역 색상이 흰색으로 변경된 것을 확인할 수 있습니다.

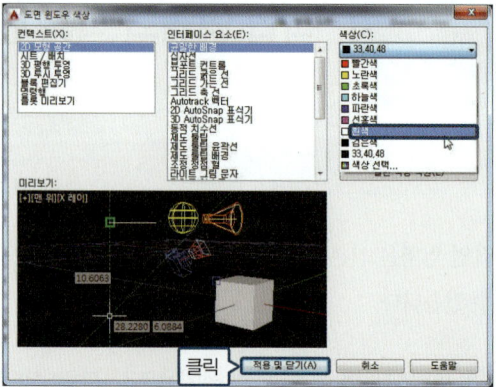

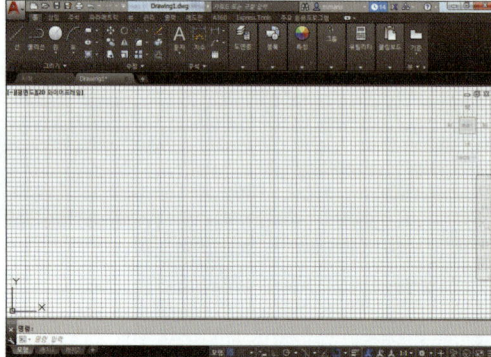

▶ 작업 영역 색상이 변경된 화면

4 '윈도우 요소' 영역의 '색상 구성표'에서 인터페이스 색상도 변경할 수 있습니다.

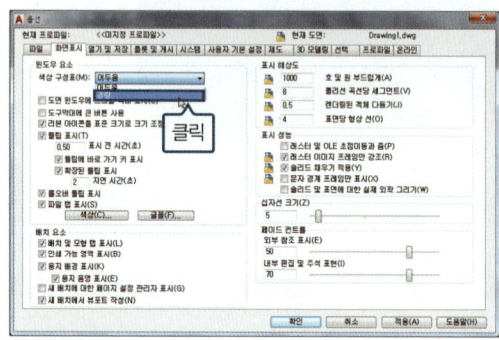

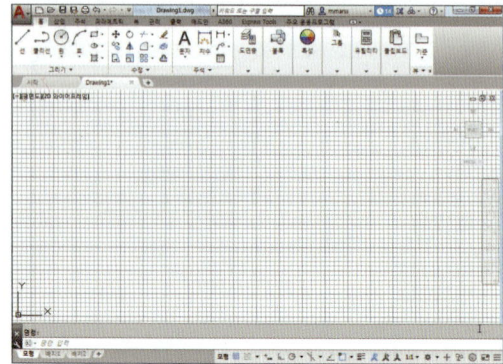

▶ '경량'으로 지정하여 적용한 화면

SECTION 05 더욱 편리해진 AutoCAD 2017 특징 살펴보기

AutoCAD 2017의 특징을 알아보겠습니다. AutoCAD 2017에서 가장 두드러진 특징은 여러 스마트 기기와 클라우드 저장소의 연결성이 한층 강해졌다는 점입니다.

1 AutoCAD 2017의 특징

A 스마트 중심선 및 중심 표식

객체의 중심선과 중심 표식을 쉽게 작성하고 편집할 수 있습니다. 연관된 객체를 이동하면 중심선 및 중심 표식도 객체와 함께 자동으로 이동합니다.

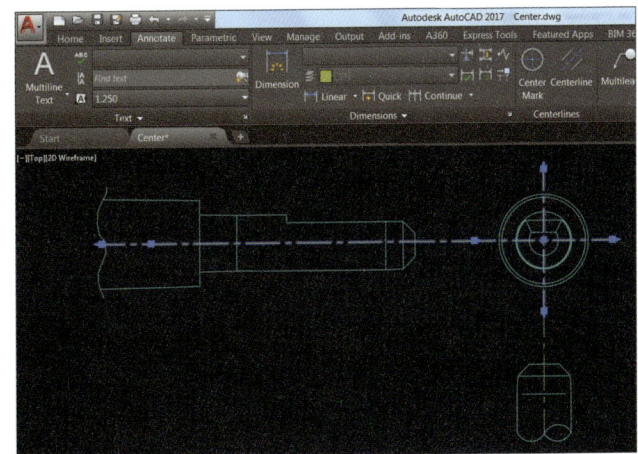

A 향상된 조정 모델

Navisworks 및 BIM 360 Glue(영문판) 모델을 직접 AutoCAD 소프트웨어에 연결해서 해당 모델을 볼 수 있습니다. 이 기능을 이용하면 표준 2D 끝점 및 중심 객체 스냅을 사용하여 첨부된 조정 모델에서 정확한 위치로 스냅할 수 있습니다.

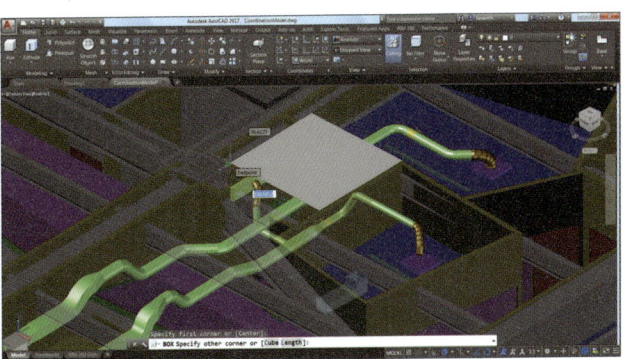

AutoCAD 360 Pro 모바일 앱

AutoCAD 360 Pro가 멤버십에 포함되었습니다. 이 앱으로 어디서나 AutoCAD의 강력한 성능을 활용할 수 있습니다.

- 여러 장치에서 2D CAD 도면을 보고 제도·편집하며, 현장에서 정확하게 도면을 측정할 수 있습니다.
- 모든 클라우드 저장소 서비스(Google Drive, Dropbox 등)에서 도면에 접속할 수 있습니다.
- 오프라인에서 작업 후 온라인으로 변경 사항을 동기화할 수 있습니다.

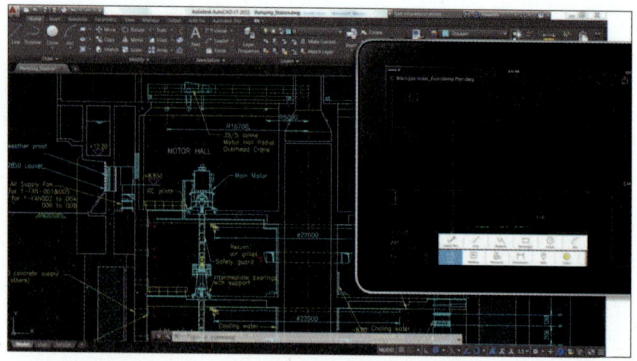

설계 뷰 공유

2D 및 3D CAD 도면을 클라우드에서 공유할 수 있습니다. 검토자는 클라우드에 로그인하지 않아도 되고 AutoCAD 기반 제품 없이도 도면을 볼 수 있습니다. 단, 이 경우 소스 DWG 파일은 변경할 수 없습니다.

PDF 가져오기

PDF가 파일 가져오기 형식에 추가되었습니다. PDF 파일 또는 언더레이의 형상, 트루타입(TrueType) 텍스트 및 래스터 이미지를 도면에 AutoCAD 객체로 가져올 수 있습니다.

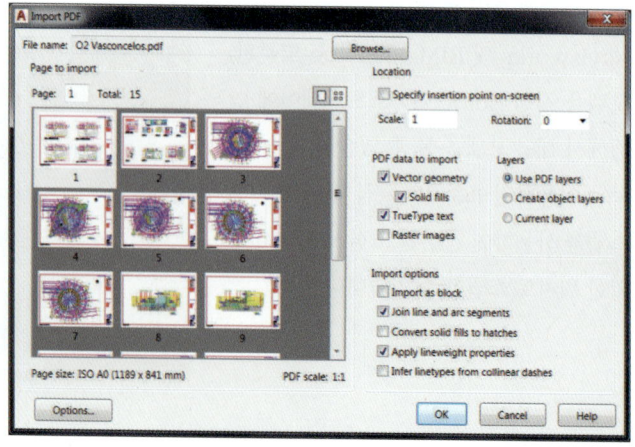

🅰 3D 프린팅

3D 모델을 외부 3D 프린팅 서비스로 전송할 수 있는 등 3D 프린팅 옵션을 제공합니다. 또는 Print Studio를 설치하고 3D 프린터에 연결하거나 나중에 프린팅 파일을 작성할 수 있습니다.

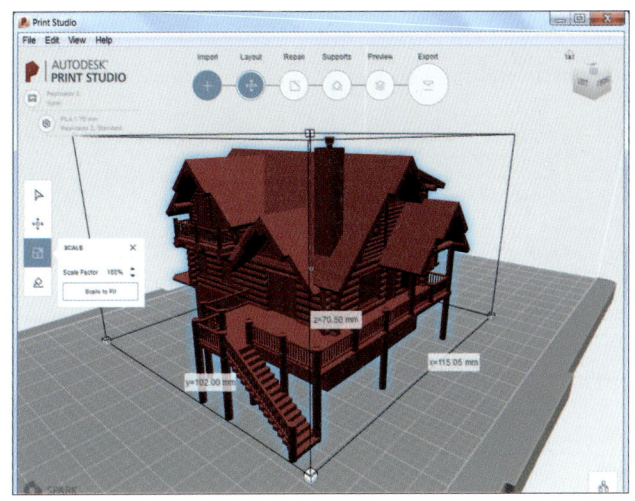

🅰 향상된 마이그레이션 도구

사용자 설정 및 파일을 이전 버전에서 쉽게 마이그레이션할 수 있습니다. 사용자 설정은 자동으로 탐지되고 마이그레이션할 설정을 선택하면 됩니다.

🅰 개인화된 Autodesk 데스크탑 응용 프로그램

워크플로를 방해하지 않고 소프트웨어 업데이트 알림을 전달합니다. 그리고 튜토리얼로 새 기능의 활용 방법을 학습할 수 있습니다. 제품별 팁, 콘텐츠 라이브러리 등을 참조하여 활용 수준을 높일 수 있습니다.

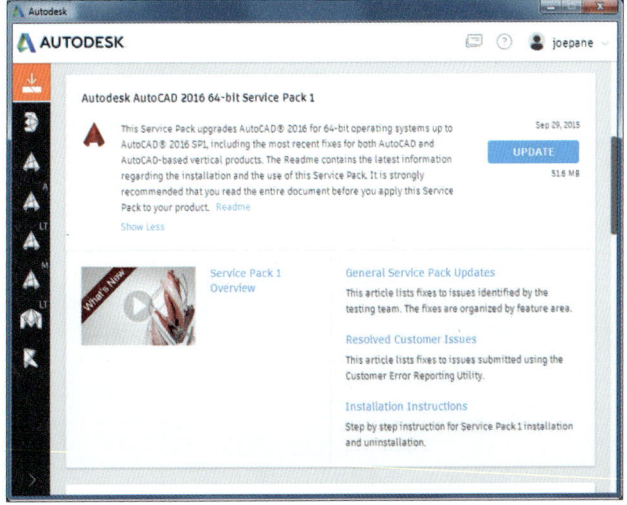

PART 02

막연히 '제도'나 '설계'라는 용어만 떠올리면 AutoCAD는 배우기 어려운 프로그램이라는 선입견을 품을 수 있습니다. 사실은 그렇지 않습니다. 기본부터 차근차근 충실히 연습하고 몇 가지 지켜야 할 사항만 잊지 않는다면 어떤 프로그램보다도 쉽다는 점을 알 수 있습니다. 오히려 한 객체씩 그려서 도면을 완성하면 흥미와 뿌듯함을 느끼게 될 것입니다.

도면 작업을 위한 기본기 익히기

CHAPTER 01

2D 도면 작업을 위한 기본 명령

도면 제작을 위한 AutoCAD 2017의 기본 사항인 파일 관리 방법, 화면 제어, 기본 명령 사용법을 알아보겠습니다.
PART 01에서 익힌 제도의 개념을 염두에 두고 AutoCAD 2017을 사용해봅시다.

학습 목표

AutoCAD 2017의 기본 사용법을 익힙니다. 새로운 파일을 만들거나 기존 작업 파일 불러오기 및 저장하기 등 기본적인 사용법을 알아보겠습니다.

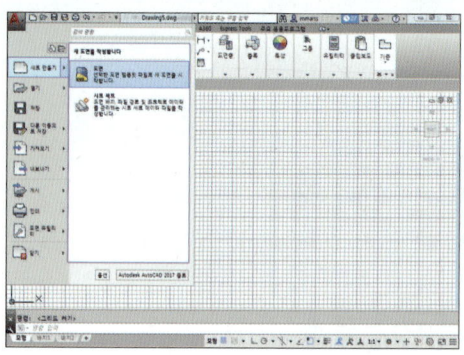

▲ 새 도면 만들기

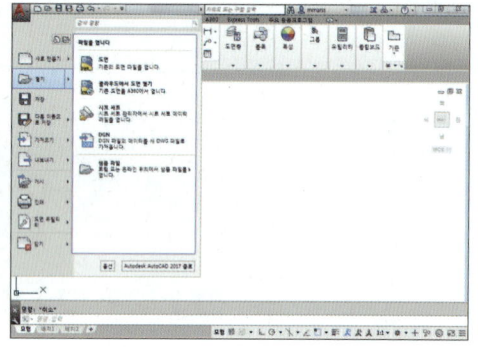

▲ 도면 불러오기

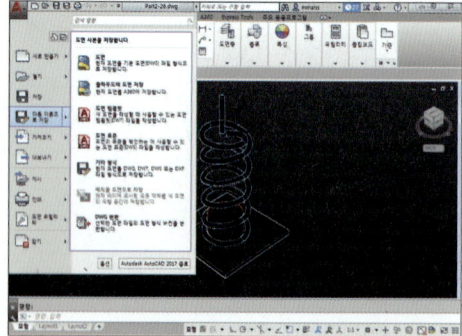

▲ 다른 이름으로 저장하기

SECTION 01 | 새 도면 만들기, 불러오기, 저장하기

새 서류를 작성하려면 새 용지를 가져와야 하듯이 AutoCAD 2017에서 새 도면을 작성하려면 새 도면 파일을 열어야 합니다. 용지에 내용을 작성하면 기록이 남는 것처럼 새 파일에 도면을 작성하면 저장해서 기록합니다. 기록한 서류를 수정하기 위해 해당 서류를 꺼내는 것과 마찬가지로 저장해놓은 파일을 수정하려면 다시 불러와야 합니다. 이제 AutoCAD 2017에서 새 도면을 만들고 불러오고 저장하는 방법을 알아보겠습니다.

1 새 도면 만들기

새로운 도면을 작성하는 대표적인 방법인 메뉴를 사용한 방법, Startup 명령을 사용한 방법을 알아봅니다.

A 메뉴에서 새 도면 만들기

메뉴에서 새 도면을 만들 때는 다양한 규격으로 설정된 도면 형식을 제공하는데, 기본적으로 'acadiso.dwt' 파일을 지정합니다. 국제 규격인 'acadiso.dwt'는 X축과 Y축의 작업 영역이 각각 420mm, 297mm로 기본값이 설정되어 있습니다.

01 화면 왼쪽 상단 메뉴의 [새로 만들기]-[도면]을 클릭합니다.

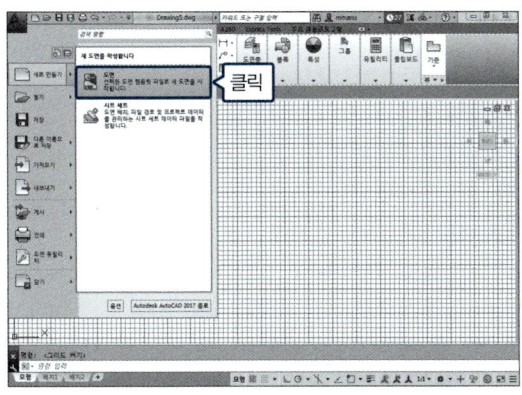 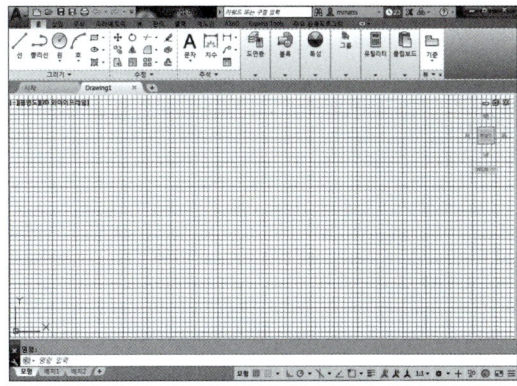

명령: QNEW [Space bar] ← Qnew 명령 입력

바로 통하는 TIP 새 도면을 만들기 위한 다른 방법으로 신속 접근 도구 막대에서 새로 만들기 아이콘(🗋)을 클릭하거나 명령 행에 'QNEW'를 입력하고 [Space bar]를 눌러도 됩니다.

02 [템플릿 선택] 대화상자가 나타나면 새로운 도면으로 시작할 템플릿 파일인 'acadiso.dwt'를 선택한 후, [열기] 버튼을 클릭합니다. 새로운 작업 화면이 나타납니다.

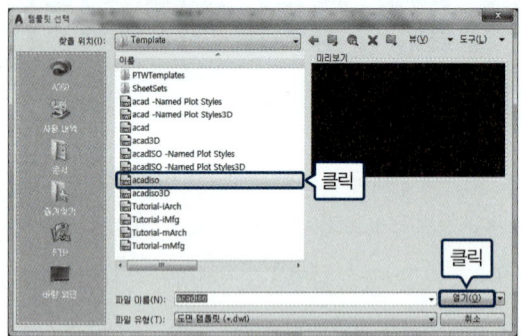 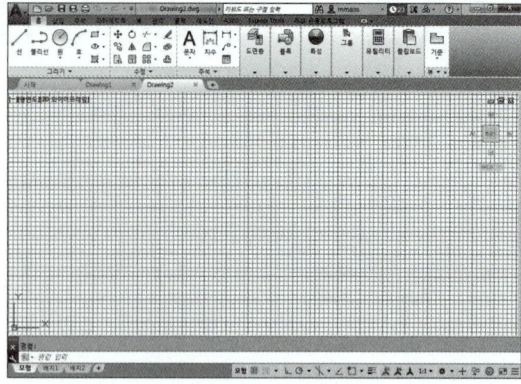

모형 재생성 중.
AutoCAD 메뉴 유틸리티 가 로드됨.

실무활용노트 AUTO CAD | 실무 작업을 위한 템플릿 파일

각 회사나 단체마다 자신들의 고유한 도면 작성 규격이나 설정 환경이 있습니다. 도면을 작성할 때마다 일일이 새 창을 열고 규격과 환경을 다시 설정한다면 괜한 시간 낭비만 할 것입니다. 규격과 환경을 일정하게 설정한 틀을 만들어 저장해놓고 도면을 작성할 때마다 불러와 사용한다면 매우 편리할 것입니다. 이러한 일정한 도면 틀을 저장한 파일을 바로 템플릿(Template) 파일이라고 합니다. AutoCAD 2017에는 국제 규격에 맞는 다양한 템플릿 파일이 저장되어 있으며, 개인 사용자가 템플릿 파일을 직접 만들어 사용할 수도 있습니다. 템플릿 파일을 만들어 사용하는 방법은 151쪽에서 자세히 알아보겠습니다.

▲ [템플릿 선택] 대화상자에서 'Tutorial – iArch.dwt' 파일을 연 화면

A Startup 명령을 사용하여 새 도면 만들기

템플릿 파일로 새 도면 만들기는 기본 방법으로 설정되어 있습니다. 즉 새 도면을 열면 기본 설정으로 템플릿 파일이 적용되는 것입니다. 이번에는 Startup 명령으로 도면 설정을 변경하여 새 도면을 작성해보겠습니다.

01 화면 하단의 명령 행에 'Startup'을 입력한 후 Space bar 를 누릅니다.

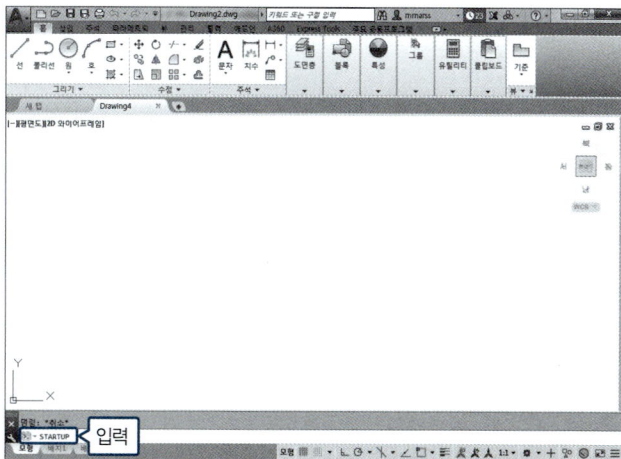

명령: STARTUP Space bar ← Startup 명령 입력

02 표준 설정값은 '3'입니다. 설정을 변경하기 위해 명령 행에 '1'을 입력한 후 Space bar 를 누릅니다.

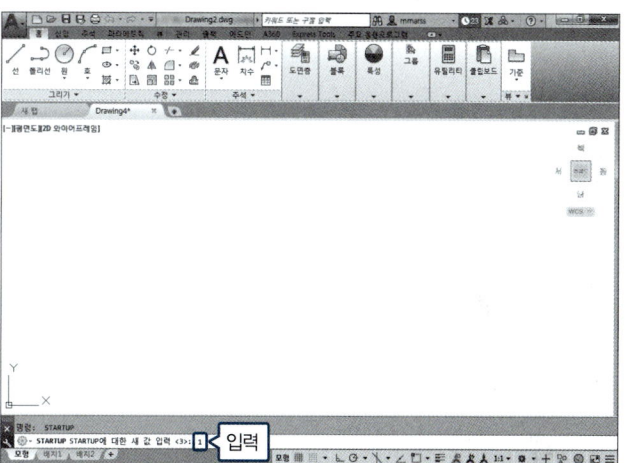

STARTUP에 대한 새 값 입력 ⟨3⟩: 1 Space bar
← 설정 '1' 입력

03 메뉴의 [새로 만들기]-[도면]을 클릭합니다.

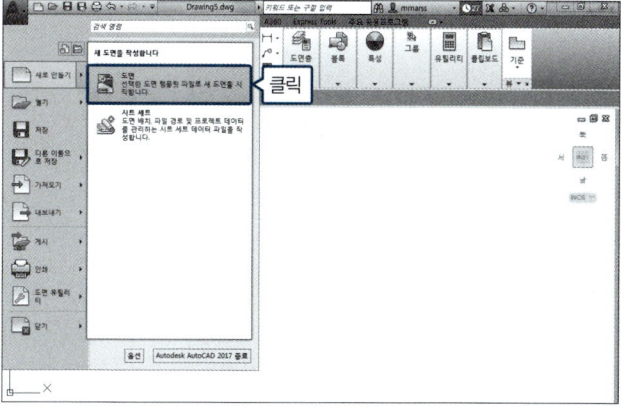

04 [새 도면 작성] 대화상자가 나타나면 상단에 있는 처음부터 시작 아이콘(□)을 클릭해 새로운 도면을 만들 수 있습니다. '기본 설정' 영역의 두 가지 항목인 '영국식'과 '미터법' 중 우리나라에서 사용하는 '미터법'을 선택하고 [확인] 버튼을 클릭하면 새 창이 열립니다.

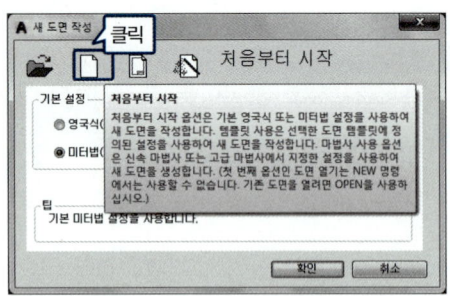 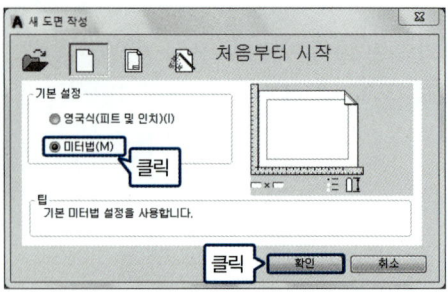

바로 통하는 TIP '기본 설정' 영역의 '영국식'과 '미터법'은 치수 단위를 구분한 항목입니다. '영국식'은 영국식 피트(Feet)와 인치(Inch) 단위이며 '미터법'은 우리나라에서 사용하는 미터(Meter) 단위입니다. 원래의 설정으로 다시 돌아가려면 Startup 명령을 실행한 후 표준 설정값 '3'을 입력하면 됩니다.

2 도면 불러오기

이전에 작업한 도면을 불러올 때 주의할 점은 필요한 파일이 어느 경로에 저장되어 있는지를 잘 기억해야 한다는 것입니다. 그러기 위해서는 처음부터 도면 파일을 일목요연하게 정리해둬야 합니다.

01 도면을 불러오기 위해 메뉴에서 [열기]-[도면]을 클릭합니다.

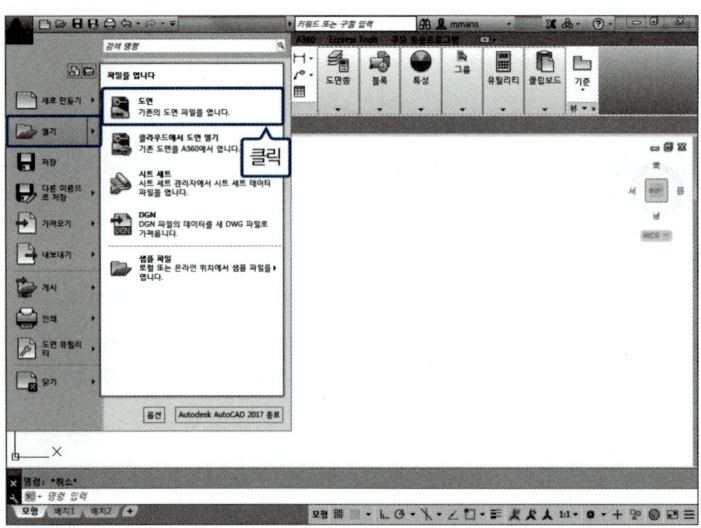

바로 통하는 TIP 신속 접근 도구 막대에서 열기 아이콘(📂)을 클릭하거나 명령 행에 'Open'을 입력하고 [Space bar]를 눌러도 도면을 불러올 수 있습니다.

02 [파일 선택] 대화상자가 나타나면 예제 파일의 'Cad Sample' 폴더에서 임의의 도면을 선택합니다. 오른쪽 '미리보기' 영역에서 불러올 도면을 미리 볼 수 있습니다. 불러올 파일을 선택한 후 [열기] 버튼을 클릭합니다.

바로 통하는 TIP AutoCAD 도면 파일의 기본 확장자는 DWG입니다.

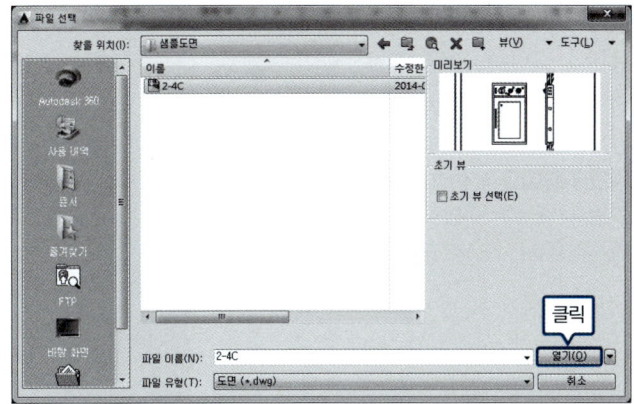

03 선택한 도면이 작업 영역에 나타납니다.

바로 통하는 TIP 불러올 파일을 더블클릭해도 도면 파일을 불러올 수 있습니다.

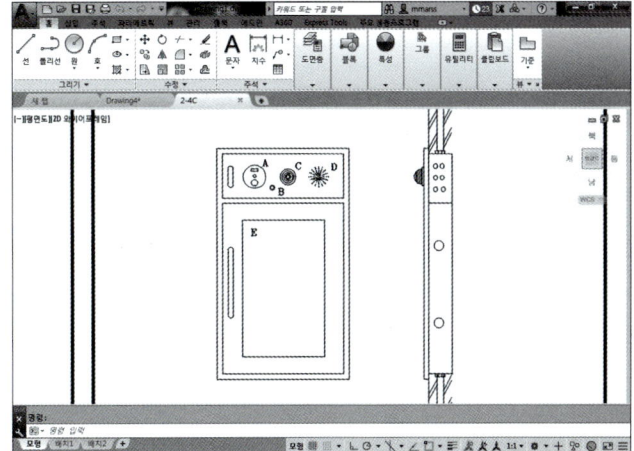

3 도면 저장하기

도면을 저장하는 명령인 [저장]과 [다른 이름으로 저장]을 알아보겠습니다.

A 저장하기

작성한 도면을 저장합니다. 신규로 작업한 도면은 [저장]을 사용하여 저장할 경우에는 바로 다음에 설명할 [다른 이름으로 저장]과 같은 방식(파일 이름, 유형, 저장 위치 선택)으로 실행됩니다. 기존에 도면을 불러와 수정·보완한 뒤 기존 제목과 파일 확장자를 변경하지 않고 그대로 저장할 때는 [저장]을 사용합니다.

01 예제 파일 'Part2-26.dwg'를 불러옵니다. 그런 다음 메뉴의 저장 아이콘(💾)을 클릭하여 도면을 저장합니다.

바로 통하는 TIP 신속 접근 도구 막대에서 저장 아이콘(💾)을 클릭하거나 명령 행에 'Save'를 입력하고 Space bar 를 눌러도 도면을 저장할 수 있습니다.

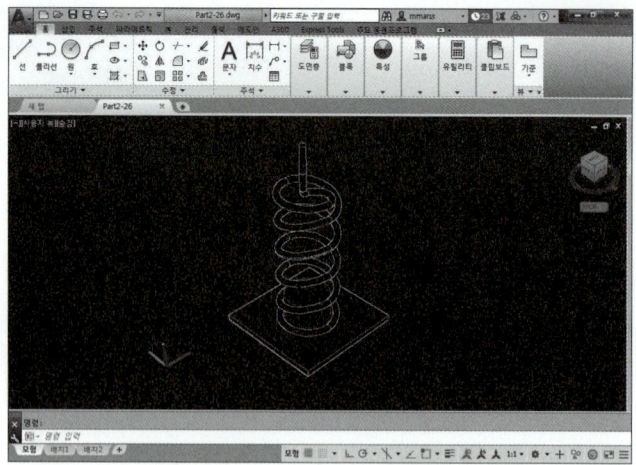

실무활용노트 AUTO CAD — 버전이 맞지 않아 도면을 볼 수 없을 때는 어떻게 하나요?

AutoCAD를 사용하다 보면 낮은 버전에서 작업한 도면은 그보다 높은 버전에서 원활히 열리지만 높은 버전에서 작업한 도면은 그보다 낮은 버전에서는 열리지 않습니다. 만약 자신보다 낮은 버전의 AutoCAD를 쓰는 사람에게 도면 파일을 보내야 할 때에는 상대 컴퓨터의 버전을 확인한 뒤 그에 맞게 저장 설정을 바꿔야 합니다. AutoCAD 2017가 출시되었음에도 불구하고 더 낮은 버전을 사용하는 경우가 종종 있기 때문입니다. [다른 이름으로 저장]을 선택하고 파일 유형을 이용할 버전에 맞게 설정한 후 저장한다면 어느 버전에서든 도면을 확인할 수 있습니다.

A ˇ 다른 이름으로 저장하기

[저장]과 마찬가지로 파일을 저장하는 방법입니다. [다른 이름으로 저장]은 새로운 도면을 열어서 작성한 파일을 저장할 때 사용합니다. 기존에 그렸던 도면을 불러와서 수정·보완한 뒤 새로운 이름을 부여해서 저장할 때도 사용합니다.

01 기존 파일을 보호하거나 다른 이름으로 변경하여 저장하려면 메뉴의 [다른 이름으로 저장]을 클릭합니다.

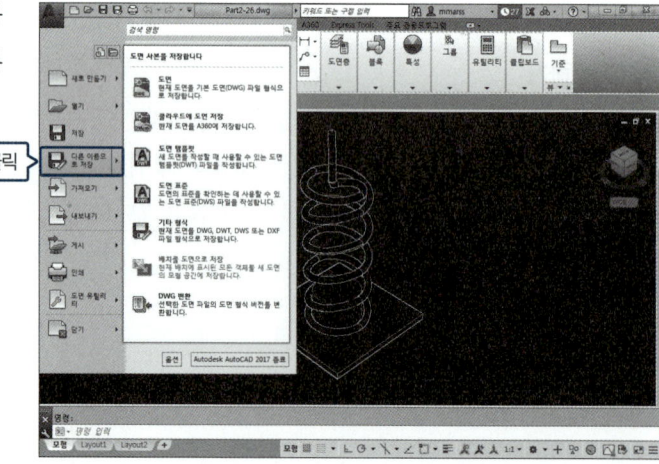

02 [다른 이름으로 도면 저장] 대화상자가 나타납니다. '파일 이름'에 저장할 파일의 이름을 입력하고 '파일 유형'에 저장할 파일의 형식 및 버전을 선택합니다. '저장 위치'에서는 저장할 위치를 설정합니다. 모든 설정이 완료되면 [저장] 버튼을 클릭하여 다른 이름으로 저장을 완료합니다.

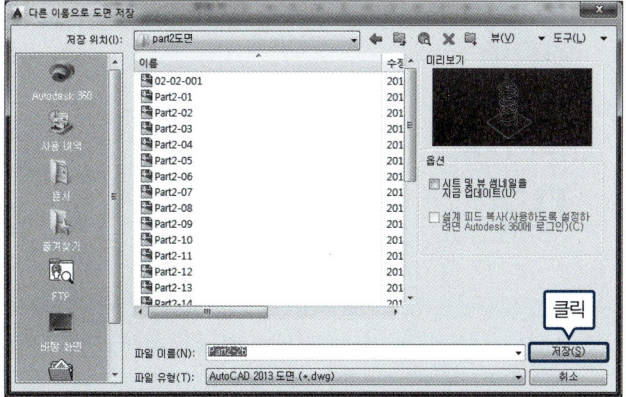

실무활용노트 AUTO CAD AutoCAD 파일 확장자의 종류와 역할

다른 컴퓨터와 호환할 때는 버전도 중요하지만 파일 형식 또한 알맞게 지정해야 합니다. AutoCAD에서 사용하는 파일 확장자는 일반적인 다른 Windows 프로그램과 중복으로 사용되는 경우도 많지만 특성이 뚜렷한 프로그램이니만큼 고유한 확장자도 많습니다. 도면 파일에서 일반적으로 많이 사용하는 파일 확장자를 살펴보겠습니다.

1 DWG
AutoCAD 파일의 대표적인 확장자로 도면 파일입니다. AutoCAD 파일은 일반적으로 DWG 파일을 말합니다.

2 DWS
DWS 파일은 DWG 파일처럼 도면 작성에 직접 연관된 파일이 아니라 도면을 관리할 때 사용하는 파일입니다. 도면 작성에 기준이 되는 특성을 부여하고 그 특성에 맞도록 작성되었는지 확인할 때 사용합니다.

3 DXF
DXF는 DWG의 Exchange 파일로서 다른 포맷으로 변환할 수 있는 파일입니다. 예를 들어 AutoCAD에서 작업한 파일을 3ds Max나 Pro-E 등의 다른 프로그램으로 보낼 때는 DWG보다는 DXF로 변환하는 것이 바람직합니다. DXF 파일은 다른 응용 프로그램의 도면이나 이미지로 사용할 수 있습니다. 또 반대로 다른 프로그램에서 작업한 내용도 AutoCAD로 불러올 수 있습니다.

4 DWT
DWT는 템플릿(Template) 파일의 확장자입니다. 회사에서 지정한 규격에 맞도록 일정한 도면 틀을 설정한 파일을 템플릿 파일이라고 합니다.

5 PLT
플롯(Plot) 출력 파일입니다.

6 LSP
AutoCAD의 응용 프로그램인 AutoLISP 라이브러리 파일입니다.

바로 통하는 TIP 아파트.dwg : '아파트' → 파일 이름, 'dwg' → 파일 확장자

CHAPTER 02

2D 도면 작업의 기본 – 좌표계, Line, Erase

이번 장에서는 정확한 도면을 그리기 위해서 꼭 필요한 X, Y, Z축의 좌푯값을 가진 좌표계의 의미와 사용법에 대하여 알아봅니다. 그리고 도면 그리기의 바탕이 되는 명령어인 'Line(선 그리기)' 명령에 대하여 자세히 설명합니다. AutoCAD로 원활하게 도면을 그리려면 좌표계의 개념을 완벽히 이해하여 선을 그려야 합니다. 다소 어렵게 느껴지더라도 학창시절에 배웠던 좌표계를 희미한 기억 속에서 다시 꺼내봅시다. 아울러 편리한 도면 작업을 도와주는 몇 가지 편집 명령을 알아보겠습니다.

학습 목표

세 가지 좌표 형식을 이해하고 선을 그려봅니다. AutoCAD로 도면 작업을 하기 위해 반드시 알아야 할 절대좌표, 상대좌표, 극좌표를 이해하고, 선을 그리면서 좌표 개념을 확실히 숙지합니다.

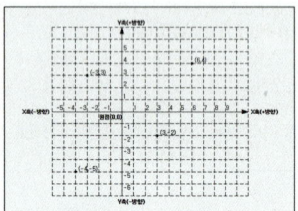

▲ 절대좌표(x,y,z)

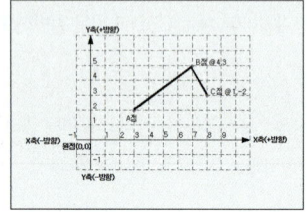

▲ 상대좌표(@x,y,z)

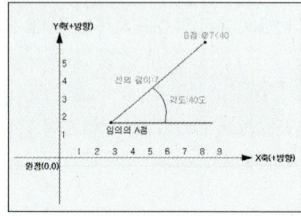

▲ 극좌표(@거리<각도)

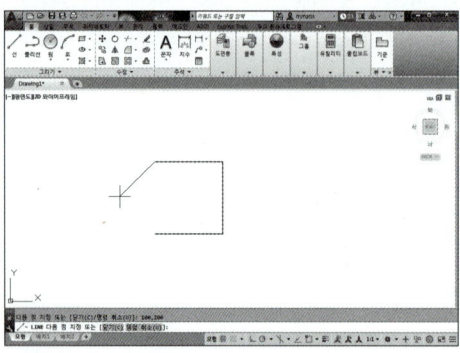

▲ 절대좌표 형식으로 선 그리기

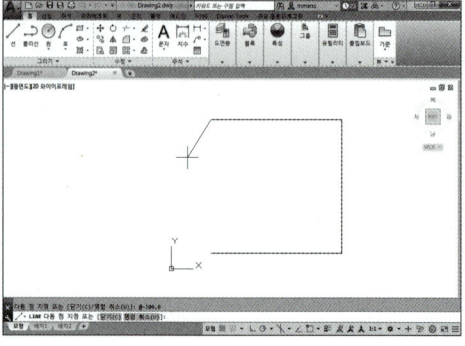

▲ 상대좌표 형식으로 선 그리기

SECTION 01 좌표계 이해하기

AutoCAD는 버전을 막론하고 그 기본 맥락은 같습니다. 도면을 그리는 작업 영역은 앞에서 언급한 바와 같이 어느 지점이나 X, Y, Z축의 좌푯값을 가지고 있습니다. 좀 거창하게 표현해서 우리가 살고 있는 우주 공간을 화면으로 표현한다고 이해하면 가장 쉬울 것입니다.

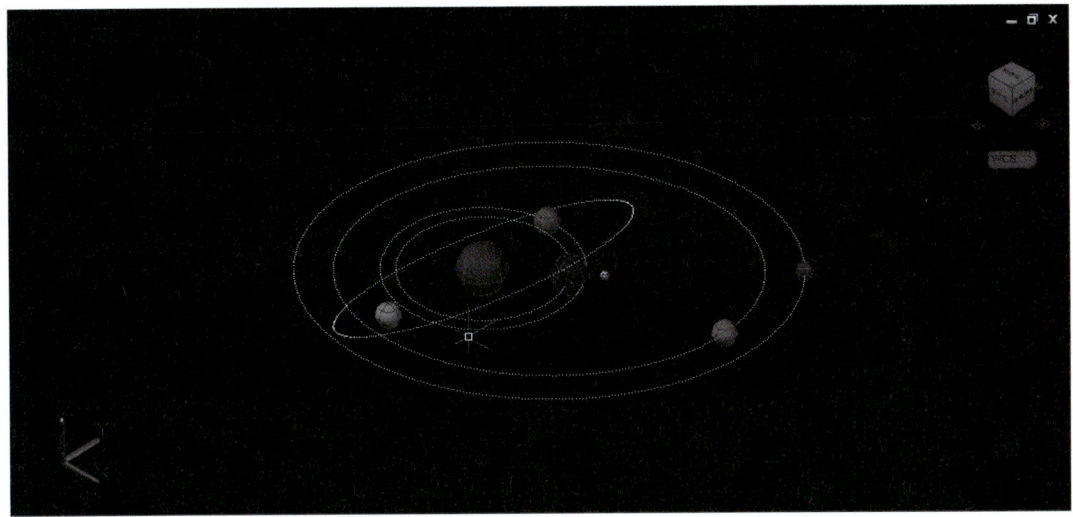

▲ 우주 공간과 비슷한 AutoCAD의 좌표계

좌표를 도면상에서 표현하는 방법은 절대좌표, 상대좌표, 극좌표의 세 가지 종류가 있습니다. 이것은 Auto-CAD로 도면 작업을 하기 위해 반드시 알아야 할 표현 방법입니다. 선을 그려보면서 좌표 개념을 확실히 숙지하도록 합니다.

1 절대좌표

AutoCAD의 절대적인 원점인 (0,0,0)을 기준으로 X, Y, Z 좌푯값만큼 이동한 위치에 지정하는 좌표입니다. 값을 입력하는 방식은 (x,y,z)로 표시합니다. AutoCAD의 모든 도면에는 절대좌표 (0,0,0)이 존재하며 UCS 아이콘의 X, Y, Z 좌표축(2D의 경우 X, Y 좌표축)이 만나는 지점을 말합니다.

다음 그림과 같이 (6,4), (3,-2), (-4,-5), (-3,3) 지점에 있는 네 개의 점은 원점(0,0)을 기준으로 표시된 절대좌표입니다.

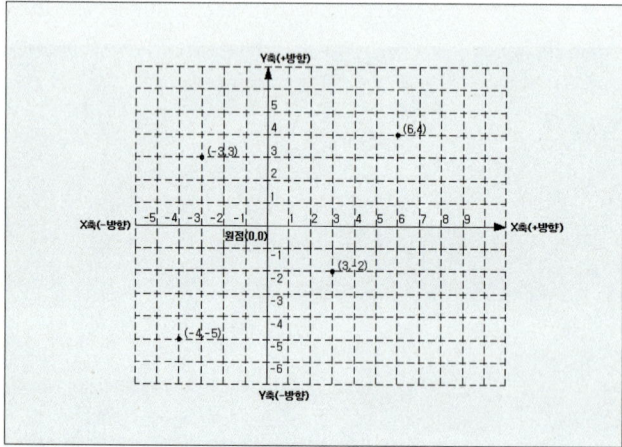

▲ 시계 반대 방향 기준의 절대좌표, X축과 Y축만 표시

> **절대좌표 입력 형식**
> 명령: LINE (L) [Space bar] ← Line 명령 입력
> 첫 번째 점 지정: X좌표 값, Y좌표 값, Z좌표 값 [Space bar] ← 그리려는 지점의 절대좌표 입력
> 다음 점 지정 또는 [명령 취소(U)]: X좌표 값, Y좌표 값, Z좌표 값 [Space bar] ← 계속해서 그리려는 지점의 절대좌표 입력

2 상대좌표

임의의 시작점이나 사용자가 바로 이전에 지정해 놓은 가장 마지막 작업점을 다시 원점으로 하여 X, Y, Z 좌푯값만큼 이동한 위치에 지정되는 좌표입니다. 이때는 사용자가 새로이 지정하는 임의의 점이 계속해서 새로운 원점이 됩니다. 즉, 사용자가 어디로 지정하느냐에 따라 기준점 (0,0,0)이 상대적으로 변하므로 상대좌표라고 합니다. 절대좌표와 구분하기 위해 숫자 앞에 '@'을 붙인 후 사용합니다.

다음 그림에서 A, B, C 세 점을 절대좌표로 표시한다면 A는 (3,2), B는 (7,5), C는 (8,3)입니다. 하지만 수직선이 없거나 소수 단위로 위치를 표현해야 하는 상황이라면 절대좌표로 해당 지점을 표현하기 어려울 것입니다. 실무에서 작업을 하다 보면 도면을 이동하거나 복사해서 절대좌푯값이 수시로 바뀌는데 이때 상대좌표 방식을 많이 사용합니다. 점 A를 임의의 시작점 또는 마지막 점이라 가정하면 @을 붙이는 순간 B는 A를 원점 (0,0)으로 인식하고 A를 기준으로 X축과 Y축 증감의 변화값을 입력해주는 방식입니다. 즉, X축 방향으로 4만큼 증가하고, Y축 방향으로 3만큼 증가하였기 때문에 (@4,3)으로 지정하면 B까지 선이 그려지게 됩니다. 그다음 C까지 선을 그릴 때도 마찬가지로 B를 원점 (0,0)으로 인식하게끔 @을 붙여준 후, X축 방향으로 1만큼 증가하고 Y축 방향으로 -2만큼 감소하여 (@1,-2)로 지정하면 선이 그려집니다.

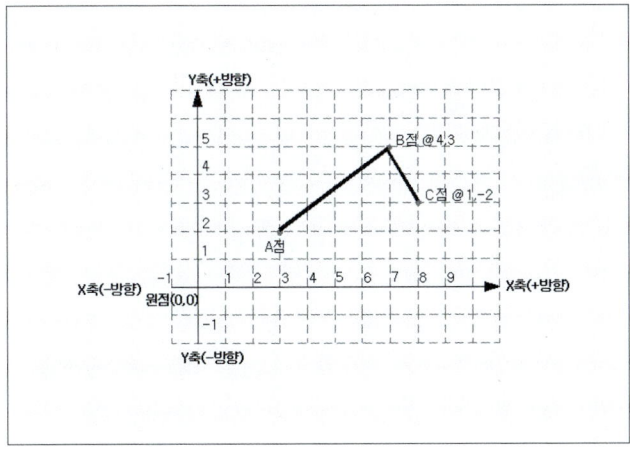

▲ 시계 반대 방향 기준의 상대좌표, X축과 Y축만 표시

상대좌표 입력 형식

명령: LINE (L) `Space bar` ←Line 명령 입력

첫 번째 점 지정: ← 임의의 점을 클릭

다음 점 지정 또는 [명령 취소(U)]: @X좌표 값, Y좌표 값, Z좌표 값 `Space bar` ← 그리고자 하는 지점의 상대좌표 입력

다음 점 지정 또는 [명령 취소(U)]: @X좌표 값, Y좌표 값, Z좌표 값 `Space bar` ← 계속해서 그리고자 하는 지점의 상대좌표 입력

3 극좌표

극좌표(상대극좌표) 역시 상대좌표와 마찬가지로 사용자가 바로 이전에 지정해놓은 가장 마지막 점을 원점으로 하여 입력하는 값의 위치를 지정하는 좌표입니다. 이때도 사용자가 새로이 지정하는 점이 계속해서 새로운 원점이 됩니다. 상대좌표는 X, Y, Z 좌푯값을 일일이 계산하여 이동하는 형식이라면 극좌표는 이동 거리와 각도를 입력하여 점을 지정하는 형식이라는 점에서 차이가 있습니다. 극좌표의 표현 방식은 (@거리〈각도)이며 선의 길이와 선이 그려질 방향 즉, 각도를 알고 있어야 사용할 수 있습니다.

좌표계에서 각도의 기준인 0°는 시계의 3시 방향인 X축과 평행한 방향을 뜻합니다. 0° 방향을 기준으로 '+' 각도 값은 시계 회전 반대 방향을 의미합니다. 90°는 Y축과 평행한 시계의 12시 방향을 뜻하며, 180°는 −X축인 시계의 9시 방향, 270°는 −Y축인 시계의 6시 방향입니다. 반대로 기준을 시계 회전 방향으로 둔다면 6시 방향이 −90°, 9시 방향이 −180°, 12시 방향이 −270°가 됩니다. 즉 90°와 −270°, 180°와 −180°, 270°와 −90°는 같은 방향이 됩니다.

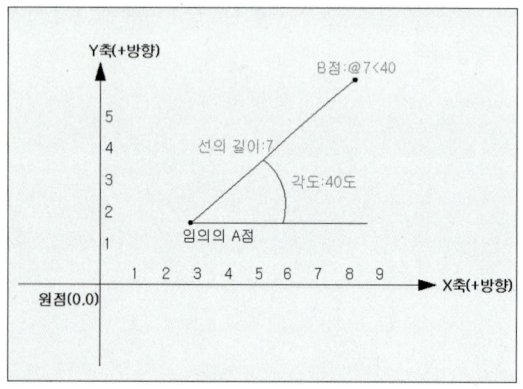 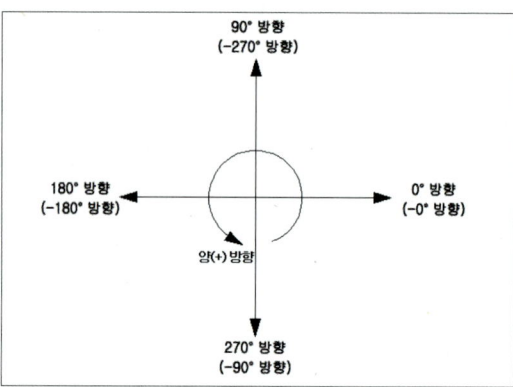

▲ 시계 반대 방향 기준의 극좌표방향, X축과 Y축만 표시

바로 통하는 TIP 극좌표도 절대좌표와 상대극좌표 방식으로 구분할 수 있지만 거의 대부분 상대극좌표 방식으로만 사용하므로 @를 뜻하는 '상대'가 빠진 '극좌표'로만 표시합니다.

> **극좌표 입력 형식**
> 명령: LINE (L) [Space bar] ← Line 명령 입력
> 첫 번째 점 지정: @이동거리 값〈이동 각도 [Space bar] ← 그리려는 지점의 극좌표 입력 (마지막 지정점 기준)
> 다음 점 지정 또는 [명령 취소(U)]: @이동거리 값〈이동 각도 [Space bar] ← 계속해서 그리려는 지점의 극좌표 입력 (마지막 지정점 기준)

SECTION 02 좌표계로 선 그리기

Line(선 그리기) 명령을 사용하는 방법을 좌표계를 통하여 알아보도록 합니다. Line 명령은 도면 작업에서 가장 기본이 되는 그리기 명령입니다. Line 명령만 능수능란하게 잘 사용해도 도면을 절반 이상 그릴 수 있습니다. 이는 결코 과장된 표현이 아닙니다. Line 명령을 사용하려면 명령 행에 'Line'을 입력하고 Space bar 를 누르거나 [그리기] 도구 팔레트의 선 아이콘(☑)을 클릭하면 됩니다.

1 절대좌표로 사각형 그리기

절대좌표를 사용하여 각 선분의 길이가 100mm인 정사각형을 그려보겠습니다.

01 새 도면 파일을 엽니다. 명령 행에 'Line'을 입력하고 Space bar 를 누르거나 [그리기] 도구 팔레트의 선 아이콘(☑)을 클릭합니다. 그리고 명령 행에 절대좌푯값 '100,100'을 입력하여 첫 번째 점의 위치를 지정합니다. Space bar 를 눌러서 명령을 실행하면 원점 (0,0)을 기준으로 절대좌표 (100,100) 지점이 시작점으로 지정됩니다.

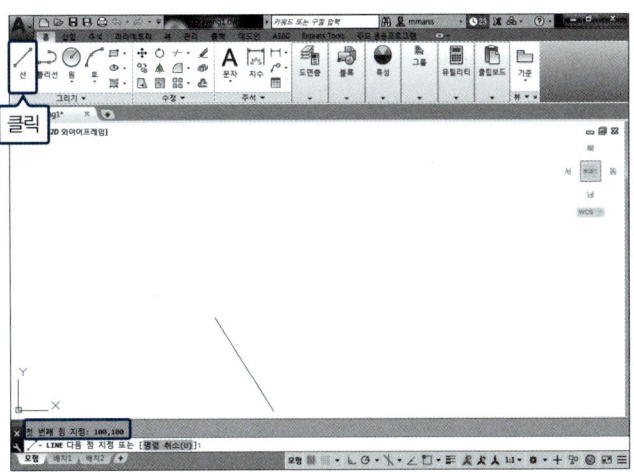

```
명령: LINE Space bar ← Line 명령 입력 (L)
첫 번째 점 지정: 100,100 Space bar ← 첫 번째 좌표 (100,100) 지정
```

> **바로 통하는 TIP** 화면상에서 작업한 내용이 제대로 나타나지 않으면 마우스 휠을 굴리거나 클릭하여 화면의 크기와 방향을 조절합니다.

02 첫 번째 지정한 점으로부터 X축 방향으로 수평이 되는 100mm 길이의 선을 그리기 위해 두 번째 점으로 '200,100'을 입력한 후 Space bar 를 누릅니다.

다음 점 지정 또는 [명령 취소(U)]: 200,100 Space bar
← 두 번째 좌표 (200,100) 지정

03 계속해서 Y축 방향으로 100mm만큼 이동한 지점까지 선을 그리기 위해 세 번째 점으로 '200,200'을 입력하고 Space bar 를 누릅니다.

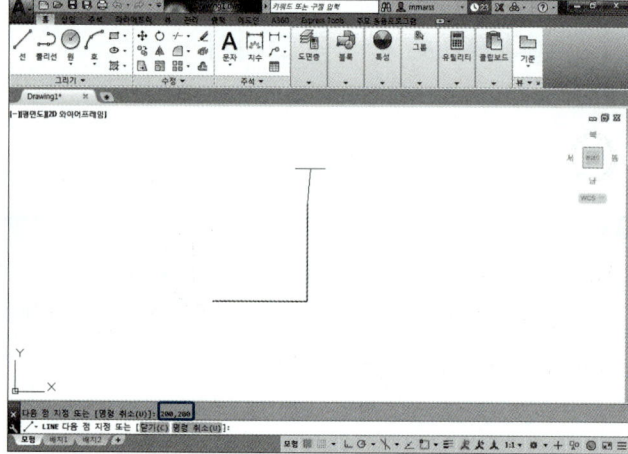

다음 점 지정 또는 [명령 취소(U)]: 200,200 Space bar
← 세 번째 좌표 (200,200) 지정

04 계속해서 X축의 왼쪽 방향으로 100mm만큼 이동한 지점까지 선을 그리기 위해 네 번째 점으로 '100,200'을 입력하고 Space bar 를 누릅니다.

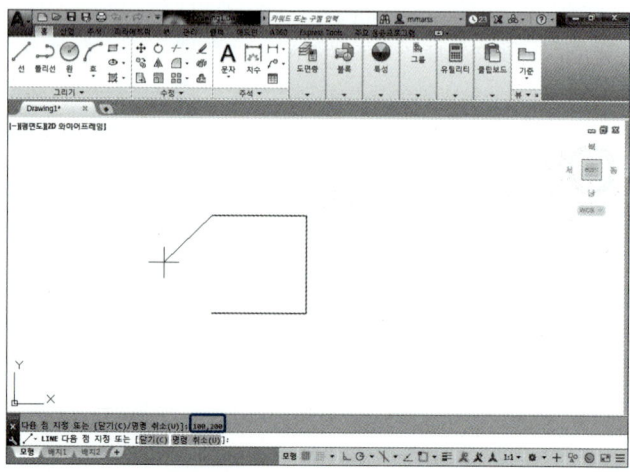

다음 점 지정 또는 [닫기(C)/명령 취소(U)]: 100,200 Space bar ← 네 번째 좌표 (100,200) 지정

05 정사각형 도면을 마무리하기 위해 시작점의 절대좌푯값 '100,100'을 입력합니다. Space bar 를 누르면 네 번째 좌표에서 시작점까지 선이 연결되어 정사각형 도면이 완성되며 Space bar 를 다시 한 번 눌러 작업을 완료합니다.

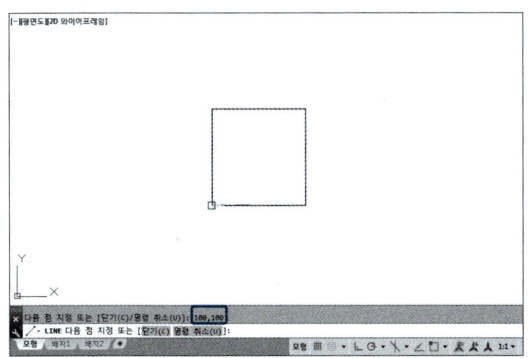
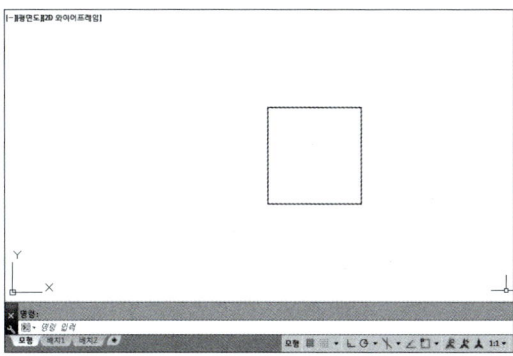

```
다음 점 지정 또는 [닫기(C)/명령 취소(U)]: 100,100 Space bar ← 시작점인 (100,100) 지정
다음 점 지정 또는 [닫기(C)/명령 취소(U)]: Space bar ← 선 그리기 명령 종료
```

바로 통하는 TIP 명령 행에서 네 번째 점을 물어볼 때 시작점까지 자동 연결하도록 명령 행에 '[닫기(C)/명령 취소(U)]' 메시지가 나올 때 'C'를 입력한 후 Space bar 를 눌러 작업을 완료할 수 있습니다.

실무활용노트 AUTO CAD — Line(선 그리기) 명령의 옵션 풀이

- **닫기(C)**: 닫기(C)는 선을 하나만 그렸을 때는 나타나지 않다가 두 개 이상을 그릴 때부터 나타납니다. 임의의 기준점에서부터 출발해서 여러 개의 선을 그리고 난 후 다시 처음 출발했던 기준점으로 가서 선 그리기를 마무리할 때 닫기(C)를 실행하면 자동으로 처음의 기준점으로 가서 닫힙니다. 닫기 옵션은 명령 행에 'C'만 입력하고 Space bar 를 누르면 실행됩니다.

- **명령 취소(U)**: Line(선 그리기) 명령을 실행하는 중에 바로 앞에 그렸던 선 하나만 취소할 때 사용합니다. 물론 명령 취소(U)를 두 번 실행한다면 가장 최근에 그린 두 개의 선이 취소됩니다. 명령 취소 옵션은 명령 행에 'U'만 입력하고 Space bar 를 누르면 실행됩니다.

2 상대좌표로 사각형 그리기

상대좌표를 사용하여 각 선분의 길이가 100mm인 정사각형을 그려보겠습니다.

01 새 도면 파일을 엽니다. 명령 행에 'Line'을 입력하고 Space bar 를 누르거나 [그리기] 도구 팔레트의 선 아이콘(◯)을 클릭해서 Line 명령을 실행합니다. 시작점을 묻는 명령 행이 표시되면 임의의 지점을 클릭하여 시작점을 지정합니다.

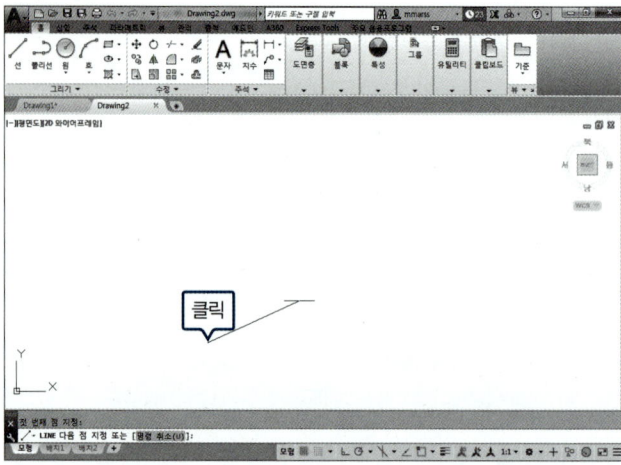

명령: LINE Space bar ← Line 명령 입력 (L)
첫 번째 점 지정: ← 마우스를 클릭하여 임의의 점 지정

02 앞서 지정한 임의의 점을 원점(0,0)으로 간주하고, Y값은 변동 없이 X축 방향으로 100mm만큼 떨어진 지점까지 선을 그리기 위해 두 번째 점으로 '@100,0'을 입력하고 Space bar 를 누릅니다.

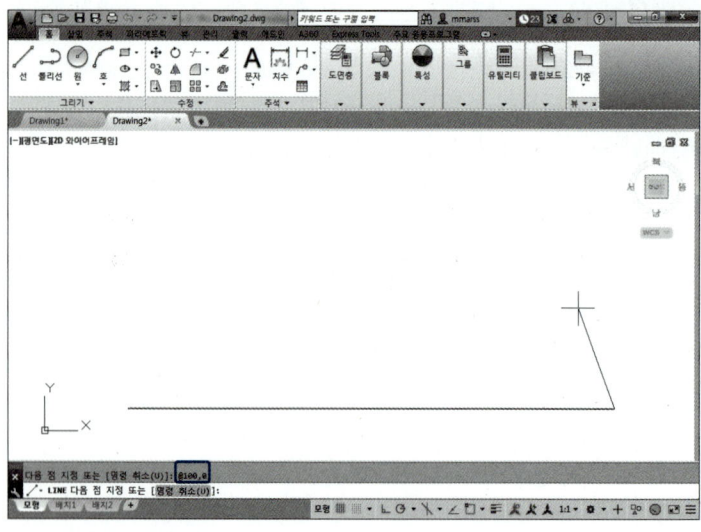

다음 점 지정 또는 [명령 취소(U)]: @100,0 Space bar ← 두 번째 점의 상대좌표 (@100,0) 지정

03 계속해서 Y축 방향으로 100mm만큼 이동한 지점까지 선을 그리기 위해 세 번째 점으로 '@0,100'을 입력하고 Space bar 를 누릅니다.

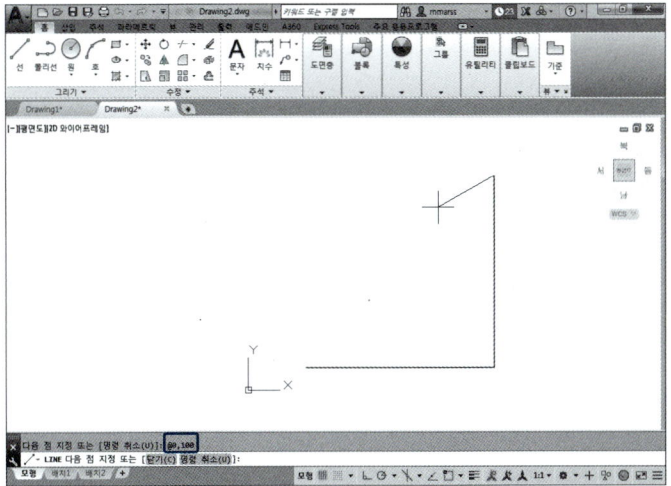

다음 점 지정 또는 [명령 취소(U)]: @0,100 Space bar ← 세 번째 점의 상대좌표 (@0,100) 지정

바로 통하는 TIP @를 입력하면 바로 앞에서 지정한 점을 (0,0)으로 인식합니다. X축 방향으로는 변동이 없으므로 '0'을 입력하고 Y축 방향으로는 위로 100mm만큼 이동하였으므로 '100'을 입력한 것입니다.

04 다음은 X축의 왼쪽 방향으로 100mm만큼 이동한 지점까지 선을 그리기 위해 네 번째 점으로 '@-100,0'을 입력하고 Space bar 를 누릅니다.

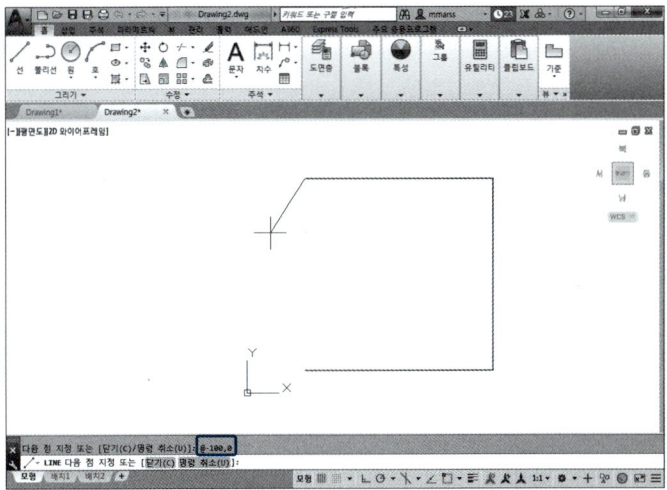

다음 점 지정 또는 [닫기(C)/명령 취소(U)]: @-100,0 Space bar ← 상대좌표 (@-100,0) 지정

바로 통하는 TIP 상대좌표에서 X축의 왼쪽 방향은 음의 값으로 표시하므로 X값을 '-100'으로 입력합니다.

05 마지막으로 수직 방향 아래쪽으로 100mm만큼 선을 그리기 위해 '@0, -100'을 입력하고 Space bar 를 누릅니다. Space bar 를 한 번 더 눌러 정사각형 도면 작업을 완료합니다.

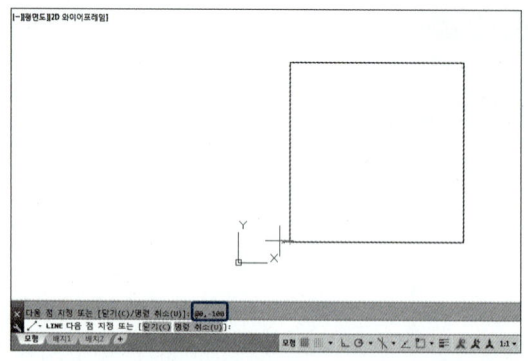
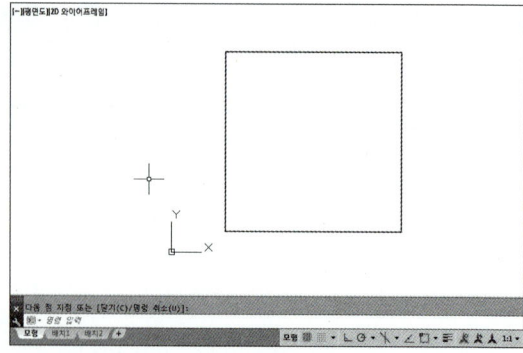

다음 점 지정 또는 [닫기(C)/명령 취소(U)]: @0,-100 Space bar ← 상대좌표 (@0, -100) 지정
다음 점 지정 또는 [닫기(C)/명령 취소(U)]: Space bar ← Line 명령 종료

바로 통하는 TIP 수직 방향이기 때문에 X값은 변동이 없으며 Y축의 아래 방향은 음의 값으로 표시하므로 '-100'으로 입력합니다.

3 극좌표로 사각형 그리기

극좌표를 사용하여 각 선분의 길이가 100mm인 정사각형을 그려보겠습니다.

01 새 도면 파일을 엽니다. 명령 행에 'Line'을 입력하고 Space bar 를 누르거나 [그리기] 도구 팔레트의 선 아이콘(∕)을 클릭하여 Line 명령을 실행합니다. 시작점을 묻는 명령 행이 표시되면 임의의 지점을 클릭하여 시작점을 지정합니다.

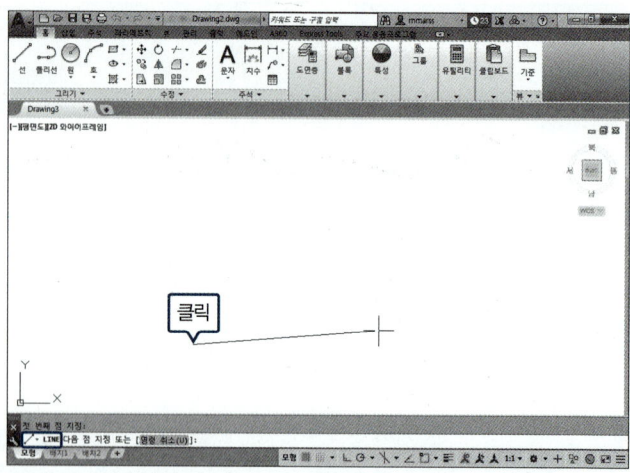

명령: LINE Space bar ← Line 명령 입력 (L)
첫 번째 점 지정: ← 클릭하여 임의의 점 지정

02 앞서 지정한 임의의 점으로부터 100mm만큼 오른쪽 수평 방향으로 이동한 지점까지 선을 그리기 위하여 두 번째 점으로 '@100〈0'을 입력하고 Space bar 를 누릅니다. 76쪽의 방향계 그림에서 살펴보았듯이 X축과 수평으로 뻗은 오른쪽 3시 방향은 0°입니다.

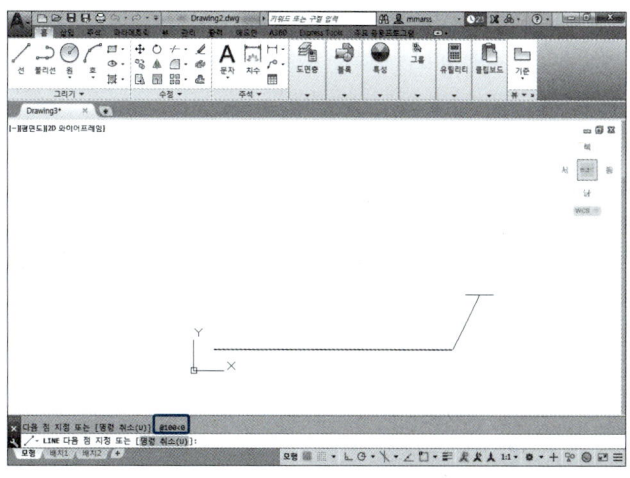

다음 점 지정 또는 [명령 취소(U)]: @100〈0 Space bar
← 극좌표 (@100〈0) 지정

03 앞에서 지정한 점으로부터 이동 거리 100mm만큼 위쪽 수직 방향으로 선을 그리기 위해 세 번째 점으로 '@100〈90'을 입력하고 Space bar 를 누릅니다. 수직 위쪽으로 뻗은 12시 방향은 90°입니다.

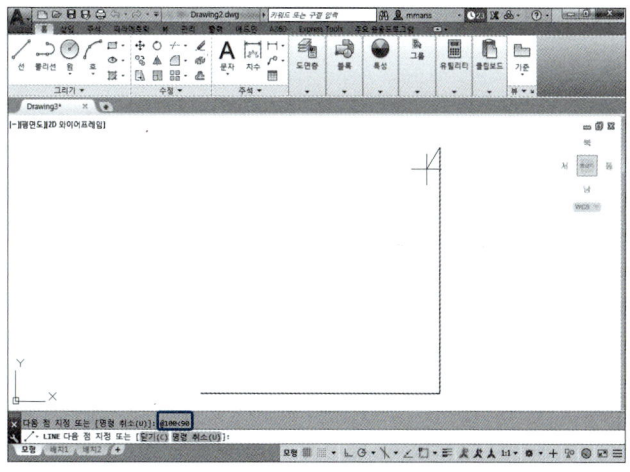

다음 점 지정 또는 [명령 취소(U)]: @100〈90 Space bar ← 극좌표 (@100〈90) 지정

04 계속해서 **03** 과정에서 지정한 점으로부터 왼쪽 수평 방향으로 100mm만큼 이동한 지점까지 선을 그리기 위해 네 번째 점으로 '@100〈180'을 입력하고 Space bar 를 누릅니다. 수평 왼쪽으로 뻗은 9시 방향은 180°입니다.

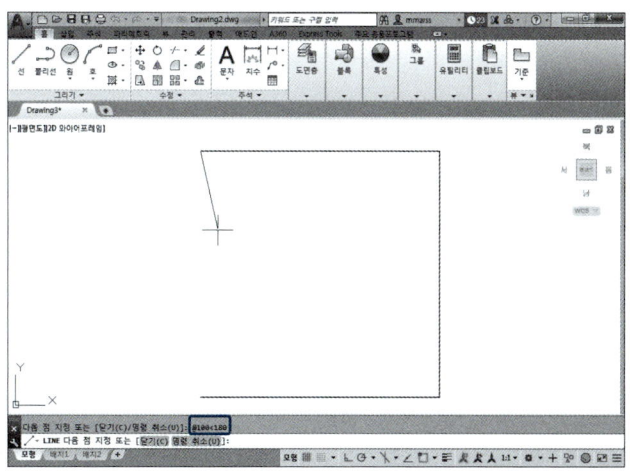

다음 점 지정 또는 [닫기(C)/명령 취소(U)]: @100〈180 Space bar ← 극좌표 (@100〈180) 지정

Chapter 02 2D 도면 작업의 기본 - 좌표계, Line, Erase • **083**

05 마지막으로 **04** 과정에서 지정한 점으로부터 수직 아래 방향으로 100mm만큼 이동한 지점까지 선을 그리기 위해 마지막 점으로 '@100〈270'을 입력하고 Space bar 를 누릅니다. 수직 아래로 뻗은 6시 방향은 270°입니다. Space bar 를 한 번 더 눌러 Line 명령을 완료합니다.

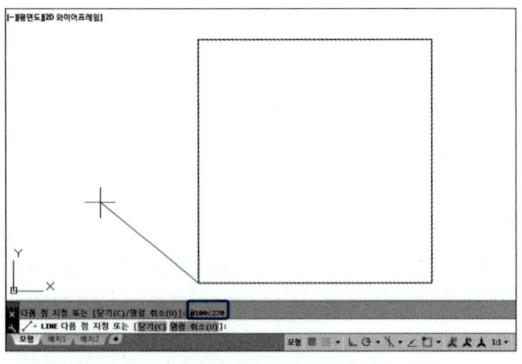 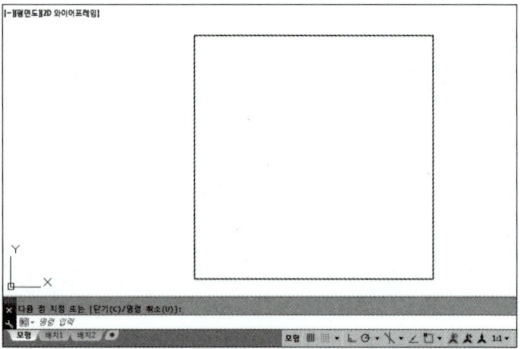

다음 점 지정 또는 [닫기(C)/명령 취소(U)]: @100〈270 Space bar ← 처음 지정한 점을 다시 지정
다음 점 지정 또는 [닫기(C)/명령 취소(U)]: Space bar ← Line 명령 종료

4 마우스를 움직여 사각형 그리기

앞서 세 가지 좌표를 사용하여 선을 그렸습니다. 선 그리기를 하는 방법은 이외에 하나 더 있습니다. 바로 직교(Ortho) 모드를 이용하는 방법입니다. 직교 모드는 정수평선이나 정수직선을 그릴 때 사용하는 아주 편리한 방법입니다. 실무에서 사선이 아닌 정수평선이나 정수직선을 그릴 때는 대부분 이 기능을 사용합니다. 직교 모드를 켜려면 F8 을 누르거나 명령 행 아래에 있는 상태 메뉴에서 직교 모드 아이콘( )을 클릭하면 됩니다. 직교 모드가 켜지면 검은색이었던 직교 모드 아이콘 색깔이 파란색으로 바뀝니다.
이 기능을 사용하여 각 선분의 길이가 100mm인 정사각형을 그려봅니다.

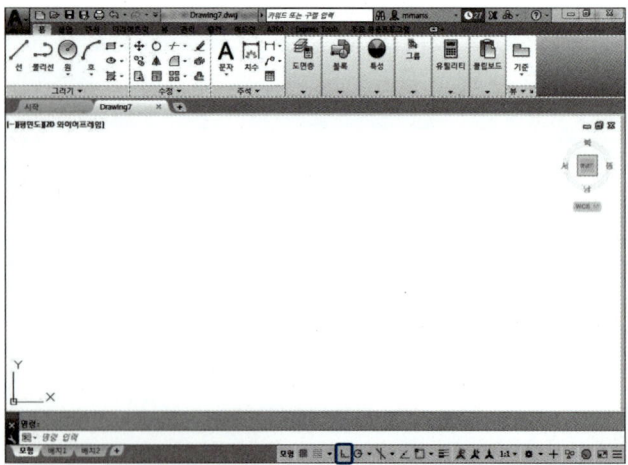

01 새 도면 파일을 엽니다. F8 을 누르거나 상태 메뉴에서 직교 모드 아이콘(🔲)을 클릭하여 직교 모드를 켭니다. 명령 행에 'Line'을 입력하고 Space bar 를 누르거나 [그리기] 도구 팔레트의 선 아이콘(╱)을 클릭하여 Line 명령을 실행합니다. 시작점을 묻는 명령 행이 표시되면 임의의 지점을 클릭하여 시작점을 지정합니다.

> 명령: LINE ← Line 명령 입력 (L)
> 첫 번째 점 지정: ← 마우스를 클릭하여 임의의 점 지정

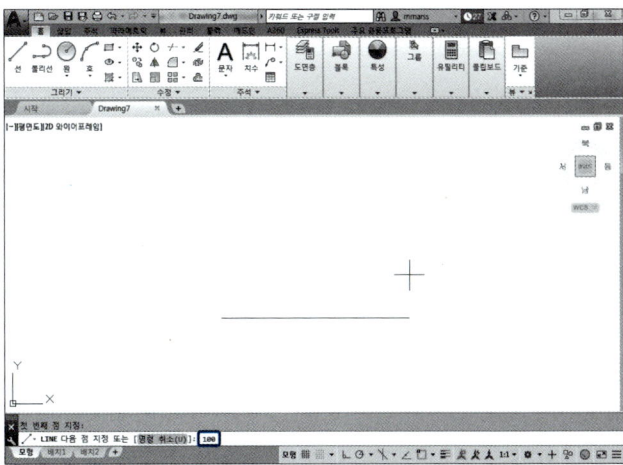

02 직교 모드가 켜지면 선이 마우스 포인터를 따라 정수직 또는 정수평 방향으로만 움직입니다. 오른쪽 수평 방향에 마우스 포인터를 둔 채 명령 행에 '100'을 입력하고 Space bar 를 누릅니다. 그러면 오른쪽 수평 방향으로 100mm만큼 선이 그려집니다. 즉, 마우스 포인터를 원하는 쪽으로 움직여 선의 방향을 미리 지정하고 이동 거리를 키보드로 입력하는 것입니다.

> 다음 점 지정 또는 [명령 취소(U)]: 100 Space bar ← 이동 거리 '100' 지정

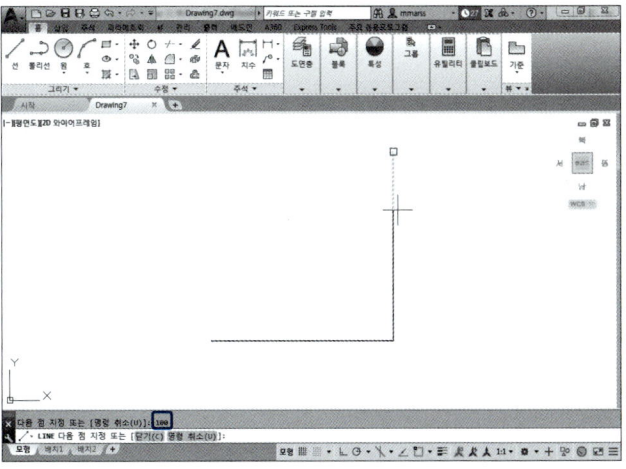

03 이번에는 100mm만큼 수직 위쪽으로 이동한 지점까지 선을 그리기 위하여 마우스 포인터를 위쪽 수직 방향에 둔 다음 명령 행에 '100'을 입력하고 Space bar 를 누릅니다.

> 다음 점 지정 또는 [명령 취소(U)]: 100 Space bar
> ← 이동 거리 '100' 지정

04 계속해서 왼쪽 정수평 방향으로 100mm만큼 이동할 것이므로 왼쪽 정수평 방향에 마우스 포인터를 두고 명령 행에 '100'을 입력합니다. 연속하여 아래쪽 정수직 방향에 마우스 포인터를 두고 명령 행에 '100'을 입력하고 Spacebar를 눌러 Line 명령을 완료합니다.

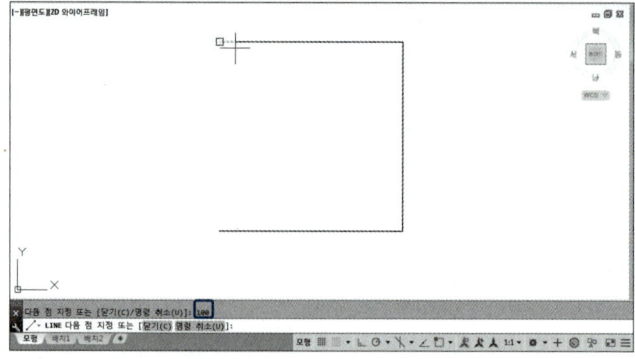

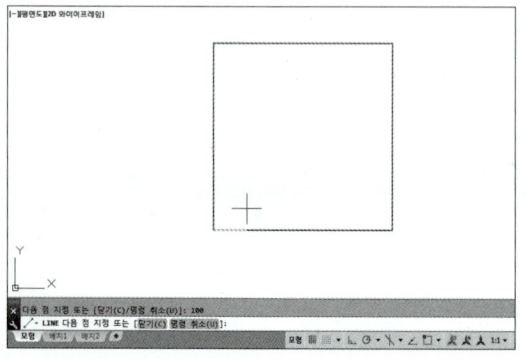

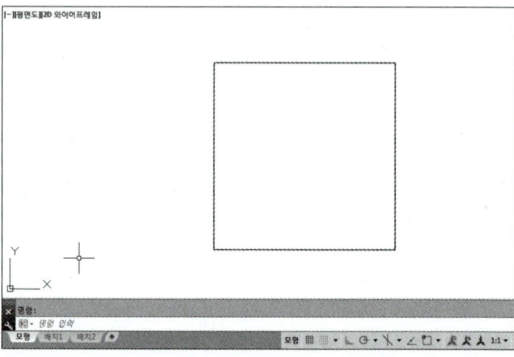

```
다음 점 지정 또는 [닫기(C)/명령 취소(U)]: 100 Spacebar ← 이동 거리 '100' 지정
다음 점 지정 또는 [닫기(C)/명령 취소(U)]: 100 Spacebar ← 이동 거리 '100' 지정
다음 점 지정 또는 [닫기(C)/명령 취소(U)]: Spacebar ← Line 명령 종료
```

바로 통하는 TIP 어디까지 그렸는지 모르겠어요!

Line 명령을 실행해서 선이 정수직과 정수평 방향으로만 이동할 때는 마우스 이동선과 실제 그려진 선이 겹쳐져 어디까지 선을 그리는지 위치를 혼동할 때가 종종 있습니다. 이럴 때는 다시 F8 을 눌러 직교 모드를 해제하면 마우스 이동선이 사선으로 나타나므로 선의 마지막 점을 쉽게 확인할 수 있습니다.

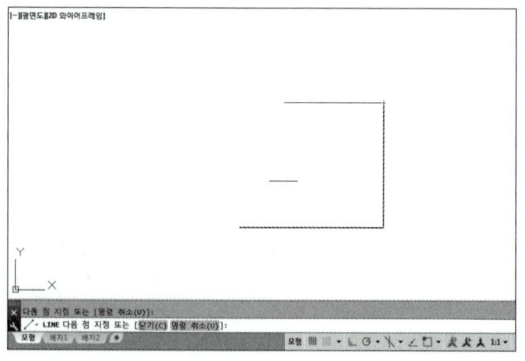

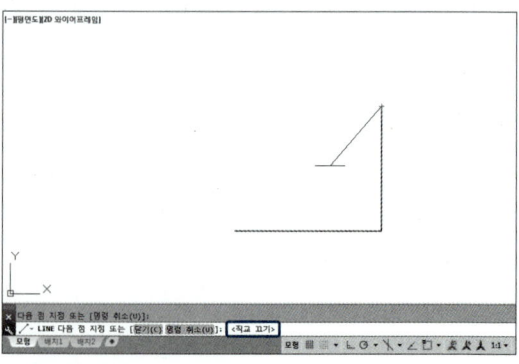

▲ 직교 모드를 켠 상태

▲ F8 을 눌러 직교 모드를 끈 상태

Line 명령으로 사각 의자와 복잡한 선 그리기

실무 도면에서 사용하는 사각 의자와 여러 크기의 치수와 각도가 포함된 선을 그려보겠습니다. 이런 유형의 복잡한 선을 원활하게 그릴 수 있으면 실무 도면 작업이 훨씬 수월할 것입니다. 앞에서 익힌 좌표와 직교 모드(F8)를 사용하여 그려봅니다.

Line 명령으로 사각 의자 그리기

1 예제 파일 'Part2-01.dwg'를 불러옵니다. 오른쪽의 완성된 사각 의자 객체를 참고하여 선을 그려보겠습니다. 명령 행에 'Line'을 입력하고 Space bar를 누르거나 [그리기] 도구 팔레트의 선 아이콘(/)을 클릭하여 Line 명령을 실행합니다. F8을 눌러 직교 모드를 켜고 사각형 객체의 왼쪽 모서리를 클릭해 선의 시작점으로 지정합니다. 마우스의 휠을 굴리거나 클릭해서 도면 객체의 위치나 크기를 조절합니다.

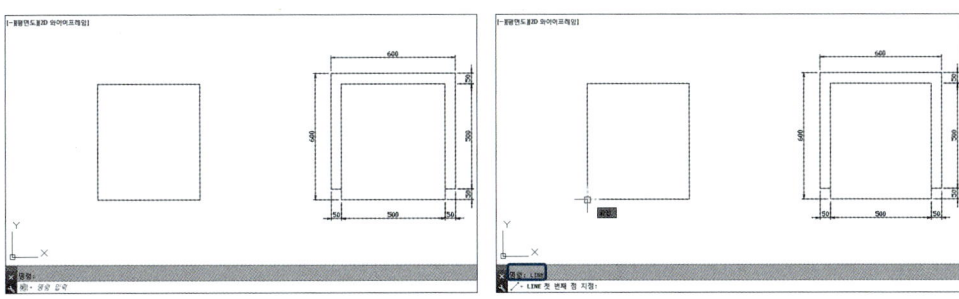

명령: LINE Space bar ← Line 명령 입력 (L)
첫 번째 점 지정: 〈직교 켜기〉
← F8 키를 눌러 직교 모드를 켬. 직교가 이미 설정되어 있다면 그대로 마우스 왼쪽 아이콘을 클릭하여 시작점 지정

바로 통하는 TIP AutoCAD에는 특정한 지점을 정확하게 잡아주는 객체 스냅(Osnap)이라는 기능이 있습니다. 처음 AutoCAD 2017을 실행하면 기본 객체 스냅(Osnap)이 설정되어 있으므로 노란색 선이 나타나면서 정확하게 특정 지점을 잡아줍니다. 120쪽에서 자세히 알아보겠습니다.

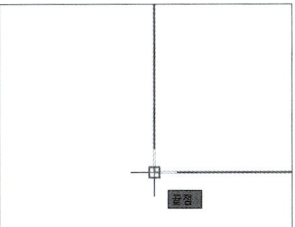

▲ 객체 스냅을 설정하여 마우스 포인터가 선의 끝점에 정확하게 달라붙은 모습

2 마우스 포인터를 위쪽 수직 방향에 두고 명령 행에 '50'을 입력해 선을 그립니다.

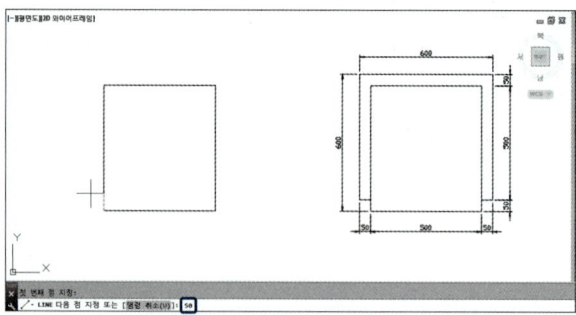

다음 점 지정 또는 [명령 취소(U)]: 50 [Space bar] ← 이동 거리 '50' 입력

3 왼쪽 수평 방향으로 마우스를 옮기고 명령 행에 '50'을 입력해 선을 그립니다.

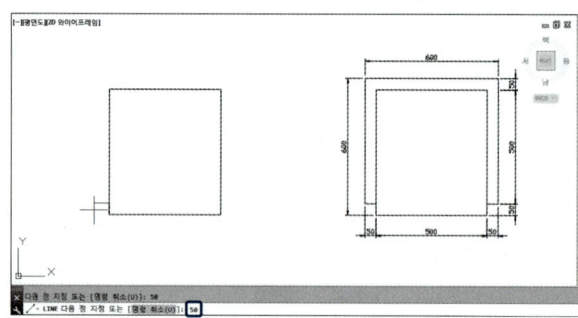

다음 점 지정 또는 [명령 취소(U)]: 50 [Space bar] ← 이동 거리 '50' 입력

4 위쪽 수직 방향으로 마우스를 옮기고 명령 행에 '550'을 입력해 선을 그리고 같은 방법으로 오른쪽 수평 방향으로 '600' 만큼 선을 그립니다.

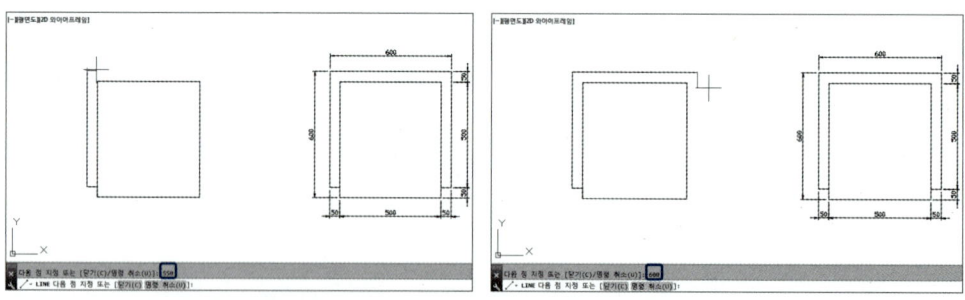

다음 점 지정 또는 [닫기(C)/명령 취소(U)]: 550 [Space bar] ← 이동 거리 '550' 입력
다음 점 지정 또는 [닫기(C)/명령 취소(U)]: 600 [Space bar] ← 이동 거리 '600' 입력

5 아래쪽 수직 방향으로 '550'만큼 선을 그리고 왼쪽 수평 방향으로 '50'만큼 선을 그립니다. Space bar 를 누르고 나오면 의자가 완성됩니다.

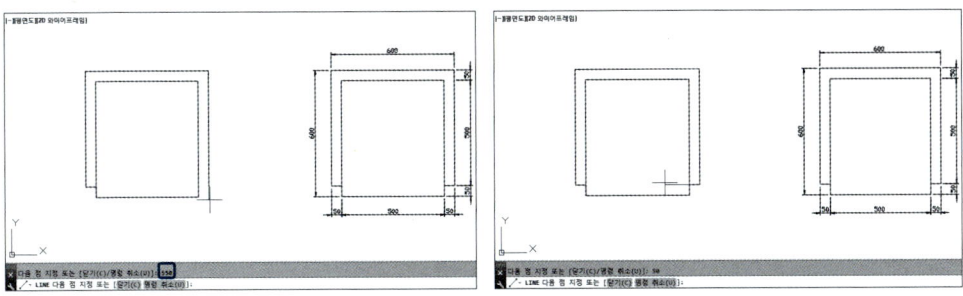

다음 점 지정 또는 [닫기(C)/명령 취소(U)]: 550 Space bar ← 이동 거리 '550' 입력
다음 점 지정 또는 [닫기(C)/명령 취소(U)]: 50 Space bar ← 이동 거리 '50' 입력
다음 점 지정 또는 [닫기(C)/명령 취소(U)]: Space bar ← Line 명령 종료

Line 명령으로 복잡한 선 그리기

1 예제 파일 'Part2-02.dwg'를 불러옵니다. 명령 행에 'Line'을 입력하고 Space bar 를 눌러 Line 명령을 실행합니다. F8 을 눌러 직교 모드를 켜고 이미 그려져 있는 선의 끝 부분을 클릭하여 시작점을 지정합니다. 역시 이때도 자동으로 시작점을 잡아주는 객체 스냅을 이용합니다.

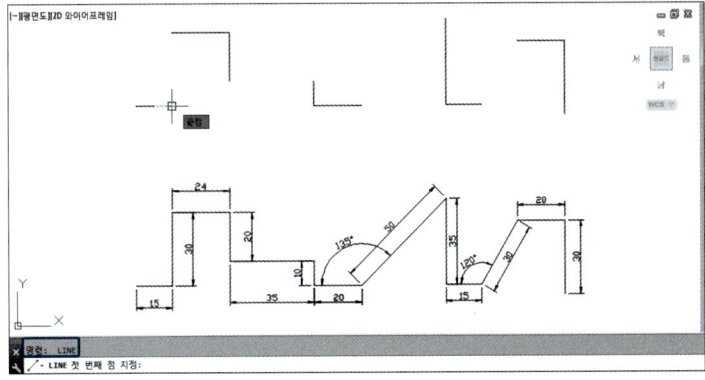

명령: LINE Space bar ← Line 명령 입력 (L)
첫 번째 점 지정: ← 마우스 왼쪽 버튼을 클릭하여 시작점 지정

2 수직 방향으로 마우스 포인터를 움직여 선을 그리고 Space bar 를 누르고 나옵니다.

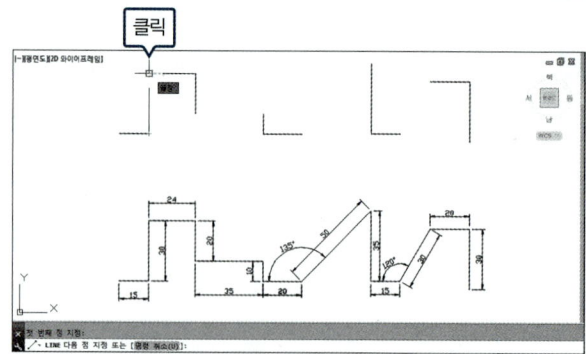

다음 점 지정 또는 [명령 취소(U)]: ← 다음 점 지정
다음 점 지정 또는 [명령 취소(U)]: Space bar ← Line 명령 종료

3 이번에는 앞에서 배웠던 상대좌표를 사용하여 그려봅니다. 별도의 명령을 입력하지 않고 Space bar 를 그대로 한 번만 더 눌러서 Line 명령을 실행합니다. 객체 스냅의 끝점을 사용하여 첫 번째 점을 지정하고 명령행에 상대좌표인 '@35,0'을 입력하여 실행합니다. 실행 후 Space bar 를 눌러서 명령을 종료합니다.

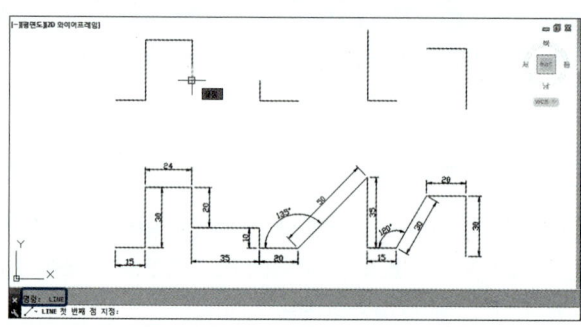

명령: Space bar ← Space bar 를 그대로 눌러서 Line 명령 실행
첫 번째 점 지정: ← 마우스 왼쪽 버튼을 클릭하여 시작점 지정

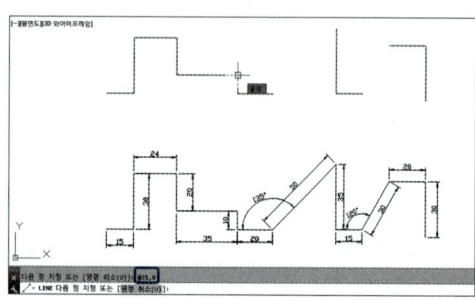 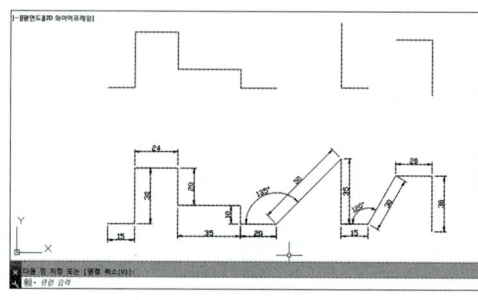

다음 점 지정 또는 [명령 취소(U)]: @35,0 Space bar ← 상대좌표 (@35,0)으로 다음 점 지정
다음 점 지정 또는 [명령 취소(U)]: Space bar ← Line 명령 종료

바로 통하는 TIP AutoCAD에서는 명령을 종료해도 다시 Space bar 만 누르면 바로 직전에 사용한 명령을 연속해서 사용할 수 있어 편리합니다.

4 다음 선을 그리기 위해 역시 별도의 명령을 입력하지 않고 Space bar 를 그대로 한 번 더 눌러서 Line 명령을 실행합니다. 객체 스냅을 사용하여 첫 번째 점을 지정합니다.

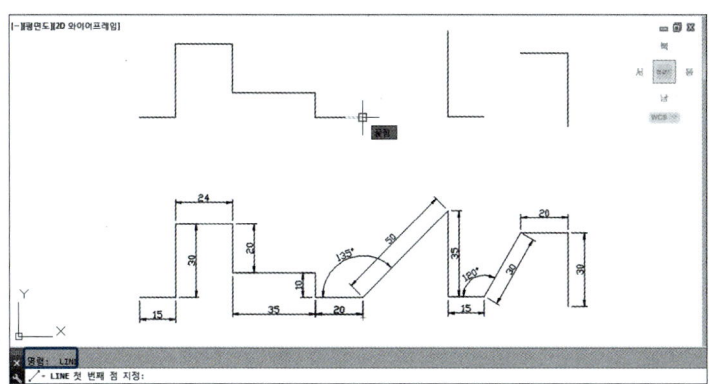

명령: Space bar ← Space bar 를 그대로 눌러서 Line 명령 실행
첫 번째 점 지정: ← 마우스 왼쪽 버튼을 클릭하여 시작점 지정

5 이번에는 각도가 있는 사선을 그려야 하므로 극좌표를 사용해봅니다. 명령 행에 극좌표인 '@50<45'를 입력하여 실행합니다. Space bar 를 눌러서 나옵니다. 각도는 극좌표의 0° 방향에서 45°만큼 기울어졌으며 거리는 50mm인 사선이 그려졌습니다.

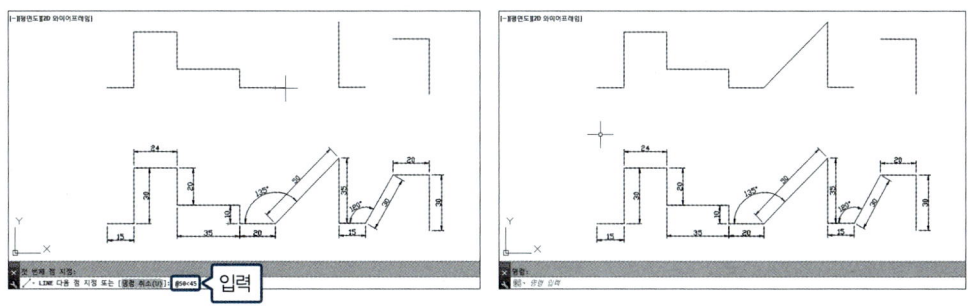

다음 점 지정 또는 [명령 취소(U)]: @50<45 Space bar ← 극좌표 (@50<45)로 다음 점 지정
다음 점 지정 또는 [명령 취소(U)]: Space bar ← Line 명령 종료

바로 통하는 TIP 항상 극좌표의 기준 방향인 0° 방향을 기준으로 삼고, 그로부터 시계 반대 방향으로 얼마의 각도로 기우는지 계산해봅니다.

6 한 번 더 극좌표를 연습하기 위하여 마지막 선을 그려봅니다. Space bar 를 눌러 Line 명령을 실행하고 첫 번째 점을 지정합니다. 극좌표인 '@30〈60'를 입력하고 Space bar 를 눌러서 나옵니다. 도면이 완성됩니다.

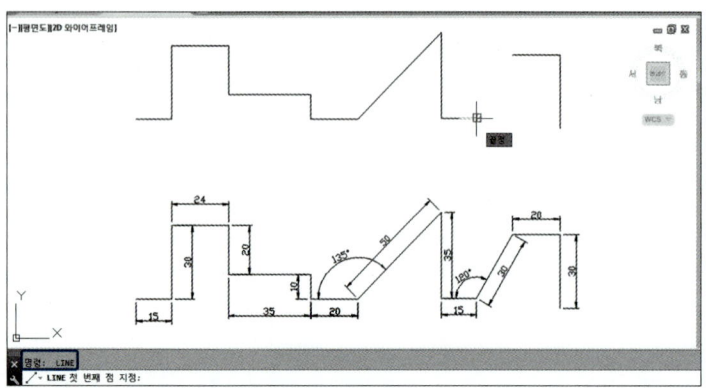

명령: Space bar ← Space bar 를 그대로 눌러서 Line 명령 입력
첫 번째 점 지정: ← 마우스 왼쪽 버튼으로 클릭하여 시작점 지정

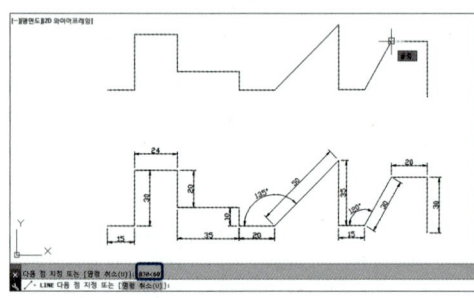 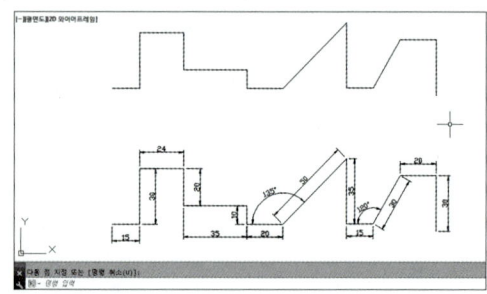

다음 점 지정 또는 [명령 취소(U)]: @30〈60 Space bar ← 극좌표 (@30〈60)로 다음 점 지정
다음 점 지정 또는 [명령 취소(U)]: Space bar ← Line 명령 종료

SECTION 03
명령을 취소하는 Undo, 명령을 되돌리는 Redo

도면을 작성하다 보면 기능에 따라 여러 가지 명령어를 사용합니다. 종이에 설계를 완성한 내용을 단순히 Auto-CAD로 옮겨 그리기만 하는 작업이 아니라 AutoCAD에서 바로 설계 도면을 그리는 경우라면, 사용했던 명령을 취소하고 되돌릴 때가 무수히 많습니다. 이럴 때 Undo(명령 취소) 명령과 Redo(명령 복구) 명령을 사용합니다.

1 Undo 명령으로 명령 취소하기

작업한 내용이 마음에 들지 않아서 작업 단계를 취소하고 싶을 때 Undo(명령 취소) 명령을 사용합니다. 기본적인 Undo 명령을 사용하려면 명령 행에 'U'를 입력하거나 신속 접근 도구 막대에 있는 명령 취소 아이콘(⬑)을 클릭하면 앞에 적용한 명령을 취소할 수 있습니다.

01 명령 행에 'Line'을 입력하고 Space bar를 눌러 명령을 실행합니다. 그런 다음 치수에 상관없이 임의의 선을 그립니다. 이때 한 줄만 그리고 Space bar를 눌러서 명령을 빠져나온 후 Space bar를 눌러 다시 명령을 실행하고 또 한 줄을 그리는 방식으로 사각형을 완성합니다. 즉, Line 명령을 네 번 실행합니다.

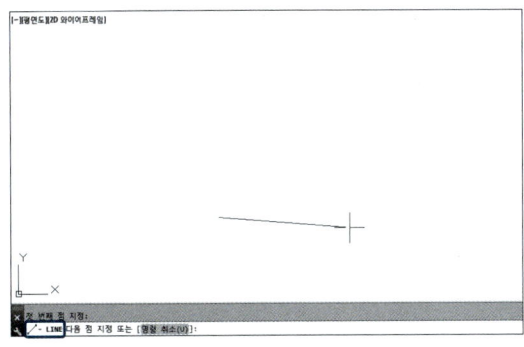 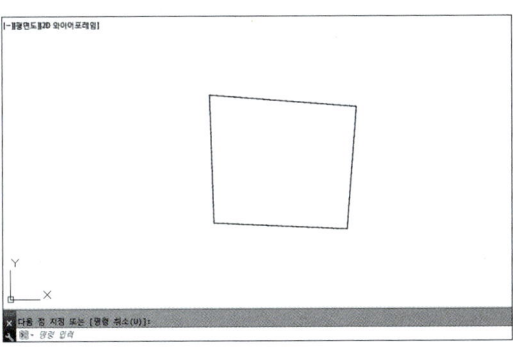

```
명령: LINE Space bar ← Line 명령 입력 (L)
첫 번째 점 지정: ← 마우스 왼쪽 버튼을 클릭하여 시작점 지정
다음 점 지정 또는 [명령 취소(U)]: ← 객체 스냅 사용하여 다음 점 지정
다음 점 지정 또는 [명령 취소(U)]: Space bar ← Line 명령 종료
```

02 명령 행에 'Undo'를 입력하고 Space bar 를 누릅니다. 선을 그린 최근 두 단계를 취소하기 위하여 명령 행에 '2'를 입력하고 Space bar 를 누릅니다.

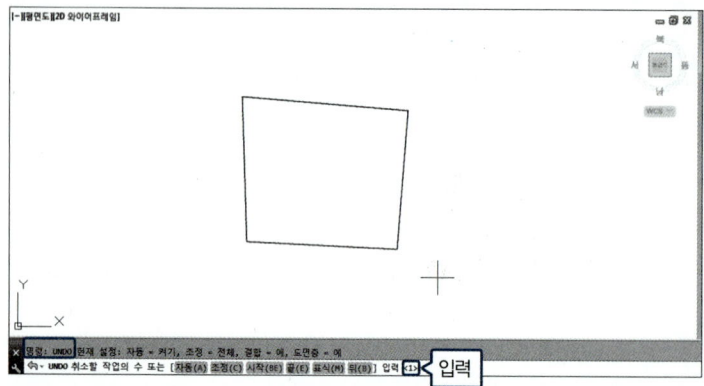

명령: UNDO Space bar ← Undo 명령 입력
현재 설정: 자동 = 켜기, 조정 = 전체, 결합 = 예, 도면층 = 예
취소할 작업의 수 또는 [자동(A)/조정(C)/시작(BE)/끝(E)/표식(M)/뒤(B)] 입력 〈1〉: 2 Space bar LINE LINE ← 두 단계 앞까지 Line 명령 취소

03 선 두 개가 지워진 상태로 되돌아갑니다.

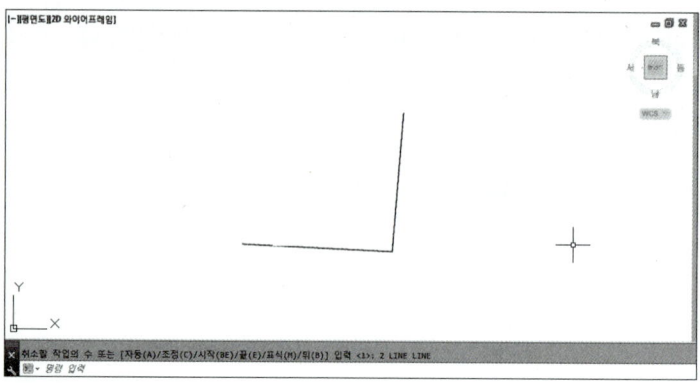

바로 통하는 TIP Undo 명령을 계속 적용하여 더는 취소할 명령이 없어지면 '명령 취소할 것이 없음'이라는 메시지가 나타납니다.

바로 통하는 TIP 단축키 Ctrl + Z 를 사용해도 작업을 빠르게 취소할 수 있습니다.

실무활용노트 AUTO CAD | Undo 명령의 단축키인 'U'와 명령어 'Undo'의 차이점

명령 행에 'U'를 입력하고 Space bar 를 누르면 바로 이전에 사용한 명령만 한 번 취소됩니다. 하지만 'Undo'를 입력하면 바로 취소되지 않고, 메인 메뉴와 서브 메뉴가 나타납니다. 메인 메뉴인 '취소할 작업의 수'에서 취소할 작업의 수를 입력하면 원하는 횟수만큼 명령 취소를 실행할 수 있습니다.

2 Redo 명령으로 취소한 명령 되돌리기

Redo(명령 복구) 명령은 취소한 작업을 다시 되돌리는 편집 명령입니다. Redo 명령을 사용하기 위해서는 명령 행에 'Redo'를 입력하거나 도구 막대에 있는 명령 복구 아이콘(🔁)을 클릭합니다.

01 이전 실습에서 Undo 명령을 실행하여 선이 두 개만 남은 상태에서 명령 행에 'Redo'를 입력하고 Space bar 를 누릅니다.

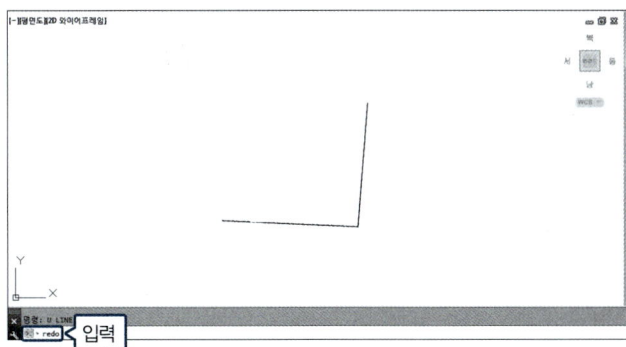

명령: REDO Space bar ← Redo 명령 입력

바로 통하는 TIP Undo 명령은 몇 번이고 반복해서 쓸 수 있어 파일을 열었던 첫 단계 명령까지 취소할 수 있습니다. 하지만 별도로 도면 파일을 저장하지 않고 Undo 명령을 실행하다 보면 계속해서 이전 단계로 가기 때문에, 애써 그렸던 도면을 회복하기 어려우니 조심하세요. Redo 명령은 가장 마지막에 취소한 명령만 한 차례 되돌릴 수 있습니다.

02 사라진 객체들이 다시 나타납니다

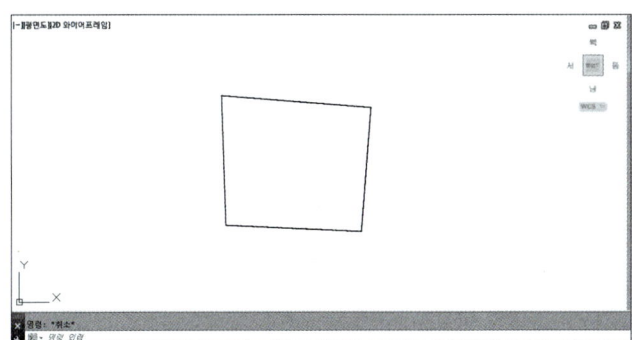

LINE LINE ← 복원되는 명령과 횟수 표시
모든 것이 명령 복구됨

바로 통하는 TIP 도면 작업을 다 마치고 저장한 후 AutoCAD를 종료했다가 다시 종료한 파일을 불러와 Undo 명령이나 Redo 명령을 실행하면 더는 해당 명령이 실행되지 않습니다. 이는 프로그램을 종료하면 그 파일의 모든 작업 내역(history)이 남지 않기 때문입니다. 꼭 기억해두세요!

SECTION 04 객체를 지우는 Erase

AutoCAD에서 도면을 작성할 때 가장 기본 작업은 객체 그리기입니다. 앞에서 언급했던 Line 명령이 바로 객체를 그리는 명령 가운데 하나입니다. 도면을 그리다 보면 객체의 일부분이나 전체를 지울 때가 매우 빈번합니다. 이렇게 필요하지 않은 객체를 지우는 편집 명령이 바로 Erase(지우기) 명령입니다. Erase 명령을 사용하려면 명령 행에 'Erase'를 입력한 후 Space bar 를 누르거나, [수정] 도구 팔레트에 있는 지우기 아이콘( )을 클릭합니다.

1 Erase 명령으로 객체 일부분 지우기

객체 일부분을 Erase 명령으로 삭제해보겠습니다.

01 예제 파일 'Part2-03.dwg'를 불러옵니다. 명령 행에 'Erase'를 입력하고 Space bar 를 누릅니다. 명령 행에 'ERASE 객체 선택'이란 메시지가 나오면 지울 객체를 마우스로 드래그하여 선택합니다.

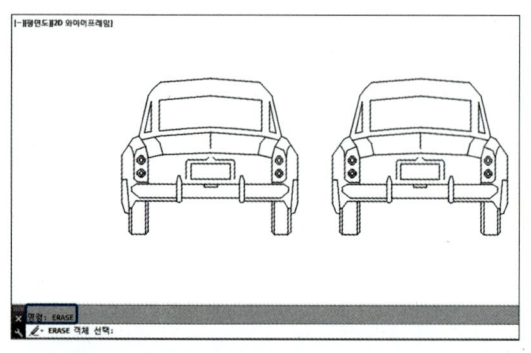 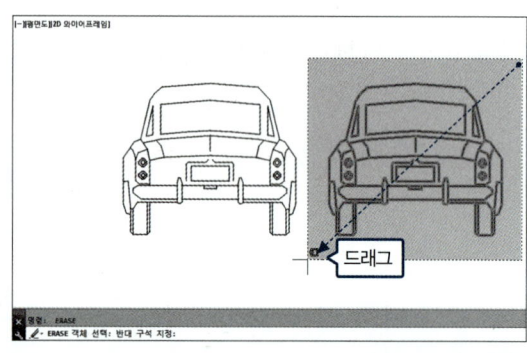

명령: ERASE Space bar ← Erase 명령 입력 (E)
객체 선택: 반대 구석 지정: 263개를 찾음 ← 선택 상자로 지울 객체 지정

실무활용노트 AUTO CAD | 객체 하나만 선택하기

단일 객체를 선택하고 싶을 때는 마우스를 드래그하지 않고 지울 객체만 하나씩 따로따로 클릭하여 지웁니다.

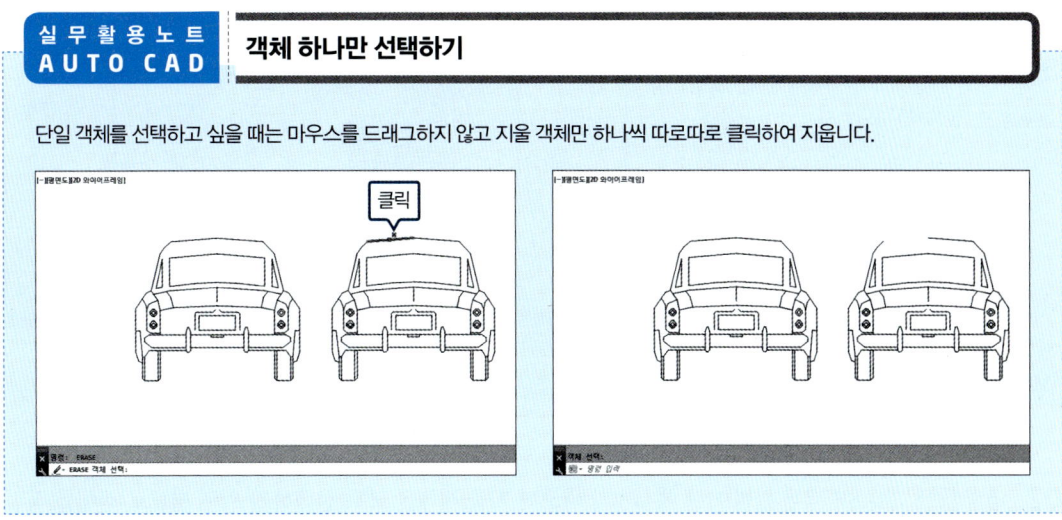

02 선택된 객체는 점선으로 표시됩니다. Space bar 를 눌러 명령을 실행하면 선택한 객체가 지워집니다.

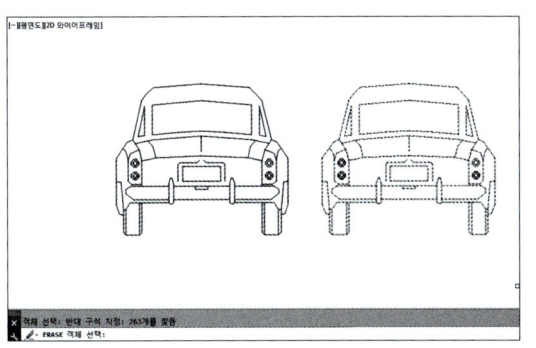
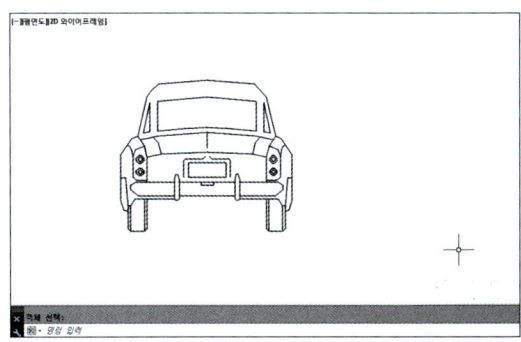

▲ 지울 객체를 선택한 화면

객체 선택: Space bar ← 객체를 모두 선택한 후 Space bar 를 누르고 실행 후 종료

2 Erase 명령으로 객체 전체를 한 번에 지우기

이번에는 파일에 담긴 모든 객체를 한 번에 지우는 연습을 해보겠습니다. 이때는 화면에 보이지 않는 객체까지도 모두 지워지므로 신중하게 사용하도록 합니다.

01 예제 파일 'Part2-04.dwg'를 불러옵니다. 명령 행에 'Erase'를 입력하고 Space bar 를 누릅니다.

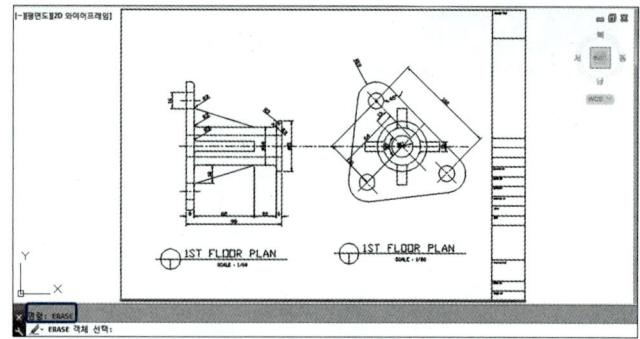

명령: ERASE Space bar ← Erase 명령 입력(E)

02 명령 행에 'ERASE 객체 선택'이란 메시지가 나오면 지울 객체를 모두 선택하기 위해 별도로 객체를 직접 선택하지 않고 'All'이라고 입력한 후 Space bar 를 누르면 도면의 모든 객체가 선택됩니다.

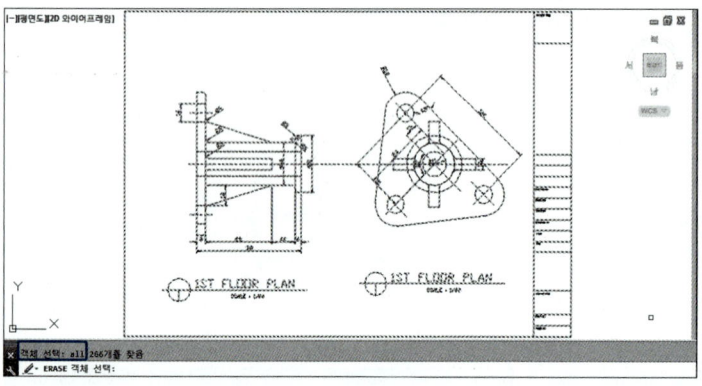

객체 선택: all Space bar 266개를 찾음 ← 'All'을 입력하여 266개의 객체 선택

03 더 이상 선택할 객체가 없으므로 Space bar 를 누릅니다. 모든 객체가 삭제되어 화면에 아무것도 남아 있지 않습니다.

객체 선택: Space bar ← Erase 명령 종료

SECTION 05 도면 작업의 범위를 지정하는 Limits

AutoCAD 2017의 공간은 무한대만큼이나 큰 영역입니다. 물론 화면상으로는 모니터 영역만큼만 표현되지만 화면을 확대하거나 축소하면서 작업자가 원하는 크기로 자유자재로 얼마든지 도면 영역의 배율을 조절할 수 있습니다. 도면의 크기는 제한되어 있으므로 처음부터 완성될 도면의 영역을 지정하고 그려야 작업이 편리합니다. 그렇다면 도면을 그리기 전에 작업 범위를 미리 지정하고 도면을 그리는 방법은 없을까요? 물론 있습니다. 지금 배울 Limits(한계 영역) 명령을 사용하는 방법입니다. Limits 명령을 사용하려면 명령 행에 'Limits'를 입력하고 Spacebar 를 누르면 됩니다.

1 Limits 명령으로 도면을 그릴 영역 지정하기

AutoCAD에서 도면을 작성하기 전에 미리 도면의 한계 영역에 맞는 작업 범위를 지정하겠습니다. 실무에서 도면을 그릴 때는 실제 구조물의 크기대로 그대로 입력하여 작업하는 경우가 대부분입니다. 그러므로 실제 그릴 구조물의 크기를 알고 그 외곽보다 약간의 여유를 두고 한계 영역을 설정하도록 합니다.

01 새 도면 파일을 엽니다. 도면의 한계 영역을 A4 크기(297*210)로 지정해보겠습니다. 명령 행에 'Limits'를 입력하고 Spacebar 를 눌러 명령을 실행합니다.

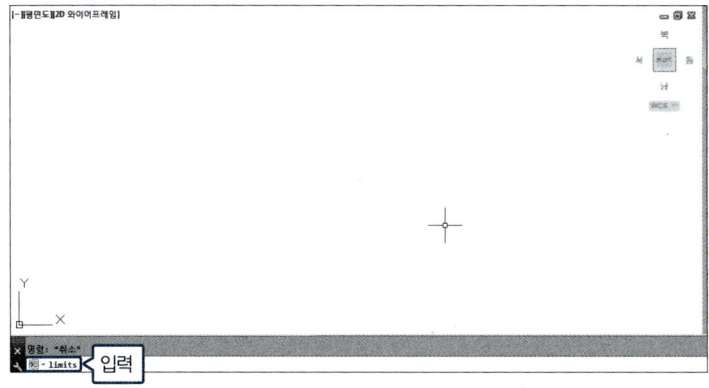

명령: LIMITS Spacebar ← Limits 명령 입력

02 Space bar 를 누르고 명령을 실행하면 한계 영역 왼쪽 아래 구석점의 좌표를 지정하라는 메시지가 나타납니다. 현재 설정 값으로 〈0.0000,0.0000〉의 좌표가 입력되어 있으므로 그대로 Space bar 를 눌러서 다음 단계로 넘어갑니다.

모형 공간 한계 재설정:
왼쪽 아래 구석 지정 또는 [켜기(ON)/끄기(OFF)] 〈0.0000,0.0000〉: Space bar ← Space bar 를 눌러 왼쪽 아래 구석점을 (0,0)으로 지정

바로 통하는 TIP AutoCAD에서 명령 행의 내용 중 오른쪽에 표시된 〈0.0000,0.0000〉처럼 〈 〉 안의 값은 현재 설정된 기본값(Default)을 말합니다. 따라서 어떤 명령어를 사용하든 입력하고자 하는 값이 현재 기본값과 같다면 그대로 Space bar 를 누르고 넘어갑니다.

03 한계 영역 오른쪽 상단의 구석점 좌표를 지정하라는 메시지가 나타납니다. 현재 설정값은 A3 크기인 〈420.0000,297.0000〉이므로 A4 크기로 변경하기 위해 '297,210'을 입력하고 Space bar 를 눌러 한계 영역을 재설정합니다.

오른쪽 위 구석 지정 〈420.0000,297.0000〉: 297,210 Space bar ← 오른쪽 위 구석점을 (297,210)으로 설정

바로 통하는 TIP 현재 표준값인 〈420.0000,297.0000〉으로 그대로 실행하면 A3 사이즈만큼 한계 영역이 지정됩니다.

04 한계 영역을 모두 지정했습니다. 하지만 이것만으로는 현재 모니터 화면상에 한계 영역이 지정한 대로 다 보이지 않습니다. Zoom 명령을 사용하여 한계 영역을 화면에 모두 보이게 합니다. 명령 행에 'Zoom'을 입력한 후 Space bar를 눌러 명령을 실행하고 서브 메뉴에서 'All(전체)'을 입력하고 Space bar를 누릅니다.

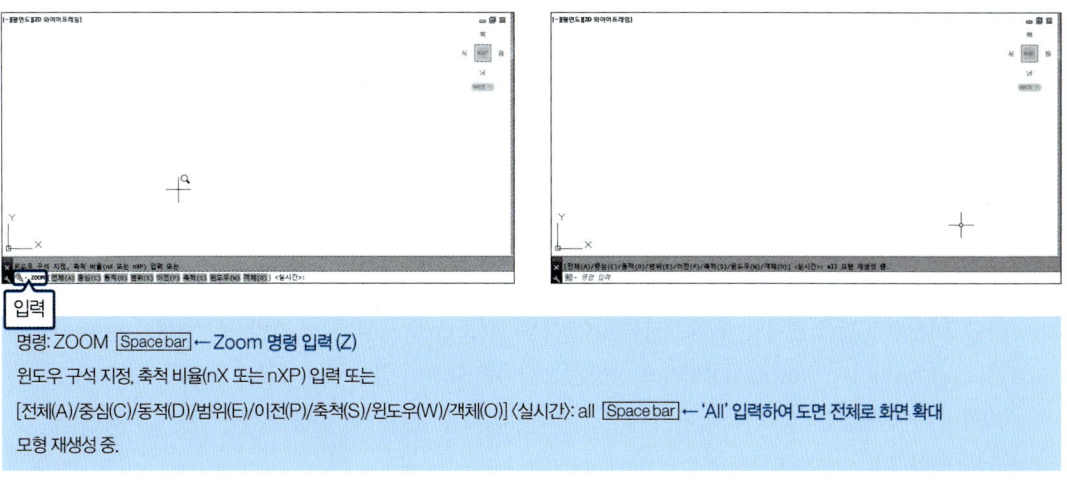

> **입력**
>
> 명령: ZOOM Space bar ← Zoom 명령 입력 (Z)
> 윈도우 구석 지정, 축척 비율(nX 또는 nXP) 입력 또는
> [전체(A)/중심(C)/동적(D)/범위(E)/이전(P)/축척(S)/윈도우(W)/객체(O)] <실시간>: all Space bar ← 'All' 입력하여 도면 전체로 화면 확대
> 모형 재생성 중.

바로 통하는 TIP Zoom 명령은 도면을 확대 · 축소해서 볼 때 쓰는 명령입니다. Zoom 명령의 사용법은 157쪽에서에서 자세하게 설명하겠습니다.

2 Limits On/Off 설정하기

Limits 명령을 실행한 뒤 명령 행을 살펴보면 서브 메뉴에 '[켜기(On)/끄기(Off)]'가 표시됩니다. '켜기(On)'를 선택하면 Limits 명령으로 설정한 한계 영역 안에만 도면을 그릴 수 있고 '끄기(Off)'를 선택하면 Limits 명령으로 설정한 한계 영역의 안팎으로 화면상 모든 영역에 도면을 그릴 수 있습니다.

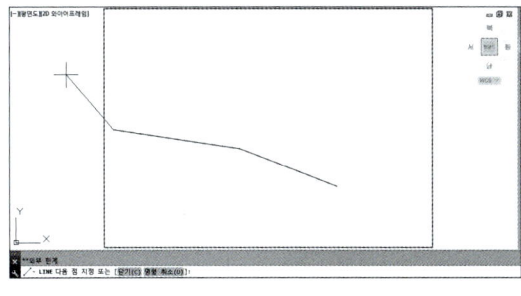 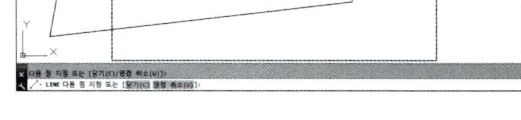

▲ '켜기(On)'를 선택하면 사각형으로 표시한 한계 영역 밖에서는 선이 그려지지 않음

▲ '끄기(Off)'를 선택하면 사각형으로 표시한 한계 영역 밖에서도 선이 그려짐

Plot 명령 적용하여 출력하기

플로터(Plotter)는 출력기의 한 종류입니다. AutoCAD에서는 우리가 일반적으로 출력하는 용지 크기인 A4보다 몇 배로 큰 용지에 출력하는 경우가 많습니다. 이는 도면을 크게 출력하여 작업 내용을 정확하게 확인하기 위해서입니다. 플로터(Plotter)는 큰 사이즈로 도면을 출력할 때 적절한 출력기입니다. 이처럼 도면을 출력할 때 플로터를 많이 사용하므로 AutoCAD에서 출력하는 명령은 Print가 아니고 Plot입니다. AutoCAD의 Plot 명령은 포함하는 내용이 워낙 방대하고도 중요하므로 PART 09에서 자세히 설명하도록 하고 여기서는 간단히 Plot 명령과 Limits 명령을 적용하여 출력하는 법을 알아봅니다.

1 예제 파일 'Part2-05.dwg'를 불러옵니다. 예제 파일은 한계 영역을 A4로 지정하여 그 경계를 사각형으로 나타낸 뒤 한계 영역 내부와 외부에 걸쳐서 의자를 그린 도면입니다.

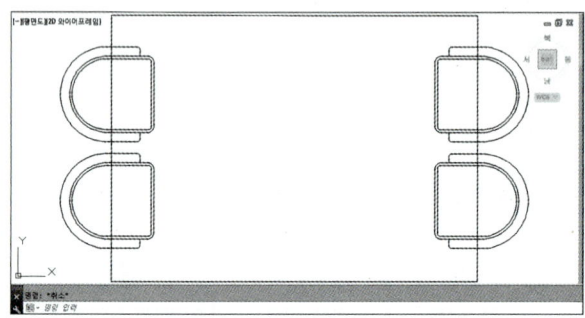

2 A4 크기로 설정한 한계 영역에 있는 도면 영역만 출력하기 위해 명령 행에 'Plot'을 입력하고 Space bar 를 누릅니다. 또는 상단의 [출력] 도구 팔레트에서 플롯 아이콘( )이나 메뉴에서 [인쇄]-[플롯]을 클릭해도 됩니다.

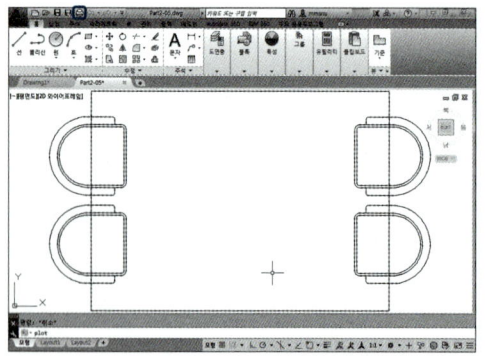
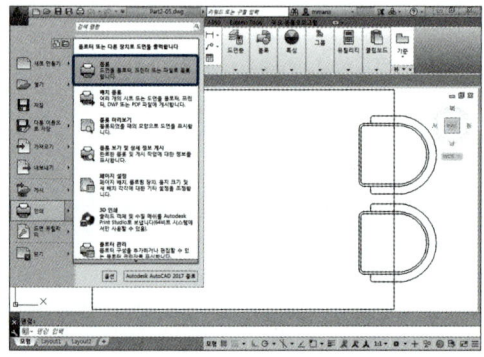

▲ 왼쪽 상단의 풀다운 메뉴에서 [인쇄]-[플롯]을 선택한 모습

3 [플롯-모형] 대화상자가 나타나면 '프린터/플로터' 영역의 '이름(M)' 항목에서 현재 사용하고 있는 프린터를 선택합니다.

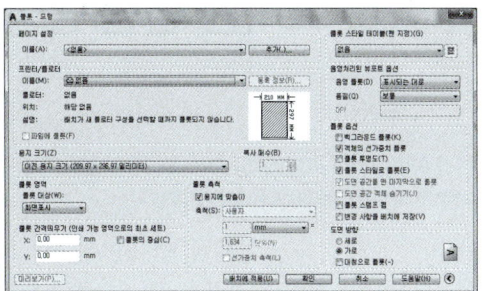 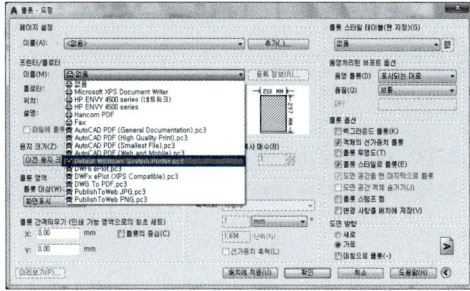

4 '용지 크기(Z)' 영역에서 'A4'를 설정합니다. 출력 영역을 지정하는 '플롯 영역'에서 한계 영역만을 출력하기 위해 '한계'로 지정합니다. 하단의 미리 보기 버튼(미리보기(P)...)을 클릭합니다.

 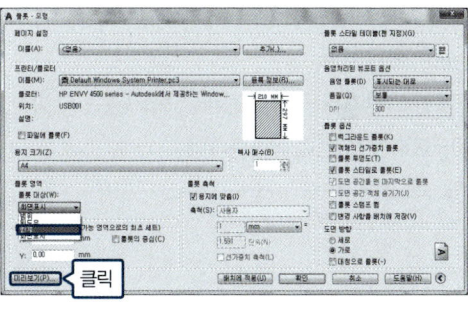

5 지정한 한계 영역 안의 도면만 나타납니다.

바로 통하는 TIP 도면 실무를 하다 보면 하루에도 여러 장의 도면을 그려야 하므로 시간 절약을 위한 기능을 충분히 숙지하고 활용해야 합니다. 도면 작업에 필요한 보기 환경을 조절하는 Limits 명령을 이용해 도면 영역 지정, 도면층 설정, 치수 스타일 지정, 문자 스타일, 선의 굵기, 선의 색상, 선의 종류 등을 회사 규정에 맞게 미리 설정합니다. 필요할 때마다 이미 설정된 도면 틀을 불러와 도면 작업을 바로 진행할 수 있도록 준비하는 것입니다.

CHAPTER 03

원과 호를 그리는 편집 명령

도면을 작성할 때 Line 명령(선 그리기)과 함께 가장 중요한 그리기 명령이 바로 Circle(원 그리기) 명령과 Arc(호 그리기) 명령입니다. 이번에는 원과 호를 그리는 방법을 살펴보고 실무에서 어떤 경우에 사용되는지를 알아봅니다.

A 학습 목표

도면 그리기의 기본인 원과 호를 그리는 방법을 익혀봅니다. Circle 명령으로 정원을 그리고 Arc 명령으로 호를 그려보겠습니다.

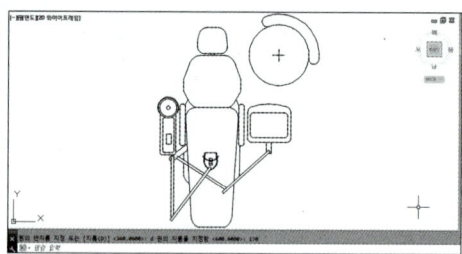

▲ 원 그리기

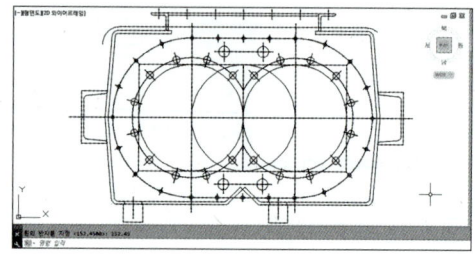

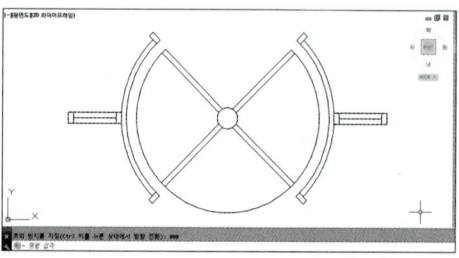

▲ 호 그리기

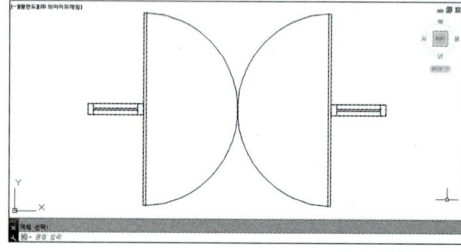

SECTION 01 원을 그리는 Circle

AutoCAD에서는 Circle(원 그리기) 명령으로 수직과 수평의 지름이 같은 정원을 그릴 수 있습니다. 수직과 수평의 지름이 다른 원을 그릴 때는 다음에 설명할 Ellipse(타원 그리기) 명령을 사용합니다. Circle 명령은 특히 복잡한 인테리어 상세 도면이나 기계 도면을 그릴 때 많이 사용하므로 서브 메뉴를 잘 익혀둡니다. Circle 명령을 사용하려면 명령 행에 'Circle'을 입력하고 Space bar 를 누르거나 [그리기] 도구 팔레트에 있는 원 그리기 아이콘(◎)을 클릭하면 됩니다.

옵션 풀이

3점(3P) _ 임의의 세 점을 지정하여 원을 그립니다.
2점(2P) _ 임의의 두 점을 지정하여 원을 그립니다. 두 점은 원의 지름이 됩니다.
접선 접선 반지름(Ttr) _ 기존에 그렸던 도면의 임의의 두 객체 사이에 접하는 원을 그립니다. 반지름을 지정합니다.

1 반지름과 지름을 입력하여 원 그리기

반지름과 지름을 이용하여 원을 그려봅니다. 지름의 수치를 반으로 나누기 쉬운 경우에는 반으로 나눈 반지름으로 입력하고 그렇지 않으면 지름(Diameter) 옵션을 선택하여 입력합니다.

01 예제 파일 'Part2-06.dwg'를 불러옵니다. 병원의 치료 의자 주변에 반지름을 입력해서 원을 그려보겠습니다. 명령 행에 'Circle'을 입력하고 Space bar 를 누릅니다.

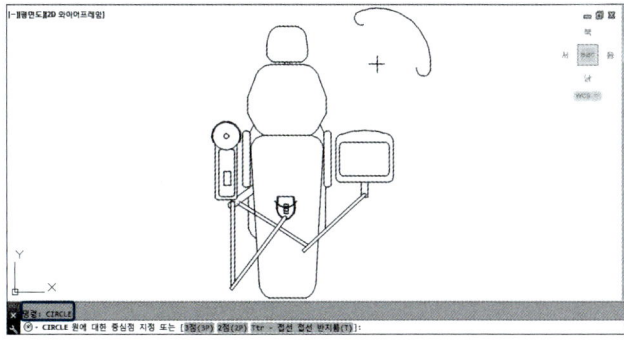

명령: CIRCLE Space bar ← Circle 명령 입력 (C)

02 십자 형태인 두 선의 교차 지점을 클릭해서 중심점으로 지정합니다. 그런 다음 반지름값 '300'을 입력한 후, Space bar 를 누르면 반지름이 300mm인 원이 그려집니다.

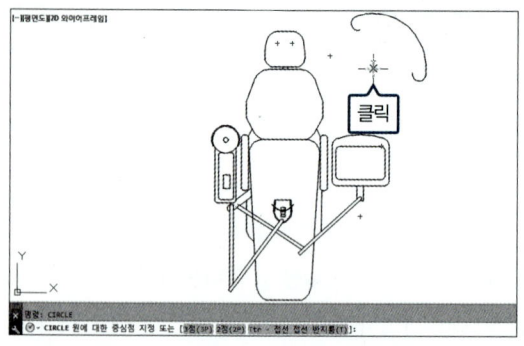
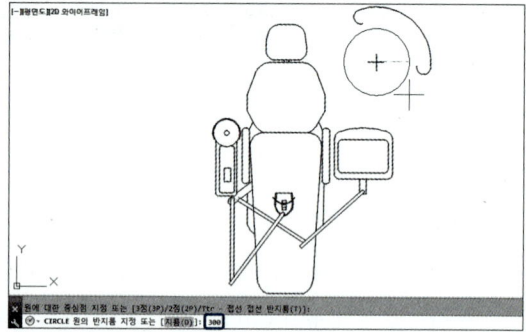

원에 대한 중심점 지정 또는 [3점(3P)/2점(2P)/Ttr - 접선 접선 반지름(T)]: ← 두 선의 교차 지점에 마우스 왼쪽 버튼을 클릭하여 중심점으로 지정
원의 반지름 지정 또는 [지름(D)]: 300 Space bar ← 반지름 '300' 입력하고 명령 실행

03 왼쪽 받침대의 작은 원을 그리기 위해 명령 행에 다시 'Circle'을 입력하고 Space bar 를 누릅니다. 작은 원의 중심에 마우스 왼쪽 버튼을 클릭하면 그려질 원의 중심점이 지정됩니다.

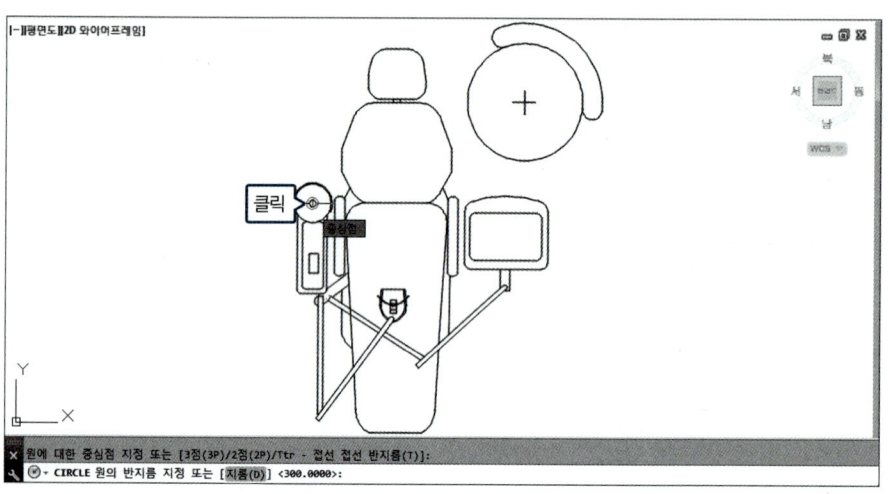

명령: CIRCLE Space bar ← Circle 명령 입력 (C)
원에 대한 중심점 지정 또는 [3점(3P)/2점(2P)/Ttr - 접선 접선 반지름(T)]: ← 중심점 지정

04 이번에는 반지름이 아닌 원의 지름을 입력해서 원을 그려보겠습니다. 명령 행에서 지름 옵션인 'D'를 입력하여 Space bar를 누릅니다. 원의 지름을 '170'으로 입력한 후 Space bar를 눌러 원 그리기를 종료합니다.

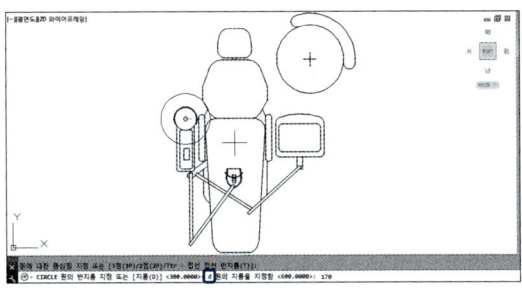 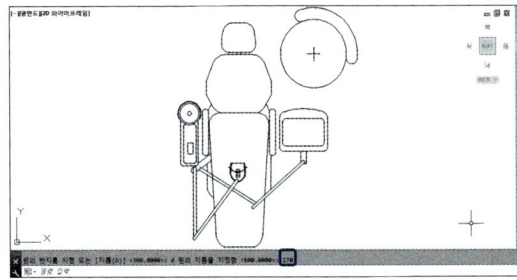

원의 반지름 지정 또는 [지름(D)] 〈300.0000〉: d Space bar ← 지름을 입력하기 위해 옵션 'D(Diameter)' 입력
원의 지름을 지정함 〈600.0000〉: 170 Space bar ← 지름 '170' 입력 후 실행

2 3P 옵션으로 세 점을 지나는 원 그리기

임의의 세 점을 지정해서 그 세 점을 지나는 원을 그려보겠습니다.

01 예제 파일 'Part2-07.dwg'를 불러옵니다. 다음 기계 부품 도면의 왼쪽 사각형에 원을 그리기 위해 명령 행에 'Circle'을 입력하고 Space bar를 누릅니다. 서브 메뉴에서 '3P'를 입력하고 Space bar를 누릅니다.

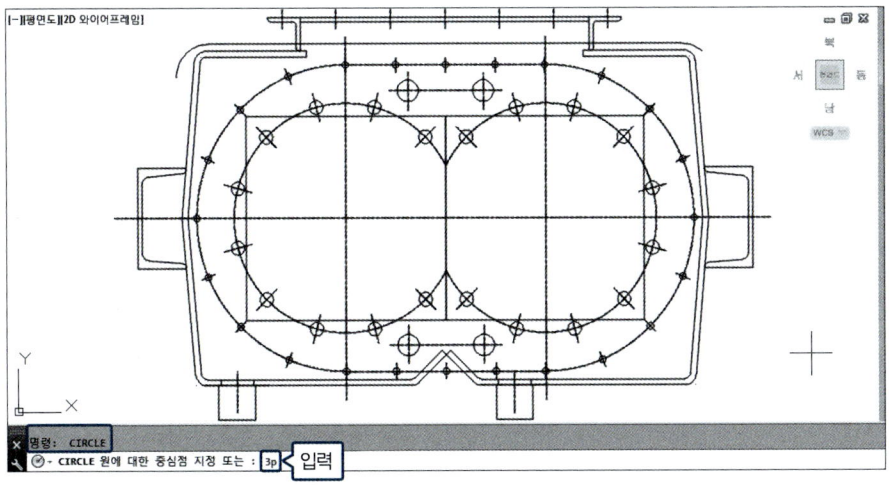

명령: CIRCLE Space bar ← Circle 명령 입력 (C)
원에 대한 중심점 지정 또는 [3점(3P)/2점(2P)/Ttr - 접선 접선 반지름(T)]: 3p Space bar ← 세 점을 지정하는 옵션 '3P' 입력

02 사각형의 첫 번째, 두 번째, 세 번째 가운뎃점을 차례로 지정해줍니다.

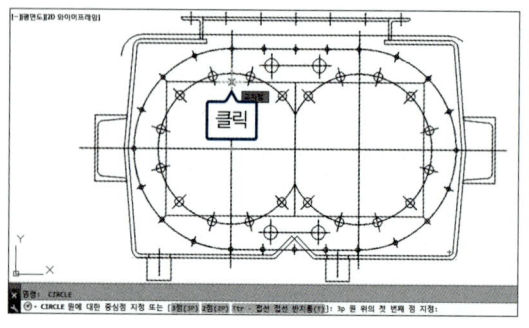 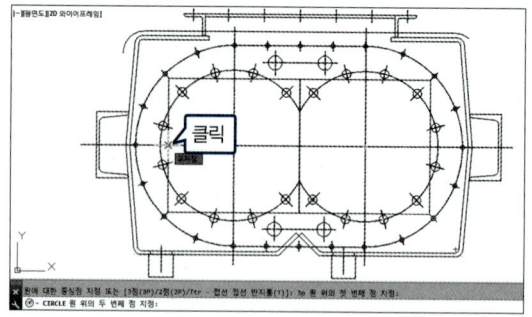

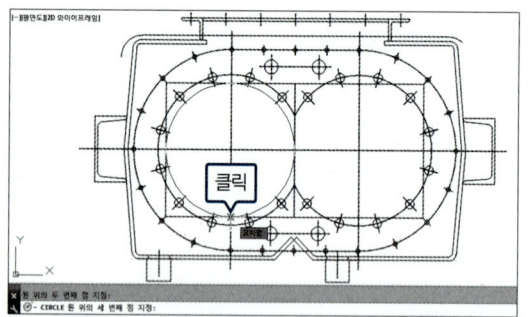

원 위의 첫 번째 점 지정: ← 마우스를 클릭하여 첫 번째 점 지정(세 꼭지점 중 임의의 점)
원 위의 두 번째 점 지정: ← 마우스를 클릭하여 두 번째 점 지정
원 위의 세 번째 점 지정: ← 마우스를 클릭하여 세 번째 점 지정

03 세 개의 점을 모두 지정하면 세 점을 지나는 원이 그려집니다.

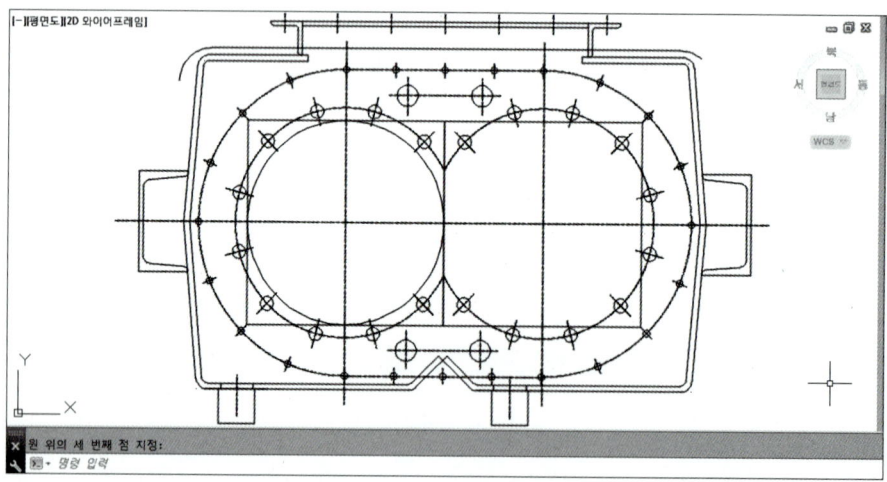

3 2P 옵션으로 두 점을 지름으로 하는 원 그리기

두 개의 점을 임의로 지정하여 그 두 점을 지름으로 하는 원을 그려보겠습니다.

01 예제 파일 'Part2-07.dwg'의 오른쪽 사각형에도 연속해서 원을 그려보겠습니다. 명령 행에 'Circle'을 입력하고 Spacebar를 누릅니다. 그다음 '2P'를 입력하고 Spacebar를 누릅니다.

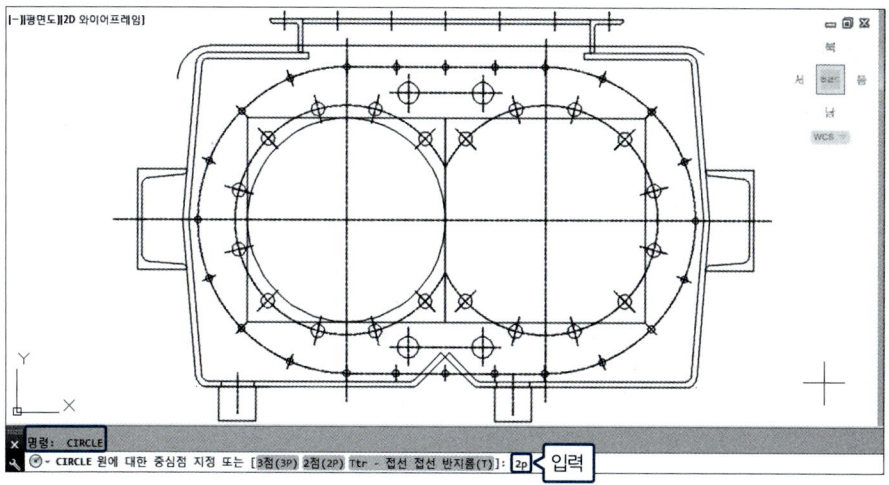

명령: CIRCLE Spacebar ← Circle 명령 입력 (C)
원에 대한 중심점 지정 또는 [3점(3P)/2점(2P)/Ttr – 접선 접선 반지름(T)]: 2p Spacebar ← 두 점을 지정하는 옵션 '2P' 입력

02 지름의 끝점이 될 사각형 아래의 가운데 교차점을 클릭하여 첫 번째 점으로 지정합니다.

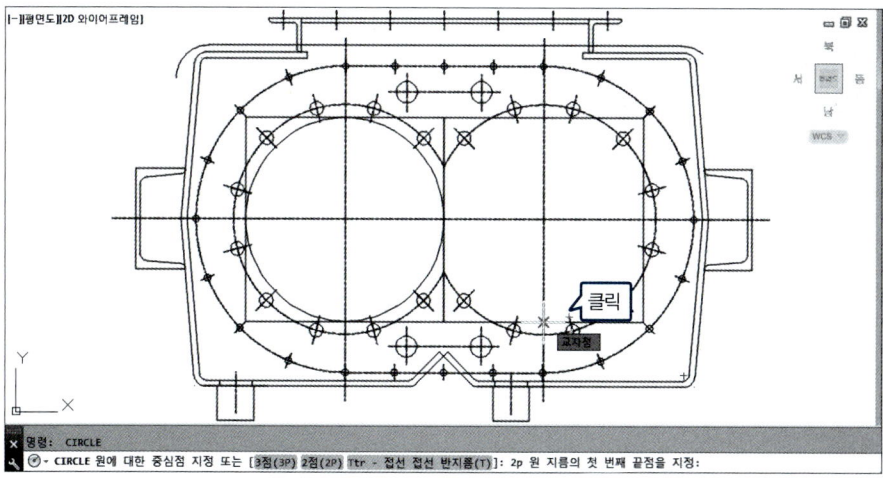

원 지름의 첫 번째 끝점을 지정: ← 첫 번째 점을 지정

03 사각형 위의 가운데 교차점을 두 번째 점으로 지정하면, 지정한 두 점을 지름으로 하는 원이 그려집니다.

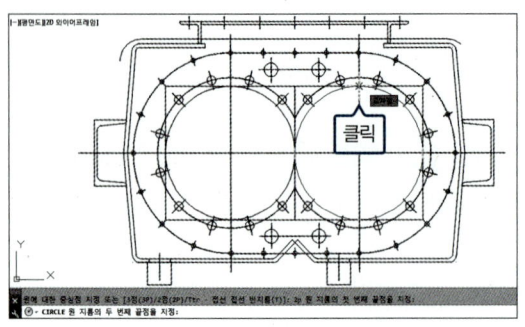 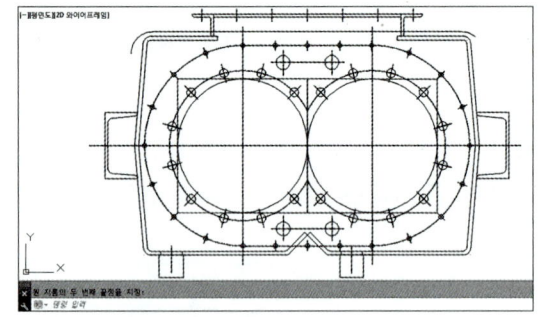

▲ 두 점을 지름으로 하는 원

원 지름의 두 번째 끝점을 지정: ← 두 번째 점을 지정

4 Ttr 옵션으로 접선과 반지름을 이용한 원 그리기

Circle 명령의 서브 메뉴 중 하나인 Ttr 옵션은 두 개의 접선(Tangent)과 반지름을 지정해서 원을 그리는 기능입니다. Ttr 옵션을 이용하여 두 선과 접하면서 지정한 반지름값을 갖는 원을 그려보겠습니다.

01 예제 파일 'Part2-07.dwg'에서 두 사각형 사이의 한가운데에 원을 그려보겠습니다. 명령 행에 'Circle'을 입력하고 Space bar 를 누릅니다. 명령 행에 'T'를 입력하고 Space bar 를 누릅니다.

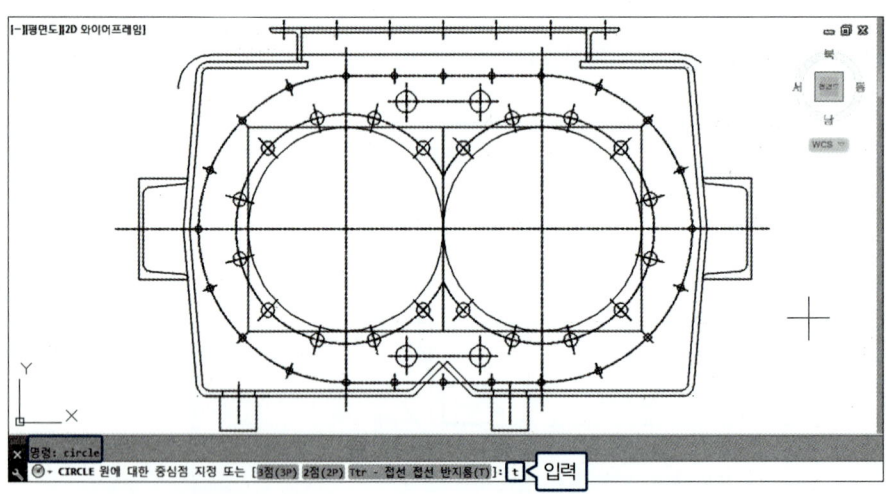

명령: CIRCLE Space bar ← Circle 명령 입력 (C)
원에 대한 중심점 지정 또는 [3점(3P)/2점(2P)/Ttr − 접선 접선 반지름(T)]: t Space bar ← 옵션 'T' 입력

02 접하는 두 선을 지정합니다. 이때는 해당 선의 어느 부분을 클릭해도 상관없습니다.

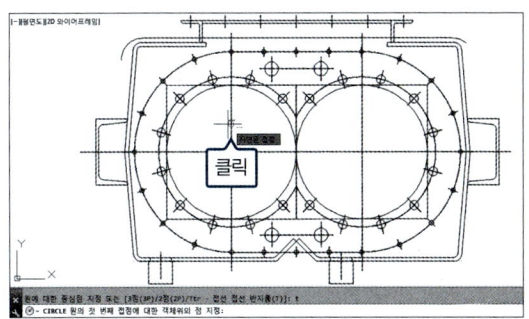 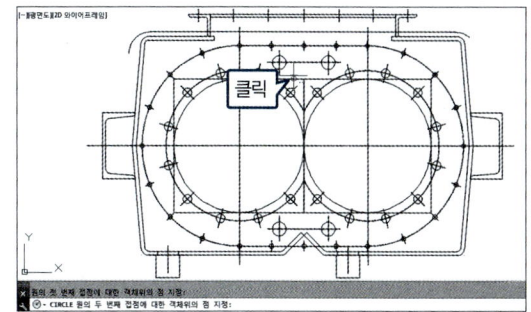

원의 첫 번째 접점에 대한 객체위의 점 지정: ← 선 위에 있는 임의의 점을 클릭하여 첫 번째 선 지정
원의 두 번째 접점에 대한 객체위의 점 지정: ← 선 위에 있는 임의의 점을 클릭하여 두 번째 선 지정

03 두 선 사이에 접하는 원의 반지름을 입력합니다. 명령 행에 '152.45'를 입력하고 Space bar 를 눌러 명령을 실행하면 원이 그려집니다.

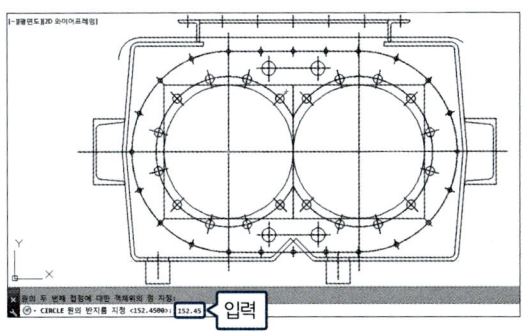 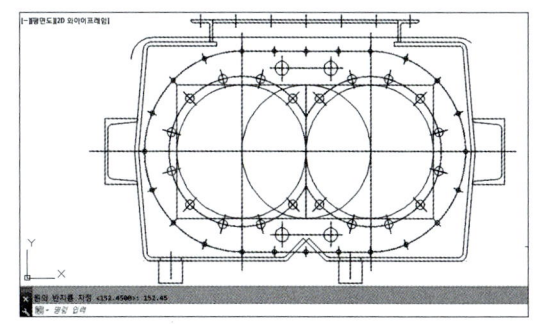

▲ 왼쪽과 위쪽 두 접선과 닿으면서 반지름값이 152.45mm인 원

원의 반지름 지정 〈152.4500〉: 152.45 Space bar ← 반지름 '152.45' 입력

SECTION 02 활처럼 휘어진 호를 그리는 Arc

Arc(호 그리기) 명령은 Circle(원 그리기) 명령과 함께 Line(선 그리기) 명령 다음으로 자주 사용하는 그리기 명령입니다. 건축이나 인테리어 분야에서는 문의 동선을 나타낼 때 많이 사용합니다. Arc 명령을 사용하려면 명령 행에 'Arc'를 입력하고 Space bar 를 누르거나 [그리기] 도구 팔레트에 있는 호 아이콘(⌒)을 클릭합니다.

➕ 옵션 풀이

중심(C) _ 호의 중심점을 지정하여 그립니다.   끝(E) _ 호의 끝점을 지정하여 그립니다.

1 3P 옵션으로 세 개의 점을 지정하여 호 그리기

Arc 명령을 사용할 때는 보통 3P 옵션으로 세 개의 점을 지정하여 세 점을 지나는 호를 그립니다.

01 예제 파일 'Part2-08.dwg'를 불러와서 쌍여닫이문의 문이 열리는 동선을 그려보겠습니다. 명령 행에 'Arc'를 입력하고 Space bar 를 누릅니다. 호가 지나가는 첫 번째 지점을 지정합니다.

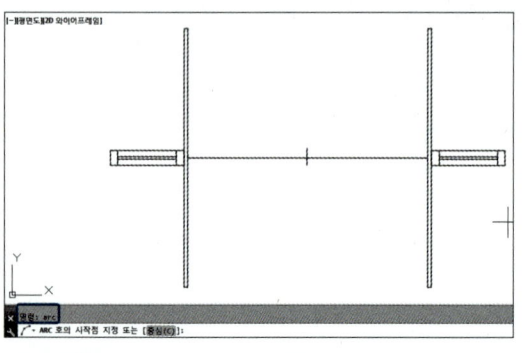 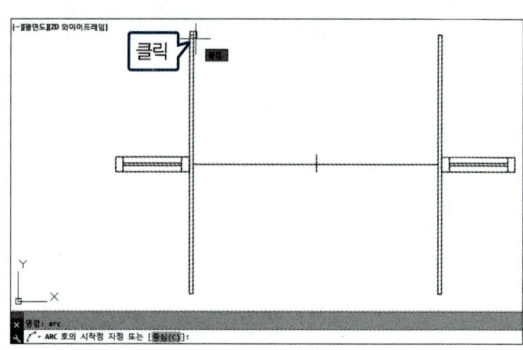

명령: ARC Space bar ←Arc 명령 입력 (A)
호의 시작점 지정 또는 [중심(C)]: ←호의 시작점 지정

02 호가 지나는 두 번째 지점인 수평선의 가운데 교차점을 지정합니다.

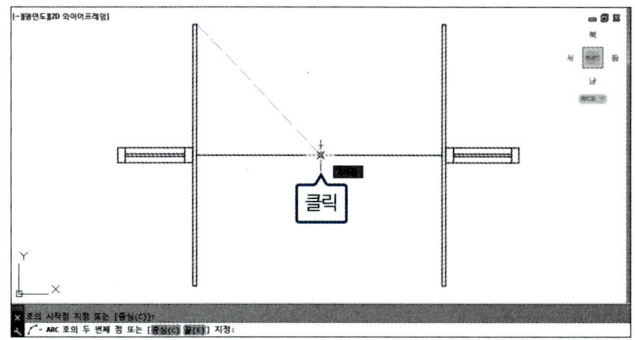

호의 두 번째 점 또는 [중심(C)/끝(E)] 지정: ←호의 두 번째 점 지정

03 호의 세 번째 지점을 지정하여 문 그리기를 완성합니다.

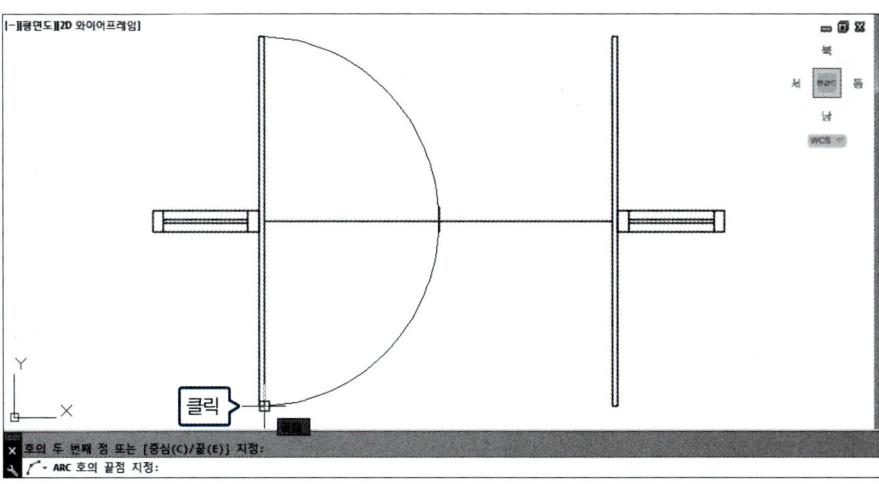

호의 끝점 지정: ←호의 끝점 지정

04 반대 방향의 문도 그려보겠습니다. 명령 행에 'Arc'를 입력하고 Space bar 를 누릅니다. 호가 지나가는 첫 번째 지점을 지정합니다.

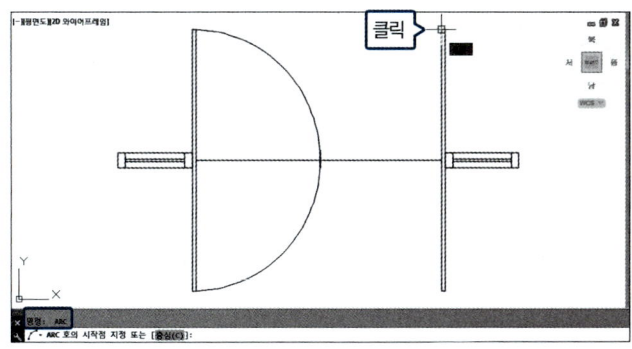

명령: ARC Space bar ←Arc 명령 입력 (A)
호의 시작점 지정 또는 [중심(C)]: ←호의 시작점 지정

05 호의 두 번째 지점인 수평선의 가운데 교차점을 지정하고 호의 세 번째 지점을 지정하면 오른쪽 문이 완성됩니다.

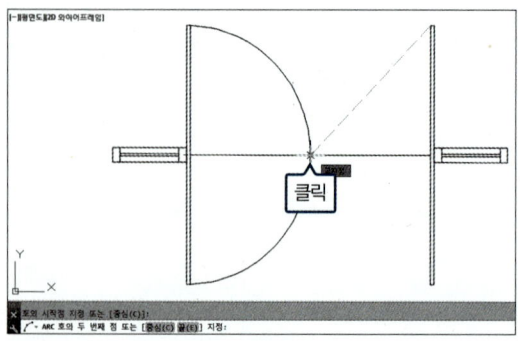 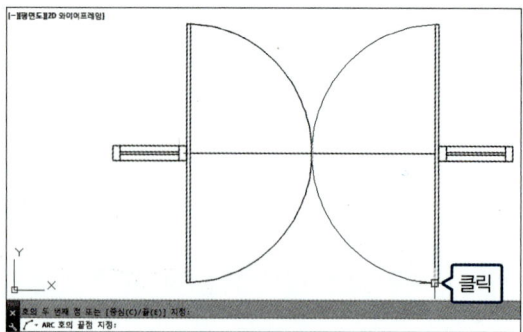

호의 두 번째 점 또는 [중심(C)/끝(E)] 지정: ← 호의 두 번째 점 지정
호의 끝점 지정: ← 호의 끝점 지정

06 명령 행에 'Erase'를 입력하고 Space bar 를 누른 후 수평선을 클릭하고 Space bar 를 눌러 해당 객체를 지웁니다. 문 그리기 작업을 완료합니다.

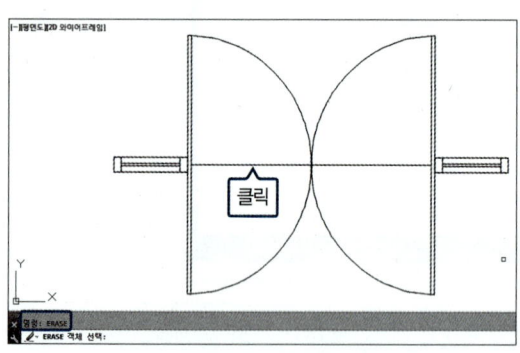 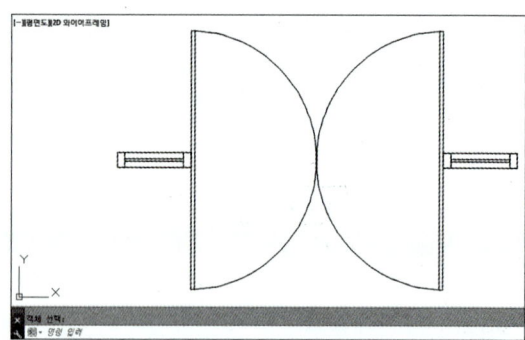

명령: ERASE Space bar ← Erase 명령 입력(E)
객체 선택: 1개를 찾음 ← 지울 수평선 객체 선택
객체 선택: Space bar

2 시작점, 끝점, 반지름을 이용하는 S, E, R 옵션으로 호 그리기

S, E, R 옵션은 3P 옵션 다음으로 Arc 명령에서 자주 사용하는 방법입니다. 호가 지나가는 시작점(Start) 및 끝점(End), 그리고 호와 중심점 사이의 반지름(Radius)을 지정하여 호를 그리므로 S, E, R 옵션이라 합니다. S, E, R 옵션을 사용하여 회전문을 완성해보겠습니다.

01 예제 파일 'Part2-09.dwg'를 불러옵니다. 명령 행에 'Arc'를 입력하고 Space bar 를 누릅니다. 호가 지나가는 첫 번째 점을 지정합니다.

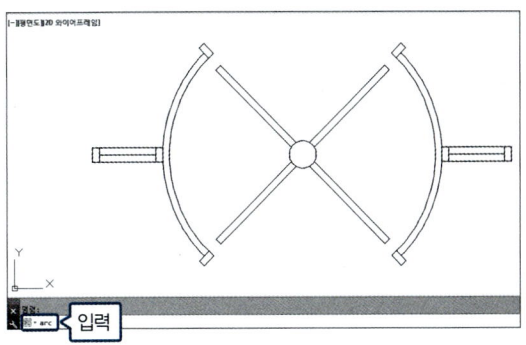
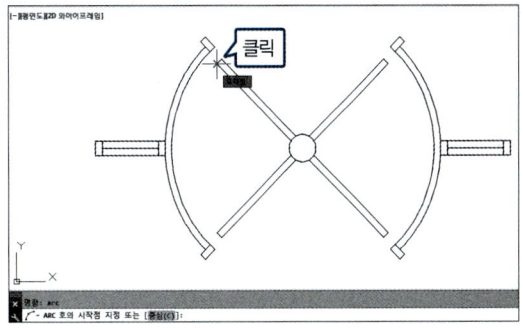

명령: ARC Space bar ← Arc 명령 입력 (A)
호의 시작점 지정 또는 [중심(C)]: ← 호의 시작점을 클릭하여 지정

02 호가 지나가는 끝점을 지정하기 위해 명령 행에 'E'를 입력하고 Space bar 를 누릅니다. 마우스로 끝점을 지정합니다.

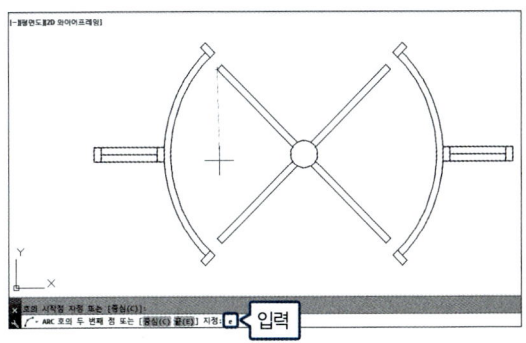
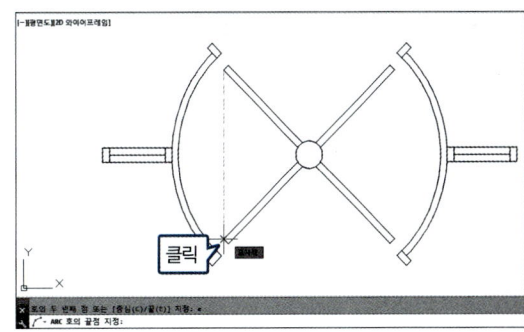

호의 두 번째 점 또는 [중심(C)/끝(E)] 지정: e Space bar ← 옵션 'E' 입력
호의 끝점 지정: ← 호의 끝점을 클릭하여 지정

03 반지름을 선택하기 위해 명령 행에 'R'을 입력하고 Space bar 를 누릅니다. 반지름값으로 '800'을 입력하고 Space bar 를 눌러 호를 완성합니다.

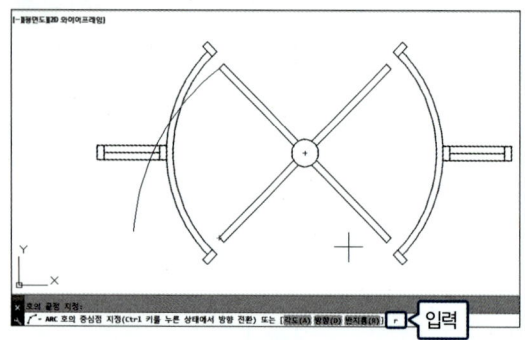 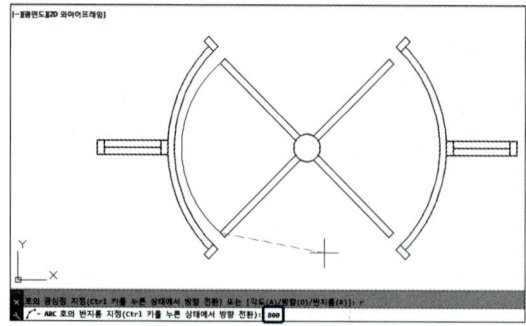

호의 중심점 지정(Ctrl 키를 누른 상태에서 방향 전환) 또는 [각도(A)/방향(D)/반지름(R)]: r Space bar ← 반지름 옵션 'R' 입력
호의 반지름 지정(Ctrl 키를 누른 상태에서 방향 전환): 800 Space bar ← 반지름 '800' 입력

04 계속해서 회전문 객체 아래쪽에도 호를 그려보겠습니다. 명령 행에 'Arc'를 입력하고 Space bar 를 누릅니다. 호가 지나가는 첫 번째 점을 지정합니다.

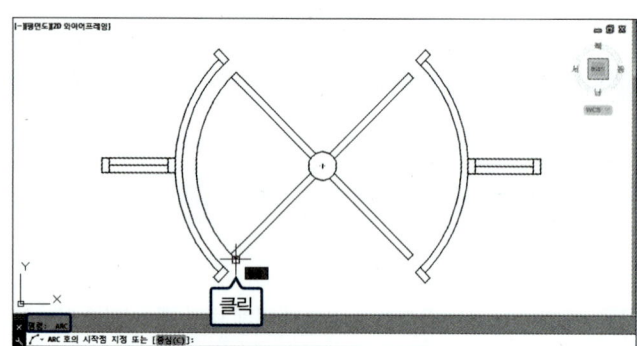

명령: ARC Space bar ← Arc 명령어 입력 (A)
호의 시작점 지정 또는 [중심(C)]: ← 호의 시작점 지정

05 호가 지나가는 끝점을 지정하기 위해 명령 행에 'E'를 입력하고 Space bar 를 누릅니다. 마우스로 끝점을 지정합니다.

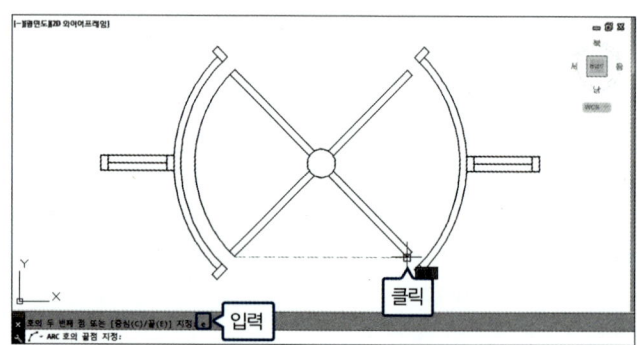

호의 두 번째 점 또는 [중심(C)/끝(E)] 지정: e Space bar ← 옵션 'E' 입력
호의 끝점 지정: ← 호의 끝점 지정

06 반지름을 입력하기 위해 명령 행에 'R'을 입력한 후 반지름값으로 '800'을 입력합니다. 지정한 지점에 호가 완성됩니다.

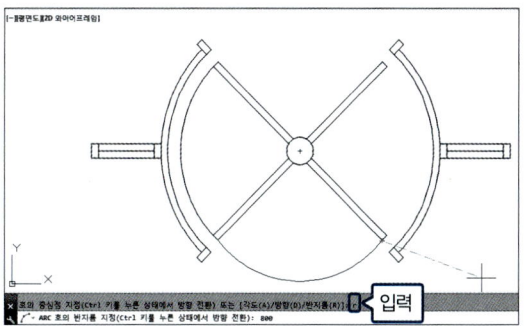 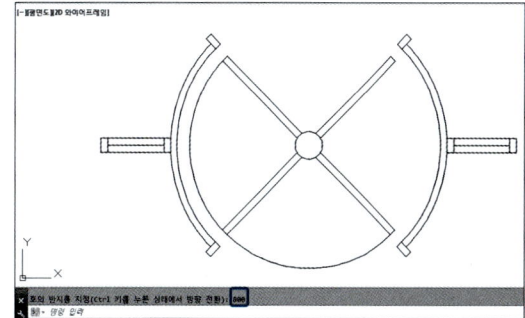

호의 중심점 지정(Ctrl 키를 누른 상태에서 방향 전환) 또는 [각도(A)/방향(D)/반지름(R)]: r [Space bar] ← 반지름 옵션 'R' 입력
호의 반지름 지정(Ctrl 키를 누른 상태에서 방향 전환): 800 [Space bar] ← 반지름 '800' 입력

07 계속해서 명령 행에 'Arc'를 입력하고 [Space bar]를 누릅니다. 첫 번째 점을 지정합니다.

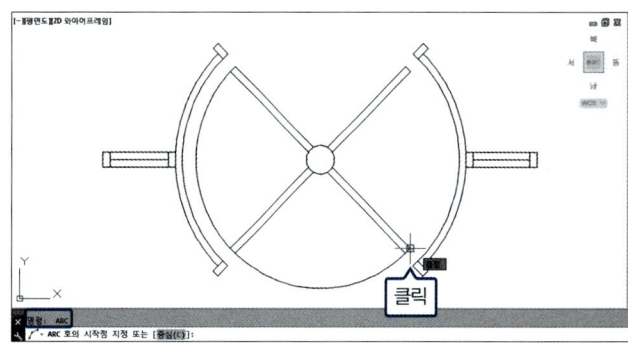

명령: ARC [Space bar] ← Arc 명령 입력 (A)
호의 시작점 지정 또는 [중심(C)]: ← 호의 시작점 지정

08 호가 지나가는 끝점을 지정하기 위해 명령 행에 'E'를 입력하고 [Space bar]를 누릅니다. 마우스로 끝점을 지정합니다.

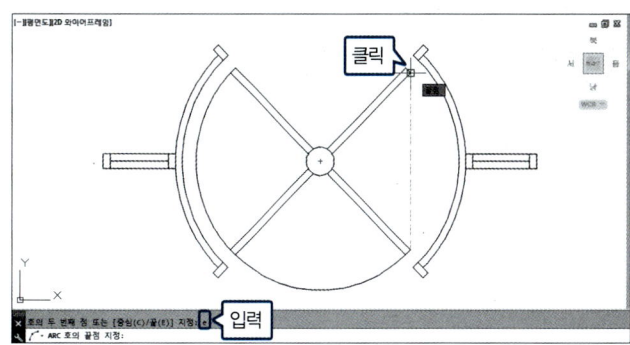

호의 두 번째 점 또는 [중심(C)/끝(E)] 지정: e [Space bar] ← 옵션 'E' 입력
호의 끝점 지정: ← 호의 끝점 지정

09 반지름을 입력하기 위해 명령 행에 'R'을 입력한 후 반지름값 '800'을 입력합니다. 지정한 지점에 호가 완성됩니다.

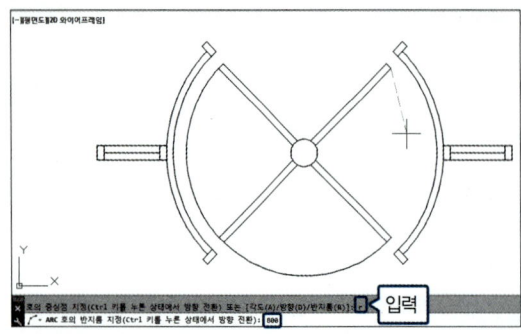 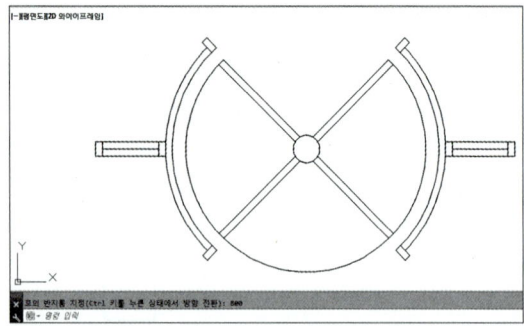

호의 중심점 지정(Ctrl 키를 누른 상태에서 방향 전환) 또는 [각도(A)/방향(D)/반지름(R)]: r [Space bar] ← 반지름 옵션 'R' 입력
호의 반지름 지정(Ctrl 키를 누른 상태에서 방향 전환): 800 [Space bar] ← 반지름 '800' 입력

10 같은 방법을 적용하여 나머지 호도 완성합니다.

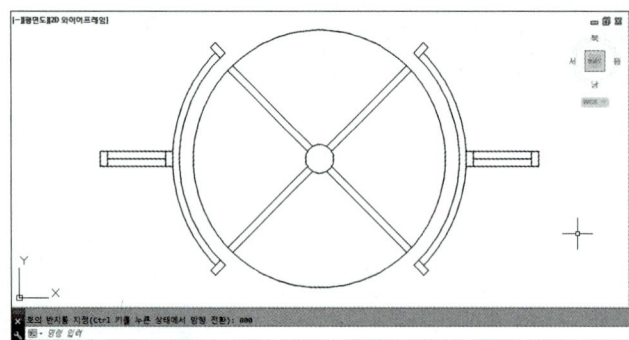

실무활용노트 AUTO CAD | 오목한 호 그리기

S, E, R 옵션을 사용할 때 시작점과 끝점을 시계 반대 방향으로 지정하면 앞의 예와 같이 볼록한 호가 되고 반대로 시계 방향으로 지정하면 다음 그림과 같이 오목한 호가 그려집니다. 시계 방향으로도 한 번 그려봅시다.

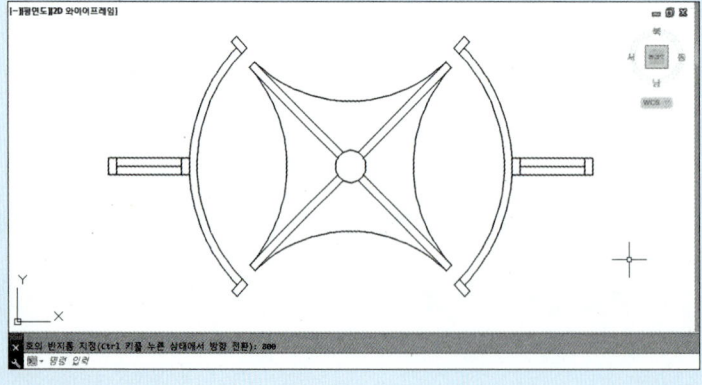

실무활용노트 AUTO CAD | 나머지 8가지 옵션으로 호 그리기

앞서 설명했던 3P 옵션과 S, E, R 옵션 외에도 호를 그리는 다양한 옵션이 있습니다. S, E, R 옵션과 마찬가지로 명령 행을 잘 보면서 서브 메뉴를 입력하여 쉽게 익힐 수 있습니다.

1 S, C, E
시작점, 중심점, 끝점을 지정하여 호를 그립니다.

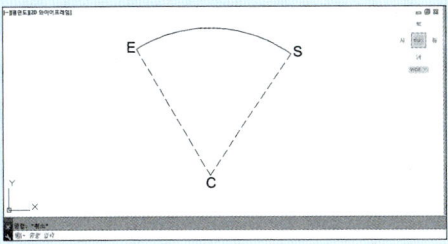

2 S, C, A
시작점, 중심점, 각도를 지정하여 호를 그립니다.

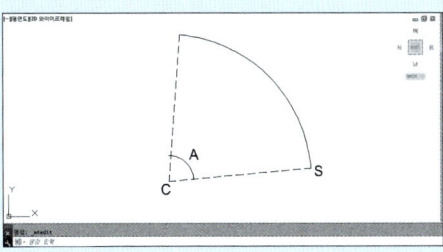

3 S, C, L
시작점, 중심점, 현의 길이를 지정하여 호를 그립니다.

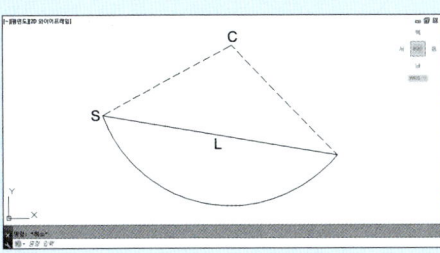

4 S, E, A
시작점, 끝점, 각도를 지정하여 호를 그립니다.

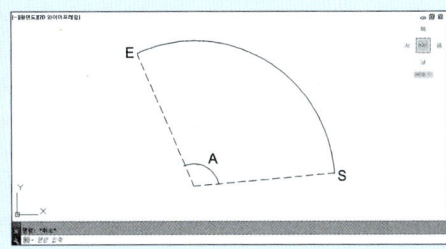

5 S, E, D
시작점, 끝점, 호의 시작 방향을 지정하여 호를 그립니다.

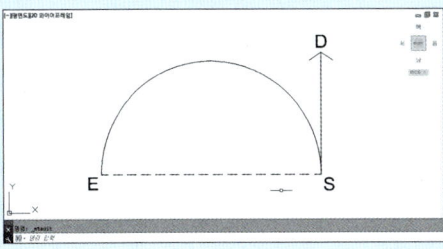

6 C, S, E
중심점, 시작점, 끝점을 지정하여 호를 그립니다.

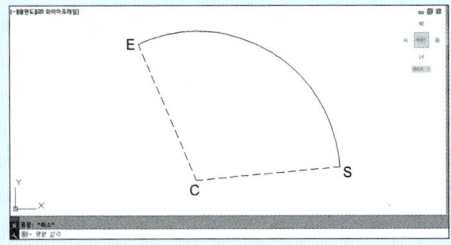

7 C, S, A
중심점, 시작점, 각도를 지정하여 호를 그립니다.

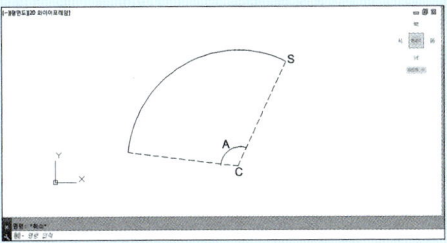

8 C, S, L
중심점, 시작점, 현의 길이를 지정하여 호를 그립니다.

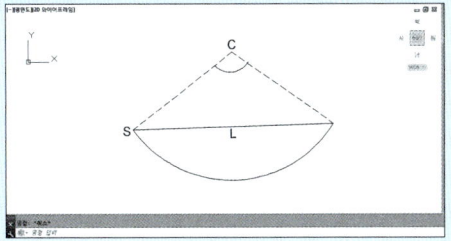

CHAPTER 04

편리한 객체 선택 기능 – 객체 스냅

이번 장에서는 선과 면 등으로 구성되는 도면 객체를 선택하는 방법과 객체를 더욱 정밀하게 선택하는 방법을 알아봅니다. AutoCAD로 도면을 그릴 때는 수작업에 비해 정확한 편집을 훨씬 쉽게 할 수 있습니다. 물론 수작업으로도 잘못된 내용을 지우고 또 다시 그릴 수 있겠지만 AutoCAD만큼 다양하고 편리한 편집 기능에 비할 바가 못 됩니다. 도면을 원활하게 편집하기 위해 AutoCAD에서는 어떤 방법으로 객체를 선택하는지 알아보겠습니다.

A 학습 목표

도면 편집 작업에 필요한 객체 선택 방법을 익혀봅니다. 단일 객체는 간단히 클릭해서 선택할 수 있지만, 여러 개의 객체를 선택하기는 쉽지 않습니다. 상황에 따라 편리하게 객체를 선택하는 방법과 객체 스냅을 이용해 객체의 특정 지점을 정확하게 지정하는 방법을 배워보겠습니다.

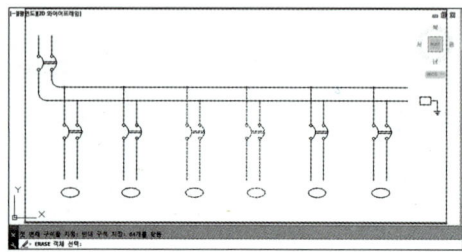

▲ 객체 선택하기

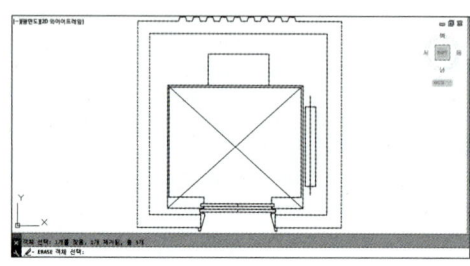

▲ 잘못 선택한 객체 해제하기

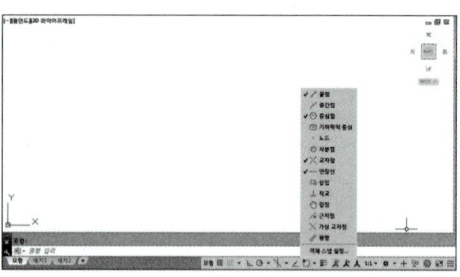

▲ 객체 스냅 설정하기

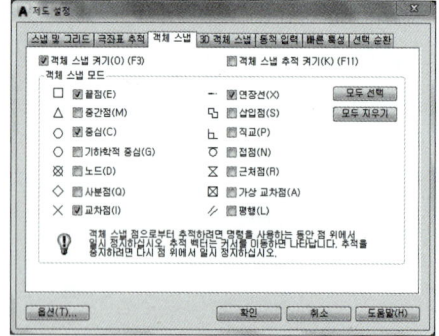

SECTION 01 객체 선택하기

도면을 작성할 때는 그리기 명령과 편집 명령을 적절히 함께 사용하는 것이 좋습니다. 그리기 명령으로 도면을 일정한 단계까지 작성한 후에 편집 명령을 사용하는데, 객체를 편집하려면 먼저 해당 객체를 선택해야 합니다. 아무리 도면이 복잡해도 객체 하나를 선택하기는 쉽습니다. 하지만 실무의 복잡한 도면에서 여러 개의 객체를 동시에 선택하여 편집 명령을 적용하기는 결코 쉽지 않습니다. 의도하지 않은 객체를 선택하여 잘못 편집해버리면 다시 작업해야 하는 경우가 종종 있기 때문입니다. 다양한 객체 선택법을 알아봅니다.

1 도면 상황에 맞는 다양한 옵션

AutoCAD에서는 편집 명령을 실행하고 난 뒤 편집할 객체를 선택합니다. 명령 행에 '[명령]객체 선택' 메시지가 나타날 때 객체를 하나씩 선택하는 방법과 도면 상황에 맞게 선택하는 방법 등 작업의 효율을 높이는 옵션이 많습니다.

옵션 풀이

객체 선택 _ 옵션 내용을 입력하거나 선택하려는 객체를 지정합니다.
전부(All) _ 화면에 있는 모든 객체를 선택합니다.
윈도우(Window/단축키 W) _ 사각형 영역에 완전히 포함된 객체만 선택합니다.
걸치기(Crossing/단축키 C) _ 사각형 영역에 포함된 객체와 조금이라도 걸치는 객체를 모두 선택합니다.
울타리(Fence/단축키 F) _ 지정한 가상의 선에 걸치는 객체를 선택합니다.
윈도우 다각형(WPolygon/단축키 WP) _ 다각형 영역에 완전히 포함된 객체만 선택합니다.
걸치기 다각형(CPolygon/단축키 CP) _ 다각형 영역에 포함된 객체와 조금이라도 걸치는 객체를 선택합니다.
제거(Remove/단축키 R) _ 선택된 객체를 다시 선택 해제합니다.
추가(Add/단축키 A) _ 제거 모드에서 다시 선택 모드로 변경하여 선택을 추가합니다.
이전(Previous/단축키 P) _ 바로 이전에 선택한 객체를 다시 선택합니다.

2 미리 보기 효과 변경하기

작업 화면에서 마우스 오른쪽 버튼을 클릭하면 메뉴가 나타나는데, 가장 아래에 있는 [옵션]을 클릭합니다. [옵션] 대화상자가 나타나면 [선택] 탭을 선택합니다. 오른쪽 하단에 위치한 '미리보기' 영역에서 미리 보기 효과를 변경할 수 있습니다.

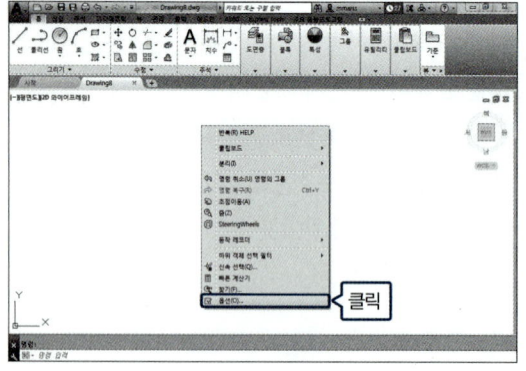
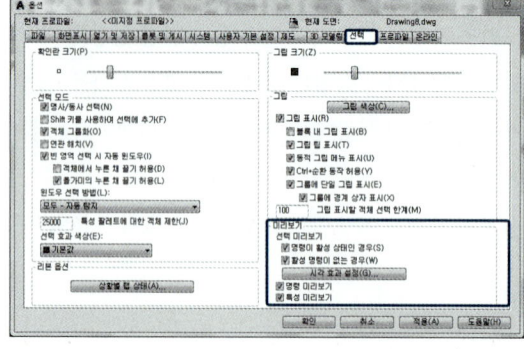

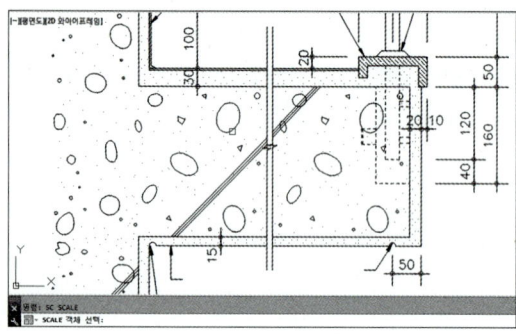
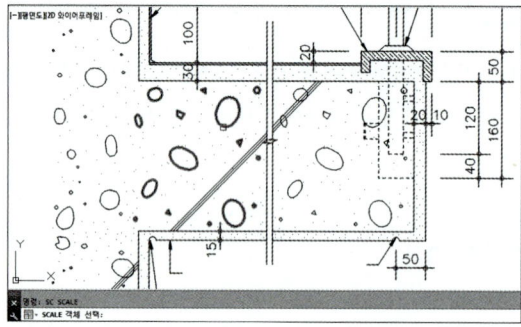

▲ '명령이 활성 상태인 경우' 옵션을 체크 해제한 미리 보기 화면　　▲ '명령이 활성 상태인 경우' 옵션을 체크한 미리 보기 화면

3 그립의 크기와 색상 변경하기

명령을 실행하지 않은 상태에서 객체를 선택하면 파란색의 사각형과 점선으로 표시됩니다. 이 파란색 사각형을 그립이라고 합니다. [옵션] 대화상자의 [선택] 탭에서 '그립 크기'와 '그립' 영역에서 그립의 크기와 색상을 변경할 수 있습니다.

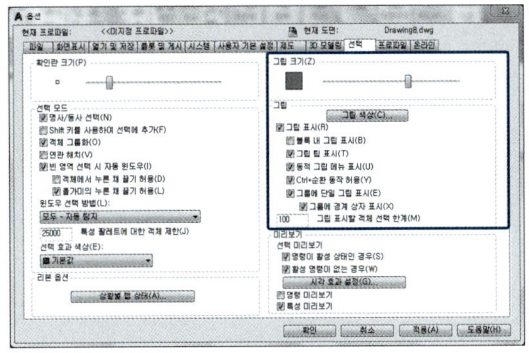

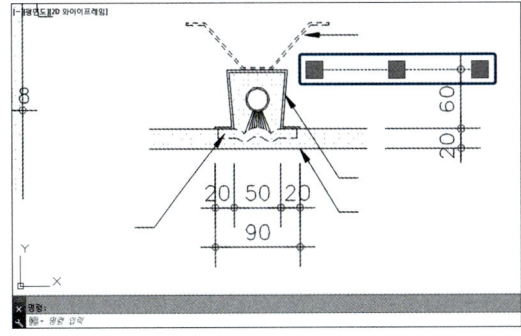

▲ 변경한 그립을 적용

바로 통하는 TIP 구체적인 그립의 사용법은 242쪽을 참고하세요.

4 Pick Box로 객체를 하나씩 선택하기

마우스 포인터를 따라 이동하는 십자선 중앙의 사각형 상자를 Pick Box(선택 상자)라고 합니다. 명령을 적용하기 전이나 후에도 같은 모양으로 표시되며 복잡한 도면에서 객체를 선택할 때 시각적 효과를 줘서 선택하기 쉽게 도와줍니다. 선택하려는 객체가 Pick Box의 범위 내에 들어오도록 마우스 포인터를 이동하고 마우스 왼쪽 버튼을 클릭하면 범위 안에 들어온 객체가 선택됩니다. 이 기능은 객체를 한 번에 하나씩만 선택하므로 섬세한 작업을 할 때 적당합니다.

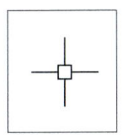

▲ Pick Box

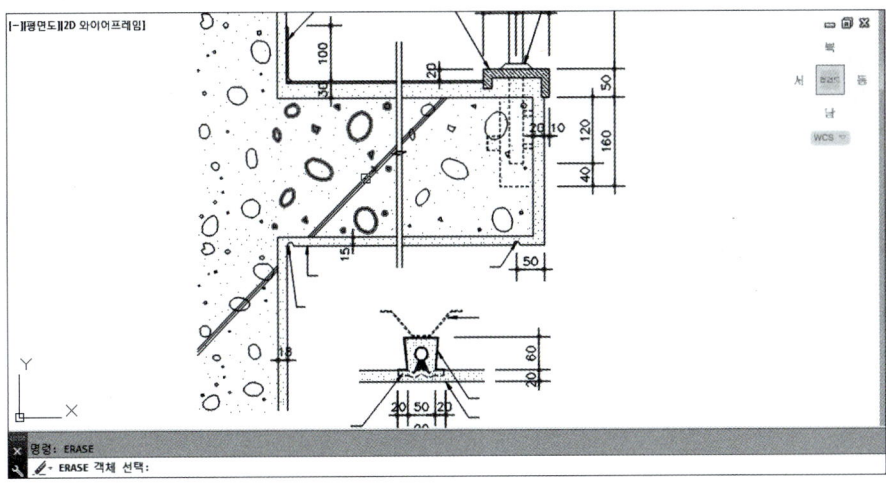

▲ Erase 명령 적용 시 Pick Box

01 예제 파일 'Part2-10.dwg'를 불러옵니다. 치수 문자와 치수선을 선택하고 지워보겠습니다. Erase 명령을 사용하기 위해 명령 행에 'Erase'를 입력한 후 Space bar 를 누릅니다.

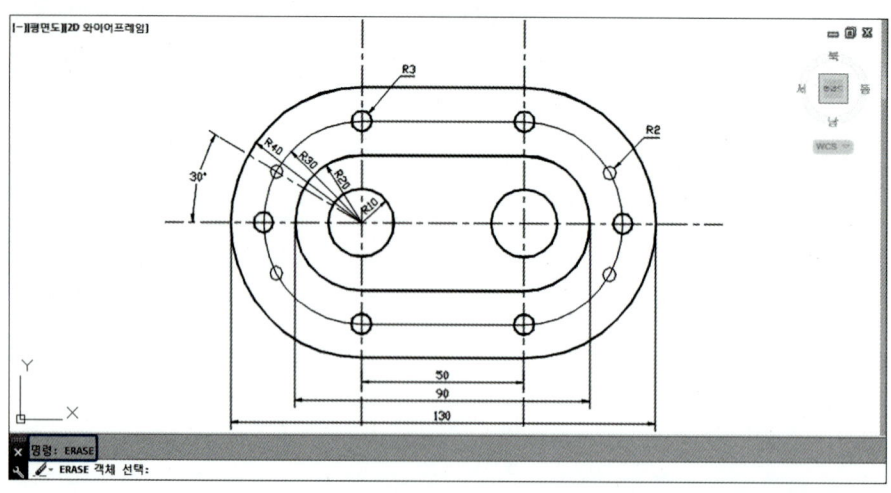

명령: ERASE Space bar ← Erase 명령 입력(E)

02 명령 행에 'ERASE 객체 선택'이란 메시지가 나오면 Pick Box를 이동하여 지울 객체를 차례대로 클릭해서 선택합니다.

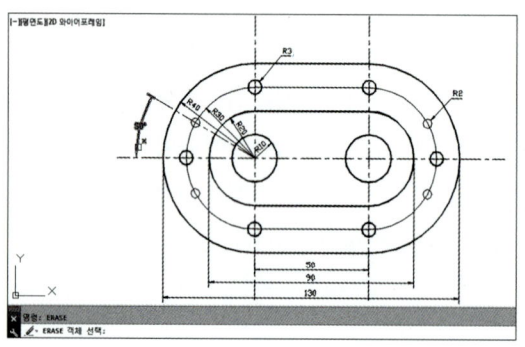 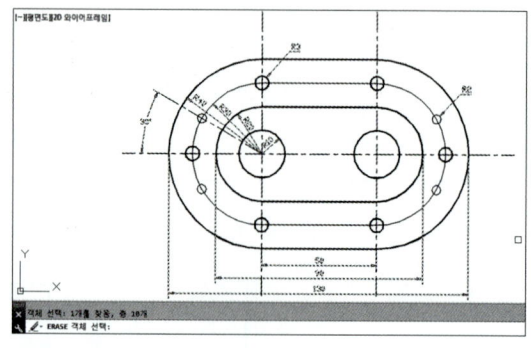

객체 선택: 1개를 찾음 ← 목적물 선택
객체 선택: 1개를 찾음, 총 2개 ← 추가 목적물 선택
객체 선택: 1개를 찾음, 총 3개 ← 추가 목적물 선택
객체 선택: 1개를 찾음, 총 4개 ← 추가 목적물 선택
객체 선택: 1개를 찾음, 총 5개 ← 추가 목적물 선택
객체 선택: 1개를 찾음, 총 6개 ← 추가 목적물 선택
객체 선택: 1개를 찾음, 총 7개 ← 추가 목적물 선택
객체 선택: 1개를 찾음, 총 8개 ← 추가 목적물 선택
객체 선택: 1개를 찾음, 총 9개 ← 추가 목적물 선택
객체 선택: 1개를 찾음, 총 10개 ← 추가 목적물 선택

03 Space bar 를 누르면 Erase 명령이 실행되어 선택한 객체들이 모두 지워집니다.

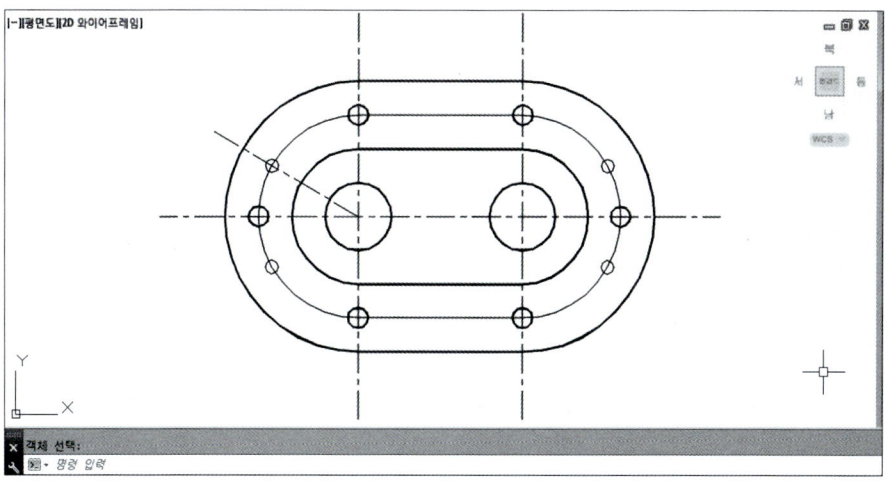

객체 선택: Space bar ← 객체를 모두 선택하고 Space bar 를 눌러 실행 후 종료

5 Window 옵션으로 한 번에 여러 객체 선택하기

Window(윈도우) 옵션은 두 구석점을 지정하여 사각형 선택 영역을 만들고 그 영역 안에 모두 포함되는 객체만 선택되는 방법입니다. 명령 행의 '객체 선택:'에서 'W'를 입력하여 옵션을 실행하고 선택하려는 모든 객체를 포함하도록 사각형 영역을 지정합니다.

01 예제 파일 'Part2-11.dwg'를 불러옵니다. 회로 도면의 일부 객체를 선택하여 삭제해보겠습니다. 명령 행에 'Erase'를 입력한 후 Space bar 를 누릅니다.

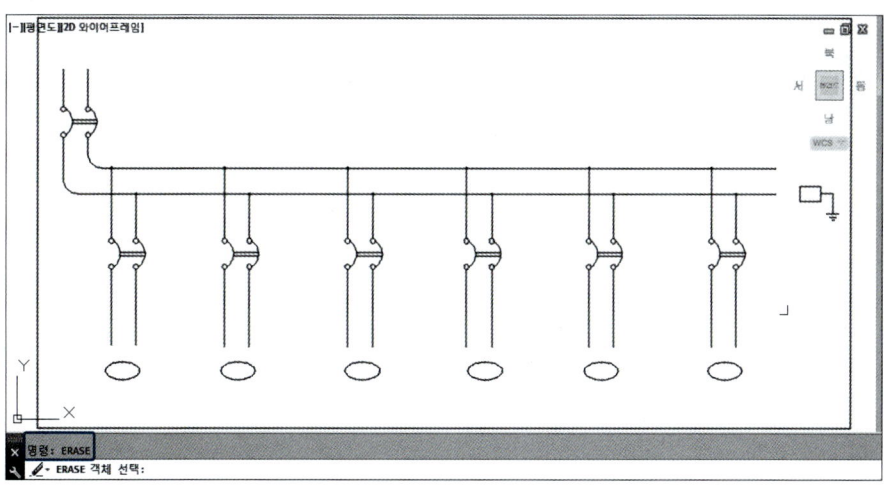

명령: ERASE Space bar ← Erase 명령 입력(E)

02 명령 행에 '객체 선택:' 메시지가 표시되면 'W'를 입력하고 Space bar를 누릅니다. 지우고자 하는 객체들만 완전히 포함하도록 사각형 선택 영역을 만들기 위해 선택 영역의 왼쪽 구석점을 클릭하고 오른쪽 구석점을 클릭합니다. 선택된 객체들이 점선으로 나타납니다.

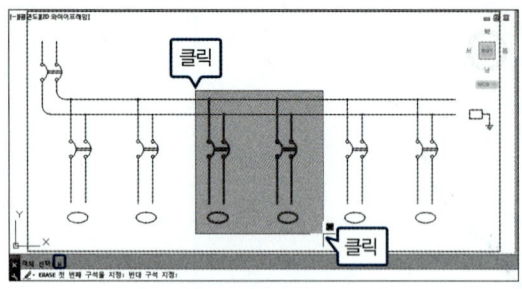 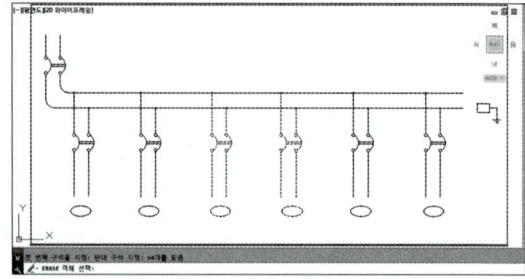

객체 선택: w Space bar ← 옵션 'W' 입력
첫 번째 구석을 지정:
반대 구석 지정: 64개를 찾음 ← 선택할 객체의 영역을 드래그하여 사각형 선택 영역의 범위를 지정. 64개의 객체가 선택됨

> **바로 통하는 TIP** Window 옵션의 선택 영역은 외곽선이 실선으로 표시됩니다.

03 점선으로 표시된 선택된 객체들을 지우기 위해 Space bar를 눌러 Erase 명령을 실행합니다. 선택한 선들이 지워집니다.

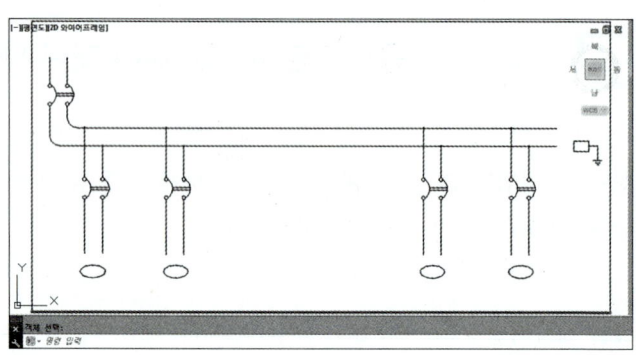

객체 선택: Space bar ← Erase 명령 종료

6 Crossing 옵션으로 한 번에 여러 객체 선택하기

Crossing(걸치기) 옵션은 두 구석점을 지정하여 사각형 선택 영역을 만들고 그 영역 안에 모두 포함되는 객체뿐만 아니라 사각형의 경계선에 걸치는 객체까지 모두 선택하는 기능입니다. 명령 행의 '객체 선택:'에서 'C'를 입력하여 옵션을 실행하면 됩니다.

01 예제 파일 'Part2-11.dwg'를 불러옵니다. 이번에도 회로 도면의 객체를 선택하여 삭제해보겠습니다. 명령 행에 'Erase'를 입력한 후 Spacebar 를 누릅니다.

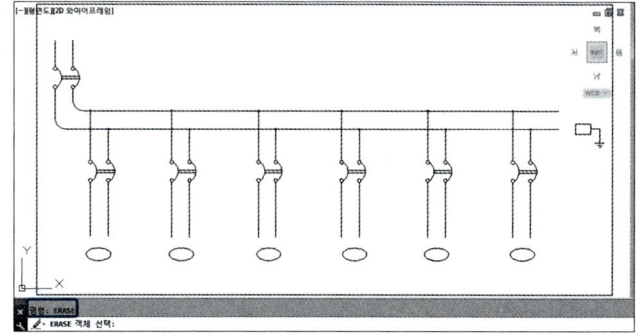

명령: ERASE Spacebar ← Erase 명령 입력 (E)

02 명령 행에 '객체 선택:' 메시지가 표시되면 'C'를 입력하고 Spacebar 누릅니다.

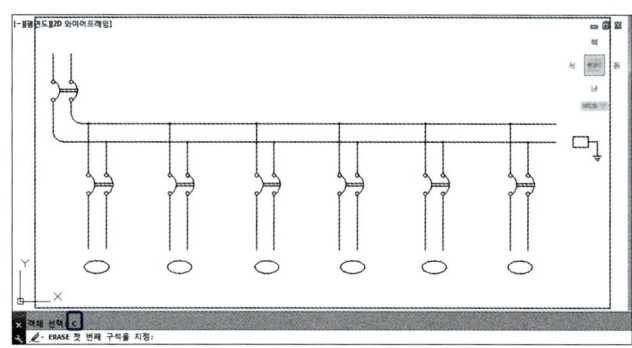

객체 선택: c Spacebar ← 옵션 'C' 입력

03 지울 객체들이 초록색으로 표시된 선택 영역에 조금이라도 걸치도록 드래그(두 구석점을 클릭)하여 사각형 선택 영역을 지정합니다. 선택 영역을 지정하면 조금이라도 선택 영역에 걸친 객체들이 모두 선택되어 점선으로 나타납니다.

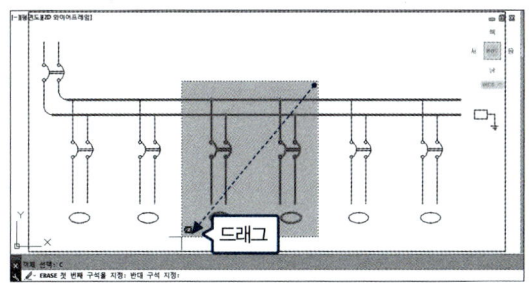
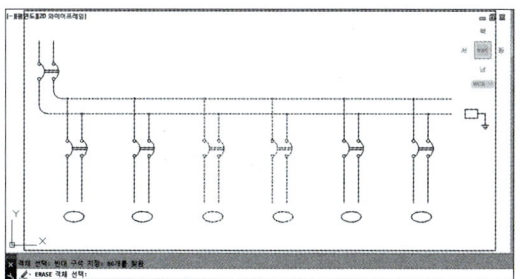

첫 번째 구석을 지정: 반대 구석 지정: 66개를 찾음 ← 선택할 객체의 영역을 드래그하여 사각형 영역을 지정. 66개의 객체를 선택

바로 통하는 TIP Crossing 옵션으로 지정한 선택 영역의 외곽선은 점선으로 표시됩니다.

04 점선으로 표시된 객체들을 지우기 위해 Space bar 를 누르면 선택한 객체가 모두 지워집니다. Window 옵션으로 선택할 때와 비교하면 가로 선 객체 두 개도 지워진 것을 알 수 있습니다.

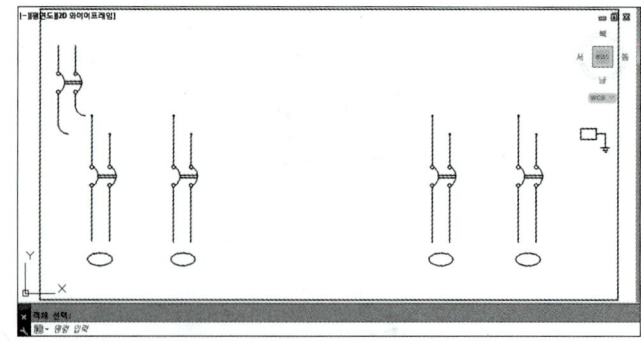

객체 선택: Space bar ← Erase 명령 종료

바로 통하는 TIP Window 옵션과 Crossing 옵션을 사용할 때 굳이 'C'와 'W'를 입력하지 않아도 드래그하는 방향에 따라 Window 옵션과 Crossing 옵션 선택 여부가 자동으로 설정됩니다.

7 Remove 옵션으로 잘못 선택한 객체의 선택 해제하기

Remove(제거) 옵션은 일부 객체를 잘못 선택한 경우 해당 객체의 선택을 해제할 때 사용하는 기능입니다. 다시 계속해서 객체를 선택하려면 Add(추가) 옵션을 사용해 다시 선택 모드로 변경할 수 있습니다.

01 예제 파일 'Part2-12.dwg'를 불러옵니다. 명령 행에 'Erase'를 입력하고 Space bar 를 누른 후 두 개의 선을 각각 클릭하여 선택합니다.

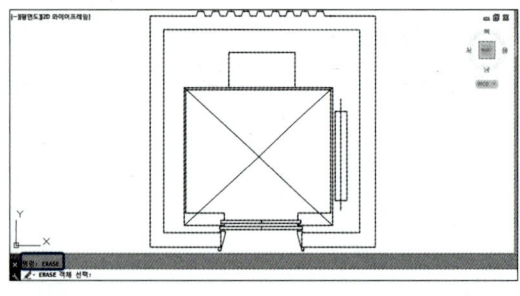 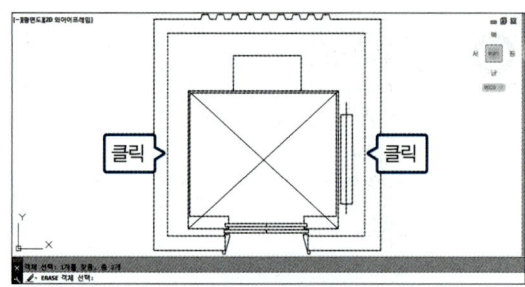

명령: ERASE Space bar ← Erase 명령 입력 (E)
객체 선택: 1개를 찾음 ← 객체 선택
객체 선택: 1개를 찾음, 총 2개 Space bar ← 객체 선택

02 잘못 선택한 객체의 선택을 해제하려면 명령 행의 '객체 선택:'에서 'R'을 입력하고 Space bar를 누릅니다. 명령 행이 '객체 제거:'로 변경됩니다. 오른쪽 선 객체를 클릭하여 선택합니다. Space bar를 눌러 명령을 종료하면 선택 해제를 적용한 오른쪽 선은 지워지지 않고 남아 있습니다.

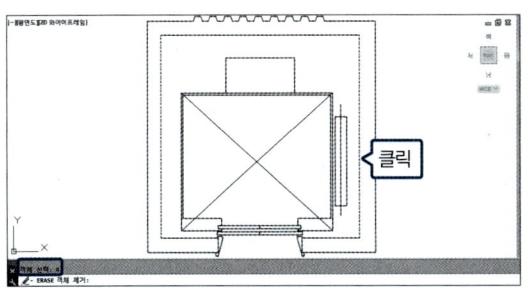 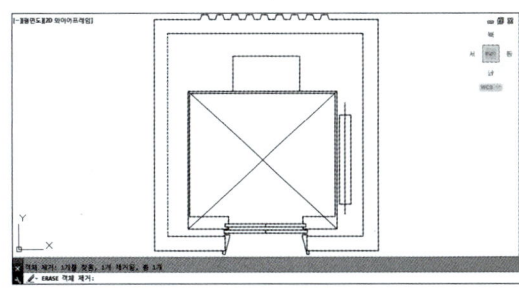

객체 선택: r Space bar ← 옵션 'R' 입력
객체 제거: 1개를 찾음, 1개 제거됨, 총 1개 ← 객체 제거
객체 제거: Space bar ← 명령 실행

실무활용노트 AUTO CAD | Shift 를 이용해 선택 해제하기

Remove 옵션 외에도 키보드의 Shift 로 객체 선택을 해제할 수 있습니다. 임의로 객체를 선택하여 명령 행에 '객체 선택:'이 표시되었을 때 Shift 를 누른 상태에서 앞서 선택했던 객체를 클릭하면 해당 객체의 선택이 해제됩니다.

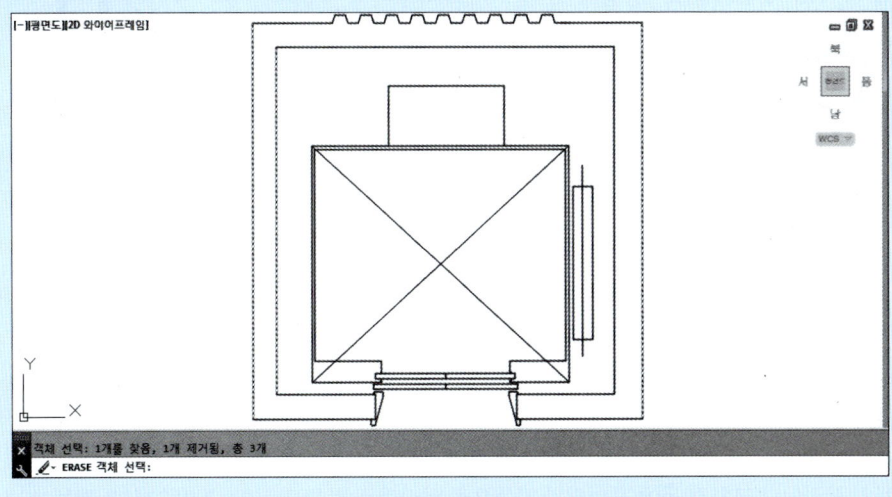

객체 선택: 1개를 찾음, 1개 제거됨, 총 3개 ← 선택이 해제된 객체의 개수와 아직 선택된 객체의 개수 표시

SECTION 02 원하는 점을 정밀하게 지정하는 객체 스냅

객체 스냅(Object Snap)은 작업 중인 객체에 정확한 점을 지정하여 내용을 추가하거나 수정할 때 사용하는 편리한 기능입니다. AutoCAD 도면 작업에서 반드시 알아야 할 기본 기능으로, 흔히 오스냅(Osnap)으로 줄여서 부르곤 합니다. 객체의 특정 지점을 지정할 경우 앞에서 배운 좌표계를 일일이 입력하는 방식을 사용한다면 너무 불편하고 작업 속도도 현저히 떨어질 것입니다. 객체 스냅을 사용해 객체의 특정 지점을 편리하게 잡을 수 있는 기능에 대해 배워봅시다.

1 객체 스냅이란?

AutoCAD로 도면을 작성할 때는 여러 가지 그리기 명령을 사용합니다. 예를 들어 선을 그리다가 명령을 종료한 후 특정 지점에 추가로 선이나 원을 그리고 사각형을 그리기도 합니다. 이렇게 기존 객체에서 정확한 위치를 지정하여 그릴 때 바로 객체 스냅을 사용합니다. 말 그대로 객체의 특정 지점을 정확하게 지정한다는 의미입니다. 객체 스냅은 단독으로 사용할 수 있는 그리기나 편집 명령이 아니라 도면 작업을 더욱 원활하게 해주는 보조 기능입니다. 보조 기능이라 표현하지만 사실상 컴퓨터 도면 작업의 백미라 할 수 있습니다.

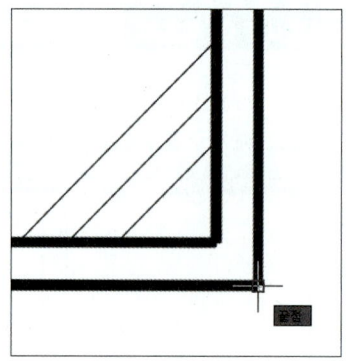

▲ 객체 스냅이 적용된 작업 화면

2 객체 스냅의 다양한 옵션과 자주 사용하는 옵션 사용법

AutoCAD 2017을 처음 실행하면 기본값으로 객체 스냅이 설정되어 있습니다. 도면 객체 위로 마우스 포인터를 움직이면 객체의 끝점이나 교차점 등에 포인터가 자동으로 달라붙는 것을 확인할 수 있습니다. 객체 스냅의 메뉴 보드를 사용하여 객체 스냅의 종류와 기능을 알아봅시다.

명령 행 하단에 있는 상태 표시줄에서 객체 스냅 모드 아이콘(2D 참조점으로 커서 스냅,) 오른쪽의 역삼각형을 눌러봅니다. 그러면 상세 메뉴 보드가 나타나고 필요한 옵션을 지정하여 편리하게 사용할 수 있습니다.

왼쪽에 ✓로 체크가 되어 있는 기능이 현재 활성화되어 있는 객체 스냅 옵션입니다. 가장 아래의 '객체 스냅 설정'을 클릭하면 [제도 설정] 대화상자가 나타나 객체 스냅 옵션을 한 번에 지정할 수 있습니다. 예제 실습에서는 편의상 객체 스냅의 메뉴 보드에서 옵션을 클릭하여 객체 스냅을 설정하는 방법과 단축키로 객체 스냅을 설정하는 방법을 한 단계로 표현했습니다. 그러나 실제 작업에서는 자신에게 맞는 방법을 사용하면 됩니다.

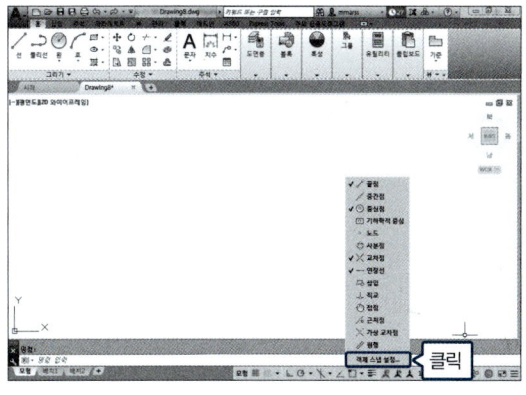 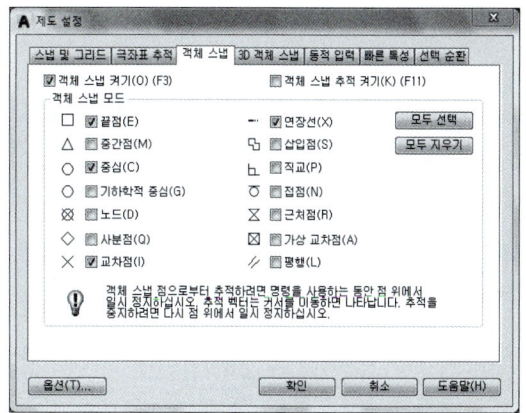

▲ [제도 설정] 대화상자

3 끝점을 지정하는 Endpoint

객체 스냅의 Endpoint(끝점) 옵션을 이용하면 선이나 호에서 가까운 끝점을 찾아 정확하게 지정할 수 있습니다. 원이나 타원의 경우는 끝점이 없으므로 지정할 수 없습니다. Endpoint 옵션을 실행하면 객체의 끝점 주변에 마우스 포인터를 갖다 대기만 해도 마우스 포인터가 자동으로 해당 객체의 끝점으로 이동합니다. Endpoint 옵션을 활성화하려면 객체 스냅의 메뉴 보드에서 끝점 아이콘(끝점)을 클릭하거나 명령 행에 'End'를 입력하고 Spacebar 를 누르면 됩니다.

01 예제 파일 'Part2-13.dwg'를 불러옵니다. 도면에서 빠진 소화전 객체의 오른쪽 테두리선을 그려보겠습니다. 명령 행에 'Line'을 입력하고 Spacebar 를 눌러 Line 명령을 실행합니다.

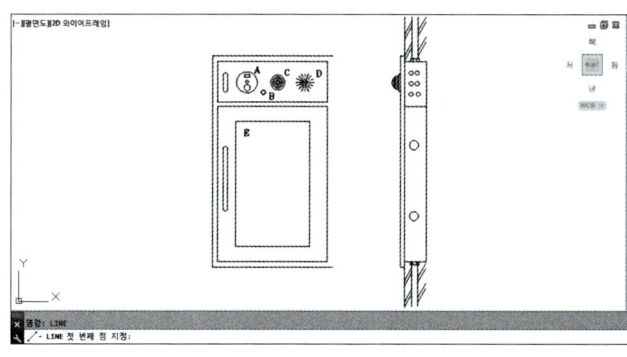

명령: LINE Spacebar ← Line 명령 입력 (L)

02 객체 스냅 메뉴 보드의 끝점 아이콘(끝점)를 클릭하거나 명령 행에 'End'를 실행하여 객체 스냅을 지정합니다. 이미 끝점 옵션이 활성화되어 있다면 별도로 지정할 필요가 없습니다.

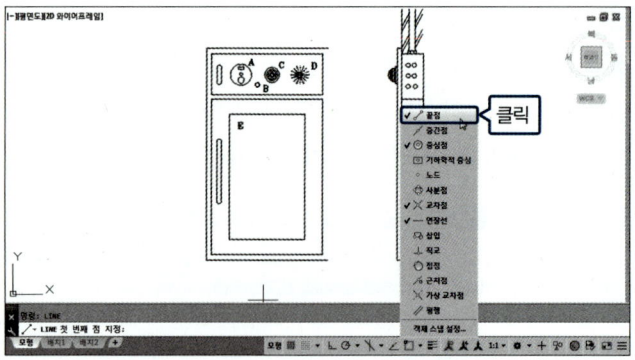

03 소화전 객체 중 상하단 테두리선의 오른쪽 끝점을 각각 클릭하여 Line 명령으로 그릴 선 객체의 시작점과 끝점으로 지정합니다.

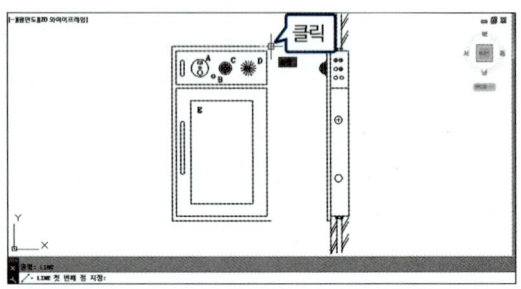 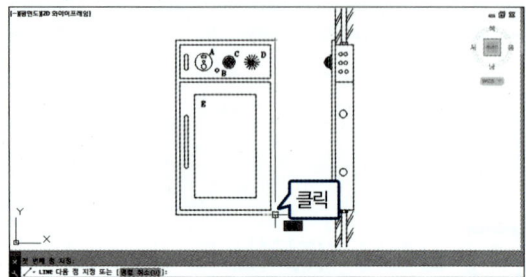

첫 번째 점 지정: end Space bar ← 객체 스냅의 끝점을 클릭하여 지정, 이미 설정했다면 해당 지점에서 그대로 클릭
다음 점 지정 또는 [명령 취소(U)]: end Space bar ← 객체 스냅의 끝점을 클릭하여 지정, 이미 설정했다면 해당 지점에서 그대로 클릭

04 소화전의 테두리선을 완성했습니다.

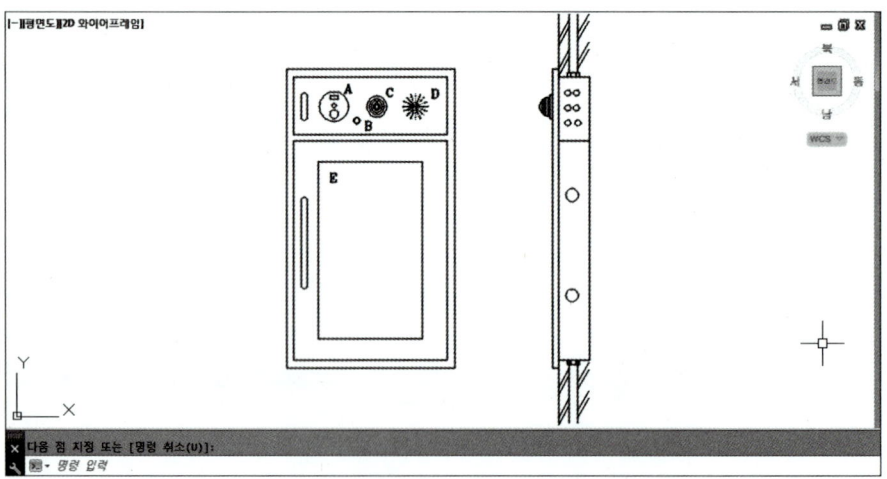

다음 점 지정 또는 [명령 취소(U)]: Space bar ← 명령 종료

4 중간점을 지정하는 Midpoint

객체 스냅의 Midpoint(중간점) 옵션은 작업한 선이나 호의 중간점을 찾아서 지정하는 기능입니다. 원이나 타원의 경우는 끝점이 없으므로 중간점을 지정할 수 없습니다. Midpoint 옵션을 실행하면 객체의 중간점 주변에 마우스 포인터를 갖다 대기만 해도 마우스 포인터가 자동으로 해당 객체의 중간점으로 이동합니다. Midpoint 옵션을 활성화하려면 객체 스냅의 메뉴 보드에서 중간점 아이콘(중간점)을 클릭하거나 명령 행에 'Mid'를 입력하고 Spacebar 를 누르면 됩니다.

01 앞서 작업했던 예제 파일 'Part2-13.dwg'에서 소화전 객체 안쪽 직사각형의 한가운데 지점을 찾아 가로 선을 그려 보겠습니다. 우선 명령 행에 'Line'을 입력하고 Spacebar 를 눌러 Line 명령을 실행합니다.

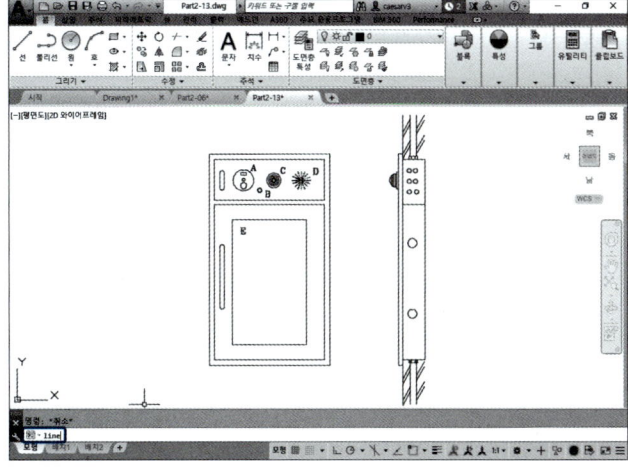

명령: LINE Spacebar ← Line 명령 실행 (L)

02 객체 스냅 메뉴 보드에서 중간점 아이콘(중간점)을 클릭하거나 명령 행에 'Mid'를 입력하여 객체 스냅을 지정합니다. 이미 중간점 옵션이 활성화되어 있다면 별도로 지정할 필요가 없습니다.

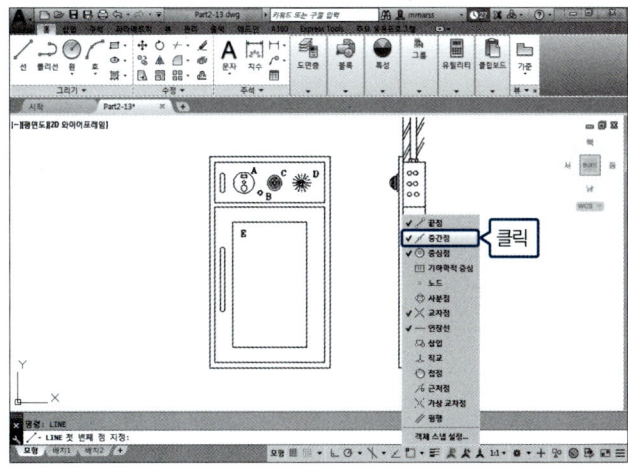

03 소화전 객체의 안쪽 직사각형에서 중간점 두 지점을 각각 클릭합니다.

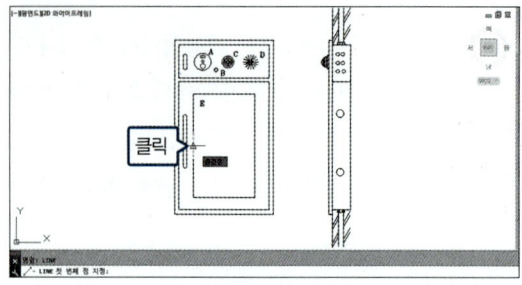 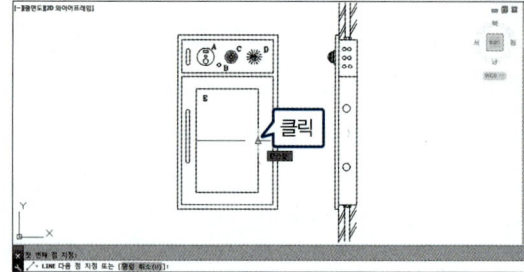

첫 번째 점 지정: mid Space bar ← 객체 스냅의 중간점을 클릭하여 지정. 이미 설정했다면 해당 지점에서 그대로 클릭
다음 점 지정 또는 [명령 취소(U)]: mid Space bar ← 객체 스냅의 중간점을 클릭하여 지정. 이미 설정했다면 해당 지점에서 그대로 클릭

04 소화전 객체를 완성했습니다.

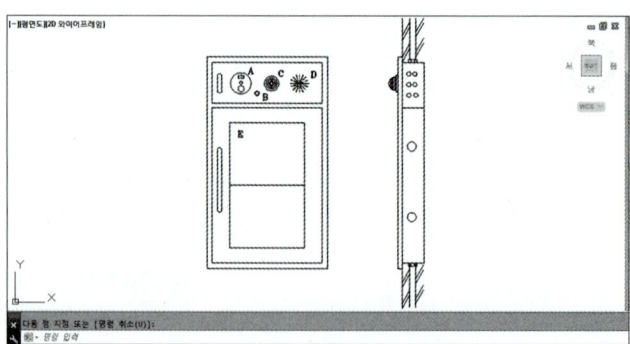

다음 점 지정 또는 [명령 취소(U)]: Space bar ← 명령 종료

5 중심점을 지정하는 Center

객체 스냅의 Center(중심점) 옵션은 이전에 작업한 원이나 타원, 호의 중심점을 찾아서 지정합니다. 객체의 중심점에 마우스 포인터를 갖다 대면 중심점이 지정됩니다. 객체가 너무 크면 객체 스냅이 설정되어 있더라도 마우스 포인터를 객체 중심점 근처에 옮겼을 때 중심점이 표시되지 않는 경우가 있습니다. 이럴 때는 객체의 선 부근으로 마우스 포인터를 옮기면 중심점이 나타납니다. Center 옵션을 활성화하려면 객체 스냅 메뉴 보드의 중심점 아이콘(⊙ 중심점)을 클릭하거나 명령 행에 'Cen'을 입력하고 Space bar 를 누르면 됩니다.

01 예제 파일 'Part2-14.dwg'를 불러옵니다. 기계 도면의 두 원 객체에서 중심점을 찾아 직선으로 연결해보겠습니다. 우선 명령 행에 'Line'을 입력하고 Space bar를 눌러 Line 명령을 실행합니다.

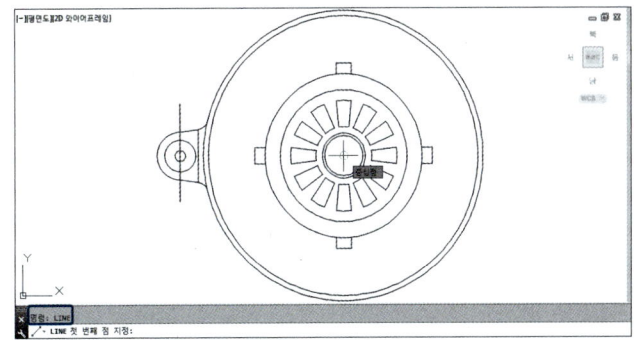

명령: LINE Space bar ← Line 명령 입력(L)

02 객체 스냅 메뉴 보드의 중심점 아이콘(중심점)을 클릭하거나 명령 행에 'Cen'을 실행하여 지정합니다. 이미 활성화되어 있다면 별도로 지정할 필요는 없습니다. 객체의 중심점에 마우스를 가져가면 중심점이 지정됩니다.

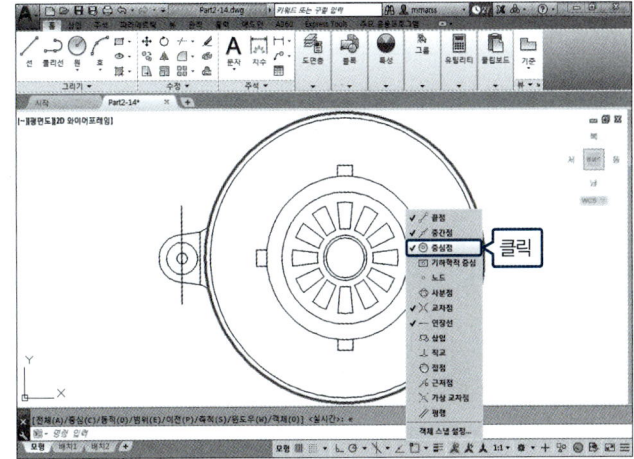

03 두 원 객체의 중심점을 찾아 각각 클릭합니다.

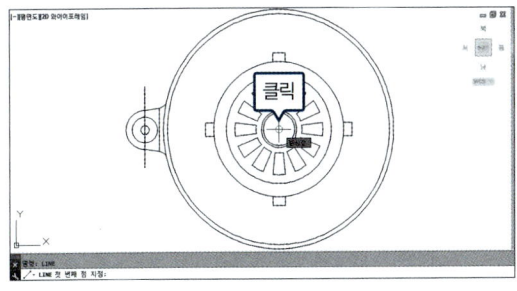 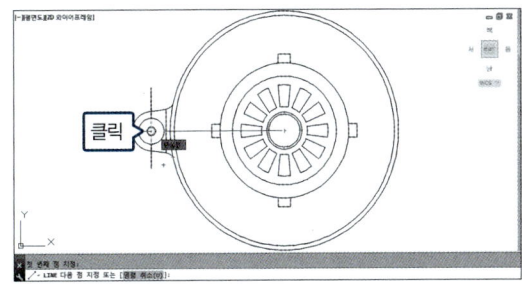

첫 번째 점 지정: cen Space bar ← 객체 스냅의 중심점을 클릭하여 지정, 이미 설정했다면 해당 지점에서 그대로 클릭
다음 점 지정 또는 [명령 취소(U)]: cen Space bar ← 객체 스냅의 중심점을 클릭하여 지정, 이미 설정했다면 해당 지점에서 그대로 클릭

04 도면 객체를 완성했습니다.

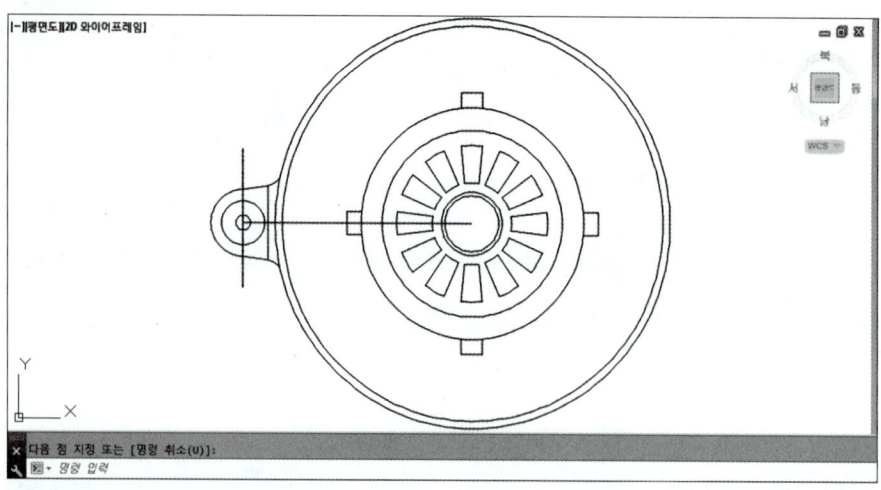

다음 점 지정 또는 [명령 취소(U)]: Space bar ← 명령 종료

6 기하학적 중심을 지정하는 Geometric Center

객체 스냅의 Geometric Center(기하학적 중심) 옵션은 닫힌 폴리선이나 사각형, 다각형(폴리곤)의 기하학적 중심을 찾아 지정합니다. Geometric Center 옵션을 활성화하려면 객체 스냅 메뉴 보드의 기하학적 중심 아이콘(기하학적 중심)을 클릭하거나 명령 행에 'GCE'를 입력하고 Space bar 를 누르면 됩니다.

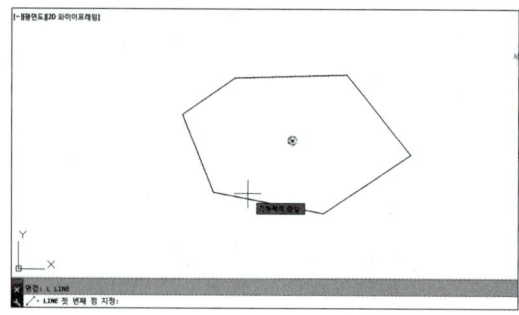

▲ 선 객체가 연결된 다각형의 기하학적 중심

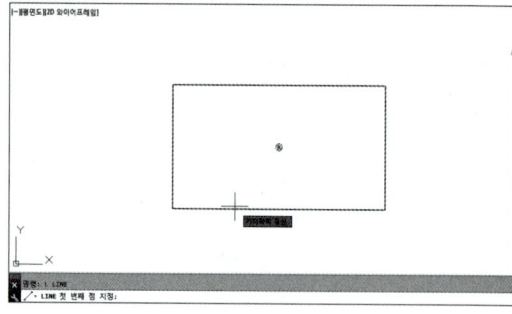

▲ 사각형의 기하학적 중심

7 이전에 작업한 점을 지정하는 Node

객체 스냅의 Node(노드) 옵션은 이전에 그린 점을 찾아서 지정합니다. Node 옵션을 실행하면 해당 지점 주변에 마우스 포인터를 가져다 대기만 해도 이전 작업 지점이 나타납니다. Node 옵션을 활성화하려면 객체 스냅 메뉴 보드의 노드 아이콘(노드)을 클릭하거나 명령 행에 'Nod'를 입력하고 Space bar 를 누르면 됩니다.

01 예제 파일 'Part2-15.dwg'를 불러옵니다. 비상구 표지판 위에 직선을 그려보겠습니다. Line 명령을 실행하고 Node 옵션을 활성화합니다.

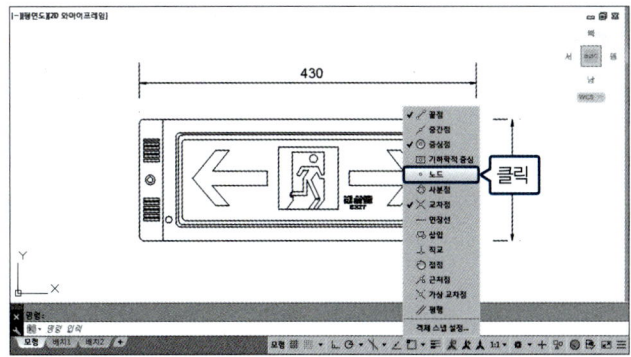

명령: LINE Spacebar ← Line 명령 입력(L)

02 치수 보조선과 표지판 객체의 왼쪽 모서리 사이 지점을 클릭합니다.

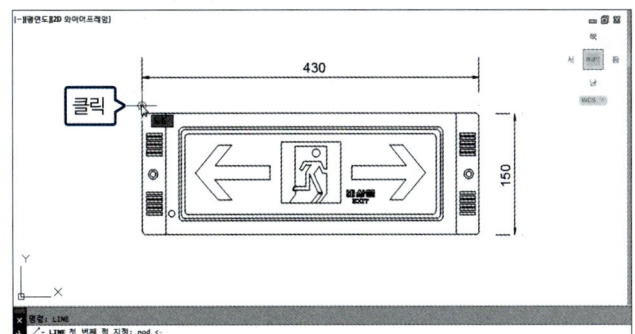

첫 번째 점 지정: nod Spacebar ← 객체 스냅의 노드를 지정, 이미 설정했다면 해당 지점에서 그대로 클릭

03 다음으로 치수 보조선과 표지판 객체의 오른쪽 모서리 사이 지점을 클릭합니다.

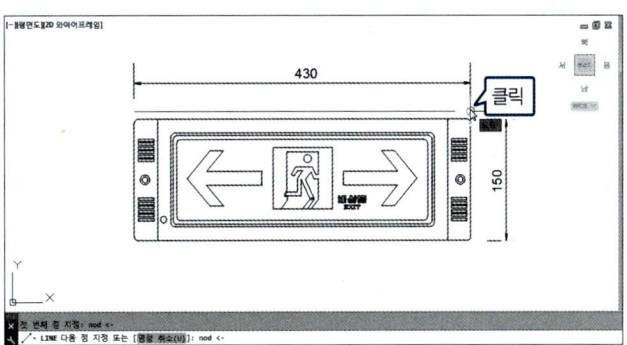

다음 점 지정 또는 [명령 취소(U)]: nod Spacebar ← 객체 스냅의 노드를 지정, 이미 설정했다면 해당 지점에서 그대로 클릭
다음 점 지정 또는 [명령 취소(U)]: Spacebar ← 명령 종료

바로 통하는 TIP 여러 객체 스냅 옵션이 동시에 지정될 수도 있습니다. 다른 옵션 때문에 객체 스냅의 노드가 잘 지정되지 않는다면, 평소에는 Node 옵션을 비활성화했다가 필요할 때만 별도로 명령 행에 'Nod'라고 입력하는 것이 좋습니다. 다른 객체 스냅 옵션에 비해 Node 옵션의 사용 빈도가 비교적 낮기 때문입니다.

8 직각이 되는 사분점을 지정하는 Quadrant

객체 스냅의 Quadrant(사분점) 옵션은 이전에 작업한 원이나 타원, 호의 0°, 90°, 180°, 270°에 해당하는 지점을 찾아서 지정합니다. 객체의 사분점에 마우스 포인터를 가져가면 객체의 사분점이 지정됩니다. Quadrant 옵션을 활성화하려면 객체 스냅 메뉴 보드의 사분점 아이콘(사분점)을 클릭하거나 명령 행에 'Quad'를 입력하고 Space bar 를 누르면 됩니다.

01 예제 파일 'Part2-16.dwg'를 불러옵니다. Line 명령을 실행하고 Quadrant 옵션을 활성화합니다.

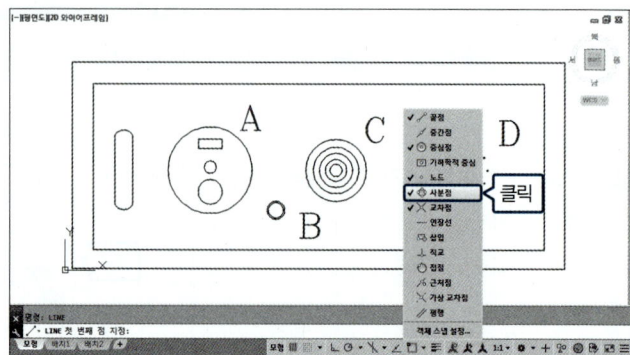

명령: LINE Space bar ← Line 명령 입력 (L)

02 객체의 사분점에 마우스 포인터를 가져가면 사분점이 지정됩니다. 원 객체의 양 끝 지점을 각각 클릭하여 가로 선을 그립니다.

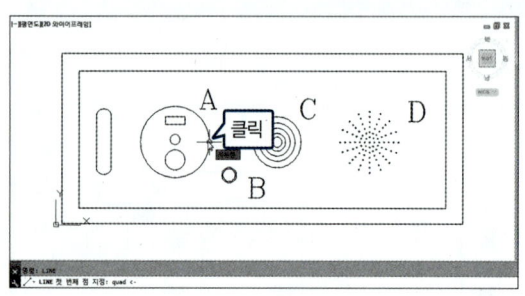 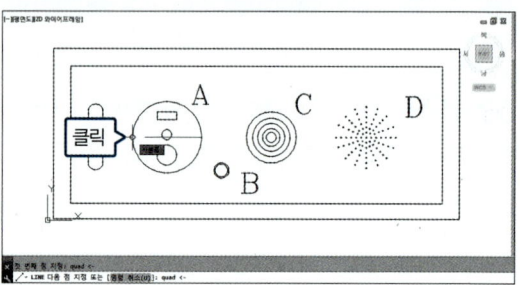

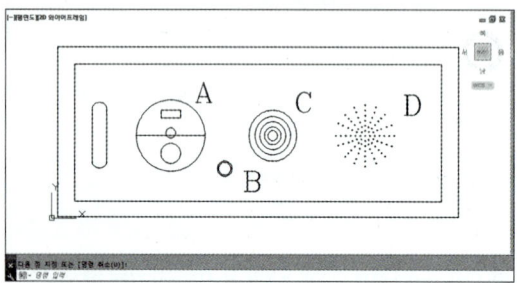

첫 번째 점 지정: quad Space bar ← 객체 스냅의 사분점을 지정, 이미 설정했다면 해당 지점에서 그대로 클릭
다음 점 지정 또는 [명령 취소(U)]: quad Space bar ← 객체 스냅의 사분점을 지정, 이미 설정했다면 해당 지점에서 그대로 클릭
다음 점 지정 또는 [명령 취소(U)]: Space bar ← 명령 종료

9 교차점을 지정하는 Intersection

객체 스냅의 Intersection(교차점) 옵션은 이전에 작업한 객체들 중에 두 개 이상의 선이 만나는 교차점을 찾아서 지정합니다. 객체의 교차점에 마우스 포인터를 가져가면 교차점이 지정됩니다. Intersection 옵션을 활성화하려면 객체 스냅 메뉴 보드의 교차점 아이콘(교차점)을 누르거나 명령 행에 'Int'를 입력하고 Space bar 를 누르면 됩니다.

01 예제 파일 'Part2-17.dwg'를 불러옵니다. 사각형의 모서리 부분은 선의 끝점이면서 동시에 선의 교차점이므로 Intersection 옵션으로 지정할 수 있습니다. Line 명령을 실행하고 명령 행에 'Int'를 입력하고 Space bar 를 눌러 Intersection 옵션을 활성화합니다. 두 교차점을 각각 클릭합니다.

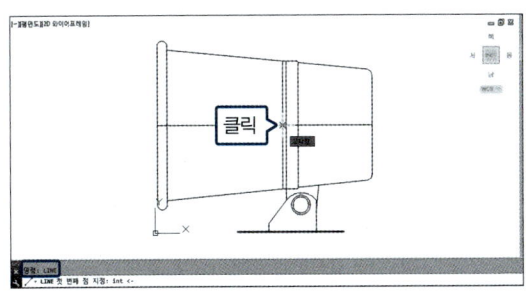 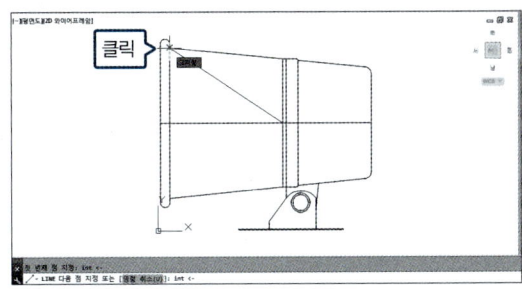

명령: LINE Space bar ← Line 명령 입력 (L)
첫 번째 점 지정: int Space bar ← 객체 스냅의 교차점을 지정하고 클릭
다음 점 지정 또는 [명령 취소(U)]: int Space bar ← 객체 스냅의 교차점 지정, 이미 설정했다면 해당 지점에서 그대로 클릭

02 클릭한 두 지점 사이에 선 객체가 완성되었습니다.

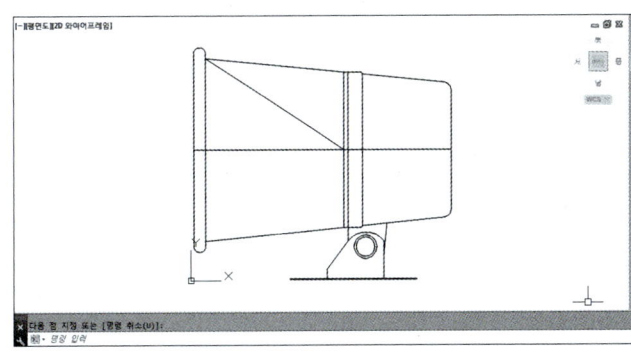

다음 점 지정 또는 [명령 취소(U)]: Space bar ← 명령 종료

10 연장선을 지정하는 Extension

객체 스냅의 Extension(연장선) 옵션은 이전에 작업한 선 객체에서 연장되는 점을 찾아 점선으로 표시되는 안내선을 보여주어 지정합니다. 객체가 연장되는 지점에 마우스 포인터를 가져가면 연장선이 지정됩니다. Extension 옵션을 활성화하려면 객체 스냅 메뉴 보드의 연장선 아이콘(─ 연장선)을 클릭하거나 명령 행에 'Ext'를 입력하고 Space bar 를 누르면 됩니다.

01 예제 파일 'Part2-18.dwg'를 불러옵니다. 소화전의 테두리선 중 완성되지 않은 부분을 마저 그려보겠습니다. 우선 Line 명령을 실행합니다. 그리고 Endpoint(끝점) 명령을 활성화하고 미완성 선 객체의 끝점을 클릭하여 지정합니다.

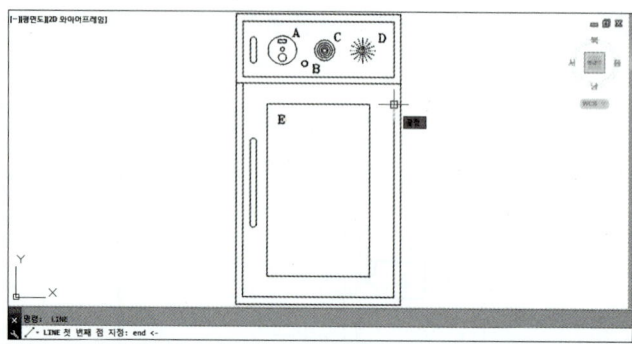

명령: LINE Space bar ← Line 명령 입력 (L)
첫 번째 점 지정: end Space bar ← 객체 스냅의 끝점을 지정하고 클릭

02 지정한 끝점에서 연장선을 그리기 위해 명령 행에 'Ext'를 입력하고 Space bar 를 눌러 객체 스냅의 Extension 옵션을 활성화합니다. 마우스 포인터를 미완성된 부분으로 움직이고 위쪽 연장선이 점선으로 표시되면 클릭하여 객체를 완성합니다.

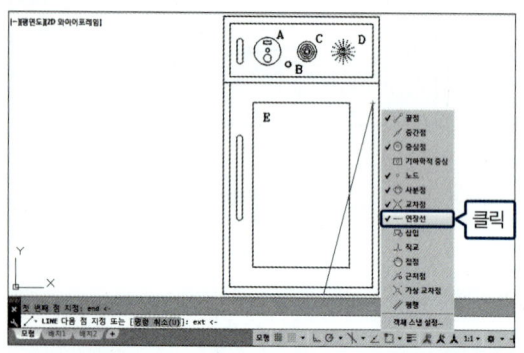 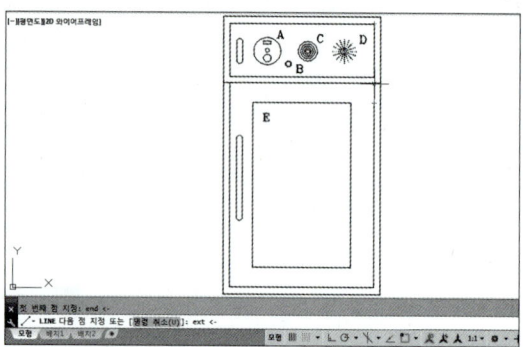

다음 점 지정 또는 [명령 취소(U)]: ext Space bar ← 객체 스냅의 연장선을 지정. 이미 설정했다면 해당 지점에서 그대로 클릭
다음 점 지정 또는 [명령 취소(U)]: Space bar ← 명령 종료

11 삽입점을 지정하는 Insertion

객체 스냅의 Insertion(삽입) 옵션은 AutoCAD의 도면 구성 요소인 블록이나 문자의 삽입점을 지정합니다. Insertion 옵션을 활성화하려면 객체 스냅 메뉴 보드의 삽입 아이콘(삽입)을 클릭하거나 명령 행에 'Ins'를 입력하고 Spacebar 를 누르면 됩니다.

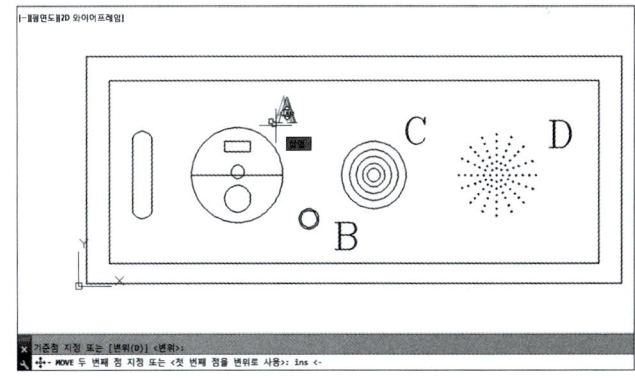

12 직교점을 지정하는 Perpendicular

객체 스냅의 Perpendicular(직교) 옵션은 사용자가 임의로 지정한 점이 이전에 작업한 선과 수직으로 만나는 점을 찾아서 지정합니다. 직교로 그리려는 지점에 반드시 객체가 존재해야 합니다. 객체의 직교로 만나는 지점에 마우스 포인터를 가져가면 직교가 지정됩니다. Perpendicular 옵션을 활성화하려면 객체 스냅 메뉴 보드의 직교 아이콘(직교)을 클릭하거나 명령 행에 'Per'를 입력하고 Spacebar 를 누르면 됩니다.

01 예제 파일 'Part2-19.dwg'를 불러 옵니다. 우선 Line 명령을 실행합니다. Endpoint(끝점) 옵션을 활성화하고 한 점을 임의로 지정합니다.

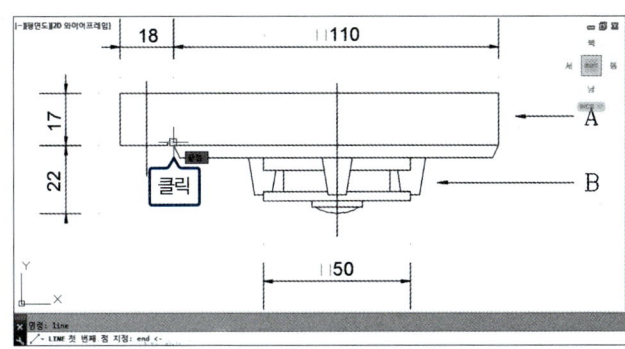

명령: LINE Spacebar ← Line 명령 입력(L)
첫 번째 점 지정: end Spacebar ← 객체 스냅의 끝점을 지정하고 클릭

02 Perpendicular(직교) 옵션을 활성화하고 앞서 지정한 점과 직교하는 선을 그립니다.

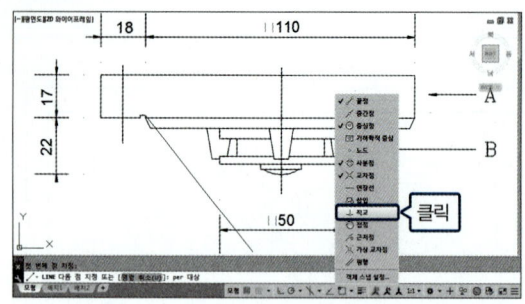 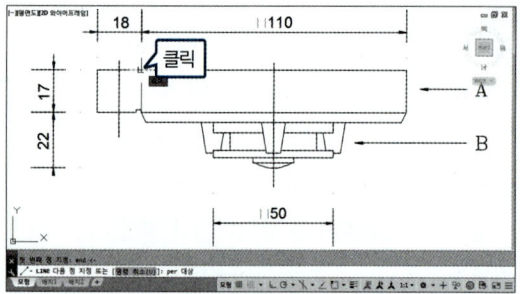

다음 점 지정 또는 [명령 취소(U)]: per Space bar ← 객체 스냅의 직교를 지정, 이미 설정했다면 해당 지점에서 그대로 클릭
다음 점 지정 또는 [명령 취소(U)]: Space bar ← 명령 종료

13 접점을 지정하는 Tangent

객체 옵션의 Tangent(접점) 옵션은 이전에 작업한 객체의 접점을 지정합니다. 두 개의 원이나 호를 연결할 때 사용하는 방법입니다. 객체의 접점에 마우스 포인터를 가져가면 접점이 표시됩니다. Tangent 옵션을 활성화하려면 객체 스냅 메뉴 보드의 접점 아이콘(접점)을 클릭하거나 명령 행에 'Tan'을 입력하고 Space bar 를 누르면 됩니다.

01 예제 파일 'Part2-20.dwg'를 불러옵니다. 두 원형 객체의 접점을 대각선으로 가로지르는 선을 그려보겠습니다. Line 명령을 실행하고 Tangent 옵션을 활성화합니다.

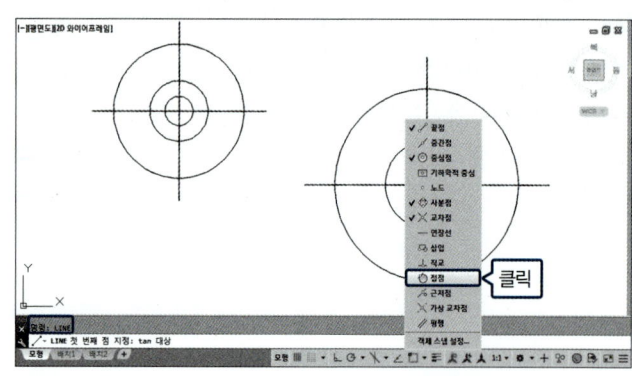

명령: LINE Space bar ← Line 명령 입력 (L)

02 두 원형 객체의 접점을 각각 클릭하여 지정합니다.

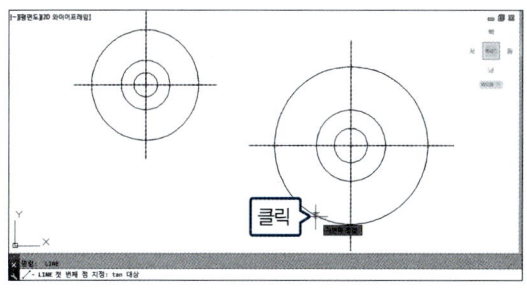
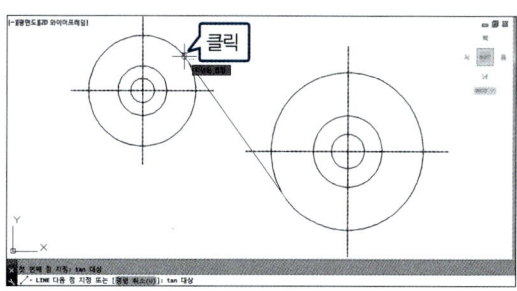
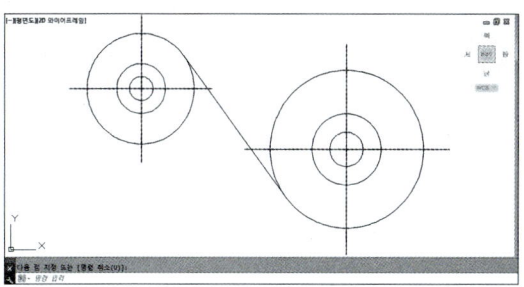

첫 번째 점 지정: tan [Space bar] ← 객체 스냅의 접점을 사용하여 첫 번째 점 지정, 이미 설정했다면 해당 지점에서 그대로 클릭
다음 점 지정 또는 [명령 취소(U)]: tan [Space bar] ← 객체 스냅의 접점을 사용하여 두 번째 점 지정, 이미 설정했다면 해당 지점에서 그대로 클릭
다음 점 지정 또는 [명령 취소(U)]: [Space bar] ← 명령 종료

14 가장 가까운 지점을 지정하는 Nearest

객체 스냅의 Nearest(근처점) 옵션은 이전에 작업한 객체에서 임의의 한 점을 찾아서 지정합니다. 이때 이동하는 십자선에서 가장 가까운 지점을 지정합니다. 객체와 가까운 점에 마우스 포인터를 가져가면 근처점이 지정됩니다. Nearest 옵션을 활성화하려면 객체 스냅 메뉴 보드의 근처점 아이콘(근처점)을 클릭하거나 명령 행에 'Nea'를 입력하고 [Space bar]를 누르면 됩니다.

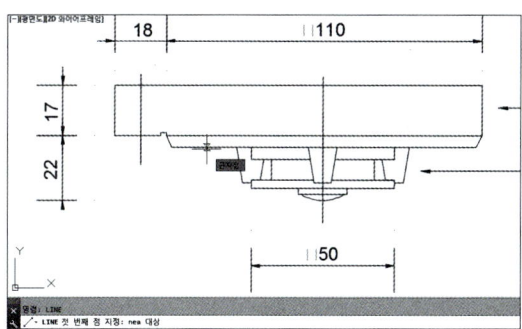

15 가상 교차점을 지정하는 Apparent Intersection

객체 스냅의 Apparent Intersection(가상 교차점) 옵션은 2D, 3D 영역에서 도면 작업을 할 때 실제로 교차하지는 않지만 방향에 따라 화면상에서 교차되는 선의 교차점을 찾아서 지정합니다. Apparent Intersection 옵션을 활성화하려면 객체 스냅 메뉴 보드의 가상 교차점 아이콘(가상 교차점)을 클릭하면 됩니다.

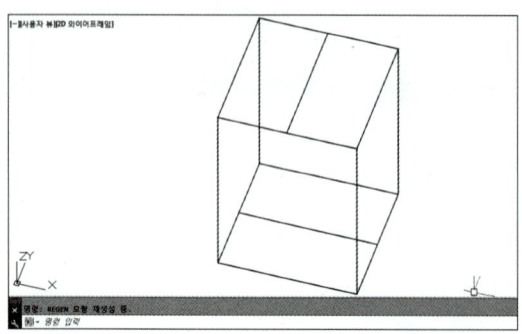 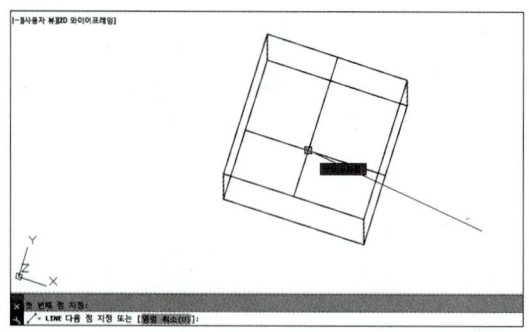

▲ 가상 교차점을 지정

16 평행선을 그리는 Parallel

객체 스냅의 Parallel(평행) 옵션은 이전에 작업한 객체에 평행한 선분을 그릴 수 있습니다. 객체와 평행한 위치에 마우스 포인터를 가져가면 평행선이 지정됩니다. Parallel 옵션을 활성화하려면 객체 스냅 메뉴 보드의 평행 아이콘(평행)을 클릭하거나 명령 행에 'Par'를 입력하고 Space bar 를 누르면 됩니다.

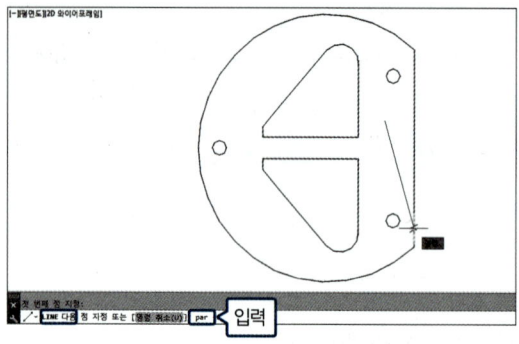

| 실무활용노트 AUTO CAD | 객체 스냅 모드를 적용하는 다양한 방법 |

객체 스냅 모드는 여러 가지 방법으로 지정할 수 있습니다.

자동 설정 이용하기

이미 설명했듯이 AutoCAD를 설치하고 실행하면 기본 설정으로 몇 가지 객체 스냅 메뉴가 활성화되어 있습니다. AutoCAD 화면 하단의 상태 메뉴에 있는 객체 스냅 모드 버튼(□▼)을 클릭하거나 F3을 눌러서 객체 스냅의 설정을 선택할 수 있습니다. 객체 스냅 모드 버튼(□▼)의 역삼각형을 클릭했을 때 나타나는 메뉴 가장 하단의 [객체 스냅 설정]을 클릭하면 [제도 설정] 대화상자가 나타납니다.

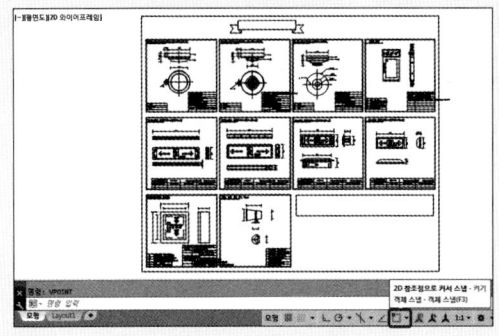
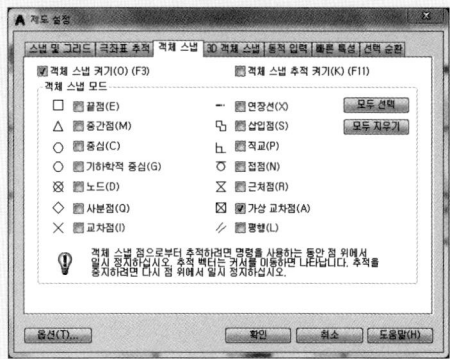

▲ [제도 설정] 대화상자

바로 통하는 TIP 일일이 설정하기 힘든 객체 스냅 모드는 [제도 설정] 대화상자를 사용하여 한 번에 설정합시다.

명령 행에서 직접 입력하기

객체 스냅 명령어를 명령 행에 직접 입력하여 사용할 수 있습니다.

▲ 객체 스냅의 Midpoint(중간점) 옵션을 명령 행에서 지정

팝업 메뉴 이용하기

1 명령 사용 중에 객체 스냅으로 점을 지정할 경우 Shift와 마우스 오른쪽 버튼을 동시에 누르면 객체 스냅 팝업 메뉴가 나타납니다.

2 화면을 제어하는 Mbuttonpan 명령을 '0'으로 설정한 후 마우스 가운데 휠을 누르면 객체 스냅 팝업 메뉴가 나타나서 쉽게 지정할 수 있습니다.

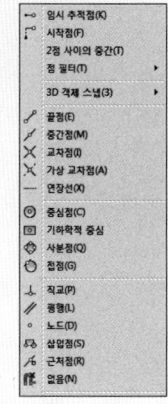

객체 스냅 팝업 메뉴 ▶

[제도 설정] 대화상자 설정 방법

1 객체 스냅 모드 버튼( )의 역삼각형을 누르면 나타나는 메뉴 가장 하단의 '객체 스냅 설정'을 클릭하여 [제도 설정] 대화상자를 불러옵니다.

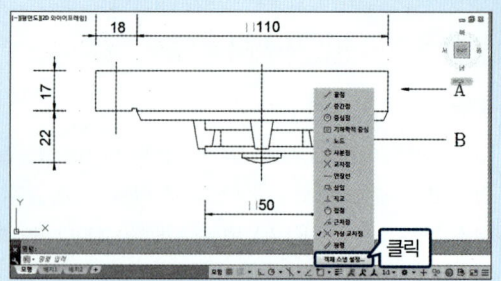

2 객체 스냅 모드를 실행하기 위해 왼쪽 상단의 '객체 스냅 켜기(O) (F3)' 항목을 체크합니다. 이미 체크가 되어있으면 그대로 둡니다.

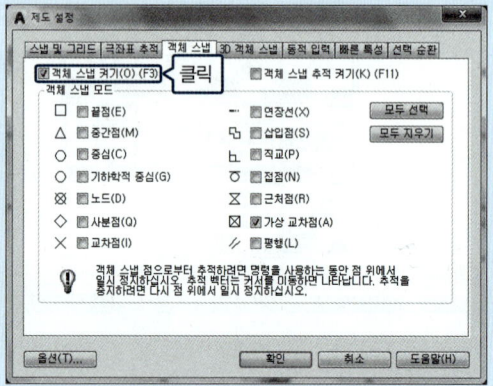

3 가장 자주 사용하는 5~6개의 객체 스냅 옵션을 체크합니다. 이때 '근처점'은 지금 체크하지 말고 사용할 때마다 도구 막대에서 클릭하여 사용합니다. '근처점'을 체크하면 마우스가 이동하는 지점마다 따라다니므로 작업할 때 방해될 수 있기 때문입니다.

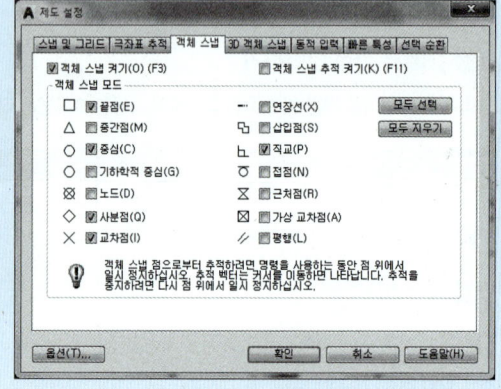

객체 스냅 모드를 설정하여 가구 도면 그리기

객체 스냅 모드로 정확한 객체 지점을 지정하여 소파와 탁자를 완성해봅니다.

1 예제 파일 'Part2-21.dwg'를 불러온 후 Line 명령을 실행합니다. 객체의 끝점과 끝점을 연결하는 선을 그리기 위해 객체 스냅의 Endpoint(끝점) 옵션을 적용하여 선을 그립니다.

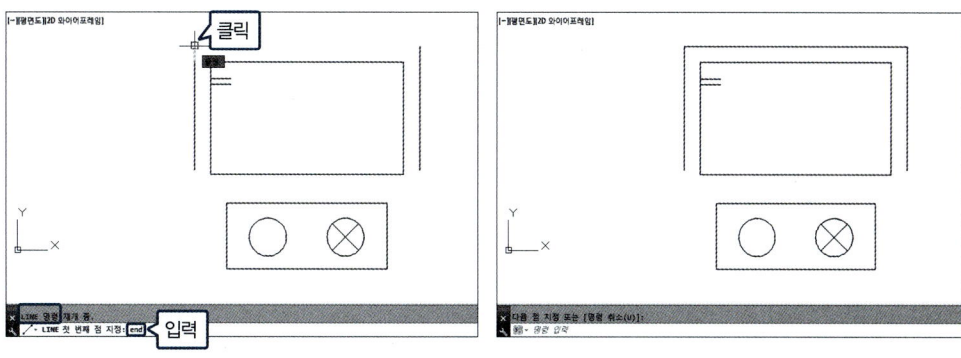

명령: LINE Space bar ← Line 명령 입력 (L)
첫 번째 점 지정: end Space bar ← 객체 스냅의 끝점을 지정, 이미 설정했다면 해당 지점에서 그대로 클릭
다음 점 지정 또는 [명령 취소(U)]: end Space bar ← 객체 스냅의 끝점을 지정, 이미 설정했다면 해당 지점에서 그대로 클릭
다음 점 지정 또는 [명령 취소(U)]: Space bar ← 명령 종료

2 왼쪽 하단 모퉁이에 선을 그리기 위해 Line 명령을 실행하고 객체 스냅의 Endpoint 옵션도 선택합니다. 다음 그릴 선이 사각형과 수직으로 만나도록 객체 스냅의 Perpendicular(직교) 옵션을 선택하여 직선을 그립니다.

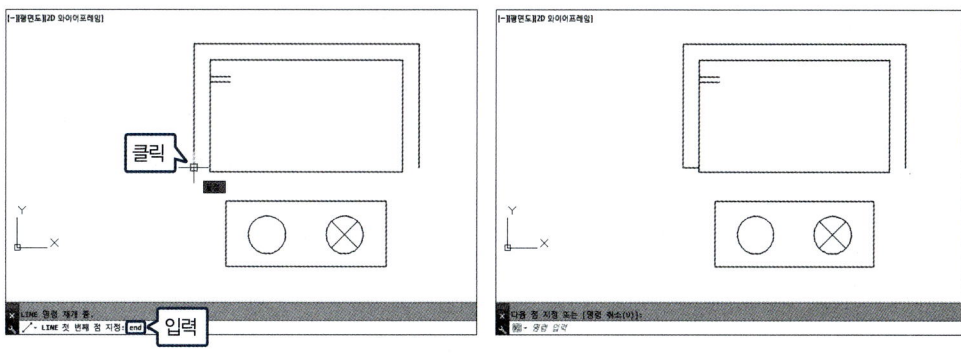

명령: LINE [Space bar] ← Line 명령 입력(L)
첫 번째 점 지정: end [Space bar] ← 객체 스냅의 끝점을 지정, 이미 설정했다면 해당 지점에서 그대로 클릭
다음 점 지정 또는 [명령 취소(U)]: per [Space bar] ← 객체 스냅의 직교점을 지정
다음 점 지정 또는 [명령 취소(U)]: [Space bar] ← 명령 종료

3 오른쪽 하단 모퉁이도 동일한 방법으로 그립니다. Line 명령을 실행하고 객체 스냅의 Endpoint 옵션을 선택한 뒤 다음에 그릴 선이 사각형과 수직으로 만나도록 객체 스냅의 Perpendicular 옵션을 선택하여 직선을 그립니다.

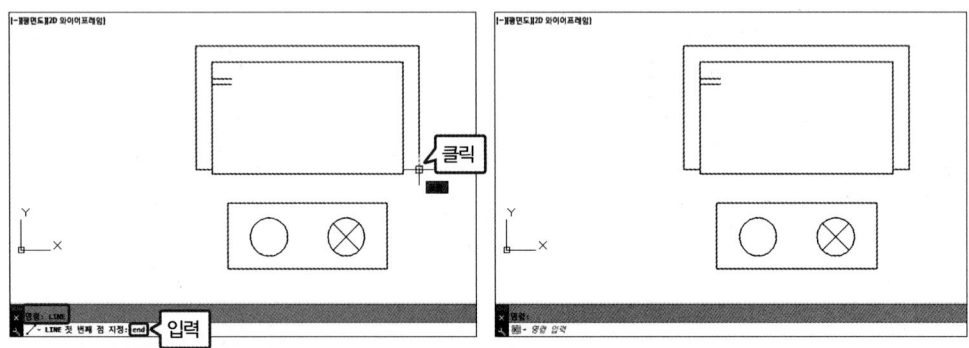

명령: LINE [Space bar] ← Line 명령 입력(L)
첫 번째 점 지정: end [Space bar] ← 객체 스냅의 끝점을 지정, 이미 설정했다면 해당 지점에서 그대로 클릭
다음 점 지정 또는 [명령 취소(U)]: per [Space bar] ← 객체 스냅의 직교점을 지정, 이미 설정했다면 해당 지점에서 그대로 클릭
다음 점 지정 또는 [명령 취소(U)]: [Space bar] ← 명령 종료

4 Line 명령을 실행하여 객체 스냅의 Endpoint와 Perpendicular 옵션을 사용하여 소파의 수평선을 그립니다.

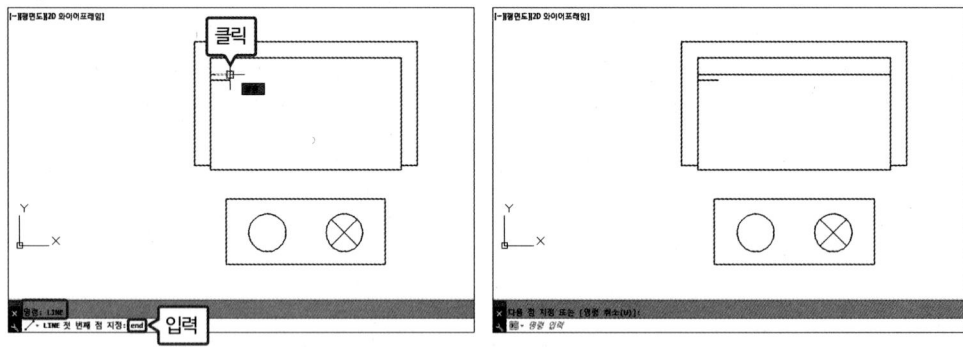

명령: LINE [Space bar] ← Line 명령 입력(L)
첫 번째 점 지정: end [Space bar] ← 객체 스냅의 끝점을 지정, 이미 설정했다면 해당 지점에서 그대로 클릭
다음 점 지정 또는 [명령 취소(U)]: per [Space bar] ← 객체 스냅의 직교점을 지정, 이미 설정했다면 해당 지점에서 그대로 클릭
다음 점 지정 또는 [명령 취소(U)]: [Space bar] ← 명령 종료

5 동일한 방법으로 바로 아래에 수평선을 하나 더 그립니다.

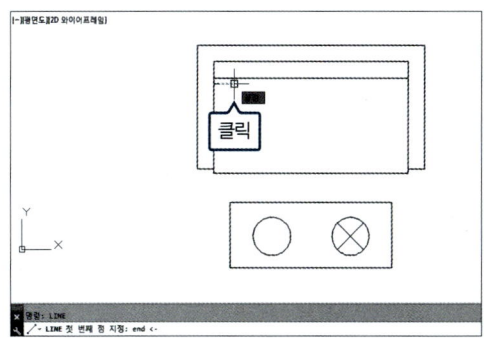 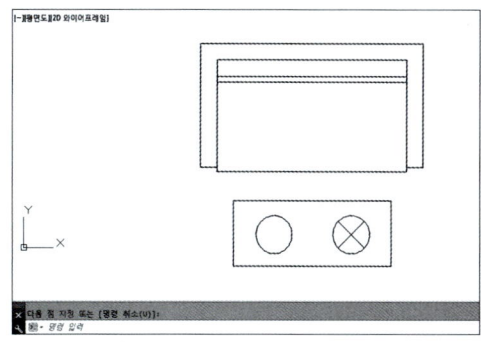

명령: LINE [Space bar] ← Line 명령 입력(L)

첫 번째 점 지정: end [Space bar] ← 객체 스냅의 끝점을 지정, 이미 설정했다면 해당 지점에서 그대로 클릭

다음 점 지정 또는 [명령 취소(U)]: per [Space bar] ← 객체 스냅의 직교점을 지정, 이미 설정했다면 해당 지점에서 그대로 클릭

다음 점 지정 또는 [명령 취소(U)]: [Space bar] ← 명령 종료

6 이번에는 소파의 가운데 선을 세로로 그리기 위해 Line 명령을 실행한 뒤 객체 스냅의 Midpoint(중간점) 옵션을 지정하여 완성합니다.

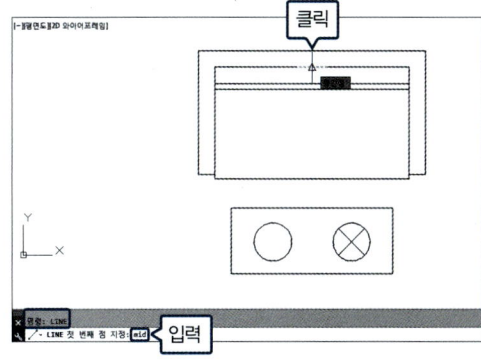 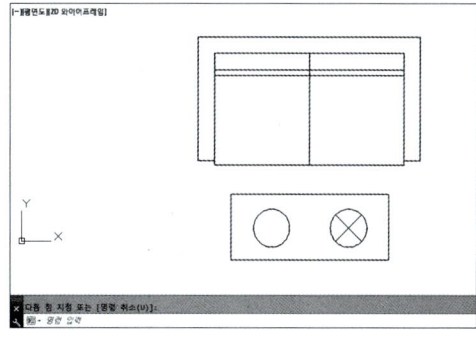

명령: LINE [Space bar] ← Line 명령 입력(L)

첫 번째 점 지정: mid [Space bar] ← 객체 스냅의 끝점을 지정

다음 점 지정 또는 [명령 취소(U)]: mid [Space bar] ← 격자 스냅의 중간점을 지정, 이미 설정했다면 해당 지점에서 그대로 클릭

다음 점 지정 또는 [명령 취소(U)]: [Space bar] ← 명령 종료

7 이번에는 탁자를 완성하겠습니다. 역시 Line 명령을 실행하고 탁자의 왼쪽에 있는 원의 내부를 완성합니다. 원의 사분점 중 0°와 180° 지점을 연결할 것이므로 객체 스냅의 Quadrant(사분점) 옵션을 사용하여 완성합니다.

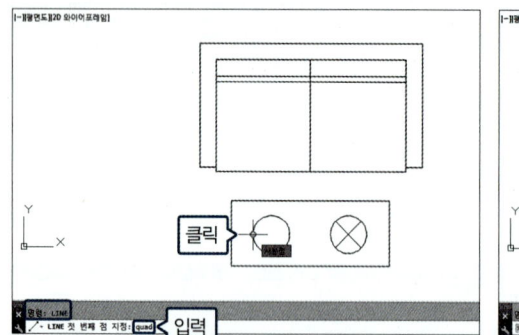 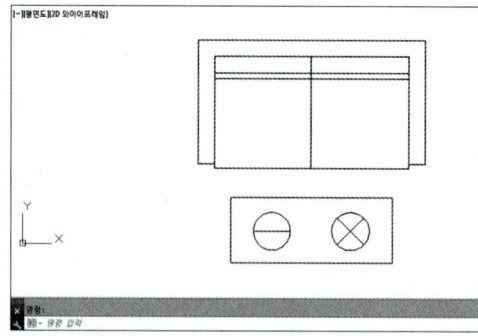

명령: LINE [Space bar] ← Line 명령 입력(L)

첫 번째 점 지정: quad [Space bar] ← 객체 스냅의 사분점을 지정

다음 점 지정 또는 [명령 취소(U)]: quad [Space bar] ← 객체 스냅의 사분점을 지정, 이미 설정했다면 해당 지점에서 그대로 클릭

다음 점 지정 또는 [명령 취소(U)]: [Space bar] ← 명령 종료

8 탁자의 오른쪽에 있는 원의 내부를 완성하기 위해 객체 스냅의 Intersection(교차점)과 Quadrant(사분점) 옵션을 사용하여 선을 그립니다. 이로써 소파와 탁자를 완성했습니다.

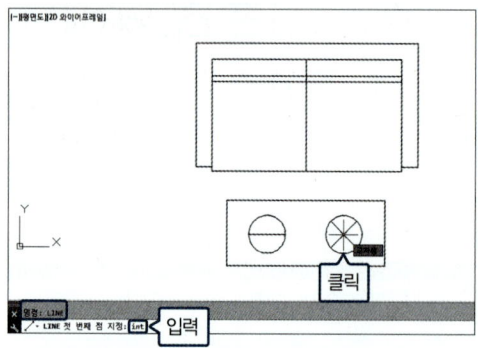 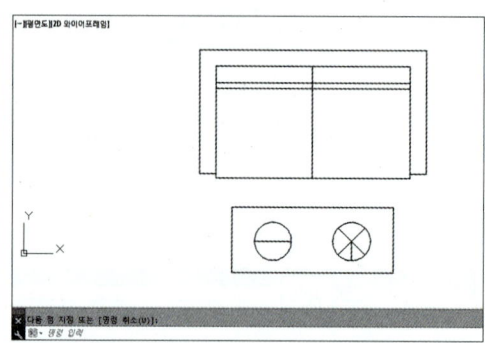

명령: LINE [Space bar] ← Line 명령 입력 (L)

첫 번째 점 지정: int [Space bar] ← 객체 스냅의 교차점을 지정

다음 점 지정 또는 [명령 취소(U)]: quad [Space bar] ← 객체 스냅의 사분점을 지정, 이미 설정했다면 해당 지점에서 그대로 클릭

다음 점 지정 또는 [명령 취소(U)]: [Space bar] ← 명령 종료

템플릿 파일 100배 활용하기

템플릿(Template) 파일은 반복해서 사용되는 도면의 구조를 미리 지정하여 모형 틀처럼 만들어놓은 것입니다. 작업이 반복될 때 변경되는 내용만을 수정하여 사용할 수 있는 편리한 파일 형식입니다. 템플릿 파일을 효율적으로 사용한다면 중복 작업을 할 필요가 없으므로 작업 시간을 단축하고 작업의 정확성을 높일 수 있습니다. 템플릿 파일을 만들 때는 도면의 한계 영역과 문자 유형, 치수, 도면층, 선종류, 축척 등의 내용이 포함되어야만 합니다. 이번에는 자신만의 템플릿 파일을 작성해보겠습니다.

1 명령 행에 'New'를 입력하고 Space bar 를 눌러 열기 명령을 실행합니다. [템플릿 선택] 대화상자에서 'acadiso.dwt'를 선택하여 새 창을 엽니다.

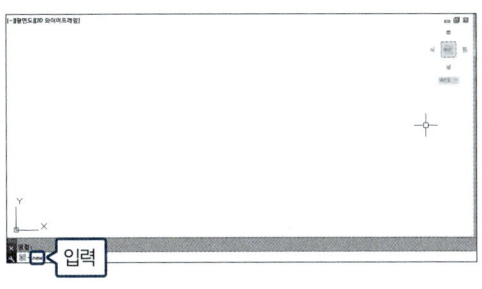
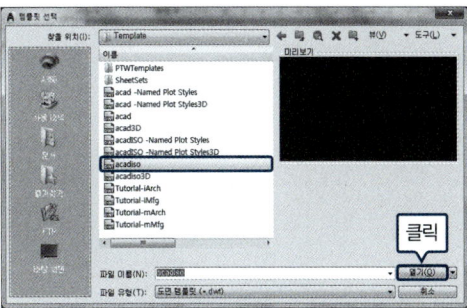

명령: NEW Space bar ← New 명령 입력

2 F7 을 눌러 모눈 격자(그리드)를 끕니다.

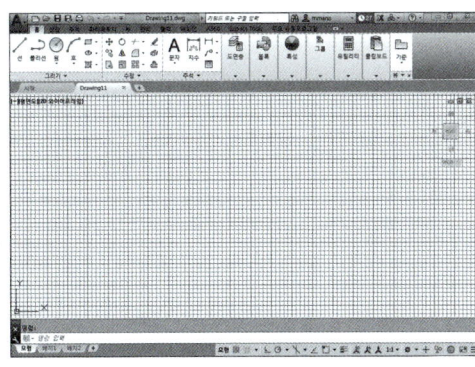
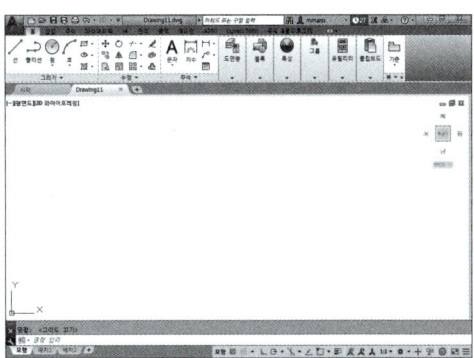

명령: 〈그리드 끄기〉 ← F7 을 눌러 모눈 격자 끄기

3 가로 420mm, 세로 297mm의 직사각형을 그려보겠습니다. 명령 행에 'Line'을 입력하고 Space bar 를 누릅니다. 첫 번째 점을 절대좌표인 '50,0'으로 지정하고 Space bar 를 누릅니다. 시작점이 화면에서 벗어나면 마우스 가운데 휠을 굴려 작업 화면의 왼쪽 하단으로 화면을 옮깁니다.

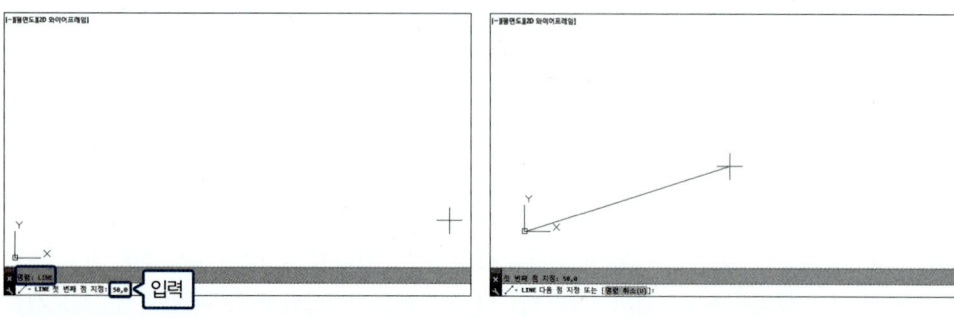

명령: LINE Space bar ← Line 명령 입력 (L)
첫 번째 점 지정: 50,0 Space bar ← 첫 번째 기준점 절대좌표 (50,0) 지정

4 연속해서 두 번째 점을 지정하기 위해 극좌표인 '@420〈0'을 명령 행에 입력하여 선을 그립니다. 선이 너무 작게 표시된다면 마우스의 휠을 굴려서 적절한 크기로 조절해줍니다. 세 번째 점을 지정하기 위해 명령 행에 '@297〈90'을 입력하여 다음 선을 그립니다.

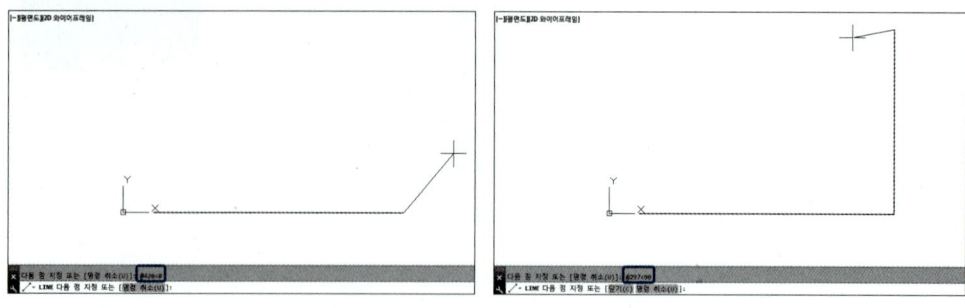

다음 점 지정 또는 [명령 취소(U)]: @420〈0 Space bar ← 두 번째 점 지정
다음 점 지정 또는 [명령 취소(U)]: @297〈90 Space bar ← 세 번째 점 지정

5 네 번째 점을 지정하기 위해 '@420<180'을 실행하고, 마지막에는 서브 메뉴의 '닫기(Close)'를 사용하기 위해 명령 행에 'C'를 입력하고 Space bar 를 눌러 실행한 뒤 닫습니다.

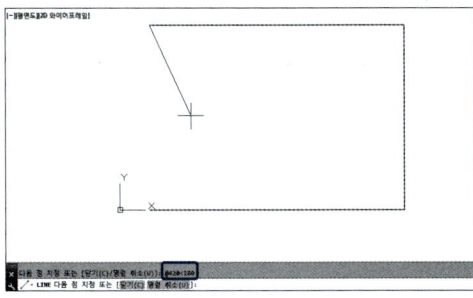 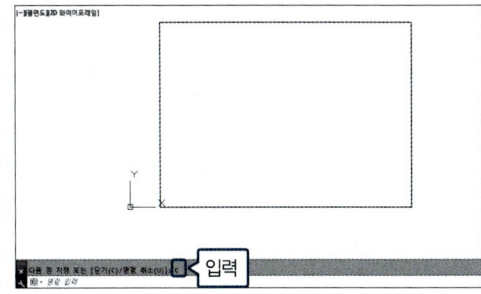

다음 점 지정 또는 [닫기(C)/명령 취소(U)]: @420<180 Space bar ← 네 번째 점 지정
다음 점 지정 또는 [닫기(C)/명령 취소(U)]: c Space bar ← 옵션 'C' 입력 후 명령 종료

6 그려진 사각형이 화면에 다 나타나지 않으므로 화면 확대 · 축소 명령인 Zoom을 사용합니다. 명령 행에 'Zoom'을 입력하고 Space bar 를 누릅니다. Zoom 명령은 157쪽에서 자세히 알아보도록 합니다.

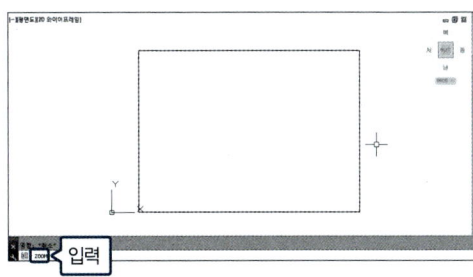

명령: ZOOM Space bar ← Zoom 명령 입력 (Z)

7 서브 메뉴가 나타나면 화면에 꽉 차게 보여주는 옵션인 '범위(Extents)'의 'E'를 입력하고 Space bar 를 누릅니다. 이제 사각형이 화면에 꽉 차게 나오는 것을 확인할 수 있습니다.

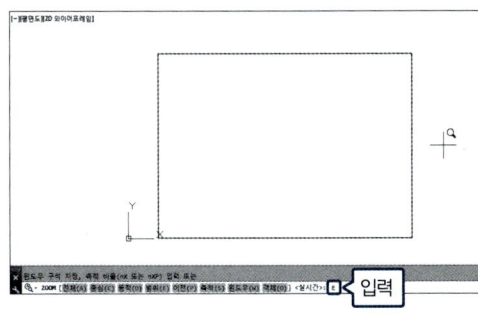 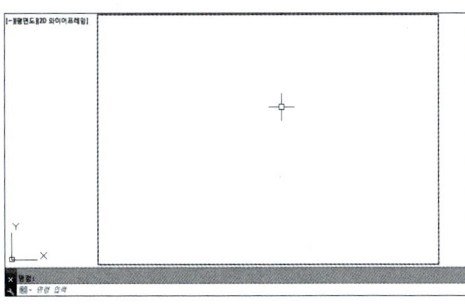

윈도우 구석 지정, 축척 비율(nX 또는 nXP) 입력 또는
[전체(A)/중심(C)/동적(D)/범위(E)/이전(P)/축척(S)/윈도우(W)/객체(O)] <실시간>: e Space bar ← 옵션 'E(Extents)' 입력

8 이 도면을 저장하여 템플릿 파일로 만들어보겠습니다. 왼쪽 상단 모서리에 있는 ▲를 눌러 [다른 이름으로 저장]–[도면 템플릿]을 선택합니다. 그러면 [다른 이름으로 도면 저장] 대화상자가 나타납니다. '파일 이름'을 '연습'이라고 입력하고 저장합니다. 이때 파일 유형은 '*.dwt'라는 확장자로 지정됩니다.

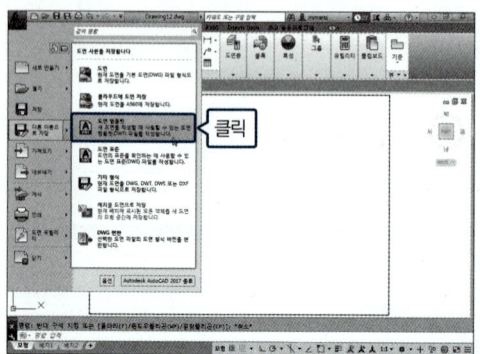

9 [템플릿 옵션] 대화상자가 나타나면 [확인] 버튼을 눌러줍니다.

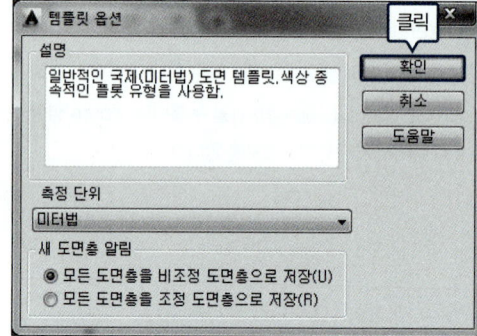

10 템플릿 파일 만들기가 완료되었습니다.

실무활용노트 AUTOCAD | 내가 만든 템플릿 파일 사용하기

앞서 제작한 템플릿 파일의 사용 방법을 알아보겠습니다.

1 화면 왼쪽 상단 모서리에 위치한 ▲를 눌러 메뉴의 [새로 만들기]-[도면]을 선택합니다. 혹은 상단의 도구 막대에서 새로 만들기 아이콘(◻)을 클릭해도 됩니다.

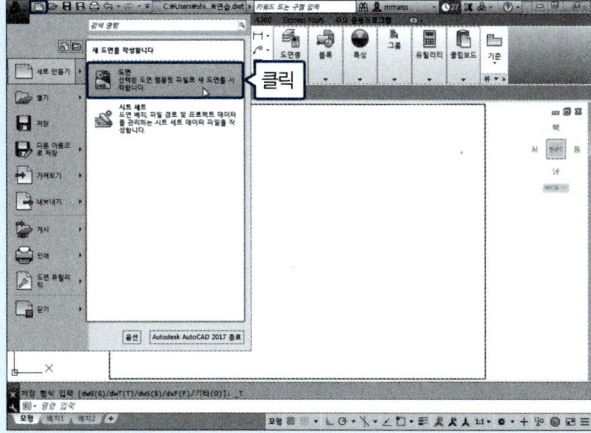

2 [템플릿 선택] 대화상자가 나타나면 오른쪽의 스크롤바를 내려 이전 실습에서 만들었던 '연습.dwt' 파일을 더블클릭해서 엽니다.

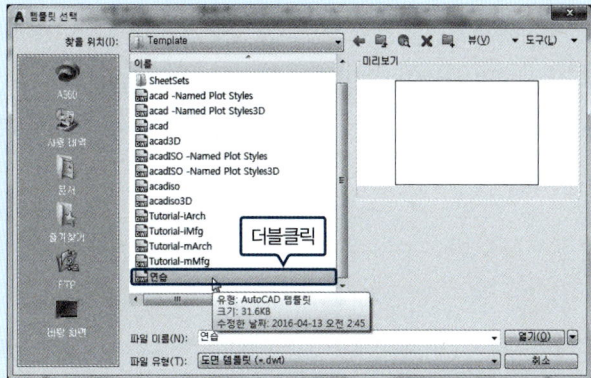

3 '연습.dwt' 파일이 화면에 나타납니다. 실무에서도 이런 식으로 템플릿 파일을 작성해서 저장해두었다가 사용하면 작업 시간이 단축될 것입니다.

CHAPTER 05

작업이 편해지는
다양한 화면 조절 명령

사용자가 원하는 대로 화면을 자유자재로 이동하거나 확대·축소하면 더욱 빠르고 시원시원하게 작업할 수 있습니다. 능동적이고 역동적인 도면 작업을 위한 명령을 알아보고 직접 사용하도록 합니다. 화면을 확대·축소하는 Zoom 명령과 화면을 통째로 이동하는 Pan 명령에 대해 알아보도록 하겠습니다.

A 학습 목표

화면에서 도면을 크고 자세하게 보여주는 명령을 익혀봅니다. Zoom 명령으로 화면을 확대하고 Pan 명령으로 화면을 자유자재로 이동해보겠습니다.

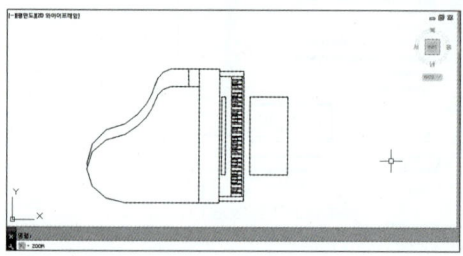 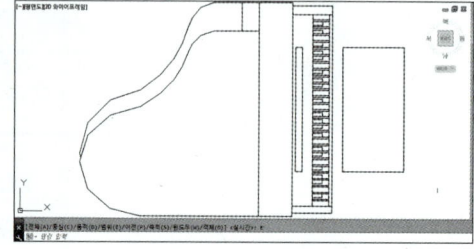

▲ 화면 크기 알맞게 조절하기 : Before(좌), After(우)

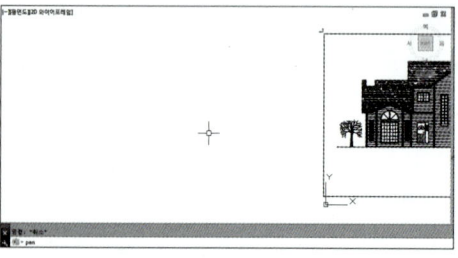 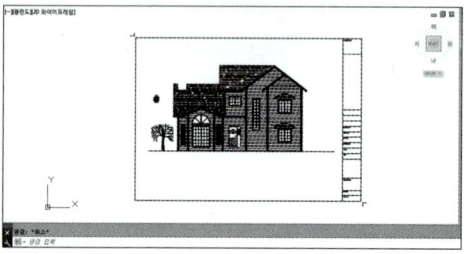

▲ 도면 밀고 당기기 : Before(좌), After(우)

SECTION 01 작업 화면을 알맞게 조절하는 Zoom

여러분은 Zoom이라는 용어를 많이 들어보았을 것입니다. 카메라에는 Zoom In, Zoom Out 기능이 있습니다. AutoCAD의 Zoom 기능도 카메라 렌즈의 기능과 같습니다. 단지 마우스와 키보드로 조절한다는 차이가 있을 뿐이지요. 도면을 작성할 때 화면 배율을 적당한 크기로 맞추는 작업은 정확하고 빠른 도면 작성을 위한 필수 과정이므로 반드시 이해하고 넘어가도록 합니다. 화면 크기를 알맞게 조절하는 Zoom 명령을 사용하려면 명령 행에 'Zoom'을 입력하고 Spacebar를 눌러 원하는 옵션을 선택하거나 마우스의 휠을 굴리면 됩니다.

1 자주 사용하는 첫 번째 Zoom 옵션 - 범위(Extents)

Zoom에서 일반적으로 가장 자주 사용하는 옵션인 '범위(Extents)'를 이용하여 작업한 모든 도면 영역을 화면에 꽉 차도록 보여줍니다.

01 예제 파일 'Part2-22.dwg'를 불러옵니다. 명령 행에 'Zoom'을 입력하고 Spacebar를 누릅니다.

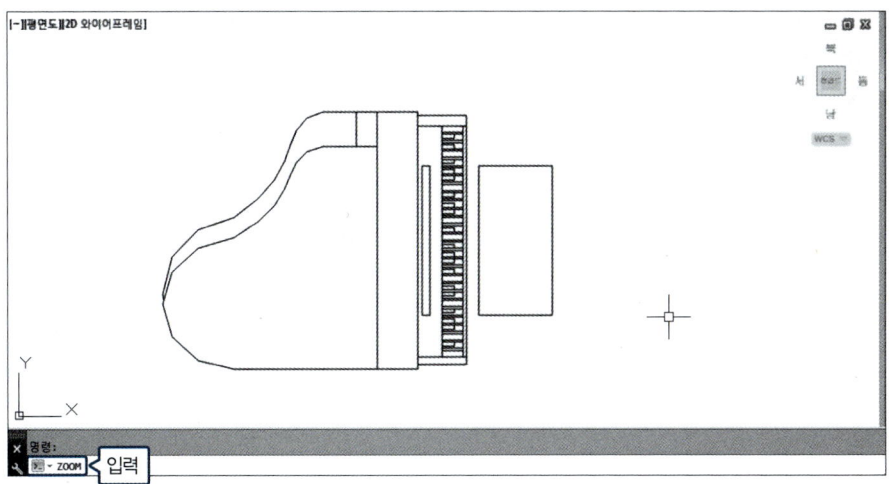

명령: ZOOM Spacebar ← Zoom 명령 입력 (Z)

02 서브 메뉴 중 '범위(Extents)'를 선택하기 위해 명령 행에 'E'를 입력한 후 Space bar 를 누릅니다. 도면이 화면에 꽉 채워져서 나타납니다.

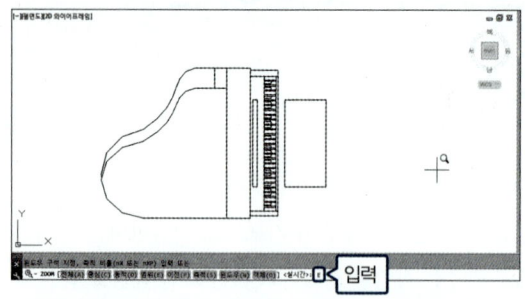 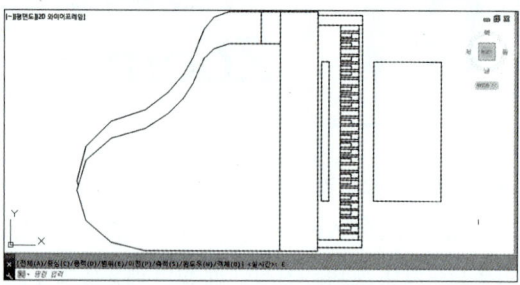

윈도우 구석 지정, 축척 비율(nX 또는 nXP) 입력 또는
[전체(A)/중심(C)/동적(D)/범위(E)/이전(P)/축척(S)/윈도우(W)/객체(O)] <실시간>: e Space bar ← 옵션 'E(Extents)' 입력

바로 통하는 TIP Zoom 명령은 단지 화면을 확대·축소하여 보여주는 기능일 뿐 실제 객체의 크기가 변경되는 것은 아니라는 사실을 잊지 마세요.

2 자주 사용하는 두 번째 Zoom 옵션 - 윈도우(Window)

도면에서 확대할 영역을 직접 지정하여 사용하는 방법입니다. 특정 부분을 자세히 보기 위해 사각형 영역을 지정하면 그 부분이 작업 화면에 꽉 차게 보이도록 도면을 확대합니다.

01 예제 파일 'Part2-22.dwg'를 다시 불러옵니다. 명령 행에 'Zoom'을 입력하고 Space bar 를 누릅니다.

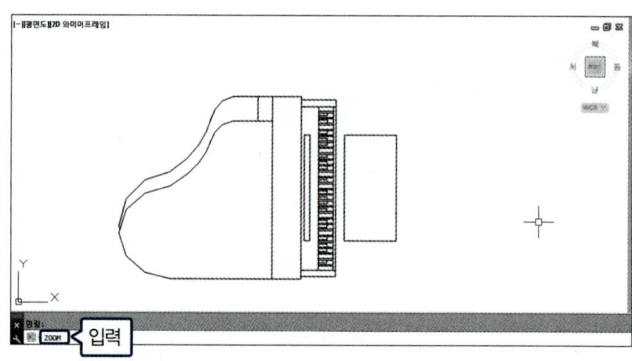

명령: ZOOM Space bar ← Zoom 명령 입력 (Z)

02 서브 메뉴 중 '윈도우(Window)'를 선택하기 위해 명령 행에 'W'를 입력한 후 Space bar 를 누릅니다.

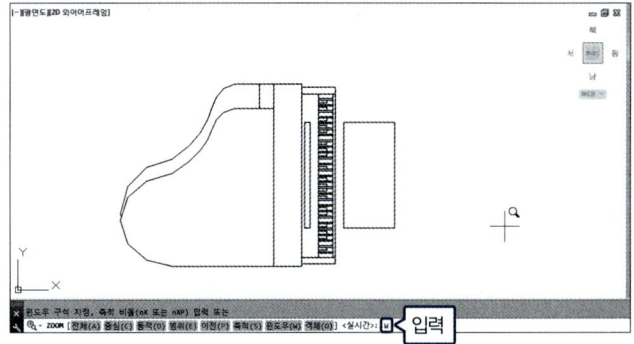

윈도우 구석 지정, 축척 비율(nX 또는 nXP) 입력 또는
[전체(A)/중심(C)/동적(D)/범위(E)/이전(P)/축척(S)/윈도우(W)/객체(O)] <실시간>: w Space bar ← 옵션 'W(Window)' 입력

03 확대하고자 하는 영역을 지정하기 위해 사각형 선택 영역의 구석점을 각각 클릭하여 지정합니다.

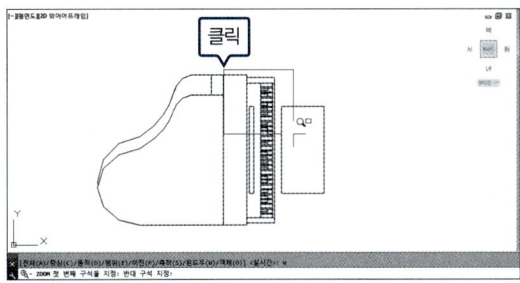 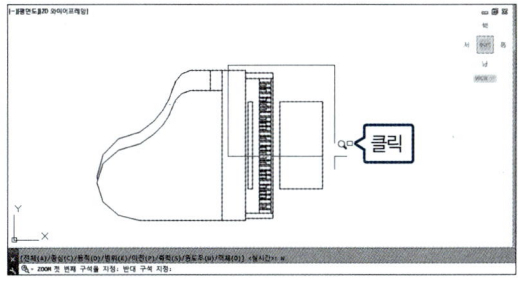

첫 번째 구석을 지정: ← 확대하려는 영역의 한 구석점 지정
반대 구석 지정: ← 확대하려는 영역에서 대각선 방향의 구석점 지정

04 사각형 영역으로 지정된 부분이 화면에 확대되어 보입니다.

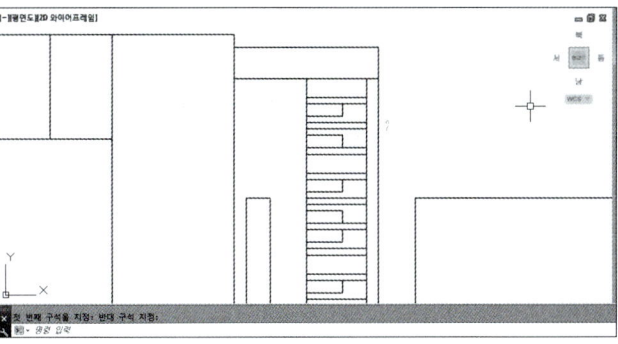

3 자주 사용하는 세 번째 Zoom 옵션 – 이전(Previous)

바로 전 단계의 배율로 화면을 보여줍니다. 반복하면 계속해서 그 이전의 화면 배율로 나타냅니다.

01 이전 단계에서 '윈도우(Window)' 옵션을 실행한 후 연속하여 명령 행에 'Zoom'을 입력하고 Space bar 를 누릅니다.

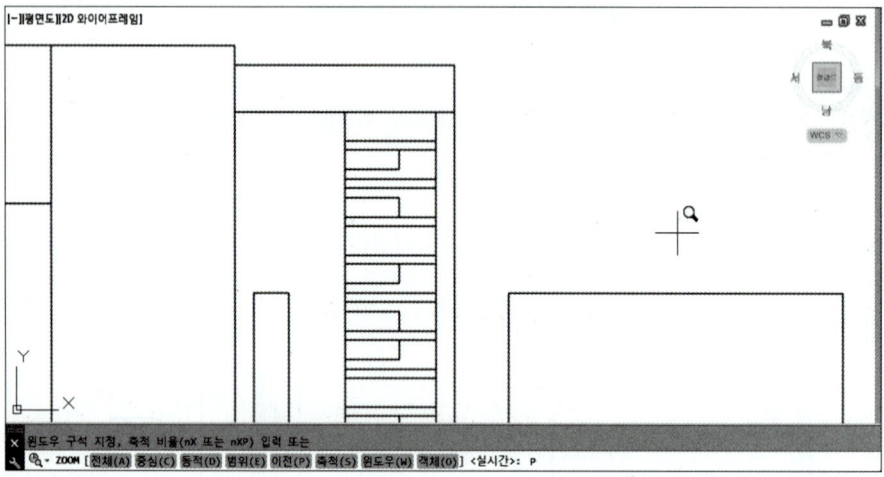

명령: ZOOM Space bar ← Zoom 명령 입력 (Z)

02 서브 메뉴 중 '이전(Previous)'을 선택하기 위해 명령 행에 'P'를 입력한 후 Space bar 를 누르면 이전 단계의 화면으로 돌아갑니다.

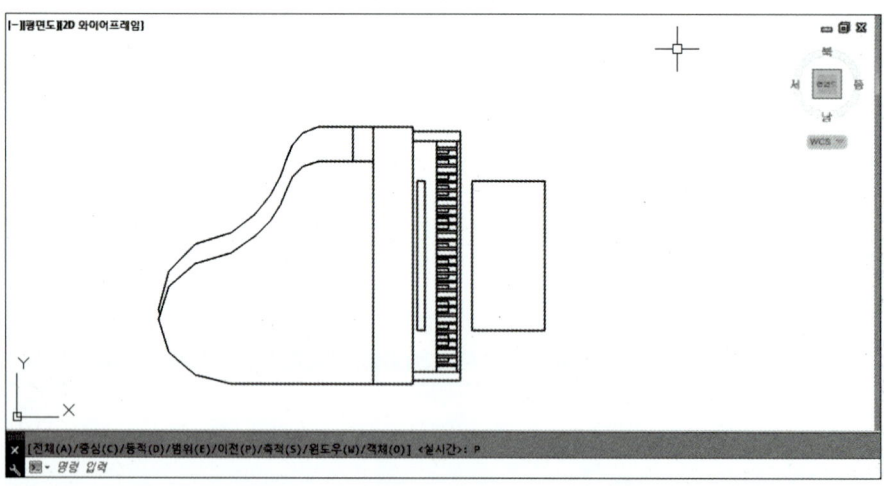

윈도우 구석 지정, 축척 비율(nX 또는 nXP) 입력 또는
[전체(A)/중심(C)/동적(D)/범위(E)/이전(P)/축척(S)/윈도우(W)/객체(O)] <실시간>: p Space bar ← 옵션 'P(Previous)' 입력

4 그 밖의 Zoom 옵션

Zoom의 나머지 옵션의 기능과 사용 방법을 알아보겠습니다.

A All(A) : 전체

그려진 모든 도면을 현재 화면에 보여줍니다. 한계 영역의 지정 범위 전체를 나타내거나, 객체가 한계 영역을 벗어났을 경우 객체 영역과 한계 영역을 모두 포함하여 화면에 나타냅니다.

01 예제 파일 'Part2-23.dwg'를 불러옵니다. 명령 행에 'Zoom'을 입력하고 Space bar 를 누릅니다.

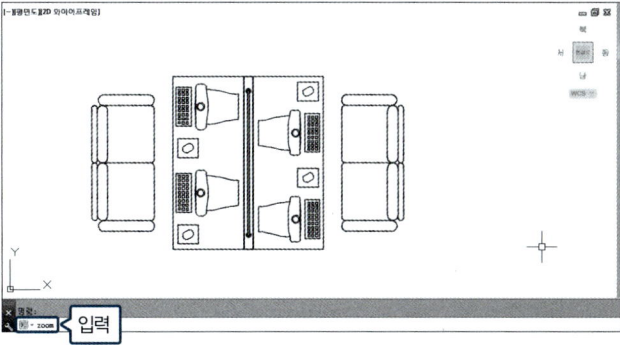

명령: ZOOM Space bar ← Zoom 명령 입력 (Z)

02 서브 메뉴 중 '전체(All)'를 선택하기 위해 명령 행에 'A'를 입력한 후 Space bar 를 누르면 도면의 한계 영역을 모두 나타냅니다.

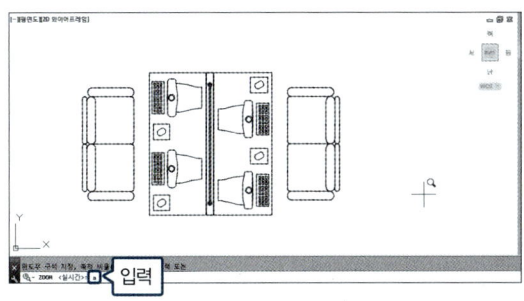 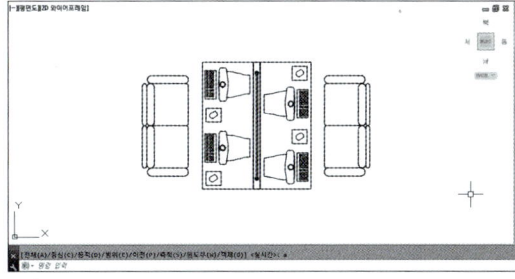

윈도우 구석 지정, 축척 비율(nX 또는 nXP) 입력 또는
[전체(A)/중심(C)/동적(D)/범위(E)/이전(P)/축척(S)/윈도우(W)/객체(O)] <실시간>: a Space bar ← 옵션 'A(All)' 입력

바로 통하는 TIP AutoCAD를 오래 사용한 사람들은 Zoom 명령의 옵션을 명령 행에 직접 입력하여 사용합니다. 하지만 마우스 휠을 굴려도 실시간으로 편리하게 Zoom 기능을 사용할 수 있습니다.

실무활용노트 AUTO CAD | Zoom 명령의 '전체(All)'와 '범위(Extents)' 비교하기

앞에서 설명한 바와 같이 Zoom 명령의 '전체(All)'는 한계 영역과 도면의 객체 영역 중에서 더 큰 영역을 기준으로 나타냅니다. 하지만 Zoom 명령의 '범위(Extents)'는 한계 영역과 무관하며 도면의 객체 영역만을 화면에 꽉 차도록 보여줍니다.

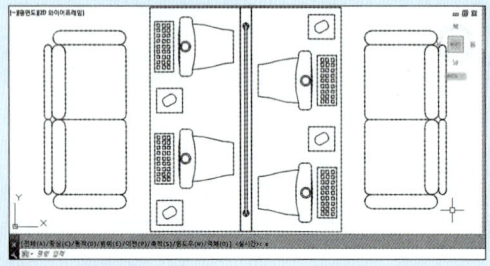
▲ '범위(Extents)'의 실행 화면

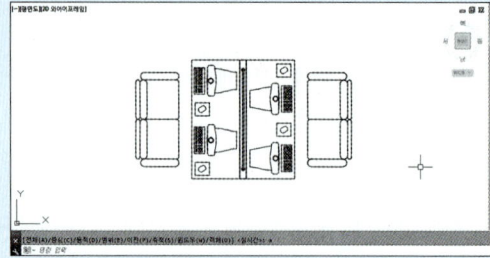
▲ '전체(All)'의 실행 화면

A Center(C) : 중심

도면에서 지정한 좌표가 화면의 중심이 됩니다. 화면의 중심점이 될 위치를 도면에서 지정한 후 배율이나 높이를 설정해주면 됩니다.

01 예제 파일 'Part2-23.dwg'를 불러옵니다. 명령 행에 'Zoom'을 입력하고 Space bar 를 누릅니다.

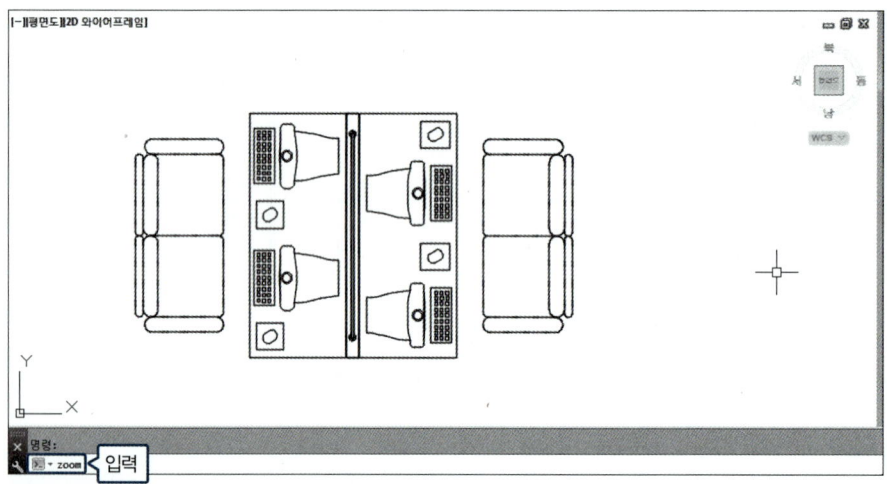

명령: ZOOM Space bar ← Zoom 명령 입력 (Z)

02 서브 메뉴 중 '중심(Center)'을 선택하기 위해 명령 행에 'C'를 입력한 후 Space bar 를 누릅니다. 확대할 영역의 중심점을 지정합니다.

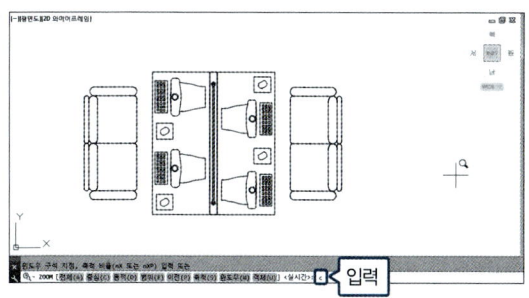 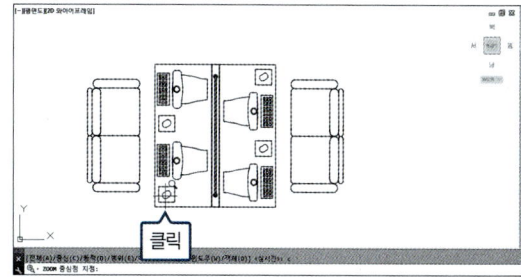

윈도우 구석 지정, 축척 비율(nX 또는 nXP) 입력 또는
[전체(A)/중심(C)/동적(D)/범위(E)/이전(P)/축척(S)/윈도우(W)/객체(O)] 〈실시간〉: c Space bar ← 옵션 'C(Center)' 입력
중심점 지정: ← 중심점을 클릭해서 지정

03 명령 행에 '10'을 입력하여 배율을 지정합니다. 좌석의 마우스 객체가 10배로 확대되어 보입니다.

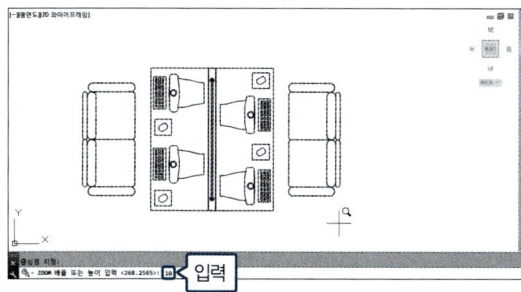 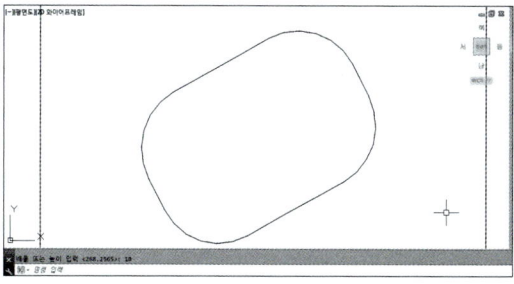

배율 또는 높이 입력 〈268.2565〉: 10 Space bar ← 배율 '10' 지정

A Dynamic(D) : 동적

도면의 전체 영역을 보여주고 화면에 상자가 나타나면 확대하려는 영역에 맞게 크기를 조절하여 지정한 영역만큼 도면을 확대해줍니다. 이 기능은 원하는 부분을 빠르게 볼 수 있는 것이 장점입니다.

01 예제 파일 'Part2-23.dwg'를 불러옵니다. 명령 행에 'Zoom'을 입력하고 Spacebar를 누릅니다.

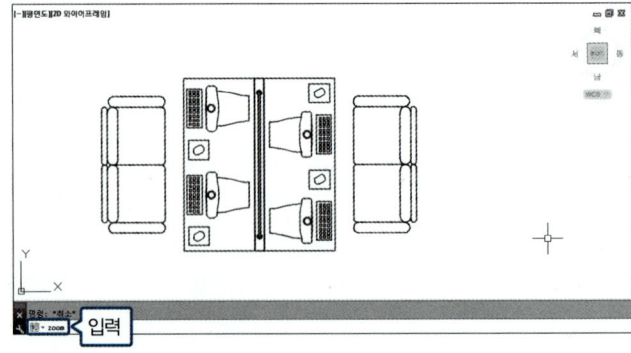

명령: ZOOM Spacebar ← Zoom 명령 입력 (Z)

02 서브 메뉴 중 '동적(Dynamic)'을 선택하기 위해 명령 행에 'D'를 입력한 후 Spacebar를 눌러 명령을 실행하면 확대할 영역을 표시하는 상자가 나타납니다.

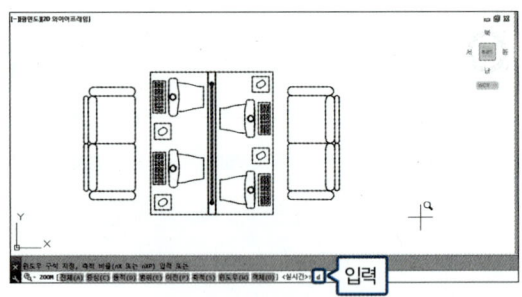 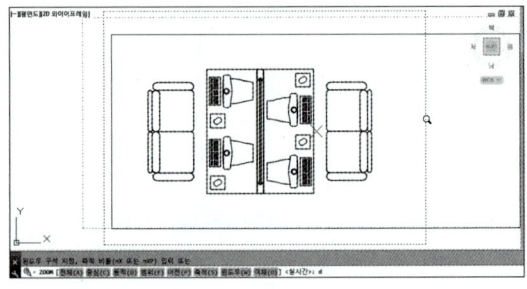

윈도우 구석 지정, 축척 비율(nX 또는 nXP) 입력 또는
[전체(A)/중심(C)/동적(D)/범위(E)/이전(P)/축척(S)/윈도우(W)/객체(O)] <실시간>: d Spacebar ← 옵션 'D(Dynamic)' 입력

03 마우스 왼쪽 버튼을 클릭하여 확대할 화면 영역의 크기를 조절합니다.

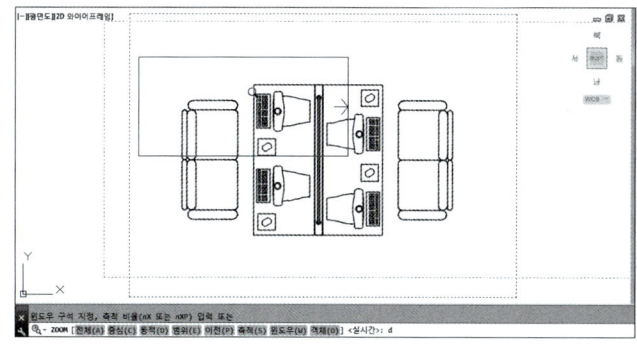

04 다시 마우스 왼쪽 버튼을 클릭하여 지정 사각형 안에 ⊠가 표시되면 상자를 이동하여 확대해서 볼 도면 영역으로 이동합니다.

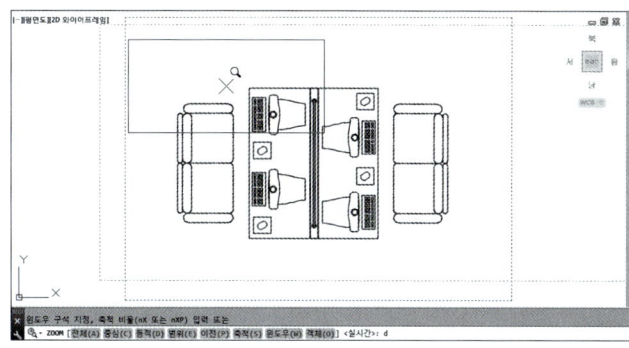

05 마우스 오른쪽 버튼을 클릭한 후 팝업 메뉴에서 '입력'을 클릭하거나 Space bar 를 눌러주면 상자의 영역만큼 화면을 꽉 차게 확대하여 보여줍니다.

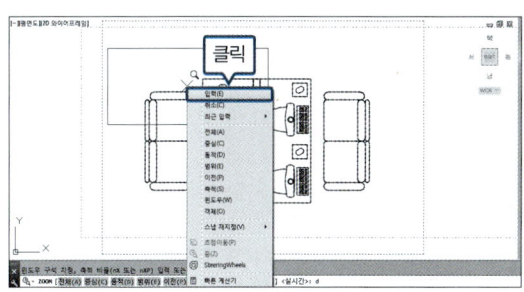
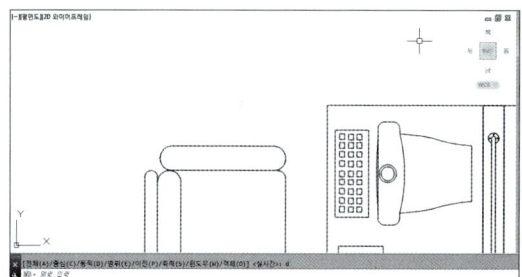

A Scale(S) : 축척

현재 화면의 크기를 절대적인 또는 상대적인 크기로 원하는 배율만큼 확대하거나 축소하여 나타냅니다. Scale(축척)에는 'nX'와 'nXP' 옵션이 있습니다.

01 예제 파일 'Part2-23.dwg'를 불러옵니다. 명령 행에 'Zoom'을 입력하고 Space bar 를 누릅니다. 서브 메뉴 중 '축척(Scale)'을 선택하기 위해 'S'를 입력한 후 Space bar 를 누릅니다.

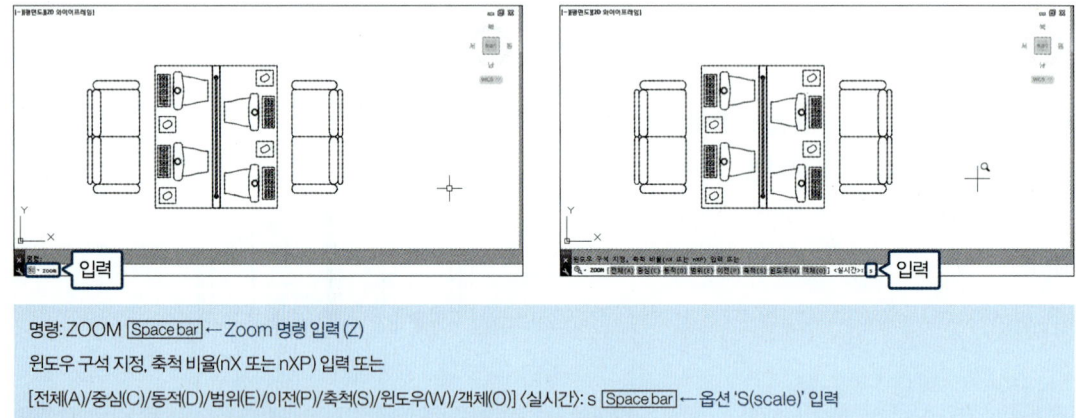

명령: ZOOM Space bar ← Zoom 명령 입력 (Z)
윈도우 구석 지정, 축척 비율(nX 또는 nXP) 입력 또는
[전체(A)/중심(C)/동적(D)/범위(E)/이전(P)/축척(S)/윈도우(W)/객체(O)] <실시간>: s Space bar ← 옵션 'S(scale)' 입력

02 원하는 배율을 입력하여 화면의 크기를 조절합니다. 명령 행에 '0.5x'를 입력하고 실행하면 화면이 처음 화면의 절반 크기로 축소됩니다.

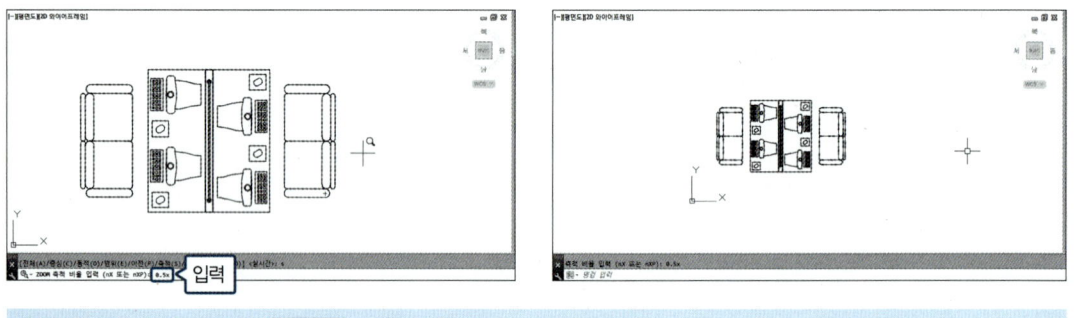

축척 비율 입력 (nX 또는 nXP): 0.5x Space bar ← 배율 '0.5x' 입력

바로 통하는 TIP 'nX'는 현재의 작업 영역에서 사용하는 옵션이고, 'nXP'는 레이아웃 탭에서 사용하는 옵션입니다. 일반적인 작업 영역에서 화면을 두 배로 확대하려면 '2X'를 입력하면 되고, 세 배로 확대하려면 '3X'를 입력하면 됩니다. 반대로 1/2로 축소하려면 '0.5X'를 입력하면 됩니다.

A Object(O) : 객체

확대하거나 축소하려는 객체를 선택하면 그 객체를 확대·축소하여 화면 전체에 나타냅니다.

01 예제 파일 'Part2-23.dwg'를 불러옵니다. 컴퓨터 모니터 위에 있는 원형 객체를 확대해보겠습니다. 명령 행에 'Zoom'을 입력하고 Space bar 를 누릅니다.

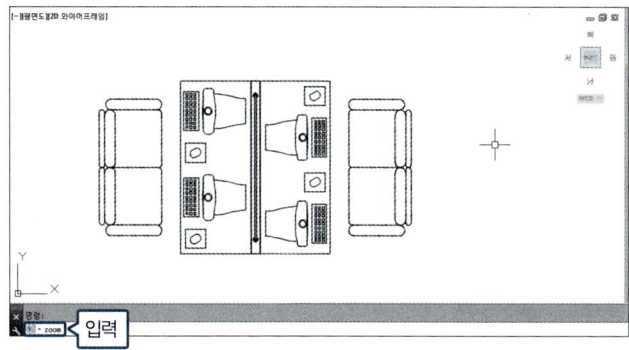

명령: ZOOM Space bar ← Zoom 명령 입력(Z)

02 서브 메뉴 중 '객체(Object)'를 선택하기 위해 'O'를 입력한 후 Space bar 를 누릅니다.

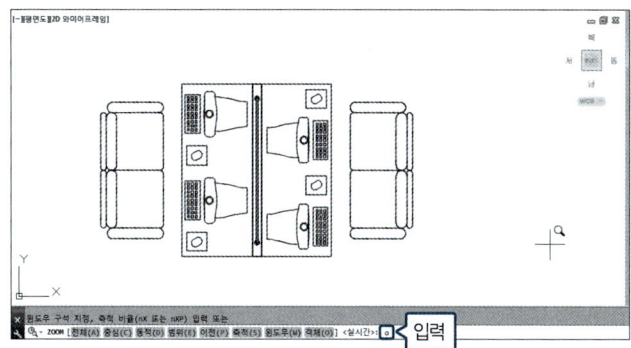

윈도우 구석 지정, 축척 비율(nX 또는 nXP) 입력 또는
[전체(A)/중심(C)/동적(D)/범위(E)/이전(P)/축척(S)/윈도우(W)/객체(O)] <실시간>: o Space bar ← 옵션 'O(Object)' 입력

03 원하는 객체를 선택하고 Space bar 를 누르면 선택한 객체가 확대됩니다.

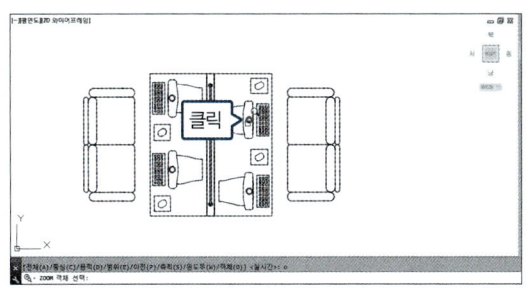 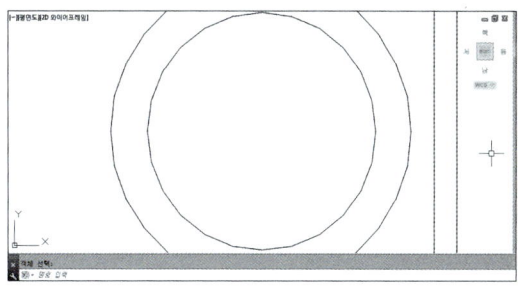

객체 선택: 1개를 찾음 ← 확대하려는 객체를 클릭해서 선택
객체 선택: Space bar ← 명령 실행

A Realtime : 실시간

실시간으로 화면을 축소·확대할 수 있는 기능입니다. 별도의 옵션을 선택하지 않고 바로 Space bar 를 눌러 사용합니다.

01 예제 파일 'Part2-23.dwg'를 불러옵니다. 명령 행에 'Zoom'을 입력하고 Space bar 를 누릅니다.

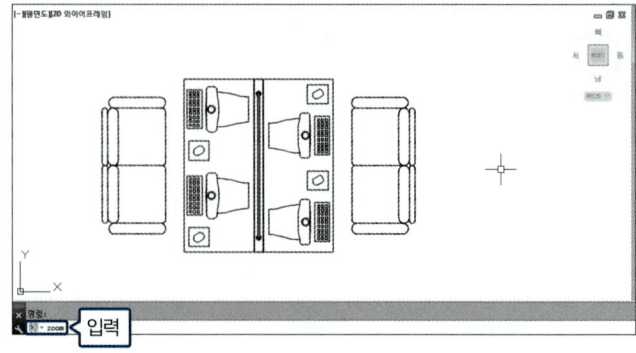

명령: ZOOM Space bar ← Zoom 명령 입력 (Z)

02 옵션 선택 없이 바로 Space bar 를 눌러 실행하면 마우스 포인터가 돋보기 모양으로 바뀝니다. 이 상태에서 위쪽 방향으로 드래그하면 확대가 되고, 아래쪽 방향으로 드래그하면 축소가 됩니다. 원하는 화면 크기가 되면 Space bar 를 눌러 실행합니다.

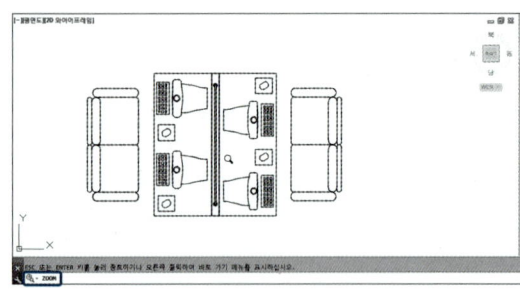 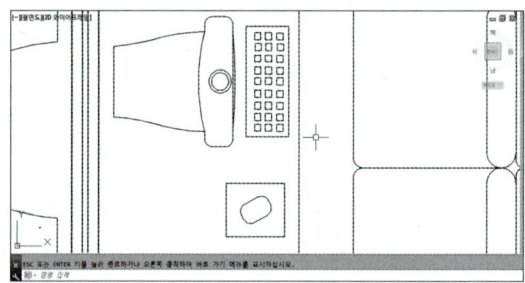

윈도우 구석 지정, 축척 비율(nX 또는 nXP) 입력 또는
[전체(A)/중심(C)/동적(D)/범위(E)/이전(P)/축척(S)/윈도우(W)/객체(O)] 〈실시간〉: Space bar ← 별도 옵션을 선택하지 않고 그대로 Space bar 눌러 실행
ESC 또는 ENTER 키를 눌러 종료하거나 오른쪽 클릭하여 바로 가기 메뉴를 표시하십시오. ← 마우스 포인터가 돋보기 모양으로 변경

S E C T I O N 02 화면에서 보이지 않는 도면을 당겨오는 Pan

도면을 작성하다 보면 내용이 점점 많아지거나 혹은 좌표가 멀리 있어서 화면 밖으로 객체가 벗어나는 경우가 종종 있습니다. 이럴 때 객체가 모두 화면에 나타날 수 있도록 Pan(초점 이동) 명령을 실행하여 도면을 당겨와야 합니다. Pan 명령을 사용하려면 명령 행에 'Pan'을 입력하고 Space bar 를 누르면 됩니다. 또 다른 간편한 방법은 마우스 휠을 눌러서 드래그하여 사용하는 것입니다.

1 Pan 명령으로 화면 이동하기

Pan 명령의 기능과 사용 방법을 알아봅니다. Pan 명령을 실행한 후 마우스 포인터가 손바닥 모양으로 바뀌면 상하좌우 원하는 방향으로 화면을 드래그하여 사용합니다.

01 예제 파일 'Part2-24.dwg'를 불러옵니다. 명령 행에 'Pan'을 입력하고 Space bar 를 누릅니다.

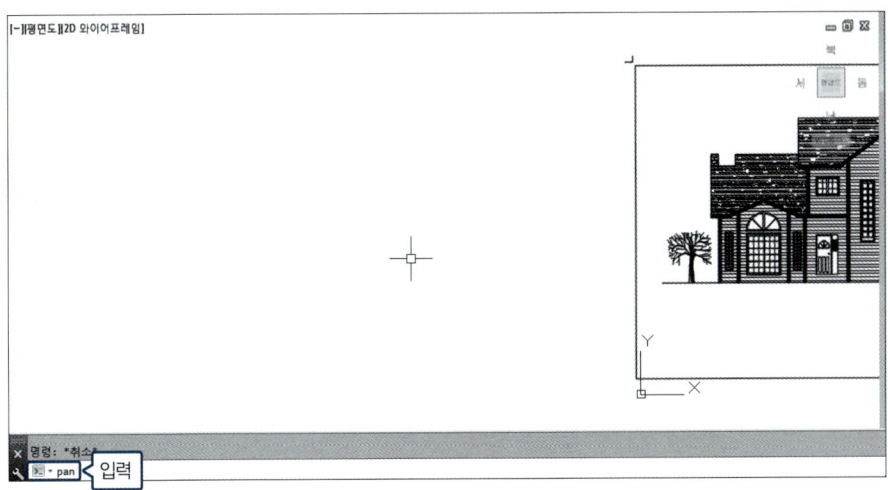

명령: PAN Space bar ← Pan 명령 입력 (P)

02 마우스 포인터가 손바닥 모양이 되면 마우스 왼쪽 버튼을 클릭한 후, 왼쪽으로 드래그합니다. 드래그한 방향으로 화면 전체가 이동하는 것을 확인할 수 있습니다. 작업을 마치면 Space bar 를 눌러 명령을 종료합니다.

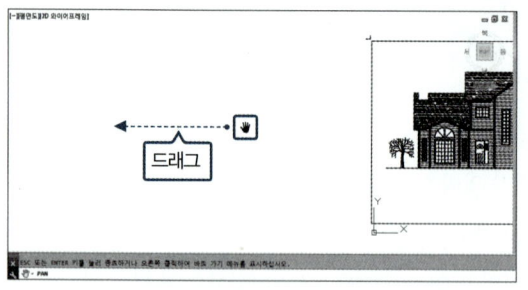 

ESC 또는 ENTER 키를 눌러 종료하거나 오른쪽 클릭하여 바로 가기 메뉴를 표시하십시오. Space bar
← 마우스 왼쪽 버튼으로 화면을 드래그하여 원하는 방향으로 당긴 후 Space bar

바로 통하는 TIP Pan 명령은 Move 명령과 달리 도면 객체의 좌표점을 바꾸지 않고 단순히 사용자 편의상 화면에서 도면 전체가 이동되는 것처럼 보이는 기능입니다.

2 마우스 휠로 Pan 명령 실행하기

마우스 휠을 위아래로 돌리면 Zoom 명령이 적용되지만 휠을 누른 상태에서 드래그하면 Pan 명령을 바로 실행할 수 있습니다. 이때는 Space bar 를 누르지 않아도 휠에서 손을 떼면 Pan 명령에서 자동으로 빠져나옵니다.

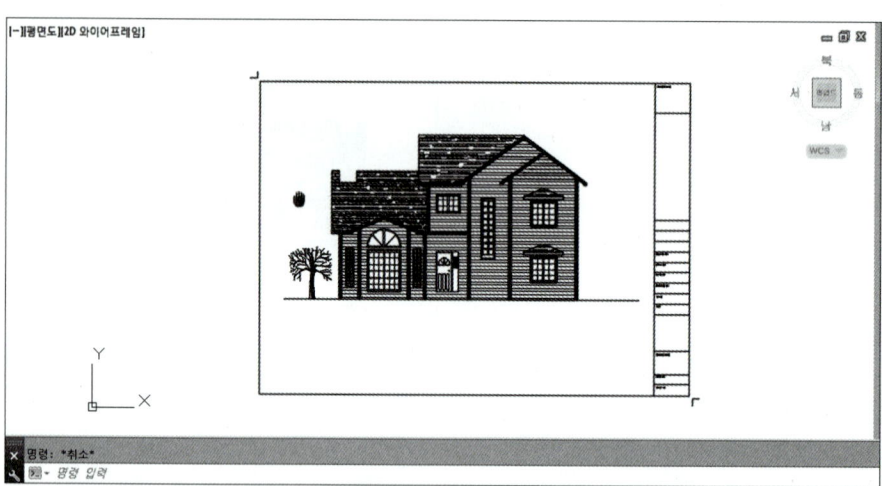

실무활용노트 AUTO CAD | 투명 명령 Zoom 명령과 Pan 명령

명령 실행 중에 중복으로 사용할 수 있는 명령을 투명 명령이라고 하는데, 대표적인 명령이 Zoom 명령과 Pan 명령입니다. Zoom 도구 막대를 사용하면 임의의 다른 명령을 실행하는 도중이라도 동시에 사용할 수 있습니다. 임의의 다른 명령을 실행하는 중에 명령 행에서 Zoom 명령을 사용하려면 아포스트로피(')를 먼저 입력한 후 명령 행에 'Zoom'을 입력하고 사용하면 됩니다.

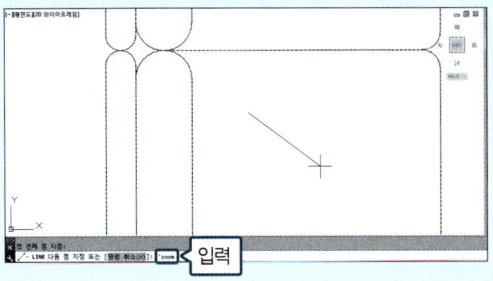 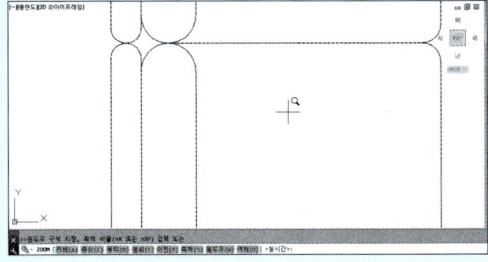

실무활용노트 AUTO CAD | Mbuttonpan으로 Pan과 객체 스냅 기능을 제어하기

명령 행에 'Mbuttonpan'을 입력하면 옵션으로 '0'과 '1'을 선택할 수 있습니다. 명령 행에 '0'을 입력하고 마우스 휠을 작업 영역에서 눌러보면 객체 스냅을 지정할 수 있는 팝업 메뉴가 표시됩니다. 다시 명령 행에 '1'을 입력하면 Pan 명령의 기능으로 사용할 수 있습니다.

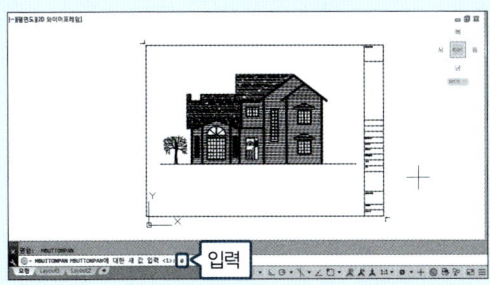 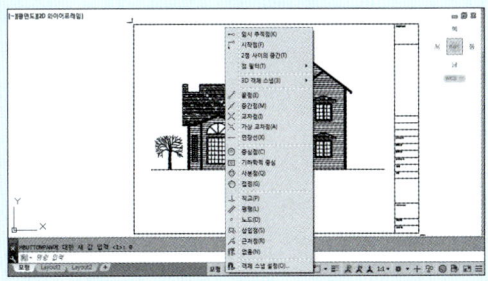

PART 03

2D 도면을 작업하기 위해 꼭 알아야 할 기본적인 편집 명령과 그리기 명령을 알아보겠습니다. AutoCAD를 사용할 때 이러한 명령을 제대로 이해하지 못한다면 도면 작성이 불가능할 정도로 아주 중요합니다. 사용자가 훨씬 빠르고 정확하게 도면을 작성할 수 있는 명령이므로 반드시 숙지하고 넘어가야 합니다.

섬세한 도면 작업을 위한 다양한 2D 편집 명령

CHAPTER 01

객체의 이동 · 복사 · 크기 조절

도면 객체를 원하는 지점으로 정확하게 옮기는 Move(이동) 명령, 객체를 원하는 지점으로 이동하여 복사하는 Copy(복사) 명령, 객체의 크기를 전체 도면에 적절하게 확대 · 축소하는 Scale(축척) 명령을 알아보겠습니다.

학습 목표

도면 객체를 이동 · 복사하고 크기를 조절하는 방법을 익혀봅니다. Move 명령으로 객체를 옮기고 Copy 명령으로 같은 객체를 연속해서 복사해봅니다. 그런 다음 Scale 명령으로 크기를 조절하여 배치해보겠습니다.

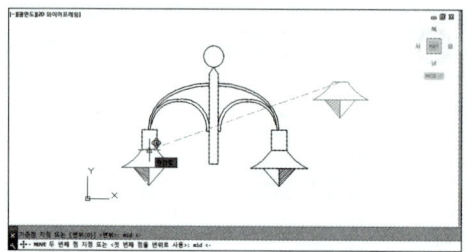

▲ 객체 옮기기

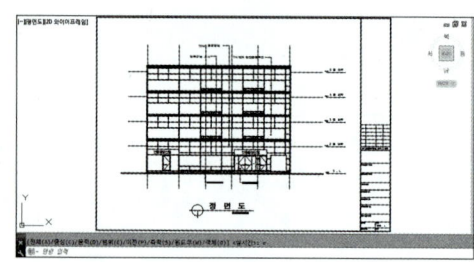

▲ 연속 복사하기

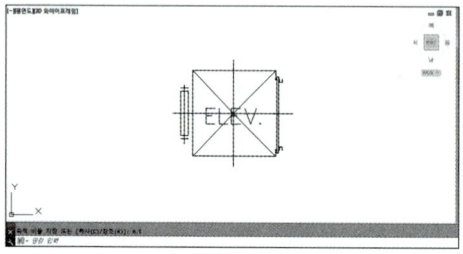

▲ 객체 축소 및 확대하기

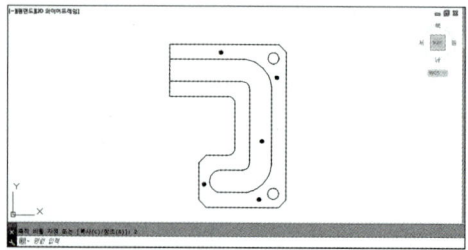

SECTION 01 원하는 좌표로 객체를 옮기는 Move

Move(이동) 명령은 선택된 도면의 객체를 옮기는 편집 명령입니다. Move 명령을 사용하려면 명령 행에 'Move'를 입력하고 Space bar 를 누르거나 [수정] 도구 팔레트에 있는 이동 아이콘(✥)을 선택합니다.

1 객체 스냅 이용하여 이동하기

객체 스냅을 이용하여 Move 명령을 적용할 때에는 기준점과 이동 지점을 정확히 지정해야 합니다. Move 명령을 사용하여 가로등의 윗부분을 완성해보겠습니다.

01 예제 파일 'Part3-01.dwg'를 불러옵니다. 명령 행에 'Move'를 입력하고 Space bar 를 눌러 명령을 실행합니다. 그런 다음 화면 오른쪽 위의 이동할 원을 선택하고 Space bar 를 누릅니다.

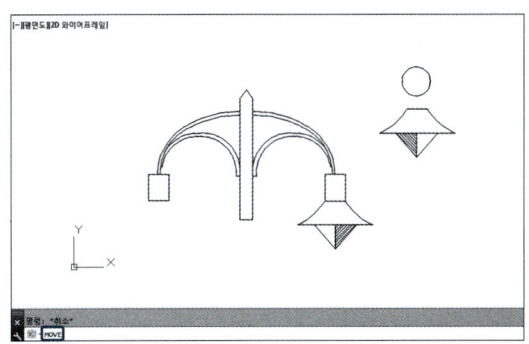 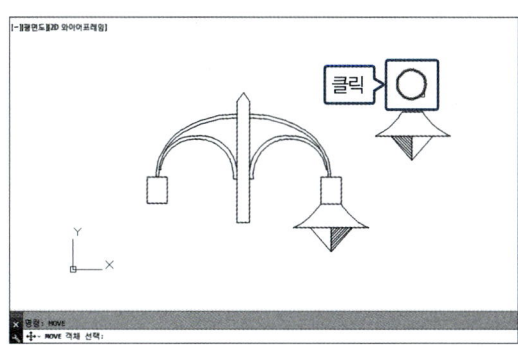

명령: MOVE Space bar ← Move 명령 입력 (M)
객체 선택: 1개를 찾음 ← 객체 선택
객체 선택: Space bar ← 객체를 다 선택하면 Space bar

02 선택한 원의 맨 아랫부분을 선택해 왼쪽 조명 집기 꼭지로 옮겨보겠습니다. 객체 스냅의 사분점을 지정하기 위해 명령 행에 'Quad'를 입력하고 Space bar 를 누릅니다. 그리고 원의 아래쪽 사분점을 클릭하여 기준점으로 지정합니다.

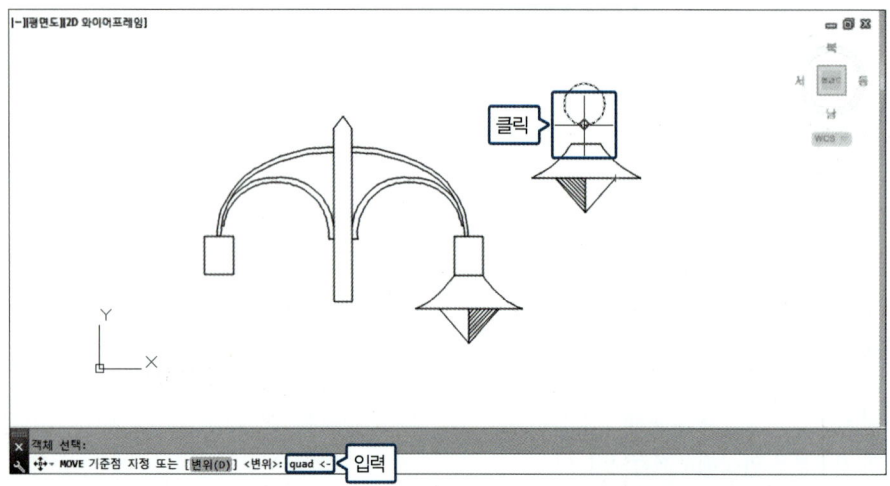

기준점 지정 또는 [변위(D)] 〈변위〉: quad Space bar ← 'Quad' 입력해 원의 아래쪽 사분점을 기준점으로 지정

03 객체 스냅의 끝점을 설정하여 조명 집기의 꼭짓점을 기준점으로 지정해보겠습니다. 명령 행에 'End'를 입력하고 Space bar 를 누른 후 꼭짓점을 클릭합니다. 원이 조명 집기 꼭지로 이동한 것을 확인할 수 있습니다.

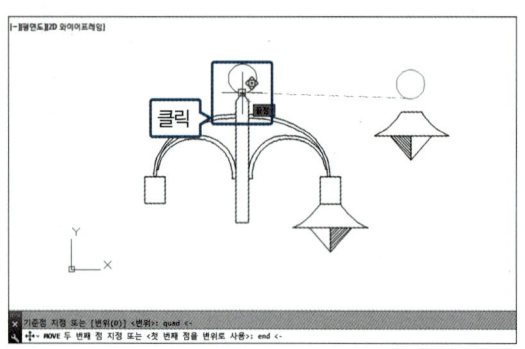 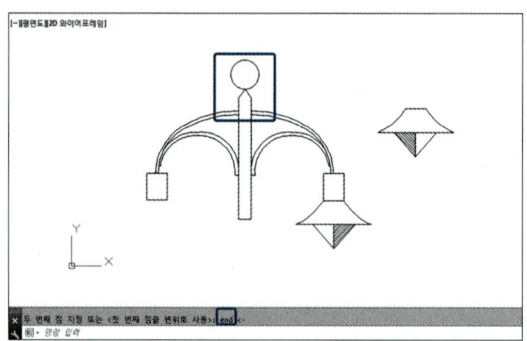

두 번째 점 지정 또는 〈첫 번째 점을 변위로 사용〉: end Space bar ← 'End' 입력해 변위의 두 번째 점 지정

바로 통하는 TIP 객체 스냅의 끝점(Endpoint)은 AutoCAD를 시작할 때 기본으로 설정된 옵션입니다. 따라서 명령 행에 'End'를 입력하고 Space bar 를 누른 후 도면 위에 마우스 포인터를 가져가면 끝점이 표시됩니다. 도면에 끝점이 표시되지 않는다면 객체 스냅 설정의 끝점 아이콘(끝점)을 클릭하여 사용합니다.

실무활용노트 AUTO CAD — [제도 설정] 대화상자에서 객체 스냅 설정하기

앞으로 예제를 실습할 때 객체 스냅을 계속 사용하므로 객체 스냅을 미리 설정하겠습니다. 작업 화면 아래의 객체 스냅 모드 버튼( )의 역삼각형을 클릭하면 가장 아래에 '객체 스냅 설정'이 나타납니다. 이곳을 클릭하면 [제도 설정] 대화상자가 나타납니다. 이 대화상자에서 객체 스냅을 일괄 지정할 수 있습니다.

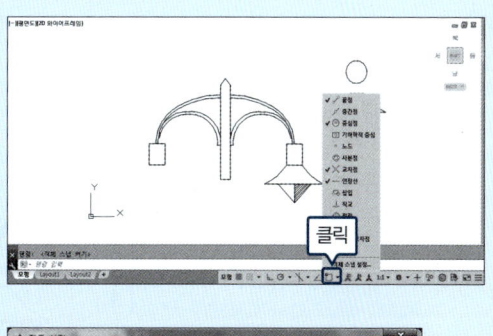

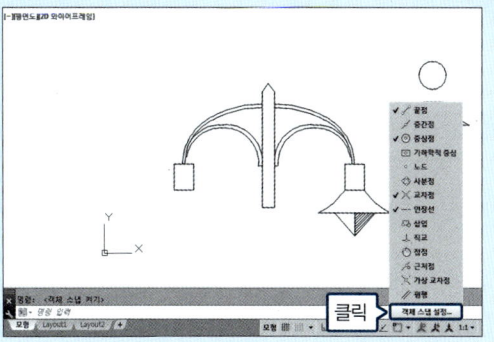

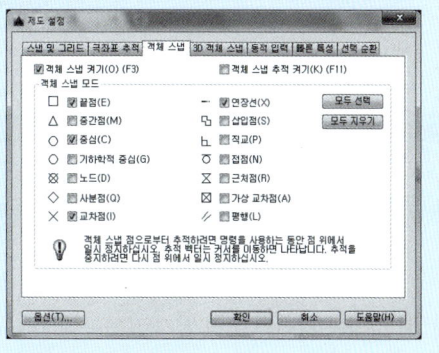

04 조명 집기 오른쪽에 따로 떨어져 있는 조명등 객체를 조명 집기 왼쪽 아래로 옮겨보겠습니다. 명령 행에 'Move'를 입력하고 Space bar 를 눌러 명령을 실행합니다. 이동할 조명등 객체를 드래그하고 Space bar 를 눌러 객체를 선택합니다.

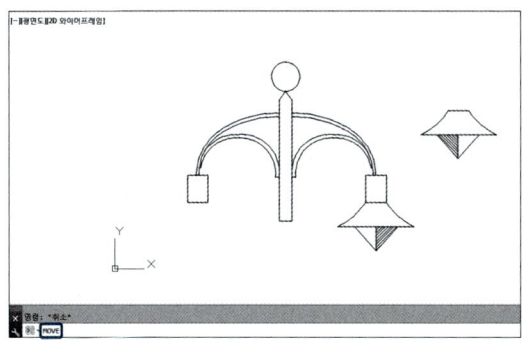
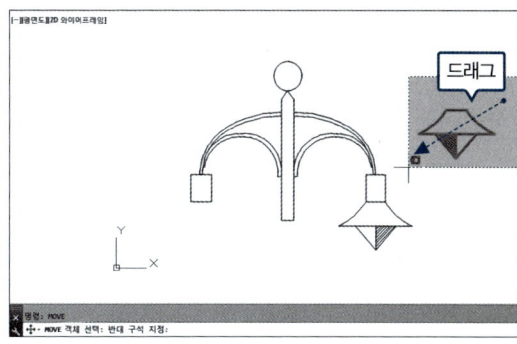

명령: MOVE Space bar ← Move 명령 입력 (M)

객체 선택: 반대 구석 지정: 8개를 찾음 ← 이동할 객체 선택

객체 선택: Space bar ← 이동할 조명등 객체를 모두 선택하고 Space bar 를 눌러 적용

Chapter 01 객체의 이동 · 복사 · 크기 조절 • **177**

05 미리 설정한 객체 스냅의 중간점 옵션을 이용해 기준점을 지정해보겠습니다. 중간점 객체 스냅이 설정되어 있지 않다면 명령 행에 'Mid'를 입력하고 Space bar 를 누른 후 옮길 조명등 객체 위쪽 중간점을 클릭합니다.

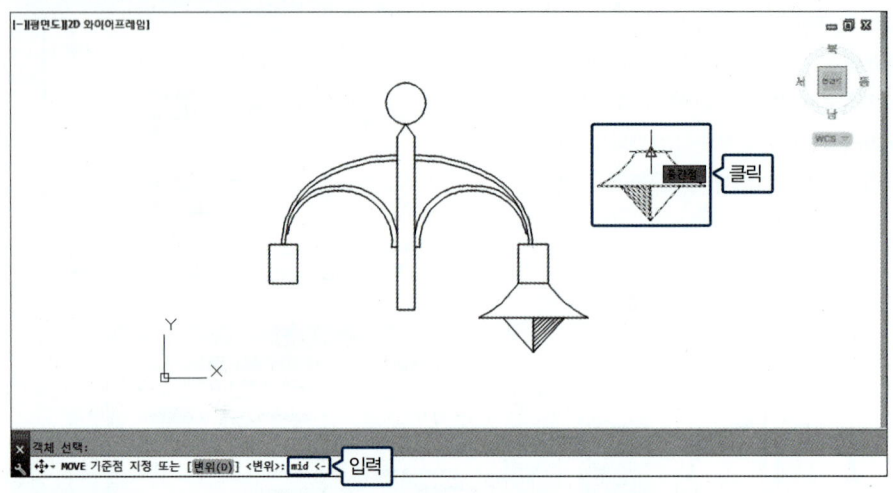

기준점 지정 또는 [변위(D)] 〈변위〉: mid Space bar ← 조명등 위의 중간점을 기준점으로 지정

06 선택한 조명등 객체를 조명 집기로 이동해보겠습니다. 이때도 객체 스냅의 중간점을 이용하여 조명 집기 왼쪽 사각형 아랫변의 중간점을 지정하여 조명등 객체를 옮깁니다. 조명등 객체가 조명 집기로 이동하면 도면 작성을 마칩니다.

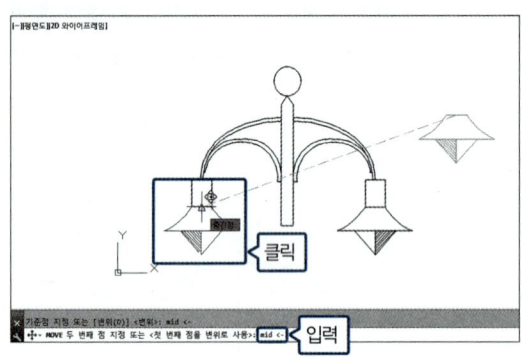 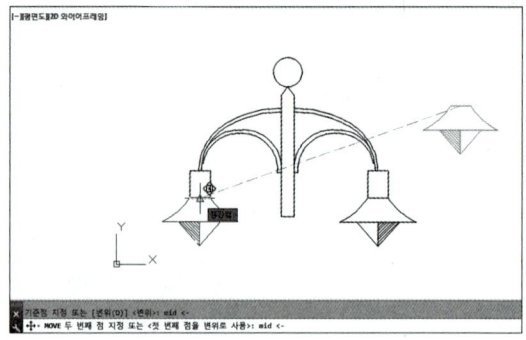

두 번째 점 지정 또는 〈첫 번째 점을 변위로 사용〉: mid Space bar ← 변위의 두 번째 점 지정. 이미 설정했다면 해당 지점에서 그대로 클릭

2 좌표 입력하여 이동하기

좌표를 지정하여 객체를 이동하려면 상대좌표나 극좌표를 사용하면 됩니다. 이때 기준점은 특정 위치에 정해진 것이 아니므로 어디에 지정해도 상관없습니다. 다음 예제에서 왼쪽 조명등 객체와 오른쪽 가리개 객체는 서로 50mm 떨어져 있습니다. 가리개 객체를 왼쪽으로 50mm 옮겨서 도면을 완성해보겠습니다.

01 예제 파일 'Part3-02.dwg'를 불러옵니다. 명령 행에 'Move'를 입력하고 Space bar 를 눌러 명령을 실행합니다.

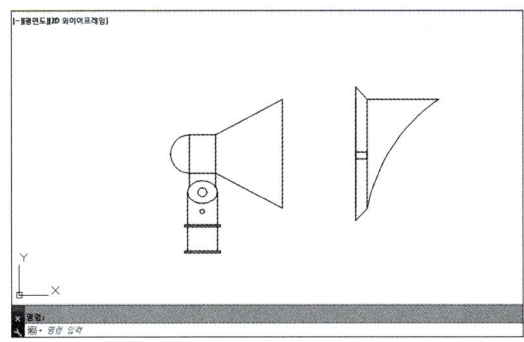
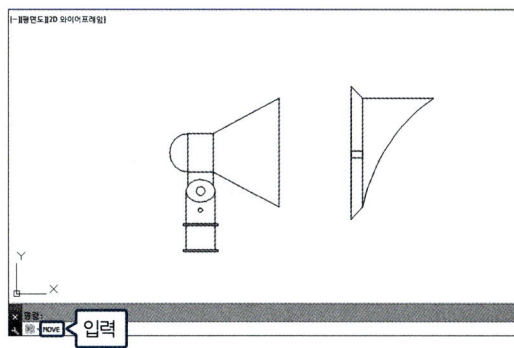

명령: MOVE Space bar ← Move 명령 입력 (M)

02 이동할 가리개 객체를 드래그해서 선택하고 Space bar 를 누릅니다.

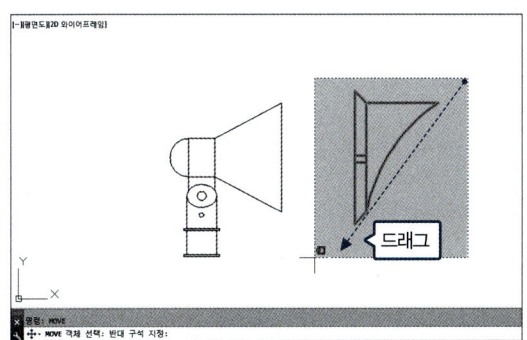
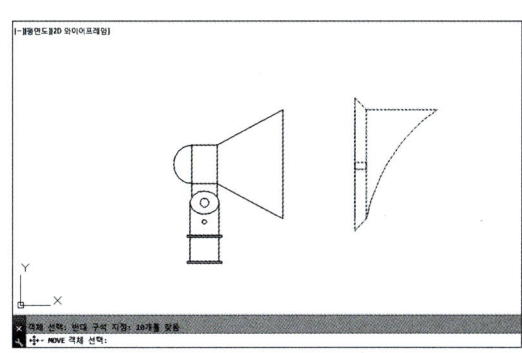

객체 선택: 반대 구석 지정: 10개를 찾음 ← 객체 선택
객체 선택: Space bar ← 객체를 선택하고 Space bar 를 눌러 적용

03 임의의 기준점을 지정합니다. 이때는 좌표를 이용해서 객체를 옮길 것이므로 기준점은 어디에 클릭해도 상관없습니다.

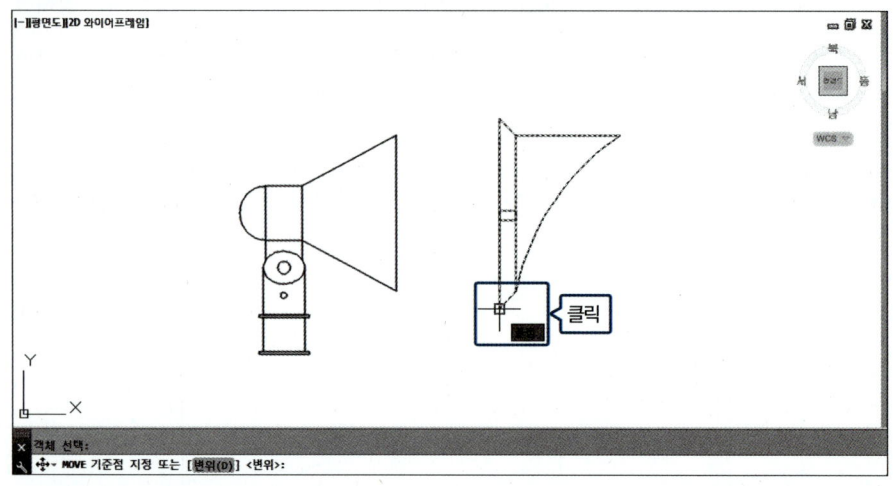

기준점 지정 또는 [변위(D)] 〈변위〉: ← 임의의 기준점 지정

04 객체를 왼쪽 방향으로 50mm만큼 이동하겠습니다. 극좌표를 사용하여 명령 행에 '@50〈180'을 입력하고 Space bar 를 누릅니다. 객체가 이동하면 도면 작성을 마칩니다.

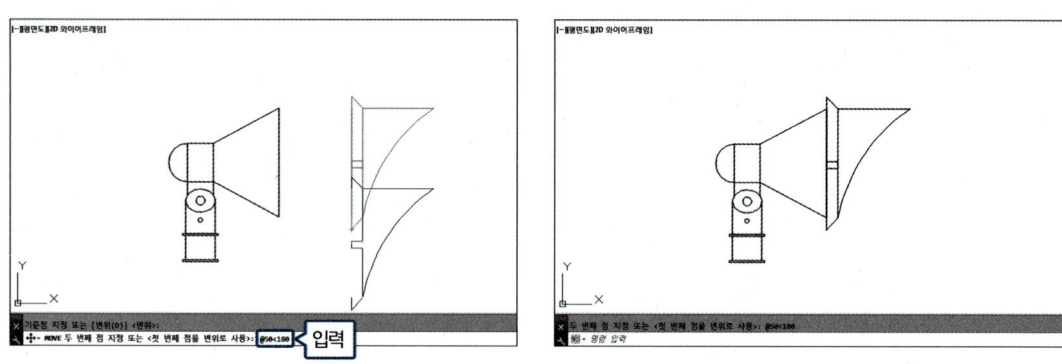

두 번째 점 지정 또는 〈첫 번째 점을 변위로 사용〉: @50〈180 Space bar ← 극좌표 (@50〈180) 입력

바로 통하는 TIP 상대좌표를 사용해서 객체를 옮기려면 명령 행에 '@-50,0'을 입력하고 Space bar 를 누릅니다.

바로 통하는 TIP 극좌표와 상대좌표뿐만 아니라 정수직·정수평으로 객체를 이동할 때 마우스 포인터를 원하는 방향에 두고 거리만 입력해도 이동이 됩니다. 이때 F8 을 눌러 직교(Ortho) 모드를 활성화합니다.

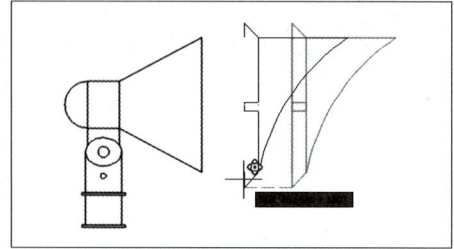

Previous 옵션으로 객체 다시 선택하기

Previous 선택 방법은 앞 명령으로 선택했던 객체를 다시 선택할 때 사용하는 옵션입니다. 명령 행에 'P'만 입력하면 바로 앞에 선택했던 모든 객체가 자동으로 선택되므로 무척 편리합니다. Previous 선택 방법은 Move 명령뿐 아니라 모든 편집 명령에서 사용할 수 있습니다.

1 예제 파일 'Part3-03.dwg'를 불러옵니다. 다음 평면도의 의자를 선택해서 이동하고 Previous 선택 방법으로 다시 선택해보겠습니다.

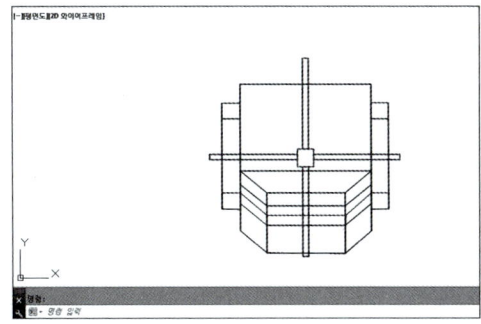

2 명령 행에 'Move'를 입력하고 Space bar 를 눌러 명령을 실행합니다. 그리고 이동할 객체를 드래그해서 선택하고 Space bar 를 누릅니다.

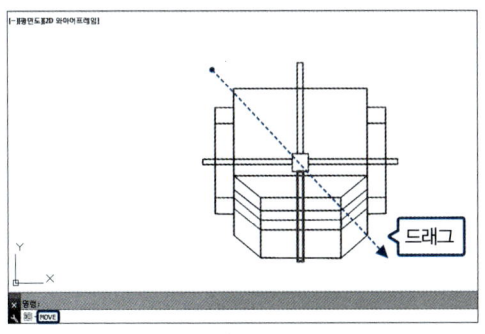
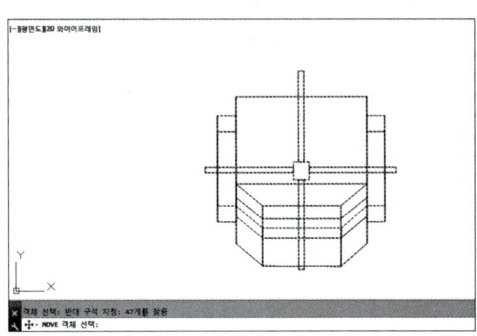

명령: MOVE Space bar ← Move 명령 입력 (M)
객체 선택: 반대 구석 지정: 47개를 찾음 ← 이동할 객체 선택
객체 선택: Space bar ← 이동할 객체를 선택하고 Space bar 를 눌러 적용

3 선택한 객체를 오른쪽 정수평 방향으로 200mm만큼 이동하겠습니다. 도면의 아무 곳이나 클릭하여 기준점을 지정하고 마우스 포인터를 객체 오른쪽에 둡니다. 그런 다음 명령 행에 '200'을 입력하고 Space bar 를 누릅니다. 이 때 F8 을 눌러 직교 모드를 활성화해야 합니다.

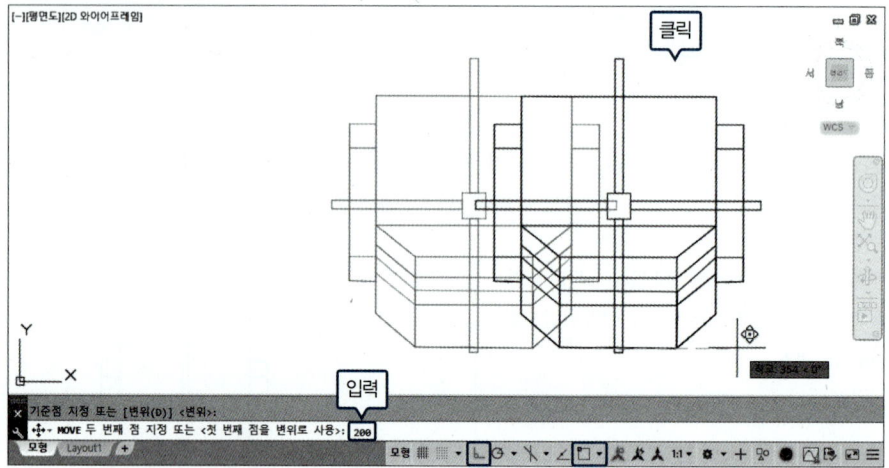

기준점 지정 또는 [변위(D)] 〈변위〉: ← 기준점 지정
두 번째 점 지정 또는 〈첫 번째 점을 변위로 사용〉: 〈직교 켜기〉 200 Space bar ← 객체를 오른쪽으로 200mm 이동

4 이동한 객체를 다시 옮기기 위해 그대로 Space bar 를 눌러 Move 명령을 다시 실행합니다.

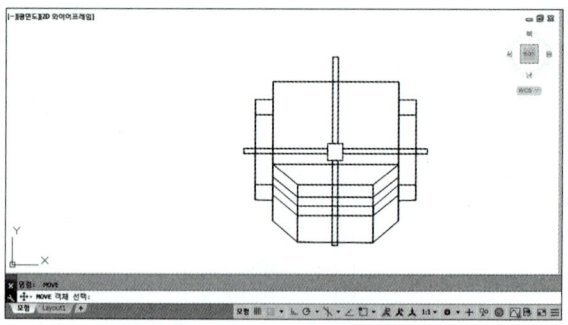

명령: Space bar ← Move 명령 입력 (M)

바로 통하는 TIP 이전 단계에서 Move 명령을 완료하고 다시 Space bar 를 누르면 이전 명령이 그대로 실행되므로 다시 명령 행에 'Move'를 입력할 필요가 없습니다.

05 방금 이동했던 모든 객체를 그대로 선택하기 위해 명령 행에 'P'라고 입력하고 Space bar 를 누릅니다. 앞 단계에서 선택했던 객체가 그대로 선택되었음을 알 수 있습니다. 다시 Space bar 를 누르고 다음 단계로 넘어갑니다.

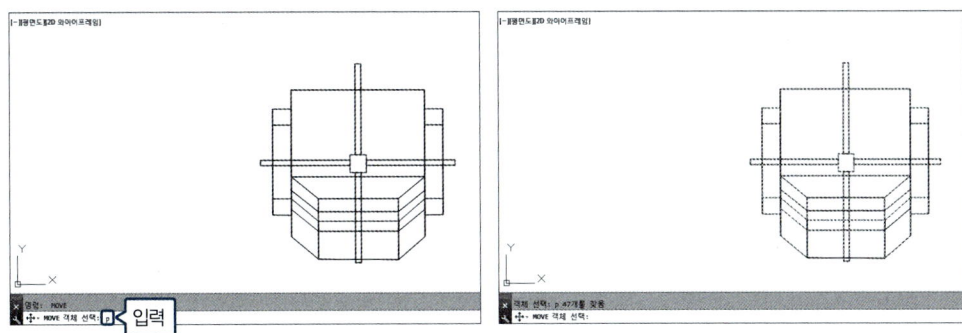

객체 선택: p 47개를 찾음 ← 옵션 'P' 입력하여 이전 객체를 그대로 선택
객체 선택: Space bar ← 이동할 객체를 선택하고 Space bar 를 눌러 적용

06 이번에는 객체를 왼쪽으로 400mm만큼 이동해보겠습니다. 기준점을 임의로 지정한 후 마우스 포인터를 객체 왼쪽에 두고 명령 행에 '400'이라고 입력합니다. Space bar 를 누르고 명령을 실행합니다.

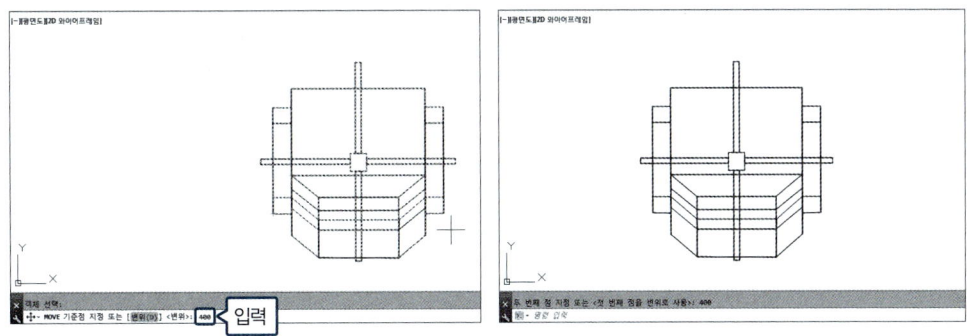

기준점 지정 또는 [변위(D)] 〈변위〉: ← 기준점 지정
두 번째 점 지정 또는 〈첫 번째 점을 변위로 사용〉: 400 Space bar ← 왼쪽으로 400mm 이동

바로 통하는 TIP   Move와 Pan 명령의 차이

Move와 Pan 명령은 모두 객체를 옮기는 명령이라 초보자는 두 기능을 혼동할 수 있습니다. Move 명령은 작업 영역에서 객체의 위치를 다른 위치로 옮기는 기능입니다. 따라서 객체가 이동한 후 좌표가 바뀝니다. 그러나 Pan 명령은 작업 영역 전체를 옮기는 기능입니다. 따라서 도화지를 손으로 밀며 이리저리 옮기는 것과 같은 역할이므로 이동 후에도 객체의 좌표는 변하지 않습니다.

SECTION 02 똑같은 모양을 그려주는 Copy

Copy(복사) 명령은 좌표를 이용하여 도면 객체를 지정한 수치만큼 이동·복사하는 편집 명령입니다. 객체 스냅을 사용하면 객체를 원하는 지점에 정확히 이동·복사할 수 있습니다. Copy 명령을 사용하려면 명령 행에 'Copy'를 입력하고 Space bar 를 누르거나 [수정] 도구 팔레트에 있는 복사 아이콘(📋)을 선택해서 사용합니다.

1 같은 기준점을 이용해 연속 복사하기

객체 스냅을 이용하여 Copy 명령을 사용할 때는 Move 명령과 마찬가지로 정확한 기준점과 이동 지점을 지정하는 것이 중요합니다. 이번에는 크기가 같은 창문을 복사하여 건물 정면도를 완성해보겠습니다.

01 예제 파일 'Part3-04.dwg'를 불러옵니다. 창문을 복사하기 위해 명령 행에 'Copy'를 입력하고 Space bar 를 눌러 명령을 실행합니다.

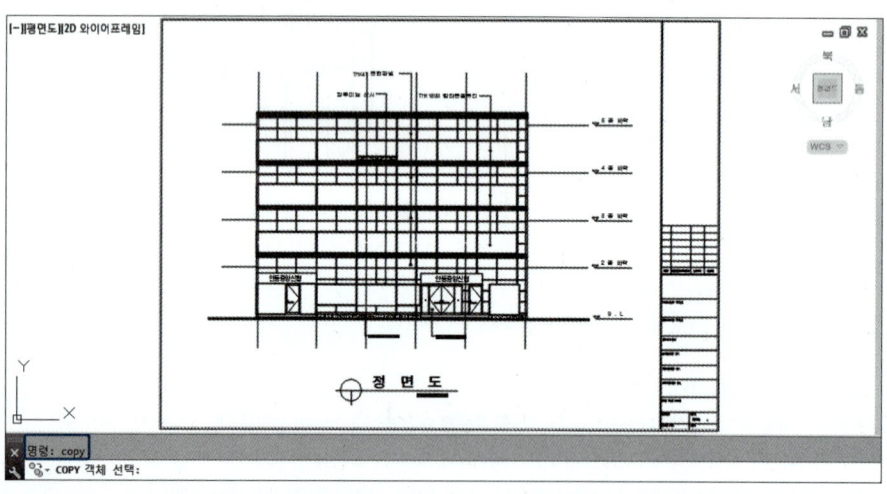

명령: COPY Space bar ← Copy 명령 입력 (CO, CP)

02 복사할 객체인 창문만 드래그해서 선택하고 Space bar 를 누릅니다.

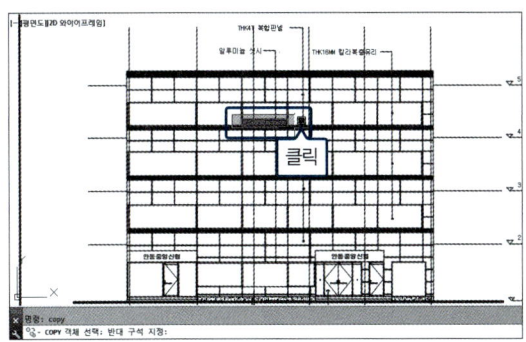 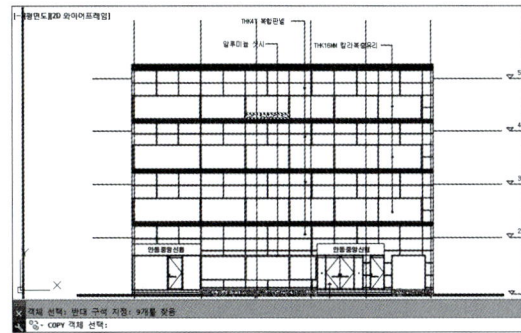

객체 선택: 반대 구석 지정: 9개를 찾음 ← 객체 선택
객체 선택: Space bar ← 객체를 선택하고 Space bar 를 눌러 적용

바로 통하는 TIP 화면이 작아 객체 선택이 어렵다면 마우스의 휠을 굴려서 화면을 확대합니다

바로 통하는 TIP 객체를 선택할 때 왼쪽에서 오른쪽으로 드래그하면 Window 선택 방식으로 파란색 상자 안에 완전히 포함된 내용만 선택됩니다. 반대로 오른쪽에서 왼쪽 방향으로 드래그하면 Crossing 선택 방식으로 초록색 상자 내부에 조금이라도 걸쳐서 포함된 모든 객체가 선택됩니다.

03 선택한 객체의 기준점을 지정해보겠습니다. 창문 객체의 왼쪽 아래 모서리를 객체 스냅의 끝점을 사용하여 지정합니다.

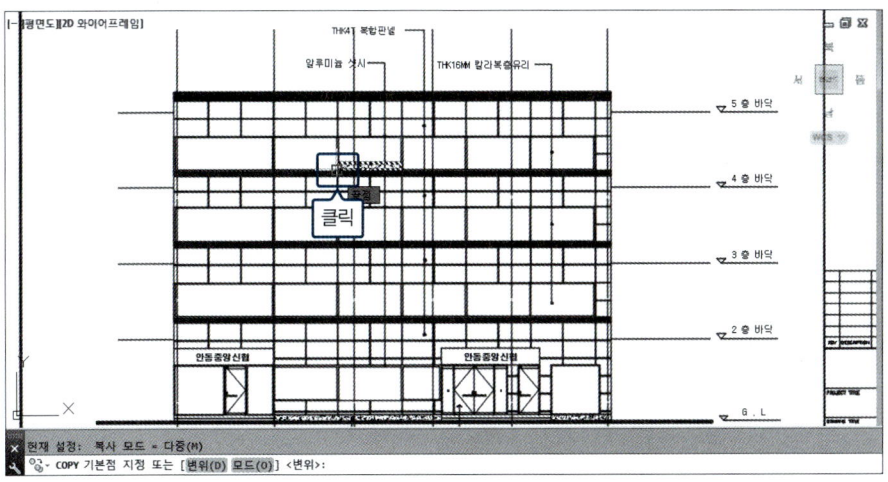

현재 설정: 복사 모드 = 다중(M)
기본점 지정 또는 [변위(D)/모드(O)] <변위>: ← 객체의 기준점 지정

04 기준점으로 지정된 창문의 끝점이 위치할 점을 지정하면 창문이 복사됩니다.

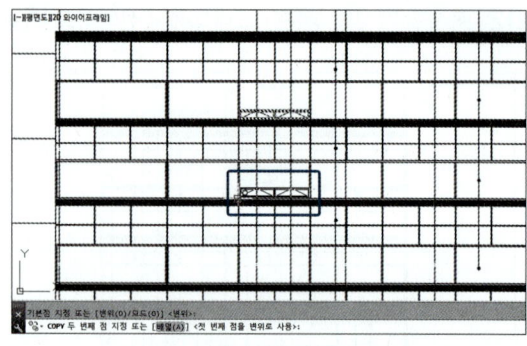

두 번째 점 지정 또는 [배열(A)] <첫 번째 점을 변위로 사용>: ← 변위의 첫 번째 점 지정

05 계속해서 다음 복사할 지점을 지정하면 연속적으로 복사 명령을 적용할 수 있습니다. Space bar 를 눌러 도면 작성을 마칩니다.

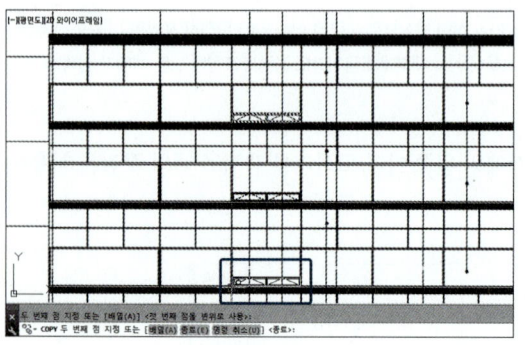 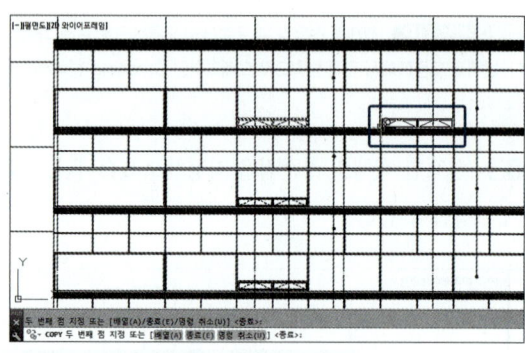

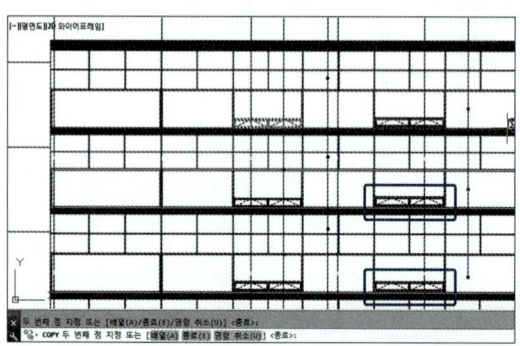 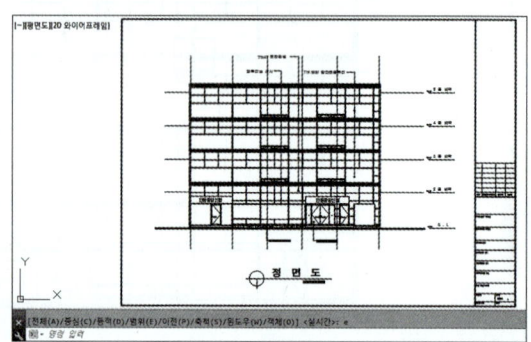

두 번째 점 지정 또는 [배열(A)/종료(E)/명령 취소(U)] <종료>: ← 변위의 두 번째 점 지정
두 번째 점 지정 또는 [배열(A)/종료(E)/명령 취소(U)] <종료>: ← 변위의 세 번째 점 지정
두 번째 점 지정 또는 [배열(A)/종료(E)/명령 취소(U)] <종료>: ← 변위의 네 번째 점 지정
두 번째 점 지정 또는 [배열(A)/종료(E)/명령 취소(U)] <종료>: ← 변위의 다섯 번째 점 지정
두 번째 점 지정 또는 [배열(A)/종료(E)/명령 취소(U)] <종료>: Space bar ← 명령 종료

바로 통하는 TIP Move 명령과 달리 Copy 명령은 Space bar 를 눌러도 명령이 종료되지 않으므로 계속해서 다음 복사점을 지정해서 복사할 수 있습니다.

2 좌표 입력하여 복사하기

좌표를 지정하여 객체를 이동·복사하려면 상대좌표나 극좌표를 사용하면 됩니다. 이때 기준점은 특정 위치에 정해진 것이 아니므로 어디에 지정해도 상관없습니다. 다음 예제는 인테리어를 위한 병원 입면도입니다. 도면에 있는 창문, 물받이, 페인트 글라스를 복사해보겠습니다.

01 예제 파일 'Part3-05.dwg'를 불러옵니다. 명령 행에 'Copy'를 입력하고 Spacebar 를 눌러 명령을 실행합니다. 화면 왼쪽에 있는 창문을 복사해보겠습니다. 복사할 창문 객체를 드래그해서 선택하고 Spacebar 를 누릅니다.

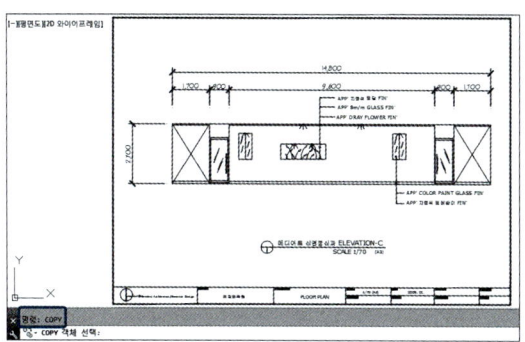 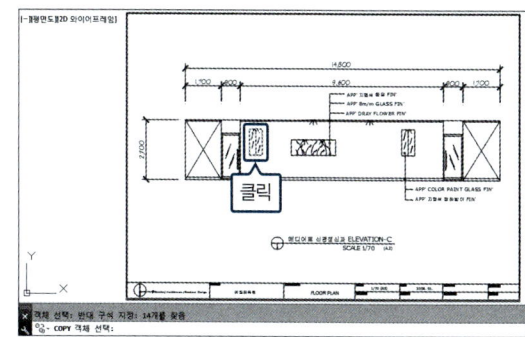

```
명령: COPY Spacebar ← Copy 명령 입력 (CO, CP)
객체 선택: 반대 구석 지정: 14개를 찾음 ← 객체 선택
객체 선택: Spacebar ← 객체를 선택하고 Spacebar 를 눌러 적용
```

02 도면의 아무 곳이나 클릭해서 기준점을 지정합니다. 여기서는 좌표를 이용할 것이므로 기준점은 어디에 클릭해도 상관없습니다.

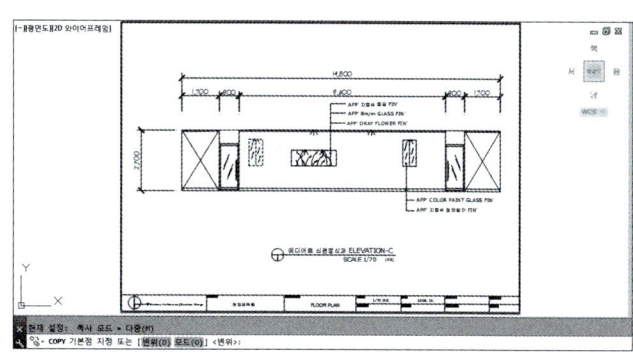

```
현재 설정: 복사 모드 = 다중(M)
기본점 지정 또는 [변위(D)/모드(O)] <변위>: ← 객체의 기준점 지정
```

03 객체를 오른쪽 방향으로 900mm 이동하여 복사하겠습니다. 극좌표를 이용한다면 '@900〈0'이라고 입력하고 Space bar를 눌러 명령을 실행합니다. 그런 다음 Space bar를 한 번 더 눌러 명령을 종료합니다.

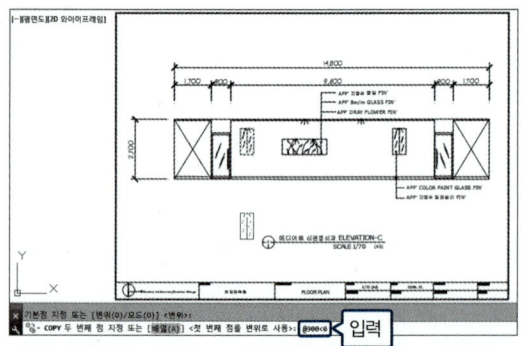 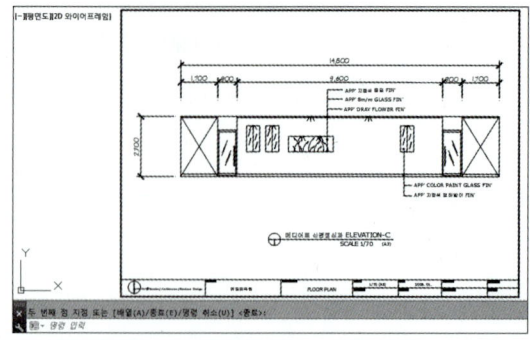

두 번째 점 지정 또는 [배열(A)] 〈첫 번째 점을 변위로 사용〉: @900〈0 Space bar ← 변위의 두 번째 좌표 입력
두 번째 점 지정 또는 [배열(A)/종료(E)/명령 취소(U)] 〈종료〉: Space bar ← 명령 종료

바로 통하는 TIP 상대좌표를 이용한다면 '@900,0'을 입력하고 Space bar 를 누릅니다.

04 계속해서 오른쪽에 있는 창문도 900mm 이동·복사하겠습니다. 명령 행에 'Copy'를 입력하고 Space bar 를 눌러 명령을 실행합니다. 그런 다음 복사할 창문 객체를 클릭하여 선택하고 Space bar 를 누릅니다.

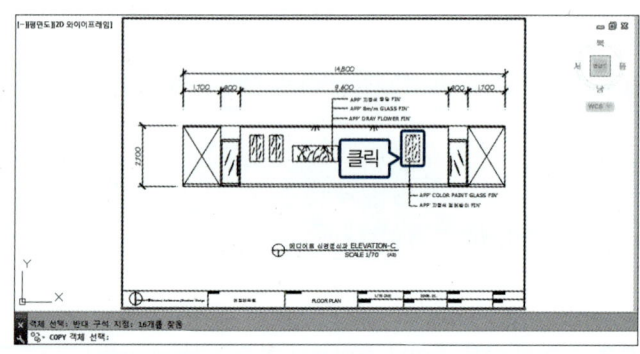

명령: COPY Space bar ← Copy 명령 입력 (CO, CP)
객체 선택: 반대 구석 지정: 16개를 찾음 ← 객체 선택
객체 선택: Space bar ← 객체를 선택하고 Space bar

05 기준점을 지정합니다. 이때도 역시 좌표를 이용할 것이므로 기준점은 어디에 클릭해도 상관없습니다.

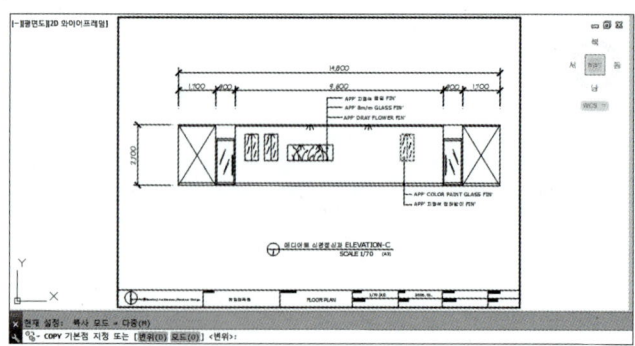

현재 설정: 복사 모드 = 다중(M)
기본점 지정 또는 [변위(D)/모드(O)] 〈변위〉:
    ← 객체의 기준점 지정

06 03번 단계처럼 객체를 오른쪽으로 900mm 이동·복사하겠습니다. 극좌표를 이용하려면 '@900〈0'을 입력하고 Space bar를 눌러 명령을 실행합니다. Space bar를 한 번 더 눌러 명령을 종료합니다.

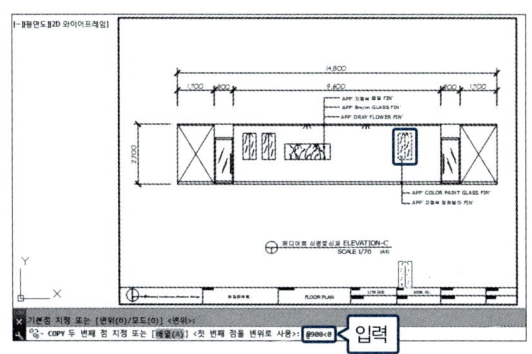 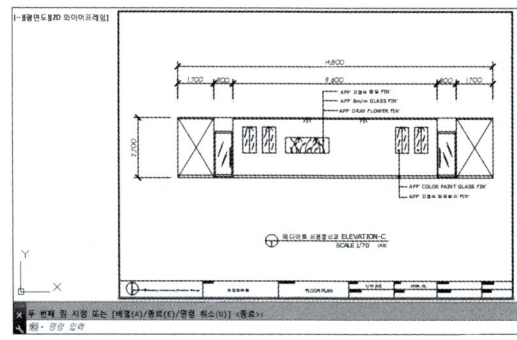

두 번째 점 지정 또는 [배열(A)] 〈첫 번째 점을 변위로 사용〉: @900〈0 Space bar ← 변위의 두 번째 좌표 입력

두 번째 점 지정 또는 [배열(A)/종료(E)/명령 취소(U)] 〈종료〉: Space bar ← 명령 종료

바로 통하는 TIP 상대좌표를 이용한다면 '@900,0'을 입력하고 Space bar를 누릅니다.

07 계속해서 가운데에 있는 액자를 오른쪽으로 2,700mm 이동·복사하겠습니다. 명령 행에 'Copy'를 입력하고 Space bar를 눌러 명령을 실행합니다. 그런 다음 복사할 액자 객체를 클릭하고 Space bar를 누릅니다.

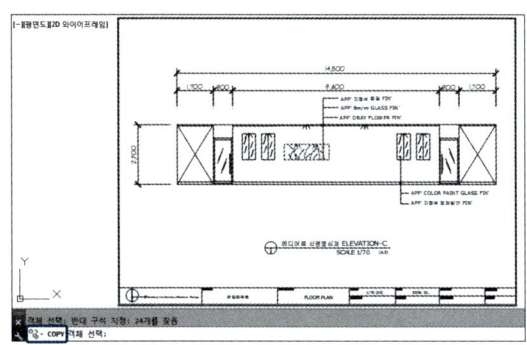 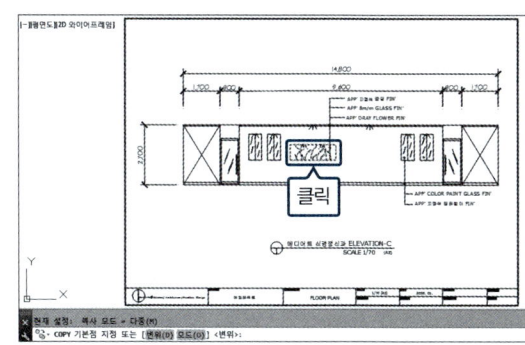

명령: COPY Space bar ← Copy 명령 입력 (CO, CP)

객체 선택: 반대 구석 지정: 24개를 찾음 ← 객체 선택

객체 선택: Space bar ← 객체를 선택하고 Space bar

08 기준점을 지정합니다. 이때도 좌표를 이용할 것이므로 기준점은 어디에 클릭해도 상관없습니다.

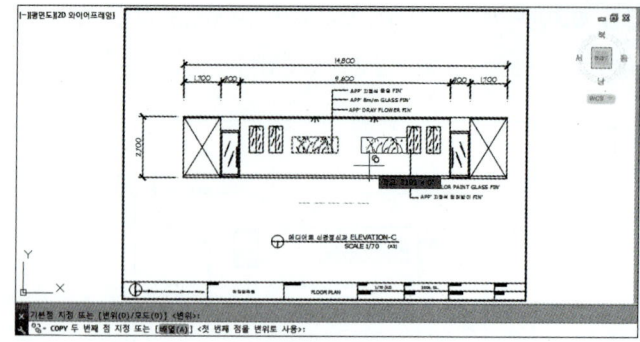

현재 설정: 복사 모드 = 다중(M)
기본점 지정 또는 [변위(D)/모드(O)] 〈변위〉: ← 객체의 기준점 지정

09 객체를 오른쪽으로 2700mm 이동·복사하겠습니다. 극좌표를 이용하기 위해 '@2700〈0'을 입력하고 Space bar 를 눌러 명령을 실행합니다. Space bar 를 한 번 더 눌러 명령을 종료하고 도면 작성을 마칩니다.

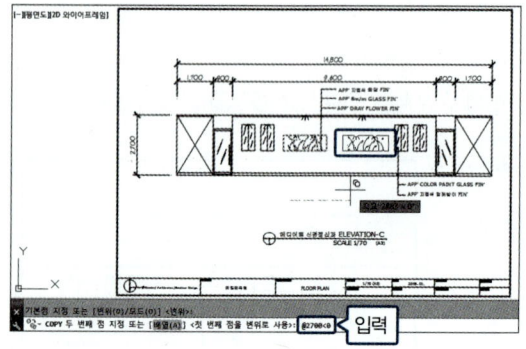 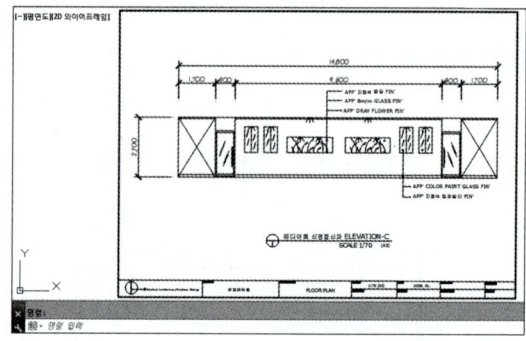

▲ 완성한 도면

두 번째 점 지정 또는 [배열(A)] 〈첫 번째 점을 변위로 사용〉: @2700〈0 Space bar ← 변위의 두 번째 좌표 입력
두 번째 점 지정 또는 [배열(A)/종료(E)/명령 취소(U)] 〈종료〉: Space bar ← 명령 종료

바로 통하는 TIP 상대좌표를 이용한다면 '@2700,0'을 입력하고 Space bar 를 누릅니다.

바로 통하는 TIP 객체를 복사할 때는 처음부터 정확한 위치를 객체 스냅으로 지정하는 것이 좋습니다. 객체 스냅으로 한 번에 정확한 위치에 객체를 복사하면 번거롭게 다시 이동할 필요가 없습니다.

SECTION 03 적절한 크기로 조절하는 Scale

Scale(축척) 명령은 도면 객체를 원하는 크기로 확대·축소하는 편집 명령입니다. Scale 명령을 사용하려면 명령 행에 'Scale'을 입력하고 Space bar를 누르거나 [수정] 도구 팔레트에 있는 축척 아이콘(圖)을 선택해서 사용합니다.

옵션 풀이

복사(C) _ 객체의 크기를 확대·축소 후 원본을 그대로 남겨놓고 새로운 객체가 지정한 배율로 나타납니다
참조(R) _ 정확한 수치를 입력하여 확대·축소합니다.

1 Scale 명령으로 객체 축소하기

모양은 똑같은데 크기만 다른 객체를 그리려면 객체를 새로 그릴 필요 없이 Scale 명령을 이용하는 것이 좋습니다. 객체를 일정한 비율로 확대하거나 축소할 수 있어 매우 유용합니다. 이번 예제에서는 엘리베이터를 축소해 보겠습니다.

01 예제 파일 'Part3-06.dwg'를 불러옵니다. 명령 행에 'Scale'을 입력하고 Space bar를 눌러 명령을 실행합니다. 그런 다음 마우스를 드래그해서 크기를 변경할 객체를 선택합니다.

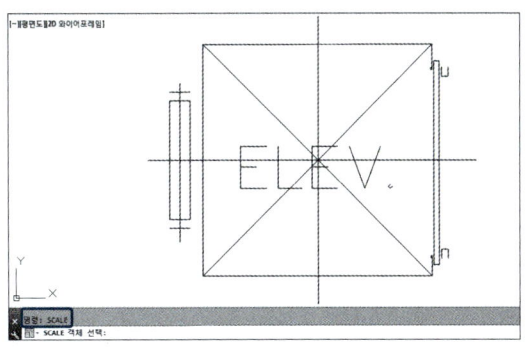 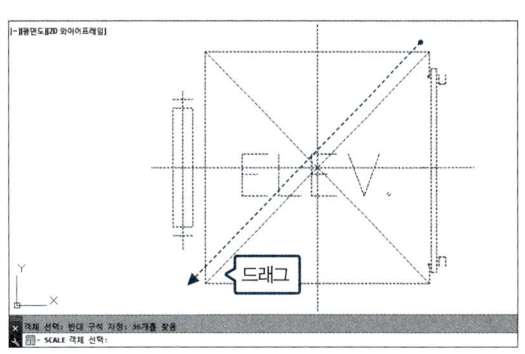

```
명령: SCALE Space bar ← Scale 명령 입력 (SC)
객체 선택: 반대 구석 지정: 36개를 찾음 ← 축소할 객체 선택
객체 선택: Space bar ← 축소할 객체를 선택하고 Space bar 를 눌러 적용
```

바로 통하는 TIP 객체를 선택할 때에는 객체의 선이 선택 영역 안에 모두 적용되도록 크게 드래그해야 합니다.

02 엘리베이터 객체의 가운데 교차점을 클릭하여 기준점으로 지정합니다. Scale 명령은 기준점을 중심으로 객체의 크기가 확대되거나 축소됩니다.

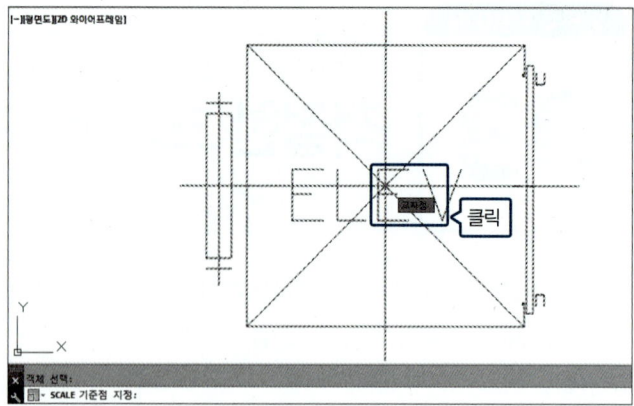

기준점 지정: ← 기준점 지정

03 엘리베이터의 크기를 절반으로 줄이기 위해 명령 행에 '0.5'를 입력합니다.

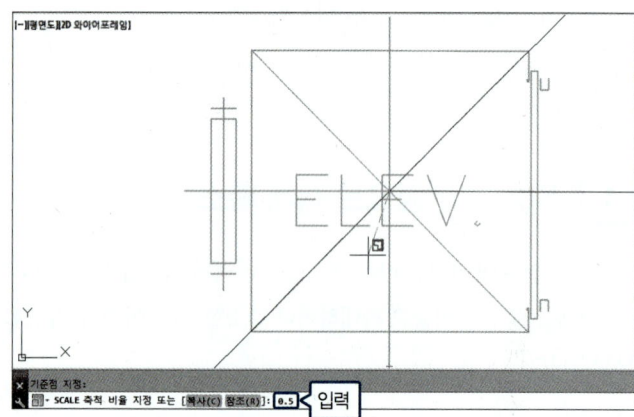

축척 비율 지정 또는 [복사(C)/참조(R)]: 0.5 [Space bar] ← 축척 비율 '0.5' 입력

바로 통하는 TIP 객체를 확대할 때는 수치를 확대 배율만큼 입력하고, 축소할 때는 소수점으로 입력합니다. 예를 들어 3배로 확대하면 '3'을 입력하면 되고 10배이면 '10'를 입력합니다. 반대로 1/2로 축소하면 '0.5', 1/100이면 '0.1'이 되는 것입니다. 초보자의 경우 객체를 축소할 때 수치 앞에 '-'를 입력하는 오류를 범하기도 합니다. 혼동하지 않도록 주의하세요.

04 [Space bar]를 누르고 명령을 실행하면 객체가 축소됩니다.

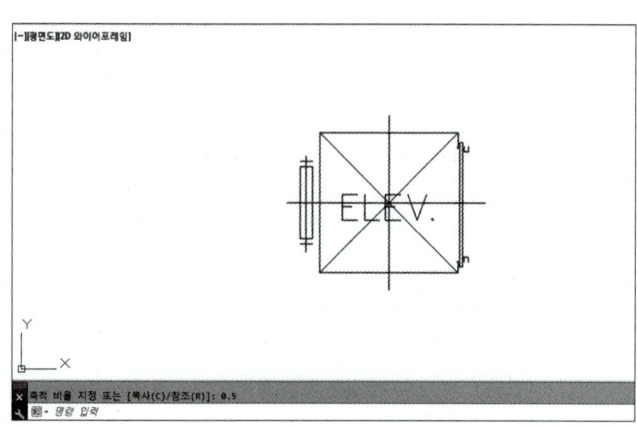

2 Scale 명령으로 객체 확대하기

객체를 확대하는 방법도 축소하는 과정과 같습니다.

01 예제 파일 'Part3-07.dwg'를 불러옵니다. 기계 부품을 두 배로 확대해보겠습니다. 명령 행에 'Scale'을 입력하고 Space bar 를 눌러 명령을 실행합니다. 그런 다음 마우스를 드래그하여 크기를 변경할 객체를 선택합니다.

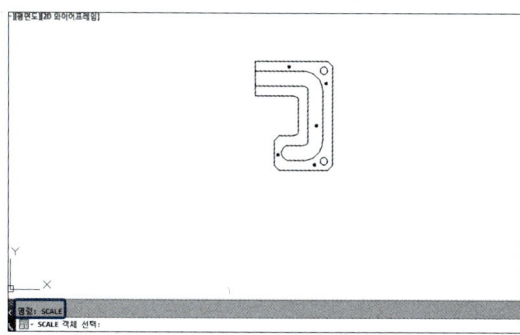 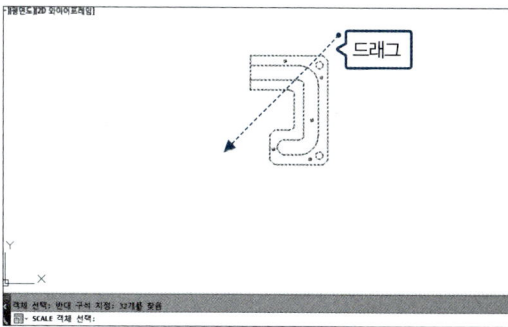

명령: SCALE Space bar ← Scale 명령 입력 (SC)
객체 선택: 반대 구석 지정: 32개를 찾음 ← 확대할 객체 선택
객체 선택: Space bar ← 확대할 객체를 선택하고 Space bar

02 기계 부품 객체의 윗변 중간점을 클릭하여 기준점으로 지정합니다.

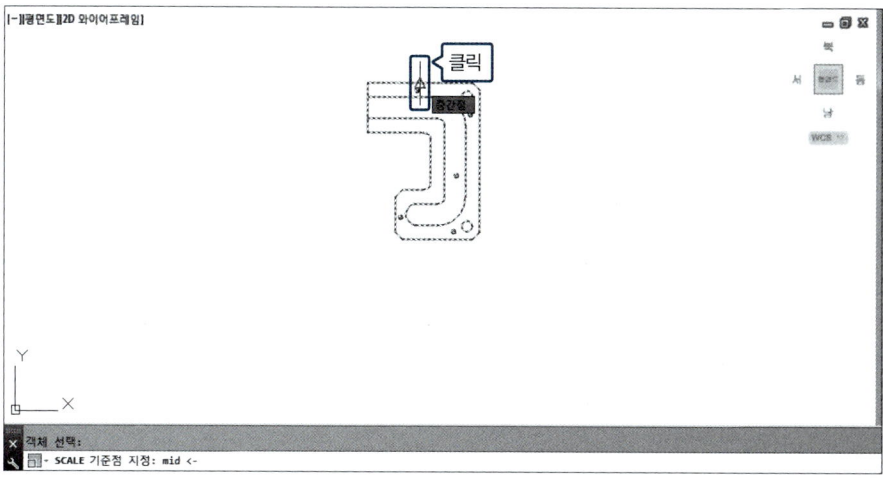

기준점 지정: mid Space bar ← 기준점 지정

바로 통하는 TIP 객체의 상단 중간점을 기준으로 잡아야 객체가 왼쪽과 오른쪽으로 고르게 확대됩니다. 기준점을 어디로 지정하느냐에 따라 결과물의 위치도 달라집니다.

03 그런 다음 객체의 크기를 두 배로 확대하기 위해 '2'를 입력합니다.

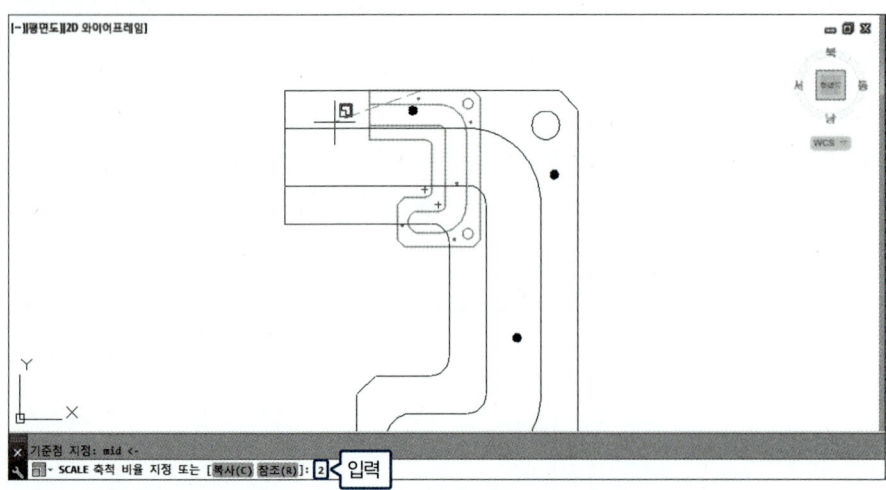

축척 비율 지정 또는 [복사(C)/참조(R)]: 2 Space bar ← 축척 비율 '2' 입력

04 Space bar 를 누르고 명령을 실행하면 객체가 확대된 것을 확인할 수 있습니다.

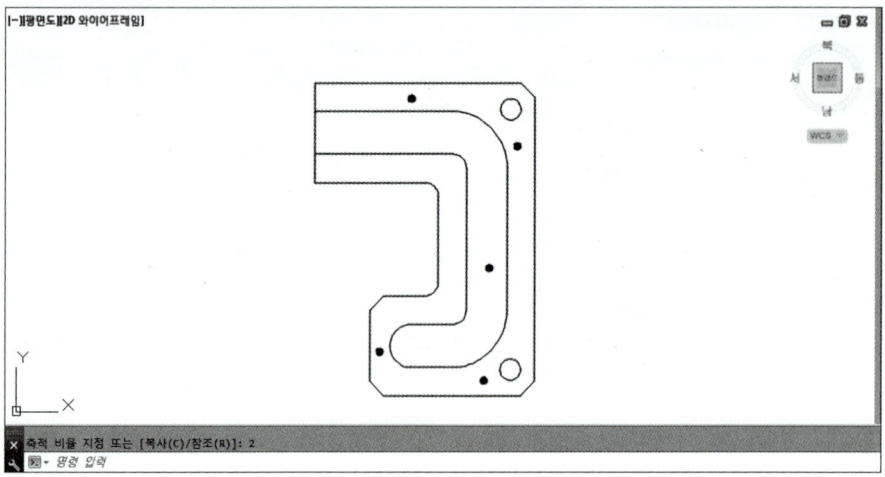

3 Scale 명령의 참조 옵션으로 소수점 단위까지 정확하게 배율 맞추기

Scale 명령은 앞의 경우처럼 2배, 3배 등의 형식으로 배율을 입력하여 객체의 크기를 조절할 수 있지만, 직접 객체의 길이를 입력하여 소수점 아래 몇 자리까지 원하는 수치대로 확대하거나 축소할 수도 있습니다. 바로 Scale 명령의 참조(Reference) 옵션입니다. 참조 옵션은 정밀한 구조물을 도면으로 작성할 때 편리합니다. 다음 예제에서는 쌍여닫이문을 특정 길이로 축소해보겠습니다.

01 예제 파일 'Part3-08.dwg'를 불러옵니다. 명령 행에 'Scale'을 입력하고 Space bar 를 누릅니다. 그런 다음 마우스를 드래그해서 크기를 변경할 객체를 선택하고 Space bar 를 누릅니다. 아래의 치수선도 함께 선택합니다.

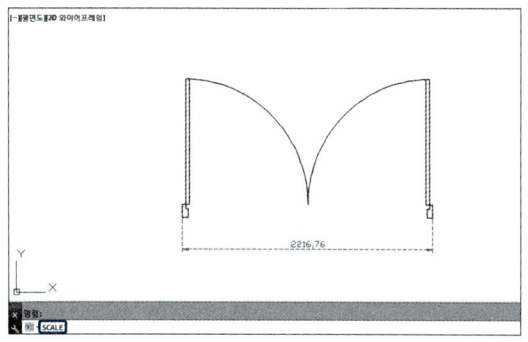
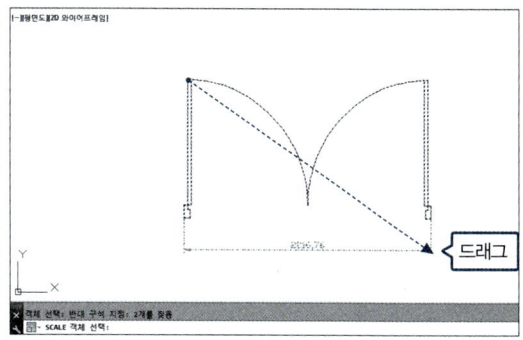

명령: SCALE Space bar ← Scale 명령 입력 (SC)
객체 선택: 반대 구석 지정: 2개를 찾음 ← 객체 선택
객체 선택: Space bar ← 객체를 선택하고 Space bar 를 눌러 적용

02 문의 정중앙에 있는 끝점을 클릭해 기준점으로 지정합니다.

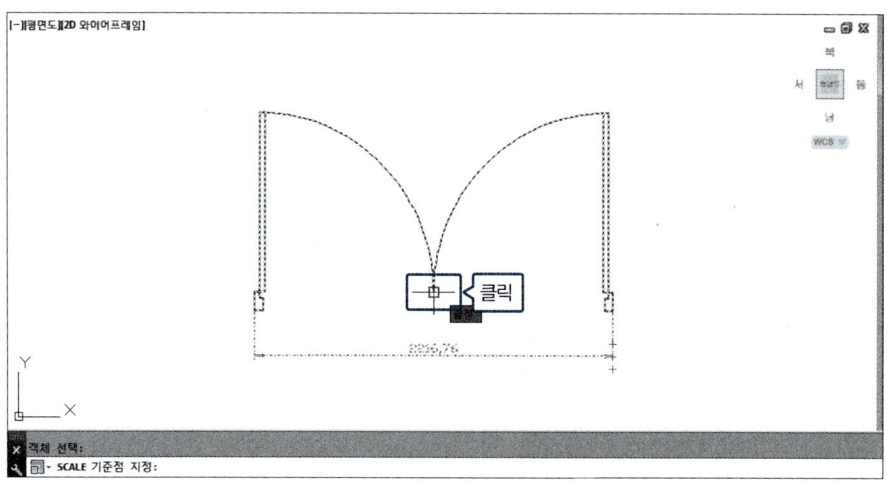

기준점 지정: ← 기준점 지정

03 정확한 크기로 조절하기 위해 서브 메뉴의 'R'을 입력하고 Space bar 를 누릅니다.

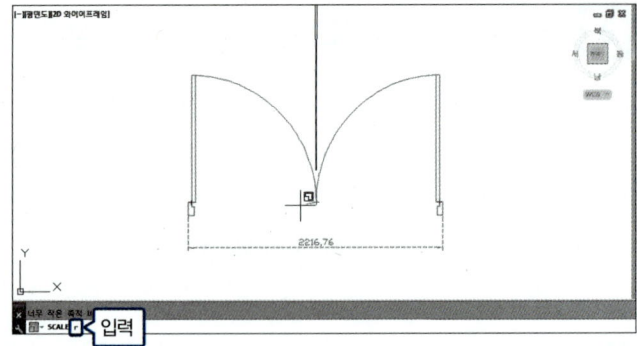

축척 비율 지정 또는 [복사(C)/참조(R)]: r Space bar ← 옵션 'R(Reference)' 입력

04 명령 행에 참조 길이를 입력하라는 내용이 나오면 현재의 길이인 '2216.76'을 입력하고 Space bar 를 누릅니다.

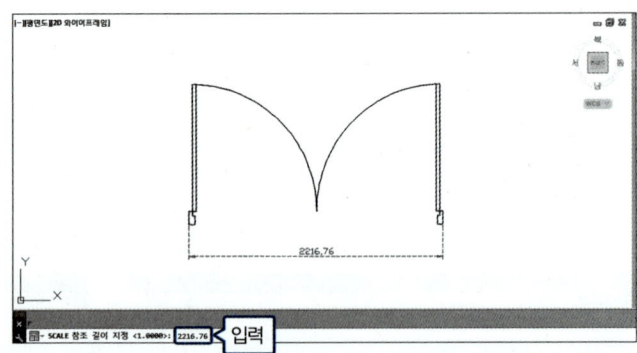

참조 길이 지정 〈1.0000〉: 2216.76 Space bar ← 현재 길이 '2216.76' 입력

05 새로운 길이를 입력하라는 내용이 나타납니다. 새로운 길이를 '1800'이라고 입력합니다. Space bar 를 누르면 문의 길이가 1,800mm로 축소되었음을 알 수 있습니다.

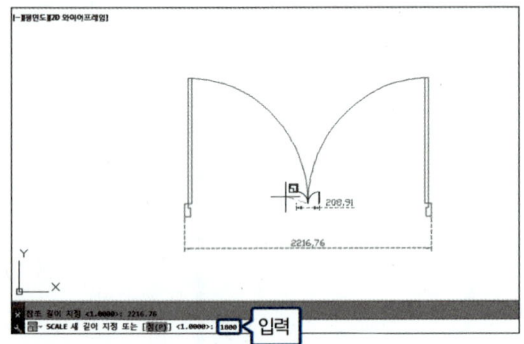 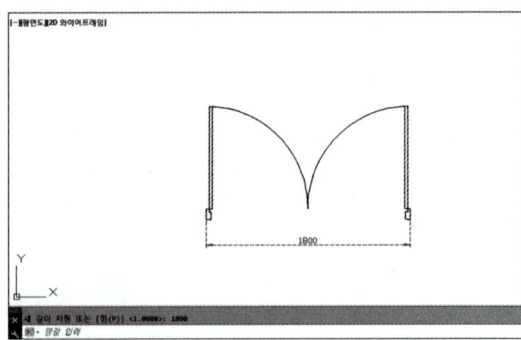

새 길이 지정 또는 [점(P)] 〈1.0000〉: 1800 Space bar ← 새로운 길이 '1800' 입력 후 종료

| 실무활용노트 AUTO CAD | 현재 길이를 모를 때 Scale 명령의 참조 옵션 활용하기 |

앞에서 설명한 참조 옵션을 사용하려면 반드시 현재의 길이를 알아야 합니다. 그러나 현재의 길이는 알 수 없고 새롭게 지정할 길이만 알고 있을 때 사용할 수 있는 방법도 있습니다.

1 예제 파일 'Part3-09.dwg'를 불러옵니다. 명령 행에 'Scale'을 입력하고 Space bar 를 눌러 명령을 실행합니다.

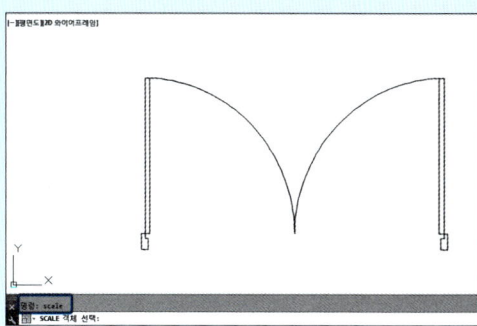

명령: SCALE Space bar ← Scale 명령 입력 (SC)

2 그런 다음 마우스를 드래그해서 크기를 변경할 객체를 선택하고 Space bar 를 누릅니다.

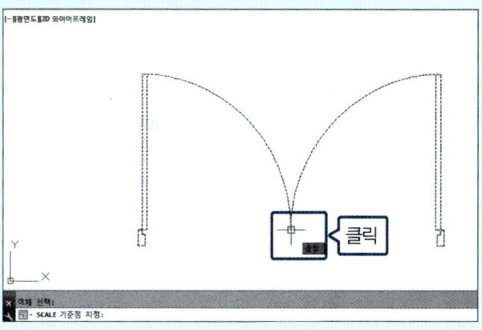

객체 선택: 1개를 찾음 ← 축소할 객체 선택
객체 선택: Space bar ← 축소할 객체를 선택하고 Space bar 를 눌러 적용

3 기준점을 지정합니다. 문의 정중앙에 위치한 지점을 클릭합니다.

기준점 지정: ← 기준점 지정

4 정확한 크기로 조절하기 위해 서브 메뉴에 'R'을 입력하고 Space bar 를 누릅니다. 참조 길이를 입력하라는 내용이 나오면 문의 길이를 지정하기 위해 마우스를 클릭하여 첫 번째 기준점을 지정합니다.

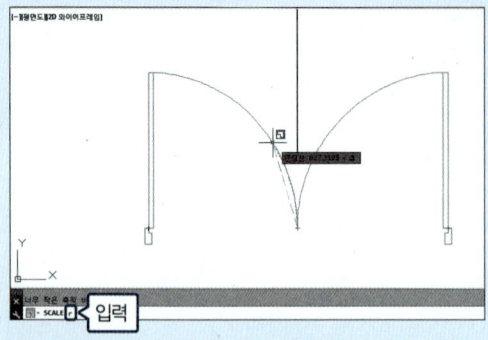 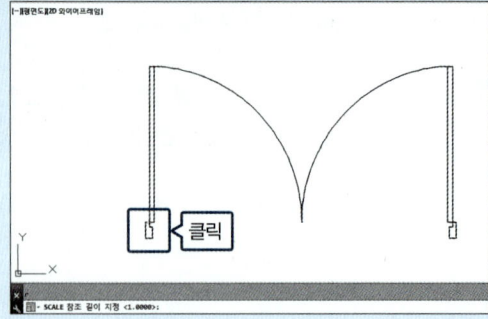

축척 비율 지정 또는 [복사(C)/참조(R)]: r Space bar ← 옵션 'R(Reference)' 입력
참조 길이 지정 〈1.0000〉: ← 첫 번째 기준점 지정

5 다음 단계로 넘어가면 두 번째 점을 지정하라는 내용이 나옵니다. 그러면 두 번째 점을 지정합니다. 이때 반드시 객체 스냅을 설정하여 지정하도록 합니다. 현재의 길이를 입력하지 않아도 자동으로 현재의 길이가 지정되었습니다. 새로운 길이를 입력하라는 내용이 나오면 '1800'이라고 입력하고 Space bar 를 눌러 도면 작성을 마칩니다.

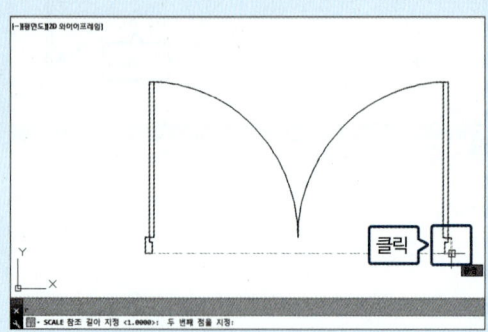 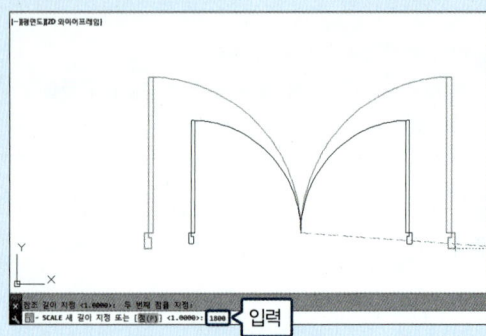

두 번째 점을 지정: ← 두 번째 점 지정
새 길이 지정 또는 [점(P)] 〈1.0000〉: 1800 Space bar ← 새로운 길이 '1800' 입력

6 다른 방법으로 객체를 축소했지만 앞의 결과물과 동일한 결과물을 확인할 수 있습니다.

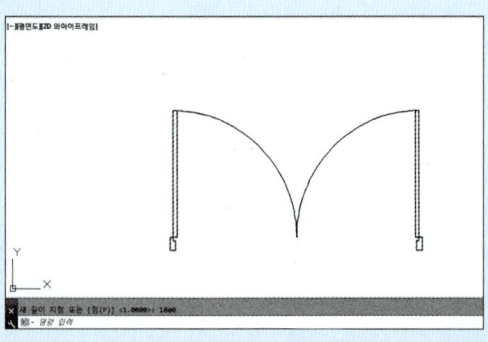

바로 통하는 TIP Scale 명령 옵션 중에 Copy(복사)는 크기를 조절하는 동시에 복사 기능까지 가능합니다.

Move, Copy, Scale 명령으로 병원 입면도 그리기

병원 입면도의 완성 이미지를 참고하여 Move, Copy, Scale 명령을 이용해 본래의 모습으로 표현해봅시다. 출입문은 원래의 위치로 정확히 옮기고 액자는 두 배 확대하고 사각 패널은 세 개로 복사합니다.

1 예제 파일 'Part3-10.dwg'를 불러옵니다. 명령 행에 'Move'를 입력하고 Space bar 를 눌러 명령을 실행합니다.

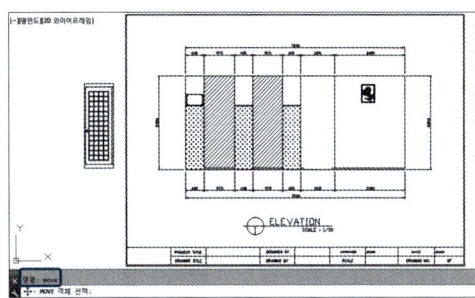

명령: MOVE Space bar ← Move 명령 입력 (M)

2 그런 다음 마우스를 드래그하여 이동할 출입문을 선택하고 Space bar 를 누릅니다.

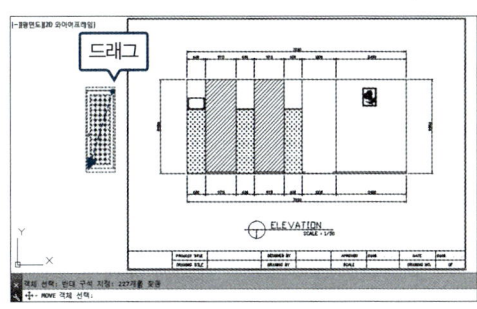

객체 선택: 반대 구석 지정: 227개를 찾음 ← 이동할 객체 선택
객체 선택: Space bar ← 이동할 객체를 선택하고 Space bar 를 눌러 적용

3 이동할 객체의 기준점(끝점)을 지정합니다.

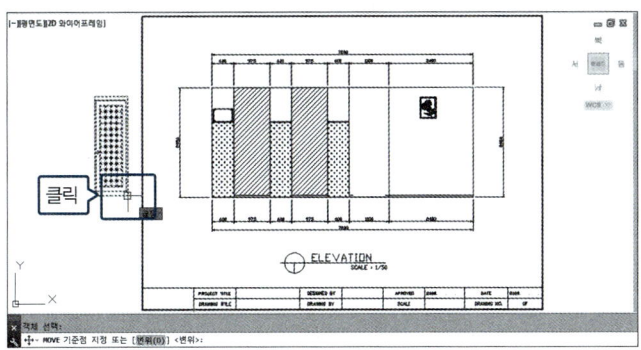

기준점 지정 또는 [변위(D)] <변위>: ← 기준점 지정:

4 출입문을 옮길 지점을 정확하게 클릭해서 지정해줍니다. 출입문이 이동한 것을 확인할 수 있습니다.

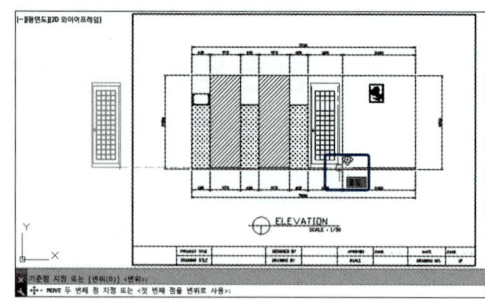

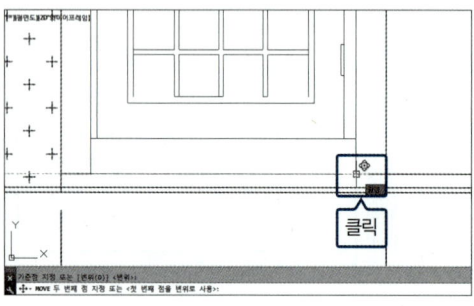 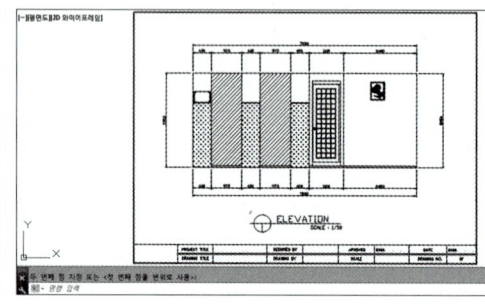

▲ 출입문 아래쪽을 확대한 화면

두 번째 점 지정 또는 〈첫 번째 점을 변위로 사용〉: ← 변위의 두 번째 점 지정

5 이번에는 액자를 두 배로 확대해봅니다. 명령 행에 'Scale'을 입력하고 Space bar 를 눌러 명령을 실행합니다. 크기를 변경할 액자를 모두 선택하고 Space bar 를 누릅니다.

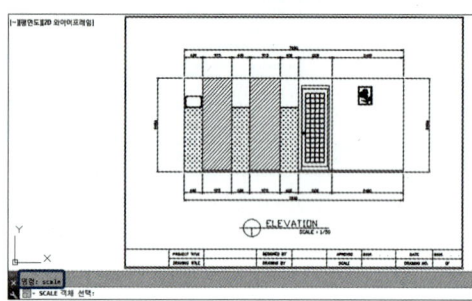 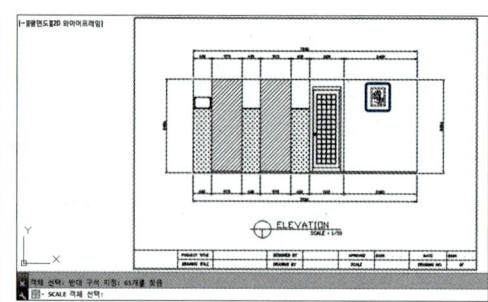

명령: SCALE Space bar ← Scale 명령 입력 (SC)
객체 선택: 반대 구석 지정: 61개를 찾음 ← 확대할 객체 선택
객체 선택: Space bar ← 확대할 객체를 선택하고 Space bar 를 눌러 적용

6 확대할 기준점을 지정합니다. 액자를 아래 방향으로 내려오도록 확대하기 위해 액자의 윗변 중간점을 클릭합니다. 그다음 두 배가 되도록 '2'를 입력하고 Space bar 를 눌러 명령을 실행합니다.

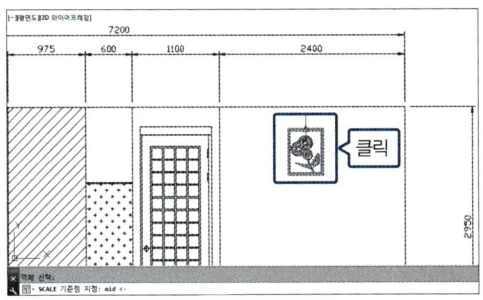 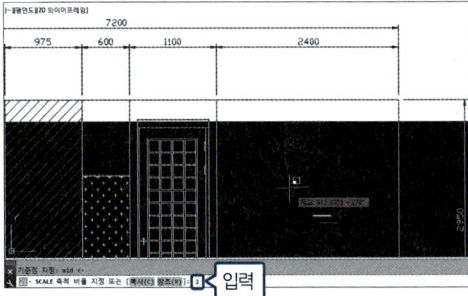

기준점 지정: mid Space bar ← 기준점 지정
축척 비율 지정 또는 [복사(C)/참조(R)]: 2 Space bar ← 배율 '2' 입력

7 액자가 두 배 크기로 확대되었습니다.

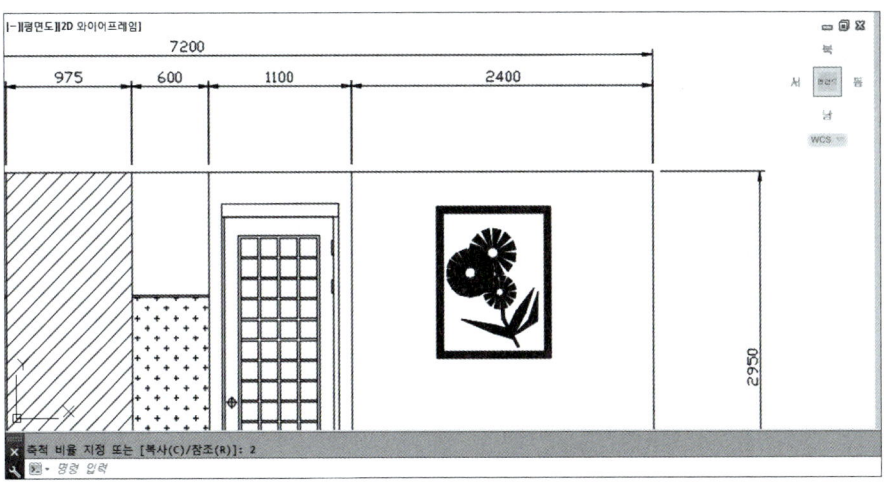

8 마지막으로 작은 사각 패널을 두 번 복사하겠습니다. 명령 행에 'Copy'를 입력하고 Space bar 를 눌러 명령을 실행합니다.

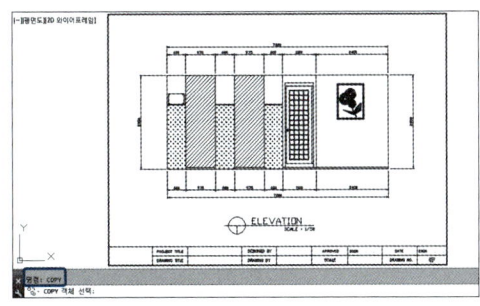

명령: COPY Space bar ← Copy 명령 입력 (CO, CP)

9 복사할 패널을 드래그하여 선택하고 Space bar 를 누릅니다. 선택이 제대로 되지 않는다면 마우스의 휠을 굴려서 화면을 확대합니다.

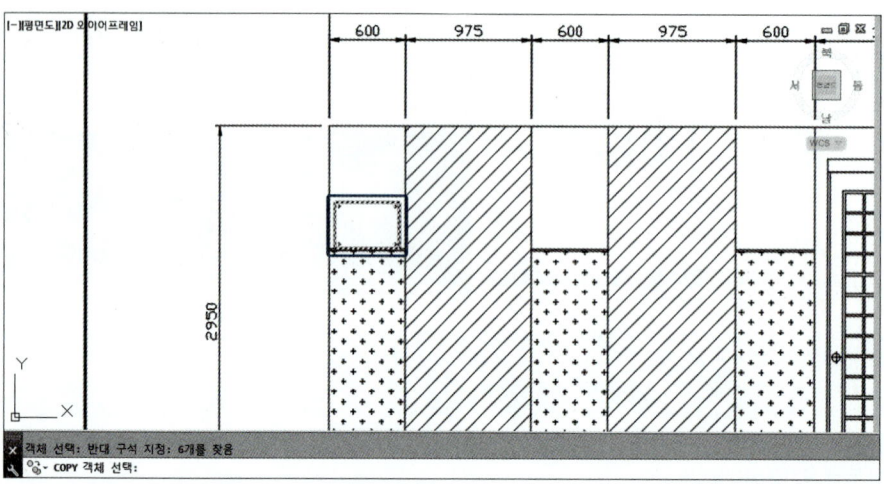

객체 선택: 반대 구석 지정: 6개를 찾음 ← 객체 선택

객체 선택: Space bar ← 객체를 선택하고 Space bar

10 패널 아래의 중간점을 클릭하여 복사할 기준점으로 지정합니다.

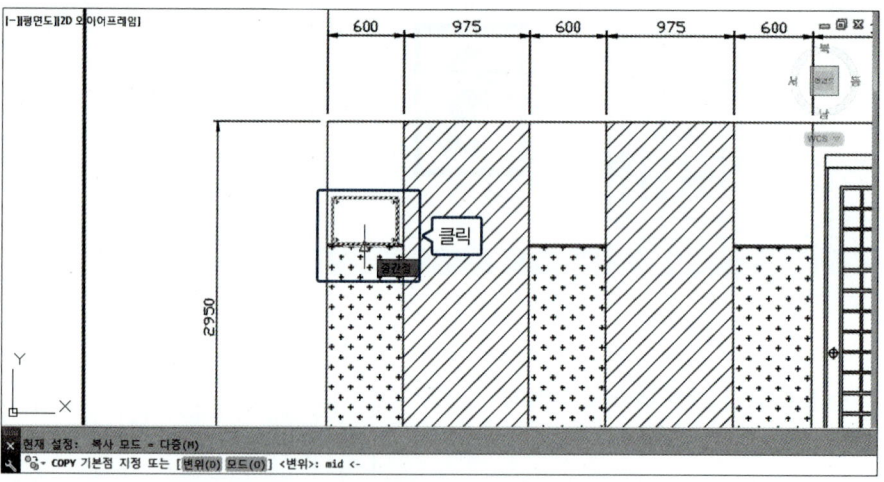

현재 설정: 복사 모드 = 다중(M)

기본점 지정 또는 [변위(D)/모드(O)] <변위>: mid Space bar ← 객체의 중간점을 기준점으로 지정, 이미 설정했다면 해당 지점에서 그대로 클릭

11 각 벽체 구분선의 중간점을 클릭하여 복사할 위치로 지정합니다. 복사할 위치에 있는 중간점도 객체 스냅을 이용하여 지정합니다.

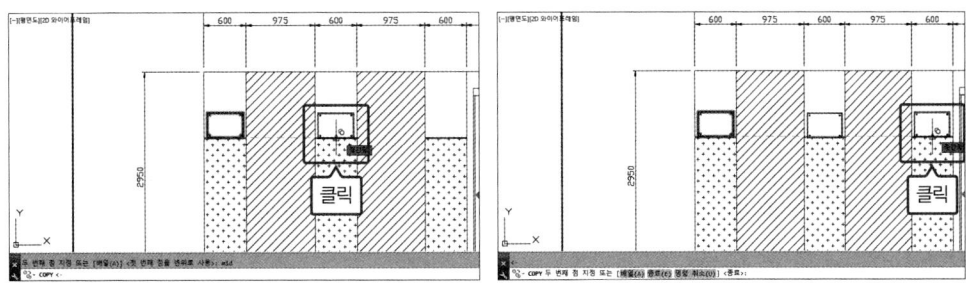

두 번째 점 지정 또는 [배열(A)] <첫 번째 점을 변위로 사용>: mid Spacebar ← 변위의 두 번째 좌표 입력, 이미 객체 스냅을 설정했다면 해당 지점에서 그대로 클릭
두 번째 점 지정 또는 [배열(A)/종료(E)/명령 취소(U)] <종료>: mid Spacebar ← 변위의 세 번째 좌표 입력, 이미 객체 스냅을 설정했다면 해당 지점에서 그대로 클릭

12 마지막으로 복사할 위치를 지정하고 Spacebar 를 눌러서 명령을 종료합니다. 그런 다음 명령 행에 'Zoom'을 입력하고 Spacebar 를 눌러 화면을 확대합니다. 서브 메뉴 중 'E(Extents, 범위)'를 입력하여 도면 전체가 화면에 다 보이도록 합니다.

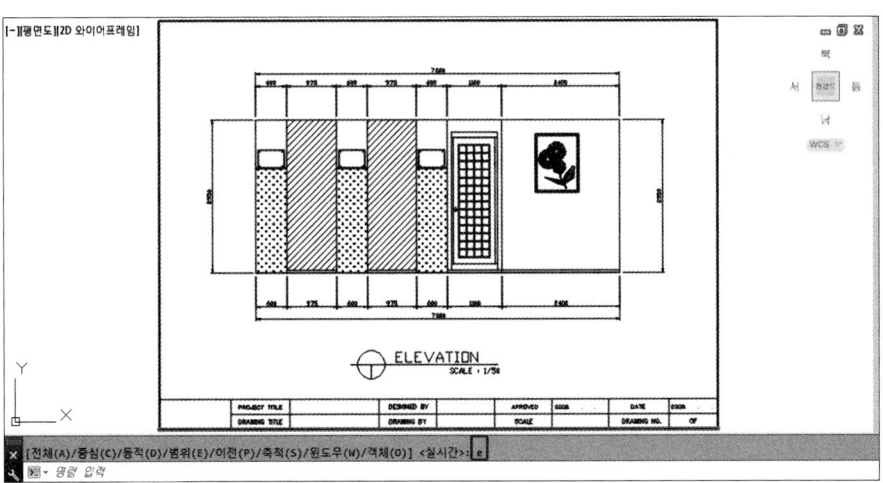

두 번째 점 지정 또는 [배열(A)/종료(E)/명령 취소(U)] <종료>: Spacebar ← 나가기
명령: ZOOM Spacebar ← Zoom 명령 입력 (Z)
윈도우 구석 지정, 축척 비율(nX 또는 nXP) 입력 또는
[전체(A)/중심(C)/동적(D)/범위(E)/이전(P)/축척(S)/윈도우(W)/객체(O)] <실시간>: e Spacebar ← 옵션 'E(Extents)' 입력

> **바로 통하는 TIP** Scale(축척) 명령과 Zoom(줌) 명령의 차이
> Scale 명령과 Zoom 명령의 차이는 앞에서 언급했던 Move 명령과 Pan 명령의 차이와 유사합니다. Scale 명령은 실제의 객체 크기가 변경되는 명령이고, Zoom 명령은 객체의 실제 크기는 변함이 없고 화면상에서만 크게 혹은 작게 보여주는 명령입니다.

CHAPTER 02

도면 수정에 유용한 Offset과 Trim

도면 작업의 모든 분야에서 가장 빈번하게 사용되는 Offset(간격 띄우기)과 Trim(자르기) 명령의 기능과 사용법을 실습하겠습니다.

학습 목표

복잡한 도면을 Line 명령으로만 그린다면 너무 힘든 작업이 될 것입니다. 복잡한 도면을 빠르게 그릴 때 유용한 Offset 명령과 Trim 명령을 익혀봅니다. Offset 명령으로 기준선을 잡은 후 Trim 명령으로 불필요한 선을 정리하겠습니다.

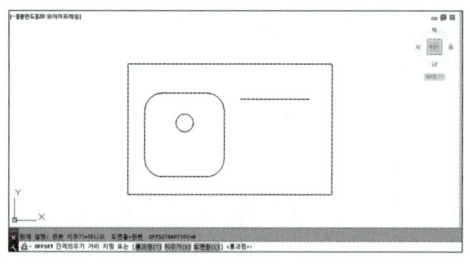 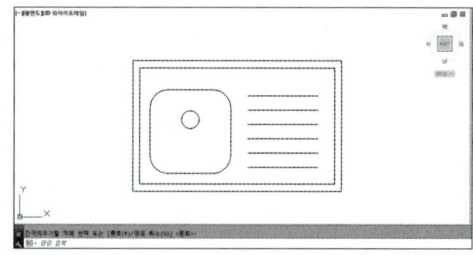

▲ 등간격 복사하기 : Before(좌), After(우)

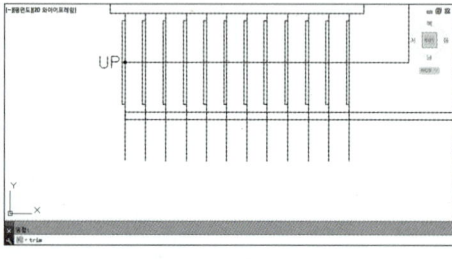 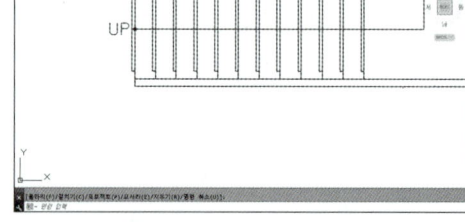

▲ 불필요한 선 자르기 : Before(좌), After(우)

SECTION 01 | 일정한 간격을 띄워 복사하는 Offset

Offset(간격 띄우기) 명령은 선택한 객체를 일정한 간격으로 평행하게 복사(등간격 복사)하는 편집 명령입니다. 선택한 객체가 선일 때는 지정된 간격으로 복사되며 원일 때는 내접원이나 외접원으로 그려집니다. 일반적으로 건축 도면에서는 벽체선 등을 그릴 때 자주 사용하고 기계 도면에서는 외곽선을 그릴 때 자주 사용합니다. Offset 명령을 사용하려면 명령 행에 'Offset'을 입력하고 Space bar 를 누르거나 [수정] 도구 팔레트에 있는 간격 띄우기 아이콘(⌂)을 선택하여 사용합니다.

➕ 옵션 풀이

통과점(T) _ 임의의 지점에 간격 띄우기를 할 때 사용됩니다. 이 경우 정확한 값은 알 수 없으나 마우스로 띄우려는 지점을 클릭하여 거리와 위치를 지정하는 방법입니다.
지우기(E) _ Offset 명령 실행 후 원본 객체를 지울지를 선택합니다.
도면층(L) _ 간격 띄우기 객체를 현재 사용하는 도면층에서 만들지 원본 객체의 도면층에서 만들지를 선택합니다.

1 Offset 명령으로 간격 띄워 복사하기

Offset 명령은 건축과 기계 등 모든 분야에서 매우 유용합니다. Offset 명령은 초반 작업 시 도면의 전반적인 뼈대를 형성하는 과정에 많이 사용합니다. Offset 명령을 사용하여 주방의 싱크대를 완성해보겠습니다.

01 예제 파일 'Part3-11.dwg'를 불러옵니다. 명령 행에 'Offset'을 입력하고 Space bar 를 눌러 명령을 실행합니다.

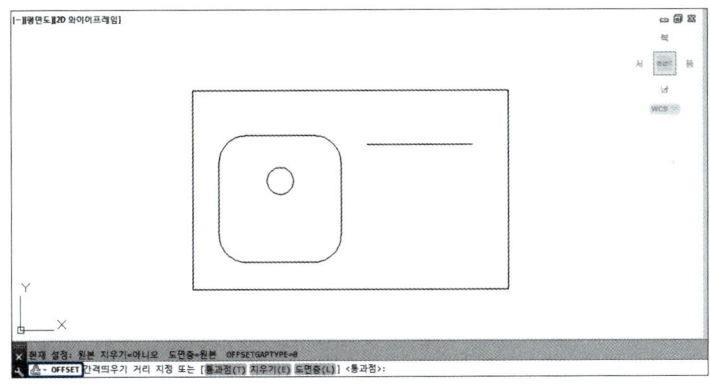

명령: OFFSET Space bar ← Offset 명령 입력 (O)

02 싱크대 테두리의 간격을 띄워 복사하기 위해 거리값으로 '30'을 입력하고 Space bar 를 누릅니다.

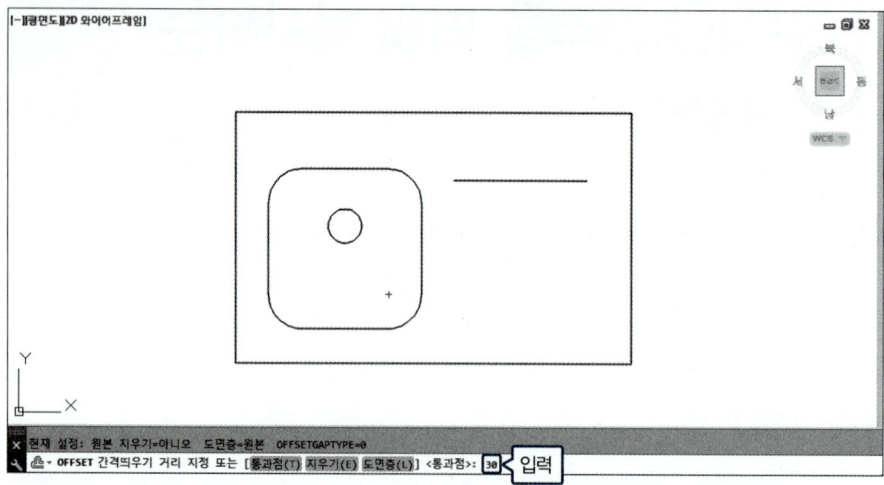

현재 설정: 원본 지우기=아니오 도면층=원본 OFFSETGAPTYPE=0
간격띄우기 거리 지정 또는 [통과점(T)/지우기(E)/도면층(L)] <통과점>: 30 Space bar ← 띄울 간격을 '30'으로 조정

03 간격을 띄워 복사할 객체인 사각형을 클릭해 선택합니다.

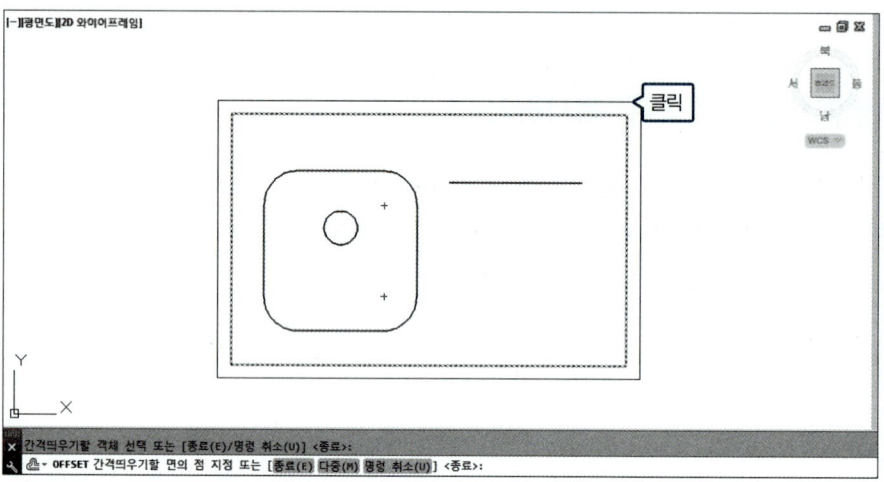

간격띄우기할 객체 선택 또는 [종료(E)/명령 취소(U)] <종료>: ← 등간격 복사를 적용할 객체 선택

04 선택한 객체를 기준으로 복사할 방향을 지정하겠습니다. 테두리의 안쪽을 클릭해 기준점을 지정합니다. 테두리 안쪽에 지정한 간격만큼 간격이 띄워져 객체가 복사됩니다.

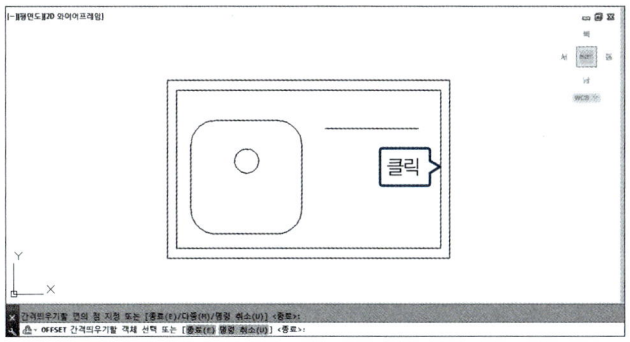

간격띄우기할 면의 점 지정 또는 [종료(E)/다중(M)/명령 취소(U)] <종료>: ← 등간격 복사할 방향을 설정
간격띄우기할 객체 선택 또는 [종료(E)/명령 취소(U)] <종료>: Space bar ← 다른 수치의 등간격 복사를 하기 위해 종료

바로 통하는 TIP 클릭한 지점과 거리는 무관하며 사각형의 안쪽 어느 곳을 지정해도 입력한 수치로만 등간격 복사가 이루어집니다.

05 계속해서 싱크대의 오른쪽에 있는 가로 선을 등간격 복사해보겠습니다. Space bar 를 누르면 Offset 명령이 그대로 실행됩니다. 가로 선을 등간격 복사할 거리값을 '60'이라고 입력하고 Space bar 를 누릅니다.

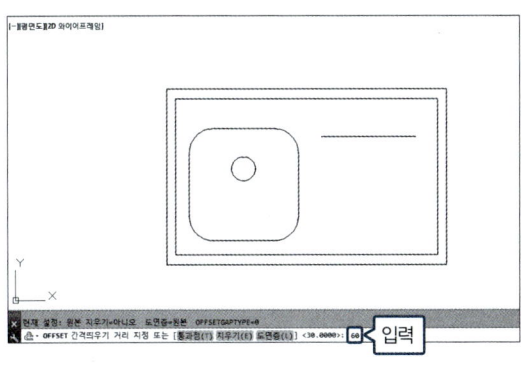 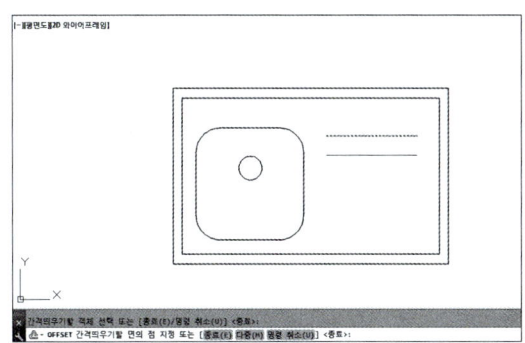

명령: OFFSET Space bar ← 이전에 사용했으므로 Space bar 만 눌러 Offset 명령 입력
현재 설정: 원본 지우기=아니오 도면층=원본 OFFSETGAPTYPE=0
간격띄우기 거리 지정 또는 [통과점(T)/지우기(E)/도면층(L)] <30.0000>: 60 Space bar ← 띄울 간격을 '60'으로 조정

바로 통하는 TIP Copy(복사) 명령과 Offset(간격 띄우기) 명령의 차이

일반적으로 Copy 명령은 각각의 객체를 크기나 모양의 차이 없이 그대로 복사하는 기능이고, Offset 명령은 원이나 선을 일정한 값의 간격을 주어 복사(등간격 복사)하는 기능입니다. 따라서 Offset 명령으로 원의 간격을 띄워 복사하는 경우 객체가 내접원이나 외접원으로 복사되므로 객체의 크기가 변합니다. 또 Copy는 복잡한 객체 모형을 통째로 선택하여 복사할 수도 있지만 Offset 명령은 단일 객체(Entity)만을 선택하여 등간격으로 복사할 수 있습니다.

06 객체를 선택하고 선택한 객체를 기준으로 아래쪽으로 마우스 포인터를 두면 복사될 위치가 점선으로 표시됩니다. 이 부분을 클릭하면 지정한 간격만큼 등간격으로 복사됩니다.

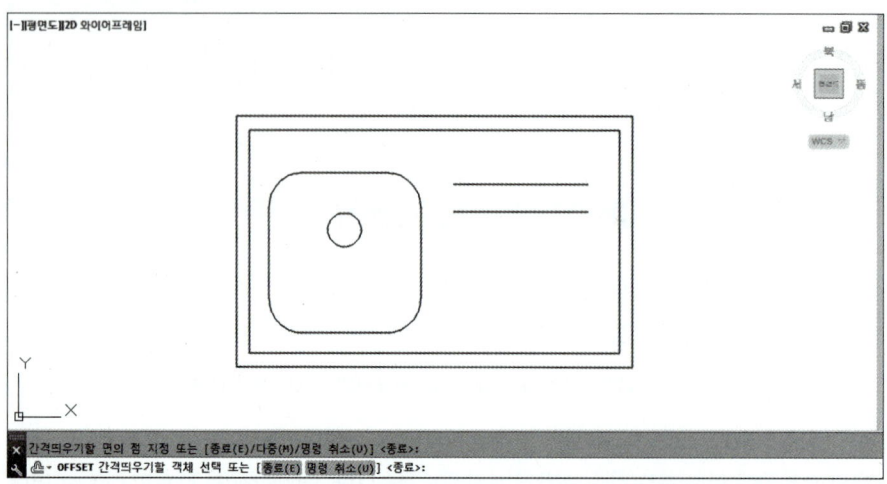

간격띄우기할 객체 선택 또는 [종료(E)/명령 취소(U)] <종료>: ← 등간격 복사를 적용할 객체 선택
간격띄우기할 면의 점 지정 또는 [종료(E)/다중(M)/명령 취소(U)] <종료>: ← 등간격 복사할 방향을 설정

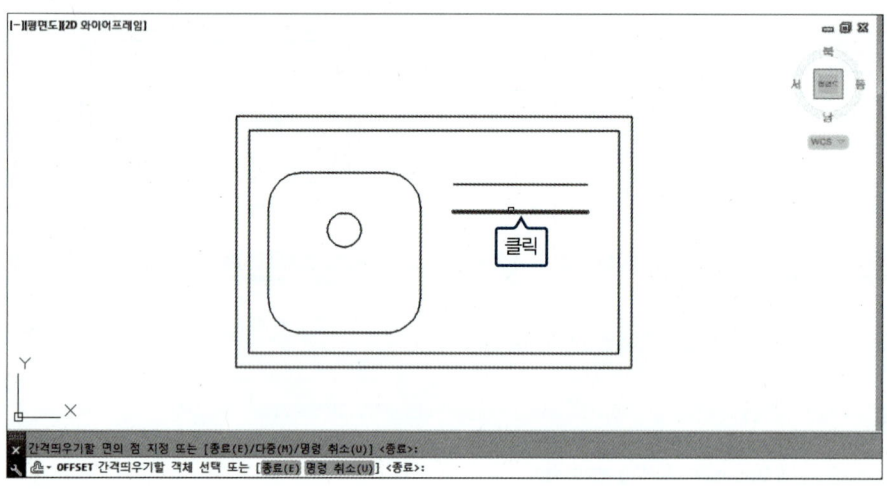

간격띄우기할 객체 선택 또는 [종료(E)/명령 취소(U)] <종료>: ← 등간격 복사를 적용할 객체 선택
간격띄우기할 면의 점 지정 또는 [종료(E)/다중(M)/명령 취소(U)] <종료>: ← 등간격 복사할 방향을 설정

07 나머지 네 개의 선도 같은 방법으로 계속해서 등간격 복사를 적용합니다. 복사할 간격이 모두 '60'이므로 연속해서 Space bar 를 눌러 명령을 적용합니다.

바로 통하는 TIP 거리 값이 동일하다면 등간격 복사 명령을 연속적으로 실행합니다.

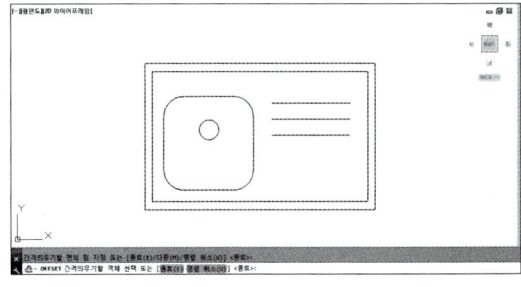

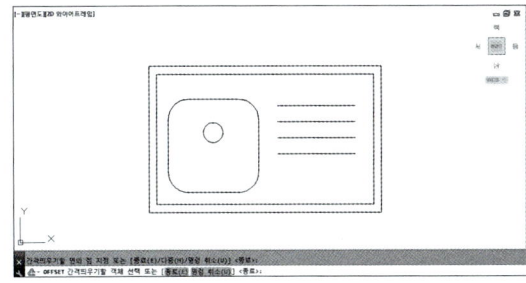

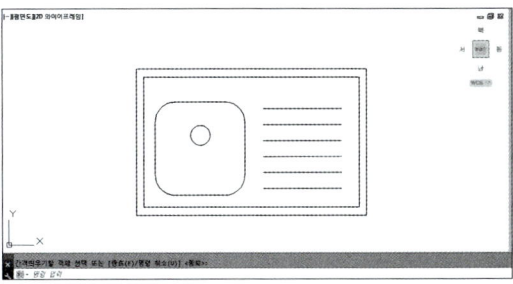

```
간격띄우기할 객체 선택 또는 [종료(E)/명령 취소(U)] <종료>: ← 등간격 복사를 적용할 객체 선택
간격띄우기할 면의 점 지정 또는 [종료(E)/다중(M)/명령 취소(U)] <종료>: ← 등간격 복사할 방향을 설정
간격띄우기할 객체 선택 또는 [종료(E)/명령 취소(U)] <종료>: ← 등간격 복사를 적용할 객체 선택
간격띄우기할 면의 점 지정 또는 [종료(E)/다중(M)/명령 취소(U)] <종료>: ← 등간격 복사할 방향을 설정
간격띄우기할 객체 선택 또는 [종료(E)/명령 취소(U)] <종료>: ← 등간격 복사를 적용할 객체 선택
간격띄우기할 면의 점 지정 또는 [종료(E)/다중(M)/명령 취소(U)] <종료>: ← 등간격 복사할 방향을 설정
간격띄우기할 객체 선택 또는 [종료(E)/명령 취소(U)] <종료>: ← 등간격 복사를 적용할 객체 선택
간격띄우기할 면의 점 지정 또는 [종료(E)/다중(M)/명령 취소(U)] <종료>: ← 등간격 복사할 방향을 설정
간격띄우기할 객체 선택 또는 [종료(E)/명령 취소(U)] <종료>: Space bar ← 다른 수치의 등간격 복사를 하기위해 종료
```

바로 통하는 TIP Offset 명령 적용 시 객체가 같은 위치에 겹치지 않도록 조심!

Offset 명령을 실행하고 간격을 지정한 후 특정 방향으로 간격 띄우기를 실행합니다. 그런 다음 다시 이전에 선택한 객체를 선택하고 다시 같은 방향을 지정하면 화면에는 아무런 변화가 없는 것처럼 보입니다. 하지만 이 경우는 새로운 객체가 이중으로 겹쳐진 상태입니다. 앞에서 배운 Erase(지우기) 명령을 실행하여 객체 하나만 선택하고 지우면 또 하나의 선이 남아 있음을 알 수 있습니다. 정밀한 기계 도면의 경우 미처 지우지 못한 객체 하나 때문에 전체 공정에 문제가 되는 경우도 있으니 객체가 겹쳐지지 않게 주의해야 합니다.

SECTION 02 필요 없는 부분을 자르는 Trim

Trim(자르기) 명령은 불필요한 선의 일부를 잘라내어 없애는 편집 명령입니다. 잘라 없애려는 부분이 분산되어 있을 때 경계선을 선택하지 않고도 선을 자를 수 있습니다. Trim 명령을 실행할 때에는 반드시 두 선의 교차점이 있어야 하며 객체를 잘못 선택하면 엉뚱한 객체가 잘릴 수 있습니다. Trim 명령을 사용하려면 명령 행에 'Trim'을 입력하고 Space bar를 눌러 명령을 실행하거나 [수정] 도구 팔레트에 있는 자르기 아이콘(⊁)을 선택하여 사용합니다.

➕ 옵션 풀이

울타리(F) _ 여러 개의 선을 한꺼번에 Trim 명령으로 자를 때 사용하는 기능입니다.
걸치기(C) _ Rectangle 명령으로 그린 직사각형 영역 내에 포함되거나 이 영역과 교차하는 객체를 모두 자르는 기능입니다.
프로젝트(P) _ 3D 공간에서 자르는 기능입니다.
모서리(E) _ 경계선과 교차하지 않는 객체의 부분에 대해 자르기 여부를 지정합니다.
지우기(R) _ 더 이상 Trim 명령으로 잘리지 않는 객체를 지우는 기능입니다. Trim 명령을 종료하지 않고도 남은 선을 지울 수 있어 편리합니다.
명령 취소(U) _ 바로 이전 단계에 자른 한 객체씩 순서대로 되살립니다. 연속해서 사용할 수 있습니다.

1 Trim 명령으로 계단선 정리하기

Trim 명령은 두 가지 방법으로 사용할 수 있습니다. 그중 하나는 객체를 가로지르는 경계선을 지정하고 경계선을 기준으로 불필요한 부분을 자르는 방법인데 경계선이 명확할 때 주로 사용합니다.

01 예제 파일 'Part3-12.dwg'를 불러옵니다. 명령 행에 'Trim'을 입력하고 Space bar를 눌러 명령을 실행합니다.

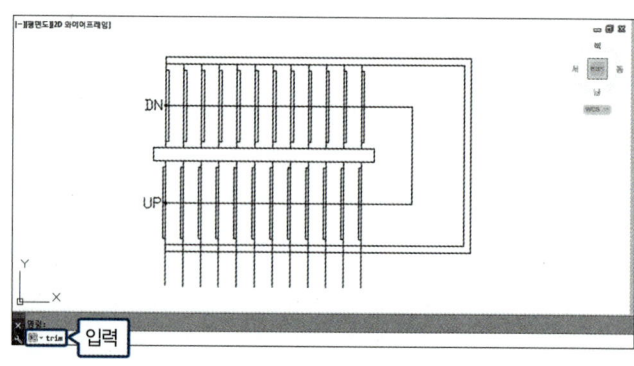

명령: TRIM Space bar ← Trim 명령 입력 (TR)

07 나머지 네 개의 선도 같은 방법으로 계속해서 등간격 복사를 적용합니다. 복사할 간격이 모두 '60'이므로 연속해서 Space bar 를 눌러 명령을 적용합니다.

바로 통하는 TIP 거리 값이 동일하다면 등간격 복사 명령을 연속적으로 실행합니다.

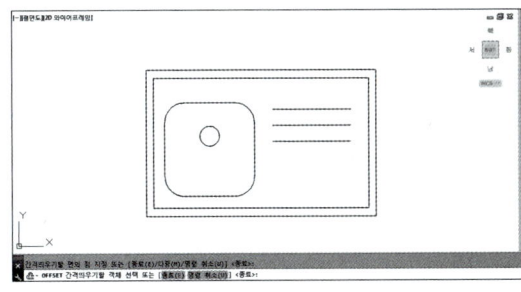

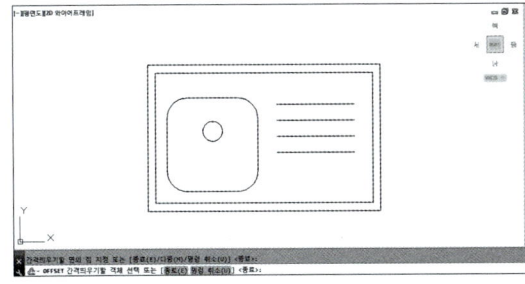

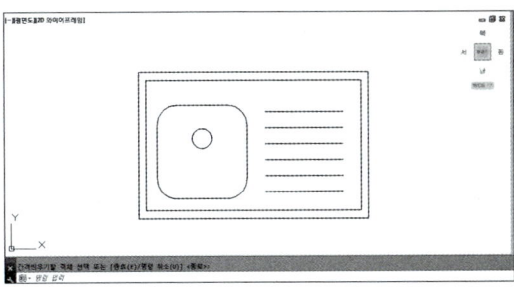

```
간격띄우기할 객체 선택 또는 [종료(E)/명령 취소(U)] <종료>: ← 등간격 복사를 적용할 객체 선택
간격띄우기할 면의 점 지정 또는 [종료(E)/다중(M)/명령 취소(U)] <종료>: ← 등간격 복사할 방향을 설정
간격띄우기할 객체 선택 또는 [종료(E)/명령 취소(U)] <종료>: ← 등간격 복사를 적용할 객체 선택
간격띄우기할 면의 점 지정 또는 [종료(E)/다중(M)/명령 취소(U)] <종료>: ← 등간격 복사할 방향을 설정
간격띄우기할 객체 선택 또는 [종료(E)/명령 취소(U)] <종료>: ← 등간격 복사를 적용할 객체 선택
간격띄우기할 면의 점 지정 또는 [종료(E)/다중(M)/명령 취소(U)] <종료>: ← 등간격 복사할 방향을 설정
간격띄우기할 객체 선택 또는 [종료(E)/명령 취소(U)] <종료>: ← 등간격 복사를 적용할 객체 선택
간격띄우기할 면의 점 지정 또는 [종료(E)/다중(M)/명령 취소(U)] <종료>: ← 등간격 복사할 방향을 설정
간격띄우기할 객체 선택 또는 [종료(E)/명령 취소(U)] <종료>: Space bar ← 다른 수치의 등간격 복사를 하기위해 종료
```

바로 통하는 TIP Offset 명령 적용 시 객체가 같은 위치에 겹치지 않도록 조심!

Offset 명령을 실행하고 간격을 지정한 후 특정 방향으로 간격 띄우기를 실행합니다. 그런 다음 다시 이전에 선택한 객체를 선택하고 다시 같은 방향을 지정하면 화면에는 아무런 변화가 없는 것처럼 보입니다. 하지만 이 경우는 새로운 객체가 이중으로 겹쳐진 상태입니다. 앞에서 배운 Erase(지우기) 명령을 실행하여 객체 하나만 선택하고 지우면 또 하나의 선이 남아 있음을 알 수 있습니다. 정밀한 기계 도면의 경우 미처 지우지 못한 객체 하나 때문에 전체 공정에 문제가 되는 경우도 있으니 객체가 겹쳐지지 않게 주의해야 합니다.

SECTION 02 필요 없는 부분을 자르는 Trim

Trim(자르기) 명령은 불필요한 선의 일부를 잘라내어 없애는 편집 명령입니다. 잘라 없애려는 부분이 분산되어 있을 때 경계선을 선택하지 않고도 선을 자를 수 있습니다. Trim 명령을 실행할 때에는 반드시 두 선의 교차점이 있어야 하며 객체를 잘못 선택하면 엉뚱한 객체가 잘릴 수 있습니다. Trim 명령을 사용하려면 명령 행에 'Trim'을 입력하고 Space bar 를 눌러 명령을 실행하거나 [수정] 도구 팔레트에 있는 자르기 아이콘(↔)을 선택하여 사용합니다.

➕ 옵션 풀이

울타리(F) _ 여러 개의 선을 한꺼번에 Trim 명령으로 자를 때 사용하는 기능입니다.
걸치기(C) _ Rectangle 명령으로 그린 직사각형 영역 내에 포함되거나 이 영역과 교차하는 객체를 모두 자르는 기능입니다.
프로젝트(P) _ 3D 공간에서 자르는 기능입니다.
모서리(E) _ 경계선과 교차하지 않는 객체의 부분에 대해 자르기 여부를 지정합니다.
지우기(R) _ 더 이상 Trim 명령으로 잘리지 않는 객체를 지우는 기능입니다. Trim 명령을 종료하지 않고도 남은 선을 지울 수 있어 편리합니다.
명령 취소(U) _ 바로 이전 단계에 자른 한 객체씩 순서대로 되살립니다. 연속해서 사용할 수 있습니다.

1 Trim 명령으로 계단선 정리하기

Trim 명령은 두 가지 방법으로 사용할 수 있습니다. 그중 하나는 객체를 가로지르는 경계선을 지정하고 경계선을 기준으로 불필요한 부분을 자르는 방법인데 경계선이 명확할 때 주로 사용합니다.

01 예제 파일 'Part3-12.dwg'를 불러옵니다. 명령 행에 'Trim'을 입력하고 Space bar 를 눌러 명령을 실행합니다.

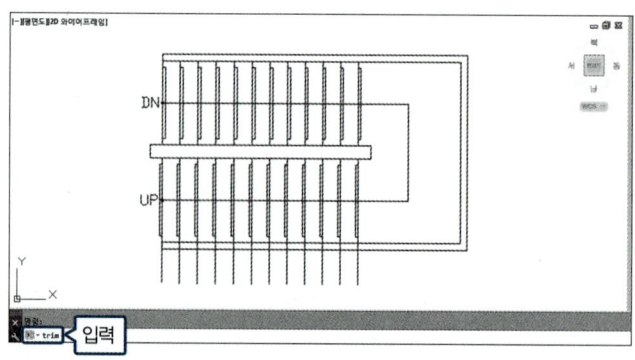

명령: TRIM Space bar ← Trim 명령 입력 (TR)

02 계단에서 자를 경계선을 선택하고 Space bar 를 눌러 선택 영역을 적용합니다.

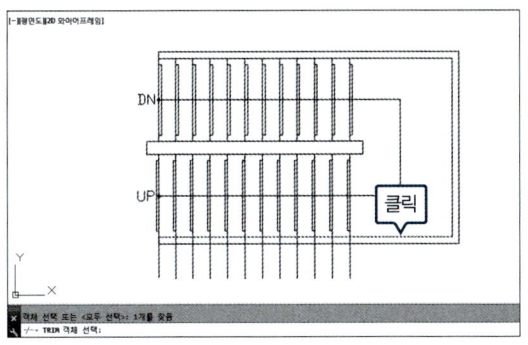 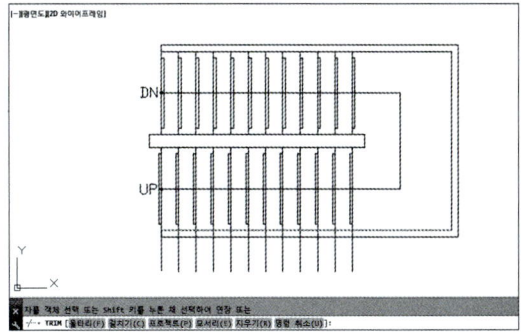

현재 설정: 투영=UCS 모서리=없음

절단 모서리 선택 ...

객체 선택 또는 〈모두 선택〉: 1개를 찾음 ← 기준이 되는 객체 선택

객체 선택: Space bar ← 경계선을 선택하면 Space bar 를 누르고 다음 단계로 진행

03 잘라낼 객체를 선택하면 경계선 아래쪽 선 하나가 잘려 제거되는 것을 알 수 있습니다.

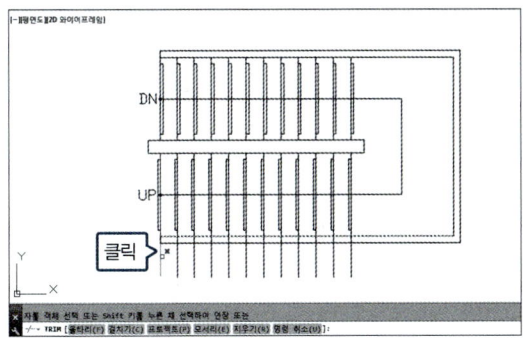 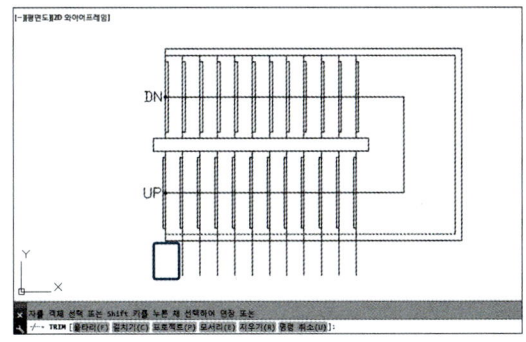

자를 객체 선택 또는 Shift 키를 누른 채 선택하여 연장 또는
[울타리(F)/걸치기(C)/프로젝트(P)/모서리(E)/지우기(R)/명령 취소(U)]:
절단 모서리와 교차하지 않습니다. ← 잘라낼 객체를 선택

04 계속해서 다른 객체들도 같은 방법으로 지정하여 잘라냅니다.

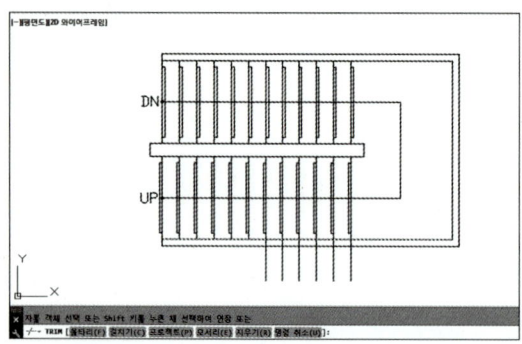 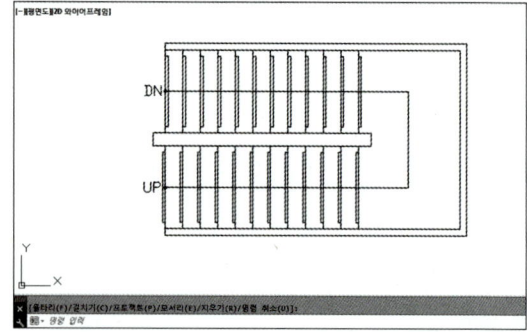

자를 객체 선택 또는 Shift 키를 누른 채 선택하여 연장 또는
[울타리(F)/걸치기(C)/프로젝트(P)/모서리(E)/지우기(R)/명령 취소(U)]: ← 연속하여 잘라낼 객체를 숫자만큼 선택
자를 객체 선택 또는 Shift 키를 누른 채 선택하여 연장 또는
[울타리(F)/걸치기(C)/프로젝트(P)/모서리(E)/지우기(R)/명령 취소(U)]: Space bar ← 명령을 종료하기 위해 Space bar

> **바로 통하는 TIP** 객체를 지정할 때에는 마우스를 드래그해서 객체를 한 번에 선택하면 편리합니다. 다음에 설명할 울타리(Fence) 옵션을 참고하세요.

2 경계선을 지정하지 않고 Trim 명령으로 창문틀 정리하기

Trim 명령을 적용하는 두 가지 방법 중 나머지 하나는 경계선을 지정하지 않고 자르는 방법입니다. 주로 경계선이 여기저기 분산되어 있을 경우에 사용합니다.

01 예제 파일 'Part3-13.dwg'를 불러옵니다. 명령 행에 'Trim'을 입력하고 Space bar 를 눌러 명령을 실행합니다. 그런 다음 경계선을 따로 지정하지 않고 Space bar 를 누릅니다.

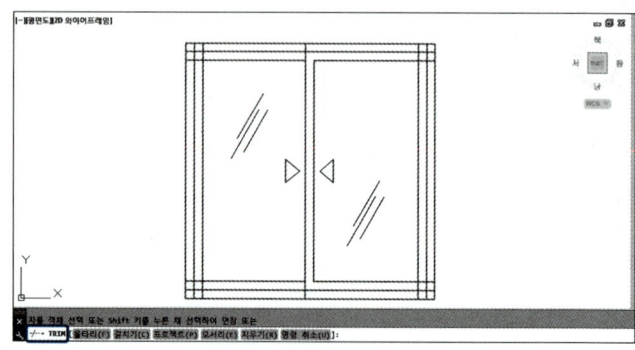

명령: TRIM Space bar ← Trim 명령 입력 (TR)
현재 설정: 투영=UCS 모서리=없음
절단 모서리 선택...
객체 선택 또는 〈모두 선택〉: Space bar ← 경계가 분산되어 있으므로 경계선을 지정하지 않고 다음 단계로 진행

02 잘라낼 객체를 선택하면 객체가 잘려 제거되는 것을 알 수 있습니다.

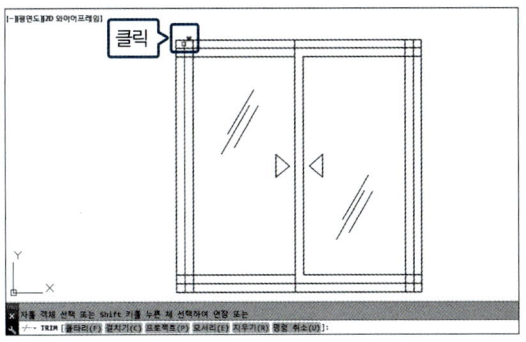
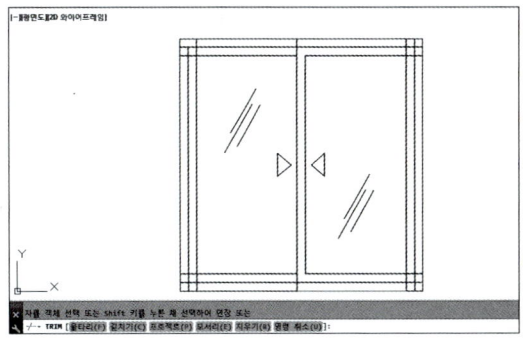

자를 객체 선택 또는 Shift 키를 누른 채 선택하여 연장 또는 [울타리(F)/걸치기(C)/프로젝트(P)/모서리(E)/지우기(R)/명령 취소(U)]: ← 잘라낼 객체를 선택

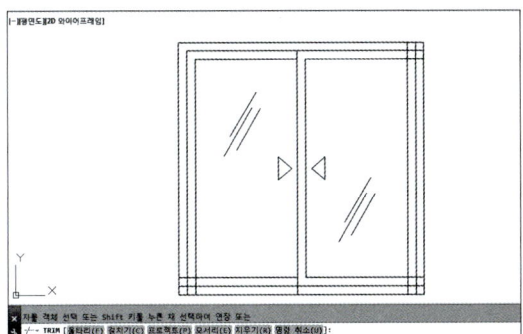

바로 통하는 TIP 창틀의 가장자리부터 잘라내야 따로 Erase 명령을 사용하여 다른 객체를 지울 필요 없이 객체를 모두 잘라낼 수 있습니다.

자를 객체 선택 또는 Shift 키를 누른 채 선택하여 연장 또는 [울타리(F)/걸치기(C)/프로젝트(P)/모서리(E)/지우기(R)/명령 취소(U)]: ← 잘라낼 객체를 선택
자를 객체 선택 또는 Shift 키를 누른 채 선택하여 연장 또는 [울타리(F)/걸치기(C)/프로젝트(P)/모서리(E)/지우기(R)/명령 취소(U)]: ← 잘라낼 객체를 선택

03 계속해서 다른 객체들도 같은 방법으로 지정하여 창문틀을 잘라내어 도면을 완성합니다.

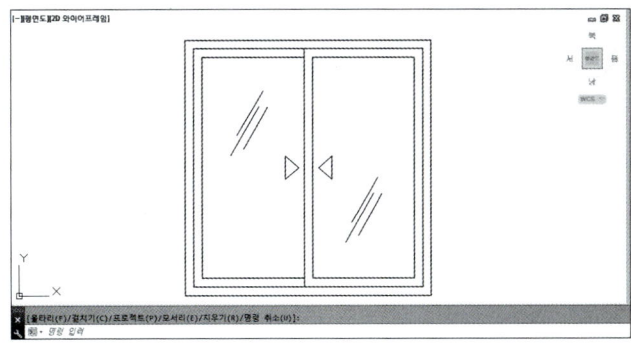

자를 객체 선택 또는 Shift 키를 누른 채 선택하여 연장 또는
[울타리(F)/걸치기(C)/프로젝트(P)/모서리(E)/지우기(R)/명령 취소(U)]: ← 연속하여 잘라낼 객체를 숫자만큼 선택
자를 객체 선택 또는 Shift 키를 누른 채 선택하여 연장 또는
[울타리(F)/걸치기(C)/프로젝트(P)/모서리(E)/지우기(R)/명령 취소(U)]: Space bar ← 명령을 종료하기 위해 Space bar

실무활용노트 AUTO CAD | Trim 명령이 적용되지 않아요!

복잡한 실무 도면 작업에서 Trim(자르기)을 사용하여 정리할 때 잘못된 순서로 선을 자르면 선이 완전하게 제거되지 않을 수 있습니다. 예를 들면 오른쪽 그림과 같이 선을 잘라낼 때 창문의 왼쪽 모퉁이 안쪽 선을 먼저 잘랐다면 아무리 Trim 명령을 적용해도 잘리지 않습니다. 이럴 때는 잘리지 않는 부분을 선택하여 Trim 명령의 서브 메뉴 중 'Erase(지우기)'를 실행하여 지우도록 합니다.

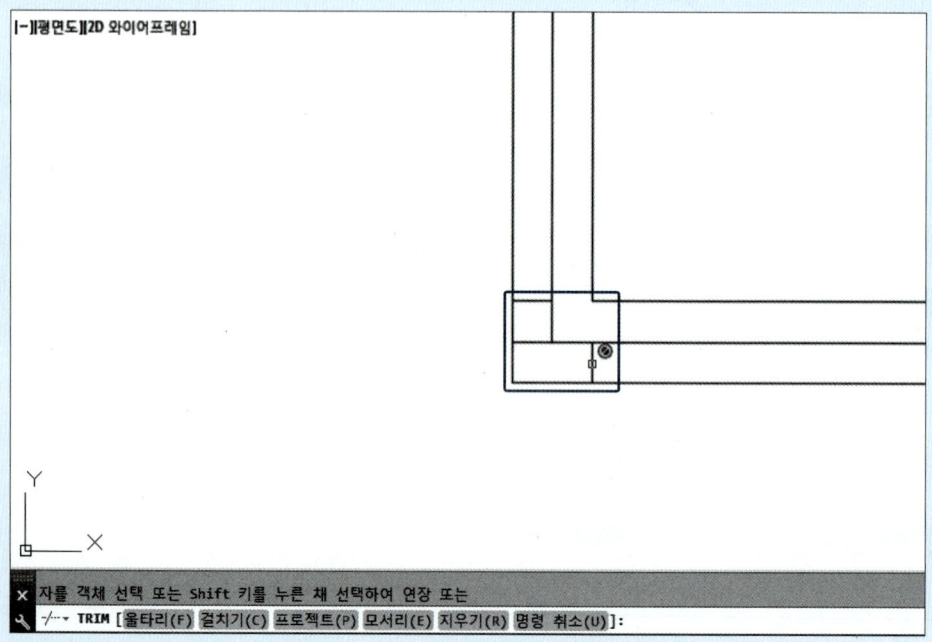

▲ 왼쪽 모퉁이를 확대 : Trim 명령이 적용되지 않음

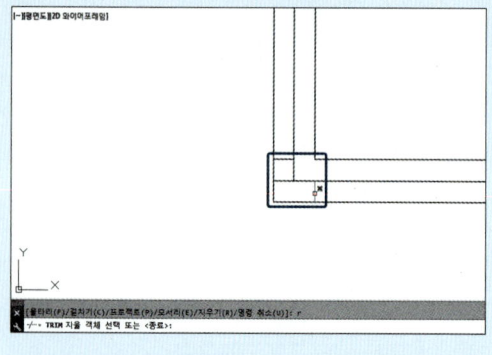 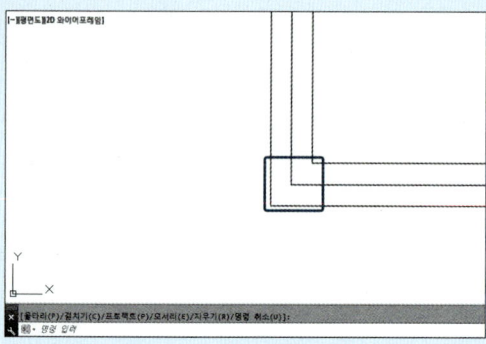

▲ 잘리지 않는 객체를 Erase 명령으로 지운 상태

명령: TRIM [Space bar] ← Trim 명령 입력 (TR)

현재 설정: 투영=UCS 모서리=없음

절단 모서리 선택 ...

객체 선택 또는 〈모두 선택〉: [Space bar] ← 경계가 분산되어 있으므로 경계선을 지정하지 않고 다음 단계로 진행

자를 객체 선택 또는 Shift 키를 누른 채 선택하여 연장 또는

[울타리(F)/걸치기(C)/프로젝트(P)/모서리(E)/지우기(R)/명령 취소(U)]: r [Space bar] ← 옵션 'R' 입력

지울 객체 선택: ← 잘라낼 객체를 선택

3 Fence 옵션으로 여러 개의 선을 한 번에 잘라내기

다음 예제에서는 X좌표 방향의 수평선을 경계로 했을 때 잘라야 할 선이 많습니다. 이때 자를 선 객체들을 하나하나 선택하지 않고 Fence(울타리) 옵션을 사용해 객체를 한 번에 선택하여 잘라보겠습니다.

01 예제 파일 'Part3-14.dwg'를 불러옵니다. 명령 행에 'Trim'을 입력하고 Space bar 를 눌러 명령을 실행합니다. 그런 다음 자를 객체들의 경계선인 X좌표 방향의 수평선을 선택하고 Space bar 를 누릅니다.

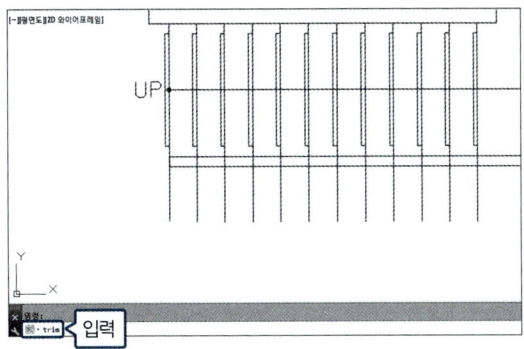 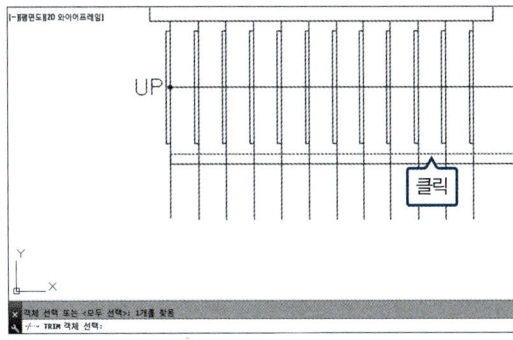

```
명령: TRIM Space bar ← Trim 명령 입력 (TR)
현재 설정: 투영=UCS 모서리=없음
절단 모서리 선택 ...
객체 선택 또는 〈모두 선택〉: 1개를 찾음 ← 기준이 되는 객체 선택
객체 선택: Space bar ← 경계선을 선택하면 Space bar 를 누르고 다음 단계로 진행
```

02 자를 부분을 선택하기 전에 여러 개의 객체를 한 번에 잘라내기 위해 서브 메뉴 중 'F(Fence, 울타리)'를 입력하고 Space bar 를 누릅니다.

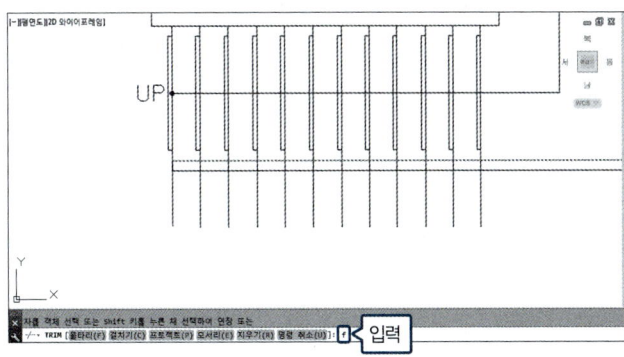

```
자를 객체 선택 또는 Shift 키를 누른 채 선택하여 연장 또는
[울타리(F)/걸치기(C)/프로젝트(P)/모서리(E)/지우기(R)/명령 취소(U)]: f Space bar
← 여러 개의 객체를 한 번에 자르기 위해 'F'를 입력 (영문판 사용자는 'fence'를 입력)
```

03 울타리의 첫 번째 위치를 지정합니다. 자를 객체의 가장 왼쪽 여백에 임의의 점을 지정합니다.

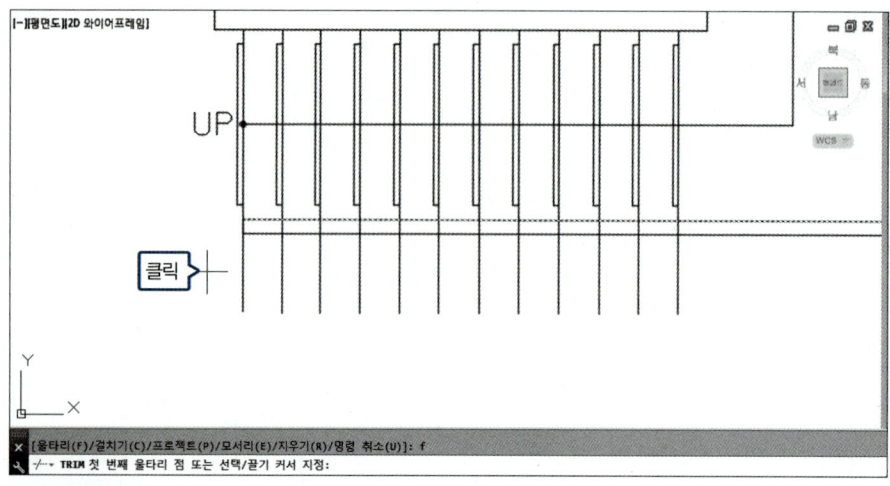

첫 번째 울타리 점 또는 선택/끌기 커서 지정: ← 울타리의 첫 번째 점 지정

04 울타리의 두 번째 위치를 지정합니다. 자를 객체의 가장 오른쪽 여백에 임의의 점을 지정합니다. 이때는 자를 모든 객체가 울타리에 걸치도록 합니다.

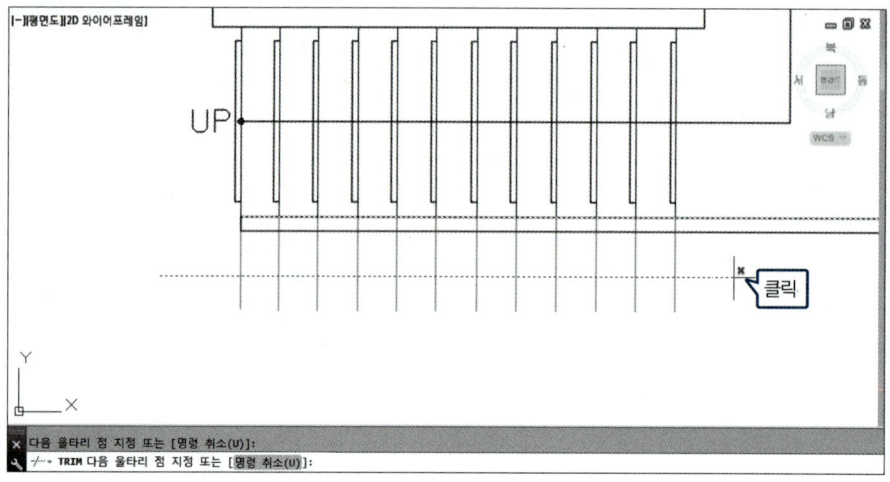

다음 울타리 점 지정 또는 [명령 취소(U)]: ← 울타리의 두 번째 점 지정

바로 통하는 TIP 울타리의 임의의 점을 지정할 때 반드시 왼쪽에서 오른쪽으로 지정할 필요는 없습니다. 다만 자르려는 객체를 모두 포함하도록 울타리를 지정합니다.

05 Space bar 를 누르면 자르기를 실행합니다. 여러 개의 선을 한 번에 잘라냈습니다.

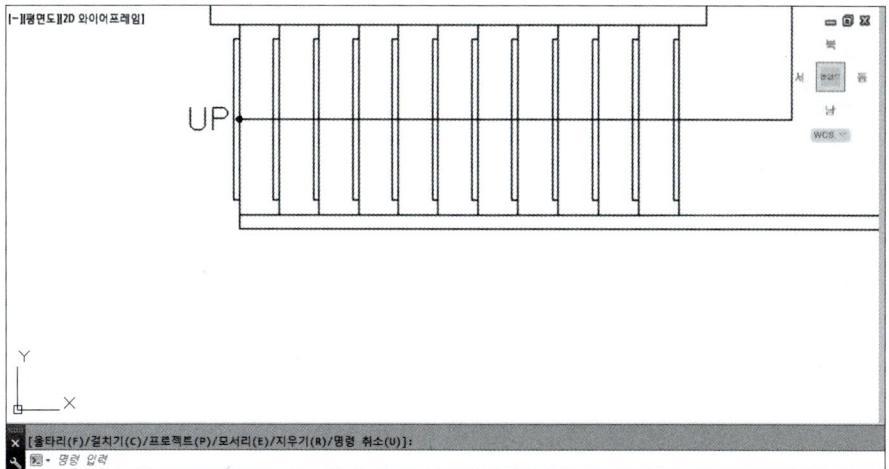

다음 울타리 점 지정 또는 [명령 취소(U)]: Space bar ← 더 이상 지정할 객체가 없다면 Space bar 를 누르고 실행
자를 객체 선택 또는 Shift 키를 누른 채 선택하여 연장 또는
[울타리(F)/걸치기(C)/프로젝트(P)/모서리(E)/지우기(R)/명령 취소(U)]: Space bar ← Space bar 를 누르고 실행

> **바로 통하는 TIP** Trim 명령과 Erase 명령의 차이
>
> Trim(자르기) 명령은 Offset(간격 띄우기) 명령과 함께 도면 객체를 편집하는 명령으로는 분야를 막론하고 가장 많이 사용됩니다. Trim 명령은 앞서 설명한 Erase 명령과 달리 객체의 특정 일부분만 잘라 없애는 명령입니다. 경계선을 기준으로 두 개 이상의 선이 걸쳐 있어야만 Trim 명령을 적용할 수 있다는 점에 주의하세요. 경계선에서 선 하나만 남으면 Trim의 서브 메뉴인 'R', 혹은 단독 명령어인 Erase를 사용하여 지워야 한다는 점도 잊지 마세요!

Offset, Trim 명령으로 아파트 평면도 외벽선 그리기

아파트 평면도처럼 복잡한 건축 도면을 Line 명령으로만 그린다면 너무나 힘든 작업이 될 것입니다. 복잡한 도면을 빠르게 그려야하는 실무에서는 Offset 명령으로 기준선을 잡은 후 Trim 명령을 이용하여 정리하는 방법을 사용합니다. 완성된 이미지의 치수를 참고하여 아파트 평면도의 외벽선을 그려보겠습니다. 모든 치수는 중심선을 기준으로 표시했으며 벽체의 두께는 200mm로 설정했습니다.

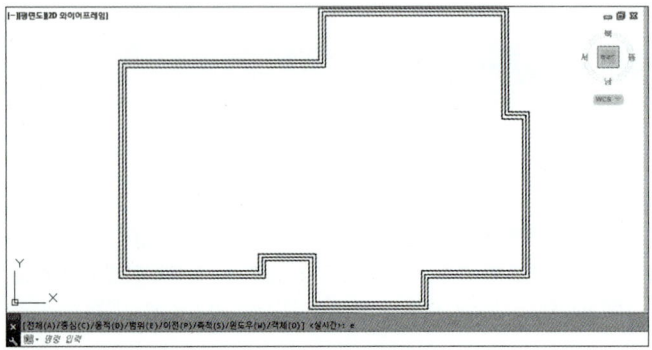

1 새 창을 열고 새로운 도면 영역을 지정합니다. 한계 영역을 여유 있게 지정하기 위해 명령 행에 'Limits'를 입력하고 Space bar 를 누릅니다. 왼쪽 구석은 이미 지정되어 있으므로 Space bar 를 한 번 더 누릅니다.

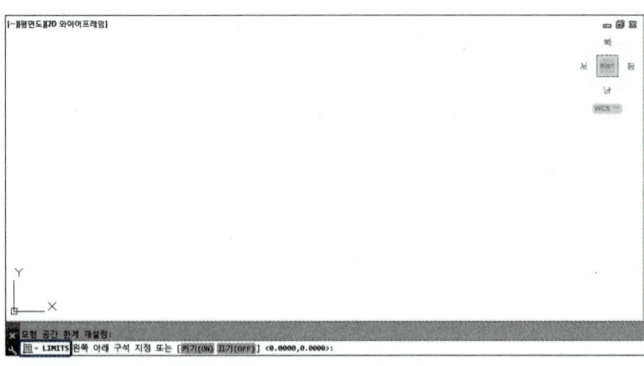

명령: LIMITS Space bar ← Limits 명령 입력
모형 공간 한계 재설정:
왼쪽 아래 구석 지정 또는 [켜기(ON)/끄기(OFF)] <0.0000,0.0000>: Space bar
← 왼쪽 아래 구석 지정을 지정<0,0>이라고 입력되어있으므로 그대로 Space bar 를 누르고 다음 단계로 진행

2 여유 있게 X축은 20,000mm, Y축은 15,000mm로 지정하겠습니다. 명령 행에 '20000, 15000'이라고 입력하고 Space bar 를 누릅니다. 지정한 한계 영역이 화면에 다 보이도록 'Zoom'을 입력하고 Space bar 를 누릅니다. 그런 다음 서브 메뉴의 'All(전체)'을 입력하고 Space bar 를 눌러 명령을 실행합니다.

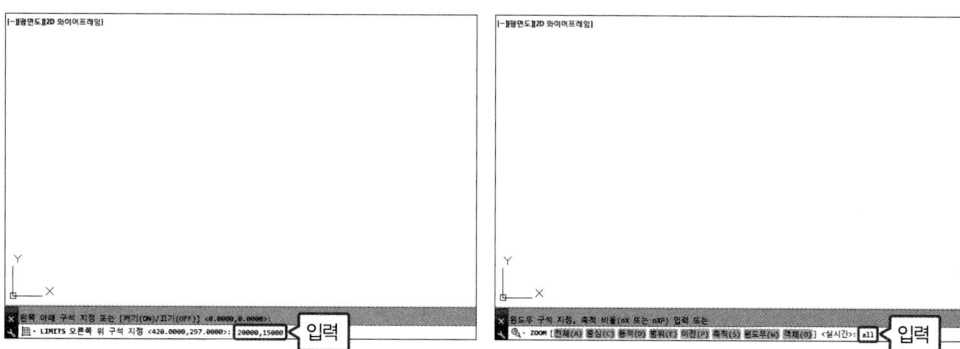

오른쪽 위 구석 지정 ⟨420.0000,297.0000⟩: 20000,15000 Space bar
← 오른쪽 위 구석이 20000, 15000이므로 그대로 Space bar 누르고 실행
명령: ZOOM Space bar ← Zoom 명령 입력
윈도우 구석 지정, 축척 비율(nX 또는 nXP) 입력 또는
[전체(A)/중심(C)/동적(D)/범위(E)/이전(P)/축척(S)/윈도우(W)/객체(O)] ⟨실시간⟩: all Space bar 모형 재생성 중. ← 옵션 'All' 입력

3 도면의 작업 영역을 지정한 후 벽체의 세로 기준선을 그리겠습니다. 명령 행에 'Line'을 입력하고 Space bar 를 눌러 명령을 실행합니다. 이때는 F8 을 눌러 직교 모드를 활성화하고 마우스 포인터를 선 아래쪽에 둡니다. 명령 행에 '9000'을 입력하고 Space bar 를 두 번 눌러 그리기를 마칩니다.

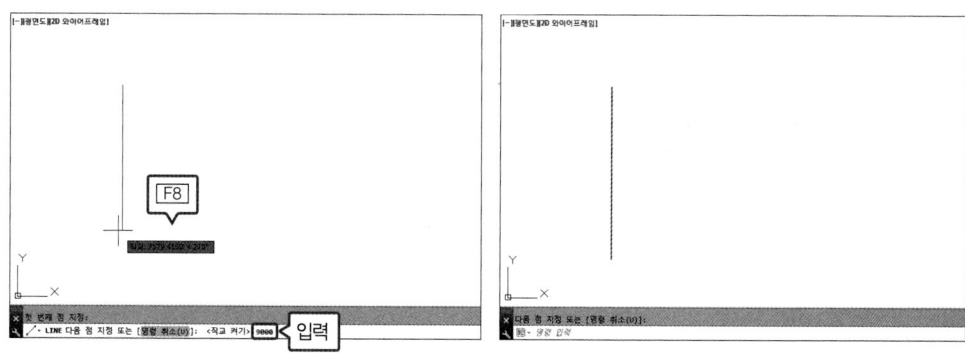

명령: LINE Space bar ← Line 명령 입력 (L)
첫 번째 점 지정: ← 그리고자 하는 선분의 첫 시작점을 마우스 왼쪽 버튼으로 클릭.
다음 점 지정 또는 [명령 취소(U)]: ⟨직교 켜기⟩ 9000 Space bar ← 다음 점을 지정하기 위해 마우스 포인터를 수직 아래 방향에 두고 '9000' 을 입력하여 Space bar
다음 점 지정 또는 [명령 취소(U)]: Space bar ← Space bar 를 한 번 더 누르고 그리기 종료

4 도면의 작업 영역을 지정하고 벽체의 가로 기준선을 그리겠습니다. 명령 행에 'Line'을 입력하고 Space bar 를 눌러 명령을 실행합니다. 선의 시작점을 세로 선의 위쪽 끝점에 지정하고 마우스 포인터를 선 오른쪽에 둡니다. 그런 다음 명령 행에 '12500'을 입력하고 Space bar 를 두 번 눌러 가로 기준선을 완성합니다.

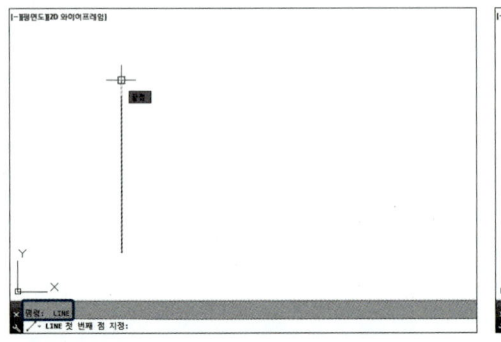 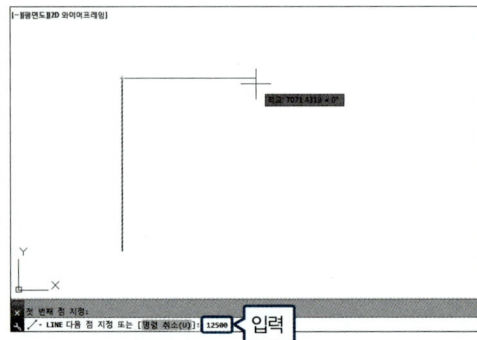

명령: LINE Space bar ← Line 명령 입력 (L)
첫 번째 점 지정: ← 그리고자 하는 선분의 첫 시작점을 마우스 왼쪽 버튼으로 클릭.
다음 점 지정 또는 [명령 취소(U)]: 12500 Space bar
← 다음 점을 지정하기 위해 마우스 포인터를 선 오른쪽 방향으로 두고 '12500'을 입력하여 Space bar
다음 점 지정 또는 [명령 취소(U)]: Space bar ← Space bar 를 한 번 더 누르고 그리기 종료

5 기준선을 등간격 복사하기 위해 명령 행에 'Offset'을 입력하고 Space bar 를 누릅니다. 그런 다음 도면의 하단 세로 선부터 그려 보겠습니다. 세로 기준선에서 가장 가까운 4,200mm의 세로 선을 그리기 위해 명령 행에 '4200'이라고 입력하고 Space bar 를 누릅니다.

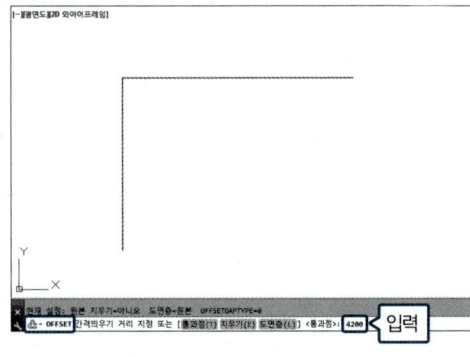 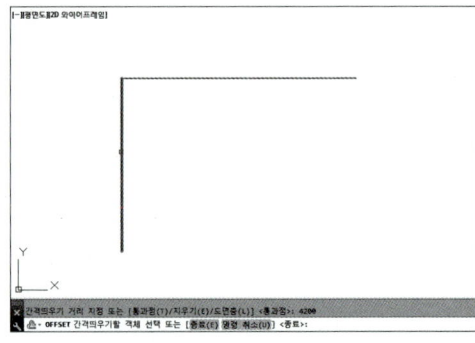

명령: OFFSET Space bar ← Offset 명령 입력 (O)
현재 설정: 원본 지우기=아니오 도면층=원본 OFFSETGAPTYPE=0
간격띄우기 거리 지정 또는 [통과점(T)/지우기(E)/도면층(L)] <통과점>: 4200 Space bar ← 간격의 거리 '4200' 입력

6 세로 선 오른쪽 임의의 지점을 클릭하여 등간격 복사합니다. 세로 선을 그리면 Space bar 를 눌러 명령을 마칩니다.

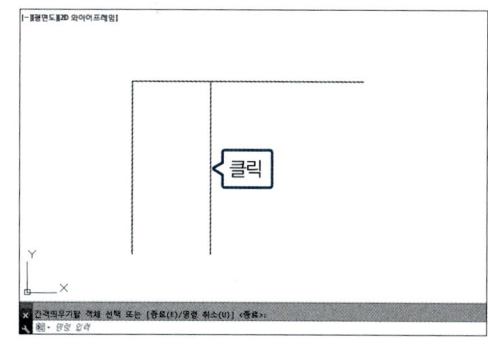

간격띄우기할 객체 선택 또는 [종료(E)/명령 취소(U)] 〈종료〉: ← 복사할 객체 선택
간격띄우기할 면의 점 지정 또는 [종료(E)/다중(M)/명령 취소(U)] 〈종료〉: ← 간격의 방향을 설정
간격띄우기할 객체 선택 또는 [종료(E)/명령 취소(U)] 〈종료〉: Space bar ← 종료

7 연속해서 세로 하단의 모든 선들을 왼쪽부터 차례대로 등간격 복사하겠습니다. 명령 행에 'Offset'을 입력하고 Space bar 를 누릅니다. 그런 다음 명령 행에 '1500'이라고 입력하고 Space bar 를 누릅니다. 맨 왼쪽 세로 기준선을 클릭한 후 기준선의 오른쪽 임의의 지점을 클릭하여 선을 등간격 복사합니다. 같은 방법으로 3400mm, 3000mm씩 등간격 복사합니다.

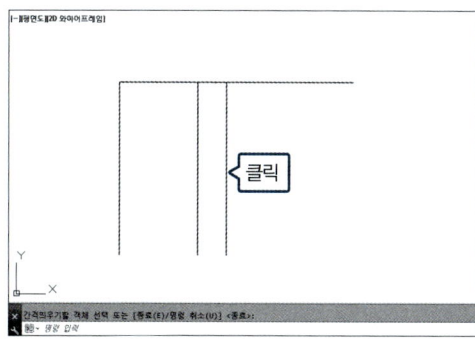 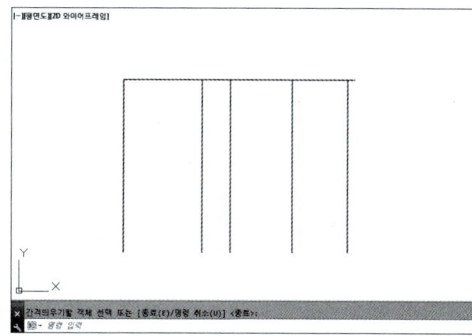

명령: OFFSET Space bar ← Offset 명령 입력 (O)
현재 설정: 원본 지우기=아니오 도면층=원본 OFFSETGAPTYPE=0
간격띄우기 거리 지정 또는 [통과점(T)/지우기(E)/도면층(L)] 〈4200.0000〉: 1500 Space bar ← 간격의 거리 '1500' 입력
간격띄우기할 객체 선택 또는 [종료(E)/명령 취소(U)] 〈종료〉: ← 복사할 객체 선택
간격띄우기할 면의 점 지정 또는 [종료(E)/다중(M)/명령 취소(U)] 〈종료〉: ← 간격의 방향을 설정
간격띄우기할 객체 선택 또는 [종료(E)/명령 취소(U)] 〈종료〉: Space bar ← 종료

바로 통하는 TIP 등간격 복사할 때는 기준선을 기준으로 오른쪽 방향에 마우스를 클릭하면 지정한 간격만큼 오른쪽으로 등간격 복사가 됩니다.

8 이번에는 하단의 가로 선을 등간격 복사하겠습니다. 명령 행에 'Offset'을 입력하고 Space bar 를 누릅니다. 그런 다음 명령 행에 '8500'이라고 입력하고 Space bar 를 누릅니다. 맨 위쪽 가로 기준선을 클릭한 후 기준선의 하단 임의의 지점을 클릭하여 등간격 복사합니다. 가로 선이 그려지면 Space bar 를 눌러 명령을 마칩니다.

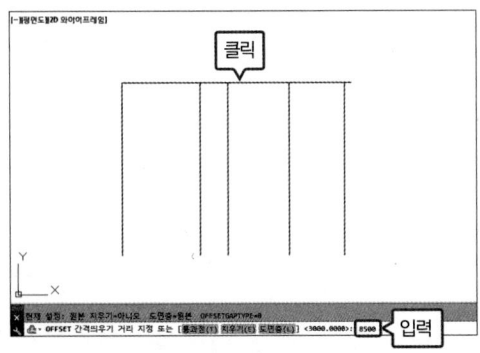
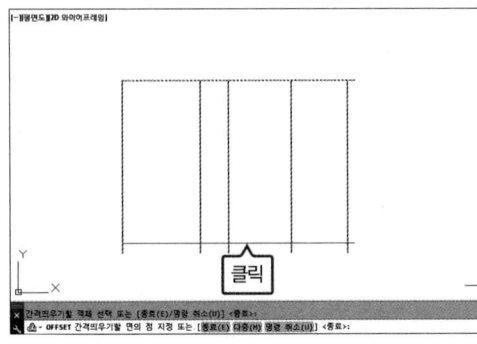

명령: OFFSET Space bar ← Offset 명령 입력 (O)
현재 설정: 원본 지우기=아니오 도면층=원본 OFFSETGAPTYPE=0
간격띄우기 거리 지정 또는 [통과점(T)/지우기(E)/도면층(L)] <3000.0000>: 8500 Space bar ← 간격의 거리 '8500' 입력
간격띄우기할 객체 선택 또는 [종료(E)/명령 취소(U)] <종료>: ← 복사할 객체 선택
간격띄우기할 면의 점 지정 또는 [종료(E)/다중(M)/명령 취소(U)] <종료>: ← 간격의 방향을 설정
간격띄우기할 객체 선택 또는 [종료(E)/명령 취소(U)] <종료>: Space bar ← 종료

바로 통하는 TIP 등간격 복사할 때는 기준선을 기준으로 아랫방향에 마우스를 클릭하면 지정한 간격만큼 아래로 등간격 복사가 됩니다. 반대로 기준선의 위에 마우스를 클릭하면 위로 등간격 복사가 됩니다.

9 같은 방법으로 하단의 가로 선을 차례대로 900mm, 500mm씩 등간격 복사합니다.

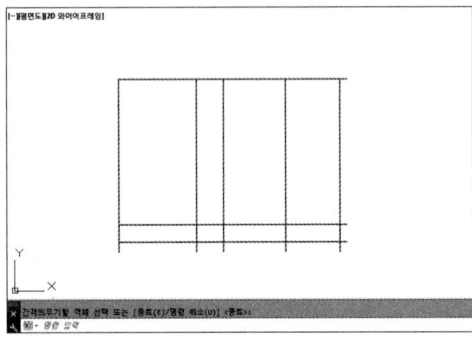
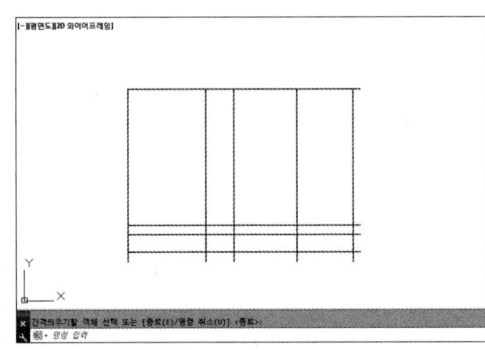

명령: OFFSET Space bar ← Offset 명령 입력 (O)
현재 설정: 원본 지우기=아니오 도면층=원본 OFFSETGAPTYPE=0
간격띄우기 거리 지정 또는 [통과점(T)/지우기(E)/도면층(L)] <8500.0000>: 900 Space bar ← 간격의 거리 '900'과 '500' 각각 입력
간격띄우기할 객체 선택 또는 [종료(E)/명령 취소(U)] <종료>: ← 복사할 객체 선택
간격띄우기할 면의 점 지정 또는 [종료(E)/다중(M)/명령 취소(U)] <종료>: ← 간격의 방향을 설정
간격띄우기할 객체 선택 또는 [종료(E)/명령 취소(U)] <종료>: Space bar ← 종료

10 Offset 명령을 이용해 세로 기준선을 왼쪽부터 차례대로 6000mm, 5500mm씩 등간격 복사합니다.

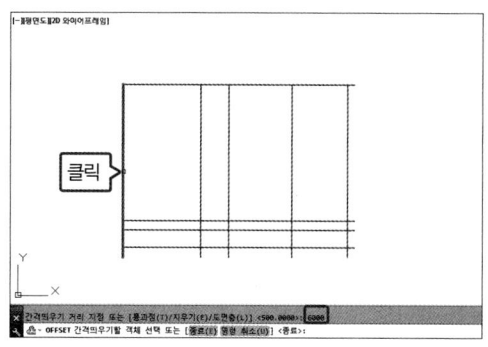 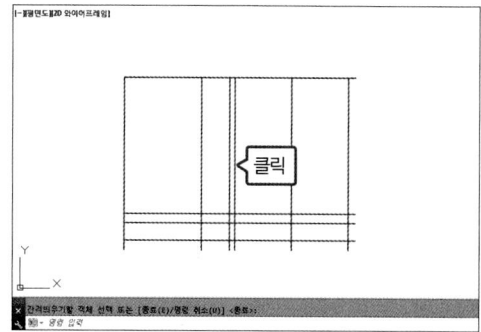

명령: OFFSET [Space bar] ← Offset 명령 입력 (O)

현재 설정: 원본 지우기=아니오 도면층=원본 OFFSETGAPTYPE=0

간격띄우기 거리 지정 또는 [통과점(T)/지우기(E)/도면층(L)] <500.0000>: 6000 [Space bar] ← 간격의 거리 '6000' 입력

간격띄우기할 객체 선택 또는 [종료(E)/명령 취소(U)] <종료>: ← 복사할 객체 선택

간격띄우기할 면의 점 지정 또는 [종료(E)/다중(M)/명령 취소(U)] <종료>: ← 간격의 방향을 설정

간격띄우기할 객체 선택 또는 [종료(E)/명령 취소(U)] <종료>: [Space bar] ← 종료

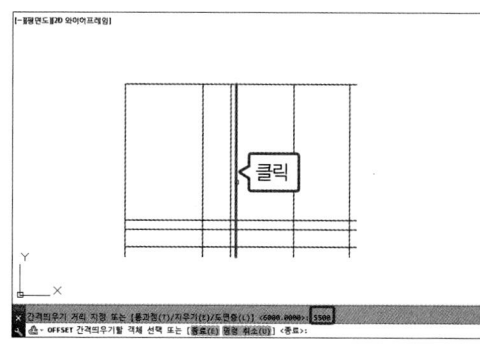 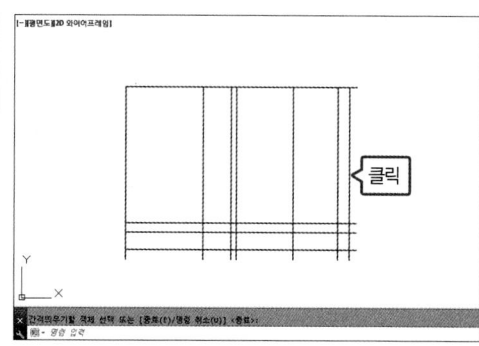

명령: OFFSET [Space bar] ← Offset 명령 입력 (O)

현재 설정: 원본 지우기=아니오 도면층=원본 OFFSETGAPTYPE=0

간격띄우기 거리 지정 또는 [통과점(T)/지우기(E)/도면층(L)] <500.0000>: 5500 [Space bar] ← 간격의 거리 '5500' 입력

간격띄우기할 객체 선택 또는 [종료(E)/명령 취소(U)] <종료>: ← 복사할 객체 선택

간격띄우기할 면의 점 지정 또는 [종료(E)/다중(M)/명령 취소(U)] <종료>: ← 간격의 방향을 설정

간격띄우기할 객체 선택 또는 [종료(E)/명령 취소(U)] <종료>: [Space bar] ← 종료

11 Offset 명령을 이용해 상단의 가로 기준선을 위부터 차례대로 1,500mm, 3000mm씩 등간격 복사합니다. 중심선을 완성합니다.

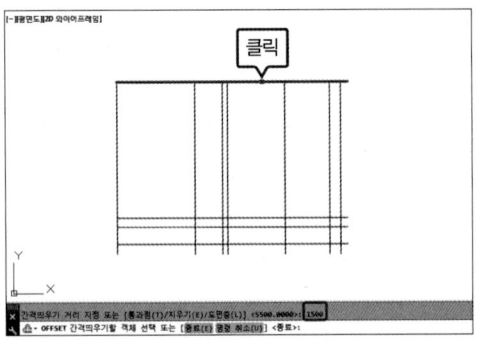
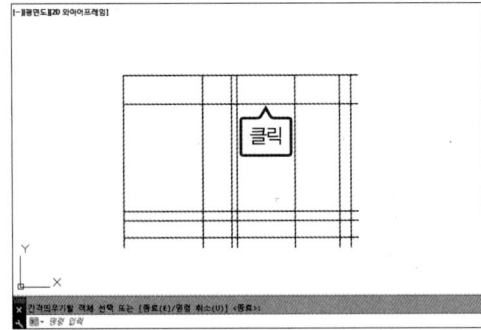

명령: OFFSET [Space bar] ← Offset 명령 입력 (O)
현재 설정: 원본 지우기=아니오 도면층=원본 OFFSETGAPTYPE=0
간격띄우기 거리 지정 또는 [통과점(T)/지우기(E)/도면층(L)] <5500.0000>: 1500 [Space bar] ← 간격의 거리 '1500' 입력
간격띄우기할 객체 선택 또는 [종료(E)/명령 취소(U)] <종료>: ← 복사할 객체 선택
간격띄우기할 면의 점 지정 또는 [종료(E)/다중(M)/명령 취소(U)] <종료>: ← 간격의 방향을 설정
간격띄우기할 객체 선택 또는 [종료(E)/명령 취소(U)] <종료>: [Space bar] ← 명령 종료

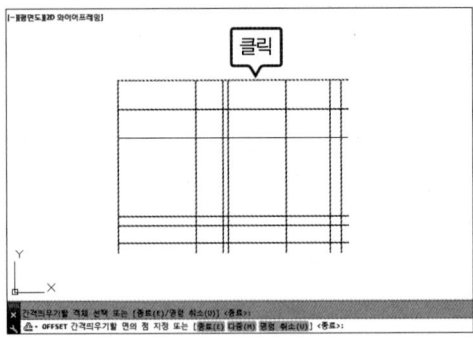
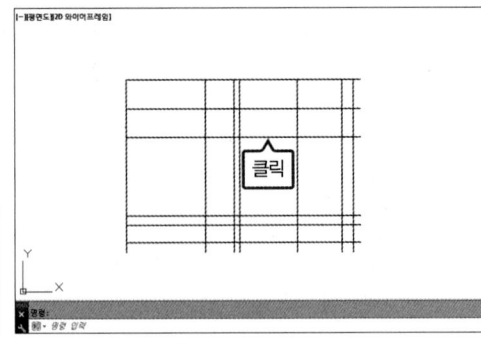

명령: OFFSET [Space bar] ← Offset 명령 입력 (O)
현재 설정: 원본 지우기=아니오 도면층=원본 OFFSETGAPTYPE=0
간격띄우기 거리 지정 또는 [통과점(T)/지우기(E)/도면층(L)] <5500.0000>: 3000 [Space bar] ← 간격의 거리 '3000' 입력
간격띄우기할 객체 선택 또는 [종료(E)/명령 취소(U)] <종료>: ← 복사할 객체 선택
간격띄우기할 면의 점 지정 또는 [종료(E)/다중(M)/명령 취소(U)] <종료>: ← 간격의 방향을 설정
간격띄우기할 객체 선택 또는 [종료(E)/명령 취소(U)] <종료>: [Space bar] ← 명령 종료

12 이번에는 벽체의 두께를 부여하도록 합니다. 벽체의 두께를 미리 200mm로 정했으므로 벽체 중심선을 기준으로 안쪽과 바깥쪽에 각각 100mm씩 Offset 명령으로 등간격 복사를 합니다.

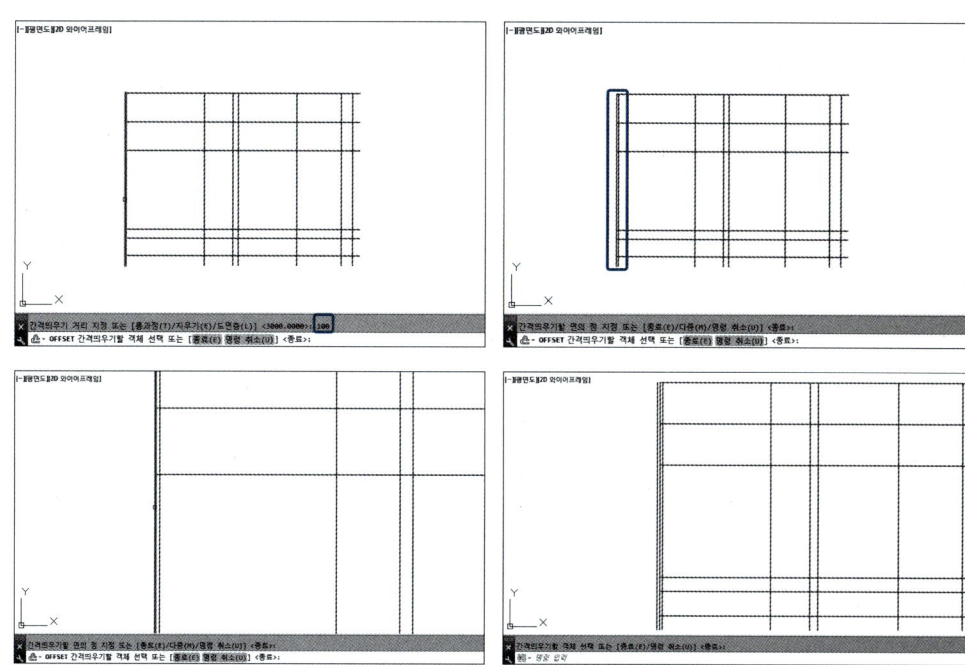

명령: OFFSET [Space bar] ← Offset 명령 입력 (O)

현재 설정: 원본 지우기=아니오 도면층=원본 OFFSETGAPTYPE=0

간격띄우기 거리 지정 또는 [통과점(T)/지우기(E)/도면층(L)] <3000.0000>: 100 [Space bar] ← 간격의 거리 '100' 각각 입력

간격띄우기할 객체 선택 또는 [종료(E)/명령 취소(U)] <종료>: ← 복사할 객체 선택

간격띄우기할 면의 점 지정 또는 [종료(E)/다중(M)/명령 취소(U)] <종료>: ← 간격의 방향을 설정

간격띄우기할 객체 선택 또는 [종료(E)/명령 취소(U)] <종료>: [Space bar] ← 종료

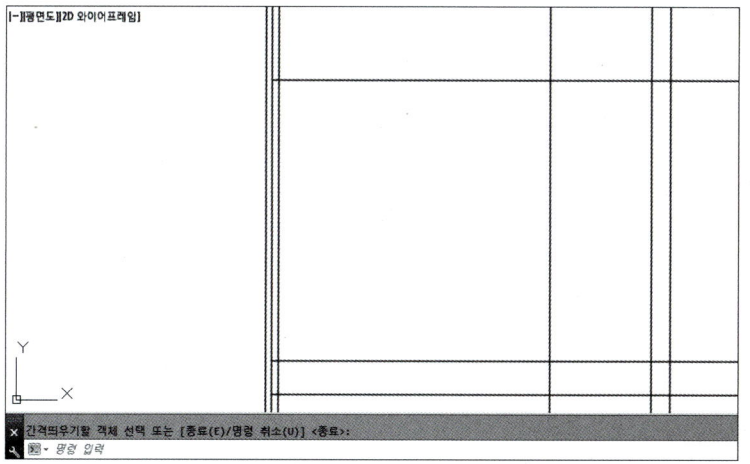

◀ 확대해서 본 벽체선 모습

13 같은 방법으로 모든 중심선에 벽체의 두께를 부여합니다. 총 두께가 200mm이므로 중심선을 기준으로 안쪽과 바깥쪽에 각각 100mm씩 등간격 복사를 합니다.

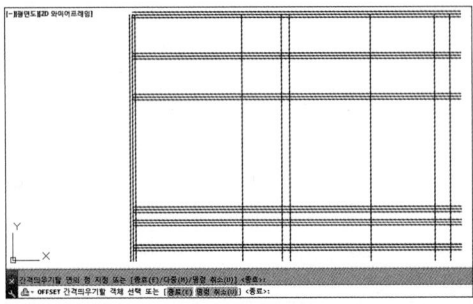 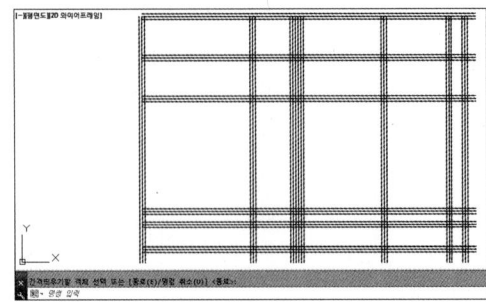

```
명령: OFFSET Space bar ← Offset 명령 입력 (O)
현재 설정: 원본 지우기=아니오 도면층=원본 OFFSETGAPTYPE=0
간격띄우기 거리 지정 또는 [통과점(T)/지우기(E)/도면층(L)] <3000.0000>: 100 Space bar ← 간격의 거리 '100' 각각 입력
간격띄우기할 객체 선택 또는 [종료(E)/명령 취소(U)] <종료>: ← 복사할 객체 선택
간격띄우기할 면의 점 지정 또는 [종료(E)/다중(M)/명령 취소(U)] <종료>: ← 간격의 방향을 설정
간격띄우기할 객체 선택 또는 [종료(E)/명령 취소(U)] <종료>: ← 복사할 객체 선택
간격띄우기할 면의 점 지정 또는 [종료(E)/다중(M)/명령 취소(U)] <종료>: ← 간격의 방향을 설정
간격띄우기할 객체 선택 또는 [종료(E)/명령 취소(U)] <종료>: ← 복사할 객체 선택
간격띄우기할 면의 점 지정 또는 [종료(E)/다중(M)/명령 취소(U)] <종료>: ← 간격의 방향을 설정
간격띄우기할 객체 선택 또는 [종료(E)/명령 취소(U)] <종료>: ← 복사할 객체 선택
간격띄우기할 면의 점 지정 또는 [종료(E)/다중(M)/명령 취소(U)] <종료>: ← 간격의 방향을 설정
간격띄우기할 객체 선택 또는 [종료(E)/명령 취소(U)] <종료>: ← 나머지 개수만큼 복사할 객체 선택
간격띄우기할 면의 점 지정 또는 [종료(E)/다중(M)/명령 취소(U)] <종료>: ← 간격의 방향을 설정
간격띄우기할 객체 선택 또는 [종료(E)/명령 취소(U)] <종료>: Space bar ← 종료
```

바로 통하는 TIP 중심선이 많으므로 각 선을 혼동할 수 있습니다. 세밀한 작업을 위해 마우스 휠을 굴려 원하는 위치를 확대·축소하거나 Zoom(확대) 명령과 Pan(초점 이동) 명령을 활용하여 도면을 완성합니다.

14 등간격 복사를 완료하면 필요 없는 객체를 잘라내기 위한 기준선을 정리해야 합니다. 등간격 복사한 도면의 가장 외곽선에는 경계선이 미치지 못하므로 경계선을 연결해 보겠습니다. 직교 기능을 이용해 연결할 것이므로 객체 스냅 직교 아이콘( )을 클릭해 기능을 설정합니다.

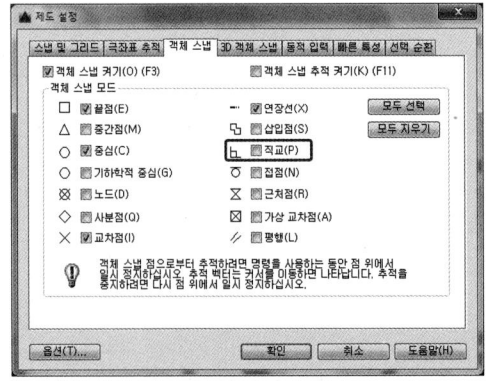

15 연결할 경계선을 한 번 클릭합니다. 그리고 왼쪽 끝의 파란색 작은 상자(그립)를 정확하게 한 번 클릭하여 연장하고자 하는 경계선까지 드래그합니다. Esc 를 누르면 경계선이 연장됩니다.

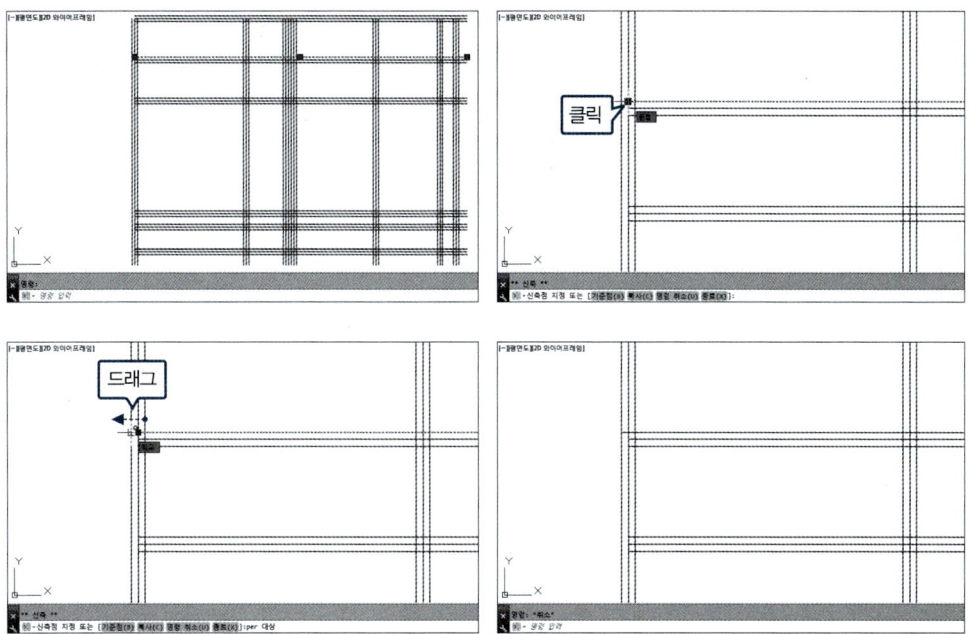

바로 통하는 TIP 별도의 명령을 이용하지 않고도 객체를 선택해서 길이를 늘이는 방법은 242쪽을 참조하세요.

16 같은 방법으로 객체를 경계까지 연장합니다. 이러한 기능은 객체의 끝 지점이나 모서리 지점을 연장할 때 사용할 수 있습니다.

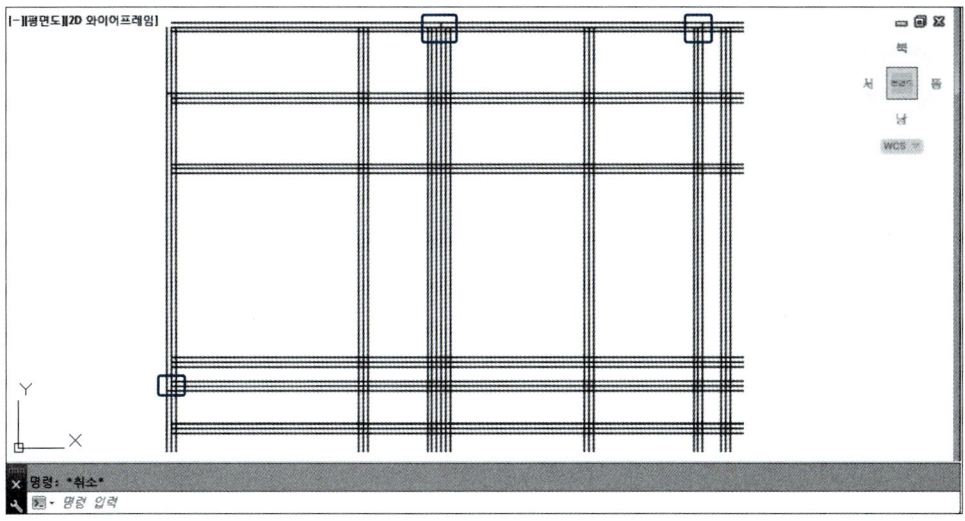

실무활용노트 AUTO CAD | 연결되지 않은 모서리 연결하기

연결되지 않은 모서리가 있으면 Stretch(신축) 명령을 응용하여 모서리를 연결한 후 도면을 완성합니다. 명령 행에 아무런 내용도 입력하지 않은 채로 해당 객체를 선택하고 드래그합니다.

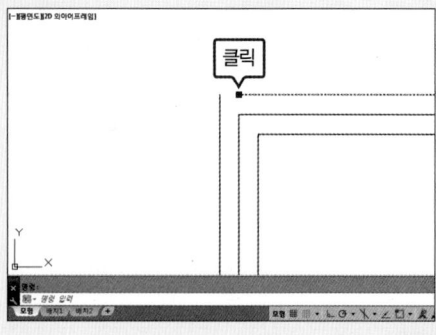

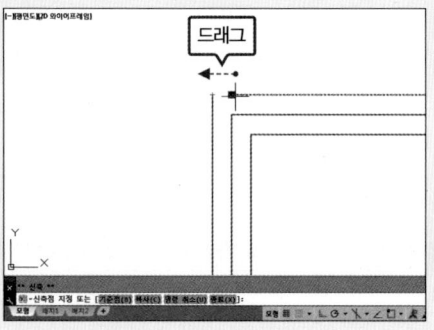
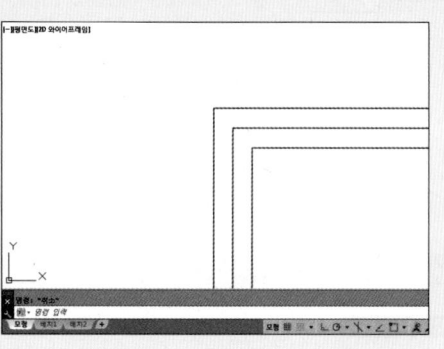

17 이제부터는 필요 없는 부분의 객체를 잘라내기 위해 Trim 명령을 실행하겠습니다. 명령 행에 'Trim'을 입력하고 Space bar 를 눌러 명령을 실행합니다. 자를 부분이 분산되어 있으므로 경계를 선택하지 않고 다시 한 번 Space bar 를 눌러서 다음 단계로 진행합니다.

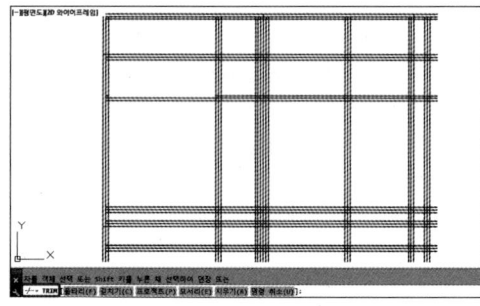

명령: TRIM Space bar ←Trim 명령 입력 (TR)
현재 설정: 투영=UCS 모서리=없음
절단 모서리 선택 ...
객체 선택 또는 〈모두 선택〉: Space bar ← 경계가 분산되어 있으므로 경계선을 지정하지 않고 다음 단계로 진행
자를 객체 선택 또는 Shift 키를 누른 채 선택하여 연장 또는
[울타리(F)/걸치기(C)/프로젝트(P)/모서리(E)/지우기(R)/명령 취소(U)]: ← 잘라낼 객체를 선택

18 Trim 명령으로 잘라낼 부분을 마우스로 클릭합니다.

바로 통하는 TIP 이때 객체를 자르는 순서는 중요하지 않습니다. 원하는 객체부터 클릭하여 자릅니다. 다만 별도로 Erase 명령을 하지 않기 위해 모든 선은 도면의 바깥 부분부터 안쪽으로 자르도록 합니다.

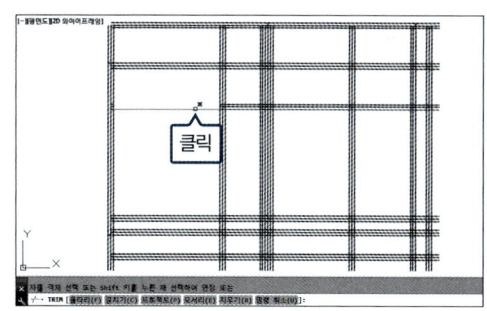

19 계속하여 자를 부분을 마우스로 클릭하여 모두 잘라내도록 합니다.

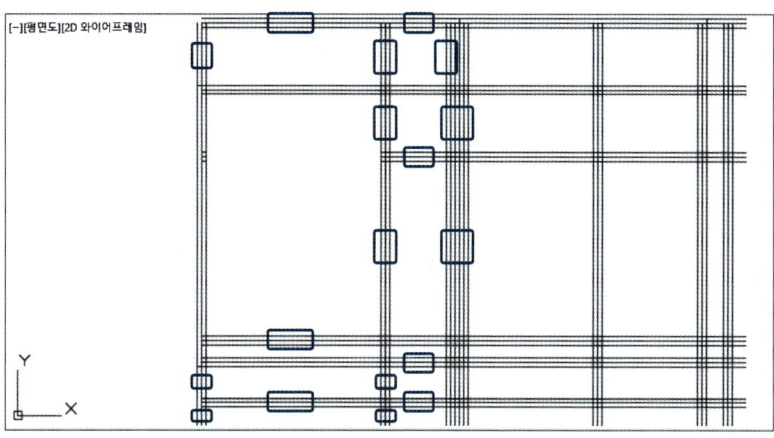

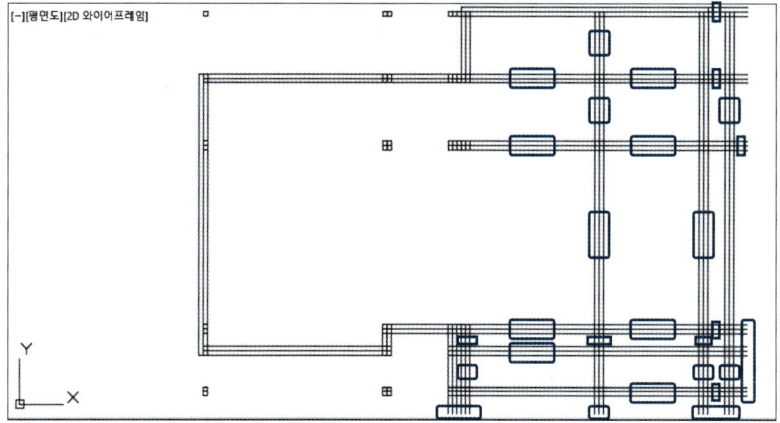

```
자를 객체 선택 또는 Shift 키를 누른 채 선택하여 연장 또는
[울타리(F)/걸치기(C)/프로젝트(P)/모서리(E)/지우기(R)/명령 취소(U)]: ← 계속해서 잘라낼 객체를 선택
자를 객체 선택 또는 Shift 키를 누른 채 선택하여 연장 또는
[울타리(F)/걸치기(C)/프로젝트(P)/모서리(E)/지우기(R)/명령 취소(U)]: ← 계속해서 잘라낼 객체를 선택
자를 객체 선택 또는 Shift 키를 누른 채 선택하여 연장 또는
[울타리(F)/걸치기(C)/프로젝트(P)/모서리(E)/지우기(R)/명령 취소(U)]: ← 계속해서 잘라낼 객체를 선택, 완성하면 Space bar
```

20 Trim 명령을 완료한 후 한쪽으로 치우친 도면을 원래의 위치로 보이도록 명령 행에 'Zoom'을 입력하고 Space bar 를 누릅니다. 그런 다음 서브 메뉴의 'E(범위)'를 입력합니다.

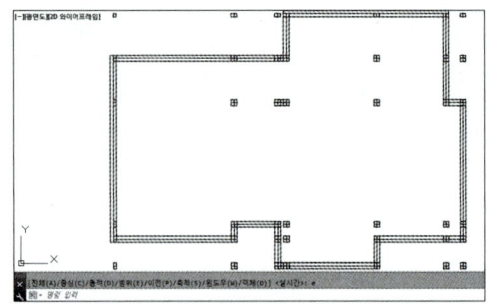

명령: ZOOM Space bar ← Zoom 명령 입력 (Z)
윈도우 구석 지정, 축척 비율(nX 또는 nXP) 입력 또는
[전체(A)/중심(C)/동적(D)/범위(E)/이전(P)/축척(S)/윈도우(W)/객체(O)] <실시간>: e Space bar ← 옵션 'E' 입력

바로 통하는 TIP 실습하는 과정이 책의 예제 도면 그림과 다르게 나오더라도 크게 상관없습니다. Trim 명령과 Erase 명령을 병행하여 결과물만 같도록 표현하면 됩니다.

21 군데군데 남은 선을 지우겠습니다. 명령 행에 'Erase'를 입력하고 Space bar 를 누릅니다. 그런 다음 남아 있는 선을 클릭해서 객체를 지우고 Space bar 를 눌러 명령을 종료합니다.

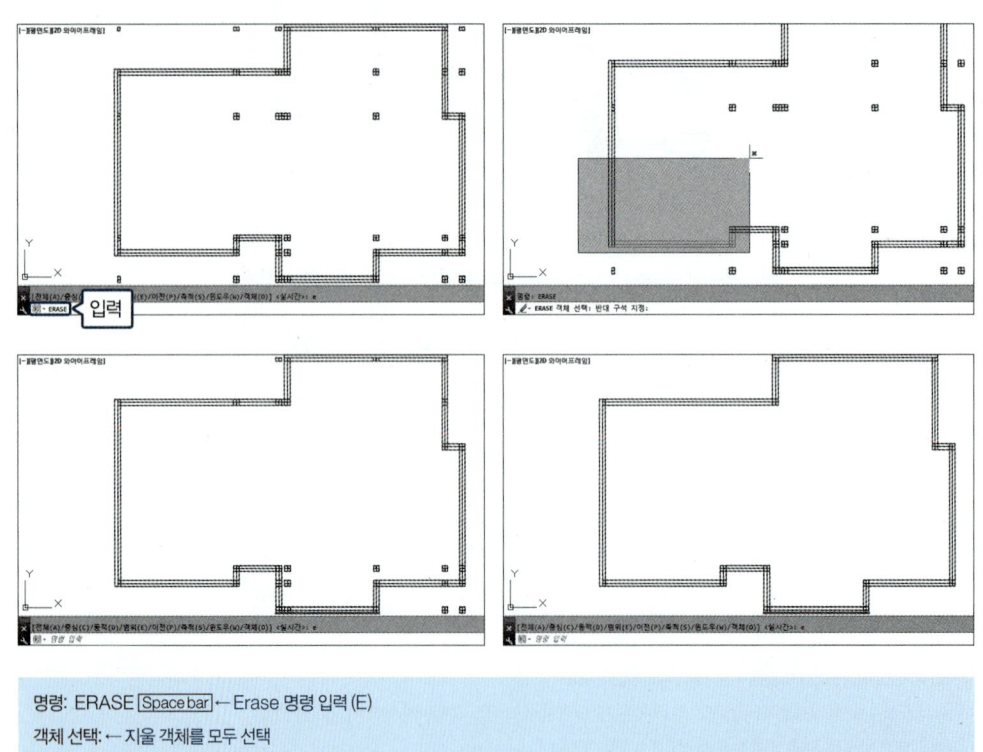

명령: ERASE Space bar ← Erase 명령 입력 (E)
객체 선택: ← 지울 객체를 모두 선택
객체 선택: Space bar ← Space bar 를 눌러 종료

22 Trim 명령을 이용하여 벽체 사이의 미세하게 남은 선들은 명령을 이용하여 정리합니다. 명령 행에 'Trim'을 입력하고 [Space bar]를 누릅니다. 그런 다음 다시 한 번 [Space bar]를 눌러 경계선을 지정하지 않고 명령을 실행합니다. 잘라낼 객체를 클릭하여 선택하고 [Space bar]를 눌러 작업을 마무리 합니다.

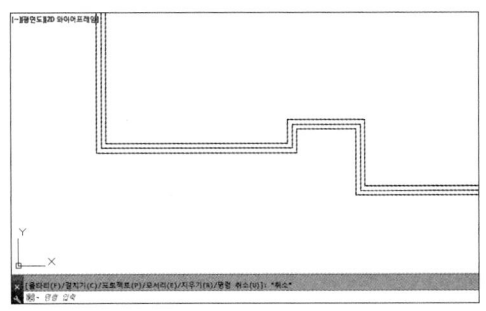

▲ 그림처럼 막히는 곳이 없도록 자르기

명령: TRIM [Space bar] ← Trim 명령 입력 (TR)
현재 설정: 투영=UCS 모서리=없음
절단 모서리 선택 ...
객체 선택 또는 〈모두 선택〉: [Space bar] ← 경계가 분산되어 있으므로 경계선을 지정하지 않고 다음 단계로 진행
자를 객체 선택 또는 Shift 키를 누른 채 선택하여 연장 또는
[울타리(F)/걸치기(C)/프로젝트(P)/모서리(E)/지우기(R)/명령 취소(U)]: ← 잘라낼 객체를 선택
자를 객체 선택 또는 Shift 키를 누른 채 선택하여 연장 또는
[울타리(F)/걸치기(C)/프로젝트(P)/모서리(E)/지우기(R)/명령 취소(U)]: ← 계속해서 잘라낼 객체를 선택하고 완성하면 [Space bar]

23 Trim 명령을 완료한 후 한쪽으로 치우친 도면을 원래의 위치로 보이도록 Zoom 명령을 실행합니다. 명령 행에 'Zoom'을 입력하고 [Space bar]를 누릅니다. 그런 다음 서브 메뉴의 'E(범위)'를 입력합니다.

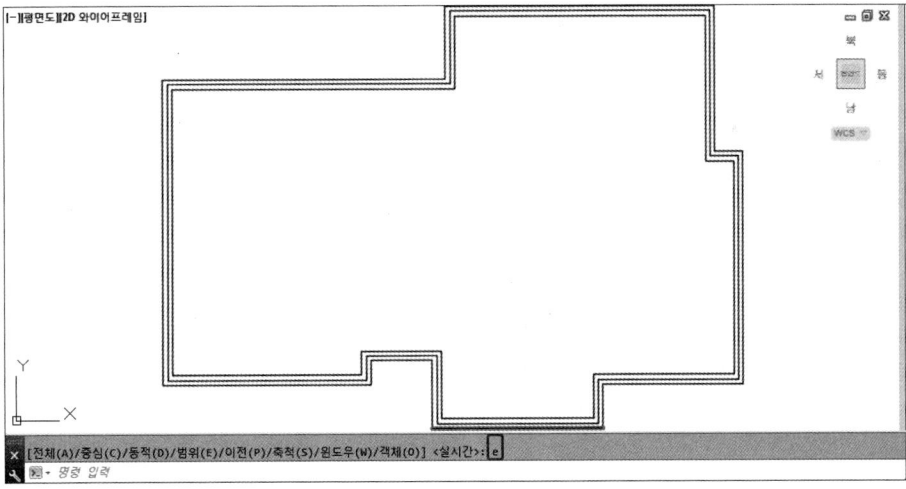

▲ 완성된 도면

명령: ZOOM [Space bar] ← Zoom 명령 입력 (Z)
윈도우 구석 지정, 축척 비율(nX 또는 nXP) 입력 또는
[전체(A)/중심(C)/동적(D)/범위(E)/이전(P)/축척(S)/윈도우(W)/객체(O)] 〈실시간〉: e [Space bar] ← 옵션 'E' 입력

CHAPTER 03

객체를 연장하는 Extend, 늘이고 줄이는 Stretch

선이나 호의 길이를 연장하는 Extend(연장) 명령과 객체의 길이나 크기를 조절하는 Stretch(신축) 명령에 대해 알아 보겠습니다. 해당 명령의 기능을 충분히 습득하고 이 기능이 실무에서는 어떻게 사용되는지 예제를 실습하며 자세히 배워보겠습니다.

A 학습 목표

도면 작업 시간을 단축하는 명령을 익혀봅니다. 선을 연장하거나 이미 그려진 도면을 토대로 선을 연장하여 새로운 도면을 빠르게 그리는 Extend(연장) 명령과 도면 일부분의 크기를 변경·조절할 수 있는 Stretch(신축) 명령을 실행해보겠습니다.

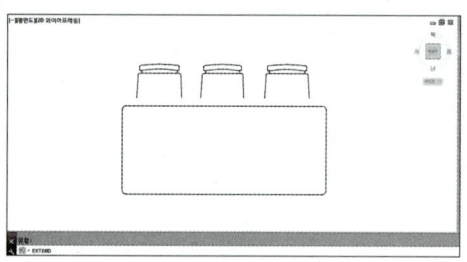 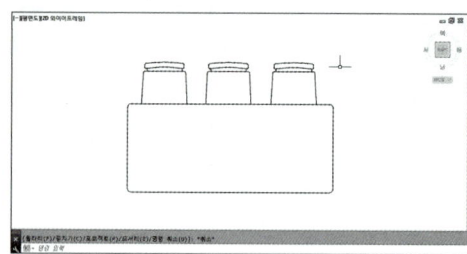

▲ 경계선까지 연장하기 : Before(좌), After(우)

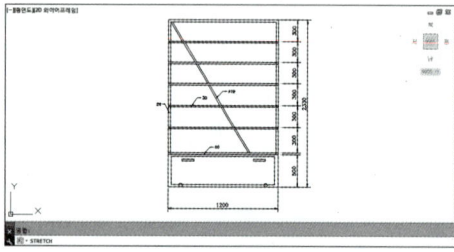 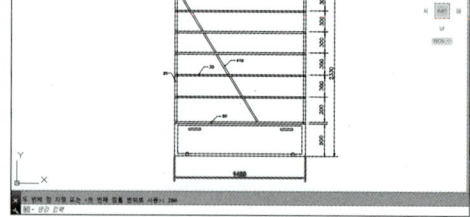

▲ 늘이고 줄이기 : Before(좌), After(우)

SECTION 01

객체를 경계선까지 연결하는 Extend

Extend(연장) 명령은 도면의 선들을 지정한 경계선까지 연장하는 편집 명령입니다. 경계선으로 지정되는 선은 연장할 선의 연장선상에 있어야 사용할 수 있습니다. Extend 명령은 선을 연장하는 일차적인 목적뿐만 아니라 이미 그려진 도면을 토대로 선을 연장하여 새로운 도면을 더욱 빠르게 완성할 수 있는 장점이 있습니다. Extend 명령을 사용하려면 명령 행에 'Extend'를 입력하고 Space bar 를 누르거나 [수정] 도구 팔레트에 있는 연장 아이콘(--/ 연장)을 클릭합니다.

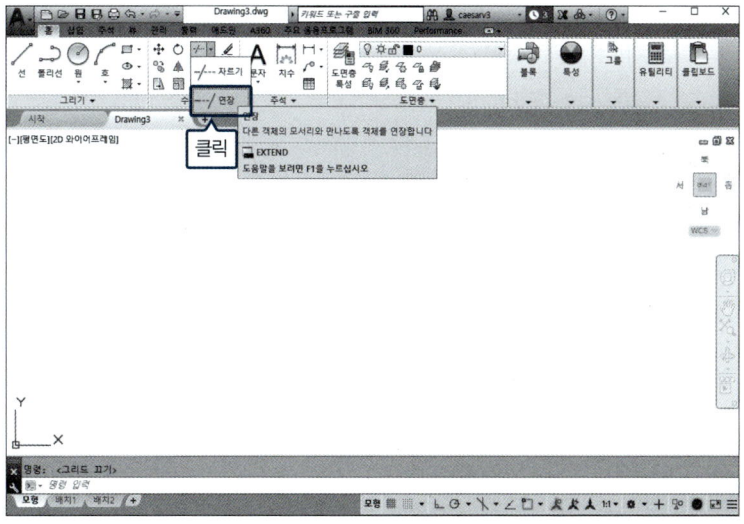

▲ 연장 아이콘 사용하기

➕ 옵션 풀이

울타리(F) _ 여러 개의 선을 한꺼번에 연장할 때 사용하는 기능입니다.
걸치기(C) _ Rectangle 명령으로 그린 직사각형 영역 내에 포함되거나 이 영역에 교차하는 객체를 모두 연장하는 기능입니다.
프로젝트(P) _ 3D 공간에서 연장하는 기능입니다.
모서리(E) _ 경계선과 교차되지 않는 객체의 일부분을 연장할지를 지정합니다.
명령 취소(U) _ 바로 이전 단계에 연장한 객체들을 순서대로 하나씩 취소합니다. 연속해서 사용할 수 있습니다.

1 Extend 명령으로 계단선 연장하기

Extend(연장)는 명령을 사용하면 실수로 자른 객체를 다시 연결하거나 연결하려는 선의 각도를 모를 때 다른 명령을 사용하지 않고도 쉽게 선을 연장할 수 있습니다. 다음 예제에서 계단선에서 미완성된 부분을 연장해보 겠습니다.

01 예제 파일 'Part3-16.dwg'를 불러 옵니다. 명령 행에 'Extend'를 입력하고 Space bar 를 누릅니다.

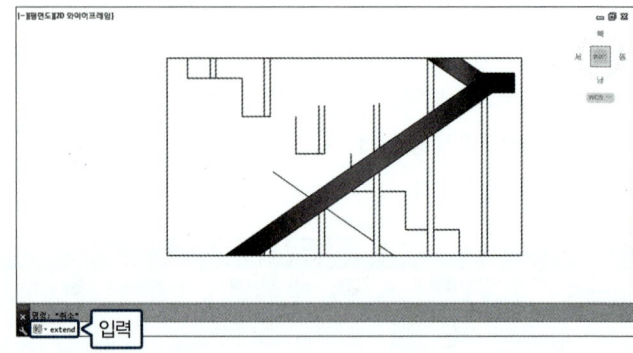

명령: EXTEND Space bar ← Extend 명령 입력(EX)

02 선 객체를 어디까지 연장할지 경계가 될 기준선을 클릭하고 Space bar 를 누릅니다.

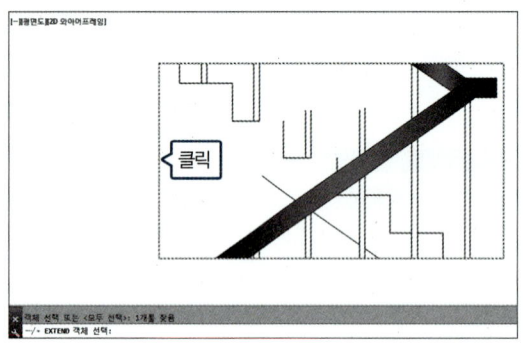 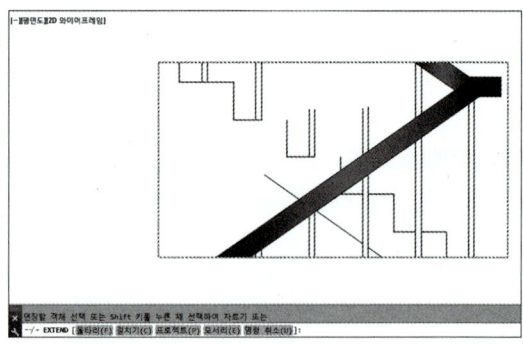

현재 설정: 투영= UCS 모서리=없음

경계 모서리 선택 ...

객체 선택 또는 〈모두 선택〉: ← 기준이 되는 객체 선택

객체 선택: Space bar ← 경계선을 선택하면 Space bar 를 누르고 다음 단계로 진행

03 연장하려는 객체를 클릭합니다. 앞에서 지정한 기준선까지 대각선 객체가 연장되었습니다.

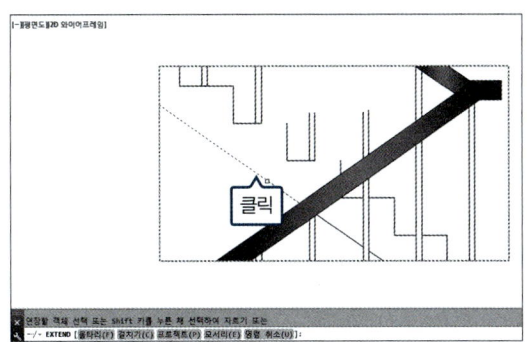 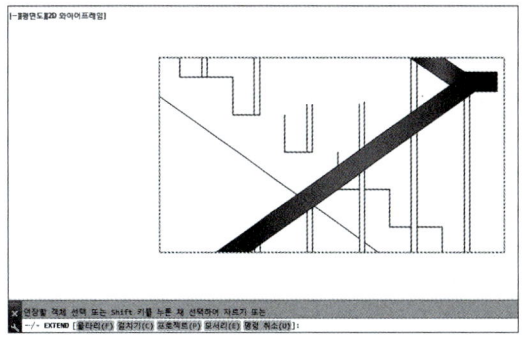

연장할 객체 선택 또는 Shift 키를 누른 채 선택하여 자르기 또는
[울타리(F)/걸치기(C)/프로젝트(P)/모서리(E)/명령 취소(U)]: ← 연장할 객체 선택

04 계속해서 연장하려는 계단 지지대를 클릭합니다. 그런 다음 Space bar 를 누릅니다. 끊어졌던 계단의 지지대가 연장되었습니다.

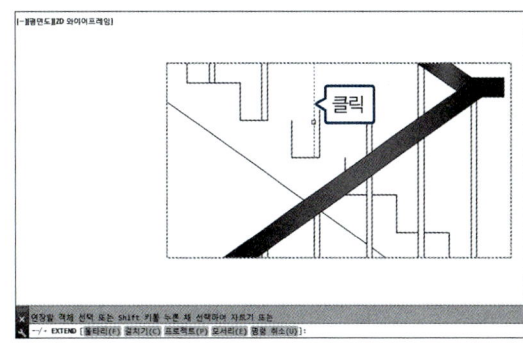

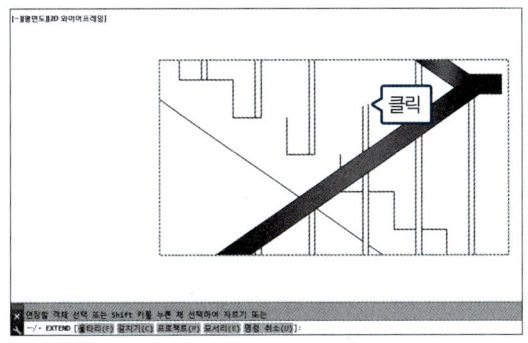 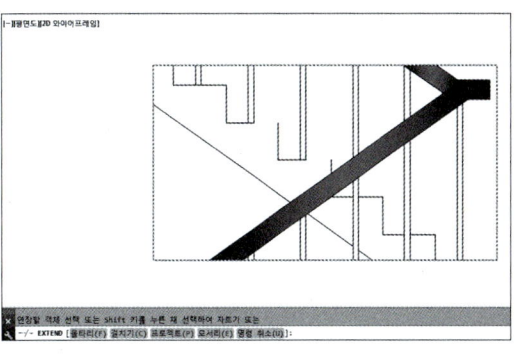

연장할 객체 선택 또는 Shift 키를 누른 채 선택하여 자르기 또는
[울타리(F)/걸치기(C)/프로젝트(P)/모서리(E)/명령 취소(U)]: ← 연속해서 연장할 객체 선택
연장할 객체 선택 또는 Shift 키를 누른 채 선택하여 자르기 또는
[울타리(F)/걸치기(C)/프로젝트(P)/모서리(E)/명령 취소(U)]: Space bar ← 연장할 객체를 선택하고 Space bar

05 계단의 모서리 부분을 연장하기 위해 다시 한 번 Extend 명령을 실행합니다. 반복되는 명령이므로 Space bar 만 누르면 실행이 됩니다.

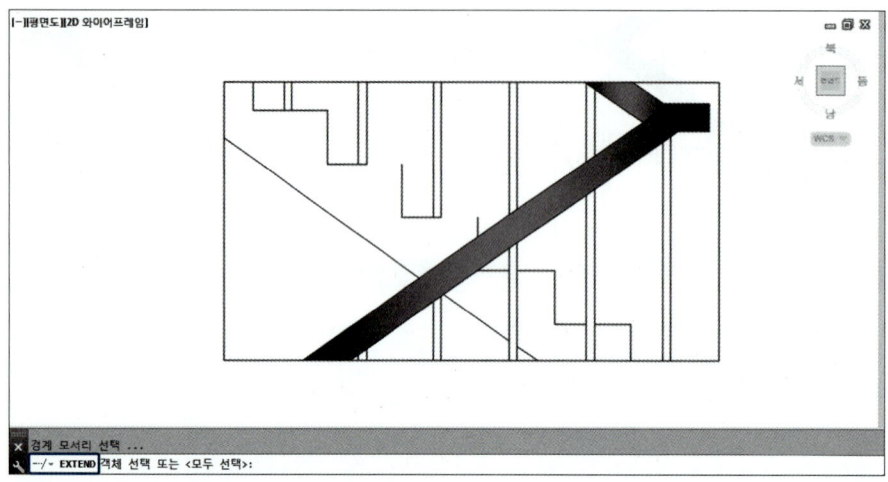

명령: Space bar ← Space bar 를 눌러 명령 반복 실행

06 이번에는 경계를 지정하지 않고 Space bar 를 눌러 다음 단계로 넘어갑니다.

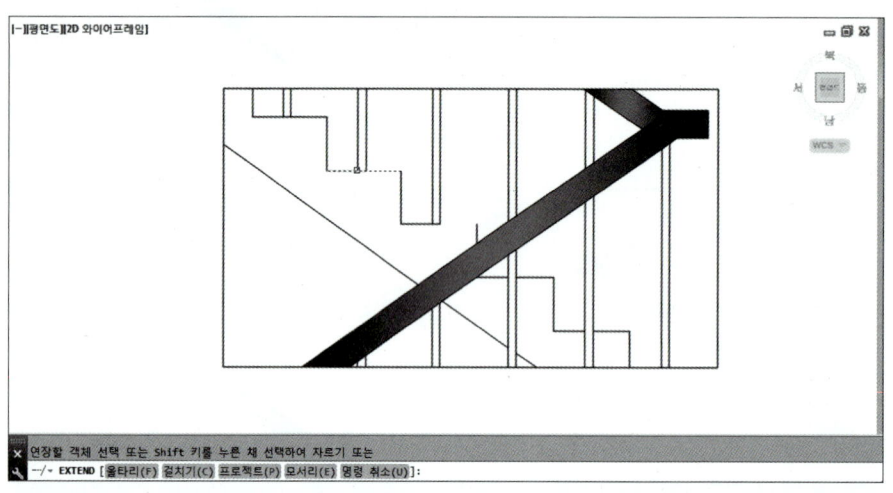

현재 설정: 투영= UCS 모서리=없음

경계 모서리 선택 ...

객체 선택 또는 〈모두 선택〉: Space bar ← 경계선을 선택하지 않고 Space bar 를 눌러 다음 단계로 진행

07 연장하려는 계단의 모서리 선을 지정하고 선을 연장합니다. Space bar 를 눌러 도면 작성을 마칩니다.

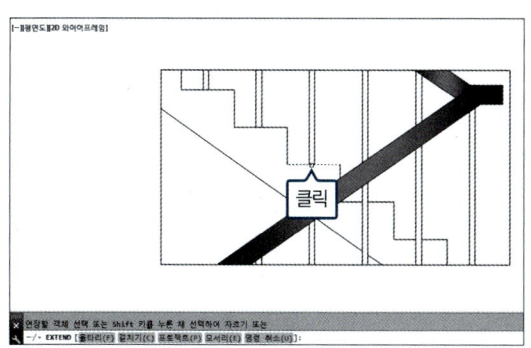 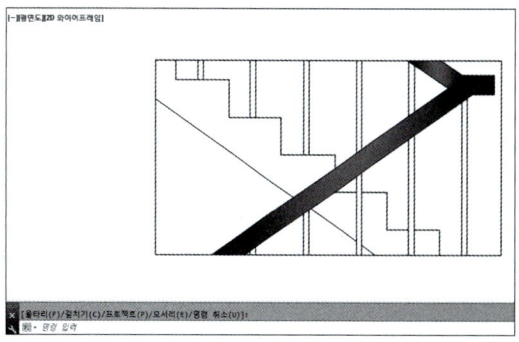

연장할 객체 선택 또는 Shift 키를 누른 채 선택하여 자르기 또는
[울타리(F)/걸치기(C)/프로젝트(P)/모서리(E)/명령 취소(U)]: ← 연속해서 연장할 객체 선택
연장할 객체 선택 또는 Shift 키를 누른 채 선택하여 자르기 또는
[울타리(F)/걸치기(C)/프로젝트(P)/모서리(E)/명령 취소(U)]: Space bar ← 연장할 객체를 선택하면 Space bar

---

실무활용노트 AUTO CAD
Extend 명령이 적용되지 않는 경우

Extend 명령으로 연장이 되지 않는 경우는 다음과 같이 두 가지가 있습니다.

1 연장하려는 선의 끝 방향이 경계선과 교차할 수 없는 선 상에 있을 경우입니다.

2 연장하고자 하는 선의 마우스 포인터 위치가 현재 선 길이의 1/2 이내의 위치에 지정되어 있지 않은 경우입니다. 연장하려는 선의 마우스 포인터 위치는 경계선과 가까운 쪽으로 1/2지점 이내에 있어야 연장할 선이 점선으로 표시됩니다. 연장 표시선이 보이지 않는 가장 흔한 경우이므로 유념합니다.

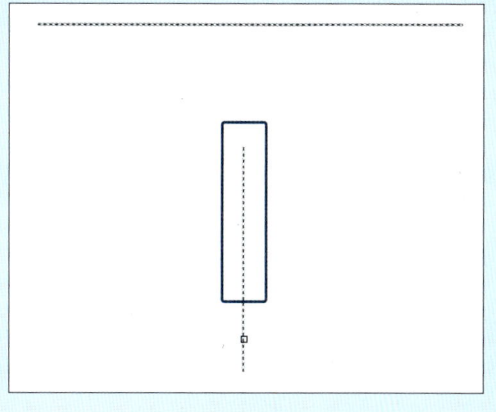

2 Fence 옵션으로 여러 개의 선을 연장하기

Extend 명령도 Trim 명령과 마찬가지로 연장할 객체가 많으면 Fence(울타리) 옵션을 활용할 수 있습니다.

01 예제 파일 'Part3-17.dwg'를 불러옵니다. 회의 테이블 객체 위에 있는 의자 세트 객체의 끊어진 선을 회의 테이블 객체까지 연장해보겠습니다. 명령 행에 'Extend'를 입력하고 Space bar 를 누릅니다.

명령: EXTEND Space bar ← Extend 명령 입력 (EX)

02 의자 세트 객체의 연장할 객체의 선이 끝나는 경계선을 클릭하여 지정하고 Space bar 를 누릅니다.

현재 설정: 투영= UCS 모서리=없음

경계 모서리 선택 ...

객체 선택 또는 〈모두 선택〉: 1개를 찾음 ← 기준이 되는 객체 선택

객체 선택: Space bar ← 경계선을 선택하면 Space bar 를 누르고 다음 단계로 진행

03 연장하고자 하는 객체가 많으므로 서브 메뉴의 울타리 옵션을 실행하겠습니다. 'F'를 입력하고 Space bar 를 누릅니다.

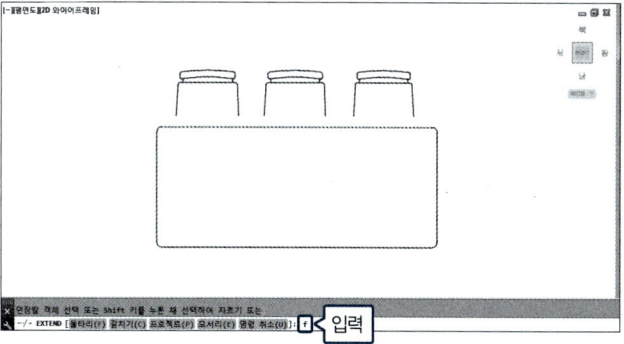

연장할 객체 선택 또는 Shift 키를 누른 채 선택하여 자르기 또는
[울타리(F)/걸치기(C)/프로젝트(P)/모서리(E)/명령 취소(U)]: f Space bar ← 옵션 'F(Fence)' 입력

04 연장하려는 의자 세트 객체의 세로 선들을 지정합니다. 자를 객체의 맨 왼쪽에 임의의 점을 클릭합니다. 그런 다음 가장 오른쪽 임의의 점을 클릭한 후 Space bar 를 눌러 명령을 실행합니다.

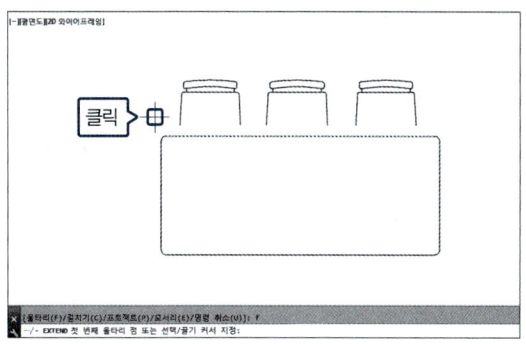 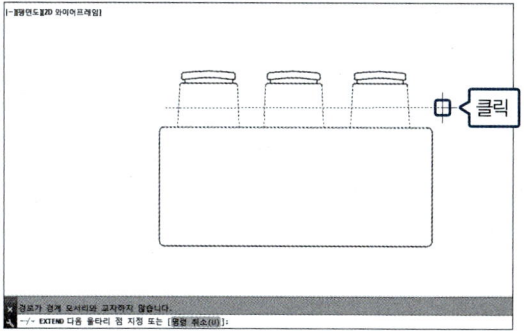

첫 번째 울타리 점 또는 선택/끌기 커서 지정: ← 첫 번째 울타리 위치 지정
다음 울타리 점 지정 또는 [명령 취소(U)]: ← 두 번째 울타리 위치 지정
다음 울타리 점 지정 또는 [명령 취소(U)]: Space bar ← 울타리 위치를 지정하면 Space bar 를 누르고 다음 단계로 진행

바로 통하는 TIP 울타리 옵션으로 임의의 점을 지정할 때 반드시 왼쪽에서 오른쪽으로 지정할 필요는 없습니다. Trim 명령과 마찬가지로 연장하려는 객체를 모두 포함하도록 울타리를 지정하면 됩니다. 다만 연결할 객체선의 1/2 지점 이내의 위치에 울타리를 지정해야 명령이 실행됩니다.

05 객체가 연장됩니다. Space bar 를 눌러 도면 작성을 마칩니다.

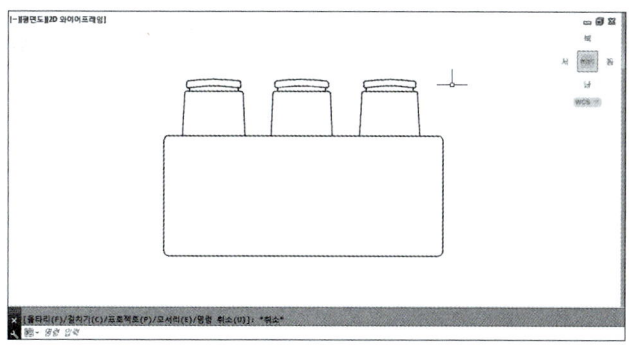

연장할 객체 선택 또는 Shift 키를 누른 채 선택하여 자르기 또는
[울타리(F)/걸치기(C)/프로젝트(P)/모서리(E)/명령 취소(U)]: Space bar ← 객체가 연장되면 Space bar 를 누르고 마침

SECTION 02 객체를 늘이고 줄이는 Stretch

Stretch(신축) 명령은 객체를 강제로 늘이거나 줄이는 명령입니다. 이 기능은 실무에서 도면 일부분의 크기를 변경할 때 객체를 새롭게 그리지 않고 기존의 객체를 바로 늘이거나 줄여서 크기를 빠르게 변경할 수 있게 해줍니다. Stretch 명령을 사용하려면 명령 행에 'Stretch'를 입력하거나 [수정] 도구 팔레트에 신축 아이콘(🖼)을 클릭합니다.

1 Crossing 선택 방법으로 객체 늘이고 줄이기

Stretch 명령을 이용하면 별도의 과정 없이 도면 일부분의 크기를 변경할 수 있습니다. 다음 예제는 가구 도면의 가로 크기를 변경하는 과정입니다. 앞에서 설명한 객체를 선택하는 방법 중 화면의 오른쪽에서 왼쪽으로 마우스를 드래그하는 Crossing 선택 방법으로 가구 객체를 늘여보겠습니다.

01 예제 파일 'Part3-18.dwg'를 불러옵니다. 명령 행에 'Stretch'를 입력하고 Space bar 를 누릅니다.

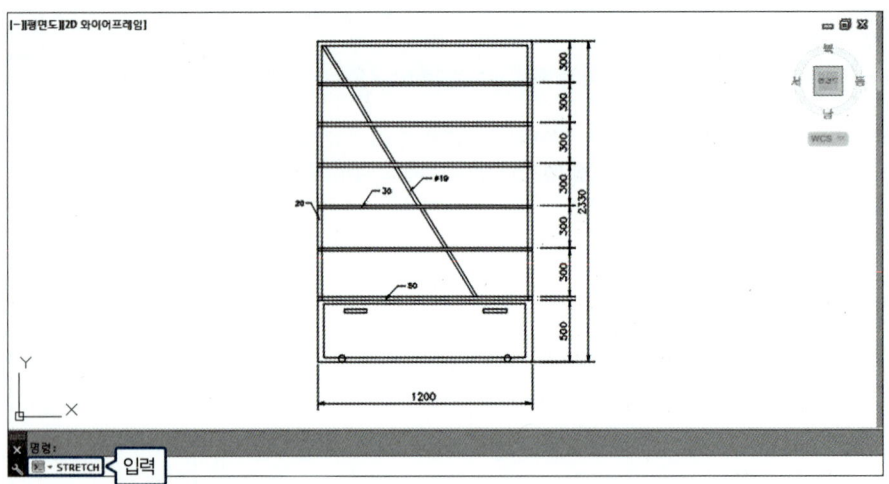

명령: STRETCH Space bar ← Stretch 명령 입력 (S)

02 Crossing 선택 방법으로 늘일 객체를 선택합니다. 여기서는 오른쪽에서 왼쪽으로 객체를 드래그하고 Space bar 를 누릅니다.

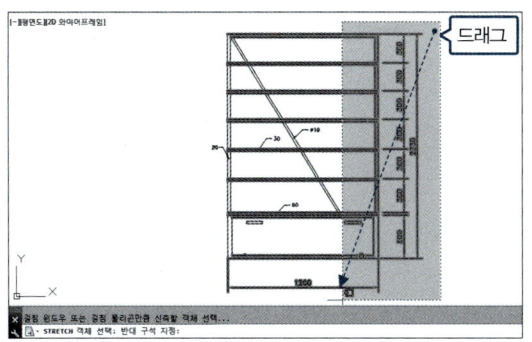 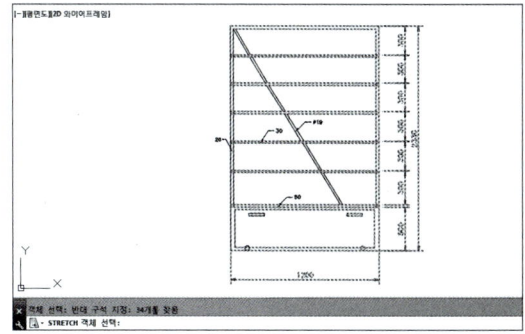

걸침 윈도우 또는 걸침 폴리곤만큼 신축할 객체 선택...
객체 선택: 반대 구석 지정: 34개를 찾음 ← Crossing 선택 방법으로 객체 선택
객체 선택: Space bar ← 객체를 선택을 다하면 하면 Space bar 를 누르고 다음단계진행

03 Stretch 명령을 실행할 기준점을 지정하겠습니다. 임의의 점을 클릭하면 선택한 객체가 움직이는 것을 알 수 있습니다. 객체를 오른쪽으로 200mm만큼 늘이기 위해 마우스를 포인터를 객체 오른쪽에 두고 '200'을 입력합니다. 이때 F8 을 눌러 직교 모드를 활성화해야 합니다. Space bar 를 눌러 명령을 종료합니다. 가구가 가로로 200mm만큼 늘어났습니다.

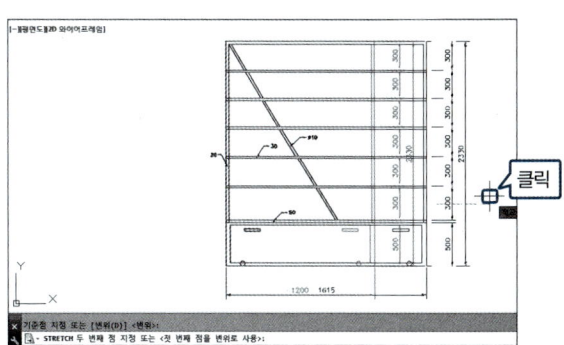

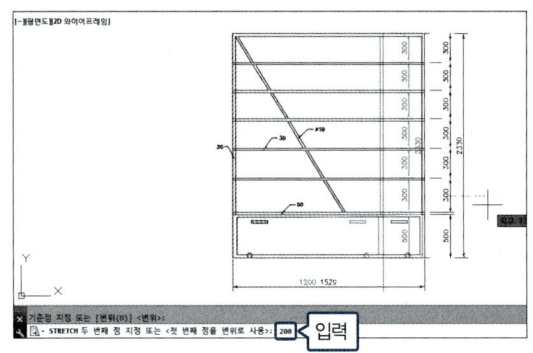 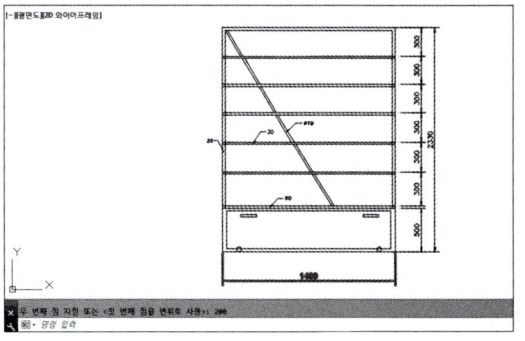

기준점 지정 또는 [변위(D)] 〈변위〉: ← Stretch 명령을 시작하는 기준점 지정
두 번째 점 지정 또는 〈첫 번째 점을 변위로 사용〉: 200 Space bar ← 마우스를 포인터를 객체 오른쪽에 두고서 원하는 위치 지정

그립으로 Stretch 명령 구현하기

명령이 실행되지 않은 상태에서 객체를 선택하면 객체가 파란 사각형과 점선으로 표시되는 것을 알 수 있습니다. 이 파란 사각형을 그립(Grip, 맞물림)이라고 합니다. 그립을 클릭한 후 마우스를 드래그하여 이동하면 그립을 중심으로 선의 길이가 변경됩니다. 이 옵션을 사용하여 Stretch 명령과 같은 작업을 진행할 수 있습니다. 예제를 보며 어떤 경우에 그립을 사용하는지 알아보겠습니다.

1 예제 파일 'Part3-19.dwg'를 불러옵니다. 명령 행에 아무 명령도 입력하지 않고 사선 객체를 마우스로 선택합니다.

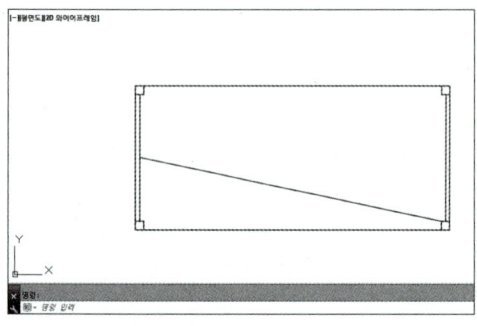
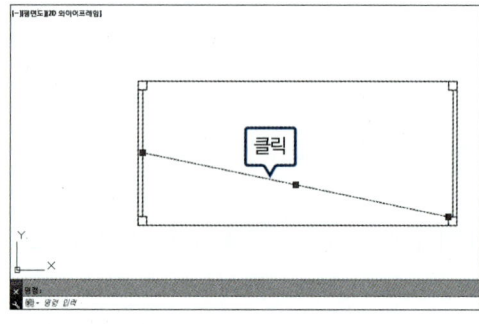

명령: ← 명령 행에 아무 내용도 입력하지 않고 객체 선택

2 객체의 왼쪽 세로 선 가운데 지점의 그립을 클릭합니다. 이때 명령 행을 확인하면 Stretch 명령이 자동으로 실행되었음을 알 수 있습니다.

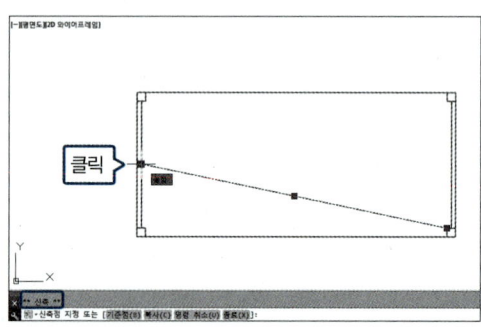

** 신축 ** ←Stretch 명령 자동 실행
신축점 지정 또는 [기준점(B)/복사(C)/명령 취소(U)/종료(X)]: ← 원하는 지점으로 지정

03 마우스 포인터를 그대로 왼쪽 상단 모서리로 옮겨 클릭합니다.

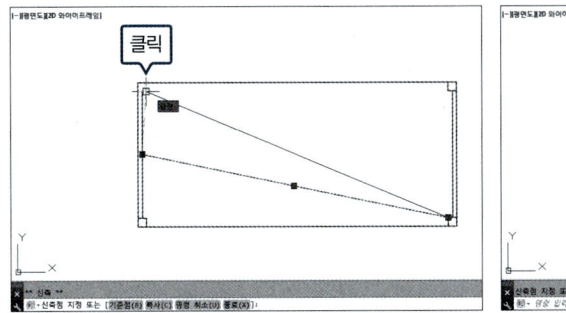 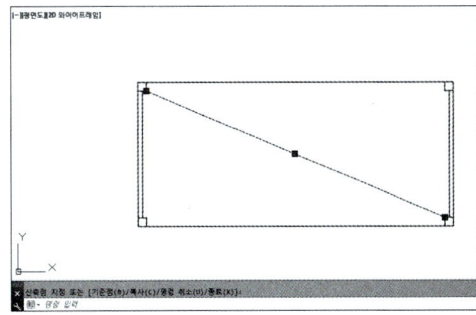

04 선택된 객체를 해제하기 위해 Esc 를 누릅니다. 사선 객체가 늘어났습니다.

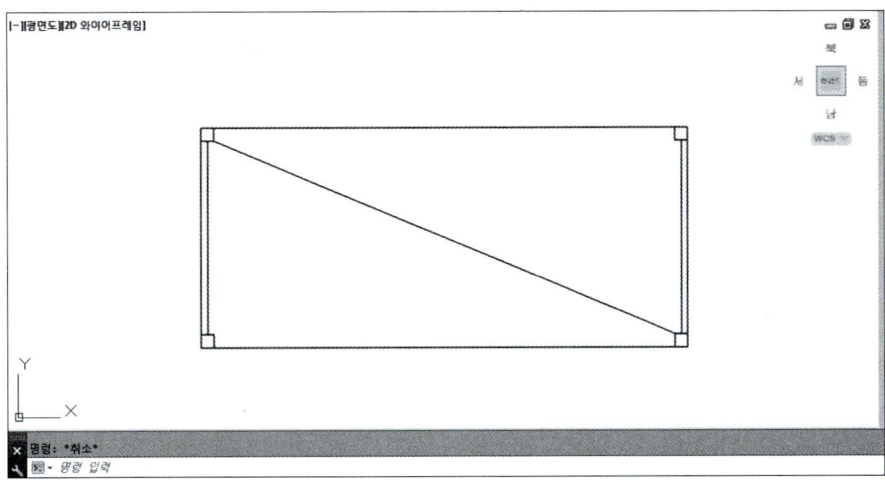

명령: *취소* ← Esc 누르고 선택 해제

바로 통하는 TIP 이때 Esc 를 누르지 않고 Space bar 를 누르면 바로 앞에 실행했던 명령이 다시 한 번 입력됩니다.

Extend 명령으로 가구 측면도 그리기

Extend 명령을 이용하여 가구 정면도를 측면도로 수정해보겠습니다.

1 예제 파일 'Part3-20.dwg'를 불러옵니다. 명령 행에 'Extend'를 입력하고 Space bar 를 누릅니다.

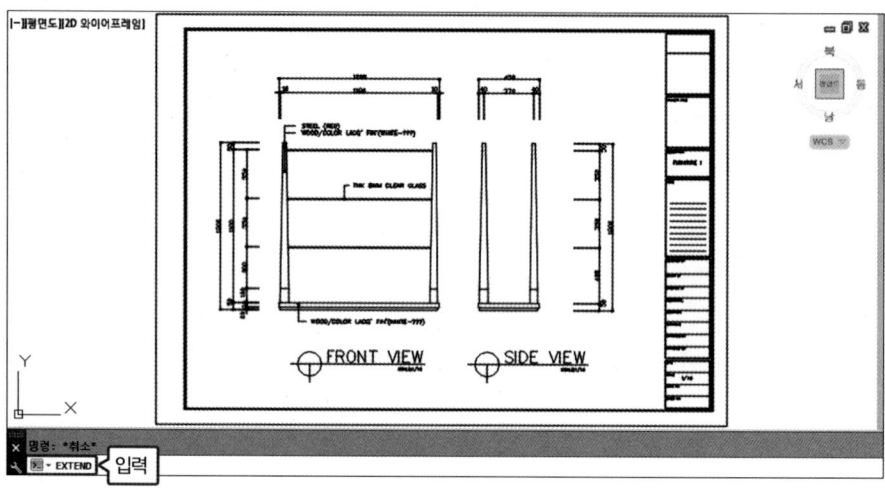

명령: EXTEND Space bar ← Extend 명령 입력 (EX)

2 연장하고 싶은 객체의 경계선을 지정하고 Space bar 를 누릅니다.

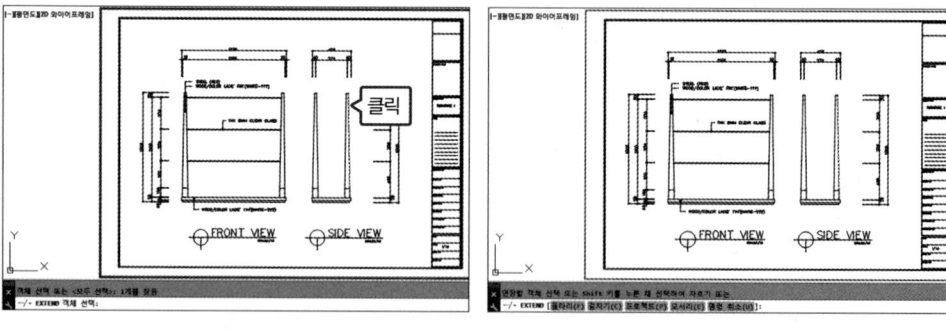

현재 설정: 투영= UCS 모서리=없음

경계 모서리 선택 ...

객체 선택 또는 <모두 선택>: 1개를 찾음 ← 기준이 되는 객체 선택

객체 선택: Space bar ← 경계선을 선택하면 Space bar 를 누르고 다음 단계로 진행

3 연장하려는 객체를 각각 선택합니다. 먼저 가구의 다리 부분 맨 위쪽 선을 클릭해서 측면도까지 선을 연장합니다.

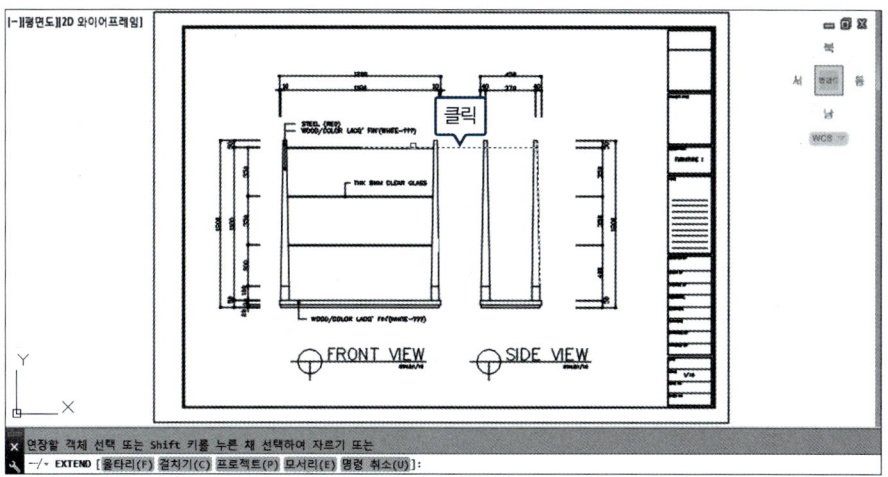

연장할 객체 선택 또는 Shift 키를 누른 채 선택하여 자르기 또는
[울타리(F)/걸치기(C)/프로젝트(P)/모서리(E)/명령 취소(U)]: ← 연장할 객체 선택

4 바로 아래 선을 클릭해서 측면도까지 선을 연장합니다.

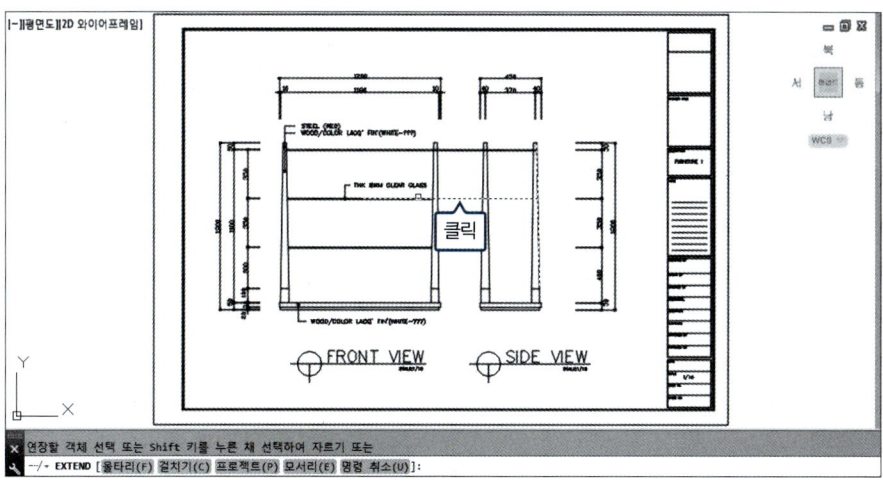

연장할 객체 선택 또는 Shift 키를 누른 채 선택하여 자르기 또는
[울타리(F)/걸치기(C)/프로젝트(P)/모서리(E)/명령 취소(U)]: ← 연장할 객체 선택

5 계속해서 연장한 선의 바로 아래 선을 클릭해서 측면도까지 선을 연장합니다.

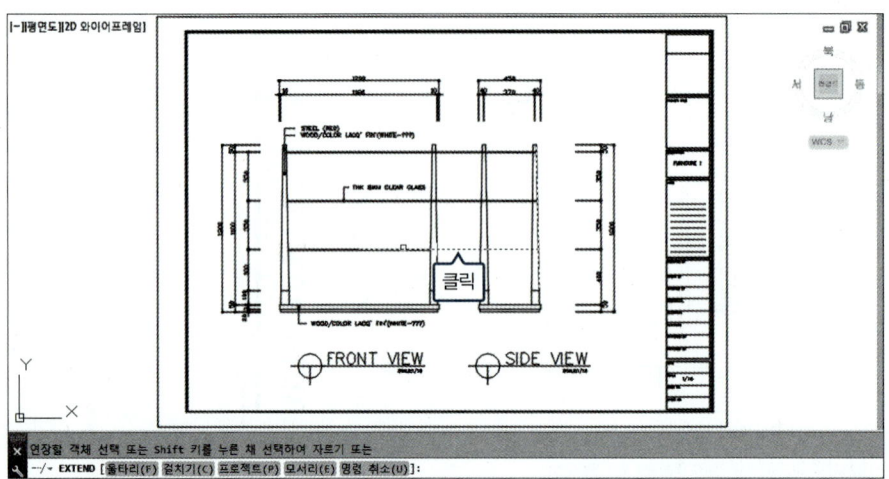

연장할 객체 선택 또는 Shift 키를 누른 채 선택하여 자르기 또는
[울타리(F)/걸치기(C)/프로젝트(P)/모서리(E)/명령 취소(U)]: ← 연장할 객체 선택

6 연장할 선 객체를 모두 선택하고 Space bar 를 눌러 명령을 실행합니다.

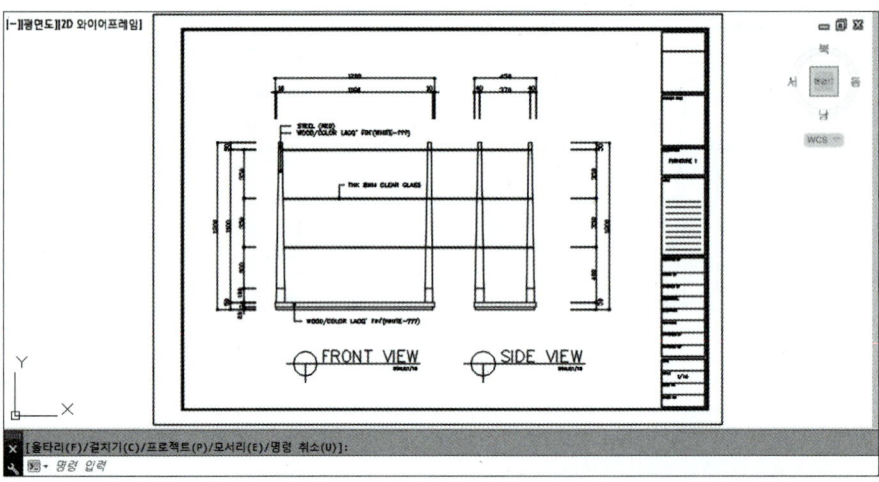

[울타리(F)/걸치기(C)/프로젝트(P)/모서리(E)/명령 취소(U)]: Space bar ← 연장할 객체를 선택하고 Space bar

7 선을 연장하면서 가구 정면도와 측면도 사이에 불필요한 선이 생겼습니다. 불필요한 부분을 잘라내기 위해 명령 행에 'Trim'을 입력하고 Space bar 를 눌러 명령을 실행합니다. 그런 다음 경계가 되는 모든 객체를 선택하고 Space bar 를 누릅니다.

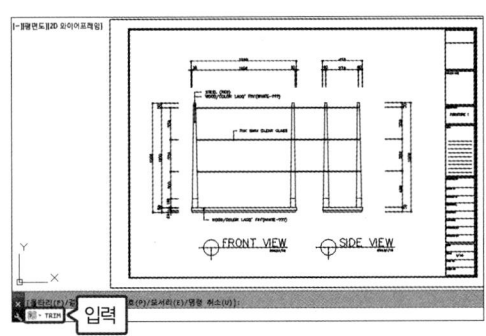 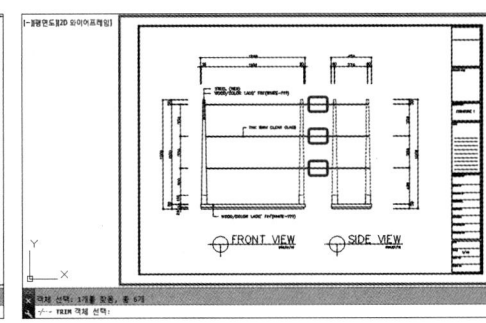

명령: TRIM Space bar ← 명령 행에 Trim 입력 (TR)
현재 설정: 투영=UCS 모서리=없음
절단 모서리 선택 …
객체 선택 또는 〈모두 선택〉: 1개를 찾음 Space bar ← 연장할 객체를 선택하고 Space bar

8 경계선이 지정되었으면 불필요한 선을 선택하고 Space bar 를 눌러 잘라냅니다. 객체 자르기를 마치면 한 번 더 Space bar 를 눌러 도면을 완성합니다.

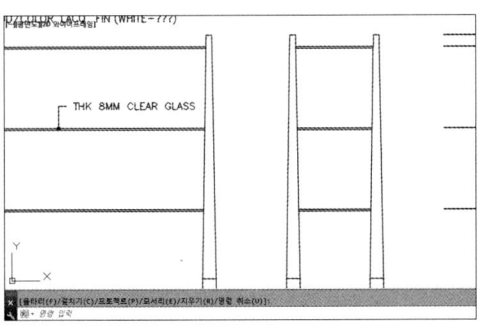 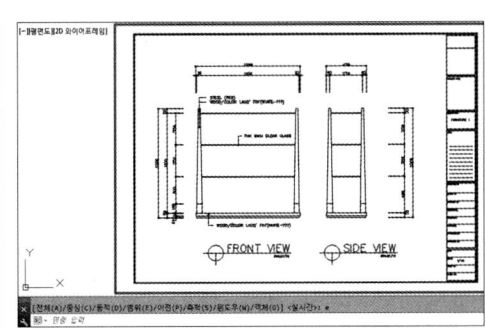

객체 선택: 1개를 찾음, 총 2개 ← 경계 선택
객체 선택: 1개를 찾음, 총 3개 ← 경계 선택
객체 선택: 1개를 찾음, 총 4개 ← 경계 선택
객체 선택: 1개를 찾음, 총 5개 ← 경계 선택
객체 선택: 1개를 찾음, 총 6개 ← 경계 선택
객체 선택: Space bar ← Space bar 를 누르고 다음 단계로 진행
자를 객체 선택 또는 Shift 키를 누른 채 선택하여 연장 또는
[울타리(F)/걸치기(C)/프로젝트(P)/모서리(E)/지우기(R)/명령 취소(U)]: ← 잘라낼 객체를 선택
자를 객체 선택 또는 Shift 키를 누른 채 선택하여 연장 또는
[울타리(F)/걸치기(C)/프로젝트(P)/모서리(E)/지우기(R)/명령 취소(U)]: Space bar ← 객체를 자르고 Space bar

Stretch 명령으로 주방 크기 변경하기

Stretch 명령을 이용하여 도면의 주방 크기를 변경하겠습니다.

1 예제 파일 'Part3-21.dwg'를 불러옵니다. 명령 행에 'Stretch'를 입력하고 Space bar 를 누릅니다.

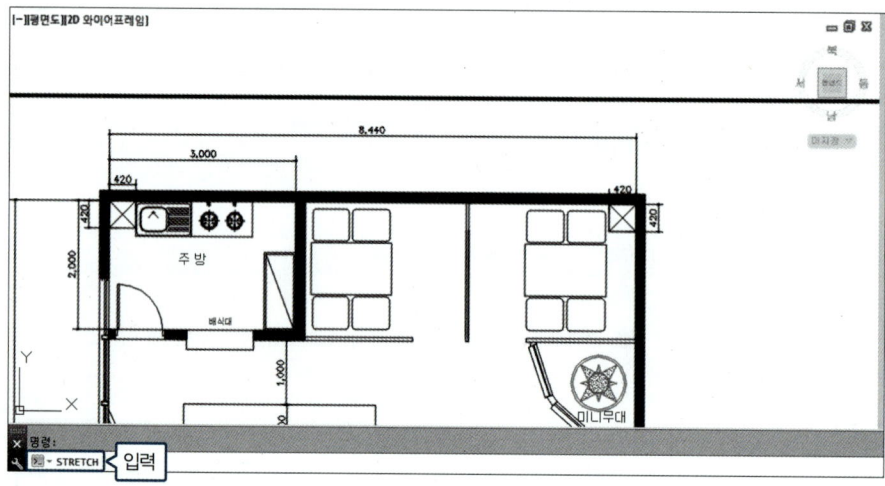

명령: STRETCH Space bar ← Stretch 명령 입력 (S)

2 Crossing 선택 방법을 이용해 오른쪽에서 왼쪽으로 객체를 드래그하여 원하는 주방의 영역을 선택합니다. 객체를 선택하면 Space bar 를 누릅니다.

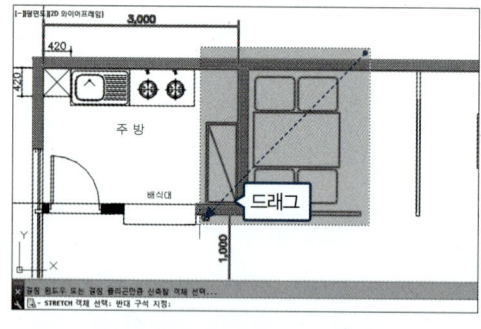
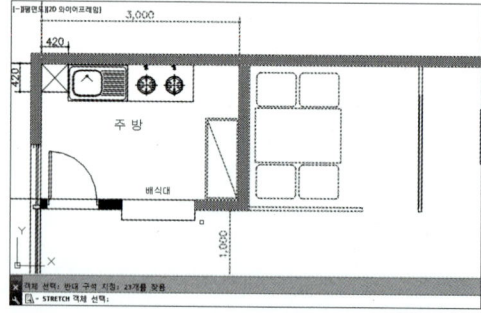

걸침 윈도우 또는 걸침 폴리곤만큼 신축할 객체 선택...
객체 선택: 반대 구석 지정: 23개를 찾음 ← Crossing 선택 방법으로 객체 선택
객체 선택: Space bar ← 객체를 선택하면 Space bar 를 누르고 다음 단계 진행

3 임의의 지점을 클릭하여 Stretch 명령을 실행할 기준점을 지정합니다. 그러면 선택한 객체가 움직이는 것을 알 수 있습니다. 오른쪽 수평 방향으로 객체를 늘이기 위해 F8 을 눌러 직교 모드를 활성화합니다.

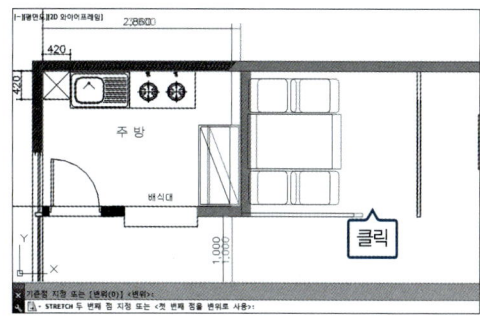

기준점 지정 또는 [변위(D)] 〈변위〉: ← Stretch 명령을 시작하는 기준점 지정

4 오른쪽으로 500mm만큼 늘이기 위해 명령 행에 극좌표 '@500〈0'을 입력합니다. 마우스 휠을 굴려 도면 전체가 나타나도록 합니다. 치수선의 길이를 확인해보면 3,000mm에서 3,500mm로 연장되었음을 알 수 있습니다.

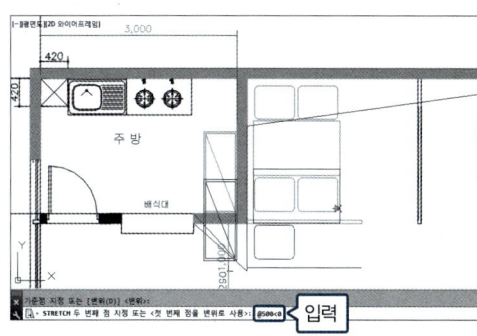 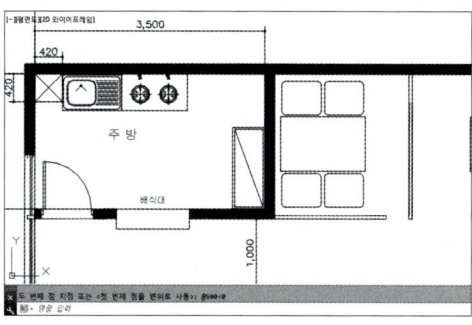

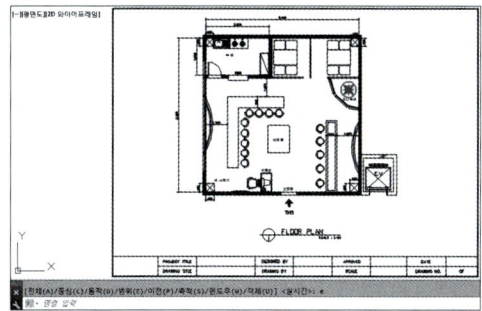

두 번째 점 지정 또는 〈첫 번째 점을 변위로 사용〉: @500〈0 Space bar ← 선택한 객체를 오른쪽으로 500mm 이동

바로 통하는 TIP 객체를 연장할 때 마우스 포인터를 객체 오른쪽 방향에 두고 '500'을 입력하거나 상대좌표인 '@500,0'을 입력하면 됩니다.

CHAPTER 04

객체를 회전하는 Rotate, 반사하는 Mirror

도면을 작성하다 보면 같은 객체라고 하더라도 회전을 하거나 방향을 바꿔야 할 경우가 많습니다. 이런 경우에 유용하게 사용하는 명령이 바로 Rotate(회전) 명령과 Mirror(대칭) 명령입니다. 이 두 가지 명령의 기능과 사용 방법을 알아보겠습니다.

학습 목표

평면도에서 동일한 객체의 방향을 반복해서 바꾸는 방법을 익혀봅니다. Rotate 명령으로 객체를 회전하고 Mirror 명령으로 객체를 대칭해보겠습니다.

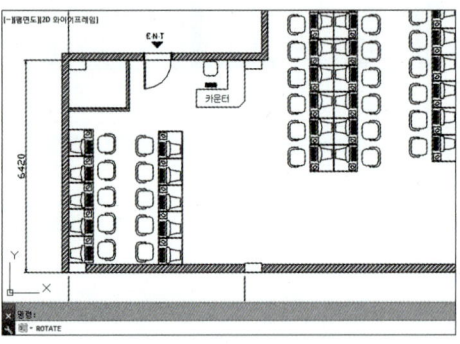 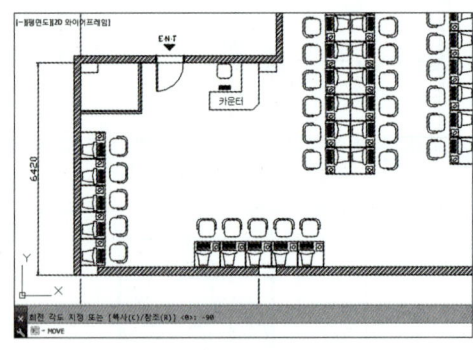

▲ 시계 방향으로 회전하기 : Before(좌), After(우)

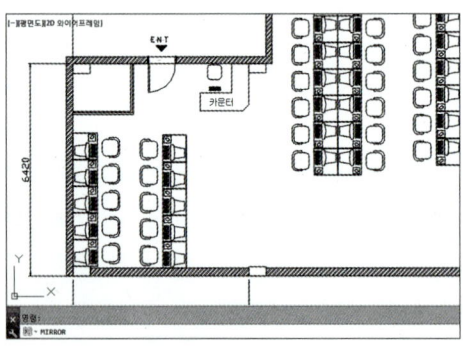 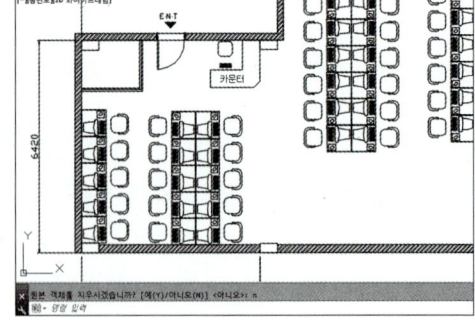

▲ 수평으로 대칭하기 : Before(좌), After(우)

SECTION 01 방향을 맞춰 회전하는 Rotate

Rotate(회전) 명령은 기준점을 중심으로 원하는 각도만큼 객체를 회전하는 편집 명령입니다. 반시계 회전 방향은 +값을 가지며 시계 회전 방향은 -값을 적용합니다. Rotate 명령을 사용하려면 명령 행에 'Rotate'를 입력하고 Spacebar를 누르거나 [수정] 도구 팔레트에 있는 회전 아이콘(◯)을 클릭합니다.

1 Rotate 명령으로 반시계·시계 방향으로 회전하기

Rotate 명령으로 여러 객체를 한 번에 회전할 수 있습니다. 다음 예제에서 PC방의 좌석을 회전해서 옮겨 보겠습니다.

01 예제 파일 'Part3-22.dwg'를 불러옵니다. 명령 행에 'Rotate'를 입력하고 Spacebar를 누릅니다. 회전할 객체를 선택하고 Spacebar를 누릅니다. 여기서는 왼쪽 아래에 있는 의자, 책상, 컴퓨터로 이루어진 좌석 1열을 선택합니다.

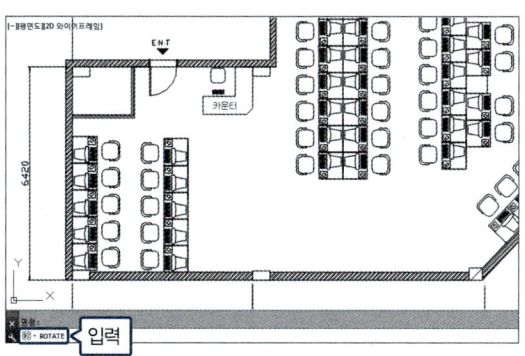
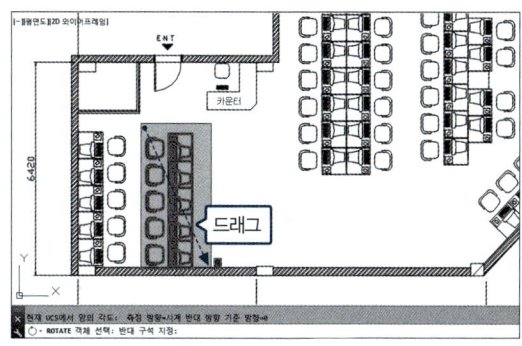

명령: ROTATE Spacebar ← Rotate 명령 입력 (RO)

현재 UCS에서 양의 각도: 측정 방향=시계 반대 방향 기준 방향=0 ← 현재 UCS에서 반 시계 방향을 양(+)의 값으로 하는 설정이 지정됨

객체 선택: 반대 구석 지정: 746개를 찾음 ← 객체 선택

객체 선택: Spacebar ← 객체를 선택하면 Spacebar

바로 통하는 TIP 도면에서 좌석만 선택해야 하므로 왼쪽에서 오른쪽으로 마우스를 드래그하여 선택하는 Window 선택 방법을 사용합니다.

02 객체가 회전할 축인 임의의 기준점을 선택해보겠습니다. 좌석과 벽면의 교차점을 클릭하여 지정합니다.

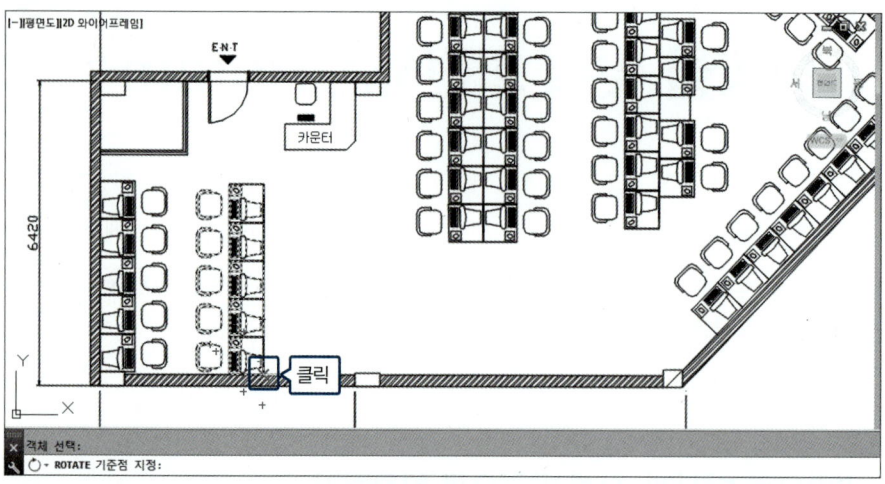

기준점 지정: ← 기준점 지정

실무활용노트 AUTO CAD | 기준점에 따른 회전 반경

선택된 객체의 회전 반경은 회전축이 되는 기준점에 따라 달라지므로 도면 상황에 맞게 알맞은 기준점을 지정해야 합니다.

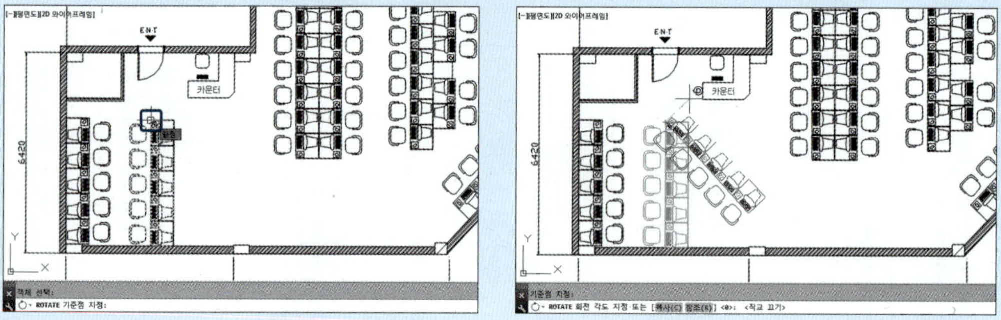

▲ 기준점을 왼쪽 상단 모서리로 지정한 경우: 반시계 방향으로 회전

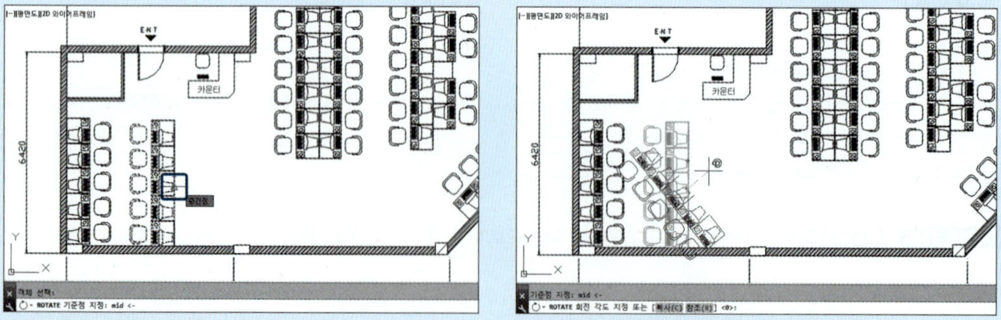

▲ 기준점을 오른쪽 중심으로 지정한 경우: 시계 방향으로 회전

03 현재 위치에서 좌석을 오른쪽 아래로 향하게 하려면 시계 방향으로 회전해야 합니다. 따라서 현재 위치에서 90° 회전할 것이므로 명령 행에 '-90'을 입력하고 Space bar 를 누릅니다.

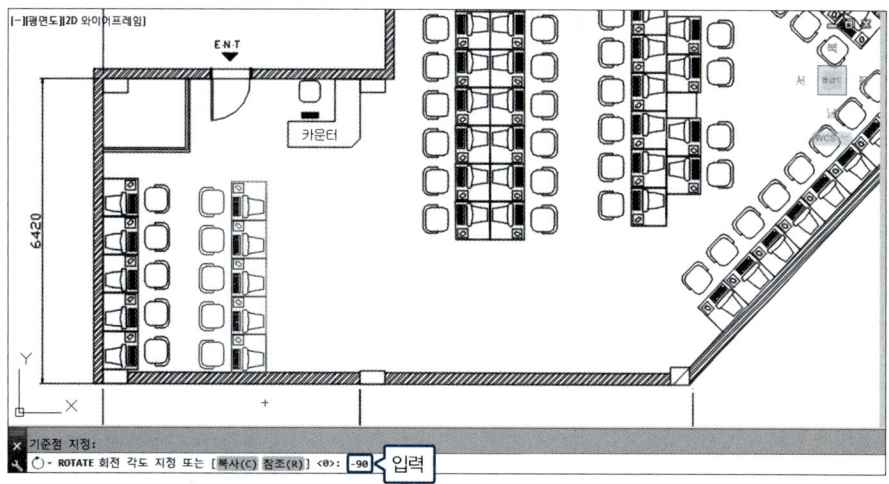

회전 각도 지정 또는 [복사(C)/참조(R)] <0>: -90 Space bar ← 회전 각도 '-90' 지정

바로 통하는 TIP 이때 좌석 객체가 AutoCAD 극좌표에서 배운 대로 0° 위치로 오게 되지만 원래 90° 위치부터 출발하였으므로 회전한 각도는 -90°가 되는 것입니다. +값을 입력하려면 '270'을 입력해도 됩니다.

04 좌석이 시계 방향으로 회전되었음을 알 수 있습니다.

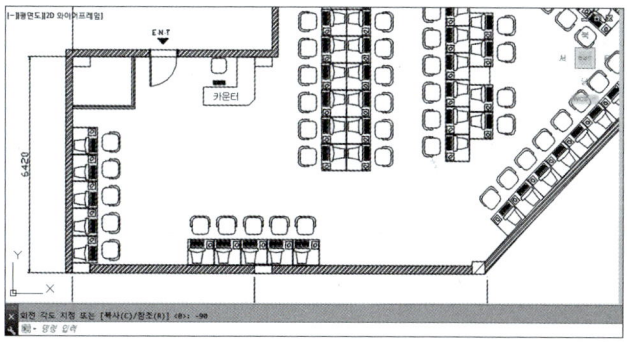

05 좌석을 다시 오른쪽 기둥 옆으로 이동하겠습니다. 명령 행에 'Move'를 입력하고 Space bar 를 누릅니다.

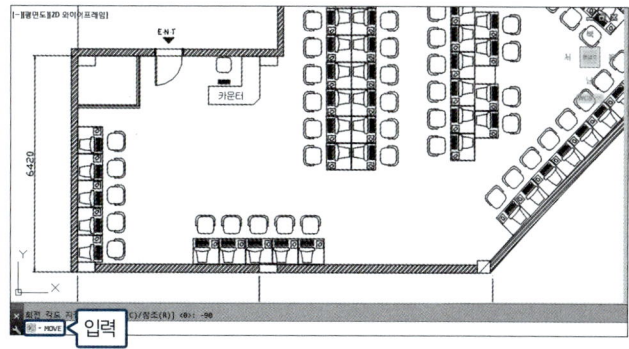

명령: MOVE Space bar ← Move 명령 입력 (M)

06 회전할 객체는 앞선 객체와 동일하므로 Previous 선택 방법을 사용합니다. 명령 행에 'P'를 입력하고 Space bar 를 누릅니다.

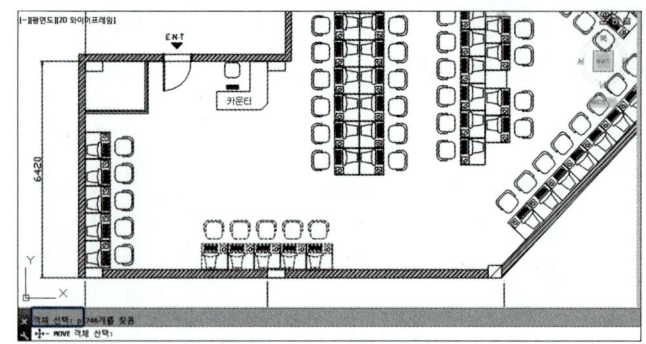

객체 선택: p 746개를 찾음 ← 옵션 'P'를 입력하여 이전 객체 그대로 선택
객체 선택: Space bar ← 객체를 모두 선택하고 Space bar

07 객체가 회전할 축인 임의의 기준점을 지정합니다. 좌석의 가장 오른쪽 하단 모서리를 클릭하여 지정합니다.

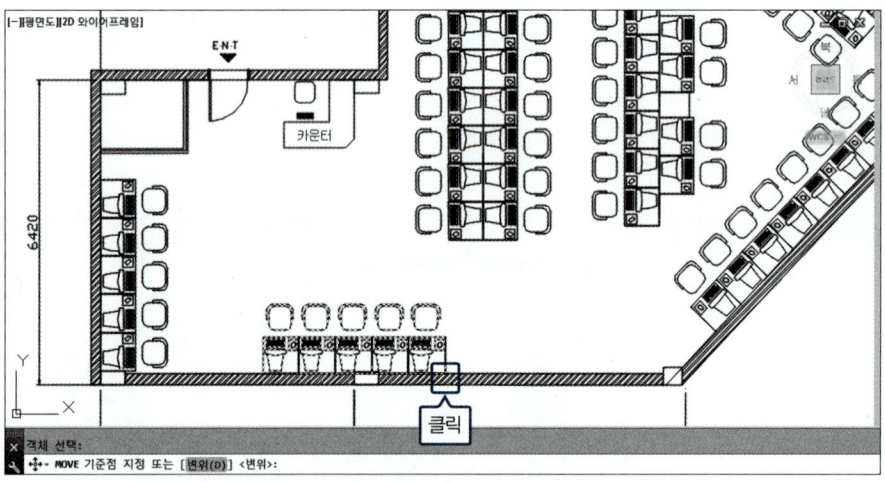

기준점 지정 또는 [변위(D)] 〈변위〉: ← 기준점 지정

08 오른쪽에 있는 기둥과 벽체선의 교차점으로 이동점을 클릭하여 지정합니다. Space bar 를 눌러 명령을 실행하면 좌석 객체가 원하는 위치로 이동됩니다.

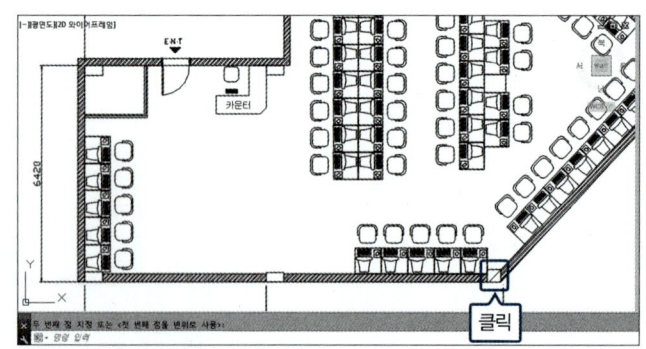

두 번째 점 지정 또는 〈첫 번째 점을 변위로 사용〉:
Space bar ← 객체 스냅을 정확히 설정하여 이동점 지정 후 Space bar 를 눌러 종료

2 객체를 회전하면서 복사하기

AutoCAD 2006부터 적용되는 기능으로 원본 객체는 그대로 남겨두고 회전하여 복사할 수 있습니다.

01 예제 파일 'Part3-22.dwg'를 불러옵니다. 명령 행에 'Rotate'를 입력하고 Space bar 를 누릅니다. 그런 다음 회전하여 복사할 객체를 선택하고 Space bar 를 누릅니다.

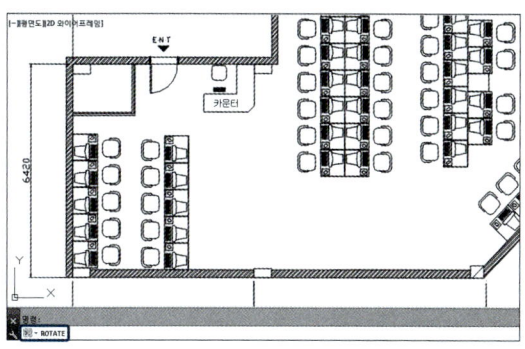 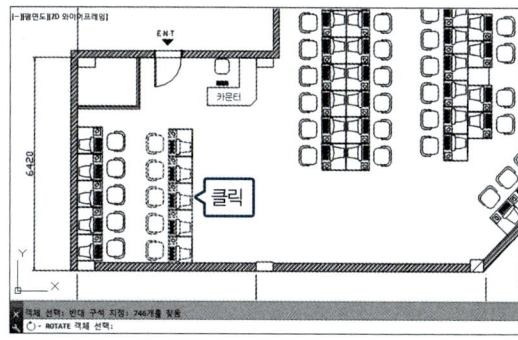

```
명령: ROTATE Space bar ← Rotate 명령 입력 (RO)
현재 UCS에서 양의 각도: 측정 방향=시계 반대 방향 기준 방향=0
객체 선택: 반대 구석 지정: 746개를 찾음 ← 객체 선택
객체 선택: Space bar ← 객체를 선택하면 Space bar 를 누르고 다음 단계 진행
```

02 객체를 회전할 기준점을 지정합니다. 여기에서는 좌석과 벽체의 교차점을 클릭하여 지정합니다.

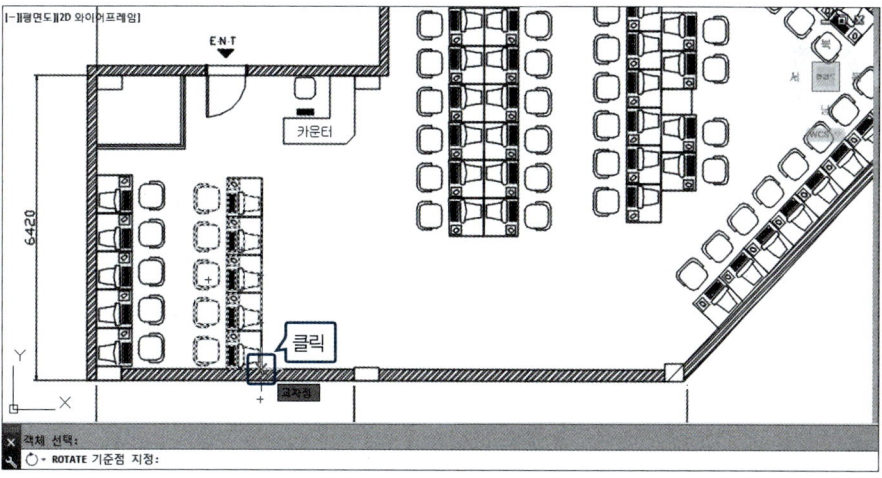

```
기준점 지정: ← 기준점 지정
```

03 원본 객체를 복사하기 위해 서브 메뉴에서 'C(Copy, 복사)'를 입력하고 Space bar 를 누릅니다.

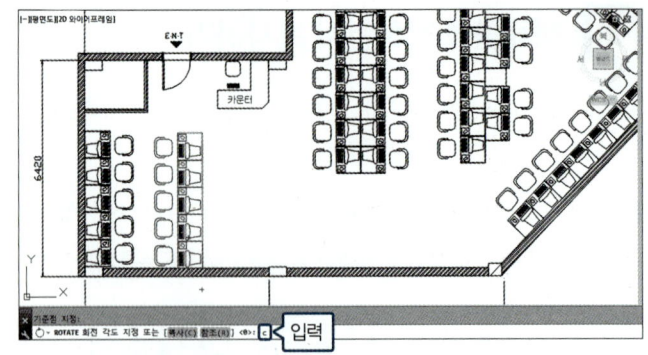

회전 각도 지정 또는 [복사(C)/참조(R)] <0>: c Space bar 선택한 객체의 사본을 회전합니다. ← 옵션 'C' 입력

04 객체를 시계 방향으로 복사하여 회전할 것이므로 명령 행에 '-90'을 입력하고 Space bar 를 눌러 명령을 실행합니다.

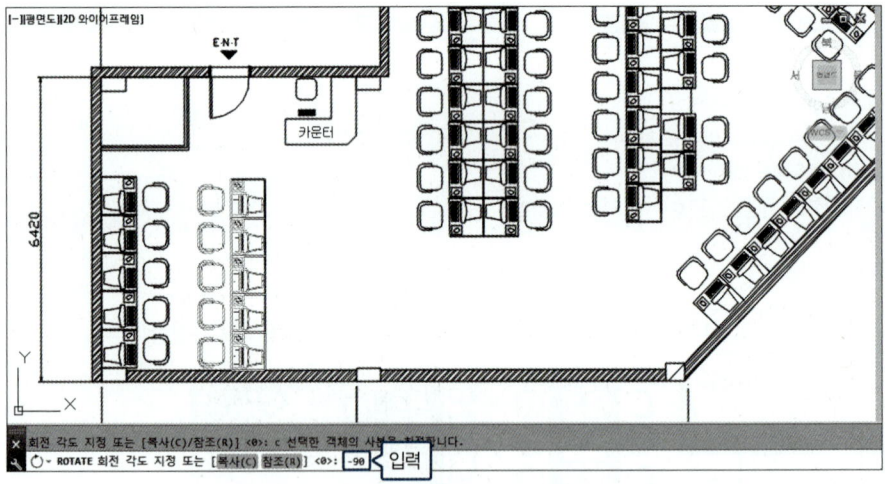

회전 각도 지정 또는 [복사(C)/참조(R)] <0>: -90 Space bar ← 회전 각도 입력

05 원본 객체는 그대로 남아 있고 같은 객체가 하나 더 생성되어 회전되었음을 알 수 있습니다.

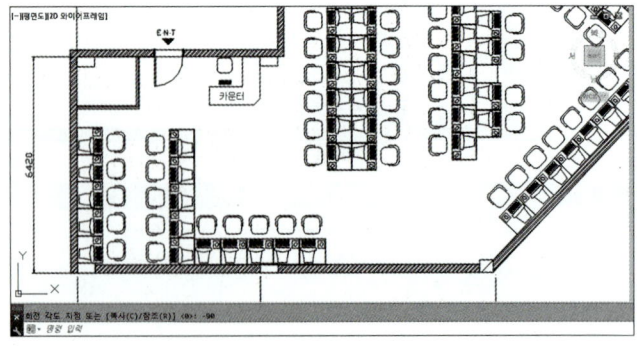

SECTION 02 거울처럼 반사하는 Mirror

초등학교 미술 시간에 그렸던 데칼코마니를 기억하나요? Mirror(대칭) 명령은 데칼코마니나 거울처럼 객체를 반사하여 대칭이 되도록 이동하는 편집 명령입니다. 서브 메뉴를 선택하기에 따라 원본 객체는 삭제하거나 그대로 남겨두고 복사할 수도 있습니다. Mirror 명령을 사용하려면 명령 행에 'Mirror'를 입력하고 Spacebar 를 누르거나 [수정] 도구 팔레트에 대칭 아이콘(△)을 클릭합니다.

1 Mirror 명령으로 원본 객체 복사하기

Mirror 명령을 이용하여 원본 객체를 수직 방향으로 대칭하여 복사하겠습니다.

01 예제 파일 'Part3-22.dwg'를 불러옵니다. 명령 행에 'Mirror'를 입력하고 Spacebar 를 눌러 명령을 실행합니다. 그다음 대칭 복사할 객체를 선택하고 Spacebar 를 누릅니다.

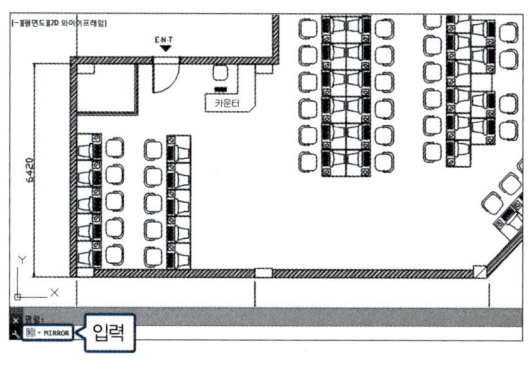 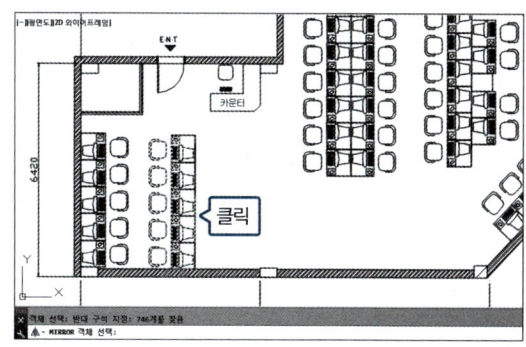

명령: MIRROR Spacebar ← Mirror 명령 입력 (MI)
객체 선택: 반대 구석 지정: 746개를 찾음 ← 객체 선택
객체 선택: Spacebar ← 객체를 선택하면 Spacebar 를 누르고 다음 단계로 진행

02 대칭할 객체가 선택되었으면 대칭 복사의 기준이 될 대칭선을 지정해야 합니다. 좌우 대칭하기 위해 선택한 객체의 오른쪽 아래에 있는 모서리 점을 클릭하여 첫 번째 지점으로 지정합니다.

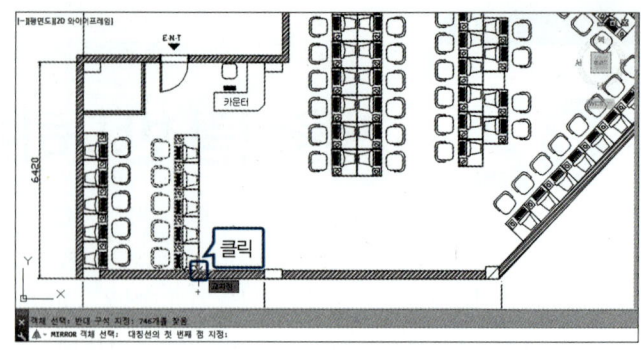

대칭선의 첫 번째 점 지정: ← 대칭선의 첫 번째 점 지정

03 대칭선이 될 기준선의 두 번째 지점을 아래와 같이 선택 객체의 오른쪽 위 모서리 점으로 지정합니다.

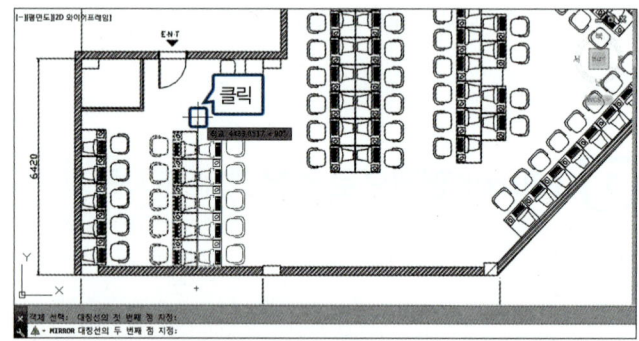

대칭선의 두 번째 점 지정: ← 대칭선의 두 번째 점 지정

바로 통하는 TIP 대칭선이 수평, 수직 방향이라면 F8 을 눌러 직교 모드를 활성화한 후 활용하면 편리합니다.

04 마지막으로 원본 객체를 남겨놓을 것인지 지울 것인지의 여부를 묻습니다. 지우지 않을 것이므로 'N'를 입력하고 Space bar 를 누르면 대칭 복사가 실행됩니다.

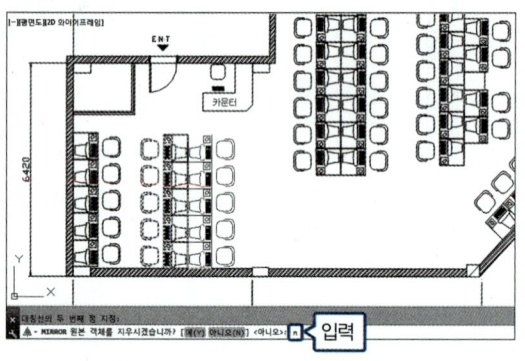 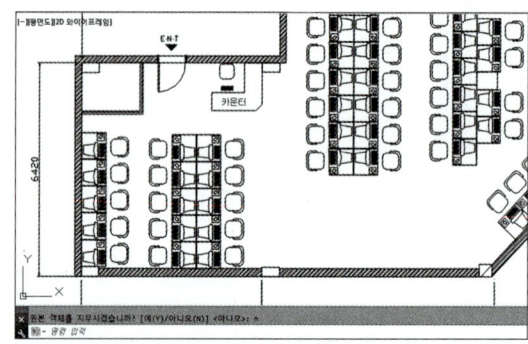

원본 객체를 지우시겠습니까? [예(Y)/아니오(N)] ⟨N⟩: n Space bar ← 옵션 'N' 입력

실무활용노트 AUTOCAD | Mirror 명령을 실행할 때 문자의 반사 복사를 방지하는 Mirrtext

Mirror 명령을 실행할 때 문자가 함께 대칭된다면 도면을 작성할 때 상당히 곤란할 것입니다. 특별한 경우가 아니고서는 도면에서 도장에 찍혀 나온 것처럼 문자를 뒤집어서 표현할 일은 흔하지 않기 때문입니다. 따라서 이때에는 'Mirrtext' 명령어를 이용해 도면은 대칭하되 문자는 대칭되지 않도록 설정한 후 도면을 작성해야 합니다.

명령 행에 'Mirrtext'를 입력하고 Space bar 를 눌러 명령을 실행합니다. 그런 다음 Mirrtext의 값을 '0'으로 입력하고 Space bar 를 누르면 문자가 대칭되지 않고 그대로 객체가 복사됩니다. 대신에 '1'을 입력하고 Space bar 를 누르면 문자까지 뒤집어져 복사됩니다.

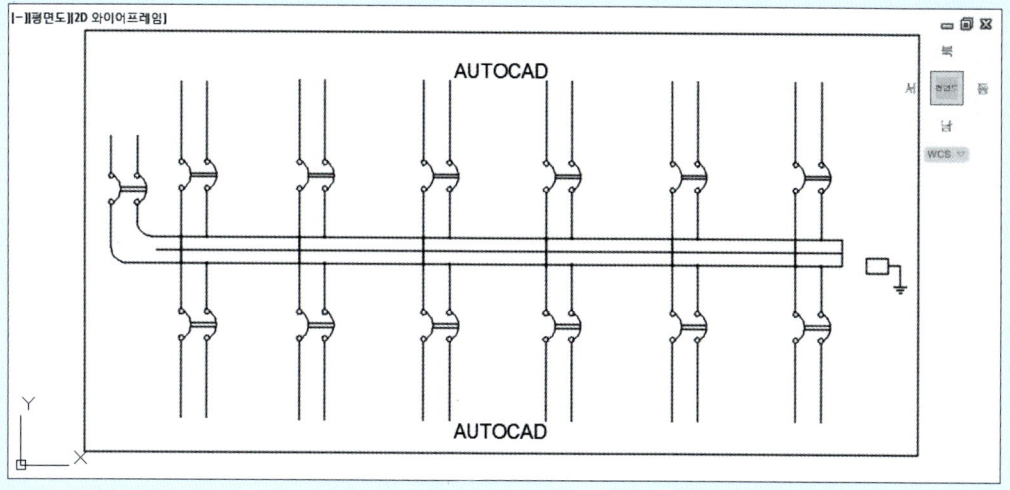

▲ Mirrtext 설정값이 '0'인 경우 : 문자가 대칭되지 않고 그대로 복사

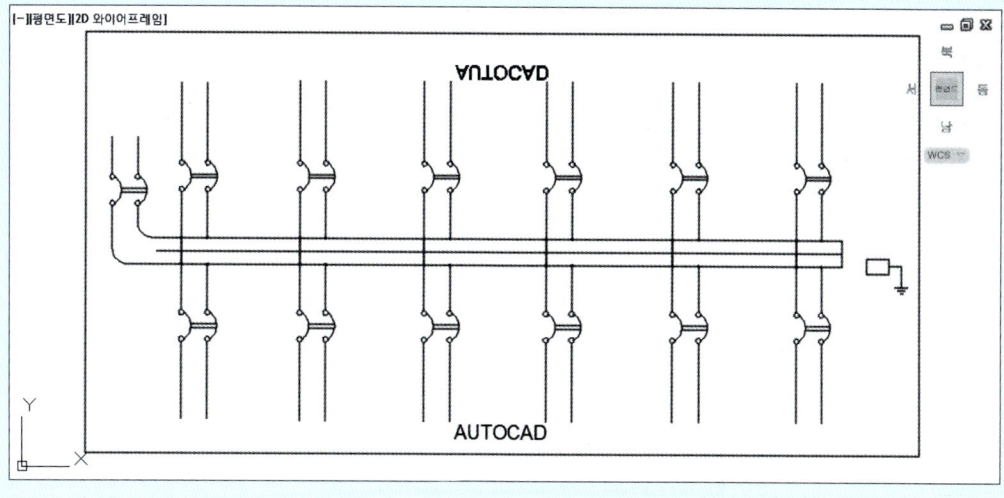

▲ Mirrtext 설정값이 '1'인 경우 : 문자까지 대칭 복사

Rotate, Mirror 명령으로 상가 평면도 완성하기

건축 및 인테리어 도면을 작업하다 보면 창문이나 출입문을 나타내는 상이한 종류의 문 객체를 많이 그립니다. 그때마다 문을 하나씩 그리자면 시간을 낭비하므로 이미 그려놓은 객체(Block)를 사용하거나 필요한 문을 복사하여 사용합니다. 복사한 문을 올바른 방향으로 표시하기 위해서는 회전과 대칭을 해야 하는 경우가 생기므로 이번 예제에서 충분히 습득하는 것이 좋습니다.

1 예제 파일 'Part3-23.dwg'를 불러옵니다. 원 안에 있는 쌍여닫이문과 외여닫이문을 필요한 곳으로 이동하겠습니다. 명령 행에 'Move'를 입력하고 Space bar 를 눌러 명령을 실행합니다.

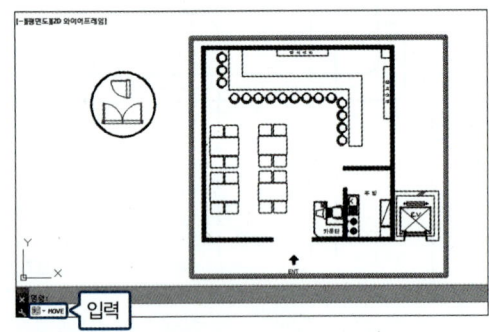

명령: MOVE Space bar ← Move 명령 입력 (M)

2 먼저 쌍여닫이문을 선택하고 Space bar 를 눌러 다음 단계로 넘어갑니다.

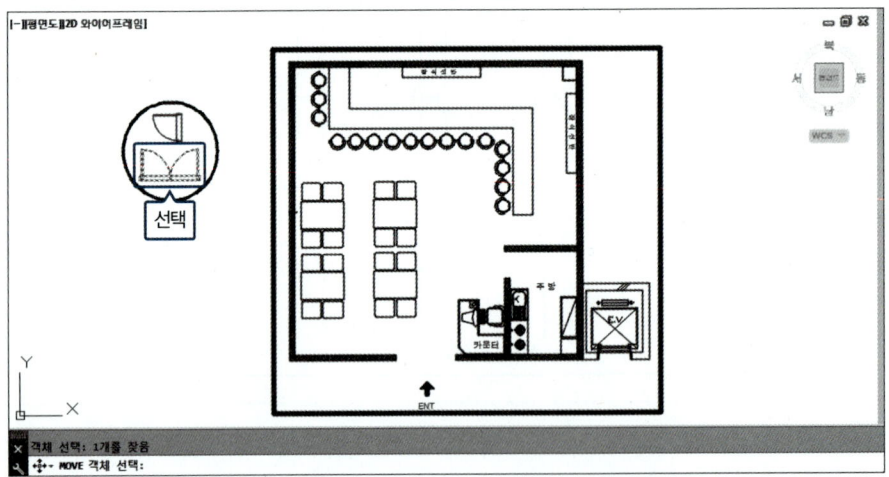

객체 선택: 1개를 찾음 ← 객체 선택
객체 선택: Space bar ← Space bar 를 눌러 다음 단계로 진행

3 쌍여닫이문의 중간점을 클릭하여 기준점으로 지정합니다. 그런 다음 쌍여닫이문을 삽입할 위치를 클릭하여 이동합니다.

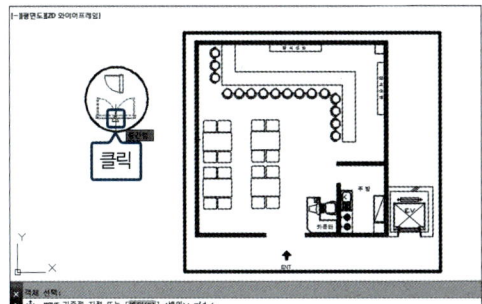
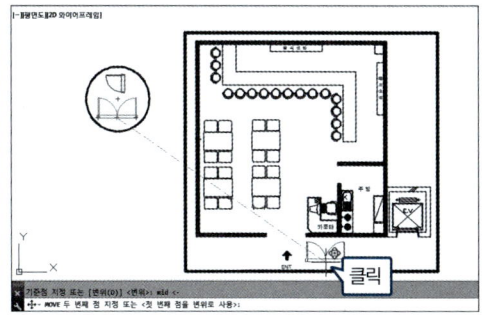
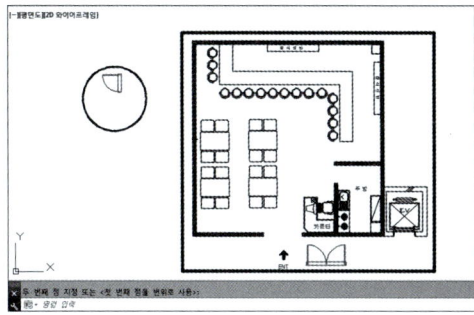

기준점 지정 또는 [변위(D)] 〈변위〉: mid Space bar ← 필요한 객체 스냅을 지정하고 기준점 지정
두 번째 점 지정 또는 〈첫 번째 점을 변위로 사용〉: ← 변위의 두 번째 점 지정

4 이동한 문과 삽입할 위치를 자세히 보기 위해 마우스 휠을 굴려서 작업 화면을 확대합니다.

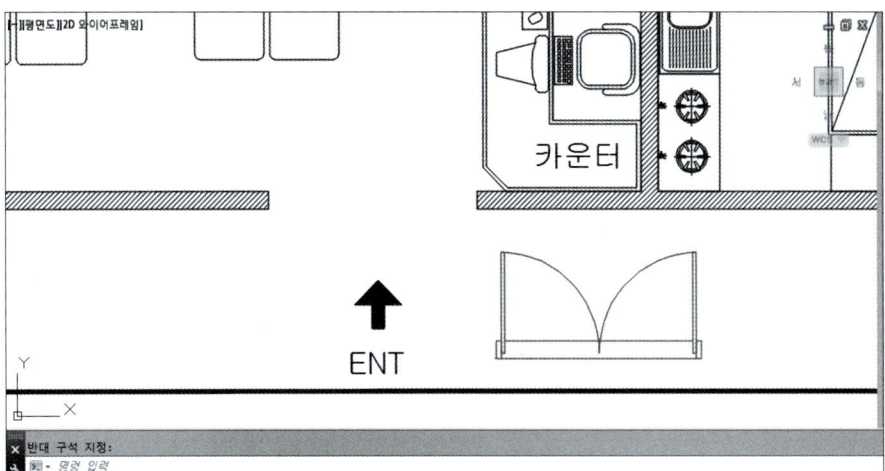

5 문의 위치를 알맞은 방향으로 맞춰보겠습니다. 명령 행에 'Rotate'를 입력하고 Space bar 를 눌러 명령을 실행합니다. 그런 다음 회전할 객체인 쌍여닫이문을 선택하고 Space bar 를 누릅니다.

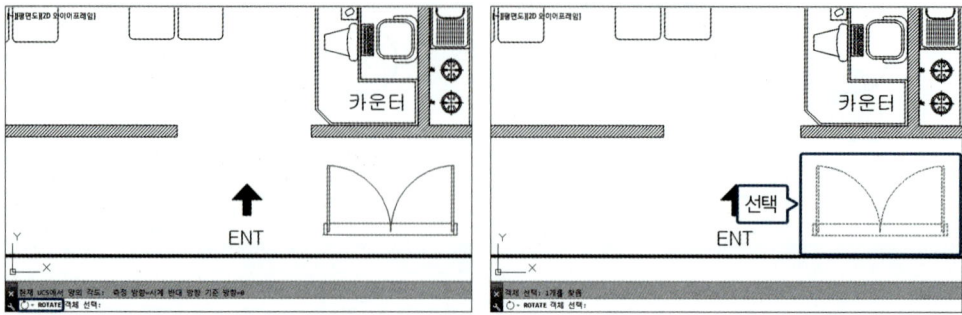

명령: ROTATE Space bar ← Rotate 명령 입력 (RO)
현재 UCS에서 양의 각도: 측정 방향=시계 반대 방향 기준 방향=0
객체 선택: 1개를 찾음 ← 객체 선택
객체 선택: Space bar ← 객체를 선택하면 Space bar

6 객체의 회전축인 기준점(중간점)을 클릭하여 지정합니다.

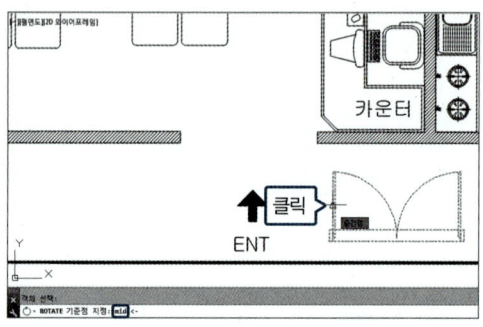

기준점 지정: mid Space bar ← 기준점 지정, 이미 객체 스냅을 설정했다면 해당 지점에서 그대로 클릭

7 문이 열리는 위치를 정반대로 바꾸기 위해 회전값을 '180'으로 입력하고 Space bar 를 누릅니다.

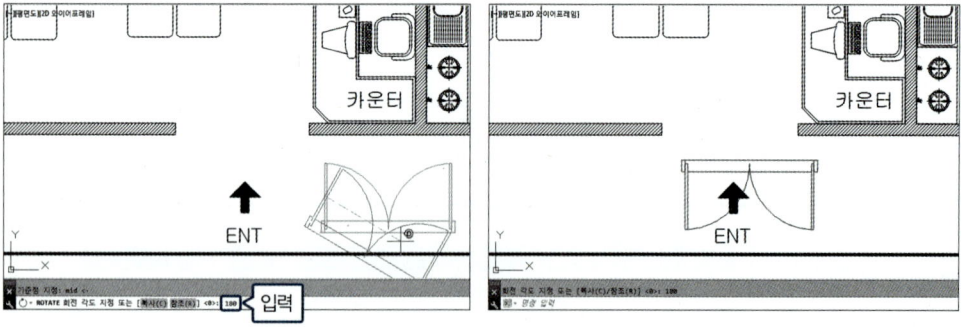

회전 각도 지정 또는 [복사(C)/참조(R)] <0>: 180 Space bar ← 회전 각도 '180' 입력

8 회전한 쌍여닫이문을 정확한 지점으로 이동해보겠습니다. 명령 행에 'Move'를 입력하고 Space bar 를 눌러 명령을 실행합니다. 그런 다음 객체를 선택하고 Space bar 를 누릅니다.

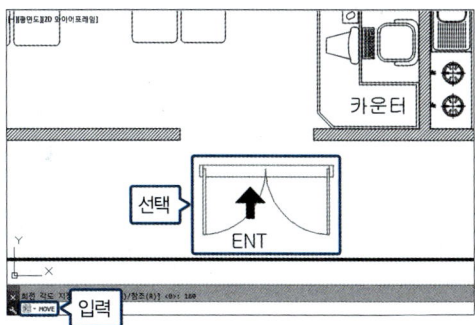

명령: MOVE Space bar ← Move 명령 입력 (M)
객체 선택: 1개를 찾음 ← 객체 선택
객체 선택: Space bar

9 객체 스냅을 사용하여 문의 왼쪽 끝점을 기준점으로 지정합니다.

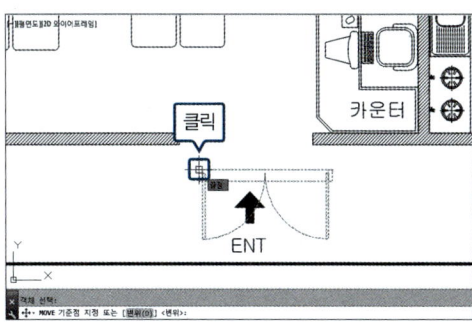

기준점 지정 또는 [변위(D)] <변위>: ← 기준점 지정

10 이동하려는 목적 지점을 클릭하여 지정합니다. 쌍여닫이문이 정확히 이동했습니다.

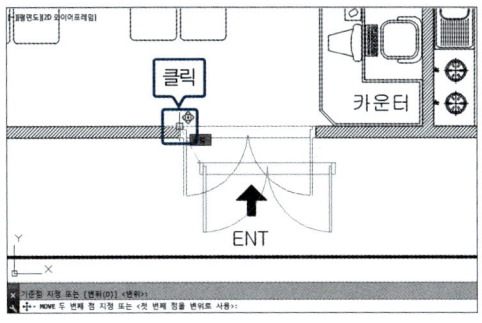 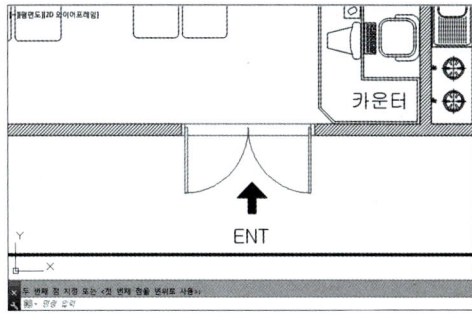

두 번째 점 지정 또는 <첫 번째 점을 변위로 사용>: ← 변위의 두 번째 점 지정

11 이제 외여닫이문을 원하는 지점에 삽입해보겠습니다. Zoom 명령을 실행하고 서브 메뉴 중 '범위(Extents)'를 실행하여 화면 전체가 보이도록 설정합니다.

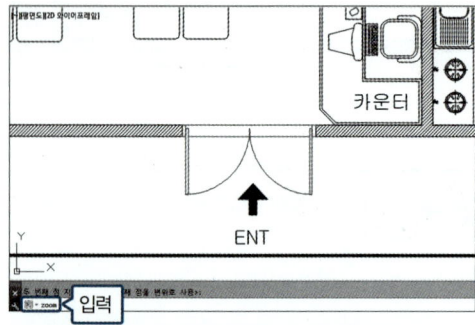 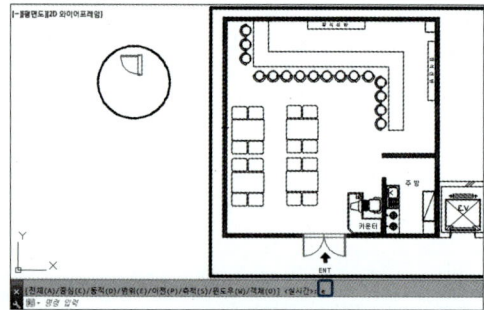

명령: ZOOM [Space bar] ← Zoom 명령 입력 (Z)
윈도우 구석 지정, 축척 비율(nX 또는 nXP) 입력 또는
[전체(A)/중심(C)/동적(D)/범위(E)/이전(P)/축척(S)/윈도우(W)/객체(O)] 〈실시간〉: e [Space bar] ← 옵션 'E(Extents)' 입력

12 이번에는 외여닫이문을 대칭 복사해보겠습니다. 외여닫이문을 제대로 표현하려면 반대 방향으로 대칭해야 합니다. 따라서 명령 행에 'Mirror'를 입력하고 [Space bar]를 눌러 명령을 실행합니다. 그런 다음 대칭할 외여닫이문 객체를 선택하고 [Space bar]를 누릅니다.

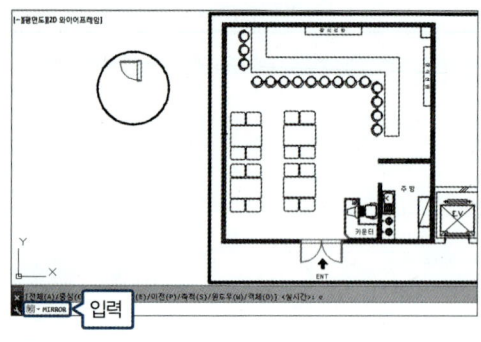 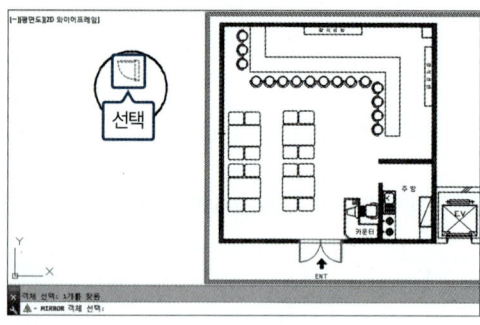

명령: MIRROR [Space bar] ← Mirror 명령 입력 (MI)
객체 선택: 1개를 찾음 ← 객체 선택
객체 선택: [Space bar] ← 객체를 선택하면 [Space bar]

13 대칭할 경계선의 첫 번째 점(교차점)을 클릭하여 지정합니다.

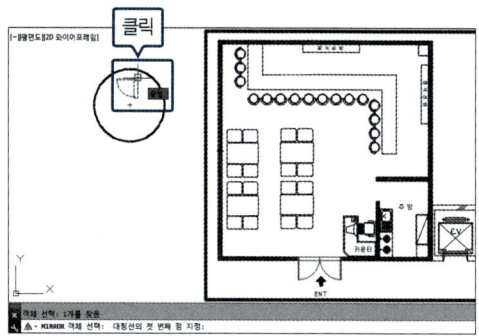

대칭선의 첫 번째 점 지정: ← 대칭선의 첫 번째 점 지정

14 대칭할 경계선의 두 번째 점을 클릭하여 지정합니다.

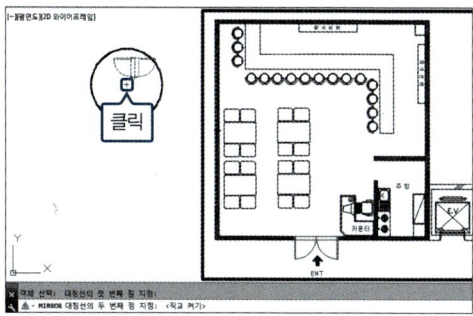

대칭선의 두 번째 점 지정: ← 대칭선의 두 번째 점 지정

15 원본 객체를 지우겠느냐는 메시지가 나타납니다. 원본 객체를 지우기 위해 명령 행에 'Y'를 입력하고 Space bar 를 누릅니다. 외여닫이문 원본 객체가 삭제됩니다.

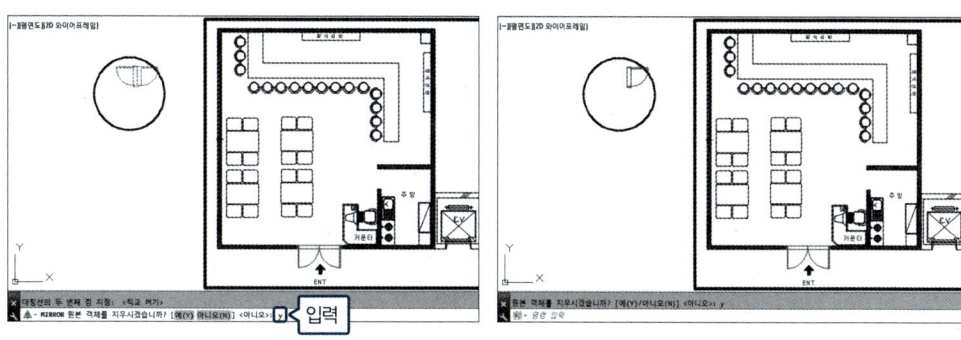

원본 객체를 지우시겠습니까? [예(Y)/아니오(N)] <N>: y Space bar ← 옵션 'Y' 입력

16 대칭한 외여닫이문을 이동해보겠습니다. 명령 행에 'Move'를 입력하고 Space bar 를 눌러 명령을 실행합니다. 그런 다음 외여닫이문을 선택하고 Space bar 를 누릅니다.

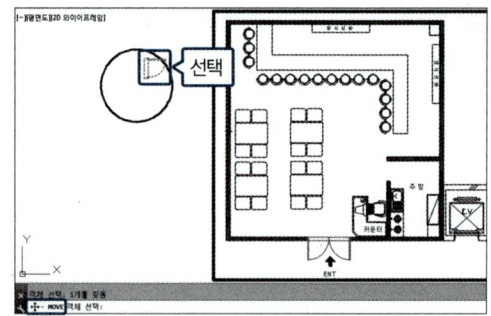

```
명령: MOVE Space bar ← Move 명령 입력 (M)
객체 선택: 1개를 찾음 ← 객체 선택
객체 선택: Space bar
```

17 객체의 이동 기준점(교차점)을 클릭하여 지정합니다.

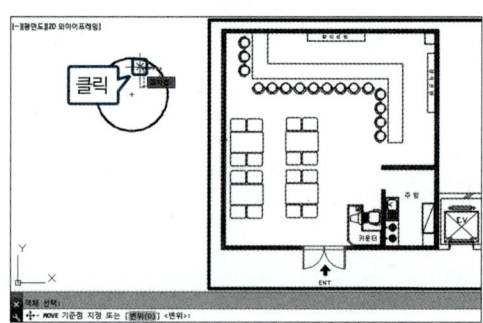

```
기준점 지정 또는 [변위(D)] <변위>: ← 기준점 지정
```

18 이동하려는 지점으로 객체를 움직이는 동시에 마우스 휠을 굴려서 이동하려는 지점을 확대합니다.

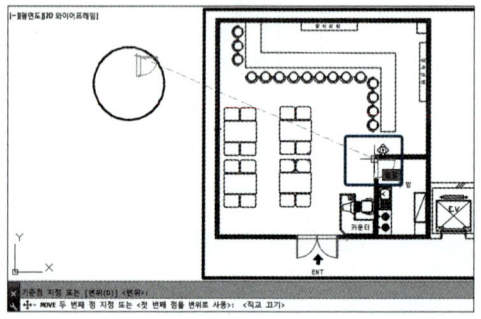 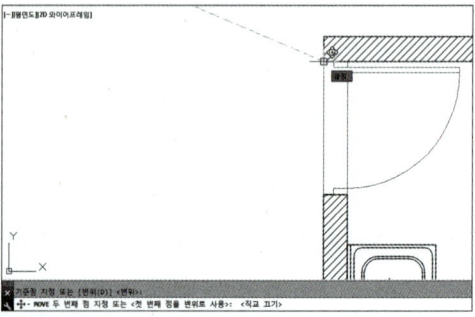

바로 통하는 TIP 이때 이동하려는 지점에 마우스를 위치시키고 휠을 굴리면 해당 지점을 기준으로 확대·축소됩니다.

19 외여닫이문을 옮길 정확한 지점을 클릭합니다.

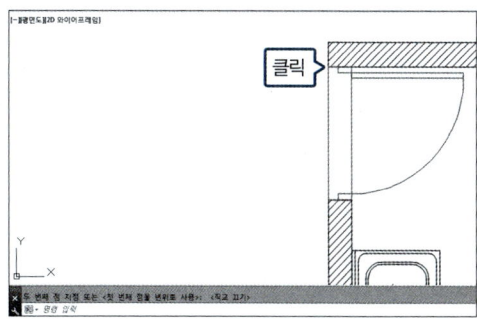

두 번째 점 지정 또는 〈첫 번째 점을 변위로 사용〉:← 변위의 두 번째 점 지정

20 도면이 모두 보이도록 설정해보겠습니다. 명령 행에 'Zoom'을 입력하고 Space bar 를 누릅니다. 서브 메뉴 중 'E(Extents, 범위)'를 입력해서 도면이 다 보이도록 합니다.

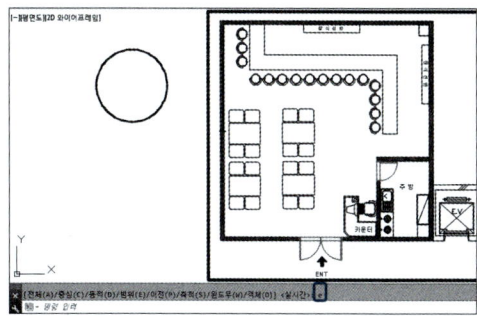

명령: ZOOM Space bar ← Zoom 명령 입력 (Z)
윈도우 구석 지정, 축척 비율(nX 또는 nXP) 입력 또는
[전체(A)/중심(C)/동적(D)/범위(E)/이전(P)/축척(S)/윈도우(W)/객체(O)] 〈실시간〉: e Space bar ← 옵션 'E(Extents)' 입력

21 불필요한 객체를 지우겠습니다. 명령 행에 'Erase'를 입력하고 Space bar 를 눌러 명령을 실행합니다. 그런 다음 왼쪽 원을 클릭하고 Space bar 를 눌러 원을 지웁니다.

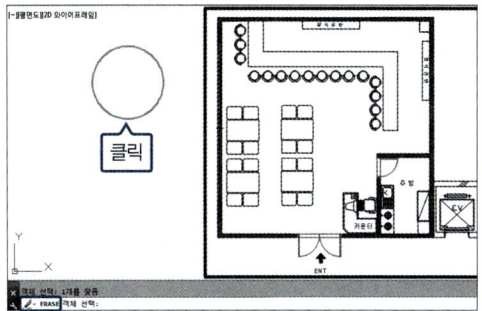 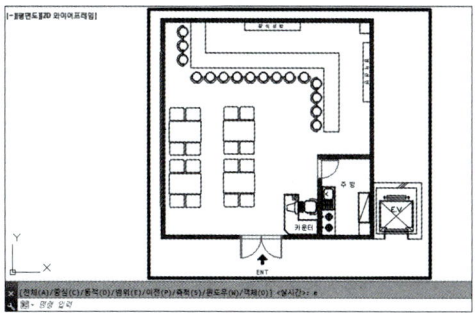

▲ 완성된 도면

명령: ERASE Space bar ← Erase 명령 입력 (E)
객체 선택: 1개를 찾음 ← 객체 선택
객체 선택: Space bar

CHAPTER 05

각진 객체를 정리하는 Fillet과 Chamfer

Fillet(모깎기) 명령과 Chamfer(모따기) 명령은 일일이 극좌표와 상대좌표를 계산하여 그리지 않고도 도면 객체의 각진 모서리를 간단하게 다듬어주는 편리한 기능입니다. 모든 분야에서 도면의 기본 구성 요소는 각진 형태가 많습니다. 이러한 요소의 모서리를 부드럽게 정리할 때 Fillet 명령과 Chamfer 명령을 쓰면 Trim(자르기) 명령과 Erase(지우기) 명령까지 한 번에 적용한 효과를 얻을 수 있어 많이 쓰입니다.

▶ 학습 목표

도면을 이루는 사각형 객체를 정리하는 방법을 익혀봅니다. 모서리를 둥글게 정리하거나 각이 지도록 표현하여 간단하게 다듬어보겠습니다.

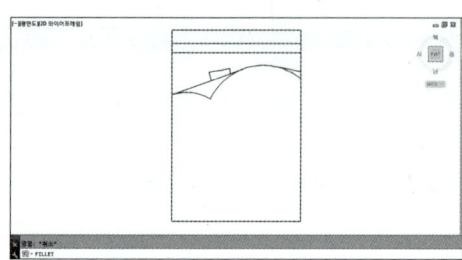
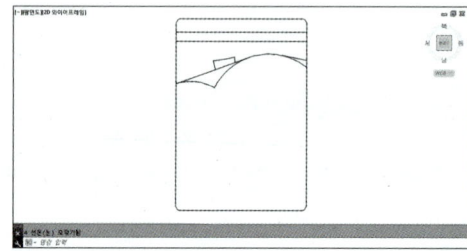

▲ 폴리선 모깎기 : Before(좌), After(우)

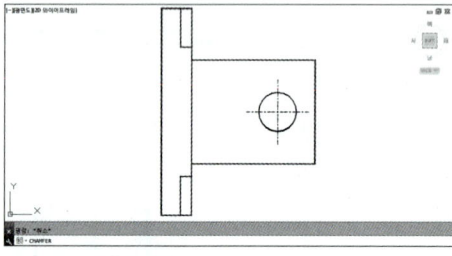
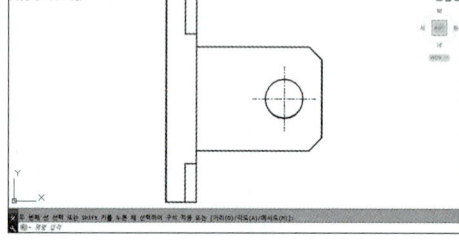

▲ 사각형 모따기 : Before(좌), After(우)

SECTION 01 모서리를 둥글게 만드는 Fillet

Fillet(모깎기) 명령은 반지름값을 입력하여 두 개의 교차하는 호나 선의 모서리를 둥글게 만드는 기능입니다. 제품이나 건축, 기계 도면 등에서 상당히 빈번하게 사용하는 기능이므로 꼭 기억해두는 것이 좋습니다. Fillet 명령을 사용하기 위해서는 명령 행에 'Fillet'을 입력하고 Space bar 를 누르거나 [수정] 도구 팔레트의 모깎기 아이콘(모깎기)을 클릭합니다.

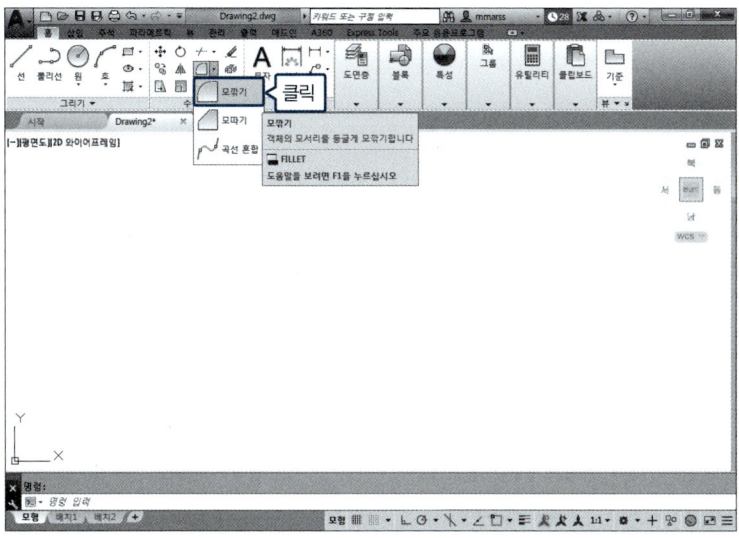

▲ 모깎기 아이콘

➕ 옵션 풀이

명령 취소(U) _ Fillet 명령 실행 중에 바로 전 단계를 취소할 경우에 사용합니다. 또 다른 서브 메뉴인 다중 옵션을 사용할 경우 반복 사용할 수 있습니다.

폴리선(P) _ 폴리선(Polyline)으로 그린 객체를 한꺼번에 모깎기할 경우에 사용합니다. 폴리선이란 선과 모양은 흡사하지만 모든 객체가 하나로 인식되는 선을 말합니다.

반지름(R) _ 반지름값을 부여할 때 사용합니다.

자르기(T) _ 모깎기할 때 교차하는 기존의 객체를 그대로 남겨놓을지 자를지를 설정하는 기능입니다.

다중(M) _ 구 버전에서는 Fillet 명령을 한 번 입력하면 단 한 차례씩만 실행할 수 있었지만 AutoCAD 2007부터는 다중 옵션을 선택하여 한 번 실행한 명령을 여러 차례 반복해서 실행할 수 있습니다.

1 Fillet 명령으로 각진 모서리 둥글게 만들기

모서리를 정리하는 데 많이 사용하는 Fillet 명령의 사용법을 화장실 기구를 완성하며 알아보겠습니다.

01 예제 파일 'Part3-24.dwg'를 불러 옵니다. 명령 행에 'Fillet'을 입력하고 Space bar 를 눌러 명령을 실행합니다.

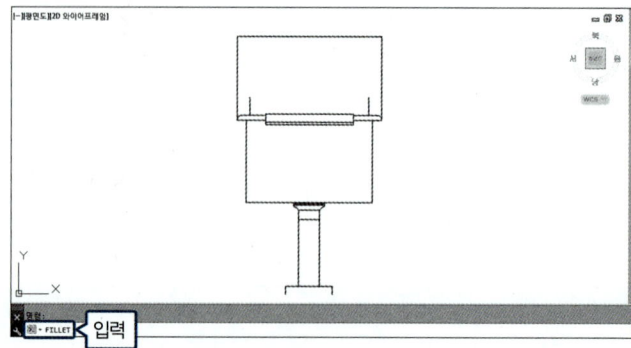

명령: FILLET Space bar ← Fillet 명령 입력 (F)

02 반지름을 지정하겠습니다. 명령 행에 서브 메뉴 중 'R(Radius, 반지름)'을 입력하고 Space bar 를 눌러 명령을 실행합니다.

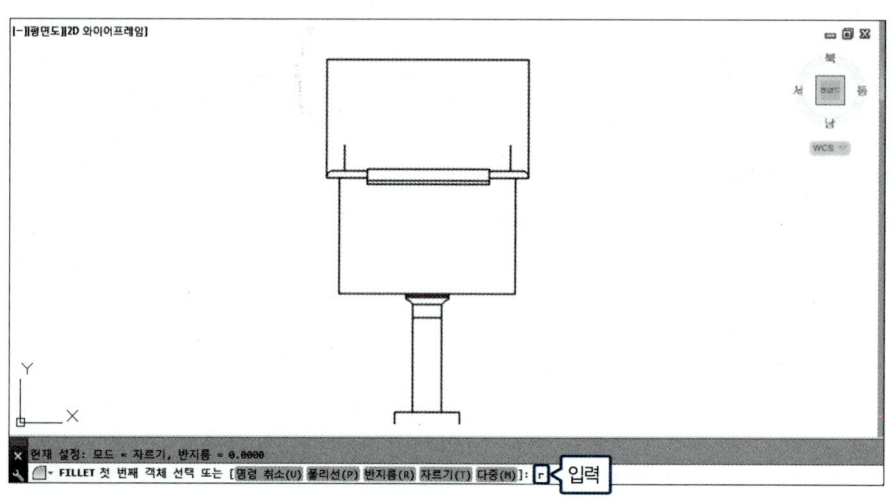

현재 설정: 모드 = 자르기, 반지름 = 0.0000
첫 번째 객체 선택 또는 [명령 취소(U)/폴리선(P)/반지름(R)/자르기(T)/다중(M)]: r Space bar ← 옵션 'R' 입력

바로 통하는 TIP 서브 메뉴를 입력할 때에는 첫 문자 부분만 입력하면 되므로 'R'을 입력한 뒤 Space bar 를 누릅니다.

03 모깎기 반지름을 설정하겠습니다. 명령 행에 '40'을 입력하고 Space bar 를 누릅니다.

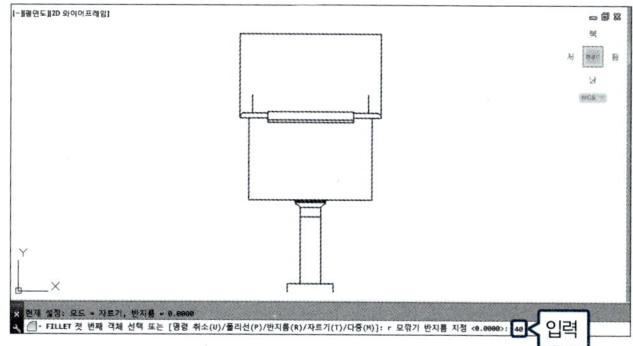

명령: FILLET Space bar ←Fillet 명령 입력(F)

04 모서리를 깎을 첫 번째 선을 클릭하여 지정합니다.

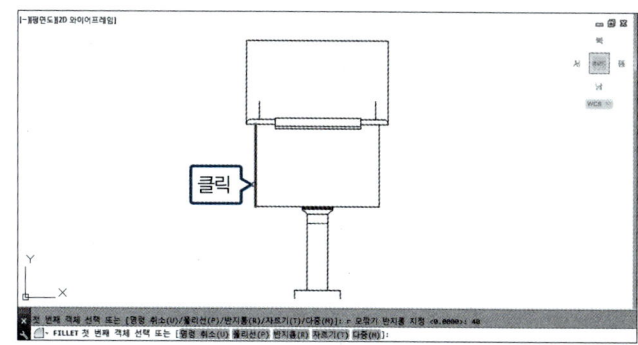

첫 번째 객체 선택 또는 [명령 취소(U)/폴리선(P)/반지름(R)/자르기(T)/다중(M)]: ← 첫 번째 객체 선택

05 두 번째 선을 클릭하여 지정합니다.

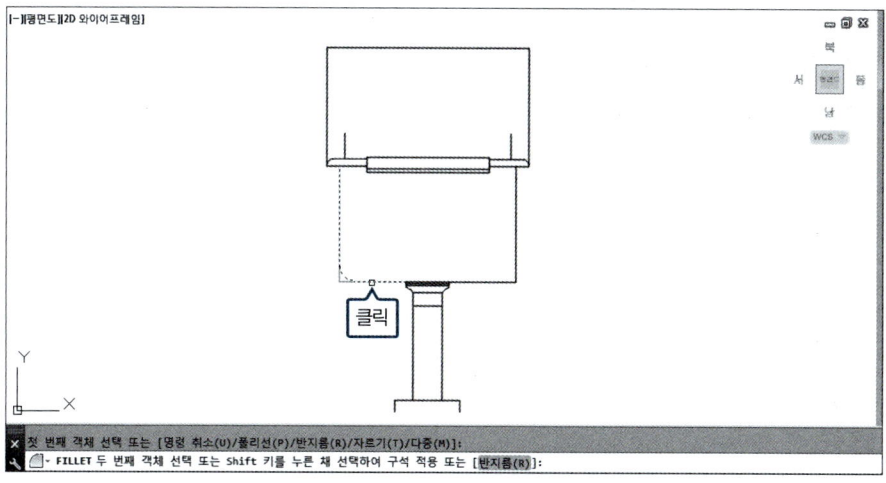

두 번째 객체 선택 또는 Shift 키를 누른 채 선택하여 구석
적용 또는 [반지름(R)]: ← 두 번째 객체 선택

Chapter 05 각진 객체를 정리하는 Fillet과 Chamfer • **271**

06 앞서 입력한 반지름값(40)으로 모서리가 둥글게 깎입니다.

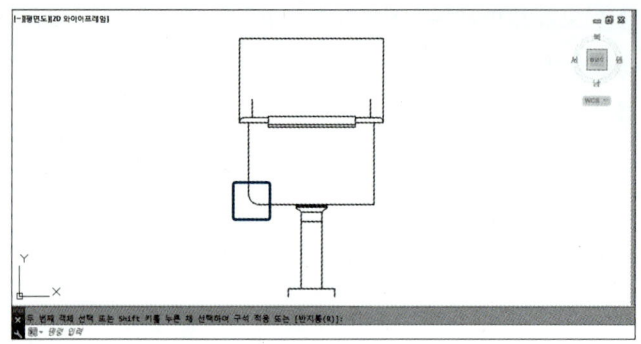

07 이번에는 나머지 세 모서리를 한 번에 깎아보겠습니다. 명령 행에 그대로 Space bar 를 눌러서 명령을 실행합니다. 현재 반지름이 '40'으로 지정되어 있음을 확인할 수 있습니다. 그 이유는 바로 앞에 사용한 값이 그대로 기억되어 있기 때문입니다.

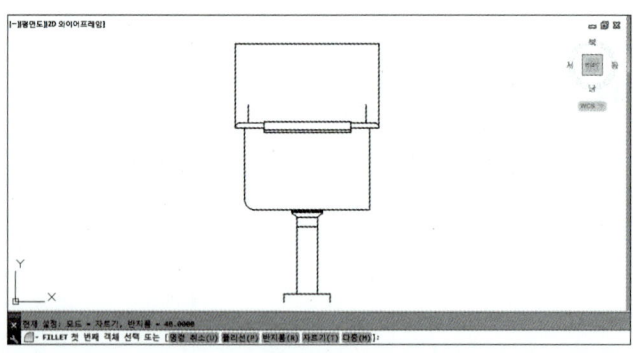

명령: FILLET Space bar ←Fillet 명령 입력
현재 설정: 모드 = 자르기, 반지름 = 40.0000

08 다른 모서리에도 Fillet을 실행하기 위해 서브 메뉴의 'M(Multiple, 다중)'을 입력하고 Space bar 를 눌러 명령을 실행합니다.

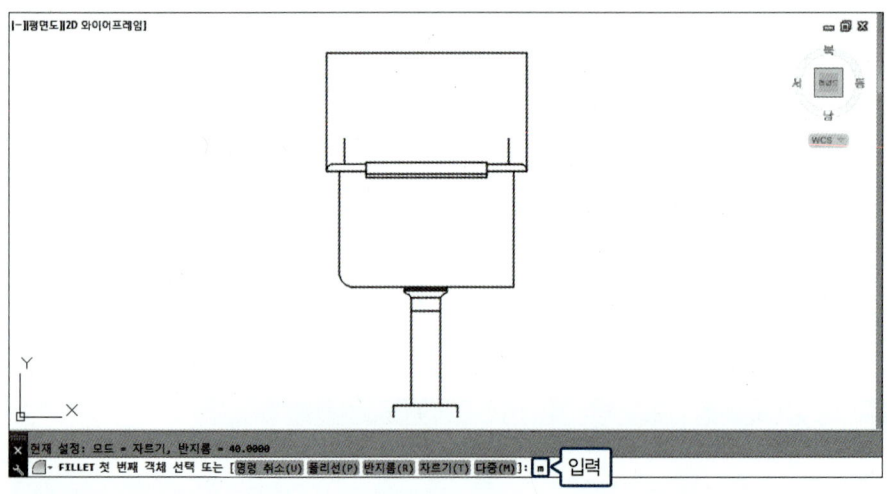

첫 번째 객체 선택 또는 [명령 취소(U)/폴리선(P)/반지름(R)/자르기(T)/다중(M)]: m Space bar ← 옵션 'M' 입력

09 첫 번째 선을 클릭하여 지정합니다.

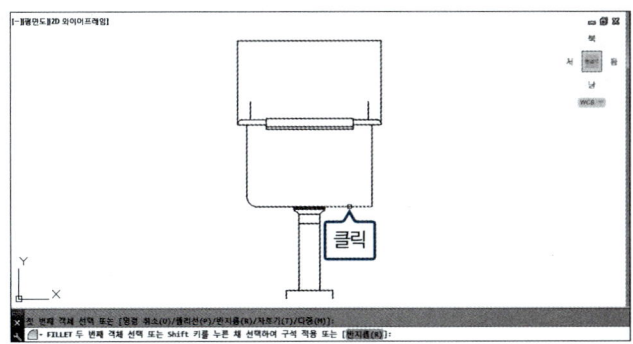

첫 번째 객체 선택 또는 [명령 취소(U)/폴리선(P)/반지름(R)/자르기(T)/다중(M)]: ← 첫 번째 객체 선택

10 두 번째 선을 클릭하여 지정합니다.

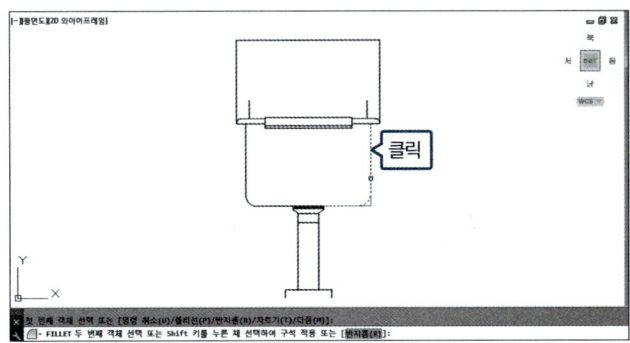

두 번째 객체 선택 또는 Shift 키를 누른 채 선택하여 구석 적용 또는 [반지름(R)]: ← 두 번째 객체 선택

11 첫 번째 선과 두 번째 선의 모서리가 입력한 반지름값으로 둥글게 깎입니다. 계속해서 Fillet 명령이 실행되고 있음을 알 수 있습니다.

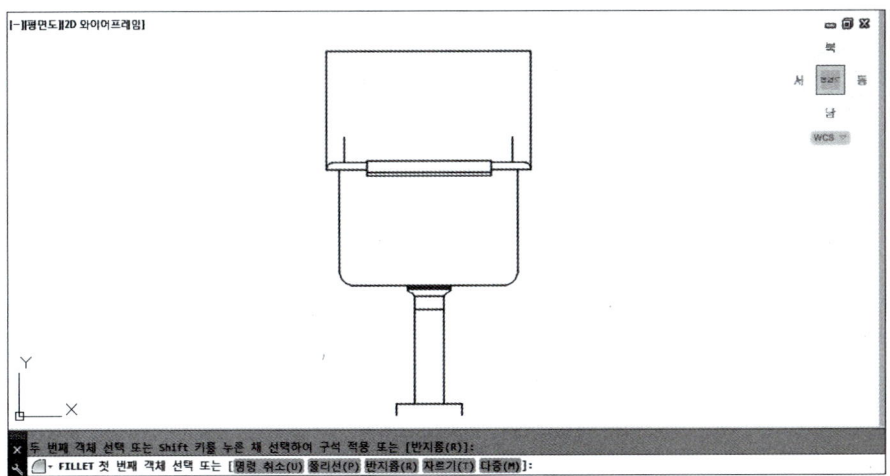

12 연속하여 나머지 모서리도 같은 방법으로 Fillet 명령을 실행하여 완성합니다.

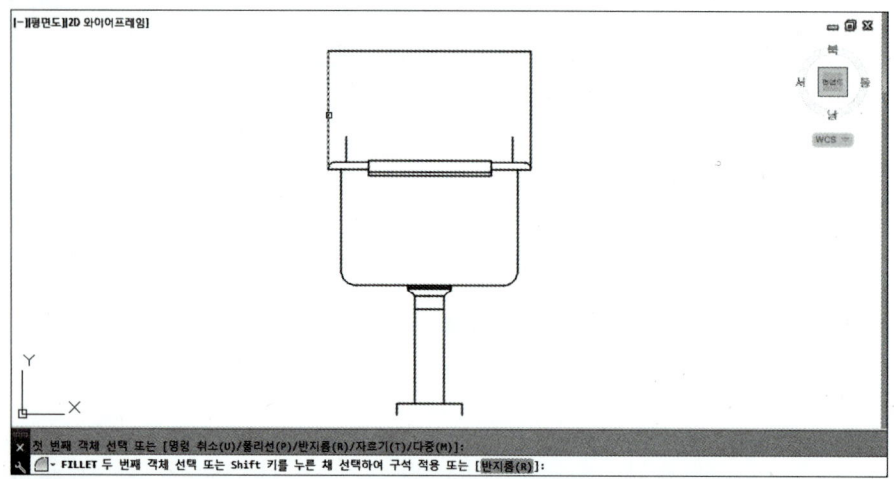

첫 번째 객체 선택 또는 [명령 취소(U)/폴리선(P)/반지름(R)/자르기(T)/다중(M)]: ← 첫 번째 객체 선택
두 번째 객체 선택 또는 Shift 키를 누른 채 선택하여 구석 적용 또는 [반지름(R)]: ← 두 번째 객체 선택

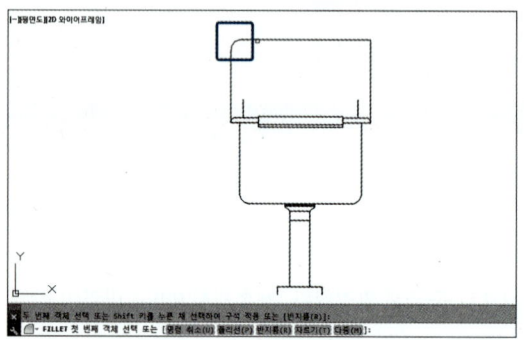 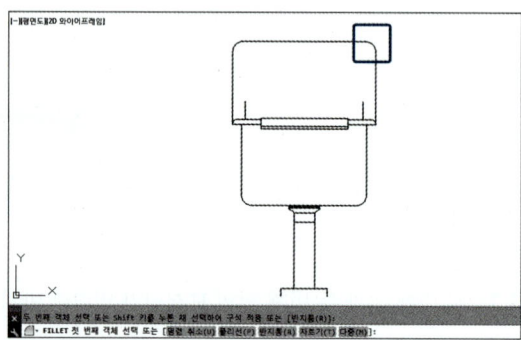

첫 번째 객체 선택 또는 [명령 취소(U)/폴리선(P)/반지름(R)/자르기(T)/다중(M)]: ← 첫 번째 객체 선택
두 번째 객체 선택 또는 Shift 키를 누른 채 선택하여 구석 적용 또는 [반지름(R)]: ← 두 번째 객체 선택
첫 번째 객체 선택 또는 [명령 취소(U)/폴리선(P)/반지름(R)/자르기(T)/다중(M)]: Space bar ← 종료

2 Fillet 명령으로 폴리선의 모깎기

여러 개의 객체가 하나의 뭉쳐있는 폴리선(Polyline)도 Fillet 명령으로 한 번에 모서리를 정리할 수 있습니다. 다음 예제에서 침대 객체의 모서리를 둥글게 만들어 보겠습니다.

01 예제 파일 'Part3-25.dwg'를 불러옵니다. 명령 행에 'Fillet'을 입력하고 Space bar 를 누릅니다.

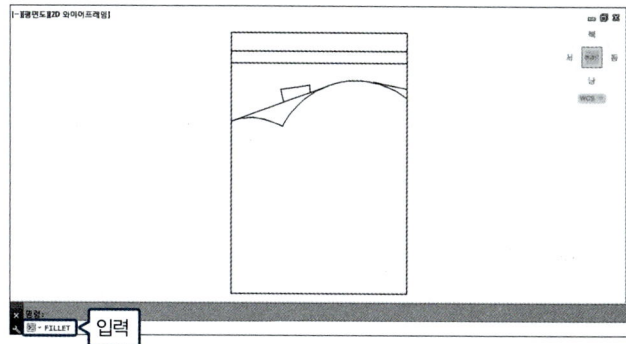

명령: FILLET Space bar ← Fillet 명령 입력 (F)

02 반지름을 지정하기 위해 서브 메뉴 중 'R(Radius, 반지름)'을 입력하고 Space bar 를 누릅니다.

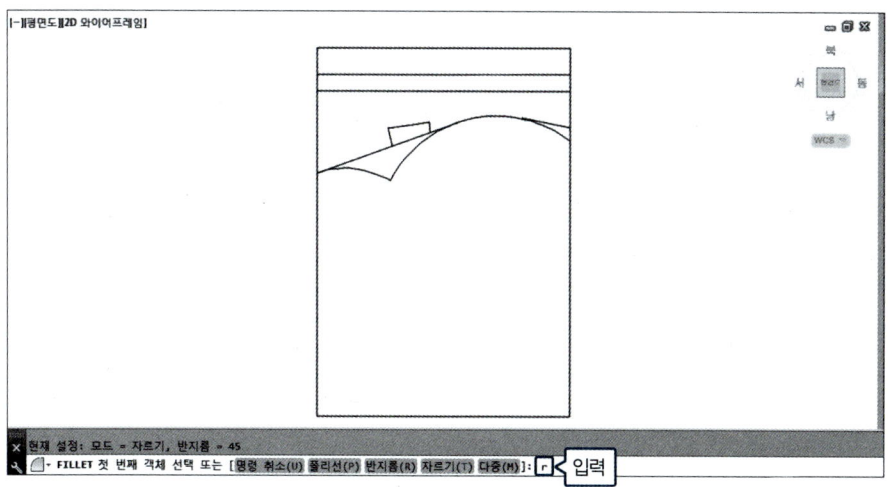

현재 설정: 모드 = 자르기, 반지름 = 0
첫 번째 객체 선택 또는 [명령 취소(U)/폴리선(P)/반지름(R)/자르기(T)/다중(M)]: r Space bar ← 옵션 'R' 입력

Chapter 05 각진 객체를 정리하는 Fillet과 Chamfer • **275**

03 반지름을 '60'으로 입력하고 Space bar를 누릅니다.

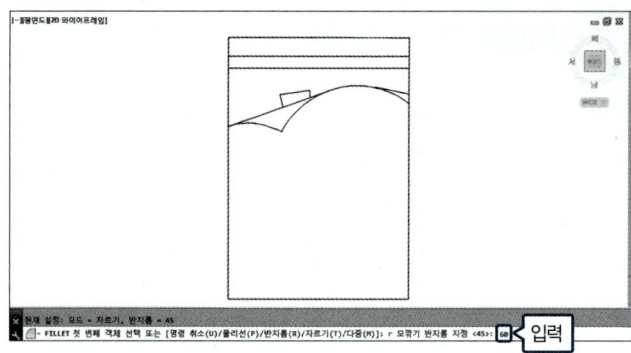

모깎기 반지름 지정 〈0〉: 60 Space bar ← 반지름값 '60' 입력

04 이 예제의 도면 객체는 네 변이 서로 연결된 폴리선이므로 서브 메뉴 중에서 'P(Polyline, 폴리선)'를 입력하고 Space bar를 누릅니다.

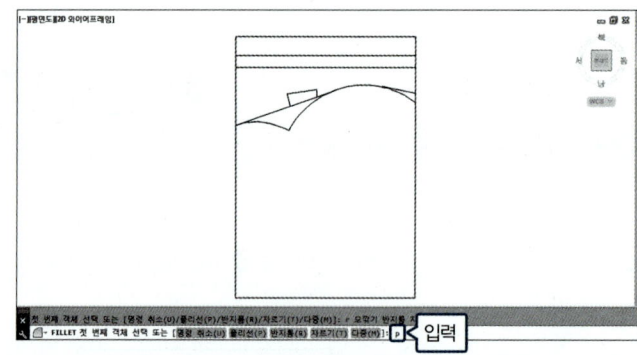

첫 번째 객체 선택 또는 [명령 취소(U)/폴리선(P)/반지름(R)/자르기(T)/다중(M)]: p Space bar ← 옵션 'P' 입력

05 침대의 테두리 사각형을 선택하고 Space bar를 누르면 네 개의 모서리가 한꺼번에 둥글게 모깎인 것을 알 수 있습니다.

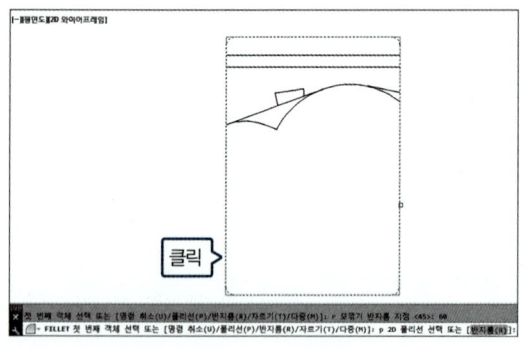 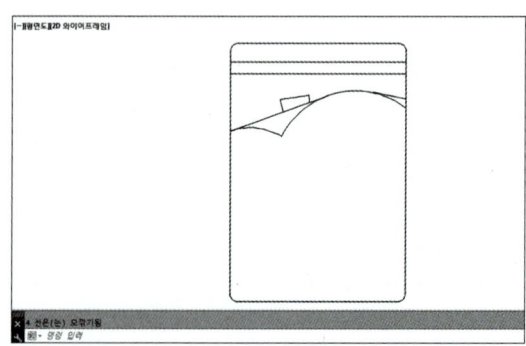

2D 폴리선 선택 또는 [반지름(R)]: ← 사각형 선택
4 선은(는) 모깎기됨

Fillet 명령으로 건축 벽체선 정리하기

건축 도면의 벽체선을 정리할 때 Trim 명령을 사용해서 불필요한 부분을 잘라낼 수도 있겠지만 Fillet 명령을 사용하면 더욱 편리합니다. 예제를 따라 하면서 사용법을 알아보겠습니다.

1 예제 파일 'Part3-26.dwg'를 불러옵니다. 명령 행에 'Fillet'을 입력하고 Space bar 를 누릅니다.

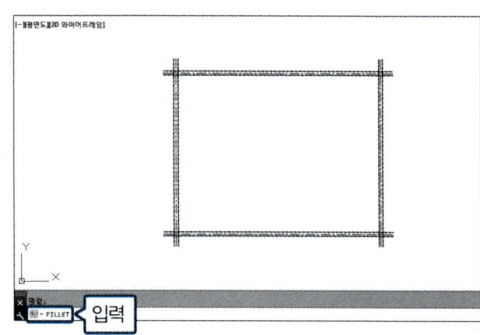

명령: FILLET Space bar ← Fillet 명령 입력 (F)

2 외벽선의 모서리를 직각으로 표현하기 위해 반지름을 '0'으로 설정합니다. 명령 행에 '0'을 입력하고 Space bar 를 누릅니다. 이미 반지름이 '0'으로 설정되어 있다면 그대로 Fillet 명령을 적용할 모서리를 클릭하여 선택합니다. 명령을 실행하면 모서리가 직각으로 정리됩니다.

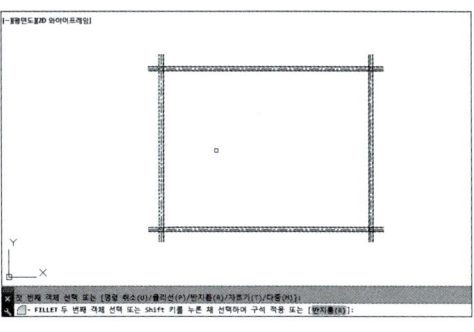
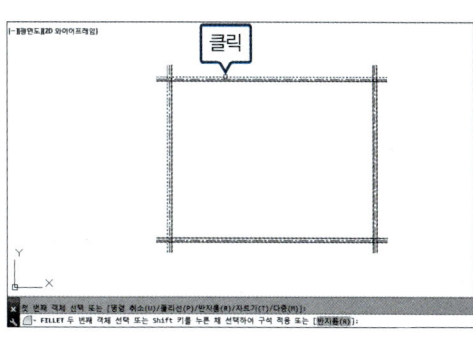

현재 설정: 모드 = 자르기, 반지름 = 0.0000
첫 번째 객체 선택 또는 [명령 취소(U)/폴리선(P)/반지름(R)/자르기(T)/다중(M)]: ← 첫 번째 객체 선택
두 번째 객체 선택 또는 Shift 키를 누른 채 선택하여 구석 적용 또는 [반지름(R)]: ← 두 번째 객체 선택

실무활용노트 AUTO CAD | 연결되지 않은 모서리 연결하기

모서리를 직각으로 만들어 정리하고자 할 때는 반드시 남겨야 할 객체의 부분을 클릭해야 합니다. 객체의 바깥 부분을 선택하면 바깥쪽의 선택한 두 부분만 남습니다. 꼭 기억해둡니다.

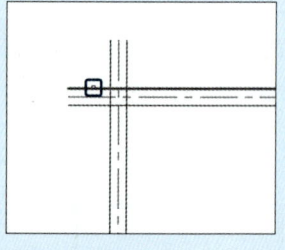
▲ 수평 객체의 바깥 부분 선택

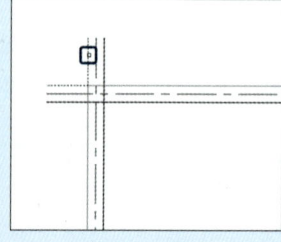
▲ 수직 객체의 바깥 부분 선택

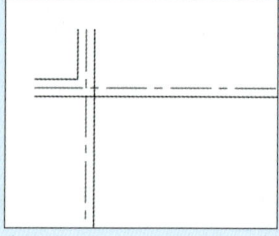
▲ 수평 · 수직 객체의 바깥 부분만 남음

3 나머지 객체도 모서리를 정리합니다. Space bar 를 눌러서 앞선 명령을 실행합니다. 현재 반지름이 '0'으로 지정되어 있음을 확인할 수 있습니다.

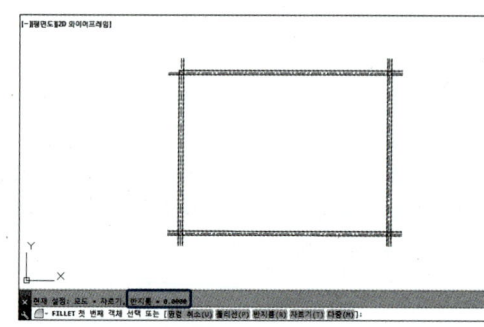

명령: FILLET Space bar ←Fillet 명령 입력
현재 설정: 모드 = 자르기, 반지름 = 0.0000

4 여러 개의 모서리를 한 번에 둥글게 하기 위해 서브 메뉴 중 'M(Multiple, 다중)'을 입력하고 Space bar 를 눌러서 명령을 실행합니다.

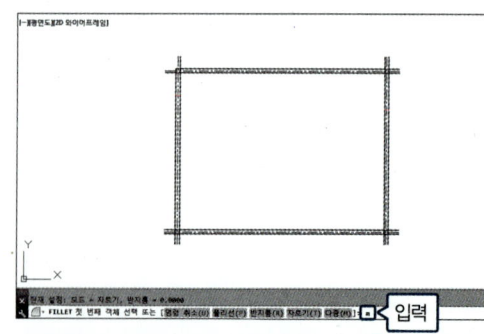

첫 번째 객체 선택 또는 [명령 취소(U)/폴리선(P)/반지름(R)/자르기(T)/다중(M)]: m Space bar ← 옵션 'M' 클릭

5 첫 번째 선을 클릭하여 지정합니다.

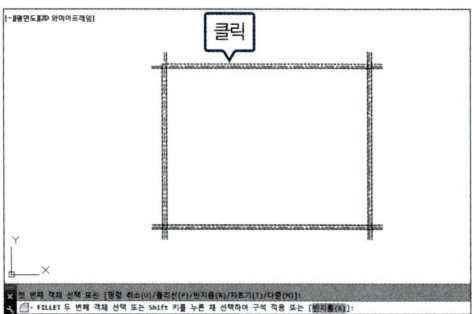

첫 번째 객체 선택 또는 [명령 취소(U)/폴리선(P)/반지름(R)/자르기(T)/다중(M)]: ← 첫 번째 객체 선택

6 두 번째 선을 클릭하여 지정합니다.

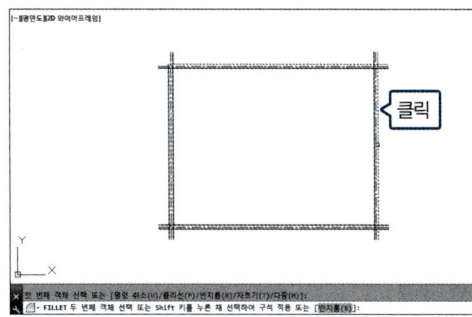

두 번째 객체 선택 또는 Shift 키를 누른 채 선택하여 구석 적용 또는 [반지름(R)]: ← 두 번째 객체 선택

7 첫 번째 선과 두 번째 선의 모서리가 입력한 반지름값에 따라 직각으로 정리됩니다. 계속해서 Fillet 명령이 실행되고 있음을 알 수 있습니다.

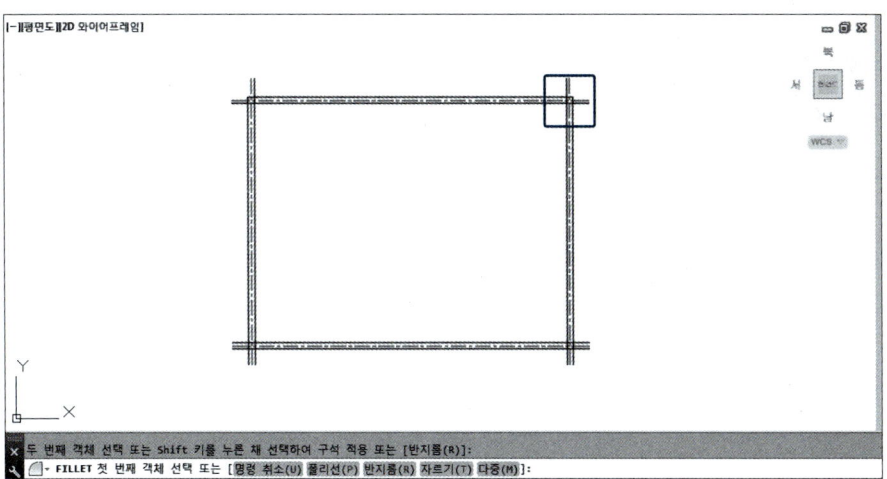

8 연속하여 나머지 모서리도 같은 방법으로 Fillet 명령을 사용하여 완성합니다.

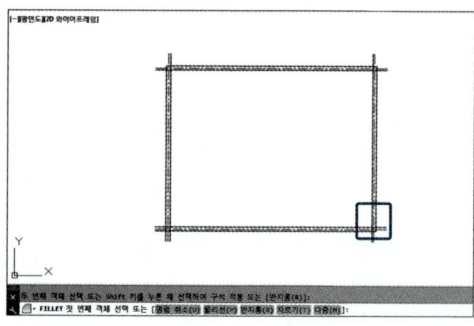 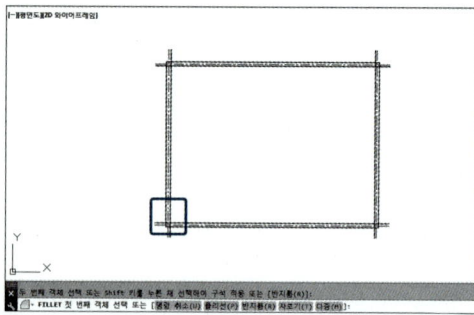

첫 번째 객체 선택 또는 [명령 취소(U)/폴리선(P)/반지름(R)/자르기(T)/다중(M)]: ← 연속해서 첫 번째 객체 선택
두 번째 객체 선택 또는 Shift 키를 누른 채 선택하여 구석 적용 또는 [반지름(R)]: ← 연속해서 두 번째 객체 선택
첫 번째 객체 선택 또는 [명령 취소(U)/폴리선(P)/반지름(R)/자르기(T)/다중(M)]: ← 연속해서 첫 번째 객체 선택
두 번째 객체 선택 또는 Shift 키를 누른 채 선택하여 구석 적용 또는 [반지름(R)]: ← 연속해서 두 번째 객체 선택

9 벽체의 안쪽 모서리도 같은 방법으로 Fillet 명령을 실행하여 완성합니다.

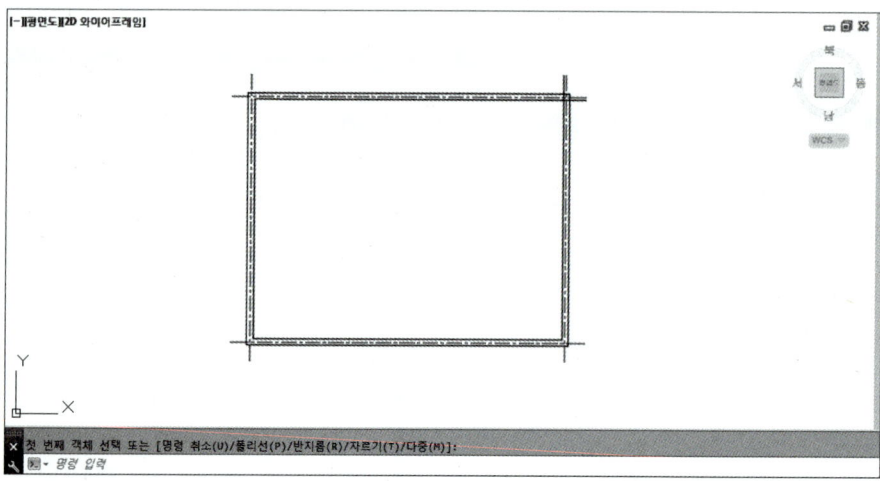

첫 번째 객체 선택 또는 [명령 취소(U)/폴리선(P)/반지름(R)/자르기(T)/다중(M)]: ← 연속해서 첫 번째 객체 선택
두 번째 객체 선택 또는 Shift 키를 누른 채 선택하여 구석 적용 또는 [반지름(R)]: ← 연속해서 두 번째 객체 선택
첫 번째 객체 선택 또는 [명령 취소(U)/폴리선(P)/반지름(R)/자르기(T)/다중(M)]: ← 연속해서 첫 번째 객체 선택
두 번째 객체 선택 또는 Shift 키를 누른 채 선택하여 구석 적용 또는 [반지름(R)]: ← 연속해서 두 번째 객체 선택
첫 번째 객체 선택 또는 [명령 취소(U)/폴리선(P)/반지름(R)/자르기(T)/다중(M)]: Space bar ← 종료

SECTION 02 모서리를 반듯하게 만드는 Chamfer

Chamfer(모따기) 명령은 거리값을 지정하여 교차하는 두 직선의 모서리를 각이 지도록 만드는 기능입니다. 건축, 기계 도면에서 자주 사용합니다. Chamfer 명령을 사용하기 위해서는 명령 행에 'Chamfer'를 입력하거나 [수정] 도구 팔레트의 모따기 아이콘(　)을 클릭하여 사용합니다.

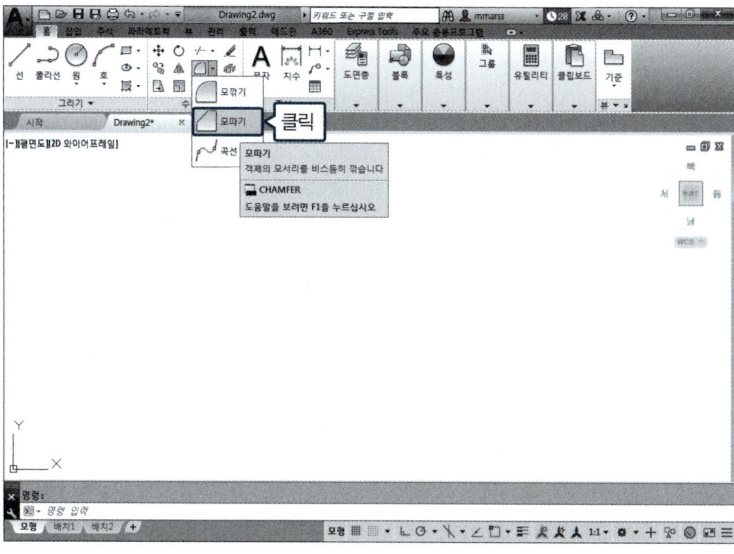

▲ 모따기 아이콘

➕ 옵션 풀이

명령 취소(U) _ Chamfer 명령 실행 중에 바로 전 단계를 취소할 때 사용합니다. 또 서브 메뉴 중 다중 옵션을 사용할 경우 반복 사용이 가능합니다.

폴리선(P) _ 폴리선(Polyline)으로 그린 객체를 한꺼번에 모따기할 경우에 사용합니다.

거리(D) _ 거리를 부여할 때 사용합니다.

각도(A) _ 첫 번째 객체의 거리와 두 번째 객체의 각도를 사용하여 모따기할 경우에 사용합니다.

자르기(T) _ 모따기를 실행할 때 교차하는 기존의 객체를 그대로 남겨놓을지 자를지를 설정하는 기능입니다.

메서드(M) _ 모따기 방식을 지정합니다.

다중(M) _ 구 버전에서는 Chamfer 명령을 한 번 입력하여 단 한 차례씩만 실행할 수 있었지만 AutoCAD 2007부터는 다중 옵션을 선택하여 한 번에 여러 차례 반복해서 실행할 수 있습니다.

1 Chamfer로 사각형 모서리에 모따기

Chamfer(모따기) 명령은 Fillet(모깎기) 명령과 달리 모서리가 깎이는 거리를 모두 지정해야 합니다. 다음 기계 도면을 예제로 Chamfer 명령의 사용법을 알아보겠습니다.

01 예제 파일 'Part3-27.dwg'를 불러옵니다. 명령 행에 'Chamfer'를 입력하고 Space bar 를 누릅니다.

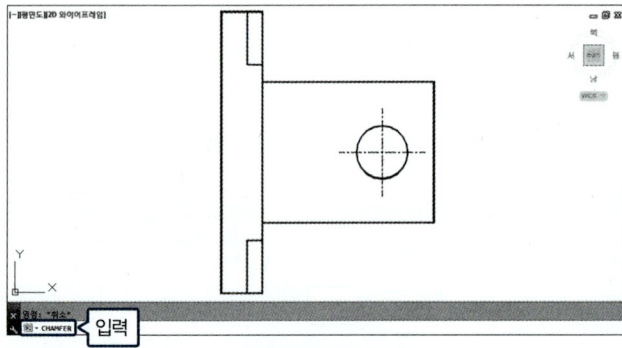

명령: CHAMFER Space bar ← Chamfer 명령 입력 (CHA)

02 Chamfer 명령의 환경 설정을 표시하는 내용이 나타납니다. 거리를 지정하기 위해 서브 메뉴의 'D(Distance, 거리)'를 입력하고 Space bar 를 누릅니다.

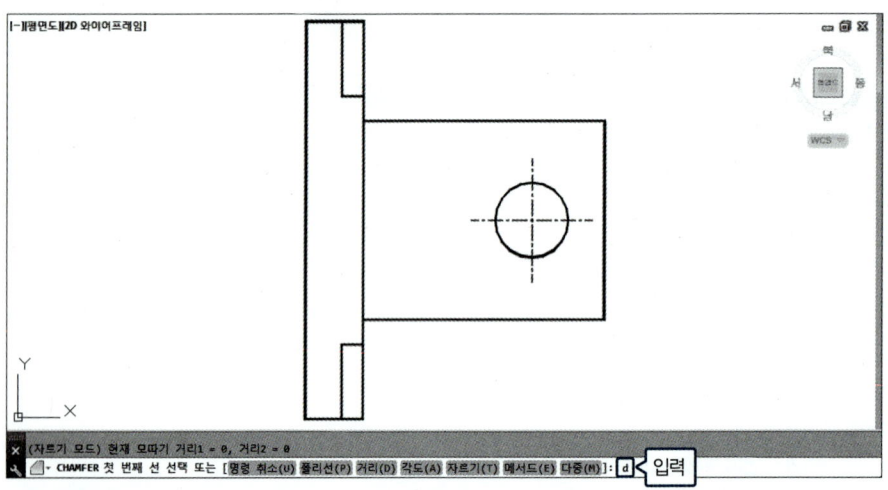

(자르기 모드) 현재 모따기 거리1 = 0, 거리2 = 0
첫 번째 선 선택 또는 [명령 취소(U)/폴리선(P)/거리(D)/각도(A)/자르기(T)/메서드(E)/다중(M)]: d Space bar
← 옵션 'D' 입력

03 첫 번째 거리를 '10'으로 입력하고 Space bar 를 누릅니다.

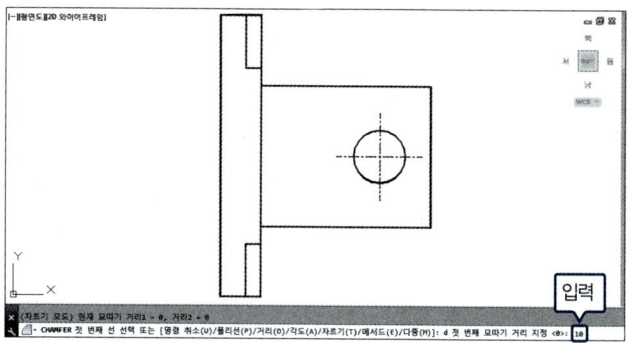

첫 번째 모따기 거리 지정 ⟨0⟩: 10 Space bar ← 첫 번째 거리 '10' 입력

04 두 번째 거리를 '10'으로 입력하고 Space bar 를 누릅니다.

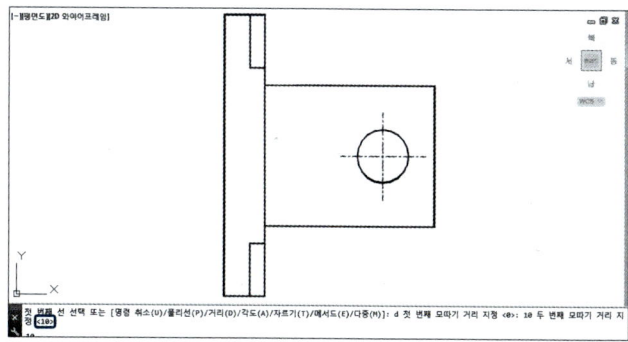

두 번째 모따기 거리 지정 ⟨10⟩: 10 Space bar ← 두 번째 거리 '10' 입력

05 모따기할 첫 번째 선을 클릭하여 선택합니다.

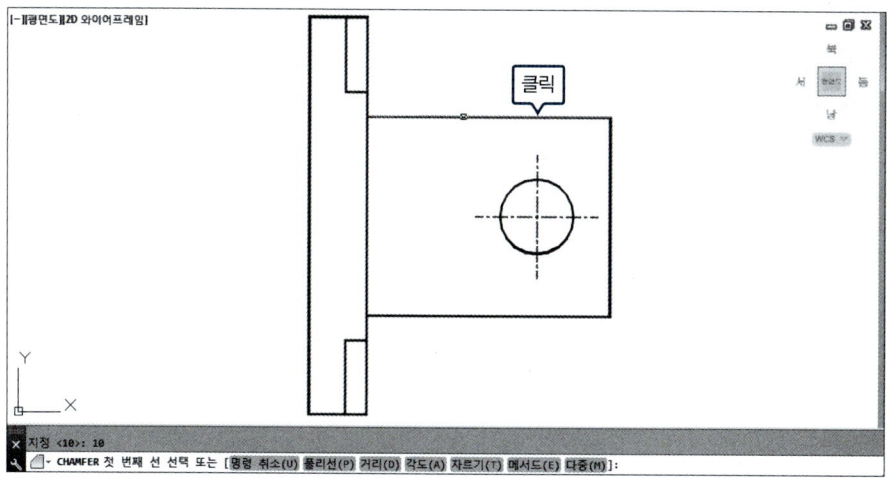

첫 번째 선 선택 또는 [명령 취소(U)/폴리선(P)/거리(D)/각도(A)/자르기(T)/메서드(E)/다중(M)]: ← 첫 번째 선 선택

Chapter 05 각진 객체를 정리하는 Fillet과 Chamfer • **283**

06 모따기할 두 번째 선을 클릭하여 선택합니다. 선택한 두 객체의 모서리가 지정한 거리(10)만큼 모따기됩니다.

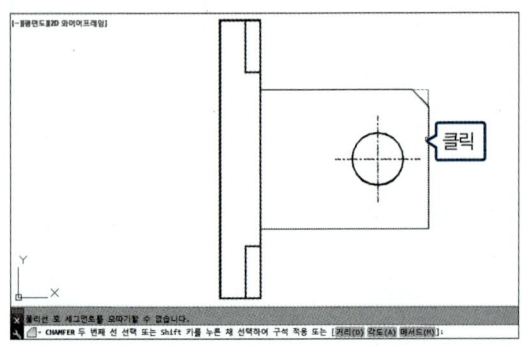 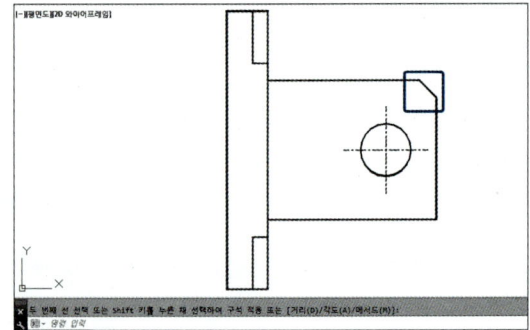

두 번째 선 선택 또는 Shift 키를 누른 채 선택하여 구석 적용 또는 [거리(D)/각도(A)/메서드(M)]: ← 두 번째 선 선택

07 계속해서 모서리에 모따기를 실행하기 위해 Space bar 를 누릅니다. 앞에서 지정한 거리가 그대로 기록되어 있음을 알 수 있습니다.

명령: CHAMFER Space bar
← Chamfer 명령 입력 (CHA)
(자르기 모드) 현재 모따기 거리1 = 10, 거리2 = 10

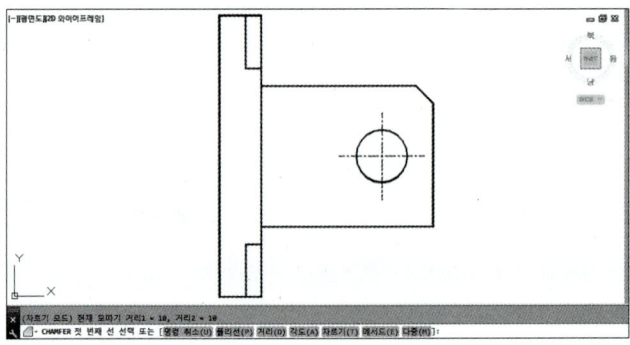

08 같은 거리로 지정할 것이므로 거리는 그대로 유지합니다. 모따기할 다른 객체를 선택합니다. '10'의 거리 값으로 모따기가 됩니다.

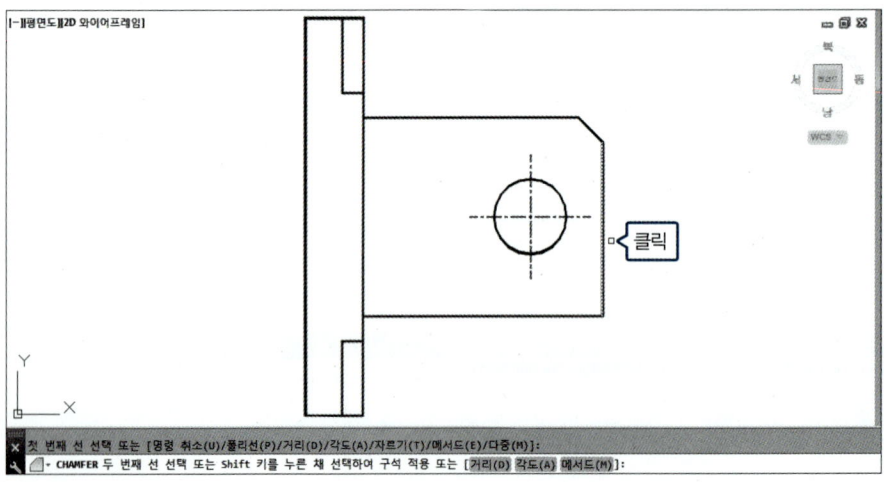

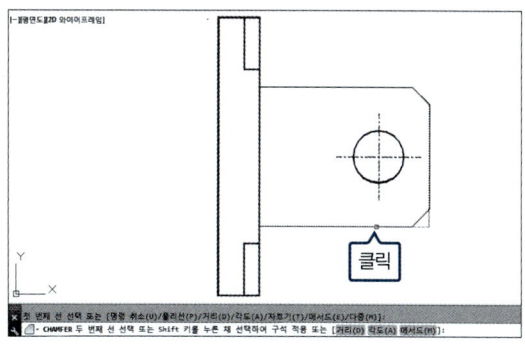
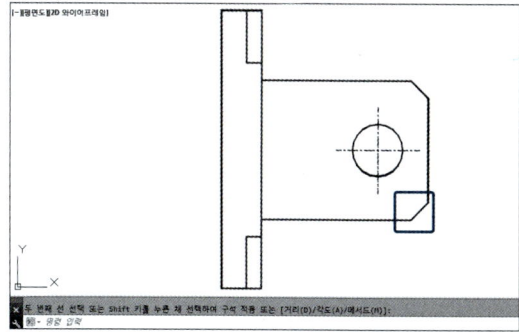

첫 번째 선 선택 또는 [명령 취소(U)/폴리선(P)/거리(D)/각도(A)/자르기(T)/메서드(E)/다중(M)]: ← 첫 번째 선 선택
두 번째 선 선택 또는 Shift 키를 누른 채 선택하여 구석 적용 또는 [거리(D)/각도(A)/메서드(M)]: ← 두 번째 선 선택

바로 통하는 TIP 객체를 잘못 지정하여 다른 이미지가 나타났다면 실행 취소를 하기 위해 명령 행에 'U'를 입력한 후 Space bar 를 눌러 명령을 실행합니다. Ctrl + Z 를 누르면 앞에서 입력한 명령이 삭제됩니다.

2 Polyline 옵션으로 모따기

Fillet 명령과 마찬가지로 Chamfer 명령도 폴리선(Polyline)은 모든 객체가 서로 연결되어 있습니다. 따라서 선 객체처럼 모서리마다 각자 따로 객체를 지정해서 모따지 않고 폴리선 객체를 한 번에 모따기해야 합니다.

01 예제 파일 'Part3-28.dwg'를 불러옵니다. 명령 행에 'Chamfer'를 입력하고 Space bar 를 누릅니다.

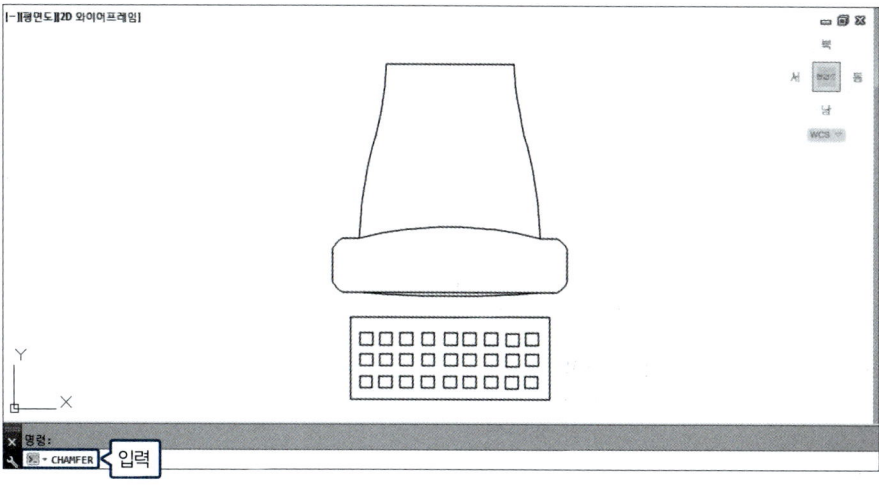

명령: CHAMFER Space bar ← Chamfer 명령 입력 (CHA)

02 Chamfer 명령의 환경 설정을 표시하는 내용이 나타납니다. 거리를 지정하기 위해 서브 메뉴의 'D(Distance, 거리)'를 입력하고 Space bar 를 누릅니다.

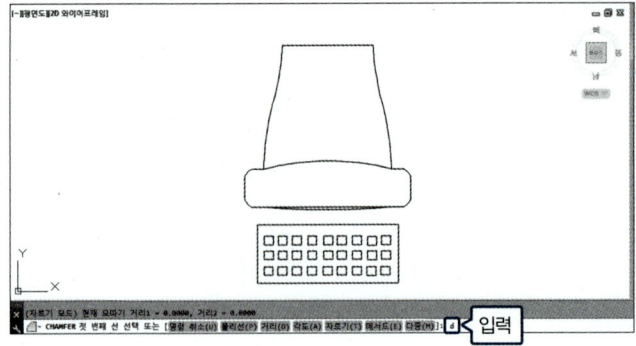

(자르기 모드) 현재 모따기 거리1 = 0.0000, 거리2 = 0.0000
첫 번째 선 선택 또는 [명령 취소(U)/폴리선(P)/거리(D)/각도(A)/자르기(T)/메서드(E)/다중(M)]: d Space bar
← 옵션 'D' 입력

03 첫 번째 거리와 두 번째 거리를 각각 '15'로 입력하고 Space bar 를 누릅니다.

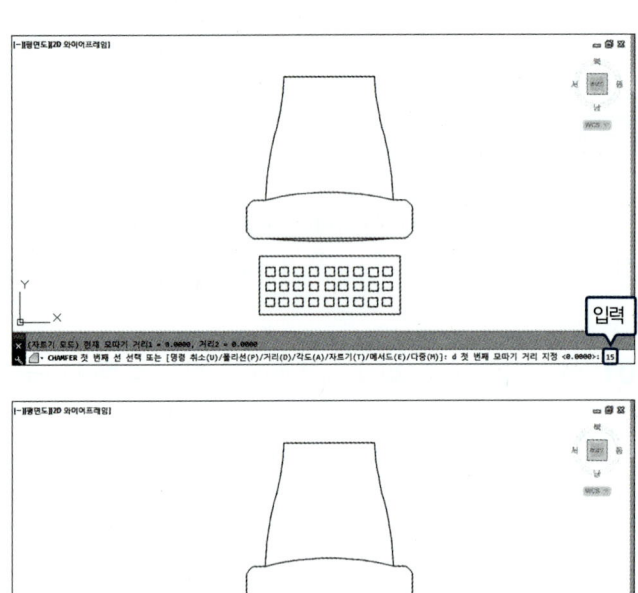

첫 번째 모따기 거리 지정 〈0.0000〉: 15 Space bar ← 첫 번째 거리 '15' 입력
두 번째 모따기 거리 지정 〈15.0000〉: 15 Space bar ← 두 번째 거리 '15' 입력

04 앞의 경우와 달리 키보드 테두리 객체는 네 변이 모두 연결된 폴리선이므로 서브 메뉴의 'P(Polyline, 폴리선)'를 입력합니다. 그리고 Space bar 를 누릅니다.

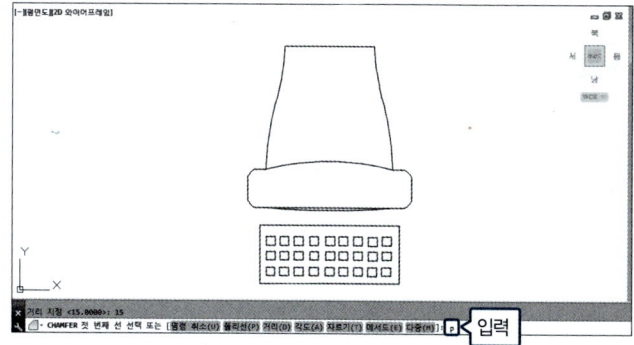

첫 번째 선 선택 또는 [명령 취소(U)/폴리선(P)/거리(D)/각도(A)/자르기(T)/메서드(E)/다중(M)]: p Space bar
← 옵션 'P' 입력

05 키보드 테두리를 클릭하여 선택하고 Space bar 를 누릅니다. 네 개의 모서리가 한꺼번에 모따기된 것을 확인할 수 있습니다.

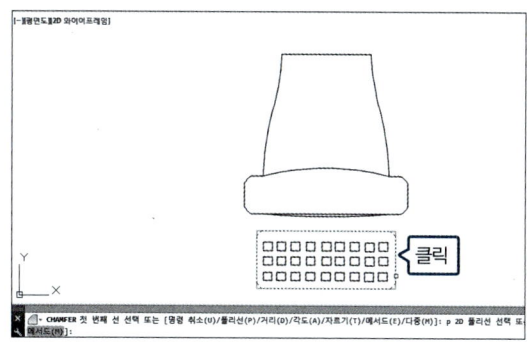 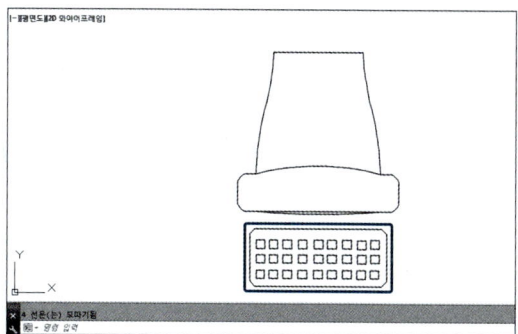

2D 폴리선 선택 또는 [거리(D)/각도(A)/메서드(M)]: ← 키보드 객체의 테두리 선택
4 선은(는) 모따기됨

바로 통하는 TIP 공부에는 왕도가 없다고 하지만 공부를 잘 하는 사람에게는 나름의 방식이 있습니다. 마찬가지로 AutoCAD도 명령을 잘 적용할 수 있는 노하우가 있습니다. 아마 지금쯤 느낀 독자도 있을 것입니다. 바로 화면 하단에 있는 명령 행을 항상 확인하면서 작업을 진행하는 것입니다. 명령 행에는 늘 모든 답이 나와 있습니다. 처음 AutoCAD를 접했을 때의 생소한 느낌이 없어지면 침착하게 명령 행을 확인하면서 다음 단계로 진행하는 습관을 기르도록 합니다. 거듭 강조하지만 AutoCAD에는 무수한 명령이 있으며 하나의 명령에는 여러 종류의 서브 메뉴들이 있습니다. 그 모든 과정을 외우기는 역부족이며 시간 낭비입니다. 명령 행을 꼭꼭 확인하여 AutoCAD가 제공하는 편의를 최대한 활용하도록 합니다.

Fillet 명령으로 주택 정면도 제작하기

Fillet 명령은 각진 모서리를 둥글게 깎는 기능입니다. 건축 도면을 작성할 때에 문과 창을 그리면 항상 각진 모서리로 나타납니다. 이때 Fillet 명령을 이용해 모서리를 부드럽게 수정한다면 더욱 완성도 높은 도면으로 제작할 수 있을 것입니다.

1 예제 파일 'Part3-29.dwg'를 불러옵니다. 명령 행에 'Fillet'을 입력하고 Space bar 를 누릅니다.

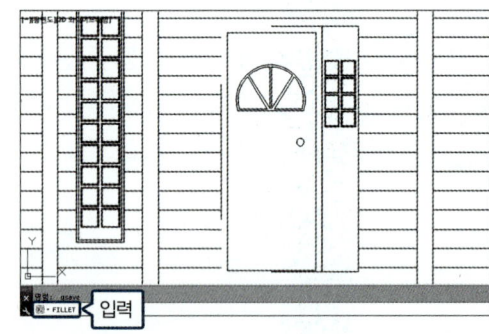

명령: FILLET Space bar ←Fillet 명령 입력 (F)

2 문의 연결되지 않은 모서리를 직각이 되도록 연결하기 위해 반지름을 '0'으로 입력하고 Space bar 를 누릅니다. 혹은 반지름이 이미 '0'으로 설정되어 있다면 그대로 모깎기할 모서리를 클릭하여 선택합니다.

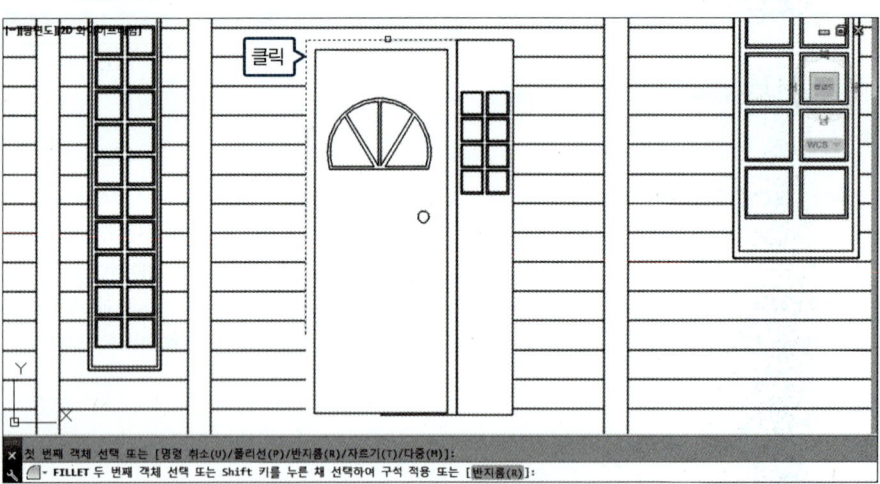

현재 설정: 모드 = 자르기, 반지름 = 0.0000
첫 번째 객체 선택 또는 [명령 취소(U)/폴리선(P)/반지름(R)/자르기(T)/다중(M)]: ← 첫 번째 객체 선택
두 번째 객체 선택 또는 Shift 키를 누른 채 선택하여 구석 적용 또는 [반지름(R)]: ← 두 번째 객체 선택

3 문의 왼쪽 아래 모서리도 정리하겠습니다. Space bar 를 눌러서 명령을 실행합니다. 현재 반지름이 이미 '0'으로 지정되어 있음을 확인할 수 있습니다.

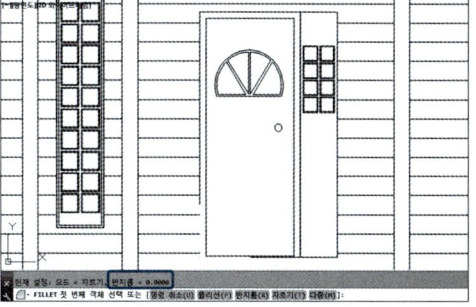

명령: FILLET Space bar ← Fillet 명령 입력
현재 설정: 모드 = 자르기, 반지름 = 0.0000

4 첫 번째 선을 클릭하여 지정합니다.

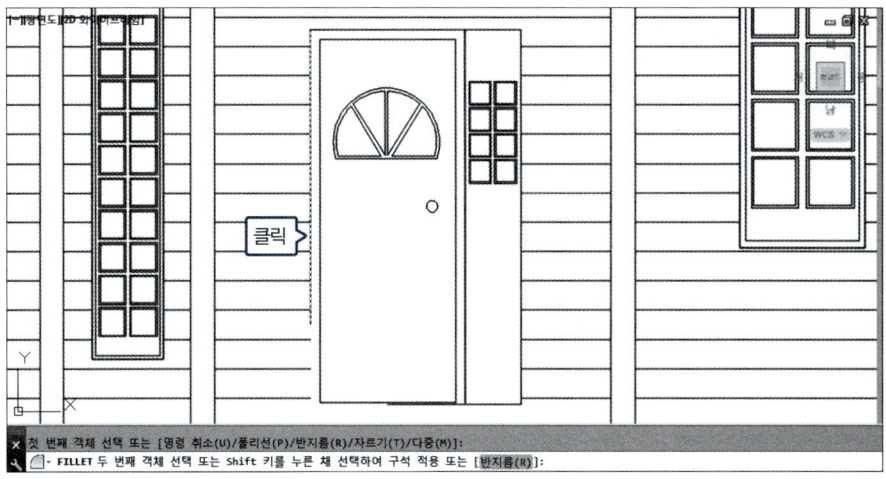

첫 번째 객체 선택 또는 [명령 취소(U)/폴리선(P)/반지름(R)/자르기(T)/다중(M)]: ← 첫 번째 객체 선택

5 두 번째 선을 지정합니다. 나머지 모서리가 직각으로 접하게 되어 문 형태가 완성됩니다.

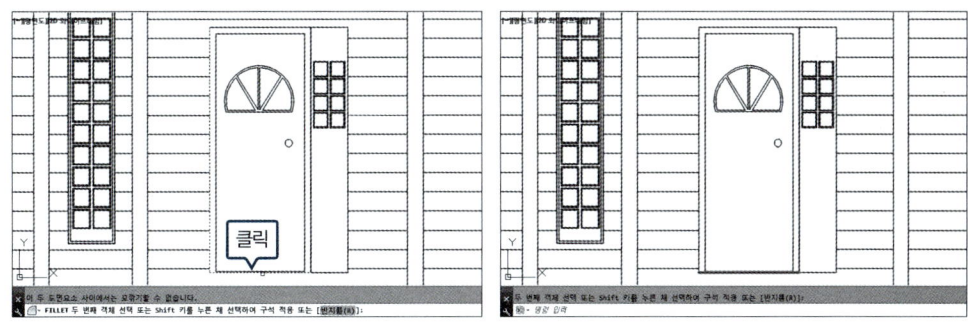

두 번째 객체 선택 또는 Shift 키를 누른 채 선택하여 구석 적용 또는 [반지름(R)]: ← 두 번째 객체 선택

6 문 내부 디자인을 완성하기 위해 문 내부 모서리를 기준으로 '145×880' 크기의 직사각형을 그립니다. 명령 행에 'Line'을 입력하고 [Space bar]를 눌러 명령을 실행합니다. 그런 다음 직사각형 객체의 기준점(끝점)을 지정합니다.

명령: LINE [Space bar] ← Line 명령 입력 (L)
첫 번째 점 지정: ← Line 명령 입력하고 기준점 지정

7 극좌표를 사용하여 직사각형을 그리겠습니다. 가로 방향으로 145mm만큼 0° 방향으로 그리기 위해 명령 행에 '@145<0'을 입력하고 [Space bar]를 누릅니다.

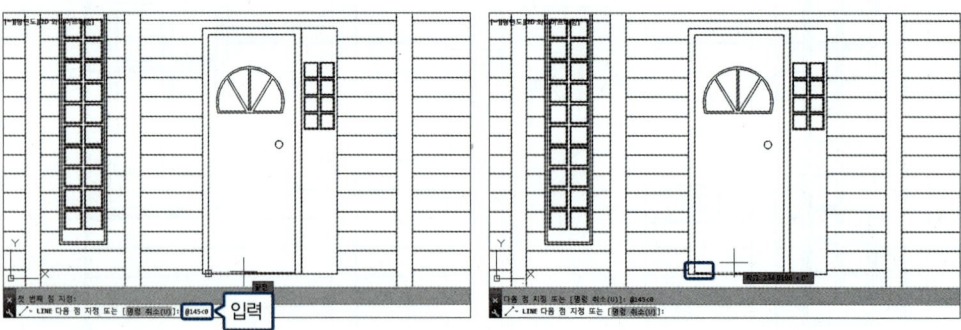

다음 점 지정 또는 [명령 취소(U)]: @145<0 [Space bar] ← 극좌표 '@145<0' 입력

8 이번에는 세로 방향으로 880mm만큼 90° 방향으로 그리겠습니다. 명령 행에 '@880<90'을 입력하고 [Space bar]를 누릅니다.

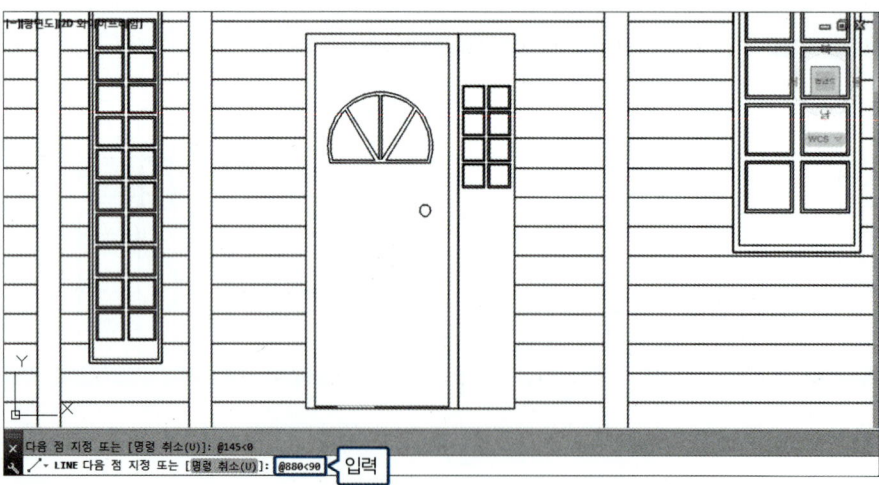

다음 점 지정 또는 [명령 취소(U)]: @880<90 [Space bar] ← 극좌표 '@880<90' 입력

9 이번에는 다시 가로 방향으로 145mm만큼 180° 방향을 그리겠습니다. 명령 행에 '@145<180'을 입력하고 Space bar 를 누릅니다.

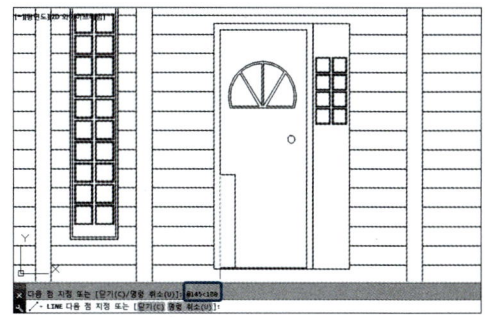

다음 점 지정 또는 [닫기(C)/명령 취소(U)]: @145<180 Space bar ← 극좌표 '@145<180' 입력

10 이번에는 세로 방향으로 880mm만큼 270° 방향으로 입력하여 직사각형을 완성하겠습니다. 명령 행에 '@880<270'을 입력하고 Space bar 를 누릅니다. 직사각형을 모두 그렸으면 Space bar 를 눌러 명령을 종료합니다.

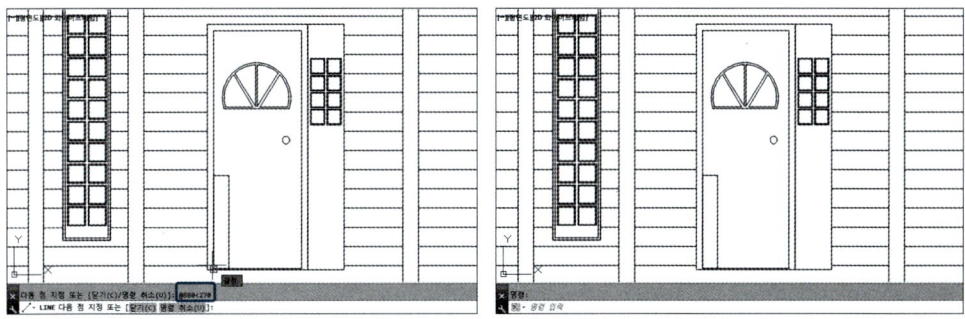

다음 점 지정 또는 [닫기(C)/명령 취소(U)]: @880<270 Space bar ← 극좌표 '@880<270' 입력
다음 점 지정 또는 [닫기(C)/명령 취소(U)]: Space bar ← 명령 종료

11 이번에는 방금 그린 직사각형을 이동하겠습니다. 명령 행에 'Move'를 입력한 후 Space bar 를 눌러 명령을 실행합니다. 이동할 객체를 선택하고 Space bar 를 누릅니다.

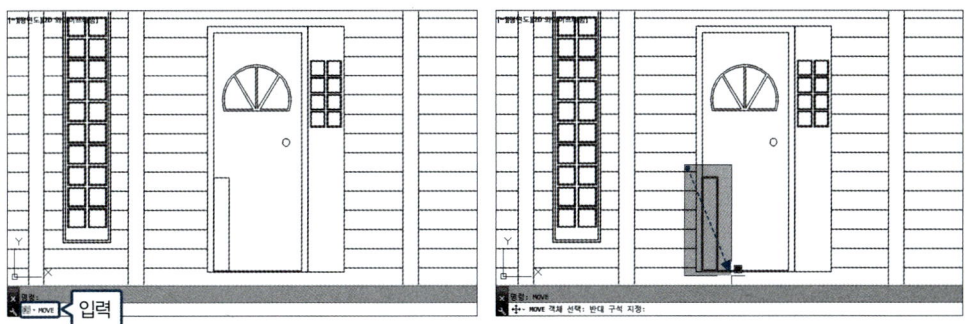

명령: MOVE [Space bar] ← Move 명령 입력 (M)
객체 선택: 반대 구석 지정: 4개를 찾음 ← 객체 선택
객체 선택: [Space bar] ← 객체를 다 선택하고 [Space bar]

바로 통하는 TIP 필요한 객체만 완전히 포함하여 선택하기 위해 왼쪽 구석점에서 오른쪽 구석점으로 드래그하여 선택하는 Window 방식을 사용합니다.

12 임의의 점을 클릭하여 기준점을 지정합니다.

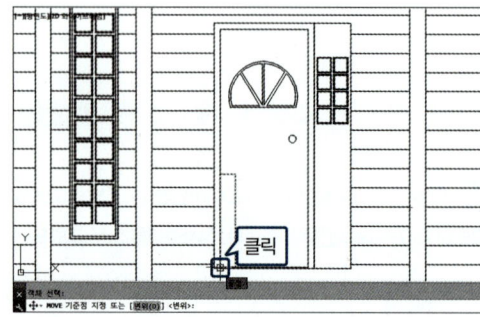

기준점 지정 또는 [변위(D)] <변위>: ← 기준점 지정

13 상대좌표를 이용하여 옮길 곳을 지정합니다. 가로 105mm, 세로 125mm만큼 이동하기 위해 명령 행에 '@105,125'를 입력하고 [Space bar]를 눌러 명령을 실행합니다.

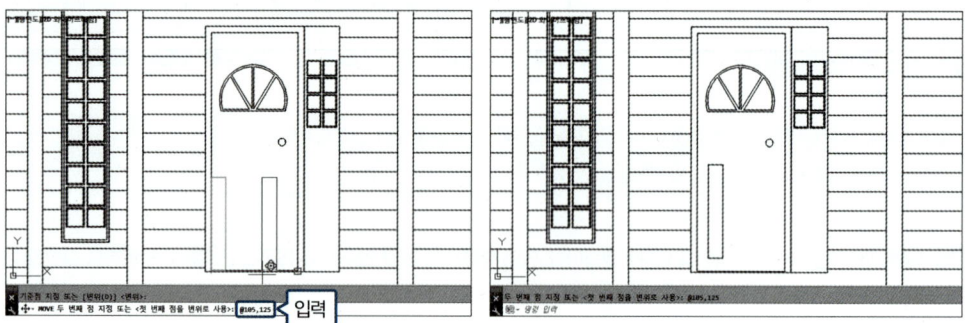

두 번째 점 지정 또는 <첫 번째 점을 변위로 사용>: @105,125 ← 변위의 두 번째 점 지정

14 완성한 직사각형의 모서리를 둥글게 모깎기하겠습니다. 명령 행에 'Fillet'을 입력하고 [Space bar]를 누릅니다.

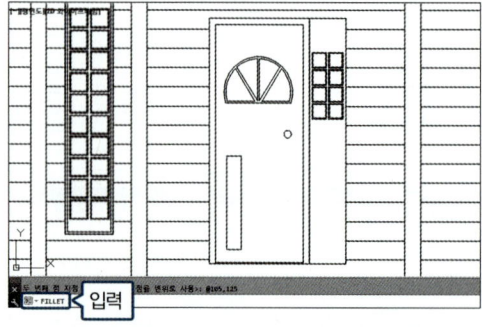

명령: FILLET [Space bar] ← Fillet 명령 입력 (F)

15 모서리의 반지름값을 지정하기 위하여 'R'을 입력하고 '23'으로 설정합니다.

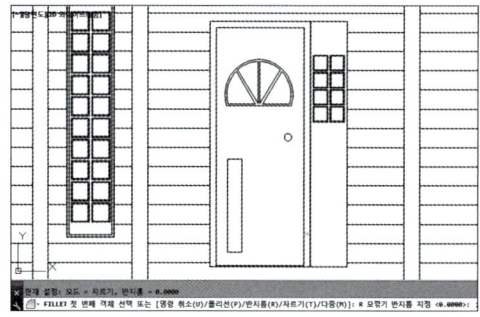

현재 설정: 모드 = 자르기, 반지름 = 0.0000
첫 번째 객체 선택 또는 [명령 취소(U)/폴리선(P)/반지름(R)/자르기(T)/다중(M)]: r Space bar ← 옵션 'R' 입력
모깎기 반지름 지정 〈0.0000〉: 23 Space bar ← 반지름값 '23' 입력

16 Space bar 를 누르고 이어서 첫 번째 객체를 클릭하여 지정합니다.

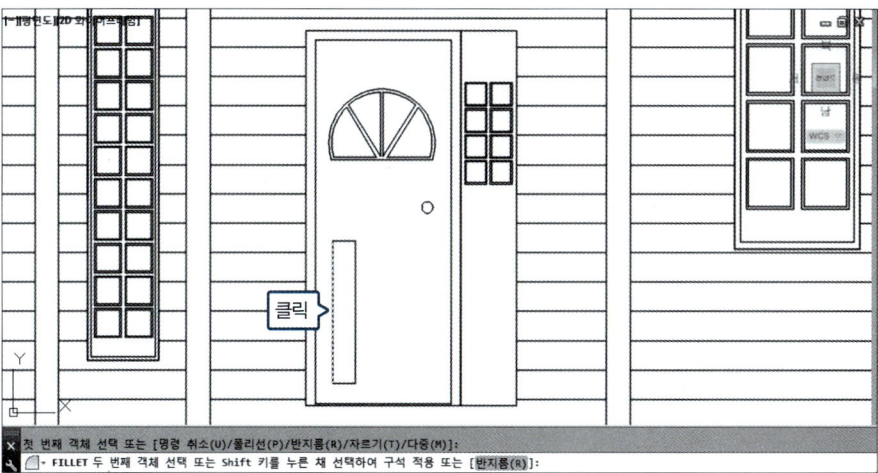

첫 번째 객체 선택 또는 [명령 취소(U)/폴리선(P)/반지름(R)/자르기(T)/다중(M)]: ← 첫 번째 객체 선택

17 두 번째 객체를 클릭하여 지정합니다.

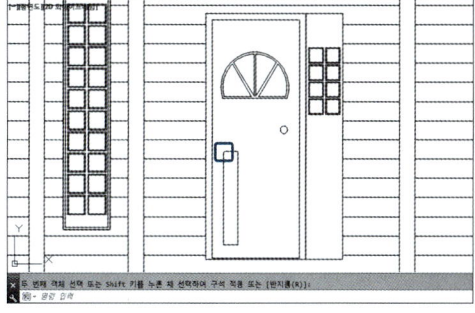

두 번째 객체 선택 또는 Shift 키를 누른 채 선택하여 구석 적용 또는 [반지름(R)]: ← 두 번째 객체 선택

18 계속해서 나머지 세 모서리도 같은 방법을 사용하여 반지름 '23'의 값으로 모깎기합니다.

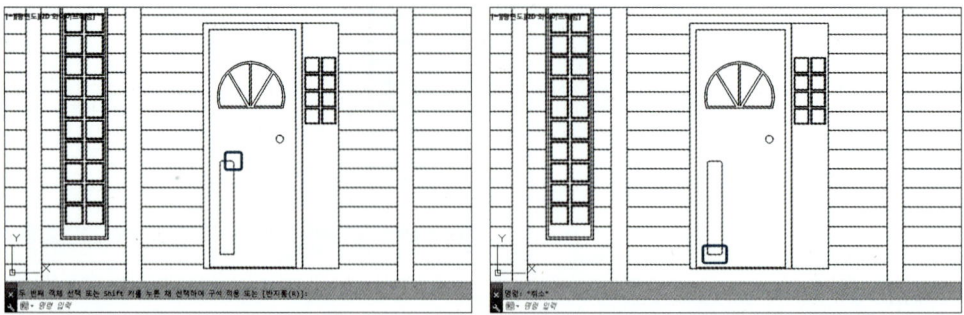

19 이번에는 앞 장에서 배운 Copy 명령을 사용하여 원본 도면과 같이 객체를 복사합니다. 명령 행에 'Copy'를 입력하고 Space bar 를 눌러 명령을 실행합니다. 그리고 복사할 객체를 선택하고 Space bar 를 누릅니다.

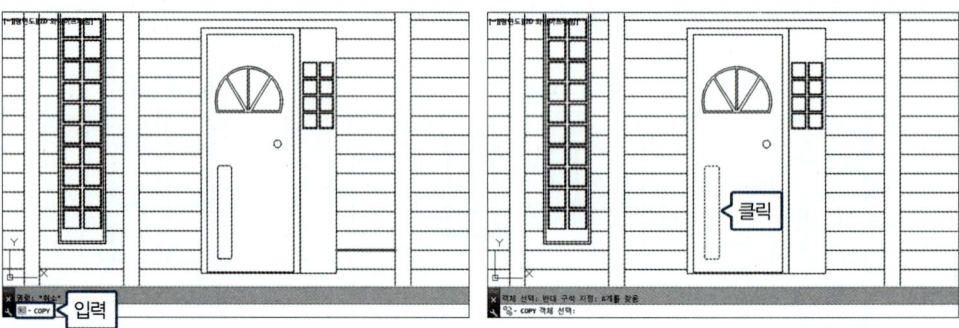

명령: COPY Space bar ← Copy 명령 입력 (CO, CP)
객체 선택: 반대 구석 지정: 8개를 찾음 ← 객체 선택
객체 선택: Space bar ← 객체를 다 선택하고 Space bar

20 복사할 기준점을 지정합니다. 정확한 좌표로 객체를 복사할 것이므로 기준점으로 어느 지점을 클릭해도 상관없습니다.

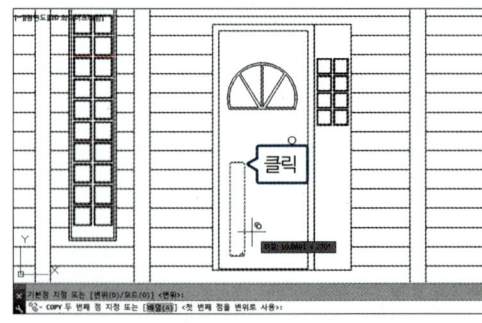

현재 설정: 복사 모드 = 다중(M)
기본점 지정 또는 [변위(D)/모드(O)] <변위>: ← 기준점 지정

21 직사각형 객체를 우측으로 225mm만큼 이동할 것이므로 '@225<0'으로 입력하여 실행합니다.

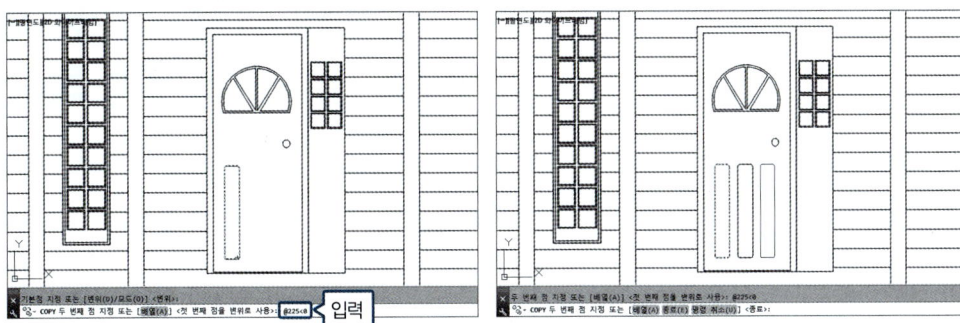

두 번째 점 지정 또는 [배열(A)] <첫 번째 점을 변위로 사용>:
두 번째 점 지정 또는 [배열(A)/종료(E)/명령 취소(U)] <종료>: @225<0 [Space bar] ← 변위의 첫 번째 점 지정

22 직사각형 객체를 연속해서 우측으로 450mm만큼 이동할 것이므로 '@450<0'으로 입력하고 [Space bar]를 눌러 명령을 실행합니다.

바로 통하는 TIP 객체를 여러 번 복사하더라도 그 기준은 처음에 선택했던 객체입니다. 그래서 직사각형 객체를 이동할 때 225mm의 두 배 거리인 450mm를 설정하는 것입니다.

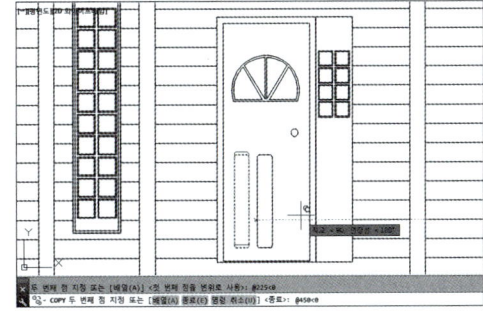

두 번째 점 지정 또는 [배열(A)/종료(E)/명령 취소(U)] <종료>: @450<0 [Space bar] ← 변위의 두 번째 점 지정
두 번째 점 지정 또는 [배열(A)/종료(E)/명령 취소(U)] <종료>: [Space bar] ← 명령 종료

▲ 완성 도면

▲ 이미지를 넣어 재구성한 정면도

CHAPTER 06

다양한 그리기 명령과 빠르고 정확한 배열 복사

이번 장에서는 다양한 그리기 명령으로 객체를 그려보고 반복되는 객체를 하나만 그려서 정확한 위치에 따라 객체를 복사해서 정렬하는 Array(배열) 명령을 알아보겠습니다.

학습 목표

다양한 그리기 명령과 배열 복사 편집 명령을 익혀봅니다. Rectangle 명령으로 가구 도면의 테이블이나 기계 부품을 그리고, Array 명령으로 같은 도면 요소를 일정한 간격으로 배열해보겠습니다.

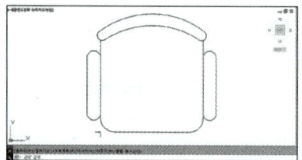 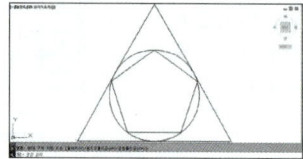 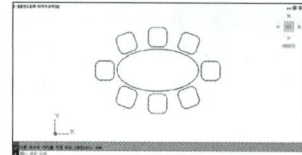

▲ 다양한 형태의 객체 그리기

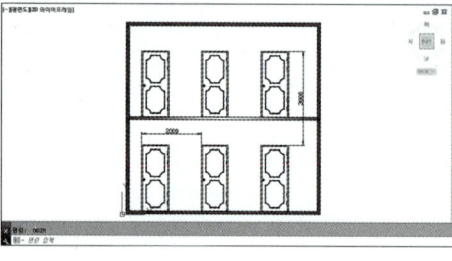 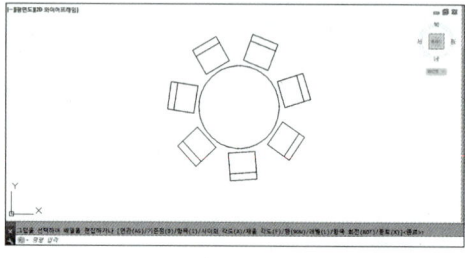

▲ 일정한 간격으로 복사하기

SECTION 01 | 직사각형을 그리는 Rectangle

Rectangle(직사각형) 명령은 직사각형을 그리는 편집 명령입니다. 이 명령을 제대로 이해하면 Line 명령을 이용해 힘들게 사각형을 그리는 일은 없을 것입니다. Rectangle 명령을 사용하려면 명령 행에 'Rectangle'을 입력하고 Space bar를 누르거나 [그리기] 도구 팔레트에 있는 직사각형 아이콘(▭)을 클릭합니다.

옵션 풀이

모따기(C) _ 직사각형의 모서리를 모따기할 때 사용합니다.
고도(E) _ 고도를 부여하며 3D에서 사용합니다.
모깎기(F) _ 직사각형의 모서리를 모깎기할 때 사용합니다.
두께(T) _ 두께를 부여하며 3D에서 사용합니다.
폭(W) _ 선가중치(선 두께)를 부여합니다.

1 상대좌표로 직사각형을 한 번에 그리기

Rectangle 명령을 실행하면 임의의 사각형을 그리거나 상대좌표를 이용하여 정확한 수치의 사각형을 그릴 수도 있습니다. 상대좌표로 사각형을 그릴 때는 될 수 있으면 화면의 왼쪽 하단을 첫 번째 지점으로 지정하여야 반대 지점의 좌표를 양(+)의 값으로 입력할 수 있어서 편리합니다.

01 예제 파일 'Part3-30.dwg'를 불러옵니다. 명령 행에 'Rectangle'을 입력하고 Space bar를 누릅니다.

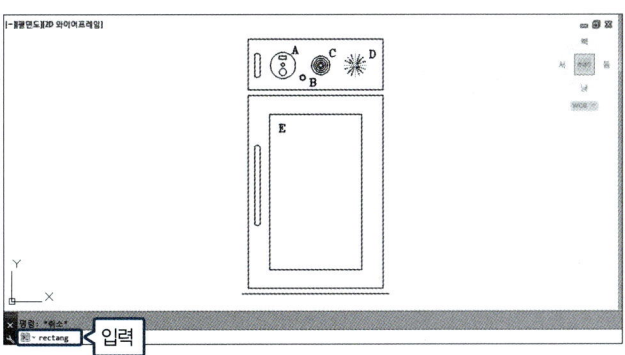

명령: RECTANGLE Space bar ← Rectangle 명령 입력 (REC)

02 아래선의 왼쪽 끝점을 클릭하여 지정합니다.

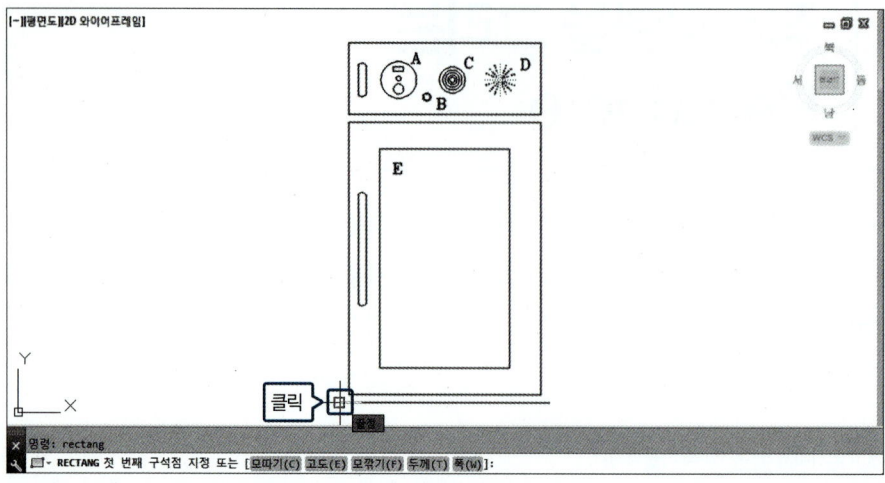

첫 번째 구석점 지정 또는 [모따기(C)/고도(E)/모깎기(F)/두께(T)/폭(W)]: ← 첫 번째 구석점 지정

03 대각선 방향의 반대 구석점을 지정하기 위해 상대좌표를 입력하겠습니다. 가로 100mm, 세로 170mm의 직사각형에 테두리를 그릴 것이므로 명령 행에 '@100,170'을 입력하고 Space bar 를 누릅니다.

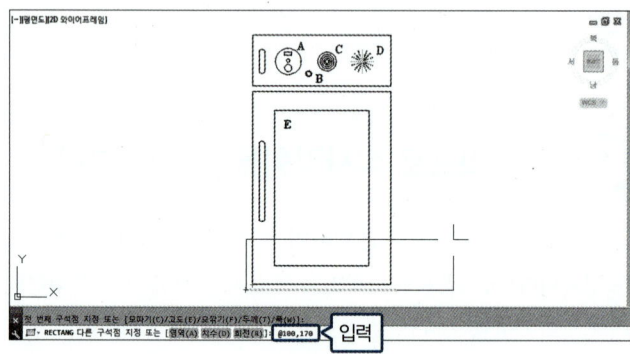

다른 구석점 지정 또는 [영역(A)/치수(D)/회전(R)]: @100,170 Space bar ← 상대좌표로 반대쪽 구석점 입력

04 사각형 테두리를 완성했습니다.

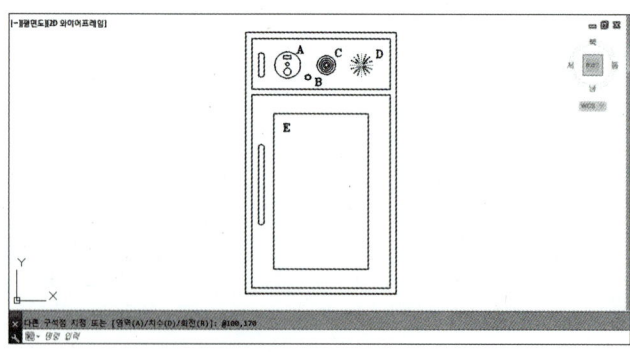

2 Chamfer 옵션으로 모서리가 깎인 직사각형 그리기

Rectangle 명령을 실행하여 직사각형을 그릴 때 미리 모따기한 직사각형을 그릴 수 있습니다.

01 예제 파일 'Part3-31.dwg'를 불러옵니다. 명령 행에 'Rectangle'을 입력하고 Space bar 를 누릅니다.

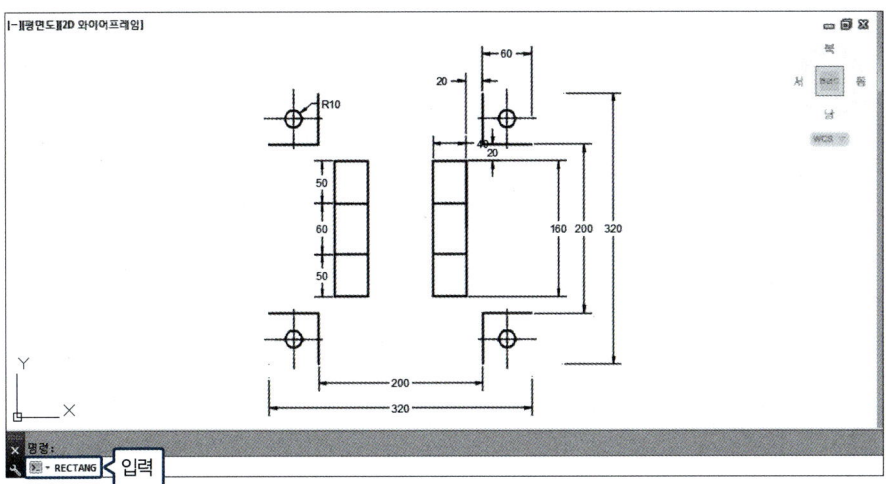

명령: RECTANGLE Space bar ← Rectangle 명령 입력 (REC)

02 모서리를 모따기할 것이므로 Chamfer 명령을 사용하겠습니다. 서브 메뉴의 'C(Chamfer, 모따기)'를 입력하고 Space bar 를 누릅니다.

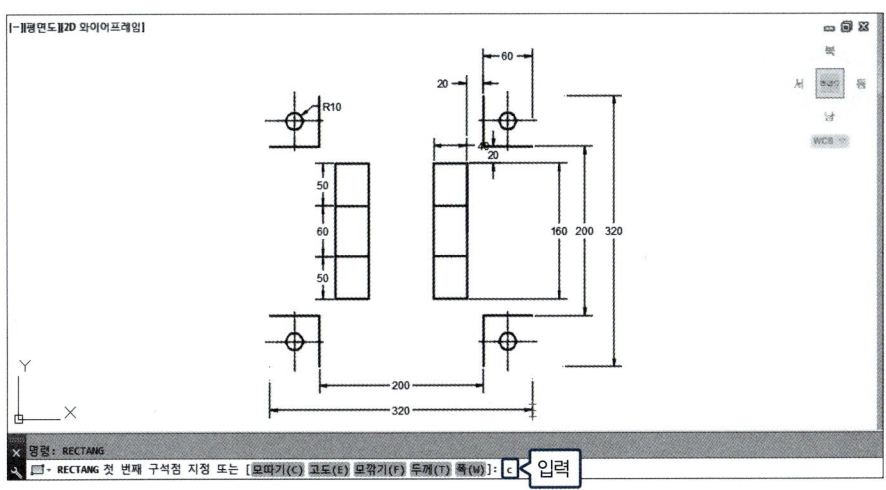

첫 번째 구석점 지정 또는 [모따기(C)/고도(E)/모깎기(F)/두께(T)/폭(W)]: c Space bar ← 옵션 'C' 입력

03 모따기 거리는 가로와 세로 모두 15mm이므로 첫 번째 거리와 두 번째 거리를 모두 '15'로 입력하고 Space bar 를 누릅니다.

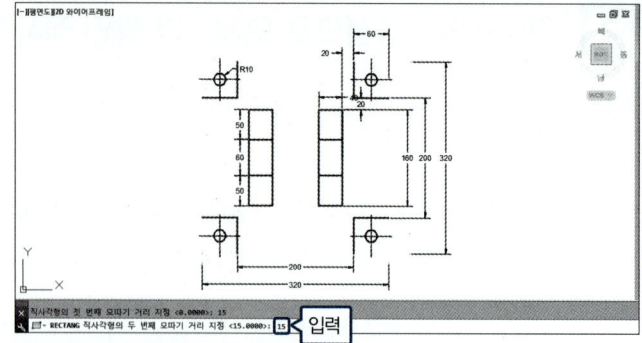

직사각형의 첫 번째 모따기 거리 지정 〈0.0000〉: 15 Space bar ← 첫 번째 거리 '15' 입력
직사각형의 두 번째 모따기 거리 지정 〈15.0000〉: 15 Space bar ← 두 번째 거리 '15' 입력

04 첫 번째 구석점을 지정하기 위해 왼쪽 하단의 점을 클릭하여 지정합니다. 마우스 포인터를 안쪽으로 조금 움직여보면 모따기가 되는 것을 알 수 있습니다.

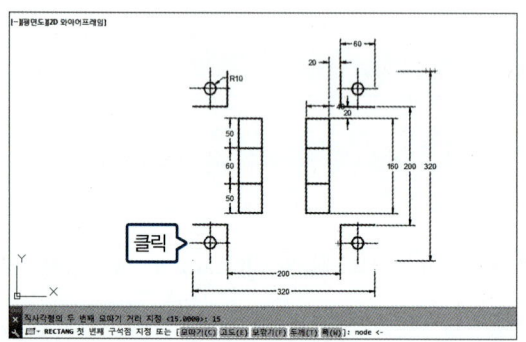 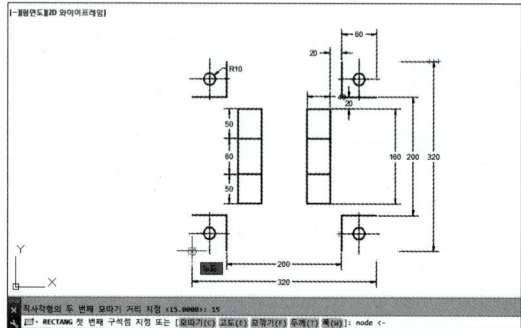

첫 번째 구석점 지정 또는 [모따기(C)/고도(E)/모깎기(F)/두께(T)/폭(W)]: node Space bar ← 첫 번째 구석점 지정

바로 통하는 TIP 점을 지정할 때는 객체 스냅 도구 막대의 Node(노드)를 클릭하여 지정합니다. 혹은 명령 행에서 'nod'나 'node'를 입력해도 됩니다.

05 상대좌표를 사용하여 반대 구석점을 지정합니다. 테두리의 크기가 가로 320mm, 세로 320mm이므로 명령 행에 '@320,320'을 입력하고 Spacebar 를 누릅니다. 모따기된 직사각형이 완성됩니다.

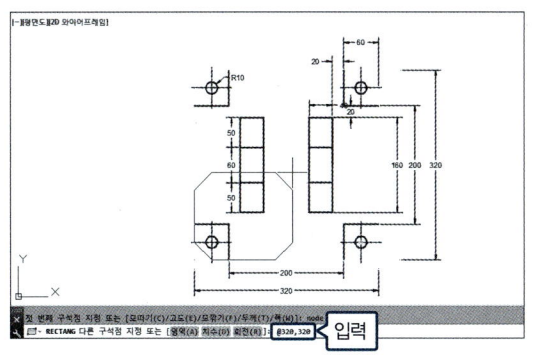
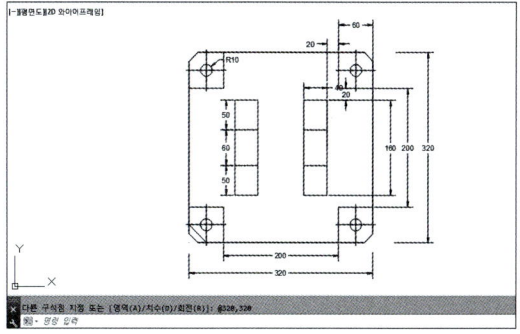

다른 구석점 지정 또는 [영역(A)/치수(D)/회전(R)]: @320,320 Spacebar
← 상대좌표 '@320,320'로 두 번째 구석점 지정

3 Fillet 옵션으로 모서리가 둥근 직사각형 그리기

Rectangle 명령을 실행하여 직사각형을 그릴 때 미리 사각형의 모서리를 모깎기하여 그릴 수 있습니다.

01 예제 파일 'Part3-32.dwg'를 불러옵니다. 명령 행에 'Rectangle'을 입력하고 Spacebar 를 누릅니다.

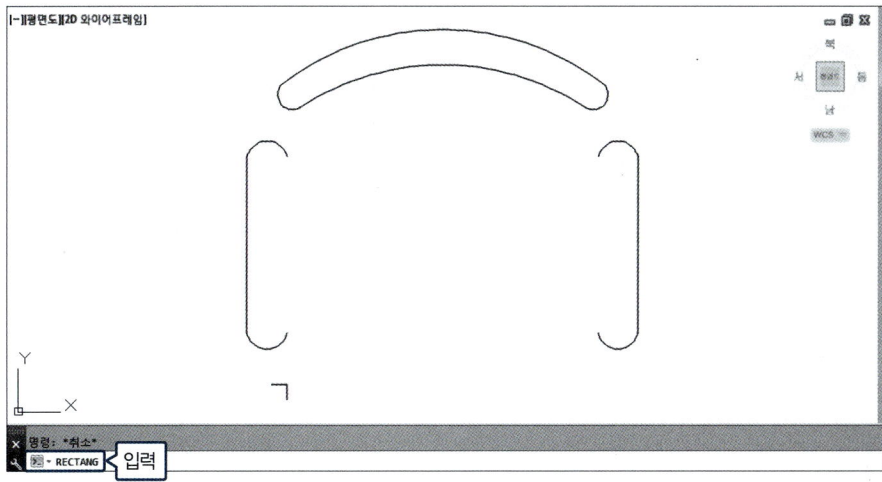

명령: RECTANGLE Spacebar ← Rectangle 명령 입력 (REC)

02 모서리가 둥근 의자를 그리기 위해 Fillet 옵션을 사용하겠습니다. 서브 메뉴의 'F(Fillet, 모깎기)'를 입력하고 Space bar를 누릅니다.

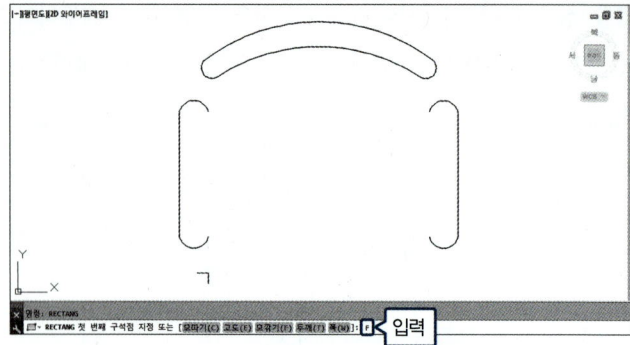

첫 번째 구석점 지정 또는 [모따기](C)/고도(E)/모깎기(F)/두께(T)/폭(W)]: f Space bar ← 옵션 'F' 입력

03 모서리의 반지름을 40mm로 설정할 것이므로 '40'을 입력하고 Space bar를 누릅니다.

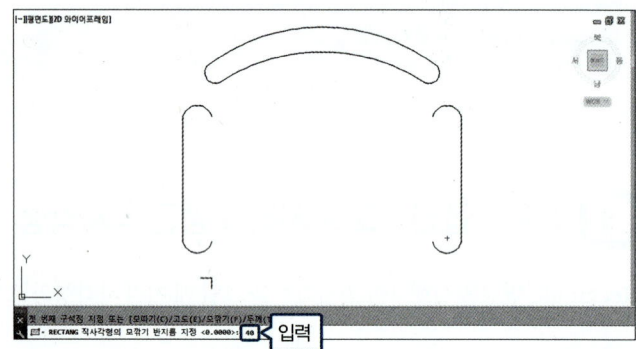

직사각형의 모깎기 반지름 지정 <0.0000>: 40 Space bar ← 반지름 '40' 입력

04 첫 번째 구석점(끝점)을 지정합니다.

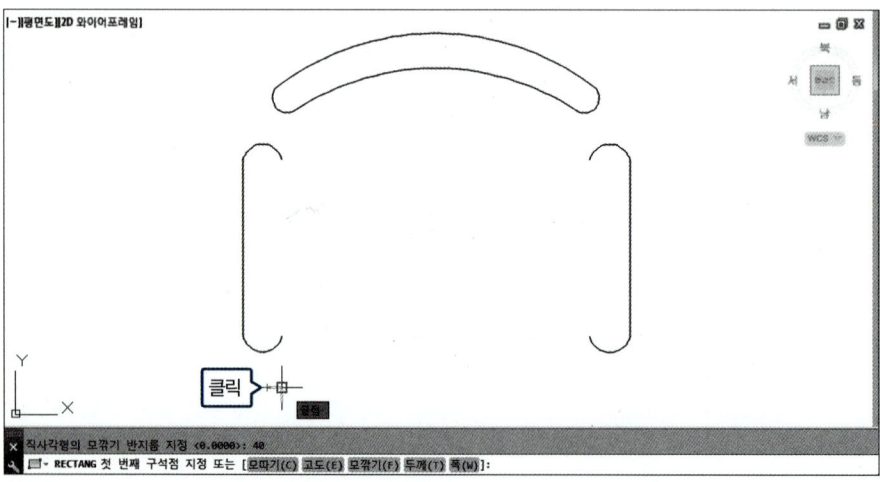

첫 번째 구석점 지정 또는 [모따기](C)/고도(E)/모깎기(F)/두께(T)/폭(W)]: ← 첫 번째 구석점 지정

05 두 번째 구석점을 지정합니다. 의자의 크기가 가로세로 각각 300mm이므로 명령 행에 '@300,300'을 입력하고 Space bar 를 누릅니다.

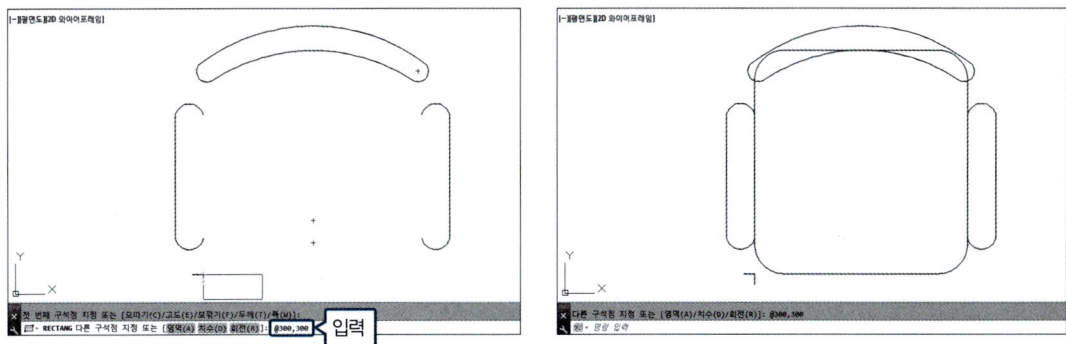

다른 구석점 지정 또는 [영역(A)/치수(D)/회전(R)]: @300,300 Space bar ← 두 번째 구석점 '@300,300' 지정

06 의자 객체 윗부분의 겹치는 객체를 자르기 위해 Trim 명령을 사용합니다. 명령 행에 'Trim'을 입력하고 Space bar 를 누릅니다.

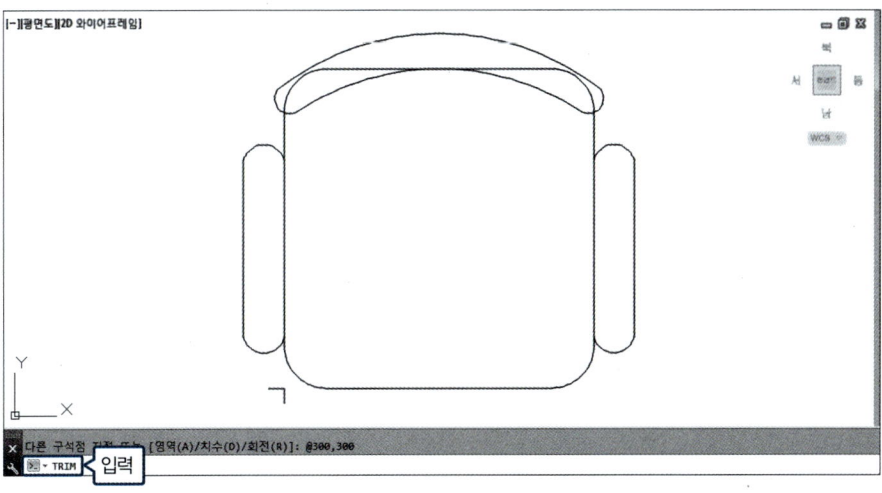

명령: TRIM Space bar ← Trim 명령 입력 (TR)

Chapter 06 다양한 그리기 명령과 빠르고 정확한 배열 복사 • **303**

07 자를 경계선을 클릭하여 모두 지정하고 Space bar 를 눌러 겹치는 객체를 선택합니다.

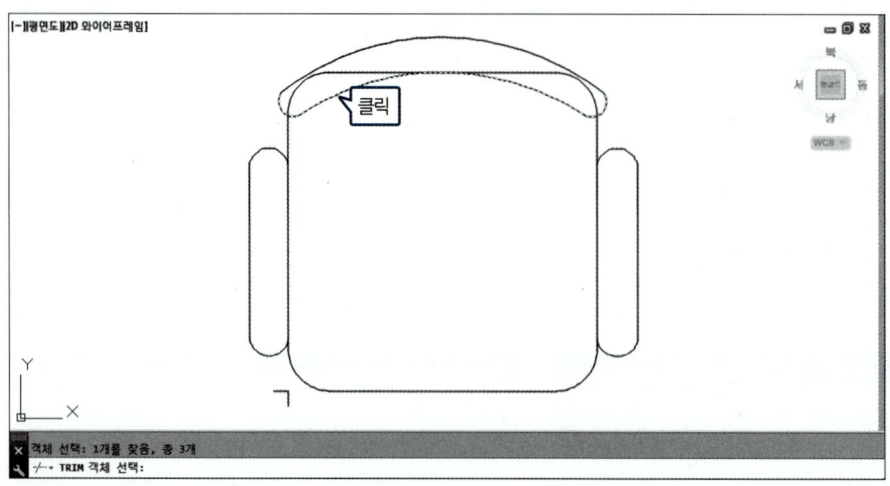

현재 설정: 투영=UCS 모서리=없음 ← Trim 환경 설정
절단 모서리 선택 …
객체 선택 또는 〈모두 선택〉: 1개를 찾음 ← 기준이 되는 객체 선택
객체 선택: 1개를 찾음, 총 2개 ← 기준이 되는 객체 선택
객체 선택: 1개를 찾음, 총 3개 ← 기준이 되는 객체 선택
객체 선택: Space bar ← 경계선을 다 선택하면 Space bar

08 자를 객체를 모두 클릭하여 제거합니다. 그런 다음 Space bar 를 누르고 명령을 종료합니다.

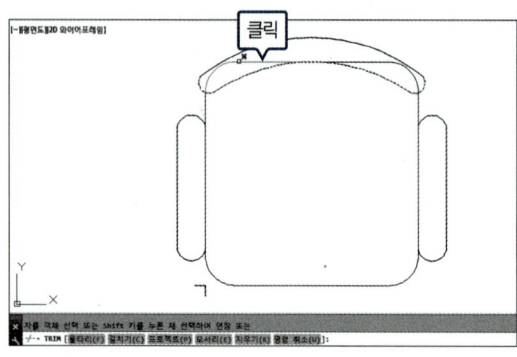
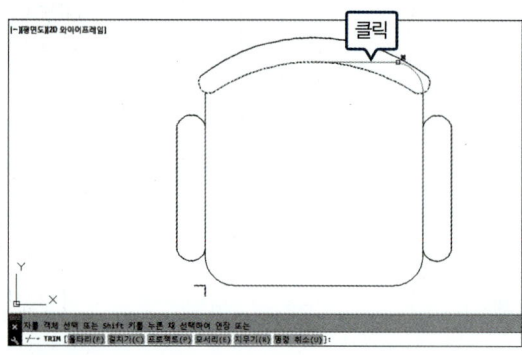

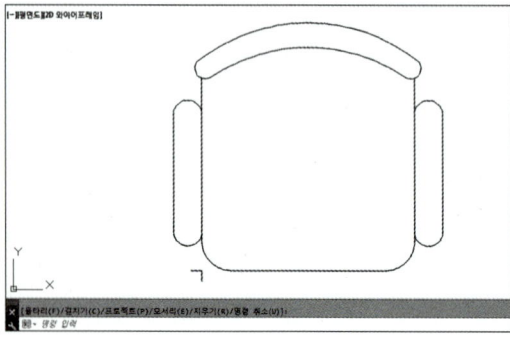

자를 객체 선택 또는 Shift 키를 누른 채 선택하여 연장 또는
[울타리(F)/걸치기(C)/프로젝트(P)/모서리(E)/지우기(R)/명령 취소(U)]:
← 잘라낼 객체를 모두 선택
자를 객체 선택 또는 Shift 키를 누른 채 선택하여 연장 또는
[울타리(F)/걸치기(C)/프로젝트(P)/모서리(E)/지우기(R)/명령 취소(U)]:
← 잘라낼 객체를 모두 선택
자를 객체 선택 또는 Shift 키를 누른 채 선택하여 연장 또는
[울타리(F)/걸치기(C)/프로젝트(P)/모서리(E)/지우기(R)/명령 취소(U)]:
Space bar ← 명령을 종료하기 위해 Space bar

SECTION 02 | 다각형, 타원형, 다중점 그리기 – Polygon, Ellipse, Point

AutoCAD에는 Rectangle 명령 이외에도 여러 가지 도형이나 점을 그릴 수 있는 명령이 있습니다. 다각형(Polygon)과 타원형(Ellipse)과 다중점(Point)을 그리는 방법을 알아보겠습니다.

1 Polygon 명령으로 다각형 그리기

Polygon(다각형) 명령을 사용하여 원에 외접하고 내접하는 다각형을 그려보겠습니다. Polygon 명령을 사용하려면 명령 행에 'Polygon'을 입력하고 Space bar를 눌러서 명령을 실행하거나 [그리기] 도구 팔레트의 폴리곤 아이콘을 클릭합니다.

01 새 도면 파일을 엽니다. 화면의 중앙에 반지름이 100mm인 원을 그려보겠습니다. 명령 행에 'Circle'을 입력하고 Space bar를 눌러 명령을 실행합니다. 임의의 지점을 클릭하여 중심점을 지정합니다. 그런 다음 원의 반지름인 '100'을 입력한 후 Space bar를 누릅니다.

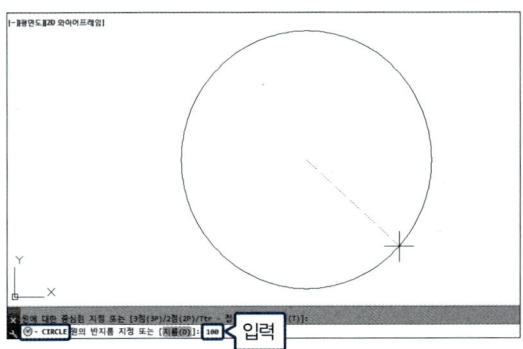 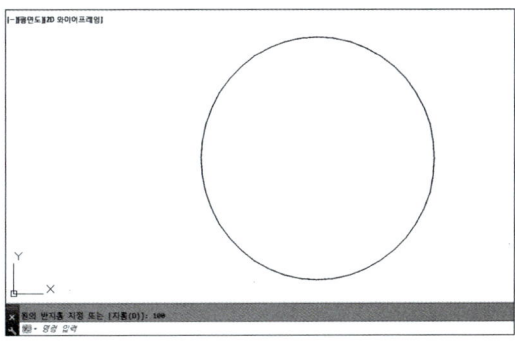

명령: CIRCLE Space bar ← Circle 명령 입력 (C)
원에 대한 중심점 지정 또는 [3점(3P)/2점(2P)/Ttr – 접선 접선 반지름(T)]: ← 중심점 지정
원의 반지름 지정 또는 [지름(D)]: 100 Space bar ← 반지름 '100' 입력

02 원에 내접한 다각형을 그리겠습니다. 명령 행에 'Polygon'을 입력하고 Space bar를 누릅니다.

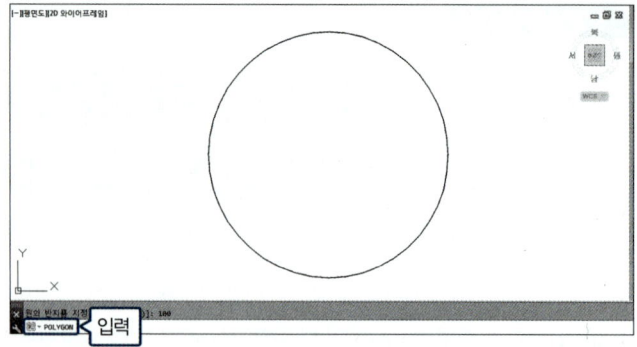

명령: POLYGON Space bar ←Polygon 명령 입력 (POL)

03 오각형을 그리기 위해 명령 행에 면의 개수 '5'를 입력하고 Space bar를 누릅니다.

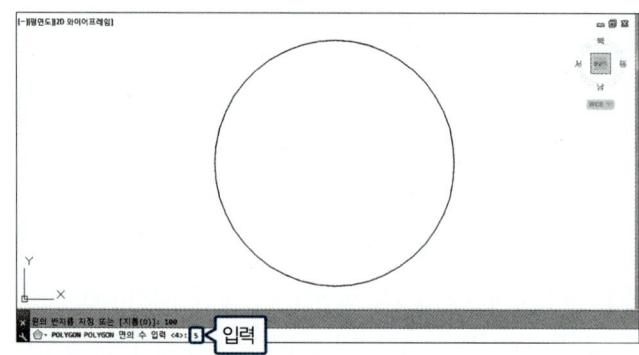

면의 수 입력 ⟨4⟩: 5 Space bar ← 면의 개수 '5' 입력

04 오각형의 중심점을 클릭하여 원의 중심점으로 지정합니다. 정확한 중심점을 지정하기 위해 객체 스냅을 설정하고 작업을 진행합니다.

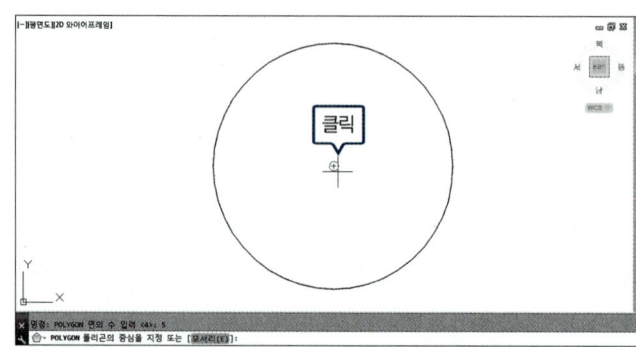

폴리곤의 중심을 지정 또는 [모서리(E)]: ← 다각형의 중심을 지정

바로 통하는 TIP 화면에 꽉 찰 정도로 원이 크다면 마우스의 휠을 굴려 원의 크기를 적절하게 조절합니다.

05 원에 내접하는 다각형을 그리기 위해 서브 메뉴의 'I(Inner, 내접)'를 입력하고 Space bar 를 누릅니다. 이미 선택되어 있다면 그대로 Space bar 를 누르고 다음 단계로 진행합니다.

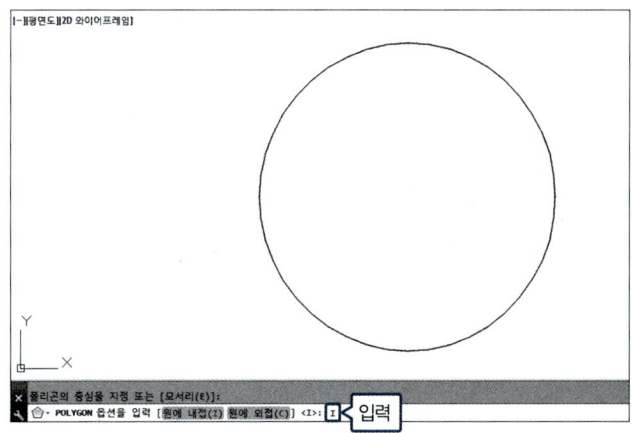

옵션을 입력 [원에 내접(I)/원에 외접(C)] <I>: i Space bar ← 옵션 'I' 입력

06 반지름값을 원의 반지름인 100mm로 지정하기 위해 명령 행에 '100'을 입력하고 Space bar 를 누릅니다.

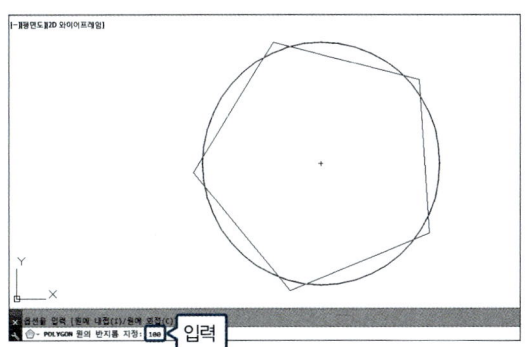 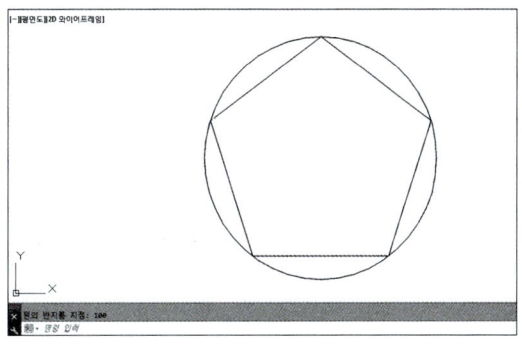

원의 반지름 지정: 100 Space bar ← 원의 반지름 '100' 지정

07 계속해서 원에 외접하는 삼각형을 그리겠습니다. 앞선 명령을 그대로 실행하기 위해 Space bar 를 눌러 Polygon 명령을 실행합니다. 삼각형을 그리기 위해 명령 행에 면의 개수 '3'을 입력하고 Space bar 를 누릅니다.

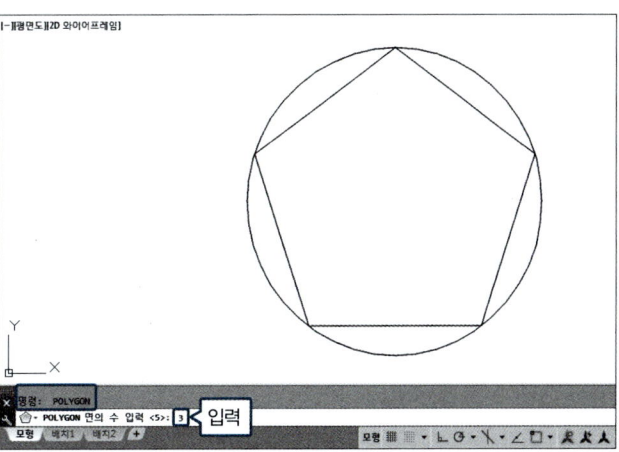

명령: POLYGON Space bar ← Polygon 명령 입력
면의 수 입력 <5>: 3 Space bar ← 면의 개수 '3' 입력

08 삼각형의 중심점도 클릭하여 원의 중심으로 지정합니다.

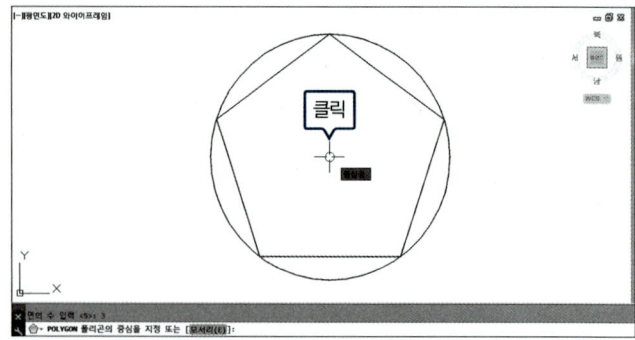

폴리곤의 중심을 지정 또는 [모서리(E)]: ← 다각형의 중심을 지정

09 원에 외접하는 삼각형을 선택하기 위해 서브 메뉴의 'C(Circumscription, 외접)'를 입력하고 Space bar 를 누릅니다.

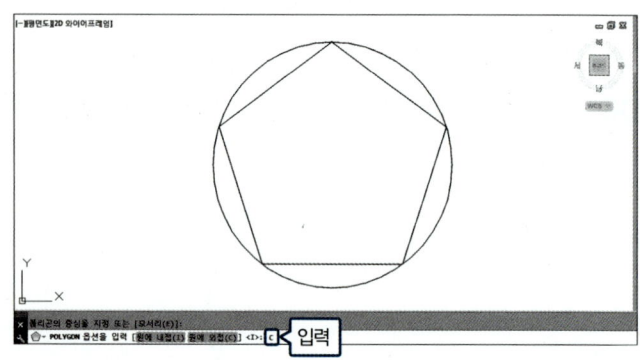

옵션을 입력 [원에 내접(I)/원에 외접(C)] ⟨I⟩: c Space bar ← 옵션 'C' 입력

10 내접원과 마찬가지로 반지름값은 '100'을 입력하고 Space bar 를 누릅니다. 원에 외접하는 삼각형이 완성됩니다.

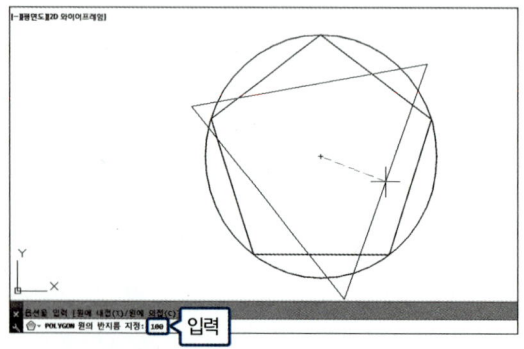 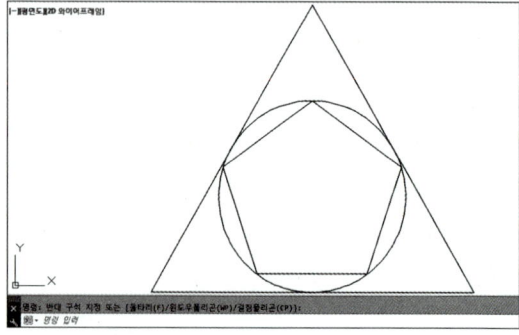

원의 반지름 지정: 100 Space bar ← 원의 반지름 '100' 지정

2 Ellipse 명령으로 타원 그리기

Ellipse(타원형) 명령은 타원을 그리는 편집 명령입니다. Ellipse 명령을 사용하려면 명령 행에 'Ellipse'를 입력하고 Spacebar 를 누르거나 [그리기] 도구 팔레트의 타원 아이콘( )을 클릭합니다.

01 예제 파일 'Part3-33.dwg'를 불러옵니다. 의자 사이에 타원형 테이블을 그려 넣어 테이블 세트를 완성해보겠습니다. 명령 행에 'Ellipse'를 입력하고 Spacebar 를 누릅니다.

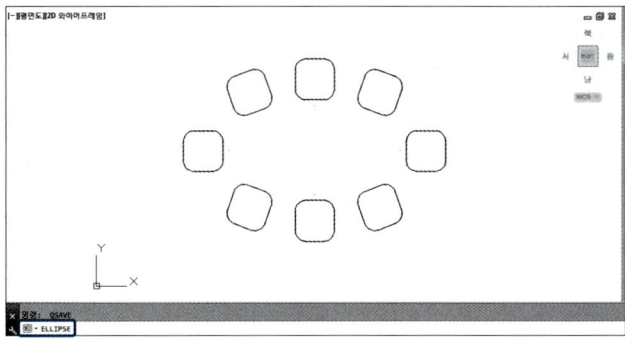

명령: ELLIPSE Spacebar ← Ellipse 명령 입력 (EL)

02 테이블의 X축 첫 번째 끝점을 지정하겠습니다. 화면 왼쪽의 점(노드)을 클릭하여 지정합니다.

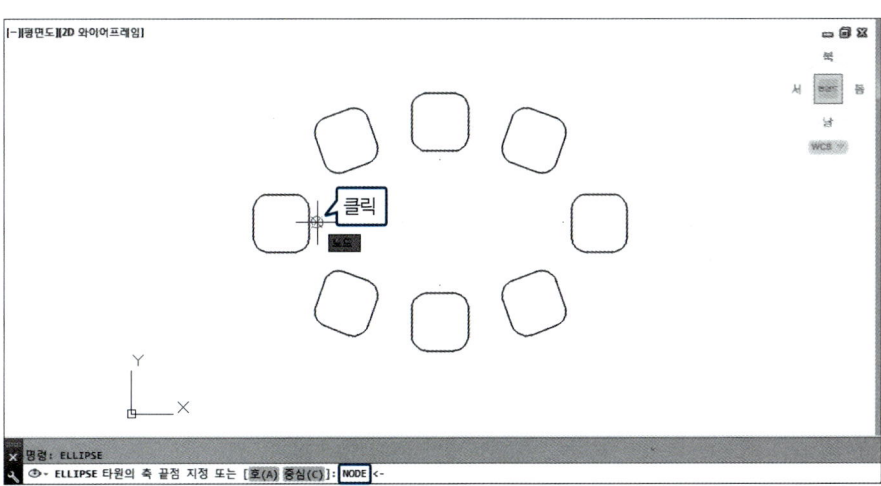

타원의 축 끝점 지정 또는 [호(A)/중심(C)]: node Spacebar ← 타원의 축 끝점 지정

바로 통하는 TIP 점을 지정할 때는 객체 스냅 도구 막대의 노드(노드)를 클릭하여 지정합니다.

03 타원의 X축 두 번째 끝점을 지정하겠습니다. 테이블 타원의 X축 길이를 2,400mm로 설정했으므로 명령 행에 극좌표값 '@2400<0'을 입력한 후 Space bar 를 눌러 명령을 실행합니다.

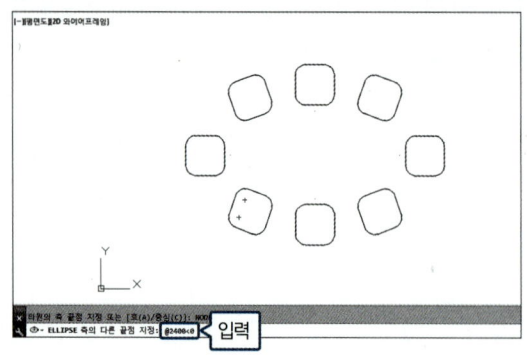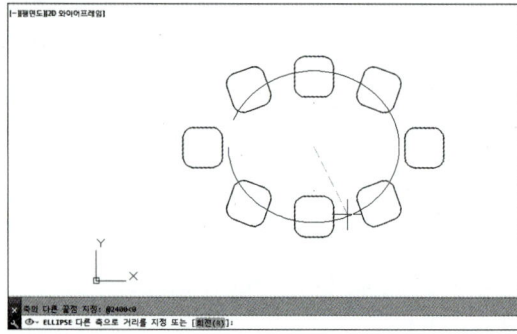

축의 다른 끝점 지정: @2400<0 ← 타원의 축의 끝점 지정

바로 통하는 TIP 상대좌표를 이용하려면 '@2400,0'을 입력합니다.

04 테이블 타원의 Y축 폭을 1,200mm로 설정했으므로 명령 행에 '600'을 입력하고 Space bar 를 눌러 타원을 완성합니다.

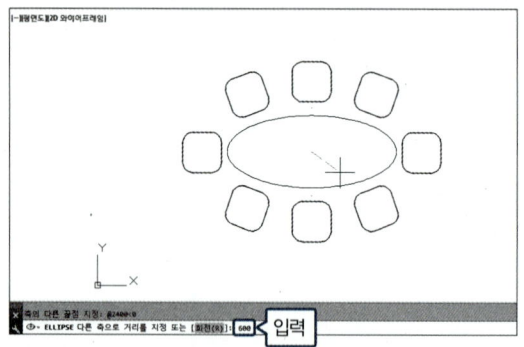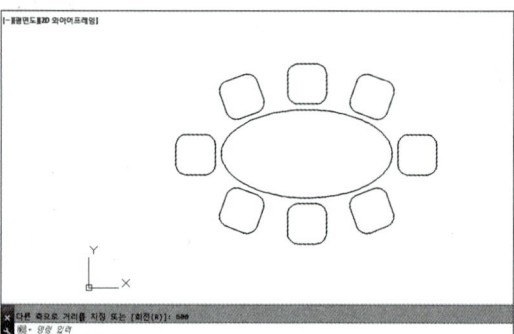

다른 축으로 거리를 지정 또는 [회전(R)]: 600 Space bar ← 다른 축으로 거리를 지정

바로 통하는 TIP Ellipse 명령의 첫 번째 축의 길이를 지정할 때는 첫 번째 축 전체의 길이를 입력합니다. 두 번째 축의 길이를 지정할 때는 타원의 중심에서 축이 시작되므로 두 번째 축 전체의 절반 값만 입력합니다.

3 Point 명령으로 점 찍기

Point(다중점) 명령은 점 객체를 그리는 편집 명령입니다. Point 명령을 사용하려면 명령 행에 'Point'를 입력하고 Space bar 를 누르거나 [그리기] 도구 팔레트의 다중점 아이콘(·)을 클릭합니다. 아울러 점을 정확하게 지정하는 객체 스냅의 노드(Node) 옵션을 사용합니다.

01 새 도면 파일을 엽니다. 명령 행에 'Point'를 입력하고 Space bar 를 누릅니다.

명령: POINT Space bar ← Point 명령 입력 (PO)

02 절대좌표로 점 위치를 지정합니다. 명령 행에 '1000,1000'을 입력하고 Space bar 를 눌러 명령을 실행합니다.

현재 점 모드: PDMODE=0 PDSIZE=0.0000
점 지정: 1000,1000 Space bar ← 절대좌표로 점 지정

> **바로 통하는 TIP** 처음에 Point 명령으로 점을 찍어도 점 크기가 너무 작아 잘 보이지 않을 수 있습니다. 점을 크게 보려면 마우스 휠을 굴려 화면을 확대하거나 점 스타일을 수정합니다.

03 명령 행에 'Point'를 입력하고 Space bar 를 누릅니다. 그런 다음 절대좌표로 점 위치를 지정합니다. 명령 행에 '2000,1000'을 입력하고 Space bar 를 눌러 명령을 실행합니다.

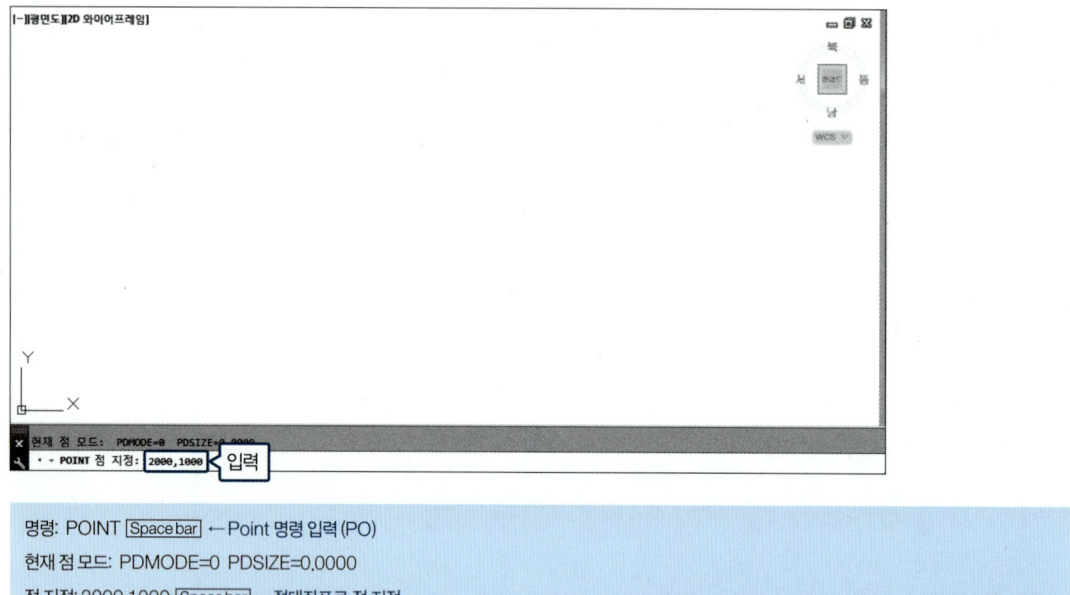

명령: POINT Space bar ← Point 명령 입력 (PO)
현재 점 모드: PDMODE=0 PDSIZE=0.0000
점 지정: 2000,1000 Space bar ← 절대좌표로 점 지정

04 명령 행에 'Point'를 입력하고 Space bar 를 누릅니다. 절대좌표로 점 위치를 지정합니다. 명령 행에 '3000,2000'을 입력하여 Space bar 를 눌러 명령을 실행합니다.

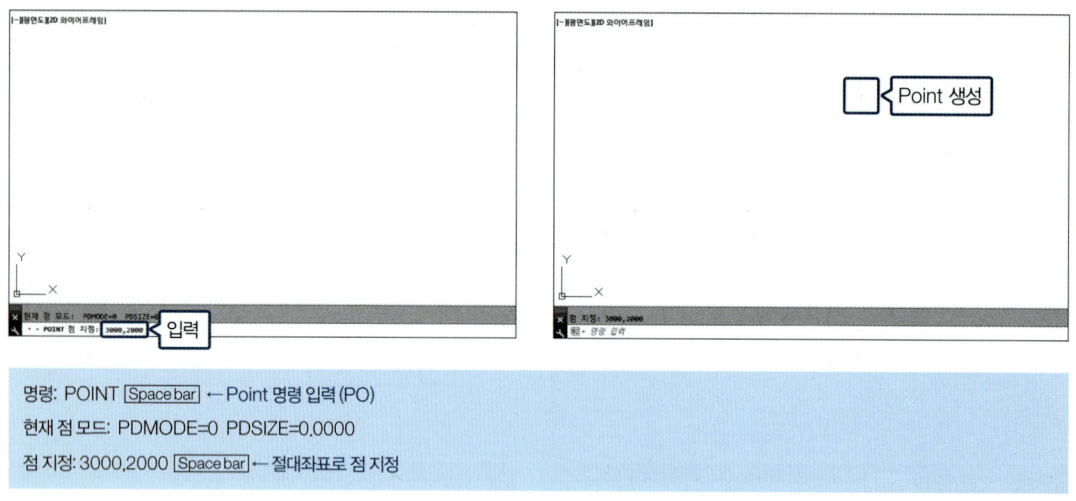

명령: POINT Space bar ← Point 명령 입력 (PO)
현재 점 모드: PDMODE=0 PDSIZE=0.0000
점 지정: 3000,2000 Space bar ← 절대좌표로 점 지정

05 명령 행에 'Point'를 입력하고 Spacebar 를 누릅니다. 그런 다음 절대좌표로 점 위치를 지정합니다. 명령 행에 '2000,2000'을 입력하여 명령을 실행합니다.

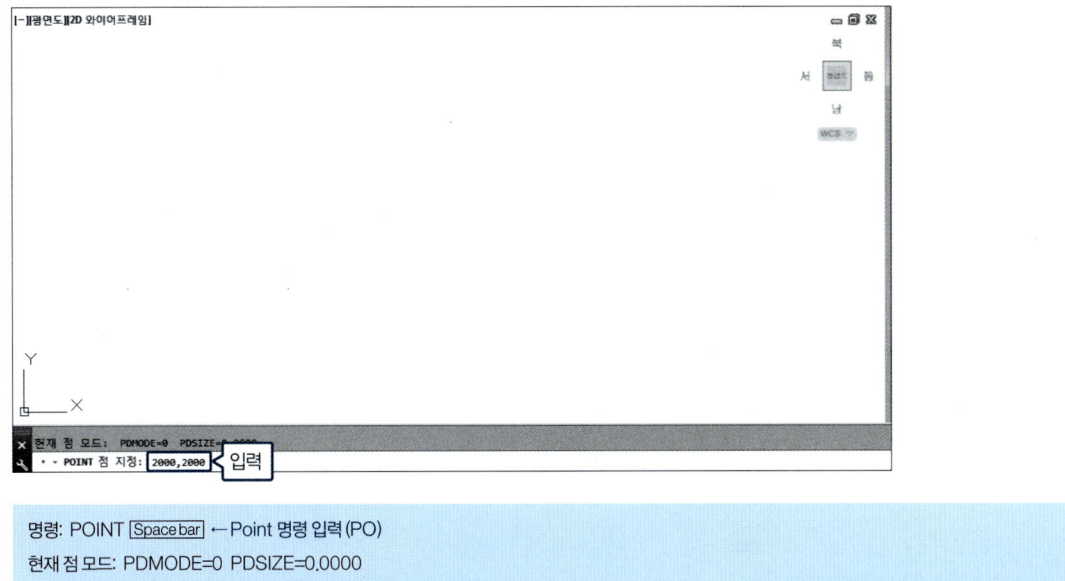

명령: POINT Spacebar ← Point 명령 입력 (PO)
현재 점 모드: PDMODE=0 PDSIZE=0.0000
점 지정: 2000,2000 Spacebar ← 절대좌표로 점 지정

06 점을 따라 선을 연결하려면 명령 행에 'Line'을 입력하고 Spacebar 를 누릅니다.

명령: LINE Spacebar ← Line 명령 입력 (L)

07 객체 스냅의 노드(Node)를 클릭하여 각 꼭짓점을 연결합니다.

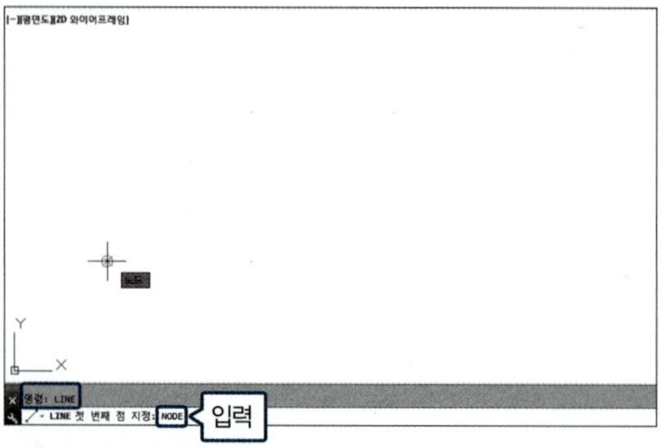

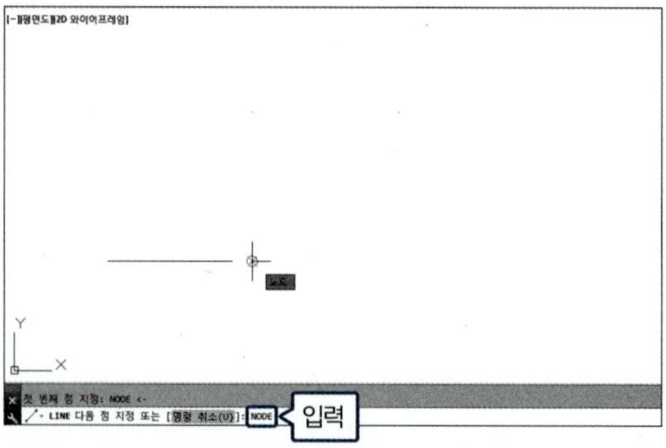

첫 번째 점 지정: node [Spacebar] ← 첫 번째 점 지정
다음 점 지정 또는 [명령 취소(U)]: node [Spacebar] ← 두 번째 점 지정, 이미 설정했다면 해당 지점에서 그대로 클릭

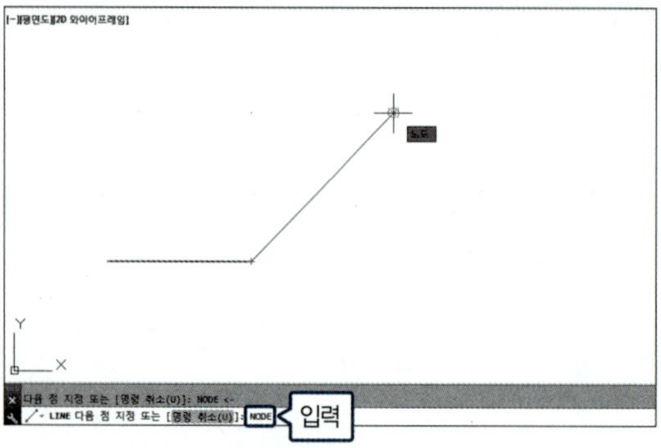

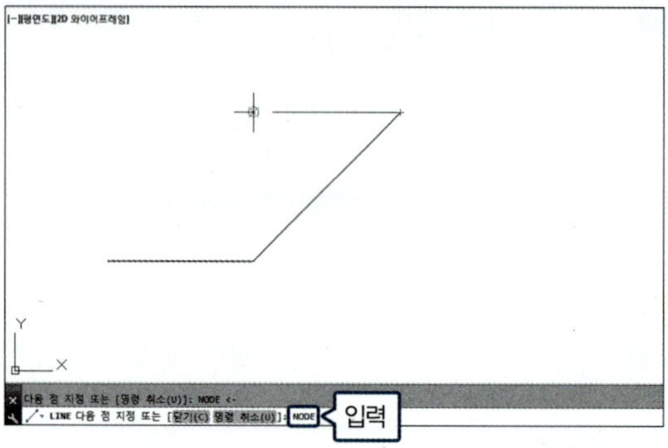

다음 점 지정 또는 [명령 취소(U)]: node [Spacebar] ← 세 번째 점 지정, 이미 설정했다면 해당 지점에서 그대로 클릭
다음 점 지정 또는 [닫기(C)/명령 취소(U)]: node [Spacebar] ← 네 번째 점 지정, 이미 설정했다면 해당 지점에서 그대로 클릭

08 사각형을 그리면 닫기 명령인 'C'를 누르고 [Spacebar]를 눌러 명령을 종료합니다.

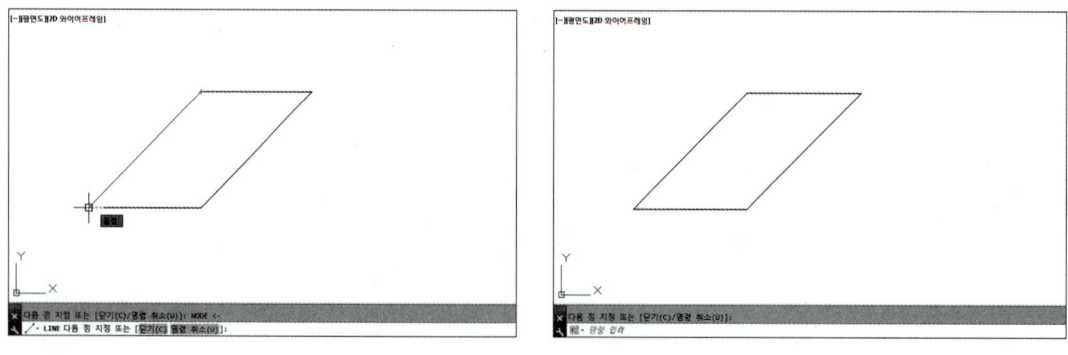

다음 점 지정 또는 [닫기(C)/명령 취소(U)]: c [Spacebar] ← 옵션 'C' 입력

실무활용노트 AUTO CAD | 점 객체 활용하기

점 객체는 일반적으로 원 또는 호의 중심 표시에 사용하거나 객체의 분할된 위치를 표시하기 위해 사용합니다. 또한 작업 화면에 나타나는 점 스타일은 한 도면에 하나의 스타일만 표시됩니다.

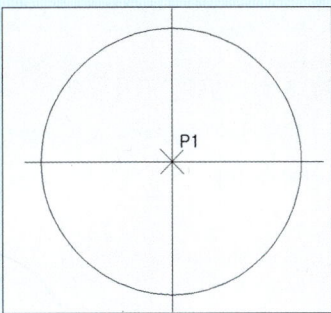

실무활용노트 AUTO CAD | 점 스타일을 설정하는 DDptype 명령

DDptype은 점 스타일을 설정하는 명령입니다. 명령 행에 'DDptype'를 입력하고 Space bar 를 눌러 명령을 실행하면 [점 스타일] 대화상자가 나타나며 점 객체의 모양과 크기를 지정할 수 있습니다.

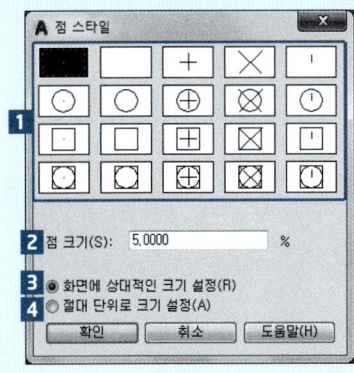

1 점 객체의 모양을 선택합니다.

2 점 크기 : 점의 크기를 입력합니다.

3 화면에 상대적인 크기 설정 : 작업 화면의 크기에 따라 상대적으로 점 크기를 조절하는 옵션이며, 단위는 %입니다.

4 절대 단위로 크기 설정 : 작업 화면의 크기와 상관없이 절대 단위 크기로 설정하는 옵션이며, 단위는 Unite입니다.

SECTION 03 일정한 간격으로 정렬하는 Array

Array(배열) 명령은 이전에 알아보았던 Copy(복사) 명령과 조금 다릅니다. Array 명령은 간격을 맞추어 사각 혹은 원형 배열 등으로 다중 복사하는 명령입니다. Array 명령을 사용하기 위해서는 명령 행에 'Array'를 입력하고 Space bar를 누르거나 [수정] 도구 팔레트에 있는 배열 아이콘(▦)을 클릭합니다.

1 Rectangular Array 옵션으로 직사각형 배열하기

Rectangular Array(직사각형 배열) 옵션은 선택한 객체를 행과 열의 방향으로 원하는 개수만큼 원하는 간격으로 다중 복사하는 기능입니다.

01 예제 파일 'Part3-34.dwg'를 불러옵니다. 명령 행에 'Array'를 입력하고 Space bar를 누릅니다.

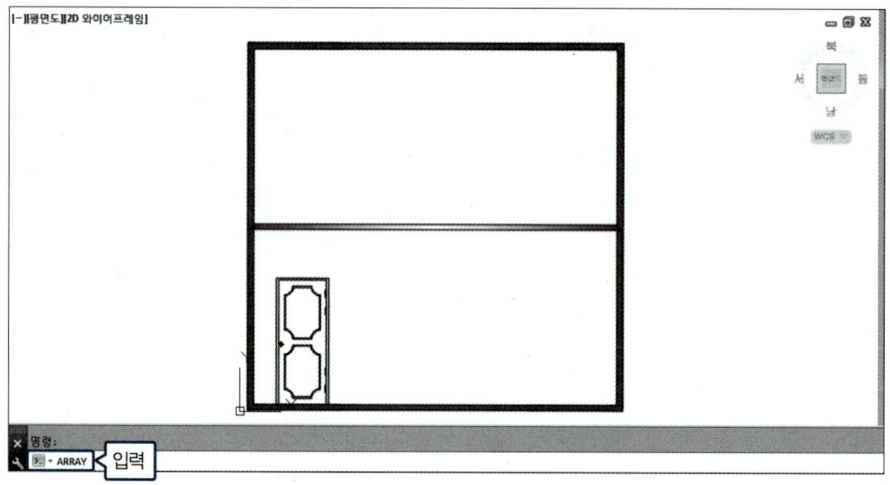

명령: ARRAY Space bar ← Array 명령 입력 (AR)

02 왼쪽 하단에 있는 문을 드래그하여 선택하고 Space bar 를 누릅니다. 문을 복사하여 사각 배열을 할 것이므로 서브 메뉴 중 'R(Rectangular Array)'을 입력하고 Space bar 를 누릅니다.

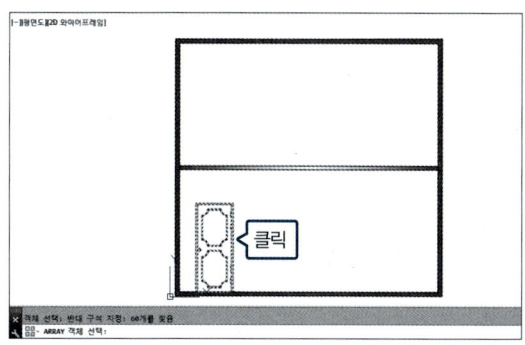 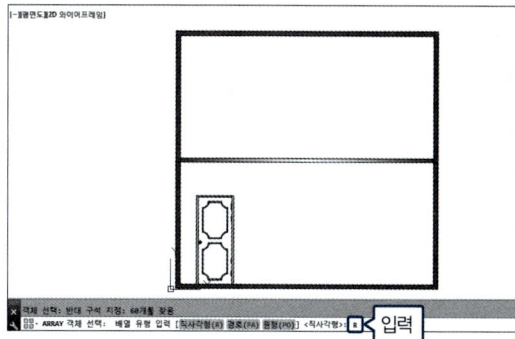

객체 선택: 반대 구석 지정: 60개를 찾음
객체 선택: Space bar ← 객체를 다 선택하면 Space bar 를 누르고 다음 단계로 진행
배열 유형 입력 [직사각형(R)/경로(PA)/원형(PO)] <직사각형>: r Space bar ← 옵션 'R(Rectangular Array)' 입력

03 계속해서 행을 지정하겠습니다. 서브 메뉴 중 'R(Row, 행)'을 입력하고 Space bar 를 누릅니다. 그런 다음 행의 개수 '2'를 입력하고 Space bar 를 누릅니다.

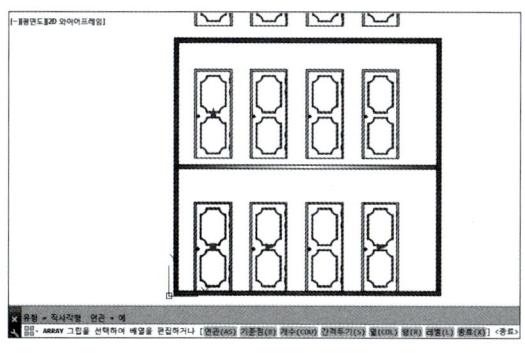 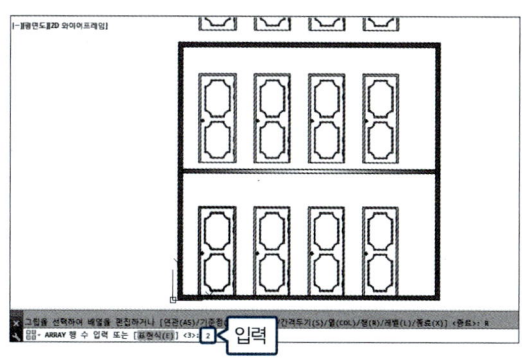

유형 = 직사각형 연관 = 예
그립을 선택하여 배열을 편집하거나 [연관(AS)/기준점(B)/개수(COU)/간격두기(S)/열(COL)/행(R)/레벨(L)/종료(X)] <종료>: r Space bar
← 옵션 'R(Row)' 입력
행 수 입력 또는 [표현식(E)] <3>: 2 Space bar ← 행의 개수 '2' 입력

04 행의 간격은 3,000mm이고 각도는 그대로 0°로 설정하겠습니다. 명령 행에 '3000'을 입력하고 Space bar 를 누릅니다. 그런 다음 바로 '0'을 입력하고 Space bar 를 눌러 명령을 실행합니다.

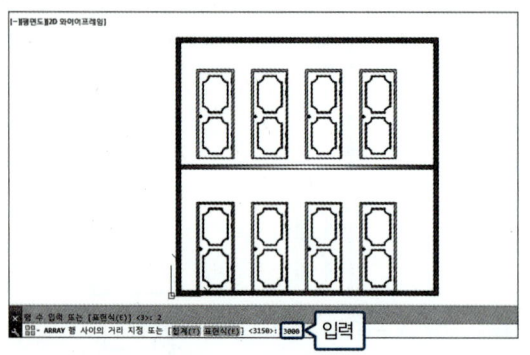 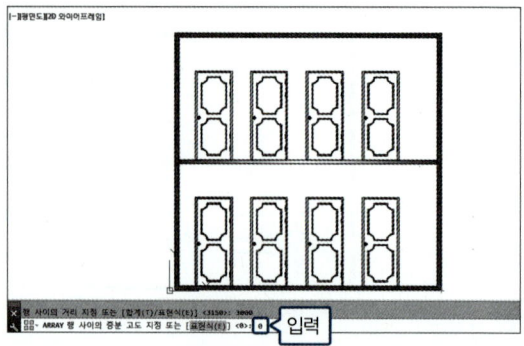

행 사이의 거리 지정 또는 [합계(T)/표현식(E)] ⟨3150⟩: 3000 Space bar ← 행 사이의 거리 '3000' 입력
행 사이의 증분 고도 지정 또는 [표현식(E)] ⟨0⟩: 0 Space bar ← 각도 '0' 입력

05 계속해서 열을 지정하겠습니다. 서브 메뉴 중 'Col(Column, 열)'을 입력하고 Space bar 를 누릅니다.

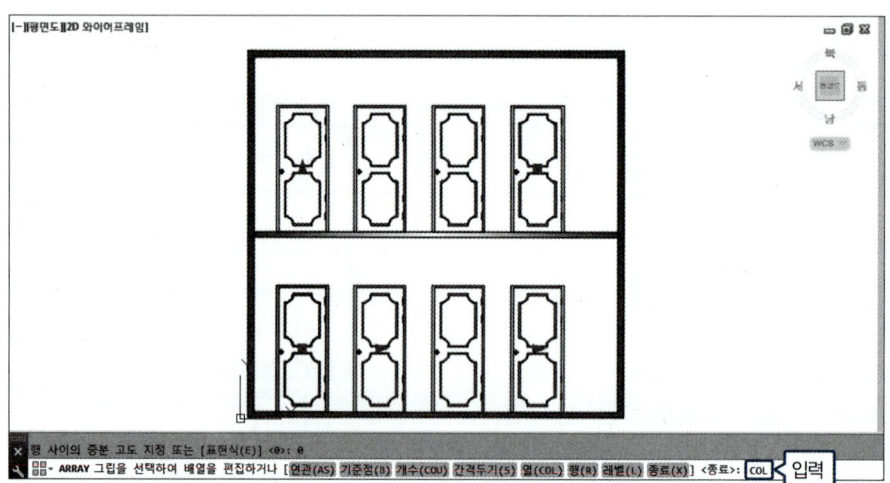

그립을 선택하여 배열을 편집하거나 [연관(AS)/기준점(B)/개수(COU)/간격두기(S)/열(COL)/행(R)/레벨(L)/종료(X)] ⟨종료⟩: col Space bar
← 옵션 'Col' 입력

06 열 개수를 입력합니다. 명령 행에 '3'을 입력하고 Space bar를 누릅니다.

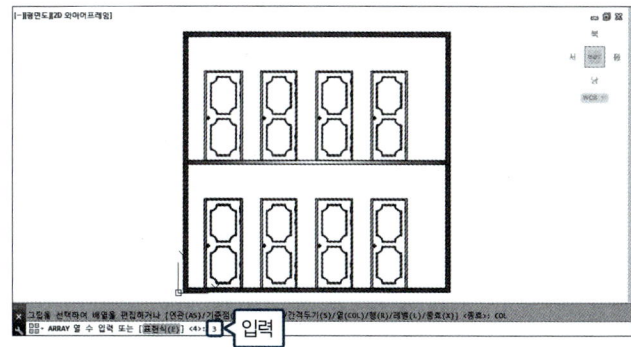

열 수 입력 또는 [표현식(E)] ⟨4⟩: 3 Space bar ← 열의 개수 '3' 입력

07 열 간격을 입력합니다. 명령 행에 '2000'을 입력하고 Space bar를 누릅니다.

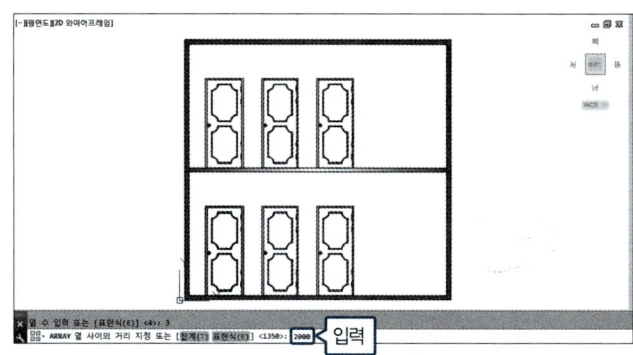

열 사이의 거리 지정 또는 [합계(T)/표현식(E)] ⟨1350⟩: 2000 Space bar ← 열 사이의 거리 '2000' 입력

08 모든 지정을 마치면 Space bar를 눌러 명령을 종료합니다.

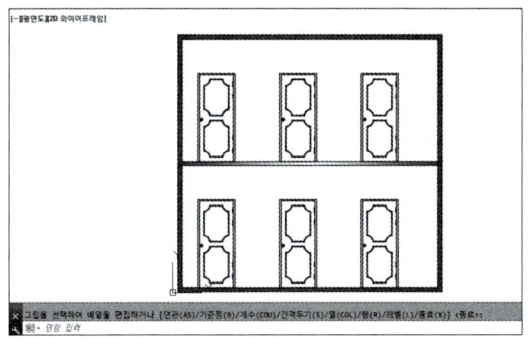 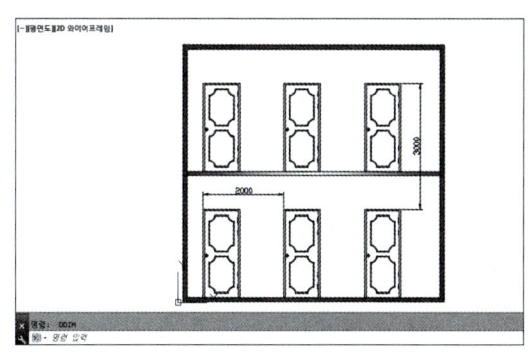

▲ Dimension 명령을 사용하여 치수를 표시한 화면

그립을 선택하여 배열을 편집하거나 [연관(AS)/기준점(B)/개수(COU)/간격두기(S)/열(COL)/행(R)/레벨(L)/종료(X)] ⟨종료⟩: Space bar
← 다 지정하면 명령 종료

바로 통하는 TIP Dimension 명령은 PART 05를 참조하세요.

2 Polar Array 옵션으로 원형 배열하기

Polar Array(원형 배열) 옵션은 선택한 객체를 중심을 지정하여 원하는 개수만큼 원하는 각도로 다중 복사하는 기능입니다.

01 예제 파일 'Part3-35.dwg'를 불러옵니다. 명령 행에 'Array'를 입력하고 Space bar 를 누릅니다. 상단의 사각 의자를 클릭하여 선택하고 Space bar 를 누릅니다.

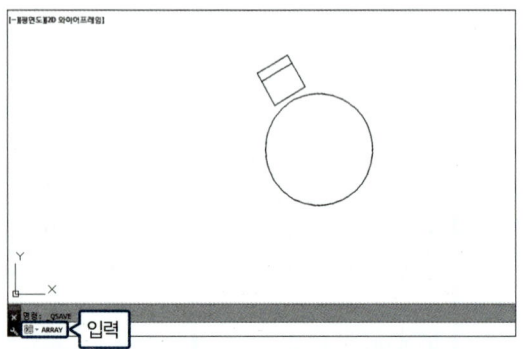 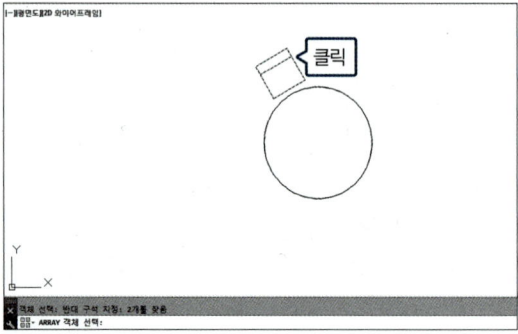

명령: ARRAY Space bar ← Array 명령 입력 (AR)
객체 선택: 반대 구석 지정: 2개를 찾음 ← 객체 선택
객체 선택: Space bar ← 객체를 모두 선택하면 다음 단계로 진행

02 사각 의자를 원형 배열하기 위해 서브 메뉴 중 'Po(Polar Array, 원형 배열)'를 입력하고 Space bar 를 누릅니다. 그런 다음 객체 스냅을 사용하여 원의 중심점을 지정합니다.

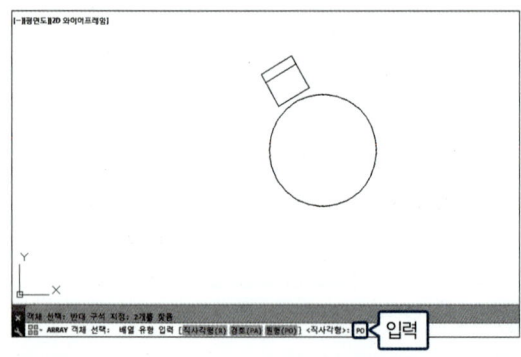 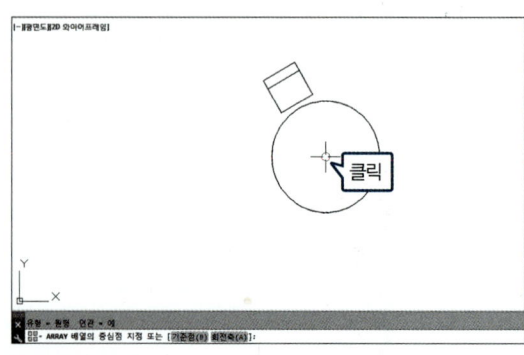

배열 유형 입력 [직사각형(R)/경로(PA)/원형(PO)] 〈직사각형〉: po Space bar ← 옵션 'Po' 입력 후 원 선택
유형 = 원형 연관 = 예
배열의 중심점 지정 또는 [기준점(B)/회전축(A)]: ← 중심점 지정

03 의자가 여섯 개로 늘어납니다. 의자의 개수를 지정하기 위해 서브 메뉴 중 'I(항목)'를 입력하고 Space bar 를 누릅니다.

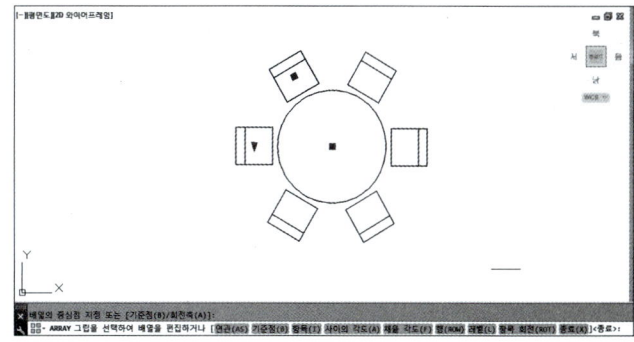

그립을 선택하여 배열을 편집하거나 [연관(AS)/기준점(B)/항목(I)/사이의 각도(A)/채울 각도(F)/행(ROW)/레벨(L)/항목 회전(ROT)/종료(X)]〈종료〉: i
Space bar ← 옵션 'I' 선택

04 현재 선택된 의자까지 포함한 의자의 총 개수를 입력합니다. 명령 행에 '7'을 입력하고 Space bar 를 누릅니다.

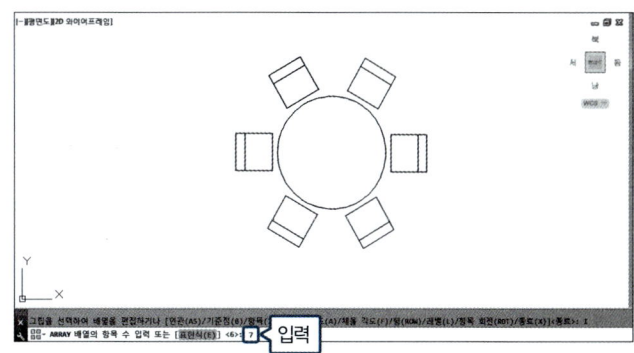

배열의 항목 수 입력 또는 [표현식(E)] 〈6〉: 7 Space bar ← 총 개수 '7' 입력

05 배열의 개수 지정을 모두 마치면 Space bar 를 눌러 명령을 종료합니다.

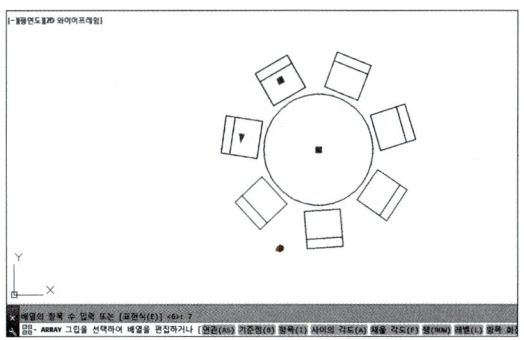 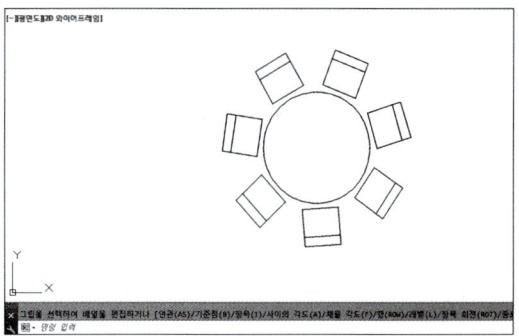

그립을 선택하여 배열을 편집하거나 [연관(AS)/기준점(B)/항목(I)/사이의 각도(A)/채울 각도(F)/행(ROW)/레벨(L)/항목 회전(ROT)/종료(X)]〈종료〉:
Space bar ← 명령 종료

CHAPTER 07

여러 개의 선을 하나로 그리는
Pline

Pline(폴리선) 명령은 여러 개의 선(Line)과 호(Arc)를 하나로 묶어서 표현합니다. 간격을 띄워서 배치해야 하는 건축 도면의 벽체선이나 한 번에 간격 띄우기를 해야 할 기계 도면을 제작할 때 아주 유용합니다. 특히 3D 솔리드 모델링을 할 때 상당히 유용하므로 잘 알아두는 것이 좋습니다. 실무 작업을 대비하여 폴리선을 선으로 분해하는 방법과 선을 폴리선으로 묶는 방법을 잘 익혀두는 것이 좋습니다.

학습 목표

건축 도면의 벽체선은 전체 간격을 띄우거나 입체 도면을 표현할 때 폴리선으로 분해해야 합니다. 이번에는 폴리선으로 벽체선을 그리고, 폴리선 벽체선을 다시 분해하는 방법을 알아보겠습니다.

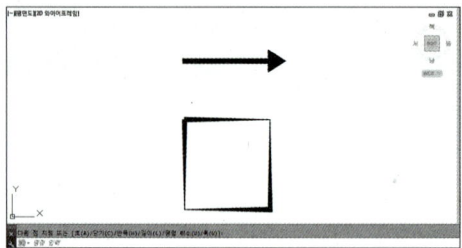

▲ 객체 연결하기

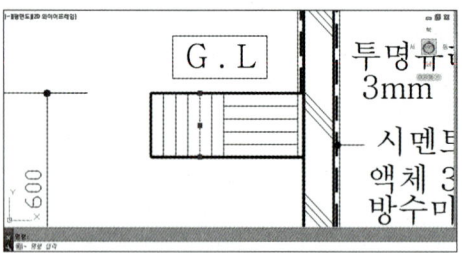
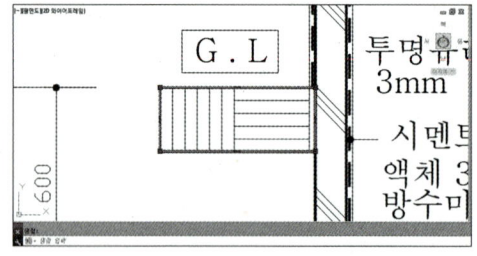

▲ 객체 분해하고 다시 연결하기

SECTION 01
모든 선을 하나로 묶는 Pline

Pline(Polyline, 폴리선) 명령은 서로 연결된 선을 하나의 객체로 인식시키는 편집 명령입니다. Pline 명령을 사용하려면 명령 행에 'Pline'을 입력하고 Spacebar 를 누르거나 [그리기] 도구 팔레트에 있는 폴리선 아이콘(┘)을 클릭합니다.

✚ 옵션 풀이

호(A) _ 호를 그리는 옵션입니다.
반폭(H) _ 입력된 수치의 반을 폭으로 지정합니다.
길이(L) _ 선의 길이를 지정합니다.
명령 취소(U) _ 앞에 적용했던 명령을 취소합니다.
폭(W) _ 선의 폭을 지정합니다.

1 Pline 명령으로 여러 가지 객체 그리기

폴리선은 선과는 다른 형태로 객체를 표현할 수 있습니다. 선과 호를 번갈아가면서 사용할 수도 있고, 객체마다 두께도 다르게 지정할 수 있습니다. 작업 중간마다 마우스 휠을 사용하여 화면을 적당하게 조절하여 작업하는 것이 좋습니다.

01 새 도면 파일을 엽니다. 폴리선으로 화살표를 그려보겠습니다. 명령 행에 'Pline'을 입력하고 Spacebar 를 누릅니다. 첫 번째 점을 임의로 지정합니다. 객체를 정수평으로 그리기 위해 F8 을 눌러 직교 모드를 활성화합니다. 임의의 점을 클릭하여 지정합니다.

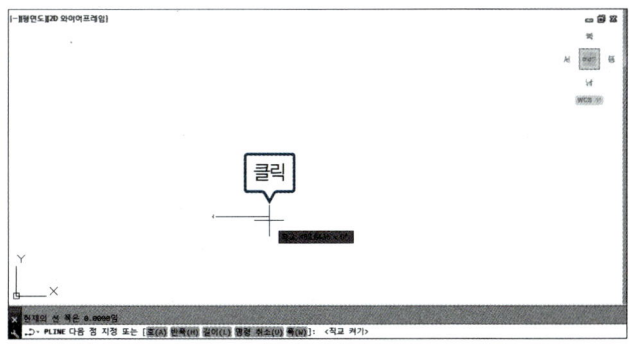

```
명령: PLINE Spacebar ← Pline 명령 입력 (PL)
시작점 지정: 〈직교 켜기〉 ← 시작점 지정:
현재의 선 폭은 0.0000임
```

02 선에 두께를 부여하기 위해 서브 메뉴 중 'W(Weight, 폭)'를 명령 행에 입력하고 Space bar 를 누릅니다.

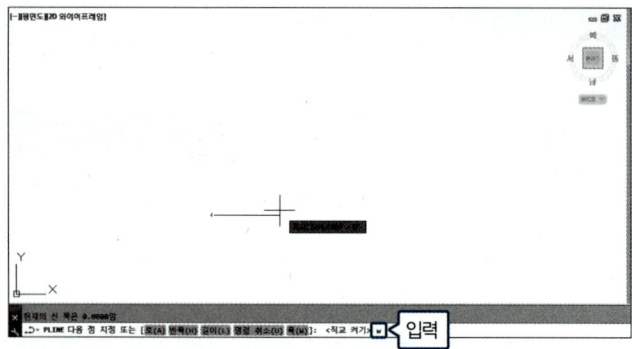

다음 점 지정 또는 [호(A)/반폭(H)/길이(L)/명령 취소(U)/폭(W)]: w Space bar ← 옵션 'W' 입력

03 시작점과 끝점을 입력합니다. 명령 행에 시작 폭을 '5'로 입력하고 Space bar 를 누른 후 끝 폭 '5'를 입력한 후 Space bar 를 눌러 다음 단계로 진행합니다.

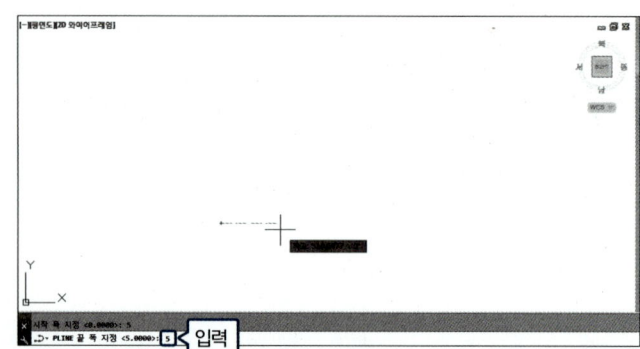

시작 폭 지정 〈0.0000〉: 5 Space bar ← 시작 폭 '5' 입력
끝 폭 지정 〈5.0000〉: 5 Space bar ← 끝 폭 '5' 입력

04 화살표의 길이를 100mm로 설정합니다. '100'을 입력한 후 Space bar 를 누릅니다.

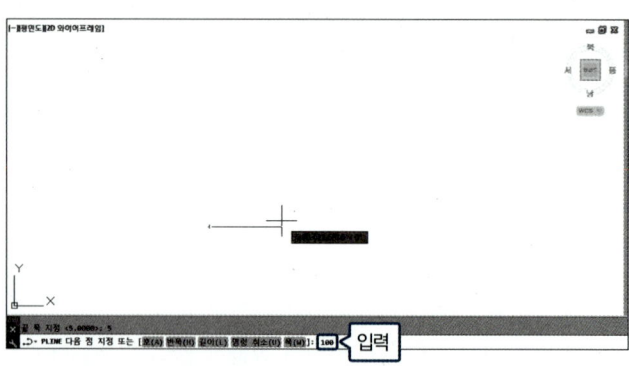

다음 점 지정 또는 [호(A)/반폭(H)/길이(L)/명령 취소(U)/폭(W)]: 100 Space bar ← 길이 '100' 입력

05 화살촉을 그려보겠습니다. 서브 메뉴 중 'W'를 명령 행에 입력하고 Space bar를 눌러 명령을 실행합니다.

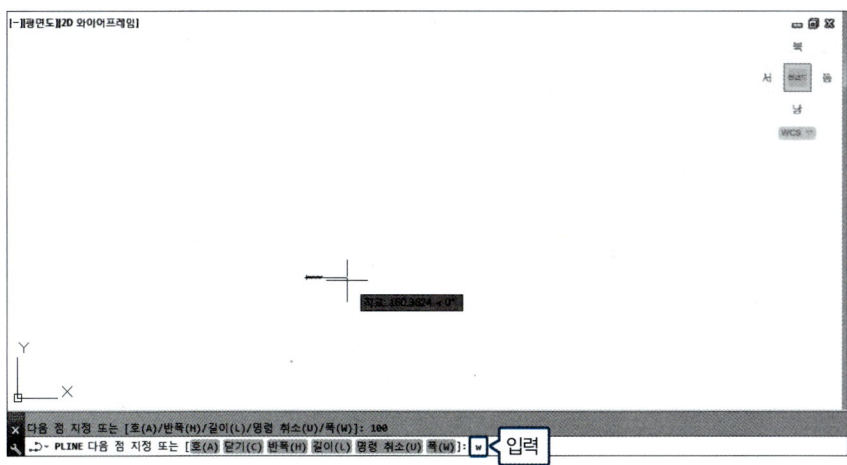

다음 점 지정 또는 [호(A)/닫기(C)/반폭(H)/길이(L)/명령 취소(U)/폭(W)]: w Space bar ← 옵션 'W' 입력

06 시작점과 끝점을 입력합니다. 명령 행에 시작 폭을 '25'로 입력하고 Space bar 를 누른 후 끝 폭 '0'을 입력한 후 Space bar 를 눌러 다음 단계로 진행합니다.

시작 폭 지정 〈5.0000〉: 25 Space bar ← 시작 폭 '25' 입력
끝 폭 지정 〈25.0000〉: 0 Space bar ← 끝 폭 '0' 입력

07 마우스 휠을 굴려 화살표가 화면의 중앙으로 오도록 합니다. 명령 행에 화살촉의 길이 '20'을 입력하고 Space bar 를 눌러 화살표를 완성합니다. 그런 다음 Space bar 를 한 번 더 눌러 명령을 종료합니다.

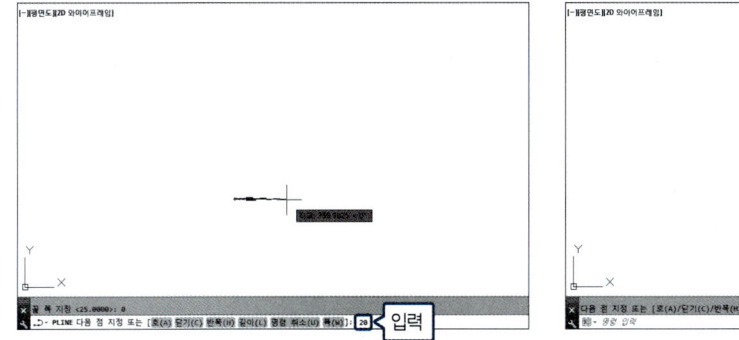

다음 점 지정 또는 [호(A)/닫기(C)/반폭(H)/길이(L)/명령 취소(U)/폭(W)]: 20 Space bar ← 길이 '20' 입력
다음 점 지정 또는 [호(A)/닫기(C)/반폭(H)/길이(L)/명령 취소(U)/폭(W)]: Space bar ← 명령 종료

08 Pline 명령을 한 번 더 실행하기 위해 Space bar 를 누릅니다.

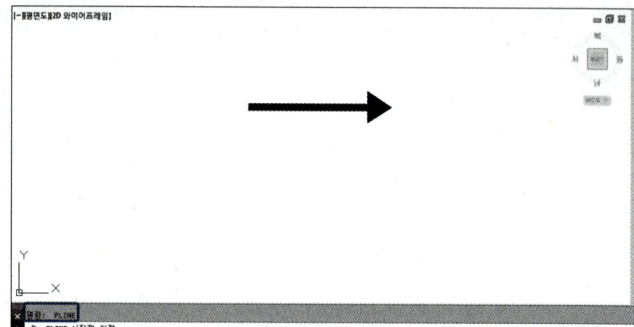

명령: Space bar ← Pline 명령 입력

09 시작점을 임의로 지정하고 선의 두께를 부여하기 위해 서브 메뉴 중 'W'를 입력하고 Space bar 를 눌러 명령을 실행합니다.

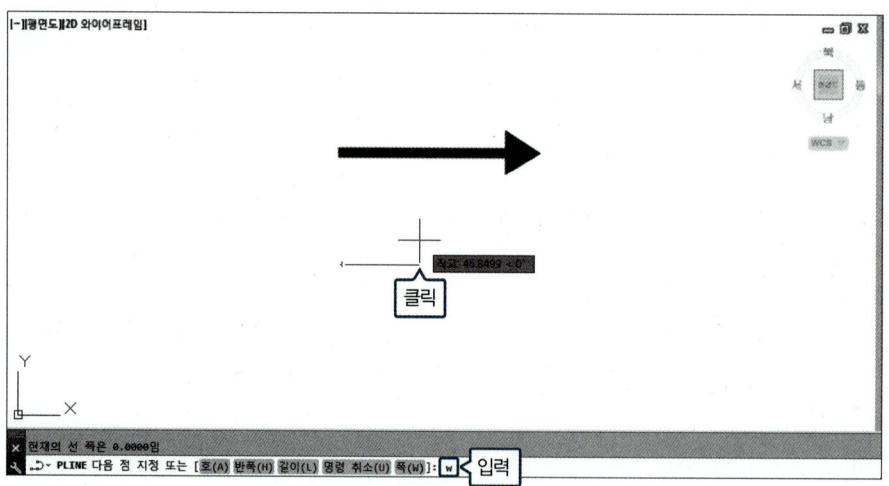

시작점 지정: ← 시작점 지정
현재의 선 폭은 0.0000임
다음 점 지정 또는 [호(A)/반폭(H)/길이(L)/명령 취소(U)/폭(W)]: w Space bar ← 옵션 'W' 입력

10 시작점과 끝점을 입력합니다. 명령행에 시작 폭을 '5'로 입력하고 Space bar 를 누른 후 끝 폭 '0'을 입력한 후 Space bar 를 눌러 다음 단계로 진행합니다.

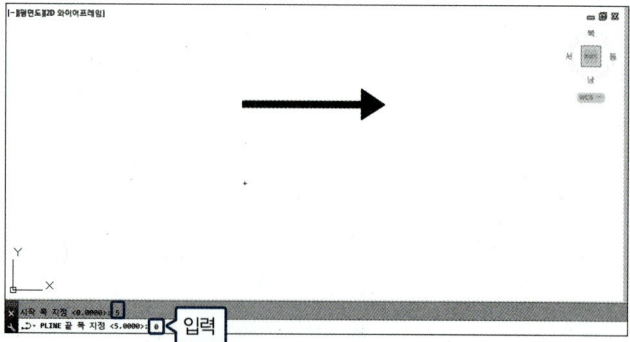

시작 폭 지정 ⟨0.0000⟩: 5 Space bar ← 시작 폭 '5' 입력
끝 폭 지정 ⟨5.0000⟩: 0 Space bar ← 끝 폭 '0' 입력

11 극좌표의 0° 방향으로 마우스 포인터를 움직인 후 명령 행에 '100'을 입력하고 Space bar 를 눌러 명령을 실행합니다.

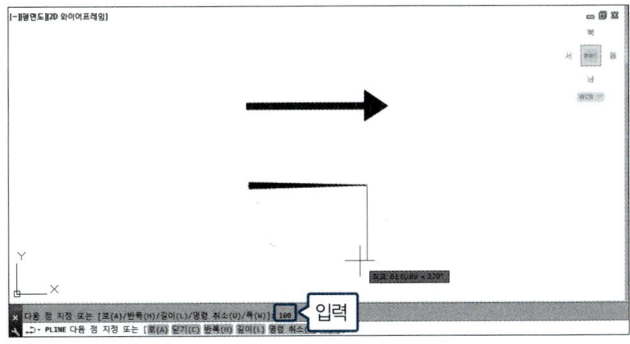

다음 점 지정 또는 [호(A)/반폭(H)/길이(L)/명령 취소(U)/폭(W)]: 100 Space bar ← '100' 입력

12 선 두께를 부여하기 위해 서브 메뉴 중 'W'를 입력하고 Space bar 를 눌러 명령을 실행합니다. 그런 다음 시작점과 끝점을 입력합니다. 명령 행에 시작 폭을 '0'으로 입력하고 Space bar 를 누른 후 끝 폭 '5'를 입력한 후 Space bar 를 눌러 다음 단계로 진행합니다.

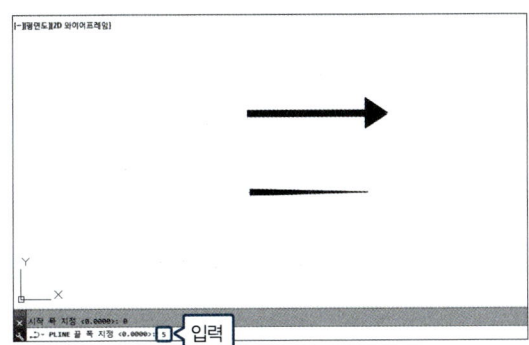 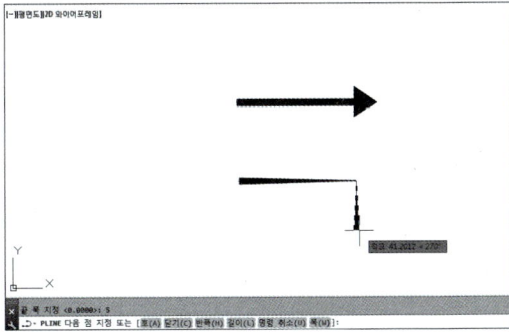

다음 점 지정 또는 [호(A)/닫기(C)/반폭(H)/길이(L)/명령 취소(U)/폭(W)]: w Space bar ← 옵션 'W' 입력
시작 폭 지정 <0.0000>: 0 Space bar ← 시작 폭 '0' 입력
끝 폭 지정 <0.0000>: 5 Space bar ← 끝 폭 '5' 입력

13 극좌표의 270° 방향으로 마우스 포인터를 옮기고 명령 행에 '100'을 입력한 후 Space bar 를 누릅니다.

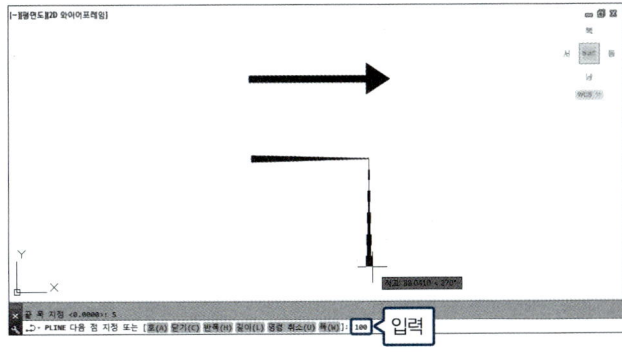

다음 점 지정 또는 [호(A)/닫기(C)/반폭(H)/길이(L)/명령 취소(U)/폭(W)]: 100 Space bar ← 길이 '100' 입력

14 선 두께를 부여하기 위해 서브 메뉴 중 'W'를 입력하고 Space bar 를 눌러 명령을 실행합니다. 그런 다음 시작점과 끝점을 입력합니다. 명령 행에 시작 폭을 '0'으로 입력하고 Space bar 를 누른 후 끝 폭을 '5'로 입력한 후 Space bar 를 눌러 다음 단계로 진행합니다.

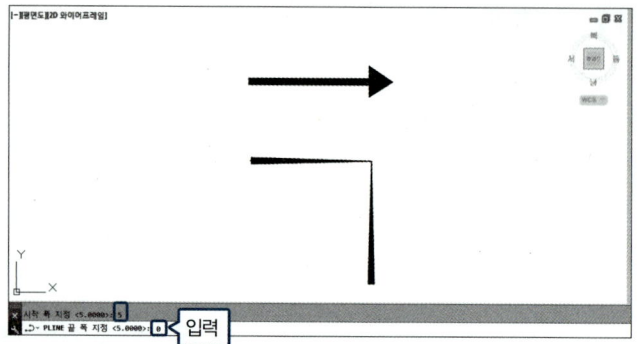

다음 점 지정 또는 [호(A)/닫기(C)/반폭(H)/길이(L)/명령 취소(U)/폭(W)]: w Space bar ← 옵션 'W' 입력
시작 폭 지정 <5.0000>: 5 Space bar ← 시작 폭 '5' 입력
끝 폭 지정 <0.0000>: 0 Space bar ← 끝 폭 '0' 입력

15 극좌표의 180° 방향으로 마우스를 옮기고 명령 행에 '100'을 입력하고 Space bar 를 누릅니다.

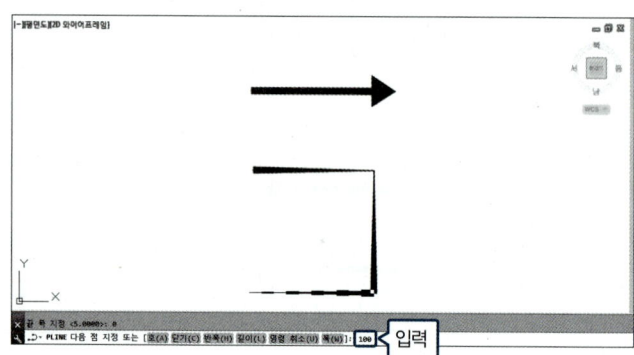

다음 점 지정 또는 [호(A)/닫기(C)/반폭(H)/길이(L)/명령 취소(U)/폭(W)]: 100 Space bar ← 길이 '100' 입력

16 선 두께를 부여하기 위해 서브 메뉴 중 'W'를 입력하고 Space bar 를 눌러 명령을 실행합니다. 그런 다음 시작점과 끝점을 입력합니다. 명령 행에 시작 폭을 '0'으로 입력하고 Space bar 를 누른 후 끝 폭 '5'를 입력한 후 Space bar 를 눌러 다음 단계로 진행합니다.

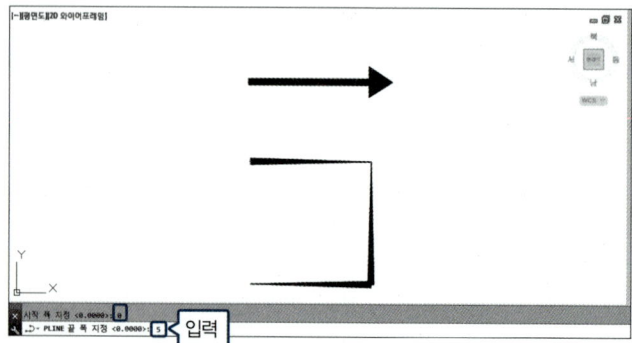

다음 점 지정 또는 [호(A)/닫기(C)/반폭(H)/길이(L)/명령 취소(U)/폭(W)]: w Space bar ← 옵션 'W' 입력
시작 폭 지정 <5.0000>: 0 Space bar ← 시작 폭 '0' 입력
끝 폭 지정 <0.0000>: 5 Space bar ← 끝 폭 '5' 입력

17 극좌표의 90° 방향으로 마우스 포인터를 옮기고 명령 행에 '100'을 입력한 후 Space bar 을 누릅니다. 사각형이 완성되면 Space bar 를 한 번 더 눌러 명령을 종료합니다.

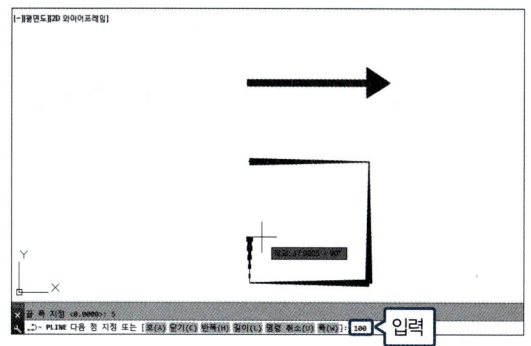 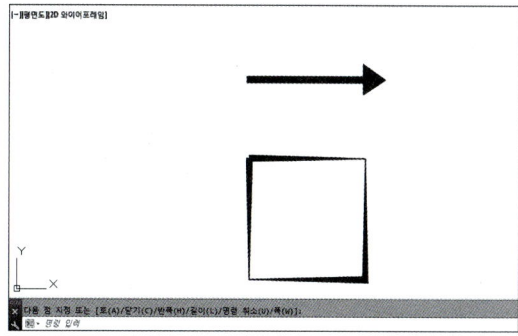

다음 점 지정 또는 [호(A)/닫기(C)/반폭(H)/길이(L)/명령 취소(U)/폭(W)]: 100 Space bar ← 길이 '100' 입력
다음 점 지정 또는 [호(A)/닫기(C)/반폭(H)/길이(L)/명령 취소(U)/폭(W)]: Space bar ← 명령 종료

실무활용노트 AUTO CAD | 폴리선 객체 선택의 특징

폴리선을 마우스로 클릭하면 모든 객체가 하나로 선택되는 것을 알 수 있습니다. 이 점이 바로 선과 폴리선의 차이입니다. 폴리선의 두께를 지정하지 않고 임의의 사각형을 그린 뒤 Line 명령을 실행하여 비슷한 형태의 임의의 사각형을 각각 그립니다. 그런 다음 Pick Box를 사용하여 선을 하나씩만 선택해봅니다. 그러면 두 객체가 형태는 비슷해도 사용하는 명령어에 따라 객체의 구성이 확연히 다름을 알 수 있습니다. 선으로 된 사각형은 선 객체가 각각 분해되어 있지만 폴리선은 모든 선 객체가 연결되어 하나의 객체로 인식됩니다.

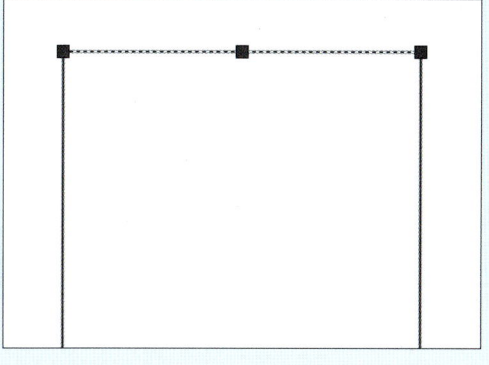 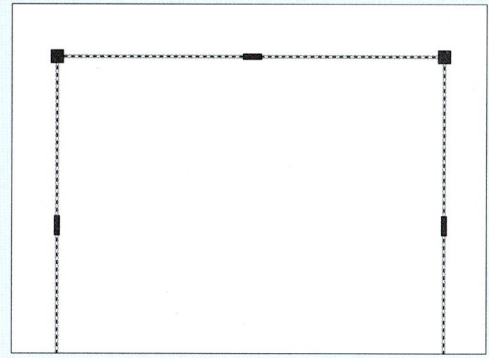

▲ 선을 Pick box로 선택하면 객체가 따로 선택됨 ▲ 폴리선을 Pick box로 선택하면 객체가 하나로 선택됨

SECTION 02 객체를 분해 · 연결 · 묶기 – Explode, Pedit, Group

앞에서 Pline 명령과 Line 명령으로 그린 객체를 선택할 때 어떻게 다른지 살펴보았습니다. 이번에는 Explode 명령으로 폴리선을 선으로 분해하는 방법과 Pedit 명령으로 선을 폴리선으로 묶는 방법을 알아보겠습니다. 그리고 Group 명령으로 여러 객체를 한 번에 묶어주는 방법도 알아보겠습니다.

1 Explode 명령으로 폴리선 분해하기

Explode 명령은 폴리선을 선으로 분해하는 편집 명령입니다. Explode 명령은 폴리선뿐만 아니라 묶인 객체를 분해할 때도 사용할 수 있습니다. Explode 명령을 사용하려면 명령 행에 'Explode'를 입력하고 Space bar를 누르거나 [수정] 도구 팔레트에 있는 분해 아이콘(🗗)을 클릭합니다.

01 예제 파일 'Part3-36.dwg'를 불러옵니다. 명령 행에 'Explode'를 입력하고 Space bar를 누릅니다.

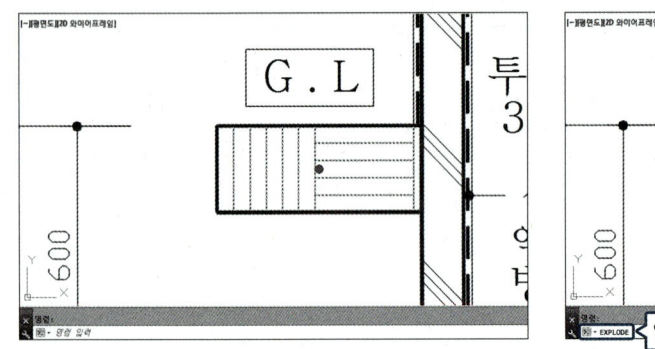 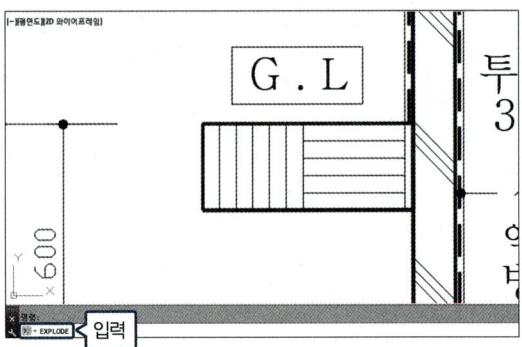

명령: EXPLODE Space bar ← Explode 명령 입력 (X)

바로 통하는 TIP 명령 실행 전 객체를 선택해보면 하나의 그룹으로 묶여 있음을 알 수 있습니다.

02 분해할 객체를 클릭하여 선택하고 Space bar 를 누릅니다.

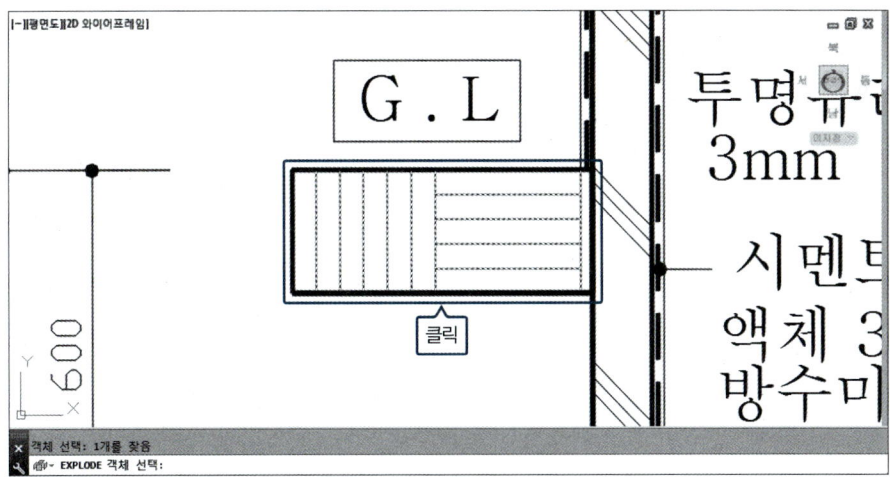

객체 선택: 1개를 찾음 ← 객체 선택
객체 선택: Space bar ← 명령 종료
해치 경계 연관이 제거됨.

03 이제 Pick box를 사용하여 한 객체씩 선택해보면 각 객체가 분해된 것을 알 수 있습니다.

바로 통하는 TIP 치수선(Dimension Lines), 폴리선(Polyline), 블록(Block), 해치(Hatch), 메쉬(Mesh), 다각형(Polygon), 여러 줄 문자(Mtext) 등은 Explode 명령으로 분해할 수 있습니다. 그러나 문자(Text), 다중점(Point) 원(Circle), 타원형(Ellipse), 선(Line) 등은 Explode 명령으로 분해할 수 없습니다.

2 Pedit 명령으로 선 객체 다시 연결하기

여러 객체를 묶은 폴리선을 선으로 분해한 뒤에 다시 분해된 선을 폴리선으로 연결해야 할 상황이 생길 수도 있습니다. 이때 사용하는 명령이 Pedit(폴리선 편집) 명령입니다. Pedit 명령을 사용하려면 명령 행에 'Pedit'를 입력하고 Spacebar 를 누릅니다.

➕ 옵션 풀이

- 닫기(C) _ 폴리선의 시작점과 끝점을 닫아줍니다.
- 결합(J) _ 여러 개의 끝점이 연결되어 있는 객체를 하나의 폴리선으로 묶어줍니다.
- 폭(W) _ 폴리선의 두께를 변경합니다.
- 정점 편집(E) _ 폴리선의 정점을 편집합니다.
- 맞춤(F) _ 폴리선의 정점을 지나며 큰 곡선으로 만듭니다.
- 스플라인(S) _ 부드러운 곡선으로 만듭니다.
- 비곡선화(D) _ 곡선으로 표현된 객체를 직선으로 만듭니다.
- 선종류생성(L) _ 폴리선의 정점 부근에서 선종류를 지정합니다.
- 반전(R) _ 반전 효과를 줍니다.
- 명령 취소(U) _ 전 단계의 과정을 취소합니다.

01 예제 파일 'Part3-36.dwg'를 불러옵니다. 명령 행에 'Pedit'를 입력하고 Spacebar 를 누릅니다. 그런 다음 분해된 객체를 묶어보겠습니다. 기준이 되는 하나의 객체를 선택하고 Spacebar 를 누릅니다.

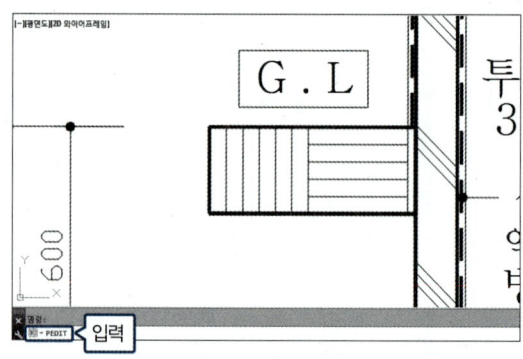 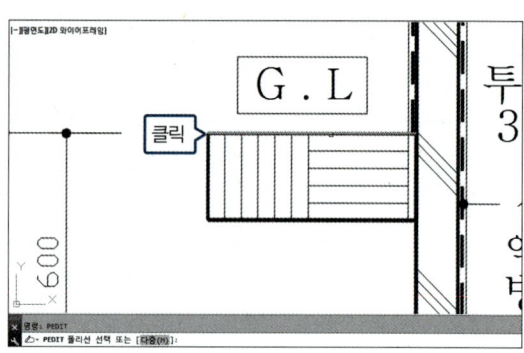

명령: PEDIT Spacebar ←Pedit 명령 입력 (PE)
폴리선 선택 또는 [다중(M)]: ← 폴리선 선택

02 서브 메뉴 중 'J(Join, 결합)'를 입력하고 Space bar 를 눌러 명령을 실행합니다.

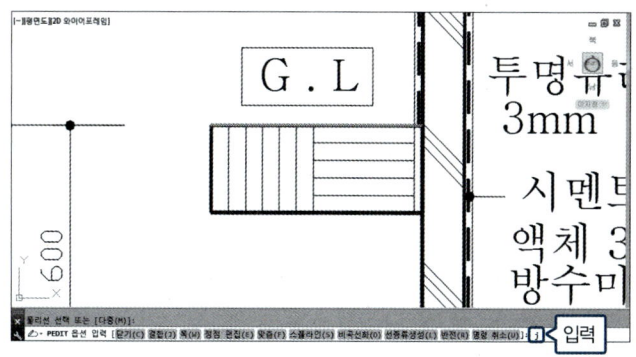

옵션 입력 [닫기(C)/결합(J)/폭(W)/정점 편집(E)/맞춤(F)/스플라인(S)/비곡선화(D)/선종류생성(L)/반전(R)/명령 취소(U)]: j Space bar
← 옵션 'J(Join) 입력

03 테두리 사각형의 객체를 모두 클릭하여 지정하고 Space bar 를 누릅니다.

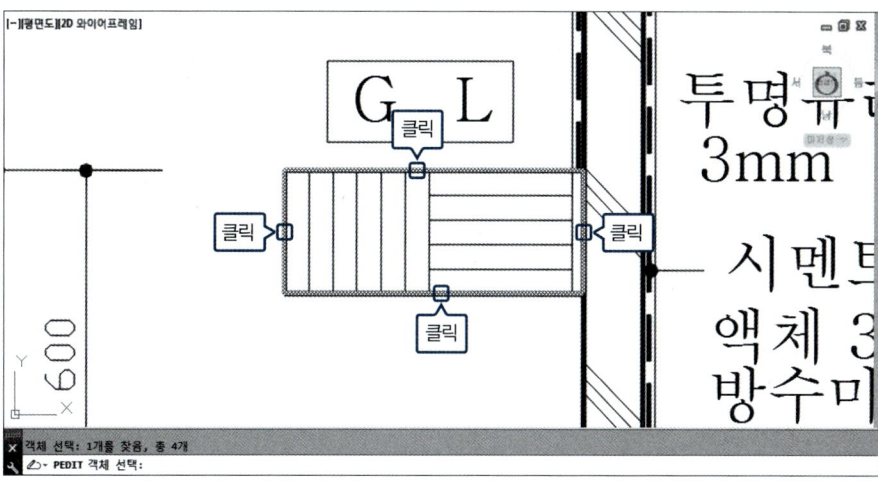

객체 선택: 1개를 찾음
객체 선택: 1개를 찾음, 총 2개
객체 선택: 1개를 찾음, 총 3개
객체 선택: 1개를 찾음, 총 4개 ← 객체 선택
객체 선택: Space bar ← 객체를 다 선택하면 Space bar 를 누르고 다음 단계로 진행

04 명령 행에 폴리선에 선택한 객체가 포함되었다는 메시지가 나타나면 Space bar 를 눌러 명령을 종료합니다.

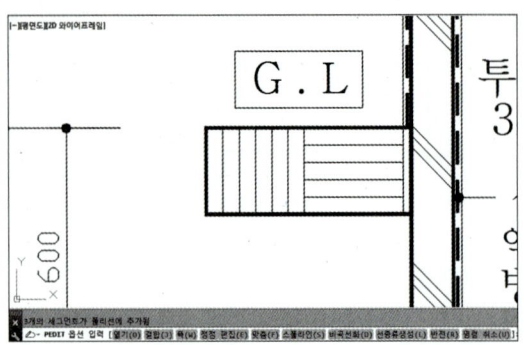 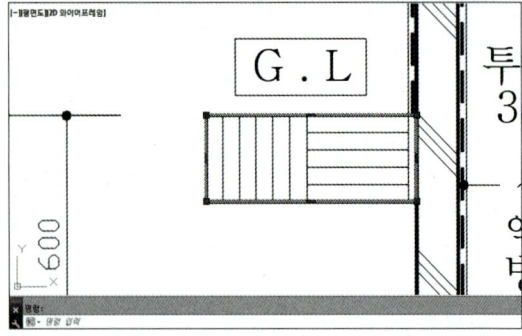

▲ 폴리선으로 묶인 모습

3개의 세그먼트가 폴리선에 추가됨
옵션 입력 [열기(O)/결합(J)/폭(W)/정점 편집(E)/맞춤(F)/스플라인(S)/비곡선화(D)/선종류생성(L)/반전(R)/명령 취소(U)]: Space bar ← 명령 종료
해치 경계 연관이 제거됨.

3 Group 명령으로 객체를 그룹으로 묶기

이번에는 선으로 연결된 경우가 아닌 조경 도면의 보도 블록처럼 수많은 선이 패턴처럼 구성된 객체를 어떻게 묶는지 알아보겠습니다. 이러한 패턴은 Group(그룹) 명령을 사용하여 묶으면 됩니다. Group 명령을 사용하려면 명령 행에 'Group'을 입력하고 Space bar 를 누릅니다.

01 예제 파일 'Part3-37.dwg'를 불러옵니다. 명령 행에 'Group'을 입력하고 Space bar 를 누릅니다.

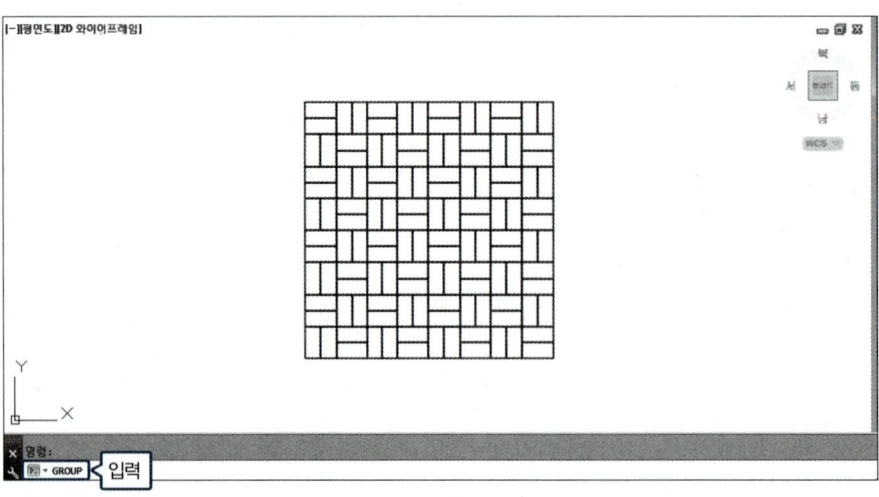

명령: GROUP Space bar ←Group 명령 입력

02 이름을 지정하기 위해 서브 메뉴 중 'N(Name, 이름)'을 입력하고 Space bar 를 누릅니다. 그런 다음 그룹 이름을 'BLOCK'으로 입력한 후 Space bar 를 눌러 이름을 지정합니다.

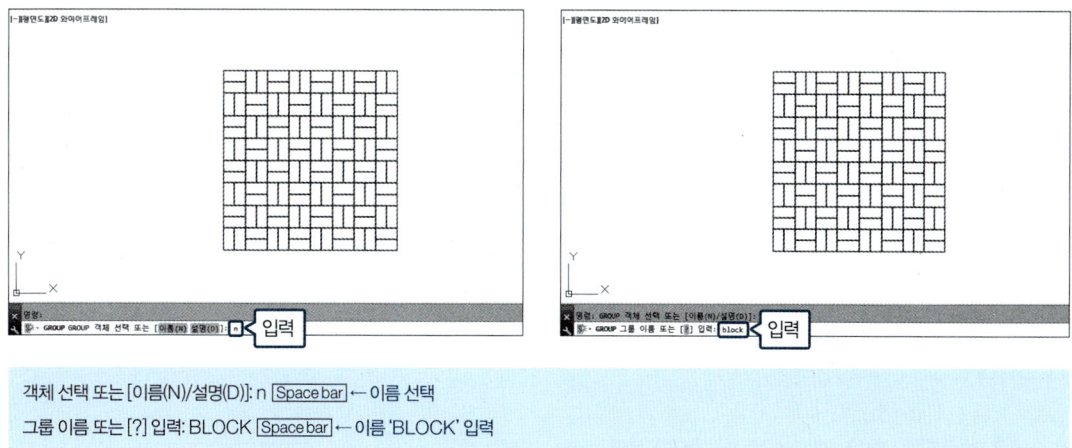

```
객체 선택 또는 [이름(N)/설명(D)]: n Space bar ← 이름 선택
그룹 이름 또는 [?] 입력: BLOCK Space bar ← 이름 'BLOCK' 입력
```

03 모든 객체를 드래그하여 선택하고 Space bar 를 누릅니다. 객체를 Pick Box로 선택해보면 모든 객체가 하나의 객체로 그룹화되어 있으며 그룹 이름이 'BLOCK'으로 지정된 것을 알 수 있습니다.

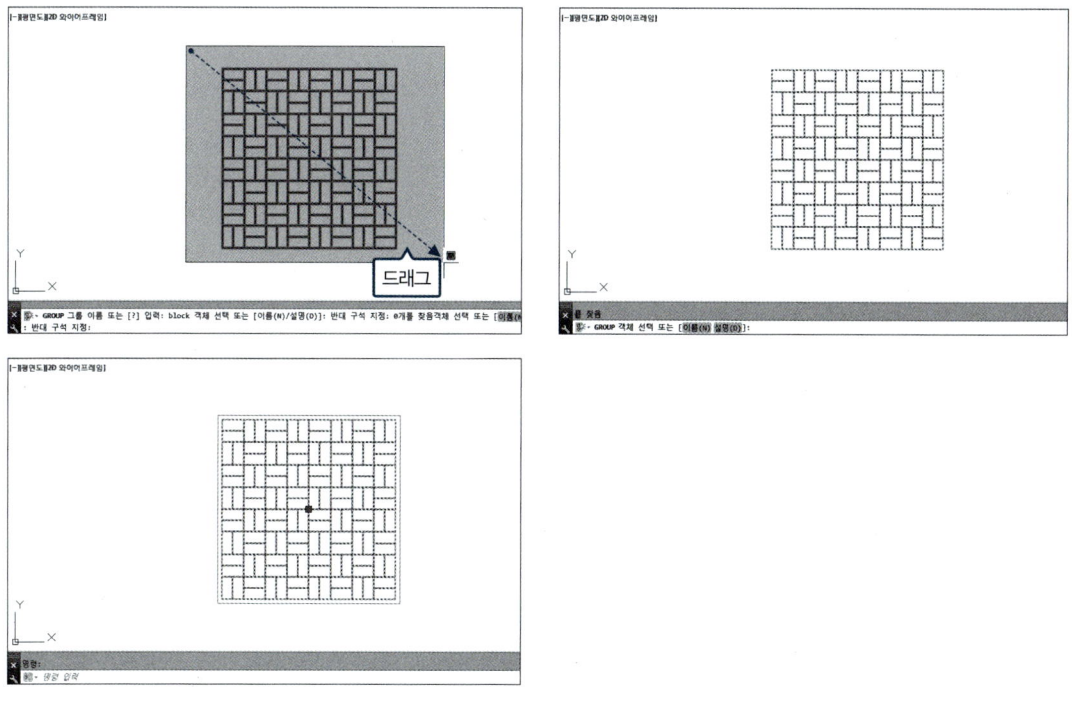

```
객체 선택 또는 [이름(N)/설명(D)]: 반대 구석 지정: 128개를 찾음 ← 객체 선택
객체 선택 또는 [이름(N)/설명(D)]: Space bar ← 명령 종료
"BLOCK" 그룹이 작성되었습니다.
```

건축 벽체선을 하나의 객체로 묶고 분해하기

도면을 작성하다 보면 Line 명령을 사용하여 작성한 도면이라 할지라도 필요에 따라 폴리선으로 만들어야 하는 경우가 있습니다. 또 하나의 객체로 이루어진 선의 조합이더라도 각 선을 분해하여 개별 선으로 표현해야 하는 경우도 있습니다. 건축 실무에서의 객체 분해 및 그룹 적용 방법을 알아보겠습니다.

1 예제 파일 'Part3-38.dwg'를 불러옵니다. 분해된 선들을 하나로 묶기 위해 명령 행에 'Pedit'를 입력하고 Space bar 를 눌러 명령을 실행합니다.

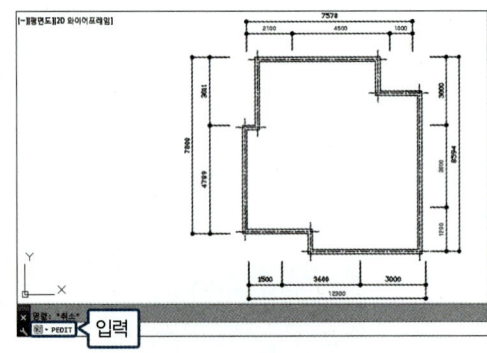

명령: PEDIT Space bar ←Pedit 명령 입력 (PE)

2 외곽 벽체선부터 묶어주기 위해 외곽의 벽체선 중 하나를 클릭하여 선택합니다. 명령 행에 '전환하기를 원하십니까?'라는 메시지가 나타나면 'Y'를 입력하고 Space bar 를 누릅니다.

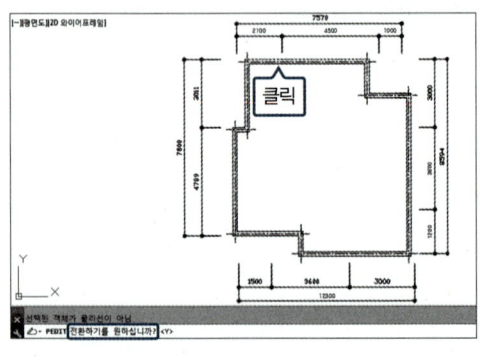
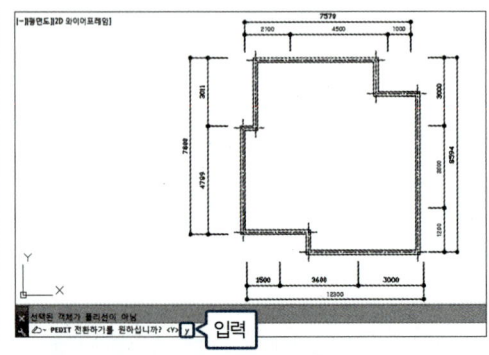

폴리선 선택 또는 [다중(M)]: ←폴리선 선택
선택된 객체가 폴리선이 아님
전환하기를 원하십니까? ⟨Y⟩ y Space bar ←'Y' 입력

3 명령 행에 서브 메뉴가 나타납니다. 여러 객체를 묶기 위해 'J(Join, 결합)'를 입력한 후 Space bar 를 입력하여 명령을 실행합니다.

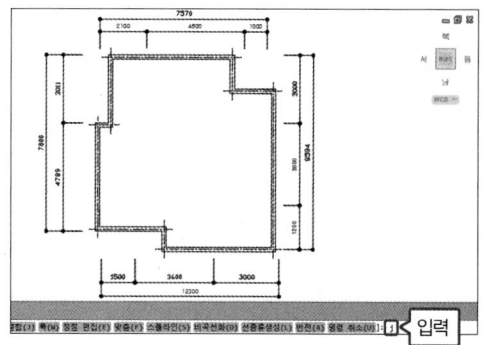

옵션 입력 [닫기(C)/결합(J)/폭(W)/정점 편집(E)/맞춤(F)/스플라인(S)/비곡선화(D)/선종류생성(L)/반전(R)/명령 취소(U)]: j Space bar
← 옵션 'J' 입력

4 외곽의 벽체선들을 모두 선택하고 Space bar 를 누릅니다.

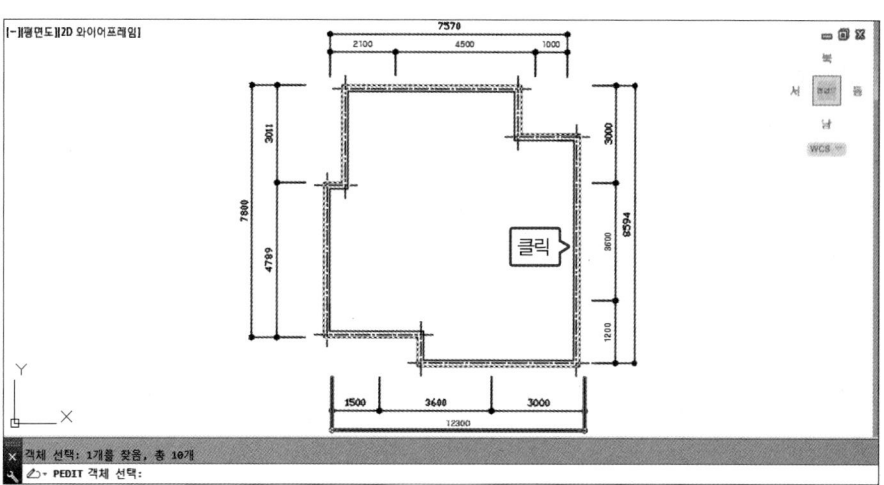

객체 선택: 1개를 찾음
객체 선택: 1개를 찾음, 총 2개
객체 선택: 1개를 찾음, 총 3개
객체 선택: 1개를 찾음, 총 4개
객체 선택: 1개를 찾음, 총 5개
객체 선택: 1개를 찾음, 총 6개
객체 선택: 1개를 찾음, 총 7개
객체 선택: 1개를 찾음, 총 8개
객체 선택: 1개를 찾음, 총 9개
객체 선택: 1개를 찾음, 총 10개 ← 객체 선택
객체 선택: Space bar ← 객체를 다 선택하면 Space bar

5 '아홉 개의 세그먼트가 폴리선에 추가되었습니다.'라는 메시지가 나타납니다. 더 실행할 명령이 없으므로 Space bar 를 누르고 명령을 종료합니다. 이제 외곽 벽체선을 선택해보면 하나로 묶인 것을 확인할 수 있습니다.

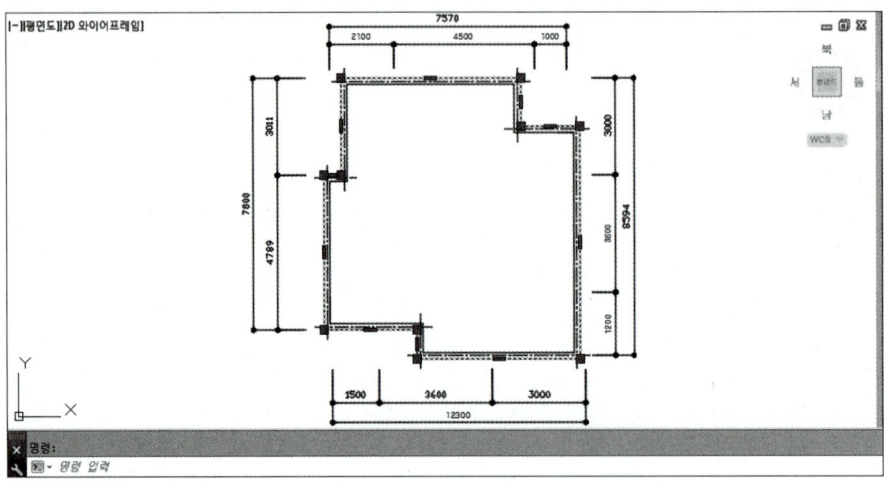

9개의 세그먼트가 폴리선에 추가됨
옵션 입력 [열기(O)/결합(J)/폭(W)/정점 편집(E)/맞춤(F)/스플라인(S)/비곡선화(D)/선종류생성(L)/반전(R)/명령 취소(U)]: Space bar
← 명령 종료

6 계속해서 방금 묶었던 벽체선을 다시 분해해보겠습니다. 명령 행에 'Explode'를 입력하고 Space bar 를 누릅니다.

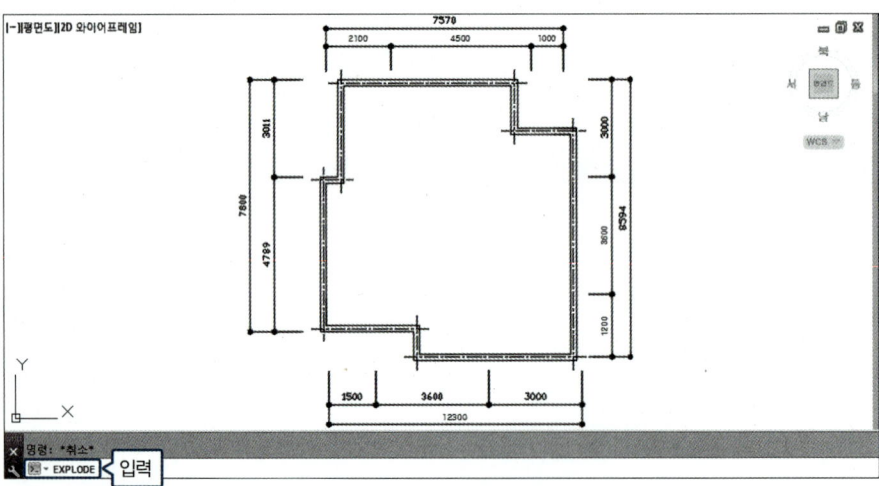

명령: EXPLODE Space bar ← Explode 명령 입력 (X)

7 분해할 벽체선을 클릭하고 Space bar 를 눌러 명령을 종료합니다.

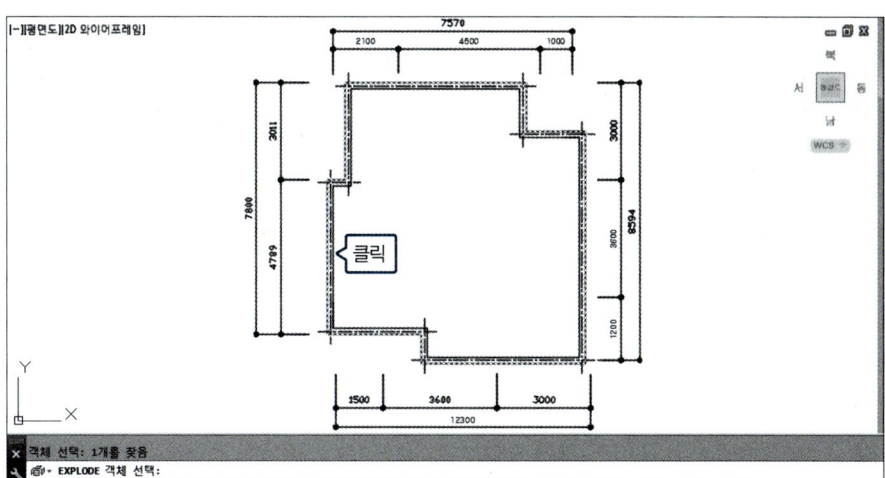

객체 선택: 1개를 찾음 ← 객체 선택
객체 선택: Space bar ← 명령 종료

8 객체를 선택해보면 다시 분해되었음을 알 수 있습니다.

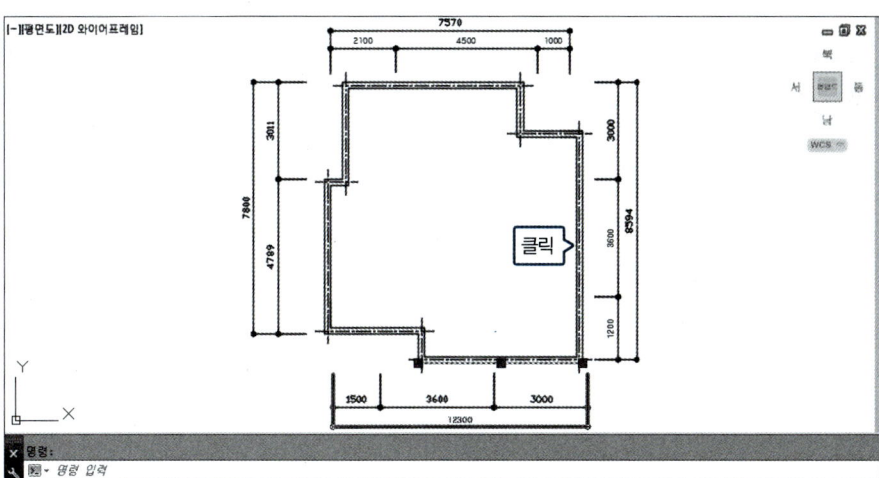

CHAPTER 08

다양한 선 그리기와 유용한 편집 명령

이번 장에서는 다양한 선 그리기 명령과 편집 명령을 알아봅니다. 여기에서 다룰 명령들은 사용 빈도는 낮으나 작업 분야에 따라 적절하게 사용한다면 작업 시간을 절약할 수 있습니다. 본인에게 유용한 명령은 반드시 알아두어 실무에서 꼭 활용합니다.

A ˇ 학습 목표

다양한 그리기 명령과 실무 도면 작성에 유용한 편집 명령을 익혀봅니다. 광선, 건축선, 나선 등을 그리는 명령과 객체를 정렬하는 명령을 알아보겠습니다.

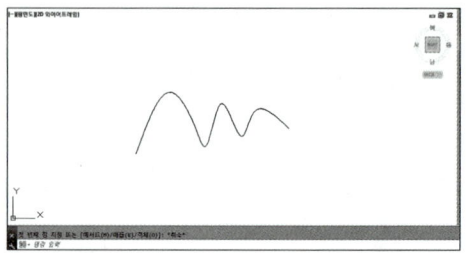
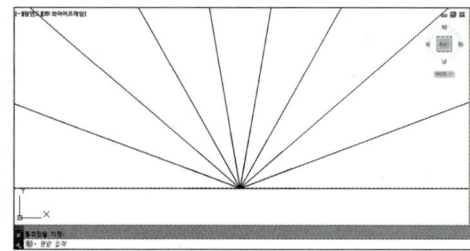

▲ 다양한 선 그리기

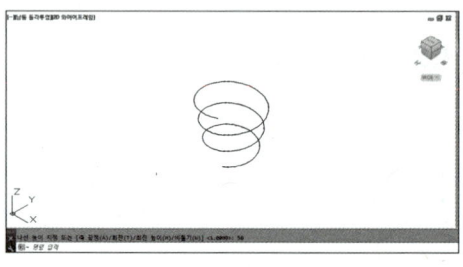
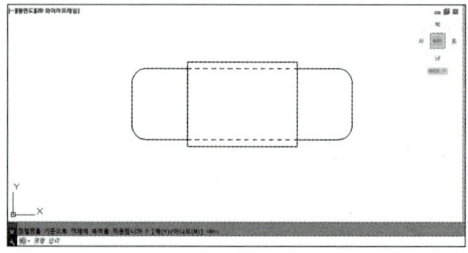

▲ 객체 정렬하기

SECTION 01 다양한 선 그리기 명령

스플라인(Spline), 광선(Ray), 구성선(Xline-Construction Line), 여러 줄(Mline), 나선(Helix) 등의 선을 그리는 명령을 알아보겠습니다. 이러한 명령들은 도면을 그릴 때 매번 사용하지는 않지만 상황에 따라 요긴하게 쓰일 수 있으므로 부가적으로 학습해두면 좋습니다.

1 Spline 명령으로 자유 곡선 그리기

Spline(스플라인) 명령은 정형화되지 않은 자유로운 곡선을 그리는 편집 명령입니다. Spline 명령을 사용하려면 명령 행에 'Spline'을 입력하고 Space bar를 누르거나 [그리기] 도구 팔레트에 있는 스플라인 아이콘(∿)을 클릭합니다.

01 새 도면 파일을 엽니다. 명령 행에 'Spline'을 입력하고 Space bar를 누릅니다. 임의의 첫 번째 점을 클릭하여 지정합니다.

 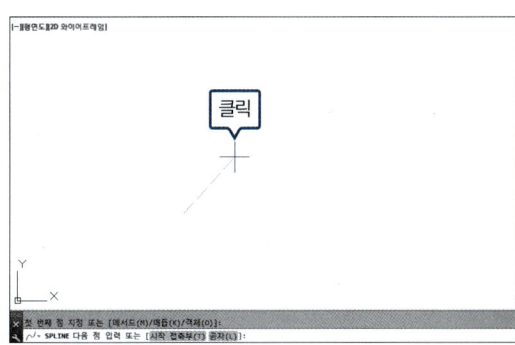

명령: SPLINE Space bar ←Spline 명령 입력 (SPL)
현재 설정: 메서드=맞춤 매듭=현
첫 번째 점 지정 또는 [메서드(M)/매듭(K)/객체(O)]: ← 첫 번째 점 지정

02 그림과 같이 두 번째 점을 클릭하여 지정합니다. 계속해서 세 번째 점을 클릭하여 지정합니다.

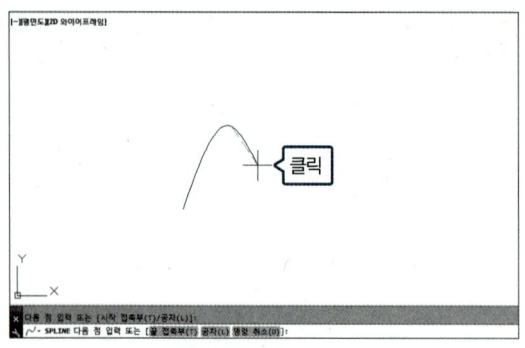 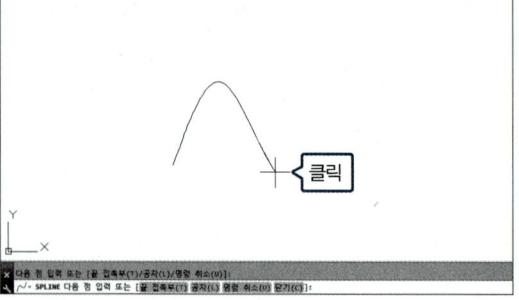

다음 점 입력 또는 [시작 접촉부(T)/공차(L)]: ← 다음 점 지정
　　　　　　　　　　　　　　　　　　　　　　　다음 점 입력 또는 [끝 접촉부(T)/공차(L)/명령 취소(U)]: ← 다음 점 지정

03 연속하여 같은 방식으로 자유 곡선의 형태를 표현합니다. 스플라인을 모두 그린 후 Space bar 를 눌러 명령을 종료합니다.

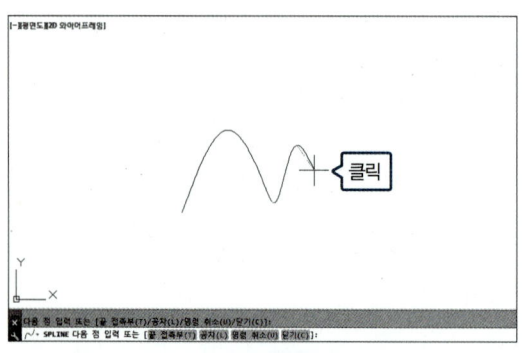 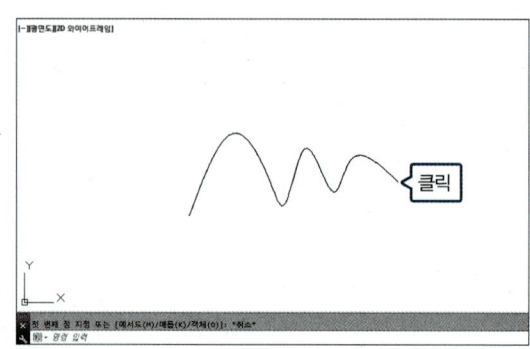

다음 점 입력 또는 [끝 접촉부(T)/공차(L)/명령 취소(U)/닫기(C)]: ← 계속해서 다음 점 지정
다음 점 입력 또는 [끝 접촉부(T)/공차(L)/명령 취소(U)/닫기(C)]:
다음 점 입력 또는 [끝 접촉부(T)/공차(L)/명령 취소(U)/닫기(C)]:
다음 점 입력 또는 [끝 접촉부(T)/공차(L)/명령 취소(U)/닫기(C)]: Space bar ← 종료하기 위해 Space bar
다음 점 입력 또는 [끝 접촉부(T)/공차(L)/명령 취소(U)/닫기(C)]: Space bar ← 종료하기 위해 Space bar

2 Ray 명령으로 광선 그리기

Ray(광선) 명령은 임의의 출발점으로부터 한 방향으로 무한한 선을 그리는 편집 명령이며 도면을 작성할 때 기준선으로 사용합니다. Ray 명령을 사용하려면 명령 행에 'Ray'를 입력하고 Space bar 를 누르거나 [그리기] 도구 팔레트에 있는 광선 아이콘( )을 클릭합니다.

01 예제 파일 'Part3-39.dwg'를 불러옵니다. 명령 행에 'Ray'를 입력하고 Space bar 를 누릅니다.

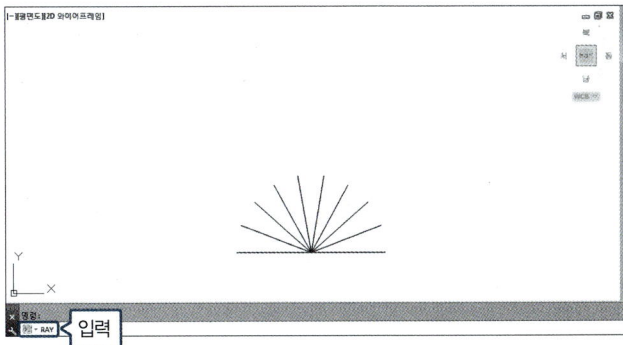

명령: RAY Space bar ← Ray 명령 입력

02 시작점(교차점)을 클릭하여 지정합니다.

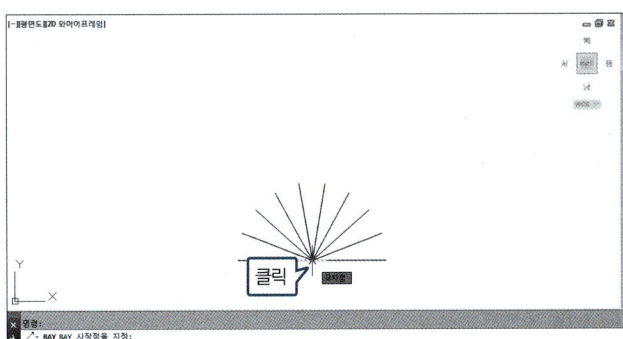

시작점을 지정: ← 시작점을 지정

03 통과할 지점(끝점)을 정확히 클릭하여 지정합니다.

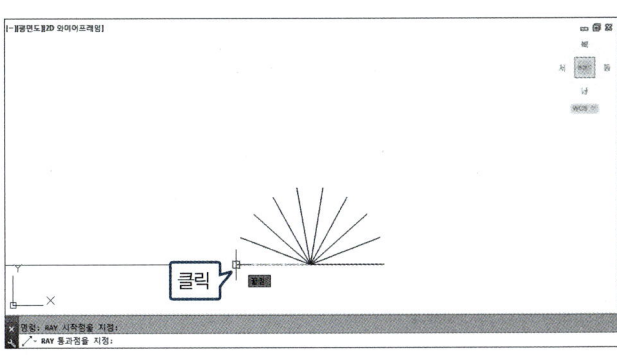

통과점을 지정: ← 통과점을 지정

04 계속해서 통과할 지점(끝점)을 모두 지정하여 완성합니다. 통과점 지정을 마치면 Space bar 를 눌러 명령을 종료합니다.

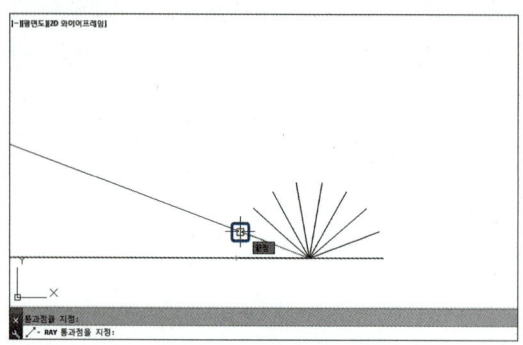 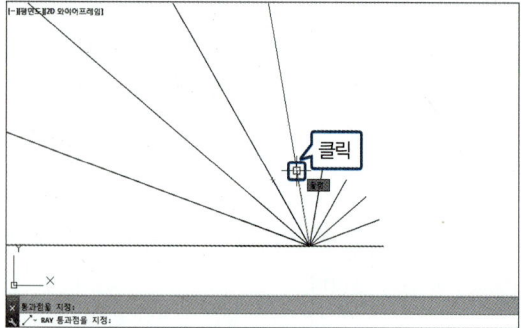

통과점을 지정: ← 연속해서 통과점을 모두 지정
통과점을 지정: Space bar ← 통과점을 다 지정하면 Space bar 를 누르고 종료

05 광선 그리기가 완성되었습니다.

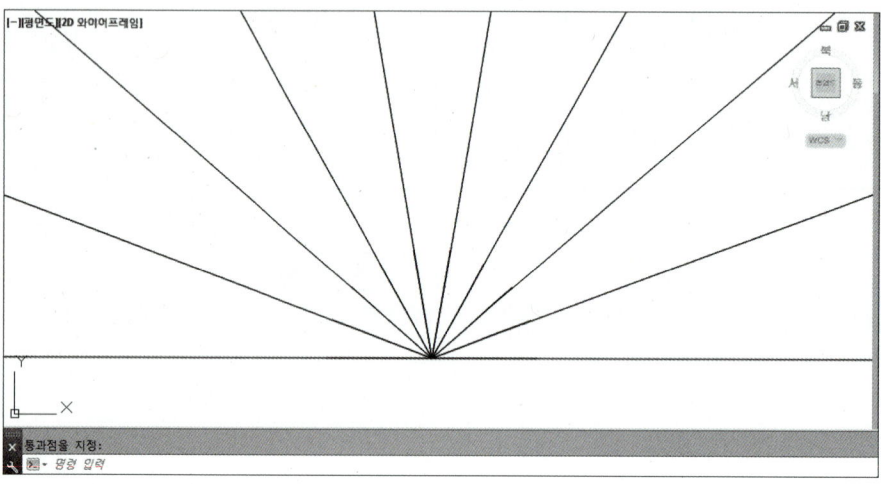

3 Xline 명령으로 건축선 그리기

Xline 명령, 즉 Xline-Construction Line(구성선) 명령은 양방향으로 시작과 끝이 없는 무한선을 그리는 편집 명령입니다. 작업 범위가 큰 도면에 사용하기 편리해서 건축이나 토목 도면에서 많이 사용합니다. Xline 명령을 사용하려면 명령 행에 'Xline'을 입력하고 Space bar 를 누르거나 [그리기] 도구 팔레트에 있는 구성선 아이콘( )을 클릭합니다.

01 예제 파일 'Part3-40.dwg'를 불러옵니다. 명령 행에 'Xline'을 입력하고 Space bar 를 누릅니다.

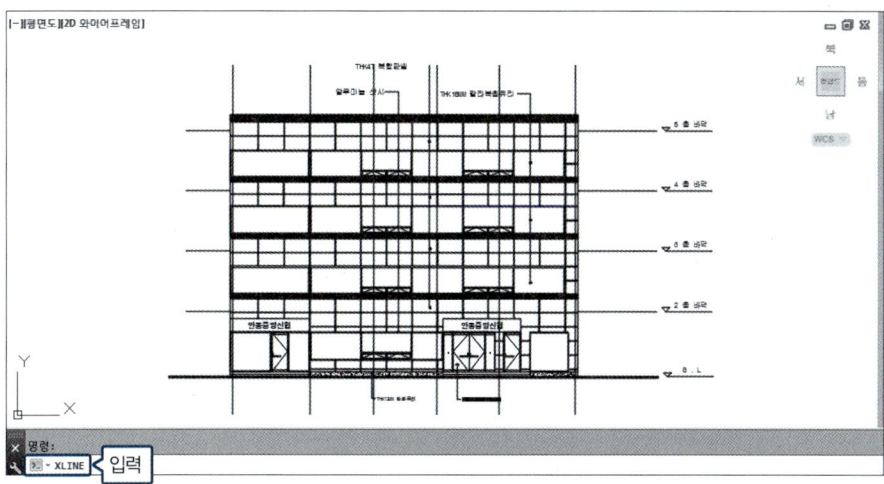

명령: XLINE Space bar ← Xline 명령 입력(XL)

02 수직선과 수평선으로 그릴 것이므로 F8 을 눌러 직교 모드를 활성화합니다. 그런 다음 첫 번째 점(끝점)을 클릭하여 지정합니다.

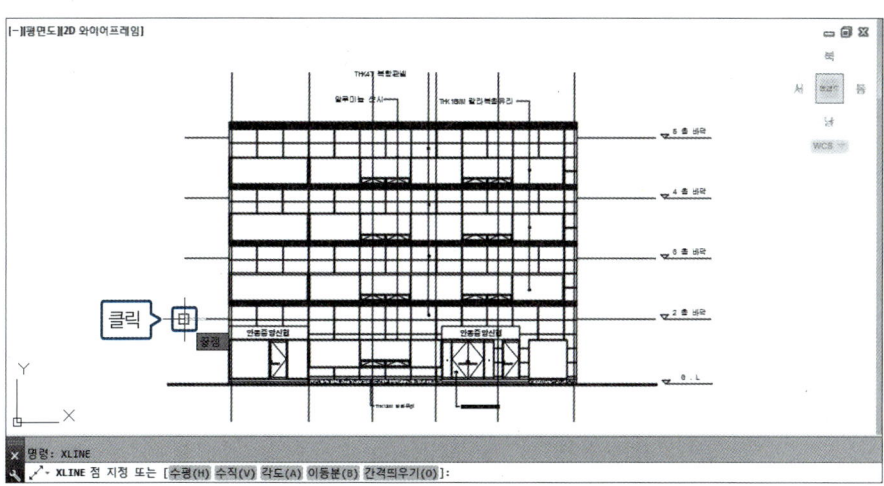

점 지정 또는 [수평(H)/수직(V)/각도(A)/이등분(B)/간격띄우기(O)]: ← 시작점을 지정

03 통과점(끝점)을 방향에 맞게 클릭하여 지정합니다. 통과점을 지정한 후 Space bar 를 눌러 명령을 종료합니다.

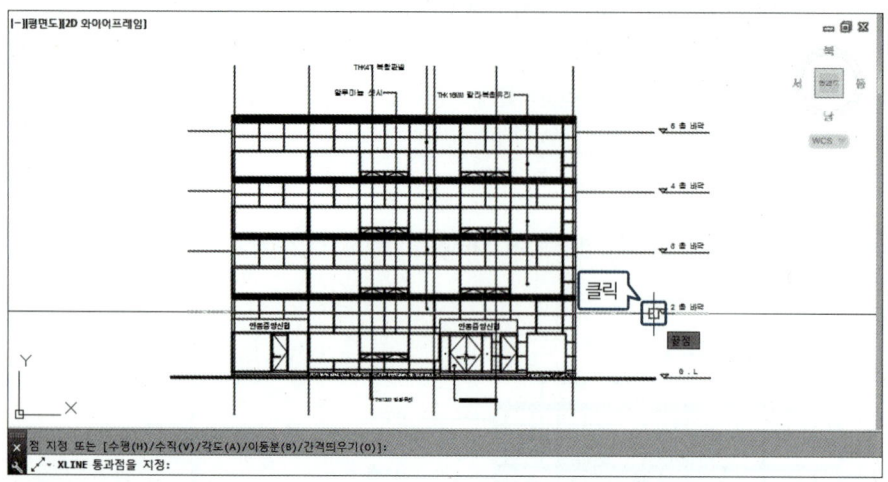

통과점을 지정: ← 통과점을 지정
통과점을 지정: Space bar ← 명령 종료

04 Space bar 를 눌러 Xline 명령을 다시 실행합니다. 그런 다음 연속해서 첫 번째 점과 끝점 방향을 맞추어 시작점과 통과점으로 건축 중심선을 지정합니다. 도면 작성이 끝났으면 Space bar 를 눌러 명령을 종료합니다.

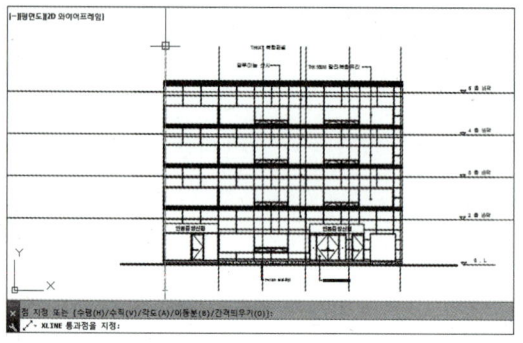 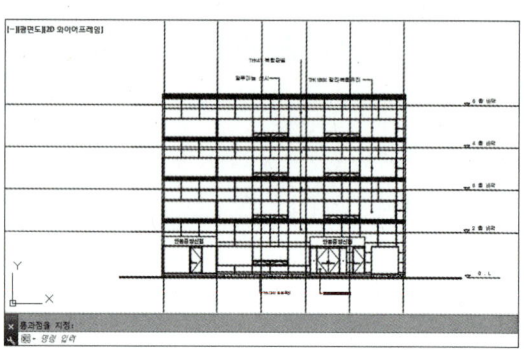

4 Mline 명령으로 여러 줄 그리기

Mline(여러 줄) 명령은 여러 개의 선을 한 번에 그릴 때 사용하는 편집 명령입니다. 초기 설정값은 이중선이며 삼중선, 사중선 등으로 나타낼 수 있습니다. Mline 명령을 사용하려면 명령 행에 'Mline'을 입력하고 Space bar 를 누르면 됩니다.

01 새 도면 파일을 엽니다. 명령 행에 'Mline'을 입력하고 Space bar 를 누릅니다. 도면의 임의의 점을 클릭해 시작점으로 지정합니다.

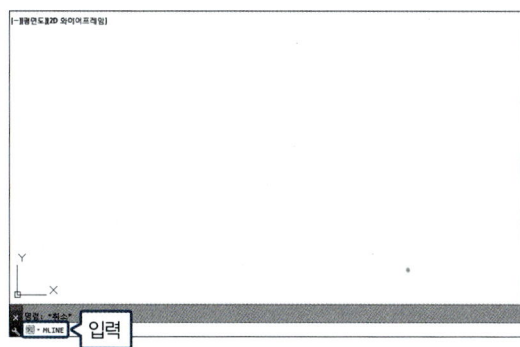 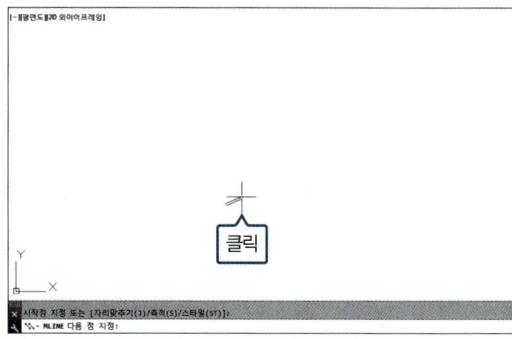

```
명령: MLINE Space bar ← Mline 명령 입력(ML)
현재 설정: 자리맞추기 = 맨 위, 축척 = 20.00, 스타일 = STANDARD
시작점 지정 또는 [자리맞추기(J)/축척(S)/스타일(ST)]: ← 시작점 지정
```

02 다음 점을 시작점에서 0° 방향으로 200mm 이동한 지점에 지정해보겠습니다. 명령 행에 극좌표인 '@200<0'을 입력하고 Space bar 를 누릅니다.

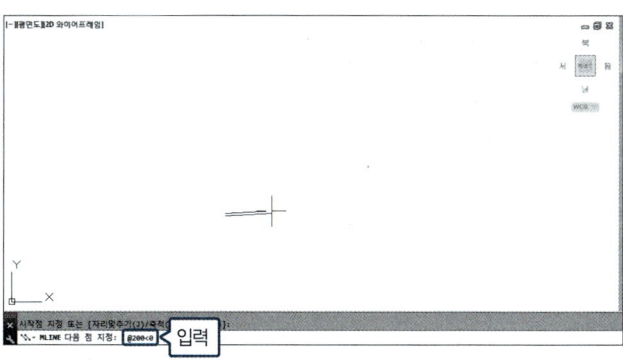

```
다음 점 지정: @200<0 Space bar ← 다음 점 지정
```

03 이번에는 90° 방향으로 200mm를 지정해보겠습니다. 명령 행에 '@200〈90'을 입력하고 Space bar 를 누릅니다.

바로 통하는 TIP 객체의 크기가 크다면 마우스 휠을 굴려서 화면을 축소합니다.

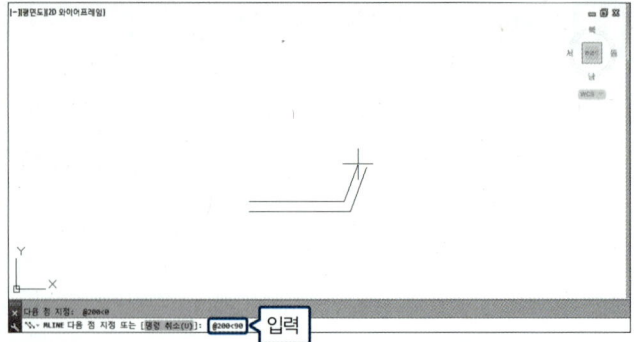

다음 점 지정 또는 [명령 취소(U)]: @200〈90 Space bar ← 다음 점 지정

04 또다시 180° 방향으로 200mm를 지정해보겠습니다. 명령 행에 '@200〈180'을 입력하고 Space bar 를 누릅니다.

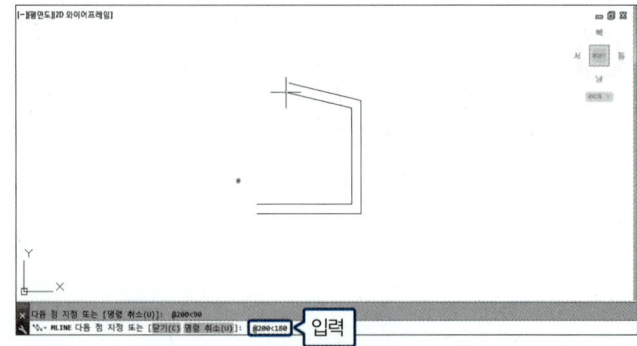

다음 점 지정 또는 [닫기(C)/명령 취소(U)]: @200〈180 Space bar ← 다음 점 지정

05 사각형을 닫기 위해 서브 메뉴 중 'C(Close, 닫기)'를 입력하고 Space bar 를 눌러 명령을 종료합니다. 열린 다각형이 완성되었습니다.

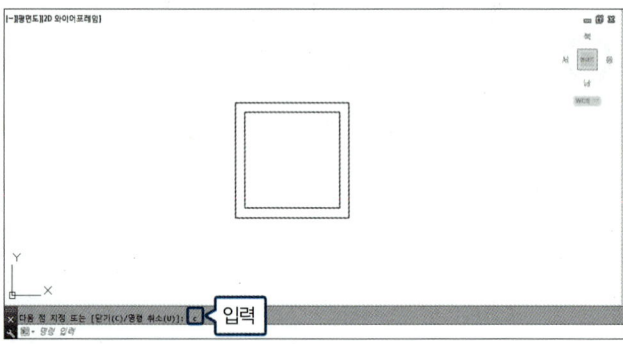

다음 점 지정 또는 [닫기(C)/명령 취소(U)]: c Space bar ← 옵션 'C' 입력

5 Helix 명령으로 나선 그리기

Helix(나선) 명령은 스프링 모양의 3D 나선을 그리는 편집 명령입니다. Helix 명령을 사용하려면 명령 행에 'Helix'를 입력하고 Spacebar를 누르거나 [그리기] 도구 팔레트에 있는 나선 아이콘(▦)을 클릭합니다.

옵션 풀이

축 끝점(A) _ 나선 축의 끝점을 지정합니다.
회전 높이(H) _ 회전 높이를 지정합니다.
회전(T) _ 회전 개수를 지정합니다.
비틀기(W) _ 비트는 방향을 지정합니다.

01 새 도면 파일을 엽니다. Helix 명령은 3D 이미지를 생성하므로 먼저 명령 행에 '-Vpoint'를 입력하고 Spacebar를 누릅니다.

바로 통하는 TIP Vpoint 명령은 PART 07에서 자세히 알아보도록 합니다.

명령: -VPOINT Spacebar ← Vpoint 명령 입력

02 명령 행에 좌푯값을 '1,-1,1'로 입력하고 Spacebar를 누릅니다.

바로 통하는 TIP 3D 부분에서 자세히 언급하겠지만 '1,-1,1'의 좌푯값으로 지정하면 남동 방향에서 바라본 화면으로 표시합니다.

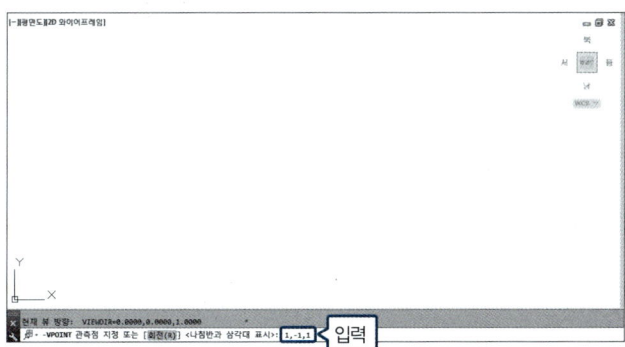

현재 뷰 방향: VIEWDIR=0.0000,0.0000,1.0000
관측점 지정 또는 [회전(R)] <나침반과 삼각대 표시>: 1,-1,1 Spacebar ← 좌표 (1, -1, 1) 입력
모형 재생성 중.

03 명령 행에 'Helix'를 입력하고 Space bar를 누릅니다. 임의의 기준점을 클릭하여 지정합니다.

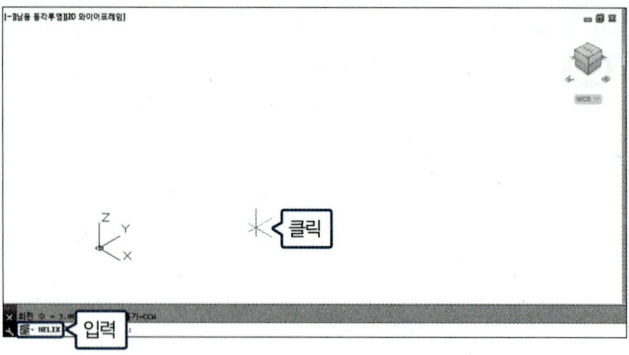

명령: HELIX Space bar ← Helix 명령 입력
회전 수 = 3.0000 비틀기=CCW
기준 중심점 지정: ← 기준의 중심점 지정

04 나선의 기준 반지름을 '20'으로 입력하고 Space bar를 누릅니다. 꼭대기의 반지름을 '30'으로 입력하고 Space bar를 누릅니다.

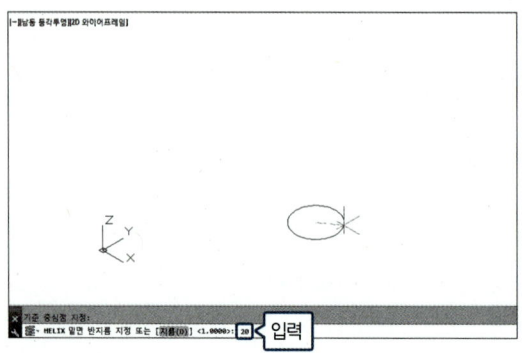 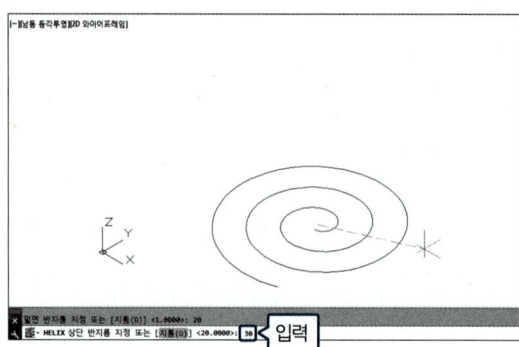

밑면 반지름 지정 또는 [지름(D)] ⟨1.0000⟩: 20 Space bar ← 기준의 반지름 '20' 입력
상단 반지름 지정 또는 [지름(D)] ⟨20.0000⟩: 30 Space bar ← 꼭대기 반지름 '30' 입력

05 나선의 높이를 '50'으로 입력하고 Space bar를 누릅니다.

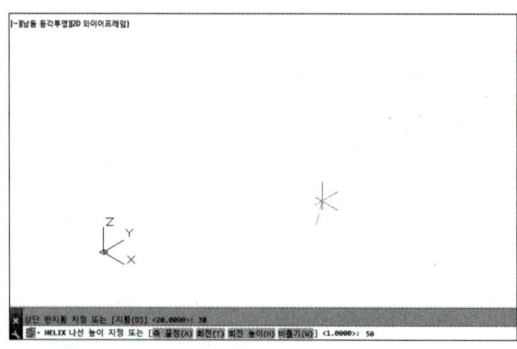 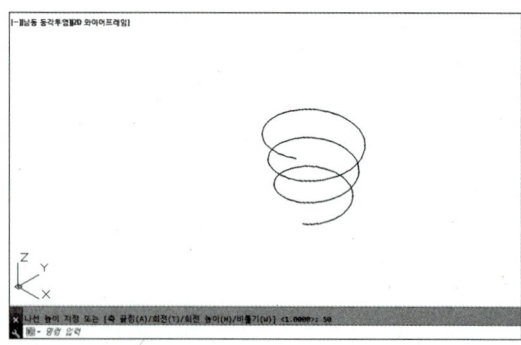

나선 높이 지정 또는 [축 끝점(A)/회전(T)/회전 높이(H)/비틀기(W)] ⟨1.0000⟩: 50 Space bar ← 나선의 높이 '50' 입력

SECTION 02

유용한 편집 명령 – Align, Lengthen, Break

도면을 작성할 때 사용하는 편집 기능을 알아보겠습니다. Align(정렬) 명령, Lengthen(길이 조정) 명령, Break(끊기) 명령은 Copy(복사) 명령이나 Move(이동) 명령처럼 항상 사용하는 명령은 아니지만 실무에서 유용하므로 알아두는 것이 좋습니다.

1 Align 명령으로 객체 정렬하기

Align(정렬) 명령은 Move(이동) 명령, Rotate(회전) 명령, Scale(축척) 명령의 기능을 모두 실행하므로 객체를 정렬할 때 매우 유용합니다. Align 명령을 사용하려면 명령 행에 'Align'을 입력하고 Space bar 를 누릅니다.

01 예제 파일 'Part3-41.dwg'를 불러옵니다. 명령 행에 'Align'을 입력하고 Space bar 를 누릅니다.

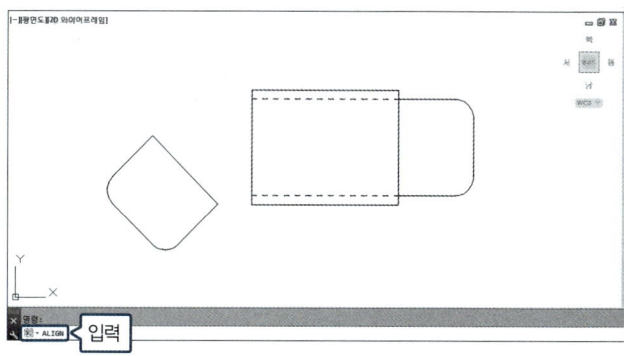

명령: ALIGN Space bar ← Align 명령 입력 (AL)

02 정렬하려는 객체를 선택합니다. 의자를 클릭하여 선택하고 Space bar 를 누릅니다.

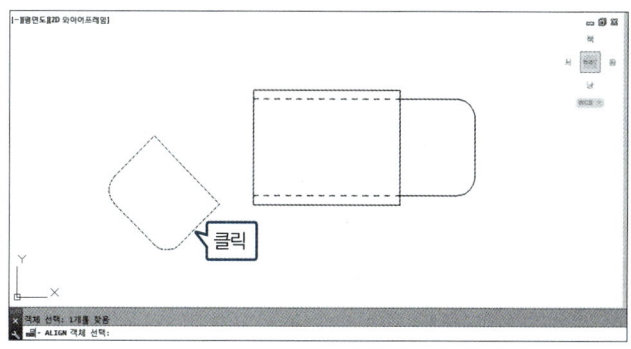

객체 선택: 반대 구석 지정: 1개를 찾음 ← 객체 선택
객체 선택: Space bar ← Space bar 를 눌러 다음 단계로 진행

03 첫 번째 근원점(끝점)을 지정합니다. 의자의 윗모서리를 클릭합니다.

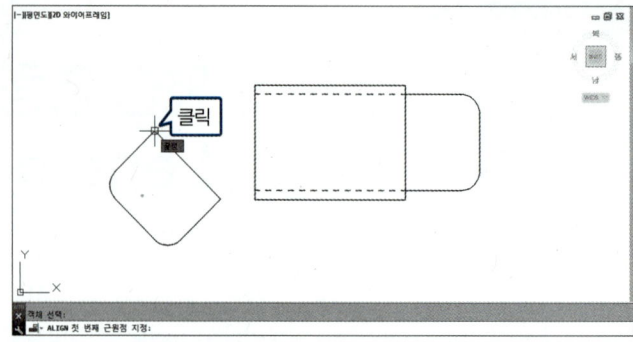

첫 번째 근원점 지정: ← 첫 번째 근원점 지정

04 의자를 정렬할 목표점을 지정합니다. 첫 번째 목표점인 책상의 왼쪽 상단 모서리(끝점)를 클릭하여 지정합니다.

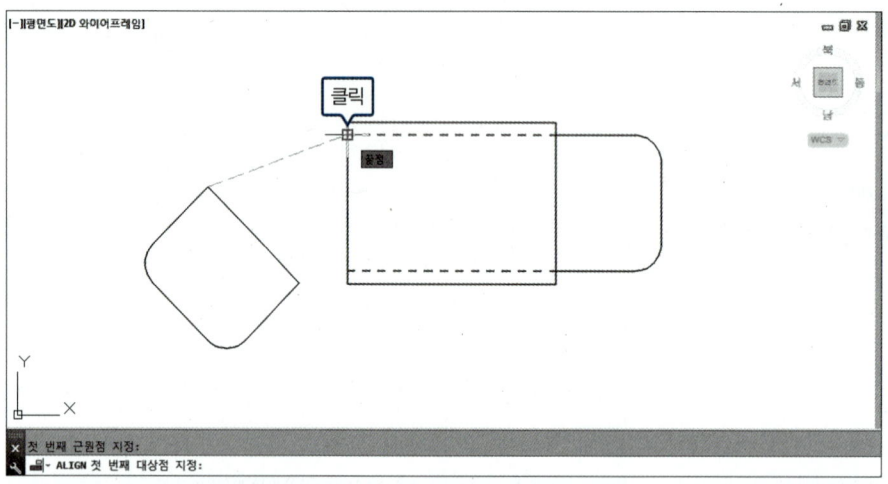

첫 번째 대상점 지정: ← 첫 번째 목표점 지정

05 두 번째 근원점(끝점)을 클릭하여 지정합니다.

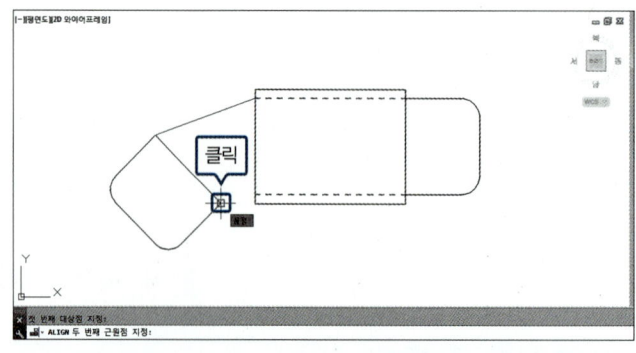

두 번째 근원점 지정: ← 두 번째 근원점 지정

06 두 번째 목표점(끝점)을 클릭하여 지정합니다.

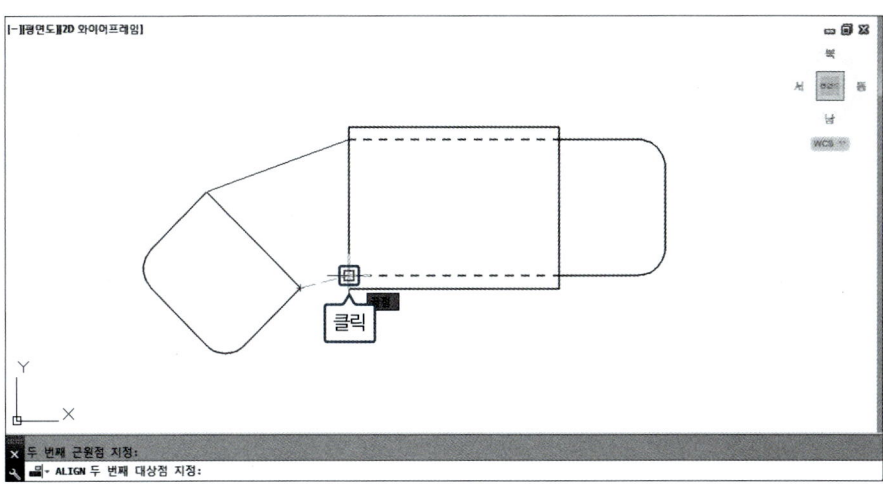

두 번째 대상점 지정: ← 두 번째 목표점 지정

07 Space bar 를 두 번 눌러 명령을 실행한 뒤 종료합니다. 의자가 테이블과 평행한 위치에 자동으로 정렬됩니다.

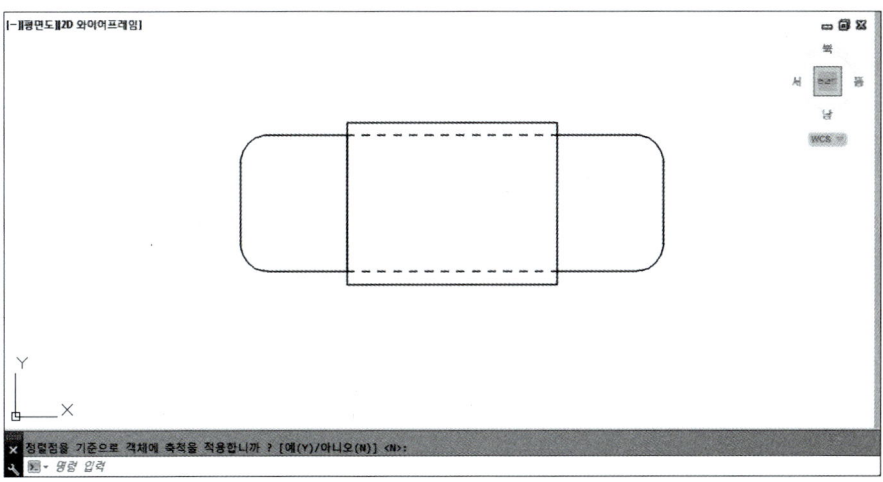

세 번째 근원점 지정 또는 〈계속〉: Space bar ← 더 이상 지정할 것이 없으므로 Space bar
정렬점을 기준으로 객체에 축척을 적용합니까? [예(Y)/아니오(N)] 〈N〉: Space bar ← 명령 종료

2 Lengthen 명령으로 객체 늘이기

Lengthen(길이 조정) 명령은 객체의 길이를 변경하는 편집 명령입니다. 호의 길이나 선의 길이 모두를 변경할 수 있어 건축, 인테리어 도면의 중심선을 연장할 때나 기계 도면에서 객체의 길이를 조정할 때 유용합니다. Lengthen 명령을 사용하기 위해서는 명령 행에 'Lengthen'을 입력하고 Space bar 를 누르거나 [수정] 도구 팔레트에 있는 길이 조정 아이콘( )을 클릭합니다.

옵션 풀이

- **증분(DE)** _ Lengthen 명령에서 가장 사용 빈도가 높으며 선의 길이나 각도를 조절합니다.
- **퍼센트(P)** _ 객체를 변화하려는 수치를 백분율로 입력합니다. 초깃값은 100% 기준입니다.
- **합계(T)** _ 객체를 한꺼번에 지정할 수 있습니다.
- **동적(DY)** _ 실시간으로 객체의 변화를 보여줍니다.

01 예제 파일 'Part3-42.dwg'를 불러옵니다. 명령 행에 'Lengthen'을 입력하고 Space bar 를 누릅니다. 여러 선 객체의 길이를 한꺼번에 변경할 것입니다. 서브 메뉴 중 'T(Total, 합계)'를 입력하고 Space bar 를 눌러 명령을 실행합니다. 그런 다음 조정할 길이인 '5'를 입력하고 Space bar 를 누릅니다.

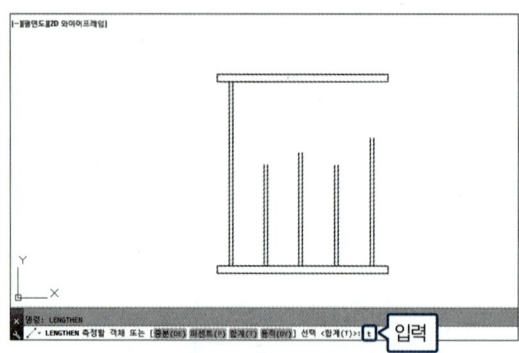
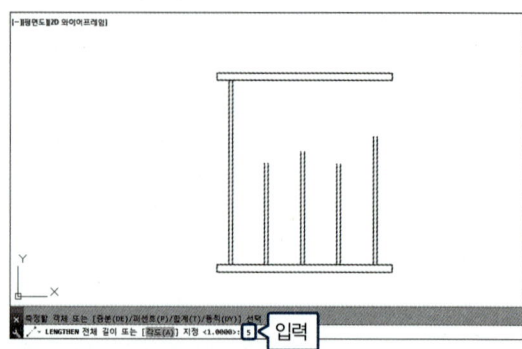

```
명령: LENGTHEN Space bar ← Lengthen 명령 입력 (LEN)
측정할 객체 또는 [증분(DE)/퍼센트(P)/합계(T)/동적(DY)] 선택 <합계(T)>: t Space bar ← 옵션 'T(Total)' 입력
전체 길이 또는 [각도(A)] 지정 <1.0000>: 5 Space bar ← 길이 '5' 입력
```

02 한 번에 여러 개의 객체를 지정할 것이므로 'F(Fence, 울타리)'를 입력한 후 Space bar 를 눌러 명령을 실행합니다.

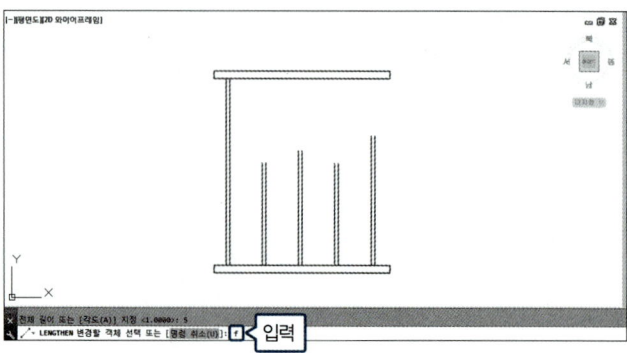

```
변경할 객체 선택 또는 [명령 취소(U)]: f Space bar
← 옵션 'F' 입력
```

03 객체의 왼쪽 임의의 점과 오른쪽 임의의 점을 클릭하여 울타리를 지정합니다.

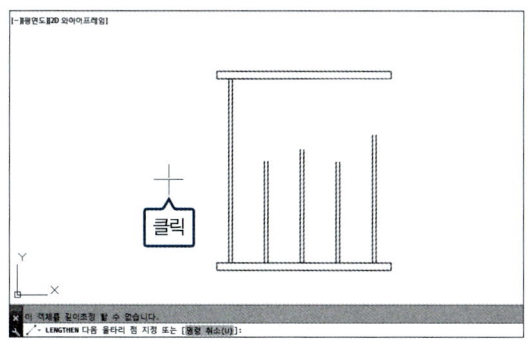 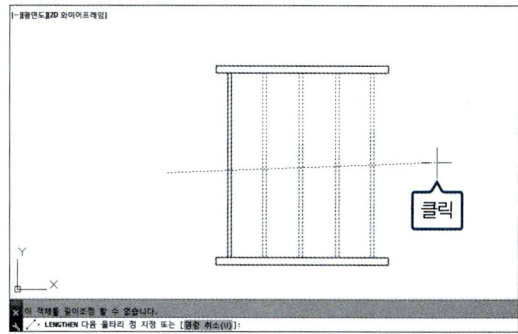

첫 번째 울타리 점 또는 선택/끌기 커서 지정: ← 첫 번째 울타리 지정
다음 울타리 점 지정 또는 [명령 취소(U)]: ← 두 번째 울타리 지정

04 Space bar 를 눌러 명령을 종료합니다. 선 객체가 길어진 것을 알 수 있습니다.

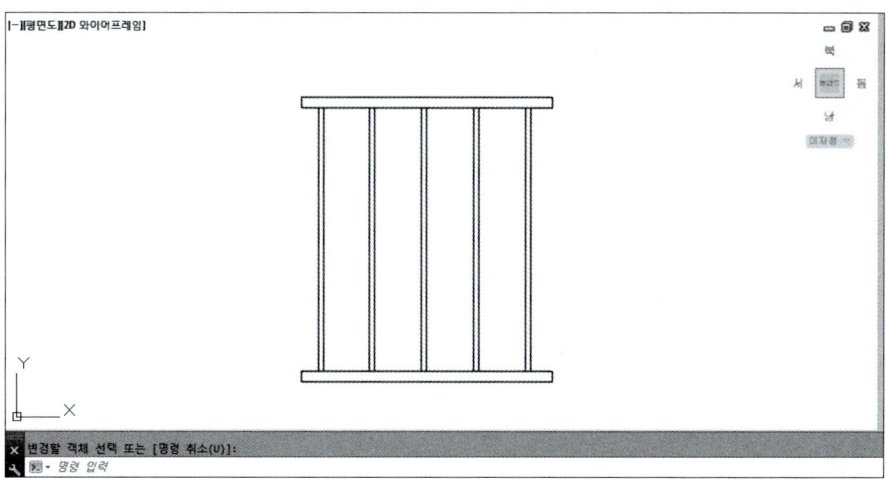

변경할 객체 선택 또는 [명령 취소(U)]: Space bar ← 명령 종료

3 Break 명령으로 객체 분리하기

Break(끊기) 명령은 기존의 객체에 두 점을 지정하여 그 사이를 자르거나 분리하는 편집 명령입니다. 원과 호는 반시계 방향으로 끊기가 실행됩니다. Break 명령을 사용하려면 명령 행에 'Break'를 입력하고 Space bar 를 누르거나 [수정] 도구 팔레트에 있는 끊기 아이콘(□)을 클릭합니다.

01 예제 파일 'Part3-43.dwg'를 불러옵니다. 명령 행에 'Break'를 입력하고 Space bar 를 누릅니다. 분리할 객체를 클릭하여 선택합니다.

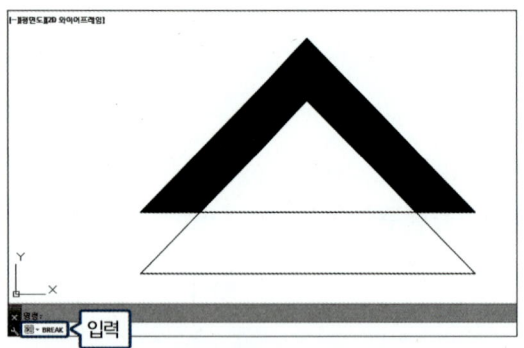
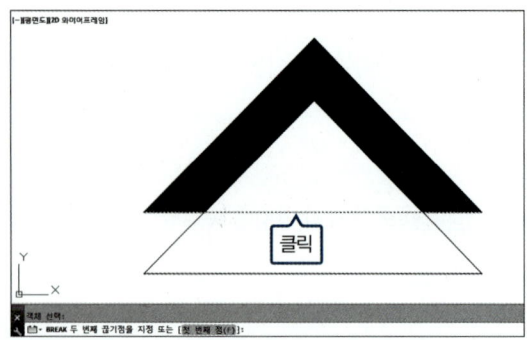

명령: BREAK Space bar ← Break 명령 입력 (BR)
객체 선택: ← 객체 선택

바로 통하는 TIP 위 도면은 모든 분야의 도면에서 흔히 사용하는 방위표입니다. 나중에 실무에서 유용하게 활용할 것입니다.

02 분리할 객체의 첫 번째 점을 지정하기 위해 'F'를 입력한 후 Space bar 를 눌러 명령을 실행합니다.

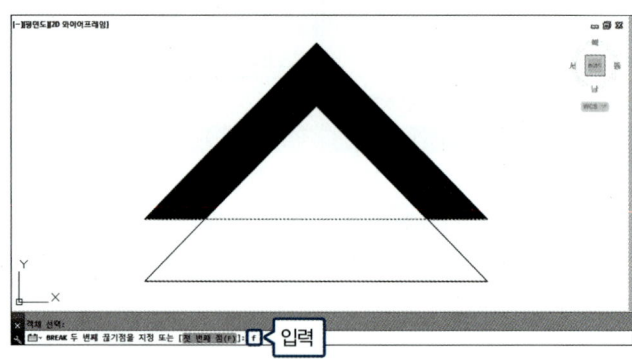

두 번째 끊기점을 지정 또는 [첫 번째 점(F)]: f Space bar ← 옵션 'F' 입력

03 분리할 객체의 첫 번째 점(끝점)을 클릭하여 지정합니다.

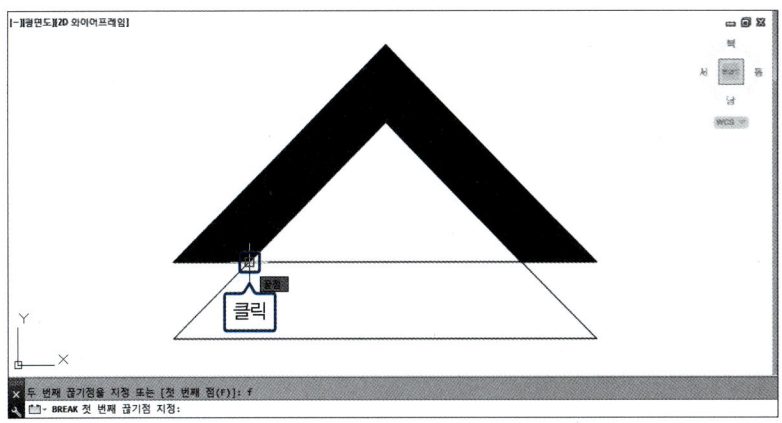

첫 번째 끊기점 지정: ← 첫 번째 끊기 점 지정

04 분리할 객체의 두 번째 점(끝점)을 클릭하여 지정합니다.

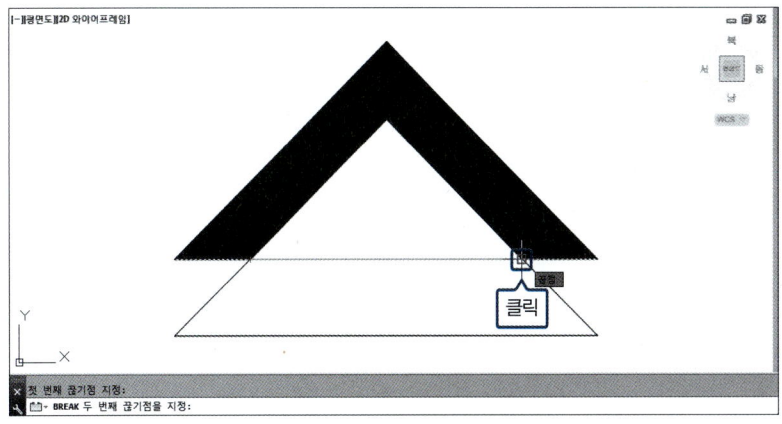

두 번째 끊기점을 지정: ← 두 번째 끊기 점 지정

05 두 객체가 분리된 것을 확인할 수 있습니다.

Lengthen 명령으로 도면의 중심선 연장하기

Lengthen(길이 조정) 명령은 Extend(연장) 명령과 달리 별도의 경계선을 지정하지 않고도 객체를 연장할 수 있습니다. 건축, 기계 도면의 중심선을 원하는 길이로 연장할 때 유용합니다. 다음 예제에서 벽체 안에 점선으로 표시된 중심선을 연장해보겠습니다.

1 예제 파일 'Part3-44.dwg'를 불러옵니다. 명령 행에 'Lengthen'을 입력하고 Space bar 를 눌러 명령을 실행합니다.

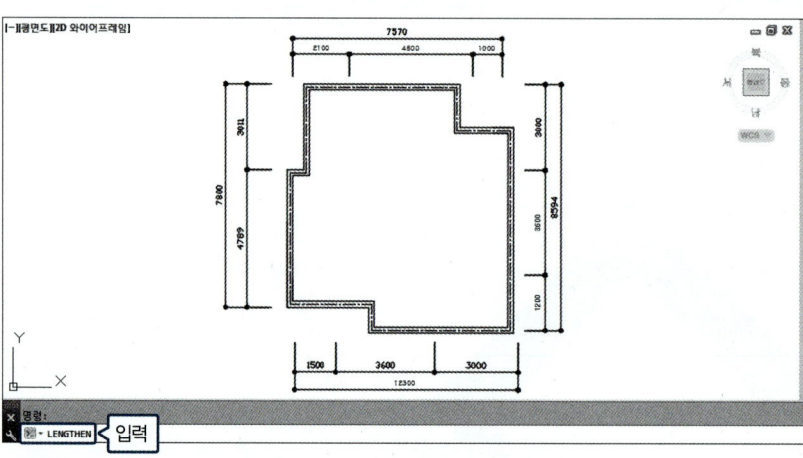

명령: LENGTHEN Space bar ← Lengthen 명령 입력 (LEN)

2 일정한 길이를 지정합니다. 서브 메뉴 중 'DE(DElta, 증분)'를 입력하고 Space bar 를 눌러 다음 단계로 넘어갑니다. 그런 다음 연장 길이를 '200'으로 입력하고 Space bar 를 누릅니다.

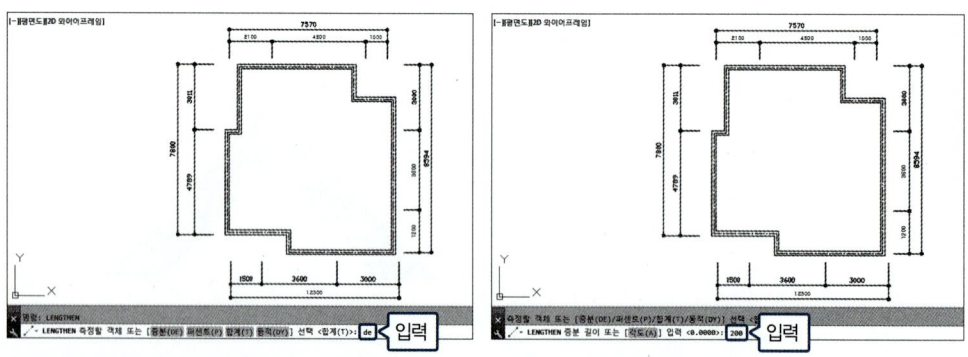

측정할 객체 또는 [증분(DE)/퍼센트(P)/합계(T)/동적(DY)] 선택 〈합계(T)〉: de Space bar ← 옵션 'DE' 입력

증분 길이 또는 [각도(A)] 입력 〈0.0000〉: 200 Space bar ← 길이 '200' 입력

3 연장할 중심선을 선택하면 길이가 연장됩니다. 중심선의 양 끝을 한 번씩 클릭하여 같은 길이로 연장하여 완성합니다.

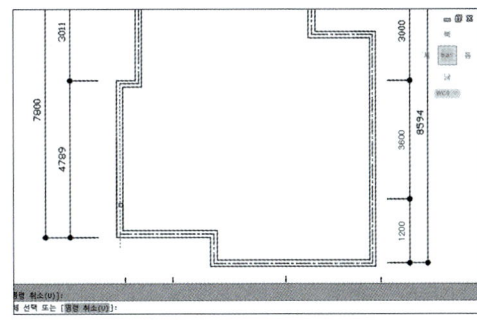

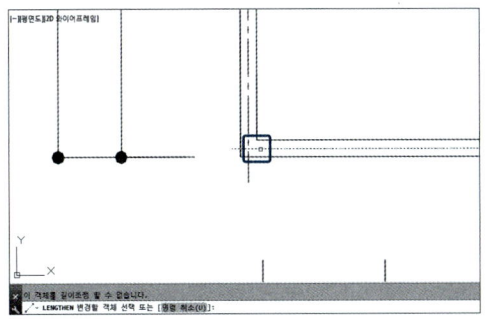
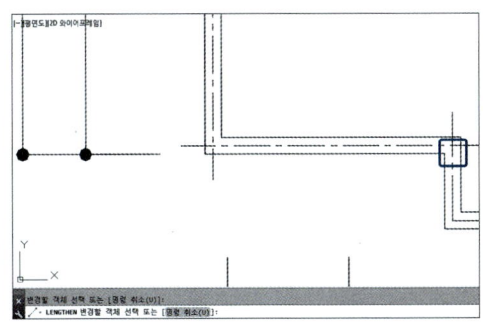

변경할 객체 선택 또는 [명령 취소(U)]: ← 변경할 객체 선택
변경할 객체 선택 또는 [명령 취소(U)]: ← 변경할 객체 선택
변경할 객체 선택 또는 [명령 취소(U)]: ← 변경할 객체 선택
변경할 객체 선택 또는 [명령 취소(U)]: ← 변경할 객체 선택
변경할 객체 선택 또는 [명령 취소(U)]: ← 변경할 객체 선택
변경할 객체 선택 또는 [명령 취소(U)]: ← 변경할 객체 선택

4 중심선을 연장했으면 Space bar 를 눌러 명령을 종료합니다.

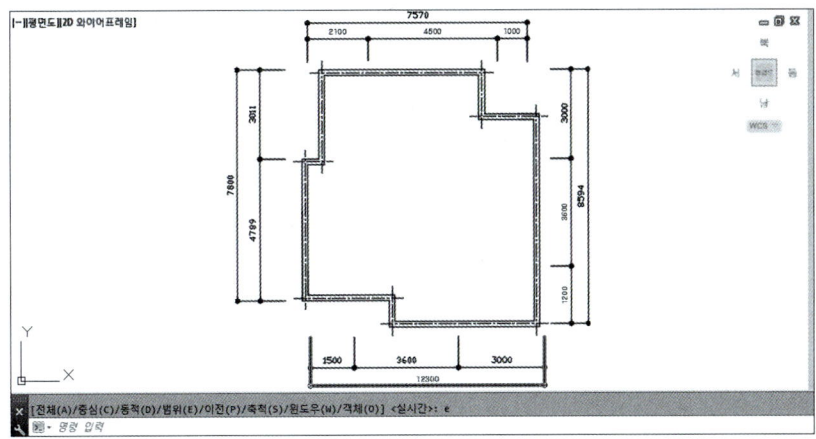

변경할 객체 선택 또는 [명령 취소(U)]: Space bar ← 명령 종료

PART
04

이번 파트에서는 2D 도면을 단순히 그리는 작업보다 한 차원 높은 이미지로 나타내는 명령과 설정을 알아봅니다. AutoCAD를 사용할 때 이왕이면 좀 더 빠르고 효율적으로 작업한다면 업무에 많은 도움이 될 것입니다. 빨리 작업하면서도 훨씬 더 멋진 이미지를 만드는 방법을 알아봅니다.

도면을 멋지게 꾸며주는 다양한 명령

CHAPTER 01

문자 입력 및 편집과 표 그리기

AutoCAD는 기호나 선으로 이루어진 도면을 작성하는 프로그램입니다. 기호나 선으로 모든 작업 내용을 함축하여 표현하지만 그것만으로 표현하기가 힘든 부분은 문자를 사용하여 직접 표현합니다. AutoCAD에서 문자를 표현하는 명령은 Dtext(단일행 문자) 명령과 Mtext(여러 줄 문자) 명령이 있습니다. 도면의 일람표 등을 작성할 때 Table(표 그리기) 명령을 이용하면 선을 하나하나 그릴 필요가 없어서 편리합니다. 이번 장에서는 문자를 입력하는 두 가지 명령과 아울러 표를 그리는 방법도 알아보겠습니다.

학습 목표

실무 도면에 문자를 입력하는 방법을 익혀봅니다. 문자 입력은 도면을 이해하기 위한 필수 요소로 작업에 대한 방법을 지시하거나 사용되는 재질, 성분, 구성 등의 표시와 같은 내용 전달에 많이 사용합니다.

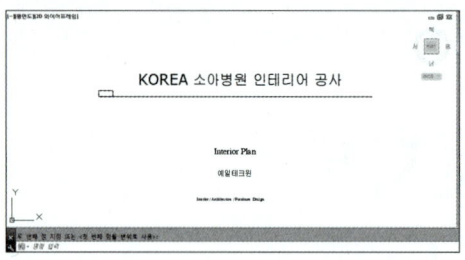

▲ 단일행 문자 입력하기

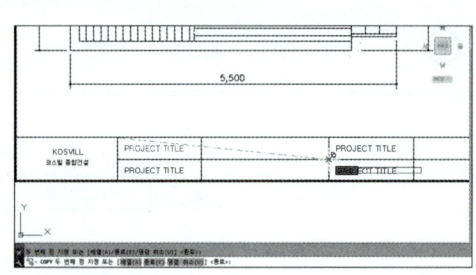

▲ 여러 줄 문자 입력하기

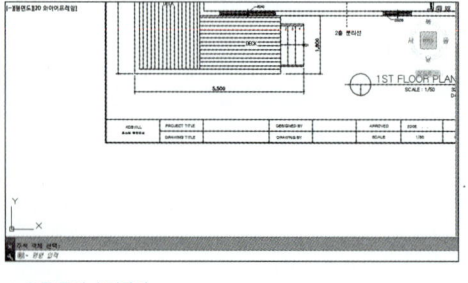

▲ 오류 문자 수정하기

▲ 표 그리기

SECTION 01 문자 입력하기

실무 도면에서 문자는 정확히 입력해야 합니다. Dtext(단일행 문자)는 문자를 여러 줄로 입력했을 경우 각 행을 각기 다른 단일 객체로 인식하는 문자 입력 명령입니다. Mtext(여러 줄 문자)는 한 줄이나 여러 줄로 입력한 후 선택했을 때 모두 하나의 객체로 인식하는 명령입니다.

1 Dtext 명령으로 단일행 문자 입력하기

Dtext(단일행 문자)를 사용하여 문자를 입력하는 방법입니다. Dtext 명령을 사용하려면 명령 행에 'Dtext'를 입력하거나 [주석] 도구 팔레트에 있는 단일행 아이콘(A 단일행)을 선택합니다. 인테리어 도면 표지에 문자를 기입해보겠습니다.

> **옵션 풀이**
> 자리 맞추기(J) _ 문자를 입력할 때 배열 방법을 선택합니다.
> 스타일(S) _ 스타일을 지정하여 문자를 입력합니다.

01 예제 파일 'Part4-01.dwg'를 불러옵니다. 명령 행에 'Dtext'를 입력하고 Space bar 를 누릅니다.

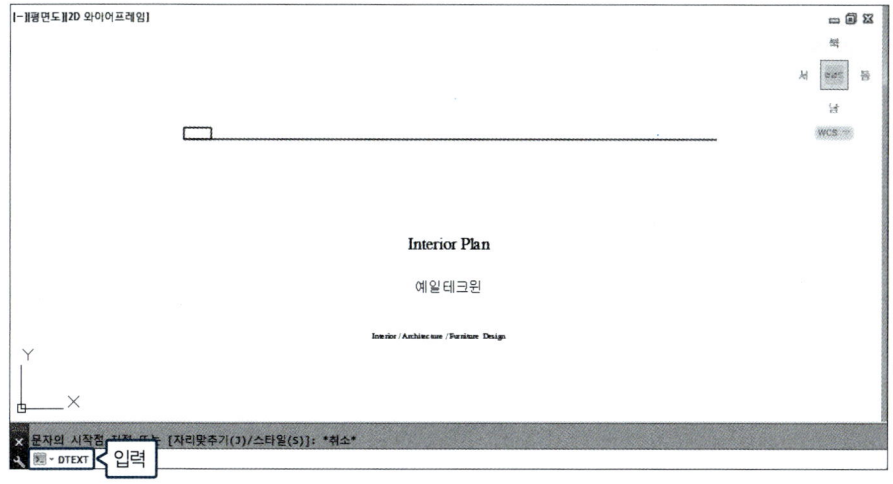

명령: DTEXT Space bar ←Dtext 명령 입력 (DT)

02 임의의 지점을 클릭하여 출발점을 지정합니다.

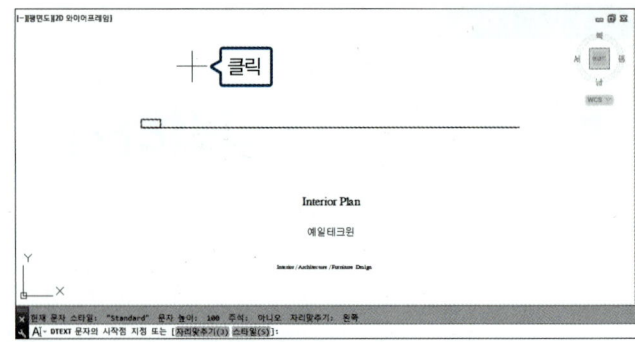

현재 문자 스타일: "Standard" 문자 높이: 100 주석: 아니오 자리맞추기: 왼쪽
문자의 시작점 지정 또는 [자리맞추기(J)/스타일(S)]: ← 출발점 지정

03 문자 높이를 1,200mm로 설정하기 위해 명령 행에 '1200'을 입력하고 Space bar 를 눌러 다음 단계로 넘어갑니다.

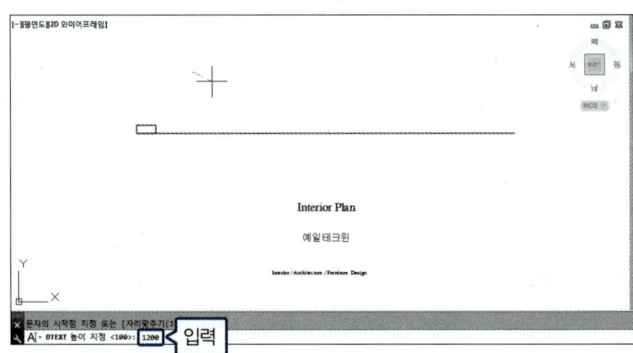

높이 지정 <100>: 1200 Space bar ← 문자 높이 '1200' 입력

바로 통하는 TIP 문자 높이(크기)는 축척을 고려하여 입력합니다. 예를 들어 도면을 출력할 때 축척이 1/100이고 용지에 출력할 문자의 높이가 4mm 정도라면 4mm×100=400이므로 문자의 높이를 '400'으로 입력합니다. 최종 축척이 정해지지 않았다면 문자 입력 후 Scale(축척) 명령으로 문자의 높이를 눈으로 확인·비교하면서 지정합니다.

04 문자의 회전 각도를 지정합니다. 명령 행에 회전 각도는 '0'으로 입력하고 Space bar 를 누릅니다.

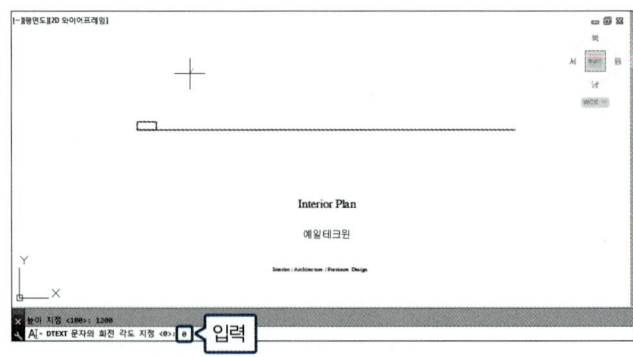

문자의 회전 각도 지정 <0>: 0 Space bar ← 회전 각도 '0' 입력

05 화면에 커서가 깜빡입니다. 'KOREA 소아병원 인테리어 공사'라고 입력하고 Enter를 두 번 눌러 종료합니다. 이때 내용을 아래에 한 줄 더 쓰려면 Enter를 두 번 누르는 대신 Enter를 한 번만 누르고 연속해서 내용을 입력하면 됩니다.

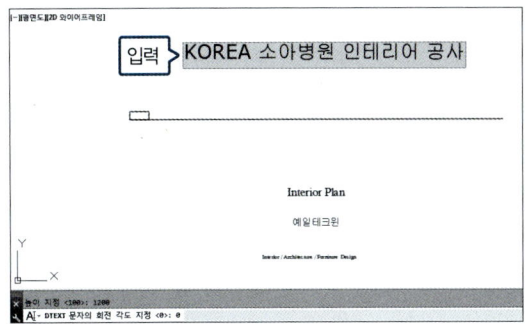 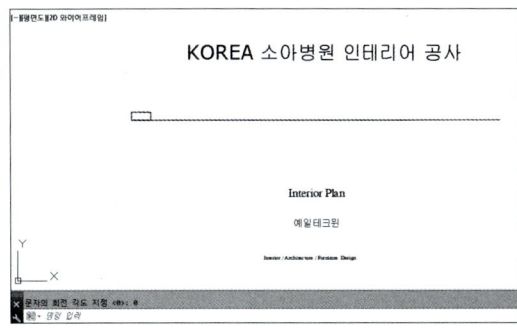

바로 통하는 TIP Dtext 명령에서 Spacebar는 문자를 한 칸 띄우는 역할이고 명령을 종료할 때에는 Enter를 두 번 누릅니다.

06 문자를 보기 좋게 옮겨보겠습니다. 명령 행에 'Move'를 입력하고 Spacebar 를 누릅니다.

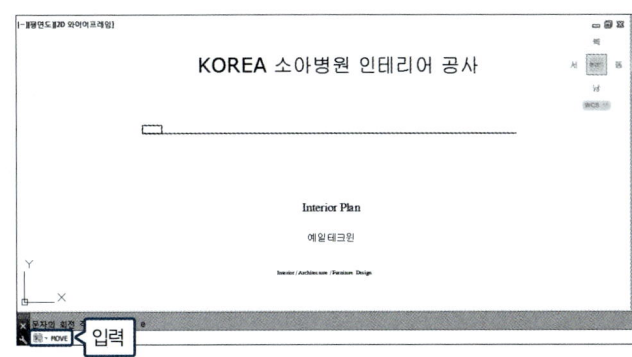

명령: MOVE Spacebar ← Move 명령 입력 (M)

07 문자 객체를 클릭하여 선택하고 Spacebar를 누릅니다.

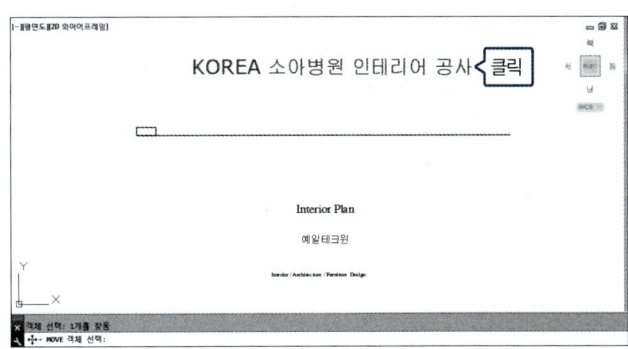

객체 선택: 1개를 찾음 ← 객체 선택
객체 선택: Spacebar

08 임의의 지점을 클릭한 후 문자 객체를 옮길 알맞은 위치를 클릭하여 기준점을 지정하고 문자 객체를 이동합니다.

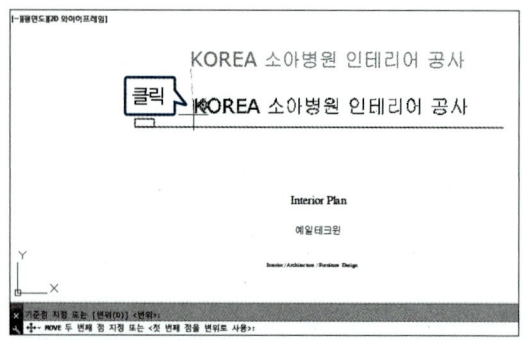 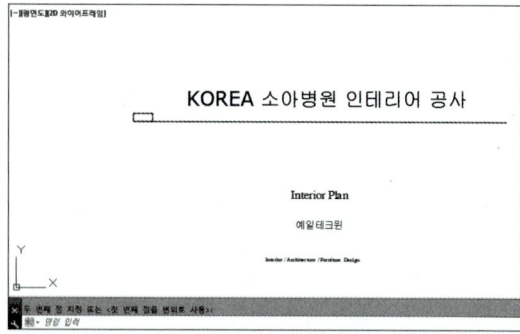

```
기준점 지정 또는 [변위(D)] 〈변위〉: ← 기준점 지정
두 번째 점 지정 또는 〈첫 번째 점을 변위로 사용〉: ← 변위 지정
```

2 Mtext 명령으로 여러 줄 문자 입력하기

Mtext(여러 줄 문자) 명령은 문장 전체를 하나의 객체로 인식하기 때문에 입력된 문자를 두 번 클릭하면 자동으로 나타나는 문자 편집기를 사용하여 편리하게 편집할 수 있습니다. Mtext 명령을 사용하려면 명령 행에 'Mtext'를 입력하거나 [주석] 도구 팔레트에 있는 여러 줄 문자 아이콘(A 여러 줄 문자)을 선택합니다.

옵션 풀이
- 높이(H) _ 높이를 지정합니다.
- 자리맞추기(J) _ 문자를 입력할 때 배열 방법을 선택합니다.
- 선 간격두기(L) _ 선 사이의 간격을 지정합니다.
- 회전(R) _ 회전 정도를 지정합니다.
- 스타일(S) _ 스타일을 지정하여 문자를 입력합니다.
- 폭(W) _ 폭을 지정합니다.
- 열(C) _ 열을 지정합니다.

01 예제 파일 'Part4-02.dwg'를 불러옵니다. 도면 하단에 있는 표의 사각형 칸에 각각 문자를 입력해보겠습니다. 명령행에 'Mtext'를 입력하고 Space bar 를 누릅니다.

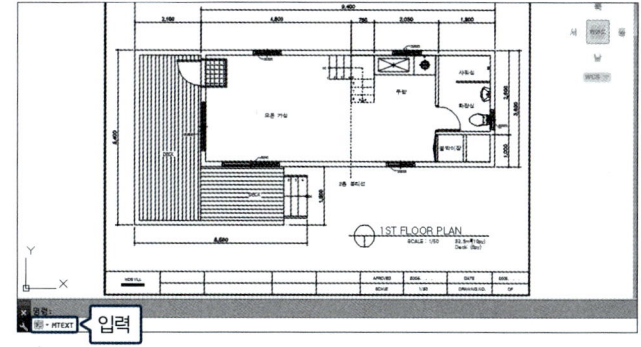

명령: MTEXT Space bar ←Mtext 명령 입력(T)

바로 통하는 TIP 'SHX 파일이 하나 이상 누락되었습니다'라는 메시지가 나타나면 [누락된 SHX 파일을 무시하고 계속]을 선택합니다. 문자 스타일과 기호의 일부가 누락되었을 때 나타나는 메시지입니다.

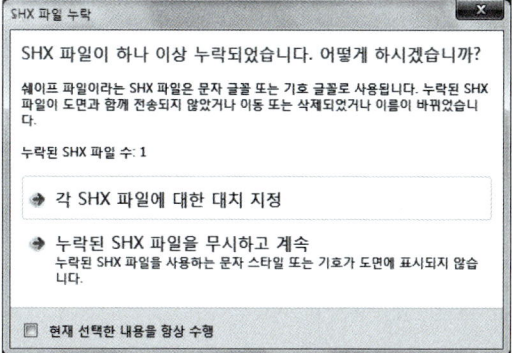

02 문자를 입력할 첫 번째 구석점을 지정합니다.

바로 통하는 TIP 도면을 작성할 때는 Zoom(줌) 명령이나 마우스 휠을 굴려 화면 크기를 알맞게 조절합니다.

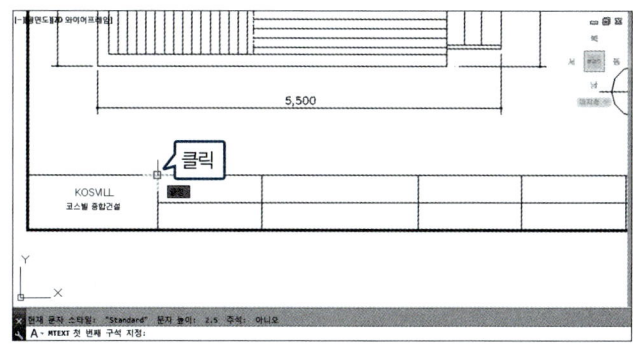

현재 문자 스타일: "Standard" 문자 높이: 2.5 주석: 아니오
첫 번째 구석 지정:←첫 번째 구석점 지정

03 문자 높이를 지정합니다. 서브 메뉴 중 'H(Height, 높이)'를 명령 행에 입력하고 Space bar 를 누릅니다. 그런 다음 '100'을 입력하고 Space bar 를 눌러 다음 단계로 넘어갑니다.

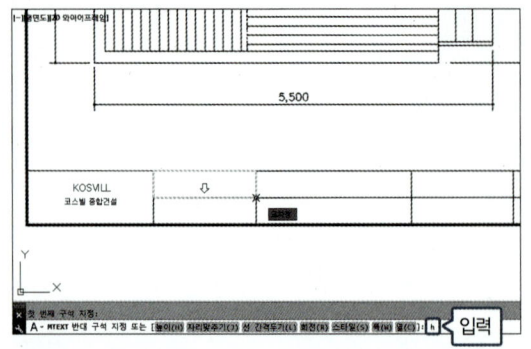
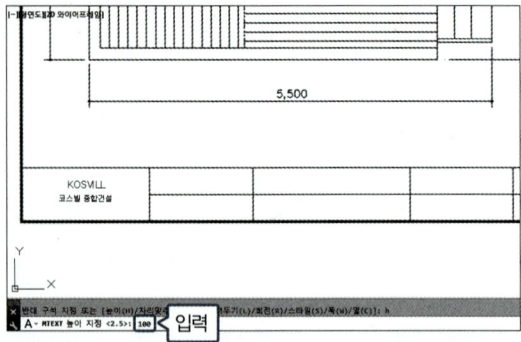

반대 구석 지정 또는 [높이(H)/자리맞추기(J)/선 간격두기(L)/회전(R)/스타일(S)/폭(W)/열(C)]: h ← 옵션 'H' 입력
높이 지정 <2.5>: 100 ← 문자 높이 '100' 입력

04 두 번째 구석점을 지정합니다. 문자가 있는 입력할 영역을 클릭하면 문자를 입력하는 창이 나타납니다.

바로 통하는 TIP 입력하는 문자 크기가 작다면 두 번째 구석점을 여유 있게 당겨서 문자 영역을 넓게 지정합니다. 그렇지 않으면 문자가 세로로 입력됩니다.

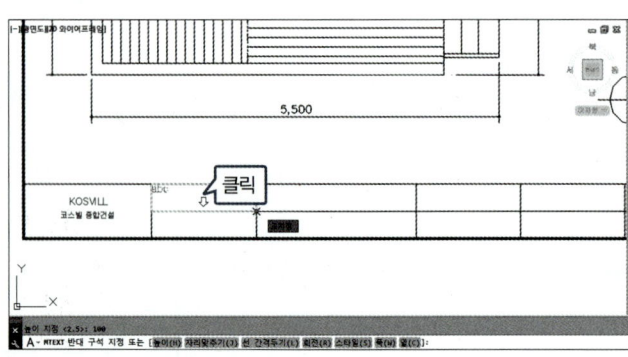

반대 구석 지정 또는 [높이(H)/자리맞추기(J)/선 간격두기(L)/회전(R)/스타일(S)/폭(W)/열(C)]: ← 반대 구석점 지정 후 문자 입력

05 문자를 입력하는 창에 'PROJECT TITLE'을 입력합니다.

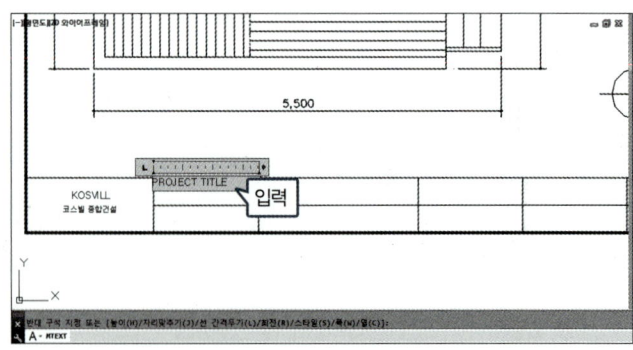

06 상단의 [문서 편집기 닫기] 버튼을 클릭합니다. 문자가 입력된 것을 확인할 수 있습니다.

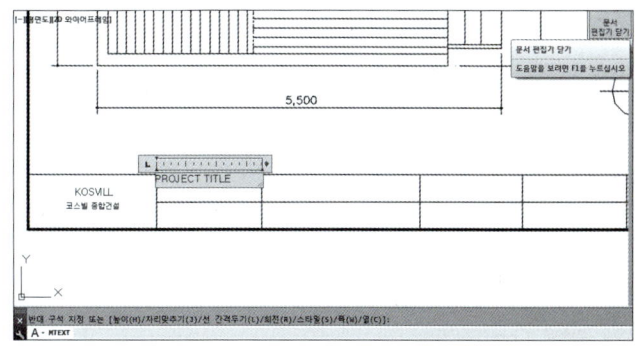

07 문자가 한쪽 모서리에 치우쳐 있으므로 적당한 위치로 옮깁니다. 명령 행에 'Move'를 입력하고 Space bar 를 누릅니다.

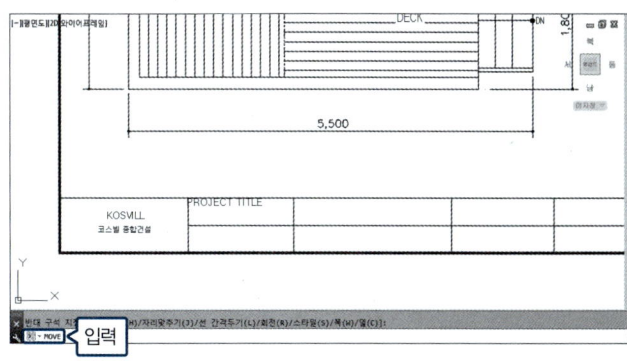

명령: MOVE Space bar ← Move 명령 입력 (M)

08 그런 다음 문자를 클릭하여 선택한 후 Space bar 를 누릅니다. 문자를 적당한 위치로 옮깁니다.

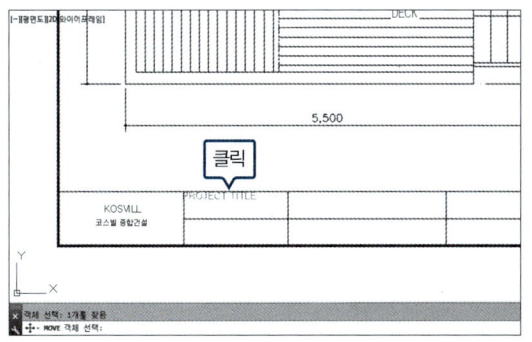

객체 선택: 1개를 찾음 Space bar ← 객체 선택
객체 선택: Space bar

기준점 지정 또는 [변위(D)] 〈변위〉: ← 기준점 지정
두 번째 점 지정 또는 〈첫 번째 점을 변위로 사용〉: 〈직교 끄기〉 ← 변위의 두 번째 점 지정

09 입력한 문자를 복사해 나머지 공간에 옮겨보겠습니다. 명령 행에 'Copy'를 입력하고 Space bar 를 눌러 명령을 실행합니다. 복사할 문자를 클릭해 선택한 후 Space bar 를 누릅니다. 그런 다음 복사할 곳의 기준점(끝점)을 클릭합니다.

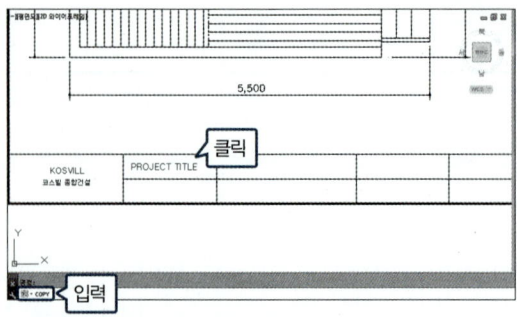 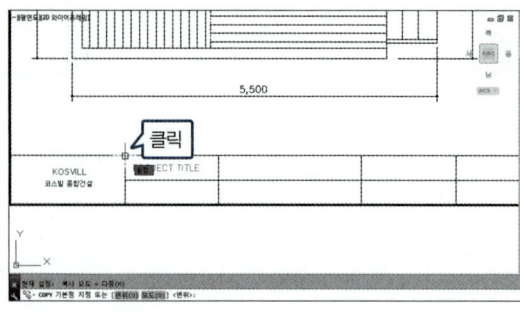

▲ 기준점을 지정한 화면

명령: COPY Space bar ← Copy 명령 입력 (CO, CP)
객체 선택: 1개를 찾음 Space bar ← 객체 선택
객체 선택: Space bar
현재 설정: 복사 모드 = 다중(M)
기본점 지정 또는 [변위(D)/모드(O)] <변위>: ← 기준점 지정:

10 다른 빈 칸에도 문자 객체를 복사합니다. 빈 칸마다 같은 위치에 복사 지점을 클릭하여 지정합니다. 이때 기준점을 정확하게 지정한다면 이중 작업을 하지 않아도 됩니다.

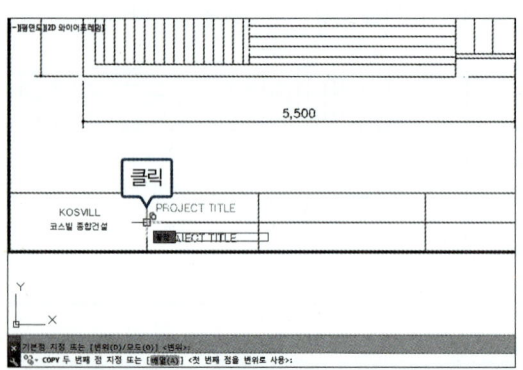 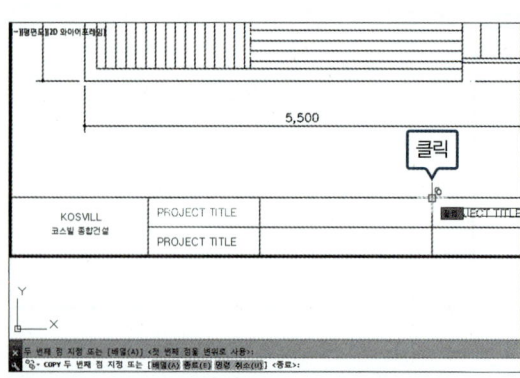

두 번째 점 지정 또는 [배열(A)] <첫 번째 점을 변위로 사용>: ← 변위의 두 번째 점 지정
두 번째 점 지정 또는 [배열(A)/종료(E)/명령 취소(U)] <종료>: ← 변위의 세 번째 점 지정
두 번째 점 지정 또는 [배열(A)/종료(E)/명령 취소(U)] <종료>: ← 변위의 네 번째 점 지정

11 문자 객체를 복사하면 Space bar 를 눌러 명령을 종료합니다.

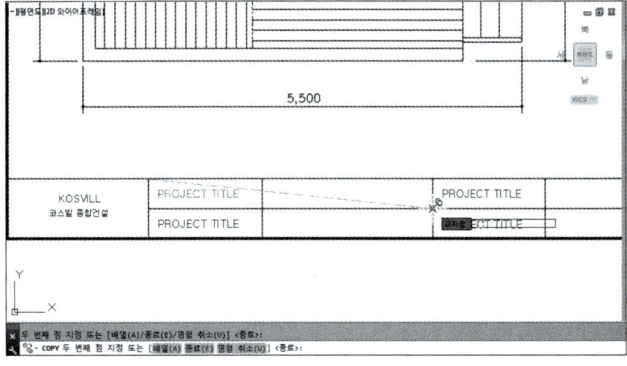

바로 통하는 TIP Mtext(여러 줄 문자) 명령을 입력하고 Explode(분해) 명령을 실행하면 문자가 분해되어 한 행씩 각각의 객체로 인식하는 Dtext(단일행 문자)가 됩니다. Explode 명령의 사용법은 327쪽을 참조하세요.

두 번째 점 지정 또는 [배열(A)/종료(E)/명령 취소(U)] <종료>: Space bar ← 명령 종료

실무활용노트 AUTO CAD [문자 편집기] 도구 팔레트

Mtext 명령에서 문자를 입력하는 창을 지정하면 화면 상단에 [문자 편집기] 도구 팔레트에서 문자 서식을 설정할 수 있습니다.

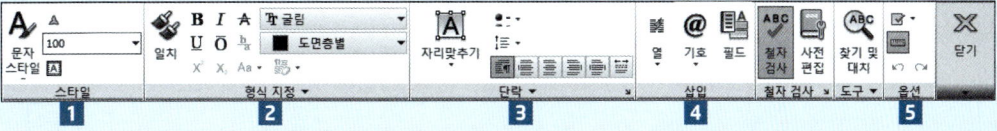

1 스타일
문자 유형과 문자의 높이(크기)를 지정합니다. 도면의 특성에 맞는 스타일로 지정합니다.

2 형식 지정
굵게 혹은 기울임꼴로 문자를 바꿉니다. 밑줄이나 오버라인(윗줄)을 추가할 수 있고 글꼴과 색상도 지정합니다. 하단의 화살표를 눌러 문자의 기울기 각도를 지정하거나 혹은 문자 사이의 간격이나 폭을 늘리거나 줄일 수 있습니다.

3 단락
문자의 위치를 지정합니다. 행 간격을 지정하고 문장을 좌우 혹은 가운데로 정렬합니다. 문장의 자리를 맞추거나 분산할 수도 있습니다. 문자 앞에 글머리 기호나 번호 매기기 여부를 설정합니다.

4 삽입
특수 기호를 선택하여 입력합니다. 도면의 작업 날짜, 도면 번호, 제목 등의 정보를 필드로 삽입해두면 해당하는 정보가 변경될 때 자동으로 바뀝니다.

5 옵션
문자를 검색하거나 대치하고 철자 오류 등을 찾아냅니다. 또 명령 취소와 복구를 실행합니다. 눈금자를 화면에 표시할지 여부를 설정합니다. 문장을 여러 줄 작성하기 위한 세부 옵션을 지정합니다.

문자의 높이, 글꼴, 색상 지정하기

Mtext 명령의 각 옵션을 사용하여 문자를 꾸며봅니다.

1 새 도면 파일을 엽니다. 명령 행에 'Mtext'를 입력하고 Space bar 를 누릅니다. 문자를 입력할 영역을 지정하기 위해 첫 번째 구석점과 두 번째 구석점을 각각 클릭합니다.

 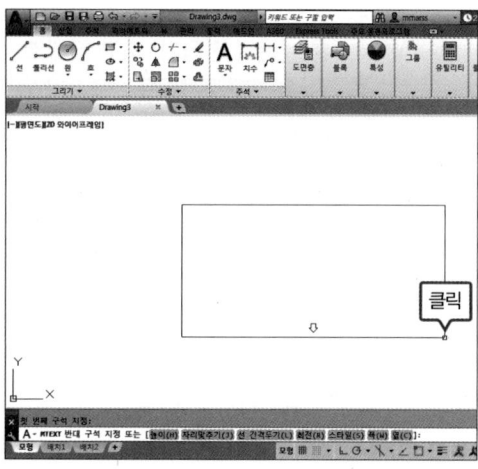

```
명령: MTEXT Space bar ←Mtext 명령 입력 (T)
현재 문자 스타일: "Standard" 문자 높이: 2.5 주석: 아니오
첫 번째 구석 지정: ← 첫 번째 구석점 지정
반대 구석 지정 또는 [높이(H)/자리맞추기(J)/선 간격두기(L)/회전(R)/스타일(S)/폭(W)/열(C)]: ← 반대 구석점 지정 후 문자 입력
```

2 임의로 문자를 입력합니다.

바로 통하는 TIP 이때 문자 입력 영역을 크게 지정하느냐 작게 지정하느냐에 따라 문자 입력창 모양이 다르게 보입니다. 이와 상관없이 문자를 입력합니다.

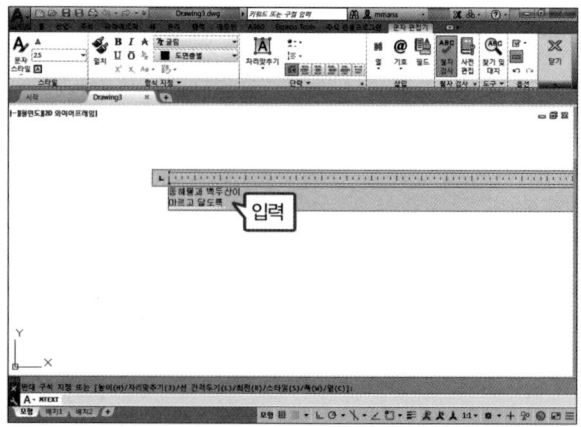

3 입력한 문자의 속성(형태)을 바꾸기 위해 마우스로 문자를 드래그해 변경할 문자열을 선택합니다.

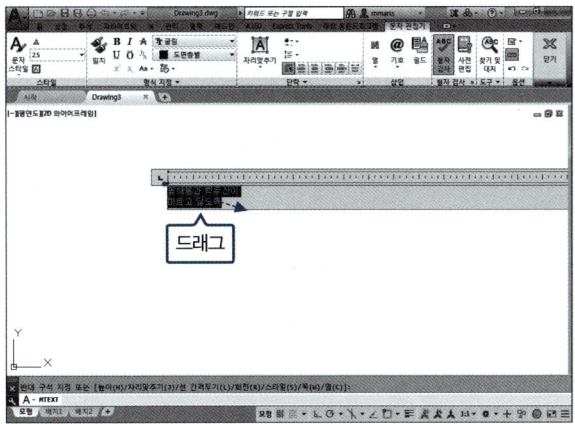

4 [형식 지정] 도구 팔레트에서 글꼴을 변경해보겠습니다. 글꼴을 '궁서'로 지정하면 문자의 글꼴이 궁서로 바뀝니다.

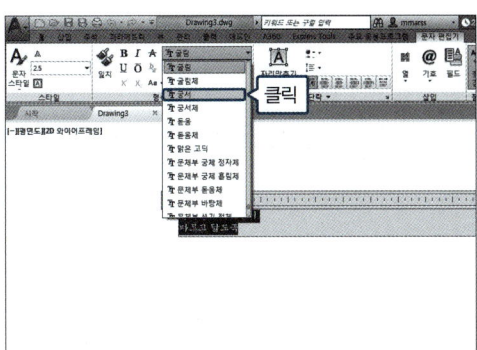 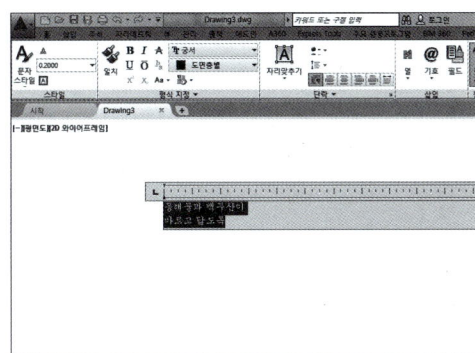

5 [스타일] 도구 팔레트에서 문자의 크기를 '10'으로 입력하여 지정합니다. 문자의 크기가 커집니다.

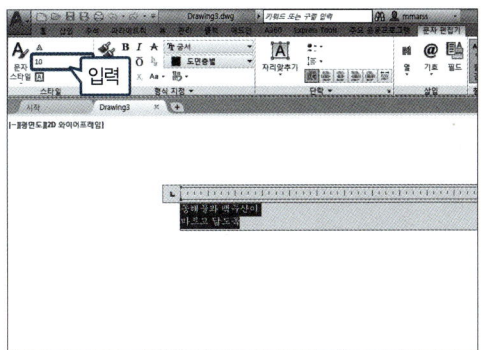 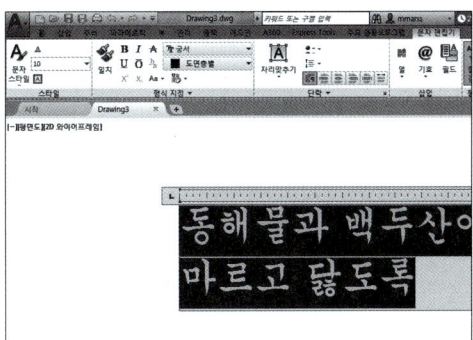

6 [문자 편집기] 도구 팔레트의 색상을 '초록색'으로 지정합니다. 문자의 색상이 바뀝니다.

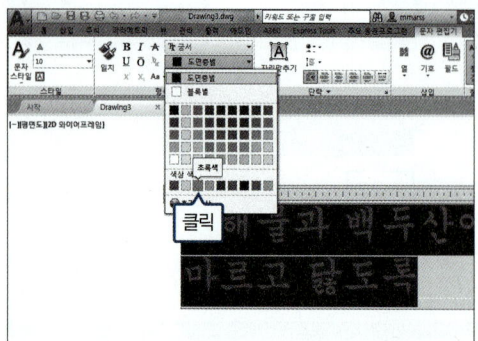 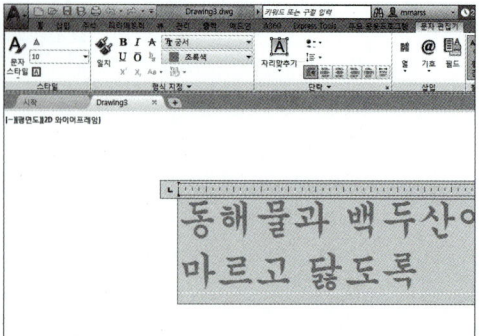

7 변경할 내용이 완료되면 상단의 [문서 편집기 닫기] 버튼을 클릭하여 화면으로 나옵니다. 마우스 휠을 굴려서 화면을 적당하게 확대 또는 축소합니다.

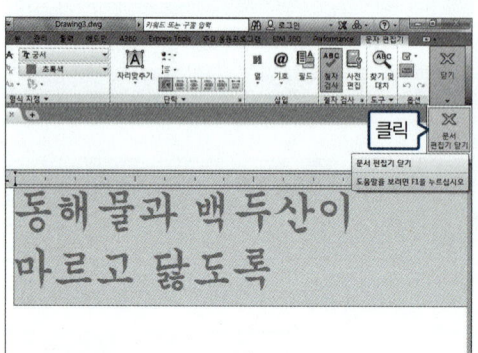 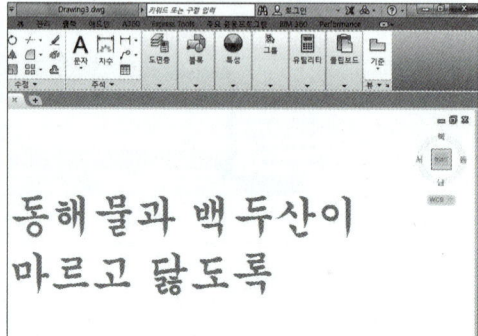

바로 통하는 TIP Mtext 명령을 입력하여 원하는 한글 문자를 입력한 뒤 글꼴 목록에서 '@'이 붙어있는 글꼴을 지정하면 문자가 옆으로 누워서 나타나는 것을 알 수 있습니다.

실무활용노트 AUTO CAD | 특수 문자 입력하기

특수 문자를 입력하려면 [문자 편집기] 도구 팔레트의 [삽입]-[기호]에서 원하는 특수 문자를 선택하여 입력하면 됩니다.

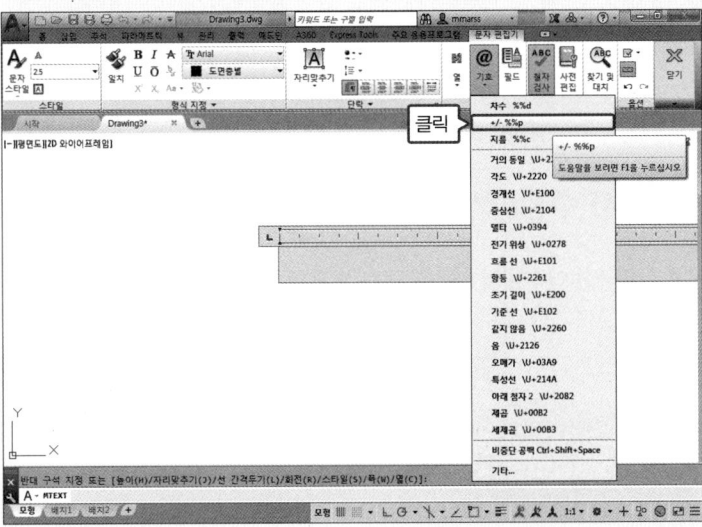

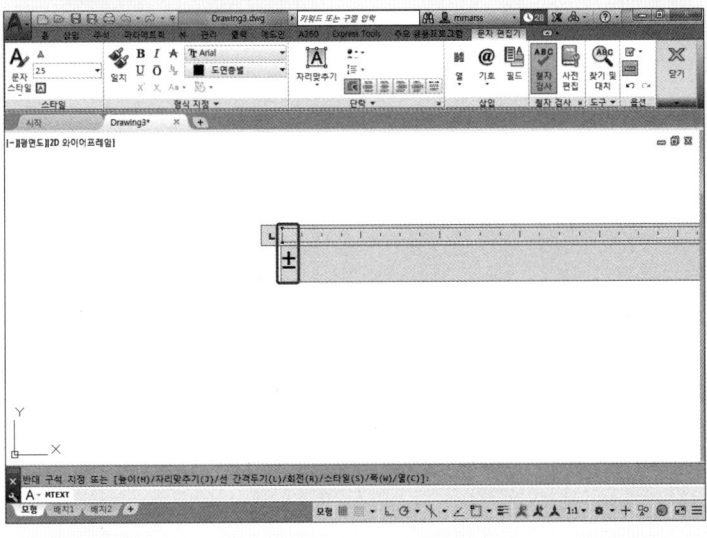

▲ 특수 문자 입력 예

바로 통하는 TIP 흔히 사용하는 기호는 단축키를 외워서 쓰도록 합니다.

특수 문자	단축키
Ø	%%C
°	%%D
±	%%P

SECTION 02 오류 문자를 수정하는 DDedit

DDedit(문자 수정) 명령은 문자를 잘못 쓸 때 문자를 고치는 편집 명령입니다. DDedit 명령을 사용하려면 명령 행에 'DDedit'를 입력하고 Space bar 를 누르면 됩니다.

1 DDedit 명령으로 문자 수정하기

DDedit(문자 수정) 명령은 한 번 실행하면 연속해서 사용할 수 있으므로 오타를 한 번에 수정할 때 매우 유용합니다.

01 예제 파일 'Part4-03.dwg'를 불러옵니다. Mtext 명령으로 문자를 입력한 도면입니다. 명령 행에 'Ddedit'를 입력하고 Space bar 를 누릅니다. 수정하려는 문자 객체를 클릭하여 선택합니다.

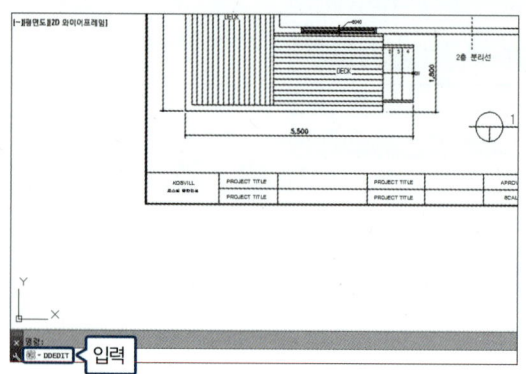 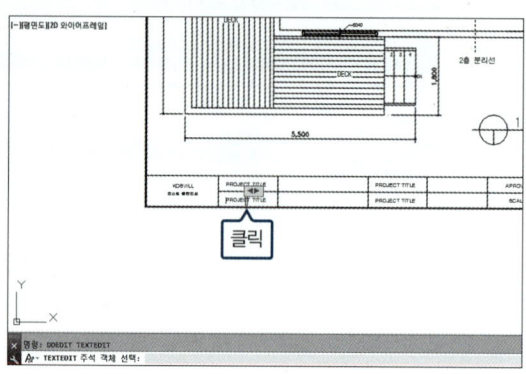

```
명령: DDEDIT TEXTEDIT Space bar ← DDedit 명령 입력 (ED)
주석 객체 선택: ← 수정할 문자 객체 선택
```

> **바로 통하는 TIP** DDedit 명령을 사용하지 않고 문자 객체를 더블클릭해도 수정할 수 있습니다.

02 'PROJECT TITLE'을 지우고 'DRAWING TITLE'을 입력하여 수정합니다.

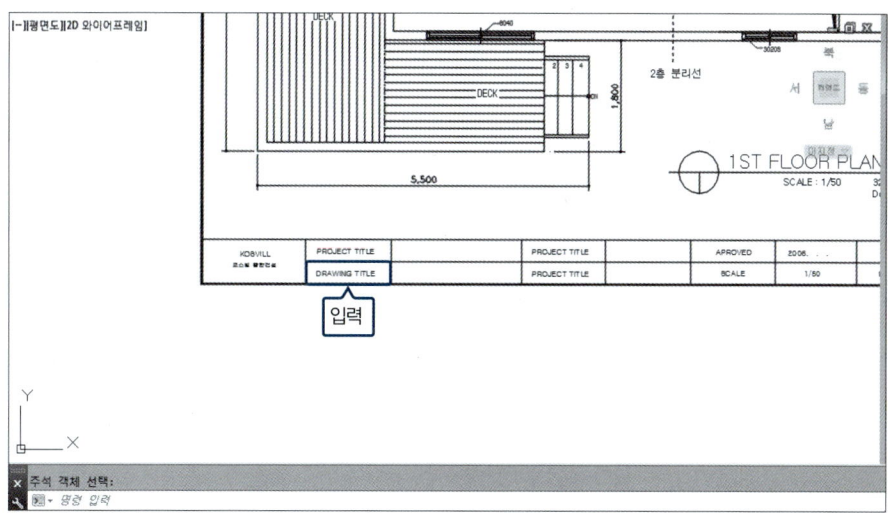

주석 객체 선택: ← 수정할 문자 객체 선택

03 계속해서 다른 칸의 'PROJECT TITLE'을 지우고 'DESIGNED BY'를 입력하여 수정합니다.

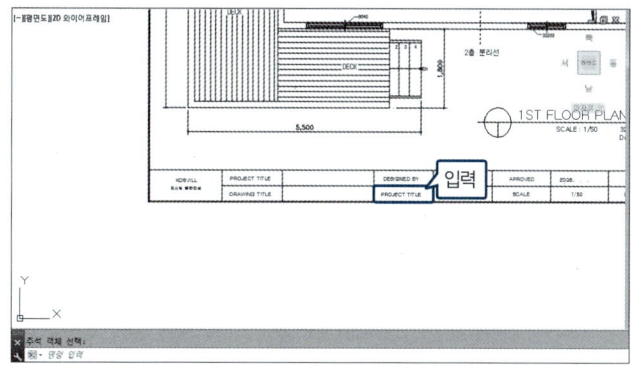

주석 객체 선택: ← 수정할 문자 객체 선택

04 마지막으로 아래 칸의 'PROJECT TITLE'을 지우고 'DRAWING BY'를 입력한 후 Space bar 를 눌러 명령을 종료합니다.

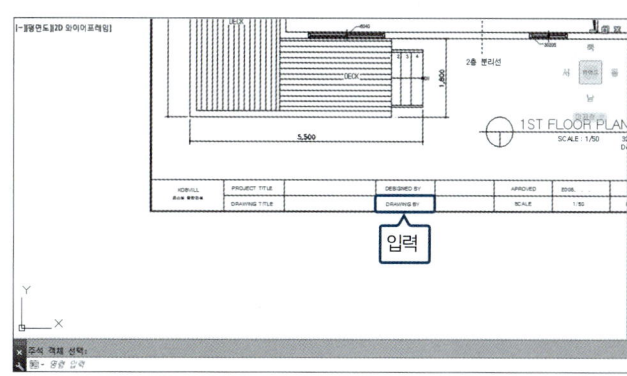

주석 객체 선택: ← 수정할 문자 객체 선택

Spell 명령으로 영문 철자 수정하기

Spell(철자 검사) 명령은 영문 단어의 철자를 쉽게 수정할 수 있는 명령입니다. Spell 명령을 사용하면 헷갈리는 영문 단어를 고치기 위해 더 이상 사전을 뒤지며 헤맬 필요가 없습니다.

1 새 도면 파일을 엽니다. 명령 행에 'Mtext'를 입력한 후 Space bar 를 눌러 명령을 실행합니다. 임의의 지점을 클릭하여 문자를 입력할 영역을 지정합니다.

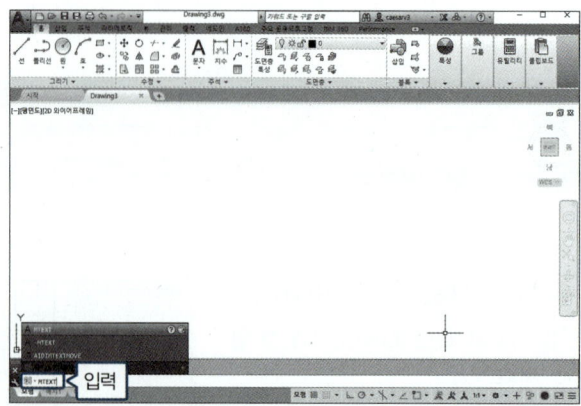

명령: MTEXT Space bar ←Mtext 명령 입력 (T)

2 그런 다음 'Interier'를 입력합니다. 글자 크기가 너무 작거나 크다면 마우스 휠을 굴려 화면을 확대하거나 축소합니다. 문자를 모두 입력하면 [닫기] 버튼을 클릭합니다.

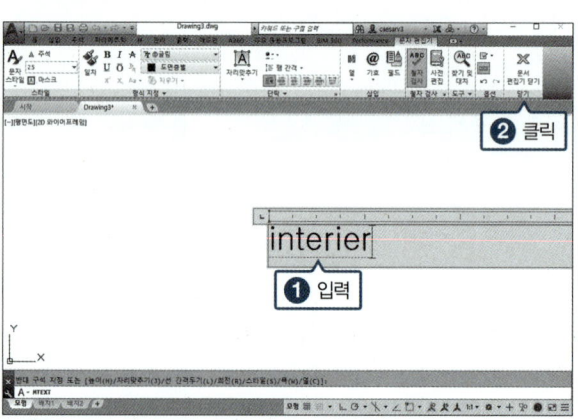

현재 문자 스타일: "Standard" 문자 높이: 2.5 주석: 아니오
첫 번째 구석 지정:← 첫 번째 구석점 지정:
반대 구석 지정 또는 [높이(H)/자리맞추기(J)/선 간격두기(L)/회전(R)/스타일(S)/폭(W)/열(C)]:← 반대 구석점 지정 후 문자 입력

3 철자 검사를 해보겠습니다. 앞서 입력한 'Interier' 문자 객체를 선택한 뒤 명령 행에 'Spell'을 입력하고 Space bar 를 누릅니다. [철자 검사] 대화상자가 나타납니다. 오른쪽 상단에 위치한 [시작] 버튼을 클릭합니다.

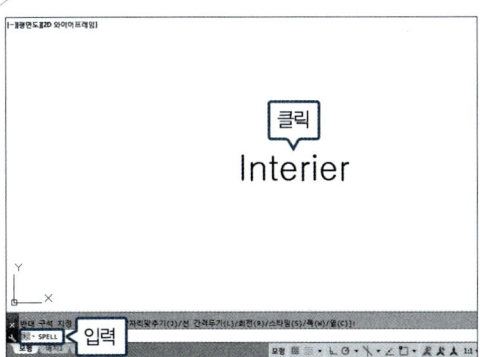
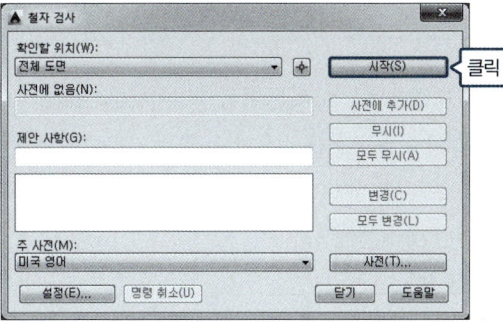

명령: SPELL Space bar ←Spell 명령 입력

4 영문 철자를 틀리게 입력한 'Interier' 문자가 '사전에 없음' 영역에 나타납니다. '제안 사항' 영역에서 올바른 철자인 'Interior'를 선택하고 [변경] 버튼을 클릭합니다.

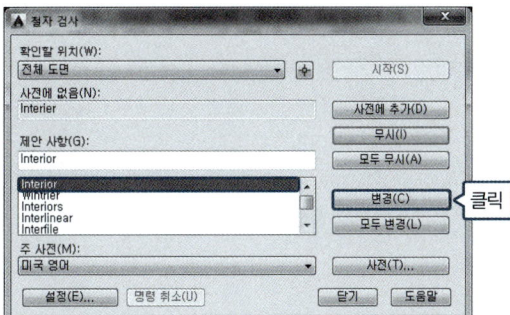

5 '철자 확인 완료'라는 대화상자가 나타나면 [확인] 버튼을 클릭합니다.

6 [철자 검사] 대화상자에서 [닫기] 버튼을 클릭하고 나오면 앞에서 입력한 영문이 철자법에 맞게 수정되었음을 확인할 수 있습니다.

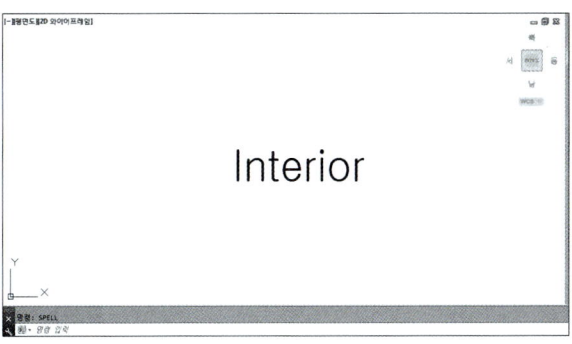

SECTION 03 표를 한 번에 그려주는 Table

Table 명령은 표를 그리는 편집 명령입니다. AutoCAD 2006부터 단순히 선으로 이루어진 표 기능에서 MS 엑셀과 같이 각종 수식을 적용할 수 있는 기능이 추가되어 한층 업그레이드되었습니다. 이제 힘들게 Line(선) 명령으로 표를 그리지 않아도 Table 명령을 사용하여 빠르고 편리하게 표를 그릴 수 있습니다. Table 명령을 사용하려면 명령 행에 'Table'을 입력한 후 Space bar를 누르거나 [주석] 도구 팔레트의 테이블 아이콘(▦)을 클릭하면 됩니다.

1 Table 명령으로 표 그리기

Table 명령으로 표를 그려봅니다.

01 새 도면 파일을 엽니다. 명령 행에 'Table'을 입력한 후 Space bar를 눌러 명령을 실행합니다.

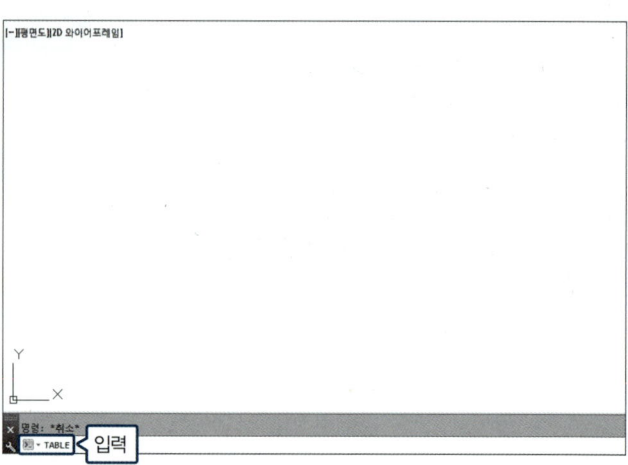

명령: TABLE Space bar ←Table 명령 입력

02 [테이블 삽입] 대화상자가 나타납니다. 대화상자의 오른쪽에 있는 '행 및 열 설정' 영역에서 사용자가 필요로 하는 개수만큼 표 크기를 지정합니다. 여기서는 열, 열 폭, 데이터 행, 행 높이를 각각 5, 30, 3, 1로 설정하고 [확인] 버튼을 클릭합니다.

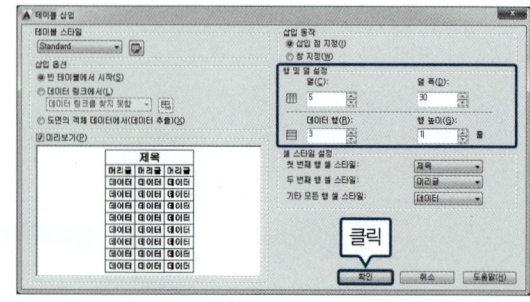

03 화면상에 마우스 포인터가 움직이는 위치를 따라 표가 나타납니다. 적당한 위치에 클릭하여 표를 삽입합니다.

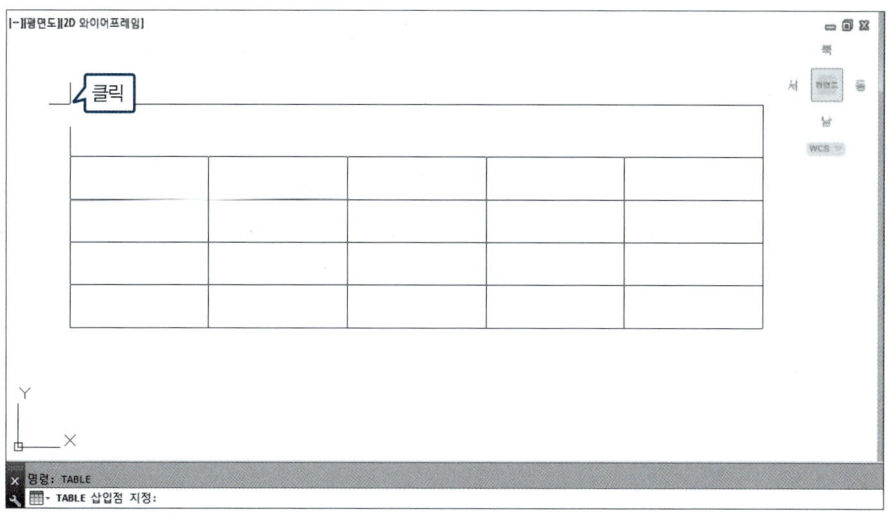

삽입점 지정: ← 표를 삽입할 지점 지정

04 셀에 커서가 깜박이면 원하는 내용을 입력합니다. 문자 기입 방법은 Mtext 명령의 문자 입력 방법과 같습니다. 1번 행에는 '테이블 그리기'를 입력하고 Enter 를 누르고 나머지 행에는 칸마다 숫자, 알파벳, 특수 문자를 임의로 입력합니다. Mtext 명령에서 설명했던 [주석] 도구 팔레트를 활용하여 원하는 표를 완성합니다.

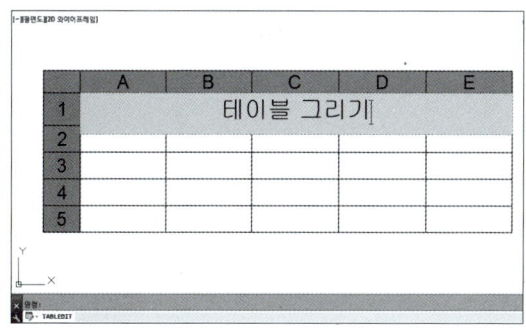 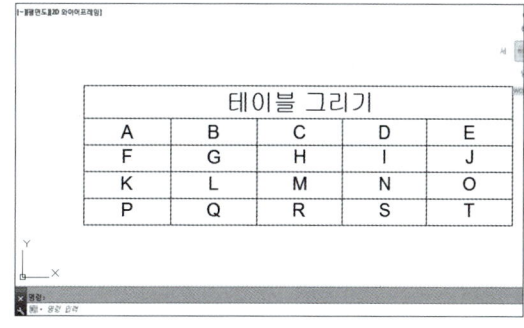

바로 통하는 TIP 현재 셀에서 오른쪽 셀로 넘어갈 때는 Tab 을 누릅니다. 행의 가장 오른쪽 셀에서 Tab 을 누르면 다음 행의 가장 왼쪽 셀로 이동합니다. 역으로 왼쪽 셀로 이동할 때는 Shift 와 Tab 을 누릅니다. 혹은 키보드의 방향키를 이용해도 셀을 이동할 수 있습니다.

바로 통하는 TIP 완성된 표는 하나의 객체로 인식되기 때문에 앞에서 배웠던 다른 명령을 사용하여 원하는 대로 수정할 수 있습니다. 예를 들어 Scale(축척) 명령을 이용해 크기를 조절할 수 있고 Copy(복사) 명령으로 복사할 수도 있습니다.

바로 통하는 TIP 표에 문자를 입력한 후 문자 편집기를 닫지 않으면 다른 곳을 클릭하거나 명령을 입력해도 실행되지 않습니다. 문자를 입력한 후 꼭 문자 편집기를 닫아야 합니다.

CHAPTER 02

객체의 특성을 한눈에 보여주는 Hatch와 Gradient

실무 도면을 보면 타일처럼 일정한 모양으로 구성된 객체가 패턴으로 연속해서 들어가 있는 경우가 많습니다. 대부분 많은 선이나 도형으로 이루어져 있는 모양인데, 이러한 선이나 도형을 일일이 그리거나 편집하자면 시간이 무척 오래 걸릴 것입니다. 이때 특정한 영역이나 객체에 일정한 모양을 지정하는 명령인 Hatch(해치) 명령을 사용하면 보다 효율적으로 도면을 작성할 수 있습니다. 그리고 색감의 변화를 표현하는 Gradient(그라데이션)의 사용법도 알아보겠습니다.

A 학습 목표

건축, 인테리어 도면에 필요한 Hatch 명령과 Gradient 명령을 익혀봅니다. Hatch 명령은 도면 경계를 정확히 지정하여 구체적인 재질을 표현할 수 있고 Gradient 명령은 객체의 색을 점층법 혹은 점강법으로 표현할 수 있습니다.

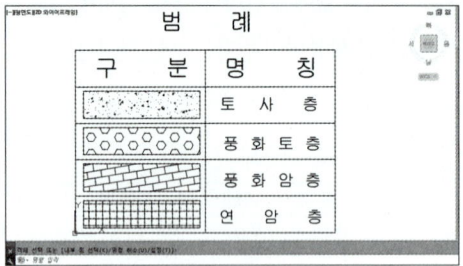

▲ 해치 그리기

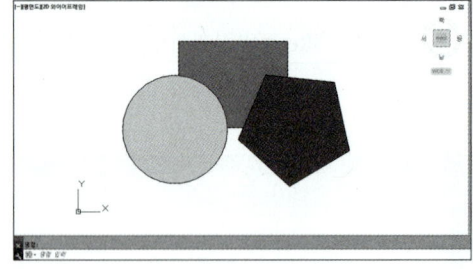

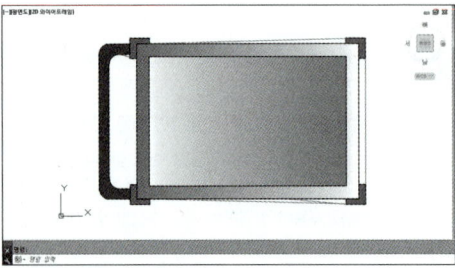

▲ 그라데이션으로 객체에 물든 듯한 색상 입히기

SECTION 01 같은 모양을 연속해서 그리는 Hatch

Hatch 명령은 건축 도면의 상세도나 입면도, 기계 도면의 단면도에서 많이 사용하는 편집 명령입니다. Hatch 명령을 사용하려면 명령 행에 'Hatch' 또는 'BHatch'를 입력하고 Spacebar 를 누르거나 [그리기] 도구 팔레트의 해치 아이콘(▒▾)을 클릭합니다.

1 Pick Point를 사용하여 해치 그리기

Hatch 명령은 먼저 패턴의 유형을 선택하고 해치를 입력할 영역을 지정해야 합니다. 영역을 지정하는 방법은 두 가지가 있는데 그중 하나는 Pick Point(추가점 선택) 방법입니다. Pick Point는 특정 영역 안에 점을 찍어 패턴을 입력할 경계를 지정합니다.

01 예제 파일 'Part4-04.dwg'를 불러옵니다. 명령 행에 'Hatch'를 입력하고 Spacebar 를 누릅니다. 그런 다음 서브 메뉴의 'T(설정)'를 입력하면 [해치 및 그라데이션] 대화상자가 나타납니다.

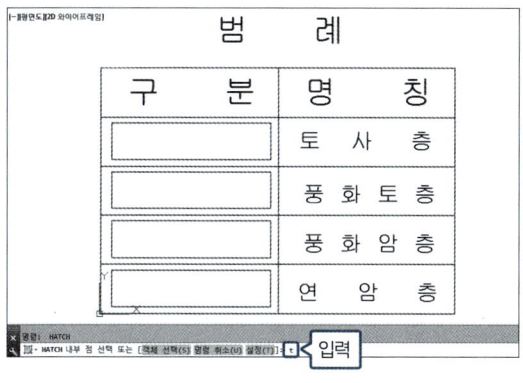
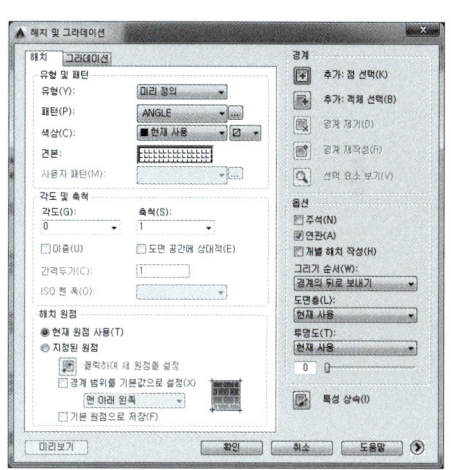

명령: HATCH Spacebar ← Hatch 명령 입력 (H)
객체 선택 또는 [내부 점 선택(K)/명령 취소(U)/설정(T)]:t Spacebar ← 옵션 'T' 입력

02 입력할 패턴을 지정하기 위해 왼쪽 상단의 '유형 및 패턴' 영역의 '패턴'에서 ▦를 클릭합니다. [해치 패턴 팔레트] 대화상자가 나타나면 여러 가지 패턴을 보고 알맞은 패턴을 선택합니다. 예제 도면의 가장 위에 있는 '토사층'부터 패턴을 지정해보겠습니다. 'AR-CONC'를 선택하고 [확인] 버튼을 클릭합니다.

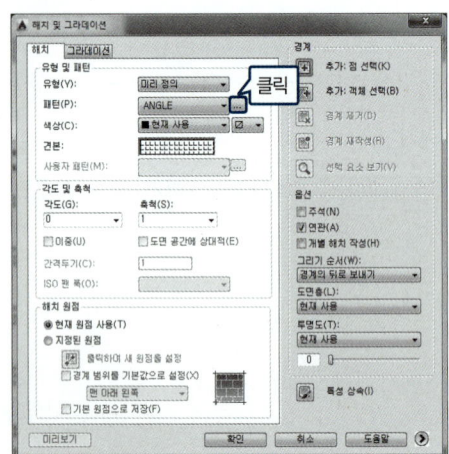
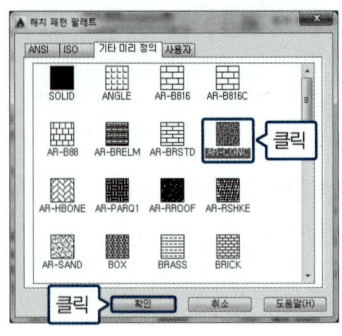

03 패턴이 'AR-CONC'로 지정되었습니다.

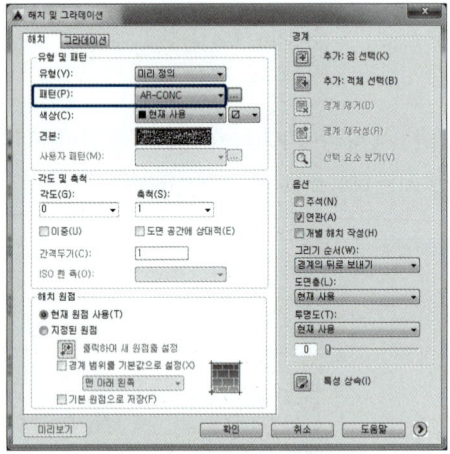

04 이번에는 영역 지정을 위하여 오른쪽 위에 있는 '경계' 영역의 '추가: 점 선택' 아이콘(▦)을 클릭합니다.

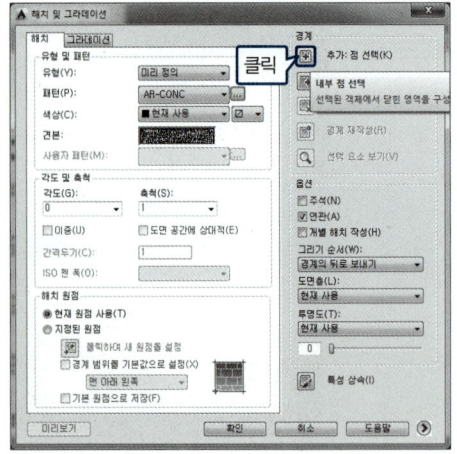

05 도면 가장 위의 사각형 경계 안을 클릭합니다. 그런 다음 명령 행에 서브 메뉴인 'T(설정)'를 입력하고 Space bar 를 눌러 다시 [해치 및 그라데이션] 대화상자로 돌아옵니다.

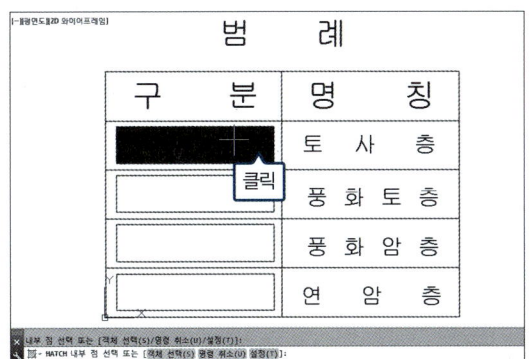
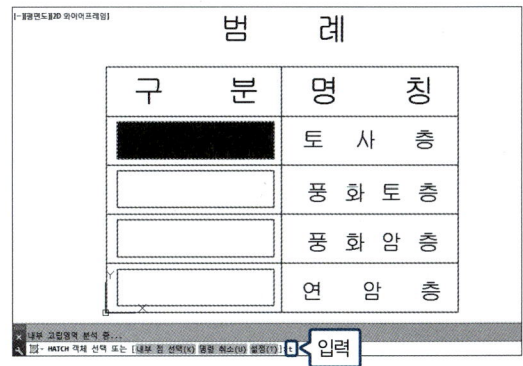

객체 선택 또는 [내부 점 선택(K)/명령 취소(U)/설정(T)]:
내부 점 선택 또는 [객체 선택(S)/명령 취소(U)/설정(T)]: 모든 것 선택...
가시적인 모든 것 선택 중...
선택된 데이터 분석 중...
내부 고립영역 분석 중...
객체 선택 또는 [내부 점 선택(K)/명령 취소(U)/설정(T)]: t Space bar ← 옵션 'T' 입력

06 [해치 및 그라데이션] 대화상자의 왼쪽 하단에 있는 [미리보기] 버튼을 클릭하여 도면을 미리 확인합니다.

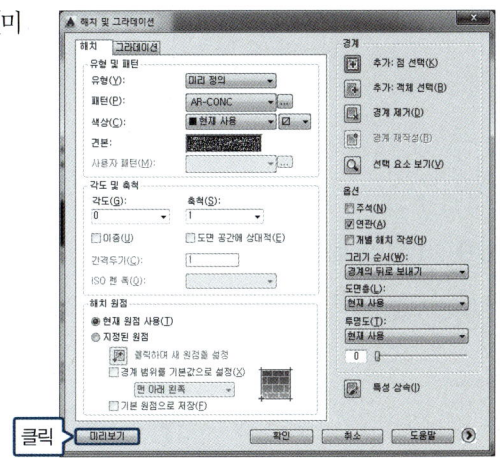

07 앞서 패턴을 지정했던 도면의 사각형 객체가 검정색 면으로 꽉 차 보입니다. 객체의 면에 패턴이 보이지 않는 이유는 지정한 해치 패턴의 크기가 너무 조밀하기 때문입니다. Esc 를 눌러 [해치 및 그라데이션] 대화상자로 돌아옵니다.

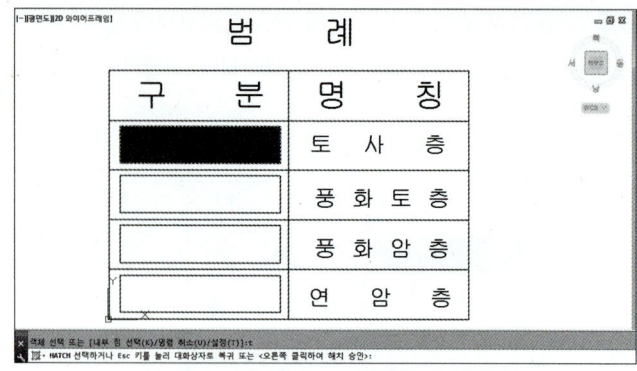

선택하거나 Esc 키를 눌러 대화상자로 복귀 또는 〈오른쪽 클릭하여 해치 승인〉: Esc ← Esc 키를 눌러 대화상자로 복귀

08 해치 크기를 조절하기 위해 대화상자 왼쪽 중앙에 있는 '각도 및 축척' 영역의 '축척'을 '22'로 입력합니다. [미리보기] 버튼을 클릭하여 도면을 미리 확인합니다.

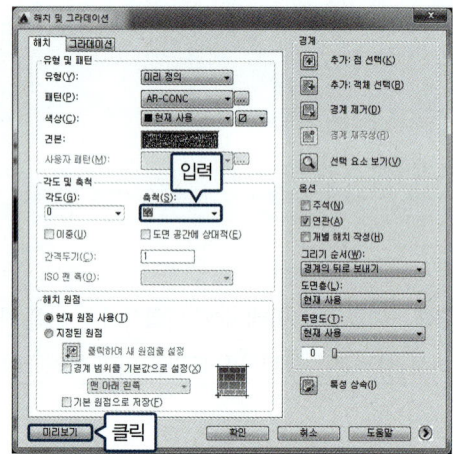

바로 통하는 TIP 크기를 지정할 때는 미리 보기를 몇 번씩 반복하여 적절한 크기로 조절하는 것이 좋습니다. 패턴마다 배율이 모두 다르므로 같은 1배율이라도 딱 맞아떨어지는 패턴이 있고 크기가 맞지 않아서 입력조차 되지 않는 경우도 있기 때문입니다.

09 해치가 알맞은 크기로 조정되었습니다.

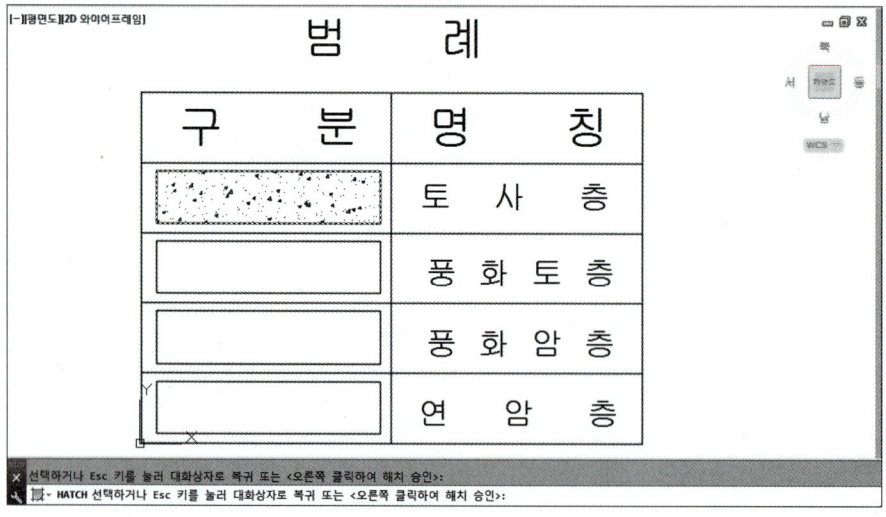

10 현재 도면의 해치를 승인하기 위해 Enter 를 누릅니다.

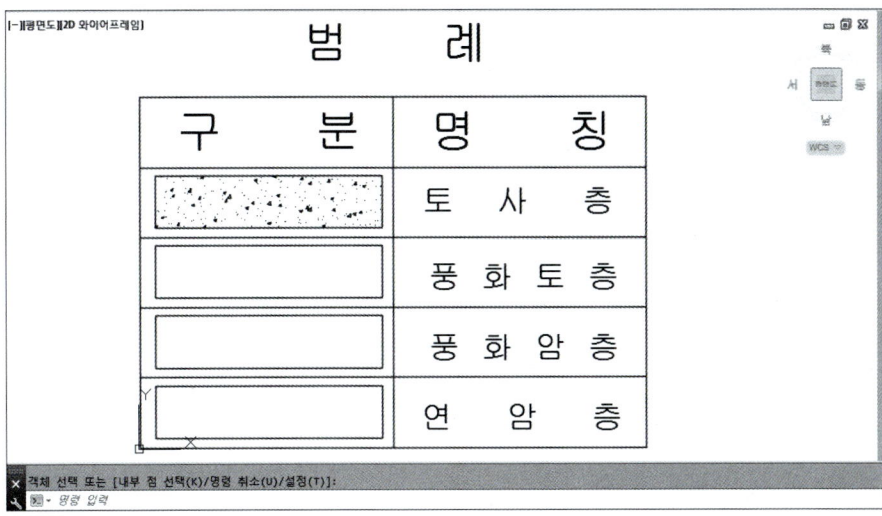

객체 선택 또는 [내부 점 선택(K)/명령 취소(U)/설정(T)]: Enter ← 해치 승인

바로 통하는 TIP 미리 보기 후에 해치를 그대로 지정하기 위해서는 반드시 Enter 를 눌러야 합니다.

11 Hatch 명령을 다시 실행하기 위해 Spacebar 를 누릅니다. 그런 다음 서브 메뉴의 'T(설정)'를 입력하고 Spacebar 를 눌러 대화상자를 불러옵니다.

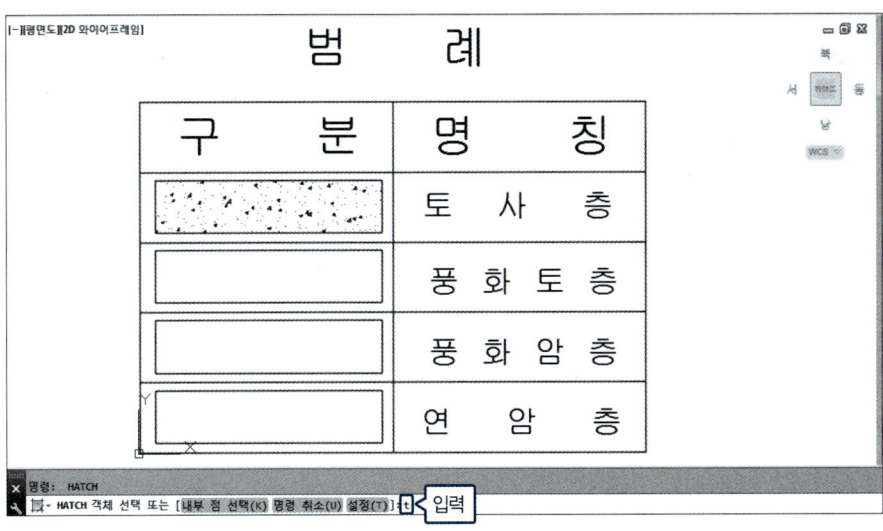

명령: HATCH Spacebar ← Hatch 명령 입력 (H)
객체 선택 또는 [내부 점 선택(K)/명령 취소(U)/설정(T)]:t Spacebar ← 옵션 'T' 입력

12 입력할 패턴을 지정하기 위해 오른쪽 상단의 '유형 및 패턴' 영역의 '패턴'에서 더보기 아이콘(...)을 클릭합니다. 이번에는 스크롤바를 아래로 내려서 'HEX'를 선택하고 [확인] 버튼을 클릭합니다.

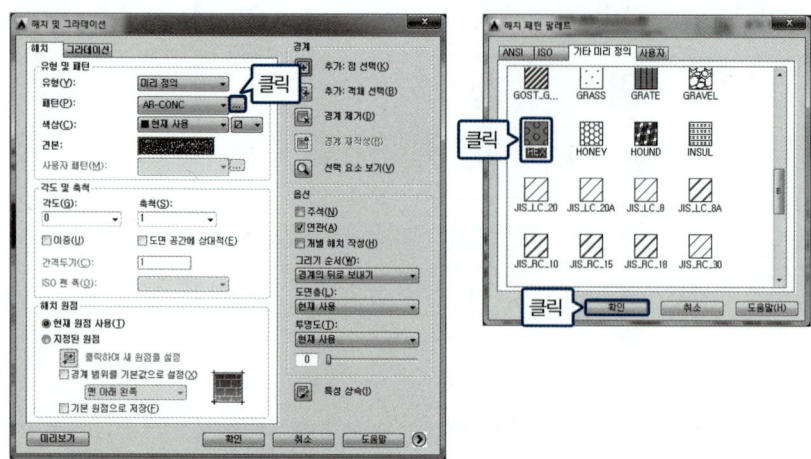

13 영역을 지정하기 위해 '경계' 영역의 '추가: 점 선택' 아이콘()을 클릭합니다. 도면의 두 번째 사각형 객체의 안쪽을 클릭합니다. 그런 다음 서브 메뉴 중 'T(설정)'를 입력하고 Space bar 를 눌러 [해치 및 그라데이션] 대화상자로 돌아옵니다.

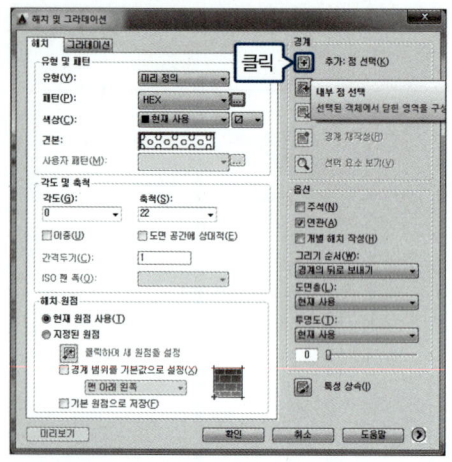 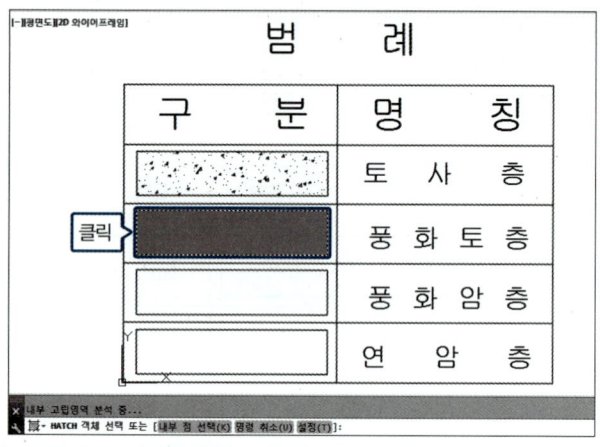

객체 선택 또는 [내부 점 선택(K)/명령 취소(U)/설정(T)]:

내부 점 선택 또는 [객체 선택(S)/명령 취소(U)/설정(T)]: 모든 것 선택...

가시적인 모든 것 선택 중...

선택된 데이터 분석 중...

내부 고립영역 분석 중...

객체 선택 또는 [내부 점 선택(K)/명령 취소(U)/설정(T)]: t Space bar ← 옵션 'T' 입력

14 [미리보기] 버튼을 클릭하여 도면을 미리 확인합니다. 이번에도 패턴이 너무 조밀하여 사각형 객체가 꽉 차 보입니다.

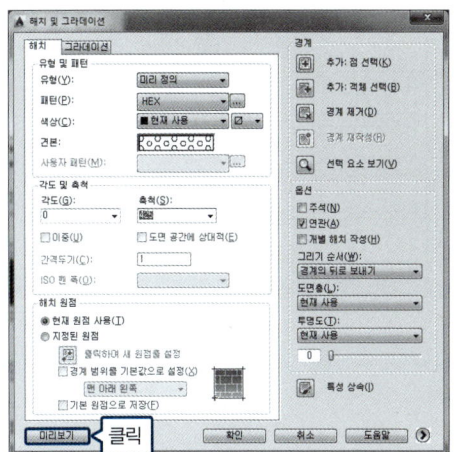 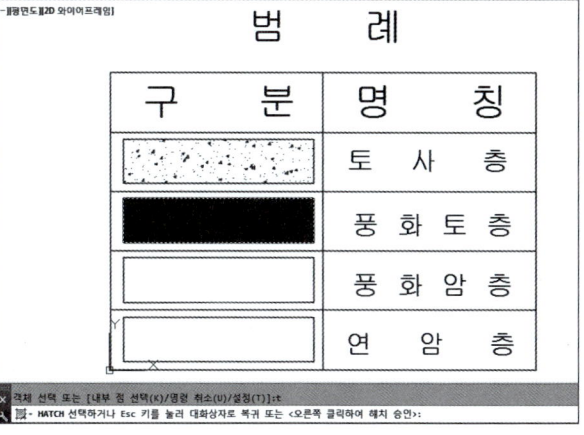

15 Esc를 눌러 대화상자로 돌아옵니다. 패턴 크기를 조절하기 위해 대화상자 왼쪽 중앙에 위치한 '각도 및 축척' 영역의 '축척'을 '425'로 입력합니다. 다시 [미리보기] 버튼을 클릭하여 도면을 미리 확인합니다.

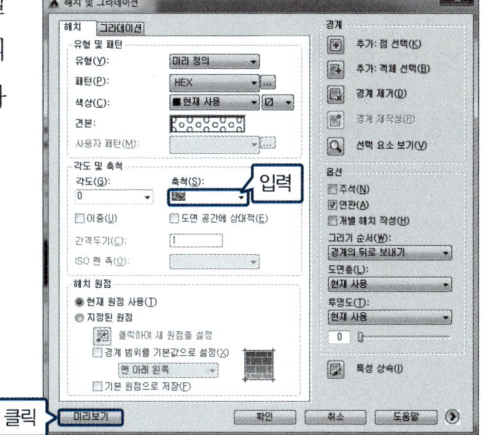

선택하거나 Esc 키를 눌러 대화상자로 복귀 또는 <오른쪽 클릭하여 해치 승인>: Esc ← Esc 키를 눌러 대화상자로 복귀

16 해치가 알맞은 크기로 조정되었습니다. 현재 도면의 해치를 승인하려면 Enter 를 누릅니다.

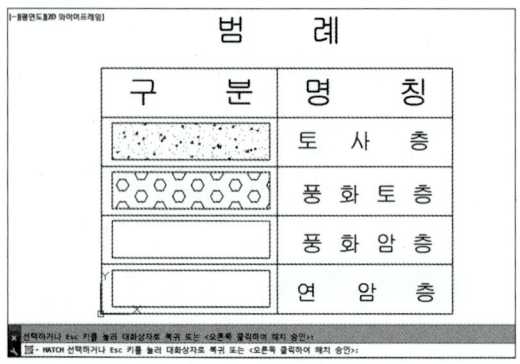 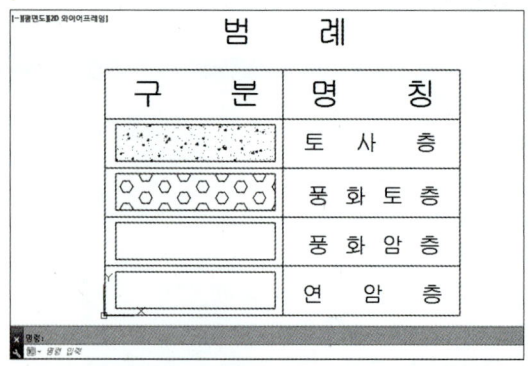

객체 선택 또는 [내부 점 선택(K)/명령 취소(U)/설정(T)]: Enter ← 해치 승인

17 연속하여 Hatch 명령을 실행하려면 Space bar 를 누릅니다. 서브 메뉴의 'T(설정)'를 입력하고 Space bar 를 눌러 [해치 및 그라데이션] 대화상자를 불러옵니다. 입력할 패턴을 지정하기 위해 오른쪽 상단의 '유형 및 패턴' 영역의 '견본' 항목을 클릭해서 나타나는 [해치 패턴 팔레트] 대화상자에서 원하는 패턴을 선택합니다. 이번에는 'AR-B816'을 선택하고 [확인] 버튼을 클릭합니다.

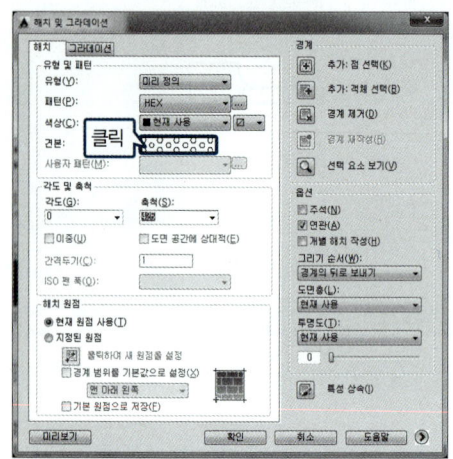 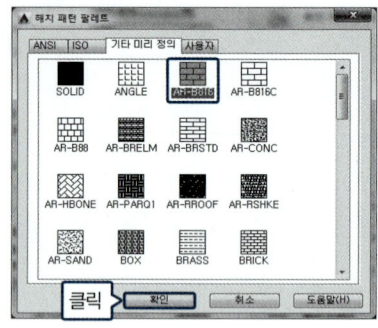

명령: HATCH Space bar ← Hatch 명령 입력 (H)
객체 선택 또는 [내부 점 선택(K)/명령 취소(U)/설정(T)]:t Space bar ← 옵션 'T' 입력

18 영역을 지정하기 위해 '경계' 영역의 '추가:점 선택' 아이콘(圖)을 클릭하여 세 번째 사각형 객체를 선택합니다. 그런 다음 서브 메뉴의 'T(설정)'를 입력하고 Space bar 를 눌러 [해치 및 그라데이션] 대화상자로 돌아옵니다.

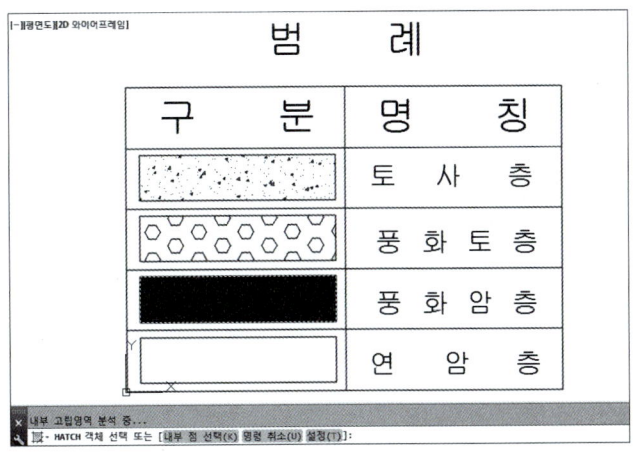

```
객체 선택 또는 [내부 점 선택(K)/명령 취소(U)/설정(T)]:
내부 점 선택 또는 [객체 선택(S)/명령 취소(U)/설정(T)]: 모든 것 선택...
가시적인 모든 것 선택 중...
선택된 데이터 분석 중...
내부 고립영역 분석 중...
객체 선택 또는 [내부 점 선택(K)/명령 취소(U)/설정(T)]: t Space bar ← 옵션 'T' 선택
```

19 '각도 및 축척' 영역의 '각도' 항목에는 '8.5'를, '축척' 항목에는 '10'을 입력합니다. 왼쪽 하단의 [미리보기] 버튼을 클릭하여 도면을 미리 확인합니다. 해치가 원본 그림과 같게 입력되었습니다. 해치를 승인하기 위해 Enter 를 누릅니다.

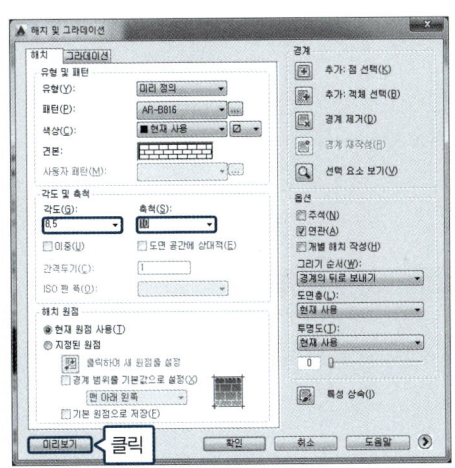
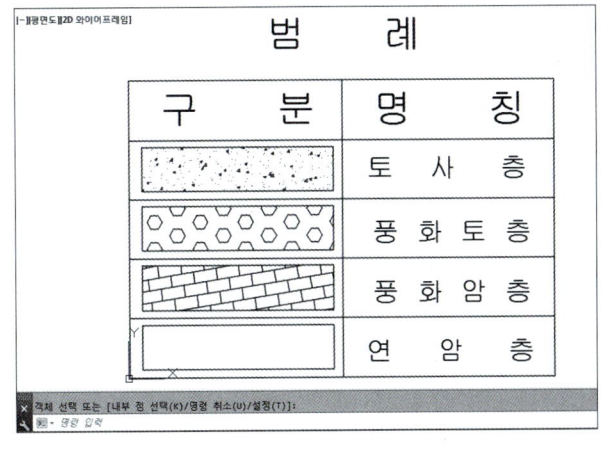

```
객체 선택 또는 [내부 점 선택(K)/명령 취소(U)/설정(T)]: Enter ← 해치 승인
```

20 마지막 '연암층' 상자의 해치를 지정하겠습니다. Hatch 명령을 다시 실행하기 위해 Space bar 를 누르고 서브 메뉴 'T(설정)'를 입력한 후 Space bar 를 눌러 명령을 실행합니다. 입력할 패턴을 지정하기 위해 다시 왼쪽 위의 '유형 및 패턴' 영역의 '견본'을 클릭해서 원하는 패턴을 선택합니다. 이번에는 'NET'를 지정하고 [확인] 버튼을 클릭합니다.

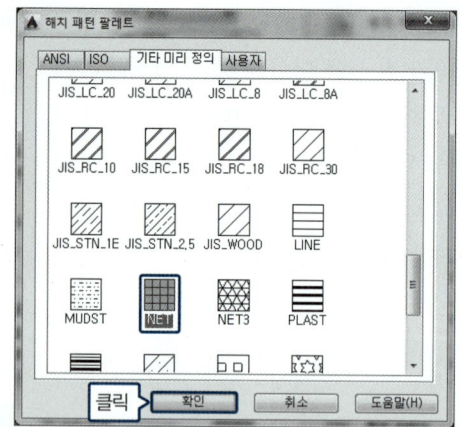

명령: HATCH Space bar ← Hatch 명령 입력 (H)
객체 선택 또는 [내부 점 선택(K)/명령 취소(U)/설정(T)]:t Space bar ← 옵션 'T' 입력

21 영역을 지정하기 위해 '경계' 영역의 '추가: 점 선택' 아이콘( )을 클릭합니다. 도면이 나타나면 가장 아래에 있는 사각형을 클릭한 후 서브 메뉴 중 'T(설정)'를 입력하고 Space bar 를 눌러 대화상자로 돌아옵니다.

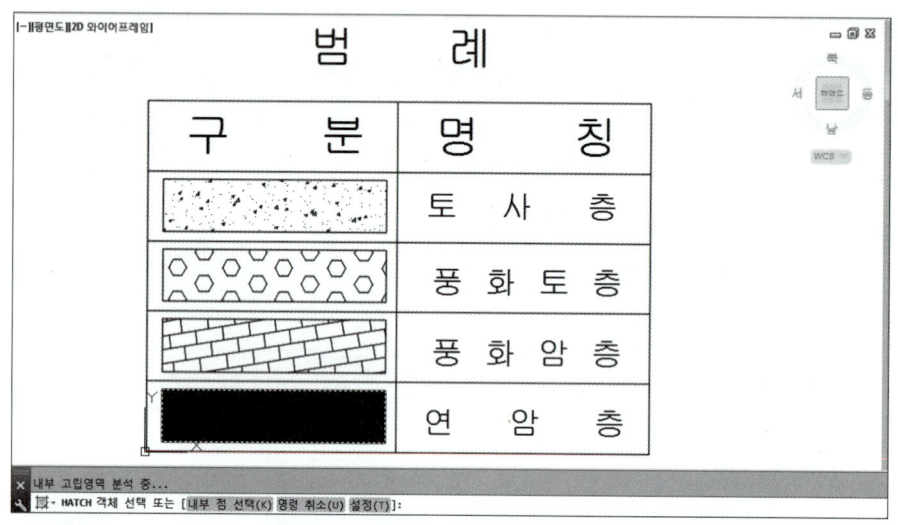

객체 선택 또는 [내부 점 선택(K)/명령 취소(U)/설정(T)]:
내부 점 선택 또는 [객체 선택(S)/명령 취소(U)/설정(T)]: 모든 것 선택...
가시적인 모든 것 선택 중...
선택된 데이터 분석 중...
내부 고립영역 분석 중...
객체 선택 또는 [내부 점 선택(K)/명령 취소(U)/설정(T)]: t Space bar ← 옵션 'T' 입력

22 '각도 및 축척' 영역의 '각도'를 '0'으로, '축척'을 '637.5'로 입력하고 왼쪽 하단의 [미리보기] 버튼을 클릭하여 도면을 미리 확인합니다.

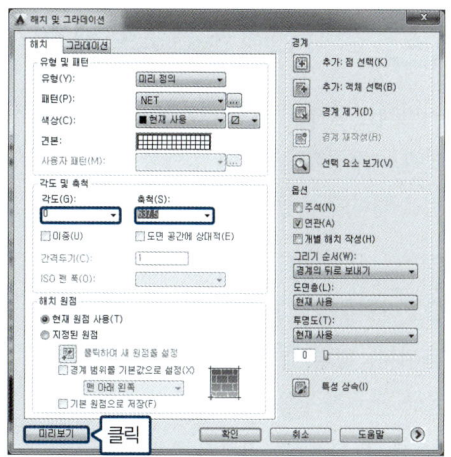

23 해치가 그림처럼 입력되었습니다. 해치를 승인하기 위해 Enter 를 눌러 도면 작성을 마칩니다.

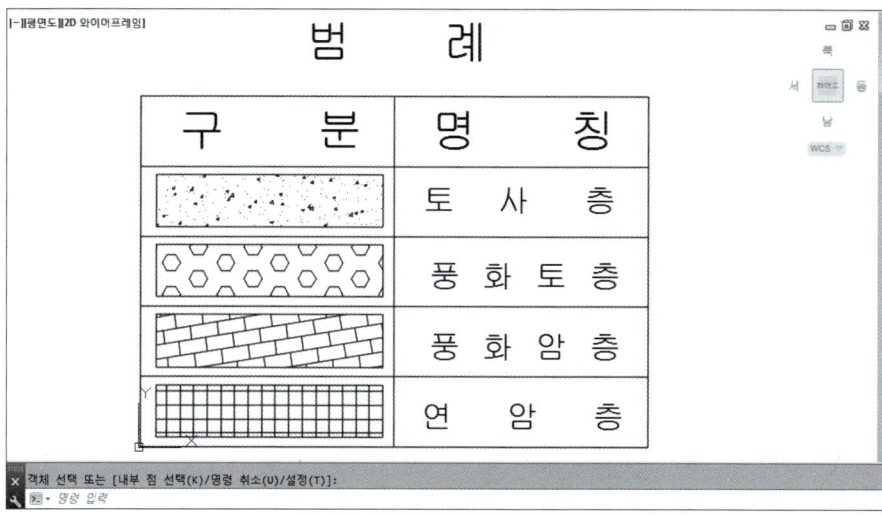

객체 선택 또는 [내부 점 선택(K)/명령 취소(U)/설정(T)]: Enter ← 해치 승인

바로 통하는 TIP Hatch 명령의 각도 및 축척은 언제 어떻게 사용할까?

앞 예제의 [해치 및 그라데이션] 대화상자에서 '축척'은 말 그대로 패턴의 크기를 지정하는 옵션이며, '각도'는 패턴의 기울기를 지정하는 옵션입니다. 지정한 패턴의 축척이 너무 크거나 너무 작으면 패턴이 화면에서 보이지 않으므로 축척을 적당히 조절하도록 합니다. 그리고 각도는 반시계 방향이 양(+)의 값을 가지므로 잘 기억했다가 착오 없이 사용합니다.

2 객체 선택 옵션으로 해치 그리기

이번에는 객체 선택(Select Object) 방법을 사용하여 해치를 그려보겠습니다. 객체 선택 옵션은 원하는 객체를 통째로 지정하여 패턴을 입력하는 방법입니다. 경계가 교차되어 있어도 상관하지 않고 선택한 객체 전체에 패턴을 입력할 수 있습니다.

01 예제 파일 'Part4-05.dwg'를 불러 옵니다. 명령 행에 'Hatch'를 입력하고 Spacebar를 누릅니다. 그런 다음 서브 메뉴 중 'T(설정)'를 입력하고 Spacebar를 누릅니다.

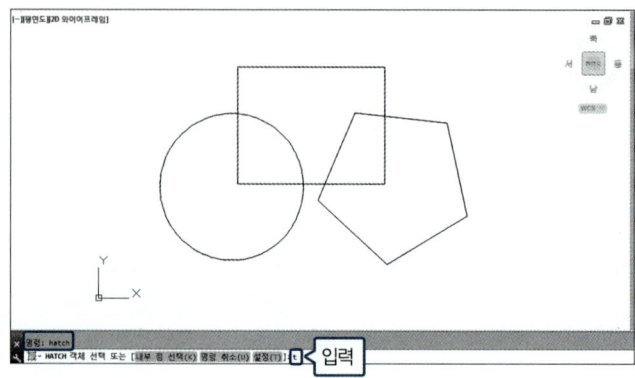

명령: HATCH Spacebar ←Hatch 명령 입력 (H)
객체 선택 또는 [내부 점 선택(K)/명령 취소(U)/설정(T)]:t Spacebar ← 옵션 'T' 입력

02 [해치 및 그라데이션] 대화상자가 나타납니다. 입력할 패턴을 지정하기 위하여 왼쪽 상단 '유형 및 패턴' 영역의 '견본'을 클릭합니다. [해치 패턴 팔레트] 대화상자에서 'SOLID'를 지정하고 [확인] 버튼을 클릭합니다.

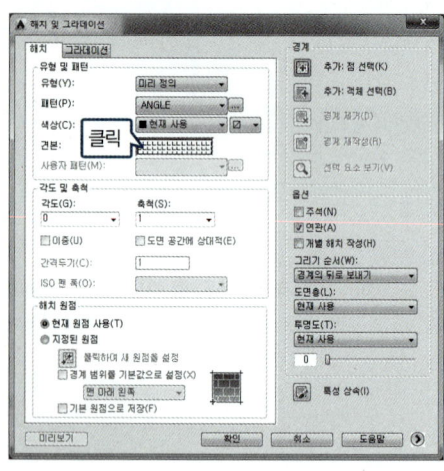 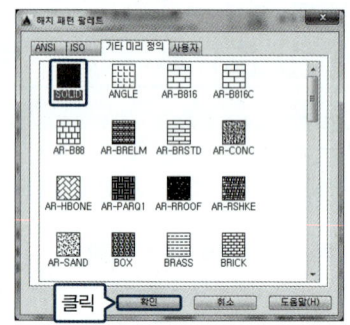

03 해치 영역을 지정하기 위하여 '경계' 영역의 '추가: 객체 선택' 아이콘(■)을 클릭합니다. 도면에서 사각형을 선택하고 서브 메뉴 중 'T(설정)'를 입력한 후 Space bar 를 눌러 [해치 및 그라데이션] 대화상자로 돌아옵니다.

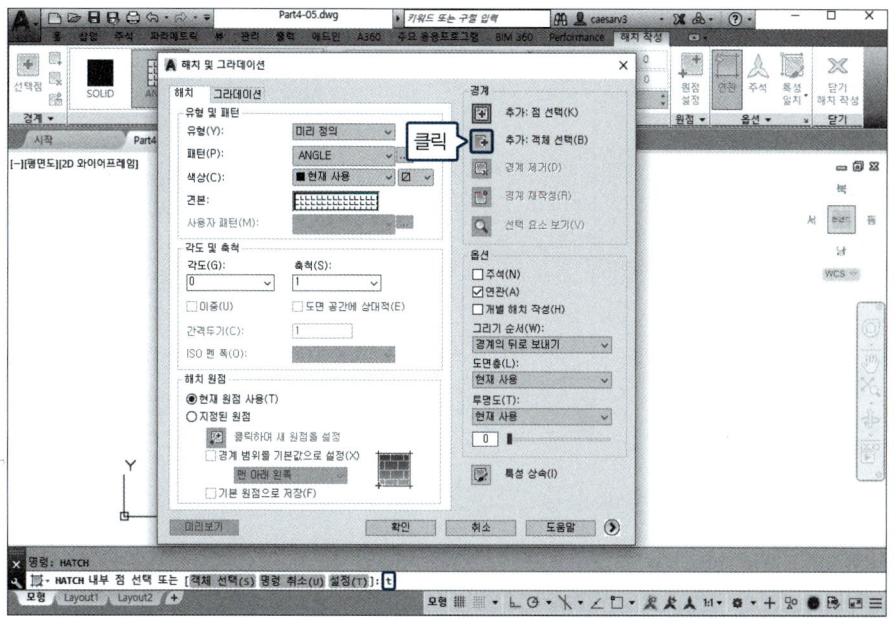

```
객체 선택 또는 [내부 점 선택(K)/명령 취소(U)/설정(T)]:
내부 점 선택 또는 [객체 선택(S)/명령 취소(U)/설정(T)]: 모든 것 선택...
가시적인 모든 것 선택 중...
선택된 데이터 분석 중...
내부 고립영역 분석 중...
객체 선택 또는 [내부 점 선택(K)/명령 취소(U)/설정(T)]: t Space bar ← 옵션 'T' 입력
```

04 원과 다각형이 사각형에 교차되어 있지만 사각형 전체가 선택됩니다.

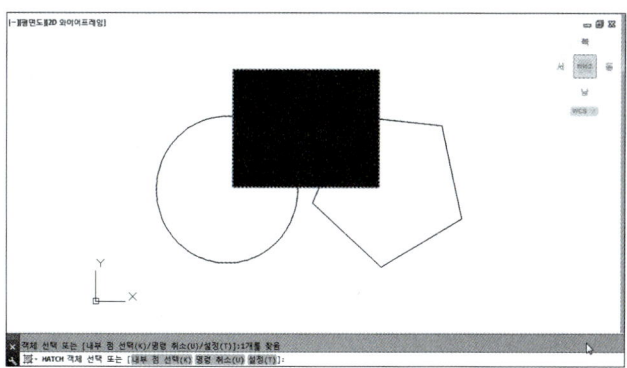

바로 통하는 TIP 객체 선택 방법으로 패턴을 입력할 영역을 지정할 때는 반드시 해당 객체의 선을 선택해야만 합니다. AutoCAD 입문자라면 객체 선 내부의 빈 공간에도 객체가 존재한다고 생각하기 쉽습니다. 하지만 빈 공간은 보이는 그대로 빈 공간일 뿐입니다. 내부의 공간을 선택하면 아무것도 선택되지 않기 때문에 면이 아닌 선을 선택해야 합니다.

05 '색상'을 '초록색'으로 지정하고 대화상자 하단의 [미리보기] 버튼을 클릭하여 도면을 확인합니다. [해치 및 그라데이션] 대화상자의 [확인] 버튼을 클릭한 후 Enter 를 눌러 해치를 승인합니다.

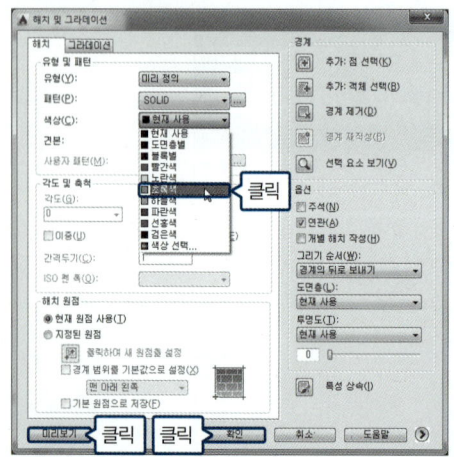 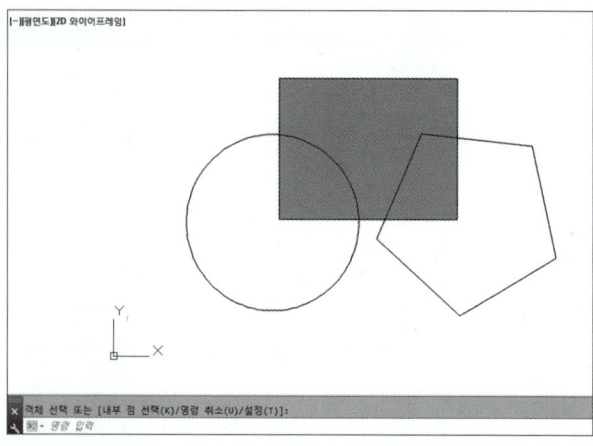

객체 선택 또는 [내부 점 선택(K)/명령 취소(U)/설정(T)]: Enter ← 해치 승인

06 연속하여 Hatch 명령을 실행하겠습니다. Space bar 를 누르고 서브 메뉴 중 'T(설정)'를 입력한 후 Space bar 를 눌러 [해치 및 그라데이션] 대화상자를 불러옵니다.

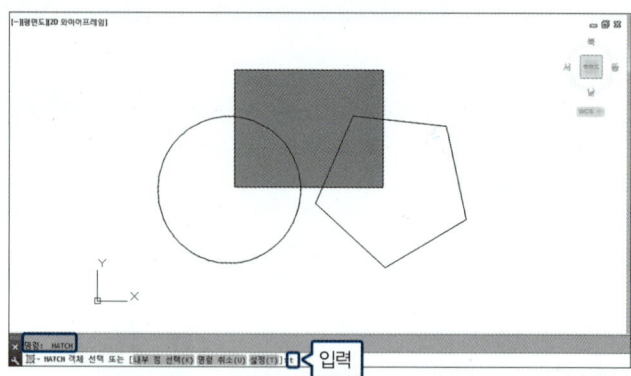

명령: HATCH Space bar ← Hatch 명령 입력 (H)
객체 선택 또는 [내부 점 선택(K)/명령 취소(U)/설정(T)]:t Space bar ← 옵션 'T' 입력

바로 통하는 TIP Space bar 를 눌러도 Hatch 명령이 실행되지 않는다면 먼저 Esc 를 눌러 모든 명령을 종료한 후 명령 행에 'Hatch'를 입력하고 Space bar 를 눌러 명령을 실행합니다.

07 입력할 패턴을 지정하기 위하여 왼쪽 상단 '유형 및 패턴' 영역의 '견본'을 클릭하여 원하는 패턴을 선택합니다. 이번에도 [기타 미리 정의] 탭에서 'SOLID'를 지정하고 [확인] 버튼을 클릭합니다.

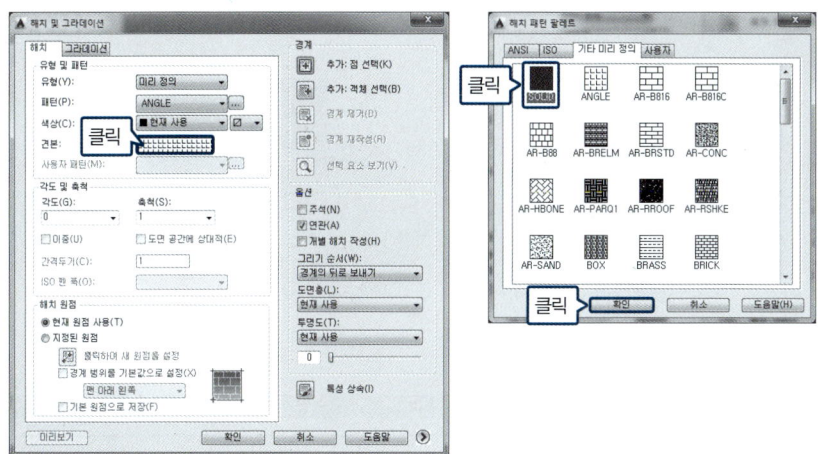

08 영역을 지정하기 위해 '경계' 영역의 '추가: 객체 선택' 아이콘(■)을 클릭합니다. 도면의 원을 선택하고 서브 메뉴 중 'T(설정)'를 입력한 후 Spacebar 를 눌러 [해치 및 그라데이션] 대화상자로 돌아옵니다.

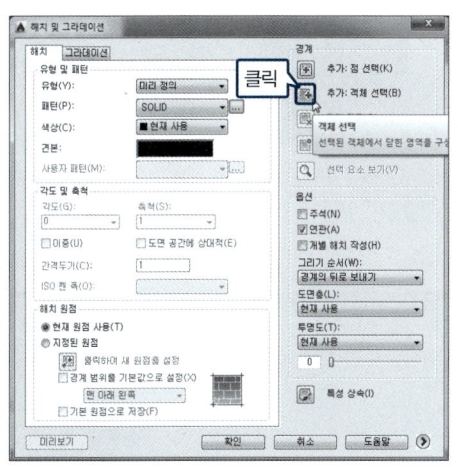 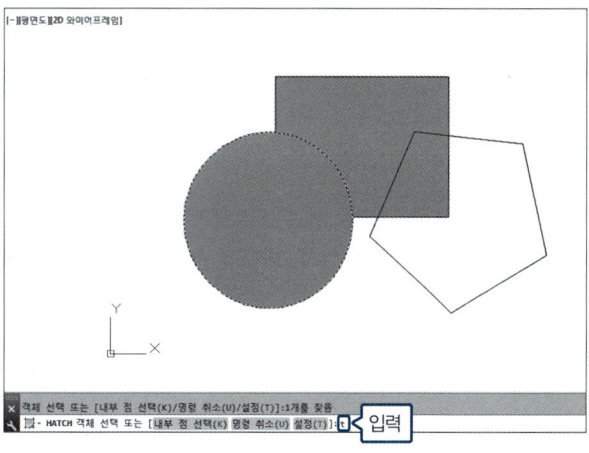

객체 선택 또는 [내부 점 선택(K)/명령 취소(U)/설정(T)]:

내부 점 선택 또는 [객체 선택(S)/명령 취소(U)/설정(T)]: 모든 것 선택...

가시적인 모든 것 선택 중...

선택된 데이터 분석 중...

내부 고립영역 분석 중...

객체 선택 또는 [내부 점 선택(K)/명령 취소(U)/설정(T)]: t Spacebar ← 옵션 'T' 입력

09 '색상'을 '노란색'으로 지정하고 대화상자 하단의 [미리보기] 버튼을 클릭하여 도면을 확인합니다. 그런 다음 [확인] 버튼을 클릭하여 대화상자를 닫고, Enter를 두 번 눌러 Hatch 명령을 완료합니다.

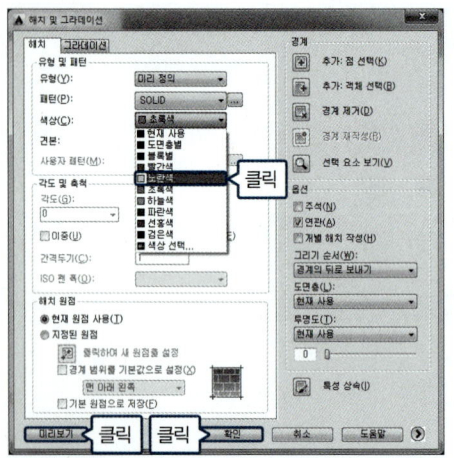 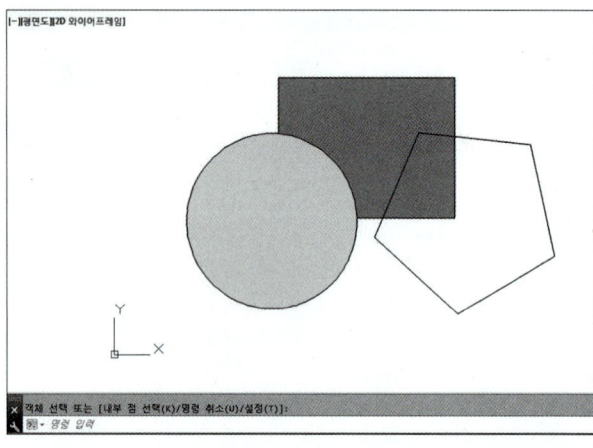

객체 선택 또는 [내부 점 선택(K)/명령 취소(U)/설정(T)]: Enter Enter ← 해치 승인

10 연속하여 Hatch 명령을 실행하겠습니다. Spacebar를 누르고 서브 메뉴 중 'T(설정)'를 입력한 후 Spacebar를 눌러 [해치 및 그라데이션] 대화상자를 불러옵니다.

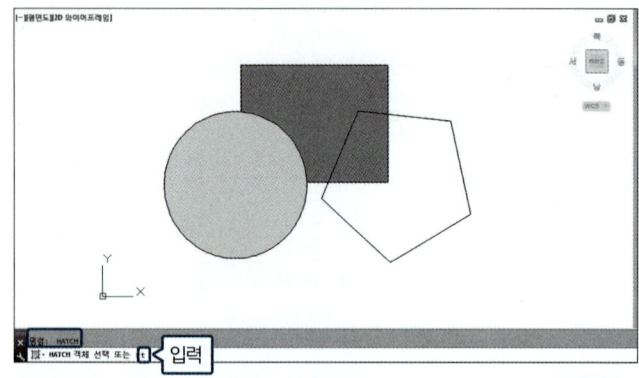

명령: HATCH Spacebar ← Hatch 명령 입력 (H)
객체 선택 또는 [내부 점 선택(K)/명령 취소(U)/설정(T)]:t Spacebar ← 옵션 'T' 입력

11 입력할 패턴을 지정하기 위하여 왼쪽 상단 '유형 및 패턴' 영역의 '견본'을 클릭하여 원하는 패턴을 선택합니다. 이번에도 [기타 미리 정의] 탭에서 'SOLID'를 지정하고 [확인] 버튼을 클릭합니다.

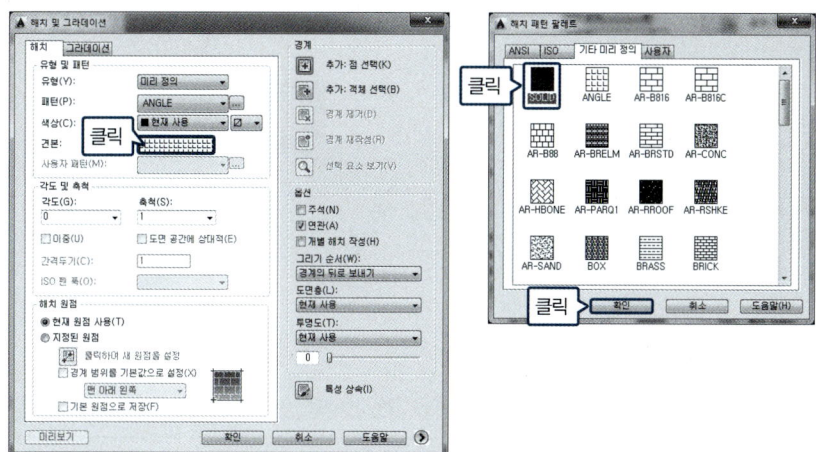

12 영역을 지정하기 위해 '경계' 영역의 '추가:객체 선택' 아이콘(■)을 클릭합니다. 도면의 다각형 객체를 선택하고 서브 메뉴 중 'T(설정)'를 입력한 후 Space bar 를 눌러 대화상자로 돌아옵니다.

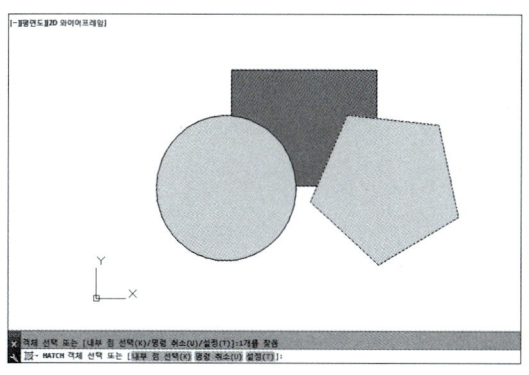 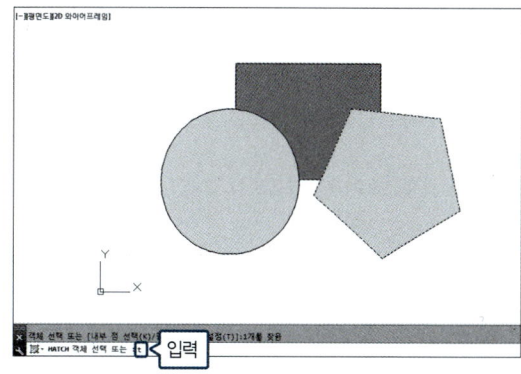

객체 선택 또는 [내부 점 선택(K)/명령 취소(U)/설정(T)]:
내부 점 선택 또는 [객체 선택(S)/명령 취소(U)/설정(T)]: 모든 것 선택...
가시적인 모든 것 선택 중...
선택된 데이터 분석 중...
내부 고립영역 분석 중...
객체 선택 또는 [내부 점 선택(K)/명령 취소(U)/설정(T)]: t Space bar ← 옵션 'T' 입력

13 '색상'을 '선홍색'으로 지정하고 대화상자 하단의 [미리보기] 버튼을 클릭하여 도면을 확인합니다. 그런 다음 [확인] 버튼을 클릭하여 대화상자를 닫고, Enter를 두 번 눌러 도면 작성을 마칩니다.

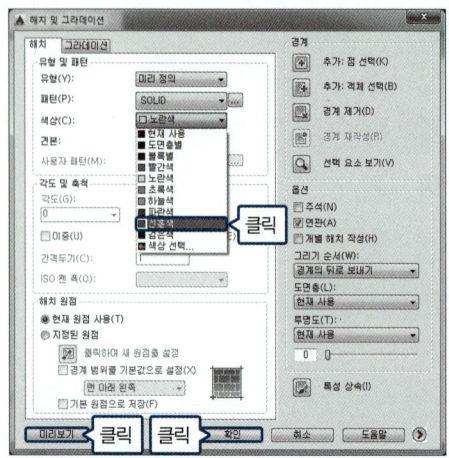
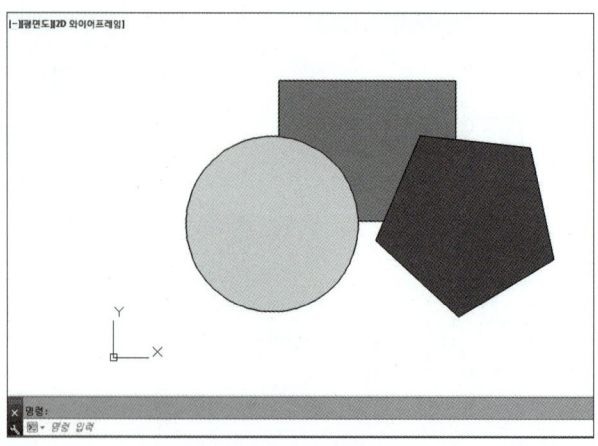

객체 선택 또는 [내부 점 선택(K)/명령 취소(U)/설정(T)]: Enter ← 해치 승인

실무활용노트 AUTO CAD Hatch 명령이 적용되지 않는 세 가지 경우

Hatch 명령은 많은 선과 기호로 이루어진 패턴이므로 용량을 많이 차지합니다. 그런 만큼 다른 명령에 비해 입력하기 매우 까다롭습니다. 실무를 하다 보면 Hatch 명령이 적용되지 않아 곤란한 경우를 종종 겪게 됩니다. 어떤 경우인지 알아보겠습니다.

1 해치 설정 크기가 맞지 않을 때

[해치 및 그라데이션] 대화상자에서 '축척'을 조절하여 사용하도록 합니다.

바로 통하는 TIP [해치 및 그라데이션] 대화상자에서 '축척' 입력란을 클릭하고 키보드의 방향키를 누르거나 원하는 배율을 직접 입력하여 설정 크기를 조절할 수 있습니다.

▲ [해치 및 그라데이션] 대화상자에서 '축척'을 조절

2 패턴을 입력할 경계선이 모두 연결되어 있지 않을 때

패턴을 입력할 객체의 경계선이 미세하게 한 부분이라도 끊어져 있으면 Hatch 명령을 적용할 수 없습니다. 패턴을 적용할 객체의 경계선을 잘 살펴보고 경계선을 모두 연결한 뒤 Hatch 명령을 적용합니다.

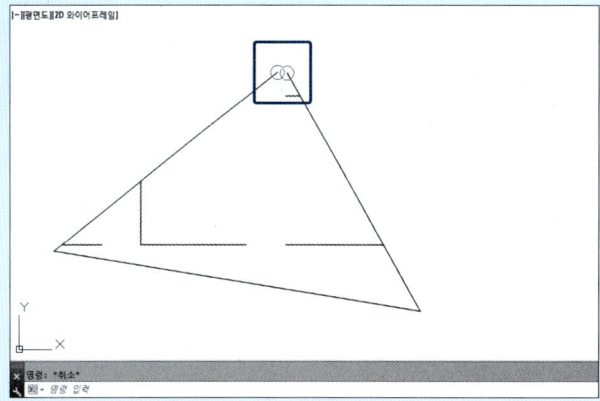

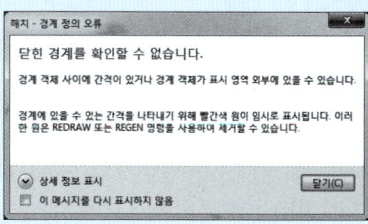

▲ 경계선이 모두 연결되지 않은 객체에 Hatch 명령을 지정할 때 나타나는 경고 창

▲ 연결 부분을 빨간색 원으로 표시함

3 도면 영역이 클 때(건축 도면, 토목 도면, 지적도 등)

Line 명령으로 선을 그어 도면 영역을 임의로 분할하고 Hatch 명령을 적용합니다. 적용을 마치면 임의의 경계선을 지우도록 합니다.

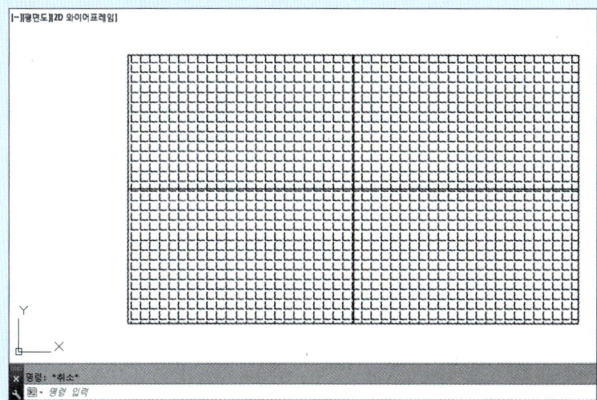

▲ 임의로 경계선을 그어 도면 영역을 분할함

바로 통하는 TIP 도면 영역을 분할하여 적용해도 패턴의 경계 부분이 어색하지 않고 자연스럽게 연결됩니다.

같은 패턴으로 해치를 그리는 Matchprop 명령 적용하기

실무를 하다 보면 전날 작업을 완료하고 다음날 출근했는데 해치를 수정해야 할 일이 생기기도 합니다. 특히 각각 다른 패턴을 부여했다가 같은 패턴으로 통합해야 할 경우가 있는데요. 이때 아주 편리한 기능이 Matchprop 명령, 즉 Match Properties(특성 일치) 명령입니다. Matchprop 명령을 사용하려면 명령 행에 'Matchprop'를 입력하고 Space bar 를 누르거나 [특성] 도구 팔레트에 있는 특성 일치 아이콘(🖌)을 클릭하면 됩니다.

1 예제 파일 'Part4-06.dwg'를 불러옵니다. 벽체를 이루는 객체를 모두 벽돌 패턴으로 변경해보겠습니다. 명령 행에 'Matchprop'를 입력하고 Space bar 를 누릅니다.

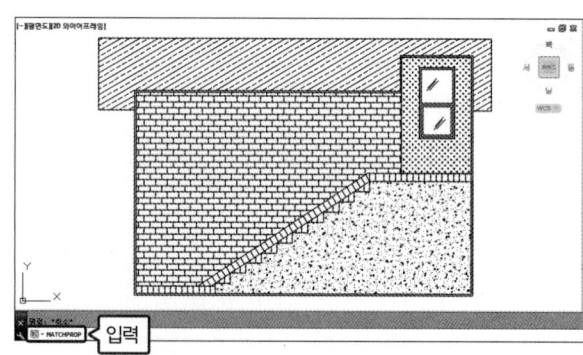

명령: MATCHPROP Space bar ← Matchprop 명령 입력 (MA)

2 특성 일치를 적용할 원본 객체를 클릭합니다. 벽돌 패턴이 지정된 객체를 선택합니다.

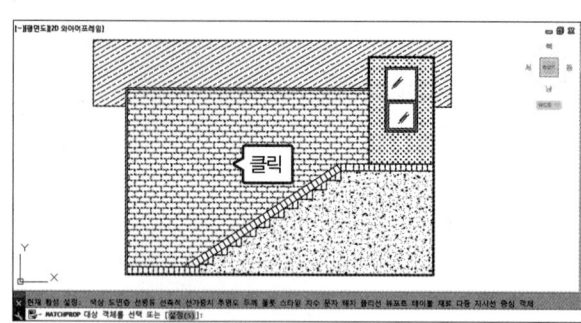

원본 객체를 선택하십시오: ← 원본 객체를 선택
현재 활성 설정: 색상 도면층 선종류 선축척 선가중치 투명도 두께 플롯 스타일 치수 문자 해치 폴리선 뷰포트 테이블 재료 그림자 표시 다중 지시선

3 마우스 포인터가 붓 모양으로 바뀝니다. 패턴을 적용할 대상 객체를 클릭합니다. 그러면 선택한 객체가 벽돌 패턴으로 변경됩니다. 이때 이미 Hatch 명령이 적용되어 패턴이 지정된 객체 영역을 클릭하도록 합니다. 빈 공간을 클릭하면 특성 일치가 적용되지 않습니다.

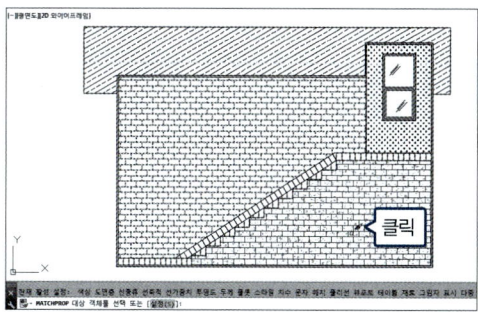 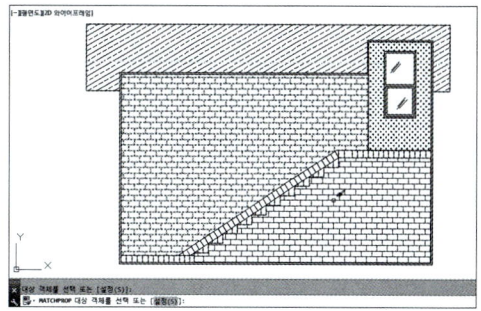

대상 객체를 선택 또는 [설정(S)]: ← 대상 객체를 선택

4 계속해서 패턴을 적용할 대상 객체를 클릭하여 변경합니다. Space bar 를 눌러 명령을 종료합니다.

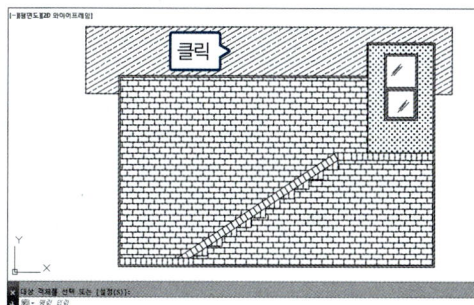 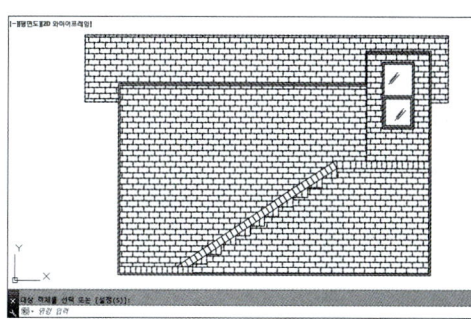

대상 객체를 선택 또는 [설정(S)]: ← 대상 객체를 선택
대상 객체를 선택 또는 [설정(S)]: Space bar ← 모두 마치면 Space bar 를 눌러 종료

바로 통하는 TIP Matchprop 명령은 원본 객체를 한 번 지정하면 대상 객체는 몇 번이고 연속으로 클릭해서 원본 객체와 같은 속성으로 변경할 수 있습니다.

SECTION 02 | 색감의 변화를 표현하는 Gradient

그라데이션 효과는 그래픽 프로그램에서 통용되는 의미로 진한 색부터 차차 흐리게 표현되는 기법입니다. 일종의 점층법 혹은 점강법의 효과를 주어 단계적으로 일관성 있게 변화를 부여합니다. Gradient(그라데이션) 명령을 사용하려면 명령 행에 'Gradient'를 입력하고 Space bar 를 누르거나 [그리기] 도구 팔레트의 그라데이션 아이콘(　그라데이션)을 클릭합니다.

1 Gradient 명령으로 물든 듯한 색상 입히기

Gradient(그라데이션) 명령을 사용하여 객체의 빈 공간에 색상을 입혀보겠습니다.

01 예제 파일 'Part4-07.dwg'를 불러옵니다. 명령 행에 'Gradient'를 입력하고 Space bar 를 누릅니다.

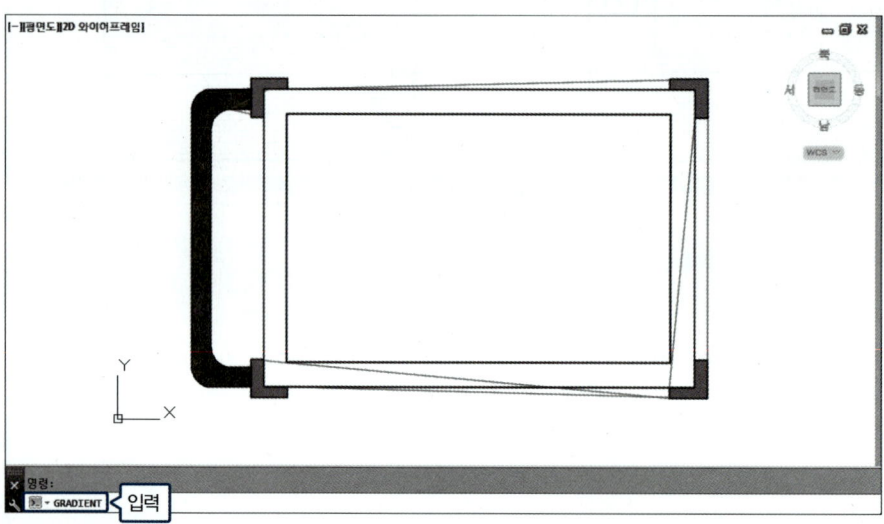

명령: GRADIENT Space bar ← Gradient 명령 입력

02 서브 메뉴 중 'T(설정)'를 입력하고 Space bar 를 누릅니다.

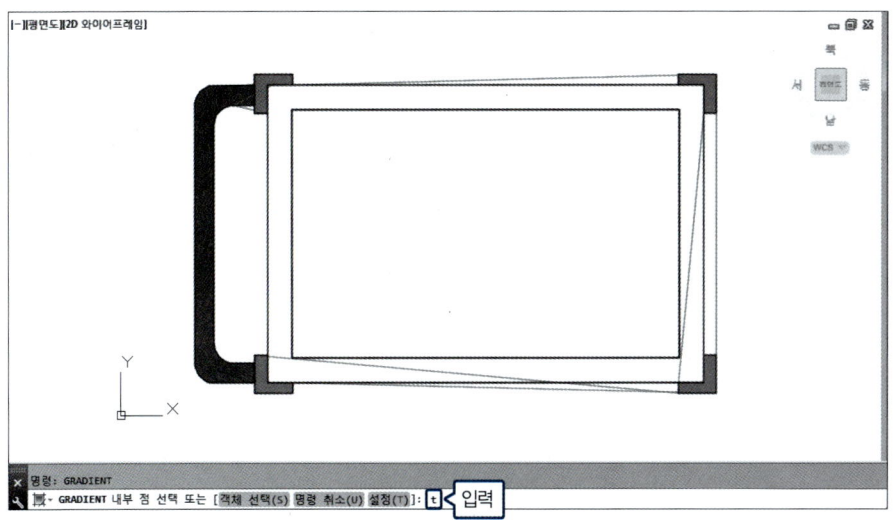

내부 점 선택 또는 [객체 선택(S)/명령 취소(U)/설정(T)]: t Space bar ← 옵션 'T' 입력

03 [해치 및 그라데이션] 대화상자가 나타나면 색상을 지정하기 위해 '색상' 영역에서 '한 색' 항목 아래의 열기 아이콘(...)을 클릭합니다.

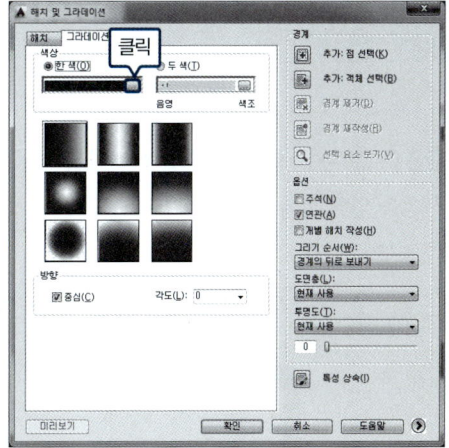

> **바로 통하는 TIP** 앞에서 익혔던 Hatch 명령의 대화상자와 Gradient 명령의 대화상자가 같다는 점을 눈치채셨나요? 이 대화상자는 [해치] 탭과 [그라데이션] 탭으로 구분되어 있으며 Hatch 명령에서는 [해치] 탭이, Gradient 명령에서는 [그라데이션] 탭이 자동으로 나타납니다.

04 [색상 선택] 대화상자에서 [색상 색인] 탭을 클릭합니다. 그런 다음 '색상' 영역에 '253'을 입력하고 [확인] 버튼을 클릭합니다. '한 색' 항목이 회색으로 지정되었음을 확인할 수 있습니다.

05 '경계' 영역의 '추가: 점 선택' 아이콘(圖)을 클릭한 뒤 앞에서 설정한 색상을 입힐 영역을 클릭하여 지정합니다.

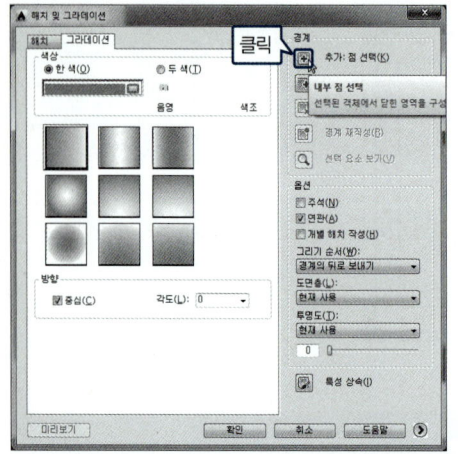
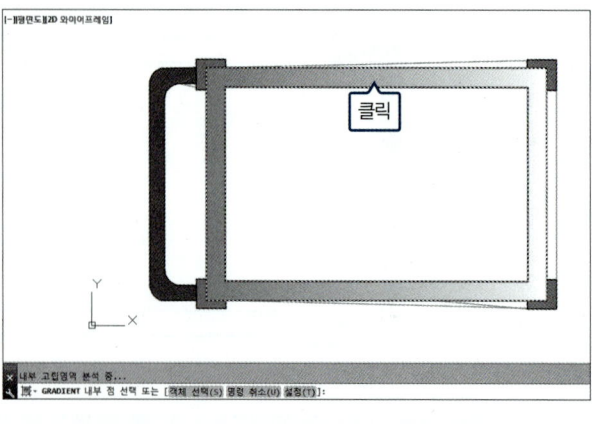

```
내부 점 선택 또는 [객체 선택(S)/명령 취소(U)/설정(T)]:
내부 점 선택 또는 [객체 선택(S)/명령 취소(U)/설정(T)]: 모든 것 선택...
가시적인 모든 것 선택 중...
선택된 데이터 분석 중...
내부 고립영역 분석 중...
```

06 서브 메뉴 중 'T(설정)'를 입력하고 Space bar 를 눌러 [해치 및 그라데이션] 대화상자로 다시 돌아옵니다. 색상을 입힐 형식을 지정합니다. 가장 왼쪽 상단의 형식으로 지정합니다. 왼쪽 하단의 [미리보기] 버튼을 클릭해 도면을 미리 확인합니다.

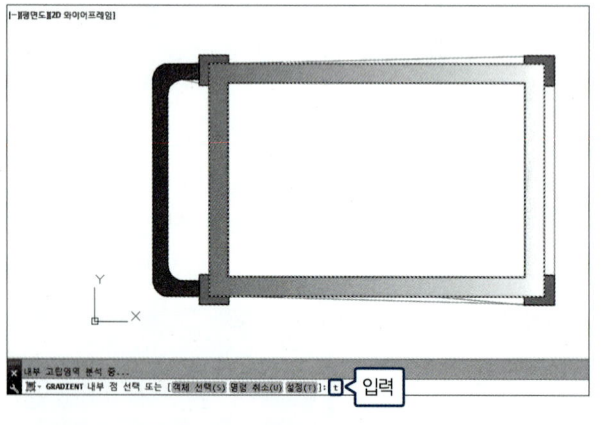

내부 점 선택 또는 [객체 선택(S)/명령 취소(U)/설정(T)]: t Space bar ← 옵션 'T' 입력

07 원하는 대로 색상을 입히면 그대로 Enter를 두 번 눌러 그라데이션을 적용합니다. 만약 원하는 이미지가 아니라면 서브 메뉴 중 'T(설정)'를 입력하여 대화상자에서 색상과 형식을 다시 지정합니다.

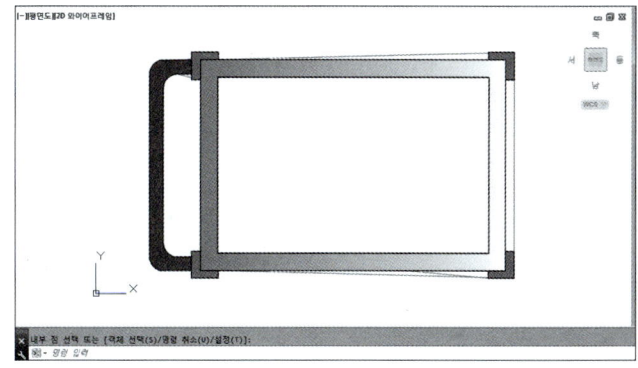

선택하거나 Esc 키를 눌러 대화상자로 복귀 또는 〈오른쪽 클릭하여 해치 승인〉: Enter Enter ← Enter 를 두 번 눌러 지정

08 이번에는 객체 내부의 색상을 지정해보겠습니다. Gradient 명령을 다시 실행하기 위해 Space bar를 누릅니다. 그런 다음 서브 메뉴에서 'T(설정)'를 입력하고 Space bar를 누릅니다.

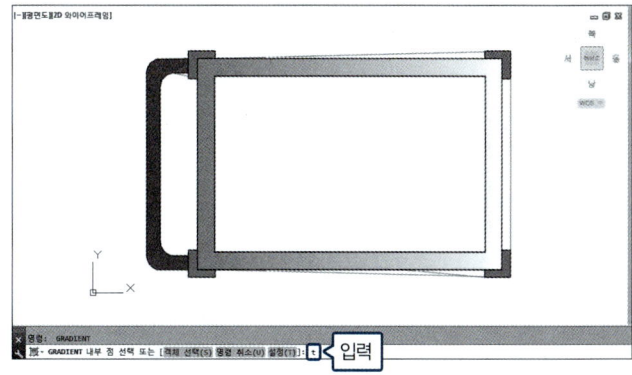

명령: GRADIENT Space bar ← Gradient 명령 입력
내부 점 선택 또는 [객체 선택(S)/명령 취소(U)/설정(T)]: t Space bar ← 옵션 'T' 입력

09 [해치 및 그라데이션] 대화상자가 나타나면 색상을 지정하기 위해 '색상' 영역에서 '한 색' 항목 아래의 사각 아이콘(…)을 클릭합니다.

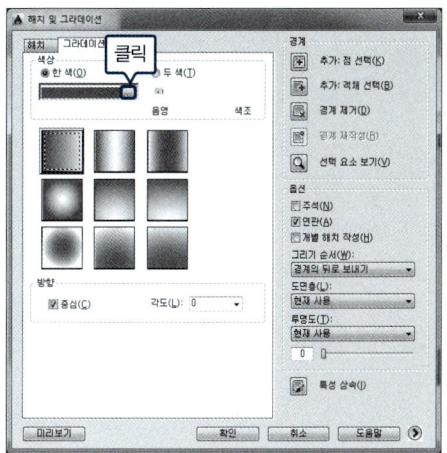

10 [색상 색인] 탭을 클릭한 후 '색상' 영역에 '123'을 입력합니다. 그런 다음 [확인] 버튼을 누릅니다. '한 색' 항목이 민트색으로 지정되었음을 확인할 수 있습니다.

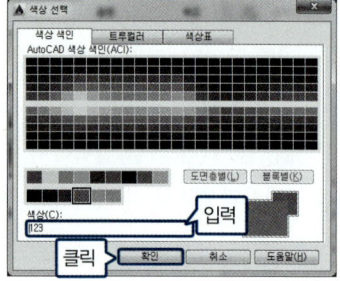

11 '경계' 영역의 '추가:점 선택' 아이콘(□)을 클릭한 뒤 앞에서 설정한 색상을 입힐 영역을 클릭하여 지정합니다. 서브 메뉴 중 'T(설정)'를 입력하고 Space bar를 눌러 대화상자로 다시 돌아옵니다.

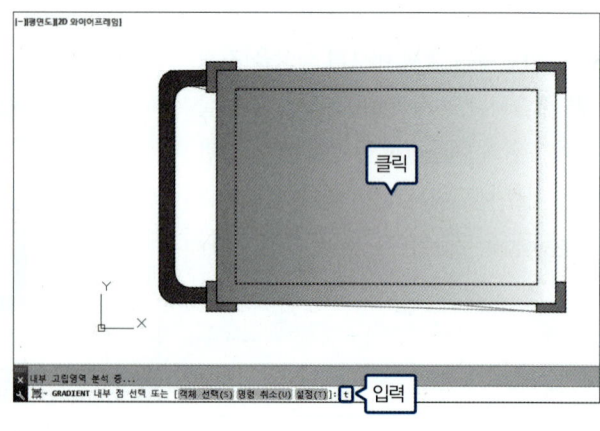

내부 점 선택 또는 [객체 선택(S)/명령 취소(U)/설정(T)]:
내부 점 선택 또는 [객체 선택(S)/명령 취소(U)/설정(T)]: 모든 것 선택...
가시적인 모든 것 선택 중...
선택된 데이터 분석 중...
내부 고립영역 분석 중...
내부 점 선택 또는 [객체 선택(S)/명령 취소(U)/설정(T)]: t Space bar ← 옵션 'T' 입력

12 색상을 입힐 형식을 지정합니다. 가장 왼쪽 상단의 형식으로 지정합니다. 이때 방향을 반대로 회전하기 위해 '각도'는 '180'으로 입력합니다. 그런 다음 [미리보기] 버튼을 클릭해 도면을 확인합니다.

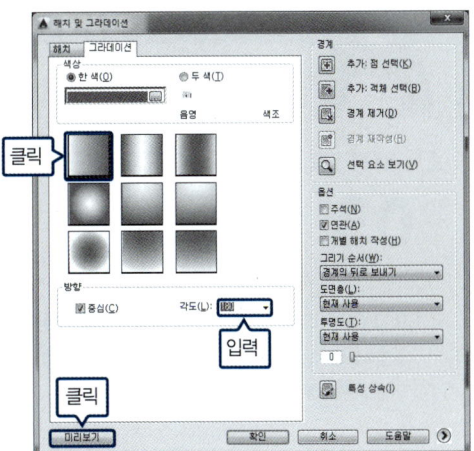

13 원하는 대로 색상을 입히면 그대로 Enter 를 두 번 눌러 Gradient 명령을 적용합니다.

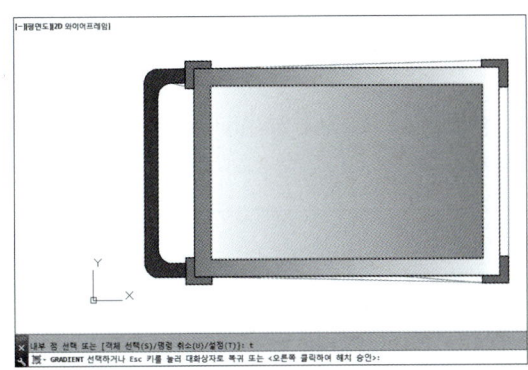 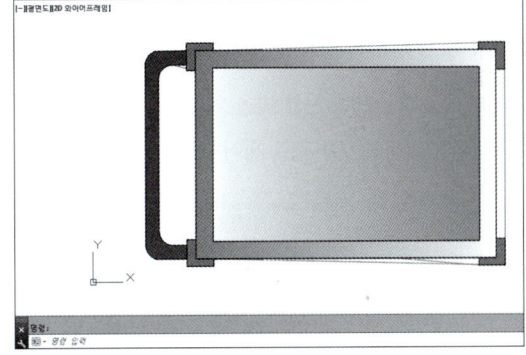

선택하거나 Esc 키를 눌러 대화상자로 복귀 또는 〈오른쪽 클릭하여 해치 승인〉: Enter Enter ← Enter 를 눌러 지정

CHAPTER 03

복잡한 도면 객체를 나눠서 관리하는 도면층

이번 장에서는 대부분의 그래픽 디자인 프로그램에 나오는 도면층(Layer)이 AutoCAD에서는 어떤 기능을 하는지 알아보겠습니다. AutoCAD 기존 사용자라도 도면층을 만드는 방법은 알지만 제대로 활용하지 못하는 경우가 많으므로 잘 알아두어 활용하도록 합니다.

A 학습 목표

도면층을 만드는 방법을 익혀봅니다. 건축, 인테리어 실무에서 도면층은 무엇이며 어떻게 사용하는지, 그리고 도면층을 제어하는 방법을 알아보겠습니다.

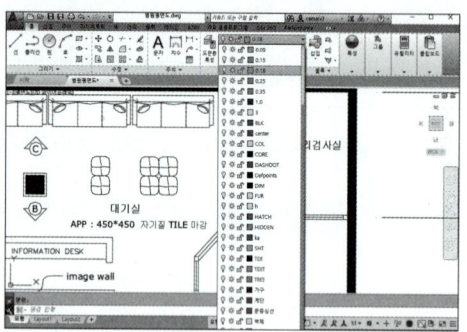
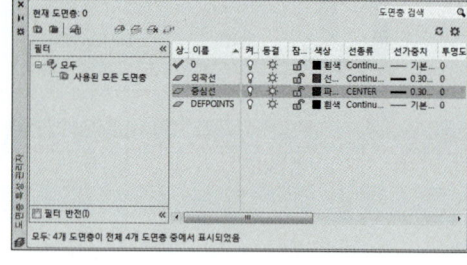

▲ 도면층에 속성 부여하고 제어하기

SECTION 01 도면 구성 요소를 구분하는 도면층

도면층(Layer)의 기능을 제대로 사용하면 도면 작성 시간이 상당히 단축됩니다. 모든 분야에서 빈번하게 사용하는 Layer(도면층) 명령은 어떤 기능을 하며 어떻게 사용하는지 살펴보겠습니다. 도면층을 만들어 사용하기 위해서는 명령 행에 'Layer'를 입력하고 [Space bar]를 누르거나 상단의 [도면층] 도구 팔레트에 있는 도면층 아이콘(📄)을 선택합니다.

1 도면층 이해하기

A 도면층이란?

도면층은 한 도면에 객체 요소가 많을 때 유용한 기능입니다. 객체 요소가 많을 때 하나의 층에 모든 도면 요소를 그리는 것이 아니라 요소별로 나누어 따로따로 여러 개의 층으로 분리하여 도면을 작성하는 기능입니다. 인테리어 도면을 예로 든다면 벽체선을 그린 투명한 층과 문이나 창문을 그린 투명한 층, 치수선을 기입한 투명한 층을 모두 따로 구분하여 도면을 작성하는 식입니다. 이렇게 해서 그린 투명한 층이 겹쳐져서 하나의 도면을 이룹니다.

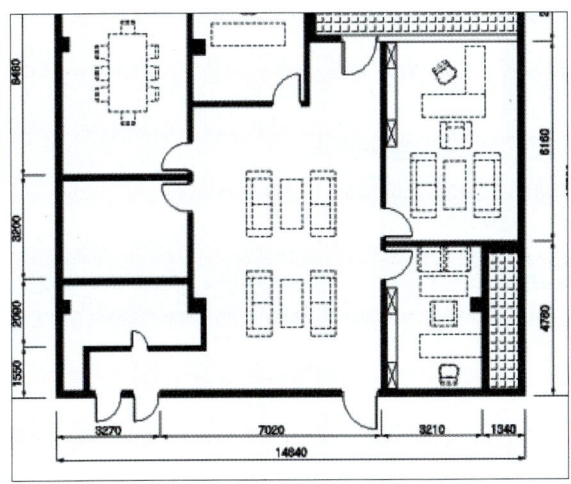 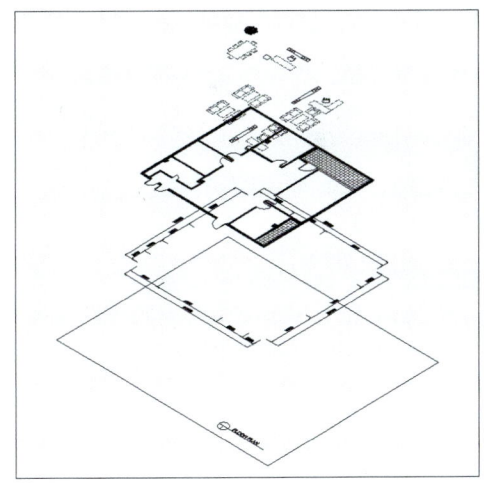

▲ 도면층을 분리한 이미지

바로 통하는 TIP 우리가 보고 있는 AutoCAD의 작업 화면은 종이처럼 불투명한 면이 아니라 투명한 공간과 같습니다.

A 도면층을 사용하는 목적

도면층을 사용하는 목적은 도면 객체를 특성에 따라 편리하게 관리하기 위함입니다. 필요에 따라 도면층 일부의 설정을 변경하면 화면상에 나타나지 않거나 출력되지 않아서 한 장의 도면으로 여러 장의 도면을 표현할 수 있습니다. 또 당장 필요하지 않은 객체는 꺼두어 작업 속도를 빠르게 할 수 있습니다.

2 도면층 활용 방법

각각의 도면층에 색상, 선 모양, 선 굵기 등의 속성을 지정하여 특성을 구분합니다. 구분된 각 객체를 켜기/끄기(On/Off), 잠금/잠금 해제(Lock/Unlock), 동결/동결 해제(Thaw/Freeze) 등의 기능으로 제어하여 사용합니다. 도면층의 이름은 특성에 맞게 지정하여 누구나 알아볼 수 있게 기입하는 것이 좋습니다. 현재 설정된 도면층은 화면 상단의 도구 팔레트에 나타나며 색상은 흰색(White), 선 모양은 실선(Continuous)이 기본값(Default)입니다.

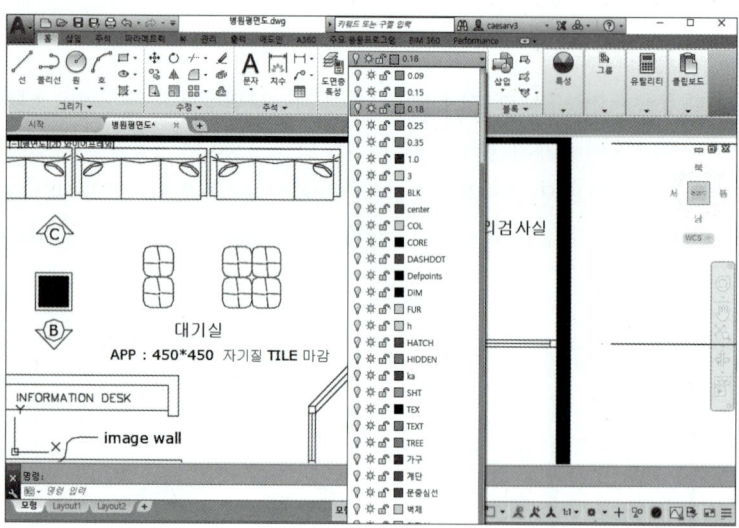

▲ 여러 가지 도면층

바로 통하는 TIP 건축 도면의 경우 도면층의 개수가 너무 적으면 모든 요소를 세분화할 수 없습니다. 반대로 너무 많으면 요소를 찾기가 어렵습니다. 따라서 도면층은 15~20개 정도로 만듭니다. 어쩔 수 없이 도면층 개수가 많아지면 도면층 필터를 사용하여 도면층을 빠르게 찾도록 합니다. 도면층 필터 기능 사용법은 424쪽을 참조하세요.

3 [도면층 특성 관리자] 대화상자로 도면 객체에 속성 부여하기

[도면층 특성 관리자] 대화상자에서 도면층을 만들어보겠습니다.

01 예제 파일 'Part4-08.dwg'를 불러옵니다. 상단의 [도면층] 도구 팔레트에서 도면층 특성 아이콘(📋)을 클릭하여 실행합니다.

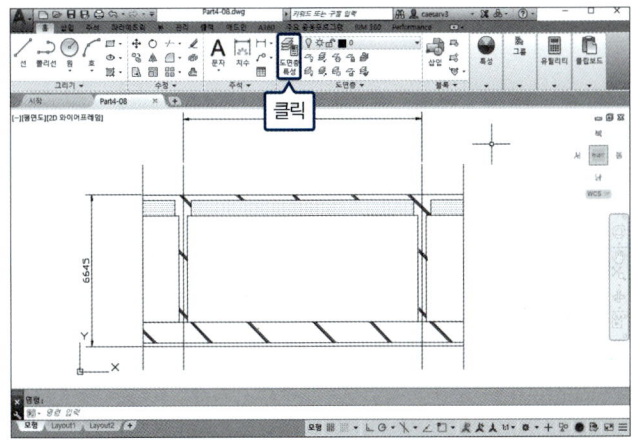

02 [도면층 특성 관리자] 대화상자가 나타납니다. [도면층 특성 관리자] 대화상자에서 새 도면층 아이콘(📄)을 클릭합니다.

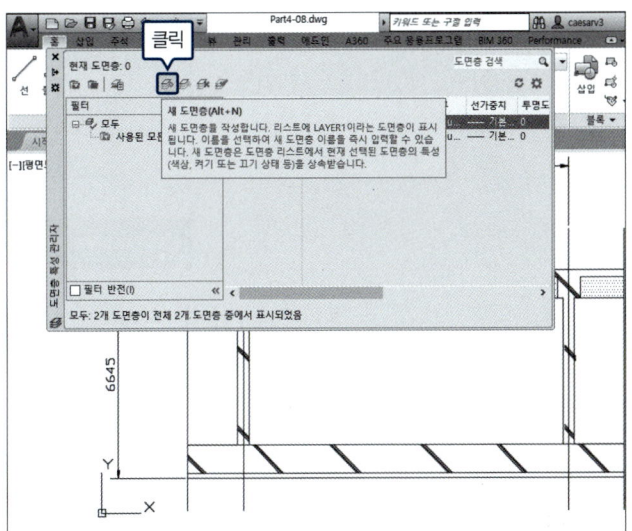

03 새로운 도면층인 '도면층1'이 생성됩니다. '도면층1' 대신 새로운 이름을 입력하겠습니다. '도면층1'이 블록 처리되어 있으니 바로 '외곽선'이라고 입력하고 대화상자 내의 빈 공간을 클릭하면 이름이 변경됩니다.

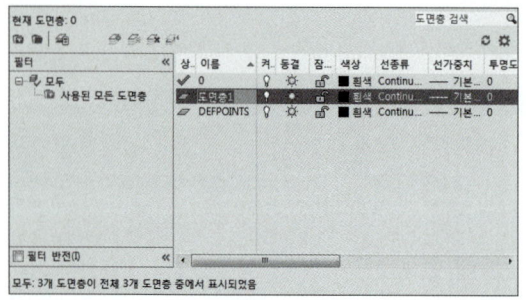 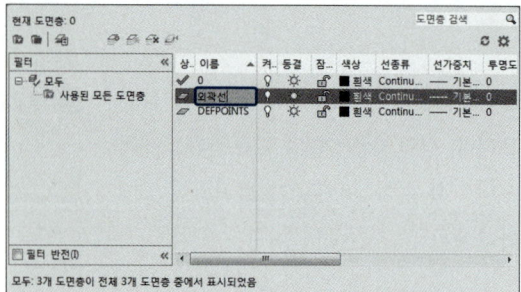

바로 통하는 TIP 도면층의 이름을 변경할 때는 변경하려는 이름을 한 번 클릭한 후 1~2초 후에 다시 한 번 더 클릭하면 변경할 수 있습니다

04 색상을 지정하기 위하여 '색상' 영역을 클릭합니다. [색상 선택] 대화상자가 나타납니다.

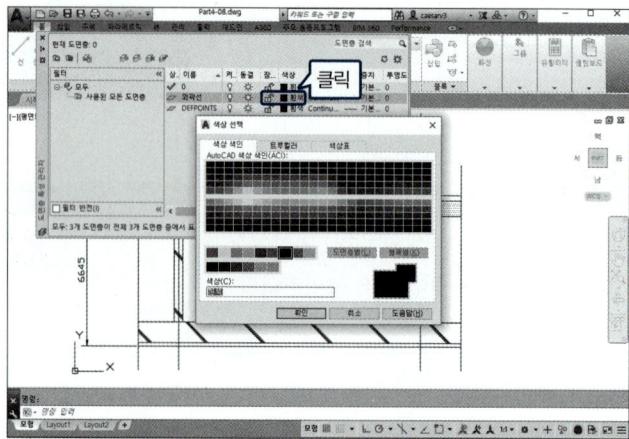

05 [색상 색인] 탭을 클릭하고 '선홍색'을 지정한 후 [확인] 버튼을 클릭합니다. 외곽선의 색상이 선홍색으로 변경되었습니다.

 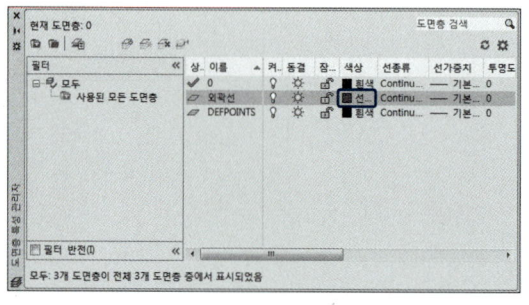

06 선 모양은 실선으로 나타낼 것이므로 그대로 두고 선 굵기를 변경하겠습니다. '선가중치' 영역을 클릭해 [선가중치] 대화상자가 나타나면 스크롤바를 내려 '0.30mm'를 클릭합니다. 그런 다음 [확인] 버튼을 클릭하면 선 굵기가 변경됩니다.

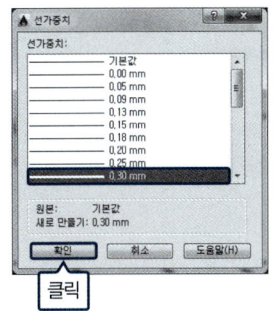
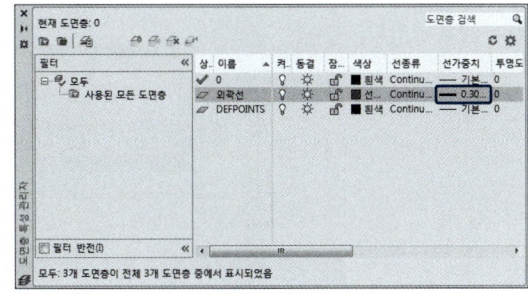

07 연속해서 필요한 도면층을 만들어보겠습니다. 상단의 새 도면층 아이콘( )을 클릭합니다. 03 과정을 참고해 새 도면층 이름을 '중심선'이라고 변경합니다.

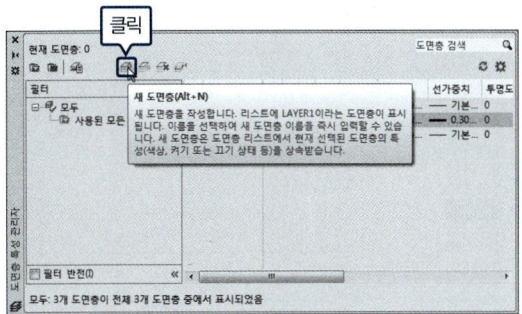
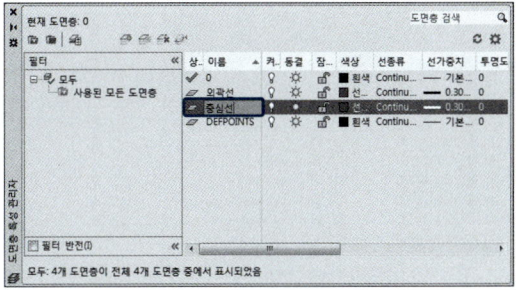

08 04 과정을 참고해서 색상은 '파란색'으로 지정합니다.

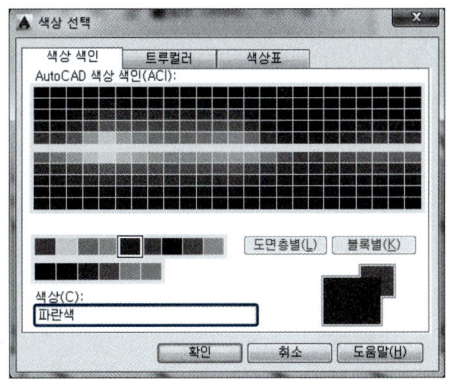

09 선 모양을 지정하겠습니다. '선종류' 영역을 클릭해 [선종류 선택] 대화상자를 불러옵니다. 현재 나타나 있는 선은 실선이므로 중심선을 꺼내오기 위해 [로드] 버튼을 클릭합니다.

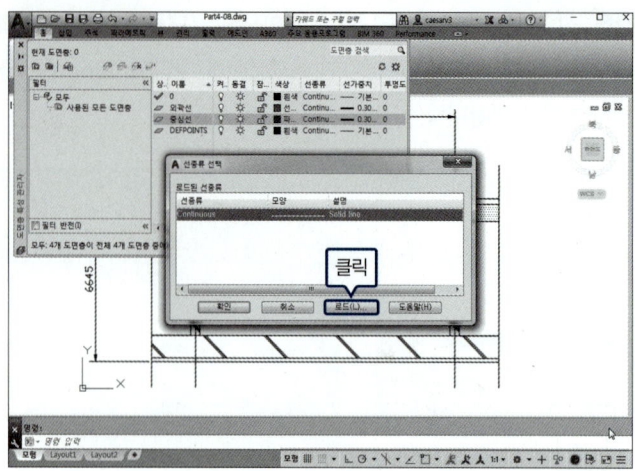

10 [선종류 로드 또는 다시 로드] 대화상자가 나타나면 스크롤바를 내려 'CENTER'를 클릭합니다. 그런 다음 [확인] 버튼을 클릭합니다.

 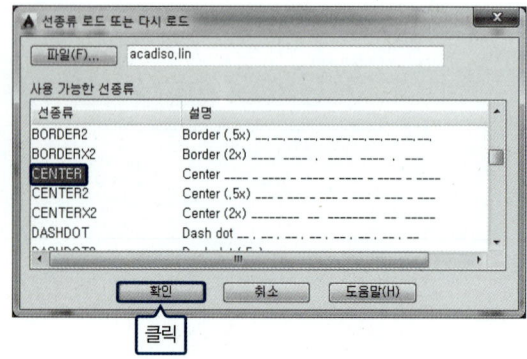

11 [선종류 선택] 대화상자에서 'CENTER'를 클릭해 선종류로 지정하고 [확인] 버튼을 클릭합니다. '중심선' 도면층의 선종류가 'CENTER'로 변경되었습니다. 06 과정을 참고해 '선가중치'를 '기본값'으로 설정합니다.

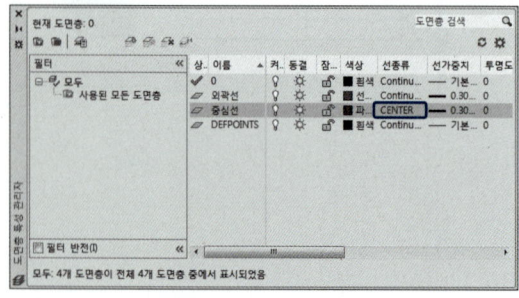 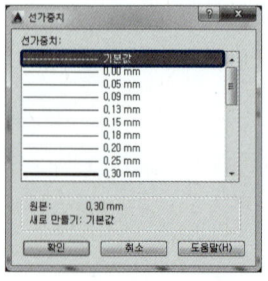

12 마지막으로 치수선 도면층을 하나 더 생성합니다. 새 도면층 아이콘( )을 클릭한 후 이름을 '치수선'이라고 변경합니다.

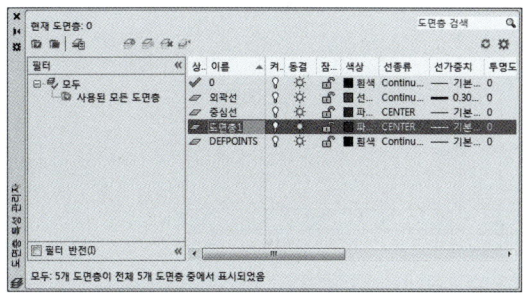 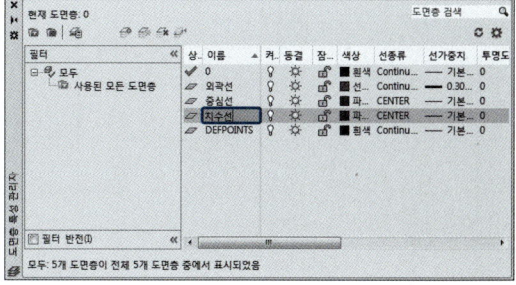

13 04 과정을 참고해 색상은 '흰색'으로 변경하고, 선 모양은 10 과정을 참고해 'Continuous', 선가중치는 06 과정을 참고해 '기본값'으로 변경합니다.

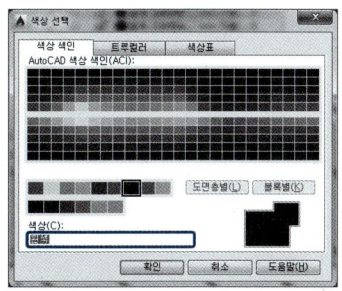 

바로 통하는 TIP AutoCAD 도면층에서 설정하는 흰색은 도면에서 검은색으로 나타납니다. 색상 영역에 '검은색'이 있더라도 놀라지 마세요.

14 색상, 선 모양, 선가중치를 모두 변경하면 [도면층 특성 관리자] 대화상자 왼쪽 상단에 있는 닫기 아이콘( )을 클릭해 대화상자를 닫습니다.

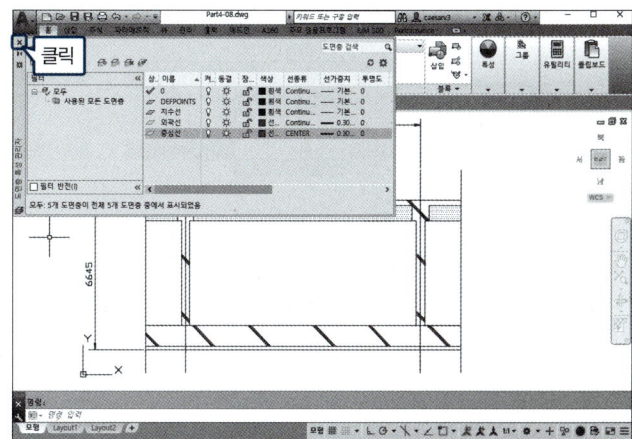

Chapter 03 복잡한 도면 객체를 나눠서 관리하는 도면층 • **417**

15 도면층이 바르게 만들어졌는지 확인해보겠습니다. 도면층 표시 창을 클릭하면 앞에서 설정한 도면층을 확인할 수 있습니다.

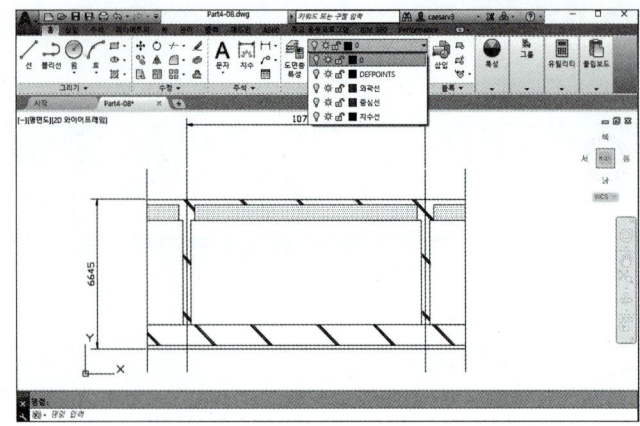

16 이제부터 각 객체에 도면층을 적용해보겠습니다. 치수선 객체를 클릭하여 선택합니다.

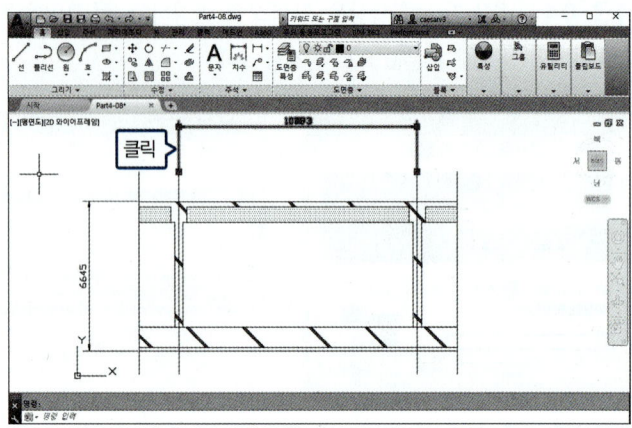

17 상단의 도면층 표시 창에서 '치수선'을 지정합니다. 그런 다음 Esc를 눌러 선택을 해제합니다.

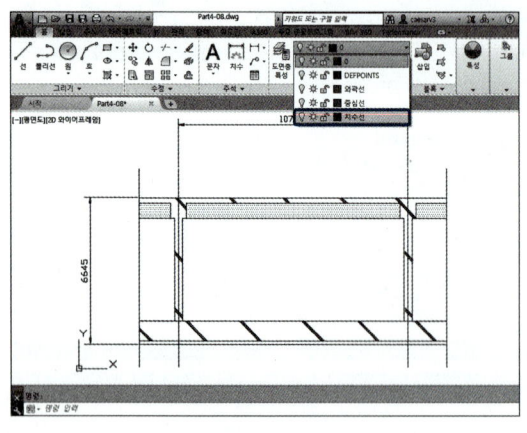 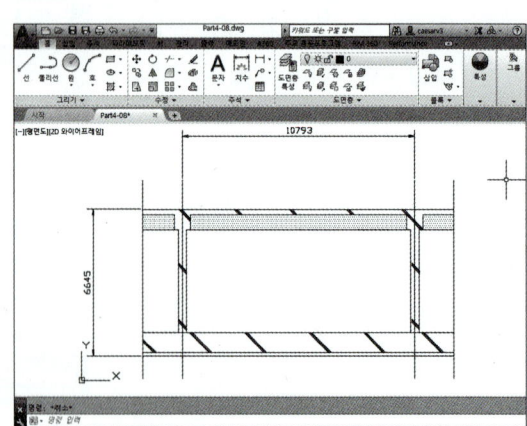

18 중심선 객체를 해당 도면층으로 지정하기 위하여 클릭하여 선택합니다.

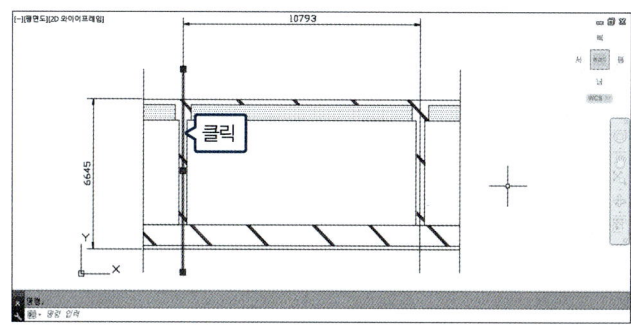

19 상단의 도면층 표시 창에서 '중심선'을 지정합니다. 그런 다음 Esc를 눌러 선택을 해제합니다.

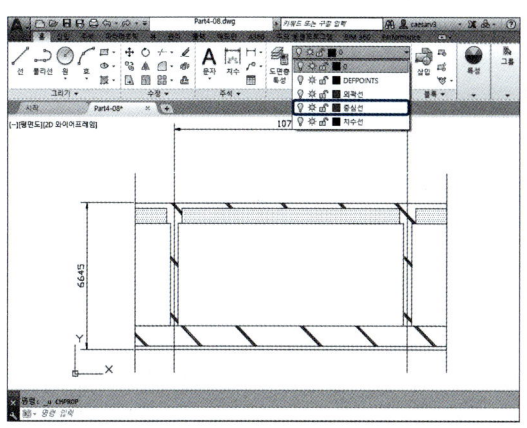
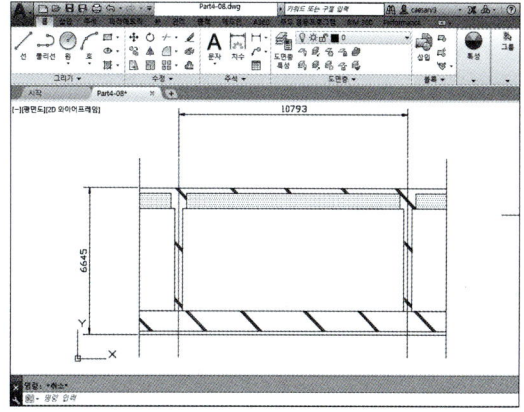

20 외곽선을 해당 도면층으로 지정하기 위하여 객체 하나를 클릭하여 선택합니다. 그런 다음 원하는 외곽선 객체를 차례로 클릭하여 선택합니다. 그런 다음 상단의 도면층 표시 창에서 '외곽선'을 지정하고 Esc를 눌러 선택을 해제합니다.

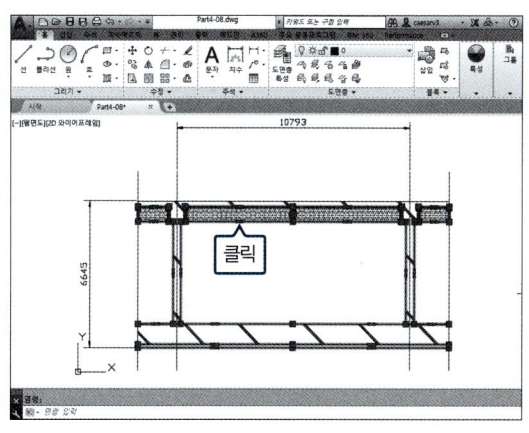
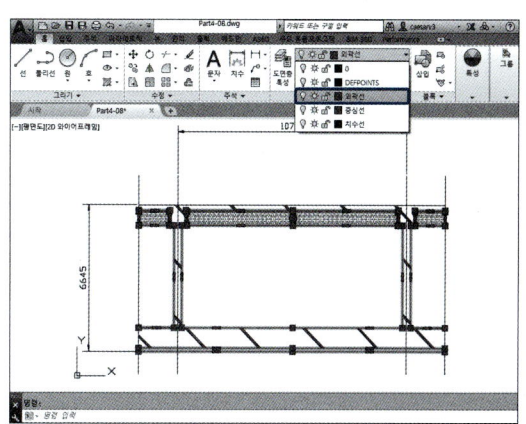

바로 통하는 TIP 선택을 원하는 객체 위에 마우스 포인터를 놓고 가운데 휠을 굴려서 확대하며 작업합니다.

21 객체를 하나씩 선택한 후 도면층 표시 창을 확인합니다. 각 도면층이 제대로 설정되었음을 확인할 수 있습니다.

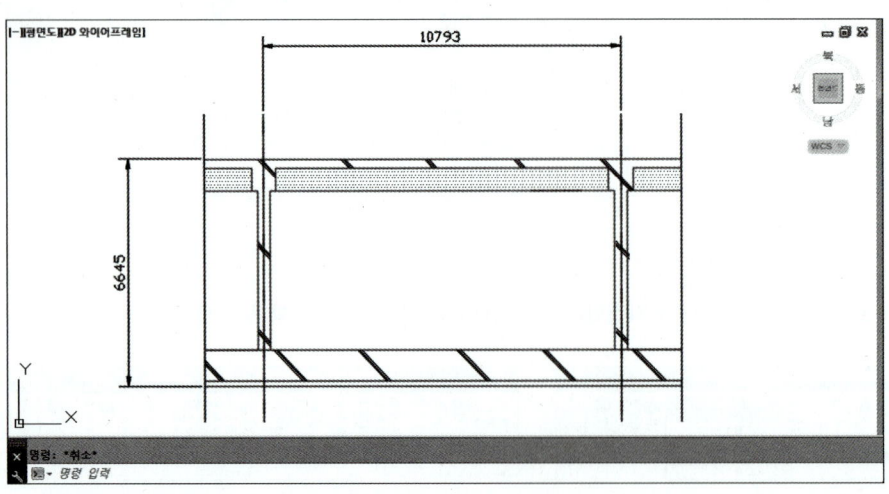

실무활용노트 AUTO CAD | 선가중치가 제대로 표시되지 않아요!

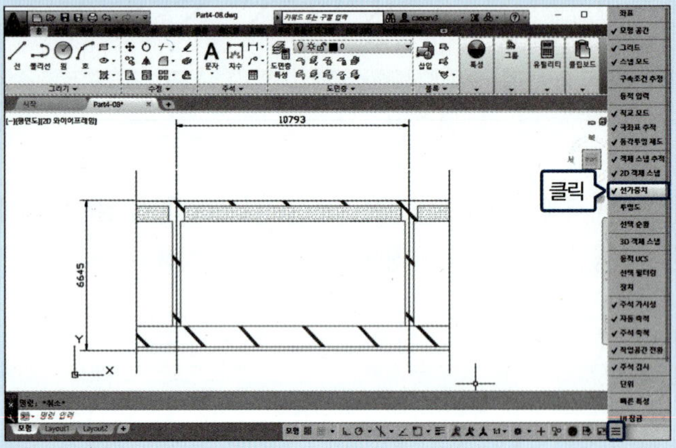

선가중치가 제대로 표시되지 않을 경우 화면 하단의 상태 메뉴에서 맨 오른쪽 사용자화 아이콘(☰)을 클릭한 뒤 '선가중치'를 체크합니다. 이제 선가중치가 제대로 표시됩니다.

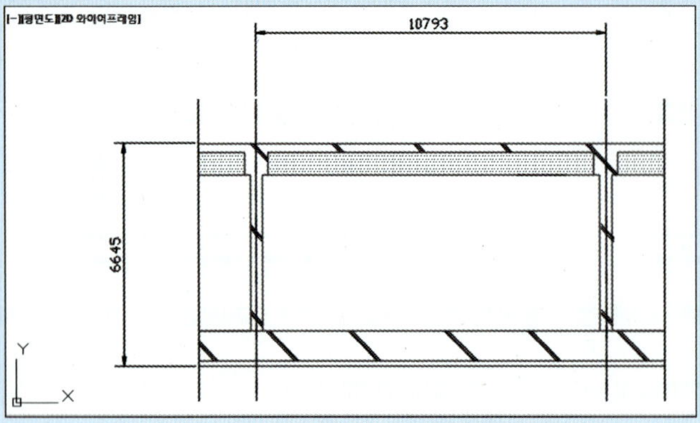

◀ 선가중치를 적용한 모습

실무활용노트 AUTO CAD [도면층 특성 관리자] 대화상자

[도면층 특성 관리자] 대화상자의 기능을 제대로 파악하면 도면층을 편리하게 관리할 수 있습니다.

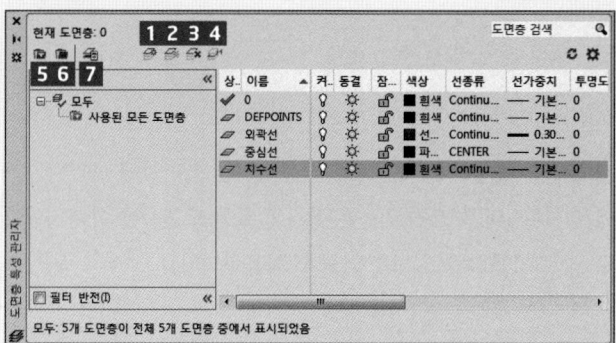

1 새 도면층( )
새로운 도면층을 생성합니다. 아이콘을 클릭하면 도면층 목록에 '도면층1', '도면층2'와 같은 임의의 이름을 가진 도면층이 생깁니다. 원하는 이름을 입력하고 Enter를 누르면 이름을 변경할 수 있습니다.

2 새 도면층 VP가 모든 뷰포트에서 동결됨( )
새로운 도면층을 생성하고 기존의 모든 배치 뷰포트에서 동결합니다. 이 아이콘은 [모형] 탭과 [배치] 탭에서 사용할 수 있습니다.

3 도면층 삭제( )
사용하지 않는 도면층을 삭제합니다. 도면층을 선택한 후 이 아이콘을 클릭하면 도면층이 삭제됩니다. 단, 현재 작업 중인 도면층이나 객체가 포함된 도면층, 외부 참조된 도면층은 삭제되지 않습니다.

4 현재로 설정( )
선택한 도면층을 기본 설정 도면층인 현재 도면층으로 지정합니다. 현재 도면층은 앞으로 객체를 그릴 도면층입니다.

5 새 특성 필터( )
도면층을 필터링할 때 알맞은 조건별로 구분합니다.

6 새 그룹 필터( )
새로운 필터 그룹을 만듭니다. 마우스 오른쪽 버튼을 클릭하면 상세한 내용을 지정할 수 있습니다.

7 도면층 상태 관리자( )
현재 도면을 여러 옵션에 따라 관리합니다.

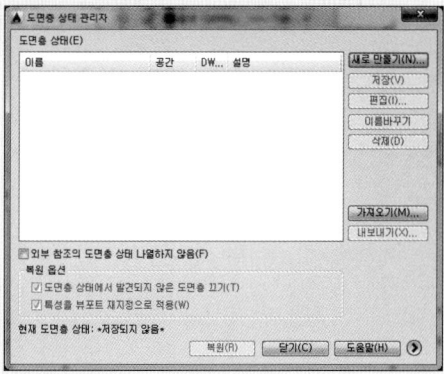

▲ 도면층 상태 관리자

4 도면층 관리하기 – 켜기/끄기, 잠금/잠금 해제, 동결/동결 해제

앞에서 만든 도면층을 관리해보겠습니다. [도면층 특성 관리자] 대화상자나 [도면층] 도구 팔레트에서 다음 아이콘을 클릭할 때마다 해당 기능이 적용되거나 또는 해제됩니다.

A 켜기/끄기 기능(💡/💡)

켜기/끄기(On/Off) 기능은 해당 도면층을 켜고 끄는 기능으로 도면에는 적용되지만 화면상에 나타나지는 않습니다. 도면층을 끄면 어떠한 편집도 할 수 없습니다. 켜기/끄기 기능은 당장 필요한 도면층은 아니지만 차후에 사용할 여지가 있는 경우에 완전히 삭제하지 않고 활용할 수 있도록 놔둘 때 사용합니다.

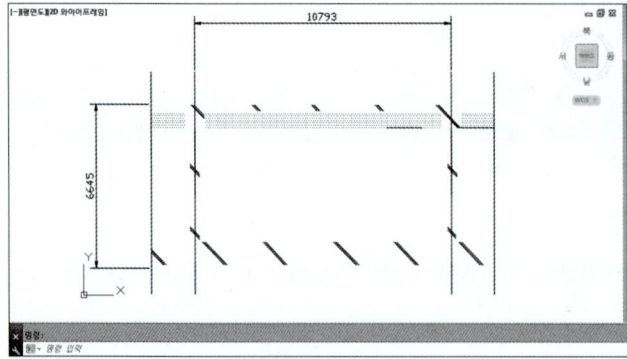

▲ 외곽선 도면층을 끄기로 설정하여 도면층이 보이지 않게 한 경우

A 잠금/잠금 해제 기능(🔓/🔒)

잠금/잠금 해제(Lock/Unlock)는 해당 도면층을 잠그거나 해제하는 기능입니다. 잠긴 도면층에서는 어떤 객체도 편집할 수 없습니다. 예를 들어 건물을 리모델링할 때 가구나 내벽을 삭제하더라도 힘을 받는 구조물인 기둥을 지워서는 안 될 것입니다. 이때 기둥이 있는 도면층을 잠금으로 설정하여 기둥을 보호할 수 있습니다.

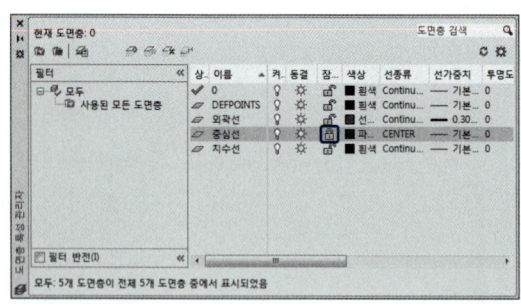

▲ '중심선' 도면층을 잠금으로 설정하기

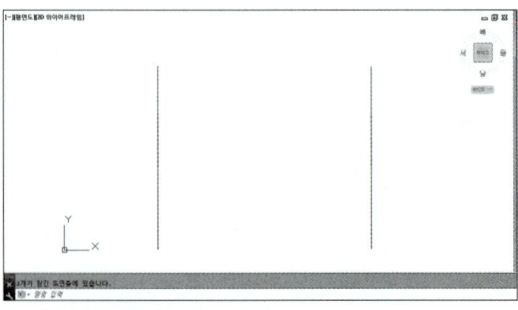

▲ '중심선' 도면층을 잠금으로 설정하고 도면을 모두 지웠을 경우

A 동결/동결 해제 기능

동결/동결 해제(Freeze/Thaw)는 화면상에 해당 도면층이 나타나지 않고 실제로도 동결한 도면층이 존재하지 않게 만드는 기능입니다. 즉 도면층의 용량을 줄여서 작업 속도를 빠르게 하는 기능입니다. 용량이 큰 도면을 작성할 때는 이 기능을 사용할 것을 권장합니다.

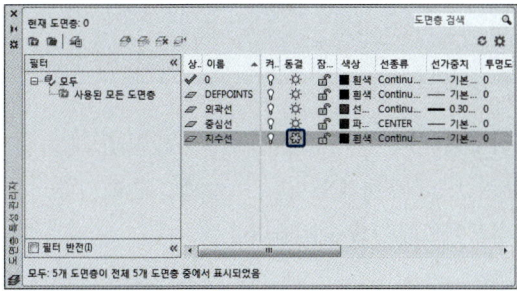

▲ '치수선' 도면층을 동결하기

바로 통하는 TIP 도면층 관리 명령어

도면층 켜기	명령 행에 'LAYON' 입력 후 Space bar
도면층 끄기	명령 행에 'LAYOFF' 입력 후 Space bar
도면층 잠금	명령 행에 'LAYLCK' 입력 후 Space bar
도면층 잠금 해제	명령 행에 'LAYULK' 입력 후 Space bar
도면층 동결	명령 행에 'LAYFRZ' 입력 후 Space bar
도면층 동결 해제	명령 행에 'LAYTHW' 입력 후 Space bar

바로 통하는 TIP 도면층 켜기/끄기는 화면상에서만 보이지 않을 뿐 해당 도면층의 객체 용량은 그대로 남아 있습니다. 반면에 동결/동결 해제는 화면상에서도 보이지 않고 해당 도면층의 객체가 완전히 동결되어 용량이 존재하지 않는 상태입니다.

도면층 필터로 원하는 도면층 빠르게 찾기

건축 도면의 도면층 개수는 15~20개 정도가 적당합니다. 그러나 부득이하게 도면층을 많이 만드는 경우, 사용자가 그때그때 원하는 도면층을 찾다 보면 시간을 허비하게 됩니다. 이럴 때 도면층 명령에서 제공하는 필터 기능을 사용하면 도면층을 좀 더 쉽고 빠르게 찾을 수 있습니다.

1 예제 파일 'Part4-09.dwg'를 불러옵니다. [도면층] 도구 팔레트의 도면층 특성 아이콘(🗗)을 클릭해 [도면층 특성 관리자] 대화상자를 불러옵니다. 그런 다음 가장 왼쪽 상단에 있는 새 특성 필터 아이콘(🗗)을 클릭합니다.

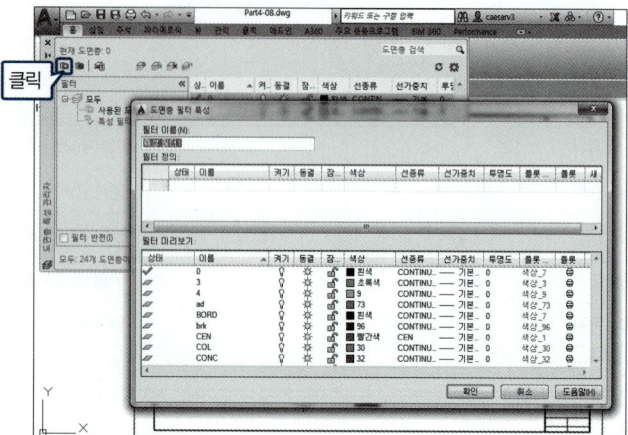

2 [도면층 필터 특성] 대화상자가 나타나면 가장 상단에 위치한 '필터 이름' 영역에 'C열 도면층'이라고 입력합니다.

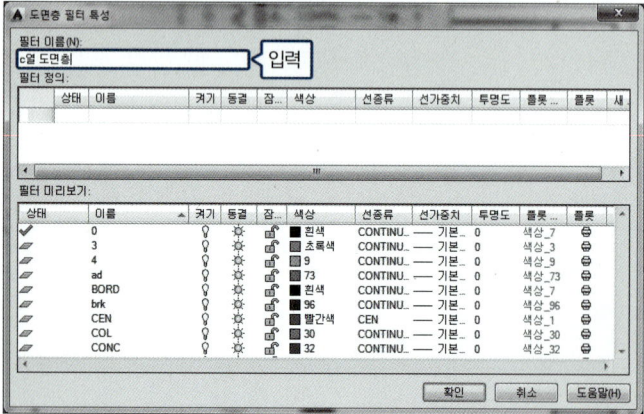

3 '필터 정의' 영역의 '이름'에 'C*'를 입력합니다. 그러면 대화상자 하단의 '필터 미리보기' 영역에 'C'로 시작하는 도면층이 나타납니다. [확인] 버튼을 클릭합니다.

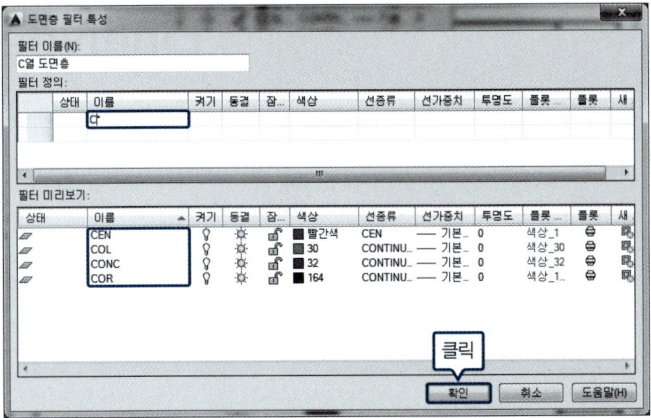

4 [도면층 특성 관리자] 대화상자 왼쪽 영역에 'C열 도면층'이라는 이름의 필터가 생성되었습니다.

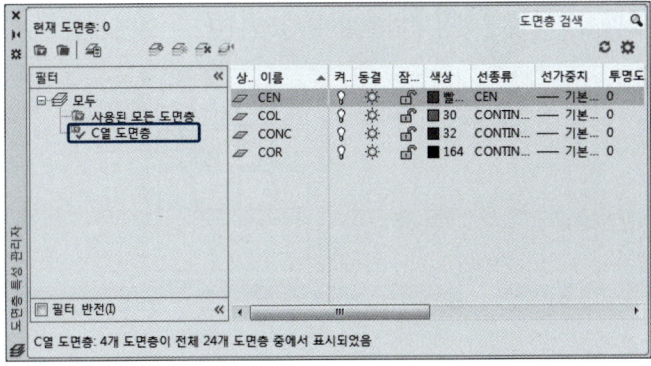

5 'C열 도면층' 바로 위에 위치한 '사용된 모든 도면층'을 선택하면 대화상자 오른쪽에 모든 도면층이 나타납니다. 이처럼 도면층이 많을 때는 여러 개의 필터로 각 도면층을 구분하면 편리하게 사용할 수 있습니다.

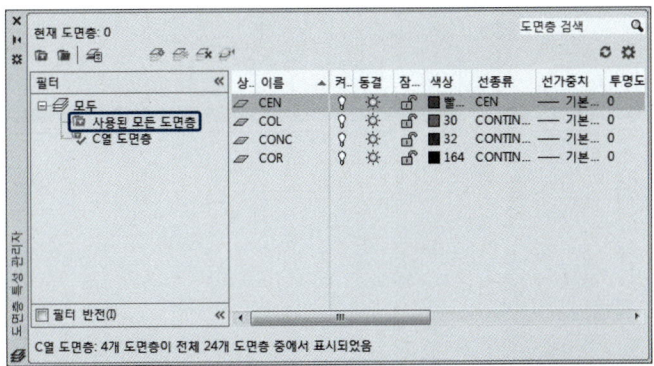

바로 통하는 TIP 템플릿 파일을 만들 때도 필요한 도면층을 미리 만들어 템플릿 파일의 구성 요소로 사용하면 편리합니다.

CHAPTER 04

선의 용도를 결정하는 Linetype

PART 01에서 이미 설명한 바와 같이 모든 도면은 수많은 선으로 구성되어 있습니다. 도면에서는 선의 모양, 굵기, 색상에 따라 각 선의 기능을 구분합니다. 이번 장에서는 실제 도면에서 선의 종류에 따른 역할과 용도를 변경하는 방법을 알아봅니다.

🅐 학습 목표

선의 종류에 따른 용도를 알아보고 설정 방법을 익혀봅니다. 실무 도면에서 여러 종류의 선을 어떻게 사용하는지 알아보고 선의 특성과 상황에 따른 설정 방법을 알아보겠습니다.

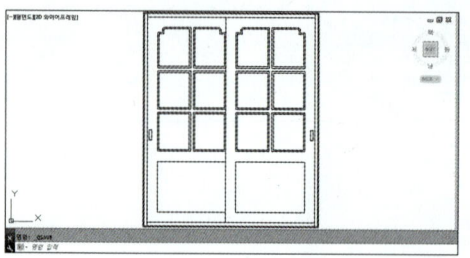 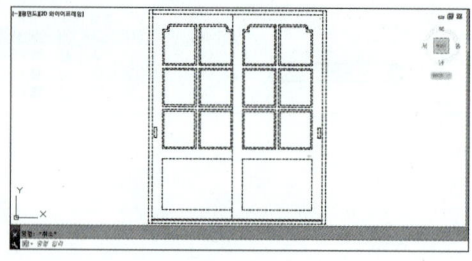

▲ 선 모양 변경하기 : Before(좌), After(우)

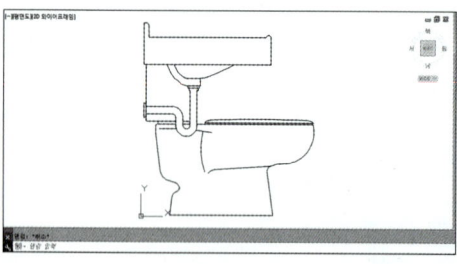 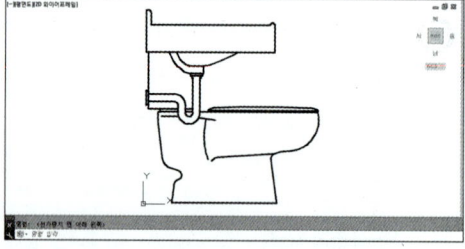

▲ 선 굵기 조절하기 : Before(좌), After(우)

SECTION 01 선의 모양, 굵기, 색상 변경하기

각 기능에 따른 선의 종류를 다른 용도로 변경하는 방법을 알아보겠습니다.

1 선 모양 변경하기

미닫이문의 선 모양을 변경해보겠습니다.

01 예제 파일 'Part4-10.dwg'를 불러옵니다. 상단의 [특성] 도구 팔레트에서 [선종류] 드롭다운 메뉴를 클릭합니다.

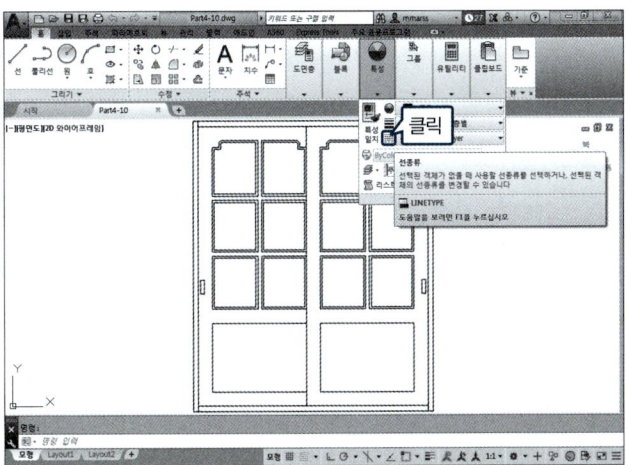

02 원하는 선 모양을 꺼내오기 위해 '기타'를 클릭합니다.

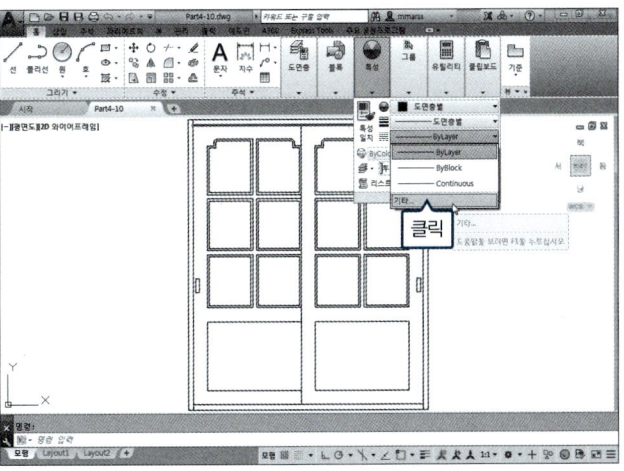

03 [선종류 관리자] 대화상자가 나타나면 [로드] 버튼을 클릭합니다.

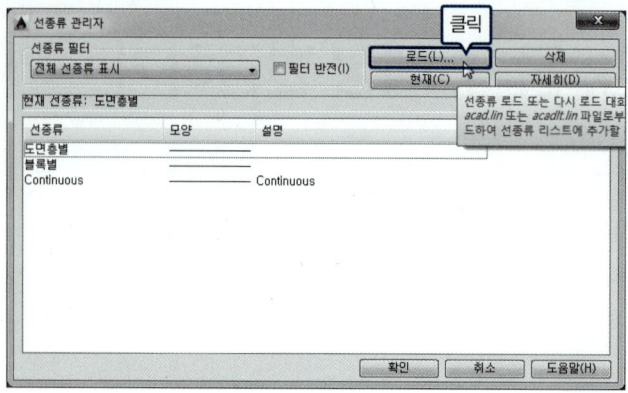

04 여러 가지 선종류를 확인할 수 있습니다. 스크롤바를 내려 필요한 선을 지정합니다. 여기서는 'HIDDEN'을 클릭하여 선택하고 [확인] 버튼을 클릭합니다.

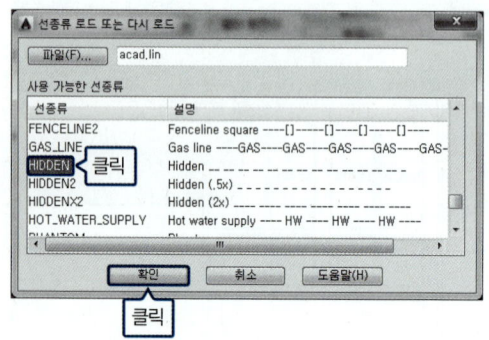

05 다시 [선종류 관리자] 대화상자가 나타나면 'HIDDEN'이 새로 생성된 것을 확인할 수 있습니다. [확인] 버튼을 누르고 대화상자를 닫습니다.

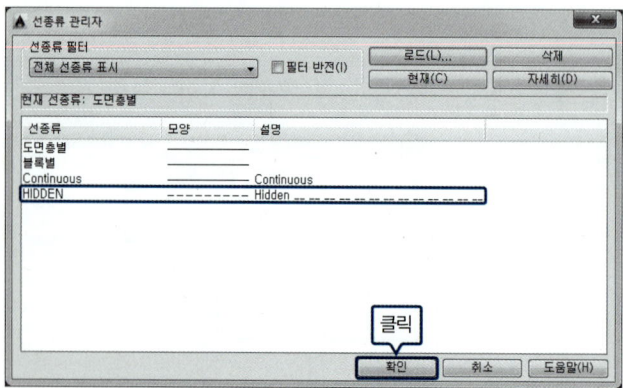

06 명령 행에 아무 내용도 입력하지 않고, 모양을 변경하려는 객체를 모두 드래그하여 선택합니다.

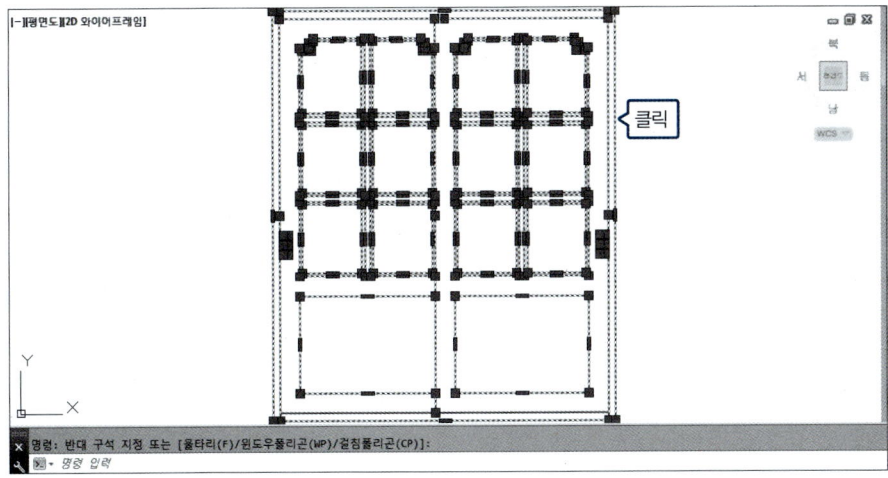

07 상단의 [선종류] 드롭다운 메뉴를 클릭합니다. 그런 다음 앞서 꺼내놓은 'HIDDEN'을 클릭하여 지정합니다. 선택한 객체의 선 모양이 'HIDDEN'으로 변경됩니다.

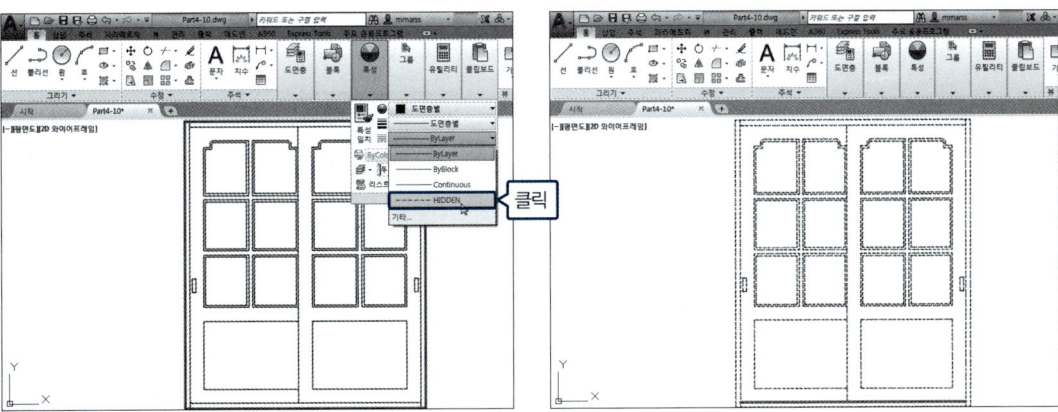

한 번에 여러 가지 선 꺼내기

도면을 그리다 보면 한 종류의 선이 아닌 다양한 선을 사용합니다. 이렇게 여러 개의 선을 일일이 꺼내오기는 번거로우므로 한 번에 필요한 선을 모두 꺼내와서 사용하는 것이 좋습니다.

1 새 도면 파일을 만듭니다. [특성] 도구 팔레트를 클릭한 후 [선종류] 드롭다운 메뉴를 클릭합니다. 그런 다음 원하는 선 모양을 꺼내오기 위하여 '기타'를 클릭합니다.

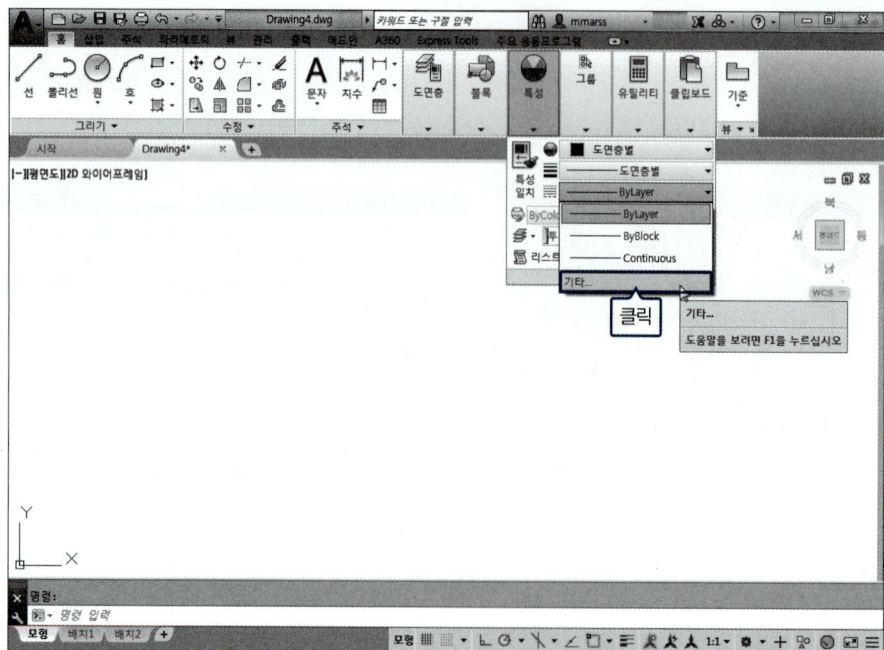

2 [선종류 관리자] 대화상자가 나타나면 오른쪽 상단의 [로드] 버튼을 클릭합니다.

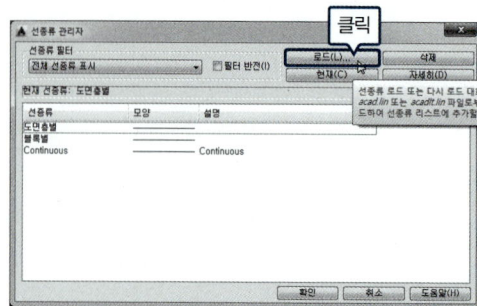

3 스크롤바를 내리며 Ctrl을 누른 채 필요한 선을 차례로 클릭합니다. 여기서는 'CENTER', 'DASHDOT', 'DASHDOTX2'를 선택했습니다. [확인] 버튼을 클릭하여 대화상자를 닫습니다.

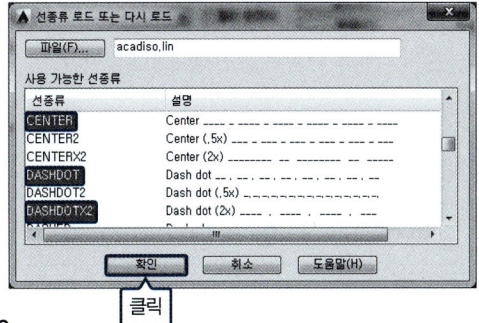

바로 통하는 TIP 선종류를 선택할 때 Ctrl 대신 Shift를 누르면?

Ctrl은 사용자가 필요한 선만을 선별하여 지정할 수 있는 기능이고 Shift는 선택한 두 선 사이에 위치한 모든 선을 지정할 수 있는 기능입니다. 즉, 한 종류의 선을 선택하고 사이 범위에 있는 또 다른 종류의 선을 Shift를 누른 상태에서 클릭하면 그 둘 사이의 모든 선들이 선택됩니다. 이 두 키는 AutoCAD에서만 사용하는 기능이 아니고 모든 Windows 프로그램에서 사용할 수 있습니다.

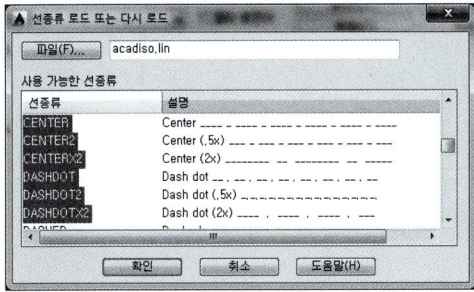

▲ Shift 키를 누른 채 선종류를 선택한 모습

4 필요한 선을 모두 선택하고 확인을 누르고 완전히 대화상자를 닫습니다. 다시 [선종류] 항목을 눌러서 확인해보면 선택한 선들이 나와 있음을 알 수 있습니다.

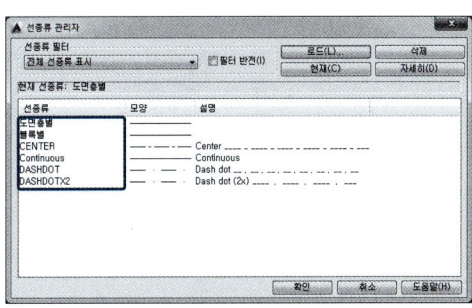

2 선 굵기(선가중치) 변경하기

실무 도면에서는 굵은 선으로 표현해야 할 부분이 있습니다. 이때 선가중치를 변경하면 선 굵기를 조절할 수 있습니다. 변기 객체의 선 굵기를 변경해보겠습니다.

01 예제 파일 'Part4-11.dwg'를 불러옵니다. 명령 행에는 아무 내용도 입력하지 않고 선 굵기를 변경할 객체를 드래그하여 선택합니다.

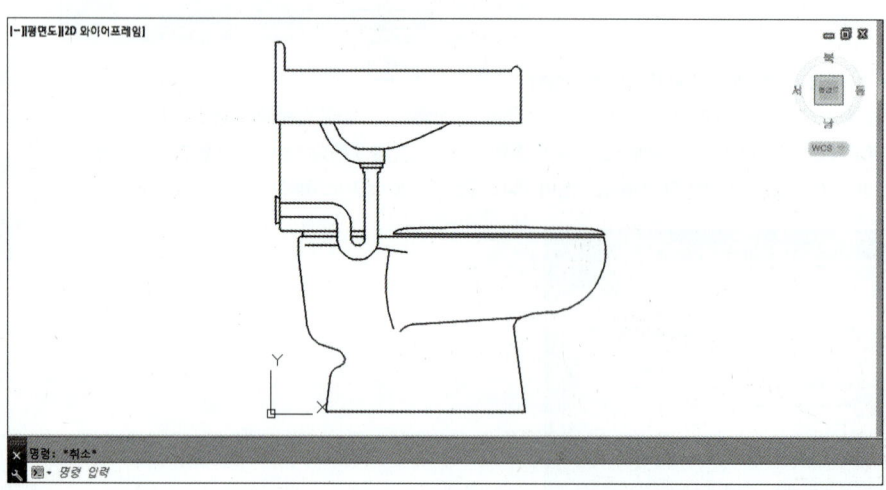

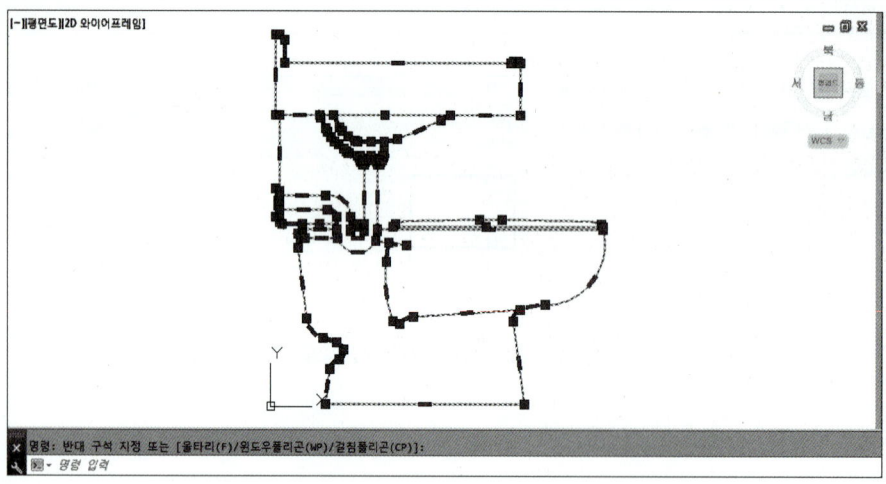

02 [특성] 도구 팔레트의 [선가중치] 드롭다운 메뉴를 클릭하여 선 굵기를 '0.30mm'로 지정합니다.

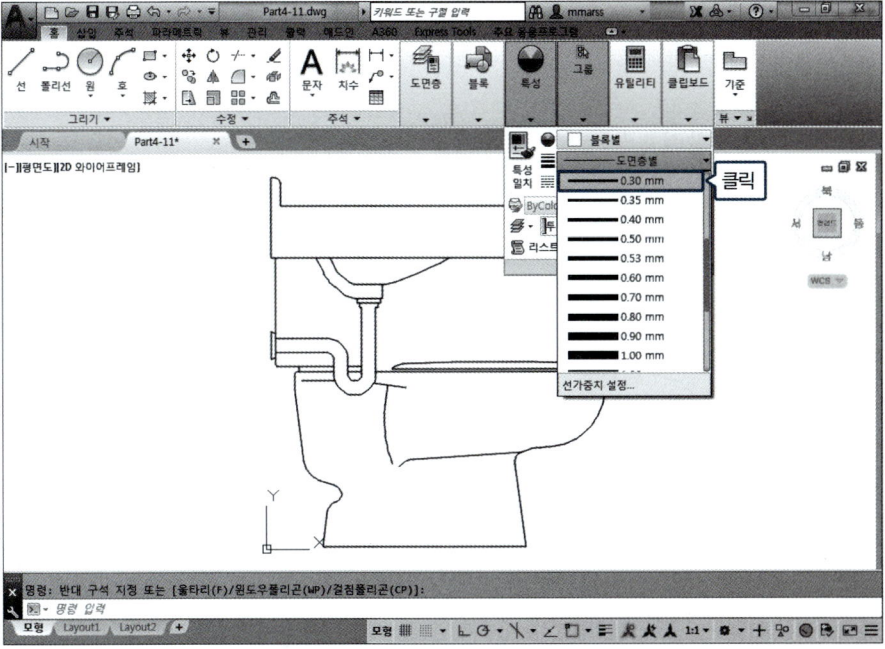

03 선 굵기가 0.3mm로 변경됩니다. Esc를 눌러 선택을 해제합니다.

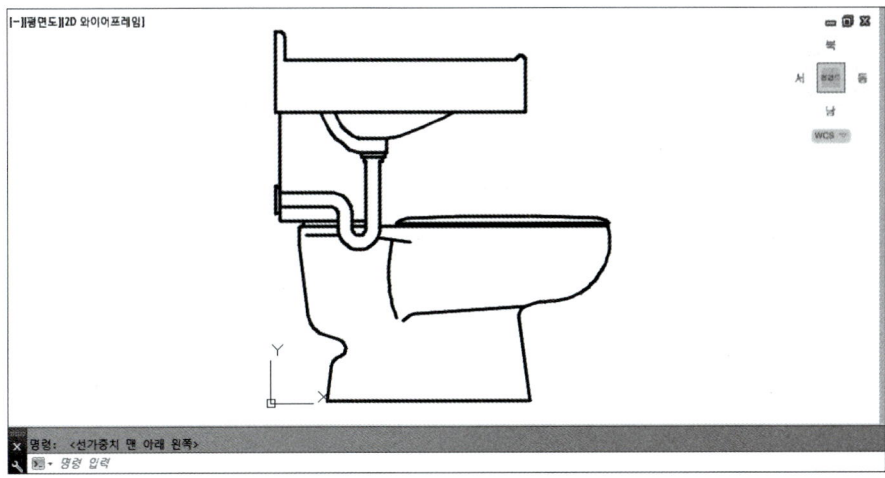

바로 통하는 TIP 선 굵기가 제대로 표시되지 않을 경우 화면 하단의 상태 메뉴에서 선가중치 표시/숨기기 아이콘(≡)을 클릭하여 활성화합니다. 물론 선 굵기가 화면상에 표현되지 않더라도 출력하면 지정한 굵기대로 출력됩니다. 많은 양의 선 굵기를 표현하려면 메모리를 많이 사용하여 작업 속도가 느려지므로 사용자가 임의로 지정하도록 설정한 것입니다.

3 선 색상 변경하기

이번에는 별 객체의 색상을 변경해보겠습니다.

01 예제 파일 'Part4-12.dwg'를 불러옵니다. 명령 행에는 아무 내용도 입력하지 않고 색상을 변경할 객체를 드래그하여 선택합니다.

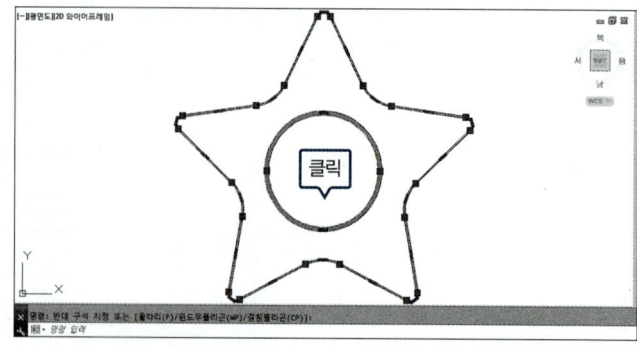

02 [특성] 도구 팔레트의 [객체 색상] 드롭다운 메뉴를 클릭하여 색상을 '초록색'으로 지정합니다. 선 색상이 변경되어 나타납니다. Esc 를 눌러 선택을 해제합니다.

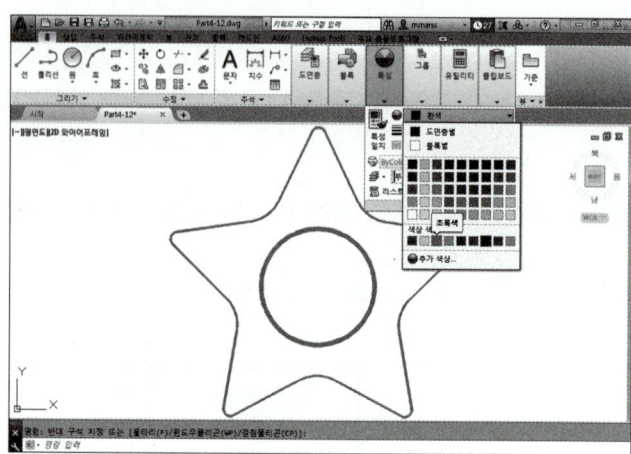

[특성] 도구 팔레트로 객체 특성 한 번에 변경하기

앞에서 알아본 선종류와 굵기, 색상 등 여러 가지 특성을 한 번에 변경하는 방법을 알아보겠습니다. [특성] 도구 팔레트는 선택한 객체의 특성을 한 번에 변경하고자 할 때 사용합니다. 특성별로 변경함과 동시에 실시간으로 변경된 이미지를 확인할 수 있습니다. [특성] 도구 팔레트를 사용하기 위해서는 명령 행에 'Ch'를 입력하고 Space bar 를 눌러 명령을 실행합니다.

1 예제 파일 'Part4-13.dwg'를 불러옵니다. 여러 특성을 한 번에 변경하기 위해 명령 행에 'Ch'를 입력하고 Space bar 를 누릅니다. 화면 왼쪽에 [특성] 대화상자가 나타납니다.

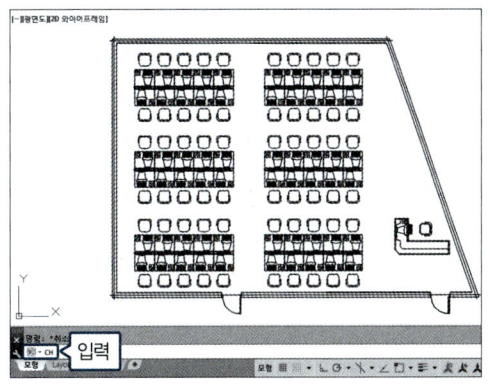
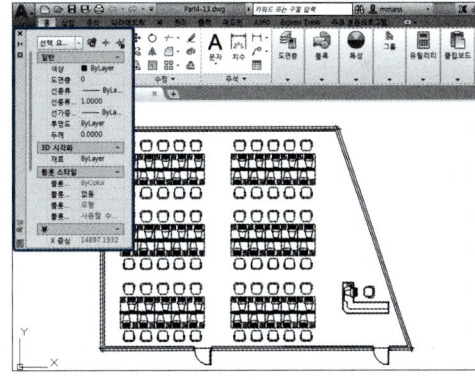

명령: CH Space bar ← Ch 명령 입력

2 변경하려는 객체를 클릭하여 선택합니다. 중심선을 변경하기 위하여 [선종류] 드롭다운 메뉴 중 'CENTER'를 선택합니다.

바로 통하는 TIP 중심선을 선택할 때 필요하다면 화면을 확대하여 벽체의 중간선을 하나하나 선택합니다. 또한 'CENTER'가 나타나지 않을 경우 앞에서 배운 대로 [특성] 도구 팔레트에서 [선종류] 드롭다운 메뉴를 사용하여 꺼내옵니다.

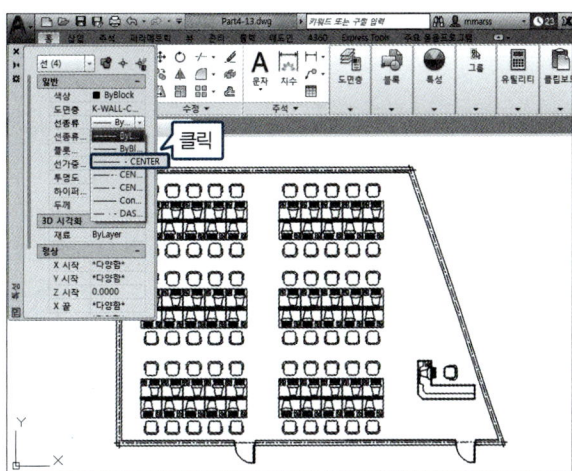

3 계속해서 중심선의 색상을 변경하기 위하여 '색상'을 '빨간색'으로 지정합니다.

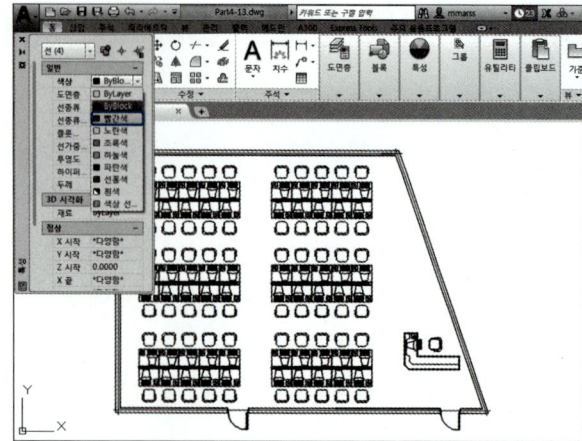

4 Esc를 눌러 선택 해제하면 중심선이 빨간색으로 변경됩니다.

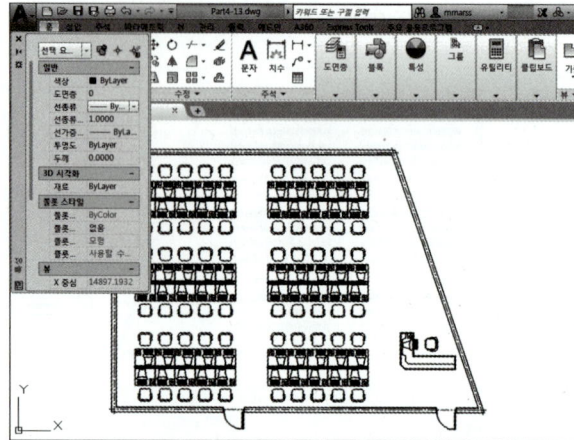

5 이번에는 외곽선 굵기를 변경하겠습니다. 외곽선 객체를 클릭하여 선택합니다.

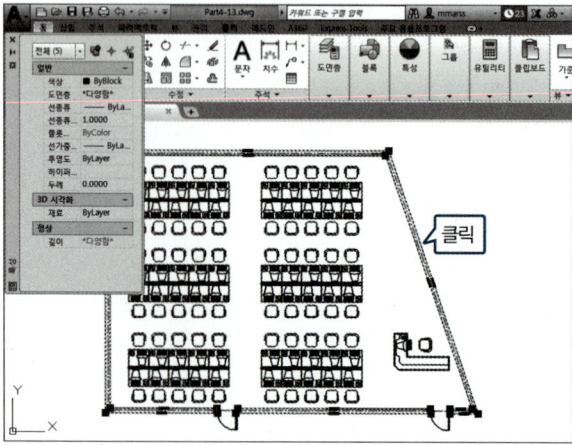

6 '선가중치'를 '0.30mm'로 지정합니다.

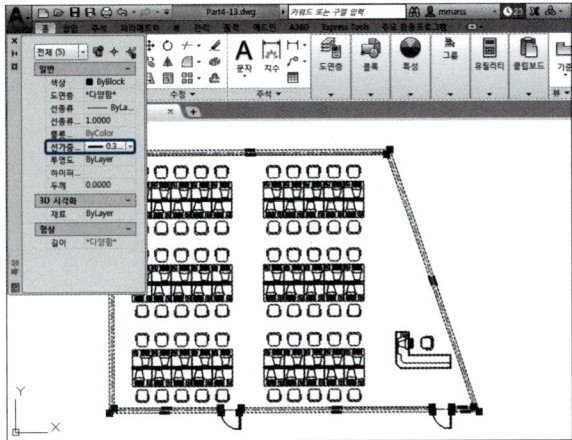

7 외곽선의 굵기가 0.30mm로 표현됩니다. 두께가 나타나지 않는다면 앞에서 설명한 것과 같이 상태 메뉴의 [선가중치 표시/숨기기]를 클릭합니다.

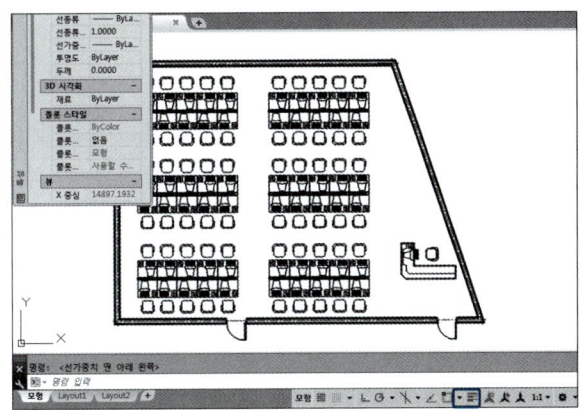

8 더 이상 변경할 내용이 없다면 [특성] 도구 팔레트를 끄고 도면 작성을 마칩니다.

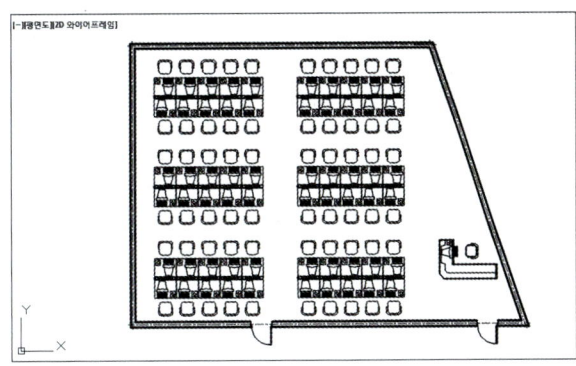

> **바로 통하는 TIP** 이외에도 [특성] 대화상자를 사용하면 객체를 다양한 방법으로 변경할 수 있습니다. 원이나 호 등 다양한 객체를 그려놓고 Ch 명령을 사용하면 각 객체에 맞는 모드로 자동 변경되어 한꺼번에 선 모양이나 색상, 굵기는 물론이고 중심점의 위치나 플롯 설정, 3D 이미지를 변경할 수 있습니다.

CHAPTER 05

선 간격과 문자 스타일 조정하기

이번 장에서는 도면 크기에 따라서 선의 간격 배율을 알맞게 조정하는 방법과 도면의 용도에 맞도록 문자 스타일을 지정하는 방법을 알아보겠습니다. 선 사이의 간격을 조절하는 Ltscale 명령, 즉 Linetype Scale(새 선종류 축척) 명령과 더불어 도면의 질을 한 차원 높이도록 문자 스타일을 지정하는 방법을 알아봅니다. 특히 Ltscale 명령은 도면을 그릴 때 선을 제대로 표현하기 위해 꼭 한 번은 설정해야 하므로 정확한 사용법을 알아두도록 합니다.

A 학습 목표

도면에는 선과 그림, 그리고 문자가 사용되며, 도면을 완성도 있게 마무리하려면 축척이나 문자 내용을 입력해야 합니다. Ltscale 명령과 Style 명령을 활용해보겠습니다.

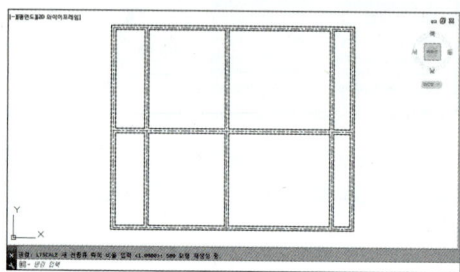

▲ 중심선 표현하기

▲ 문자 스타일 지정하기 : Before(좌), After(우)

SECTION 01

보이지 않는 선을 조절하는 Ltscale

선은 설정값에 따라 여러 가지 용도로 사용할 수 있습니다. 하지만 선 모양을 용도에 맞추어 일일이 구분하여 표현했다고 하더라도 선 사이의 간격 배율이 너무 조밀하거나 혹은 너무 커서 제대로 표현되지 않는다면 힘들게 작업했던 과정이 허사가 될 것입니다. 이럴 때 사용하는 명령이 바로 Ltscale 명령, 즉 Linetype Scale(새 선종류 축척) 명령입니다. Ltscale 명령을 사용하려면 명령 행에 'Ltscale'을 입력하고 Space bar 를 누르면 됩니다.

1 Ltscale 명령으로 건축 벽체의 중심선 표현하기

Ltscale 명령은 도면을 직접 그리는 데 사용하는 명령은 아니지만 도면을 그릴 때 꼭 한 번은 설정해야만 선의 배율이 제대로 표현되는 중요한 편집 명령입니다. 도면을 시작할 때 미리 배율을 지정하도록 하고 경우에 따라 수정합니다. Ltscale 명령은 도면 전반에 적용되는 설정 명령이므로 특정 객체를 선택하지 않아도 도면 객체 전체에 동시에 적용됩니다.

01 예제 파일 'Part4-14.dwg'를 불러옵니다. 명령 행에 'Ltscale'을 입력하고 Space bar 를 누릅니다.

명령: LTSCALE Space bar ←Ltscale 명령 입력 (LTS)

02 도면의 크기에 맞추어 적당한 배율을 입력합니다. 여기서는 '500'을 입력하고 Space bar를 누릅니다. 실선처럼 보였던 벽체의 중심선 사이 간격이 표현되는 것을 알 수 있습니다.

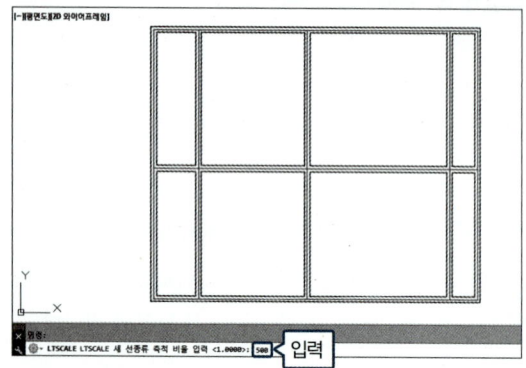 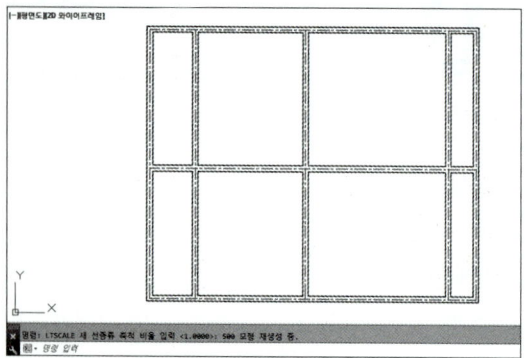

새 선종류 축척 비율 입력 〈1.0000〉: 500 Space bar ← 간격 '500' 입력
모형 재생성 중.

바로 통하는 TIP 도면의 축척이 크면 클수록 Ltscale 명령의 배율도 커집니다.

바로 통하는 TIP 앞에서 알아보았던 선가중치(선 굵기)의 경우 화면상의 굵기 표현 여부와 상관없이 출력을 하면 원래 지정한 굵기대로 인쇄가 됩니다. 하지만 Ltscale 명령은 화면에 표현되는 그대로 출력되므로 반드시 중심선이나 은선 등 원하는 선의 간격 배율을 도면 크기에 알맞게 반복 사용하여 조절해야 합니다.

실무활용노트 AUTOCAD 한 도면에서 여러 가지 Ltscale 명령 옵션 표현하기

객체마다 다른 선 간격 배율을 입력하고자 할 때는 앞에서 알아본 [특성] 대화상자를 사용합니다. 명령어는 'Ch'입니다.

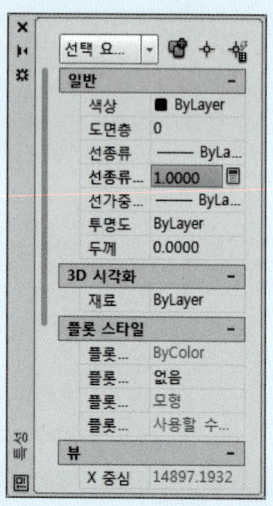

▲ 각 항목에 원하는 수치 입력하기

SECTION 02

문자 유형과 글꼴을 지정하는 Style과 Font

AutoCAD 도면에서는 문자를 원하는 스타일과 글꼴로 다양하게 만들고 변경할 수 있습니다. AutoCAD 프로그램 내부에서 기본으로 제공하는 스타일과 글꼴로 지정할 수도 있고 외부에서 새로운 스타일과 글꼴을 가져와서 사용할 수도 있습니다. Style(스타일) 명령을 사용하기 위해서는 명령 행에 'Style'을 입력하고 Space bar 를 누릅니다.

1 Style 명령으로 새로운 문자 스타일 만들기

문자는 도면을 작성할 때 매우 유용합니다. 문자 스타일은 워드나 한글 프로그램의 '서식' 기능과 같습니다. 이번에는 새로운 문자 스타일을 만들어보겠습니다.

01 새 도면 파일을 엽니다. 명령 행에 'Style'을 입력하고 Space bar 를 누릅니다. [문자 스타일] 대화상자가 나타나면 새로운 문자 스타일을 생성하기 위해 [새로 만들기] 버튼을 클릭합니다.

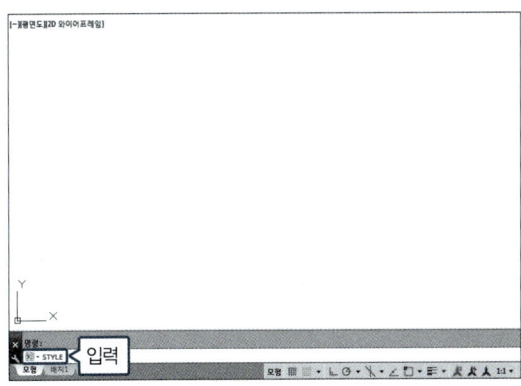 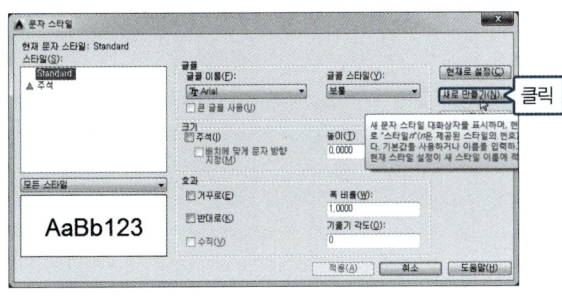

명령: STYLE Space bar ← Style 명령 입력 (ST)

02 [새 문자 스타일] 대화상자가 나타나면 문자 스타일 이름을 지정합니다. 여기서는 각자 본인의 이니셜을 기입하겠습니다. 실무에서는 상황에 맞는 이름을 부여하는 것이 좋습니다. [확인] 버튼을 클릭합니다.

03 '스타일' 영역을 보면 앞에서 지정한 본인 이니셜 이름을 가진 새로운 문자 스타일이 생성되었음을 알 수 있습니다.

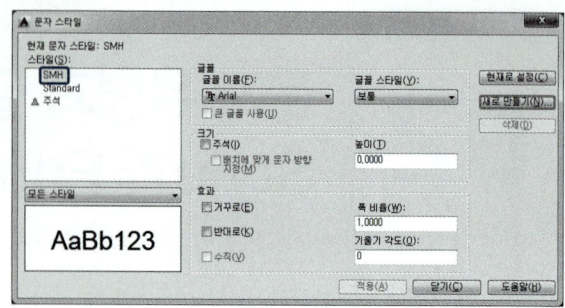

04 원하는 문자 스타일 이름을 마우스 오른쪽 버튼으로 클릭하면 [현재로 설정]과 [이름바꾸기] 메뉴가 나타납니다. [현재로 설정]은 현재 사용하는 이름으로 설정하는 메뉴이고 [이름바꾸기]는 스타일 이름을 변경할 때 사용합니다.

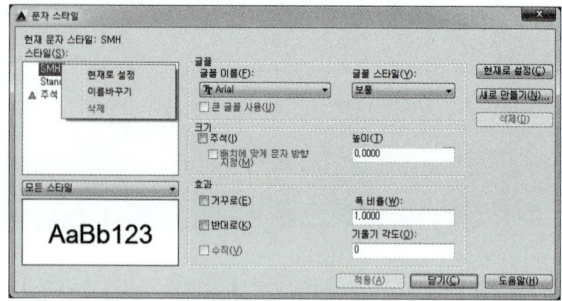

2 Style 명령으로 문자 글꼴 변경하기

용도에 따라 다양한 문자 글꼴을 써야할 때가 있습니다. [문자 스타일] 대화상자에서 글꼴을 변경해보겠습니다.

01 예제 파일 'Part4-15.dwg'를 불러옵니다. 명령 행에 'Style'을 입력하고 Spacebar 를 누릅니다.

명령: STYLE Spacebar ← Style 명령 입력 (ST)

02 [문자 스타일] 대화상자가 나타나면 변경할 글꼴을 지정하기 위하여 '글꼴' 영역의 '글꼴 이름' 드롭다운 메뉴를 클릭합니다.

03 드롭다운 메뉴 중 'Times New Roman'을 클릭하여 선택합니다. 이때 왼쪽 하단의 미리 보기를 통해 변경할 글꼴을 미리 확인할 수 있습니다. [적용] 버튼을 클릭하고 연속하여 [닫기] 버튼을 클릭합니다.

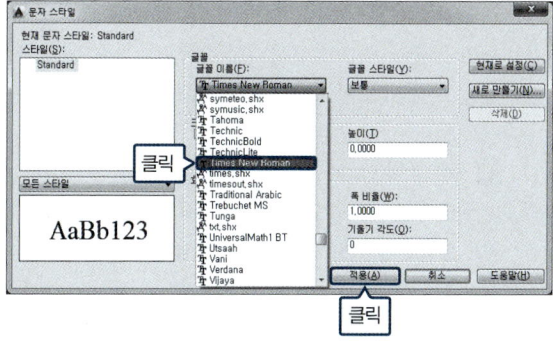

04 'Times New Roman' 글꼴로 변경된 문자를 확인합니다.

깨진 문자 제대로 보이게 설정하기

실무 작업을 하다 보면 거래처와 도면을 주고받을 일이 많습니다. 이런 경우 문자가 일본어나 '??'로 나타나는 경우가 있어 초보자라면 당황할 수 있습니다. 특히 한글 문자는 호환이 잘 되지 않아 이러한 돌발 상황이 자주 발생합니다. 이런 상황을 방지하기 위하여 해당 도면을 받을 때 사용했던 글꼴을 함께 받는 것이 바람직하지만, 그렇지 못할 경우를 대비해 다음과 같이 문자를 설정해보겠습니다.

1 예제 파일 'Part4-16.dwg'를 불러옵니다. 화면 하단의 '212? ???? ??'라는 문자를 원래 문자로 변경해보겠습니다. 명령 행에 'Style'을 입력하고 Space bar 를 누릅니다.

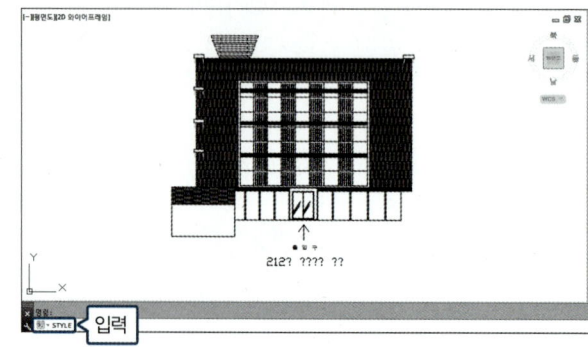

명령: STYLE Space bar ←Style 명령 입력 (ST)

2 [문자 스타일] 대화상자가 나타나면 변경할 글꼴을 지정합니다. '글꼴' 영역의 '글꼴 이름' 드롭다운 메뉴를 클릭하여 '굴림'을 선택합니다. 그런 다음 [적용] 버튼을 클릭하고 [닫기] 버튼을 클릭합니다. 변경한 글꼴을 확인합니다. 글꼴이 변경되지 않았을 경우 해당 문자를 더블클릭하면 변경한 글꼴로 적용됩니다.

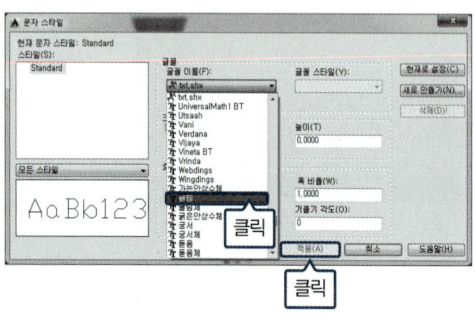

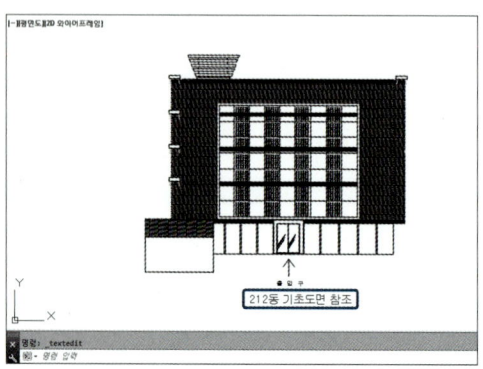

바로 통하는 TIP 글꼴을 지정할 때 '굴림'과 '@굴림'이 있습니다. 같은 글꼴이라도 '@'가 표시된 글꼴을 선택하면 문자가 왼쪽으로 90도 회전되니 유의하여 사용하기 바랍니다.

인테리어 도면의 벽체와 문 제대로 표현하기

실무에서 자주 사용하는 인테리어 도면으로 앞에서 알아보았던 도면층과 Ltscale 명령을 어떻게 활용하는지 알아보겠습니다.

1 예제 파일 'Part4-17.dwg'를 불러옵니다. 새로운 도면층을 생성하기 위해 [도면층] 도구 팔레트에서 도면층 특성 아이콘( )을 클릭합니다.

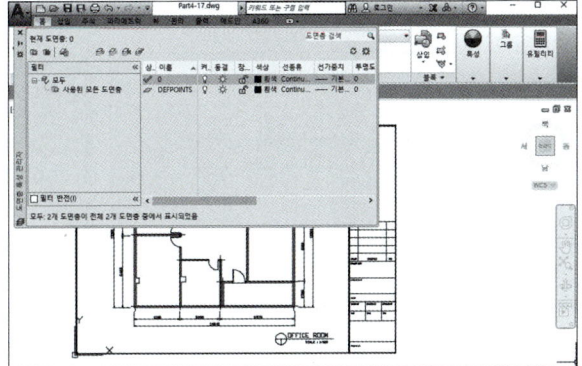

2 [도면층 특성 관리자] 대화상자가 나타나면 새 도면층 아이콘( )을 필요한 객체 수만큼 클릭합니다. 벽체선과 중심선, 치수선, 문을 구분할 것이므로 네 번 클릭합니다.

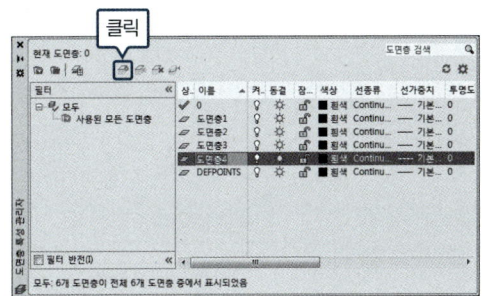

3 각 도면층의 이름을 1~2초 간격으로 두 번 클릭하여 선택한 후 새로운 이름을 입력합니다. 이름을 지정할 때는 객체의 특성을 잘 알 수 있도록 합니다. 여기서는 '벽체선', '중심선', '문', '치수선'이라고 입력합니다.

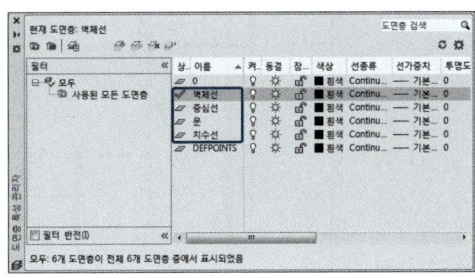

4 이번에는 각 도면층의 색상란을 클릭하여 색을 지정합니다. 여기서 '중심선'은 '빨간색', '치수선'은 '하늘색'으로 지정했습니다.

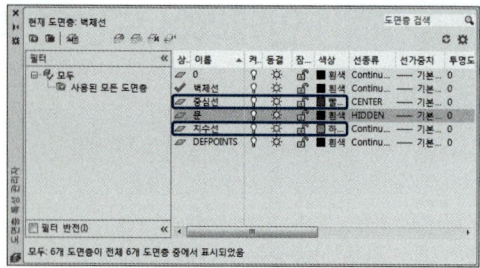

5 이번에는 선 모양을 변경하기 위하여 '선종류' 영역을 클릭합니다. 각 도면층의 특성에 맞게 선종류를 변경합니다. '중심선'은 'CENTER', '문'은 'HIDDEN'으로 변경하고 나머지는 실선으로 그대로 둡니다.

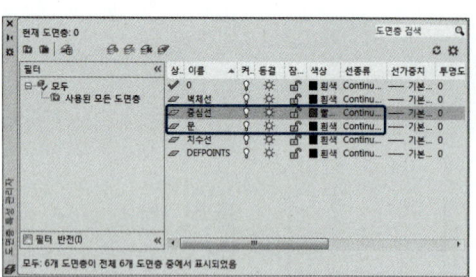 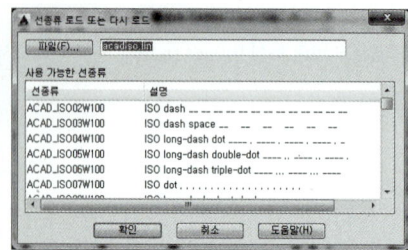

바로 통하는 TIP 선종류를 불러오기 위해서는 [로드] 버튼을 클릭하여 알맞은 선 모양을 꺼내옵니다.

6 모든 항목을 변경한 후 닫기 아이콘(✕)을 클릭하여 빠져나옵니다. 그런 다음 상단의 [도면층] 도구 팔레트를 눌러 새로운 도면층이 생성되었는지 확인합니다.

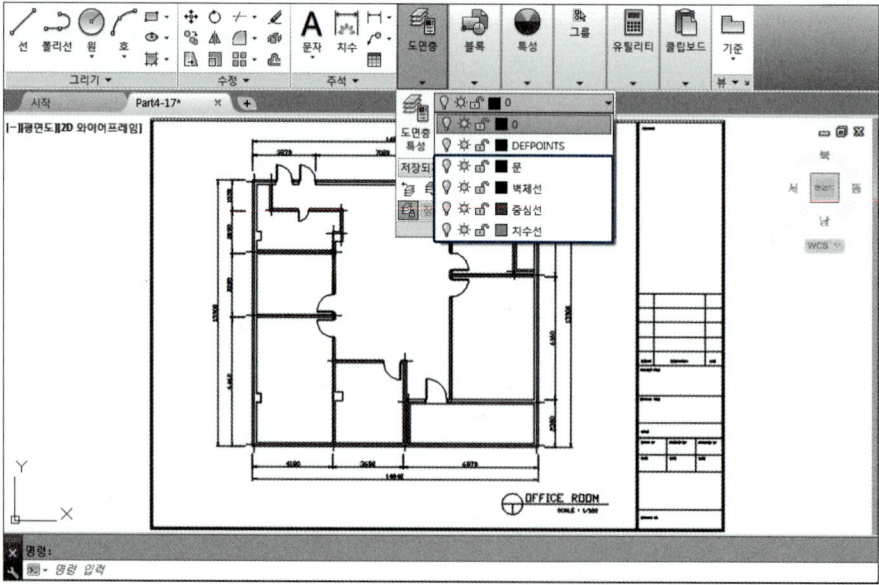

7 객체 중 해당 도면층을 선택하여 설정값을 부여합니다. [특성] 도구 팔레트에서 '색상'을 도면층별로 변경합니다.

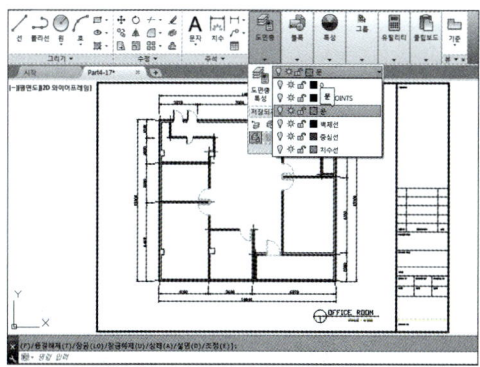

▲ '문' 도면층 지정   ▲ 도면층별로 색상 지정

8 '중심선'과 '문' 도면층을 각각 'CENTER'와 'HIDDEN'으로 지정했음에도 불구하고 선 모양이 여전히 실선으로 보입니다. Ltstyle 명령을 재지정하지 않았기 때문입니다. 선 간격을 알맞게 조절하기 위해 명령 행에 'Ltscale'을 입력한 후 Space bar 를 눌러 명령을 실행합니다. 그런 다음 명령 행에 '40'을 입력하고 Space bar 를 눌러 선 간격을 지정합니다. 지정 후 선 사이의 간격이 띄어지는 것을 알 수 있습니다.

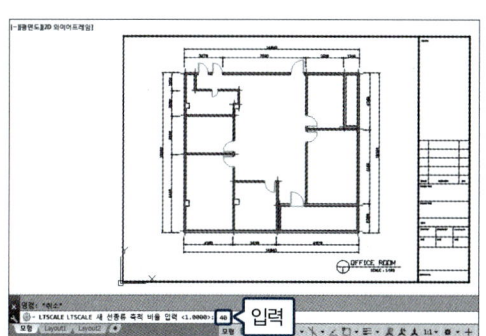
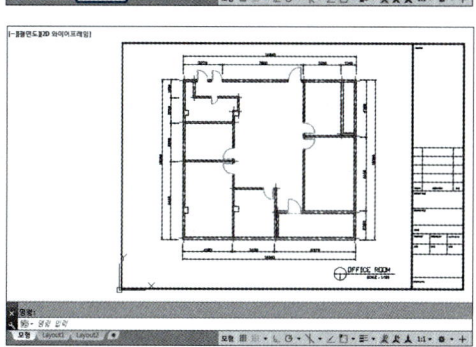

▲ Ltscale 명령을 재지정

```
명령: LTSCALE Space bar  ← Ltscale 명령 입력 (LTS)
새 선종류 축척 비율 입력 <1.0000>: 40 Space bar  ← 간격 '40' 입력
모형 재생성 중.
```

PART
05

치수를 기입할 때 사용하는 명령인 Dimension (치수) 명령은 보통 도면 작성의 마무리 단계에서 사용합니다. 실제 시공을 할 때 정확한 치수에 따라 작업을 하므로 치수 기입 단계는 도면 작업에서 매우 중요한 과정입니다. 이번 파트에서는 상황에 따른 치수 기입 방법과 치수를 기입할 때 필요한 전반적인 설정 사항을 알아보겠습니다.

정확한 치수 표기를 위한 Dimension

CHAPTER 01

치수를 입력하는 Dimension

AutoCAD에서는 치수 기입 역시 사용자 편의에 따라 여러 가지 방법을 제공하고 있으므로 방대한 양의 치수 기입 관련 명령을 일일이 외울 필요는 없습니다. AutoCAD를 학습하는 목적은 명령을 외우기 위한 것이 아니라 보다 쉽고 편리하고 정확하게 도면을 그리는 방법을 알아보기 위한 것이기 때문입니다. 이번 장에서는 치수를 기입할 수 있는 여러 가지 방법을 제시할 것이므로 본인에게 맞는 쉬운 방식을 선택하여 사용하도록 합니다.

학습 목표

도면 작성에서 가장 중요한 치수 표기 및 입력 방법을 익혀봅니다. 현장의 실무자들은 직접 도면을 보고 작업을 진행하므로 도면의 치수가 잘못된 경우 정확한 시공을 할 수 없습니다. 세심한 주의가 필요한 치수의 기초 지식과 표기 방법을 알아보겠습니다.

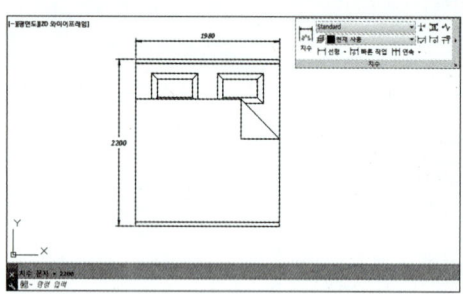

▲ 선형 치수   ▲ 각도

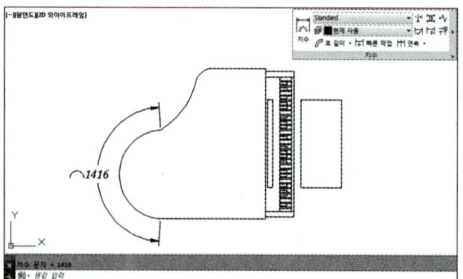
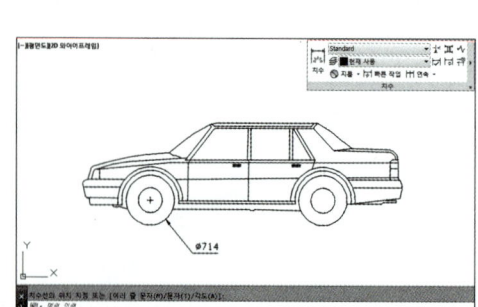

▲ 호 길이   ▲ 지름

SECTION 01 치수의 구성 요소와 주의 사항

본격적인 치수 기입에 앞서 치수 기입에 관련한 구성 요소와 주의 사항을 알아보겠습니다.

1 치수의 구성 요소

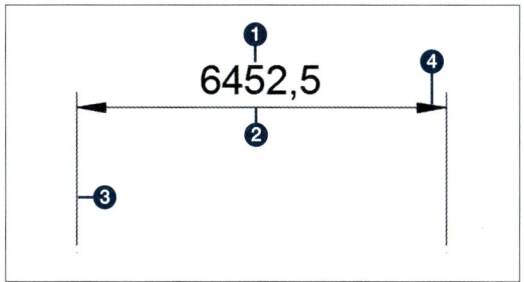

❶ **치수 문자** : 치수 문자의 크기는 전체 도면의 크기와 조화를 이루도록 기입해야 합니다. 방향은 수평 방향의 치수선에서는 위쪽으로 향하도록 하고, 수직 방향의 치수선에서는 왼쪽으로 향하게 합니다. 건축이나 인테리어 도면에서는 일반적으로 소수점 자리는 표현하지 않도록 설정하여 사용합니다.

❷ **치수선** : 0.25mm 이하의 가는 실선으로 그려 외형선과 구별하고 선의 양 끝 부분에는 경계를 표시하기 위해 화살표 등의 기호를 붙여서 표현합니다. 외형선으로부터 치수선은 약 10~15mm 정도 띄어서 그리고 연속된 선도 같은 간격으로 그립니다. 화살표 등의 기호는 전체 도면과 숫자와의 조화를 고려하여 적절한 모양과 크기로 표시합니다. 실제 객체의 치수만큼 정확하게 표시합니다.

❸ **치수 보조선** : 치수 확장선이라고도 하며 치수선을 그리기 위한 보조 역할을 합니다. 객체 스냅을 사용하여 정확하게 양 끝점을 지정하여 끌어당겨 표현합니다. 치수 보조선은 0.25mm 이하의 가는 실선으로 치수선에 직각으로 긋고 필요한 경우에는 치수선에 대하여 적당한 각도로 그릴 수도 있습니다.

❹ **화살표** : 도면의 목적에 따라 화살표 모양을 선택할 수 있습니다. 적당한 크기로 설정하여 치수 문자나 도면의 크기와 조화를 이루도록 합니다.

2 [치수] 도구 팔레트를 이용해 치수 기입하기

치수를 쉽게 기입하는 방법 중 하나는 도구 팔레트를 사용하는 것입니다. 이번 예제에서 [치수] 도구 팔레트를 사용해보겠습니다.

01 새 도면 파일을 엽니다. [치수] 도구 팔레트를 별도로 꺼내기 위해 상단의 [주석] 메뉴에서 [치수] 도구 팔레트의 하단 탭을 클릭합니다.

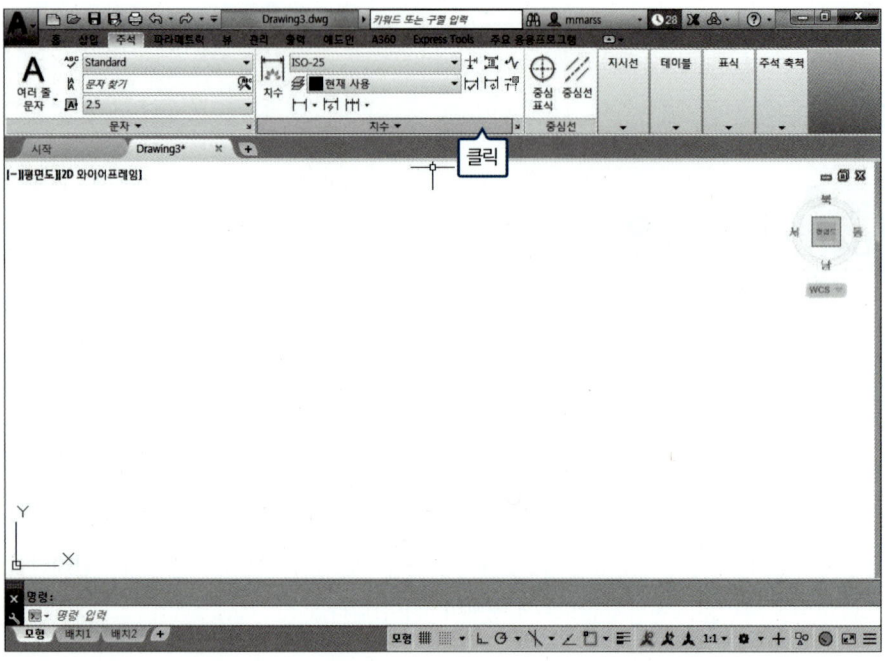

02 [치수] 도구 팔레트에서 하단 탭을 도면 창으로 드래그하면 [치수] 도구 팔레트를 화면으로 가져올 수 있습니다. 드래그한 [치수] 도구 팔레트를 적당한 위치에 정렬하여 사용합니다.

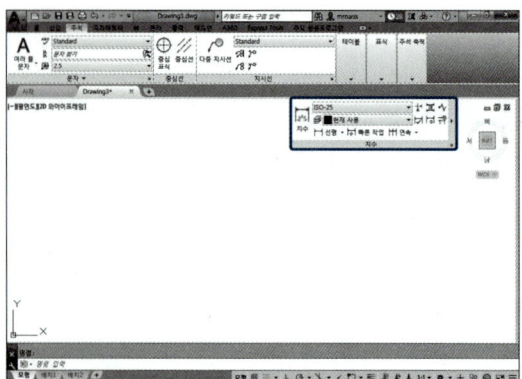

실무활용노트 AUTO CAD : 치수 기입 시 주의사항

앞에서 이야기했지만 실무 도면에서 치수는 매우 중요한 요소입니다. 자칫 잘못 기입하면 큰 사고로 이어질 수 있으니 항상 유의하여 사용해야 합니다. 이번에는 실무에서 치수를 기입할 때 주의할 사항을 알아보겠습니다.

1 필요한 치수만 명확하게 기입하기

세밀한 부분까지 기입하면 오히려 치수에 대한 내용이 많아져서 혼동할 우려가 있습니다. 꼭 필요하다고 생각되는 치수만 명확하게 기입합니다.

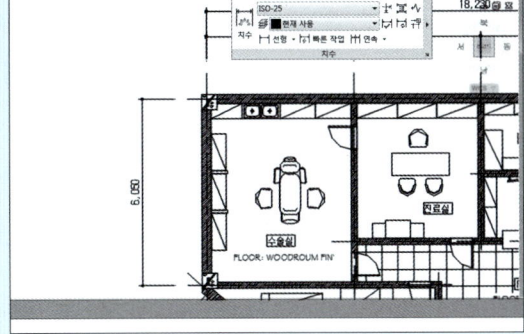

2 치수 보조선 그리기

치수선은 가급적 치수 보조선을 그려서 기입하는 것이 좋습니다. 단, 여유 공간이 없으면 치수 보조선을 그리지 않고 직접 기입합니다.

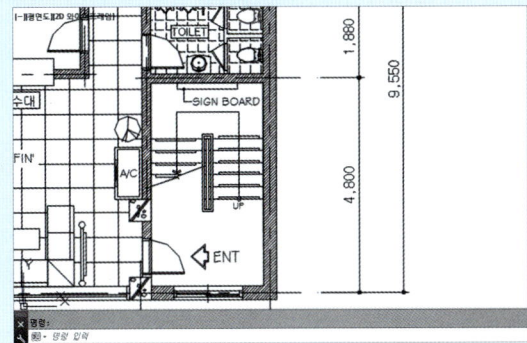

3 일직선으로 그리되 교차하지 않게 그리기

치수선이 기울거나 구부러지지 않도록 일직선으로 맞추어서 그리는 것이 좋습니다. 또한 다른 선과 교차하지 않도록 일정한 간격으로 그립니다.

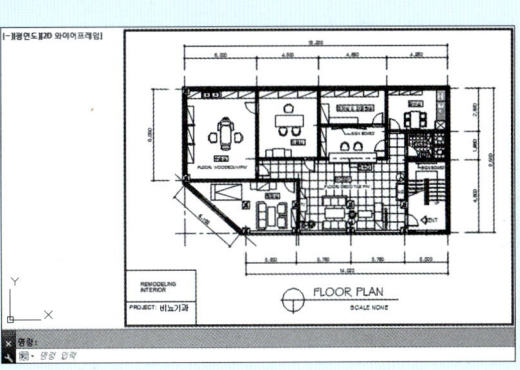

SECTION 02 상황에 맞는 치수 입력하기

치수 입력 명령의 기능을 알아보고 각 기능을 편리하게 사용하는 방법을 알아봅니다. Dimension(치수) 명령은 양이 많아 부담감을 가질 수 있지만 알고 보면 매우 쉬운 명령이므로 차근차근 익혀보겠습니다.

1 DimLinear 명령으로 기본 스타일 치수 입력하기

DimLinear 명령, 즉 Linear Dimension(선형 치수) 명령은 수평이나 수직 치수를 입력하는 명령입니다. 치수를 입력하고자 하는 객체나 공간의 양 끝점을 지정하여 입력합니다. DimLinear 명령을 사용하려면 명령 행에 'DimLinear'를 입력하고 Space bar 를 눌러 실행하거나 [치수] 도구 팔레트의 선형 치수 아이콘( )을 클릭합니다.

01 예제 파일 'Part5-01.dwg'를 불러옵니다. 선형 치수 아이콘( )을 클릭하여 명령을 실행합니다.

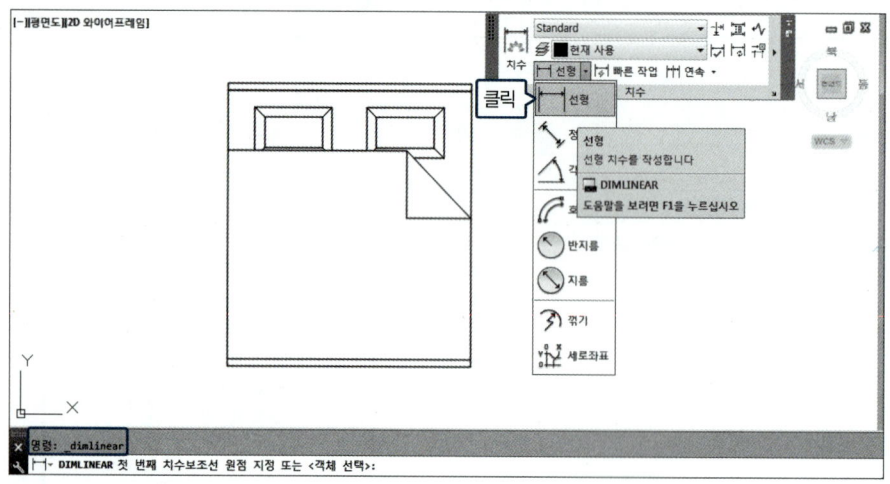

명령: _DIMLINEAR ← DimLinear 명령 입력

02 객체 스냅을 설정한 후 침대의 가로 부분에 치수선을 입력하기 위하여 첫 번째 끝점과 두 번째 끝점을 지정합니다.

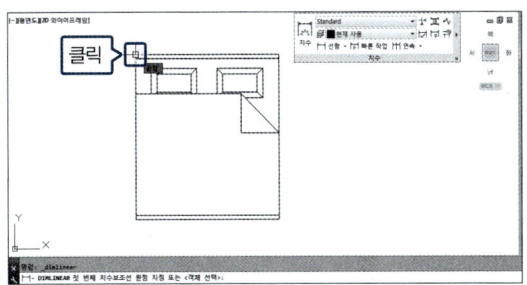 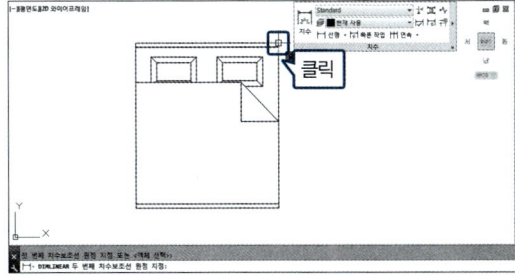

첫 번째 치수보조선 원점 지정 또는 〈객체 선택〉: ← 첫 번째 치수보조선 원점 지정
두 번째 치수보조선 원점 지정: ← 두 번째 치수보조선 원점 지정

03 점을 모두 지정했다면 마우스 포인터를 움직여 원하는 지점을 클릭합니다. 치수가 입력됩니다.

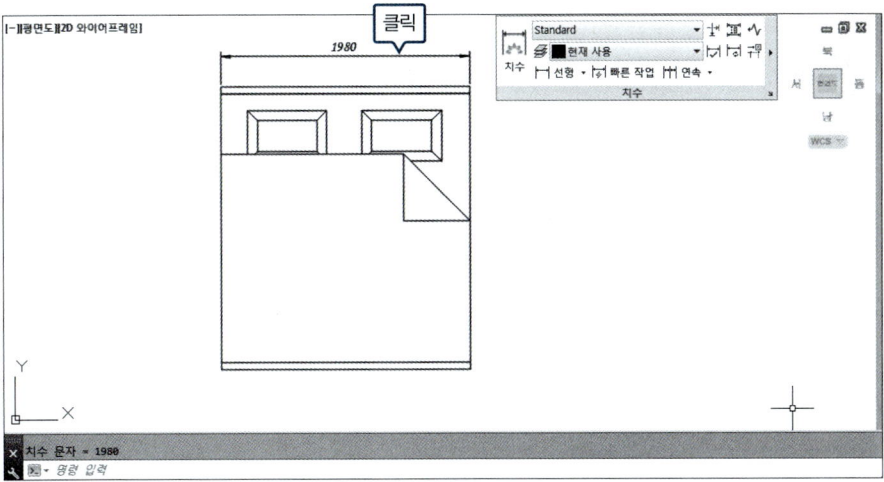

치수선의 위치 지정 또는
[여러 줄 문자(M)/문자(T)/각도(A)/수평(H)/수직(V)/회전(R)]: ← 치수선의 위치 지정
치수 문자=1980

04 이번에는 침대의 세로 부분에 치수선을 입력하겠습니다. 선형 치수 아이콘( )을 클릭하여 명령을 실행합니다. 첫 번째 끝점과 두 번째 끝점을 지정합니다.

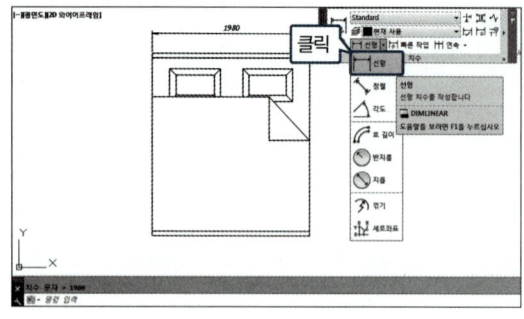 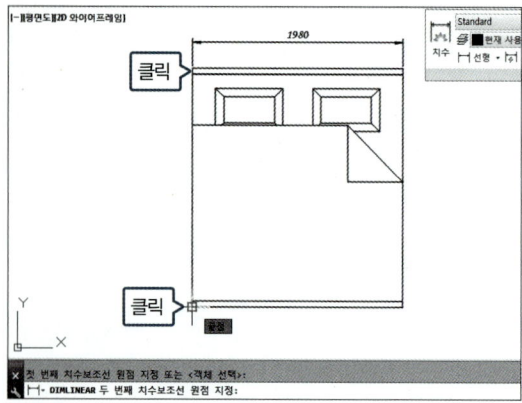

```
명령: _DIMLINEAR ← DimLinear 명령 입력
첫 번째 치수보조선 원점 지정 또는 <객체 선택>: ← 첫 번째 치수보조선 원점 지정
두 번째 치수보조선 원점 지정: ← 두 번째 치수보조선 원점 지정
```

05 점을 모두 지정했다면 마우스를 포인터를 움직여 원하는 지점을 클릭합니다. 치수가 입력됩니다.

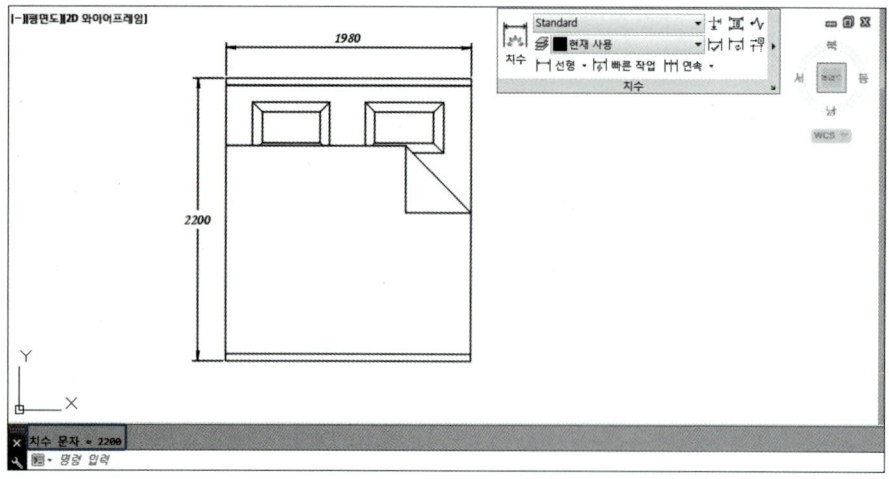

```
치수선의 위치 지정 또는
[여러 줄 문자(M)/문자(T)/각도(A)/수평(H)/수직(V)/회전(R)]: ← 치수선의 위치 지정
치수 문자 = 2200
```

바로 통하는 TIP 사선의 치수는 다음에서 설명할 DimAligned(정렬 치수) 명령을 사용합니다. DimLinear 명령을 사용하면 X, Y의 수평 수직 증분값으로 표현됩니다.

2 DimAligned 명령으로 사선 치수 입력하기

DimAligned 명령, 즉 Aligned Dimension(정렬 치수) 명령은 기울기가 있는 사선 치수를 입력하는 편집 명령입니다. 치수를 입력하고자 하는 객체나 공간의 양 끝점을 지정하여 입력합니다. DimAligned 명령을 사용하려면 명령 행에 'DimAligned'를 입력하고 Space bar 를 눌러 실행하거나 [치수] 도구 팔레트의 정렬 치수 아이콘( )을 클릭합니다.

01 예제 파일 'Part5-02.dwg'를 불러옵니다. 정렬 치수 아이콘( )을 클릭하여 DimAligned 명령을 실행합니다.

바로 통하는 TIP 정렬 치수 아이콘( )을 길게 누르면 다양한 치수 스타일을 선택할 수 있습니다.

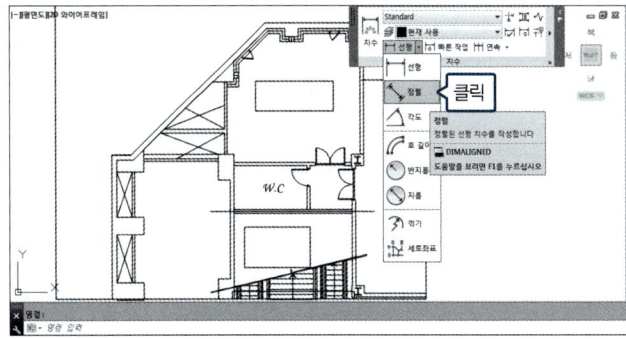

명령: _DIMALIGNED ← DimAligned 명령 입력

02 객체 스냅을 설정한 후 건물 왼쪽 대각선에 치수선을 입력하기 위하여 첫 번째 끝점과 두 번째 끝점을 지정합니다.

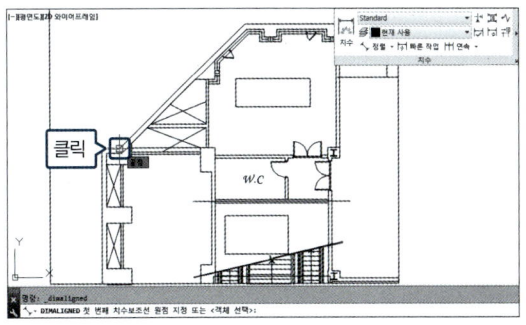 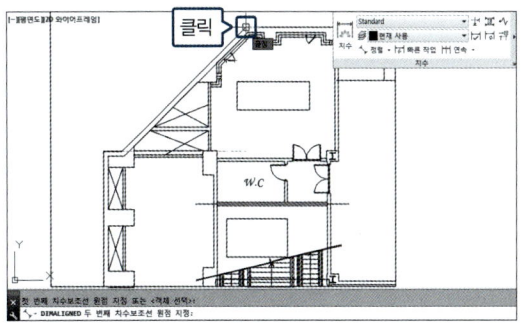

첫 번째 치수보조선 원점 지정 또는 〈객체 선택〉: ← 첫 번째 치수보조선 원점 지정
두 번째 치수보조선 원점 지정: ← 두 번째 치수보조선 원점 지정

03 점을 모두 지정했다면 마우스 포인터를 움직여 원하는 지점을 클릭합니다. 치수가 입력됩니다.

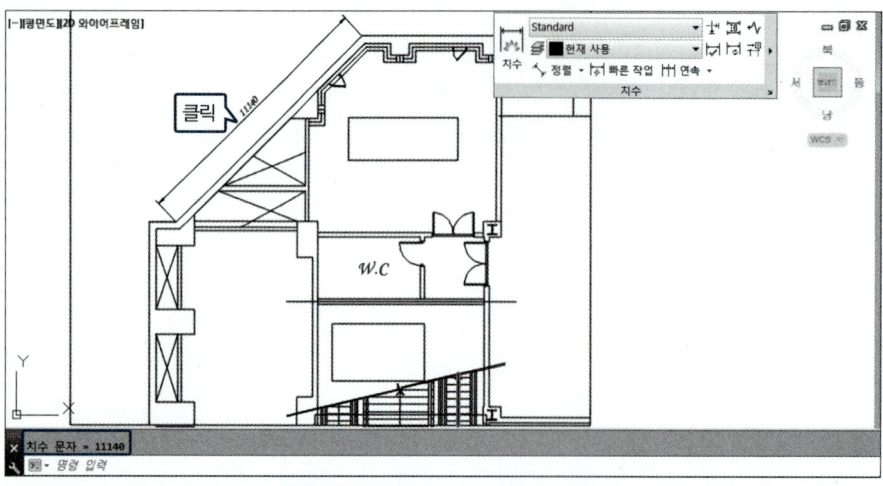

치수선의 위치 지정 또는
[여러 줄 문자(M)/문자(T)/각도(A)]: ← 치수선의 위치 지정 또는 [다중행 문자(M)/문자(T)/각도(A)]:
치수 문자 = 11140

3 DimAngular 명령으로 각도 입력하기

DimAngular 명령, 즉 Angular Dimension(각도) 명령은 선과 선 사이나 호의 각도를 입력하는 편집 명령입니다. 각도를 입력하고자 하는 두 선이나 호를 클릭하여 당겨서 위치를 지정하면 됩니다. DimAngular 명령을 사용하려면 명령 행에 'DimAngular'를 입력하고 Space bar를 눌러 실행하거나 [치수] 도구 팔레트의 각도 아이콘( )를 클릭합니다.

01 예제 파일 'Part5-05.dwg'를 불러옵니다. 각도 아이콘( )을 클릭하여 명령을 실행합니다.

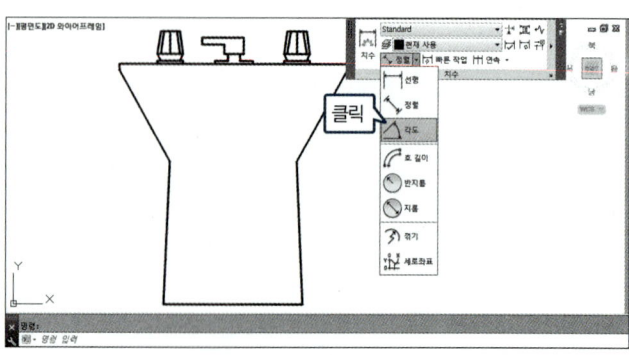

명령: _DIMANGULAR ← DimAngular 명령 입력

02 각도를 입력하고자 하는 두 선분을 선택한 후 마우스 포인터를 움직여 위치를 지정합니다. 각도가 입력됩니다.

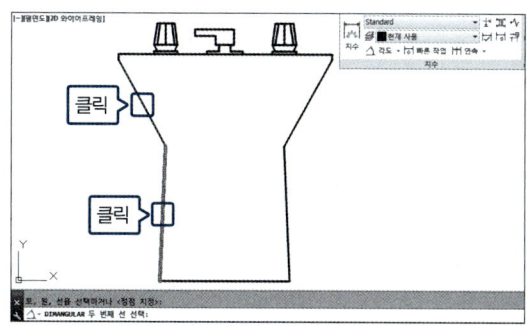 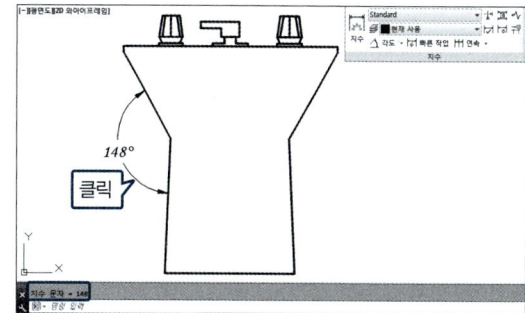

호, 원, 선을 선택하거나 〈정점 지정〉: ← 첫 번째 선을 선택
두 번째 선 선택: ← 두 번째 선 선택
치수 호 선의 위치 지정 또는 [여러 줄 문자(M)/문자(T)/각도(A)/사분점(Q)]: ← 치수 호 선의 위치 지정
치수 문자 = 148

바로 통하는 TIP DimAngular 명령으로 두 선분을 클릭하여 각도를 구할 때는 항상 180° 미만의 값으로 표현됩니다. 두 선분을 클릭하여 마우스 포인터의 위치를 이동함에 따라 두 객체의 동위각 또는 엇각, 맞꼭지각으로 표현되기 때문입니다.

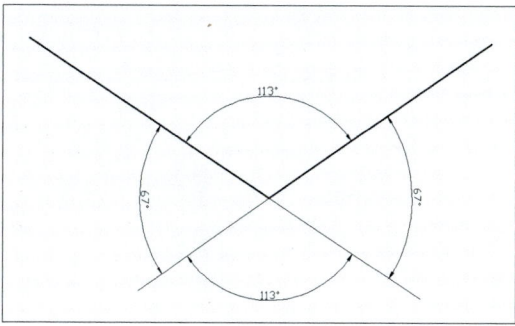

4 DimArc 명령으로 호 길이 입력하기

DimArc 명령, 즉 Arc Length Dimension(호 길이) 명령은 말 그대로 호 길이를 입력하는 명령입니다. 치수를 입력하고자 하는 호를 클릭한 후 마우스 포인터를 움직여 위치를 지정합니다. DimArc 명령을 사용하려면 명령 행에 'DimArc'를 입력하고 Space bar를 눌러 실행하거나 [치수] 도구 팔레트의 호 길이 아이콘( )을 클릭합니다.

01 예제 파일 'Part5-03.dwg'를 불러옵니다. 호 길이 아이콘(⌒호길이)을 클릭하여 명령을 실행합니다.

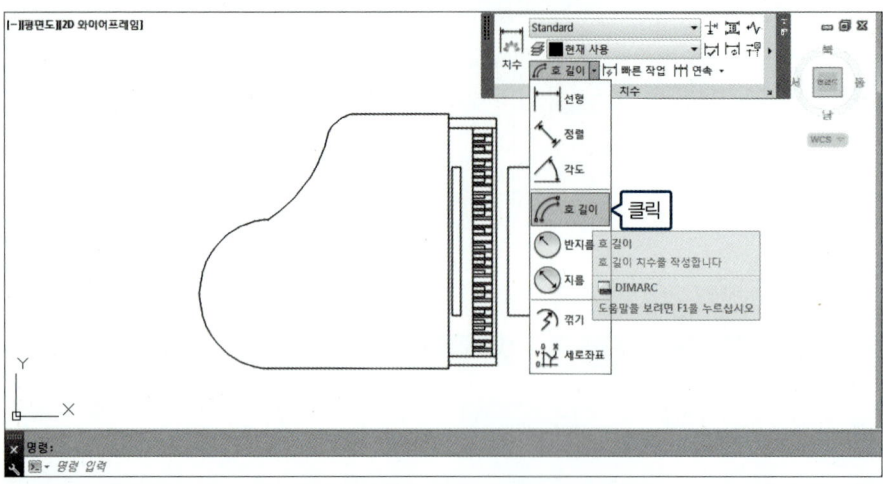

명령: _DIMARC ← DimArc 명령 입력

02 입력하고자 하는 호를 선택하여 마우스를 드래그해서 위치를 지정합니다. 호 길이가 나타나며 숫자 앞부분에 호를 나타내는 기호도 함께 표기됩니다.

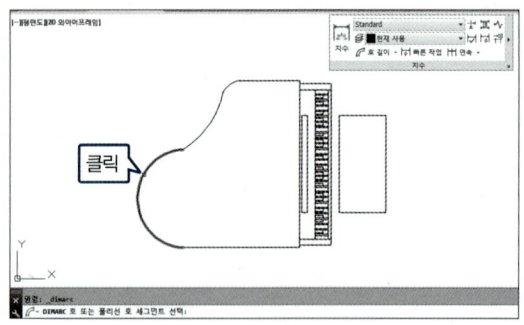 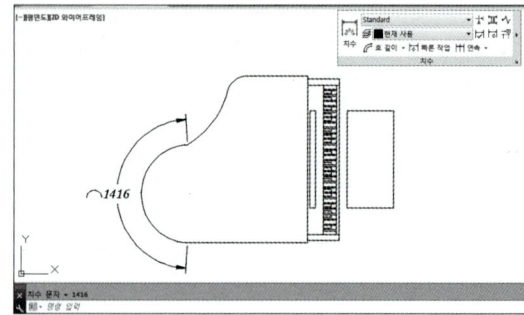

호 또는 폴리선 호 세그먼트 선택: ← 호 선택
호 길이 치수 위치 지정 또는 [여러 줄 문자(M)/문자(T)/각도(A)/부분(P)/지시선(L)]: ← 치수선의 위치 지정
치수 문자 = 1416

5 DimRadius 명령으로 반지름 입력하기

DimRadius 명령, 즉 Radius Dimension(반지름) 명령은 원이나 호의 반지름을 입력하는 편집 명령입니다. 치수를 입력하고자 하는 원이나 호를 클릭한 후 마우스 포인터를 움직여 위치를 지정합니다. DimRadius 명령을 사용하려면 명령 행에 'DimRadius'를 입력하고 Spacebar 를 눌러 실행하거나 [치수] 도구 팔레트의 반지름 아이콘(반지름)을 클릭합니다.

01 예제 파일 'Part5-04.dwg'를 불러옵니다. 반지름 아이콘(반지름)을 클릭하여 명령을 실행합니다.

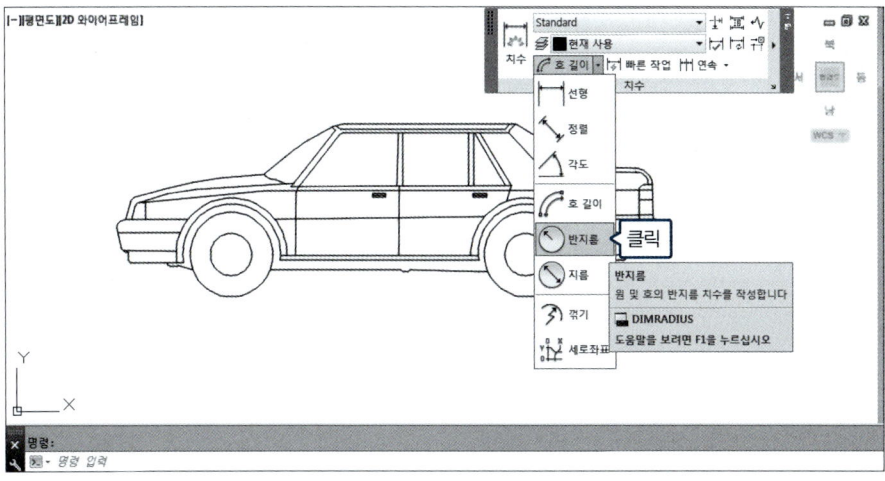

명령: _DIMRADIUS ← DimRadius 명령 입력

02 반지름 치수를 입력하고자 하는 원을 클릭하여 선택한 후 마우스 포인터를 끌어서 위치를 지정합니다. 원의 반지름이 나타납니다.

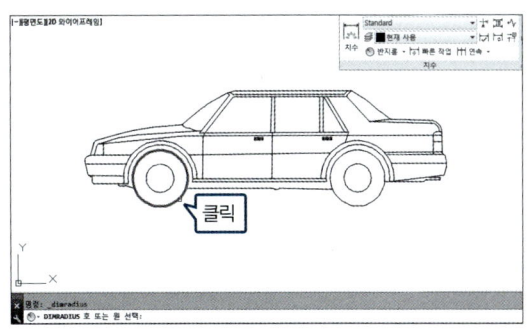 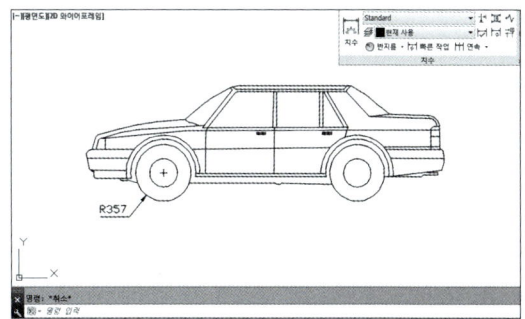

호 또는 원 선택: ← 원 선택
치수 문자 = 357
치수선의 위치 지정 또는 [여러 줄 문자(M)/문자(T)/각도(A)]: ← 치수선의 위치 지정

바로 통하는 TIP 반지름을 나타내는 숫자 앞에 Radius의 'R'이 표기됩니다.

6 DimDiameter 명령으로 지름 입력하기

DimDiameter 명령, 즉 Diameter Dimension(지름) 명령은 원이나 호의 지름을 입력하는 편집 명령입니다. 치수를 입력하고자 하는 원이나 호를 클릭한 후 마우스 포인터를 움직여 위치를 지정합니다. DimDiameter 명령을 사용하려면 명령 행에 'DimDiameter'를 입력하고 Space bar 를 눌러 실행하거나 [치수] 도구 팔레트의 지름 아이콘(◯지름)을 클릭합니다.

01 예제 파일 'Part5-04.dwg'를 불러옵니다. 지름 아이콘(◯지름)을 클릭하여 명령을 실행합니다.

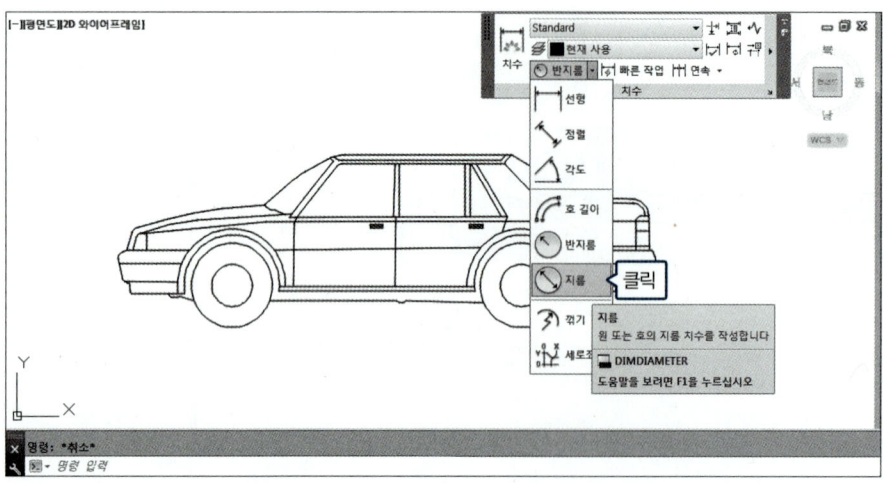

명령: _DIMDIAMETER ← DimDiameter 명령 입력

02 지름 치수를 입력하고자 하는 원을 선택한 후 마우스를 끌어서 위치를 지정합니다.

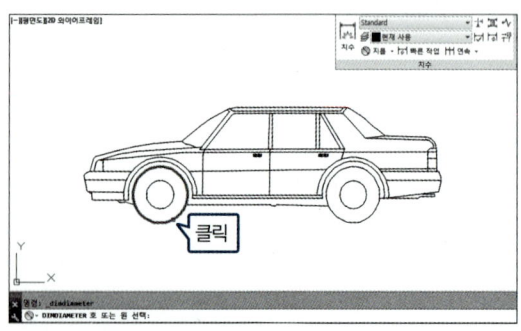 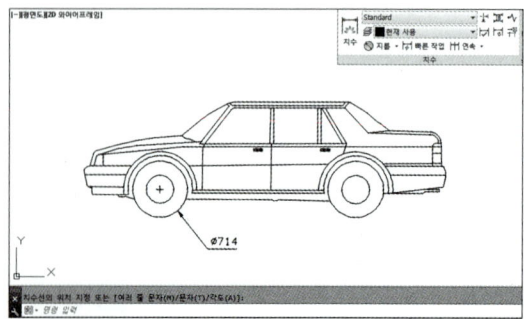

호 또는 원 선택: ← 원 선택
치수 문자 = 714
치수선의 위치 지정 또는 [여러 줄 문자(M)/문자(T)/각도(A)]: ← 치수선의 위치 지정

바로 통하는 TIP 지름을 나타내는 숫자 앞에 'ø'가 표기됩니다.

SECTION 03 한 지점을 기준으로 연속 치수 입력하기

한 지점을 기준으로 연속해서 치수를 기입하는 방법은 모든 분야에서 많이 사용하는 도면 작성 방식입니다. 연속 치수 사용 방법을 정확히 습득하여 실무에서 바로 활용하도록 합니다.

1 DimBaseline 명령으로 연속 치수 입력하기

DimBaseline 명령, 즉 Baseline Dimension(기준선 치수) 명령은 가장 먼저 입력한 치수의 첫 번째 치수 보조선을 기준으로 연속해서 치수를 입력하는 편집 명령입니다. 자동으로 첫 번째 치수와 간격을 조정하여 입력되므로 편리합니다. DimBaseline 명령을 사용하려면 명령 행에 'DimBaseline'을 입력하고 Space bar 를 눌러 실행하거나 [치수] 도구 팔레트의 기준선 치수 아이콘(기준선)을 클릭합니다.

01 예제 파일 'Part5-06.dwg'를 불러옵니다. 선형 치수 아이콘(선형)을 클릭하여 명령을 실행합니다.

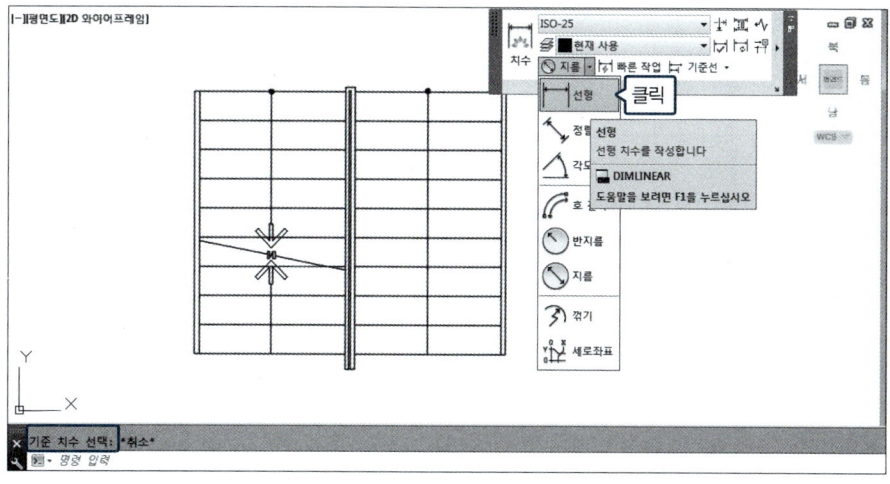

명령: _DIMLINEAR ← DimLinear 명령 입력

02 객체 스냅을 설정하여 첫 번째 계단의 두 지점을 정확히 지정한 뒤 치수를 표기합니다.

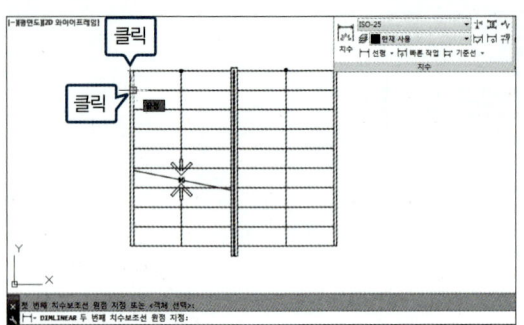 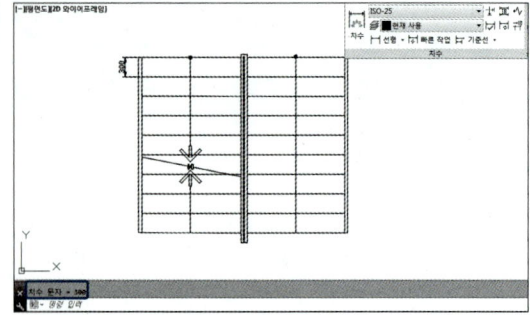

첫 번째 치수보조선 원점 지정 또는 〈객체 선택〉: ← 첫 번째 치수보조선 원점 지정
두 번째 치수보조선 원점 지정: ← 두 번째 치수보조선 원점 지정
치수선의 위치 지정 또는
[여러 줄 문자(M)/문자(T)/각도(A)/수평(H)/수직(V)/회전(R)]: ← 치수선 위치 지정
치수 문자 = 300 ← 치수 문자 '300' 입력

03 처음부터 연속해서 계단의 치수를 입력하기 위해 기준선 치수 아이콘( )을 클릭하여 명령을 실행합니다.

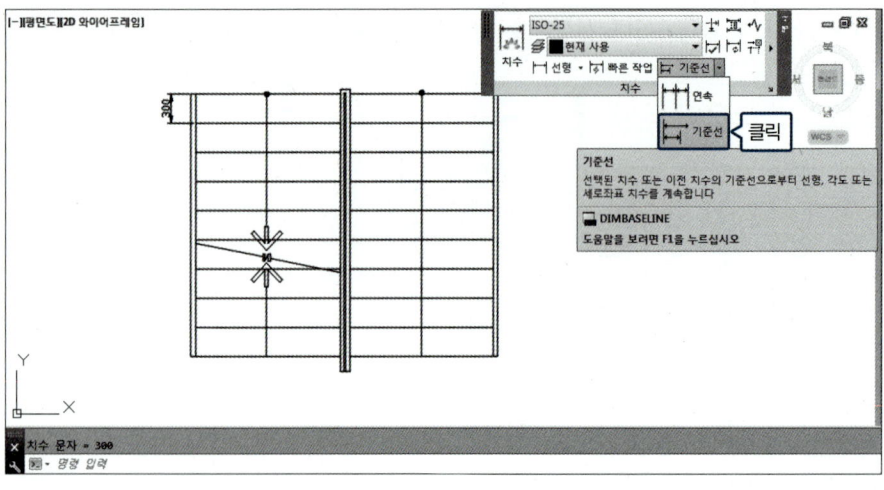

명령: _DIMBASELINE ← DimBaseline 명령 입력

04 계단의 처음 시작점부터 자동으로 다시 지정됨을 알 수 있습니다. 두 번째 계단을 클릭하면 연속하여 명령이 재실행됩니다.

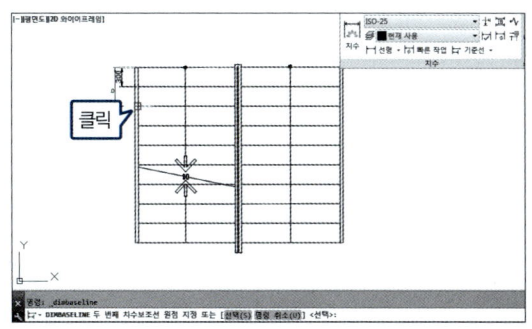 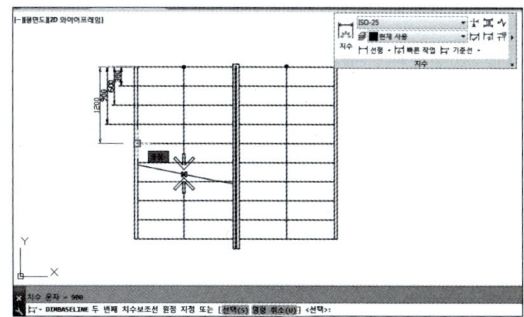

두 번째 치수보조선 원점 지정 또는 [명령 취소(U)/선택(S)] <선택(S)>: ← 두 번째 치수보조선 원점 지정
치수 문자 = 600
두 번째 치수보조선 원점 지정 또는 [명령 취소(U)/선택(S)] <선택(S)>: ← 두 번째 치수보조선 원점 지정
치수 문자 = 900
두 번째 치수보조선 원점 지정 또는 [명령 취소(U)/선택(S)] <선택(S)>: ← 두 번째 치수보조선 원점 지정
치수 문자 = 1200
두 번째 치수보조선 원점 지정 또는 [명령 취소(U)/선택(S)] <선택(S)>: ← 두 번째 치수보조선 원점 지정
치수 문자 = 1500
두 번째 치수보조선 원점 지정 또는 [명령 취소(U)/선택(S)] <선택(S)>: ← 두 번째 치수보조선 원점 지정
치수 문자 = 1800

05 연속해서 그다음 계단을 클릭하여 계단의 끝까지 치수를 모두 기입하면 Space bar를 눌러 명령을 종료합니다.

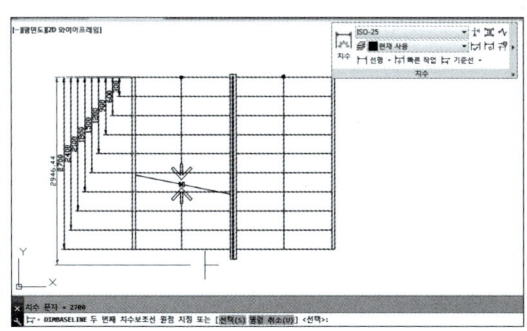 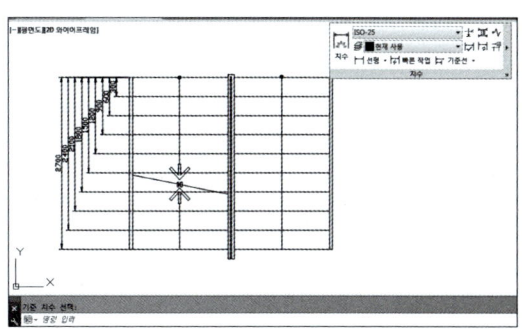

두 번째 치수보조선 원점 지정 또는 [명령 취소(U)/선택(S)] <선택(S)>: ← 두 번째 치수보조선 원점 지정
치수 문자 = 2100
두 번째 치수보조선 원점 지정 또는 [명령 취소(U)/선택(S)] <선택(S)>: ← 두 번째 치수보조선 원점 지정
치수 문자 = 2400
두 번째 치수보조선 원점 지정 또는 [명령 취소(U)/선택(S)] <선택(S)>: ← 두 번째 치수보조선 원점 지정
치수 문자 = 2700
두 번째 치수보조선 원점 지정 또는 [명령 취소(U)/선택(S)] <선택(S)>: Space bar ← 치수를 다 기입되었으면 Space bar
기준 치수 선택: Space bar ← Space bar를 눌러 명령 종료

실무활용노트 AUTO CAD | DimBaseline 명령으로 입력한 치수선 간격 조절하기

DimBaseline 명령을 실행하면 처음 입력한 치수선과 일정한 간격으로 치수가 기입되는 것을 알 수 있습니다. 치수의 간격을 조정하려면 Dimdli 명령으로 변수값을 조절하면 됩니다.

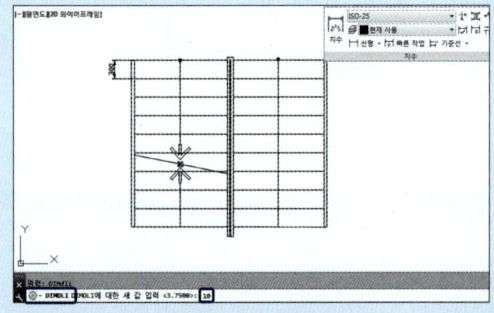 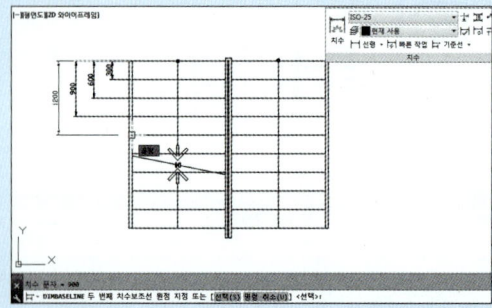

명령: DIMDLI [Space bar] ← Dimdli 명령 입력
DIMDLI에 대한 새 값 입력 〈3.7500〉: 10 [Space bar] ← 수치 '10' 입력

2 DimContinue 명령으로 연속 치수 입력하기

DimContinue 명령, 즉 Continue Dimension(연속 치수) 명령은 가장 먼저 입력한 치수의 두 번째 치수 보조선을 기준으로 연속해서 다음 부분의 치수를 입력하는 편집 명령입니다. 객체의 연속된 길이나 각도를 입력할 때 자동으로 치수선의 높이를 정렬하므로 특히 건축 벽체 치수를 표현할 때 편리합니다. DimContinue 명령을 사용하려면 명령 행에 'DimContinue'를 입력하고 [Space bar]를 누르거나 [치수] 도구 팔레트의 연속 치수 아이콘( )을 클릭합니다.

01 예제 파일 'Part5-06.dwg'를 불러옵니다. 선형 치수 아이콘( )을 클릭하여 명령을 실행합니다.

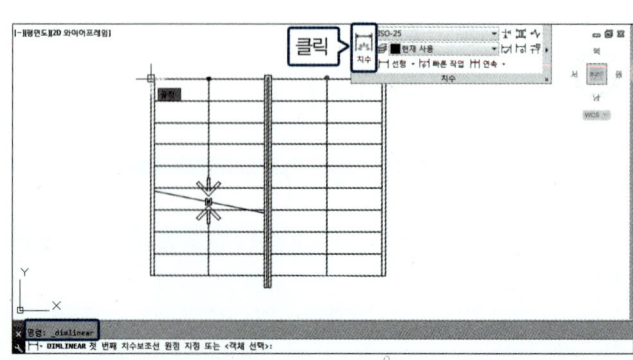

명령: _DIMLINEAR ← DimLinear 명령 입력

02 객체 스냅을 정확히 설정하여 첫 번째 계단을 지정한 뒤 치수를 표기합니다.

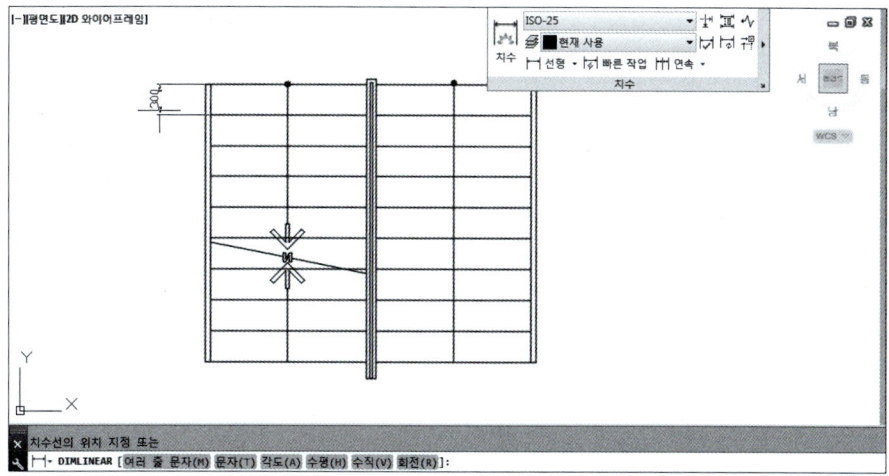

첫 번째 치수보조선 원점 지정 또는 〈객체 선택〉: ← 첫 번째 치수보조선 원점 지정
두 번째 치수보조선 원점 지정: ← 두 번째 치수보조선 원점 지정
치수선의 위치 지정 또는
[여러 줄 문자(M)/문자(T)/각도(A)/수평(H)/수직(V)/회전(R)]: ← 치수선 위치 지정
치수 문자 = 300

03 그다음 위치부터 연속되는 계단의 치수를 입력하기 위하여 연속 치수 아이콘(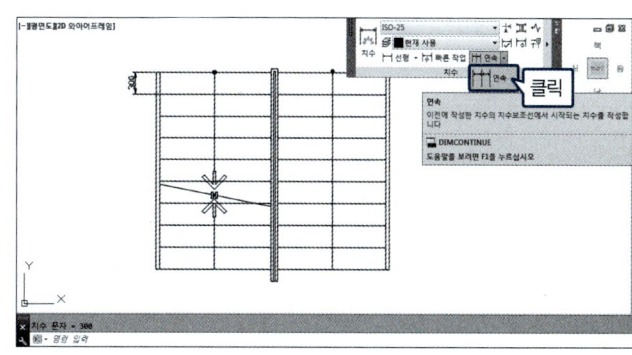)을 눌러 명령을 실행합니다.

명령: _DIMCONTINUE ← DimContinue 명령 입력

04 DimLinear(선형 치수) 명령 실행이 끝난 지점부터 치수가 자동으로 연속하여 지정됨을 알 수 있습니다. 두 번째 계단을 클릭하면 연속해서 명령이 재실행됩니다.

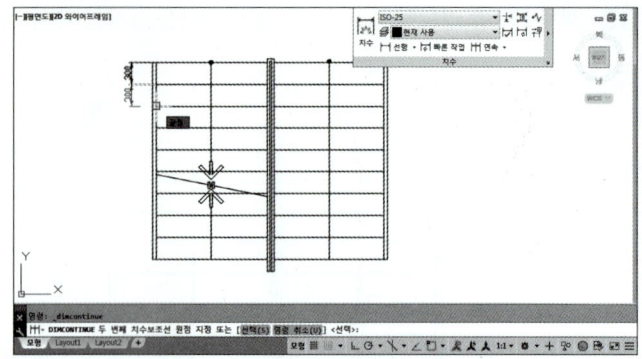

```
두 번째 치수보조선 원점 지정 또는 [명령 취소(U)/선택(S)] <선택(S)>: ← 두 번째 치수보조선 원점 지정
치수 문자 = 300
두 번째 치수보조선 원점 지정 또는 [명령 취소(U)/선택(S)] <선택(S)>: ← 두 번째 치수보조선 원점 지정
치수 문자 = 300
```

05 연속해서 그다음 계단을 클릭하여 계단의 끝까지 치수를 모두 기입하면 Space bar를 눌러 명령을 종료합니다.

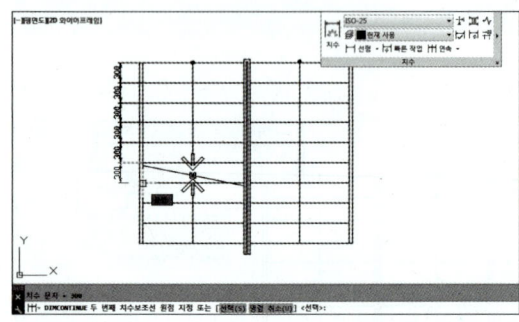 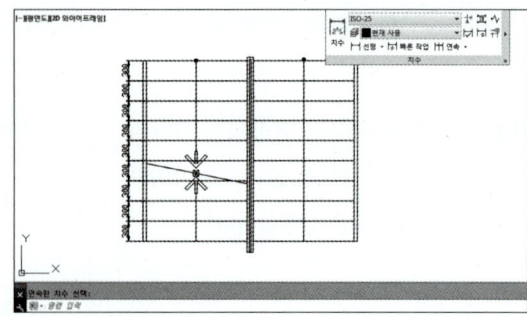

```
두 번째 치수보조선 원점 지정 또는 [명령 취소(U)/선택(S)] <선택(S)>: ← 두 번째 치수보조선 원점 지정
치수 문자 = 300
두 번째 치수보조선 원점 지정 또는 [명령 취소(U)/선택(S)] <선택(S)>: ← 두 번째 치수보조선 원점 지정
치수 문자 = 300
두 번째 치수보조선 원점 지정 또는 [명령 취소(U)/선택(S)] <선택(S)>: ← 치수 기입을 마치면 Space bar
연속된 치수 선택: Space bar ← Space bar를 눌러 명령 종료
```

바로 통하는 TIP DimBaseline(기준선 치수) 명령과 DimContinue(연속 치수) 명령을 사용하려면 반드시 선행 치수 명령이 있어야 합니다. 만약 선행 작업이 길이에 관련한 치수 작업이었다면 연속하여 길이 치수가 입력되고, 각도에 관련한 치수 작업이었다면 연속하여 각도가 입력됩니다.

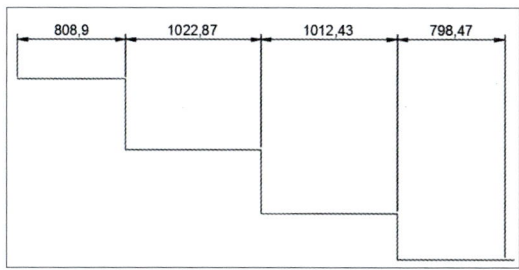

▲ 길이 입력 후 DimContinue 명령 실행

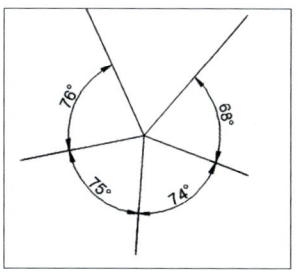

▲ 각도 입력 후 DimContinue 명령 실행

3 Mleader 명령으로 다중 지시선 입력하기

Leader(지시선) 명령은 수치 외에 도면의 특기 사항이나 재질 등의 부수적인 사항을 표시하는 편집 명령입니다. 특히 도면의 부분 상세도에서 빈번하게 사용합니다. 사용자 임의로 선을 그리듯이 지시선을 그리고 문자를 입력하는 방법으로 사용합니다. 그중 Mleader 명령, 즉 Multileader(다중 지시선) 명령을 사용하려면 명령 행에 'Mleader'를 입력하고 Space bar 를 눌러 실행하거나 [주석] 도구 팔레트의 다중 지시선 아이콘(🖉)을 클릭합니다.

01 예제 파일 'Part5-07.dwg'를 불러옵니다. 빠진 부분의 내용을 기입하기 위해 [주석] 도구 팔레트의 다중 지시선 아이콘(🖉)을 클릭하여 명령을 실행합니다.

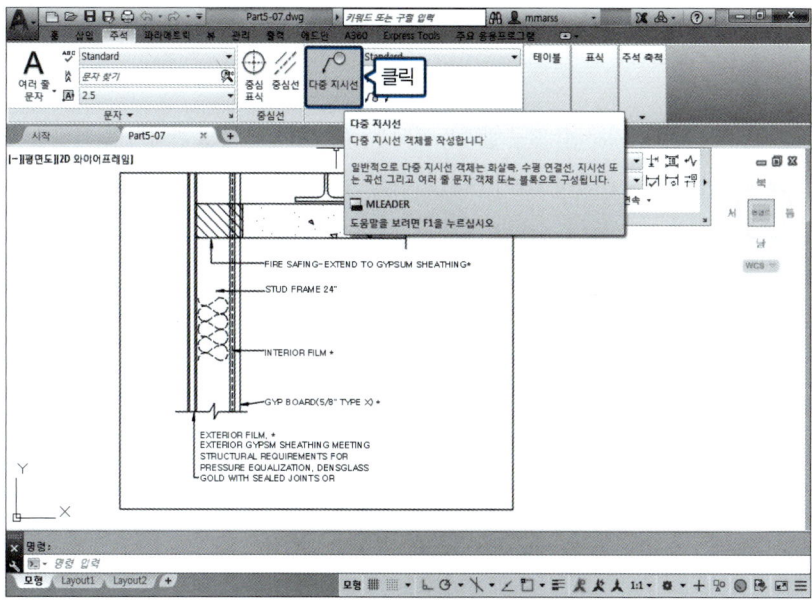

명령: _MLEADER ← Mleader 명령 입력

02 지시할 위치에 시작점을 지정합니다. 그런 다음 지시선을 적당한 지점까지 당겨서 클릭한 후 다음 단계로 넘어갑니다.

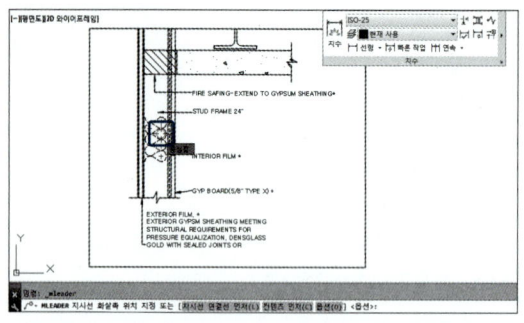 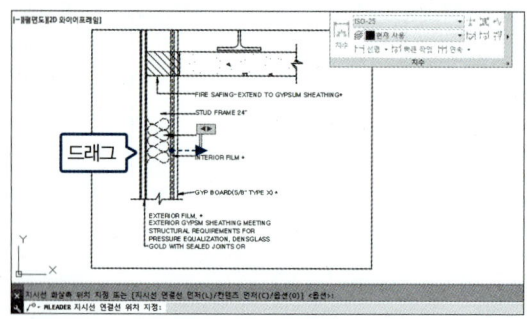

지시선 화살촉 위치 지정 또는 [지시선 연결선 먼저(L)/컨텐츠 먼저(C)/옵션(O)] 〈옵션〉: ← 지시선 화살촉 위치 지정
지시선 연결선 위치 지정: ← 지시선 연결선 위치 지정

03 원하는 내용을 입력합니다. 두 줄이라면 Enter를 눌러서 두 줄로 입력합니다. 여기서는 'INSULATION' 이라고 입력합니다. 임의의 공간을 클릭해 명령을 종료합니다.

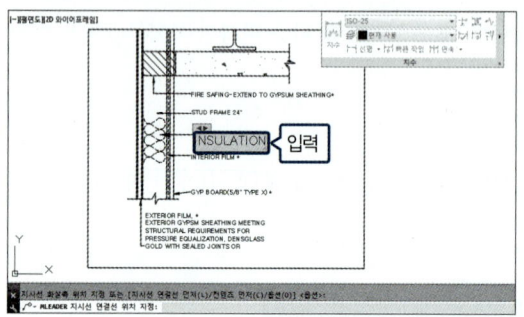 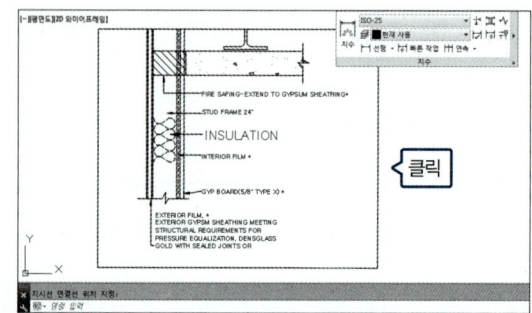

04 글씨와 화살표의 크기를 조정하기 위해 [지시선] 도구 팔레트에서 '다중 지시선 스타일 관리자'를 클릭합니다. [다중 지시선 스타일 관리자] 대화상자의 오른쪽에 있는 [수정] 버튼을 클릭합니다.

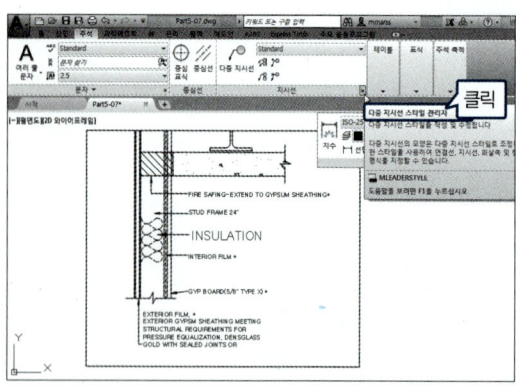 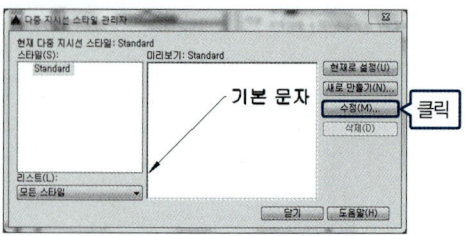

05 [다중 지시선 스타일 수정: Standard] 대화상자에서 [지시선 구조] 탭을 눌러 '축척' 영역의 '축척 지정'을 '0.5'로 설정합니다. [확인] 버튼을 클릭한 후 연속해서 [닫기] 버튼을 클릭하여 수정을 마칩니다. 지시선의 크기가 전체적으로 줄어든 것을 알 수 있습니다.

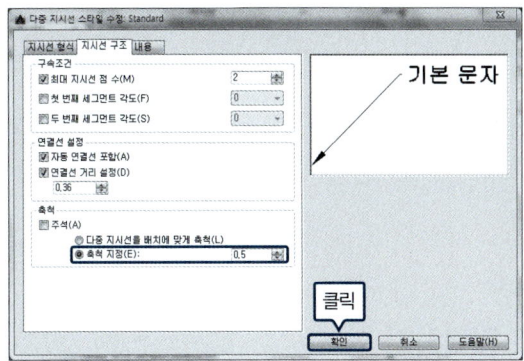
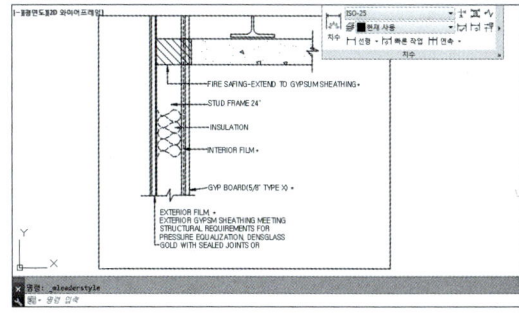

실무활용노트 AUTO CAD | 긴 명령어를 다시 사용할 때 간편하게 입력하는 방법

이전에 사용한 명령어를 다시 입력할 때 내용이 많으면 입력하기 번거롭습니다. 이때 키보드의 방향키를 사용하면 간편하게 입력할 수 있습니다. DimOrdinate 명령을 예로 실행해보겠습니다.

1 새 도면 파일을 엽니다. 명령 행에 'DimOrdinate'를 입력하여 실행합니다.

명령: DIMORDINATE [Spacebar] ← DimOrdinate 명령 입력

2 그런 다음 [Esc]로 명령을 해제합니다. 그리고 다시 한 번 명령을 입력하기 위해 키보드의 [↑] 방향키를 눌러봅니다. 그러면 다시 DimOrdinate 명령어가 명령 행에 입력되는 것을 알 수 있습니다. 컴퓨터마다 차이가 있으므로 키보드의 [↑] 방향키가 인식되지 않는다면 차례로 [→], [←], [↓]를 눌러 실행하도록 합니다.

피쳐 위치를 지정: [Esc] *취소* ← [Esc]로 명령 해제
명령: DIMORDINATE ← 키보드의 방향키를 눌러보면 명령이 자동으로 입력됨

SECTION 04 그 밖의 다양한 치수 입력 방법

앞에서 설명한 아홉 가지의 치수 입력 방법만으로도 대부분의 도면을 무리 없이 작성할 수 있습니다. 하지만 조금 더 자세한 치수 작성을 위하여 그 밖의 치수 입력 방법도 알아두도록 합니다.

1 DimOrdinate 명령으로 세로 좌표 입력하기

DimOrdinate 명령, 즉 Ordinate Dimension(세로 좌표) 명령은 원점을 기준으로 X, Y 좌표를 표시하는 치수 편집 명령입니다. 실무에서는 건축 도면의 입면도에서 지면을 기준으로 한 고도를 나타낼 때 주로 사용합니다. DimOrdinate 명령을 사용하려면 명령 행에 'DimOrdinate'를 입력하고 Space bar 를 눌러 실행하거나 [치수] 도구 팔레트의 세로 좌표 아이콘( )을 클릭합니다.

01 예제 파일 'Part5-08.dwg'를 불러옵니다. 명령 행에 'DimOrdinate'를 입력하거나 세로 좌표 아이콘( )을 클릭하여 명령을 실행합니다.

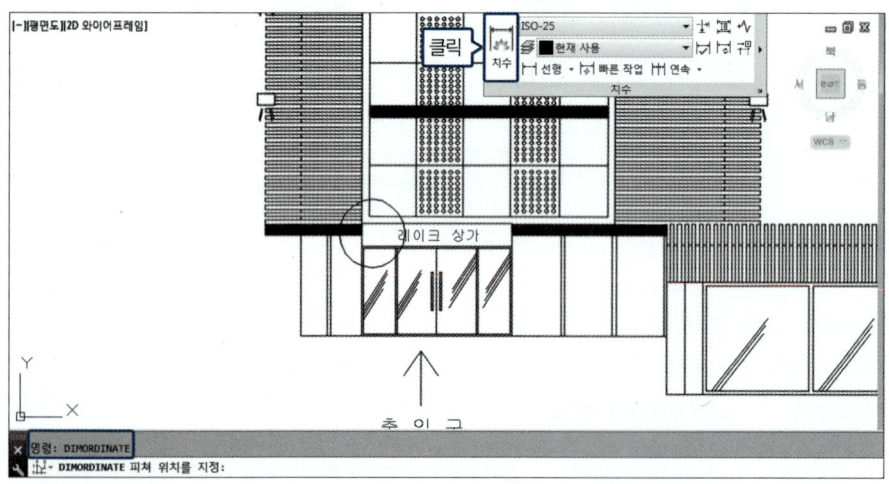

명령: _DIMORDINATE ← DimOrdinate 명령 입력

02 시작점을 지정합니다. 그런 다음 원하는 내용을 입력하기 위하여 서브 메뉴에서 'T'를 입력하여 실행하고 '0m'를 입력합니다. Enter 를 눌러 다음 단계로 진행합니다.

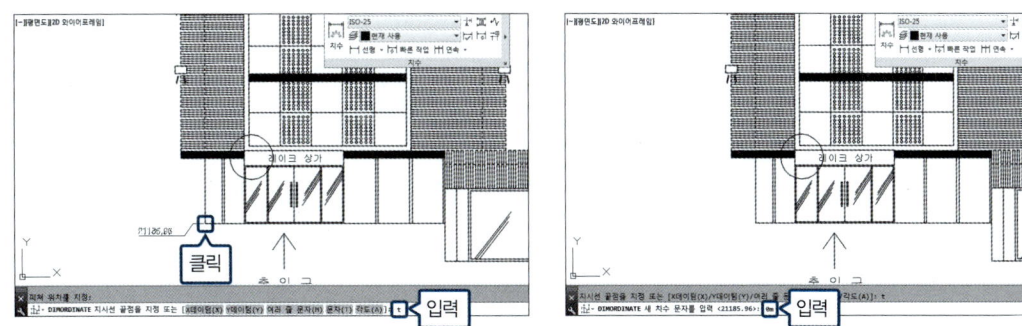

피쳐 위치를 지정: ← 표시 위치 지정
지시선 끝점을 지정 또는 [X데이텀(X)/Y데이텀(Y)/여러 줄 문자(M)/문자(T)/각도(A)]: t Space bar ← 옵션 'T' 입력
새 치수 문자를 입력 〈21185.96〉: 0m Enter ← 고도 '0m' 입력 후 Enter

바로 통하는 TIP 문자를 입력한 후에는 예외적으로 Enter 를 눌러 다음 단계로 진행합니다. 이때 만약 Space bar 를 누르면 문자를 한 칸 띄워서 입력하는 기능을 합니다.

03 그리고 끝점을 지정하여 명령을 종료합니다.

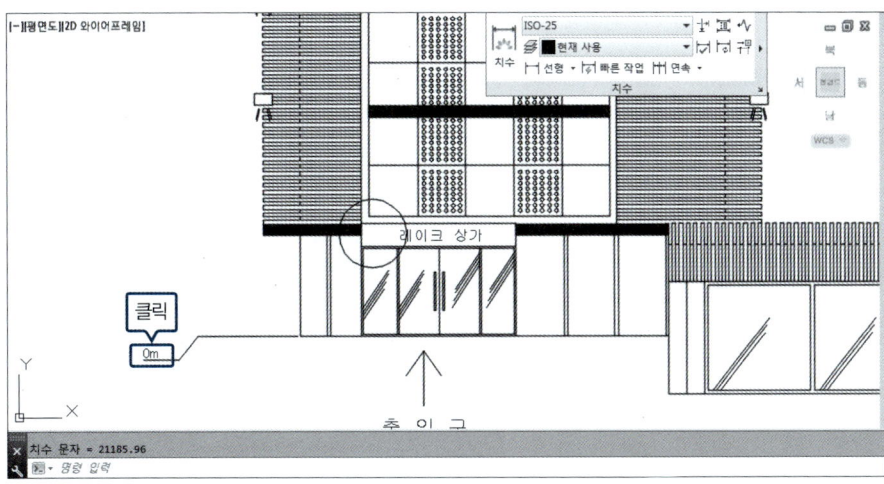

지시선 끝점을 지정 또는 [X데이텀(X)/Y데이텀(Y)/여러 줄 문자(M)/문자(T)/각도(A)]: ← 끝점 지정
치수 문자 = 21185.96

04 Space bar 를 눌러 명령을 다시 한 번 실행합니다. 시작점을 지정합니다.

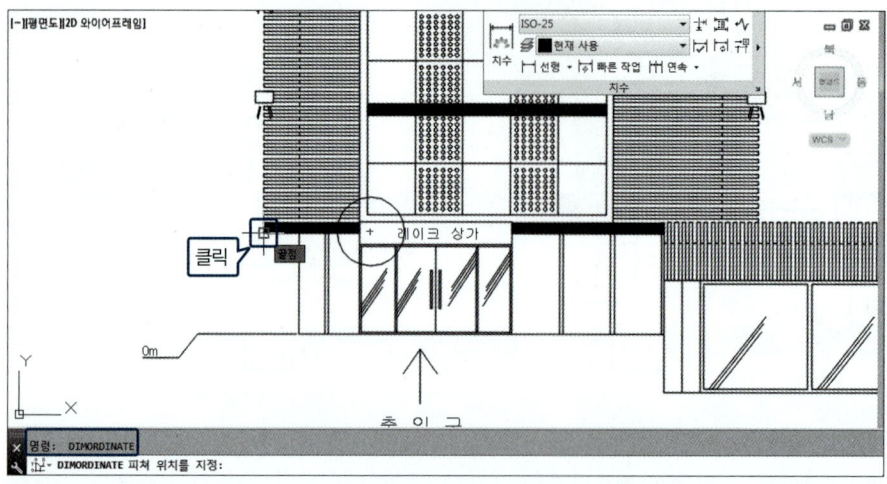

명령: DIMORDINATE Space bar ← DimOrdinate 명령 입력
피처 위치를 지정: ← 표시 위치 지정

05 원하는 내용을 입력하기 위하여 서브 메뉴에서 'T'를 입력하여 실행하고 '5m'를 입력합니다. Enter 를 눌러 다음 단계로 진행합니다.

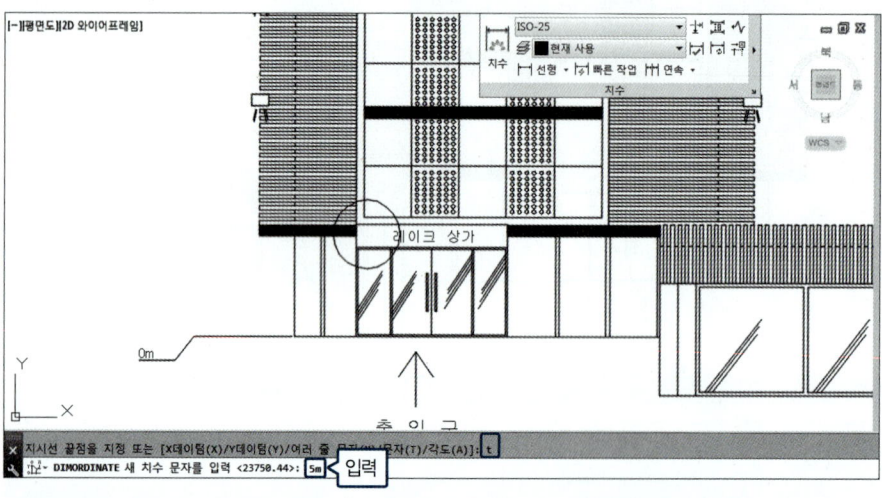

지시선 끝점을 지정 또는 [X데이텀(X)/Y데이텀(Y)/여러 줄 문자(M)/문자(T)/각도(A)]: t Space bar ← 옵션 'T' 입력
새 치수 문자를 입력 〈23750.44〉: 5m Enter ← 고도 '5m' 입력 후 Enter

06 그리고 끝점을 지정하여 명령을 종료합니다.

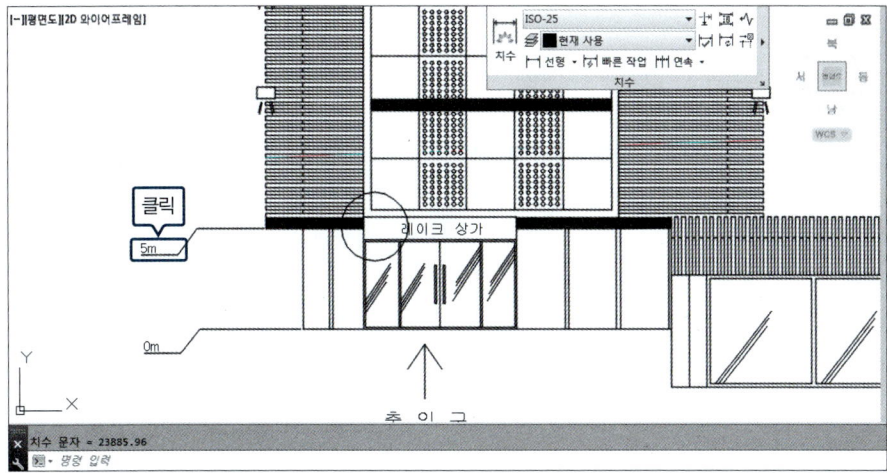

지시선 끝점을 지정 또는 [X데이텀(X)/Y데이텀(Y)/여러 줄 문자(M)/문자(T)/각도(A)]: ← 끝점 지정
치수 문자 = 23885.96

07 마지막 고도를 입력하기 위하여 Space bar 를 눌러 명령을 다시 한 번 실행합니다. 그런 다음 시작점을 지정합니다.

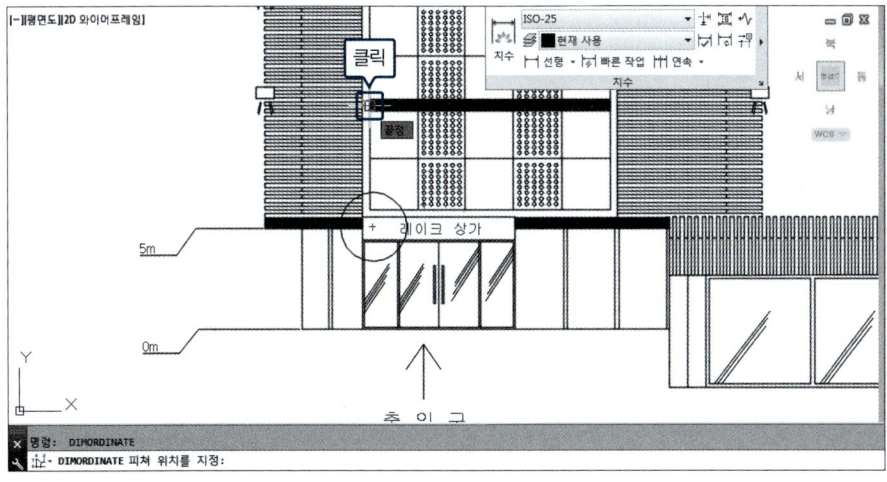

명령: DIMORDINATE Space bar ← DimOrdinate 명령 입력
피쳐 위치를 지정: ← 표시 위치 지정

08 원하는 내용을 입력하기 위하여 서브 메뉴에서 'T'를 입력하고 '11m'을 입력합니다. Enter 를 눌러 다음 단계로 진행합니다.

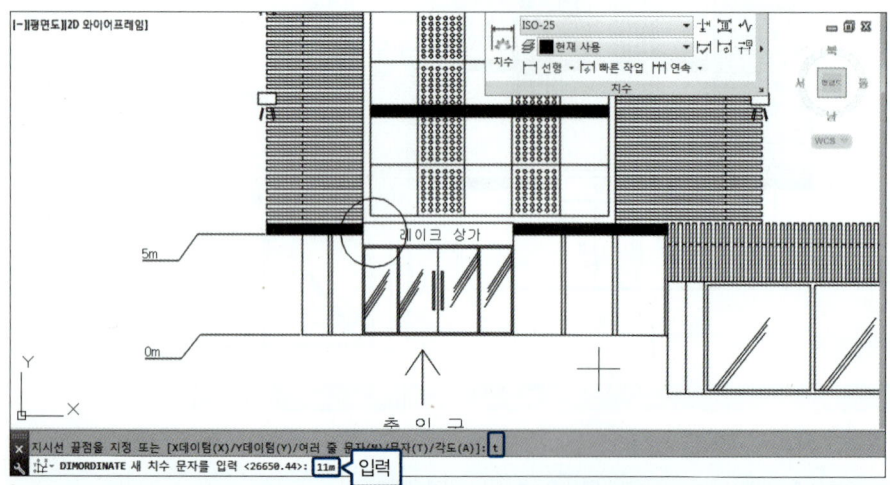

지시선 끝점을 지정 또는 [X데이텀(X)/Y데이텀(Y)/여러 줄 문자(M)/문자(T)/각도(A)]: t Space bar ← 옵션 'T' 입력
새 치수 문자를 입력 〈26650.44〉: 11m Enter ← 고도 '11m' 입력 후 Enter

09 그리고 끝점을 지정하여 명령을 종료합니다.

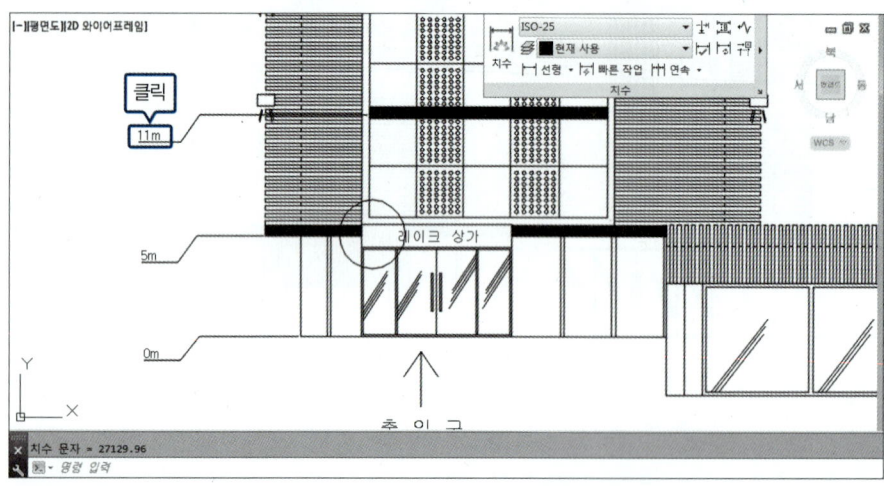

지시선 끝점을 지정 또는 [X데이텀(X)/Y데이텀(Y)/여러 줄 문자(M)/문자(T)/각도(A)]: ← 끝점 지정
치수 문자=27129.96

2 DimJogged 명령으로 꺾기 치수 입력하기

DimJogged 명령, 즉 Jogged Dimension(꺾기 치수) 명령은 치수선의 원점과 문자가 들어갈 위치를 자유자재로 조절하여 꺾기 반지름 치수를 기입하는 편집 명령입니다. DimJogged 명령을 사용하려면 명령 행에 'DimJogged'를 입력하고 Spacebar 를 눌러 실행하거나 [치수] 도구 팔레트의 꺾기 치수 아이콘(꺾기)을 클릭합니다.

01 예제 파일 'Part5-09.dwg'를 불러옵니다. 명령 행에 'DimJogged'를 입력하거나 꺾기 치수 아이콘(꺾기)을 눌러 명령을 실행합니다.

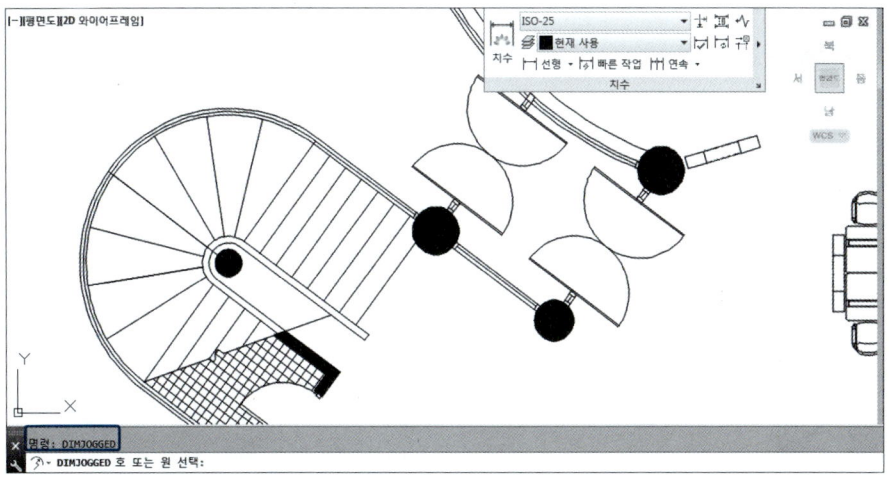

명령: DIMJOGGED ← DimJogged 명령 입력

02 치수를 입력할 호를 선택합니다.

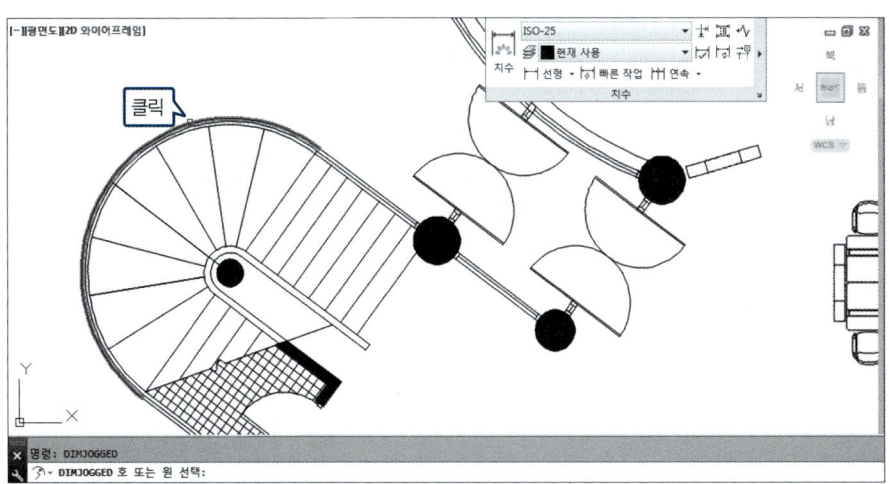

호 또는 원 선택: ← 치수를 입력할 호 선택

03 회전 계단의 바깥쪽에 임의의 중심점을 지정합니다.

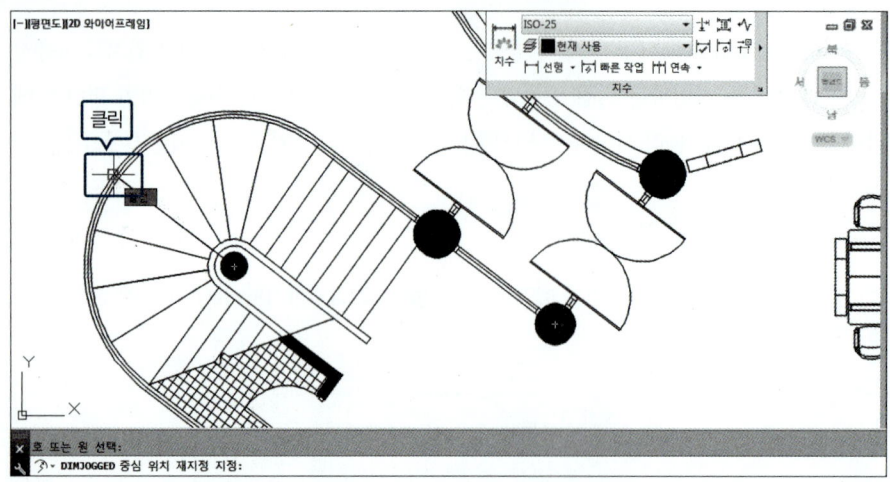

중심 위치 재지정 지정: ← 임의의 중심점 지정

04 마우스 포인터를 움직여 문자의 위치와 꺾는 위치를 클릭하여 지정합니다. 꺾은 치수선이 나타납니다.

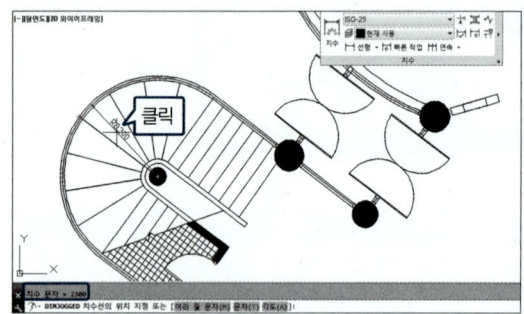 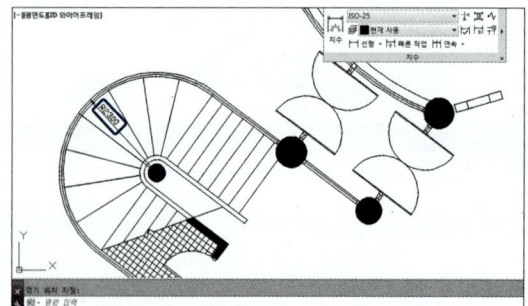

치수 문자 = 2300
치수선의 위치 지정 또는 [여러 줄 문자(M)/문자(T)/각도(A)]: ← 치수선의 위치 지정
꺾기 위치 지정:

3 QDim 명령으로 여러 치수를 한 번에 입력하기

QDim 명령, 즉 Quick Dimension(빠른 작업) 명령은 신속하게 치수를 입력할 때 사용하는 편집 명령입니다. 치수를 입력할 객체를 한 번에 선택하여 치수를 입력하면 선택한 객체의 치수가 동시에 입력됩니다. QDim 명령을 사용하려면 명령 행에 'QDim'을 입력하고 Spacebar를 눌러 실행하거나 [치수] 도구 팔레트의 빠른 작업 아이콘(빠른 작업)을 클릭합니다.

01 예제 파일 'Part5-10.dwg'를 불러옵니다. 도면에 있는 세로 중심선의 간격 치수를 한 번에 입력해보겠습니다. 빠른 작업 아이콘(빠른 작업)을 클릭하여 명령을 실행합니다.

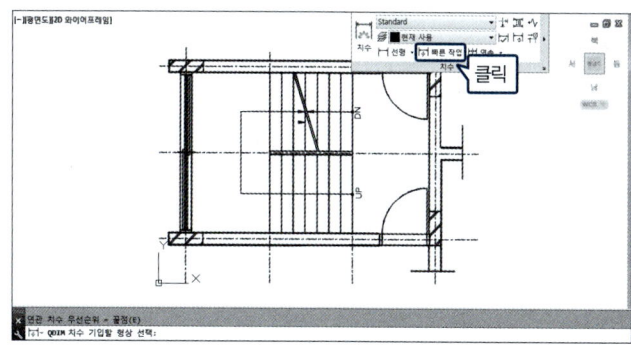

명령: _QDIM ← QDim 명령 입력

02 첫 번째 구석점을 왼쪽에 지정합니다. 두 번째 구석점은 오른쪽에 지정합니다.

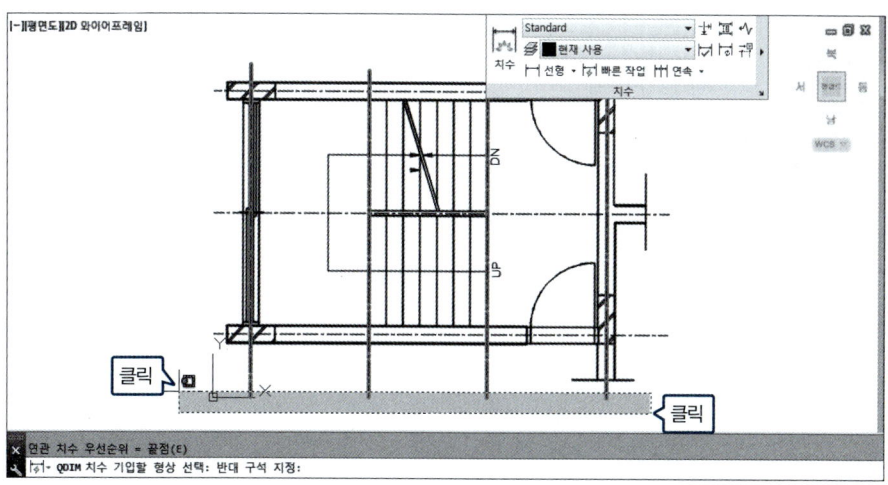

연관 치수 우선순위 = 끝점(E)

03 입력하고자 하는 경계선이 모두 선택되면 Space bar 를 눌러 다음 단계로 진행합니다.

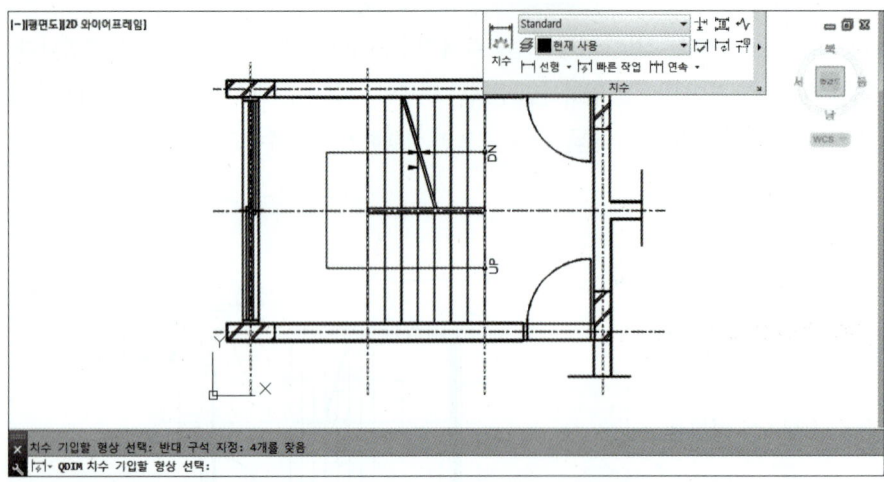

치수 기입할 형상 선택: 반대 구석 지정: 4개를 찾음 ← 치수 기입할 형상 선택 (첫 번째 구석점 지정)

04 마우스 포인터를 움직여서 위치를 잡고 클릭하여 지정합니다. 한 번에 세 가지 치수가 입력되었습니다.

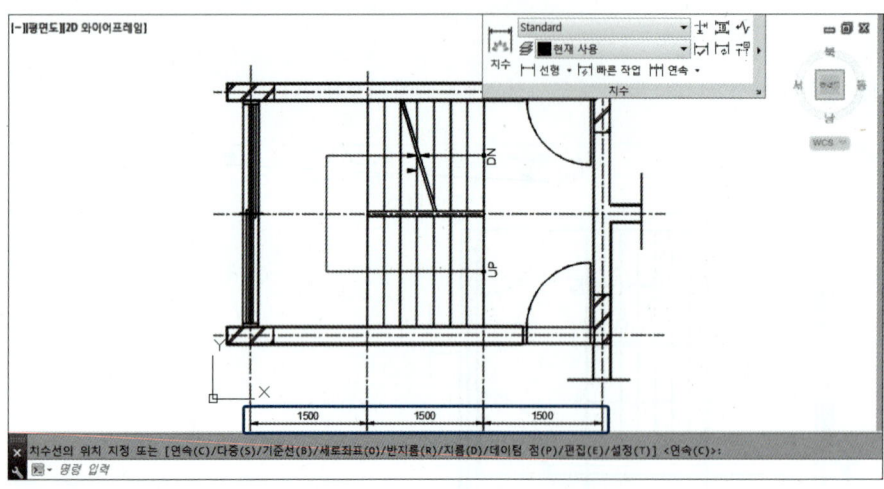

치수 기입할 형상 선택: Space bar ← 치수 기입할 형상 선택 (두 번째 구석점 지정) 후 Space bar
치수선의 위치 지정 또는 [연속(C)/다중(S)/기준선(B)/세로좌표(O)/반지름(R)/지름(D)/데이텀 점(P)/편집(E)/설정(T)] 〈연속(C)〉: ← 치수선의 위치 지정

실무활용노트 AUTO CAD
Dimension 명령 활용하기 – Dim과 Dim1

명령 행에 Dimension(치수) 명령을 입력할 경우에는 'Dim'이나 'Dim1'을 입력하여 사용합니다. 'Dim'은 현재 치수를 기입한 후에도 Dim 명령 프롬프트 상태를 계속 유지하므로 연속해서 다른 치수를 기입할 수 있습니다. 반면 'Dim1'은 현재 치수를 기입한 후 원래의 명령 프롬프트로 돌아오므로 단 한 차례만 치수를 기입할 수 있습니다.

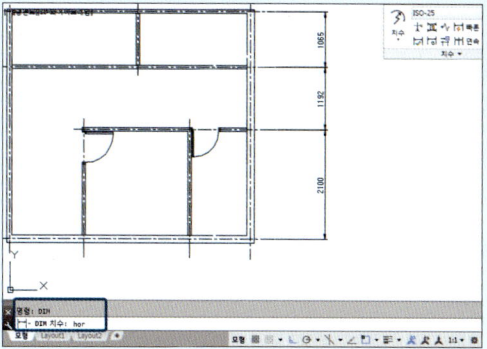
▲ Dim 명령 입력 후 서브 메뉴를 실행

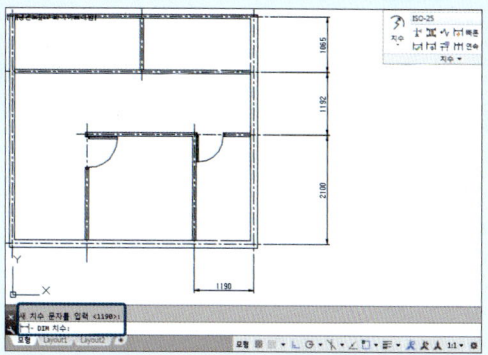
▲ 서브 메뉴 실행 후 Dim 명령 프롬프트 상태를 유지

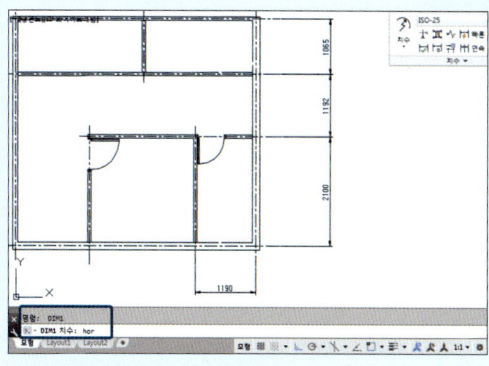
▲ Dim1 명령 입력 후 서브 메뉴를 실행

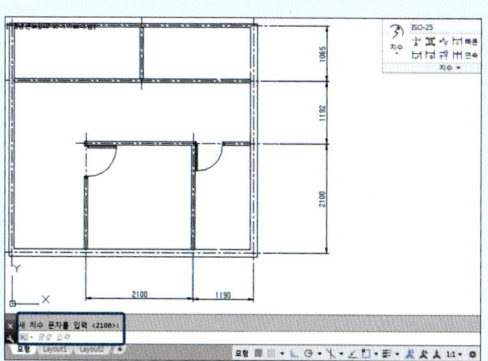
▲ 서브 메뉴 실행 후 명령 프롬프트로 돌아옴

CHAPTER 02

치수 스타일 지정하기

이번 장에서는 치수를 기입할 때 필요한 전반적인 설정 사항을 알아보겠습니다. 치수의 크기와 모양, 색상, 간격을 적절하게 조절하는 치수 스타일 설정은 치수 입력 명령 못지않게 중요합니다.

A 학습 목표

상황에 맞게 치수 스타일을 지정하는 방법을 알아봅니다. 도면에서 치수는 정확하게 입력하는 것도 중요하지만 알아보기 쉽도록 표현하는 것도 중요합니다.

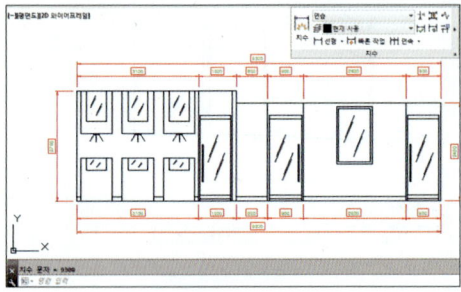

▲ 치수 스타일을 지정하여 입력하기

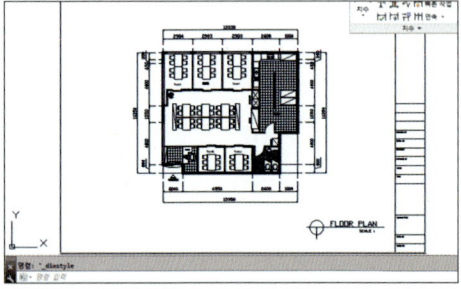

▲ 치수 윤곽을 지정하고 치수 기입하기

SECTION 01 도면을 빛내는 치수 스타일

치수 스타일을 지정하는 방법은 여러 가지가 있습니다. 치수 스타일을 지정하기 위해서는 명령 행에 'Ddim'을 입력하고 Space bar 를 눌러 실행합니다.

1 [치수 스타일 관리자] 대화상자로 편리하게 치수 스타일 지정하기

[치수 스타일 관리자] 대화상자를 이용하면 매우 쉽게 치수 스타일을 지정할 수 있습니다.

01 예제 파일 'Part5-11.dwg'를 불러옵니다. 건축 도면에 맞는 치수 스타일을 만들기 위하여 명령 행에 'Ddim'을 입력하고 Space bar 를 누릅니다.

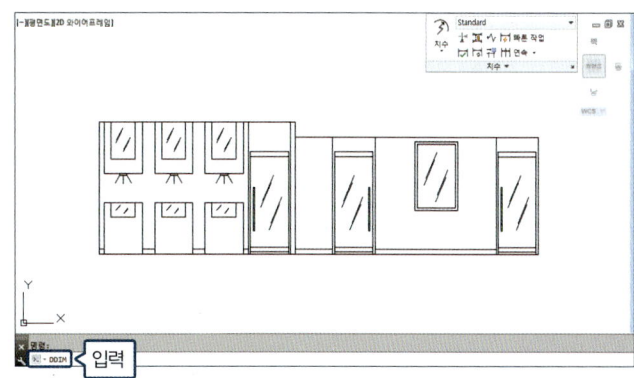

02 치수 스타일을 지정하는 [치수 스타일 관리자] 대화상자가 나타납니다. 현재 'Standard' 스타일이 지정되어 있습니다. 새로운 치수 스타일을 만들기 위해 [새로 만들기] 버튼을 클릭합니다. [새 치수 스타일 작성] 대화상자가 나타나면 '새 스타일 이름' 영역에 '연습'을 입력합니다. [계속] 버튼을 클릭하여 다음 단계로 진행합니다.

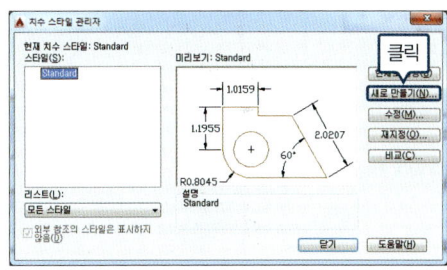
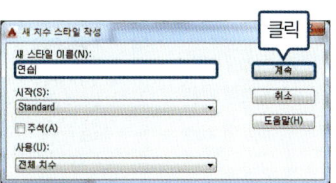

실무활용노트 AUTO CAD — [치수 스타일 관리자] 대화상자 살펴보기

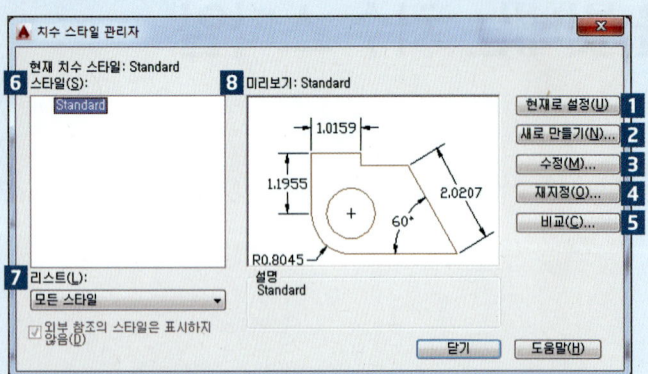

1 현재로 설정
여러 스타일이 있을 경우에 특정 스타일을 현재 설정으로 지정합니다.

2 새로 만들기
새로운 스타일을 생성합니다. 이름도 함께 지정할 수 있습니다.

3 수정
기존의 스타일을 적절하게 수정합니다.

4 재지정
기존의 스타일을 임시로 재지정합니다.

5 비교
두 가지의 치수 스타일을 비교합니다.

6 스타일
현재 사용 가능한 스타일을 알 수 있습니다. 두 개 이상 존재할 경우 적합한 스타일을 선택하여 사용합니다.

7 리스트
스타일 전체 목록과 현재 사용되는 스타일 목록을 구분하여 나타나게 할 수 있습니다.

8 미리보기
새로 지정한 치수선 형태를 '미리보기' 영역에서 미리 볼 수 있습니다.

03 '연습'이라는 이름의 [새 치수 스타일] 대화상자가 나타납니다. 우선 상단의 [맞춤] 탭을 클릭하여 이동합니다.

바로 통하는 TIP [새 치수 스타일] 대화상자는 기능에 따라 여러 개의 탭으로 구성되어 있습니다. 필요한 탭을 골라서 수정하면 치수 스타일을 빠르게 편집할 수 있습니다.

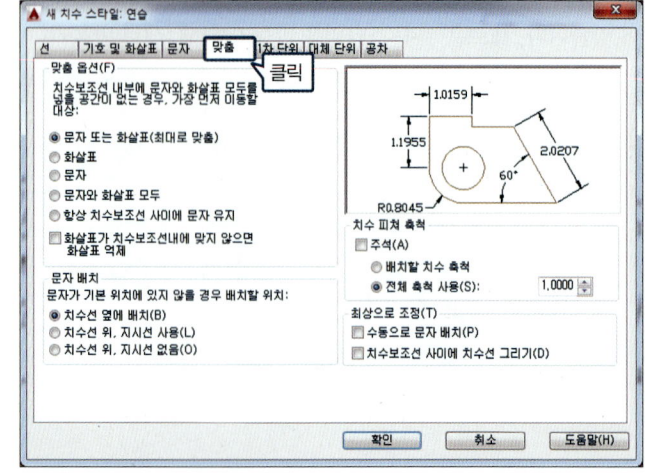

04 미리 보기 아래에 위치한 '치수 피처 축척' 영역에서 '전체 축척 사용'을 선택하고 수치를 적절하게 지정합니다. 여기서는 '500'을 입력합니다.

바로 통하는 TIP [맞춤] 탭의 '전체 축척 사용' 항목의 역할은 치수 스타일 전체의 크기를 도면 크기에 맞추는 기능입니다. 급한 작업일 경우에는 이 항목만 조절하고 사용해도 무방합니다.

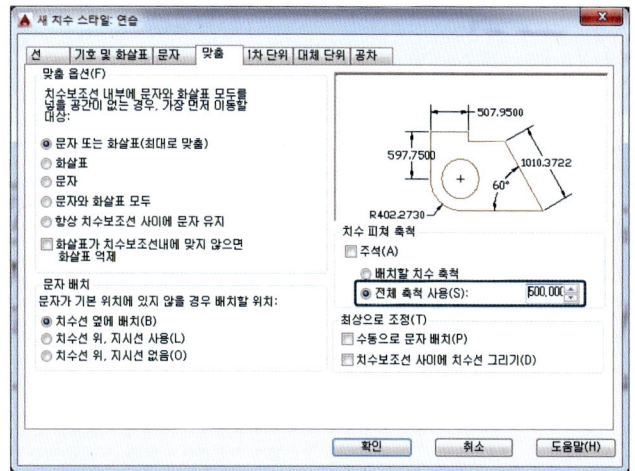

실무활용노트 AUTO CAD : 축척의 적절성 여부 확인하기

도면 작업을 하다 보면 축척(Scale)이 적절한지를 살펴보는 작업이 필요합니다. 어떤 방법이 있는지 알아봅니다.

1 '전체 축척 사용' 항목의 수치를 조절한 뒤 하단의 [확인] 버튼을 클릭하여 [치수 스타일 관리자] 대화상자로 빠져나갑니다. '스타일' 영역에서 조금 전에 만든 '연습'을 클릭한 후 [현재로 설정] 버튼을 클릭하여 현재 설정 스타일로 변경합니다. [닫기] 버튼을 클릭하여 대화상자를 빠져나갑니다.

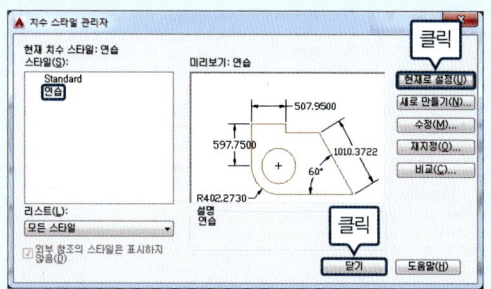

2 선형 치수 아이콘( )을 눌러 명령을 실행합니다. 임의의 치수선 하나를 그려보고 축척이 적절하지 않다면 다시 [치수 스타일] 대화상자의 [맞춤] 탭에서 '전체 축척 사용' 항목의 수치를 조절합니다. 치수선을 확인한 후에 스타일을 만들 때는 [새로 만들기]가 아닌 [수정] 버튼을 클릭합니다.

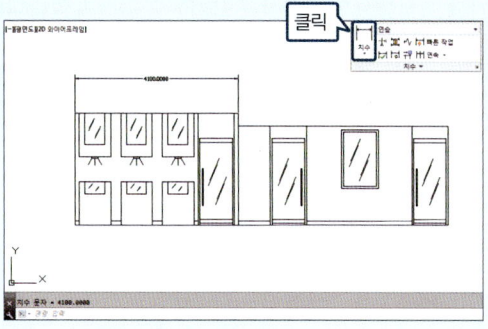
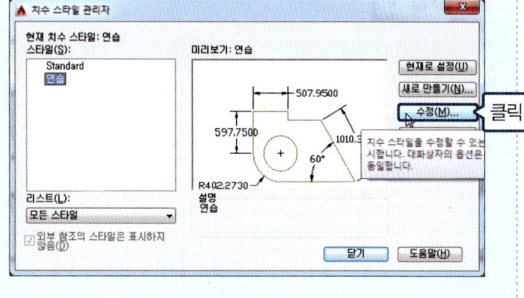

▲ 선형 치수 명령으로 임의의 치수선 입력

05 치수선과 치수 보조선의 색상부터 지정합니다. '색상'을 '빨간색'으로 지정합니다. 그러면 미리 보기에서 치수선과 치수 보조선이 빨간색으로 변경되는 것을 확인할 수 있습니다.

바로 통하는 TIP [선] 탭에서는 선 색상과 선 모양, 선 굵기 등과 같은 일반적인 사항뿐만 아니라 치수선과 치수 보조선의 간격과 길이도 각각 조절할 수 있습니다. 치수선은 '치수선' 영역에서, 치수 보조선은 '치수 보조선' 영역에서 지정합니다.

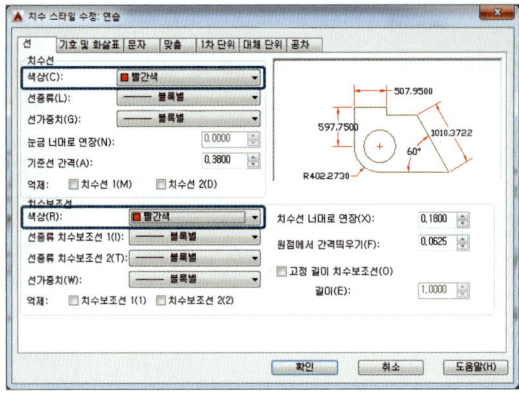

06 미리 보기 아래에 있는 '치수선 너머로 연장'에서 치수선 위에 올라와 있는 치수 보조선의 길이를 조절할 수 있습니다. '0.1800'인 현재의 길이를 '0.1000'으로 조절합니다. '치수선 너머로 연장' 아래에 있는 '원점에서 간격띄우기'는 원본 객체와 치수선 사이의 거리를 조절할 수 있습니다. '0.2000'으로 입력합니다.

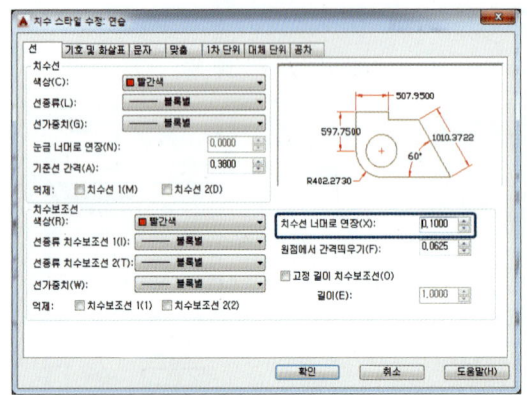 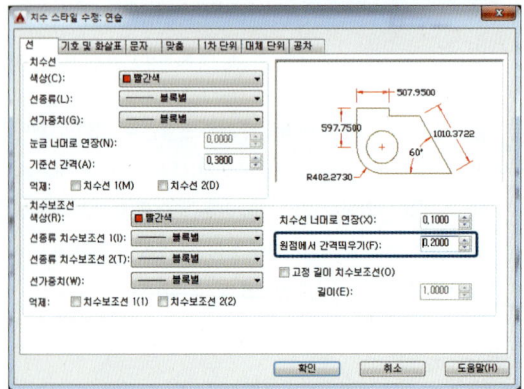

07 [선] 탭에서 선 지정을 완료했다면 [기호 및 화살표] 탭을 클릭해 '화살촉' 영역에서 원하는 화살표 머리 모양을 선택합니다. '첫 번째'만 조절하면 '두 번째'는 자동으로 같은 모양으로 지정됩니다. 여기서는 '닫고 비움'으로 지정합니다. [맞춤] 탭에서 치수 스타일의 전반적인 크기를 조절했으므로 화살표 크기는 조절하지 않습니다.

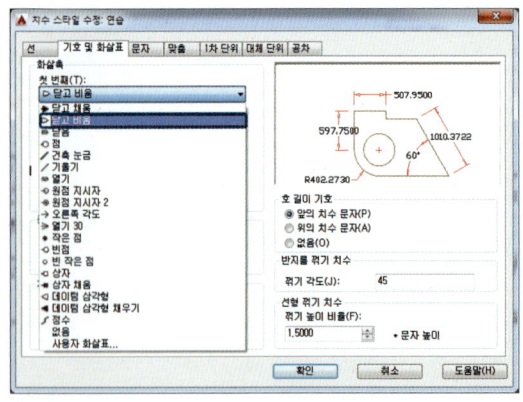 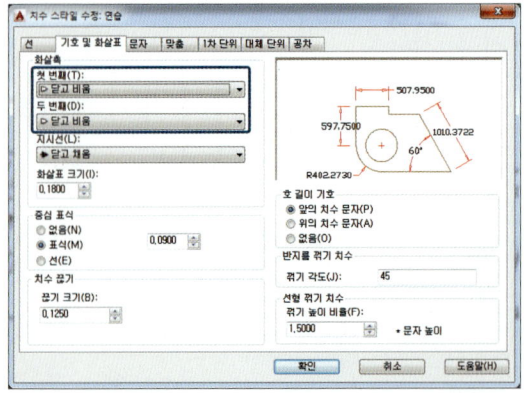

바로 통하는 TIP [기호 및 화살표] 탭에서는 화살표의 머리 모양과 원의 중심 마크와 호 길이를 입력할 때의 심벌 위치 등을 지정할 수 있습니다.

08 계속해서 [문자] 탭으로 이동합니다. '문자 모양' 영역에서 '문자 색상'을 '초록색'으로 지정합니다.

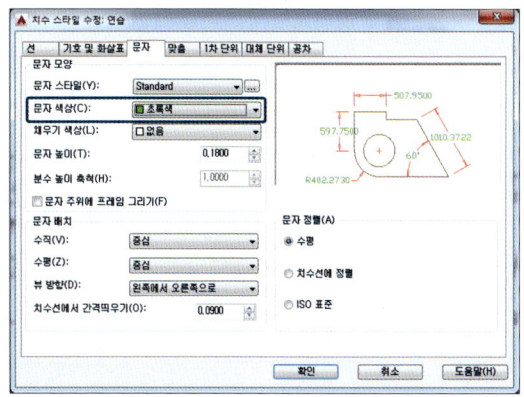

바로 통하는 TIP [문자] 탭에서는 치수 문자의 색상과 간격, 문자 스타일을 비롯하여 문자의 위치 지정과 정렬에 관한 전반적인 사항을 설정합니다. 이때 문자 높이는 문자의 크기와 같은 의미입니다. 이미 [맞춤] 탭에서 조절했으므로 그대로 둡니다. 참고로 '문자 주위에 프레임 그리기'를 체크하면 모든 치수 문자의 둘레에 사각형이 그려집니다.

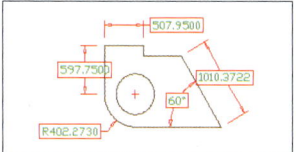

실무활용노트 AUTO CAD — 치수 문자의 스타일 변경하기

도면의 특성에 따라 치수 문자의 스타일을 여러 가지로 표현해야 할 때가 있습니다. 치수 문자 스타일을 변경해보겠습니다.

1 [치수 스타일 수정] 대화상자의 '문자 모양' 영역에서 문자 스타일의 열기 아이콘(…)을 클릭합니다. [문자 스타일] 대화상자가 나타나면 '글꼴' 영역의 '글꼴 이름'을 원하는 이름으로 지정합니다. 그런 다음 [적용] 버튼을 클릭하고 [닫기] 버튼을 클릭하여 설정을 마칩니다.

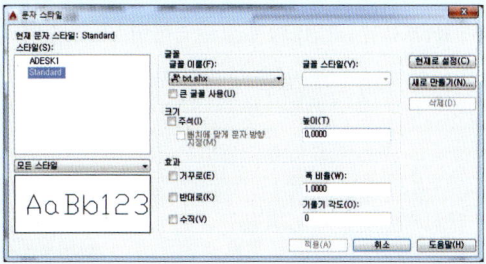
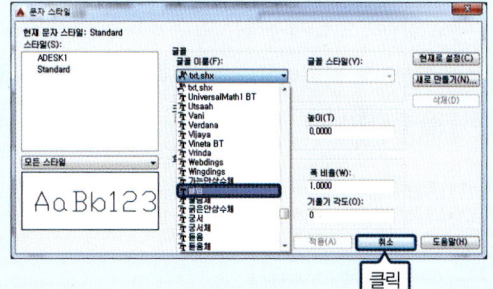

2 미리 보기를 확인하면 치수 문자 스타일이 변경되었음을 알 수 있습니다.

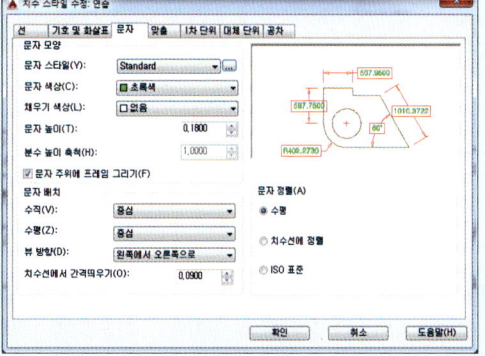

Chapter 02 치수 스타일 지정하기 • **487**

09 '문자 배치' 영역에서는 치수 문자의 위치를 지정합니다. '수직'은 '위'로 지정하고 '수평'은 현재 설정인 '중심'을 그대로 지정하여 사용합니다.

바로 통하는 TIP 전체 치수를 수평 방향으로 그렸다고 가정할 경우 '수직'은 상대적인 수직 방향에서 문자의 위치를 지정하고 '수평'은 상대적인 수평 방향에서 문자의 위치를 지정합니다. 실무에서는 '수직'을 '위'로 지정하고 '수평'은 현재 설정인 '중심'으로 지정합니다.

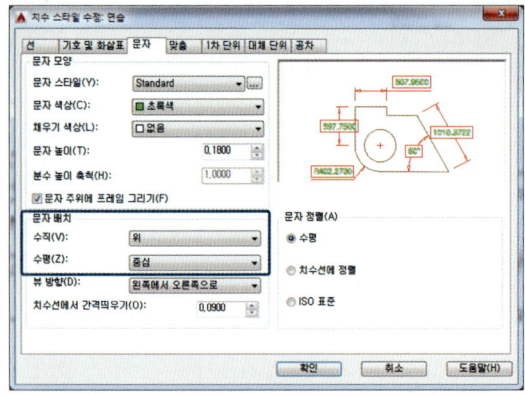

10 '문자 정렬' 영역에서 'ISO 표준'을 선택합니다.

바로 통하는 TIP '수평'은 수평 방향으로 문자를 정렬하고 '치수선에 정렬'은 치수선 각도에 따라서 문자를 정렬하고 'ISO 표준'은 국제 규격에 따라서 문자를 정렬합니다.

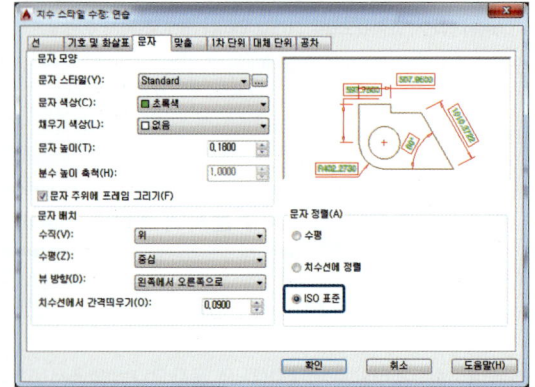

11 [1차 단위] 탭으로 이동합니다. '선형 치수' 영역에서 '정밀도'가 '0'으로 설정되어 있는지 확인합니다. 이제 도면에서 일반적으로 사용하는 치수 스타일 설정을 모두 마쳤습니다. [확인] 버튼을 클릭하여 [치수 스타일 관리자] 대화상자로 빠져나옵니다. [현재로 설정] 버튼을 클릭하여 '연습' 스타일을 현재 스타일로 지정한 후 [닫기] 버튼을 클릭합니다.

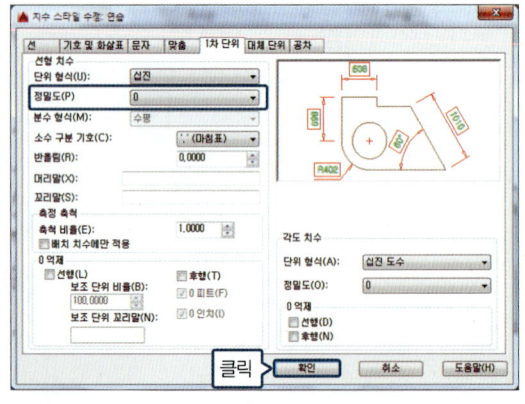

바로 통하는 TIP '선형 치수' 영역에서는 선형 치수와 관련한 형식과 단위를 지정합니다. 일반적인 건축, 인테리어 도면에서는 단위 형식을 십진법인 '십진'으로 지정합니다. 정밀도는 치수 문자의 소수점 자릿수를 지정하는 기능이지만 대개는 소수점을 지정하지 않습니다.

12 DimLinear(선형 치수) 명령을 실행하여 치수선을 입력합니다.

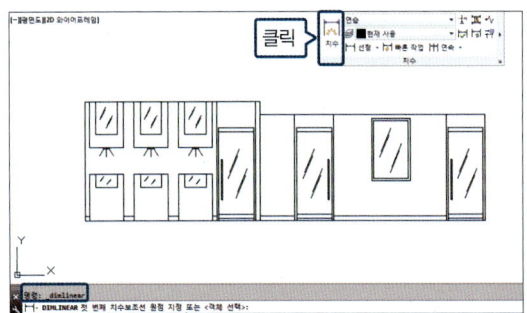 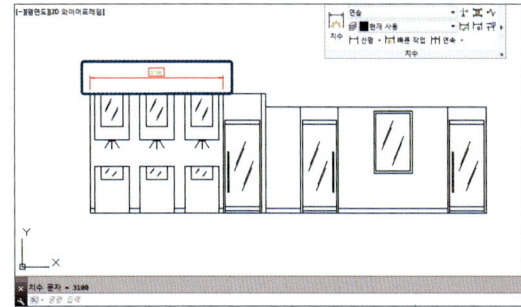

```
명령: _DIMLINEAR ←DimLinear 명령 입력
첫 번째 치수보조선 원점 지정 또는 〈객체 선택〉: ←보조선의 첫 번째 위치 지정
두 번째 치수보조선 원점 지정: ←보조선의 두 번째 위치 지정
치수선의 위치 지정 또는
[여러 줄 문자(M)/문자(T)/각도(A)/수평(H)/수직(V)/회전(R)]: ←치수선의 위치 지정
치수 문자 = 3100.0000
```

13 연속해서 치수를 입력하기 위하여 DimContinue(연속 치수) 명령을 실행한 뒤 치수를 입력합니다. 치수 입력이 끝나면 Space bar를 눌러 명령을 종료합니다.

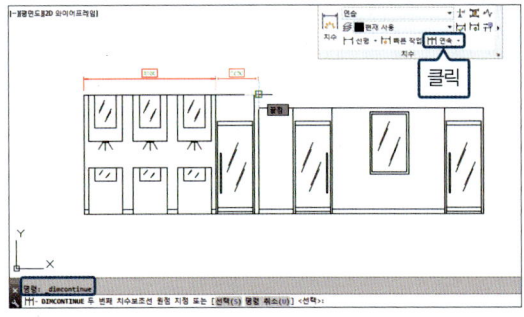 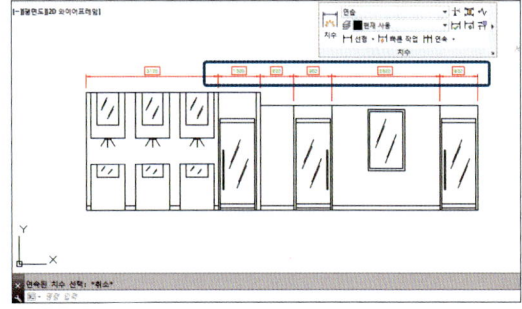

명령: _DIMCONTINUE ← DimContinue 명령 입력
두 번째 치수보조선 원점 지정 또는 [명령 취소(U)/선택(S)] 〈선택(S)〉:
치수 문자 = 1000
두 번째 치수보조선 원점 지정 또는 [명령 취소(U)/선택(S)] 〈선택(S)〉:
치수 문자 = 800
두 번째 치수보조선 원점 지정 또는 [명령 취소(U)/선택(S)] 〈선택(S)〉:
치수 문자 = 900
두 번째 치수보조선 원점 지정 또는 [명령 취소(U)/선택(S)] 〈선택(S)〉:
치수 문자 = 2600
두 번째 치수보조선 원점 지정 또는 [명령 취소(U)/선택(S)] 〈선택(S)〉:
치수 문자 = 900
두 번째 치수보조선 원점 지정 또는 [명령 취소(U)/선택(S)] 〈선택(S)〉: Space bar
연속된 치수 선택: Space bar ← 명령 종료

바로 통하는 TIP 치수를 기입하다가 적절하지 않은 부분이 있으면 치수 스타일의 해당 탭에서 즉시 수정하여 사용하도록 합니다.

14 DimLinear 명령을 다시 한 번 실행하여 전체 치수를 한 단 더 입력합니다.

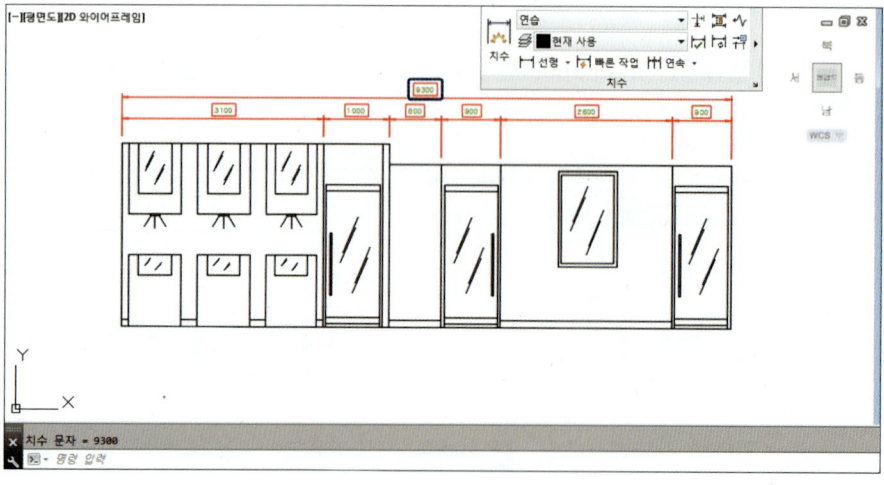

명령: _DIMLINEAR ← DimLinear 명령 입력
첫 번째 치수보조선 원점 지정 또는 〈객체 선택〉: ← 보조선의 첫 번째 위치 지정
두 번째 치수보조선 원점 지정: ← 보조선의 두 번째 위치 지정
치수선의 위치 지정 또는
[여러 줄 문자(M)/문자(T)/각도(A)/수평(H)/수직(V)/회전(R)]: ← 치수선의 위치 지정
치수 문자 = 9300

15 계속해서 나머지 세 면의 치수선을 기입하여 완성합니다. 치수를 모두 기입하면 Space bar 를 눌러 명령을 종료합니다.

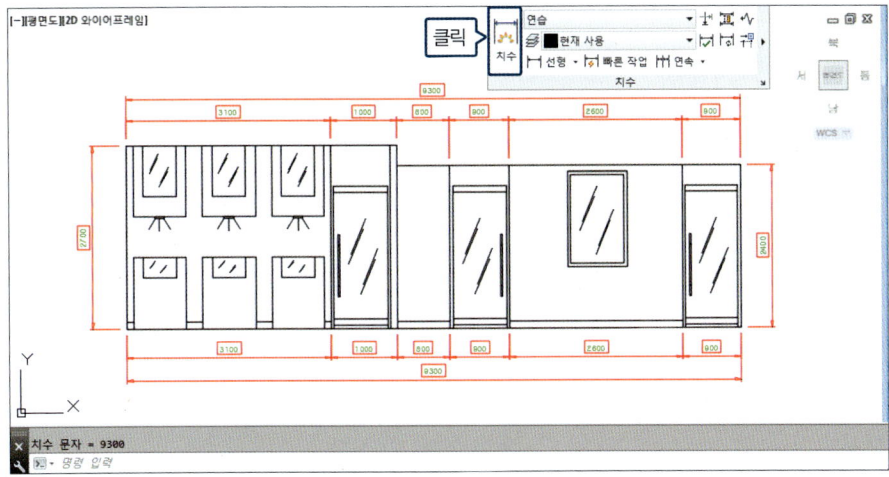

바로 통하는 TIP 단 높이는 상하좌우 모두 비슷하게 맞추어야 전체적으로 도면이 정돈되어 보입니다. 그리고 네 면을 모두 표현해야 정확하고 균형이 맞습니다.

실무활용노트 AUTO CAD | 대체 단위와 공차 형식

대체 단위는 두 가지 단위를 치수에 함께 표기하는 기능이고, 공차 형식은 치수 공차와 관련된 사항을 제어하는 기능입니다.

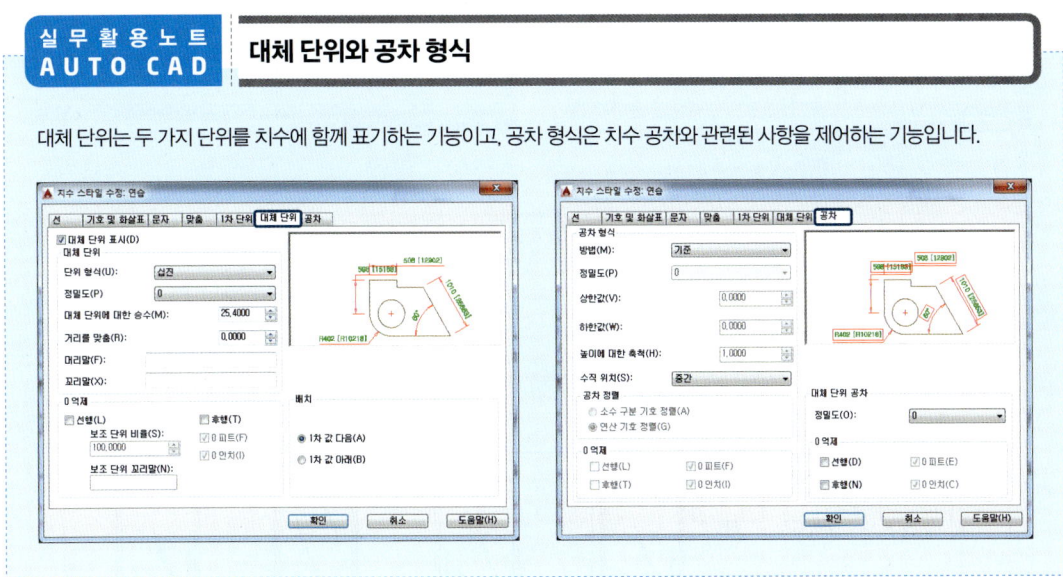

실무활용노트 AUTO CAD — 치수 스타일 통일하기

한 도면에 두 가지 이상의 치수 스타일이 지정되어 하나로 통일하고 싶다면 Matchprop(특성 일치) 명령을 사용합니다. Hatch(해치) 명령에서 언급한 적이 있으므로 참고하도록 합니다.

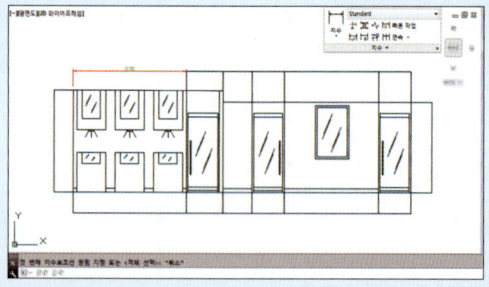

▲ 원본 도면: 치수 한 곳만 선은 빨간색으로, 글자는 초록색으로 지정된 모습

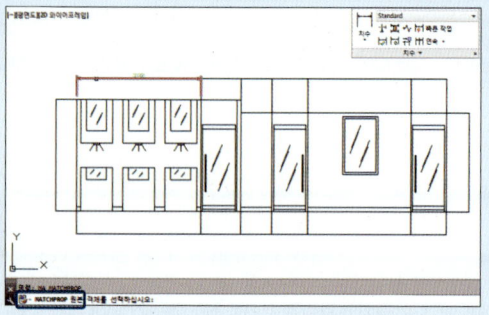

▲ Matchprop 명령 입력   ▲ Matchprop 명령 적용

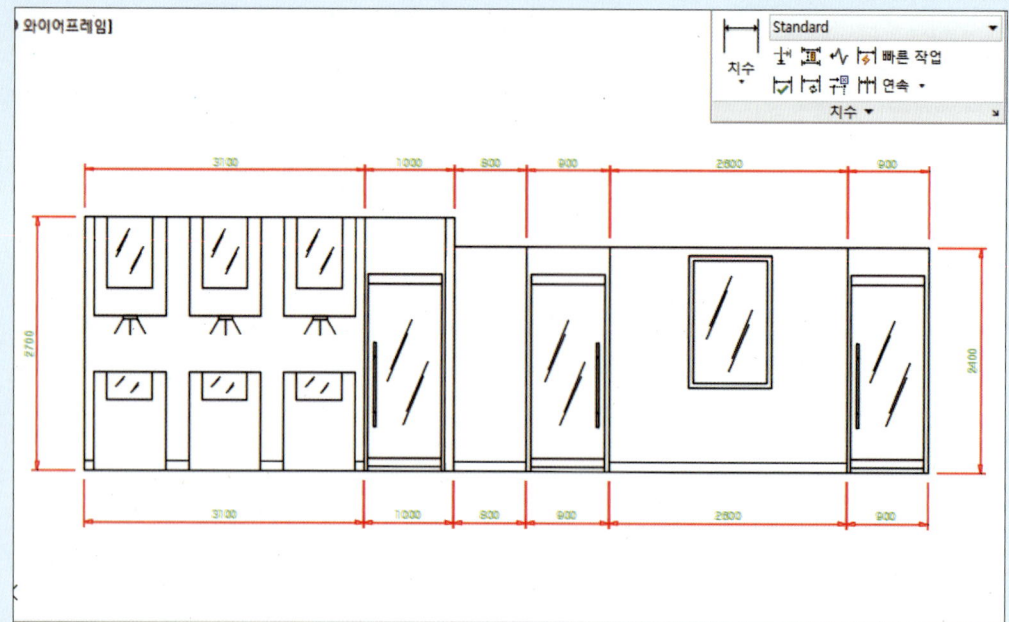

▲ Matchprop 명령으로 치수 스타일을 통일한 도면

치수와 관련된 시스템 변수 알아보기

앞에서 알아보았던 치수 스타일의 설정을 비롯하여 치수와 관련한 시스템 변수를 명령 행에 직접 입력해서 설정한다면 외우기에 벅찰 정도로 그 내용이 아주 많습니다. 명령 행에 직접 입력하여 치수 변수를 변경하는 기능은 AutoCAD의 부가적인 요소를 표현하는 데 필수적이므로 치수의 기본 사용법을 어느 정도 능숙하게 익히면 함께 알아두도록 합니다.

1 Dimaso

치수 요소인 치수선, 치수 문자, 화살표 등을 단일 요소로 연결하여 치수를 기입할지, 각각의 개별 요소로 치수를 기입할지를 지정하는 기능입니다. 기본 설정은 'On'이므로 치수 요소를 모두 단일 요소로 연결하여 치수를 기입합니다.

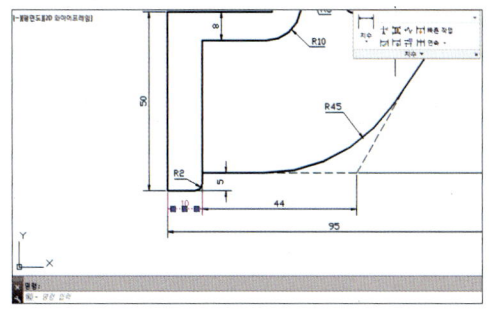

▲ Dimaso를 'Off'로 설정하고 치수선을 입력한 후 선택

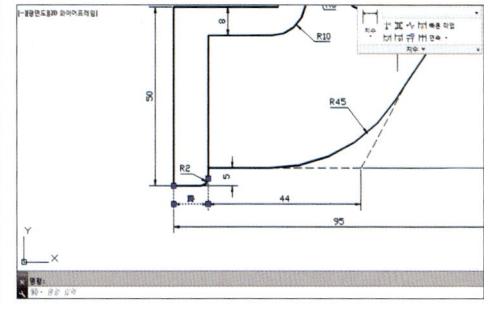

▲ Dimaso를 'On'으로 설정하고 치수선을 입력한 후 선택

2 Dimasz

치수선과 지시선의 화살표 크기를 조정합니다. 원하는 수치를 입력하여 변경합니다.

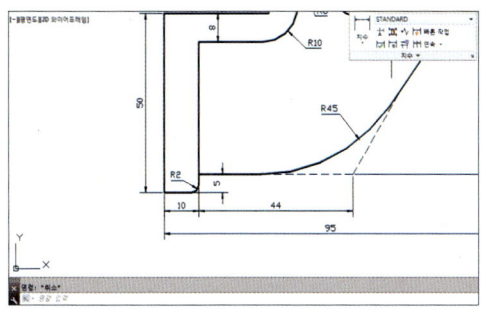

▲ 변경 전

▲ 변경 후

3 Dimclrd

치수선, 화살표, 지시선의 색상을 지정합니다. 변경하려는 색상 번호를 0번부터 256번까지 입력해서 지정할 수 있습니다.

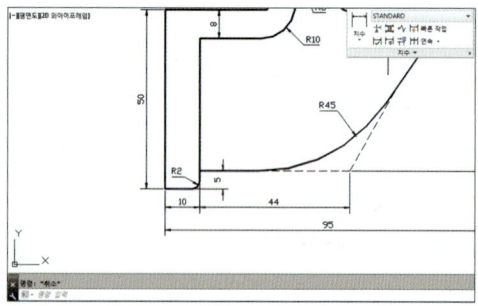 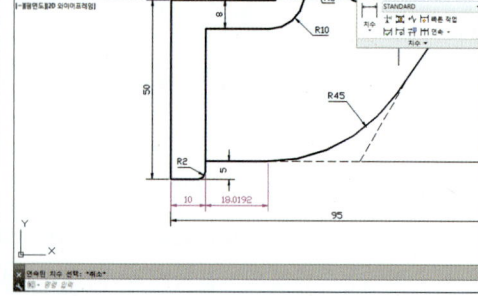

▲ 변경 전   ▲ 변경 후: 지정한 색상으로 변경

4 Dimclre

치수 보조선의 색상을 지정합니다. 변경하려는 색상 번호를 0번부터 256번까지 입력해서 지정할 수 있습니다.

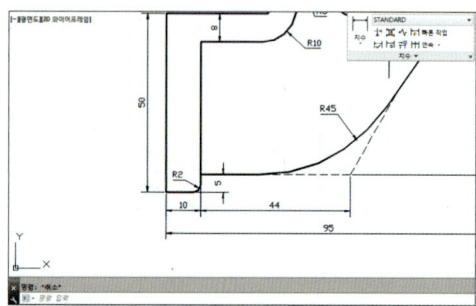 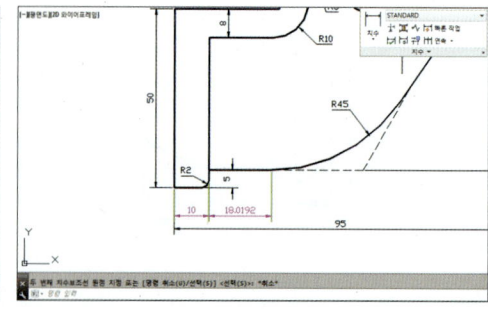

▲ 변경 전   ▲ 변경 후: 지정한 색상으로 변경

5 Dimclrt

치수 문자의 색상을 지정합니다. 변경하려는 색상 번호를 0번부터 256번까지 입력해서 지정할 수 있습니다.

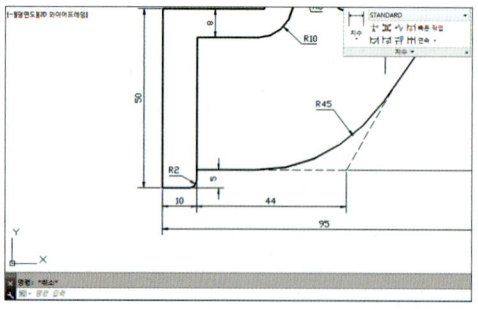 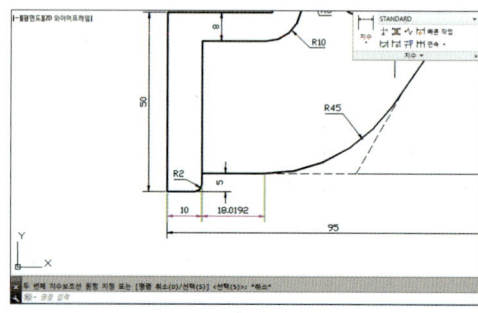

▲ 변경 전   ▲ 변경 후: 지정한 색상으로 변경

6 Dimexe

치수선을 지나서 연장되는 치수 보조선의 길이를 조정합니다. 원하는 수치를 입력하여 변경합니다.

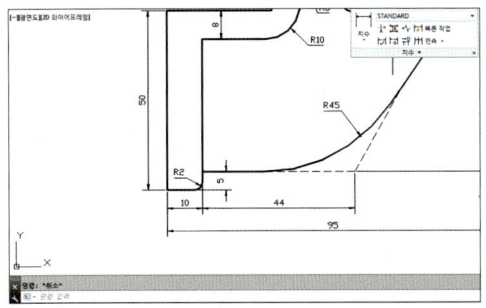
▲ 변경 전

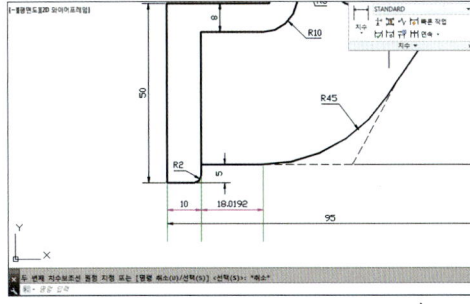
▲ 변경 후

7 Dimexo

치수를 기입하는 객체와 치수 보조선 사이의 간격을 조정합니다. 원하는 수치를 입력하여 변경합니다.

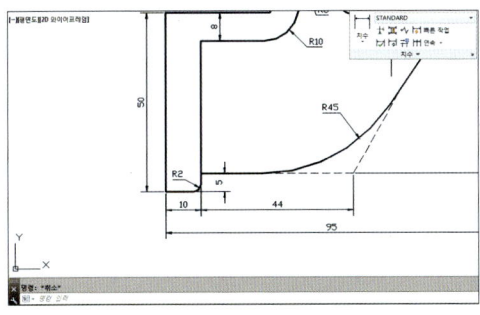
▲ 변경 전

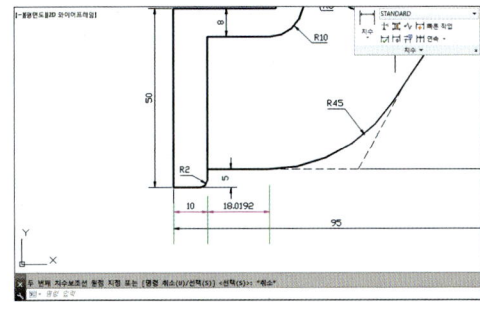
▲ 변경 후

8 Dimgap

치수선과 치수 문자의 간격을 조정합니다. 필요한 만큼의 수치를 입력하여 변경합니다.

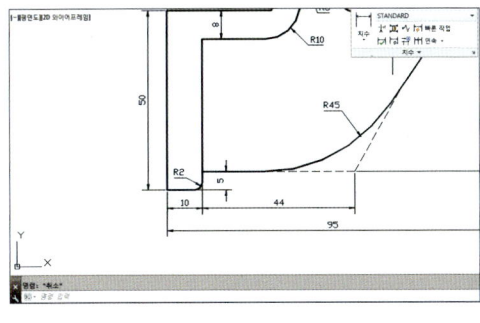
▲ 변경 전

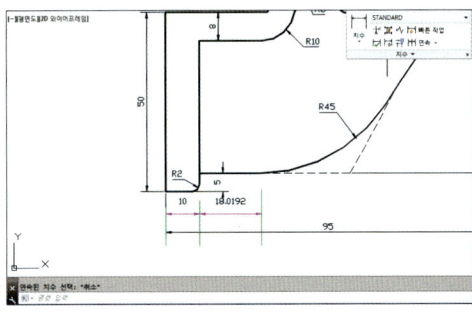
▲ 변경 후

9 Dimpost

치수 문자의 머리말이나 꼬리말을 지정합니다. 원하는 문자나 단위를 기입합니다.

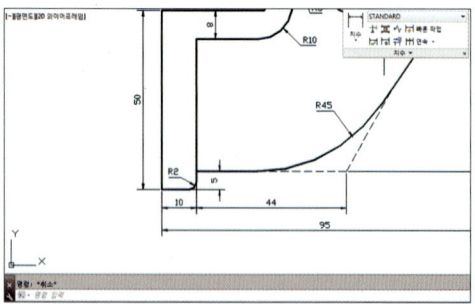 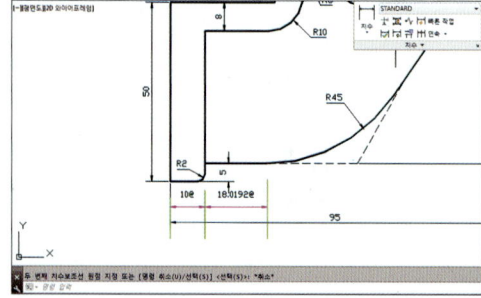

▲ 변경 전   ▲ 변경 후

10 Dimscale

치수 요소의 크기, 간격, 거리 등을 조정하는 치수를 Dimscale 변수에 설정된 값과의 곱으로 설정합니다.

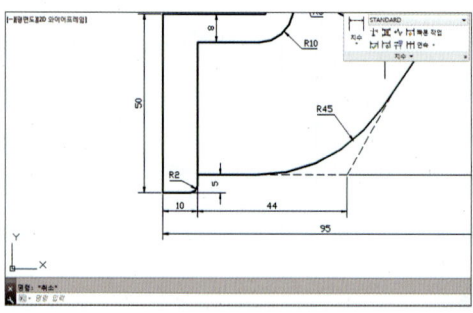 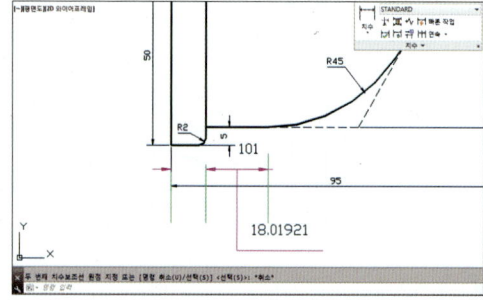

▲ 변경 전   ▲ 변경 후

11 Dimtad

치수 문자의 수직 위치를 조정합니다.

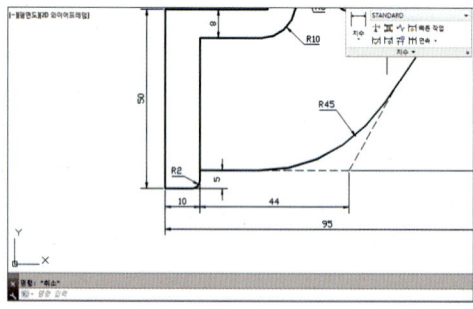 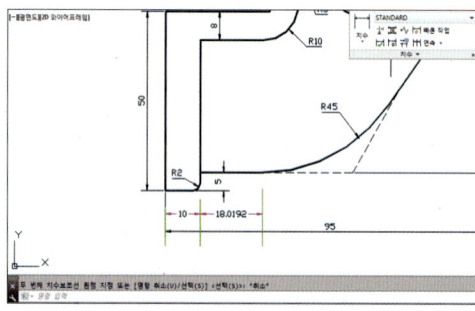

▲ Dimtad를 '1'로 지정   ▲ Dimtad를 '0'으로 지정

12 Dimtih

치수 문자의 출력 방향을 조정하는 명령으로, 'On'으로 설정하면 수평 방향으로 나타나고 'Off'로 설정하면 치수선과 나란하게 나타납니다.

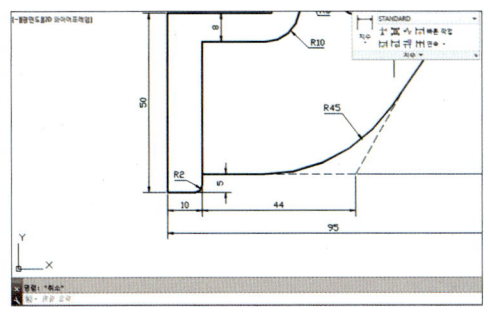

▲ 'Off'로 설정   ▲ 'On'으로 설정

13 Dimtxt

치수 문자의 크기를 조정합니다. 필요한 만큼의 수치를 입력하여 변경합니다.

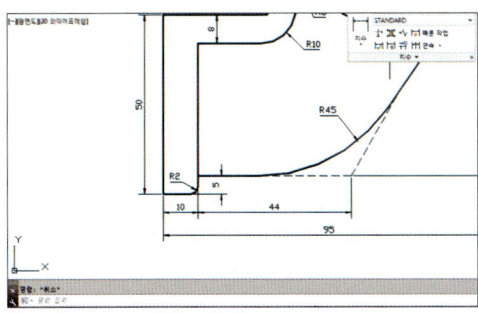 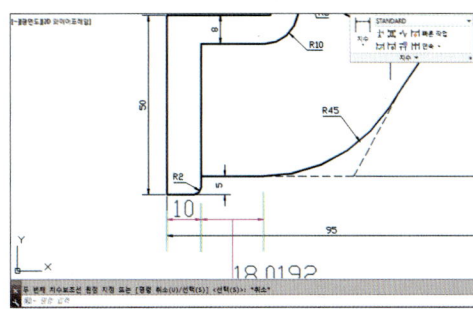

▲ 변경 전   ▲ 변경 후

치수 윤곽 지정하고 치수 기입하기

한정식 식당 완성 도면에 치수를 기입해보겠습니다. 우선 치수를 설정한 후 치수의 윤곽을 지정하고 도면에 맞게 필요한 부분에 치수를 기입합니다.

1 예제 파일 'Part5-12.dwg'를 불러옵니다. 그런 다음 견본이 되는 치수를 하나 그립니다. [치수] 도구 팔레트의 선형 치수 아이콘( )을 클릭해 명령을 실행한 후 치수를 도면에 기입합니다.

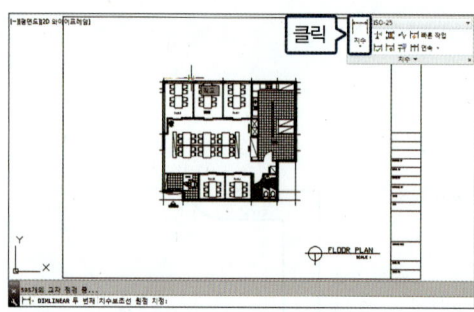 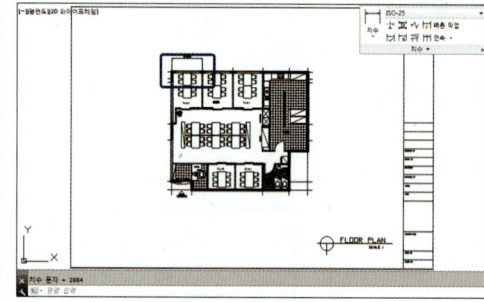

```
명령: _DIMLINEAR ← DimLinear 명령 입력
첫 번째 치수보조선 원점 지정 또는 〈객체 선택〉: ← 첫 번째 치수보조선 원점 지정
두 번째 치수보조선 원점 지정: ← 두 번째 치수보조선 원점 지정:
치수선의 위치 지정 또는
[여러 줄 문자(M)/문자(T)/각도(A)/수평(H)/수직(V)/회전(R)]: ← 치수선의 위치 지정
치수 문자 = 2984
```

2 전체적인 치수의 윤곽을 살펴보고 치수 스타일을 수정하기 위하여 치수 스타일 아이콘을 클릭합니다. [치수 스타일 관리자] 대화상자가 나타나면 '스타일' 영역의 'ISO-25'를 선택하고 [수정] 버튼을 클릭합니다.

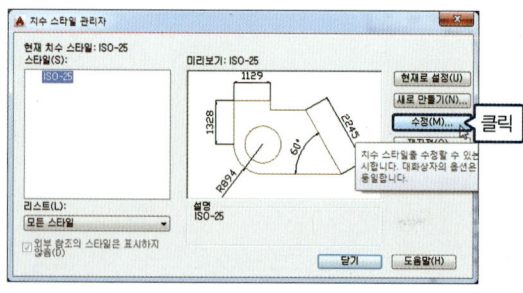

```
명령: _DIMSTYLE ← Dimstyle 명령 입력
```

498 • Part 05 정확한 치수 표기를 위한 Dimension

3 [치수 스타일 수정 :ISO-25] 대화상자가 나타나면 [맞춤] 탭을 클릭합니다. '치수 피처 축척' 영역의 '전체 축척 사용'을 '1.3'으로 수정합니다. [확인] 버튼을 클릭한 후 다시 [닫기] 버튼을 클릭하여 메인 화면으로 돌아갑니다. 치수의 크기가 조금 더 커진 것을 확인할 수 있습니다.

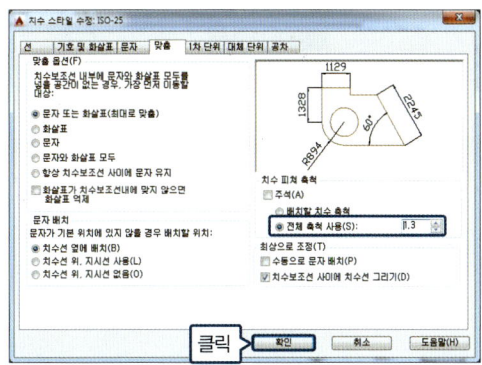 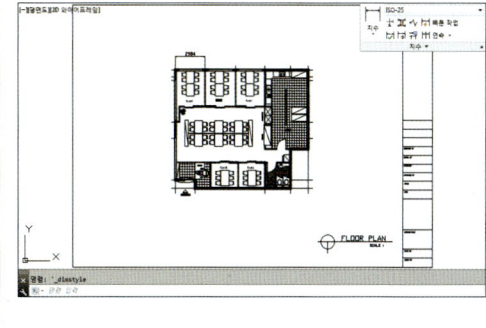

바로 통하는 TIP 급한 작업이라면 '전체 축척 사용'만 수정하여 사용해도 전체 도면의 완성도에 큰 차이가 없습니다.

4 크기가 적당하게 조정되었다면 계속해서 치수를 기입합니다. DimContinue(연속 치수) 명령을 실행하여 연속하여 치수를 기입합니다. 치수를 모두 기입한 후 Space bar 를 두 번 눌러 명령을 종료합니다.

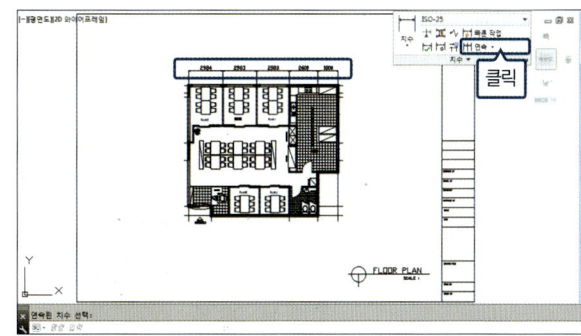

```
명령: _DIMCONTINUE ← DimContinue 명령 입력
두 번째 치수보조선 원점 지정 또는 [명령 취소(U)/선택(S)] <선택(S)>: ← 보조선의 연속된 두 번째 위치 지정
치수 문자 = 2983
두 번째 치수보조선 원점 지정 또는 [명령 취소(U)/선택(S)] <선택(S)>: ← 보조선의 연속된 두 번째 위치 지정
치수 문자 = 2983
두 번째 치수보조선 원점 지정 또는 [명령 취소(U)/선택(S)] <선택(S)>: ← 보조선의 연속된 두 번째 위치 지정
치수 문자 = 2600
두 번째 치수보조선 원점 지정 또는 [명령 취소(U)/선택(S)] <선택(S)>: ← 보조선의 연속된 두 번째 위치 지정
치수 문자 = 1800
두 번째 치수보조선 원점 지정 또는 [명령 취소(U)/선택(S)] <선택(S)>: Space bar
연속된 치수 선택: Space bar ← 명령 종료
```

바로 통하는 TIP DimContinue 명령은 객체 스냅을 정확히 잡아주는 것이 매우 중요합니다. 건축 도면의 경우 도면의 중심선이 표시되어 있으므로 중심선의 끝점을 정확히 지정하여 치수를 작성합니다.

5 DimLinear(선형 치수) 명령을 실행하여 전체 수평 치수를 기입합니다. 간격을 적절하게 배치하여 두 단이 되도록 기입합니다.

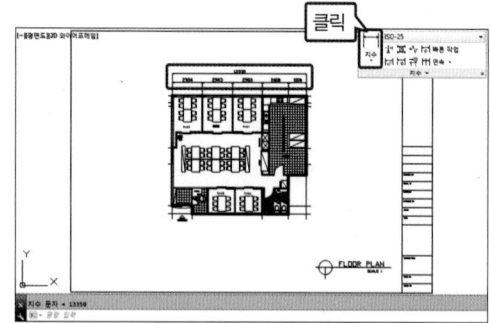

```
명령: _DIMLINEAR ←DimLinear 명령 입력
첫 번째 치수보조선 원점 지정 또는 〈객체 선택〉: ←보조선의 첫 번째 위치 지정
630개의 교차 점검 중...
두 번째 치수보조선 원점 지정: ←보조선의 두 번째 위치 지정
치수선의 위치 지정 또는
[여러 줄 문자(M)/문자(T)/각도(A)/수평(H)/수직(V)/회전(R)]: ←치수선의 위치 지정
치수 문자 = 13350
```

6 계속해서 도면 왼쪽에 수직 치수를 기입합니다. DimLinear 명령을 실행하여 도면에 기입합니다.

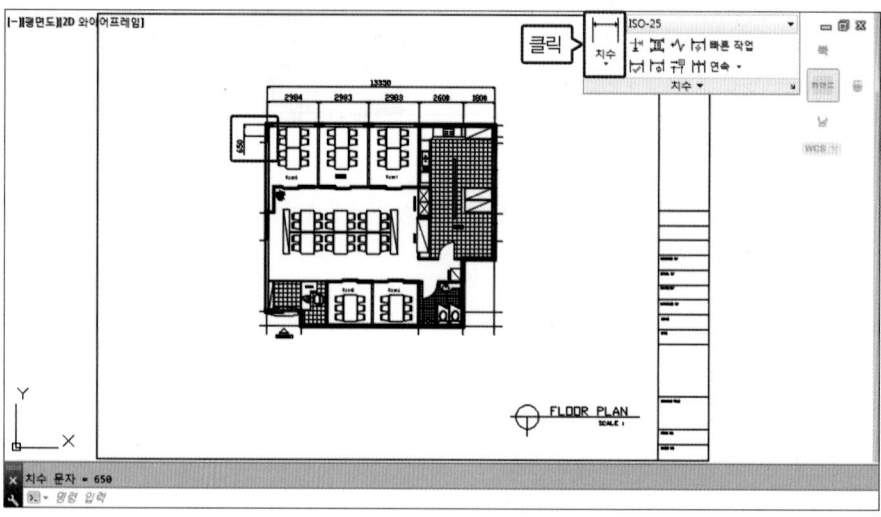

```
명령: _DIMLINEAR ←DimLinear 명령 입력
첫 번째 치수보조선 원점 지정 또는 〈객체 선택〉: ←보조선의 첫 번째 위치 지정
두 번째 치수보조선 원점 지정: ←보조선의 두 번째 위치 지정
치수선의 위치 지정 또는
[여러 줄 문자(M)/문자(T)/각도(A)/수평(H)/수직(V)/회전(R)]: ←치수선의 위치 지정
치수 문자 = 650
```

7 DimContinue 명령을 실행하여 연속해서 수직 치수를 기입합니다. 수평 치수의 간격과 비슷하게 기입하는 것이 중요합니다. 기입을 마친 후 Space bar 를 두 번 눌러 명령을 종료합니다.

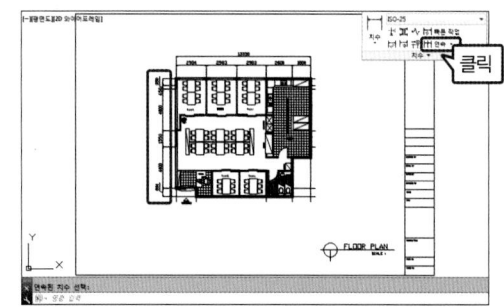

```
명령: _DIMCONTINUE ← DimContinue 명령 입력
두 번째 치수보조선 원점 지정 또는 [명령 취소(U)/선택(S)] 〈선택(S)〉: ← 보조선의 연속된 두 번째 위치 지정
치수 문자 = 350
두 번째 치수보조선 원점 지정 또는 [명령 취소(U)/선택(S)] 〈선택(S)〉: ← 보조선의 연속된 두 번째 위치 지정
치수 문자 = 4000
두 번째 치수보조선 원점 지정 또는 [명령 취소(U)/선택(S)] 〈선택(S)〉: ← 보조선의 연속된 두 번째 위치 지정
치수 문자 = 1550
두 번째 치수보조선 원점 지정 또는 [명령 취소(U)/선택(S)] 〈선택(S)〉: ← 보조선의 연속된 두 번째 위치 지정
치수 문자 = 4000
두 번째 치수보조선 원점 지정 또는 [명령 취소(U)/선택(S)] 〈선택(S)〉: ← 보조선의 연속된 두 번째 위치 지정
치수 문자 = 800
두 번째 치수보조선 원점 지정 또는 [명령 취소(U)/선택(S)] 〈선택(S)〉: Space bar
연속된 치수 선택: Space bar ← 명령 종료
```

8 DimLinear 명령을 실행하여 전체 수직 치수를 기입합니다. 간격을 적절하게 배치하여 두 단이 되도록 기입합니다.

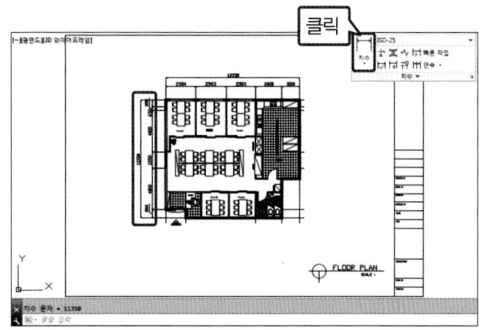

```
명령: _DIMLINEAR ← DimLinear 명령 입력
첫 번째 치수보조선 원점 지정 또는 〈객체 선택〉: ← 보조선의 첫 번째 위치 지정
두 번째 치수보조선 원점 지정: ← 보조선의 두 번째 위치 지정
치수선의 위치 지정 또는
[여러 줄 문자(M)/문자(T)/각도(A)/수평(H)/수직(V)/회전(R)]: ← 치수선의 위치 지정
치수 문자 = 11350
```

9 계속해서 도면 오른쪽에 수직 치수를 기입합니다.
DimLinear 명령을 실행하여 도면에 기입합니다.

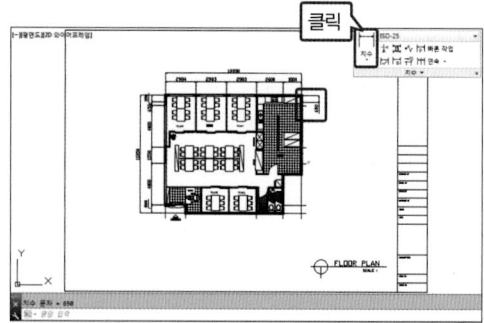

```
명령: _DIMLINEAR ←DimLinear 명령 입력
첫 번째 치수보조선 원점 지정 또는 〈객체 선택〉: ←보조선의 첫 번째 위치 지정
두 번째 치수보조선 원점 지정: ←보조선의 두 번째 위치 지정
치수선의 위치 지정 또는
[여러 줄 문자(M)/문자(T)/각도(A)/수평(H)/수직(V)/회전(R)]: ←치수선의 위치 지정
치수 문자=650
```

10 DimContinue 명령을 실행하여 연속해서 수직 치수를 기입합니다. 치수를 모두 기입하면 Space bar 를 두 번 눌러 명령을 종료합니다.

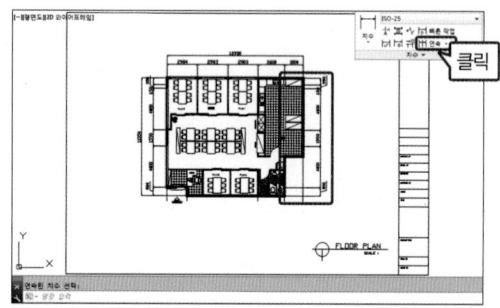

```
명령: _DIMCONTINUE ←DimContinue 명령 입력
두 번째 치수보조선 원점 지정 또는 [명령 취소(U)/선택(S)] 〈선택(S)〉: ←보조선의 연속된 두 번째 위치 지정
치수 문자=350
두 번째 치수보조선 원점 지정 또는 [명령 취소(U)/선택(S)] 〈선택(S)〉: ←보조선의 연속된 두 번째 위치 지정
치수 문자=4000
두 번째 치수보조선 원점 지정 또는 [명령 취소(U)/선택(S)] 〈선택(S)〉: ←보조선의 연속된 두 번째 위치 지정
치수 문자=1550
두 번째 치수보조선 원점 지정 또는 [명령 취소(U)/선택(S)] 〈선택(S)〉: ←보조선의 연속된 두 번째 위치 지정
치수 문자=4000
두 번째 치수보조선 원점 지정 또는 [명령 취소(U)/선택(S)] 〈선택(S)〉: ←보조선의 연속된 두 번째 위치 지정
치수 문자=800
두 번째 치수보조선 원점 지정 또는 [명령 취소(U)/선택(S)] 〈선택(S)〉: Space bar
연속된 치수 선택: Space bar ←명령 종료
```

11 DimLinear 명령을 실행하여 전체 수직 치수를 기입합니다. 역시 간격을 적절하게 배치하여 두 단이 되도록 기입합니다.

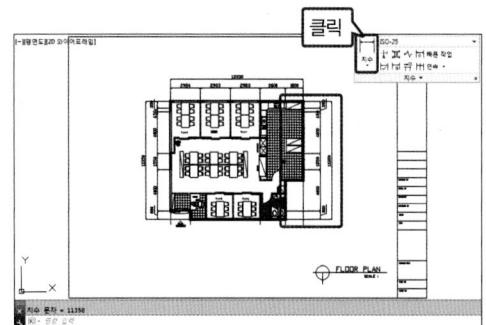

명령: _DIMLINEAR ← DimLinear 명령 입력
첫 번째 치수보조선 원점 지정 또는 〈객체 선택〉: ← 보조선의 첫 번째 위치 지정
두 번째 치수보조선 원점 지정: ← 보조선의 두 번째 위치 지정
치수선의 위치 지정 또는
[여러 줄 문자(M)/문자(T)/각도(A)/수평(H)/수직(V)/회전(R)]: ← 치수선의 위치 지정
치수 문자 = 11350

12 계속해서 도면 하단에 수평 치수를 기입합니다. DimLinear 명령을 실행하여 도면에 기입합니다.

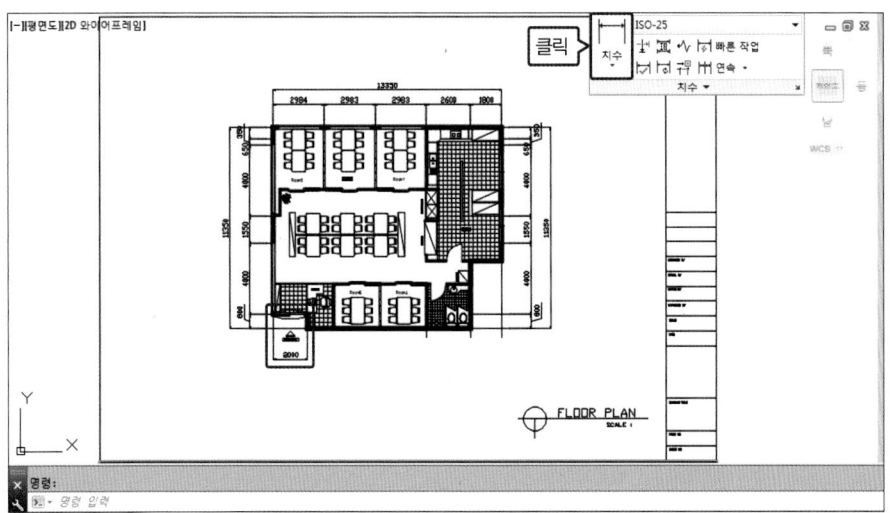

명령: _DIMLINEAR ← DimLinear 명령 입력
첫 번째 치수보조선 원점 지정 또는 〈객체 선택〉: ← 보조선의 첫 번째 위치 지정
두 번째 치수보조선 원점 지정: ← 보조선의 두 번째 위치 지정
치수선의 위치 지정 또는
[여러 줄 문자(M)/문자(T)/각도(A)/수평(H)/수직(V)/회전(R)]: ← 치수선의 위치 지정
치수 문자 = 2000

13 DimContinue 명령을 실행하여 연속해서 수평 치수를 기입합니다. 치수를 모두 기입하면 Space bar 를 두 번 눌러 명령을 종료합니다.

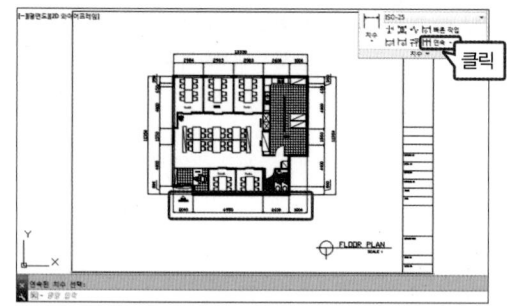

```
명령: _DIMCONTINUE ← DimContinue 명령 입력
두 번째 치수보조선 원점 지정 또는 [명령 취소(U)/선택(S)] <선택(S)>: ← 보조선의 연속된 두 번째 위치 지정
치수 문자=6950
두 번째 치수보조선 원점 지정 또는 [명령 취소(U)/선택(S)] <선택(S)>: ← 보조선의 연속된 두 번째 위치 지정
치수 문자=2600
두 번째 치수보조선 원점 지정 또는 [명령 취소(U)/선택(S)] <선택(S)>: ← 보조선의 연속된 두 번째 위치 지정
치수 문자=1800
두 번째 치수보조선 원점 지정 또는 [명령 취소(U)/선택(S)] <선택(S)>: Space bar
연속된 치수 선택: Space bar ← 명령 종료
```

14 DimLinear 명령을 실행하여 전체 수평 치수를 기입합니다. 역시 간격을 적절하게 배치하여 두 단이 되도록 기입합니다.

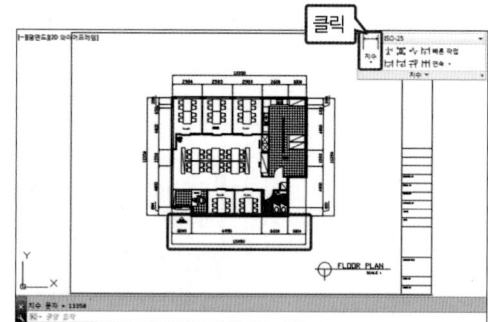

```
명령: _DIMLINEAR ← DimLinear 명령 입력
첫 번째 치수보조선 원점 지정 또는 <객체 선택>: ← 보조선의 첫 번째 위치 지정
두 번째 치수보조선 원점 지정: ← 보조선의 두 번째 위치 지정
치수선의 위치 지정 또는
[여러 줄 문자(M)/문자(T)/각도(A)/수평(H)/수직(V)/회전(R)]: ← 치수선의 위치 지정
치수 문자=13350
```

15 마지막으로 현재 연결되어 있는 도면의 치수와 중심선의 간격을 띄워서 구분하기 위하여 치수 스타일 아이콘을 클릭합니다. [치수 스타일 관리자] 대화상자가 나타나면 '스타일' 영역의 'ISO-25'를 선택하고 [수정] 버튼을 클릭합니다.

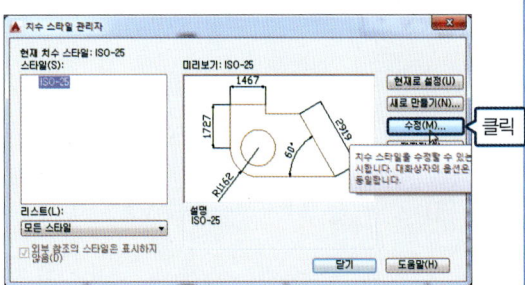

명령: _DIMSTYLE ← Dimstyle 명령 입력

16 [치수 스타일 수정: ISO-25] 대화상자가 나타납니다. 선과 치수에 관한 사항이므로 [선] 탭에서 '치수 보조선' 영역의 '원점에서 간격띄우기'를 '250'으로 설정하고 [확인] 버튼을 클릭하여 도면이 그려진 화면으로 돌아옵니다.

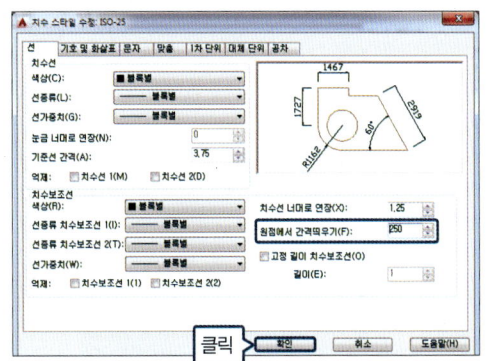

17 도면 치수를 완성했습니다.

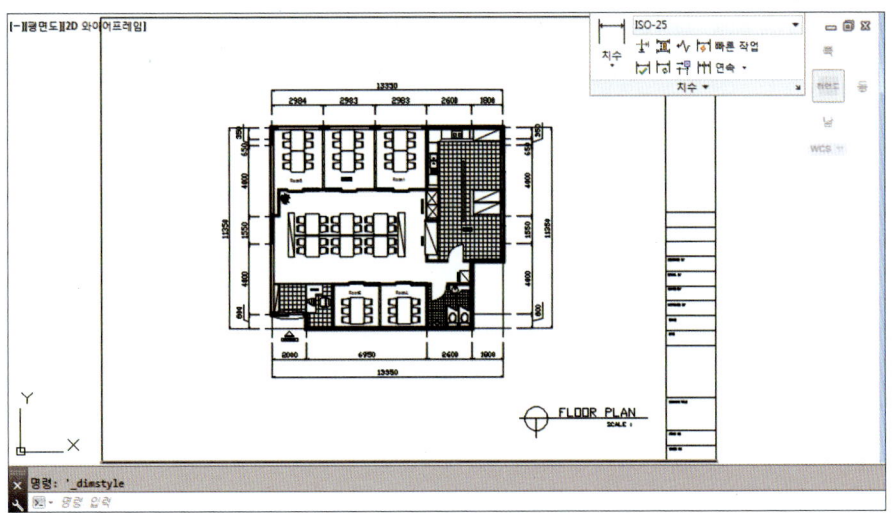

PART 06

이번 파트에서는 더 빠르고 효율적으로 도면을 작성하기 위한 명령에 대하여 알아보겠습니다. 도면을 직접 작성하는 데 꼭 필요한 명령부터 도면을 깔끔하게 재구성해주는 명령까지 총망라하여 사용법을 알아봅니다.

효율적인 도면 작업을 위한 기능 알아보기

CHAPTER 01

객체를 반복해서 사용하는 Block과 WBlock

블록을 지정하는 방법은 크게 Block 명령과 WBlock 명령으로 나눌 수 있는데 반복적인 작업을 효율적으로 한다는 점에서는 동일한 기능입니다. 그러나 Block 명령은 한 도면에서만 사용하며, WBlock 명령은 여러 도면에서 사용할 수 있습니다. 실무에서는 도면을 하나만 열고 작업을 하는 것이 아니므로 WBlock 명령을 쓸 일이 훨씬 많습니다.

학습 목표

블록의 활용 방법을 익혀봅니다. 블록의 사용 방법 및 외부 이미지를 불러오는 방법을 알아보겠습니다.

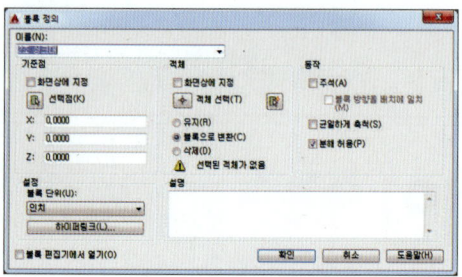

▲ 블록 저장하기

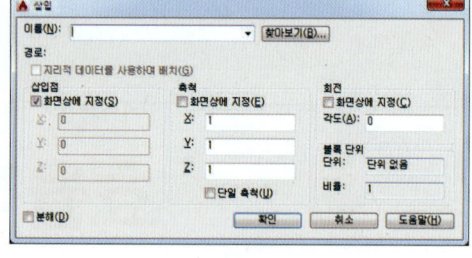

▲ 블록 삽입하기

▲ 외부 이미지 불러오기

SECTION 01 | 반복 사용하는 요소를 관리하는 Block과 WBlock

실무에서는 복잡한 도면을 하루에도 몇 장씩 그려야 하는 상황이 많습니다. 이때 작업 시간은 줄이고 능률은 높이기 위해 Block 명령과 WBlock 명령을 사용합니다.

1 블록이란?

건축이나 인테리어 도면을 보면 벽체 내부에 가구를 비롯한 여러 도면 요소가 반복적으로 사용됩니다. 예를 들어 아파트 도면을 여러 타입으로 작성하는 업무를 수행할 때, 타입별로 벽체의 윤곽은 조금씩 다르겠지만 가구 등 내부를 구성하는 요소는 같은 모양을 몇 번씩 사용합니다. 이때 사용하는 기능이 바로 블록(Block)입니다. 즉, 자주 사용하는 도면 요소들을 저장해두었다가 필요할 때마다 다시 사용하는 편리한 기능입니다. 블록은 도면에 삽입할 때 분해 여부를 지정할 수 있으며 크기와 각도도 사용자 편의대로 지정할 수 있습니다.

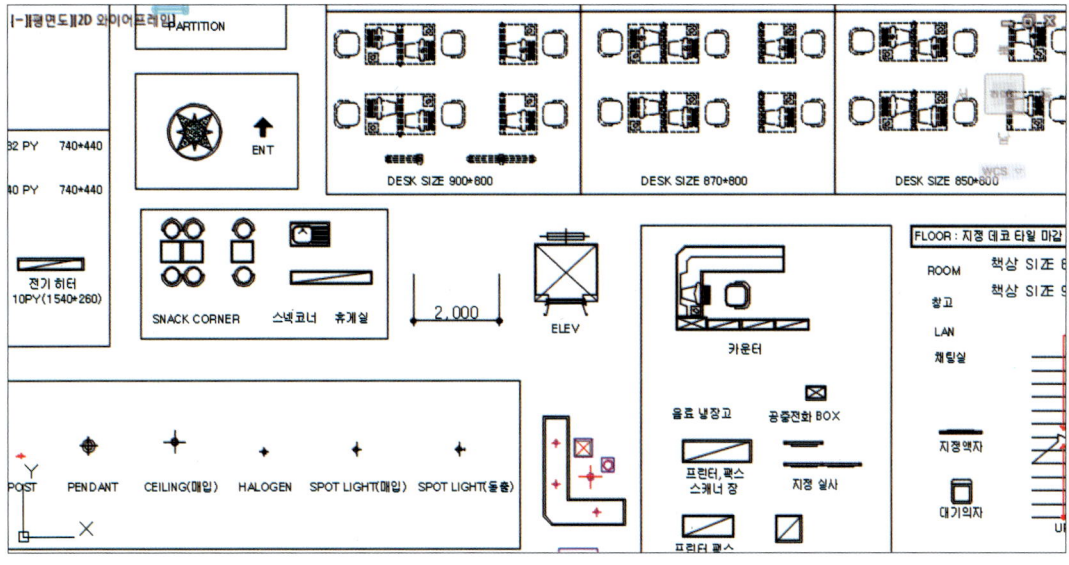

▲ 블록으로 설정한 다양한 PC방 집기 도면

2 Block 명령으로 블록 만들고 저장하기

블록을 만들고 저장하는 방법을 알아봅니다. 블록을 만들려면 명령 행에 'Block'을 입력하고 Space bar 를 누르거나 [블록] 도구 팔레트에 있는 작성 아이콘(작성)을 클릭하면 됩니다. 예제 파일의 싱크대 도면을 블록으로 만들어보겠습니다.

01 예제 파일 'Part6-01.dwg'를 불러옵니다. 명령 행에 'Block'을 입력하고 Space bar 를 누릅니다. [블록 정의] 대화상자가 나타나면 지정할 블록의 이름과 기준점, 객체 선택과 관련한 옵션을 설정할 수 있습니다. '이름' 영역에 블록의 이름을 '2조 싱크대'로 입력합니다.

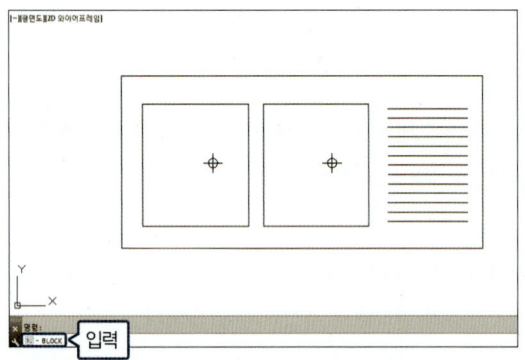

명령: BLOCK Space bar ← Block 명령 입력

바로 통하는 TIP Block 명령으로 만든 블록은 현재 작업 중인 도면에서만 사용할 수 있습니다.

02 블록의 기준점을 지정하기 위해 '기준점' 영역에서 선택점 아이콘을 클릭합니다. [블록 정의] 대화상자가 닫히고 화면상에서 블록의 기준점을 지정할 수 있습니다. 기준점을 지정하면 [블록 정의] 대화상자가 다시 활성화되며 클릭한 지점의 좌푯값이 표시됩니다. 여기서 지정한 기준점은 다음에 Insert 명령을 실행할 때 저장된 블록을 불러와서 배치하는 기준점이 됩니다.

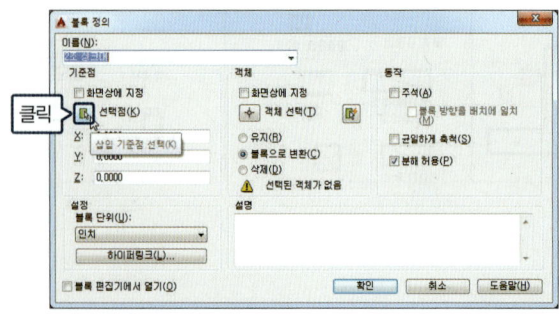
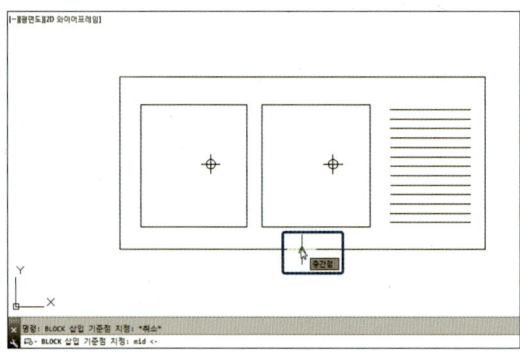

삽입 기준점 지정: ← 기준점 지정

03 블록으로 지정할 객체를 지정하기 위해 '객체' 영역에서 객체 선택 아이콘을 클릭합니다. [블록 정의] 대화상자는 잠시 사라집니다. 블록으로 지정할 객체를 모두 선택합니다.

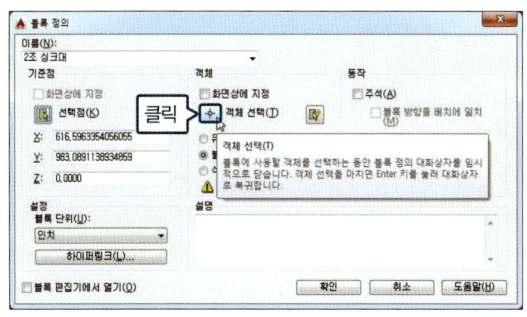 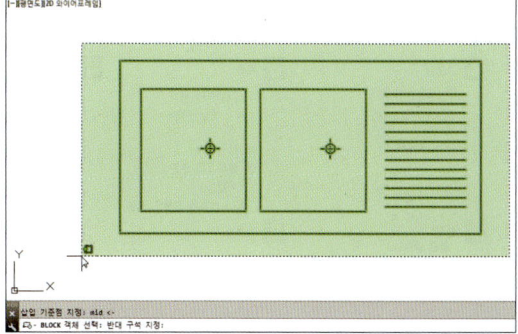

객체 선택: 반대 구석 지정: 31개를 찾음 ← 객체 선택

04 Space bar 를 눌러 블록 선택을 완료하면 다시 [블록 정의] 대화상자가 나타납니다. [확인] 버튼을 클릭하여 블록 지정을 완료합니다. 싱크대 도면을 확인하면 전체가 하나의 블록으로 지정되었음을 알 수 있습니다.

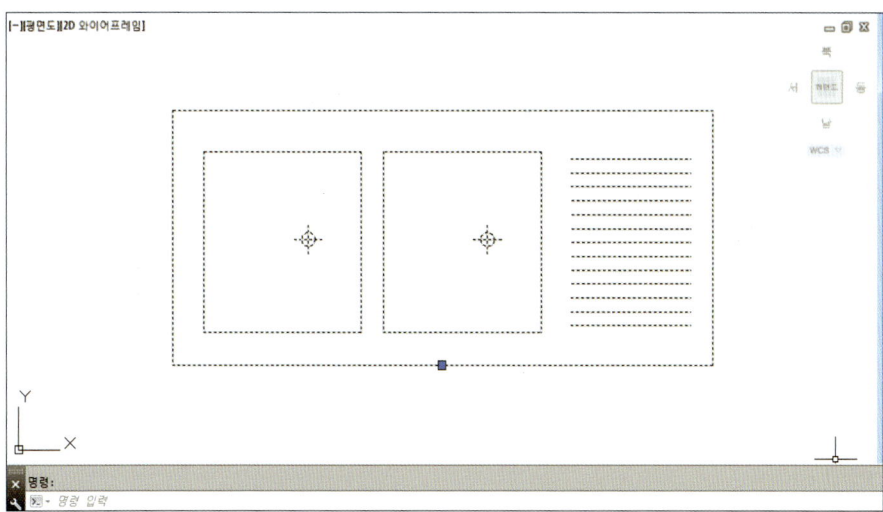

객체 선택: Space bar ← Space bar 를 눌러 대화상자로 복귀

실무활용노트 AUTO CAD [블록 정의] 대화상자 살펴보기

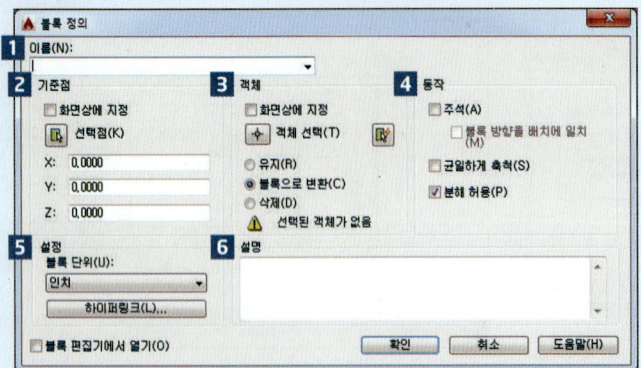

1 이름
블록의 이름을 지정합니다.

2 기준점
블록의 기준점을 지정합니다. '화면상에 지정' 옵션을 체크하면 화면상에서 직접 기준점을 지정할 수 있습니다.

3 객체
블록으로 만들 객체를 선택합니다. 객체 선택 아이콘을 클릭하여 블록으로 지정할 객체를 선택합니다.

- 유지 : 선택된 객체를 블록으로 저장하고 해당 객체를 현재 도면에 그대로 남겨놓습니다.
- 블록으로 변환 : 선택된 객체를 블록으로 저장하고 현 도면의 객체도 블록으로 변경합니다.
- 삭제 : 선택된 객체를 블록으로 저장하고 현 도면에서는 해당 객체를 삭제합니다.
- 신속 선택( ) : 여러 요소를 지정하여 객체를 빠르게 선택할 수 있습니다.

4 동작
- 균일하게 축척: 축척을 균일하게 해주는 기능으로 블록의 각 좌표 축척을 똑같이 지정합니다.
- 분해 허용: 체크 여부에 따라 블록의 그룹화와 분해 여부를 지정합니다. 체크하면 블록이 분해됩니다.

5 설정
블록의 세부 사항을 설정합니다.

- 블록 단위: 블록의 사용 단위를 설정합니다.
- 하이퍼링크: 경로를 지정하여 인터넷과 연결할 수 있습니다.

6 설명
블록에 대한 설명을 씁니다.

- 블록 편집기에서 열기: 블록 편집기를 엽니다.

3 WBlock 명령으로 블록 만들고 저장하기

Block 명령으로 만든 블록은 현재 도면에서만 사용할 수 있지만 WBlock 명령으로 만든 블록은 DWG 파일로 변환하여 현재 도면뿐 아니라 다른 도면에서도 활용할 수 있습니다. 블록을 다른 사람과 공유할 수도 있어 실무에서 사용 빈도가 굉장히 높습니다. WBlock 명령을 알아두면 빠르게 도면을 작성할 수 있으므로 반드시 익혀서 사용하도록 합니다. WBlock을 만들기 위해서는 명령 행에 'WBlock'을 입력하고 Spacebar를 누르면 됩니다.

01 예제 파일 'Part6-01.dwg'를 불러옵니다. 명령 행에 'WBlock'을 입력하고 Spacebar를 누릅니다.

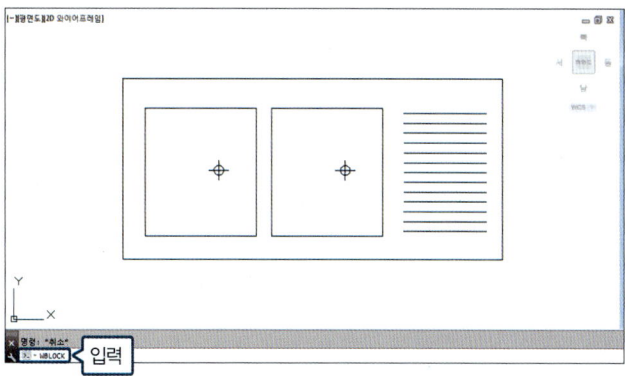

명령: WBLOCK Spacebar ← WBlock 명령 입력

02 [블록 쓰기] 대화상자가 나타나면 '원본' 영역의 '객체'에 체크하고 '기준점' 영역의 선택점 아이콘을 클릭하여 블록의 기준점을 지정합니다. 여기서 지정한 기준점은 Insert 명령으로 저장된 블록을 불러와서 배치하는 기준점이 됩니다.

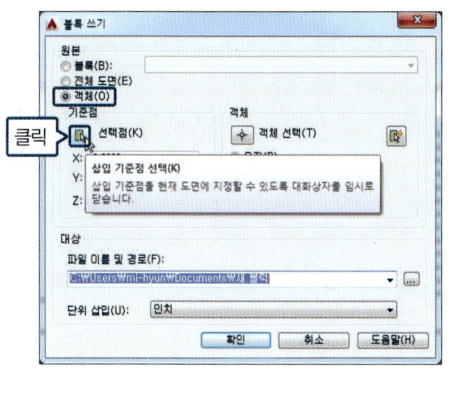 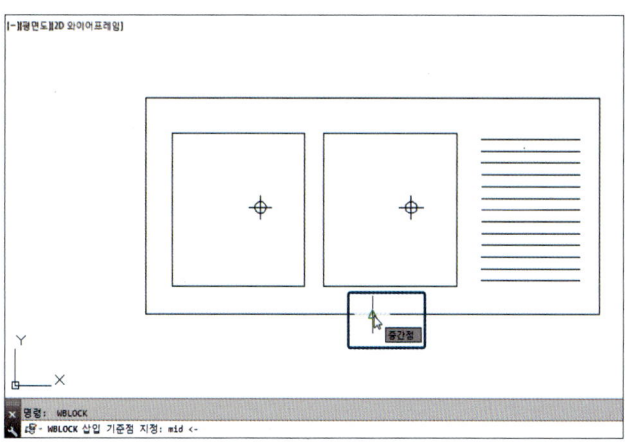

삽입 기준점 지정: mid Spacebar ← 기준점 지정

03 다시 [블록 쓰기] 대화상자로 복귀하여 '객체' 영역의 '유지'를 체크한 채로 두고 객체 선택 아이콘을 클릭하여 객체를 선택합니다. 그런 다음 Space bar 를 눌러 다시 [블록 쓰기] 대화상자로 돌아옵니다.

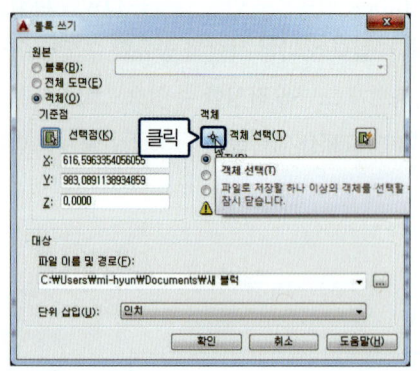 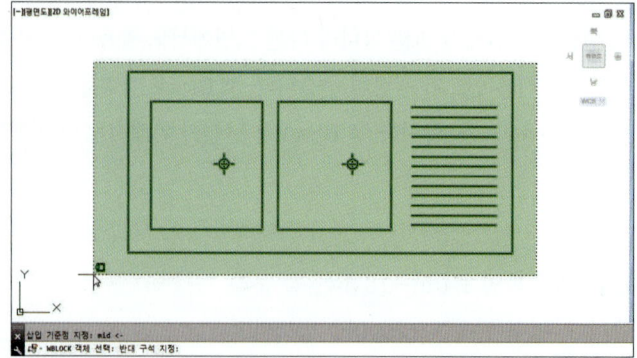

```
객체 선택: 반대 구석 지정: 31개를 찾음 ← 객체 선택
객체 선택: ← Space bar 를 눌러 대화상자로 복귀
```

바로 통하는 TIP '유지'를 체크하면 선택한 객체를 블록으로 저장할 때 해당 객체를 현 도면에 그대로 남겨놓습니다.

04 '대상' 영역의 '파일 이름 및 경로 찾아보기'의 열기 아이콘(□)을 클릭하여 블록의 저장 위치를 지정합니다. 우선 바탕화면에 '새 블럭.dwg'로 이름을 부여하여 저장합니다.

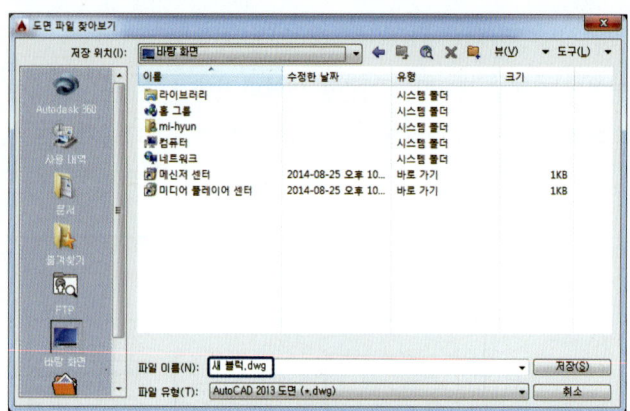 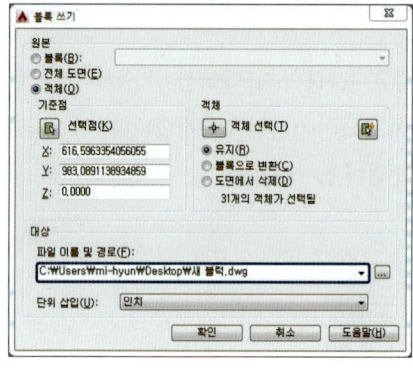

05 단위를 지정하는 '단위 삽입' 영역에서 '밀리미터'를 지정하고 [확인] 버튼을 클릭합니다.

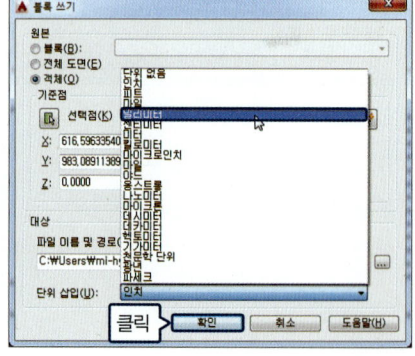

06 바탕화면을 확인하면 조금 전에 만들었던 '새 블럭.dwg'가 있습니다.

실무활용노트 AUTO CAD | 쉽고 효율적으로 블록 관리하기

블록을 효율적으로 사용하려면 WBlock 명령으로 각 블록의 이름을 간단하고 명료하게 지정합니다. 예를 들어 1, 2, 3, 4 등 단순하게 이름을 쓰지 말고 '문 평면(900mm)', '창문 평면(1,800mm)'과 같이 이름만 봐도 특성을 쉽게 알 수 있도록 기입합니다. 그리고 용도별, 기능별로 구분하여 각각의 폴더로 지정하여 사용합니다.

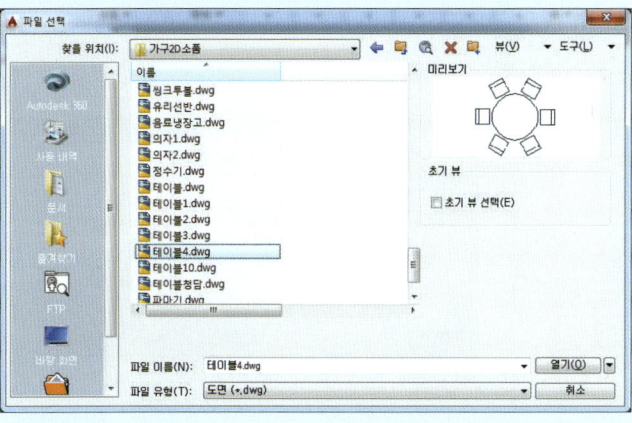

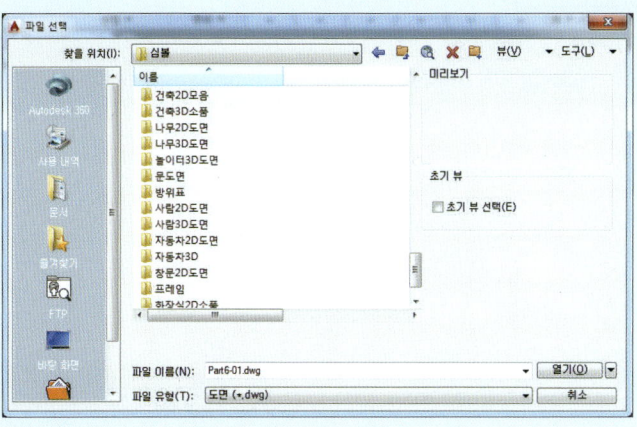

SECTION 02 저장된 블록을 가져오는 Insert

블록을 만들었다면 작성 중인 도면으로 불러와야 합니다. 이때 사용하는 명령이 Insert 명령, 즉 Insert Block(블록 삽입) 명령입니다. 이번에는 Insert 명령을 사용하여 도면에 블록을 삽입해보겠습니다.

1 Insert 명령으로 블록 삽입하기

블록을 삽입하는 Insert 명령을 알아보겠습니다. 블록을 삽입하려면 명령 행에 'Insert'를 입력하고 [Space bar]를 누르거나 [블록] 도구 팔레트에 있는 삽입 아이콘( )을 클릭하면 됩니다. 이번에는 앞에서 만들었던 싱크대 블록을 불러옵니다.

01 새 도면 파일을 엽니다. 명령 행에 'Insert'를 입력하고 [Space bar]를 누릅니다. 그러면 [삽입] 대화상자가 나타납니다.

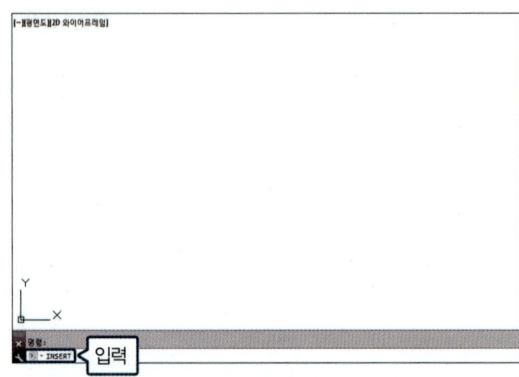
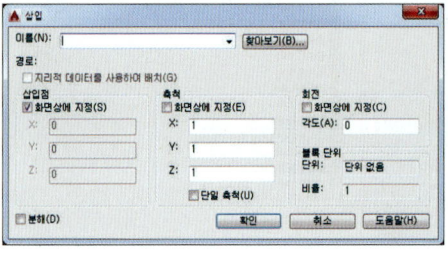

명령: INSERT [Space bar] ← Insert 명령 입력

02 WBlock 명령을 사용하여 바탕화면에 저장했던 '새 블럭.dwg' 파일을 불러옵니다. [도면 파일 선택] 대화상자 오른쪽의 미리 보기를 통하여 찾는 이미지가 맞는지 확인하고 [열기] 버튼을 클릭합니다.

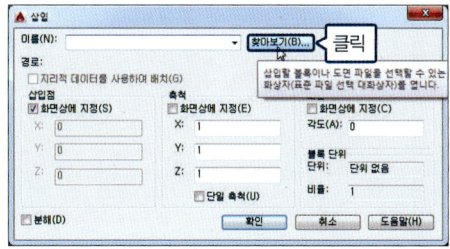 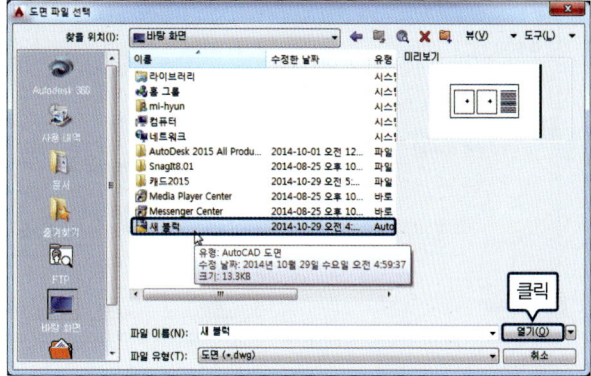

바로 통하는 TIP 이 실습은 앞에서 〈WBlock 명령으로 블록 만들고 저장하기〉을 학습하여 바탕화면에 블록을 저장한 후 따라 하는 것이 좋습니다.

03 새 블록 파일의 경로가 지정되면 [확인] 버튼을 클릭하여 [삽입] 대화상자를 닫습니다.

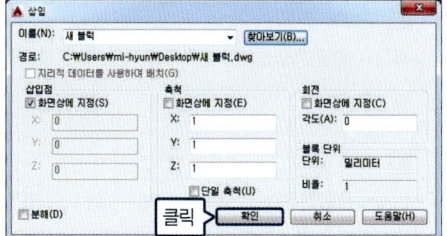

04 WBlock 명령에서 지정한 기준점을 중심으로 블록이 움직이며 마우스 포인터를 따라다닙니다. 적당한 위치를 클릭하여 지정합니다. 화면에 블록이 삽입됩니다.

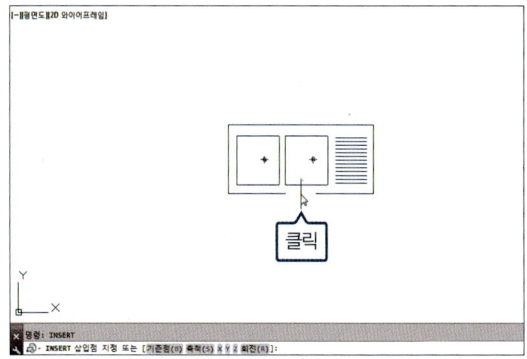 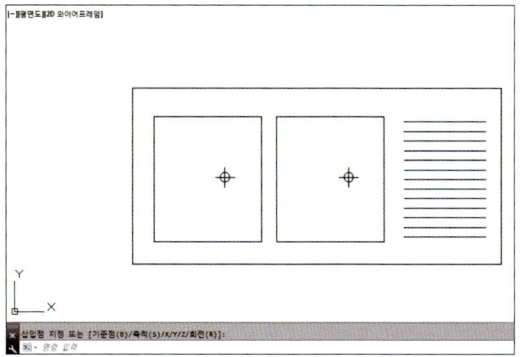

삽입점 지정 또는 [기준점(B)/축척(S)/X/Y/Z/회전(R)]: ← 삽입점 지정

실무활용노트 AUTO CAD [삽입] 대화상자 살펴보기

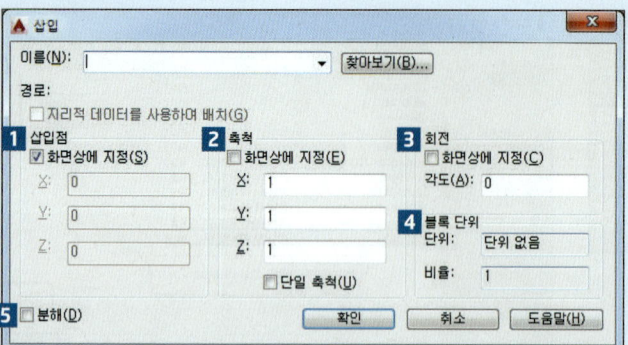

1 삽입점
X, Y, Z축의 좌표를 입력하여 블록의 기준점을 삽입할 위치를 지정합니다. '화면상에 지정'을 체크하면 블록의 삽입점을 화면상에서 지정할 수 있습니다.

2 축척
축척 비율에 따라 삽입할 블록의 크기를 확대·축소합니다. '화면상에 지정'을 체크하면 블록의 크기를 화면상에서 지정할 수 있습니다.

3 회전
반시계 방향을 양(+)의 값으로 하여 수치를 입력하면 블록의 회전 각도를 지정합니다. 시계 방향은 음(-)의 값을 갖습니다. '화면상에 지정'을 체크하면 회전 각도를 화면상에서 지정할 수 있습니다.

4 블록 단위
블록의 단위를 나타냅니다.

5 분해
체크 여부에 따라 블록의 분해 여부를 지정할 수 있습니다. 체크하면 블록이 분해됩니다.

SECTION 03 외부 요소를 가져오는 Xref와 ImageAttach

Insert 명령 이외에 블록을 효율적으로 관리하는 방법 중 하나인 Xref(외부 참조) 명령을 알아보겠습니다. Xref 명령은 현재 도면의 용량에 추가되지 않아 작업 시간을 단축할 수 있어 매우 효율적입니다. 아울러 외부 이미지 파일을 AutoCAD 화면으로 불러올 수 있는 ImageAttach 명령, 즉 Raster Image Reference(외부 이미지 가져오기) 명령도 알아보겠습니다. ImageAttach 명령은 미세해서 그리기 힘든 이미지를 도면화할 때 응용할 수 있는 방법입니다.

1 Xref 명령으로 도면 객체 불러오기

Xref 명령은 Insert 명령과 마찬가지로 도면의 객체를 불러오는 기능입니다. 하지만 Insert 명령과 다른 점은 외부 참조를 사용하여 불러온 도면이라서, 현재 도면 용량에 추가되지 않고 별개로 인식되어 작업 속도가 빨라집니다. 또한 타 객체의 도면층과 충돌하지 않아 도면을 관리하기 편리합니다. Xref 명령을 사용하려면 명령 행에 'Xref'를 입력하고 Space bar 를 누릅니다.

01 예제 파일 'Part6-02.dwg'를 불러옵니다. 명령 행에 'Xref'를 입력하고 Space bar 를 누릅니다. [외부 참조] 대화상자의 DWG 부착 아이콘(📄)을 클릭합니다.

명령: XREF Space bar ← Xref 명령 입력

바로 통하는 TIP DWG 부착 아이콘은 블록 파일을 첨부할 수 있는 기능입니다.

02 [참조 파일 선택] 대화상자가 나타나면 찾고자 하는 블록이 위치한 경로를 지정하고 [열기] 버튼을 클릭해 파일을 엽니다. 여기에서는 예제 파일인 'Part6-03.dwg'를 선택합니다.

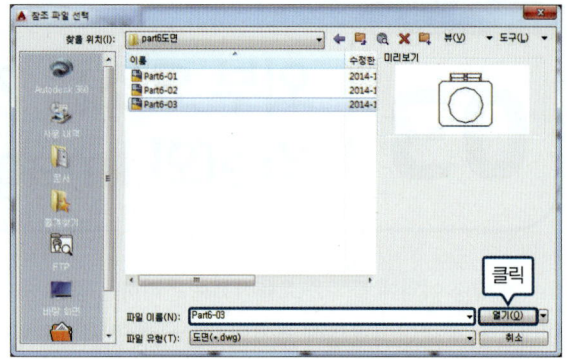

03 [외부 참조 부착] 대화상자에서 [확인] 버튼을 클릭하여 화면으로 돌아옵니다. Insert 명령으로 띄운 [삽입] 대화상자의 각 항목과 특성이 같습니다. 마우스 포인터에 객체가 따라다니는 것을 알 수 있습니다. 원하는 위치를 지정하여 편집한 뒤 도면을 완성합니다.

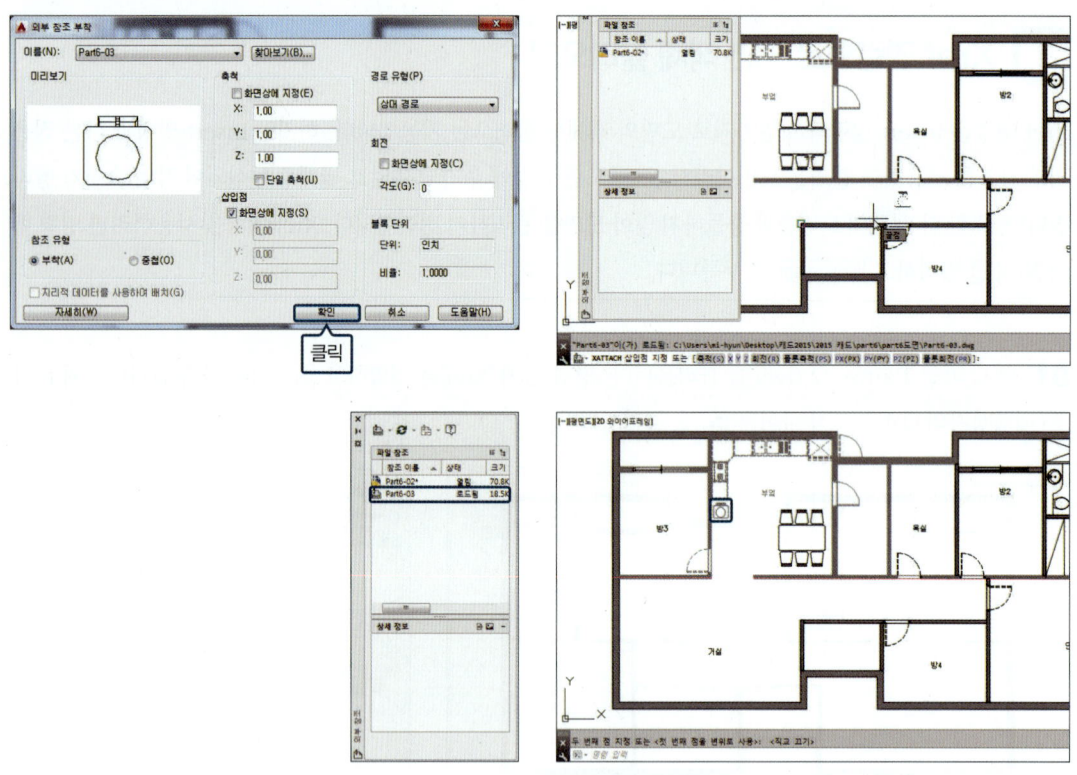

▲ 완성된 이미지

바로 통하는 TIP 객체 위치를 잘못 지정했을 때는 객체를 드래그해서 옮겨도 됩니다.

2 ImageAttach 명령으로 외부 이미지 불러오기

AutoCAD로 작업하다 보면 실제 이미지를 불러와서 도면 작성을 할 때가 있습니다. 회사 로고를 그리는 작업처럼 외부 이미지를 불러올 때 사용하는 명령이 바로 ImageAttach(외부 이미지 가져오기) 명령입니다. 도면에 이미지를 불러오려면 명령 행에 'ImageAttach'를 입력하고 Space bar 를 눌러 사용합니다.

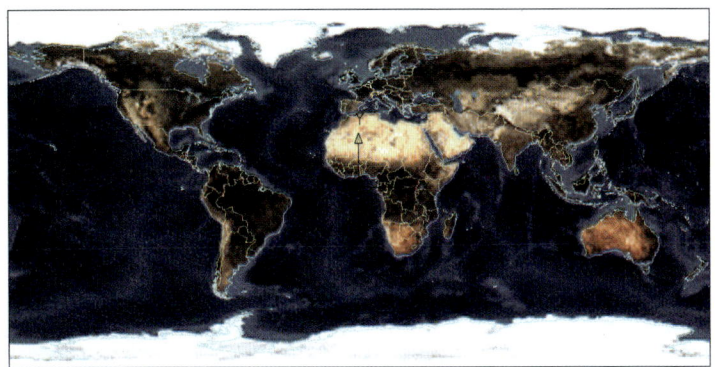

▲ ImageAttach 명령을 사용하여 외부 이미지를 불러온 예

01 새 도면 파일을 엽니다. 명령 행에 'ImageAttach'를 입력하고 Space bar 를 누릅니다. [참조 파일 선택] 대화상자가 나타나면 예제 파일인 'Part6-04.jpg'를 지정하고 [열기] 버튼을 클릭합니다.

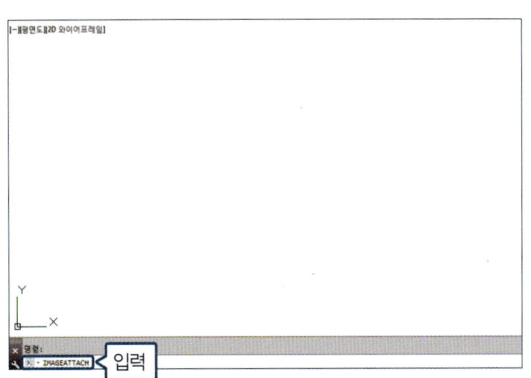
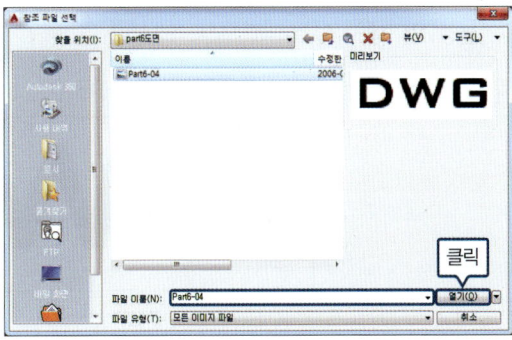

명령: IMAGEATTACH Space bar ← ImageAttach 명령 입력

02 [이미지 부착] 대화상자가 나타나면 미리 보기로 이미지를 확인한 후 [확인] 버튼을 누릅니다.

바로 통하는 TIP [이미지 부착] 대화상자의 영역은 Insert 명령으로 블록을 삽입할 때 사용하는 [삽입] 대화상자의 각 영역과 같습니다.

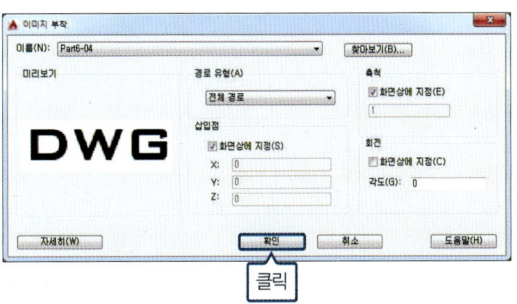

03 마우스 포인터를 따라 십자선이 이동합니다. 적당한 지점을 클릭하여 첫 번째 점을 지정합니다. 그런 다음 명령 행에 축척 비율을 지정하라는 내용이 나타나면 그대로 Space bar 를 누릅니다.

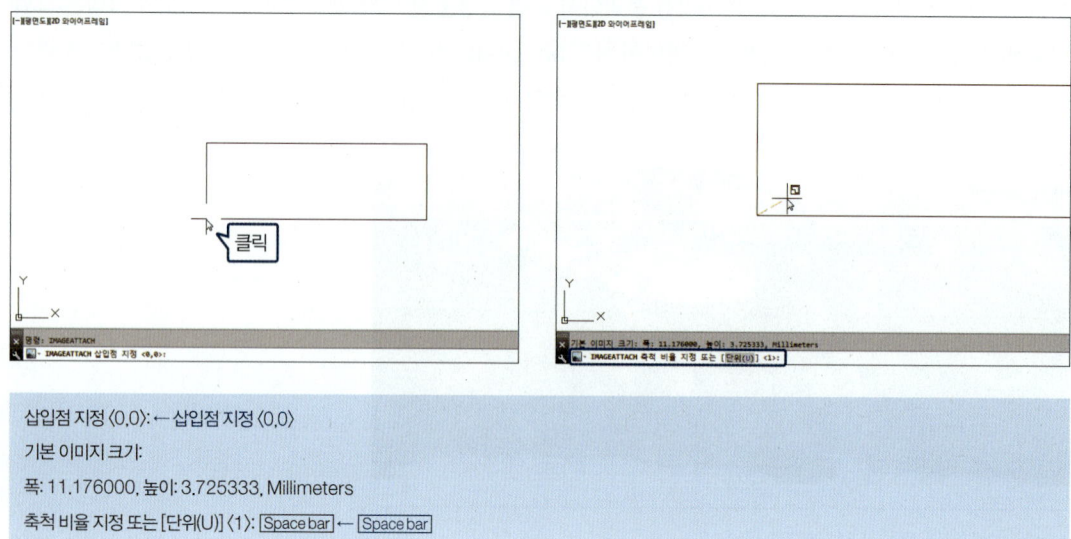

삽입점 지정 <0,0>: ← 삽입점 지정 <0,0>
기본 이미지 크기:
폭: 11.176000, 높이: 3.725333, Millimeters
축척 비율 지정 또는 [단위(U)] <1>: Space bar ← Space bar

04 Zoom 명령과 마우스 휠을 사용하여 이미지가 화면 중앙에 위치하도록 보기 좋게 배치합니다.

05 명령 행에 'Line'을 입력해 선 그리기 명령을 실행합니다. 알파벳 'D'부터 따라 그리기 위해 'D'의 왼쪽 상단 구석점을 클릭해 첫 번째 점으로 지정합니다.

명령: LINE Space bar ←Line 명령 입력
첫 번째 점 지정: ←첫 번째 점 지정

06 이어서 'D'의 왼쪽 하단 구석점을 두 번째 점으로 지정하고 오른쪽 직선 끝부분을 세 번째 점으로 지정합니다. 이때 Space bar 를 눌러 명령을 종료합니다.

다음 점 지정 또는 [명령 취소(U)]: 〈직교 켜기〉 ←두 번째 점 지정
다음 점 지정 또는 [명령 취소(U)]: ←세 번째 점 지정
다음 점 지정 또는 [닫기(C)/명령 취소(U)]: ←명령 종료

07 내부의 직선도 이러한 형식으로 완성합니다.

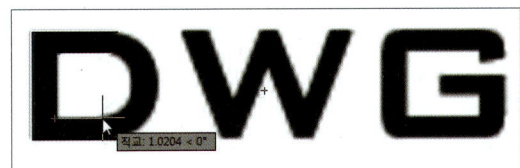

명령: LINE Space bar ←Line 명령 입력 (L)
첫 번째 점 지정: ←첫 번째 점 지정
다음 점 지정 또는 [명령 취소(U)]: ←두 번째 점 지정
다음 점 지정 또는 [명령 취소(U)]: ←세 번째 점 지정
다음 점 지정 또는 [닫기(C)/명령 취소(U)]: ←명령 종료

08 'D'의 오른쪽 둥근 호와 외곽의 둥근 호는 Arc 명령의 3P 방식을 사용하여 완성합니다.

명령: ARC [Space bar] ← Arc 명령 입력 (A)
호의 시작점 지정 또는 [중심(C)]: ← 첫 번째 점 지정
호의 두 번째 점 또는 [중심(C)/끝(E)] 지정: ← 두 번째 점 지정
호의 끝점 지정: ← 세 번째 점 지정

명령: ARC [Space bar] ← Arc 명령 입력 (A)
호의 시작점 지정 또는 [중심(C)]: ← 첫 번째 점 지정
호의 두 번째 점 또는 [중심(C)/끝(E)] 지정: ← 두 번째 점 지정
호의 끝점 지정: ← 세 번째 점 지정

09 Line 명령으로 알파벳 'W'를 따라 그리기 위해 'W'의 왼쪽 상단 구석점을 첫 번째 점으로 지정합니다.

명령: LINE [Space bar] ← Line 명령 입력 (L)
첫 번째 점 지정: ← 첫 번째 점 지정

10 계속해서 외곽선을 따라 그려줍니다.

다음 점 지정 또는 [닫기(C)/명령 취소(U)]: ← 두 번째 점 지정
다음 점 지정 또는 [닫기(C)/명령 취소(U)]: ← 세 번째 점 지정
다음 점 지정 또는 [닫기(C)/명령 취소(U)]: ← 계속해서 모서리 점 지정 후 명령 종료

11 Line 명령으로 알파벳 'G' 이미지를 따라 그리기 위해 'G'의 왼쪽 상단에 직선이 시작되는 지점을 첫 번째 점으로 지정합니다.

명령: LINE [Space bar] ← Line 명령 입력 (L)
첫 번째 점 지정: ← 첫 번째 점 지정

바로 통하는 TIP 필요에 따라 [F8]을 눌러 직교를 설정하거나 해제하여 쉽게 그리도록 합니다.

12 계속해서 알파벳을 따라 각이 지도록 하여 그림과 같이 따라 그려 테두리를 완성합니다.

다음 점 지정 또는 [닫기(C)/명령 취소(U)]: ← 두 번째 점 지정
다음 점 지정 또는 [닫기(C)/명령 취소(U)]: ← 세 번째 점 지정
다음 점 지정 또는 [닫기(C)/명령 취소(U)]: ← 계속해서 모서리 점 지정 후 명령 종료

13 계속해서 'G'의 각 모서리를 원본 이미지처럼 둥글게 표현하기 위하여 Fillet(모깎기) 명령을 실행합니다. 반지름값을 입력하기 위하여 서브 메뉴의 'R' 옵션을 입력한 후 반지름값을 '0.4'로 지정합니다.

```
명령: FILLET [Space bar] ← Fillet 명령 입력 (F)
현재 설정: 모드 = 자르기, 반지름 = 0.0000
첫 번째 객체 선택 또는 [명령 취소(U)/폴리선(P)/반지름(R)/자르기(T)/다중(M)]: r [Space bar] ← 옵션 'R' 입력
모깎기 반지름 지정 〈0.0000〉: 0.4 [Space bar] ← 반지름값 '0.4' 입력
```

14 모깎기를 할 첫 번째 선과 두 번째 선을 클릭하면 모서리가 둥글게 표현됩니다.

```
첫 번째 객체 선택 또는 [명령 취소(U)/폴리선(P)/반지름(R)/자르기(T)/다중(M)]: ← 첫 번째 선 선택
두 번째 객체 선택 또는 Shift 키를 누른 채 선택하여 구석 적용 또는 [반지름(R)]: ← 두 번째 선 선택
```

15 계속해서 나머지 모서리 부분도 원본 이미지와 같이 Fillet 명령을 사용하여 표현합니다.

```
명령: FILLET [Space bar] ← Fillet 명령 입력 (F)
현재 설정: 모드 = 자르기, 반지름 = 0.4
첫 번째 객체 선택 또는 [명령 취소(U)/폴리선(P)/반지름(R)/자르기(T)/다중(M)]: r [Space bar] ← 옵션 'R' 입력
모깎기 반지름 지정 〈0.4〉: 0.4 [Space bar] ← 반지름값 '0.4' 입력
첫 번째 객체 선택 또는 [명령 취소(U)/폴리선(P)/반지름(R)/자르기(T)/다중(M)]: ← 첫 번째 선 선택
두 번째 객체 선택 또는 Shift 키를 누른 채 선택하여 구석 적용 또는 [반지름(R)]: ← 두 번째 선 선택
```

바로 통하는 TIP Fillet의 반지름값은 원본 이미지의 크기에 따라 지정하도록 합니다.

16 그리기를 모두 마치면 원래 이미지를 지우고 도면 객체만 남깁니다. Hatch 명령이나 Scale 명령 등 다양한 편집 명령을 적용하여 원하는 이미지로 만들어 완성합니다.

▲ Hatch 명령으로 Solid 패턴을 적용한 이미지

CHAPTER 02

도면을 정리하고
세부 정보를 알려주는 명령

직접 도면을 그리는 명령도 중요하지만 완성된 도면을 더욱 고급 이미지로 표현하는 명령도 무시할 수 없습니다. 또한 그린 도면에서 원하는 정보를 손쉽게 알 수 있어야 하며 획득한 정보를 활용하는 것 또한 매우 중요합니다. 이번 장에서는 도면을 표현하는 데 필요한 제반 사항을 알아보겠습니다.

A ▼ 학습 목표

도면 정보를 안정적으로 볼 수 있는 방법을 익혀봅니다. 도면 공간의 정확한 면적을 산정하기 위해서는 원본 도면의 치수가 정확해야 합니다. 도면 정보를 쉽게 이해하도록 정리해보겠습니다.

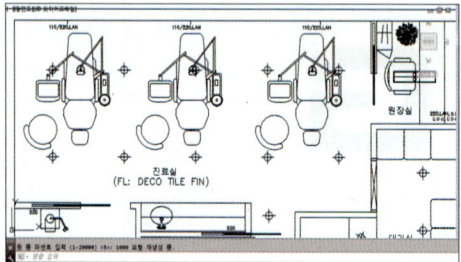

▲ Regen 명령으로 각진 원이나 곡선 다듬기

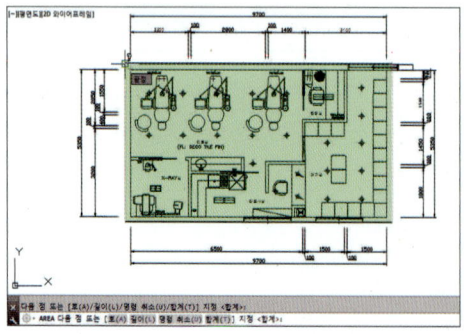

▲ 도면 정보 표시하기

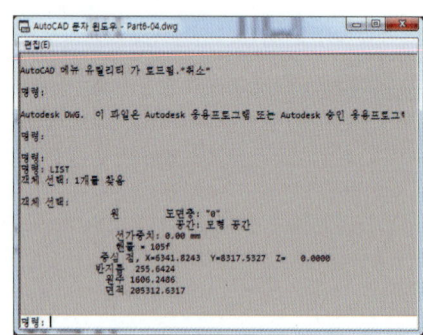

SECTION 01 작업 화면을 정리하는 Regen과 Viewres

Regen(화면 정리)과 Viewres(고속 줌) 명령 모두 화면을 재배치하는 기능입니다. Regen 명령은 DWG 파일 자체를 다시 불러와서 도면 객체를 재배치하고 Viewres 명령은 곡선과 원을 정리하여 화면을 정리합니다. 참고로 Regen 명령은 작업 속도는 다소 느리지만 도면을 전체적으로 재생성하여 안정적인 결과물을 만듭니다.

1 Regen 명령으로 각진 원이나 곡선 다듬기

도면을 작성하다 보면 분명히 원을 그렸음에도 불구하고 화면을 축소하거나 확대하면 둥근 이미지가 다각형으로 표현되는 경우가 빈번합니다. 출력 시에는 원래의 둥근 이미지로 나타나기 때문에 표현하는 데는 문제가 없지만 도면 작성을 할 때 각이 나타나면 세부 작업이 원활하지 않게 됩니다. 이렇게 원이나 곡선이 각이 져서 보이는 것을 화면의 비율에 맞게 자연스러운 원래의 이미지로 재생성해주는 것이 Regen(화면 정리) 명령의 일반적인 기능입니다. Regen 명령을 사용하려면 명령 행에 'Regen'을 입력하고 Space bar 를 눌러 사용합니다.

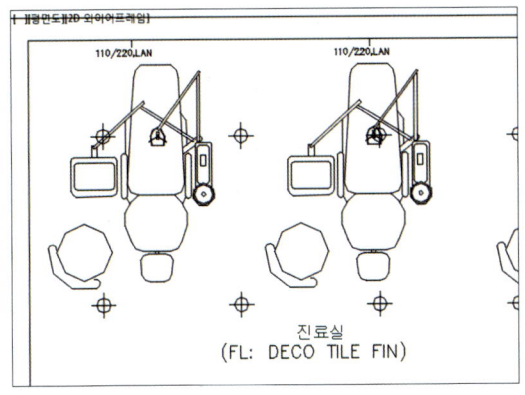

▲ Regen 명령 실행 전

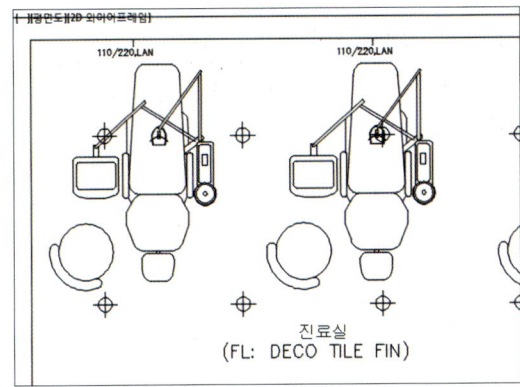

▲ Regen 명령 실행 후

바로 통하는 TIP 화면이 분할되어 있을 때는 Regen All 명령을 사용하여 모든 도면 요소를 재생성합니다. 명령 행에 'Regenall'을 입력하여 실행하도록 합니다.

바로 통하는 TIP 'Regen Auto'는 자동으로 도면을 재생성하는 기능입니다. 'On'과 'Off'로 각각 설정할 수 있습니다. 도면 작성 도중에 계속해서 실행이 되면 작업 속도가 느려지므로 특별한 경우가 아니라면 'Off'로 설정하도록 합니다.

2 Viewres 명령으로 곡선과 원을 매끄럽게 표현하기

Regen 명령보다 곡선이나 원을 정밀하게 표현할 수 있는 명령이 바로 Viewres(고속 줌)입니다. Viewres 명령은 도면의 해상도를 지정하는 명령입니다. AutoCAD에서 원이나 호의 곡선은 실제로는 수많은 직선으로 이루어져 있습니다. 원을 그린 후 몇 번 확대해보면 이러한 개념을 쉽게 이해할 수 있습니다. 곡선을 구성하는 화면상의 직선 개수가 많으면 많을수록 더욱 매끄러운 원으로 표현됩니다. Viewres 명령은 이럴 때 직선의 개수를 지정하는 화면 제어 기능입니다.

01 예제 파일 'Part6-04.dwg'를 불러옵니다. 명령 행에 'Viewres'를 입력하고 Space bar 를 누릅니다. 고속 줌을 원하느냐는 질문에 현재 설정값인 '예'로 설정할 것이므로 그대로 Space bar 를 누릅니다.

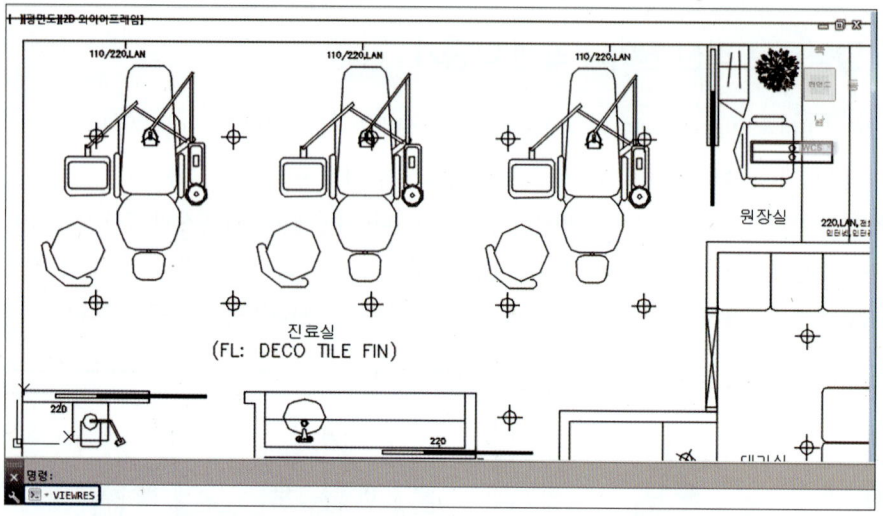

명령: VIEWRES Space bar ← Viewres 명령 입력
고속 줌을 원하십니까? [예(Y)/아니오(N)] ⟨Y⟩: Space bar ← 그대로 Space bar 를 누르고 다음 단계로 진행

02 줌 퍼센트를 현재 설정값인 '5'에서 '1000'으로 변경하여 입력하고 Space bar 를 누릅니다.

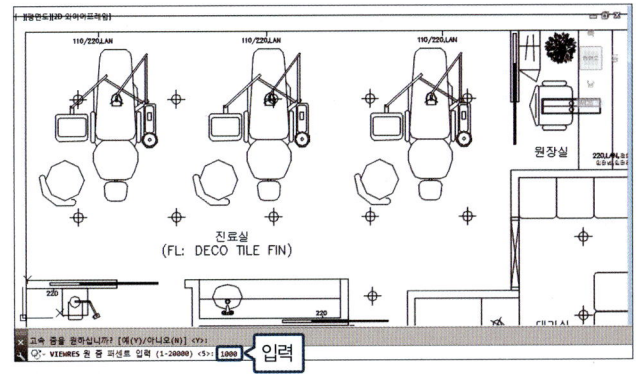

원 줌 퍼센트 입력 (1-20000) ⟨5⟩: 1000 Space bar ← '1000' 입력
모형 재생성 중.

03 각이 졌던 원이 좀 더 매끄러운 곡선으로 표현되는 것을 알 수 있습니다.

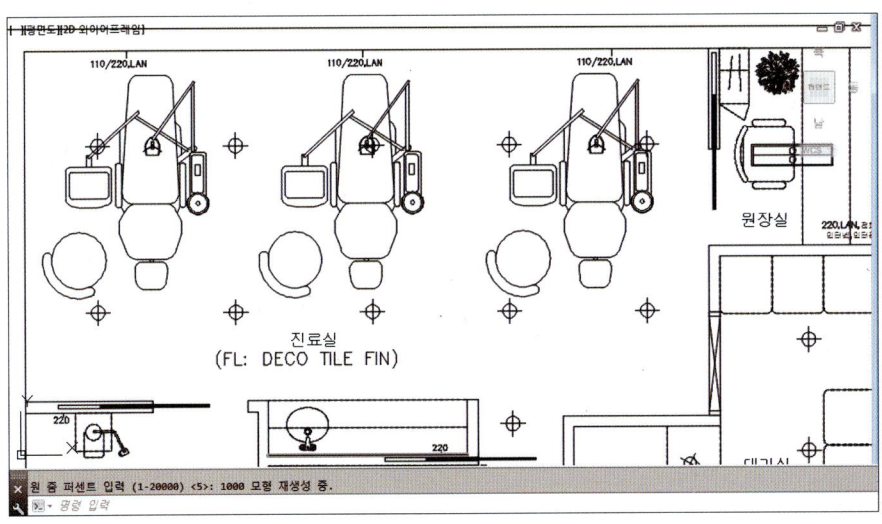

바로 통하는 TIP 직선의 수가 많아질수록 이미지가 매끄럽게 나타나겠지만 도면을 그리는 속도는 떨어집니다. 도면을 그릴 때 Zoom 명령을 사용해보면 속도의 차이를 알 수 있습니다.

SECTION 02 도면 객체의 정보를 알려주는 List와 Dist

List(객체 정보 표시) 명령은 특정 객체에 대한 모든 정보를 조회하는 명령이며, Dist(길이 측정) 명령은 지정한 두 점 사이의 거리와 각도와 좌표의 증분을 조회하는 명령입니다. 두 명령 모두 도면 요소에 대한 여러 가지 정보를 알고자 할 때 유용합니다. 하지만 두 명령을 사용하는 상황이 각기 다릅니다.

1 List 명령으로 객체 정보 알아보기

List(객체 정보 표시) 명령의 표현 형식은 F2 와 유사합니다. 앞에서도 언급했지만 F2 는 현재 도면의 작성과정을 기억하여 사용자가 확인할 수 있도록 하는 일종의 작업 내역 보기 기능입니다. List 명령은 F2 기능을 포함하여 현재 지정한 특정 객체의 정보까지 표현합니다. 명령 행에 'List'를 입력하고 Space bar 를 눌러 사용하거나 메뉴 바의 [도구]-[조회]-[리스트]를 클릭하여 사용합니다.

01 예제 파일 'Part6-04.dwg'를 불러옵니다. 마우스의 휠이나 Zoom 명령을 사용하여 화면에 의자를 표현한 원이 크게 보이도록 합니다. 그런 다음 명령 행에 'List'를 입력하고 Space bar 를 눌러 명령을 실행한 후 정보를 확인하고 싶은 객체인 원을 선택합니다.

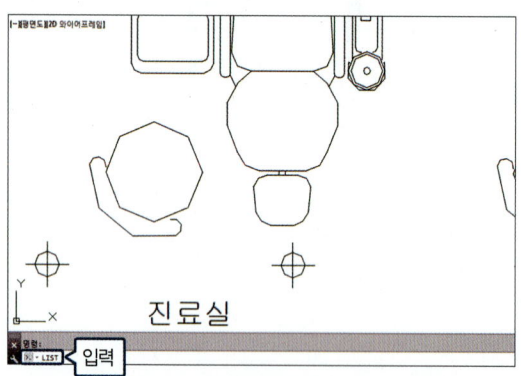 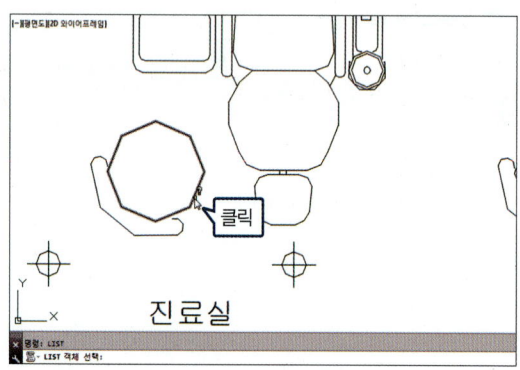

명령: LIST Space bar ← List 명령 입력 (LI)
객체 선택: ← 정보를 조회할 객체를 선택

02 Space bar 를 눌러 다음 단계로 진행하면 원에 관한 여러 가지 정보가 있는 팝업 창이 뜹니다. 원의 현재 레이어 이름과 영역 정보, 중심점의 좌표, 반지름값, 둘레의 길이, 면적이 나타납니다.

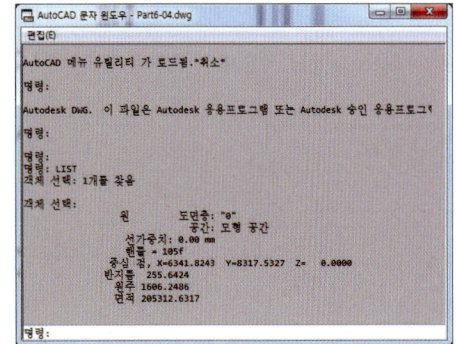

바로 통하는 TIP List 명령은 선이나 문자, 각종 블록 등의 정보를 조회할 수 있습니다. AutoCAD에서 표현하는 모든 객체에 대한 정보를 구할 수 있습니다.

객체 선택: 1개를 찾음 Space bar ← 원 선택 후 Space bar

2 Dist 명령으로 객체 사이의 거리 알아보기

Dist(길이 측정) 명령은 객체 정보를 조회한다는 면에서 List(객체 정보 표시) 명령과 유사합니다. 그러나 Dist 명령은 각도를 포함한 두 점의 거리를 조회하고 X, Y 좌표의 증분값도 알 수 있습니다. List 명령보다 작업이 간단하면서도 처리 속도가 빨라서 실무에서 많이 사용합니다. Dist 명령을 사용하려면 명령 행에 'Dist'를 입력하고 Space bar 를 눌러 사용합니다.

01 병원의 천정도를 나타낸 예제 파일 'Part6-05.dwg'를 불러옵니다. 조명 장치 사이의 거리를 조회하기 위해 명령 행에 'Dist'를 입력하고 Space bar 를 누릅니다. 그런 다음 거리를 잴 두 점을 정확하게 지정합니다. 객체 스냅이 설정되어있지 않다면 F3 을 눌러 설정합니다.

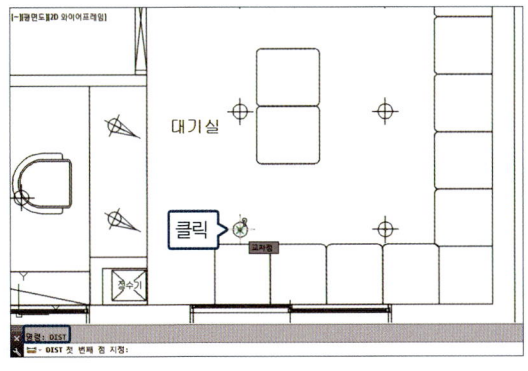 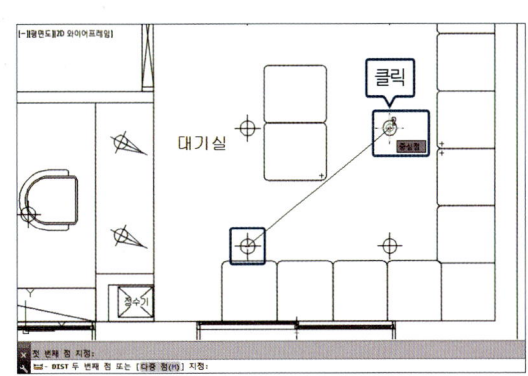

명령: DIST Space bar ← Dist 명령 입력 (DI)
첫 번째 점 지정: ← 첫 번째 점 지정
두 번째 점 또는 [다중 점(M)] 지정: ← 두 번째 점을 지정

바로 통하는 TIP Dist 명령은 List 명령과 달리 도면 요소가 없어도 사용할 수 있습니다. 즉, 도면 요소가 없는 허공의 두 점을 지정해도 두 점의 길이를 측정합니다.

02 명령 행과 마우스 포인터에 조회한 정보가 자동으로 나타납니다. '거리'는 현재의 거리값이며, 'XY 평면에서의 각도'는 평면 각도이며 'X증분', 'Y증분', 'Z증분'은 각 좌표의 증분값입니다.

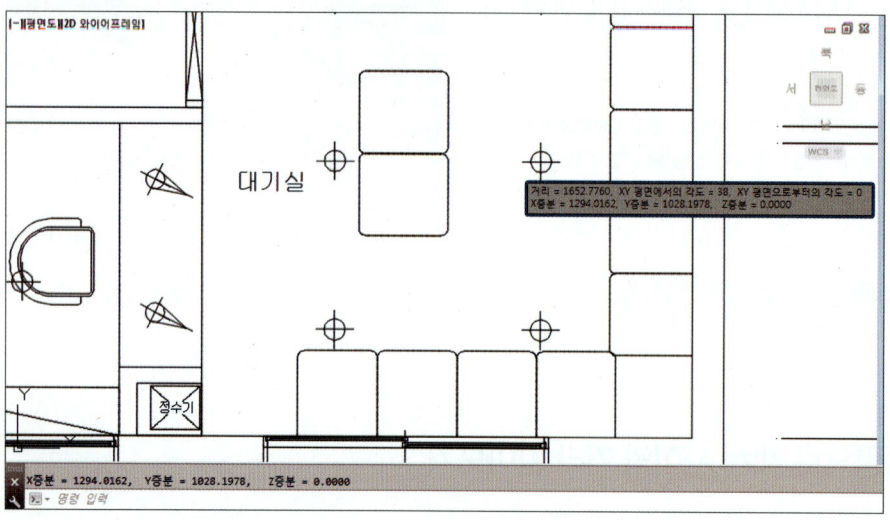

거리 = 1652.7760, XY 평면에서의 각도 = 38, XY 평면으로부터의 각도 = 0
X증분 = 1294.0162, Y증분 = 1028.1978, Z증분 = 0.0000

실무활용노트 AUTO CAD | X증분과 Y증분에서 증분이란?

증분(increment)은 X, Y 좌표의 정수평 방향과 정수직 방향의 거리를 말합니다. 다음 그림을 참고합니다. 사선 거리인 '111.8'에 대한 정수평 방향의 '100'이 X증분값이며 정수직 방향의 '50'이 Y증분값입니다.

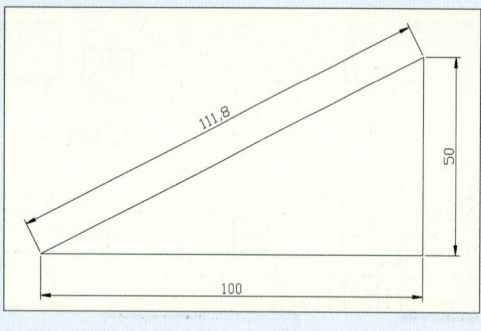

SECTION 03 실무 작업에서 요긴한 Area, Calculator, Purge

실무에서 건축이나 인테리어 도면을 그리다 보면 면적을 계산해야 할 경우가 많습니다. 이럴 경우에 사용하는 명령이 Area(면적 계산) 명령입니다. 임의의 수치를 다른 단위로 환산할 때 필요한 계산 명령은 Calculator(계산기) 명령입니다. 또한 사용하지 않는 객체 용량을 완전히 소거하는 Purge(메모리 제거) 명령도 있습니다. 이번에는 실무에서 요긴하게 사용할 수 있는 계산 기능에 대해 알아보겠습니다.

1 Area 명령으로 건축 도면 면적 계산하기

Area(면적 계산)는 도면 내부의 일정 공간에서 몇 개의 점을 지정하거나 객체 자체를 선택하여 면적을 구하는 명령입니다. 일반적으로 건축이나 인테리어 도면에서 많이 사용합니다. 이번에는 실제 건축 도면으로 면적을 계산해보겠습니다. Area 명령을 사용하려면 명령 행에 'Area'를 입력하고 Space bar 를 누릅니다.

01 예제 파일 'Part6-06.dwg'를 불러옵니다. 명령 행에 'Area'를 입력하고 Space bar 를 누릅니다.

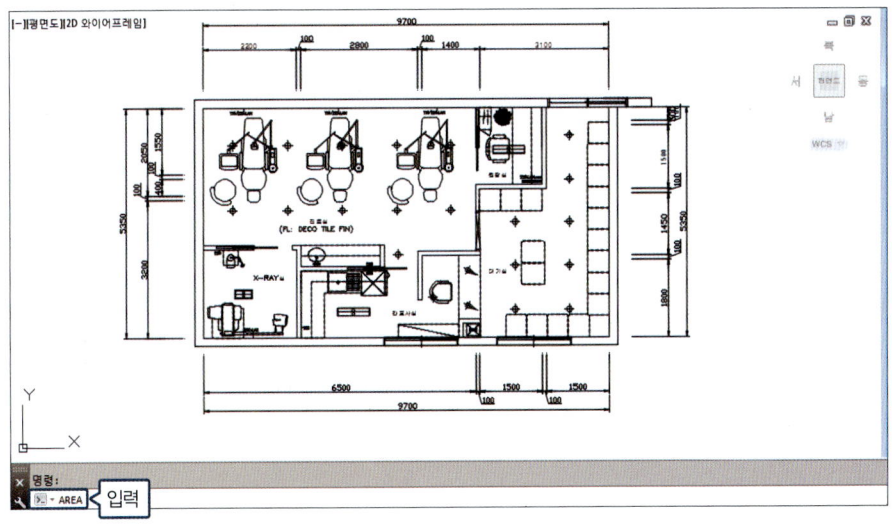

명령: AREA Space bar ← Area 명령 입력

02 면적을 잴 영역의 경계선이 되는 외부 벽체의 네 점을 각각 지정합니다.

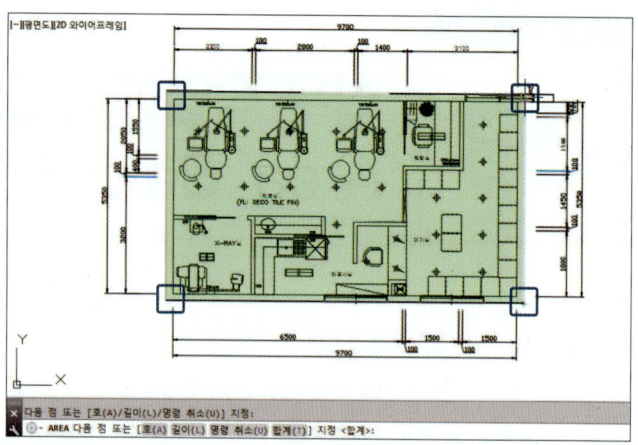

첫 번째 구석점 지정 또는 [객체(O)/면적 추가(A)/면적 빼기(S)] ⟨객체(O)⟩: ← 첫 번째 구석점 지정
다음 점 또는 [호(A)/길이(L)/명령 취소(U)] 지정: ← 다음 구석점을 지정
다음 점 또는 [호(A)/길이(L)/명령 취소(U)] 지정: ← 다음 구석점을 지정
다음 점 또는 [호(A)/길이(L)/명령 취소(U)/합계(T)] 지정 ⟨합계⟩: ← 다음 구석점을 지정

03 마지막으로 첫 번째로 지정한 점을 다시 한 번 클릭하고 Space bar 를 누릅니다.

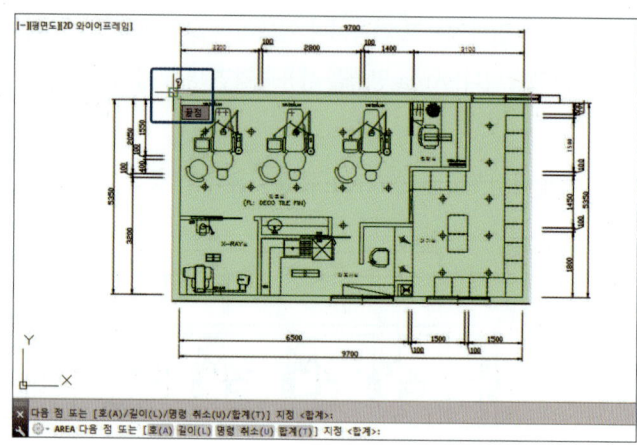

다음 점 또는 [호(A)/길이(L)/명령 취소(U)/합계(T)] 지정
⟨합계⟩: ← 다음 구석점을 지정 후 Space bar

04 선택한 객체에 대한 면적, 둘레의 길이 정보가 명령 행에 나타납니다. 좀 더 자세하게 확인하고 싶다면 F2 를 눌러봅니다.

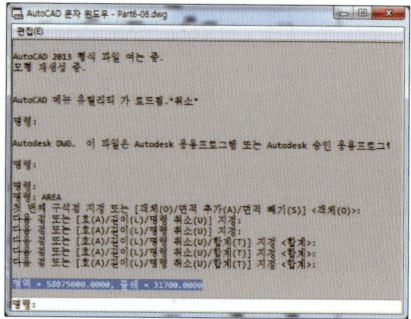

바로 통하는 TIP 현재 도면의 설정 단위가 mm로 되어 있어 m²나 평으로 환산합니다. 우선 1m는 1,000mm이므로 58,075,000mm를 m로 환산하면 58.075m입니다. 그리고 면적을 나타내는 m²로 환산하기 위해서는 다시 세 자리 앞으로 옮겨 58.075m²로 환산됩니다. 우리나라에서 자주 사용하는 평수로 환산하려면 58.075m²를 1평의 값인 3.3058m²로 나누어 계산하면 됩니다.
연산식 : 58.075m²/3.3058m²=17.5676평

다음 점 또는 [호(A)/길이(L)/명령 취소(U)/합계(T)] 지정 ⟨합계⟩:
영역 = 58075000.0000, 둘레 = 31700.0000

Pline 명령으로 건축 도면 면적 쉽게 계산하기

앞에서 Area(면적 계산) 명령을 사용하여 도면 면적을 계산해보았습니다. Area 명령은 명령을 빠르게 실행하는 강점이 있는 반면 지정한 점을 다시 확인할 수 없어 정확성이 떨어진다는 약점이 있습니다. 이러한 약점을 보완하여 면적을 계산할 때는 PART 03에서 알아본 Pline(폴리선) 명령을 사용합니다.

1 예제 파일 'Part6-07.dwg'를 불러옵니다. 명령 행에 'Pline'을 입력하고 Space bar 를 누릅니다.

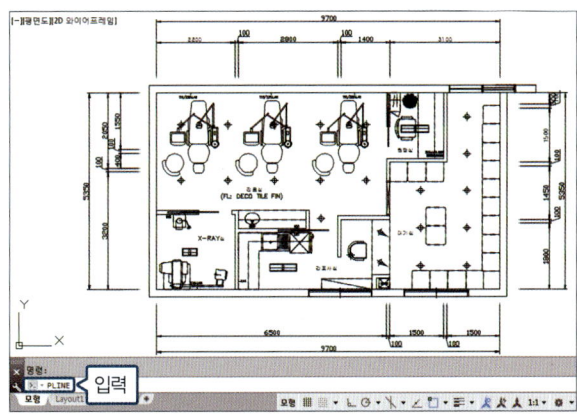

명령: PLINE Space bar ← Pline 명령 입력 (PL)

2 네 개의 모서리 점을 지정한 후 마지막 점을 지정할 때는 'C'를 입력하면 선의 출발점을 자동으로 지정하여 폴리선을 닫습니다.

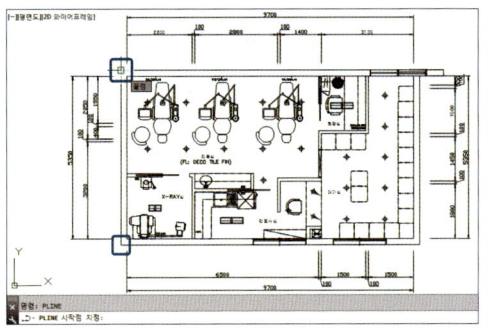
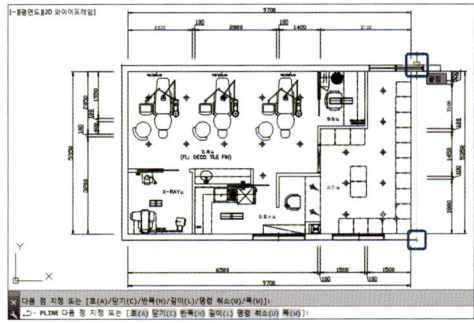

시작점 지정: ← 시작점 지정
현재의 선 폭은 0.0000임
다음 점 지정 또는 [호(A)/반폭(H)/길이(L)/명령 취소(U)/폭(W)]: ← 다음 점 지정
다음 점 지정 또는 [호(A)/닫기(C)/반폭(H)/길이(L)/명령 취소(U)/폭(W)]: ← 다음 점 지정
다음 점 지정 또는 [호(A)/닫기(C)/반폭(H)/길이(L)/명령 취소(U)/폭(W)]: ← 다음 점 지정
다음 점 지정 또는 [호(A)/닫기(C)/반폭(H)/길이(L)/명령 취소(U)/폭(W)]: c [Space bar] ← 옵션 'C' 입력 후 명령 종료

3 정보를 조회하는 List 명령으로 조금 전에 그린 사각형 객체를 선택하여 면적을 조회합니다.

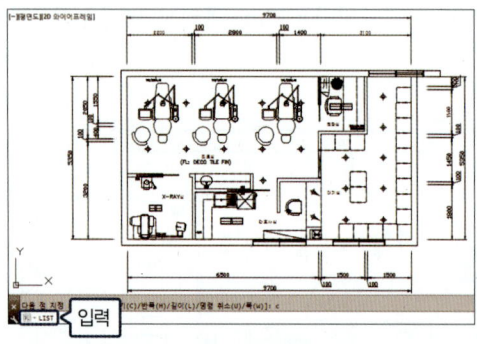 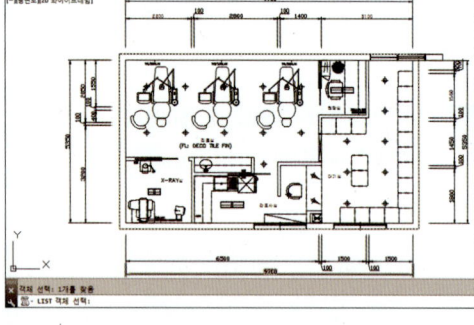

명령: LIST [Space bar] ← List 명령 입력 (LI)
객체 선택: 1개를 찾음 ← 정보를 조회할 객체를 선택
객체 선택: [Space bar]

4 면적이 58,075,000mm이므로 앞에서 알아본 방법으로 m²나 평으로 환산합니다.

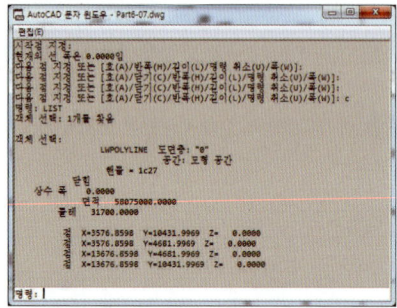

2 Calculator 명령으로 빠르게 계산하기

AutoCAD의 Calculator(계산기) 명령은 별도의 계산기 없이도 쉽고 빠르게 계산할 수 있어 편리합니다. Calculator 명령을 사용하려면 명령 행에 'Cal'을 입력하고 Space bar 를 누릅니다.

01 새로운 도면 파일을 엽니다. 명령 행에 'Cal'을 입력하고 Space bar 를 누릅니다.

명령: CAL Space bar ← Calculator 명령 입력

02 '100'에 '50'을 곱해보겠습니다. 명령 행에 '100*50'을 입력한 후 Enter 를 눌러 계산을 실행합니다. 이때 Space bar 를 누르면 한 칸 띄우는 기능을 합니다. 명령 행이 세 줄로 보이도록 드래그하여 조정하면 연산 결과가 '5,000'임을 알 수 있습니다.

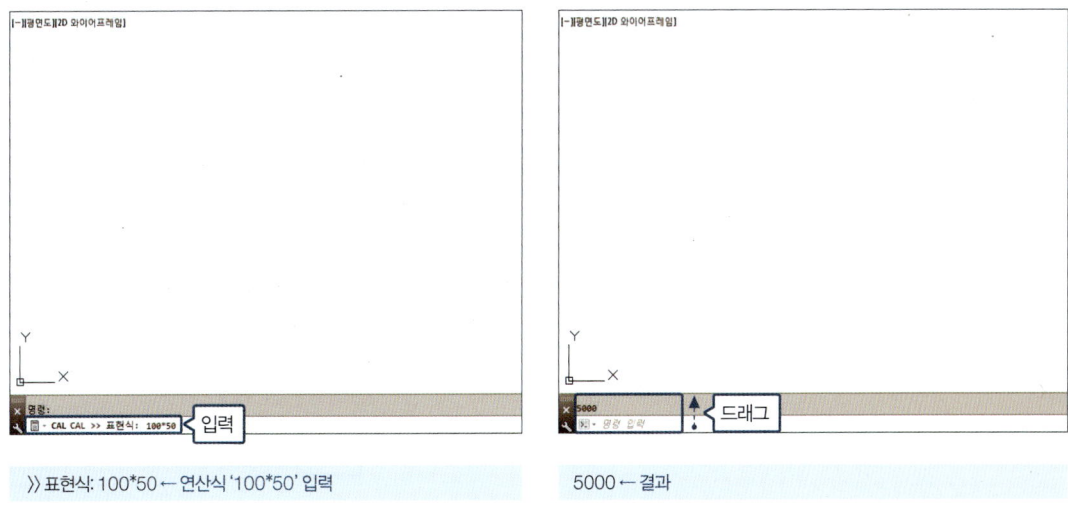

》 표현식: 100*50 ← 연산식 '100*50' 입력

5000 ← 결과

바로 통하는 TIP 컴퓨터의 키보드 오른쪽에 위치한 숫자키와 연산키를 사용하여 입력하도록 합니다. 이때 Num Lock 이 활성화된 상태여야만 숫자키가 입력됩니다.

3 Purge 명령으로 쓸모없는 용량 줄이기

낱말 'Purge'를 영어사전에서 찾아보면 '깨끗이 하다, 제거하다' 등의 의미입니다. Erase 명령을 사용한 객체 삭제는 객체를 화면상에서만 보이지 않게 할 뿐 실제 용량은 그대로 할당되어 도면상에 남아 있습니다. 이런 객체가 많을수록 쓸모없는 용량이 추가되어 작업 속도가 더뎌지고 다른 사람과 도면을 공유할 때 파일 전송 속도가 느려집니다. 이럴 때 Purge(메모리 제거) 명령을 사용하여 이미지를 화면상에서 삭제할 뿐 아니라 객체의 용량까지 완전히 소거한다면 작업 속도의 개선은 물론 도면 전송도 원활하게 이루어질 것입니다.

01 예제 파일 'Part6-07.dwg'를 불러옵니다. 화면상에 보이진 않지만 파일 자체에 그대로 남아 있어 필요 없는 용량을 소거하기 위해 명령 행에 'Purge'를 입력하고 Space bar를 누릅니다.

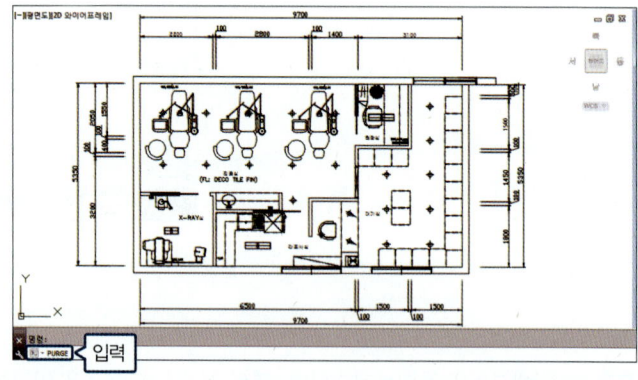

명령: PURGE Space bar ← Purge 명령 입력

02 [소거] 대화상자가 나타나면 하단의 '내포된 항목 제거'를 체크합니다. 그리고 [모두 소거] 버튼을 클릭합니다.

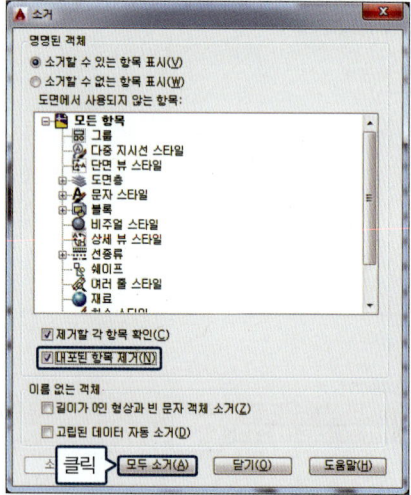

03 '블록 방위표1을 소거하시겠습니까?'라는 메시지 창이 나타나면 사용하지 않는 모든 객체를 소거할 것이므로 두 번째 항목인 [모든 항목 소거]를 클릭합니다.

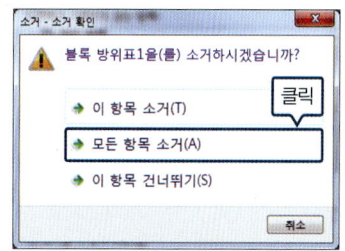

04 처리되는 상황이 화면상에 빠르게 나타납니다. [닫기] 버튼을 클릭하여 종료합니다. F2를 눌러보면 어떤 내용이 소거되었는지를 알 수 있습니다.

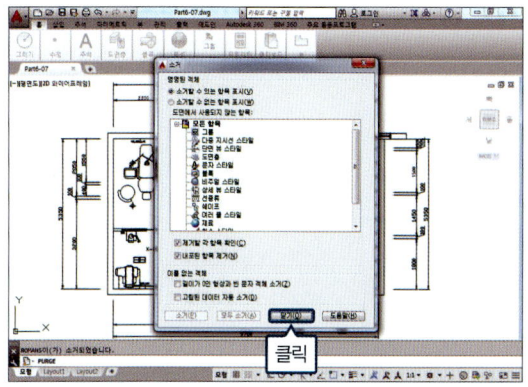
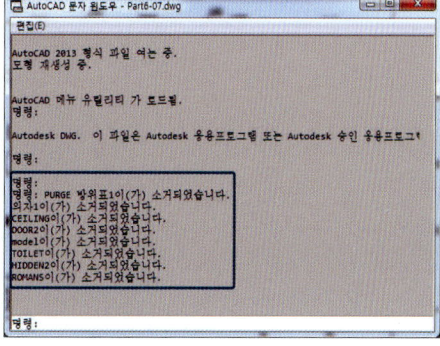

방위표1이(가) 소거되었습니다.
의자1이(가) 소거되었습니다.
CEILING이(가) 소거되었습니다.
DOOR2이(가) 소거되었습니다.
model이(가) 소거되었습니다.
TOILET이(가) 소거되었습니다.
HIDDEN2이(가) 소거되었습니다.
ROMANS이(가) 소거되었습니다.

바로 통하는 TIP Purge 명령을 수행하면 반드시 도면 파일을 저장해야 합니다. Purge 명령을 실행하기 전과 후의 파일을 확인해보면 큰 도면의 경우 50% 정도 용량이 줄어듭니다.

PART 07

이번 파트에서는 3D 이미지를 표현할 때 반드시 이해해야 하는 3D 좌표계에 대하여 알아보겠습니다. 여러 가지 관측점을 통해 정확한 이미지를 표현하려면 가장 기초가 되는 개념인 3D 좌표계를 반드시 숙지해야 합니다. 그럼 더욱 강해진 AutoCAD 2017의 3D 기능을 알아보겠습니다.

AutoCAD 2017로 3D 도면 작업하기

CHAPTER 01

좌표와 관측점

투시도 도면을 비롯한 입체 이미지를 표현하고자 할 때 AutoCAD 3D 기능을 사용합니다. AutoCAD뿐만 아니라 다른 CAD 프로그램에서도 3D 이미지를 원활하게 표현하려면 가장 기초가 되는 개념인 3D 좌표계를 숙지해야 합니다. 그래야만 여러 가지 관측점을 통해 도면을 확인할 수 있고 정확한 이미지를 표현할 수 있습니다. 이번 장에서는 2D와 3D 좌표계의 개념과 관측점 지정 명령인 Vpoint(관측점) 명령을 알아보겠습니다.

학습 목표

3D 좌표계를 이해하고 도면의 관측점을 원하는 대로 변경하는 방법을 익혀봅니다. Vpoint 명령으로 2D 좌표계에서 3D 좌표계로 관측점을 변경해보겠습니다.

▲ 3D 작업 화면

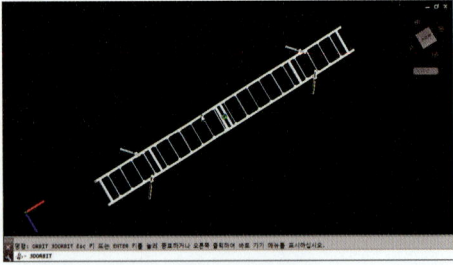

▲ 관측점 변경하기

SECTION 01 3D 좌표계의 개념 이해하기

앞에서 2D 도면을 작성할 때 필요한 X, Y 좌푯값의 개념을 알아보았습니다. 3D 도면에서는 X, Y 좌푯값에 Z 좌푯값이 추가됩니다. 3D란 어떤 의미이며 3D 좌표와 2D 좌표는 어떤 차이가 있는지 알아보겠습니다.

1 3D란?

'차원'의 다른 말은 '2D, 3D'의 'D(Dimension)'입니다. 0차원은 한 개의 점(Dot)이고 1차원은 두 개의 점, 즉 선(Line)으로 표현됩니다. 2차원은 세 개의 점으로 이루어져 있어 면(Surface)으로 구성되며 AutoCAD에서는 X, Y 좌표를 갖는 2D 도면을 말합니다. 3차원은 네 개 이상의 점으로 이루어져 있는 3D 입체 공간입니다. 입방체(Cube) 등의 모양으로 구성되고 X, Y, Z 좌표를 갖습니다. 쉽게 풀이하여 X, Y 좌표는 도면의 가로와 세로 방향값을 표현하고 Z 좌표는 높이값을 표현합니다.

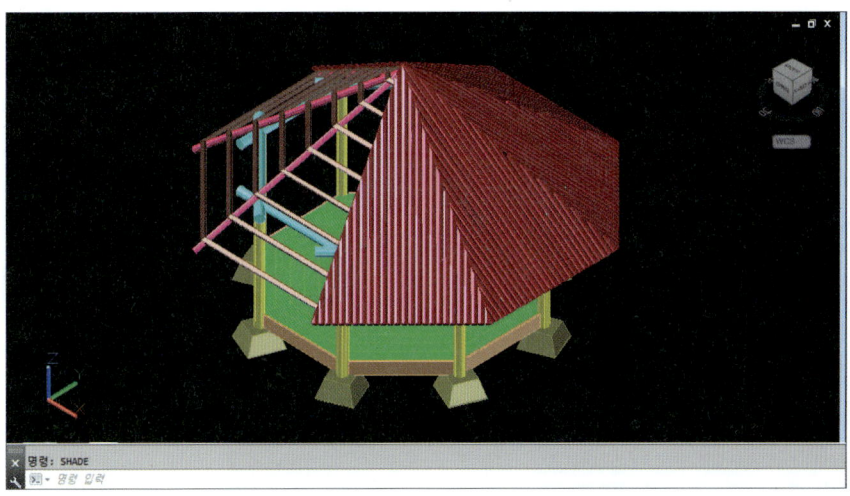

2 2D 좌표와 3D 좌표의 차이

3D 좌표와 2D 좌표의 차이점은 도면을 각각의 좌표 방향으로 지정해보면 쉽게 알 수 있습니다. 3D 좌표는 입체 공간에서 이미지를 표현하고 2D 좌표는 입체 도면이라고 하더라도 단순히 평면이나 입면 등의 지정된 한 면의 이미지만을 표현합니다. 원천적으로 3D 이미지는 2D 도면에 높이를 부여하여 나타내므로 2D와 3D 도면은 별개가 아닙니다. 따라서 2D를 충분히 숙지한 후 3D 개념으로 접근해야 합니다. 상대좌표의 개념으로 설명하면 '@X, Y'로 표현되던 2D 개체가 '@X, Y, Z'의 3D 개체로 표현됩니다.

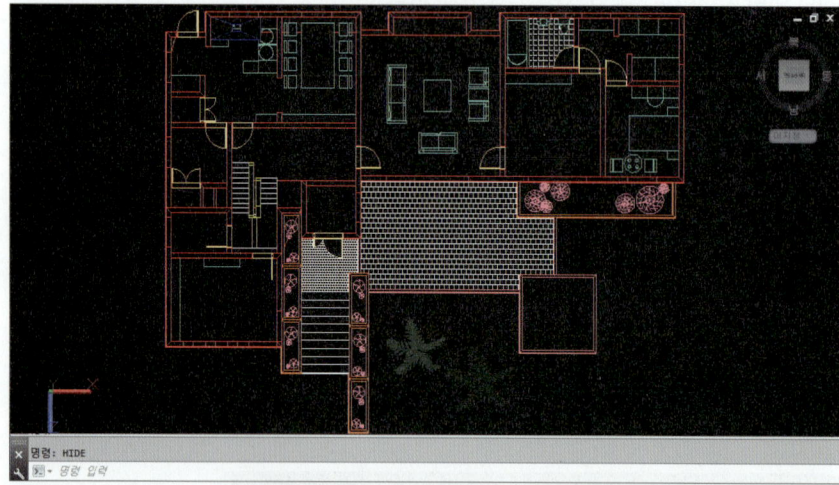

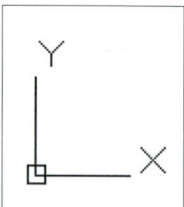

▲ 2D 영역의 UCS 아이콘

▲ 2D 이미지

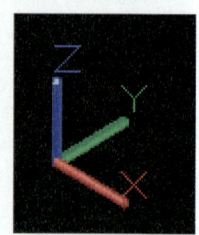

▲ 3D 영역의 UCS 아이콘

▲ 3D 이미지

SECTION 02 동서남북 사방을 관측하는 Vpoint

앞에서 3D의 개념을 알아보았습니다. 2D 도면은 입면이나 평면 등의 당초 표현하고자 하는 면만을 나타냅니다. 하지만 2D와 달리 3D 도면은 남동, 남서 혹은 북동, 북서 등 모든 방향으로 지정할 수 있어 편리하게 사용자가 원하는 방향을 지정할 수 있습니다. Vpoint(관측점) 명령을 사용하려면 명령 행에 'Vpoint'를 입력하고 Space bar 를 눌러 사용합니다.

1 Vpoint 명령으로 관측점 변경하기

Vpoint(관측점) 명령을 통해서 관측점을 지정하면 마치 실제로 그 지점에서 바라보는 것과 같이 모든 객체가 자동으로 재생성(Regenerate)되어 나타납니다. Vpoint 명령을 사용하여 도면을 여러 방향으로 표현해보겠습니다.

01 예제 파일 'Part7-01.dwg'를 불러옵니다. 명령 행에 '-Vpoint'를 입력하고 Space bar 를 누릅니다.

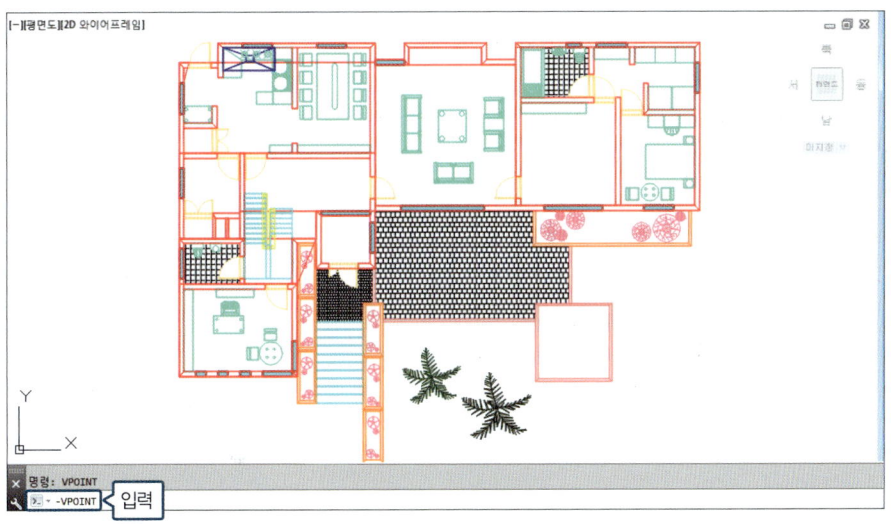

명령: -VPOINT Space bar ← Vpoint 명령 입력

02 새로운 관측점을 일반적인 3D 작업 방향인 남동 방향으로 설정하기 위하여 좌푯값을 '1,-1,1'로 입력하고 Space bar 를 누릅니다.

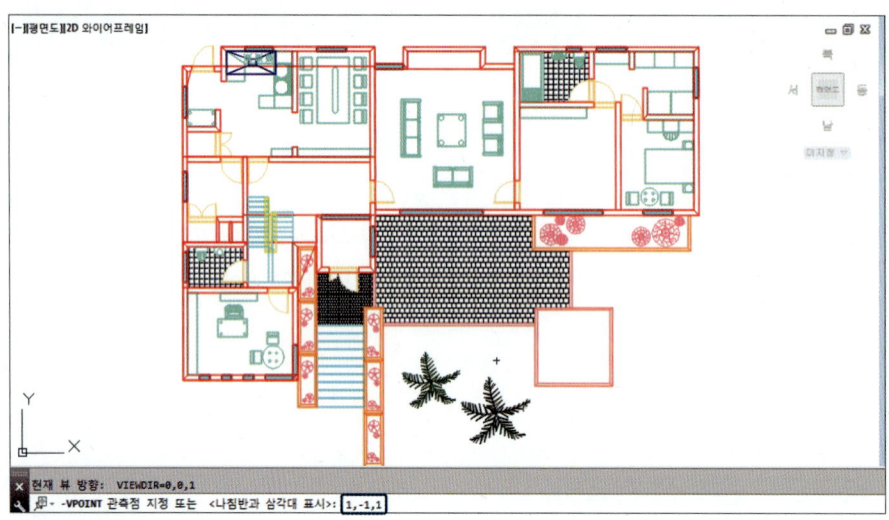

현재 뷰 방향: VIEWDIR=0,0,1
관측점 지정 또는 [회전(R)] <나침반과 삼각대 표시>: 1,-1,1 Space bar ← 관측점 지정

바로 통하는 TIP Vpoint 명령의 기본 설정값은 '0,0,1'이며 이는 X, Y 좌푯값이 각각 '0'이고 Z 좌푯값이 '1'임을 나타냅니다. 이는 하늘에서 수직으로 내려오는 방향에서 바라본 모습을 나타냅니다.

03 남동 방향으로 관측점이 변경되어 나타납니다.

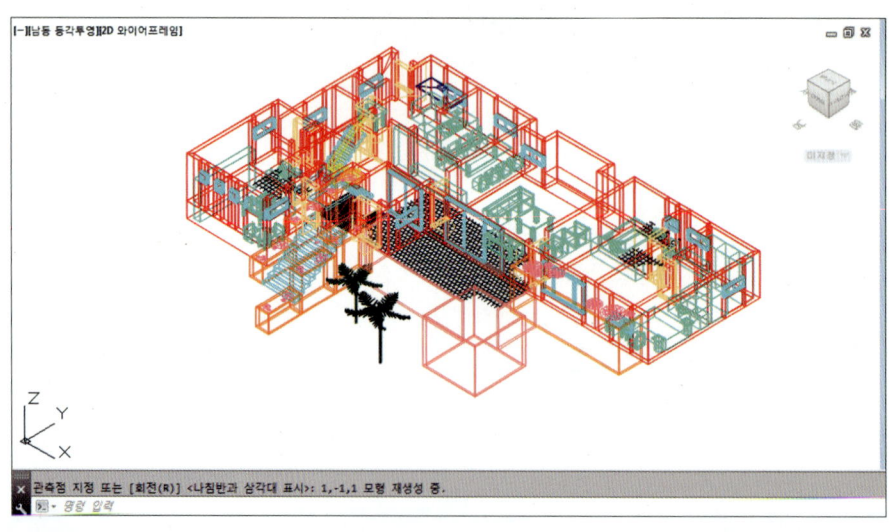

모형 재생성 중.

04 이번에는 다시 북서 방향으로 관측점을 새롭게 설정하기 위하여 명령 행에 그대로 Space bar 를 눌러 명령을 실행합니다. 그런 다음 새로운 관측점 좌푯값인 '-1,1,1'을 입력합니다.

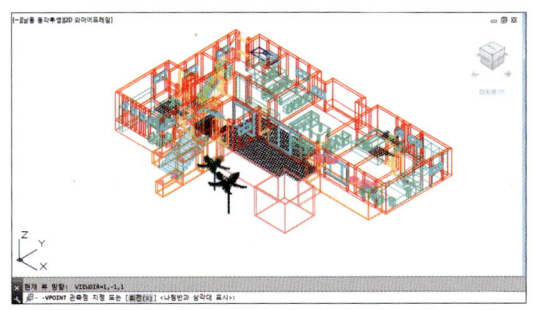 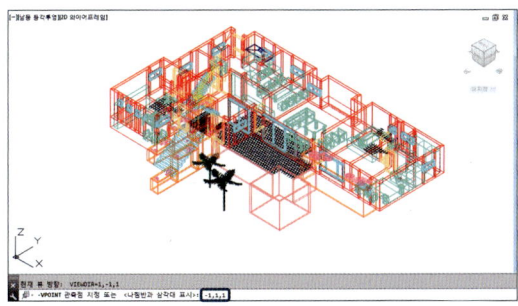

명령: -VPOINT Space bar ← Vpoint 명령 입력
현재 뷰 방향: VIEWDIR=1,-1,1
관측점 지정 또는 [회전(R)]〈나침반과 삼각대 표시〉: -1,1,1 Space bar ← 관측점 지정

05 Space bar 를 누르면 북서 방향으로 관측점이 변화되어 나타납니다.

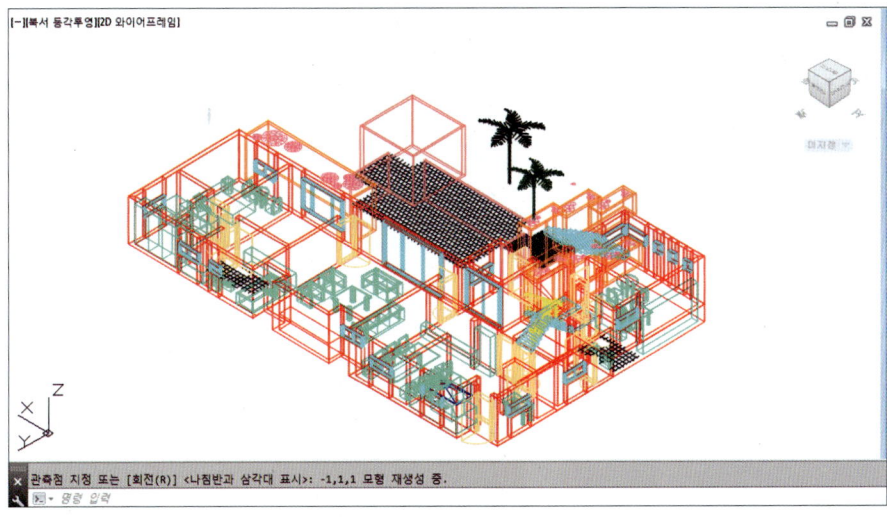

모형 재생성 중.

실무활용노트 AUTOCAD | Vpoint 좌푯값에 따른 관측 방향

Vpoint 좌푯값에 따른 관측 방향과 각도를 정리한 표입니다. 도면을 작성할 때 참고하세요. 좀 더 자세한 방법은 예제 파일 'Part7-02.dwg'를 불러와서 각 방향으로 관측점을 지정해보며 익힙니다.

Vpoint 좌푯값	관측 방향	좌우각	상하각
1,-1,1	오른쪽(정면) 위	35	35
-1,-1,1	왼쪽(정면) 위	225	35.5
1,0,0	우측면도	0	0
-1,0,0	좌측면도	180	0
0,-1,0	정면도	270	0
0,1,0	배면도	90	0
0,0,1	평면도	270	90
0,0,-1	저면도	270	-90

▲ 1,-1,1로 지정할 경우

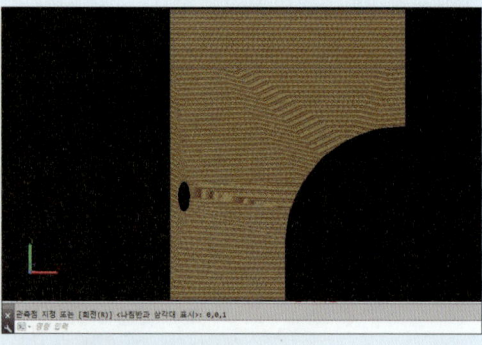

▲ 0,0,1로 지정할 경우

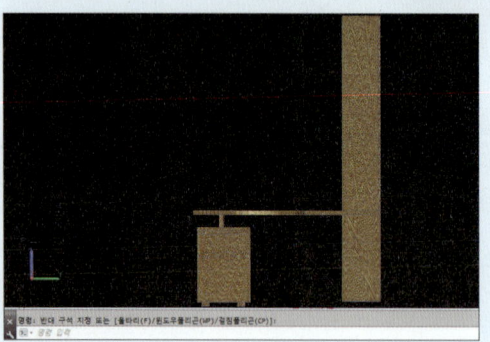

▲ 1,0,0로 지정할 경우

▲ 0,-1,0로 지정할 경우

2 View Cube를 사용하여 Vpoint 명령 실행하기

View Cube를 사용하여 Vpoint 명령을 지정하면 일일이 관측점의 좌푯값을 외우지 않아도 사용할 수 있어 편리합니다.

01 예제 파일 'Part7-02.dwg'를 불러옵니다. 관측점을 바꾸기 위하여 화면의 오른쪽 상단에 위치한 View Cube를 사용합니다.

02 3D 객체를 원하는 방향으로 지정하기 위해 해당하는 방향으로 View Cube를 지정합니다.

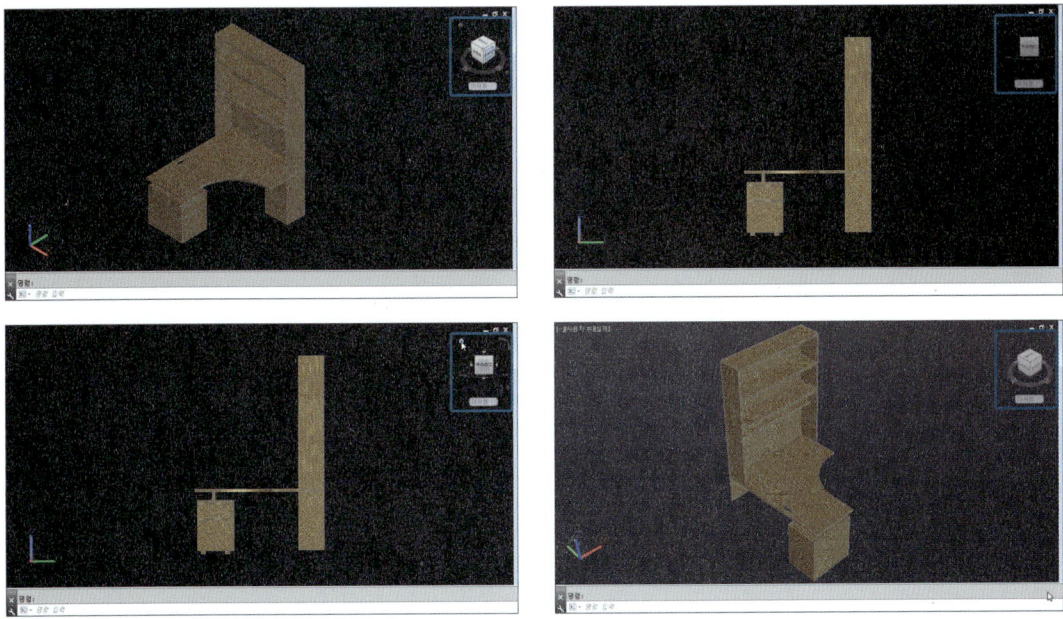

실무활용노트 AUTO CAD | View Cube의 역할

1 평면도
평면도를 지정합니다. 좌푯값은 0,0,1입니다.

2 저면도
저면도를 지정합니다. 좌푯값은 0,0,-1입니다.

3 좌측면도
좌측면도를 지정합니다. 좌푯값은 -1,0,0입니다.

4 우측면도
우측면도를 지정합니다. 좌푯값은 1,0,0입니다.

5 정면도
정면도를 지정합니다. 좌푯값은 0,-1,0입니다.

6 배면도
배면도를 지정합니다. 좌푯값은 0,1,0입니다.

7 남서 방향 등각 투영도
남서 방향 등각 투영도를 지정합니다. 좌푯값은 -1,-1,1입니다.

8 남동 방향 등각 투영도
남동 방향 등각 투영도를 지정합니다. 좌푯값은 1,-1,1입니다.

9 북동 방향 등각 투영도
북동 방향 등각 투영도를 지정합니다. 좌푯값은 1,1,1입니다.

10 북서 방향 등각 투영도
북서 방향 등각 투영도를 지정합니다. 좌푯값은 -1,1,1입니다.

▲ View Cube

3 Orbit 명령으로 관측점 변경하기

앞에서 알아본 Vpoint 명령은 몇 가지 정해진 방향으로만 관측점을 지정할 수 있습니다. 물론 소수점까지 사용하여 좌푯값을 지정한다면 방향을 더욱 섬세하게 지정할 수 있겠지만 결과를 예측하기는 힘듭니다. 좌푯값을 직접 입력하는 대신 결과물을 실시간으로 확인하면서 자유롭게 관측점을 변경할 수 있는 명령이 바로 Orbit(궤도)입니다. Orbit 명령을 사용하려면 명령 행에 'Orbit'를 입력하고 Spacebar 를 클릭하면 됩니다.

01 예제 파일 'Part7-03.dwg'를 불러옵니다. 명령 행에 'Orbit'를 입력하고 Spacebar 를 누릅니다.

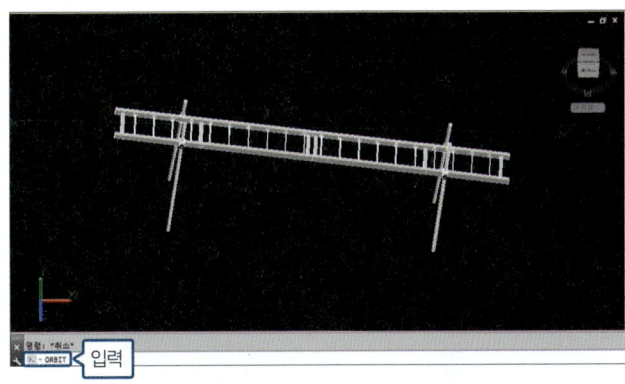

명령: 3DORBIT Spacebar ←Orbit 명령 입력

02 마우스 포인터의 모양이 바뀝니다. 마우스 왼쪽 버튼을 누른 상태에서 마우스를 이동하면 객체 방향이 바뀝니다. 객체를 원하는 방향으로 변경한 후 Spacebar 를 눌러 설정합니다. 필요에 따라 확대 혹은 축소합니다.

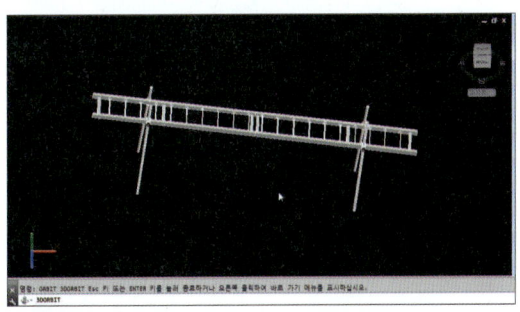

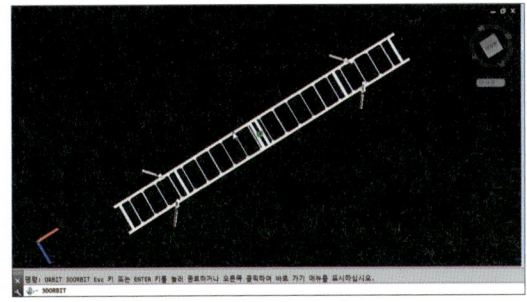

Esc 키 또는 ENTER 키를 눌러 종료하거나 오른쪽 클릭하여 바로 가기 메뉴를 표시하십시오.
윈도우(W) 올가미 - Spacebar 를 눌러 옵션 순환

4 Viewports 명령으로 여러 관측점을 한 화면에서 보기

입체 도면에서는 평면도, 측면도, 정면도, 투시도의 관측점에서 바라본 이미지가 확연하게 다릅니다. 입체 도면으로 기구를 제작할 때 한 용지에 각 관측점의 도면을 동시에 출력한다면 한눈에 비교할 수 있어 훨씬 편리합니다. 이렇게 여러 관측점을 동시에 한 화면에서 확인할 수 있도록 화면을 분할하는 명령이 Viewports(뷰포트) 명령입니다. Viewports 명령을 사용하려면 명령 행에 'Viewports'를 입력한 뒤 Space bar 를 누르고 해당 항목을 클릭하면 됩니다.

01 예제 파일 'Part7-04.dwg'를 불러옵니다. 명령 행에 'Viewports'를 입력하고 Space bar 를 누릅니다. [뷰포트] 대화상자가 나타나면 '새 이름' 영역에 '기구분할'을 입력하여 이름을 지정합니다.

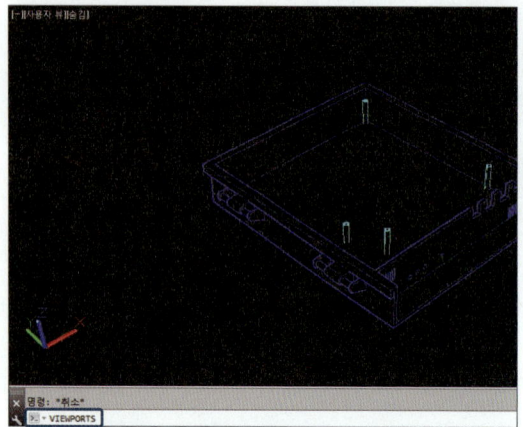
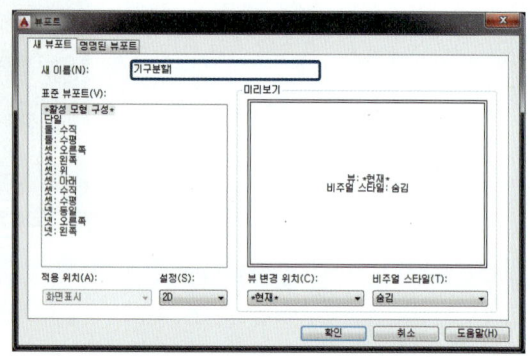

명령: VIEWPORTS Space bar ← Viewports 명령 입력

02 화면을 네 개의 같은 크기로 분할할 것이므로 '표준 뷰포트' 영역에서 '넷: 동일'을 선택합니다. 그런 다음 3D의 여러 관측점으로 표시하기 위해 '설정' 영역에서 '3D'를 선택합니다.

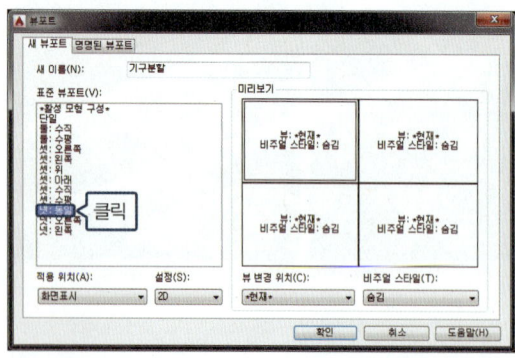
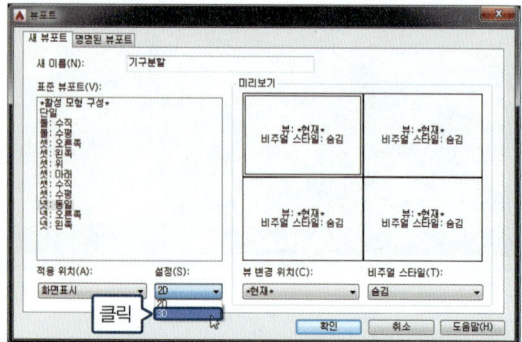

03 '미리보기' 영역을 보면 네 개로 나뉜 창에서 두 줄로 진하게 표시되는 영역이 관측점을 변경할 수 있는 영역입니다. 현재는 왼쪽 상단 영역이 두 줄로 표시되어 있으므로 이 영역의 관측점을 변경합니다. '뷰 변경 위치' 영역에서 '평면도'를 선택합니다. 관측점이 변경되어 표시됩니다.

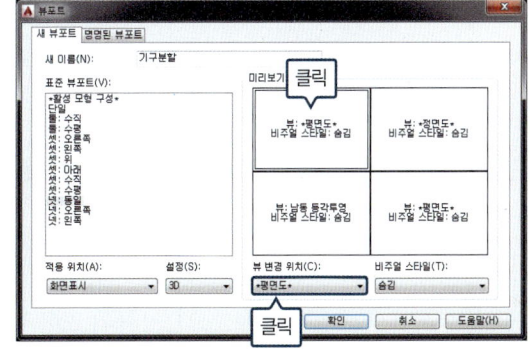

바로 통하는 TIP [뷰포트] 대화상자 오른쪽 하단의 '비주얼 스타일' 영역은 도면 객체를 투명하게 또는 음영으로 표시할지 선택하는 것으로 다음 장에서 살펴보겠습니다.

04 이번에는 '미리보기' 영역에서 오른쪽 상단 영역의 관측점을 변경하기 위해 마우스로 클릭한 뒤 '뷰 변경 위치' 항목에서 '좌측면도'를 선택합니다.

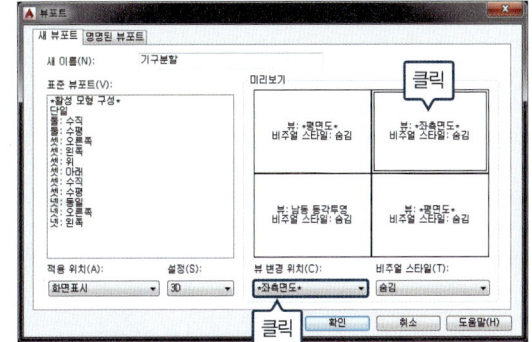

05 계속해서 '미리보기' 영역의 왼쪽 하단 영역의 관측점을 변경하기 위해 마우스로 클릭한 뒤 '뷰 변경 위치' 영역에서 '정면도'를 선택합니다.

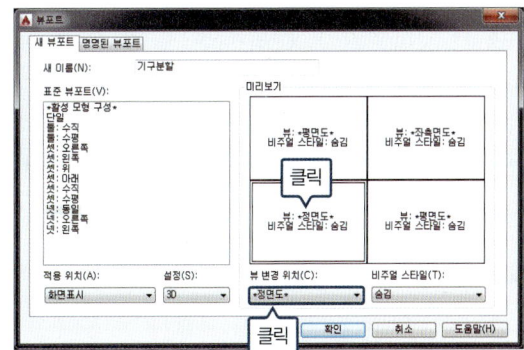

06 마지막으로 '미리보기' 영역의 오른쪽 하단 영역의 관측점을 변경하기 위해 마우스로 클릭한 뒤 '뷰 변경 위치' 영역에서 '남동 등각 투영'을 선택합니다. 그런 다음 [확인] 버튼을 클릭하고 [뷰포트] 대화상자를 닫습니다. 화면이 네 개로 분할되었습니다.

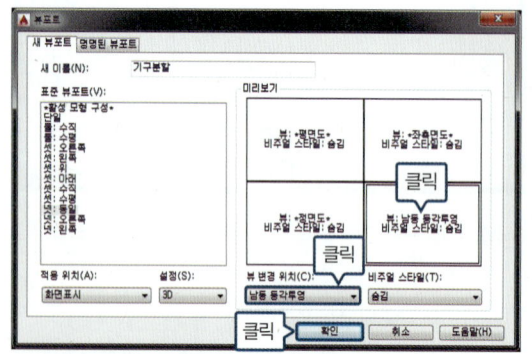 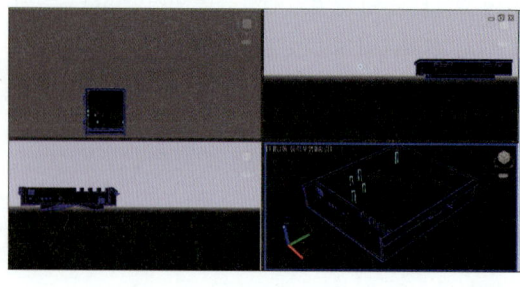

07 다시 화면을 하나로 만들어봅니다. Space bar를 눌러 Viewports 명령을 실행합니다. '표준 뷰포트' 영역에서 '단일'을 선택한 후 [확인] 버튼을 클릭하고 [뷰포트] 대화상자를 닫습니다. 다시 하나의 화면으로 나타납니다.

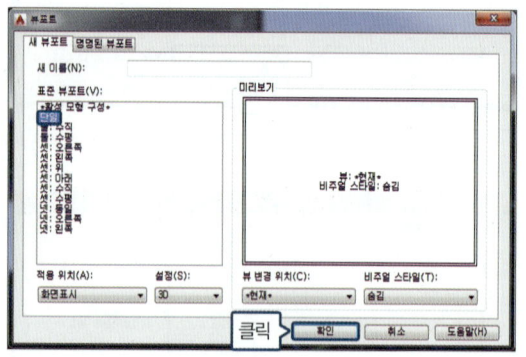 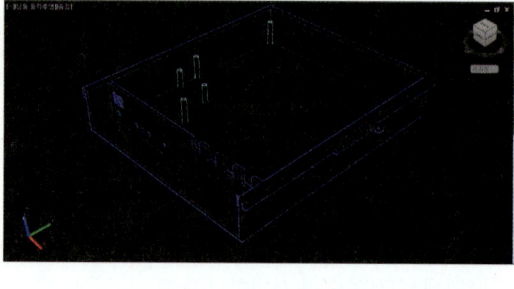

명령: Space bar ← 명령 실행

바로 통하는 TIP 네 개로 분할된 화면 중 진하게 지정되어 있는 영역의 관측점이 다시 '단일'의 관측점으로 표시됩니다.

실무활용노트 AUTO CAD | 표준 뷰포트 구성 살펴보기

'표준 뷰포트' 영역에서는 화면을 몇 개로 분할할 것인지, 어느 쪽에 비중을 두고 분할할 것인지를 선택합니다. 결과는 대화상자 오른쪽의 '미리보기' 영역에서 확인할 수 있습니다.

▲ 단일

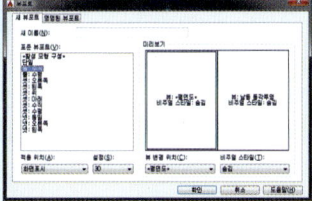
▲ 둘: 수직

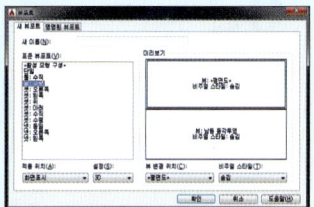
▲ 둘: 수평

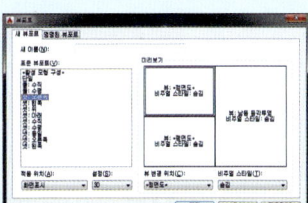
▲ 셋: 오른쪽

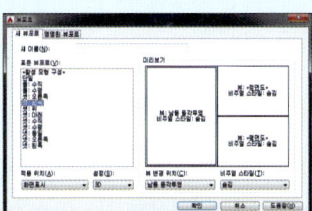
▲ 셋: 왼쪽

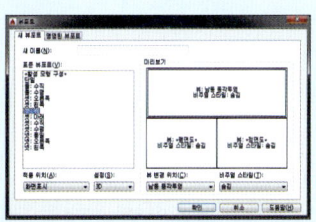
▲ 셋: 위

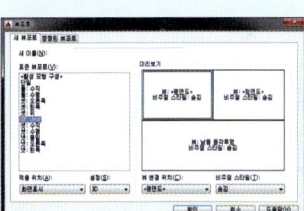
▲ 셋: 아래

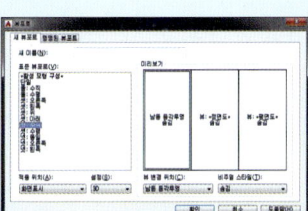
▲ 셋: 수직

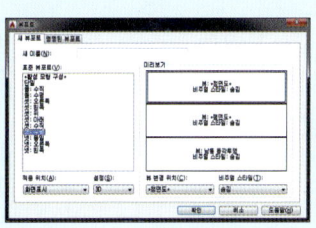
▲ 셋: 수평

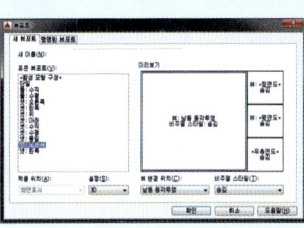
▲ 넷: 오른쪽

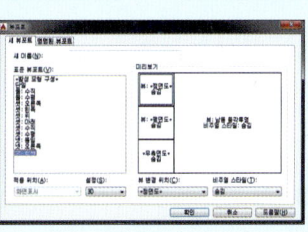
▲ 넷: 왼쪽

CHAPTER 02

2D 객체에 두께를 주고 3D 화면으로 확인하기

이번 장에서는 2D 도면에 Z축 방향으로 두께를 부여하고 고도를 지정하는 방법을 알아보겠습니다. 'Z축 방향으로 두께를 부여하고 고도를 지정한다.'는 것은 3D 이미지를 만든다는 뜻입니다. AutoCAD에서 3D 이미지를 표현하는 방법에는 단순히 선형에 두께를 부여하는 방법과 면(Surface)으로 표현하는 방법, 꽉 찬 개체(Solid)로 표현하는 방법이 있습니다. 여기서는 선형에 두께(Thickness)를 부여하는 방법과 고도(Elevation)을 지정하는 방법을 알아보겠습니다.

학습 목표

2D 도면을 3D로 확인해봅니다. Change 명령으로 2D 가구 도면을 3D 입체 도면으로 완성해보겠습니다.

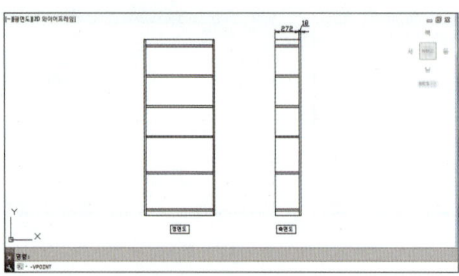
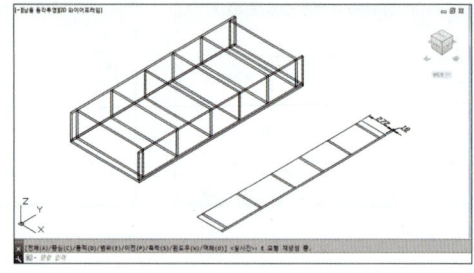

▲ 시공을 위한 실무 도면 : Before(좌), After(우)

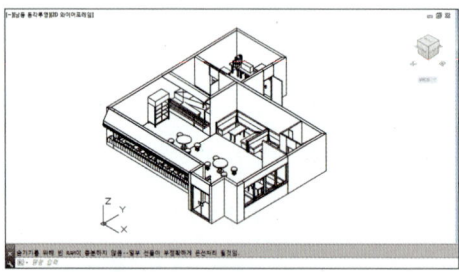

▲ Hide 명령을 적용하여 보이지 않은 선을 숨긴 3D 도면

SECTION 01 두께와 고도를 지정하는 Change

이미 그려진 객체의 특성에서 고도와 두께를 바꾸면 3차원 객체를 생성할 수 있습니다. 이때 독립된 명령인 Elevation(고도)과 Thickness(두께) 명령을 사용할 수도 있고 Change(특성 변경) 명령을 사용하여 고도와 두께를 한 번에 지정할 수도 있습니다. 이번에는 Change 명령을 사용하여 객체의 특성을 지정하도록 해보겠습니다. Change 명령을 사용하려면 명령 행에 'Change'를 입력하고 Space bar 를 누르면 됩니다.

옵션 풀이

색상(C) _ 색상을 재지정합니다.
고도(E) _ 객체의 고도를 재지정합니다.
도면층(LA) _ 도면층을 재지정합니다.
선종류(LT) _ 선 모양을 재지정합니다.
선종류축척(S) _ 선 간격을 재지정합니다.

선가중치(LW) _ 선 굵기를 재지정합니다.
두께(T) _ 객체에 Z축 방향의 두께를 재지정합니다.
투명도(TR) _ 투명도를 지정합니다.
재료(M) _ 재질을 재지정합니다.
주석(A) _ 주석으로 만들지의 여부를 지정합니다.

1 Change 명령으로 가구 입체도 만들기

Change 명령을 사용하여 간단한 가구 입체도를 만들어보겠습니다.

01 예제 파일 'Part7-05.dwg'를 불러옵니다. 명령 행에 '-Vpoint'를 입력한 후 Space bar 를 눌러 명령을 실행합니다. 남동 등각 투영 방향(좌표를 기준으로 남동 방향으로 관측)으로 변경하기 위하여 좌푯값 '1,-1,1'을 입력하고 Space bar 를 누릅니다.

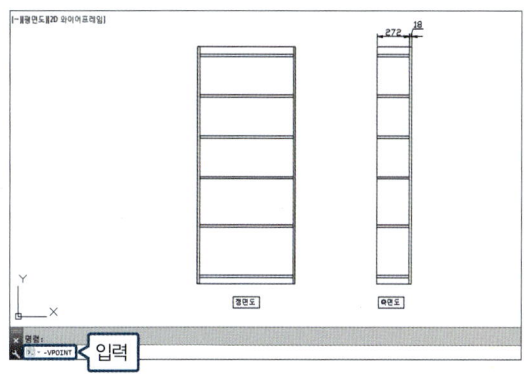 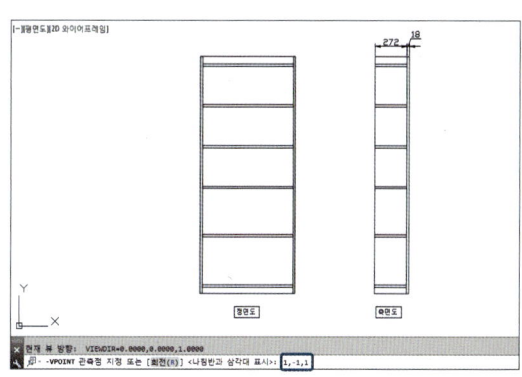

명령: -VPOINT Space bar ← Vpoint 명령 입력
현재 뷰 방향: VIEWDIR=0.0000,0.0000,1.0000
관측점 지정 또는 [회전(R)] <나침반과 삼각대 표시>: 1,-1,1 Space bar ← 관측점 지정

02 명령을 실행하면 화면이 남동 등각 투영 방향으로 전환됩니다.

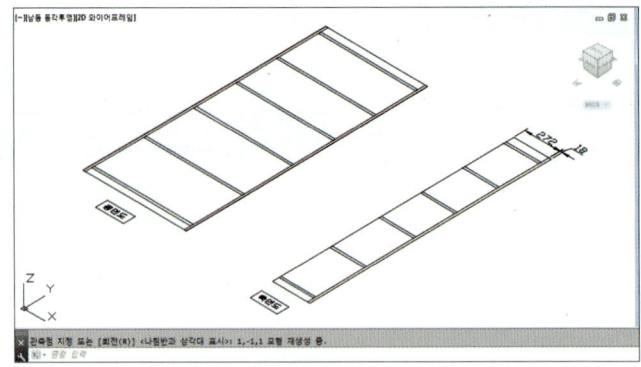

모형 재생성 중.

03 선형에 두께와 고도를 지정하기 위하여 명령 행에 'Change'를 입력하고 Space bar를 누릅니다.

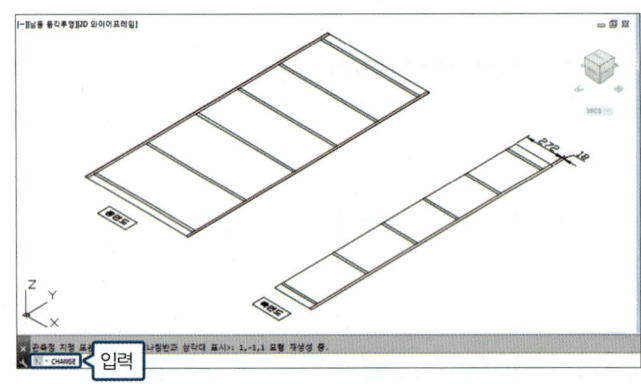

명령: CHANGE Space bar ← Change 명령 입력

04 정면도와 측면도 중 하나를 선택하여 고도와 두께를 부여할 수 있습니다. 여기서는 정면도를 선택하여 입체도로 표현해보겠습니다. 정면의 바닥면을 드래그하여 선택하고 Space bar를 누릅니다.

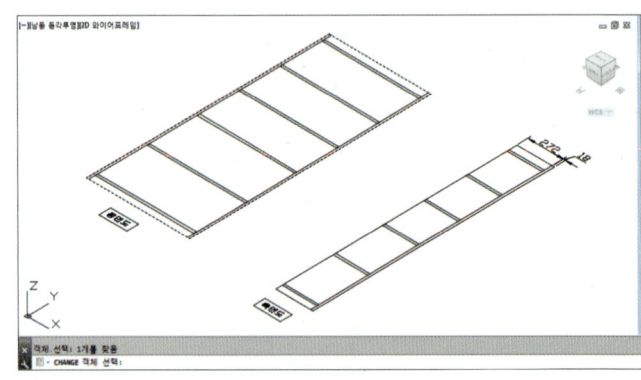

객체 선택: 1개를 찾음 ← 객체 선택
객체 선택: Space bar ← 다음 단계 진행

05 특성을 변경하기 위해 서브 메뉴의 'P'를 입력하고 Space bar 를 누릅니다. 여러 가지 특성 중 두께를 변경하기 위해 두께의 'T'를 입력하고 Space bar 를 누릅니다.

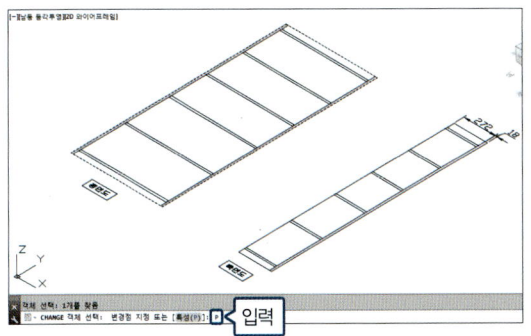 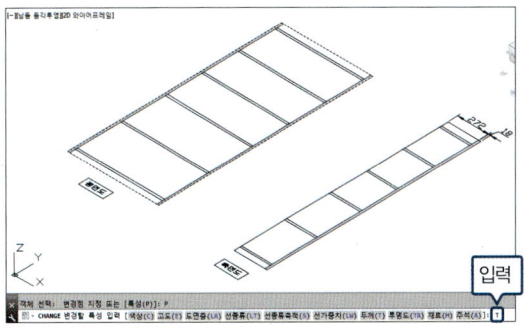

변경점 지정 또는 [특성(P)]: p Space bar ← 옵션 'P' 입력
변경할 특성 입력 [색상(C)/고도(E)/도면층(LA)/선종류(LT)/선종류축척(S)/선가중치(LW)/두께(T)/투명도(TR)/재료(M)/주석(A)]: t Space bar
← 옵션 'T' 입력

06 책장 바닥면의 두께는 측면도를 참고합니다. '18'을 입력하고 Space bar 를 누릅니다.

바로 통하는 TIP 가구 도면이나 인테리어, 건축 도면을 그릴 때 정면도는 측면도의 치수를 참고하여 그려야 하고 입면도는 평면도의 치수를 참고하여 연계되도록 표현합니다.

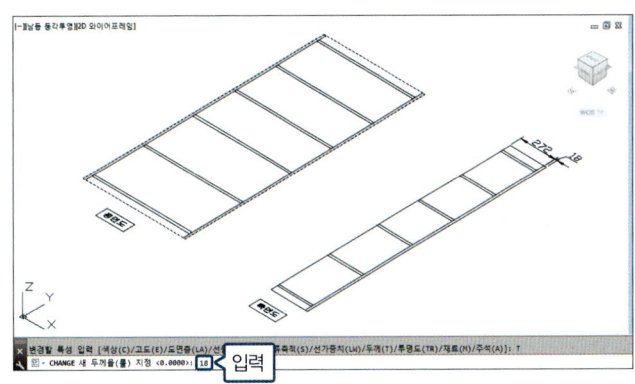

새 두께을(를) 지정 〈0.0000〉: 18 Space bar ← 두께 '18' 입력

07 Space bar 를 한 번 누르면 또 다른 특성을 변경할지 물어봅니다. 더 이상 변경할 내용이 없으므로 Space bar 를 한 번 더 눌러 실행합니다. 바닥면에 두께가 부여됩니다.

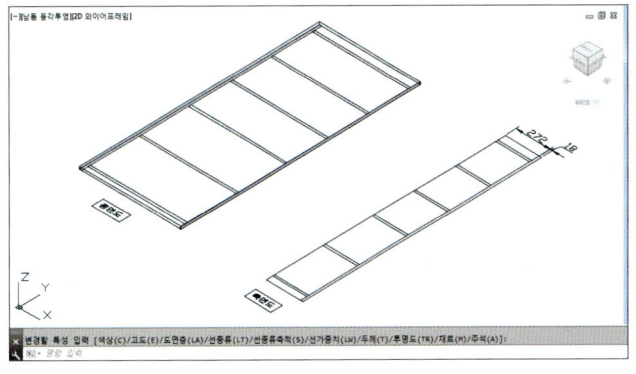

변경할 특성 입력 [색상(C)/고도(E)/도면층(LA)/선종류(LT)/선종류축척(S)/선가중치(LW)/두께(T)/투명도(TR)/재료(M)/주석(A)]: Space bar

08 연속해서 책장을 표현하기 위하여 Space bar 를 눌러 Change 명령을 실행합니다. 이번에는 책장의 옆 칸막이 두 개를 클릭하여 선택합니다. 원활히 선택되지 않는다면 확대를 하거나 관측점을 변경하며 선택합니다.

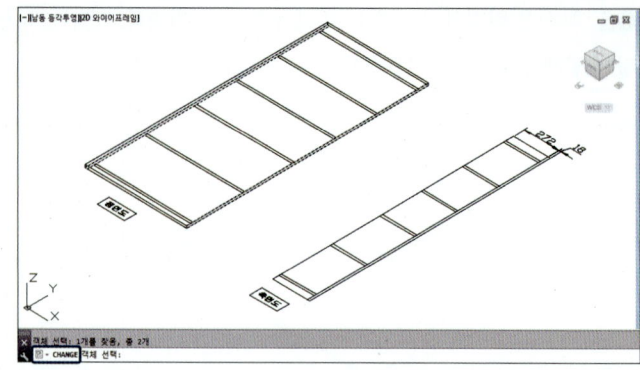

명령: CHANGE Space bar ← Change 명령 실행
객체 선택: 1개를 찾음 ← 객체 선택
객체 선택: 1개를 찾음, 총 2개 ← 객체 선택

09 Space bar 를 눌러 다음 단계로 진행합니다. 특성을 변경하기 위해 특성의 'P'를 입력하고 Space bar 를 누릅니다. 두께를 변경하기 위해 두께의 'T'를 입력하고 Space bar 를 누릅니다.

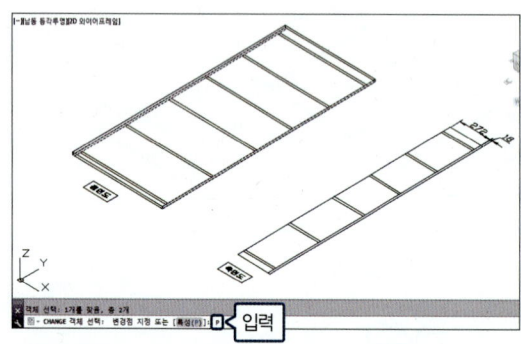 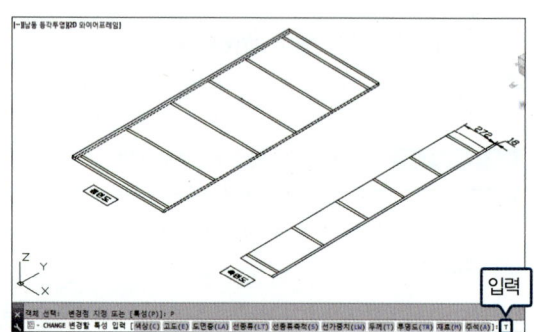

객체 선택: Space bar ← 다음 단계 진행
변경점 지정 또는 [특성(P)]: p Space bar ← 옵션 'P' 입력
변경할 특성 입력 [색상(C)/고도(E)/도면층(LA)/선종류(LT)/선종류축척(S)/선가중치(LW)/두께(T)/투명도(TR)/재료(M)/주석(A)]: t Space bar
← 옵션 'T' 입력

10 책장 옆 칸막이의 두께 역시 측면도에서 참고합니다. '272'를 입력하고 Space bar 를 누릅니다.

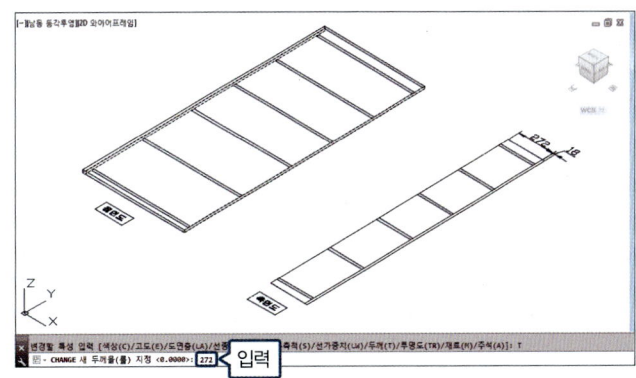

새 두께을(를) 지정 〈0.0000〉: 272 Space bar ← 두께 '272' 입력

11 옆 칸막이가 18mm만큼 Z축 방향으로 올라가 있습니다. 고도를 지정하기 위하여 고도의 'E'를 입력하고 Space bar 를 누릅니다.

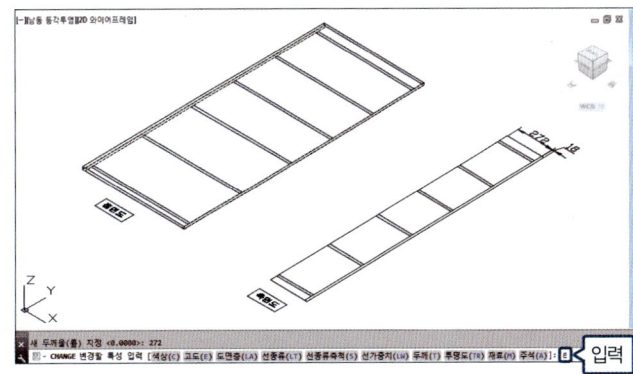

변경할 특성 입력 [색상(C)/고도(E)/도면층(LA)/선종류(LT)/선종류축척(S)/선가중치(LW)/두께(T)/투명도(TR)/재료(M)/주석(A)]: e Space bar
← 옵션 'E' 입력

12 새로운 고도로 '18'을 입력하고 마우스를 두 번 클릭하여 명령을 실행합니다.

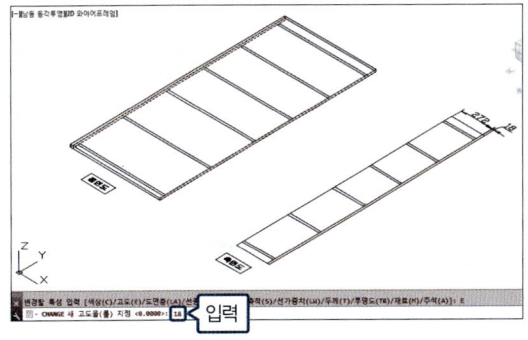 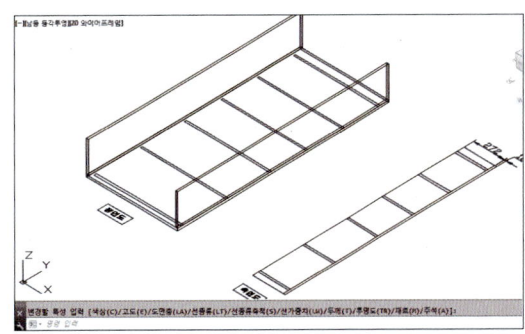

새 고도을(를) 지정 〈0.0000〉: 18 Space bar ← 고도 '18' 입력
변경할 특성 입력 [색상(C)/고도(E)/도면층(LA)/선종류(LT)/선종류축척(S)/선가중치(LW)/두께(T)/투명도(TR)/재료(M)/주석(A)]: Space bar ← 명령 종료

바로 통하는 TIP 명령을 실행할 때에는 Space bar 나 Enter 를 누르거나 혹은 마우스를 두 번 클릭합니다.

13 연속해서 나머지 책장을 표현하기 위하여 Space bar 를 눌러 Change 명령을 실행합니다. 이번에는 책장 가운데 칸막이 6개를 모두 선택하고 Space bar 를 눌러 다음 단계로 진행합니다. 잘 선택되지 않는다면 확대를 하거나 관측점을 조금 변경하여 선택합니다.

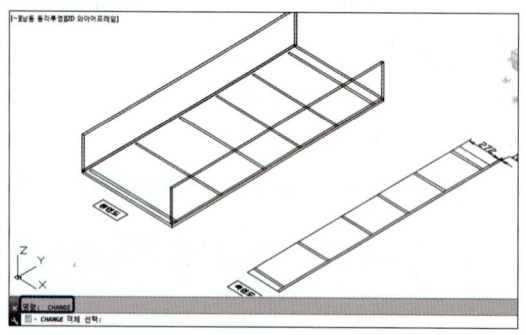 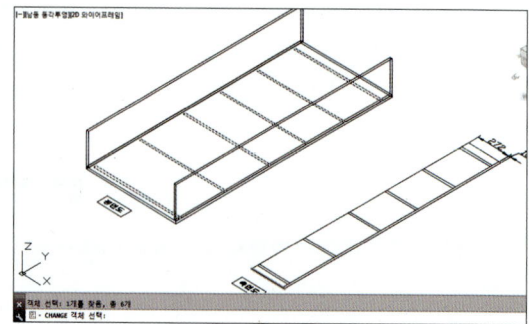

명령: CHANGE Space bar ← Change 명령 실행

객체 선택: 1개를 찾음 ← 객체 선택

객체 선택: 1개를 찾음, 총 2개 ← 객체 선택

객체 선택: 1개를 찾음, 총 3개 ← 객체 선택

객체 선택: 1개를 찾음, 총 4개 ← 객체 선택

객체 선택: 1개를 찾음, 총 5개 ← 객체 선택

객체 선택: 1개를 찾음, 총 6개 ← 객체 선택

14 특성을 변경하기 위해 'P'를 입력하고 Space bar 를 누릅니다. 그런 다음 두께를 변경하기 위해 두께의 'T' 를 입력하고 Space bar 를 누릅니다.

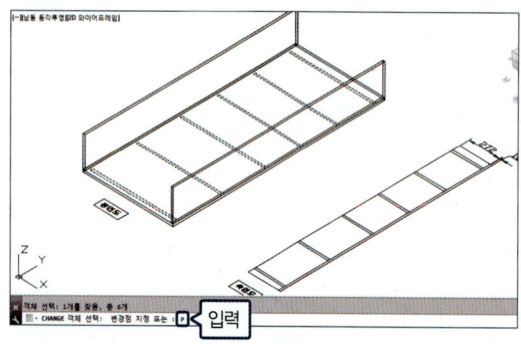 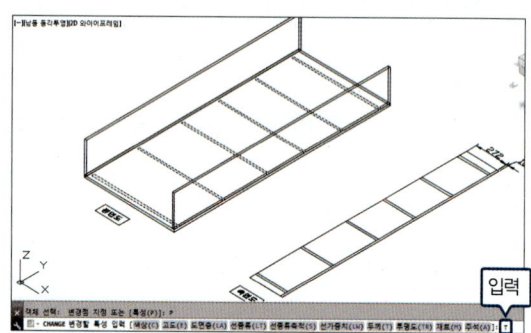

객체 선택: Space bar ← 다음 단계로 진행

변경점 지정 또는 [특성(P)]: p Space bar ← 옵션 'P' 입력

변경할 특성 입력 [색상(C)/고도(E)/도면층(LA)/선종류(LT)/선종류축척(S)/선가중치(LW)/두께(T)/투명도(TR)/재료(M)/주석(A)]: t Space bar
← 옵션 'T' 입력

15 측면도를 참고하여 두께로 '272'를 입력하고 Space bar 를 누릅니다.

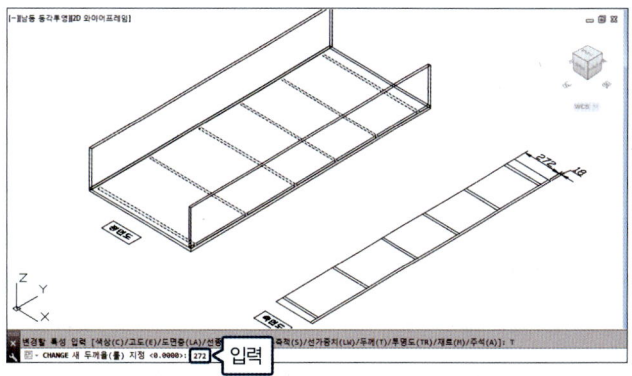

새 두께을(를) 지정 <0.0000>: 272 Space bar ← 두께 '272' 입력

16 그리고 가운데 칸막이도 18mm만큼 Z축 방향으로 올라가 있습니다. 고도를 지정하기 위하여 고도의 'E'를 입력하고 Space bar 를 누릅니다.

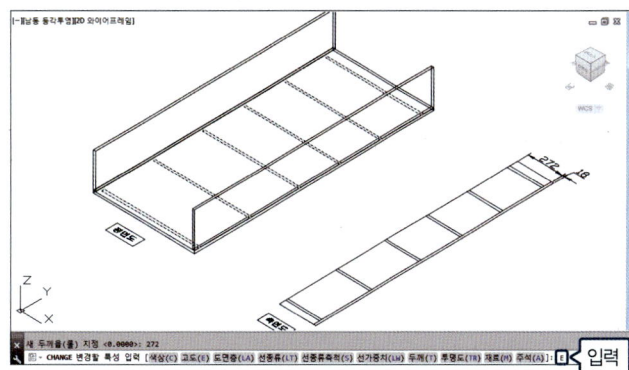

변경할 특성 입력 [색상(C)/고도(E)/도면층(LA)/선종류(LT)/선종류축척(S)/선가중치(LW)/두께(T)/투명도(TR)/재료(M)/주석(A)]: e Space bar
← 옵션 'E' 입력

17 새로운 고도로 '18'을 입력하고 마우스를 두 번 클릭하여 명령을 실행합니다. 그런 다음 Space bar 를 한 번 더 눌러 명령을 종료합니다.

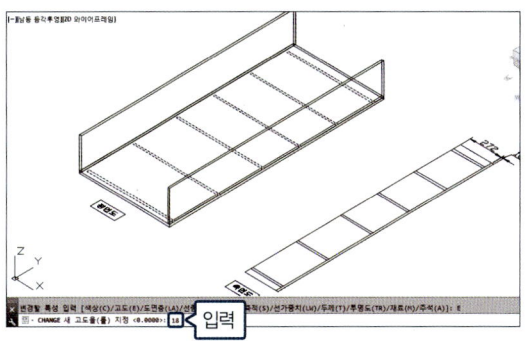 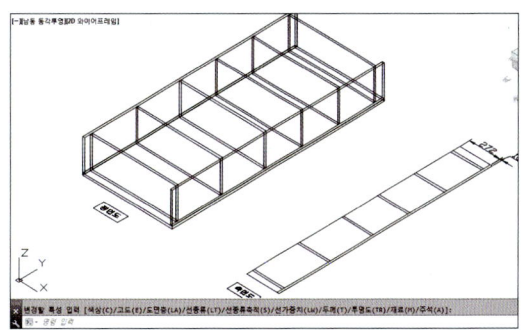

새 고도을(를) 지정 <0.0000>: 18 Space bar ← 고도 '18' 입력
변경할 특성 입력 [색상(C)/고도(E)/도면층(LA)/선종류(LT)/선종류축척(S)/선가중치(LW)/두께(T)/투명도(TR)/재료(M)/주석(A)]: Space bar ← 명령 종료

18 명령 행에 'Erase'를 입력한 후 [Space bar]를 눌러 지우기 명령을 실행합니다. 측면도와 정면도 문자 상자를 선택한 후 [Space bar]를 눌러 객체를 지웁니다.

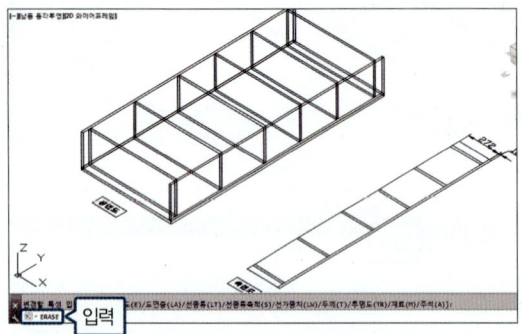 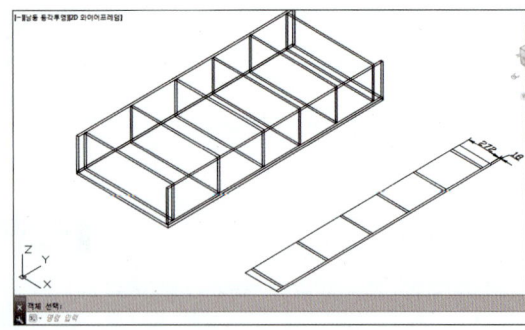

명령: ERASE [Space bar] ← Erase 명령 입력 (E)
객체 선택: 반대 구석 지정: 5개를 찾음 ← 객체 선택
객체 선택: 반대 구석 지정: 5개를 찾음, 총 10개
객체 선택: [Space bar] ← 명령 종료

19 명령 행에 'Zoom'을 입력한 후 [Space bar]를 눌러 명령을 실행합니다. 범위를 나타내는 'E'를 입력해 화면을 정리하여 도면을 완성합니다.

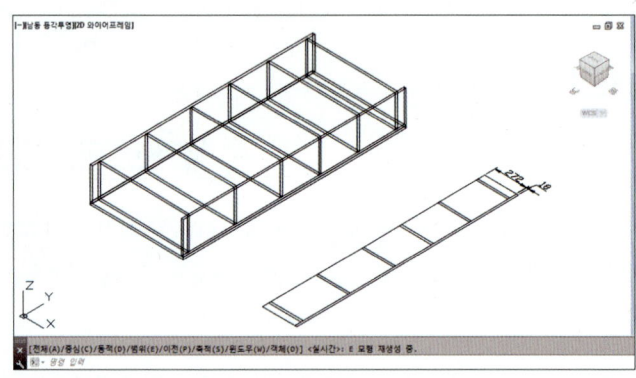

명령: ZOOM [Space bar] ← Zoom 명령어 입력 (Z)
윈도우 구석 지정, 축척 비율(nX 또는 nXP) 입력 또는
[전체(A)/중심(C)/동적(D)/범위(E)/이전(P)/축척(S)/윈도우(W)/객체(O)] <실시간>: e [Space bar] ← 옵션 'E(Extents)' 입력
모형 재생성 중.

SECTION 02 | 은선을 숨기는 Hide, 음영을 나타내는 Shade

완성된 3D 이미지를 좀 더 입체적으로 보여주는 것이 Hide(숨기기)와 Shade(음영 처리) 명령입니다. 좀 더 정확하게 표현하자면 Hide는 도면에는 보이지 않지만 복잡하게 엮인 은선을 숨기는 명령이고 Shade는 3D 이미지 객체에 음영 처리를 하여 입체감을 살리는 명령입니다.

1 Hide 명령으로 은선 숨기기

3D 이미지 중 은선을 숨겨보겠습니다. Hide 명령을 사용하기 위해서는 명령 행에 'Hide'를 입력하고 Space bar 를 눌러 사용합니다.

01 예제 파일 'Part7-06.dwg'를 불러옵니다.

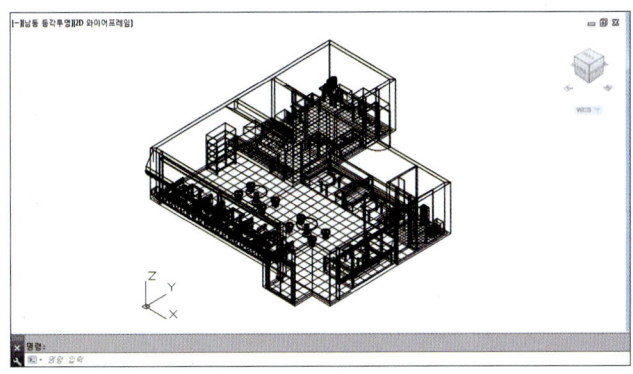

02 은선을 숨겨 보겠습니다. 명령 행에 'Hide'를 입력하고 Space bar 를 누릅니다.

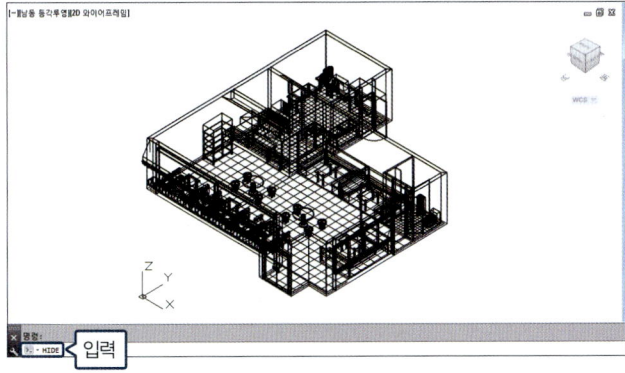

명령: HIDE Space bar ← Hide 명령 입력

03 복잡했던 선들이 숨김 처리되어 이미지가 깔끔하게 표현됩니다.

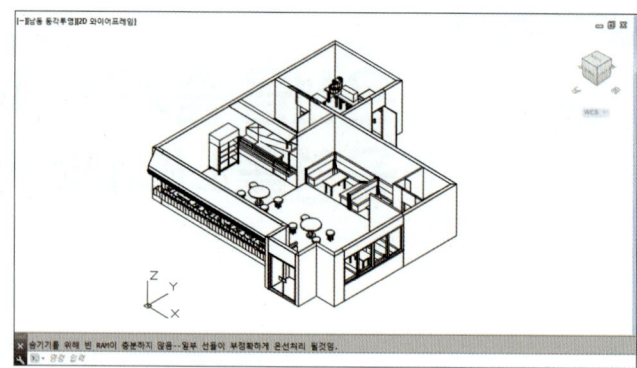

모형 재생성 중. ← 명령을 실행하면 보이지 않는 부분의 선이 감춰짐
숨기기를 위해 빈 RAM이 충분하지 않음--일부 선들이 부정확하게 은선처리 될것임.

2 Shade 명령으로 음영 처리하기

3D 이미지에 음영 처리를 해보겠습니다. Shade 명령을 사용하기 위해서는 명령 행에 'Shade'를 입력하고 Space bar 를 눌러 사용합니다.

01 예제 파일 'Part7-06.dwg'를 불러옵니다.

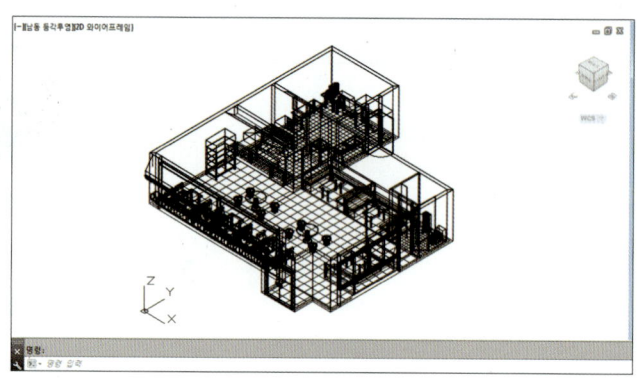

02 이번에는 명령 행에 'Shade'를 입력하고 Space bar 를 누릅니다.

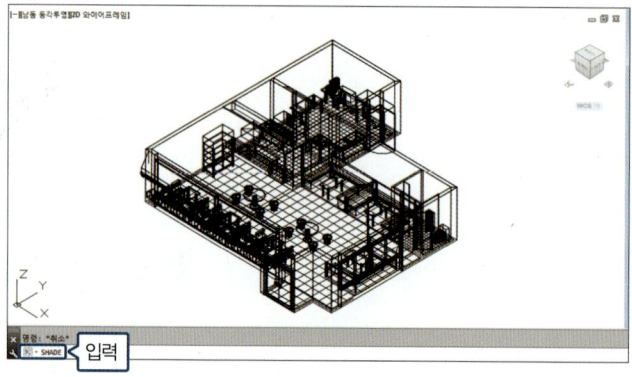

명령: SHADE Space bar ← Shade 명령 입력

03 객체들이 음영 처리되어 Hide 명령보다 도면이 더욱 입체적으로 표현됩니다.

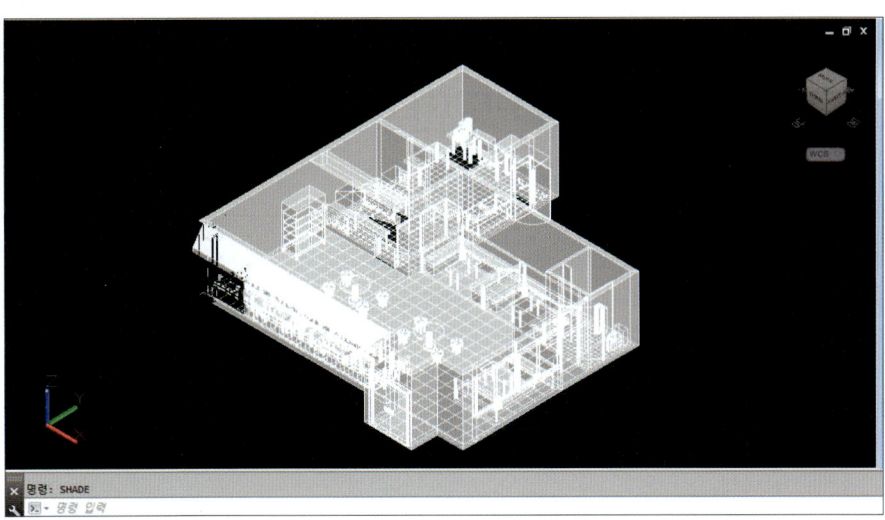

> **바로 통하는 TIP** 와이어프레임이란?
>
> 앞에서 실습한 예제 파일의 원본 이미지와 같이 객체의 골격을 그대로 표현하는 방법으로 3D 이미지를 표현하는 것을 와이어프레임(Wireframe)이라고 합니다. 도면의 객체를 숨김없이 그대로 점, 직선, 곡선으로 표현하므로 표면이나 공간에 대한 정보가 없습니다.

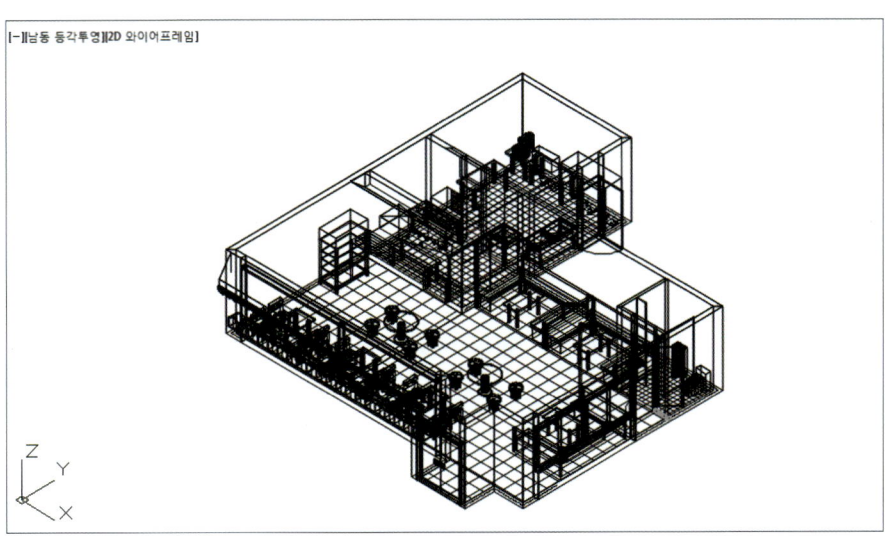

CHAPTER 03

3D 도면 작업을 위한 UCS

AutoCAD로 한 번이라도 3D 도면 작업을 시도해봤다면 대부분 UCS 좌표 설정에서 많은 어려움을 느꼈을 것입니다. 하지만 UCS 좌표 설정은 3D 도면 작업의 첫 번째 관문이자 가장 중요한 부분이므로 이해하지 못하고 지나친다면 3D를 제대로 이해할 수 없습니다. 이번 장에서는 UCS 좌표 설정을 자세히 이해하고 좀 더 쉽고 간편하게 사용하는 방법을 알아보겠습니다.

A 학습 목표

UCS 좌표를 사용하는 방법을 익혀봅니다. UCS 좌표는 도면 객체의 방향을 설정하는데 AutoCAD 3D에서 가장 중요한 기능입니다.

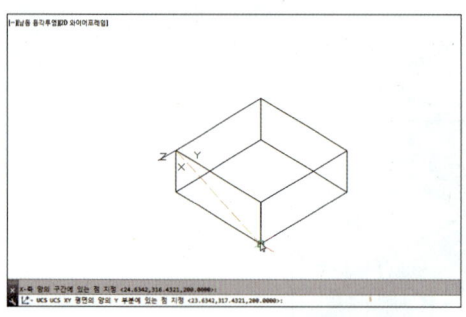
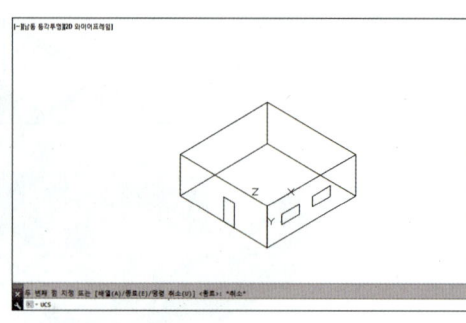
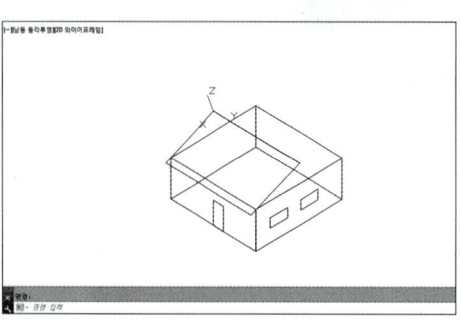
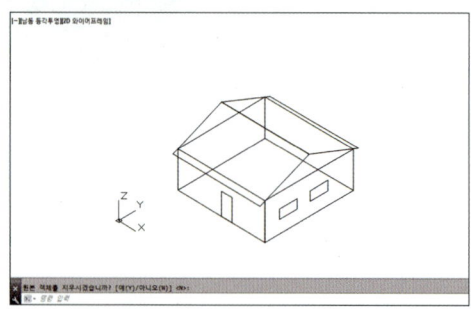

▲ UCS 좌표를 이용해 도면 작성하기

SECTION 01 WCS 좌표와 UCS 좌표

WCS 좌표는 쉽게 말하면 우리가 살고 있는 실제 세계를 AutoCAD 화면에 그대로 옮겨놓은 좌표의 개념이며, UCS 좌표는 실제 세계에서는 행할 수 없고 AutoCAD 화면상에서만 지정할 수 있는 좌표의 개념입니다. WCS 좌표와 UCS 좌표의 정확한 개념과 차이점을 알아보겠습니다.

옵션 풀이

- **면(F)** _ 솔리드 객체의 원하는 면으로 좌표를 지정합니다.
- **이름(NA)** _ 이름을 지정합니다.
- **객체(OB)** _ 객체를 선택하여 좌표를 지정합니다.
- **이전(P)** _ 전 단계의 좌표로 지정합니다.
- **뷰(V)** _ 3차원의 공간을 그대로 유지하고 화면을 2D 평면으로 재지정하여 2차원 객체를 작성할 수 있습니다.
- **Z축(ZA)** _ 작성한 모델링의 임의의 모서리에 Z축을 지정하여 사용합니다. 나머지 방향은 자동으로 X, Y축으로 지정됩니다.
- **X** _ X축의 방향으로 원하는 각도만큼 좌표를 회전합니다.
- **Y** _ Y축의 방향으로 원하는 각도만큼 좌표를 회전합니다.
- **Z** _ Z축의 방향으로 원하는 각도만큼 좌표를 회전합니다.

1 WCS 좌표란?

3D 도면 작업에 필요한 WCS 좌표의 개념과 설정 방법에 대해 알아보겠습니다.

A 개념

WCS 좌표는 'World Coordinate System'의 약자로 실세계의 좌표계를 말합니다. 즉, 지금까지 여러분이 사용해온 좌표가 바로 WCS 좌표로, 사용자가 임의로 변경하지 않은 원래 설정대로의 좌표계입니다. 쉽게 비유하자면 우리가 실제 세계에서 땅을 밟고 걷는 것처럼 AutoCAD에서 원래 지정된 바닥 평면에 객체를 그리고 편집할 수 있는 좌표입니다. 이 바닥 평면이 바로 X, Y 좌표이고 높이를 부여하면 Z축으로 두께가 올라가는 것입니다.

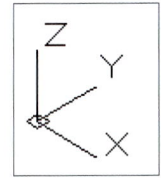

▲ WCS 좌표에서의 UCS 아이콘 모습

A 설정 방법

WCS 좌표는 표준으로 이미 설정되어 있으므로 구태여 설정할 필요는 없지만 UCS 좌표를 사용한 뒤에는 다시 WCS 좌표로 설정할 필요가 있습니다. 이럴 경우 명령 행에 'WCS'를 입력하고 Spacebar 를 눌러 사용합니다.

2 UCS 좌표란?

3D 도면 작업에 필요한 UCS 좌표의 개념과 설정 방법에 대해 알아보겠습니다.

A 개념

UCS 좌표는 'User Coordinate System'의 약자로 사용자 지정 좌표계입니다. 즉, 사용자가 의도하는 대로 좌표계의 방향이나 값을 변경할 수 있는 것입니다. 쉽게 비유하면 우리가 실제 세계에서 중력이 없다면 항상 땅만 밟고 있는 것이 아니라 벽면이나 천장도 밟을 수 있을 것입니다. 우주 공간처럼 말입니다. AutoCAD에서 이렇게 사용자가 원하는 방향으로 자유롭게 지정하여 도면을 그릴 수 있는 좌표가 바로 UCS 좌표입니다. 벽면이나 천장 방향을 X, Y좌표 평면으로 지정하면 그 방향대로 도면을 그리고 편집할 수 있습니다. UCS 좌표 설정법을 제대로 알아야만 3차원 작업이 원활하게 이루어집니다.

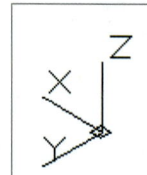 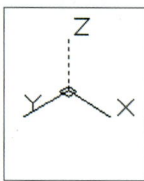 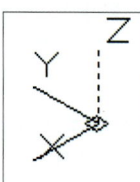

A 설정 방법

UCS 좌표는 표준으로 설정되어 있는 WCS 좌표를 사용하다가 사용자가 원하는 방향으로 전환이 필요할 때 설정합니다. 이럴 경우 명령 행에 'UCS'를 입력하고 Space bar 를 눌러 여러 옵션 중에서 원하는 것을 지정하거나 UCS 좌표 도구 막대에서 원하는 기능의 아이콘을 클릭하여 사용합니다.

3 WCS 좌표와 UCS 좌표 적용하기

앞에서 WCS 좌표와 UCS 좌표의 개념과 설정 방법, 차이점을 알아보았습니다. 이번에는 예제를 통해 직접 WCS 좌표와 UCS 좌표를 사용하면서 개념을 이해해보겠습니다. 3D 공간에 집을 그려놓고 좌표 방향에 맞춰서 창문, 문, 지붕을 올려보겠습니다.

01 새 도면 파일을 엽니다. 3D 공간에 객체를 그릴 것이므로 남동 등각 투영 방향으로 방위를 지정합니다. 명령 행에 '-Vpoint'를 입력한 후 Space bar 를 누르고 '1,-1,1'을 입력하고 Space bar 를 눌러 관측점을 지정합니다.

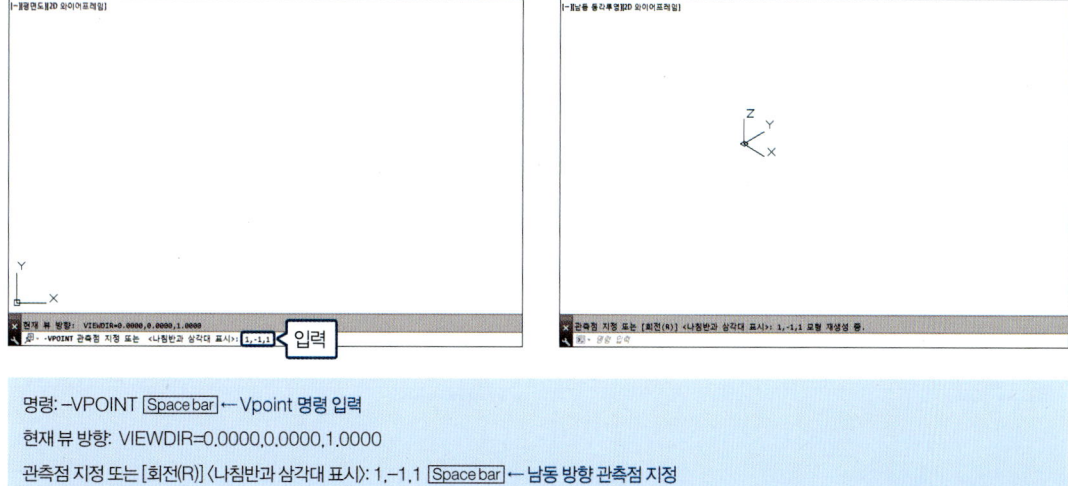

명령: -VPOINT Space bar ← Vpoint 명령 입력
현재 뷰 방향: VIEWDIR=0.0000,0.0000,1.0000
관측점 지정 또는 [회전(R)] <나침반과 삼각대 표시>: 1,-1,1 Space bar ← 남동 방향 관측점 지정
모형 재생성 중.

02 X, Y 축으로 지정된 바닥면에 가로, 세로 500mm의 정사각형을 그리고 마우스 휠을 사용하여 객체가 화면의 중앙으로 오도록 보기 좋게 정리해보겠습니다. 명령 행에 'Rectangle'을 입력한 후 Space bar 를 누릅니다. 임의의 점을 클릭하여 지정하고 상대좌표 '@500,500'을 입력하고 Space bar 를 누릅니다.

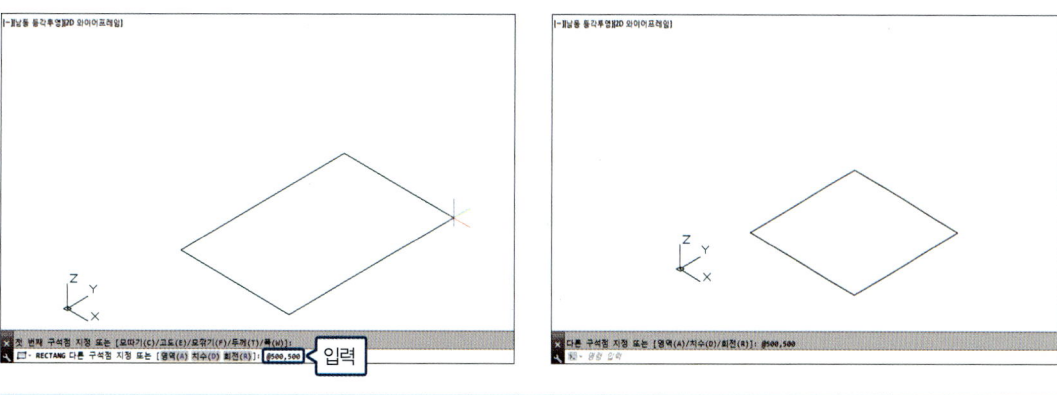

명령: RECTANG Space bar ← Rectangle 명령 입력 (REC)
첫 번째 구석점 지정 또는 [모따기(C)/고도(E)/모깎기(F)/두께(T)/폭(W)]: 임의의 점 지정
다른 구석점 지정 또는 [영역(A)/치수(D)/회전(R)]: @500,500 Space bar ← 상대좌표 (@500, 500) 입력

03 집 벽면의 두께를 부여합니다. 두께를 지정하기 위하여 명령 행에 'Change'를 입력하고 Space bar 를 누릅니다.

바로 통하는 TIP Change 명령의 사용법이 기억나지 않으면 559쪽을 참조하세요.

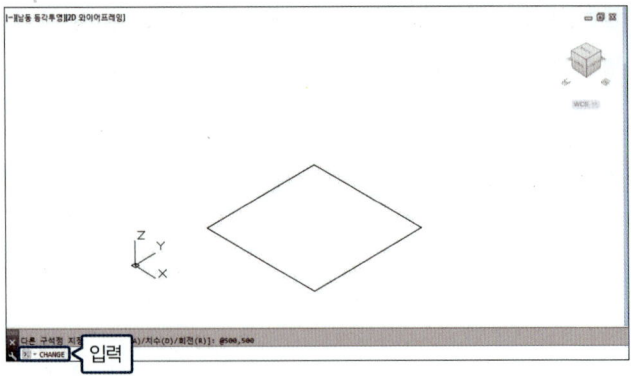

명령: CHANGE Space bar ← Change 명령 입력

04 사각형을 선택하고 Space bar 를 누릅니다. 특성을 변경하기 위해 특성의 'P'를 입력하고 Space bar 를 누릅니다.

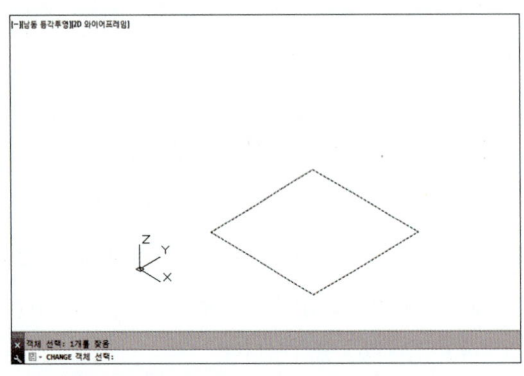 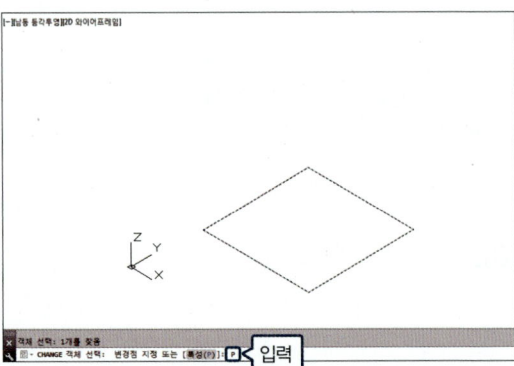

객체 선택: 1개를 찾음 ← 객체 선택
객체 선택: Space bar ← 다음 단계 진행
변경점 지정 또는 [특성(P)]: p Space bar ← 옵션 'P' 입력

05 여러 가지 특성 중에서 두께를 변경하기 위해 두께의 'T'를 입력하고 Space bar 를 누릅니다. 두께를 부여하기 위해 명령 행에 '200'을 입력하고 Space bar 를 누릅니다.

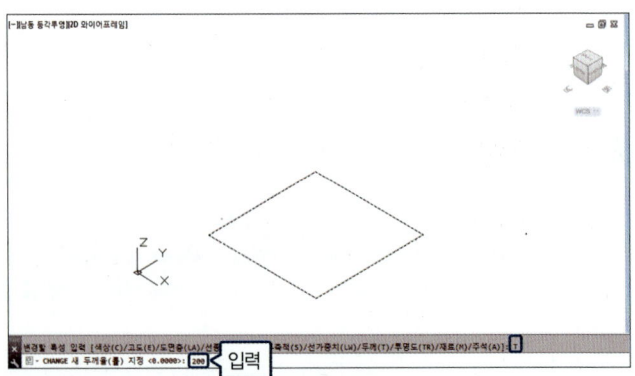

변경할 특성 입력 [색상(C)/고도(E)/도면층(LA)/선종류(LT)/선종류축척(S)/선가중치(LW)/두께(T)/투명도(TR)/재료(M)/주석(A)]: t Space bar
← 옵션 'T' 입력
새 두께을(를) 지정 〈0.0000〉: 200 Space bar ← 두께 '200' 입력

06 Space bar 를 한 번 누르면 또 다른 특성을 변경할지 물어봅니다. 더 이상 변경할 내용이 없으므로 Space bar 를 한 번 더 누릅니다. 바닥면에 두께가 부여됩니다.

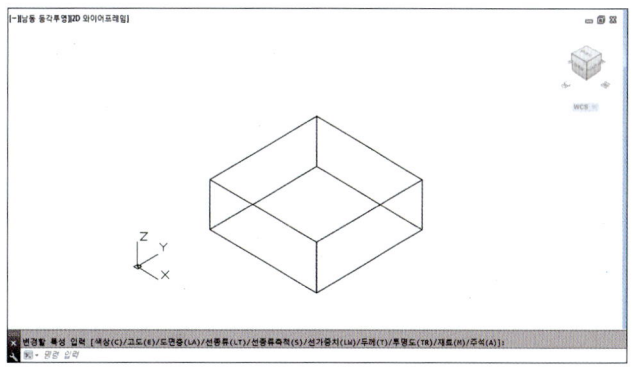

변경할 특성 입력 [색상(C)/고도(E)/도면층(LA)/선종류(LT)/선종류축척(S)/선가중치(LW)/두께(T)/투명도(TR)/재료(M)/주석(A)]: Space bar

07 원하는 방향으로 좌표를 재지정하기 위하여 명령 행에 'UCS'를 입력하고 Space bar 를 누릅니다.

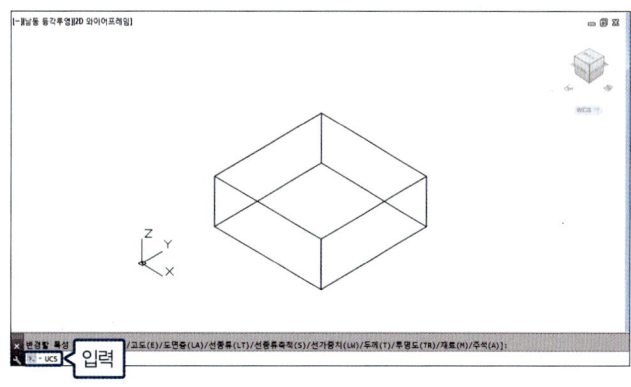

명령: UCS Space bar ← UCS 명령 입력

08 옵션에는 나와 있지 않지만 3P 옵션으로 X, Y좌표를 지정해보겠습니다. 명령 행에 '3P'를 입력하고 Space bar 를 누릅니다.

바로 통하는 TIP 3P는 원점과 X축, Y축의 방향을 지정하여 그리고자 하는 객체의 면을 평면으로 지정하는 UCS 명령 중의 한 종류입니다.

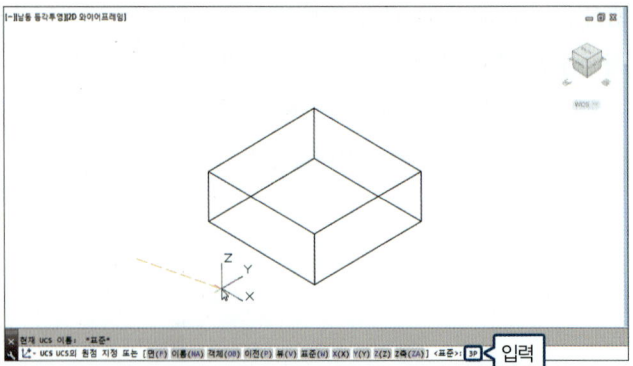

```
현재 UCS 이름: *표준*
UCS의 원점 지정 또는 [면(F)/이름(NA)/객체(OB)/이전(P)/뷰(V)/표준(W)/X(X)/Y(Y)/Z(Z)/Z축(ZA)] <표준>: 3p  Space bar  ← 옵션 '3P' 입력
```

09 지정하고자 하는 면의 임의의 한 점을 지정합니다. 이 점이 새로운 원점이 됩니다. 연속하여 다음 점을 지정합니다. 지정하는 방향이 X축이 됩니다.

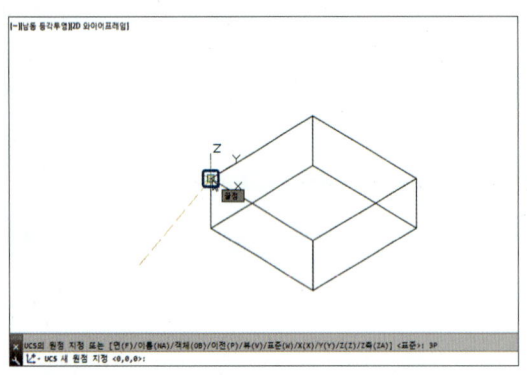 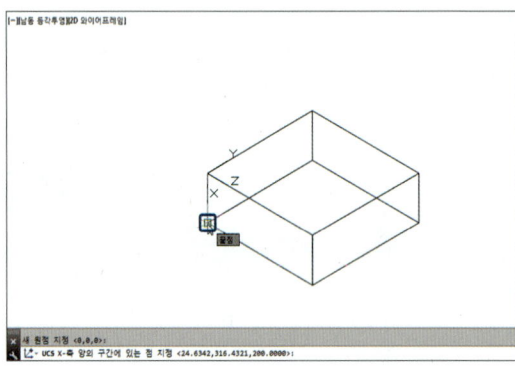

```
새 원점 지정 <0,0,0>: ← 첫 번째 점 지정
X-축 양의 구간에 있는 점 지정 <24.6342,316.4321,200.0000>: ← 두 번째 점 지정
```

바로 통하는 TIP 이때 나타나는 좌푯값은 시작점을 어디로 지정하느냐에 따라 차이가 있습니다.

10 마지막 점을 지정합니다. 지정하는 방향이 Y축이 됩니다. 새로운 UCS 좌표가 지정됩니다.

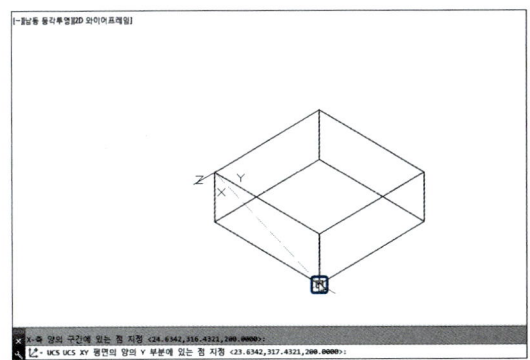 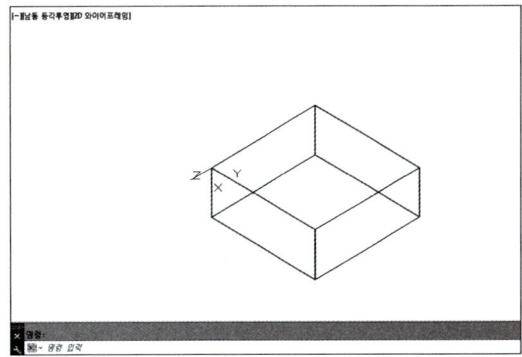

UCS XY 평면의 양의 Y 부분에 있는 점 지정 ⟨23.6342,317.4321,200.0000⟩: ← 세 번째 점 지정

11 원하는 방향으로 좌표가 설정되면 문을 그리기 위하여 명령 행에 'Rectangle'을 입력하고 [Space bar]를 눌러 명령을 실행합니다. 객체 스냅의 중간점을 지정하여 문의 첫 점을 지정합니다.

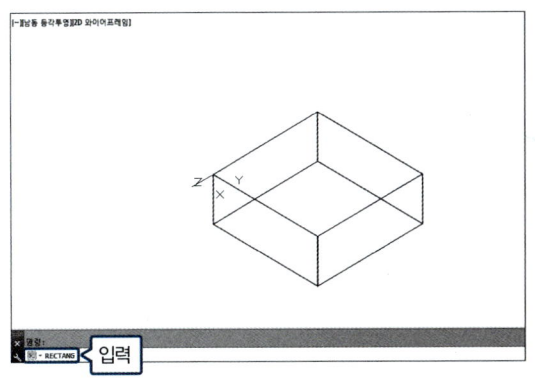 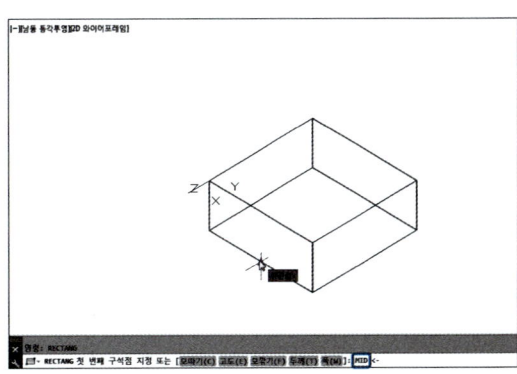

명령: RECTANG [Space bar] ← Rectangle 명령 입력 (REC)
첫 번째 구석점 지정 또는 [모따기(C)/고도(E)/모깎기(F)/두께(T)/폭(W)]: mid [Space bar] ← 임의의 점 지정

12 문 크기는 X축 방향인 길이는 120mm로, Y축 방향인 너비는 60mm로 지정합니다. 명령 행에 '@-120,60'을 입력한 후 Spacebar 를 누릅니다. 이때 X축의 화살표가 아래쪽을 향하고 있으며 화살표가 향하는 방향이 양의 값을 갖게 되므로 윗 방향으로 그리기 위해서는 '-120'을 입력해야 합니다.

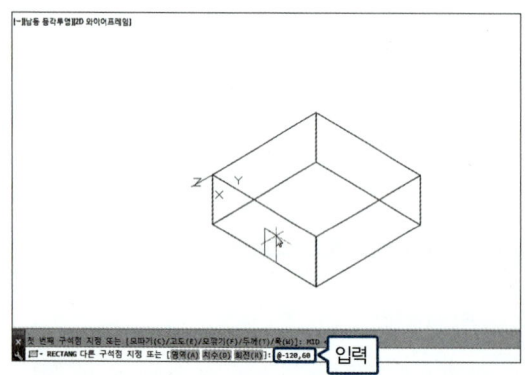 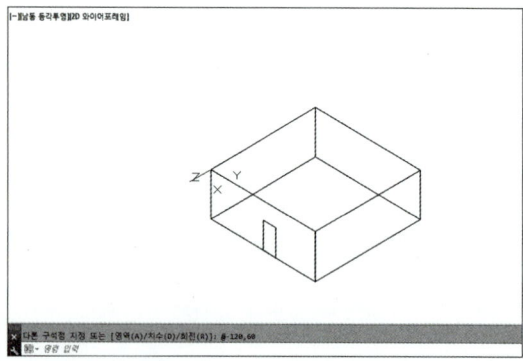

다른 구석점 지정 또는 [영역(A)/치수(D)/회전(R)]: @-120,60 Spacebar ← 상대좌표 (@-120,60) 입력

바로 통하는 TIP 정확한 값을 입력하기 위해서는 변경된 UCS 아이콘의 모양을 잘 관찰하여야 합니다. 그림에서는 X축의 화살표가 아래로 향하여 있으므로 아래 방향이 X축의 양의 방향이며 반대로 윗 방향은 X축의 음의 방향입니다. Y축도 마찬가지로 화살표가 향하고 있는 약간 비스듬한 오른쪽이 Y축의 양의 방향이며 정반대의 방향이 음의 방향입니다. Z축도 이와 같습니다. 이미 설명한 바 있지만 반시계 방향이 양(+)의 값을 갖고 시계 방향은 음(-)의 값을 갖습니다.

13 이번에는 창문을 그려보겠습니다. 완성된 이미지를 참고하여 창문을 그리기 위해서는 그림의 선택된 면이 평면 즉, X, Y축이 되어야만 합니다. 만약 현재의 UCS 좌표대로 문을 그린다면 현재의 평면 즉, X, Y축 방향으로 그려질 것입니다. 원하는 방향으로 좌표를 재지정하기 위하여 명령 행에 'UCS'를 입력하고 Spacebar 를 누릅니다.

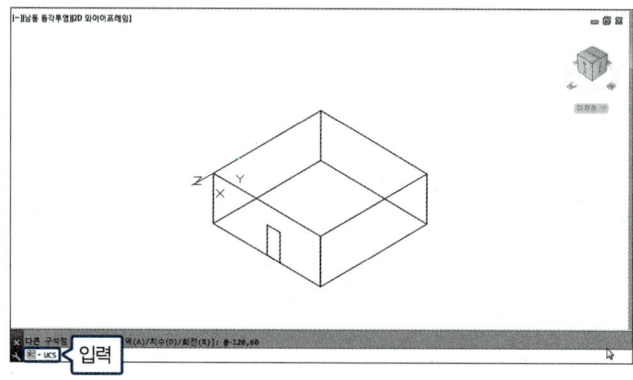

명령: UCS Spacebar ← UCS 명령 입력

14 08 과정처럼 3P 옵션으로 X, Y좌표를 지정하기 위하여 명령 행에 '3P'를 입력하고 Space bar 를 누릅니다. 지정하고자 하는 면의 임의의 한 점을 지정합니다. 이 점이 새로운 원점이 됩니다.

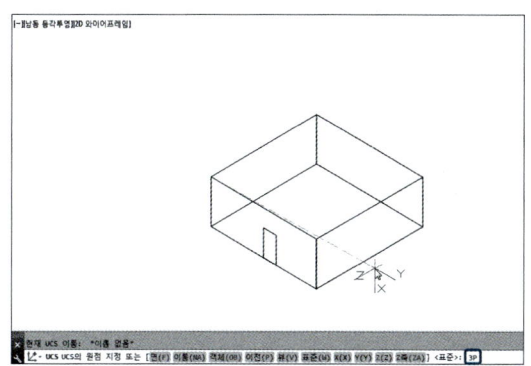 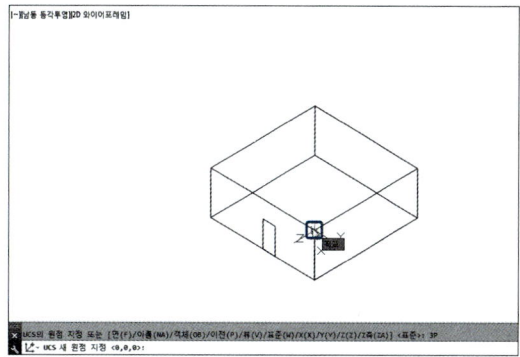

```
현재 UCS 이름: *이름 없음*
UCS의 원점 지정 또는 [면(F)/이름(NA)/객체(OB)/이전(P)/뷰(V)/표준(W)/X(X)/Y(Y)/Z(Z)/Z축(ZA)] <표준>: 3p  Space bar  ← 옵션 '3P' 입력
새 원점 지정 <0,0,0>: ← 첫 번째 점 지정
```

15 계속하여 다음 점을 지정합니다. 지정하는 방향이 X축이 됩니다.

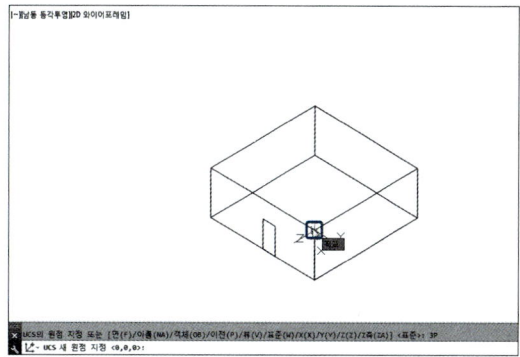

```
X-축 양의 구간에 있는 점 지정
<1.0000,500.0000,0.0000>: ← 두 번째 점 지정
```

16 마지막 점을 지정합니다. 지정하는 방향이 Y축이 됩니다. 새로운 UCS 좌표가 지정됩니다.

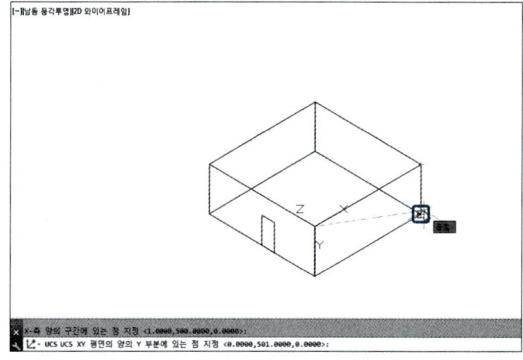 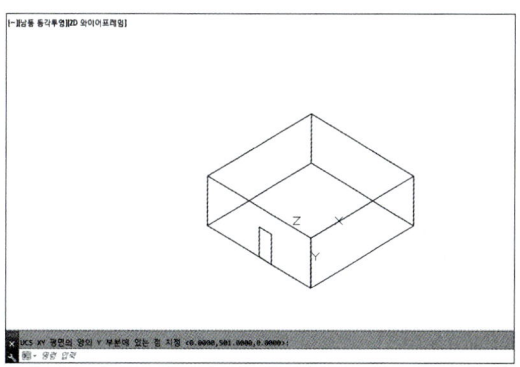

```
UCS XY 평면의 양의 Y 부분에 있는 점 지정 <0.0000,501.0000,0.0000>: ← 세 번째 점 지정
```

17 원하는 방향으로 좌표가 설정되면 창문을 그리기 위하여 명령 행에 'Rectangle'을 입력하여 명령을 실행합니다.

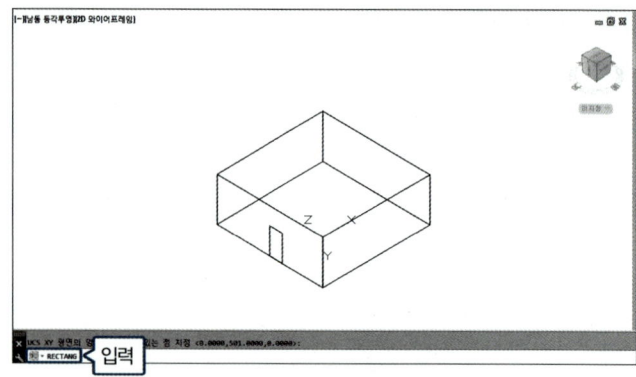

명령: RECTANG [Spacebar] ←Rectangle 명령 입력 (REC)

18 임의의 점을 첫 번째 점으로 지정하고 명령 행에 '@100,50'을 입력하여 가로 100mm, 세로 50mm의 창문을 그립니다. UCS 아이콘의 모양을 자세히 관찰하면 X축이 가로 방향, Y축이 세로 방향임을 알 수 있습니다.

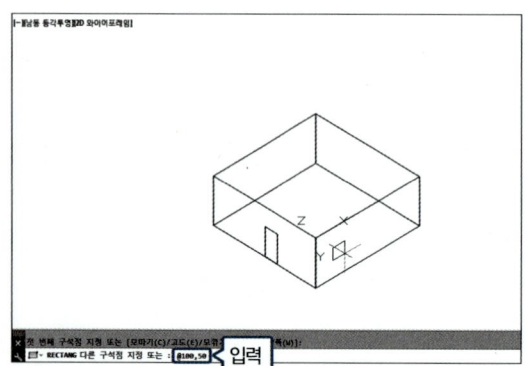 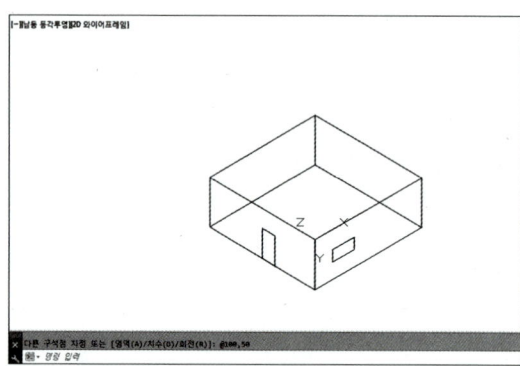

첫 번째 구석점 지정 또는 [모따기(C)/고도(E)/모깎기(F)/두께(T)/폭(W)]: ← 임의의 점 지정
다른 구석점 지정 또는 [영역(A)/치수(D)/회전(R)]: @100,50 [Spacebar] ← 상대좌표 (@100,50) 입력

19 위치가 만족스럽지 않다면 Move 명령을 사용하여 이동하도록 합니다. 그런 다음 Copy 명령으로 객체를 하나 더 복사합니다. 객체 이동과 복사가 완료되면 Space bar 를 눌러 명령을 종료합니다.

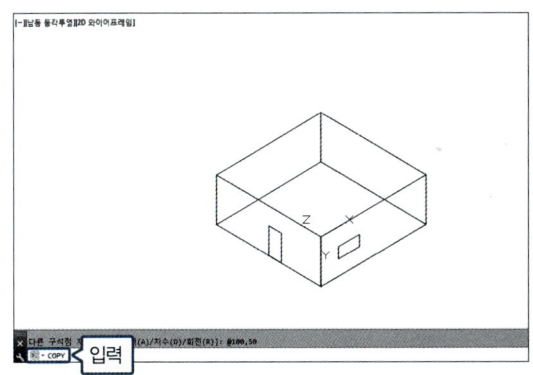 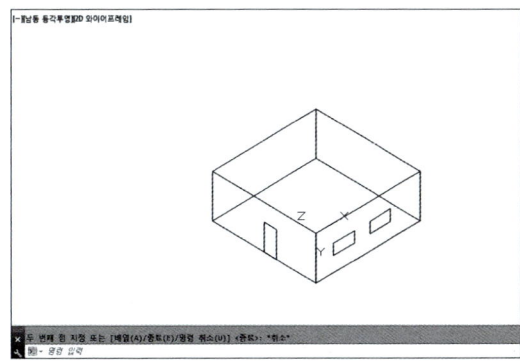

명령: COPY Space bar ← Copy 명령 입력 (CO, CP)
객체 선택: 1개를 찾음 ← 객체 선택
객체 선택: Space bar
현재 설정: 복사 모드 = 다중(M)
기본점 지정 또는 [변위(D)/모드(O)] 〈변위〉: ← 기준점 지정
두 번째 점 지정 또는 [배열(A)] 〈첫 번째 점을 변위로 사용〉: ← 복사할 위치 지정
두 번째 점 지정 또는 [배열(A)/종료(E)/명령 취소(U)] 〈종료〉: Space bar

20 마지막으로 지붕을 그려보겠습니다. 원래의 실세계 좌표로 변경하기 위하여 명령 행에 'UCS'를 입력하고 Space bar 를 누릅니다.

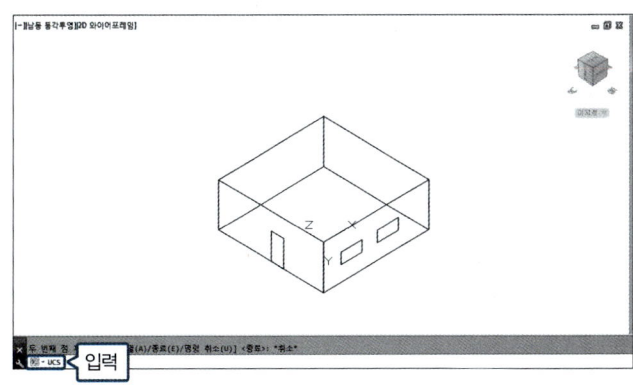

명령: UCS Space bar ← UCS 명령 입력
현재 UCS 이름: *이름 없음*

21 표준값이 WCS 좌표이므로 그대로 Space bar 를 누르면 실세계 좌표로 돌아옵니다.

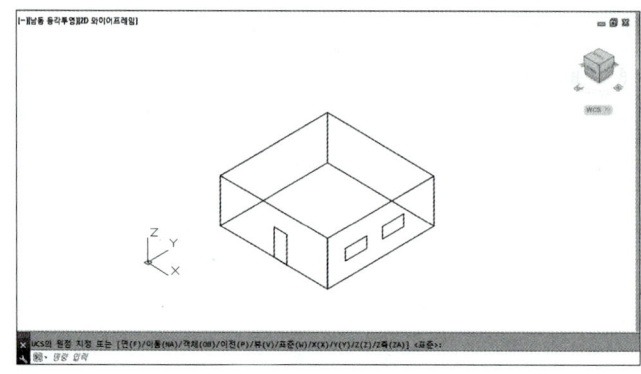

UCS의 원점 지정 또는 [면(F)/이름(NA)/객체(OB)/이전(P)/뷰(V)/표준(W)/X(X)/Y(Y)/Z(Z)/Z축(ZA)] <표준>: Space bar

바로 통하는 TIP 이때 꼭 Space bar 를 눌러 실세계 좌표로 돌아와야 합니다. 그렇지 않으면 다음 단계에서 Z값을 가진 객체의 고도를 변경할 수 없다고 나오니 유의해야 합니다.

바로 통하는 TIP 이때 좌표를 나타내는 UCS 아이콘의 방향이 맞는다면 위치는 그림과 달라도 상관없습니다

22 지붕 가운데 기준선을 그리기 위하여 바닥면에 중간점을 지정하여 선을 그립니다. 명령 행에 'Line'을 입력한 후 Space bar 를 눌러 명령을 실행합니다. 그런 다음 바닥면 중간점 두 점을 지정한 후 Space bar 를 누릅니다.

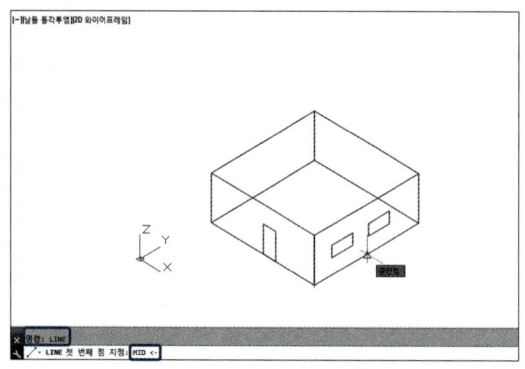 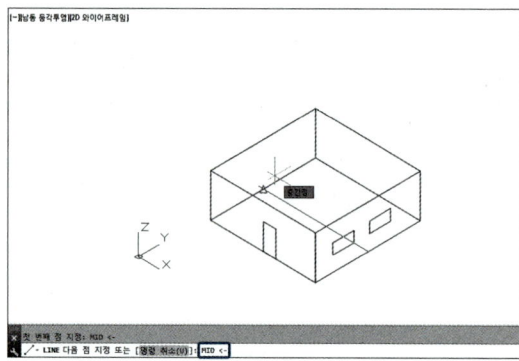

명령: LINE Space bar ← Line 명령 입력 (L)
첫 번째 점 지정: mid Space bar ← 첫 번째 점 지정, 이미 설정했다면 해당 지점에서 그대로 클릭
다음 점 지정 또는 [명령 취소(U)]: mid Space bar ← 두 번째 점 지정, 이미 설정했다면 해당 지점에서 그대로 클릭
다음 점 지정 또는 [명령 취소(U)]: Space bar

23 지붕의 기준선 고도를 지정하기 위하여 명령 행에 'Change'를 입력하고 Space bar 를 누릅니다. 그런 다음 앞에서 그린 기준선을 선택하고 Space bar 를 누릅니다.

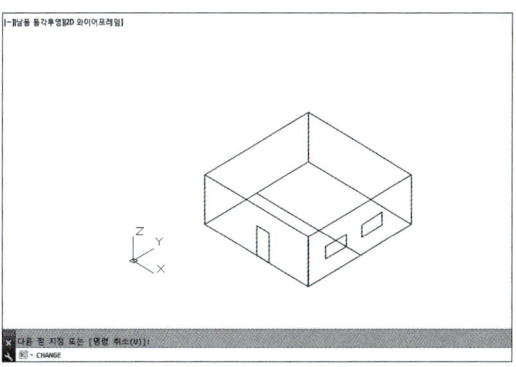

> 명령: CHANGE Space bar ← Change 명령 입력
> 객체 선택: 1개를 찾음 ← 객체 선택
> 객체 선택: Space bar ← 다음 단계 진행

24 특성을 변경하기 위해 특성의 'P'를 입력하고 Space bar 를 누릅니다. 여러 가지 특성 중에서 고도를 변경하기 위해 고도의 'E'를 입력하고 Space bar 를 누릅니다.

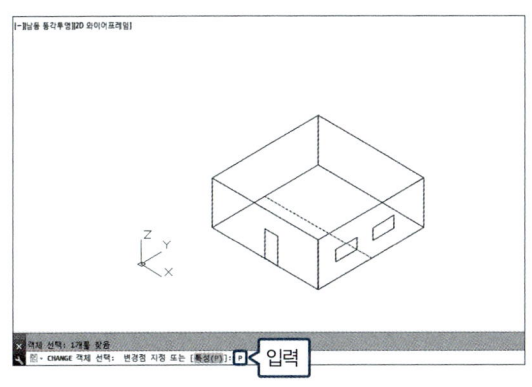 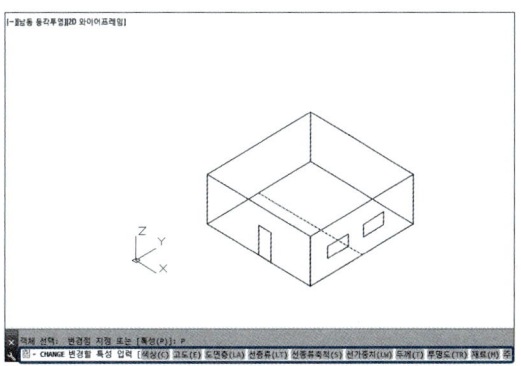

> 변경점 지정 또는 [특성(P)]: p Space bar ← 옵션 'P' 입력
> 변경할 특성 입력 [색상(C)/고도(E)/도면층(LA)/선종류(LT)/선종류축척(S)/선가중치(LW)/두께(T)/투명도(TR)/재료(M)/주석(A)]: e Space bar
> ← 옵션 'E' 입력

25 명령 행에 새로운 고도 '300'을 입력하고 마우스를 두 번 클릭하여 명령을 실행합니다.

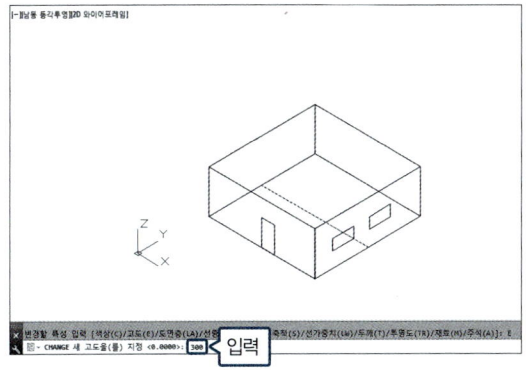 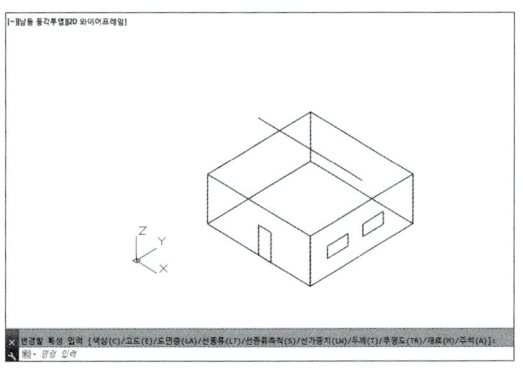

> 새 고도을(를) 지정 <0.0000>: 300 Space bar ← 고도 '300' 입력
> 변경할 특성 입력 [색상(C)/고도(E)/도면층(LA)/선종류(LT)/선종류축척(S)/선가중치(LW)/두께(T)/투명도(TR)/재료(M)/주석(A)]: Space bar

26 원하는 방향으로 좌표를 재지정하기 위하여 명령 행에 UCS 명령을 입력하고 Space bar 를 누릅니다. 그런 다음 3P 옵션으로 X, Y좌표를 지정하기 위하여 명령 행에 '3P'를 입력하고 Space bar 를 누릅니다.

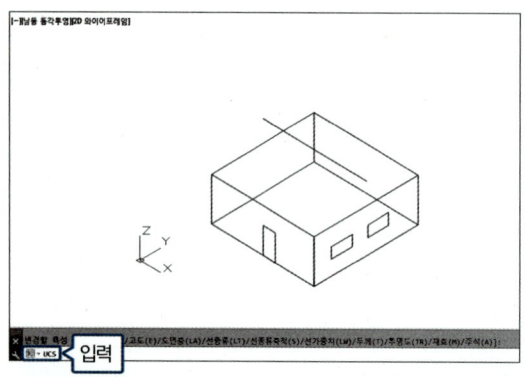 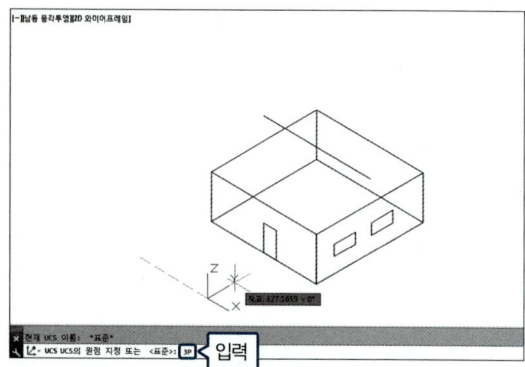

명령: UCS Space bar ←UCS 명령 입력
현재 UCS 이름: *표준*
UCS의 원점 지정 또는 [면(F)/이름(NA)/객체(OB)/이전(P)/뷰(V)/표준(W)/X(X)/Y(Y)/Z(Z)/Z축(ZA)] <표준>: 3p Space bar ← 옵션 '3P' 입력

27 지정하고자 하는 면의 임의의 한 점을 지정합니다. 이 점이 새로운 원점이 됩니다. 연속하여 다음 점을 지정합니다. 지정하는 방향이 X축이 됩니다.

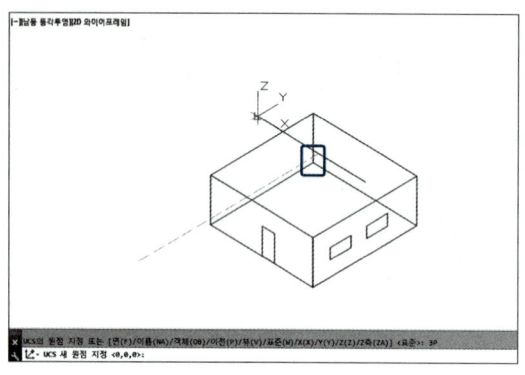 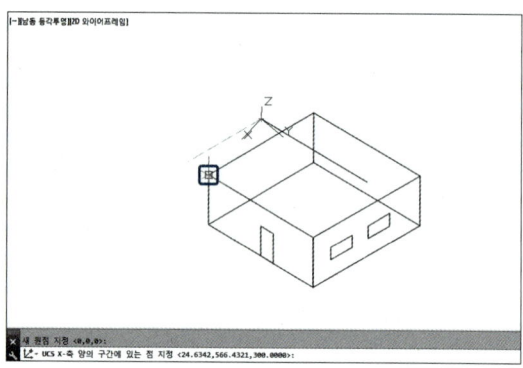

새 원점 지정 <0,0,0>: ← 첫 번째 점 지정
X-축 양의 구간에 있는 점 지정 <24.6342,566.4321,300.0000>: ← 두 번째 점 지정

바로 통하는 TIP 이미 설명한 바와 같이 첫 번째 지정 좌표에 따라 좌푯값은 차이가 날 수 있습니다.

28 마지막 점을 지정합니다. 지정하는 방향이 Y축이 됩니다. 새로운 UCS 좌표가 지정됩니다.

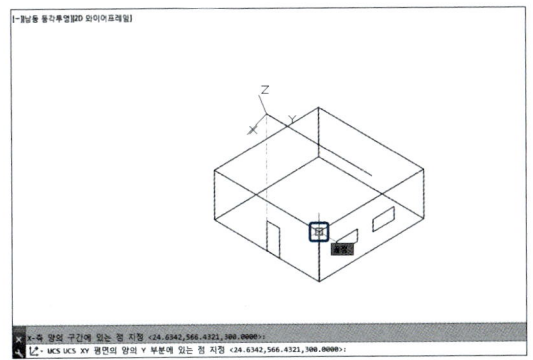 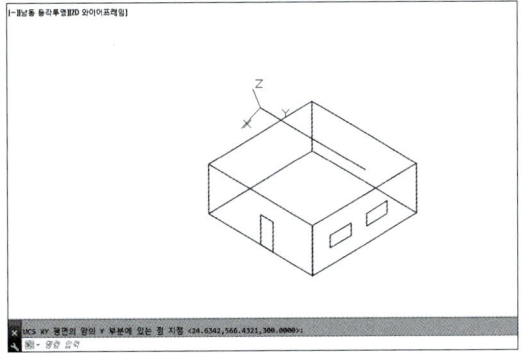

UCS XY 평면의 양의 Y 부분에 있는 점 지정 〈24.6342,566.4321,300.0000〉: ← 세 번째 점 지정

29 원하는 방향으로 좌표가 설정되면 지붕을 그리기 위하여 명령 행에 'Rectangle'을 입력하여 명령을 실행합니다. 그런 다음 지붕의 첫 번째 점을 지정합니다.

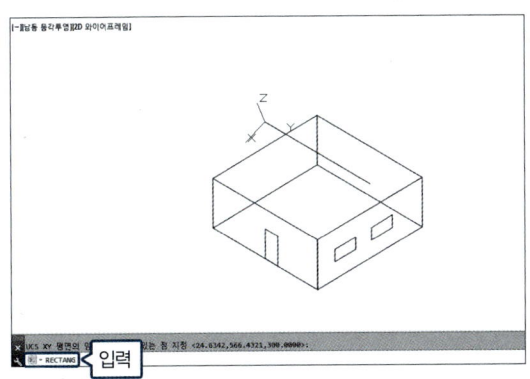 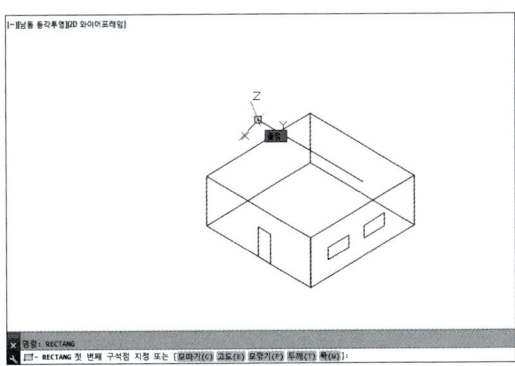

명령: RECTANG [Space bar] ← Rectangle 명령 입력 (REC)
첫 번째 구석점 지정 또는 [모따기(C)/고도(E)/모깎기(F)/두께(T)/폭(W)]: ← 임의의 점 지정

30 반대 구석점을 지정합니다. X축 방향으로 300mm, Y축 방향으로 500mm만큼 지정하기 위해 명령 행에 '@300,500'을 입력하고 Space bar 를 누릅니다.

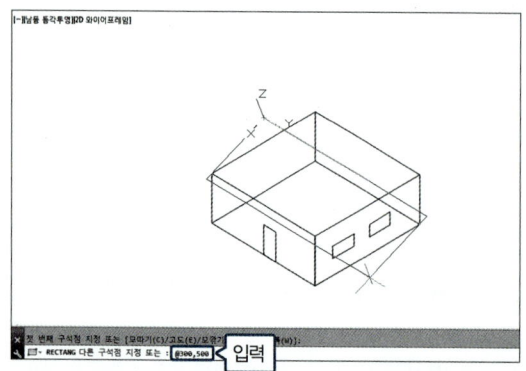 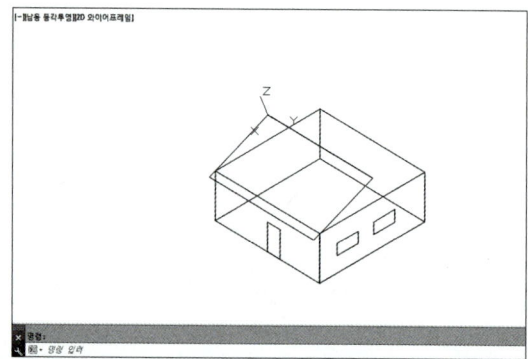

다른 구석점 지정 또는 [영역(A)/치수(D)/회전(R)]: @300,500 Space bar ← 상대좌표 (@300,500) 입력

31 UCS 명령을 실행하여 다시 실세계 좌표로 돌아옵니다.

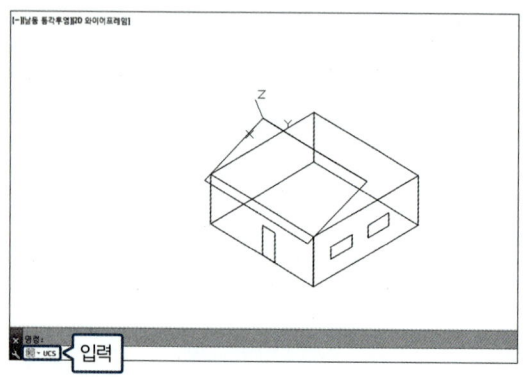 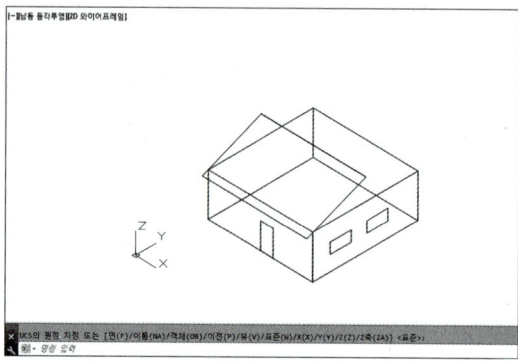

명령: UCS Space bar ← UCS 명령 입력
현재 UCS 이름: *이름 없음*
UCS의 원점 지정 또는 [면(F)/이름(NA)/객체(OB)/이전(P)/뷰(V)/표준(W)/X(X)/Y(Y)/Z(Z)/Z축(ZA)] 〈표준〉: Space bar

32 나머지 지붕면을 완성하기 위하여 명령 행에 'Mirror'를 입력하여 명령을 실행합니다. 한쪽 지붕면을 클릭하여 선택한 뒤 Space bar 를 누릅니다.

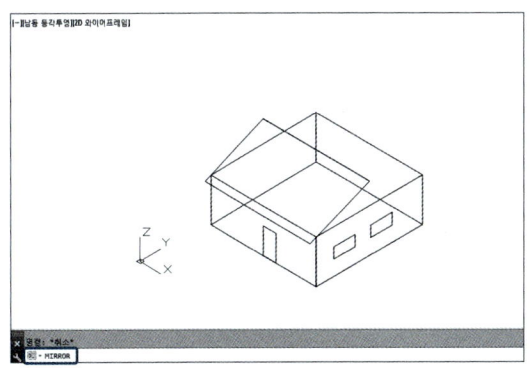 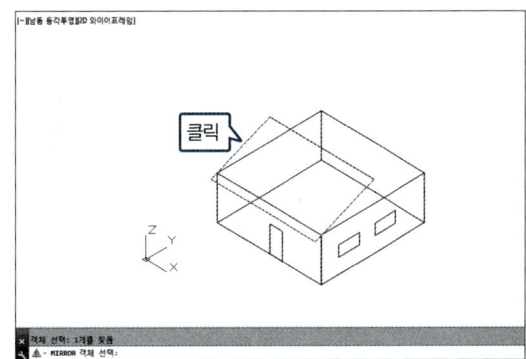

명령: MIRROR Space bar ← Mirror 명령 입력 (MI)
객체 선택: 1개를 찾음 ← 객체 선택
객체 선택: Space bar ← 다음 단계로 진행

33 첫 번째와 두 번째 기준점을 지정합니다. 그런 다음 Space bar 를 눌러서 도면을 완성합니다.

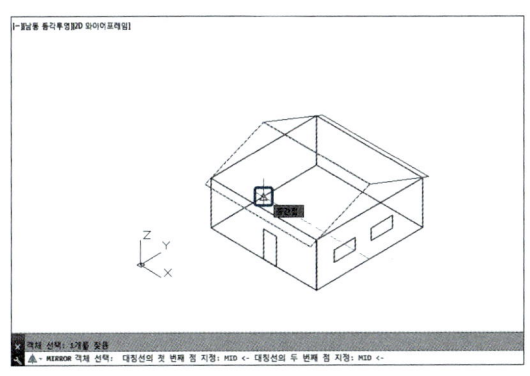 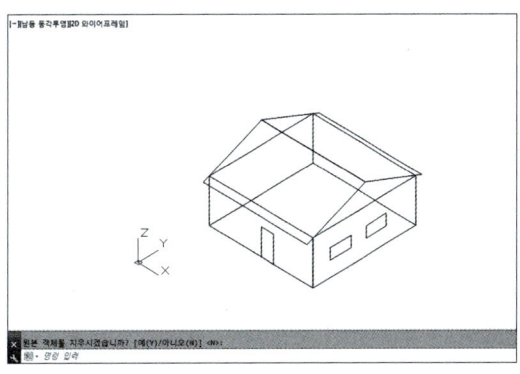

대칭선의 첫 번째 점 지정: mid Space bar ← 첫 번째 기준점 지정, 이미 설정했다면 해당 지점에서 그대로 클릭
대칭선의 두 번째 점 지정: mid Space bar ← 두 번째 기준점 지정, 이미 설정했다면 해당 지점에서 그대로 클릭
원본 객체를 지우시겠습니까? [예(Y)/아니오(N)] <N>: Space bar ← 명령 실행

바로 통하는 TIP 이때는 객체 스냅을 활성화하여 사용합니다.

PART
08

3D 좌표계를 이해했다면 이제 멋진 3D 모델링을 완성해보겠습니다. 면(Surface)과 꽉 찬 개체(Solid)가 무엇이며 어떤 종류가 있는지, 어떻게 표현하는지를 알아보겠습니다.

3D 모델링을 위한 Surface와 Solid

CHAPTER 01

3D 모델링을 위한 Surface

AutoCAD 2017에서 3D 이미지를 표현할 때 면(Surface)은 어떻게 나타내는지 알아보겠습니다. 그러기 위해서는 2D 기본 도면 객체의 특성에 맞추어 표현하는 Surface 명령을 이해해야 합니다. Surface를 표현하는 대표적인 네 가지 명령은 Rulesurf(직선 보간 메쉬), Tabsurf(방향 벡터 메쉬), Revsurf(회전 메쉬), Edgesurf(모서리 메쉬)입니다.

학습 목표

3D 모델링을 위한 Surface 명령의 실무 활용 방법을 익혀봅니다. 네 가지 종류의 Surface 명령을 학습한 후 각 명령을 사용하여 메쉬 모델링을 완성해보겠습니다.

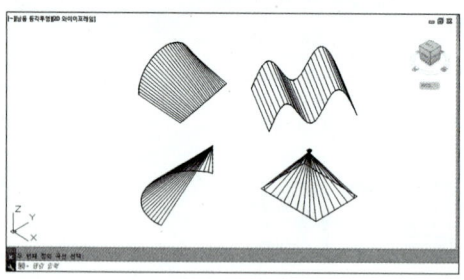
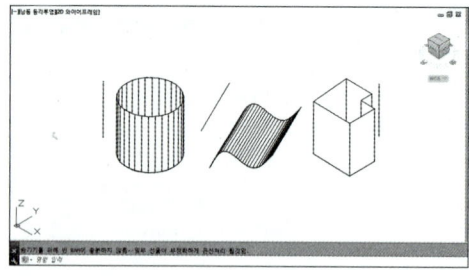
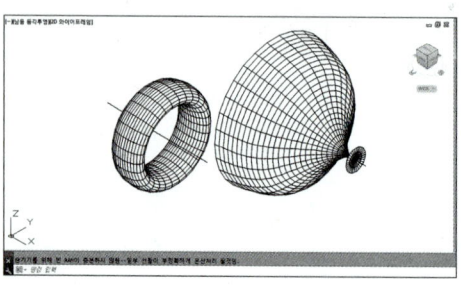
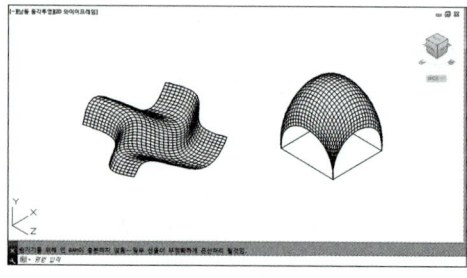

▲ 면 표현하기

SECTION 01 특성에 맞는 Surface 표현하기

Surface(면)를 표현할 때는 사용 방법에 따라 네 가지 종류를 사용합니다. Rulesurf(직선 보간 메쉬), Tabsurf(방향 벡터 메쉬), Revsurf(회전 메쉬), Edgesurf(모서리 메쉬)입니다. 각각의 특성과 사용 방법을 알아보겠습니다.

1 Rulesurf 명령으로 면 만들기

Rulesurf 명령은 Line(선), Arc(호), Cirle(원), Point(점), Pline(폴리선), Spline(자유 곡선)으로 이루어진 두 객체 사이를 연결하여 Surface를 나타냅니다. Rulesurf 명령을 사용하려면 명령 행에 'Rulesurf'를 입력하고 Space bar 를 누르면 됩니다. 다음 그림의 선을 각각 연결하여 면으로 만들어보겠습니다.

01 예제 파일 'Part8-01.dwg'를 불러옵니다. 명령 행에 'Rulesurf'를 입력하고 Space bar 를 누릅니다.

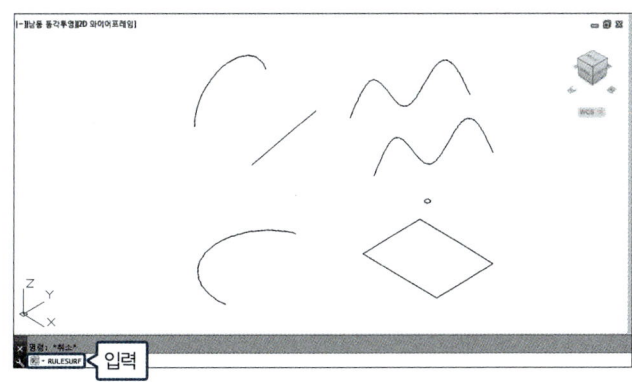

명령: RULESURF Space bar ← Rulesurf 명령 입력

바로 통하는 TIP Rulesurf 명령을 적용할 때 경계가 닫혀 있는 객체라면 나머지 객체도 닫힌 객체로 구성되어야 하고, 경계가 열려 있는 객체라면 나머지 객체도 열린 객체로 구성되어야 합니다. 즉, 원은 원이나 타원, 열린 다각형으로 구성된 사각형이나 다각형이어야만 면을 형성할 수 있습니다. 또 선은 호와 같이 닫히지 않은 객체와 면을 형성합니다. 원과 선은 면을 형성할 수 없습니다. 왜냐하면 원은 닫힌 객체이고 선은 열린 객체이기 때문입니다.

02 왼쪽 상단 이미지부터 완성하기 위하여 선을 선택합니다. 선에서 가장 튀어 나온 곳을 클릭합니다.

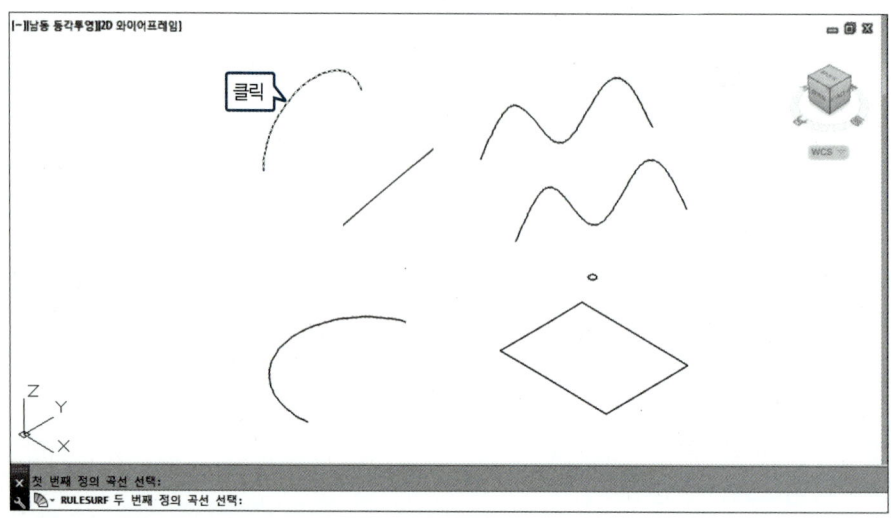

현재 와이어프레임 밀도: SURFTAB1=30
첫 번째 정의 곡선 선택: ← 첫 번째 정의 곡선 선택:

바로 통하는 TIP 자동으로 다음 단계로 진행되므로 Space bar 를 누르지 않습니다. 하단의 명령 행을 늘 확인하면서 작업을 진행하는 습관을 기르도록 합니다.

03 오른쪽 선 객체를 클릭하면 면이 형성됩니다.

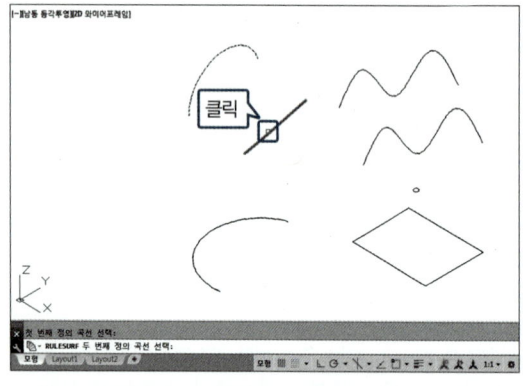 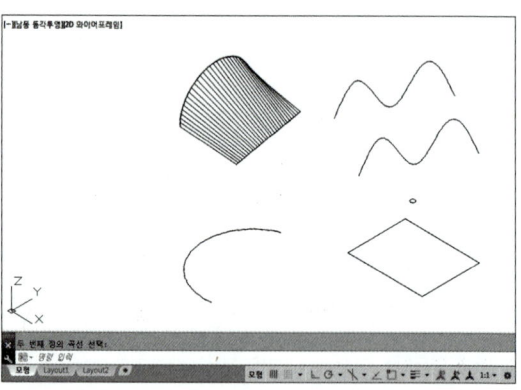

두 번째 정의 곡선 선택: ← 두 번째 정의 곡선 선택:

04 연속해서 Rulesurf 명령을 실행하기 위해 Space bar 를 누릅니다. 오른쪽에 있는 자유 곡선을 선택합니다. 그런 다음 나머지 자유 곡선을 선택합니다. 면이 형성됩니다.

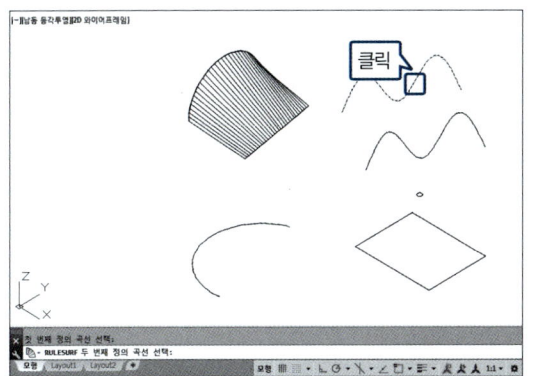 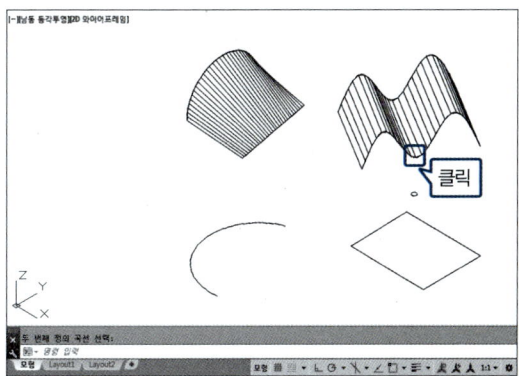

```
명령: RULESURF Space bar ←Rulesurf 명령 입력
현재 와이어프레임 밀도: SURFTAB1=30
첫 번째 정의 곡선 선택: ←첫 번째 정의 곡선 선택
두 번째 정의 곡선 선택: ←두 번째 정의 곡선 선택
```

바로 통하는 TIP 이때 선 객체의 어느 부분을 클릭하느냐에 따라 반듯한 메쉬가 아닌 선이 교차된 메쉬로 나타날 수도 있습니다. 처음 객체를 지정한 위치에 대비하여 두 번째 객체를 사선 방향으로 지정하면 오른쪽 그림과 같이 표현됩니다.

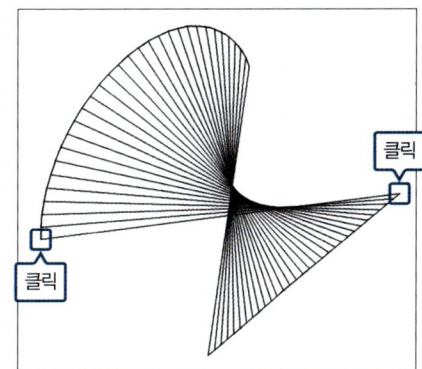

05 연속해서 Space bar 를 눌러 Rulesurf 명령을 실행합니다. 그런 다음 호를 선택합니다.

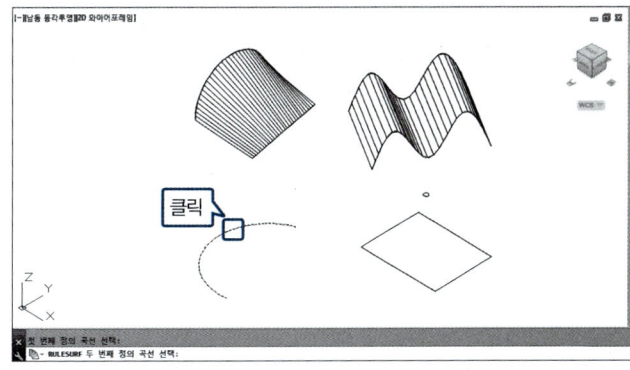

```
명령: RULESURF Space bar ←Rulesurf 명령 입력
현재 와이어프레임 밀도: SURFTAB1=30
첫 번째 정의 곡선 선택: ←첫 번째 정의 곡선 선택
```

06 오른쪽 점을 지정하면 면이 형성됩니다.

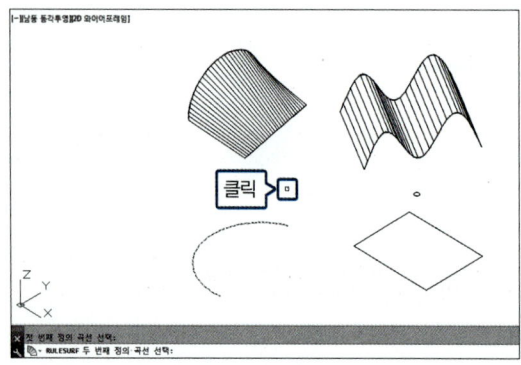 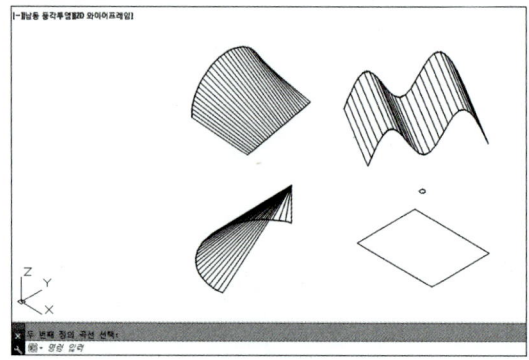

두 번째 정의 곡선 선택: ← 두 번째 정의 점 선택

07 다시 Space bar 를 눌러 Rulesurf 명령을 실행합니다. 그런 다음 같은 방법으로 두 사각형을 선택하여 면을 형성합니다.

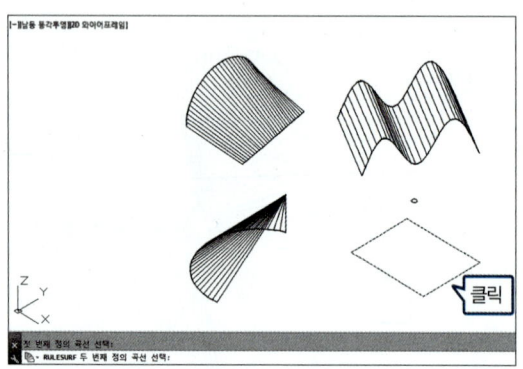 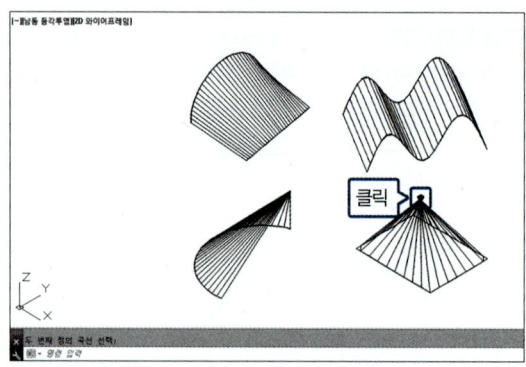

명령: RULESURF Space bar ← Rulesurf 명령 입력
현재 와이어프레임 밀도: SURFTAB1=30
첫 번째 정의 곡선 선택: ← 첫 번째 정의 객체 선택
두 번째 정의 곡선 선택: ← 두 번째 정의 객체 선택

실무활용노트 AUTO CAD | Hide 명령과 Shade 명령으로 객체를 입체감 있게 표현하기

앞서 알아본 Hide(숨기기) 명령과 Shade(음영 처리) 명령으로 더욱 입체감 있는 이미지로 표현해봅니다.

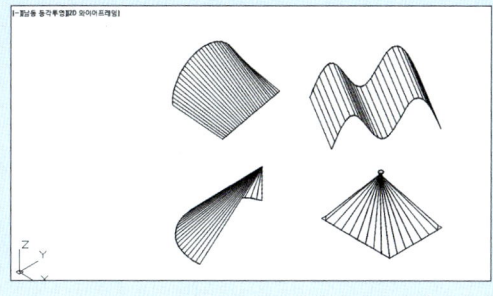
▲ Hide 명령이 적용된 객체

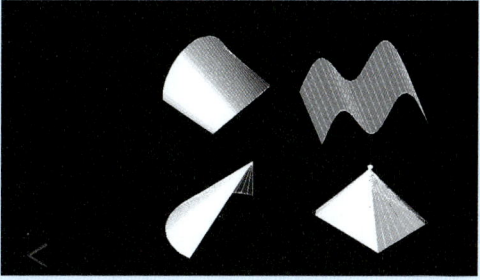
▲ Shade 명령이 적용된 객체

2 Tabsurf 명령으로 면 만들기

직접적인 이미지로 표현될 객체인 경로 곡선(Path Curve)을 그린 후 방향과 길이를 나타낸 방향 벡터(Direction Vector)를 지정하면 면(Surface)을 나타낼 수 있습니다. Tabsurf(방향 벡터 메쉬) 명령을 사용하려면 명령 행에 'Tabsurf'를 입력하고 Space bar 를 누르면 됩니다.

01 예제 파일 'Part8-02.dwg'를 불러옵니다. 명령 행에 'Tabsurf'를 입력하고 Space bar 를 누릅니다. 그런 다음 왼쪽에 있는 원을 선택합니다.

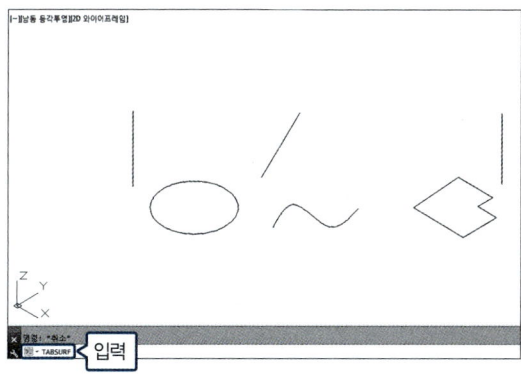
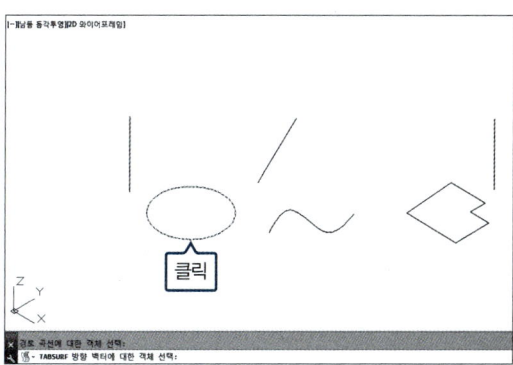

명령: TABSURF Space bar ← Tabsurf 명령 입력
현재 와이어프레임 밀도: SURFTAB1=30
경로 곡선에 대한 객체 선택: ← 경로 곡선에 대한 객체 선택

02 방향과 길이를 나타내는 방향 벡터를 지정하기 위해 원의 왼쪽에 있는 선을 선택합니다.

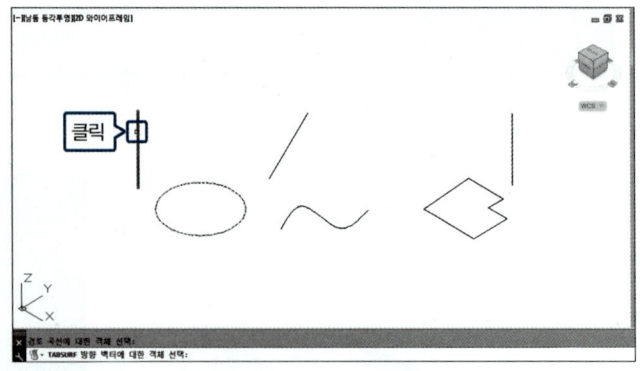

방향 벡터에 대한 객체 선택: ← 방향 벡터에 대한 객체 선택

03 원통형의 면이 형성됩니다.

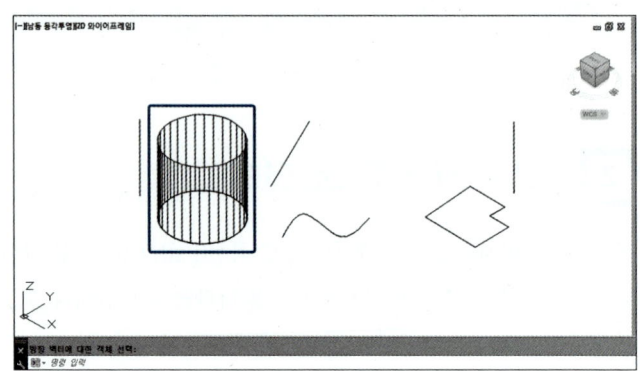

04 연속해서 Space bar 를 눌러 Tabsurf 명령을 실행합니다. 가운데 있는 자유 곡선을 선택합니다.

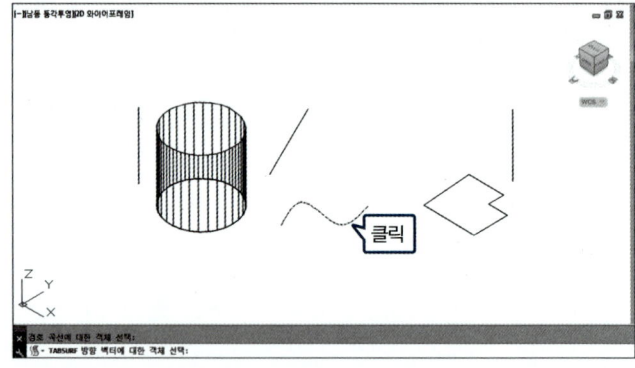

명령: TABSURF Space bar ← Tabsurf 명령 입력
현재 와이어프레임 밀도: SURFTAB1=30
경로 곡선에 대한 객체 선택: ← 경로 곡선에 대한 객체 선택

05 방향과 길이를 나타내는 방향 벡터를 지정하기 위해 가운데의 사선을 선택합니다.

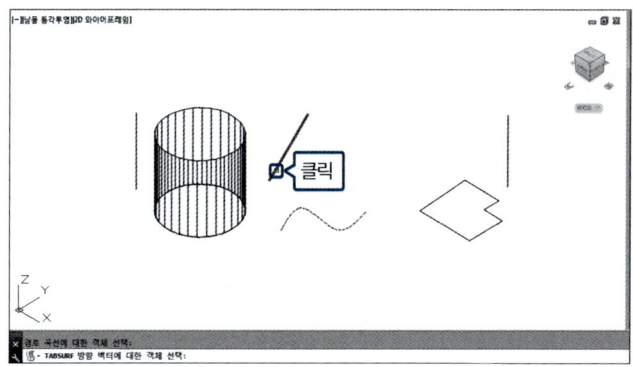

방향 벡터에 대한 객체 선택: ← **방향 벡터에 대한 객체 선택**

06 면이 형성됩니다.

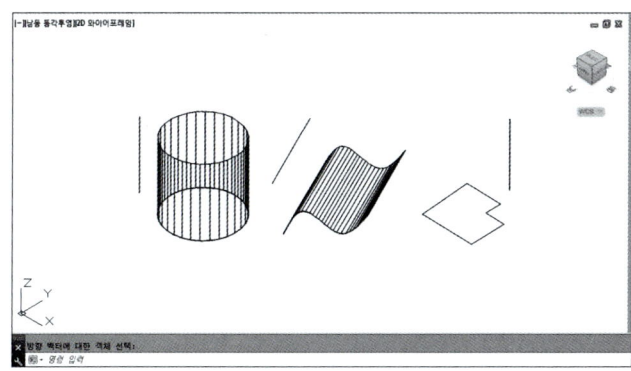

07 Space bar 를 눌러 'Tabsurf' 명령을 실행합니다. 오른쪽에 있는 다각형을 선택합니다.

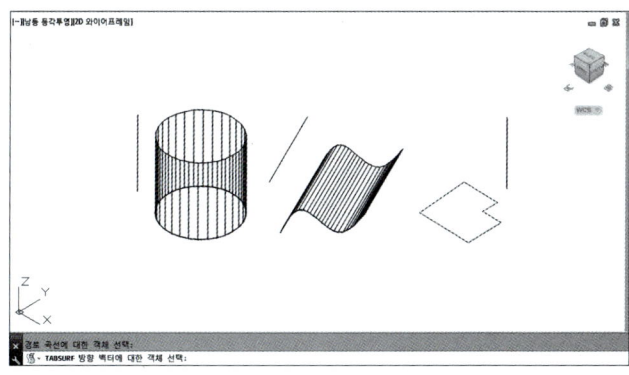

명령: TABSURF Space bar ← **Tabsurf 명령 입력**
현재 와이어프레임 밀도: SURFTAB1=30
경로 곡선에 대한 객체 선택: ← **경로 곡선에 대한 객체 선택**

08 방향과 길이를 나타내는 방향 벡터를 지정하기 위해 오른쪽의 선을 선택합니다. 면이 형성됩니다.

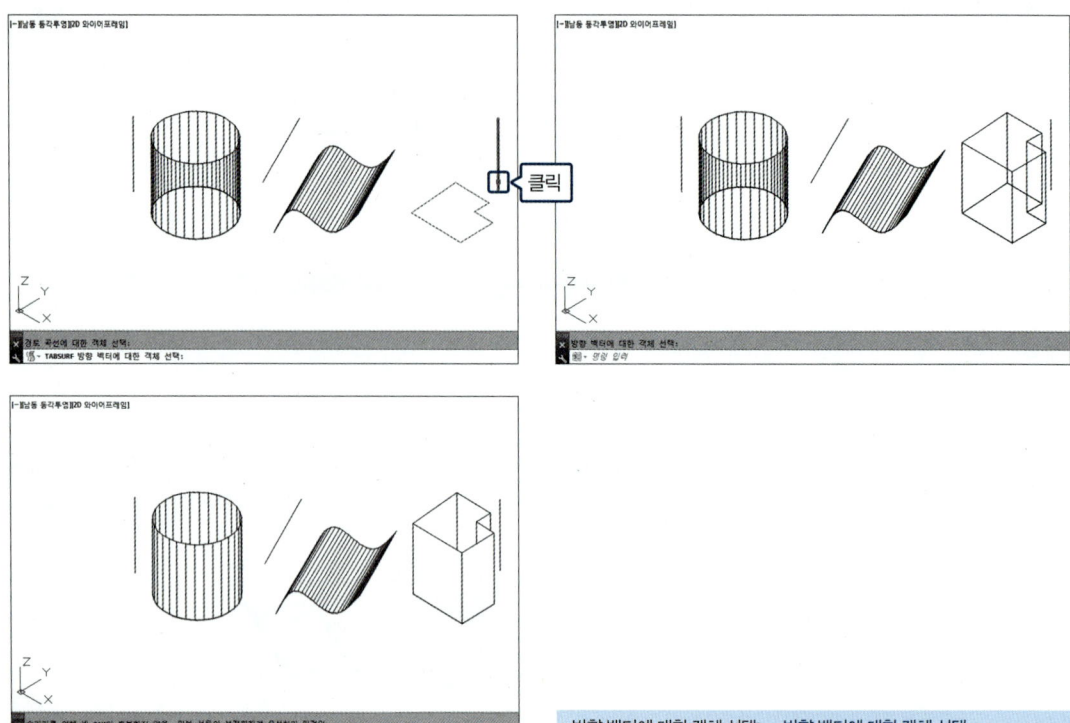

▲ Hide 명령을 적용한 객체

바로 통하는 TIP 방향과 길이를 나타내는 방향 벡터를 반대 방향에서 지정하면 선택 객체가 반대 방향에 맞추어 메쉬가 형성될 수 있으므로 주의합니다.

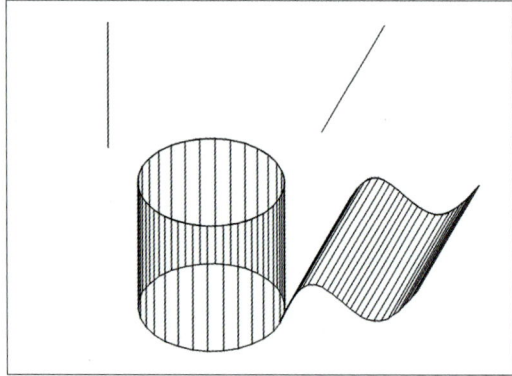

3 Revsurf 명령으로 회전 메쉬 만들기

입체 이미지로 표현될 객체인 경로 곡선(Path Curve)을, 지정한 축을 중심으로 입력한 각도만큼 회전하여 면(Surface)을 나타냅니다. Revsurf(회전 메쉬) 명령을 사용하려면 명령 행에 'Revsurf'를 입력하고 Space bar 를 누르면 됩니다.

01 예제 파일 'Part8-03.dwg'를 불러옵니다. 명령 행에 'Revsurf'를 입력하고 Space bar 를 누릅니다. 그런 다음 왼쪽에 있는 타원을 선택합니다.

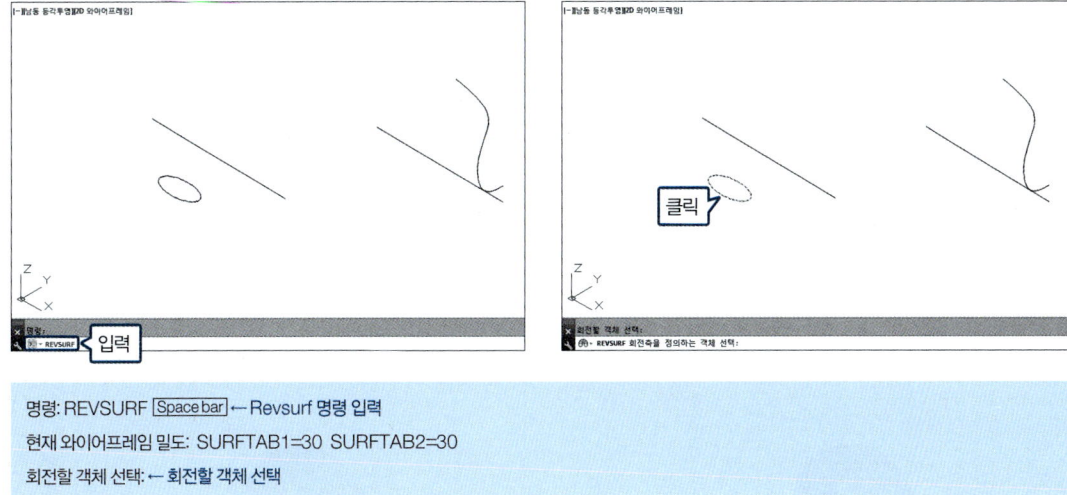

명령: REVSURF Space bar ← Revsurf 명령 입력
현재 와이어프레임 밀도: SURFTAB1=30 SURFTAB2=30
회전할 객체 선택: ← 회전할 객체 선택

바로 통하는 TIP 회전 메쉬의 회전축은 선이나 폴리선으로 구성되어야 합니다.

02 선을 클릭하여 회전축으로 지정하고 시작 각도를 0°로 지정합니다. 그런 다음 사이각을 360°로 지정하고 Space bar 를 누릅니다.

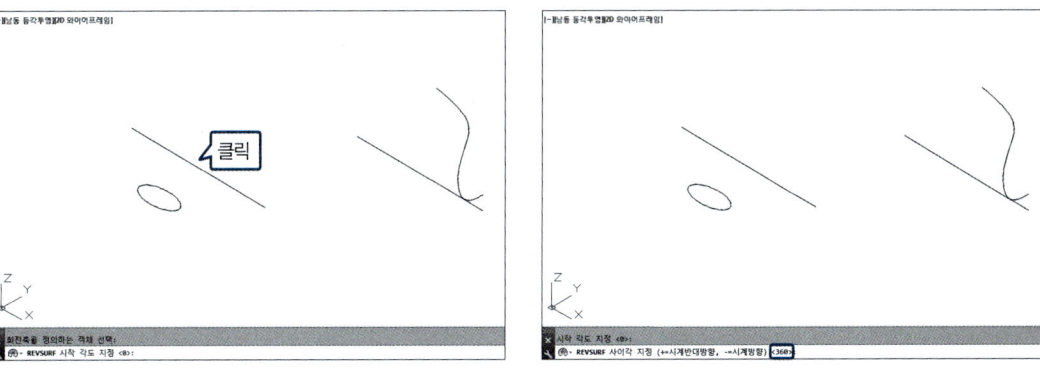

회전축을 정의하는 객체 선택: ← 회전축을 정의하는 객체 선택
시작 각도 지정 〈0〉: ← 시작 각도 '0' 입력
사이각 지정 (+=시계반대방향, -=시계방향) 〈360〉: ← 사이각 '360' 입력

03 도넛 모양의 면이 형성됩니다.

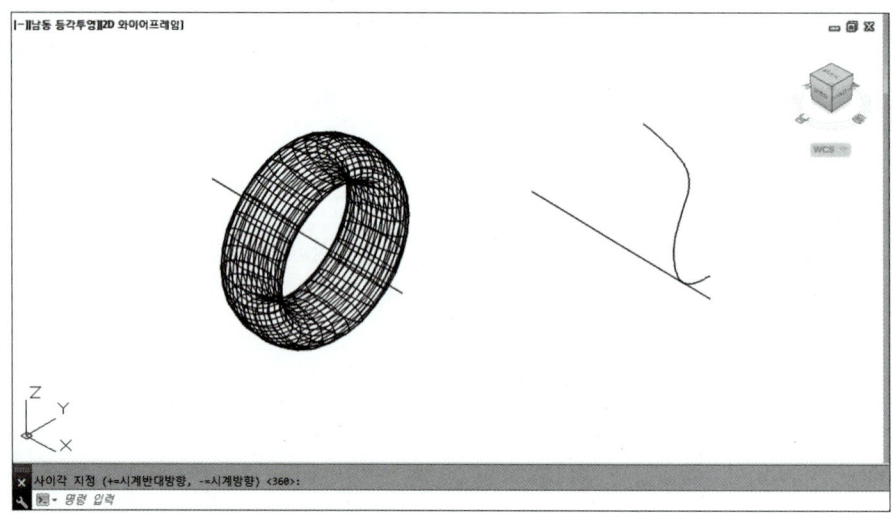

04 명령 행에 'Revsurf'를 입력하고 Space bar 를 누릅니다. 그런 다음 오른쪽에 있는 자유 곡선을 선택합니다.

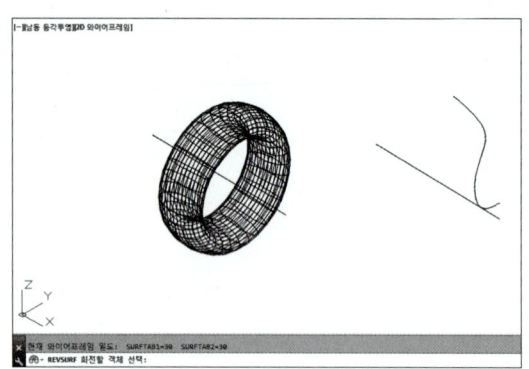 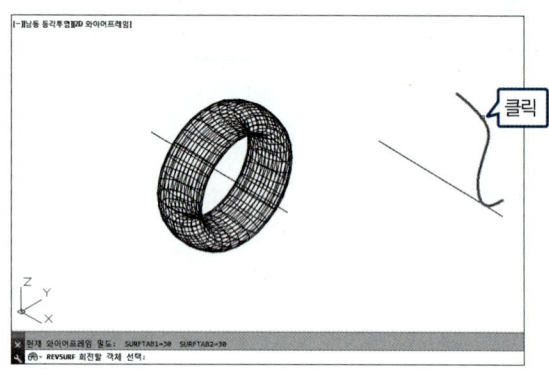

명령: REVSURF Space bar ← Revsurf 명령 입력
현재 와이어프레임 밀도: SURFTAB1=30 SURFTAB2=30
회전할 객체 선택: ← 회전할 객체 선택

05 선을 클릭해 축을 지정합니다. 시작 각도를 0°, 사이각을 360°로 지정하고 Space bar 를 누릅니다. 와인 잔 형태의 면이 완성됩니다.

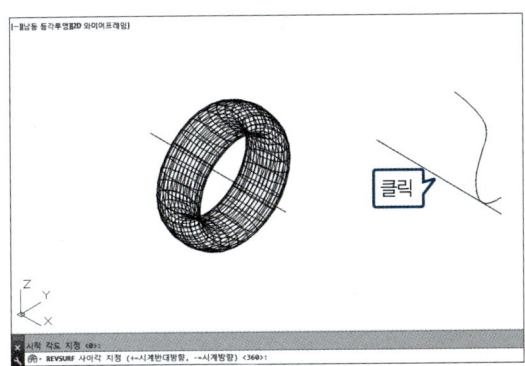 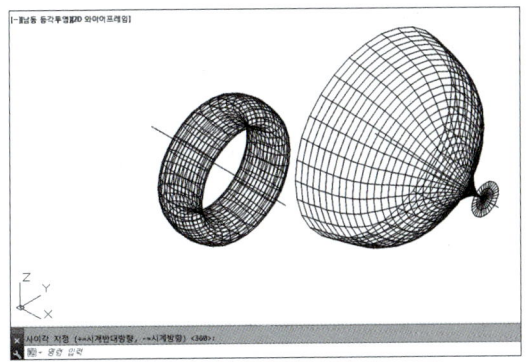

회전축을 정의하는 객체 선택:

시작 각도 지정 ⟨0⟩:

사이각 지정 (+=시계반대방향, −=시계방향) ⟨360⟩:

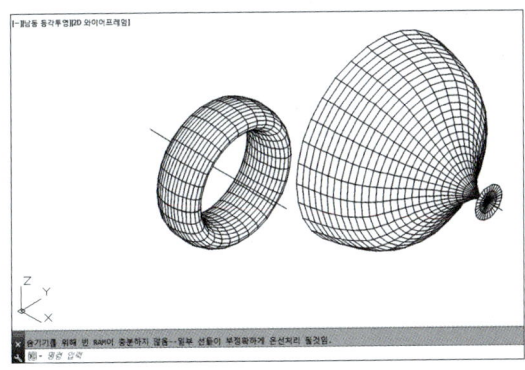 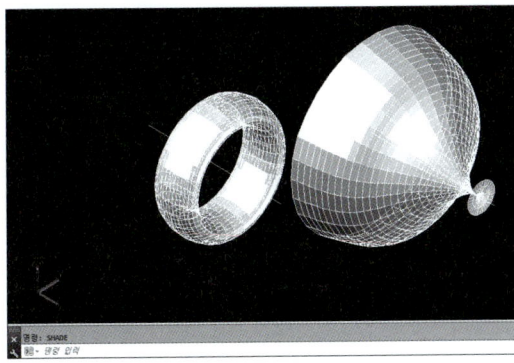

▲ Hide 명령을 적용한 객체   ▲ Shade 명령을 적용한 객체

4 Edgesurf 명령으로 모서리를 면으로 바꾸기

네 개의 연결된 모서리를 면(Surface)으로 나타냅니다. Edgesurf(모서리 메쉬) 명령을 사용하려면 명령 행에 'Edgesurf'를 입력하고 Space bar 를 누르면 됩니다.

01 예제 파일 'Part8-04.dwg'를 불러 옵니다. 우선 왼쪽의 네 곡선을 면으로 만 들어보겠습니다. 명령 행에 'Edgesurf'를 입력하고 Space bar 를 누릅니다.

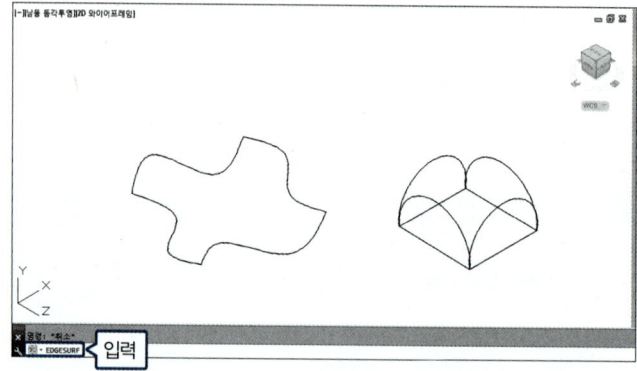

명령: EDGESURF Space bar ← Edgesurf 명령 입력

02 왼쪽에 있는 자유 곡선을 차례로 클 릭합니다.

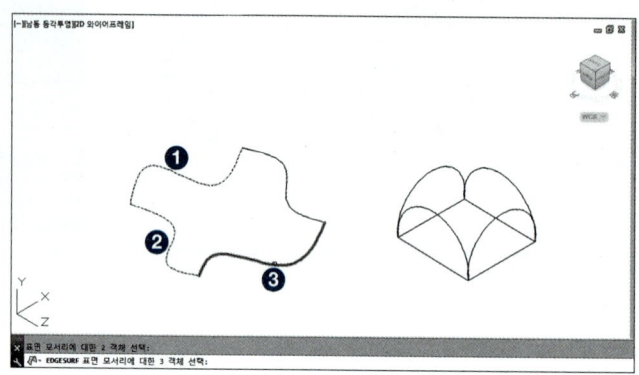

현재 와이어프레임 밀도: SURFTAB1=30 SURFTAB2=30
표면 모서리에 대한 1 객체 선택: ← 메쉬 모서리에 대한 1 객체 선택
표면 모서리에 대한 2 객체 선택: ← 메쉬 모서리에 대한 2 객체 선택
표면 모서리에 대한 3 객체 선택: ← 메쉬 모서리에 대한 3 객체 선택

03 마지막 자유 곡선을 지정합니다. 그물망 같은 면이 형성됩니다.

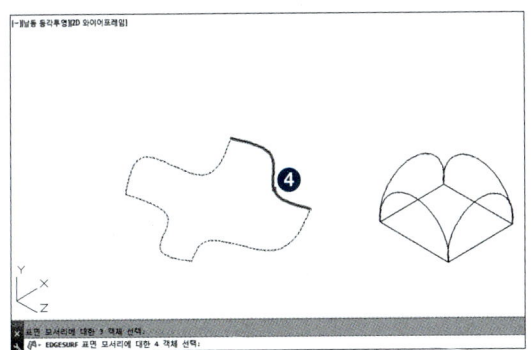 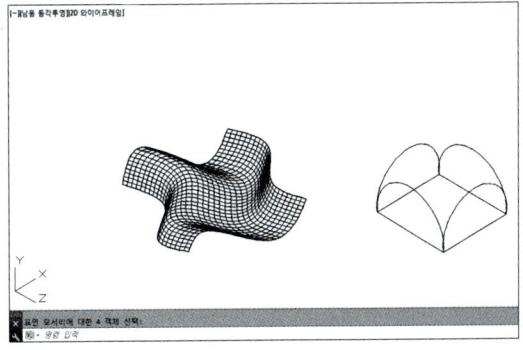

표면 모서리에 대한 4 객체 선택: ← 메쉬 모서리에 대한 4 객체 선택

04 이번에는 오른쪽에 있는 네 호를 연결한 면을 만들어보겠습니다. 명령 행에 'Edgesurf'를 입력하고 Space bar 를 누릅니다. 그런 다음 오른쪽의 첫 번째 호를 지정합니다.

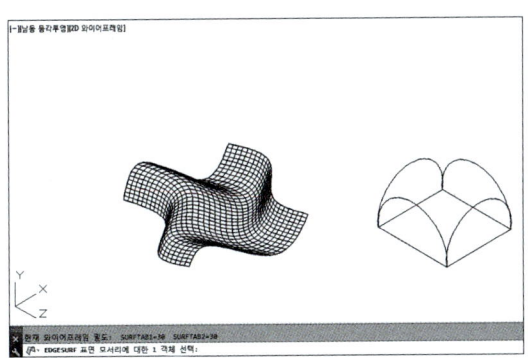 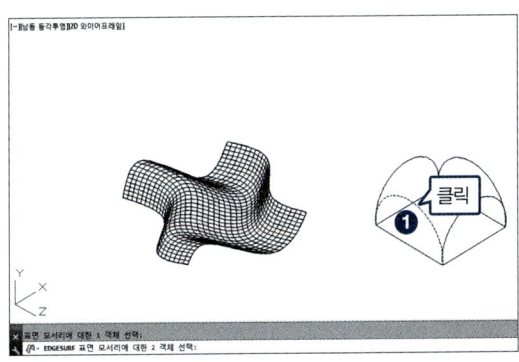

명령: EDGESURF Space bar ← Edgesurf 명령 입력
현재 와이어프레임 밀도: SURFTAB1=30 SURFTAB2=30
표면 모서리에 대한 1 객체 선택: ← 메쉬 모서리에 대한 1 객체 선택

05 차례로 두 번째, 세 번째 호를 클릭합니다. 네 번째 호까지 지정하면 망 구조물과 비슷한 형상의 면이 형성됩니다.

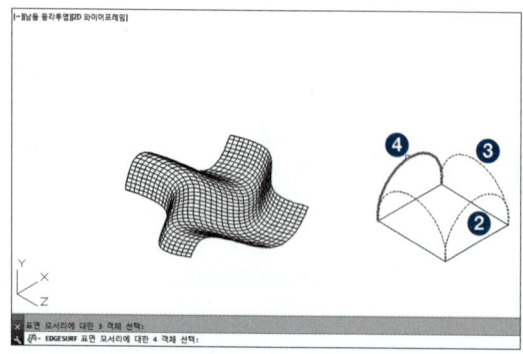 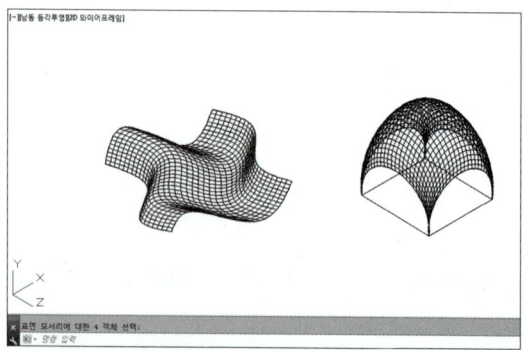

표면 모서리에 대한 2 객체 선택: ← 메쉬 모서리에 대한 2 객체 선택
표면 모서리에 대한 3 객체 선택: ← 메쉬 모서리에 대한 3 객체 선택
표면 모서리에 대한 4 객체 선택: ← 메쉬 모서리에 대한 4 객체 선택

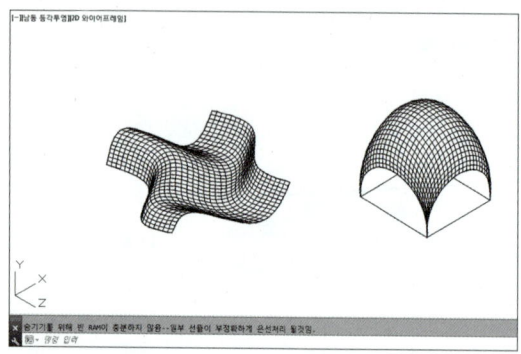 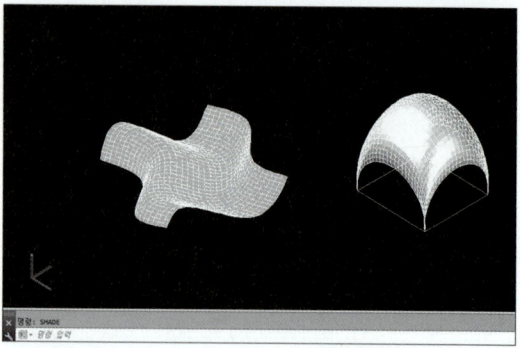

▲ Hide 명령을 적용한 객체 　　　　　　　　　▲ Shade 명령을 적용한 객체

Surftab1과 Surftab2

앞서 네 종류의 메쉬 명령을 실행하면 나타나는 명령 행 내용 중 'Surftab1=30, Surftab2=30'으로 표현되는 항목이 있습니다. 이 항목은 메쉬, 즉 와이어프레임의 밀도를 나타내는 수치로 기본값은 'Surftab1=6, Surftab2=6'입니다. 명령 행에 'Surftab1' 이나 'Surftab2'의 명령을 실행하여 원하는 밀도의 수치로 지정하여 사용할 수 있습니다. 수치가 낮다면 허술한 이미지로 나타나 곤란하고, 반대로 수치가 높다면 실행 시간이 많이 소요되어 작업이 어렵습니다. 보통 '20~40'의 수치를 입력합니다.

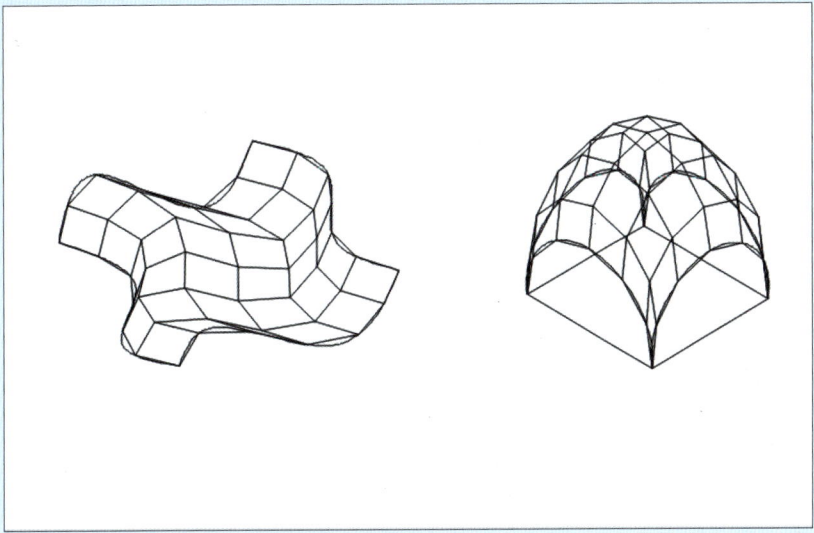

▲ 'Surftab1'이나 'Surftab2' 명령의 수치를 '6'으로 입력하여 실행한 객체 이미지

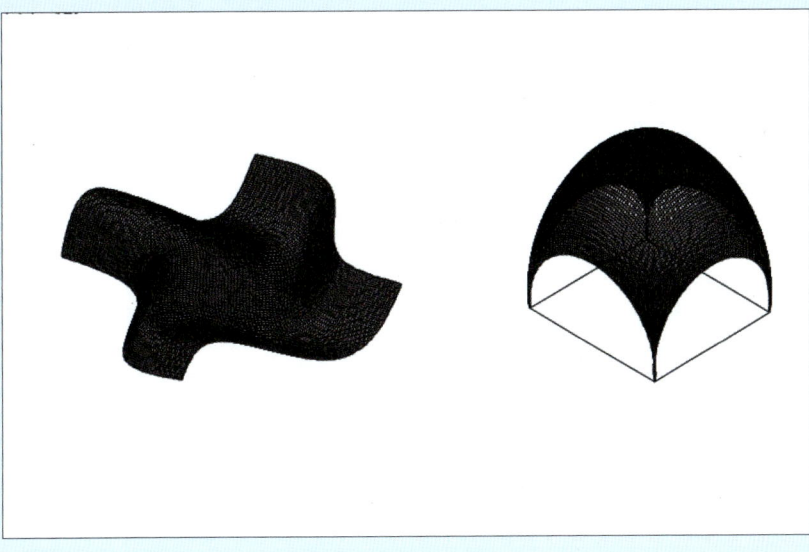

▲ 'Surftab1'이나 'Surftab2' 명령의 수치를 '100'으로 입력하여 실행한 객체 이미지

Surface 명령으로 피크닉 의자 그리기

네 종류의 Surface 명령으로 피크닉 의자를 그려보겠습니다.

1 의자의 뼈대로 미리 그려놓은 예제 파일 'Part8-05.dwg'를 불러옵니다. 명령 행에 'Rulesurf'를 입력하고 Space bar 를 누릅니다. 그런 다음 기준이 되는 작은 원을 클릭합니다.

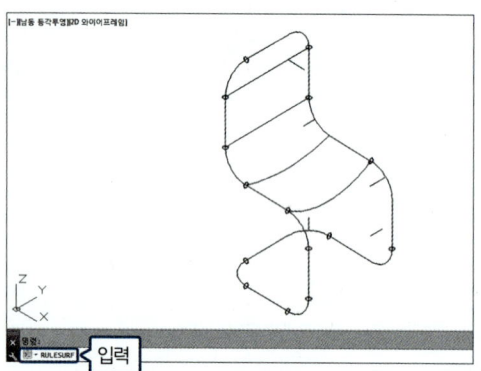 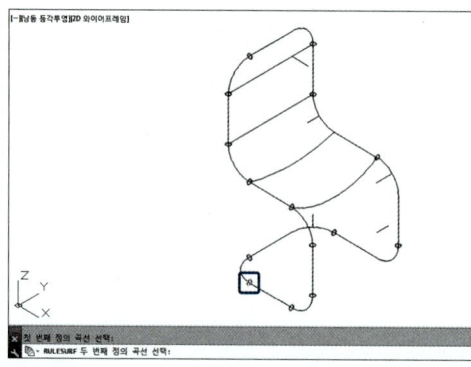

명령: RULESURF Space bar ← Rulesurf 명령 입력
현재 와이어프레임 밀도: SURFTAB1=30
첫 번째 정의 곡선 선택: ← 첫 번째 정의 곡선 선택

2 계속해서 일직선상에 있는 나머지 원을 클릭합니다. 그림과 같이 면이 형성됩니다.

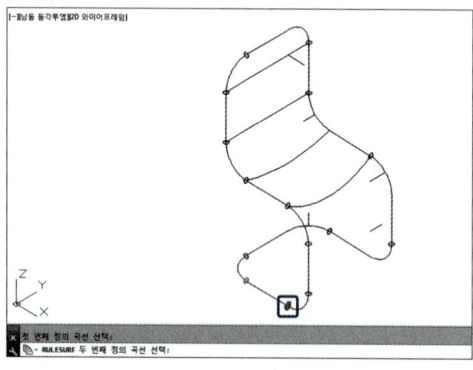 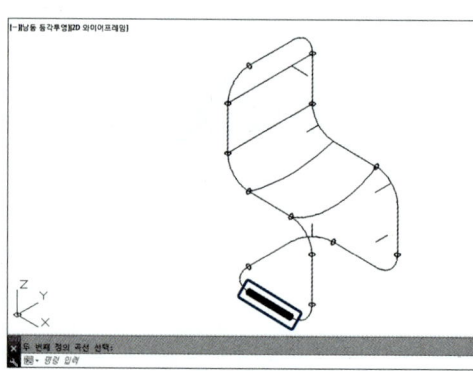

두 번째 정의 곡선 선택: ← 두 번째 정의 곡선 선택

3 계속해서 일직선상에 있는 두 원끼리 선택한 후 Rulesurf 명령을 사용하여 면을 형성합니다.

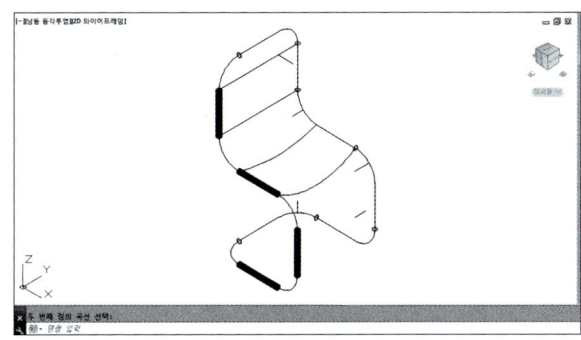

```
명령: RULESURF [Space bar] ← Rulesurf 명령 입력
현재 와이어프레임 밀도: SURFTAB1=30
첫 번째 정의 곡선 선택: ← 첫번째 정의 곡선 선택
두 번째 정의 곡선 선택: ← 두번째 정의 곡선 선택
```

4 이번에는 Tabsurf 명령을 사용해보겠습니다. 명령 행에 'Tabsurf'를 입력하고 [Space bar]를 누릅니다. 기준이 되는 작은 원을 클릭합니다.

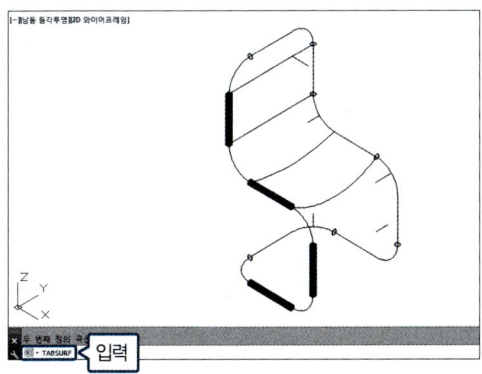
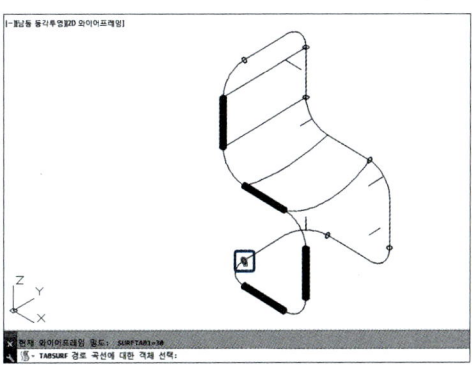

```
명령: TABSURF [Space bar] ← Tabsurf 명령 입력
현재 와이어프레임 밀도: SURFTAB1=30
경로 곡선에 대한 객체 선택: ← 경로 곡선에 대한 객체 선택
```

바로 통하는 TIP Tabsurf와 Rulesurf 명령은 상황에 따라 같은 결과물을 만들어낼 수 있습니다. 이럴 경우 두 가지 명령 중 편리한 것을 사용하도록 합니다.

5 연속해서 축이 되는 선을 지정합니다. 원통형의 면이 형성됩니다.

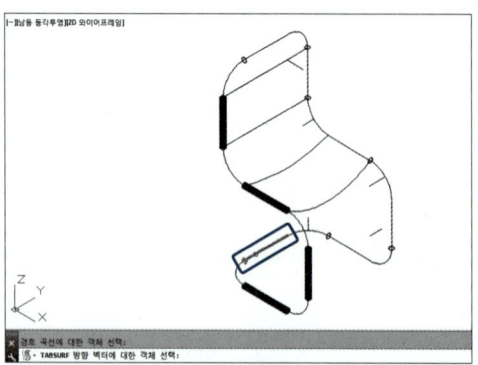 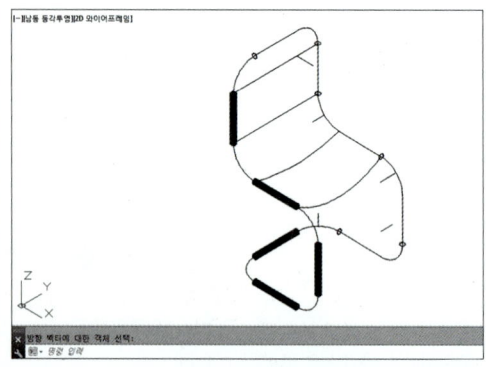

방향 벡터에 대한 객체 선택: ← 방향 벡터에 대한 객체 선택

바로 통하는 TIP Tabsurf 명령을 실행할 때 클릭하는 축의 위치에 따라 다음과 같이 다른 결과물이 나타날 수도 있으므로 주의합니다. 즉, 축의 중간점을 기준으로 하여 왼쪽, 오른쪽으로 선택함에 따라 서로 반대 방향의 형상이 나타납니다.

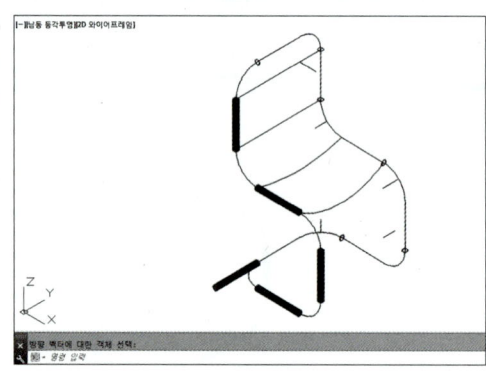

6 계속해서 Tabsurf 명령을 사용하여 기준 원과 축을 지정하여 그림과 같이 면을 형성하도록 합니다.

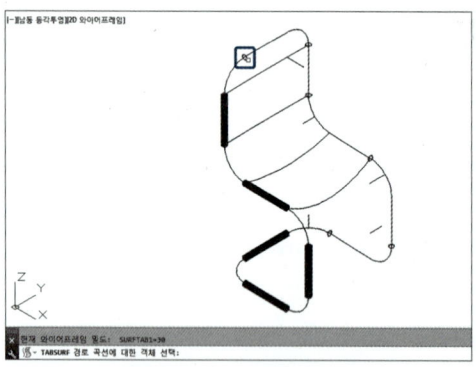 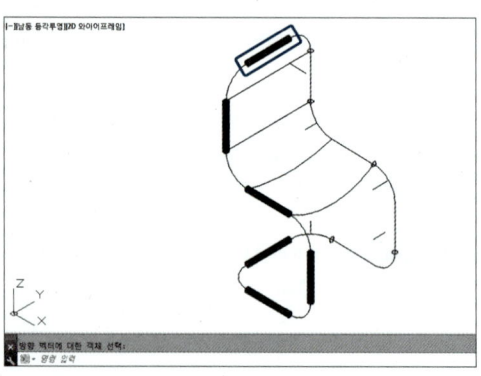

명령: TABSURF `Space bar` ← Tabsurf 명령 입력
현재 와이어프레임 밀도: SURFTAB1=30
경로 곡선에 대한 객체 선택: ← 경로 곡선에 대한 객체 선택
방향 벡터에 대한 객체 선택: ← 방향 벡터에 대한 객체 선택

7 계속해서 의자 모서리 부분을 완성하기 위하여 명령 행에 'Revsurf'를 입력하고 Space bar 를 누릅니다.

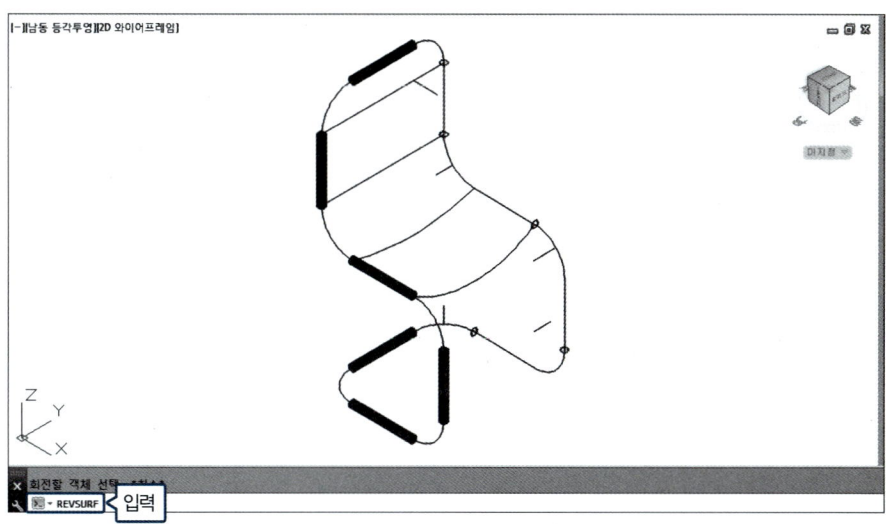

명령: REVSURF Space bar ← Revsurf 명령 입력
현재 와이어프레임 밀도: SURFTAB1=30 SURFTAB2=30

8 의자의 모서리 부분의 작은 원을 선택합니다. 그런 다음 연속해서 축을 선택합니다.

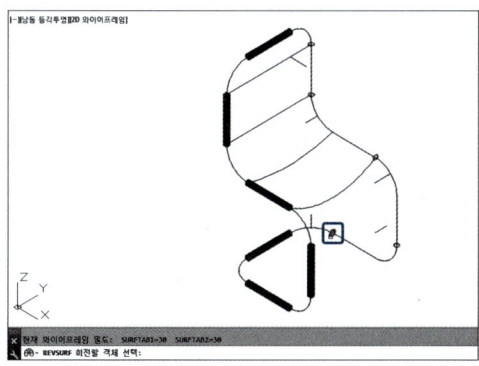 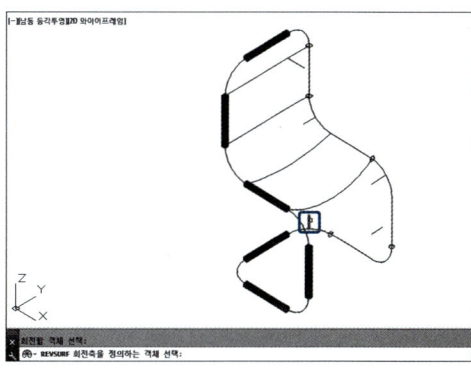

회전할 객체 선택: ← 회전할 객체 선택
회전축을 정의하는 객체 선택:

바로 통하는 TIP 이때 주의 사항은 축의 아랫부분을 지정해야 한다는 점입니다. 윗부분을 선택하면 메쉬가 반대 방향으로 회전합니다.

9 시작점은 0°, 사이각은 90°로 지정합니다. 모서리 면이 완성됩니다.

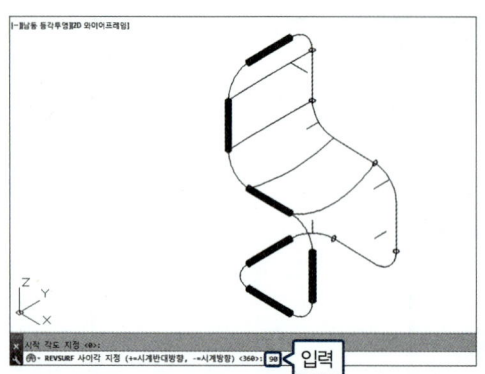 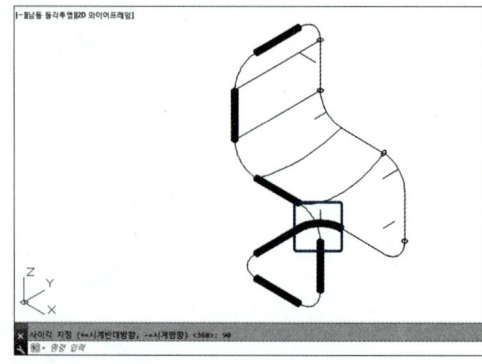

```
시작 각도 지정 〈0〉: ← 시작 각도 '0' 입력
사이각 지정 (+=시계반대방향, -=시계방향) 〈360〉: 90 ← 사이각 '90' 입력
```

10 나머지 모서리도 역시 Revsurf 명령을 사용하여 완성합니다. 사이각은 시계 방향과 반시계 방향을 잘 살펴서 경우에 따라 90°나 -90°로 지정하여 완성합니다.

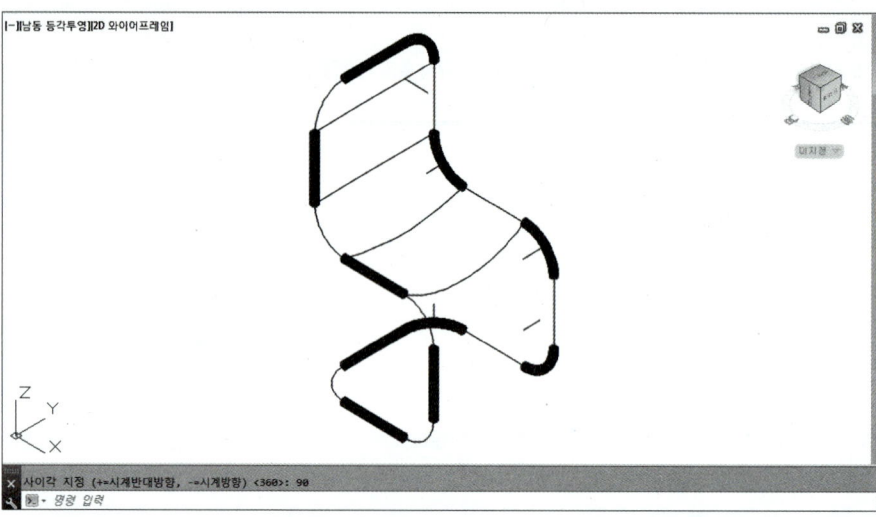

```
명령: REVSURF [Space bar] ← Revsurf 명령 입력
현재 와이어프레임 밀도: SURFTAB1=30  SURFTAB2=30
회전할 객체 선택: ← 회전할 객체 선택
회전축을 정의하는 객체 선택: 회전축을 정의하는 객체 선택
시작 각도 지정 〈0〉: ← 시작 각도 '0' 입력
사이각 지정 (+=시계반대방향, -=시계방향) 〈360〉: 90 ← 사이각 '90' 입력
```

11 이번에는 Mirror 명령을 사용하여 각각의 객체의 반대편을 완성합니다.

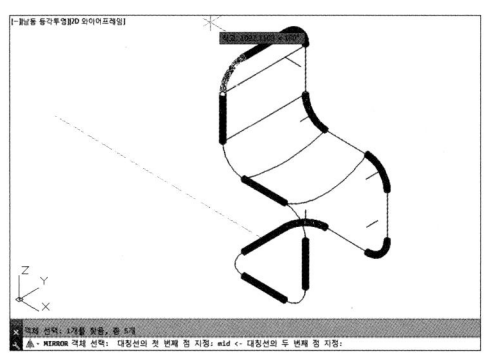 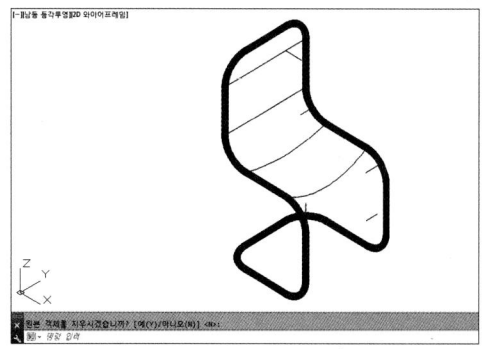

```
명령: MIRROR Space bar ← Mirror 명령 입력 (MI)
객체 선택: 1개를 찾음 ← 객체 선택
객체 선택: 1개를 찾음, 총 2개 ← 객체 선택
객체 선택: 1개를 찾음, 총 3개 ← 객체 선택
객체 선택: 1개를 찾음, 총 4개 ← 객체 선택
객체 선택: 1개를 찾음, 총 5개 ← 객체 선택
객체 선택: Space bar
대칭선의 첫 번째 점 지정: mid Space bar ← 첫 번째 대칭점 지정
대칭선의 두 번째 점 지정: ← 두 번째 대칭점 지정
원본 객체를 지우시겠습니까? [예(Y)/아니오(N)] <N>: ← 원본객체를 지울지 여부 'N' 입력
```

12 Erase 명령을 사용하여 축을 지워 도면을 정리합니다.

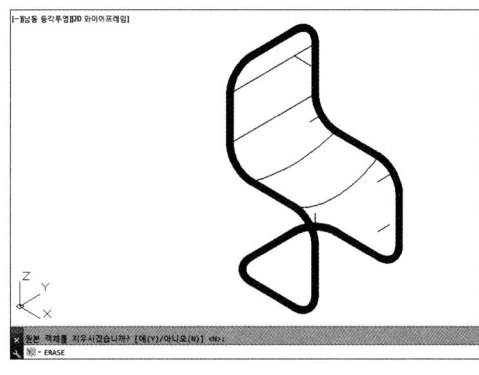 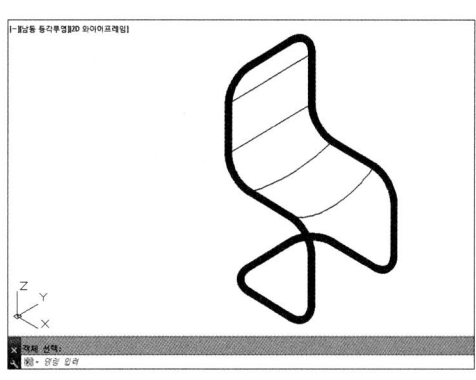

```
명령: ERASE Space bar ← Erase 명령 입력 (E)
객체 선택: 1개를 찾음 ← 객체 선택
객체 선택: 1개를 찾음, 총 2개
객체 선택: 1개를 찾음, 총 3개
객체 선택: 1개를 찾음, 총 4개
객체 선택: 1개를 찾음, 총 5개
```

```
객체 선택: Space bar
```

13 마지막으로 Edgesurf 명령을 사용하여 등받이와 앉을 수 있는 그물망을 완성합니다. 명령 행에 'Edgesurf'를 입력하여 명령을 실행합니다.

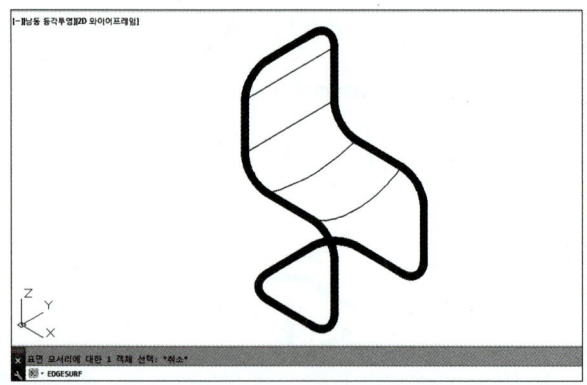

```
명령: EDGESURF Space bar ← Edgesurf 명령 입력
현재 와이어프레임 밀도: SURFTAB1=30 SURFTAB2=30
```

14 순서대로 첫 번째, 두 번째 객체를 선택합니다. 잘 보이지 않는다면 화면을 확대하여 선택합니다.

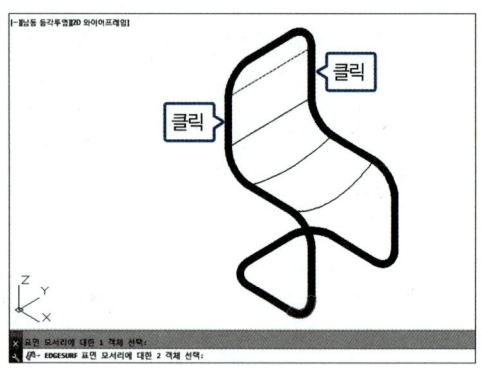 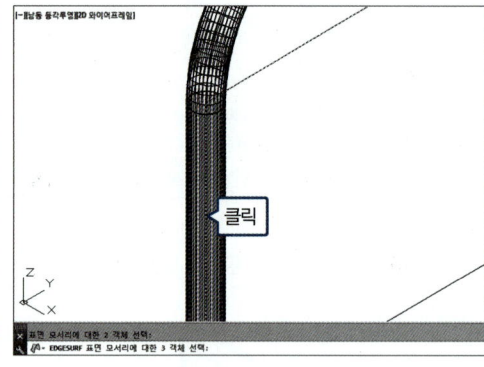

```
표면 모서리에 대한 1 객체 선택: ← 메쉬 모서리에 대한 1 객체 선택
표면 모서리에 대한 2 객체 선택: ← 메쉬 모서리에 대한 2 객체 선택
```

15 세 번째, 네 번째 객체를 선택합니다.

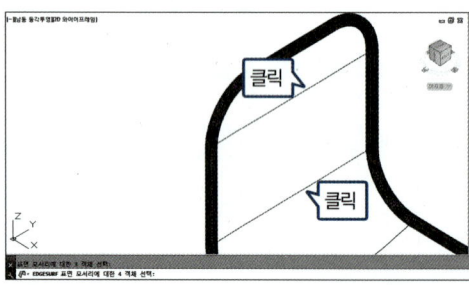 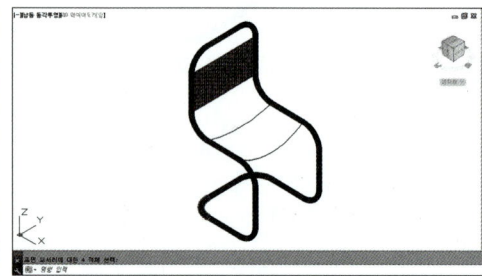

```
표면 모서리에 대한 3 객체 선택: ← 메쉬 모서리에 대한 3 객체 선택
표면 모서리에 대한 4 객체 선택: ← 메쉬 모서리에 대한 4 객체 선택
```

16 계속해서 Edgesurf 명령을 사용하여 등받이 그물망을 완성해보겠습니다. 명령 행에 'Edgesurf'를 입력하여 명령을 실행하고 첫 번째 객체를 선택합니다.

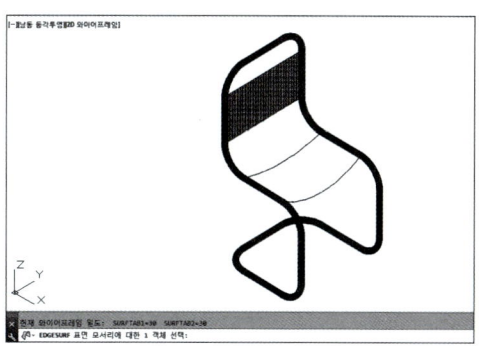

```
명령: EDGESURF Spacebar ← Edgesurf 명령 입력
현재 와이어프레임 밀도: SURFTAB1=30 SURFTAB2=30
표면 모서리에 대한 1 객체 선택: ← 메쉬 모서리에 대한 1 객체 선택
```

17 등받이 그물과 같이 의자의 앉는 부분도 그물망으로 나타내겠습니다. 앞서 만든 등받이 객체처럼 연속해서 나머지 객체를 선택합니다.

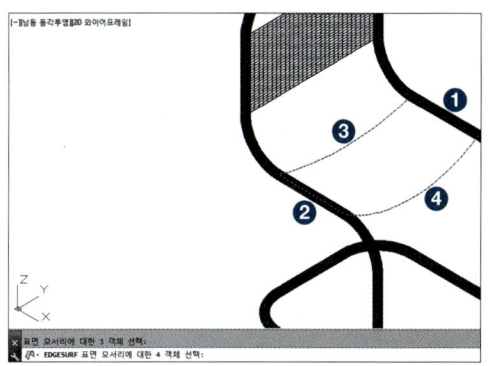 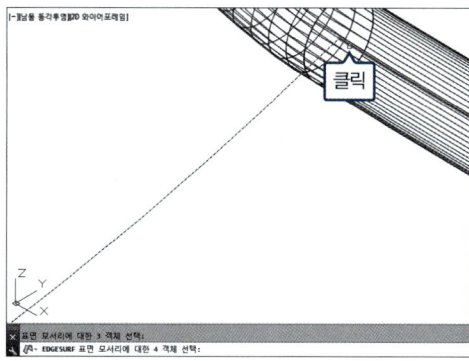

```
표면 모서리에 대한 2 객체 선택: ← 메쉬 모서리에 대한 2 객체 선택
표면 모서리에 대한 3 객체 선택: ← 메쉬 모서리에 대한 3 객체 선택
표면 모서리에 대한 4 객체 선택: ← 메쉬 모서리에 대한 4 객체 선택
```

18 메쉬 설정을 마친 후 Zoom 명령으로 화면을 정리하면 피크닉 의자가 완성됩니다.

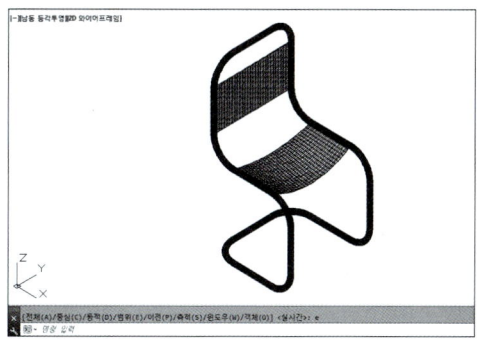

```
명령: ZOOM Spacebar ← Zoom 명령 입력
윈도우 구석 지정, 축척 비율(nX 또는 nXP) 입력 또는
[전체(A)/중심(C)/동적(D)/범위(E)/이전(P)/축척(S)/윈도우(W)/객체(O)] <실시간>: e Spacebar ← 옵션 'E(Extents)' 입력
```

CHAPTER 02

3D 모델링을 완성하는 Solid

실무에서 대부분의 3D 모델링 이미지는 Solid 명령으로 표현합니다. 물론 Surface 명령도 단품의 곡면을 나타낼 때 사용하지만 건축, 인테리어 도면에서 가장 큰 비중을 차지하는 벽체나 창호, 가구를 표현할 때는 Solid 명령이 가장 유용합니다. 이 장에서는 도면을 그릴 때 주로 사용하는 Solid와 Extrude 명령을 알아보겠습니다.

학습 목표

Solid 명령으로 2D 도면을 3D 입체로 표현해봅니다. 실무에서 도면 객체를 3D 입체로 표현하면 누구나 도면의 내용을 쉽게 이해할 수 있어 유용합니다. 3D 입체 표현을 할 수 있는 Solid 관련 명령을 알아보겠습니다.

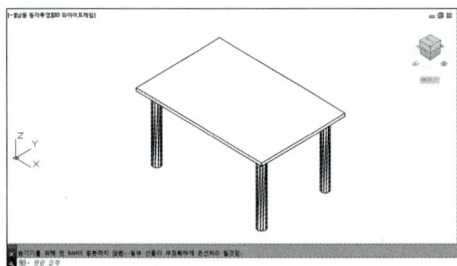

▲ Extrude 명령 적용하기

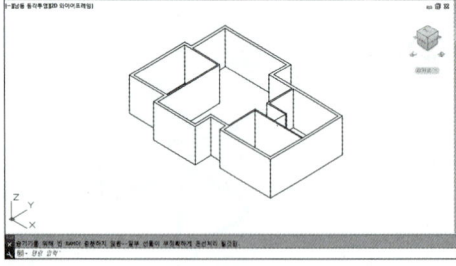

▲ 인테리어 도면에서 입체 벽체 표현하기

SECTION 01 벽체를 원하는 모양으로 올리는 Extrude

Solid 명령에는 Box와 Sphere, Torus, Cylinder, Cone, Wedge, Extrude, Revolve 등 종류가 많지만 도면에서 실질적으로 사용하는 것은 Extrude(돌출) 명령입니다. 따라서 이번에는 Extrude 명령의 사용법을 알아보겠습니다. Extrude 명령을 사용하려면 명령 행에 'Extrude'를 입력하고 Space bar 를 눌러 사용합니다.

1 Pline 명령으로 그린 객체에 Extrude 명령 적용하기

2D로 작업한 테이블 도면에 Extrude 명령을 사용하여 완벽한 3D 이미지로 만들어보겠습니다.

01 예제 파일 'Part8-06.dwg'를 불러옵니다. 명령 행에 'Extrude'를 입력하고 Space bar 를 누릅니다. 그런 다음 테이블 상판을 지정하고 Space bar 를 누릅니다.

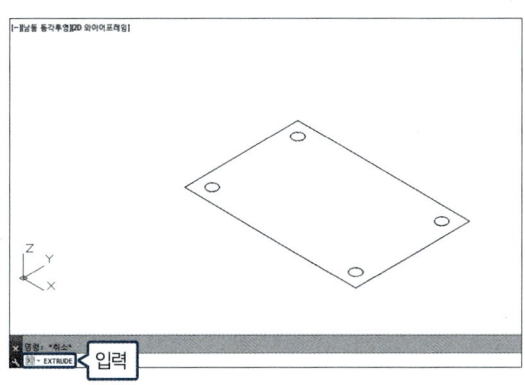 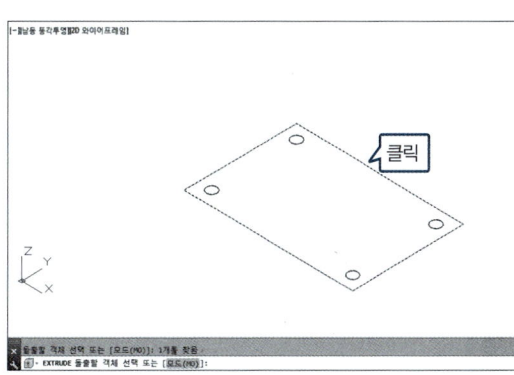

명령: EXTRUDE Space bar ← Extrude 명령 입력 (EXT)
현재 와이어프레임 밀도: ISOLINES=4, 닫힌 윤곽 작성 모드 = 솔리드
돌출할 객체 선택 또는 [모드(MO)]: 1개를 찾음 ← 객체 선택

바로 통하는 TIP Extrude 명령은 닫힌 폴리선으로 표현된 객체에만 적용됩니다.

02 돌출 높이를 '0.3'으로 입력하고 Space bar 를 누르면 상판이 완성됩니다.

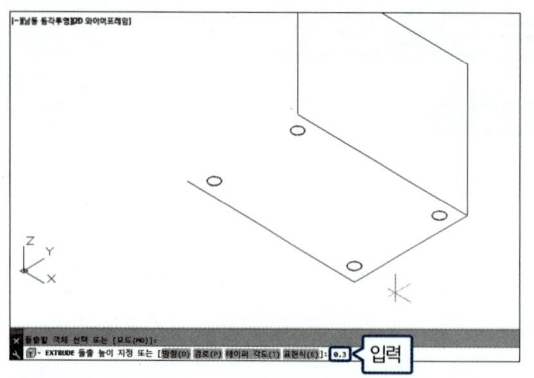 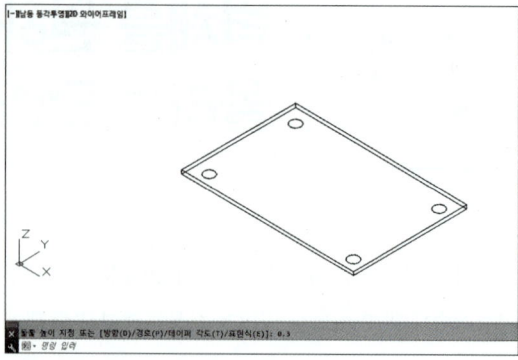

돌출할 객체 선택 또는 [모드(MO)]: Space bar
돌출 높이 지정 또는 [방향(D)/경로(P)/테이퍼 각도(T)/표현식(E)]: 0.3 Space bar ← 돌출 높이 '0.3' 입력

03 연속해서 명령 행에 'Extrude'를 입력해 명령을 실행합니다. 이번에는 테이블 다리가 될 네 개의 원을 선택하고 Space bar 를 누릅니다.

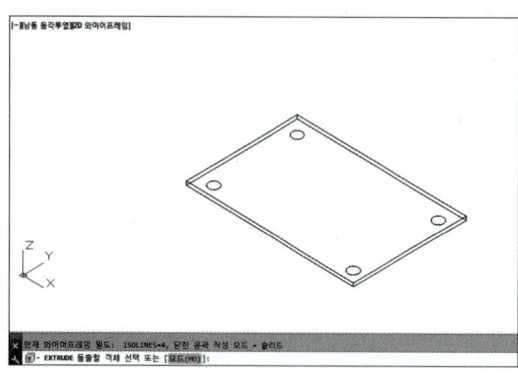 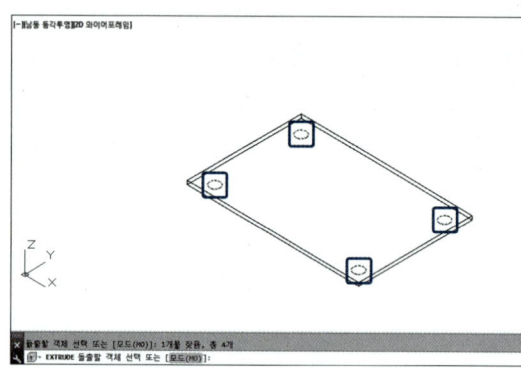

명령: EXTRUDE Space bar ← Extrude 명령 입력
현재 와이어프레임 밀도: ISOLINES=4, 닫힌 윤곽 작성 모드 = 솔리드
돌출할 객체 선택 또는 [모드(MO)]: 1개를 찾음
돌출할 객체 선택 또는 [모드(MO)]: 1개를 찾음, 총 2개
돌출할 객체 선택 또는 [모드(MO)]: 1개를 찾음, 총 3개
돌출할 객체 선택 또는 [모드(MO)]: 1개를 찾음, 총 4개 ← 객체 선택

04 테이블 다리의 높이를 '7'로 지정하되 방향이 아래로 내려가야 하므로 명령 행에 '-7'을 입력하여 실행합니다. 테이블이 완성됩니다.

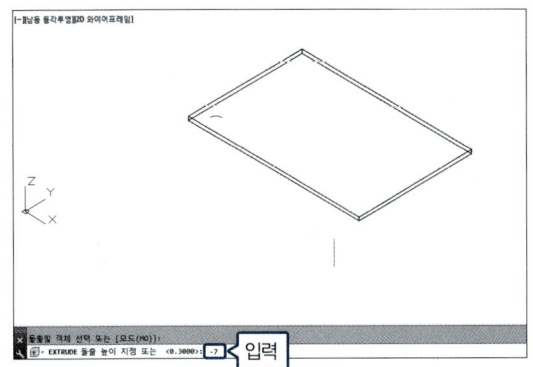 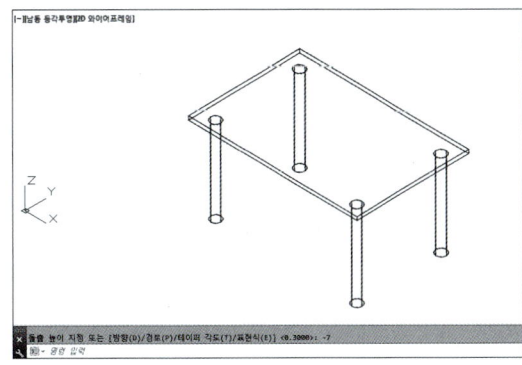

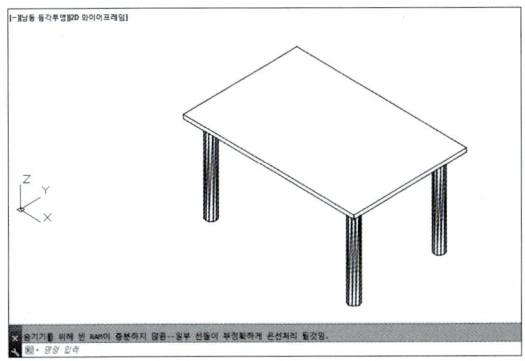

▲ Hide를 적용한 이미지

돌출할 객체 선택 또는 [모드(MO)]: Space bar
돌출 높이 지정 또는 [방향(D)/경로(P)/테이퍼 각도(T)/표현식(E)] <0.3000>: -7 ← 돌출 높이 '-7' 입력

실무활용노트 AUTO CAD | Solid 명령어의 여러 기능

여러 가지 Solid 명령을 알아보겠습니다. 실무에서 가구나 인테리어 도면의 단품을 표현할 때 유용하게 사용합니다.

1 Box(상자)
정육면체(Cube)나 직육면체(Length)를 그립니다.

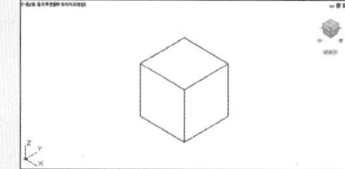

Hide를 적용한 Box ▶

```
명령: BOX Space bar ← Box 명령 입력
첫 번째 구석 지정 또는 [중심(C)]: ← 첫 번째 구석점 지정
반대 구석 지정 또는 [정육면체(C)/길이(L)]: c ← 정육면체 선택
길이 지정:
```

2 Wedge(삼각기둥)
Box를 대각선 방향으로 반으로 자른 모델링을 표현합니다. 그리는 방법은 Box와 같습니다.

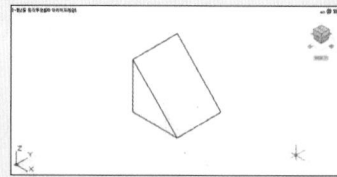

Hide를 적용한 Wedge ▶

```
명령: WEDGE Space bar ← Wedge 명령 입력
첫 번째 구석 지정 또는 [중심(C)]: ← 첫 번째 구석점 지정
반대 구석 지정 또는 [정육면체(C)/길이(L)]: ← 정육면체 선택
길이 지정 〈100.0000〉:
```

3 Cone(원뿔)
원뿔을 표현합니다. 반지름과 높이를 지정합니다.

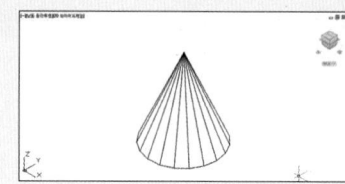

Hide를 적용한 Cone ▶

```
명령: CONE Space bar ← Cone 명령 입력
기준 중심점 지정 또는 [3P(3P)/2P(2P)/Ttr–접선 접선 반지름(T)/타원형(E)]: ← 중심점 지정
밑면 반지름 지정 또는 [지름(D)]:
높이 지정 또는 [2점(2P)/축 끝점(A)/상단 반지름(T)] 〈100.0000〉: ← 높이 '100' 입력
```

4 Sphere(구)

구를 표현합니다. 원을 그리는 경우와 같은 방법으로 반지름을 지정하여 표현합니다.

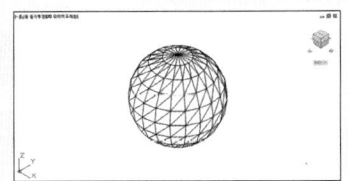

◀ Hide를 적용한 Sphere

```
명령: SPHERE Space bar ← Sphere 명령 입력
중심점 지정 또는 [3점(3P)/2점(2P)/Ttr-접선 접선 반지름(T)]: ← 중심점 지정
반지름 지정 또는 [지름(D)] 〈57.4408〉: ← 반지름 또는 지름 지정
```

5 Cylinder(원기둥)

원기둥을 표현합니다. 반지름이나 지름을 지정하고 높이를 지정합니다.

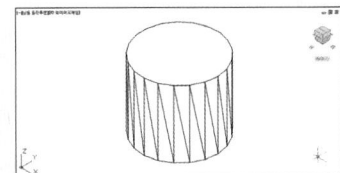

◀ Hide를 적용한 Cylinder

```
명령: CYLINDER Space bar ← Cylinder 명령 입력
기준 중심점 지정 또는 [3P(3P)/2P(2P)/Ttr-접선 접선 반지름(T)/타원형(E)]: ← 중심점 지정
밑면 반지름 지정 또는 [지름(D)] 〈37.4652〉: ← 반지름이나 지름 지정
높이 지정 또는 [2점(2P)/축 끝점(A)] 〈129.6834〉: ← 높이 지정
```

6 Torus(토러스)

튜브 모양의 모델링을 표현합니다. 외곽 원의 반지름이나 지름을 지정한 후 튜브의 두께를 지정합니다.

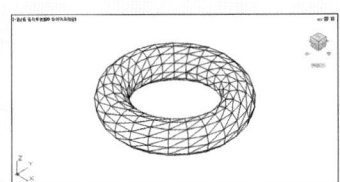

◀ Hide를 적용한 Torus

```
명령: TORUS Space bar ← Torus 명령 입력
중심점 지정 또는 [3점(3P)/2점(2P)/Ttr-접선 접선 반지름(T)]: ← 중심점 지정
반지름 지정 또는 [지름(D)] 〈43.3930〉: ← 반지름이나 지름 지정
튜브 반지름 지정 또는 [2점(2P)/지름(D)]: ← 튜브의 두께 지정
```

7 Pyramid(피라미드)

피라미드 모양의 모델링을 표현합니다. 기초 바닥면을 지정하고 높이를 지정합니다.

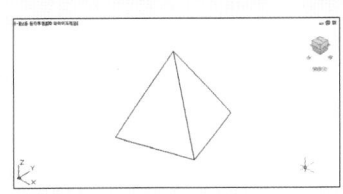

◀ Hide를 적용한 Pyramid

```
명령: PYRAMID Space bar ← Pyramid 명령 입력
기준 중심점 지정 또는 [모서리(E)/변(S)]: ← 중심점 지정
밑면 반지름 지정 또는 [내접(I)] 〈32.6437〉: ← 반지름 지정 (마우스를 드래그해도 가능함)
높이 지정 또는 [2점(2P)/축 끝점(A)/상단 반지름(T)] 〈74.4732〉: ← 높이 지정
```

SECTION 02
객체를 합치는 Union과 객체를 분리하는 Subtract

Extrude(돌출) 명령을 사용하여 Solid 객체를 표현했다면 이미지를 정리하는 과정이 필요합니다. 이때 Union(합치기)과 Subtract(분리하기) 명령을 사용하면 객체를 더욱 완성도 있게 표현할 수 있습니다.

1 Solid 객체를 Union 명령으로 합치기

Union(합치기) 명령은 두 개 이상의 접하는 Solid 객체를 하나로 합칠 때 사용합니다. 이번에는 계단 도면을 합쳐보겠습니다. Union 명령을 사용하려면 명령 행에 'Union'을 입력하고 Space bar 를 눌러 사용합니다.

01 예제 파일 'Part8-07.dwg'를 불러옵니다. 명령 행에 'Union'을 입력하고 Space bar 를 누릅니다.

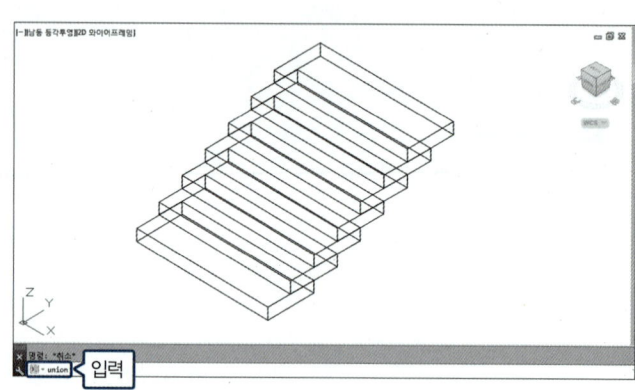

명령: UNION Space bar ← Union 명령 입력

02 합칠 객체를 모두 선택하고 Space bar 를 누릅니다. 객체가 모두 합쳐져 자연스러운 이미지가 완성됩니다.

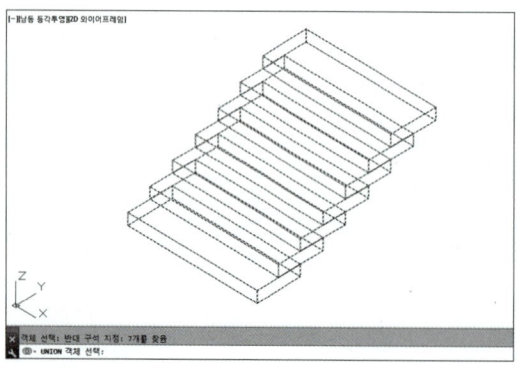
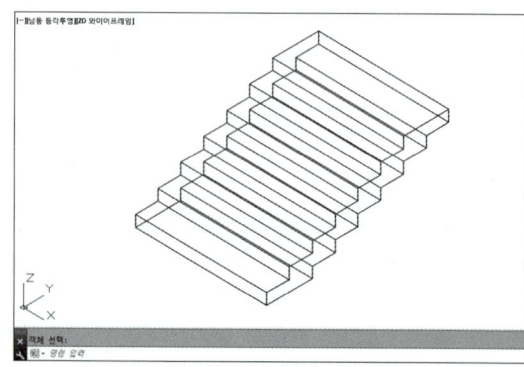

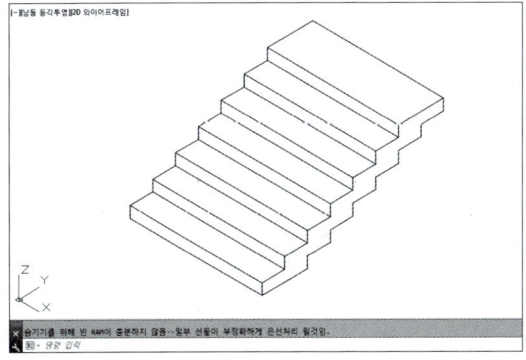

```
객체 선택: ← 합할 객체 모두 선택
객체 선택: Space bar
```

▲ Hide 명령 실행 후

2 Solid 객체를 Subtract 명령으로 분리하기

Subtract(분리하기) 명령은 두 개 이상의 접하는 Solid 객체를 분리할 때 사용합니다. 겹쳐진 두 개의 정육면체 상자를 분리해보겠습니다. Subtract 명령을 사용하려면 명령 행에 'Subtract'를 입력하고 Space bar 를 눌러 사용합니다.

01 예제 파일 'Part8-08.dwg'를 불러옵니다. 명령 행에 'Subtract'를 입력하고 Space bar 를 누릅니다. 기본 솔리드인 왼쪽 상자를 먼저 클릭하고 Space bar 를 누릅니다.

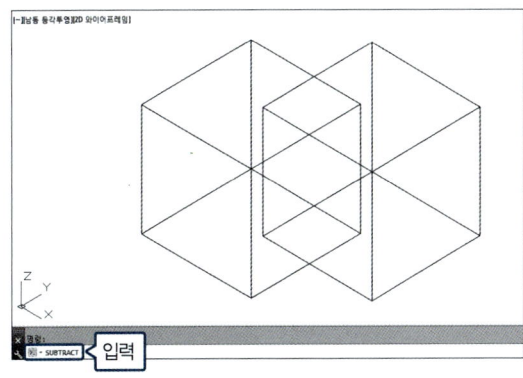 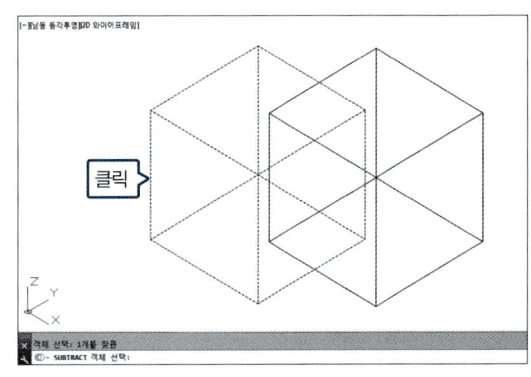

```
명령: SUBTRACT Space bar ← Subtract 명령 입력
제거 대상인 솔리드, 표면 및 영역을 선택 ..
객체 선택: 1개를 찾음 ← 객체 선택
```

02 분리하여 제거할 객체인 오른쪽 상자를 선택하고 Space bar 를 누릅니다. 객체가 제거됩니다.

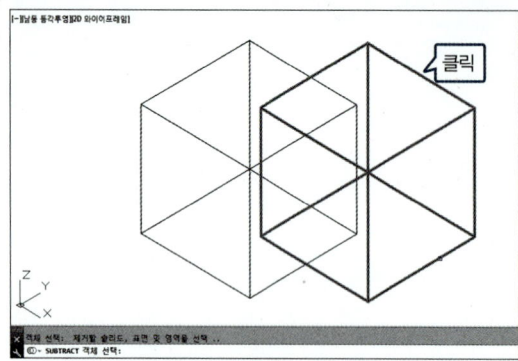 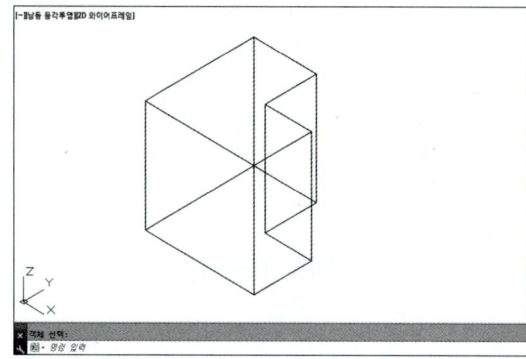

객체 선택: 제거할 솔리드, 표면 및 영역을 선택 ..

객체 선택: 1개를 찾음 ← 객체 선택

객체 선택: Space bar

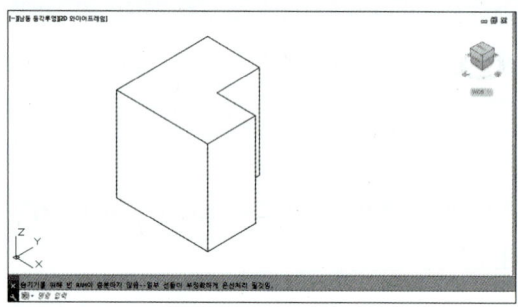

▲ Hide 명령을 적용한 객체

Solid 명령으로 입체 벽체 표현하기

Solid 명령을 이용해 인테리어 평면도의 벽체를 3D 이미지로 표현해보겠습니다.

1 예제 파일 'Part8-09.dwg'를 불러옵니다. 우선 관측점을 남동 등각 투영으로 변경하기 위하여 Vpoint 명령을 실행한 후 '1,-1,1'을 입력하여 관측점을 바꿉니다.

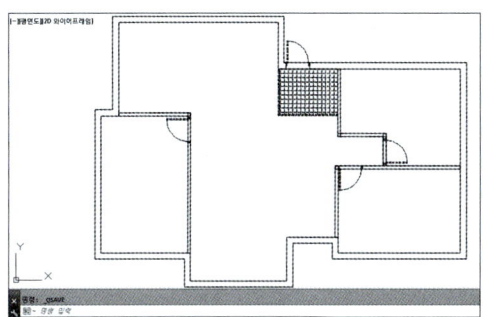 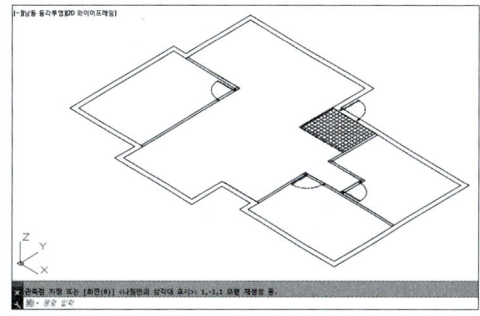

```
명령: -VPOINT Space bar ← Vpoint 명령 입력
현재 뷰 방향: VIEWDIR=0.0000,0.0000,1.0000
관측점 지정 또는 [회전(R)] <나침반과 삼각대 표시>: 1,-1,1 Space bar ← 관측점 입력
모형 재생성 중.
```

2 벽체에 두께를 지정하기 위해 명령 행에 'Extrude'를 입력하고 Space bar 를 누릅니다. 그런 다음 건물의 외벽을 표현하는 두 개의 폴리선을 지정합니다.

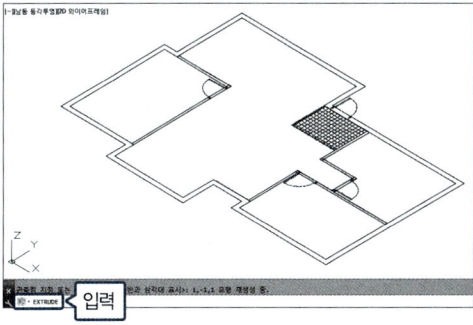 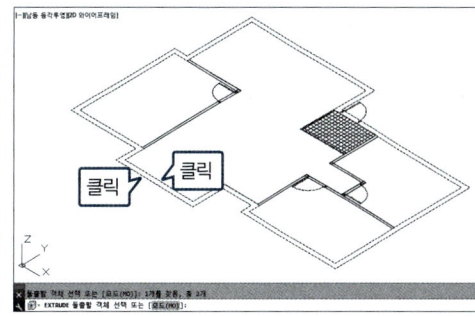

```
명령: EXTRUDE [Space bar] ← Extrude 명령 입력 (EXT)
현재 와이어프레임 밀도: ISOLINES=4, 닫힌 윤곽 작성 모드 = 솔리드
돌출할 객체 선택 또는 [모드(MO)]: 1개를 찾음
돌출할 객체 선택 또는 [모드(MO)]: 1개를 찾음, 총 2개
돌출할 객체 선택 또는 [모드(MO)]: ← 객체 선택
```

3 외벽 두께를 '2800'으로 지정합니다. [Space bar]를 두 번 눌러 실행하면 외벽이 표현됩니다.

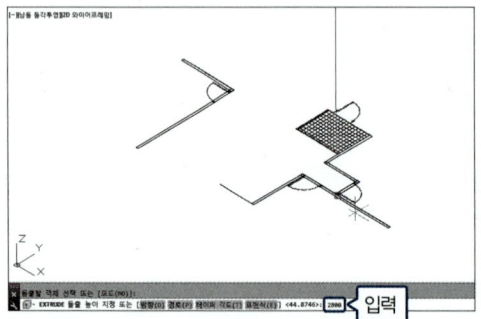 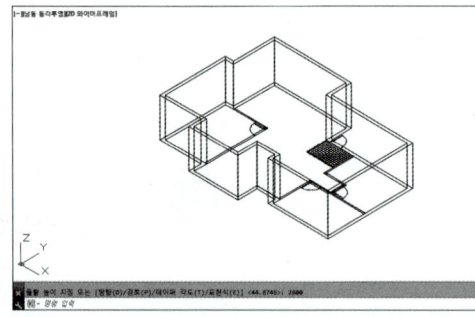

돌출 높이 지정 또는 [방향(D)/경로(P)/테이퍼 각도(T)/표현식(E)] <44.8746>: 2800 ← 돌출 높이 '2800' 입력

4 은선 처리를 하는 Hide 명령을 실행해보면 공간이 메워져 있음을 알 수 있습니다. 원활하게 표현되지 않을 경우 Shade 명령을 먼저 실행한 후 Hide 명령을 실행합니다.

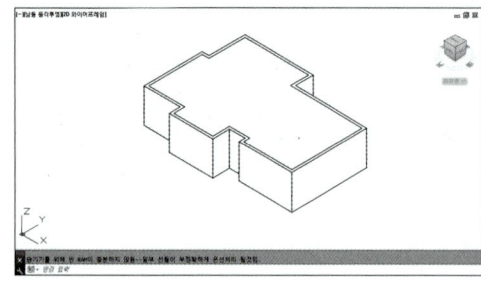

```
명령: SHADE [Space bar] ← Shade 명령 입력
명령: HIDE [Space bar] ← Hide 명령 입력
```

바로 통하는 TIP Hide 명령을 실행해보지 않으면 공간이 어떤 식으로 표현되어있는지 혼동할 수 있습니다. 따라서 3D 작업 중 간간히 Hide 명령을 실행하여 확인한 뒤 정확하게 진행합니다.

5 메워져 있는 공간을 빼기 위하여 명령 행에 'Subtract'를 입력하고 Space bar 를 누릅니다. 가장자리의 벽체선을 선택하고 Space bar 를 누릅니다.

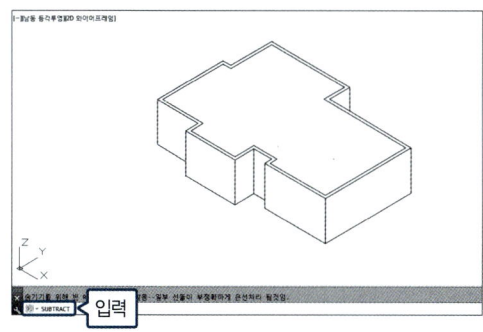 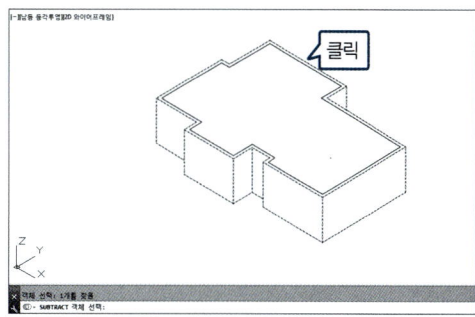

명령: SUBTRACT Space bar ← Subtract 명령 입력
제거 대상인 솔리드, 표면 및 영역을 선택 ..
객체 선택: 1개를 찾음 ← 객체 선택

6 이어서 빼야 할 안의 벽체선을 선택하고 Space bar 를 누르면 빈 공간이 표현됩니다. 그런 다음 Regen 명령을 실행하여 도면을 재생성하고 모든 객체가 보이도록 합니다.

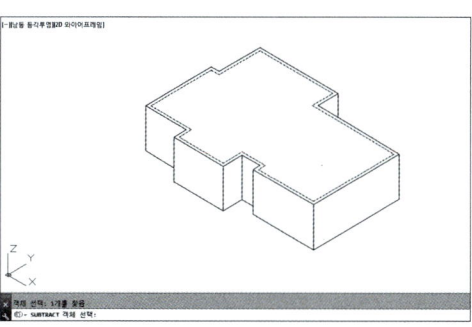 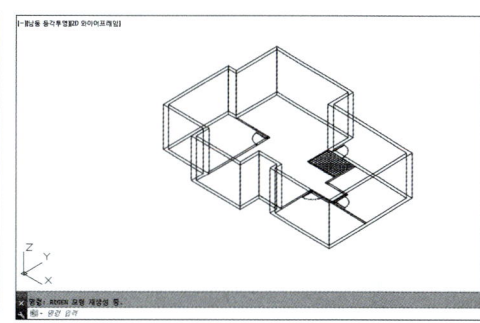

객체 선택: 제거할 솔리드, 표면 및 영역을 선택 ..
객체 선택: 1개를 찾음 ← 객체 선택
객체 선택: Space bar
명령: REGEN Space bar ← Regen 명령 입력
모형 재생성 중.

7 이번에는 내벽 두께를 지정하기 위해 명령 행에 'Extrude'를 입력하고 Space bar 를 누릅니다. 그런 다음 각 객체를 선택하고 Space bar 를 누릅니다.

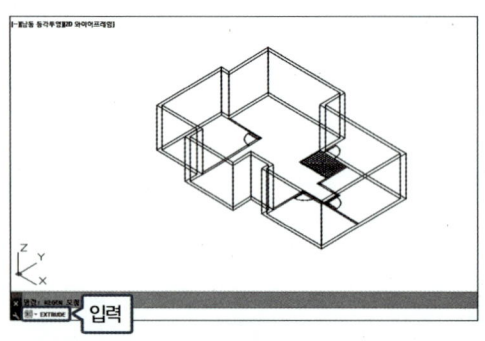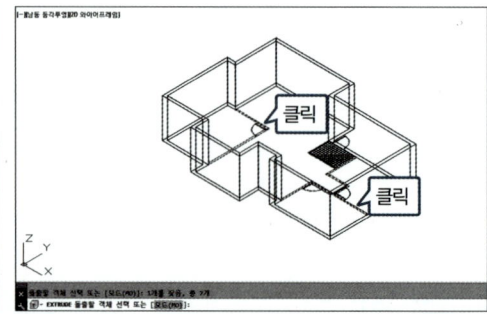

명령: EXTRUDE Space bar ← Extrude 명령 입력 (EXT)
현재 와이어프레임 밀도: ISOLINES=4, 닫힌 윤곽 작성 모드 = 솔리드
돌출할 객체 선택 또는 [모드(MO)]: 1개를 찾음
돌출할 객체 선택 또는 [모드(MO)]: 1개를 찾음, 총 2개
돌출할 객체 선택 또는 [모드(MO)]: 1개를 찾음, 총 3개
돌출할 객체 선택 또는 [모드(MO)]: 1개를 찾음, 총 4개
돌출할 객체 선택 또는 [모드(MO)]: 1개를 찾음, 총 5개
돌출할 객체 선택 또는 [모드(MO)]: 1개를 찾음, 총 6개
돌출할 객체 선택 또는 [모드(MO)]: 1개를 찾음, 총 7개 ← 객체 선택
돌출할 객체 선택 또는 [모드(MO)]: Space bar ← 다음 단계 진행

8 두께를 '2800'으로 지정하고 Space bar 를 누릅니다.

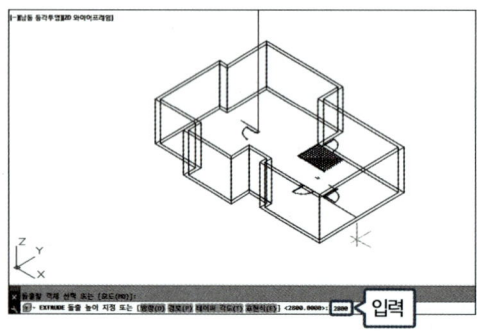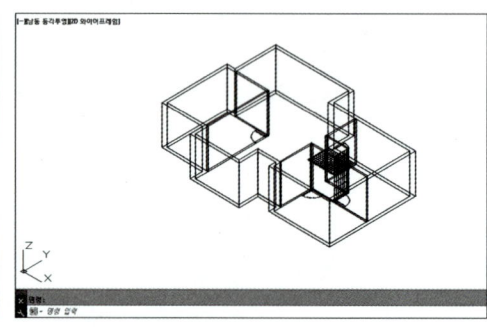

돌출 높이 지정 또는 [방향(D)/경로(P)/테이퍼 각도(T)/표현식(E)] 〈2800.0000〉: 2800 ← 돌출 높이 '2800' 입력

9 Hide 명령을 실행해보면 각각의 벽체가 나뉘어진 선이 나타납니다.

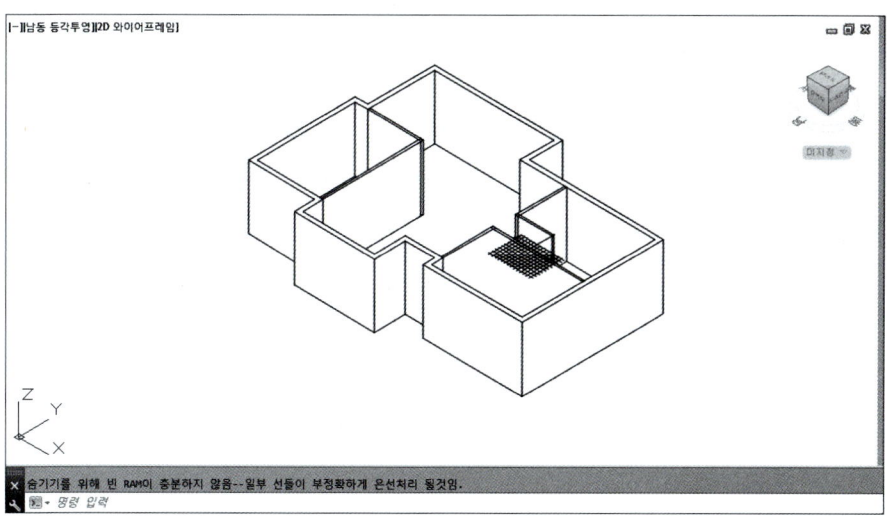

명령: SHADE [Space bar] ← Shade 명령 입력
명령: HIDE [Space bar] ← Hide 명령 입력

10 이렇게 분리된 벽체를 합치기 위하여 Union 명령을 실행합니다. 벽체를 하나로 만들기 위하여 모두 선택한 뒤 [Space bar]를 누릅니다.

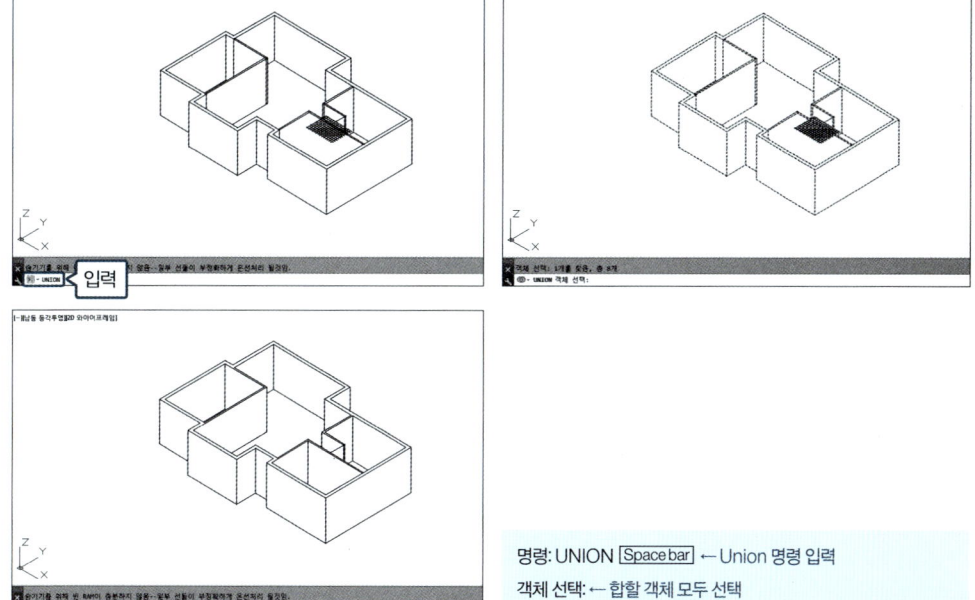

명령: UNION [Space bar] ← Union 명령 입력
객체 선택: ← 합할 객체 모두 선택

▲ Union 명령을 적용한 벽체

실무활용노트 AUTO CAD | AutoCAD 2017 파일과 다른 프로그램 호환하기

실무에서는 AutoCAD로 작성한 도면을 3ds Max나 포토샵 등 다른 그래픽 프로그램과 연계하여 작업하는 경우가 많습니다. 이때 간단하게 다른 프로그램과 호환하여 사용하는 방법이 있습니다. 어떤 방법인지 알아보겠습니다.

1 예제 파일 'Part8-10.dwg'를 불러옵니다. 파일을 다른 프로그램에서 열어볼 수 있도록 속성을 변경하겠습니다. 응용 프로그램 메뉴에서 [내보내기]-[기타 형식]을 선택합니다.

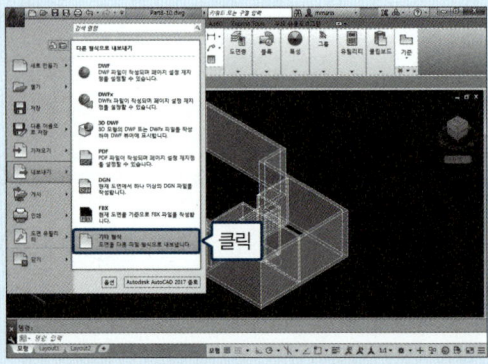

2 [데이터 내보내기] 대화상자가 나타나면 데이터를 저장할 경로를 '바탕화면'으로 지정합니다. 그런 다음 '파일 이름'을 '3d Modeling'으로 지정합니다.

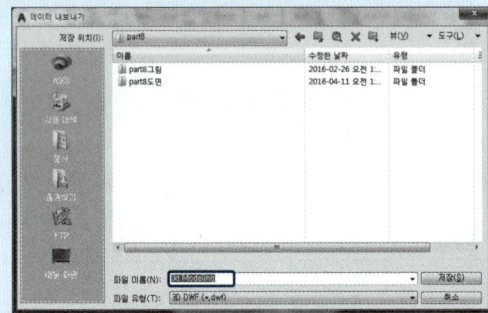

3 '파일 유형'은 원하는 파일 형식을 지정합니다. 여기에서는 포토샵에서 사용하는 형식인 '캡슐화된 PS (*.eps)'를 선택합니다. 이미 지정되어 있다면 그대로 둡니다.

4 내보낼 파일의 형식을 지정하면 [저장] 버튼을 클릭합니다. 바탕화면을 확인하면 앞에서 저장한 '3d Modeling.eps' 파일이 생성되어 있습니다.

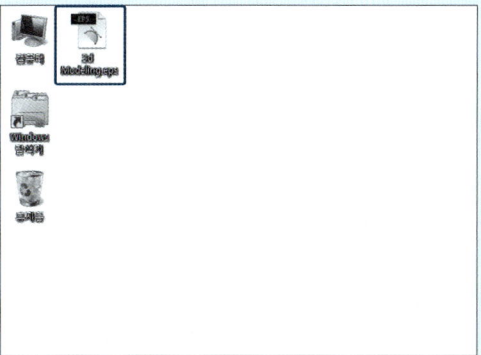

5 해당 파일을 포토샵에서 열어봅니다.

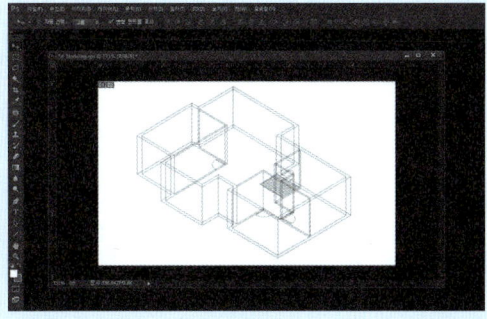

바로 통하는 TIP 파일 형식에 따른 특성

- **DWF** : DWF(Drawing Web Format)는 웹상에서 파일을 안전하게 공유할 수 있도록 만든 파일 형식으로 수신자 임의로 파일을 변경 · 수정하여 사용할 수 없게 되어있습니다. 그리고 원본 DWG 파일과 거의 같은 수준의 해상도로 출력할 수 있습니다. DWF 파일은 크게 압축되므로 DWG 파일보다 전송 속도가 빠릅니다.
- **WMF** : WMF(Windows Metafile Format)는 윈도우 메타 파일 형식으로 저장합니다. 메타 파일은 벡터 형식으로 표현되긴 하지만 사실은 비트맵 파일의 속성을 가지고 있습니다.
- **SAT** : ACIS, Solid 모델링 파일로 저장합니다. 기계 모델링을 전문으로 하는 Pro-Engineer 프로그램이나 SolidWorks 등의 프로그램에서 호환됩니다.
- **STL** : 자동차, 선박, 항공기 설계를 주로 하는 CATIA 등의 프로그램에서 호환하여 사용하는 형식입니다.
- **EPS** : 포토샵이나 일러스트레이터, 코렐드로우(CorelDRAW)에서 컬러링, 매핑 등의 작업을 할 수 있습니다.
- **DXX** : Attribute 추출 파일입니다. 3ds Max에서 객체를 렌더링할 때 사용하는 형식입니다.
- **BMP** : 그림 파일 형식 중 하나로 용량이 많아서 압축 형식인 *.jpg 형식으로 변환하여 사용하기도 합니다.
- **DWG** : 일반적인 AutoCAD 파일 형식입니다.
- **DGN** : MicroStation의 *.dgn 형식으로 저장되었다면 AutoCAD에서 열기 어렵습니다. 단, AutoCAD MAP 프로그램에서는 *.dgn 파일 형식을 불러올 수 있습니다.

PART
09

지금까지 AutoCAD에서 2D와 3D 도면을 그리는 방법을 알아보았습니다. 도면을 출력하지 않고 인터넷으로 공유하는 경우도 많지만 도면을 그리는 최종 목적은 용지에 출력하여 실무 작업을 할 때 정확한 의사소통을 하는 것입니다. 이번 파트에서는 도면을 알맞게 축척하여 용지 크기에 맞춰 출력하는 방법을 알아보겠습니다.

도면 작업의 마무리
Plot 출력

CHAPTER 01

축척에 맞게 출력하는 Plot

예제의 2D 평면도 도면을 알맞은 축척을 적용하여 출력하여 봅니다. 일반적으로 타 윈도우 프로그램에서는 Print(인쇄) 메뉴에서 이미지를 출력하지만 AutoCAD에서는 Plot(플롯) 명령으로 도면을 출력합니다. 이 책의 앞머리에서 설명한 바와 같이 결국 인쇄와 플롯은 같은 기능이며, 플로터(Plotter)는 프린터(Printer)보다 큰 용지에 다양하게 도면을 출력할 수 있습니다.

학습 목표

실무 도면을 축척에 맞게 출력하는 방법을 익혀봅니다. 건축, 인테리어 도면은 축척에 맞추어 정확히 출력해야만 오차 없이 공사가 진행됩니다. 실물 도면을 축척에 맞춰 출력하는 과정을 알아보겠습니다.

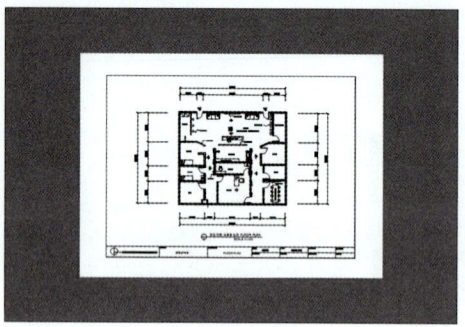 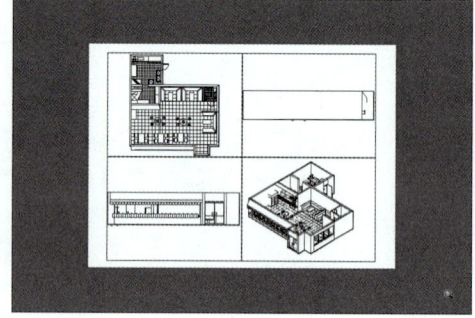

▲ 실무 도면 출력하기

SECTION 01 축척에 맞게 도면을 출력하는 Plot

도면을 용지에 출력하기는 그다지 어렵지 않습니다. 그러나 용지 크기에 따라 알맞은 축척으로 출력하는 것이 문제입니다. AutoCAD의 Plot 명령의 사용 방법을 자세히 알아보겠습니다.

1 Plot 명령의 구성과 기능

Plot(플롯)의 구성과 기능을 알아보겠습니다. Plot 명령을 사용하려면 명령 행에 'Plot'을 입력하고 Space bar 를 누르거나 신속 접근 도구 막대에 있는 플롯 아이콘(🖶)을 클릭하면 됩니다.

01 새 도면 파일을 엽니다. 명령 행에 'Plot'을 입력하고 Space bar 를 누릅니다.

명령: PLOT Space bar ← Plot 명령 입력

02 명령을 실행하면 [플롯-모형] 대화상자가 나타납니다. 대화상자 오른쪽 가장 아래에 있는 아이콘(◉)을 클릭하여 [플롯-모형] 대화상자 전체가 나타나도록 합니다.

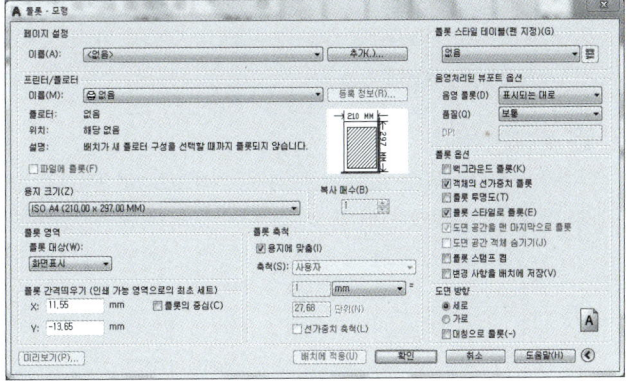

▲ 전체 창으로 나타난 [플롯-모형] 대화상자

실무활용노트 AUTO CAD [플롯-모형] 대화상자

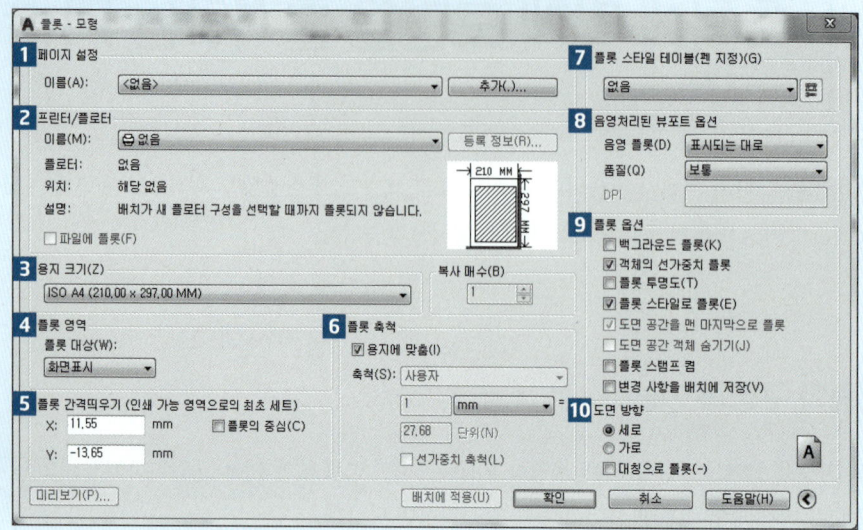

1 페이지 설정
페이지를 설정하고 제목을 지정하여 저장합니다.

2 프린터/플로터
현재 작업하는 컴퓨터와 연결한 출력기를 선택합니다. 출력 작업 시 가장 먼저 출력기를 지정해야 합니다.

바로 통하는 TIP 특정 출력기를 지정하면 [등록 정보] 버튼이 활성화되어 선택한 출력기의 세부 설정을 조정합니다.

바로 통하는 TIP '파일에 플롯'은 도면을 용지가 아닌 파일로 출력할 때 사용합니다.

3 용지 크기
출력할 용지의 크기를 지정합니다. 현재 설치된 출력기의 한계 크기까지만 나타납니다.

4 플롯 영역
화면의 어느 부분을 출력할지 출력 영역을 지정합니다. '화면표시'는 현재 화면에 보이는 그대로 출력하는 기능이며, '한계'는 한계 영역만을 출력하는 기능입니다. '윈도우'는 사용자가 지정하는 영역을 출력하는 기능으로 편리하면서 정확하게 지정할 수 있어 실무에서 가장 많이 사용합니다.

5 플롯 간격띄우기
도면을 출력할 때 기준점과 용지 가장자리의 간격을 설정하여 X축, Y축 좌표의 여백을 조절합니다. '플롯의 중심' 항목은 용지의 중앙에 출력하여 상하좌우 여백을 같게 설정할 수 있으므로 반드시 체크하도록 합니다.

바로 통하는 TIP '플롯의 중심'은 도면을 용지의 중앙에 배치하여 출력하는 기능입니다.

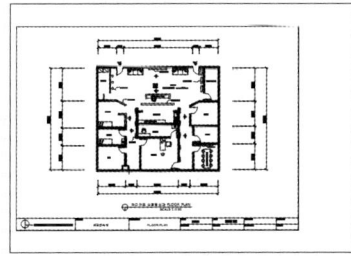

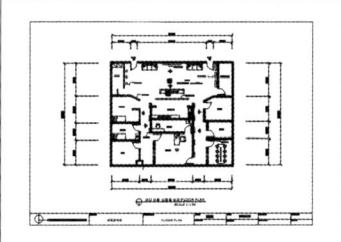

▲ '플롯의 중심' 체크가 해제된 도면　　　　▲ '플롯의 중심' 체크가 설정된 도면

바로 통하는 TIP 대화상자 왼쪽 하단의 [미리보기] 버튼은 도면이 어떻게 출력되는지를 미리 볼 수 있는 기능입니다.

6 플롯 축척

도면을 출력할 때 축척을 지정합니다. '용지에 맞춤' 항목의 체크를 풀면 활성화되어 사용자가 임의로 축척을 조절할 수 있습니다.

바로 통하는 TIP 축척 목록 중 '사용자'는 사용자가 임의 지정이 가능한 항목이며 나머지 항목을 선택하면 기입된 비율대로 축척됩니다.

7 플롯 스타일 테이블(펜 지정)

출력할 때 도면의 음영과 색상, 선의 굵기 등을 지정합니다. 일반적으로 'monochrome.ctb'를 지정하여 사용합니다. 자세한 사용 방법은 다음 예제에서 알아보겠습니다.

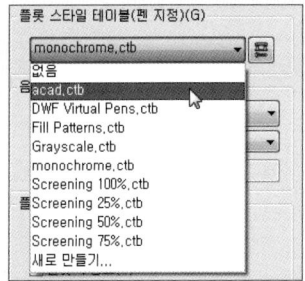

바로 통하는 TIP '이 플롯 스타일을 전체 탭에 적용하시겠습니까?'라는 질문 창이 나타나면 '예'를 클릭합니다.

8 음영처리된 뷰포트 옵션

인쇄 품질과 관련된 영역입니다. 특히 3D 영역에서 Hide, Shade 명령을 적용하거나 렌더링된 이미지로 출력할지 여부와 해상도를 지정합니다.

9 플롯 옵션

그 밖의 인쇄 옵션을 지정합니다. 배경을 출력할지, 객체에 적용한 선가중치(선 굵기)를 출력에 반영할지, 출력 스타일로 출력할지, 마지막 용지 공간의 출력 여부, 용지 공간에 있는 은선 출력 여부, 도면의 작성 날짜나 작성자 이름 등의 정보를 나타내는 플롯 스탬프를 출력할지, 도면의 변경 사항을 배치에 저장할지 여부를 지정할 수 있습니다.

10 도면 방향

도면을 출력하는 방향을 지정합니다.

2 인테리어 평면도를 Plot 명령으로 출력하기

실무 도면을 직접 출력해보겠습니다. 축척에 맞추어 출력을 하려면 우선 '플롯 축척' 영역에서 축척을 확인한 후 도면에 알맞은 축척을 기입하고 출력해야 합니다.

01 예제 파일 'Part9-01.dwg'를 불러옵니다. 명령 행에 'Plot'을 입력하고 Space bar를 누릅니다.

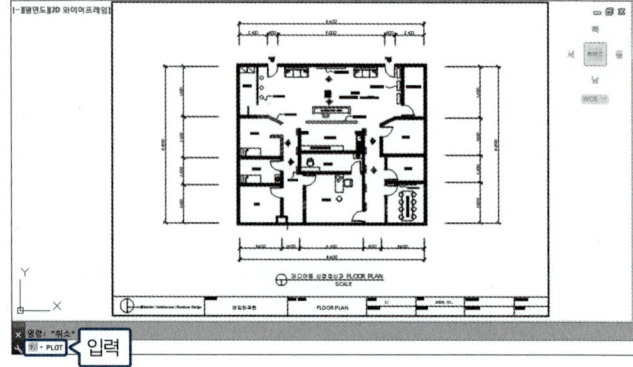

명령: PLOT Space bar ← Plot 명령 입력

바로 통하는 TIP 현재 사용하는 기종과 다른 프린터/플로터를 이전에 사용한 경우 경고창이 나타날 수 있습니다. [확인] 버튼을 클릭하고 진행합니다.

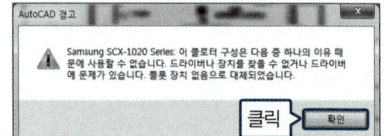

02 명령을 실행하면 [플롯-모형] 대화상자가 나타납니다. 오른쪽 가장 아래에 있는 아이콘(ⓞ)을 클릭하여 [플롯-모형] 대화상자 전체가 나타나도록 합니다.

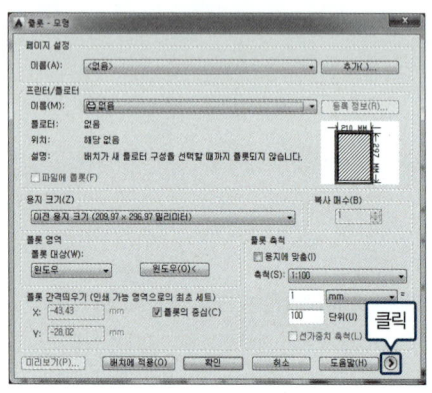 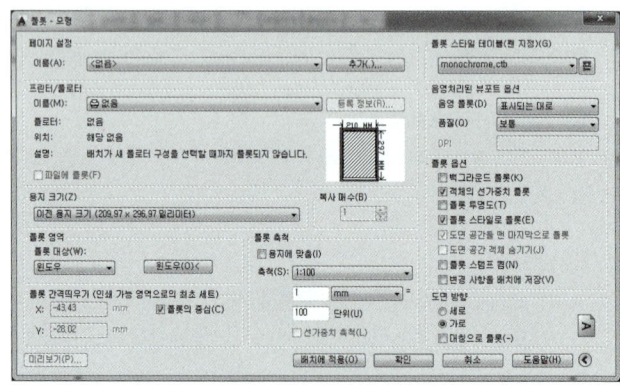

▲ [플롯-모형] 대화상자의 전체 모습

03 우선 왼쪽 상단의 '프린터/플로터' 영역에서 현재 설치되어 있는 출력기를 지정합니다.

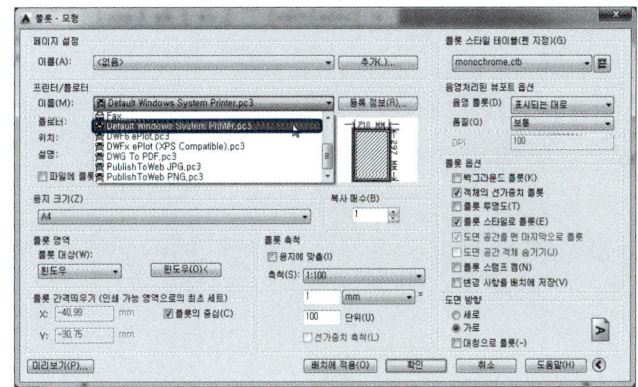

04 용지 크기를 지정하는 '용지 크기' 영역에서 'A4'를 지정합니다. 출력할 영역을 지정하는 '플롯 영역'은 사용자가 임의로 설정할 수 있는 '윈도우'를 선택합니다. 오른쪽 [윈도우] 버튼이 활성화되면 클릭합니다.

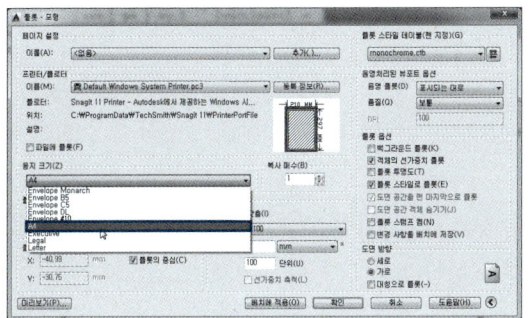 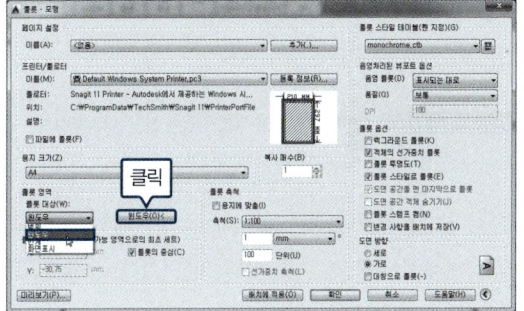

05 도면을 그린 화면이 나타납니다. 도면 왼쪽 상단의 모서리를 클릭하고 계속해서 오른쪽 하단의 모서리를 클릭하여 사각형을 그리듯이 인쇄 영역을 지정합니다.

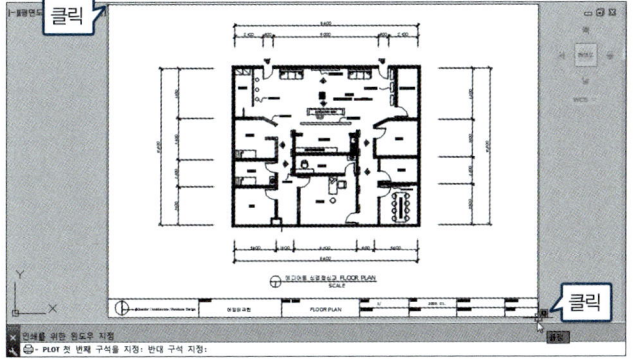

바로 통하는 TIP '플롯 영역'에서 '윈도우' 대신 '화면표시'를 선택하면 화면의 여백까지 그대로 출력할 수 있습니다.

06 플롯 영역을 지정하면 자동으로 [플롯-모형] 대화상자로 다시 돌아옵니다. 용지의 상하좌우 여백의 균형을 지정하는 '플롯 간격띄우기' 영역에서 '플롯의 중심'에 체크가 해제되어 있다면 체크하여 균형을 맞추도록 합니다.

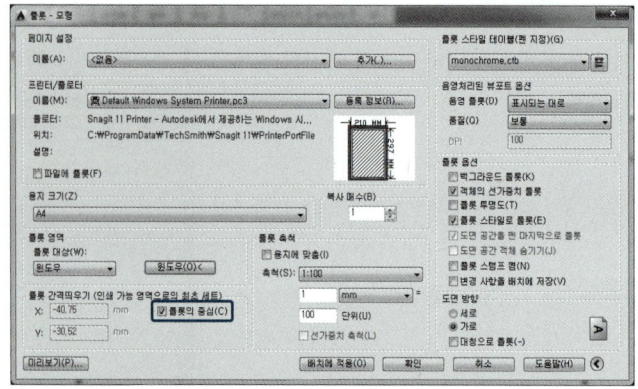

07 그런 다음 '플롯 축척' 영역으로 넘어가서 '용지에 맞춤'에 체크합니다. 다시 체크를 해제하면 현재의 용지에 꼭 맞는 축척이 '1:131.1'로 나타납니다. 현재 도면의 개략적인 축척을 이 부분에서 알 수 있습니다.

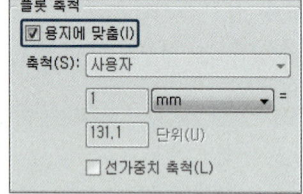

바로 통하는 TIP 지정하는 끝점이 두께가 있는 선일 경우 클릭하는 위치에 따라 축척이 미세하게 달라질 수 있습니다.

08 일반적으로는 용지 크기에 꼭 맞는 축척인 '1:131.1' 축척을 사용하지 않습니다. 그러므로 '용지에 맞춤' 체크를 해제하고 꼭 맞는 축척보다 더 큰 '1:150' 정도의 축척을 기입합니다.

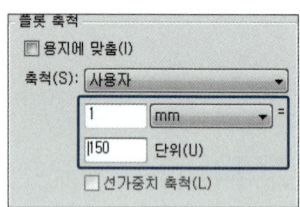
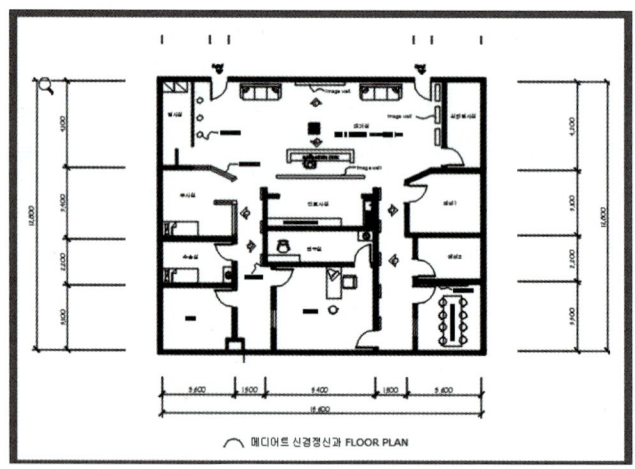

▲ 축척을 1:100으로 설정하고 출력한 도면 : 도면 상단의 치수선과 하단의 도면 정보가 잘려 나감

바로 통하는 TIP '1:131.1'보다 낮은 수치인 '1:100'을 입력하면 도면의 일부분이 잘려서 보이지 않습니다. 위 도면을 보면 축척을 1:100으로 설정하여 도면 상단 치수선과 하단 도면 정보가 잘려 보이지 않습니다.

바로 통하는 TIP 축척을 1:140이 아니라 굳이 1:150로 지정하는 이유는 실무에서 사용하는 스케일자의 축척이 1:30, 1:60, 1:90 등의 30의 배수로 되어 있기 때문입니다.

09 '1:150'으로 수정한 후 [미리보기] 버튼을 클릭해 도면의 출력 미리 보기를 열어 현재까지 작업한 과정에 오류가 없는지 확인합니다. 그런 다음 Space bar 를 눌러 원래의 화면으로 돌아옵니다.

바로 통하는 TIP 이때 도면의 차수와 축척이 맞지 않으면 경고 창이 나타납니다.

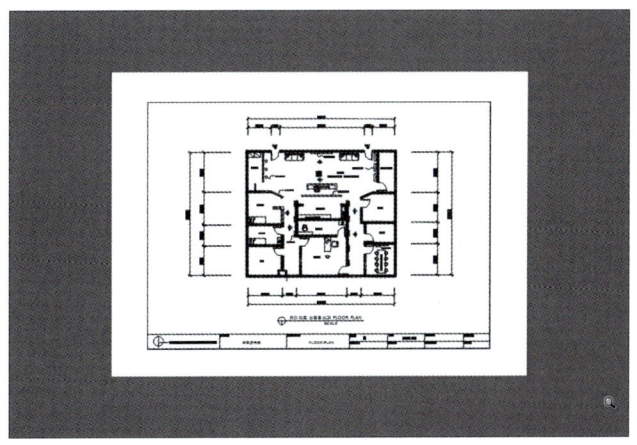

▲ 1:150으로 설정한 상태의 미리 보기 화면

10 지금까지 [플롯-모형] 대화상자에서 한 작업은 도면의 축척이 얼마인지 알아보는 과정이었습니다. 도면의 축척을 바르게 기입하기 위해 하단의 [취소] 버튼을 클릭하여 도면이 그려진 화면으로 돌아옵니다.

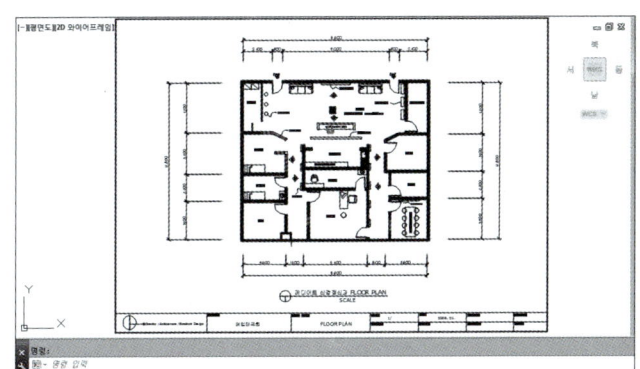

11 도면의 축척이 표기된 부분을 마우스 휠을 사용하여 확대합니다. 해당 문자를 그림과 같이 더블클릭하여 두 곳 모두 '1:150'으로 수정합니다.

축척을 수정할 두 군데를 표시 ▶

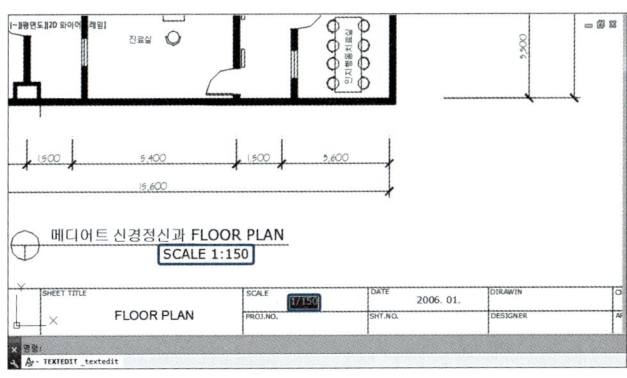

12 도면이 화면에 꽉 차도록 Zoom 명령의 범위(Extents)를 실행합니다. 다시 Plot 명령을 실행합니다.

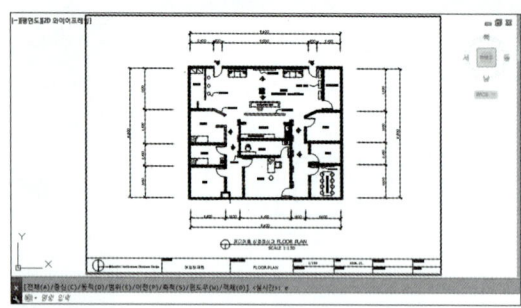 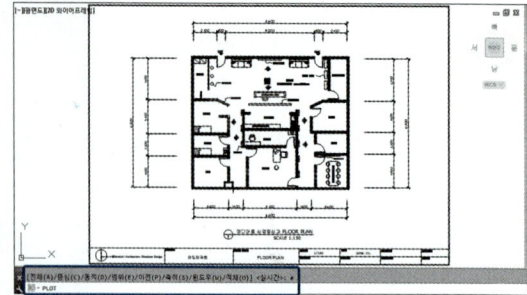

명령: ZOOM [Space bar] ← Zoom 명령 입력(Z)
윈도우 구석 지정, 축척 비율(nX 또는 nXP) 입력 또는
[전체(A)/중심(C)/동적(D)/범위(E)/이전(P)/축척(S)/윈도우(W)/객체(O)] <실시간>: e [Space bar] ← 옵션 'E(Extents)' 입력
명령: PLOT [Space bar] ← Plot 명령 입력

13 왼쪽 상단의 '프린터/플로터' 영역에서 현재 설치되어 있는 출력기를 지정합니다. '용지 크기'는 이전과 마찬가지로 'A4'로 지정합니다.

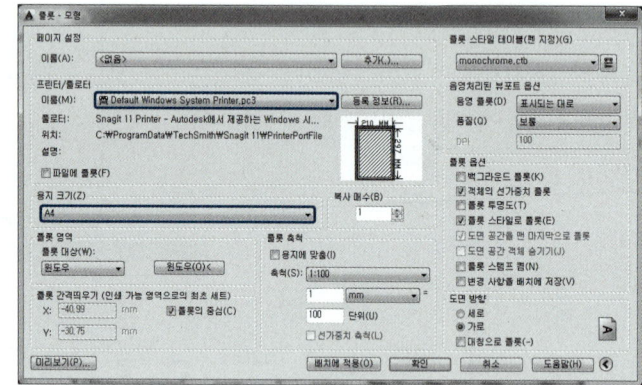

14 '플롯 영역'은 '윈도우'를 선택합니다. 그러면 오른쪽에 [윈도우] 버튼이 활성화됩니다. 클릭하면 화면이 다시 나타납니다. 도면의 왼쪽 상단 모서리를 클릭하고 계속해서 오른쪽 하단의 모서리를 사각형을 그리듯이 클릭하여 인쇄 영역을 지정합니다. 원래 화면으로 돌아온 뒤 '플롯 간격띄우기' 영역에서 '플롯의 중심' 체크가 해제되어 있다면 체크하도록 합니다.

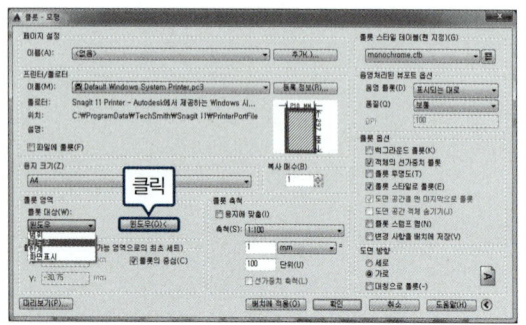 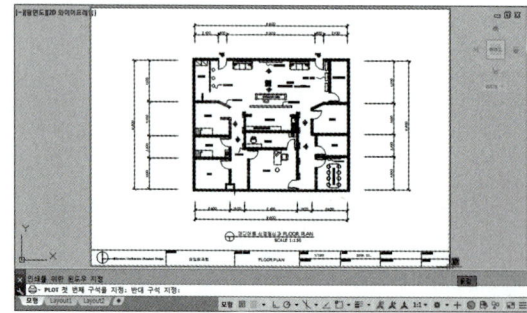

15 '플롯 축척' 영역으로 넘어가서 용지에 꼭 맞게 출력하는 옵션인 '용지에 맞춤'에 체크합니다. 그리고 다시 체크를 해제하면 현재의 용지에 꼭 맞는 축척이 '1:131.1'로 나타납니다. 이전과 마찬가지로 '1:150'으로 설정값을 변경합니다.

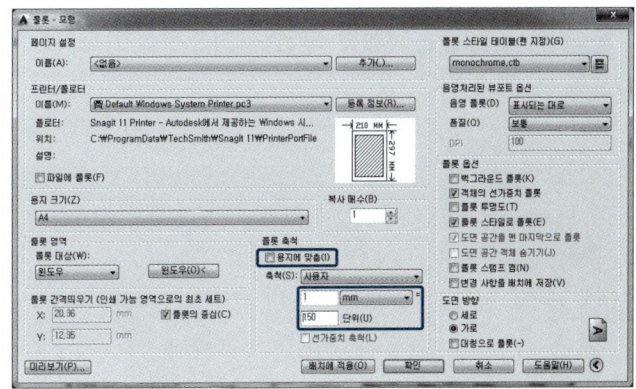

16 '플롯 스타일 테이블(펜 지정)' 영역으로 이동합니다. 도면의 색상을 지정하기 위하여 'monochrome.ctb'를 다시 한 번 클릭하여 선택합니다.

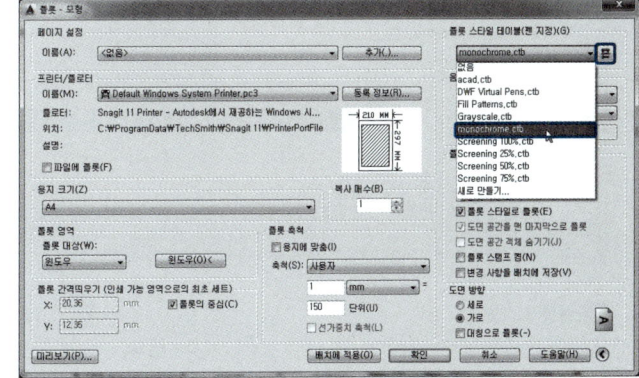

바로 통하는 TIP '플롯 스타일 테이블(펜 지정)' 영역에서는 도면의 색상과 선가중치(선 두께), 음영 비율 등을 선택할 수 있습니다.

17 '이 플롯 스타일을 전체 탭에 적용하시겠습니까?'라는 질문 창이 나타납니다. [예] 버튼을 클릭합니다. 대화상자 오른쪽에 있는 편집 아이콘(■)을 클릭합니다. [플롯 스타일 테이블 편집기 – monochrome.ctb] 대화상자가 나타납니다.

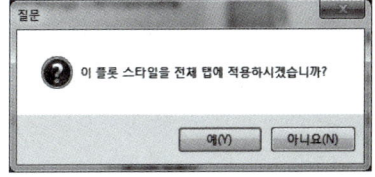

실무활용노트 AUTO CAD [플롯 스타일 테이블 편집기] 대화상자의 구성과 기능

[플롯 스타일 테이블 편집기] 대화상자의 각 영역에 따른 기능을 알아보겠습니다.

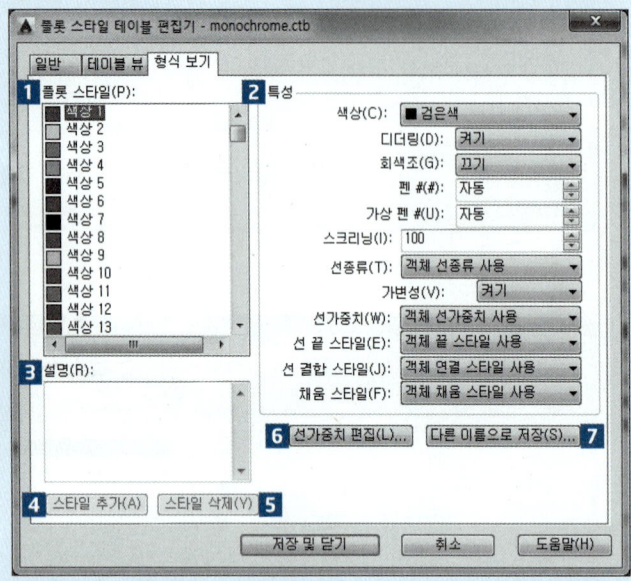

1 플롯 스타일
화면상에 작업한 도면 객체의 색상을 나타냅니다. '색상 1'에서 '색상 255'까지 다양한 색상이 있습니다.

2 특성
색상과 디더링(Dithering), 명도, 음영, 선 모양과 선가중치(선 두께), 채우기 등 실제 용지나 파일로 출력이 되는 객체의 특성을 세부적으로 지정합니다.

3 설명
각 항목에 따른 설명을 추가로 기록합니다.

4 스타일 추가
플롯 스타일을 추가합니다.

5 스타일 삭제
플롯 스타일을 삭제합니다.

6 선가중치 편집
선가중치(선 두께)를 편집합니다.

7 다른 이름으로 저장
새로운 플롯 스타일을 저장합니다.

18 '플롯 스타일' 영역의 색상을 모두 지정합니다. 이는 현재 화면상에 작업한 도면 객체의 색상을 모두 선택하는 과정입니다. '특성' 영역에서는 실제로 용지에 출력되는 색상을 지정합니다. 대부분의 도면은 검은색으로 출력하므로 '검은색'을 지정합니다. 그런 다음 [저장 및 닫기] 버튼을 클릭하고 대화상자를 종료합니다.

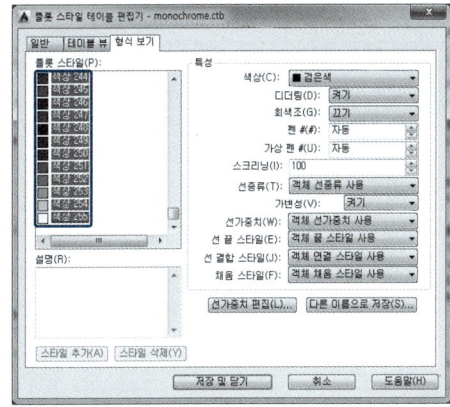 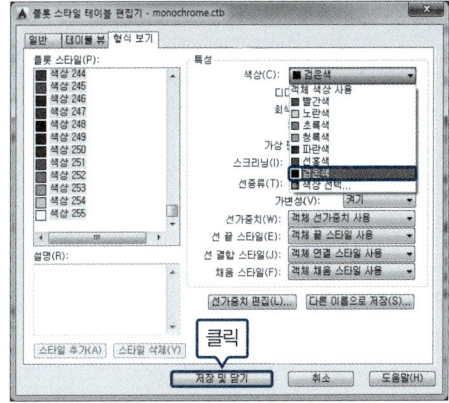

> **바로 통하는 TIP** '플롯 스타일' 영역의 색상 목록에서 [Shift]를 누른 채 첫 번째 색상과 마지막 색상을 클릭하면 모든 색상을 한 번에 선택합니다.

19 [미리보기] 버튼을 클릭하여 출력할 도면을 미리 봅니다. [Space bar]를 눌러 대화상자로 돌아옵니다.

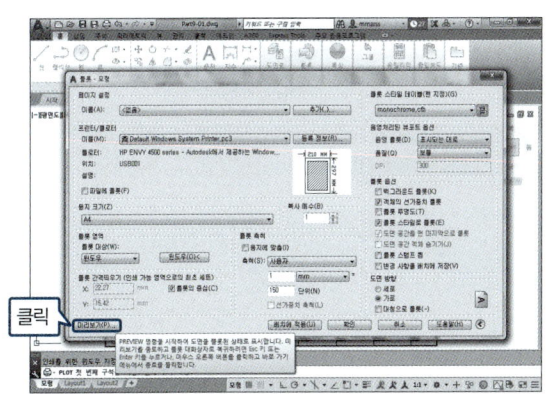 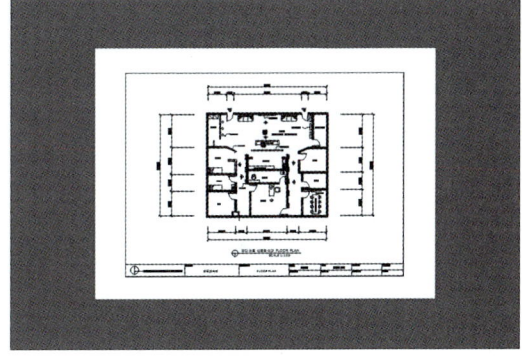

> **바로 통하는 TIP** 이때 도면의 치수와 축척이 맞지 않으면 경고 창이 나타납니다.

20 출력기에 A4 용지를 넣고 [확인] 버튼을 클릭해 출력을 실행합니다. 도면 작업의 모든 과정이 마무리됩니다.

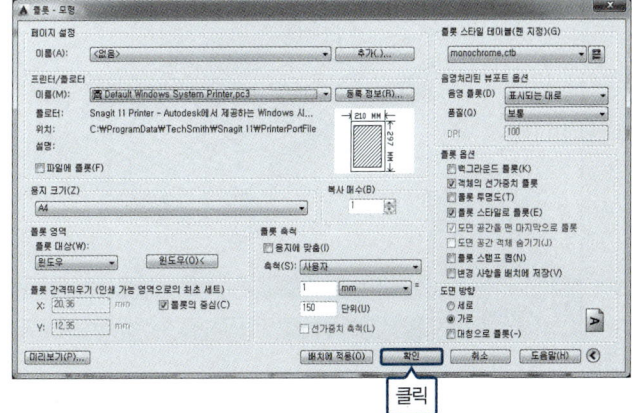

3D 도면의 여러 관측점을 한 번에 출력하기

앞에서 그린 3D 입체 도면을 한 장의 용지에 여러 개의 관측점 방향으로 한꺼번에 출력하면 도면을 파악하는 데 더욱 편리할 것입니다. 한 번에 여러 관측점을 출력하는 방법을 알아보겠습니다.

1 예제 파일 'Part9-02.dwg'를 불러옵니다. Hide 명령을 실행합니다. 원활하지 않을 경우 Shade 명령을 먼저 실행한 후 Hide 명령을 실행합니다.

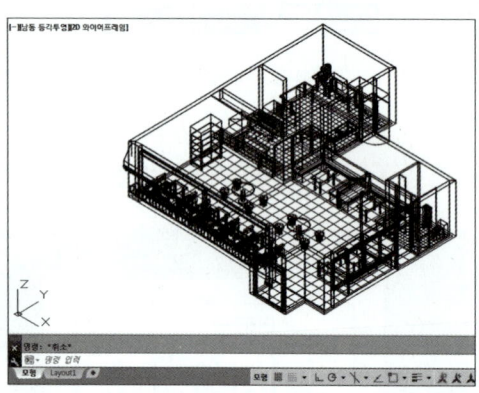 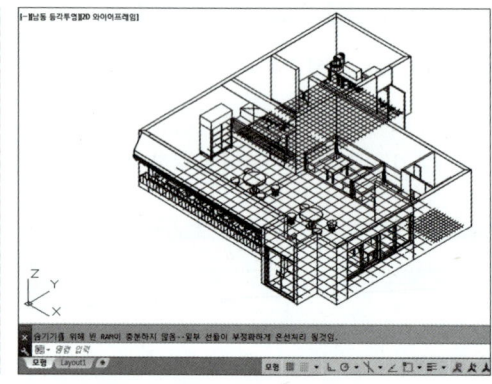

명령: SHADE [Space bar] ← Shade 명령 입력
명령: HIDE [Space bar] ← Hide 명령 입력

2 화면 하단의 [모형] 탭 오른쪽에 있는 [Layout1] 탭을 클릭합니다.

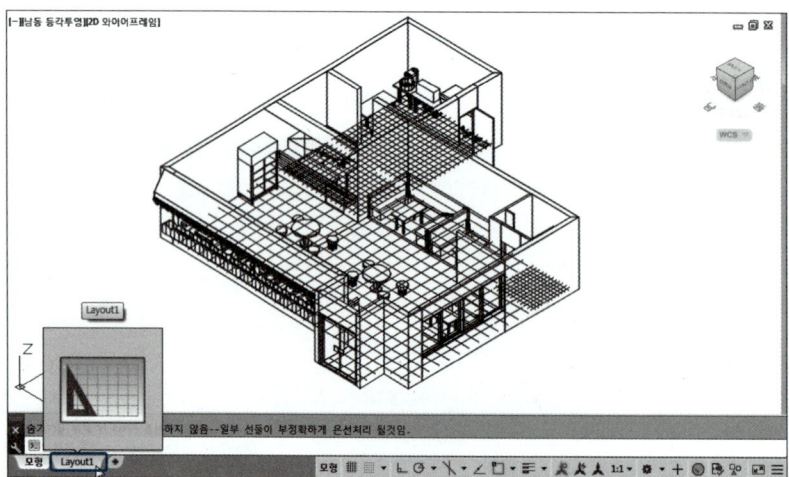

실무활용노트 AUTO CAD | 배치1 [Layout1] 탭

[Layout1] 탭에서는 도면 공간과 모델링 공간을 동시에 사용할 수 있습니다. 그러므로 한 용지에 2D 도면 객체와 3D 도면 객체를 동시에 출력할 수 있습니다. [Layout1] 탭의 이름 표시 부분을 마우스 오른쪽 버튼으로 클릭하면 해당 [Layout1] 탭에 대한 사항을 재지정할 수 있습니다.

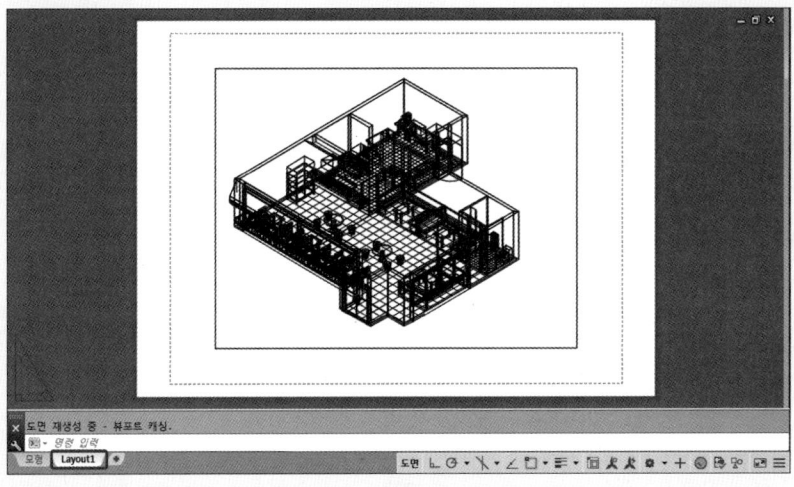

3 Erase 명령을 사용하여 나타나 있는 객체를 지웁니다. 이때는 내부의 모델링 객체를 선택하면 선택되지 않습니다. 모델링을 감싸는 사각형을 선택하고 지웁니다.

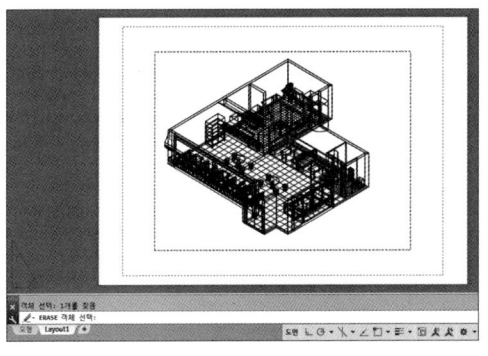 

명령: ERASE Spacebar ← Erase 명령 입력 (E)
객체 선택: 1개를 찾음 ← 객체 선택
객체 선택: Spacebar ← 명령 종료

4 화면을 분할하기 위해 Viewports 명령을 실행합니다. 명령 행에 'Viewports'를 입력하고 Space bar 를 누르면 [뷰포트] 대화상자가 나타납니다. 3D 출력을 지정할 것이므로 하단의 '설정' 영역을 '3D'로 지정합니다.

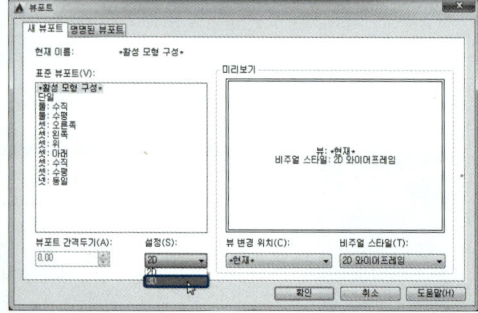

명령: VIEWPORTS Space bar ← Viewports 명령 입력

5 '비주얼 스타일'은 '3D Hidden'으로 지정하고 '표준 뷰포트'를 '넷: 동일'로 지정합니다.

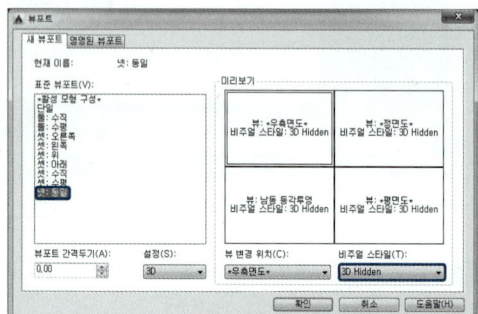

6 '미리보기' 영역의 분할된 네 개의 화면을 '뷰 변경 위치'의 해당되는 관측점으로 각각 아래와 같이 순서대로 변경합니다. 그런 다음 [확인] 버튼을 클릭하여 대화상자를 종료합니다.

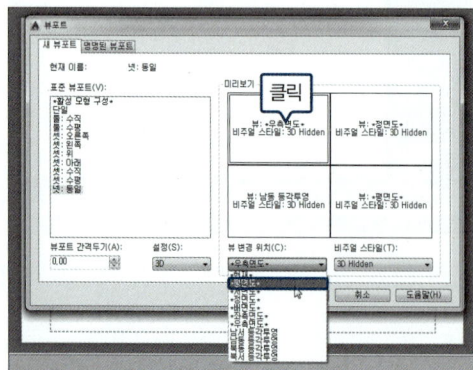
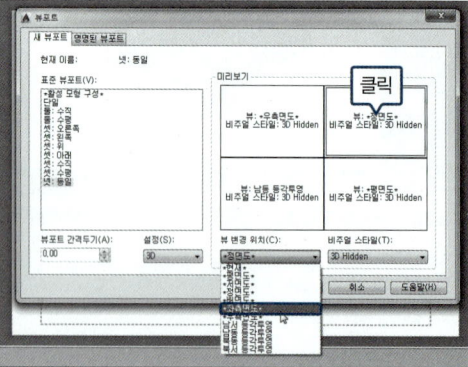

▲ 왼쪽 상단 화면을 '평면도'로 지정
▲ 오른쪽 하단 화면을 '좌측면도'로 지정

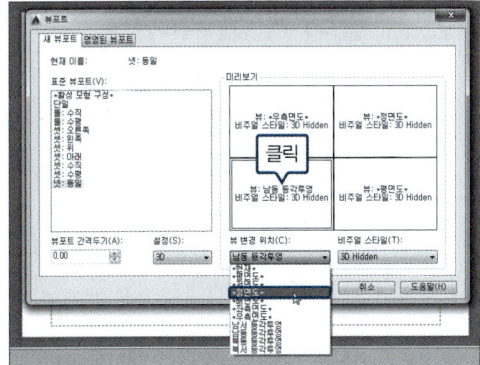
▲ 왼쪽 하단 화면을 '정면도'로 지정

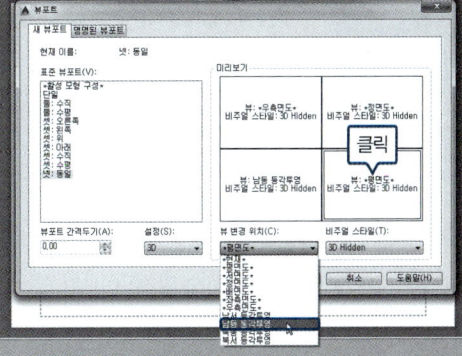
▲ 오른쪽 하단 화면을 '남동 등각투영'으로 지정

7 빈 화면의 점선을 따라서 사각형을 그리듯 영역을 지정합니다. 지정한 관측점대로 화면이 분할되어 나타납니다.

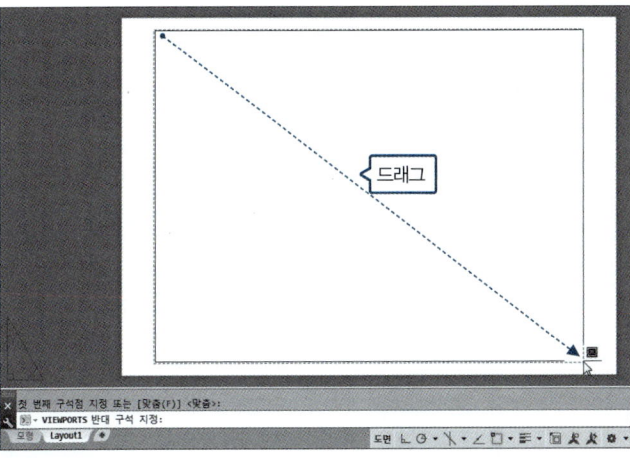

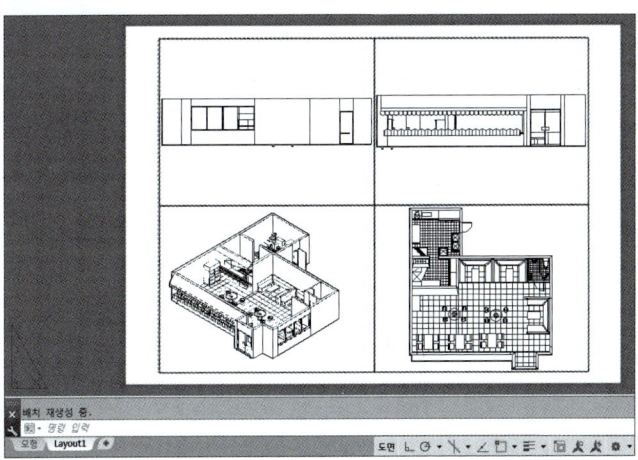

Mview 명령으로 화면 분할하여 출력하기

[모형] 탭에서는 Viewports 명령을 사용하여 화면을 분할할 수 있습니다. 물론 [Layout1] 탭에서도 Viewports 명령을 사용할 수 있지만 배치 형식이 제한적입니다. [Layout1] 탭에서는 Mview 명령을 사용하여 화면을 분할해봅니다.

1 예제 파일 'Part9-02.dwg'를 불러옵니다. 원활한 음영 처리를 위해 Shade 명령 실행 후 Hide 명령을 실행합니다.

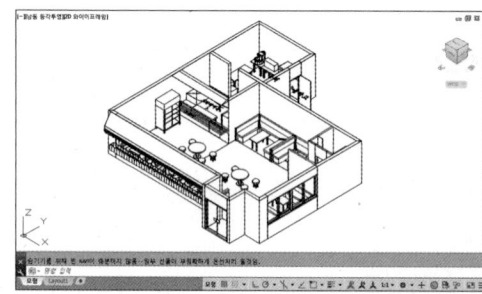

명령: SHADE [Space bar] ← Shade 명령 입력
명령: HIDE [Space bar] ← Hide 명령 입력

2 화면 하단의 [Layout1] 탭을 클릭합니다. Erase 명령을 사용하여 나타나 있는 객체를 지웁니다.

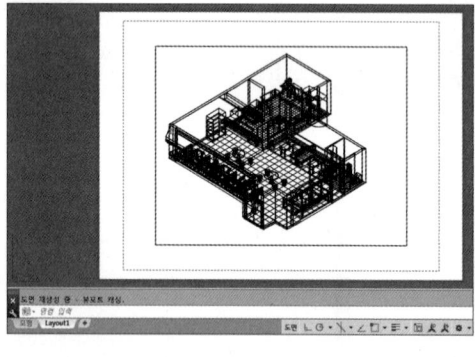 

명령: ERASE [Space bar] ← Erase 명령 입력 (E)
객체 선택: 1개를 찾음 ← 객체 선택
객체 선택: [Space bar] ← 명령 종료

3 화면을 분할하기 위해 Mview 명령을 실행합니다. 명령 행에 'Mview'를 입력하고 Space bar 를 누릅니다. 화면을 네 개로 분할할 것이므로 '4'를 입력하고 Space bar 를 누릅니다.

명령: MVIEW Space bar ← Mview 명령 입력 (MV)
뷰포트 구석 지정 또는 [켜기(ON)/끄기(OFF)/맞춤(F)/음영플롯(S)/잠금(L)/객체(O)/폴리곤(P)/복원(R)/도면층(LA)/2/3/4] 〈맞춤(F)〉: 4 Space bar ← '4' 입력 후 실행

4 왼쪽 상단의 모서리와 오른쪽 하단의 모서리 점을 드래그합니다. 사각형을 그리듯이 지정하여 분할된 그림이 입력될 영역을 지정합니다. 화면이 분할되어 나타납니다.

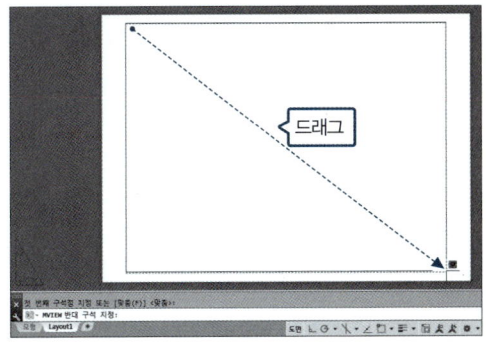 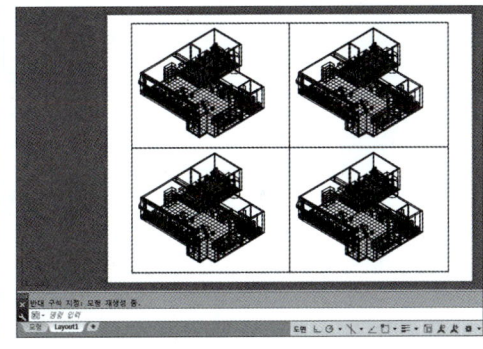

첫 번째 구석점 지정 또는 [맞춤(F)] 〈맞춤〉: ← 왼쪽 상단 모서리 지정
반대 구석 지정: ← 오른쪽 하단 모서리 지정
모형 재생성 중.

5 도면을 출력하기 위해 명령 행에 Plot 명령을 실행합니다. [플롯-Layout1] 대화상자가 나타나면 현재 작업하는 컴퓨터와 연결한 플로터나 프린터를 선택하고 용지는 'A4'로 지정합니다.

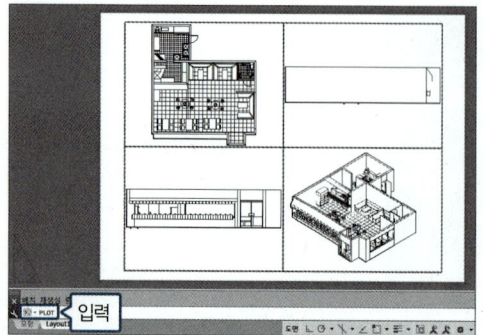 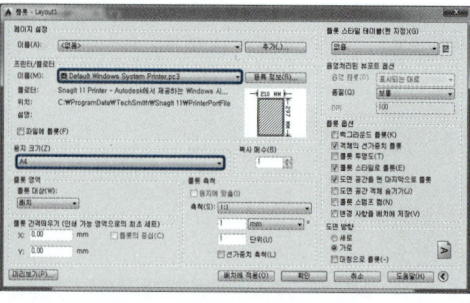

6 출력할 영역을 지정하는 '플롯 영역'은 '윈도우'로 지정하여 방금 분할된 네 개의 영역을 사각형을 그리듯이 왼쪽 상단 모서리에서부터 오른쪽 하단 모서리까지 지정합니다.

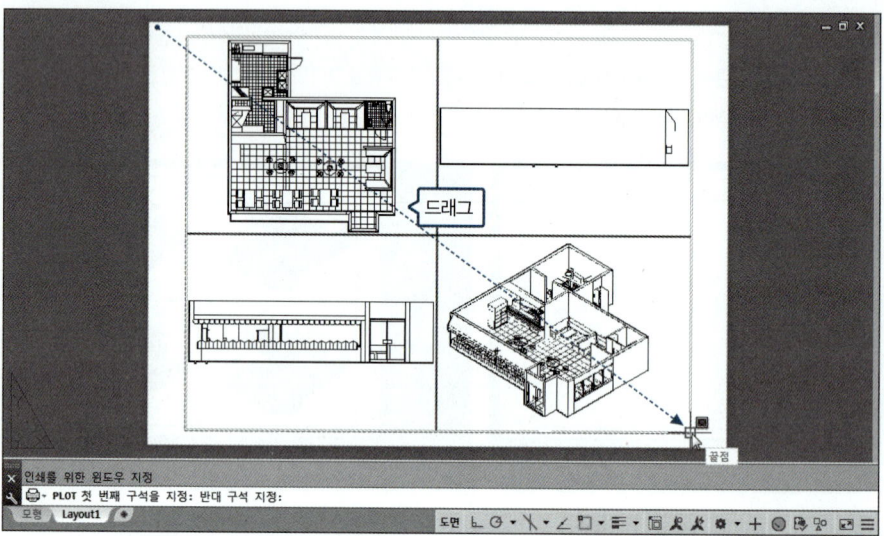

7 '플롯 간격띄우기' 영역의 '플롯의 중심' 항목을 체크하여 용지의 상하좌우 여백을 동일하게 지정합니다. 그런 다음 축척을 지정하기 위해 '플롯 축척' 영역에서 '용지에 맞춤' 항목에 체크합니다.

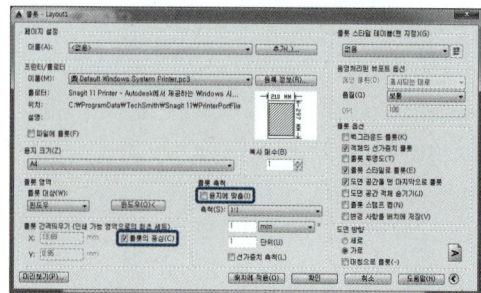

8 대화상자 왼쪽 하단에 위치한 [미리보기] 버튼을 클릭하여 출력할 도면 이미지를 미리 확인합니다. 이미지를 확인한 후 Space bar 를 누릅니다.

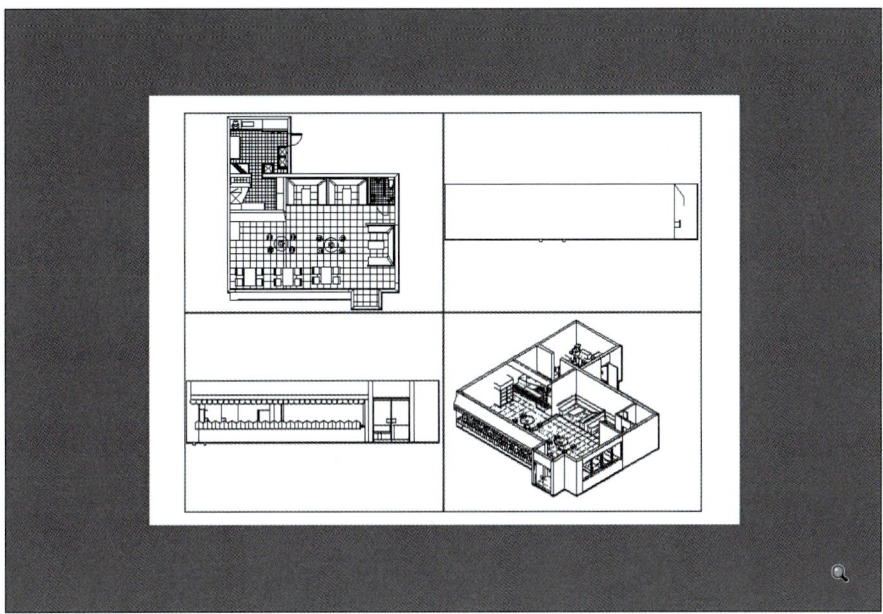

9 대화상자로 돌아온 후 [확인] 버튼을 클릭하고 도면을 출력합니다.

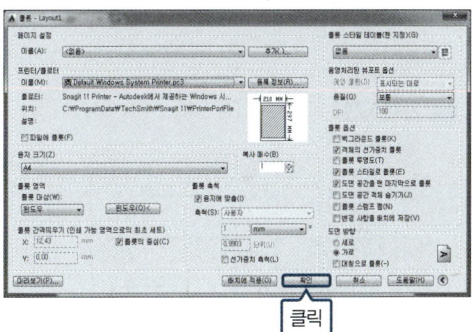

CAD 실력 향상을 위한 기계 실무 도면 작성하기

실무 능력 향상을 위해 다양한 실습 도면을 제공합니다. 이 실습 도면은 실무에서 사용하는 기계 도면입니다. 도면의 기본 구성과 치수를 확인한 후 실무에 활용하세요. 실무를 접하지 않은 CAD 초보자라면 이 실습 도면을 참고하여 스스로 도면을 그려보는 것이 실무 능력 향상에 큰 도움이 될 것입니다.

■ 기계 도면

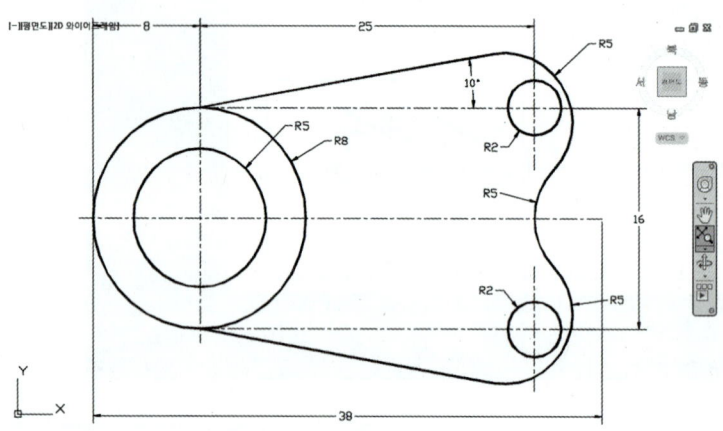

■ 기계 도면

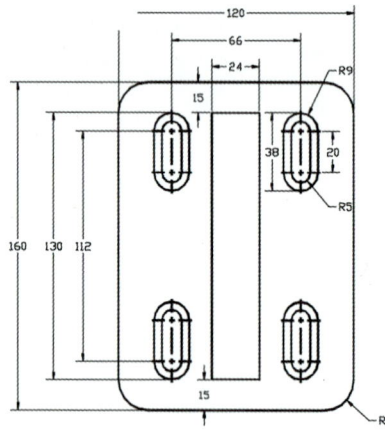

■ 기계 도면

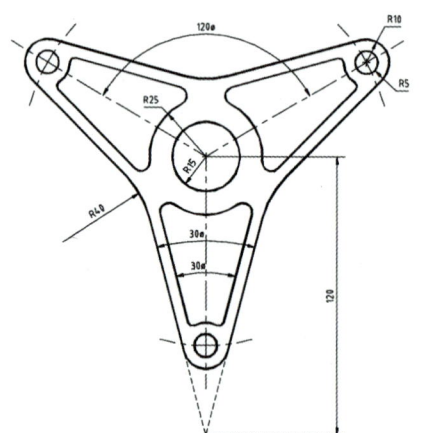

기계 도면

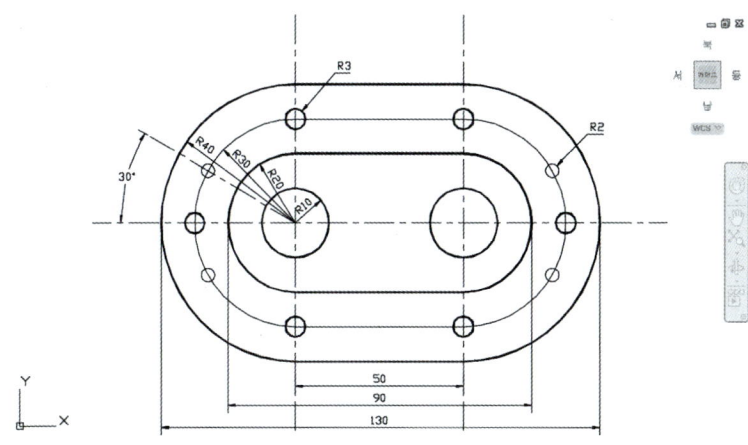

기계 도면

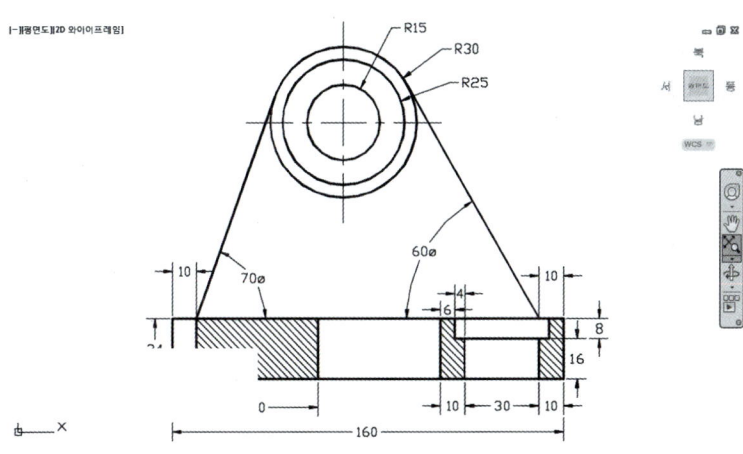

기계 도면

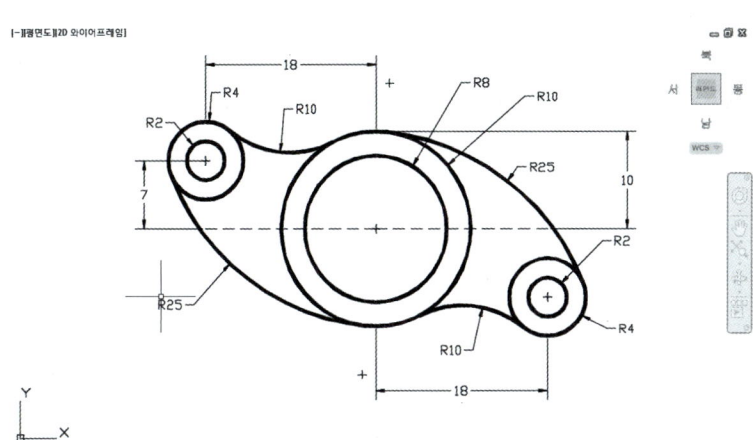

기계 도면

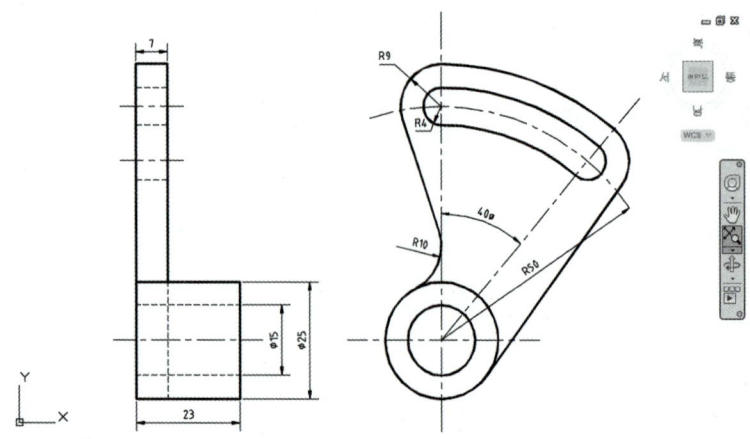

기계 도면

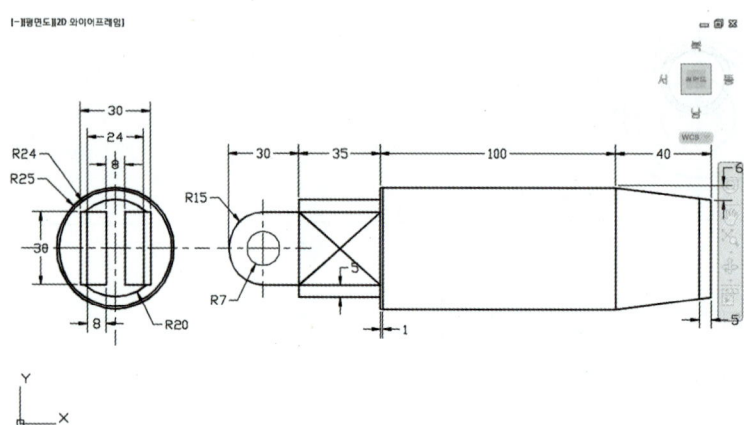

기계 도면

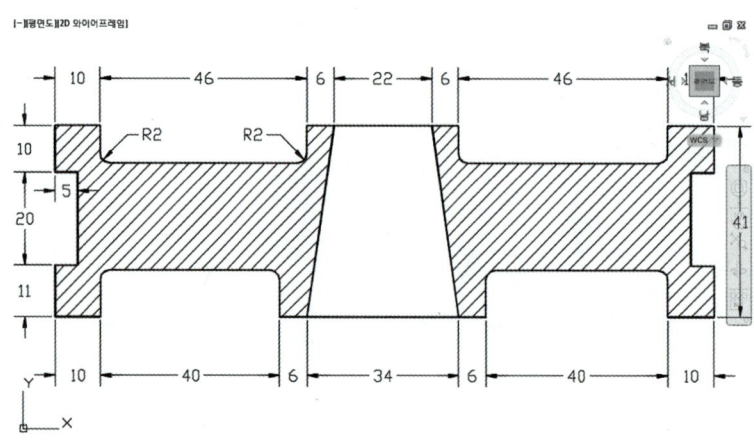

 실무 건축 도면 작성하기

이번에는 실무 건축 도면을 직접 그려보겠습니다. 예제 파일 가운데 '과정도' 폴더를 열면 여기서 그리는 건축 도면 파일을 단계별로 확인할 수 있습니다.

01 중심선 그리기

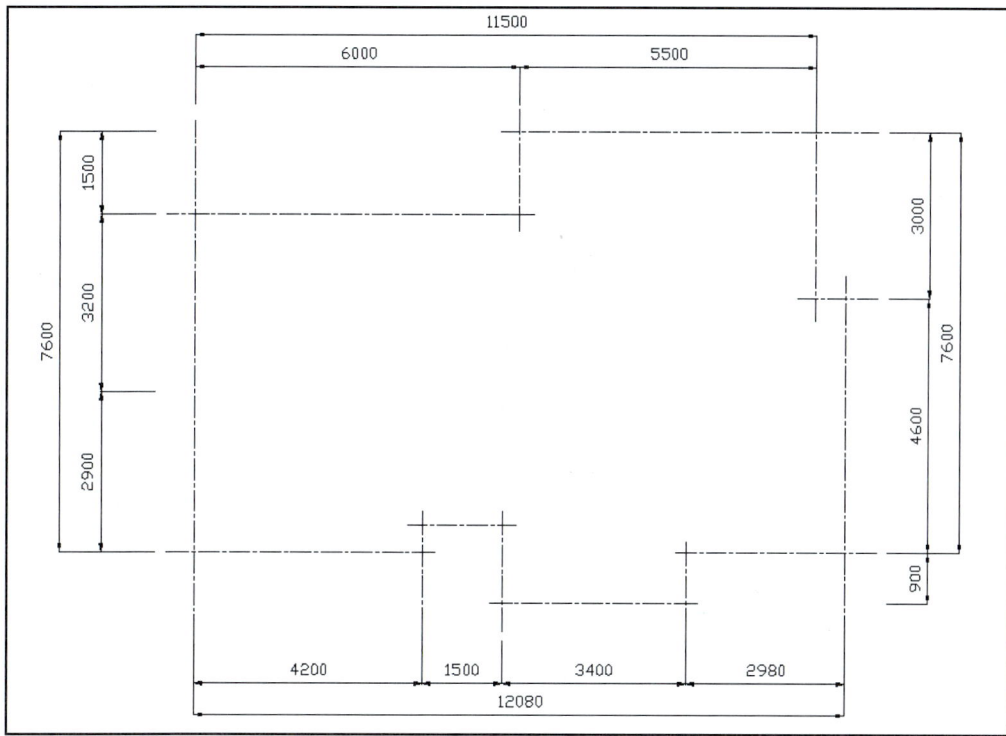

1 일반적으로 전체 도면층을 지정하고 중심선을 그립니다.
2 중심선은 빨간색 점선으로 표현합니다.
3 Ltscale 명령으로 선 사이 간격을 조절합니다.
4 Lengthen 명령으로 중심선의 길이를 조절합니다.

02 벽체선 그리기

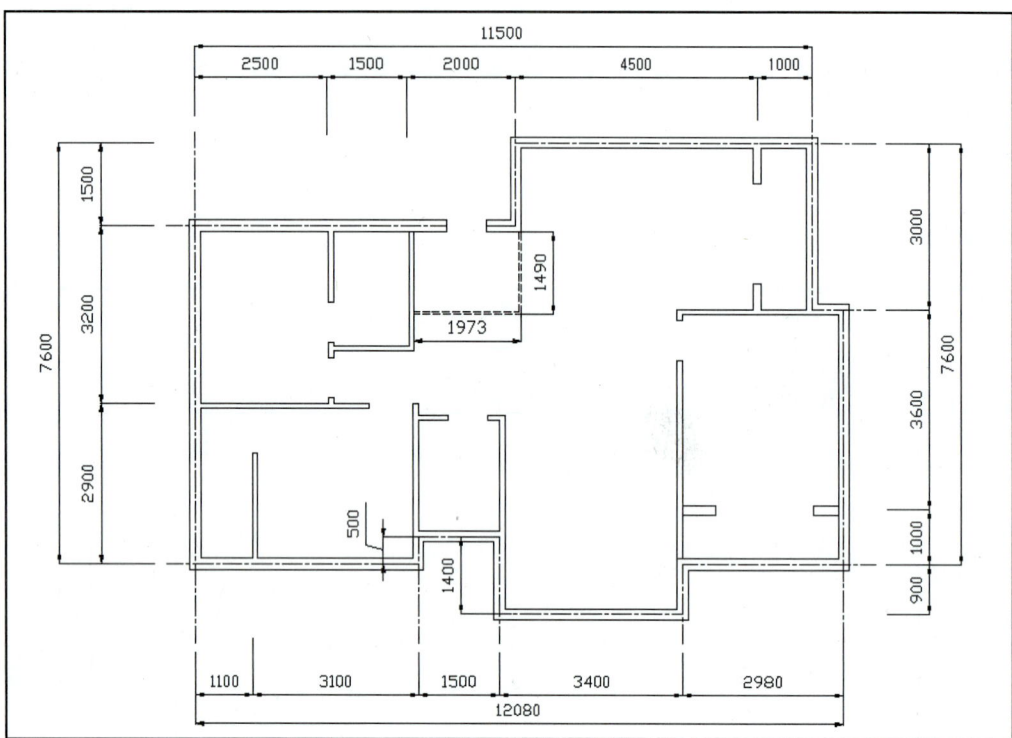

1 지정한 도면층대로 벽체선을 그립니다.

2 주 사용 명령은 Offset 명령입니다.

3 전체 벽 두께의 절반 길이만큼 안쪽과 바깥쪽으로 간격을 띄웁니다.

4 벽체선을 정리할 때는 Trim 명령과 Fillet 명령을 이용합니다.

03 문과 창문 그리기

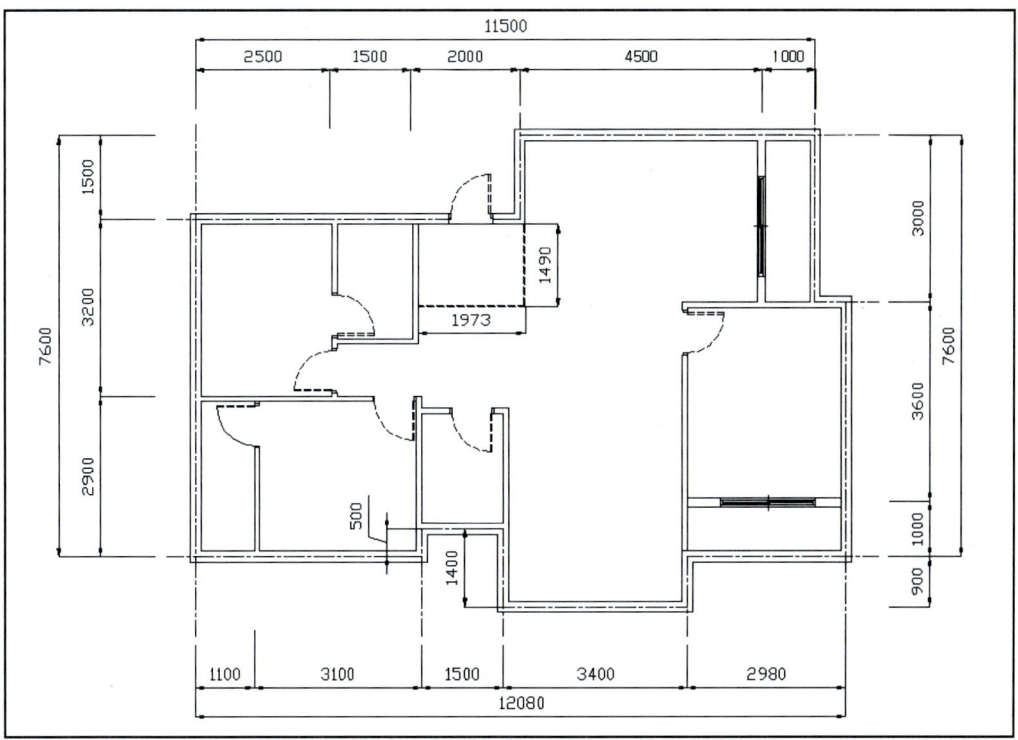

1. Insert 명령을 이용하여 벽체 정리선에 맞도록 창문과 문 블록을 삽입합니다.
2. 창문과 문의 크기를 조절할 때는 Scale 명령과 Stretch 명령을 이용합니다.
3. Copy 명령으로 블록을 다중 복사합니다.

04 각 방 명칭 기입하기

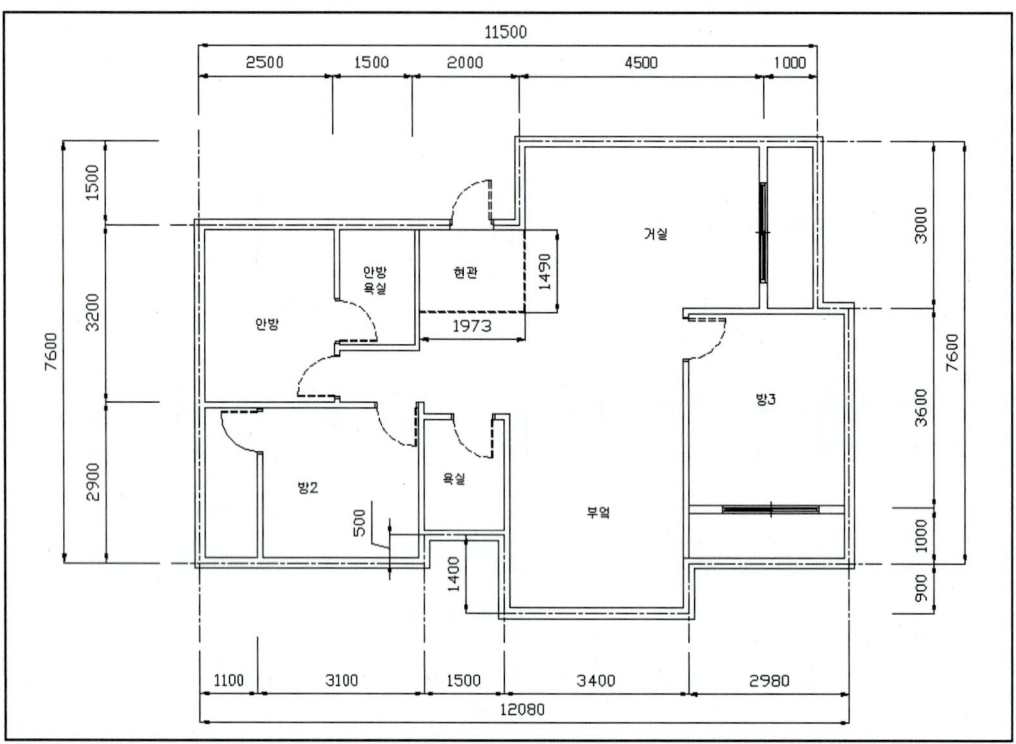

1. Mtext 명령으로 방 한 곳의 이름을 기입합니다.
2. 텍스트의 서식 및 크기를 적당히 지정한 후 Copy 명령을 이용하여 각 방에 배치합니다.
3. 문자를 더블클릭하여 각 방 이름에 맞게 수정합니다.

05 해치 입력하기

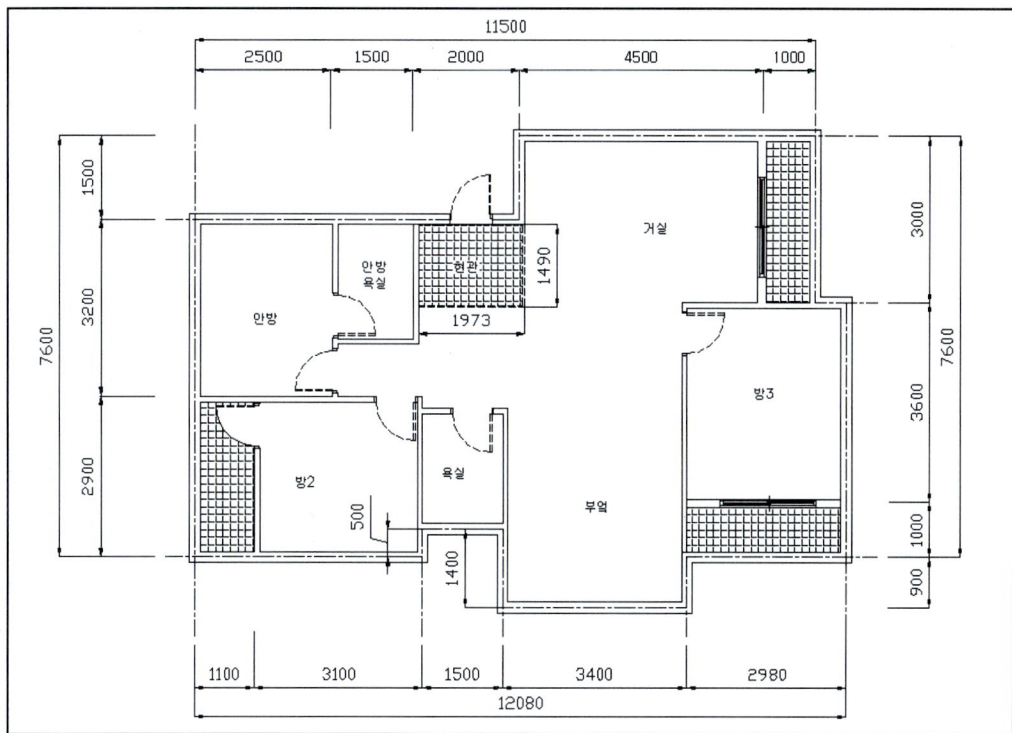

1. Bhatch 명령으로 타일이나 나무결 무늬 등을 표현합니다.
2. 문자를 입력한 후 Bhatch 명령을 적용하면 문자 주변 부분에는 패턴이 비워져서 해치가 지정됩니다.
3. 같은 해치를 재지정할 때는 Matchprop 명령을 이용합니다.

06 가구 및 주방 기구 표현하기

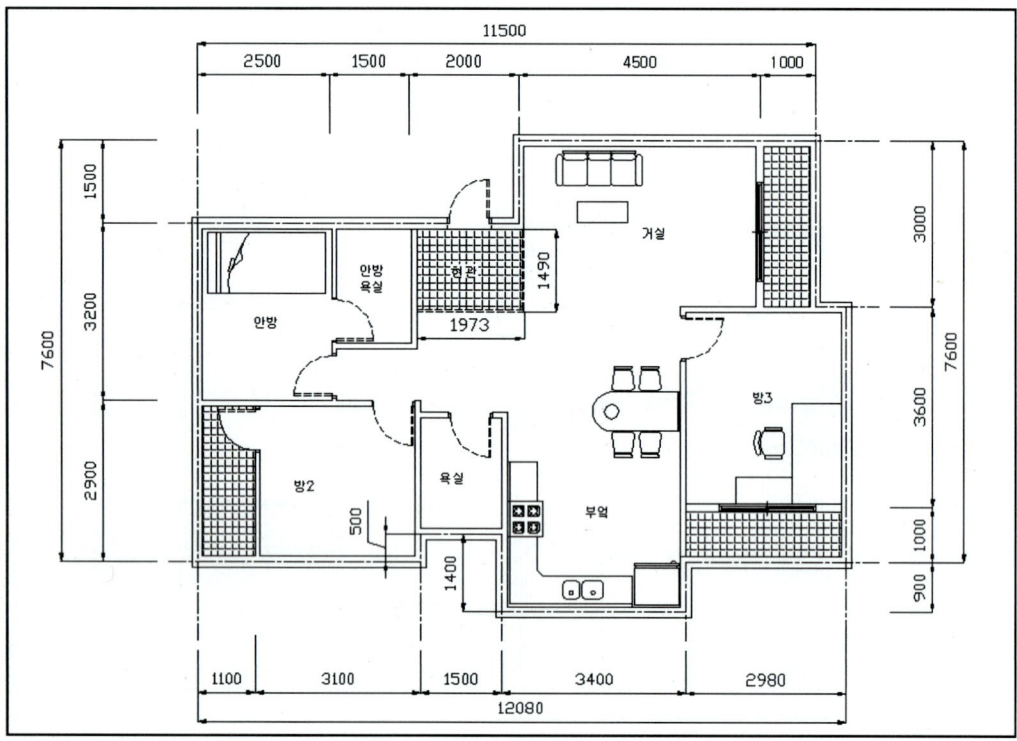

1 가구 및 주방 기구 블록을 Insert 명령으로 도면에 삽입합니다.

2 Rotate, Move, Mirror 명령을 이용하여 각 블록을 원하는 위치에 지정합니다.

3 가구를 직접 그리려면 해당 치수에 정확히 맞게 지정합니다.

07 Solid로 벽체 채우고 치수 기입하기

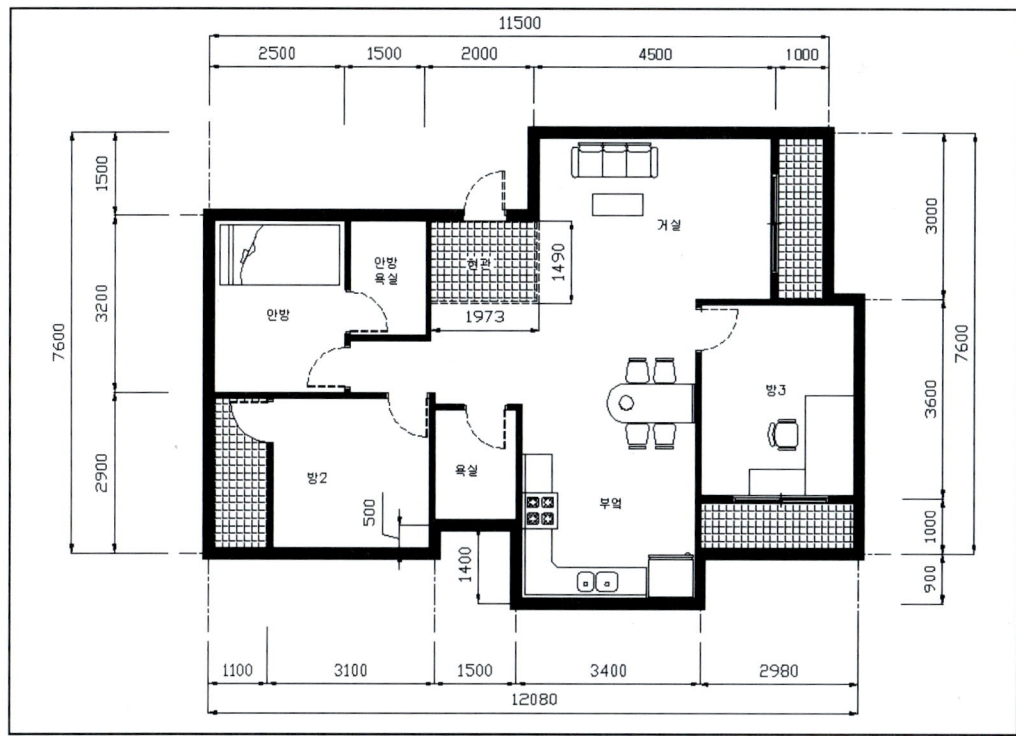

1 도면이 깔끔하게 보이도록 Bhatch 명령이나 Solid 명령으로 벽체를 채웁니다.

2 Dimension 명령으로 치수를 기입합니다.

3D 입체도 제작 과정 알아보기

PART 07에서 배운대로 2D 도면에서 관측점을 변경하여 3D 도면을 작성해보겠습니다.

01 관측점 변경 후 다중선으로 그리기

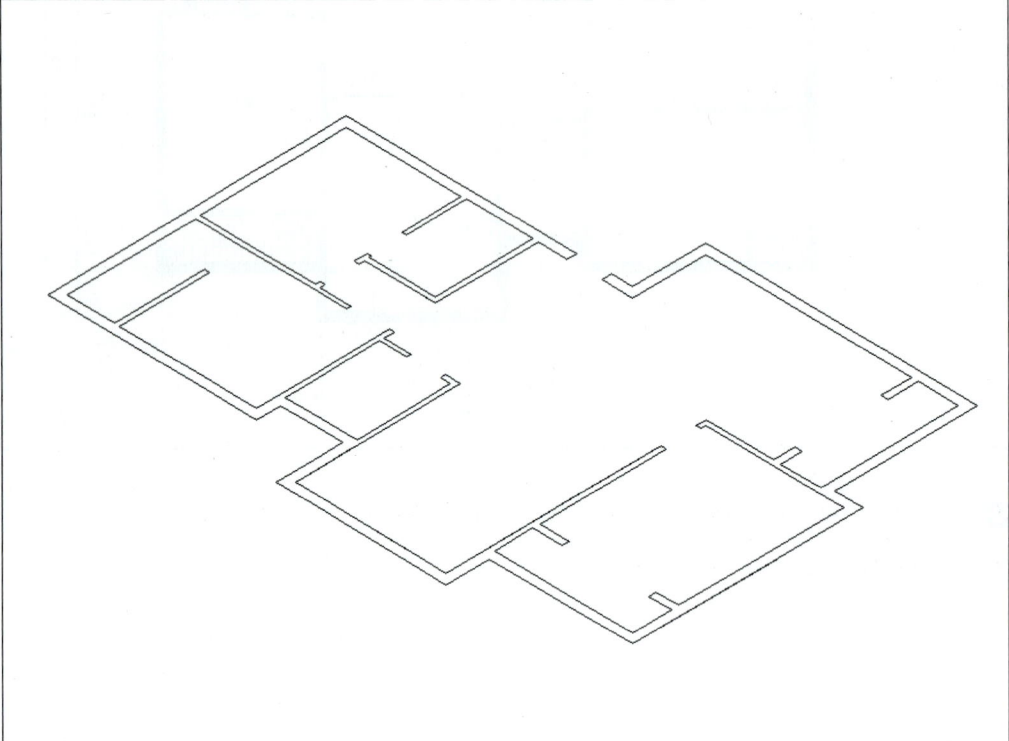

1 Vpoint 명령으로 관측점을 변경합니다.

2 Pline 명령이나 Rectangle 명령으로 다중선을 만듭니다.

02 벽체 돌출하기

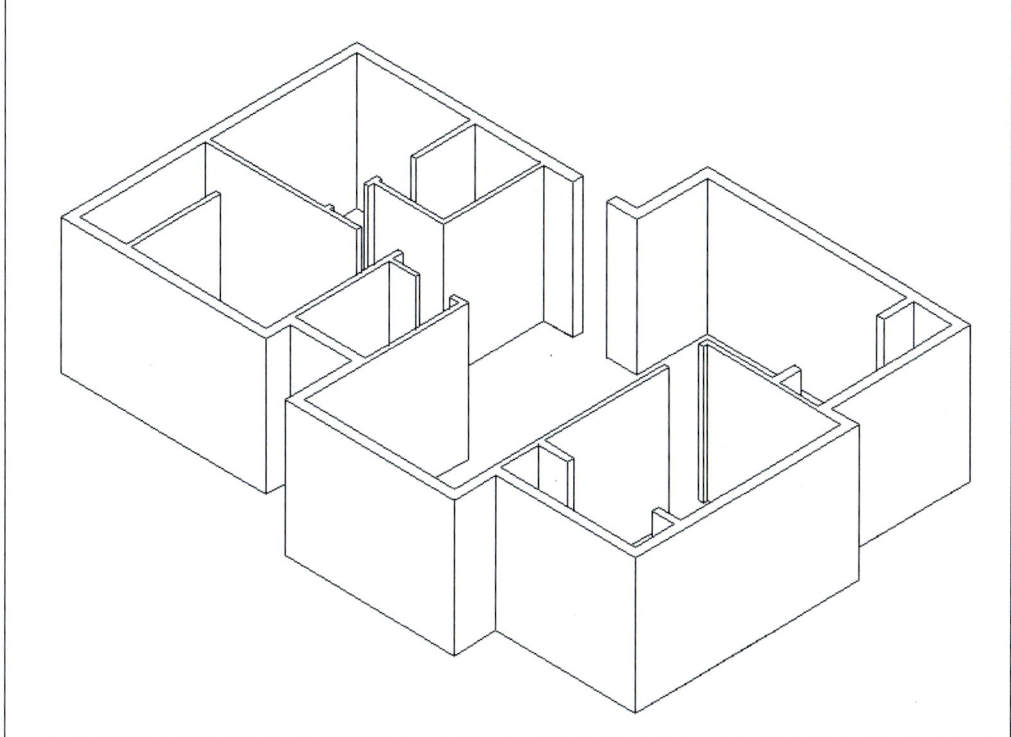

1. Extrude 명령으로 벽체를 높이대로 올립니다.
2. Hide 명령을 실행하여 높이가 정확한지 확인합니다.

03 문과 창문 위의 벽체 만들기

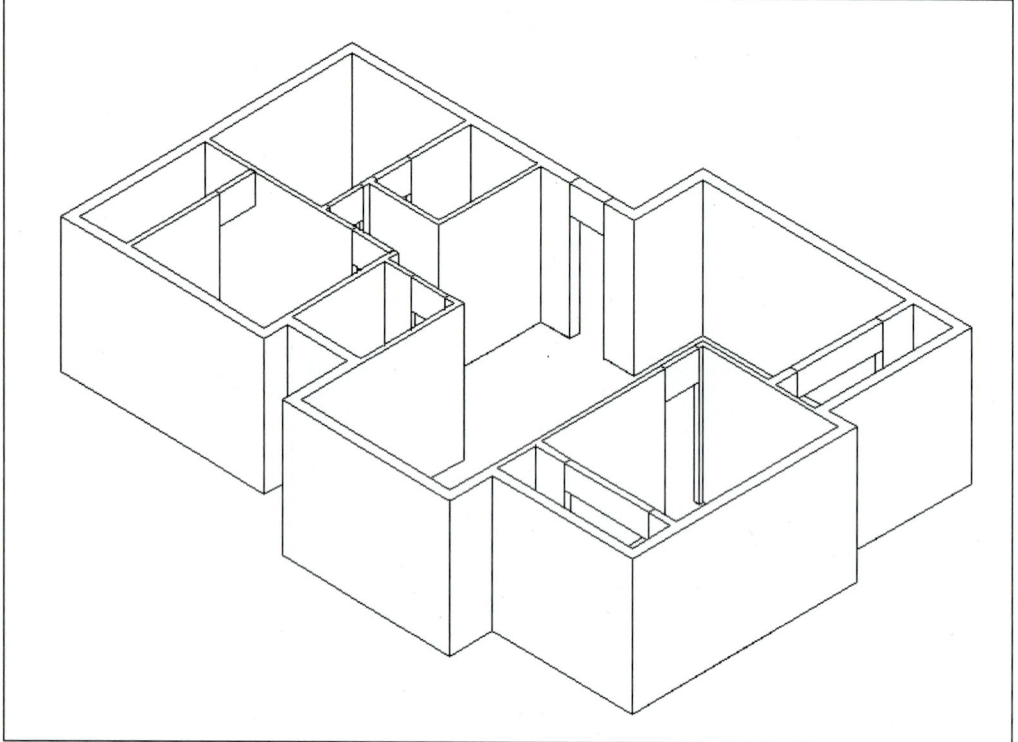

1 Extrude 명령으로 문과 창문 위의 벽체를 올립니다.

2 문의 높이는 일반적으로 2,100mm입니다.

04 벽체 합치기

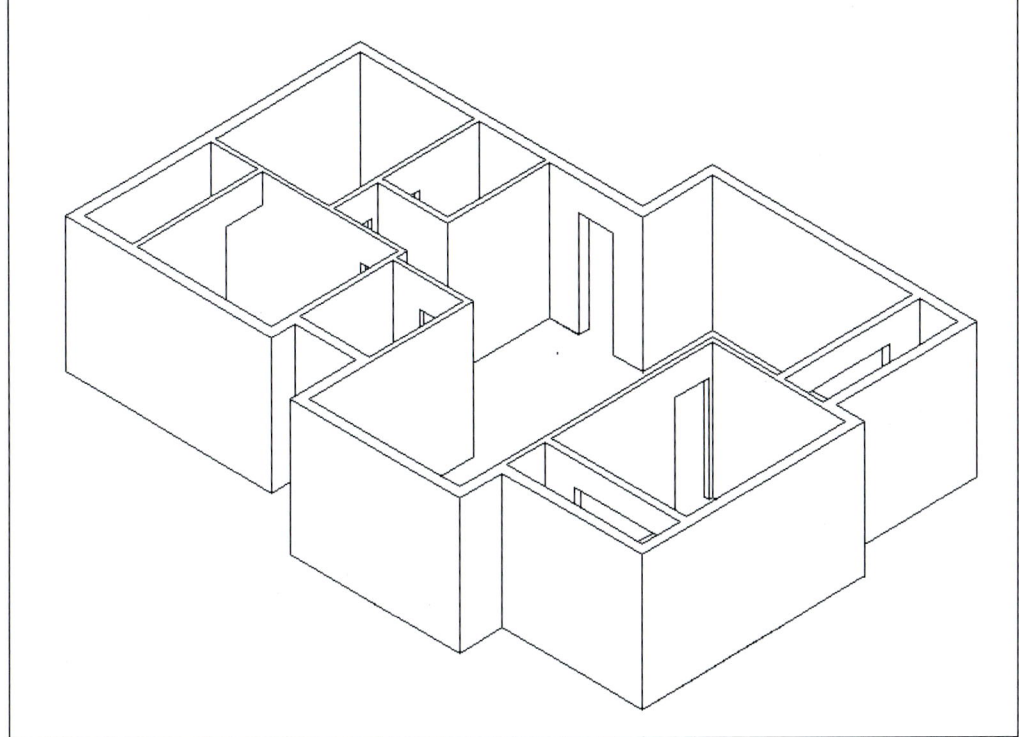

1 Union 명령으로 벽체를 하나로 만들어 구분선을 없앱니다.

05 문 그리기

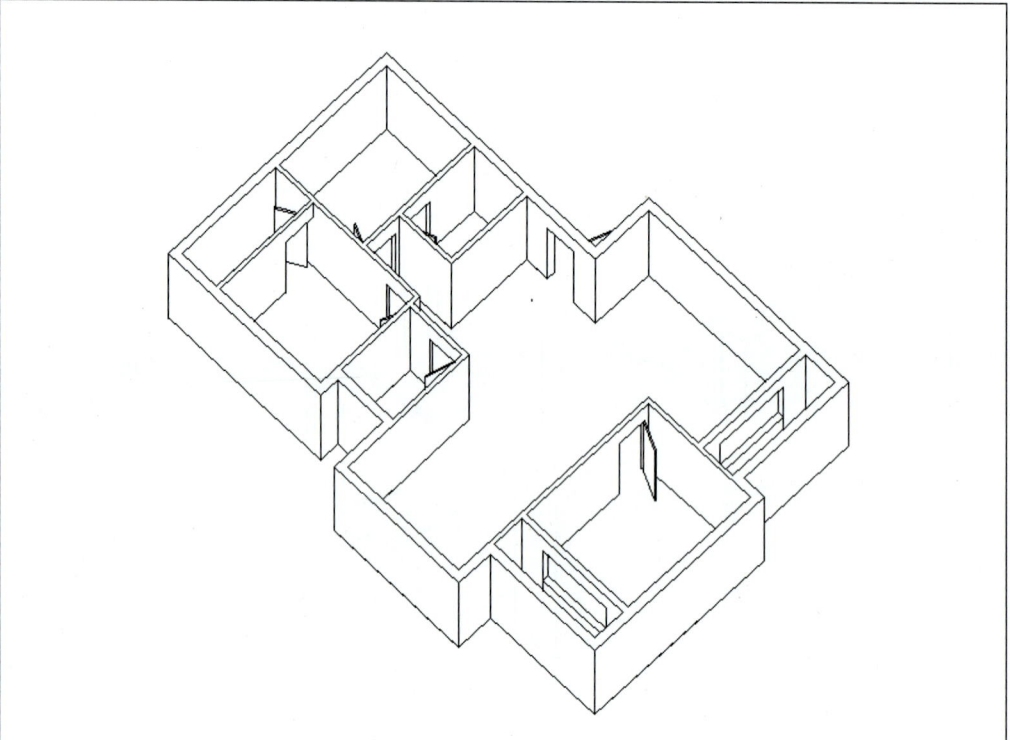

1 Extrude 명령으로 문을 직접 그리거나 Insert 명령으로 블록을 삽입합니다.

2 문의 높이는 2,100mm입니다.

06 창문 그리기

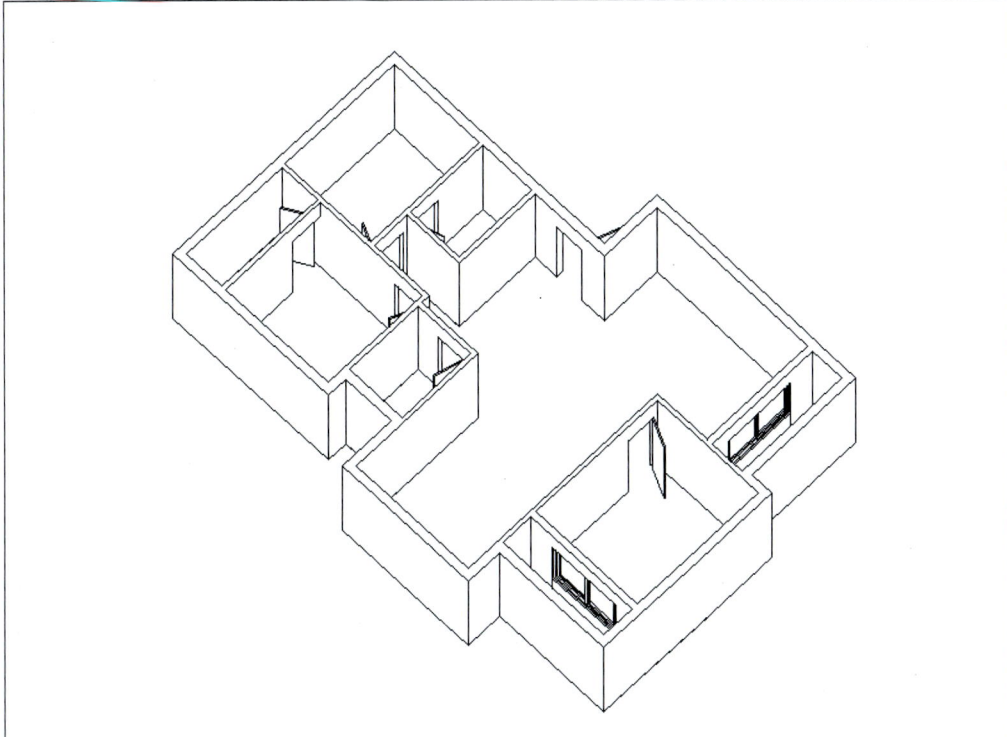

1 문과 마찬가지 방법으로 창문을 그립니다.

2 보는 관측점을 자유자재로 바꾸려면 Orbit 명령을 이용합니다.

07 해치 그리기

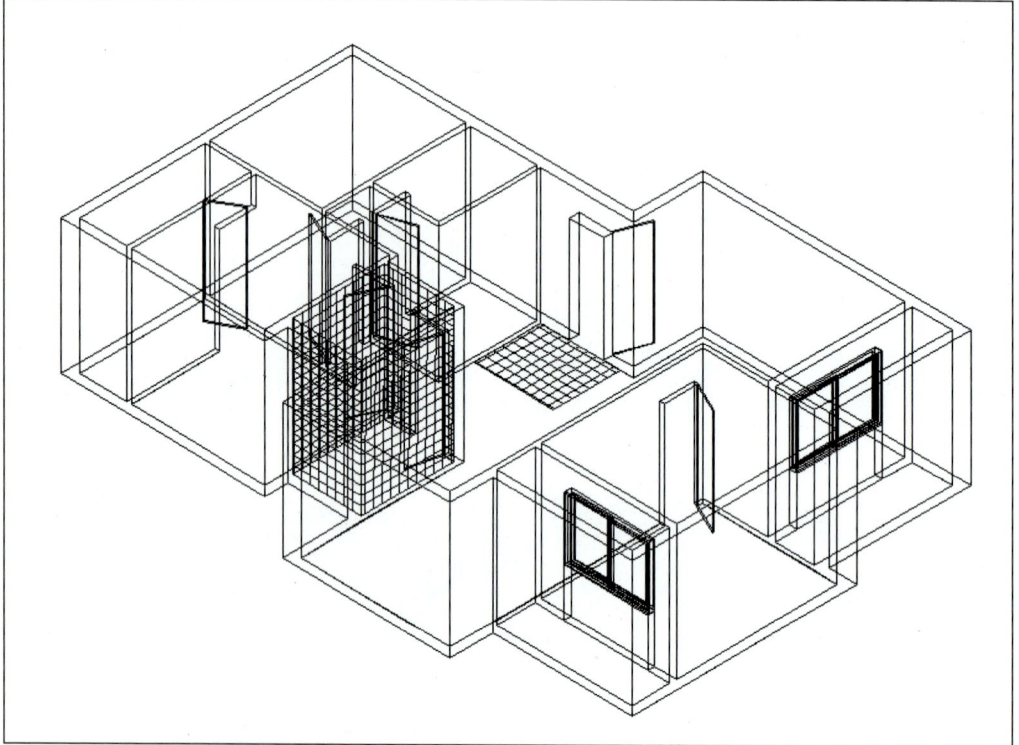

1. 화장실이나 현관의 타일 무늬를 Hatch 명령으로 그립니다.
2. UCS로 방향을 정확하게 지정해야 합니다.

08 계단 및 가구 그리기

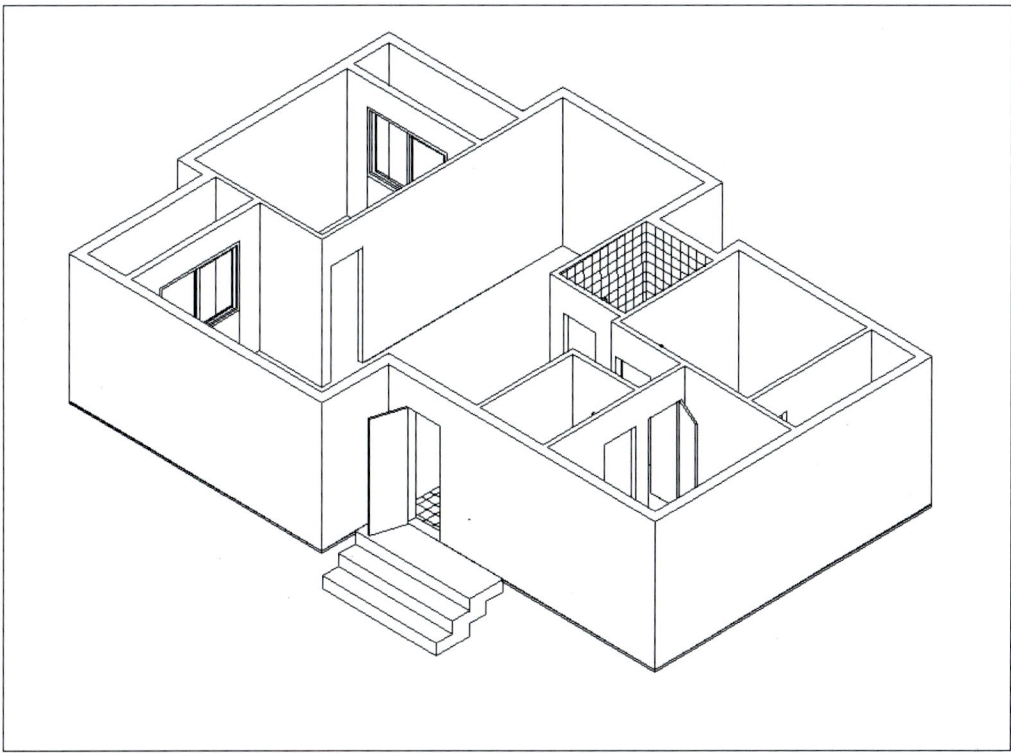

1 계단은 Box 명령이나 Extrude 명령으로 그립니다.

2 가구는 직접 그리거나 블록을 삽입합니다.

찾아보기

숫자

2D 좌표	544
3D	543
3D 좌표	544

A B C

Align	351
Aligned Dimension	457
Angular Dimension	458
Apparent Intersection	144
Arc	112
Arc Length Dimension	459
Area	535
Array	316
Baseline Dimension	463
Block	508
Break	356
Calculator	539
Center	134
Chamfer	281
Change	559
Circle	105
Continue Dimension	466
Contraction Scale	030
Copy	184
Crossing	126

D

DDedit	376
Diameter Dimension	462
DimAligned	457
DimAngular	458
DimArc	459
DimBaseline	463
DimContinue	466
DimDiameter	462
DimJogged	477
DimLinear	454
DimOrdinate	472
DimRadius	461
Dist	533
Dtext	363
DUCS	051
DWG	071
DWS	071
DWT	071
DXF	071
Dyn	052

E F G

Edgesurf	602
Ellipse	309
Endpoint	131
Enlarged Scale	031
Erase	096
Explode	330
Extend	233
Extension	140
Extrude	615
Fillet	269
Full Scale	031
GCE	136
Geometric Center	136
Gradient	404
Grid	051
Grip	242
Group	334

H I J

Hatch	383
Helix	349
Hide	567
ImageAttach	521
Insert	516
Insertion	141
Intersection	139
Jogged Dimension	477

L

Layer	411
Layout	051
Lengthen	354
Limits	099
Line	077
Linear Dimension	454
Linetype	426
Linetype Scale	439
List	532
LSP	071
Ltscale	439
LWT	051

M N

Matchprop	402
Match Properties	402
Midpoint	133
Mirror	257
Mleader	469
Mline	347
Model	051
Move	175
Mtext	366
Multileader	469
Nearest	143
Node	136
Not to Scale	031
NS	031

O P

Object Snap	130
Offset	205
Orbit	553
Ordinate Dimension	472
Ortho	051
Osnap	051, 130
Otrack	051
Pan	169
Parallel	144
Pedit	332
Perpendicular	141
Pick Box	123
Pline	323
Plot	102, 632
PLT	071
Point	311
Polar	051
Polygon	305
Polyline	323
Previous	181
Purge	540

Q R S

QDim	479
Qnew	065
Quadrant	138
Quick Dimension	479
Radius Dimension	461
Raster Image Reference	519
Ray	343
Rectangle	297

Redo	095	객체 스냅 추적	051	명령 행	053
Regen	529	객체 정보 표시	532	모깎기	269
Remove	128	계산기	539	모눈	051
Revsurf	599	고속 줌	529	모따기	281
Rotate	251	공차 형식	491	모서리 메쉬	602
Rulesurf	591	관측점	544	모형	051
Scale	191	광선	343	문자	033
Select Object	394	교차점	139	문자 편집기	371
Shade	568	구성선	345	반지름	461
Snap	051	궤도	553	방향 벡터 메쉬	595
Spell	378	그라데이션	404	배열	316
Spline	341	그룹	334	배척	031
Stretch	240	그립	242	배치	051
Style	441	극좌표	051, 076	복사	184
Subtract	621	근처점	143	분리하기	621
Surftab1	605	기본 모드	041	분해	330
Surftab2	605	기준선 치수	463	뷰포트	554
		기하학적 중심	136	블록	508
T U V		길이 조정	354	블록 삽입	516
Table	380	길이 측정	533	빠른 작업	479
Tabsurf	595	꺾기 치수	477		
Tangent	142	끊기	356	**ㅅ ㅇ**	
Template	051	끝점	131	사분점	138
Trim	210			삽입점	141
UCS	572	**ㄴ ㄷ**		상대좌표	075
UCS 아이콘	052	나선	349	상태 표시줄	051
Undo	093	노드	136	새 도면 만들기	065
Union	620	다각형	305	새 선종류 축척	439
View Cube	052, 551	다른 프로그램 호환	628	선가중치	051, 432
Viewports	554	다중점	311	선 굵기	432
Viewres	530	다중 지시선	469	선 그리기	077
Vpoint	544	단일행 문자	363	선택 상자	123
		대체 단위	491	선형 치수	454
W X Y Z		대칭	257	세로 좌표	472
WBlock	513	도구 팔레트	050	숨기기	567
WCS	571	도면 불러오기	068	스냅	051
Window	125	도면의 크기	029	스타일	441
Xline	345	도면 저장하기	069	스플라인	341
Xline–Construction Line	345	도면층	411	신축	240
Xref	519	도면층 관리	420	여러 줄	347
Zoom	157	도면층 특성 관리자	419	여러 줄 문자	366
		도면층 필터	422	연속 치수	466
ㄱ		돌출	615	연장	229
가상 교차점	144			연장선	140
가상선	032	**ㄹ ㅁ ㅂ**		오스냅	130
각도	458	메모리 제거	540	외부 이미지 가져오기	521
간격 띄우기	205	면적 계산	535	외부 참조	519
객체 선택	394	명령 모드	041	외형선	033
객체 스냅	041, 051, 130	명령 취소	093		

찾아보기

원 그리기 105
은선 032
음영 처리 568
이동 175

ㅈ ㅊ

자르기 210
작업 영역 050
절대좌표 074
접점 142
정렬 351
정렬 치수 457
제도 026
제목 표시줄 049
좌표계 073
중간점 130
중심선 033
중심점 134
지름 462
지시선 032
지우기 096
직교 051
직교점 141
직사각형 297
직선 보간 메쉬 591
철자 검사 378
초점 이동 169
축척 030, 191
출력하기 102, 632
치수 035
치수 문자 451
치수 보조선 035, 451
치수선 035, 451
치수 스타일 관리자 483
치수 윤곽 498

ㅌ ㅍ

타원형 309
탐색 막대 050
템플릿 051
특성 변경 559
특성 일치 402
특수 문자 375

파단선 032
편집 모드 041
평행선 144
폴리선 323
폴리선 편집 332
표 그리기 380
표준 규격 027
표준 뷰포트 554
플롯 632
플롯-모형 633
플롯 스타일 테이블 편집기 642

ㅎ

한계 영역 099
한국산업규격(KS) 027
합치기 620
해치 383
해칭 032
현척 031
호 그리기 112
호 길이 459
화면 정리 529
화살표 451
회전 251
회전 메쉬 599